Jeder unserer
Mandanten
ist unterschiedlich.

Jeder unserer
Mitarbeiter auch.

PRICEWATERHOUSECOOPERS
Neue Welten. Neues Denken. Neue Profile.

Personalmarketing & Recruiting, Marie-Curie-Straße 24-28, 60439 Frankfurt/Main
personalmarketing@de.pwc.com – www.pwc-career.de

Wirtschaftsprüfung • Steuerberatung • Corporate Finance

Studien- und Übungsbücher der Wirtschafts- und Sozialwissenschaften

Herausgegeben von
Professor Dr. Heiko Burchert
und
Universitätsprofessor Dr. Thomas Hering

Bisher erschienene Werke:

Arens-Fischer · Steinkamp, Betriebswirtschaftslehre
Bechtel, Einführung in die moderne
Finanzbuchführung, 7. Auflage
Berlemann, Allgemeine Volkswirtschaftslehre
Brösel · Kasperzak, Internationale Rechnungslegung,
Prüfung und Analyse
Brösel · Keuper, Medienmanagement
Burchert · Hering · Keuper, Kostenrechnung
Burchert · Hering · Keuper, Controlling
Burchert · Hering, Betriebliche Finanzwirtschaft
Burchert · Hering · Rollberg, Produktionswirtschaft
Burchert · Hering · Rollberg, Logistik
Burchert · Hering, Gesundheitswirtschaft
Burchert · Hering · Pechtl, Absatzwirtschaft
Guba · Ostheimer, PC-Praktikum
Keuper, Finanzmanagement
Keuper, Strategisches Management
Koch, Wirtschaftspolitik im Wandel
Koch · Zacharias, Gründungsmanagement
Matschke · Hering · Klingelhöfer, Finanzanalyse
und Finanzplanung

Internationale Rechnungslegung, Prüfung und Analyse

Aufgaben und Lösungen

Herausgegeben von
Dipl.-Kfm. Dr. Gerrit Brösel
PD Dr. Rainer Kasperzak

Mit einem Geleitwort von
WP Sebastian Hakelmacher

R. Oldenbourg Verlag München Wien

Bibliografische Information Der Deutschen Bibliothek

Die Deutsche Bibliothek verzeichnet diese Publikation in der Deutschen Nationalbibliografie; detaillierte bibliografische Daten sind im Internet über <http://dnb.ddb.de> abrufbar.

© 2004 Oldenbourg Wissenschaftsverlag GmbH
Rosenheimer Straße 145, D-81671 München
Telefon: (089) 45051-0
www.oldenbourg-verlag.de

Das Werk einschließlich aller Abbildungen ist urheberrechtlich geschützt. Jede Verwertung außerhalb der Grenzen des Urheberrechtsgesetzes ist ohne Zustimmung des Verlages unzulässig und strafbar. Das gilt insbesondere für Vervielfältigungen, Übersetzungen, Mikroverfilmungen und die Einspeicherung und Bearbeitung in elektronischen Systemen.

Gedruckt auf säure- und chlorfreiem Papier
Gesamtherstellung: Druckhaus „Thomas Müntzer" GmbH, Bad Langensalza

ISBN 3-486-27596-8

Geleitwort

Der aufgeweckte Student wird spätestens nach dem Eintritt in die unternehmerische Praxis merken, dass der eigentliche Zweck der Unternehmen die Rechnungslegung ist. Sie hat sich zu einem hoch angesehenen Kult entwickelt, der für anonyme Kapitalgeber zelebriert wird und selbst abgebrühte Topmanager, Aufsichtsräte, Finanzanalysten und andere Laien in seinen Bann zieht.

Rechnungslegung meint die Entblößung der Vermögens-, Finanz- und Ertragslage des Unternehmens gegenüber Investoren und anderem wildfremden Publikum, verbunden mit der Illusion, dass dabei nackte Tatsachen gezeigt werden. Manager und ihre Überwacher beichten in dieser Form die von ihnen wesentlich verschuldete Unternehmensentwicklung und erhalten dafür die Absolution des dafür zu Unrecht gescholtenen Abschlussprüfers.

Um den jährlichen Striptease der Unternehmen erotischer zu gestalten, wird statt der von Gläubigerschutz und Vorsichtsprinzip geschundenen Rechnungslegung eine kapitalmarktorientierte Publizität gefordert, wie sie in angelsächsischen Ländern seit Jahrzehnten mit wechselhaftem Erfolg praktiziert wird. Damit das „alte Europa" nicht den Anschluss an ungewisse Zukunftswerte verliert, müssen ab 2005 alle kapitalmarktorientierten Mutterunternehmen, die ihren Sitz in Europa haben, den Konzernabschluss nach den International Financial Reporting Standards (IFRS) aufstellen. Unbequeme Weiterungen auf andere Jahresabschlüsse lassen sich nicht mehr ausschließen.

Die internationalen Rechnungslegungsnormen werden nicht vom Gesetzgeber erlassen, sondern von privatrechtlich organisierten Standardsetzern mit unabhängigen, fachlich versierten Mitgliedern ausgebrütet und unter Einbeziehung der überforderten Rechnungsleger und der ebenso verunsicherten Öffentlichkeit verabschiedet. Um die prinzipiell der Bilanzmanipulation verdächtigten Aufsteller von Jahresabschlüssen zu zähmen und die durchsetzungsschwachen Abschlussprüfer zu stützen, versucht man jeden denkbaren Einzelfall zu regeln.

Die Attraktivität dieser geschwollenen Bastelanweisungen liegt vor allem darin, dass sie vom Zwang der Praktikabilität befreit sind. Man ist geneigt, Standardsetzung als die Kunst zu bezeichnen, systematisch die Realität zu ignorieren. Aus erzieherischen Gründen soll sich die Realität an den vorgeschriebenen Rechnungslegungsnormen ausrichten.

Manch ehrbarer deutscher Kaufmann, der mit dem Vorsichtsprinzip und steuersparenden Abwertungen groß geworden ist, empfindet die unzüchtige Bloßstellung intimer Unternehmensdaten als Paradigmenwechsel, vor dem er schamhaft die Augen schließen möchte. Die Umstellung auf die neuen Rechnungslegungsgrundsätze ist immerhin so zeitaufwändig und kostspielig, dass zu befürchten ist, dass in vielen Unternehmen die banalen betrieblichen Funktionen wie Beschaffung, Produktion oder Absatz verkümmern und eines Tages außer Rechnungslegung nur noch wenige Sodbrennereien oder Erbsenzählwerke betrieben werden.

Traditionsbewusste Bilanzlehrer und konservative Bilanzrechtler sehen durch die einzelfallorientierten Standards ihre über Jahre gepflegten Prinzipien gefährdet, während fortschrittlich denkende Bilanzmagier und Finanzingenieure sich herausgefordert fühlen, nach geschäftlich verwertbaren Lücken zu suchen.

Vor diesem Hintergrund ist es nicht nur mutig, sondern vorausschauend und verdienstvoll, ein Übungsbuch „Internationale Rechnungslegung, Prüfung und Analyse. Aufgaben und Lösungen" herauszubringen. Es kann dazu beitragen, dass die als Befürchtung deutbare exhibitionistische Rechnungslegung zu einem anständigen Ende geführt wird.

In dem Übungsbuch werden die Vielfalt der Rechnungslegungsregeln, ihre fehlende Systematik und beeindruckende Umständlichkeit sowie ihre ungeheure Dynamik durch ständige Ergänzungen und Änderungen anhand von Fallstudien und Beispielen erlebbar gemacht.

Die Erläuterung der präzis unscharfen Definitionen und der oft praxisfernen, aber stets komplizierten Anwendungsregeln lassen den lernbegierigen Studenten und Wirtschaftsprüferkandidaten zum unentbehrlichen Bilanzexperten heranreifen, der zwar wenig Ahnung hat, was im Unternehmen vor sich geht, der aber genau weiß, wie das Geschehen im Jahresabschluss abzubilden ist.

Die Raffinesse und undurchschaubaren Dimension der Enthüllungspflichten werden jedem Analysten helfen, die fortwährenden Schieflagen seiner Prognosen plausibel und nachvollziehbar zu machen.

Ich wünsche dem vorliegenden Übungsbuch viele lernbereite und kritische Leser.

SEBASTIAN HAKELMACHER

Vorwort

Die Internationalisierung der Rechnungslegung hat in den vergangenen Jahren immer mehr an Bedeutung gewonnen. Mit der Entscheidung der EU-Kommission, die Aufstellung der Konzernabschlüsse börsennotierter EU-Unternehmen ab dem Jahre 2005 bzw. 2007 nach den International Financial Reporting Standards (IFRS) zu verlangen, hat diese Entwicklung in Europa ihren vorläufigen Höhepunkt erreicht. Eine Ausdehnung des Anwendungsbereichs der IFRS auch auf nicht börsennotierte Unternehmen und auf Einzelabschlüsse wird derzeit heftig diskutiert. Darüber hinaus ist die Unternehmenspublizität auch aufgrund des sich vollziehenden Wandels von der Industriegesellschaft zur Dienstleistungs- und Informationsgesellschaft fundamentalen Veränderungsprozessen unterworfen.

Vor diesem Hintergrund stellt die Vermittlung entscheidungsrelevanter Informationen – als primäre Zielsetzung internationaler Rechnungslegungsstandards – nicht nur die bilanzierenden Unternehmen, sondern auch die Wirtschaftsprüfer und nicht zuletzt die Analysten vor neue Herausforderungen. Das Ziel dieses Werks besteht deshalb darin – und damit grenzt es sich von anderen Lehr- und Übungsbüchern auf diesem Gebiet ab – Studierenden der Betriebswirtschaftslehre, aber auch interessierten Praktikern, Übungsaufgaben und Lösungen sowie Fallstudien zu präsentieren, welche die Teilbereiche der internationalen Rechnungslegung sowie der Prüfung und Analyse von internationalen Jahresabschlüssen gleichermaßen abdecken. Da im Bereich der Wirtschaftsprüfung bisher nur wenige Lehrbücher existieren, in denen Studierende und Praktiker bzw. Dozenten Aufgaben mit Lösungen oder Fallstudien für ihr Selbststudium bzw. zur Unterstützung von Lehrveranstaltungen finden können, soll das vorliegende Übungsbuch auch zur Schließung dieser Lücke beitragen.

Hierzu konnten 48 Autoren von 16 Universitäten und zwei Fachhochschulen sowie neun Vertreter aus der Praxis gewonnen werden, die sich den drei Teilbereichen aus den unterschiedlichsten Perspektiven nähern. Unser besonderer Dank gebührt diesen Autoren für ihre fachlich anspruchsvollen und innovativen Beiträge sowie die strikte Einhaltung des engen Zeitgerüsts. Schließlich dürfen wir auch Herrn WP/STB SEBASTIAN HAKELMACHER und Herrn DIPL.-VOLKSW. MARTIN WEIGERT danken, die mit ihrem großen Engagement unser Buchprojekt unterstützt haben.

GERRIT BRÖSEL   RAINER KASPERZAK

Inhaltsverzeichnis

Seite

I. Rechnungslegung 1

1. Grundlagen 3

Ziel und Zweck der Rechnungslegung – HGB, IFRS und
  US-GAAP im Vergleich
  Marcel Krosse 3

Fallbeispiel zur Umstellung der Rechnungslegung von HGB auf IFRS
  Corinna Boecker, Michael Reuter und Christian Zwirner 9

2. Ausgewählte Fallstudien zur Bilanzierung 24

Bewertung von Sachanlagen nach HGB und IFRS
  Rainer Buchholz 24

Die Bilanzierung von Programmvermögen nach HGB, IFRS und US-GAAP
  Heike Schorcht und Marcel Krosse 39

Bilanzierung von Leasingverhältnissen nach HGB und IFRS
  Sascha Mölls 55

Zum Ansatz des beizulegenden Zeitwerts nach IAS 40
  Michael Olbrich 67

Finanzinstrumente nach IAS 39 und HGB im Vergleich
  Ulrike Dürr und Andreas Gattung 74

Zurechnung des wirtschaftlichen Eigentums an Aktien und GmbH-Anteilen
  bei Kaufvertragsvereinbarungen unter Berücksichtigung von Put-
  und Call-Optionen – eine handels- und steuerrechtliche Analyse –
  Günther Strunk und Sylvia Bös 93

Zur bilanziellen Behandlung von Anteilen an Joint Ventures in der
  Rechtsform einer Gesellschaft bürgerlichen Rechts und der
  daraus resultierenden Erfolge nach HGB und IFRS
  Gerrit Brösel und Andreas Focke 99

Herstellungskostenermittlung nach HGB, IFRS und US-GAAP
  Julia Busch und Christian Zwirner 116

Die Abgrenzung latenter Steuern im Jahresabschluss
  Christian Zwirner, Julia Busch und Michael Reuter 134

Latente Steuern nach IAS 12
  Gerrit Adrian und Michael Wehrheim 151

Bewertung von Rückstellungen mit Hilfe der Optionspreistheorie
  Ralph L. Gierga und Joachim Krag 163

Die Abbildung von Verlusten im Jahresabschluss
  Christian Zwirner, Michael Reuter und Julia Busch 181

3. **Ausgewählte Fallstudien zur Konzernrechnungslegung** **192**

Abgrenzung des Konsolidierungskreises nach HGB und IFRS
  Julia Busch und Andreas Gattung 192

Erwerb, Besitz und Veräußerung eines Tochterunternehmens
  Klaus Henselmann 210

Fair-Value-Bewertung immaterieller Vermögenswerte
  Rainer Jäger und Holger Himmel 231

Bilanzierung von Geschäftswerten nach HGB und IFRS und die geplante
  Annährung an den Impairment-Only-Approach des FAS 142 durch
  den Exposure Draft 3 „Business Combinations" des IASB
  Jochen Biermann und Michael Hinz 246

Markenbewertung vor dem Hintergrund neuer Rechnungslegungs-
  anforderungen
  Martina Flögel, Karl-Heinz Maul und Daniela Schlünder 273

Der Abhängigkeitsbericht: Fallstudie – Polit AG
  Christian Zwirner und Marco Keßler 293

II. Prüfung 305

1. Grundlagen 307

Unternehmenspublizität in der Dienstleistungs- und Informationsgesellschaft
Rainer Kasperzak 307

Handelsrechtliche Jahresabschlussprüfung – Prüfungspflicht, Auswahl und Bestellung des Abschlussprüfers
Norbert Krawitz und Christina Hartmann 318

Abschlussprüfung der Philipp Holzmann AG oder „Don't Blame Us, We're Only Accountants" – Ein Fallbeispiel zur Funktion von Wirtschaftsprüfern
Hansrudi Lenz 331

Die Haftung des Abschlussprüfers
Julia Busch und Corinna Boecker 353

Wirtschaftsprüferermessen und risikoorientierte Prüfung
Walter Niemann 369

Die Auswirkungen des TransPuG auf die handelsrechtliche Jahresabschlussprüfung in Deutschland
Corinna Boecker und Julia Busch 384

2. Ausgewählte Einzelfragen 394

Systemgebundene Risikofrüherkennung nach § 91 Abs. 2 AktG und die Prüfung des Systems durch den Wirtschaftsprüfer
Alexander Lenz 394

Die Prüfung großer Prüffelder mittels Monetary-Unit-Sampling im Rahmen der Einzelfallprüfung
Maximilian K. P. Jung und Gerwald Mandl 411

Prüfung der Bilanzierung und Bewertung von ERP-Software
Bert Kaminski 422

Die Prüfung der Gewinn- und Verlustrechnung nach dem Gesamtkostenverfahren
Manfred Jürgen Matschke, Mathias Schellhorn und Gerrit Brösel 430

Matrizenmodelle als Hilfsmittel zur Prüfung ergebnisabhängiger
    Aufwendungen bei Kapitalgesellschaften
    Carl-Christian Freidank 449

Die Kapitalerhöhung aus Gesellschaftsmitteln als Gegenstand der Prüfung
    Bert Kaminski 470

Kreditprüfung durch den Wirtschaftsprüfer
    Wolfgang Nadvornik und Tanja Schuschnig................................... 485

3. Unternehmensbewertung 500

Unternehmensbewertung auf der Grundlage von Discounted Cash Flow
    (DCF)-Verfahren und des Economic Value Added (EVA)
    Stefan Dierkes und Stephanie Hanrath 500

Unternehmensbewertung mit DCF-Verfahren gemäß IDW-S1
    Thomas Hering 510

Die Argumentationsfunktion in der Unternehmensbewertung –
    „Rotes Tuch" oder „Blaues Band" für Wirtschaftsprüfer?
    Gerrit Brösel 515

III. Bilanzpolitik und -analyse 525

1. Bilanzpolitik 527

Grundlagen der Jahresabschlusspolitik
    Sylvia Schultz 527

Bilanzpolitik durch Ingangsetzungs- und Erweiterungsaufwendungen
    Jörn Littkemann, Axel Fietz, Michael Holtrup und Klaus Schulte 543

Gesamtkostenverfahren versus Umsatzkostenverfahren – Erstellung
    der Erfolgsrechnung, bilanzpolitische Überlegungen und
    Fallbeispiel zur Überleitung einer Gewinn- und Verlustrechnung
    vom Gesamtkostenverfahren zum Umsatzkostenverfahren
    Michael Reuter und Christian Zwirner 557

2. Bilanzanalyse 572

Jahresabschlussanalyse: Fallstudie – TELECOMMUNICA AG
Michael Wehrheim und Haiko Krause 572

Pro-forma-Kennzahlen aus Sicht der Erfolgsanalyse
Matthias Heiden 593

Die jahresabschlussbasierte Konkurrenzanalyse als Instrument des Competitor Accounting
Andreas Hoffjan 615

Rekonstruktion eines Kapitalwerts aus dem Einzeljahresabschluss
Stephan Kudert und Daniela Presser 636

Unternehmensanalyse mit Hilfe der Kapitalflußrechnung
Frank Keuper 653

IV. Bibliographie ausgewählter deutschsprachiger Übungsbücher und Lehrbücher mit Aufgaben und/oder Fallstudien zur Betriebswirtschaftslehre und zur Rechnungslegung sowie zur Prüfung und Analyse von Jahresabschlüssen
Gerrit Brösel und Heiko Burchert 675

1. Übungsbücher zur Betriebswirtschaftslehre 677

2. Übungsbücher zur Rechnungslegung sowie zur Analyse von Jahresabschlüssen 679

3. Lehrbücher mit Aufgaben und/oder Fallstudien zur Betriebswirtschaftslehre 681

4. Lehrbücher mit Aufgaben und/oder Fallstudien zur Rechnungslegung sowie zur Prüfung und Analyse von Jahresabschlüssen 683

Die Autoren des Bandes 687

I. Rechnungslegung

„Mit den angelsächsischen Standardisierern muß man nachsichtig sein. Sie arbeiten dilettantisch: denn sie entbehren der theoretischen Basis. Hätten sie auch nur *Schmalenbach* zur Kenntnis genommen, so wüssten sie immerhin, daß man das Vermögen falsch ermitteln muß, um den (vergleichbaren) Gewinn richtig ermitteln zu können."

ADOLF MOXTER

(Meinungsspiegel zum Thema: Neue Vermögensdarstellung in der Bilanz, in: BFuP, 55. Jg (2003), S. 480–490, hier S. 488 f.)

1. Grundlagen

Marcel Krosse

Ziel und Zweck der Rechnungslegung – HGB, IFRS und US-GAAP im Vergleich

Aufgabe 1

Erläutern Sie Ziel und Zweck der Rechnungslegung sowie den Aufbau des Jahresabschlusses nach

a) HGB,

b) IFRS sowie

c) US-GAAP.

Aufgabe 2

Stellen Sie die Ergebnisse aus der Aufgabe 1 synoptisch dar.

Lösung

Aufgabe 1

a) Die grundsätzliche Kodifikation der deutschen Privatrechtsordnung baut auf dem Bürgerlichen Gesetzbuch (BGB) und dem *Handelsgesetzbuch* (HGB) auf. Das dritte Buch des HGB beinhaltet die gesetzliche Grundlage für die Erstellung von Jahresabschlüssen deutscher Unternehmen unter Berücksichtigung der Grundsätze ordnungsmäßiger Buchführung (§ 243 HGB). Die Strukturierung des Jahresabschlusses für Personen- und Kapitalgesellschaften ist in verschiedenen Gesetzen, wie HGB, GmbH-Gesetz, Aktiengesetz oder Publizitätsgesetz niedergeschrieben. Die **Ziel**vorschrift zur Erstellung des Jahresabschlusses bildet § 264 Abs. 2 Satz 1 HGB. Demnach muss der Jahresabschluss (einer Kapitalgesellschaft) – unter Beachtung der Grundsätze ordnungsmäßiger Buchführung (GoB; vgl. auch § 243 Abs. 1 HGB) – ein den tatsächlichen Verhältnissen entsprechendes Bild der Vermögens-, Finanz- und Ertragslage (VFE-Lage) der Gesellschaft vermitteln. Die Generalnorm für die Buchführung ist zudem in § 238 Abs. 1 HGB kodifiziert.

Der **Zweck** der deutschen Rechnungslegung besteht in der Ermittlung des Periodenergebnisses unter besonderer Berücksichtigung des Gläubiger- und Gesellschafterschutzes. Weiterhin soll der Jahresabschluss die Vermögens-, Finanz- und Ertragslage des Unternehmens zum Bilanzstichtag dokumentieren und außenstehende Interessenten, wie Shareholder, Banken, Öffentlichkeit oder Staat, informieren. Rechenschaftslegung und Sicherung des Unternehmensbestandes stellen hierbei die zentralen Aspekte der deutschen Rechnungslegung dar.

Der Jahresabschluss umfasst dafür nach HGB grundsätzlich die Bilanz (in Kontenform; § 266 HGB) und die Gewinn- und Verlustrechnung (GuV) gemäß Gesamt- oder Umsatzkostenverfahren in Staffelform (§§ 275 ff. HGB). Für Kapitalgesellschaften ist zusätzlich der Anhang (§§ 284 ff. HGB) Bestandteil des Jahresabschlusses. Letzterer wird durch den Lagebericht (§ 289 HGB) ergänzt.

b) Die *International Financial Reporting Standards (IFRS)* sind nicht als nationale Rechnungslegungsgrundsätze zu verstehen, weil keine Berechtigung durch nationale Gesetzgeber besteht. Sie sind aus diesem Grund darauf ausgerichtet, ein konsistentes Rechnungslegungssystem zu schaffen, welches die Möglichkeit bietet, in nationale oder multinationale Rechnungslegungssysteme übernommen zu werden. Dies führt dazu, dass beispielsweise im Vergleich zu US-GAAP viele Wahlrechte implementiert werden mussten, um eine Übernahme in nationales Recht zu erleichtern.

Ziel und Zweck der finanziellen Konzernberichterstattung nach IFRS sind explizit im *framework* des International Accounting Standards Board (IASB) verankert, welches jedoch kein eigener Standard ist. Obwohl demnach die Standards dem framework gegenüber vorrangig zu behandeln sind, gilt es für die Rechnungslegung sämtlicher öffentlicher und privater Industrie-, Handels- und Dienstleistungsunternehmen, die einer Publizitätspflicht nach IFRS unterstehen. Das dominierende **Ziel**, wirtschaftliche Entscheidungen unter Berücksichtigung des Investorenschutzes auf Grund des Jahresabschlusses treffen zu können, wird durch das Konzept *true and fair view* unterstützt. Dieses eher „philosophische Konzept", welches ein den tatsächlichen Verhältnissen im Unternehmen entsprechendes Bild liefern soll, lässt sich nicht durch eine eindeutige Auswahl ausführlicher Vorschriften umschreiben.

Verfolgter **Zweck** der IFRS besteht in der *fair presentation* (getreue Darstellung) des Jahresabschlusses mit der Bedingung, dass alle International Accounting Standards strikt einzuhalten und mögliche Abweichungen gewissenhaft aufzuklären sind. Grundsätzlich sind die Verhältnisse am Bilanzstichtag maßgebend, wobei keine wertaufhellenden Tatsachen im Zusammenhang mit going concern (Unternehmensfortführung) vernachlässigt werden dürfen. Adressaten des Jahresabschlusses nach IFRS sind alle Stakeholder des Unternehmens, wie jetzige und zukünftige Investoren, Kreditgeber, Lieferanten und andere Kreditoren, Kunden, Öffentlichkeit sowie ebenfalls die Regierung und Behörden.

Der Jahresabschluss nach IFRS soll dem sehr weit gefassten Adressatenkreis den Einblick in die Vermögens-, Finanz- und Ertragslage (*financial position*) ermöglichen, die Veränderung dieser Positionen (*changes in financial positions*) aufzeigen und die wirtschaftliche Leistungsfähigkeit (*performance*) darstellen. Es soll demnach darüber informiert werden, ob das Unternehmen langfristig in der Lage ist, eine angemessene Verzinsung des eingesetzten Kapitals zu erzielen.

Zur Zielerfüllung stellt sich der Jahresabschluss nach IAS 1 *revised* (hervorgegangen aus dem E 53) im Wesentlichen wie folgt zusammen:

- Balance Sheet (Bilanz),
- Income Statement (Gewinn- und Verlustrechnung),
- Statement of Non-owner Movements in Equity (Ausweis der erfolgsneutralen Eigenkapitalveränderung),
- Cashflow Statement (Kapitalflussrechnung) und
- Notes (Anhanginformationen).

c) In der angloamerikanischen Bilanzierung dominieren die General Accepted Accounting Principles der USA (US-GAAP). Neben der Bilanzierung nach HGB sind die US-GAAP ebenfalls nationale Normierungsvorschriften, jedoch basieren diese auf case law (Einzelfallrecht) und der Besonderheit, einen Rahmen für die Bilanzierung vorzugeben, wobei die wenigsten Bilanzierungsvorschriften gesetzlich verankert sind.

In den USA besteht grundsätzlich keine Bilanzierungspflicht, jedoch verlangt die Börsenaufsicht, die Securities an Exchange Commission (SEC), bei Notierung an einer Börse der USA die Prüfung und Publizität dieser Unternehmen (Publikumsgesellschaften) nach US-GAAP. Erfolgt eine freiwillige Prüfung durch einen Wirtschaftsprüfer bei übrigen Unternehmen, so sind diese verpflichtet, GAAP-Maßstäbe anzuwenden, so dass die US-GAAP als allgemeingültige Rechnungslegungsvorschriften der Vereinigten Staaten von Amerika anzusehen sind.

Die GAAP werden definiert und determiniert durch das Financial Accounting Standards Board (FASB) sowie dem American Institute of Certified Public Accountants (AICPA). Die verfassten Grundsätze werden durch die SEC anerkannt und haben somit Gesetzescharakter, obwohl die GAAP weder Gesetze sind, noch gesetzlichen Vorschriften unterliegen. Es wird bei den Bilanzierungsvorschriften unterschieden zwischen formellen (*promulgated*) und informellen (*non-promulgated*) GAAP. Die formellen sind schriftlich fixiert, von der FASB erlassen und das Ergebnis eines formalisierten Prozesses. Die informellen Grundsätze entstehen aus der allgemeinen Anerkennung wiederholter Rechnungslegungspraktiken durch die Organisation der amerikanischen Wirtschaftsprüfer, der AICPA.

Ziel der GAAP ist es – wie bei den IFRS – wirtschaftliche Entscheidungen für jetzige und zukünftige Investoren und somit eine effiziente Funktionsweise des Kapitalmarktes zu unterstützen. Der Jahresabschluss nach US-GAAP soll die Unternehmensverhältnisse angemessen darstellen (*fair presentation*) und baut auf dem Conceptual Framework der FASB mit den Statements of Financial Accounting Concepts (SFAC) als allgemeine Rechnungslegungsgrundsätze auf.

Die Bestandteile des Jahresabschlusses sind schließlich:

- Income Statement (Gewinn- und Verlustrechnung nach dem Umsatzkostenverfahren),
- Statement of changes in stockholder equity (Eigenkapitalveränderungsrechnung),
- Balance Sheet (Bilanz),
- Cashflow Statement (Kapitalflussrechnung),
- Notes (Zusatzinformationen) und
- Management's Discussion and Analysis (Managementbericht).

Auch hier liegt der **Zweck** in der Berichterstattung auf der Vermittlung entscheidungsrelevanter Informationen über die Vermögens-, Finanz- und Ertragslage des Unternehmens unter Berücksichtigung der Entstehung, Zusammensetzung und Darstellung des Periodenergebnisses (*accrual principles*) nach SFAC no. 6. Das Unternehmen soll darüber Rechenschaft ablegen, ob es in der Lage ist, liquide Mittel zu erwirtschaften sowie mit dem anvertrauten Kapital sinnvoll und ertragreich umzugehen.

Der Adressatenkreis der Jahresabschlussdaten umfasst ebenfalls nicht nur Shareholder, sondern auch Stakeholder.

Corinna Boecker, Michael Reuter und Christian Zwirner

Fallbeispiel zur Umstellung der Rechnungslegung von HGB auf IFRS

Zur Verbesserung der Vergleichbarkeit der Jahresabschlüsse von Unternehmen mit Sitz in der EU wurde am 19. Juli 2002 die Verordnung (EG) Nr. 1606/2002 des Europäischen Parlaments und des Rates betreffend die Anwendung internationaler Rechnungslegungsstandards erlassen. Danach haben kapitalmarktorientierte Unternehmen grundsätzlich für Geschäftsjahre, die am oder nach dem 01. Januar 2005 beginnen, ihren Konzernabschluss nach den Regelungen der IFRS zu erstellen. Den einzelnen EU-Mitgliedstaaten steht es frei, sowohl nicht-kapitalmarktorientierten Unternehmen die Anwendung der IFRS in ihrem Konzernabschluss als auch eine generelle Anwendung im Einzelabschluss verbindlich vorzuschreiben oder auf freiwilliger Basis zu gestatten (so genanntes Mitgliedstaatenwahlrecht).

Darüber hinaus wird im Zusammenhang mit den Bonitäts- und Ratinganforderungen nach Basel II in der Literatur die Vorteilhaftigkeit einer (freiwilligen) Anwendung der IFRS diskutiert.

Vor diesem Hintergrund überlegt die Geschäftsführung der mittelständischen BRZ-GmbH, die vorwiegend im Automobilzulieferbereich für Bremsen, Reifen und Zylinder und im Fertigungsanlagenbau tätig ist, inwieweit eine Umstellung ihrer bisher handelsrechtlichen Rechnungslegung auf die Regelungen der IFRS den Bilanz- und Erfolgsausweis tangiert und die frühzeitige Umstellung in Hinblick auf ein Bonitätsrating der GmbH nützt bzw. von bilanzpolitischem Vorteil ist.

Aufgabe 1

Im Juni 2003 wurde vom *International Accounting Standards Board* (IASB) der Standard IFRS 1 *First-time Adoption of International Financial Reporting Standards* verabschiedet. Dieser regelt die Vorgehensweise bei der erstmaligen Anwendung der Rechnungslegungsnormen der IFRS. Stellen Sie die wesentlichen Punkte gemäß IFRS 1 dar, die für ein Unternehmen bei einer Umstellung auf IFRS von Relevanz sind.

Aufgabe 2

Nennen und erläutern Sie kurz wesentliche Unterschiede der Bilanzierung und Bewertung einzelner Bilanzposten nach HGB und IFRS.

Aufgabe 3

Die HGB-Bilanz der BRZ-GmbH zum 31. Dezember 2003 sieht wie folgt aus:

Aktiva			Bilanz der BRZ-GmbH zum 31. Dezember 2003 nach HGB in TEuro		Passiva
Aufwendungen für die Ingangsetzung und Erweiterung des Geschäftsbetriebs		10	**Eigenkapital** Stammkapital Kapitalrücklage Gewinnrücklagen	50 30 180	**280**
Anlagevermögen IAV Sachanlagen Finanzanlagen	5 255 50	310	Jahresüberschuss **SoPo**	20	**30**
Umlaufvermögen Vorräte Forderungen Finanzanlagen des UV Zahlungsmittel	145 65 30 40	280	**Fremdkapital** Rückstellungen Verbindlichkeiten	95 195	**290**
		600			**600**

Stellen Sie unter Berücksichtigung der nachfolgenden Prämissen eine IFRS-konforme Bilanz der BRZ-GmbH zum 31. Dezember 2003 auf.

1. Zu Beginn des Jahres 2001 wurden gemäß § 269 HGB Aufwendungen für die Ingangsetzung und Erweiterung des Geschäftsbetriebs i. H. v. 40 TEuro gebildet, die jährlich zu 25% abgeschrieben werden.

2. Das immaterielle Anlagevermögen (IAV) besteht aus einem erworbenen Patent, das dem Unternehmen von einem Altgesellschafter übertragen wurde und langfristig zur Verfügung steht; eine planmäßige Abschreibung findet nicht statt.

3. Aufwendungen des Geschäftsjahrs für selbst entwickelte Software im Zusammenhang mit der Produktentwicklung im Wert von 25 TEuro sind gemäß § 248 Abs. 2 HGB nicht aktiviert worden. Die Voraussetzungen nach IAS 38.45 sind erfüllt. Die BRZ-GmbH geht – beginnend mit dem Geschäftsjahr 2003 – von einer Nutzungsdauer von fünf Jahren aus.

4. Im Geschäftsjahr ist auf die Sachanlagen eine steuerliche Sonderabschreibung i. H. v. 50 TEuro vorgenommen worden.

5. Für die langfristigen Verbindlichkeiten wurden im Geschäftsjahr 2003 Zinsen i. H. v. 15 TEuro gezahlt; hiervon entfallen 10 TEuro auf so genannte *qualifying assets* (unter den Sachanlagen erfasst) und sollen nach IAS 23.11 aktiviert werden. In den Vorperioden waren die Voraussetzungen hierfür nicht erfüllt. Die Restnutzungsdauer der betreffenden *qualifying assets* beträgt – beginnend ab dem 01. Januar 2003 – vier Jahre.

6. Unter den Finanzanlagen wurden i. H. v. 20 TEuro börsennotierte Wertpapiere einer jederzeit veräußerbaren strategischen Beteiligung (*available-for-sale*-Papiere) ausgewiesen, deren aktueller Börsenwert den Bilanzansatz um 15 TEuro übersteigt. Das Unternehmen macht von dem Wahlrecht nach IAS 39.103.(b)(ii) Gebrauch, Wertschwankungen bis zur Realisation erfolgsneutral im Eigenkapital zu erfassen.

7. Die Vorräte wurden in der Bilanz zu Teilkosten aktiviert, die nicht aktivierten zurechenbaren Gemeinkostenanteile betragen 165 TEuro. 60% der betroffenen Vorräte wurden im Jahr 2003 gefertigt, 40% stellen bereits in Vorperioden produzierte Güter dar.

8. Erhaltene Anzahlungen i. H. v. 10 TEuro sind in der Bilanz offen von den Vorräten abgesetzt worden.

9. Wendet man zur Umsatz- und Ertragsrealisation die *percentage-of-completion-method* an (im Vorjahr waren die Voraussetzungen noch nicht erfüllt), muss eine weitere Forderung i. H. v. 20 TEuro eingebucht werden.

10. Die Finanzanlagen des Umlaufvermögens beinhalten zwei verschiedene Sorten Wertpapiere, die nach IAS 39 der Kategorie *held for trading* zuzurechnen sind. Bei Wertpapier A (Anschaffungskosten 20 TEuro) liegt der Börsenkurs zum Bilanzstichtag 75% über den ursprünglichen Anschaffungskosten. Bei Wertpapier B (Anschaffungskosten 10 TEuro) liegt zum 31. Dezember 2003 der Börsenkurs um 3,5 TEuro über den ursprünglichen Anschaffungskosten.

11. Im Vorjahr wurde ein Sonderposten (SoPo) i. H. v. 30 TEuro aufgrund steuerfreier Zuschüsse gebildet.

12. Die Bewertung der Pensionsrückstellungen nach der *projected-unit-credit-method* gemäß den Vorschriften der IFRS ergibt einen um 35 TEuro höheren Ansatz als bisher in der Handels- bzw. Steuerbilanz. Die Pensionsrückstellungen betragen zum 31. Dezember 2003 70 TEuro, zum 01. Januar 2003 betrugen sie 60 TEuro.

13. Bei einer nach HGB mit 15 TEuro ausgewiesenen und erstmals im Geschäftsjahr 2003 gebildeten ‚sonstigen Rückstellung' handelt es sich um eine Instandhaltungsrückstellung.

14. Weitere 10 TEuro betreffen Rückstellungen für Drittverpflichtungen.

- Es sind weder effektive noch latente Steuern zu berücksichtigen.

Aufgabe 4

a) Welche Veränderungen ergeben sich durch die in Aufgabe 3 vorgenommene Umstellung von HGB auf die Regelungen der IFRS für die Gewinn- und Verlustrechnung des Geschäftsjahrs 2003 der BRZ-GmbH (bei Anwendung des Gesamtkostenverfahrens) respektive für das bilanzielle Eigenkapital?

b) Hat die BRZ-GmbH unter Rating-Gesichtspunkten und bilanzpolitischen Aspekten (d. h. im Sinne von Bilanz- und Ertragskennzahlen) Vorteile aus einer Umstellung ihrer Rechnungslegung von HGB auf IFRS? Zeigen Sie anhand der Daten aus Aufgabe 3, wie sich beispielsweise die EK-Quote bzw. die EK-Rentabilität des Geschäftsjahrs 2003 verändert haben.

c) Die BRZ-GmbH möchte expandieren; dazu benötigt sie weiteres Kapital. Die Geschäftsleitung überlegt, ob eine höhere Kreditaufnahme sinnvoll ist oder sich sogar die Umwandlung in eine AG und ein anschließender Börsengang für sie lohnt. Beschreiben Sie kurz, wie eine Darlehensaufnahme und ein Börsengang nach HGB und IFRS bilanziell abgebildet würden.

Aufgabe 5

Der Anhang bzw. die *notes* stellen ein Berichtsinstrument dar, welches im Jahresabschluss Zusatzinformationen zu den Rechenwerken bereitstellt. Dabei werden dort sowohl quantitative als auch qualitative Informationen vermittelt. Mit Blick auf eine sachgerechte Darstellung der Vermögens-, Finanz- und Ertragslage sind sie von wesentlicher Bedeutung. Die Erläuterungen im Anhang bzw. in den *notes* weichen voneinander ab, je nachdem, ob die Grundsätze des HGB oder der IFRS zur Anwendung kommen. Stellen Sie kurz dar, welche Unterschiede sich zwischen der Konzeption des Anhangs nach HGB bzw. der *notes* nach IFRS ergeben.

Lösung

Aufgabe 1

Die neue Vorschrift IFRS 1 *First-time Adoption of International Financial Reporting Standards* wurde am 19. Juni 2003 vom IASB veröffentlicht, ersetzt die bisher gültigen rudimentären Bestimmungen des SIC 8 und ist anzuwenden auf Geschäftsjahre, die am 01. Januar 2004 oder später beginnen. Eine frühere Anwendung ist – mit entsprechender Anhangangabe – erlaubt und auch erwünscht. Der Standard regelt die Vorgehensweise bei der Umstellung der Rechnungslegung auf die Normen der IFRS und ist mit Blick auf die steigende Umstellungstendenz aufgrund des EU-Entscheids vom 19. Juli 2002 von großer Bedeutung.

Im Vergleich zu der bisherigen Regelung des SIC 8 stellt IFRS 1 eine Vereinfachung dar. Nach SIC 8 war der erste IFRS-Abschluss so zu erstellen, als ob das Unternehmen schon immer IFRS angewendet hätte, um somit die intertemporale Vergleichbarkeit und auch die Vergleichbarkeit aller nach IFRS Rechnung legender Unternehmen zu ermöglichen. Damit verbunden war allerdings eine schwierige und komplexe Datenermittlung. Für alle Geschäftsvorfälle mussten die zum jeweiligen Entstehungszeitpunkt gültigen Vorschriften, auch wenn sie mittlerweile veraltet und nicht mehr relevant waren, herangezogen werden. IFRS 1 verlangt dagegen keine vollständige retrospektive Anwendung aller früheren Standards und stellt somit eine Erleichterung für die umstellenden Unternehmen dar. Unter bestimmten Voraussetzungen gelten Befreiungen (sechs Fälle) und Verbote (drei Fälle) von der rückbezogenen Anwendung.

Entsprechend IFRS 1 ist dann von einer erstmaligen Anwendung der IFRS auszugehen, wenn ein Abschluss erstmals uneingeschränkt auf Grundlage dieser Normen aufgestellt wurde. Dies ist einerseits der Fall, wenn in der Vergangenheit lediglich eine Überleitungsrechnung oder nur ein IFRS-Abschluss eines Tochterunternehmens für Konsolidierungszwecke angefertigt wurde. Andererseits sind die Voraussetzungen dagegen nicht erfüllt, wenn bereits ein so genannter dualer Abschluss veröffentlicht wurde. Da bei einem IFRS-Abschluss nicht nur die aktuellen Zahlen, sondern auch die Vorjahreswerte diesen Vorschriften genügen müssen, ist von einer Vorlaufzeit von zwei Jahren bis zum ersten IFRS-konformen Abschluss auszugehen. Somit ist bei einer erstmaligen Anwendung der IFRS zum 31. Dezember 2005 der relevante Übergangsstichtag (*date of transition*) der 31. Dezember 2003 respektive der 01. Januar 2004. Auf diesen Zeitpunkt ist eine Eröffnungsbilanz aufzustellen, welche aber nicht veröffentlicht werden muss. Dort werden alle Vermögenswerte und Schulden nach den zum Abschlussstichtag gültigen IFRS bewertet, etwaige Differenzen zur letzten HGB-Schlussbilanz werden erfolgsneutral in den Gewinnrücklagen erfasst.

IFRS 1 sieht drei Fälle vor, in denen eine retrospektive Anwendung früherer Standards verboten ist. Zum einen ist hier der Bereich *finanzieller Vermögenswerte und Schulden* im Sinne von IAS 39 zu nennen. Wurden diese bereits vor dem 01. Januar 2001 (zu diesem Zeitpunkt wurde die Anwendung von IAS 39 verpflichtend) unter nationalem Recht ausgebucht, dürfen sie auch nicht in die IFRS-Eröffnungsbilanz übernommen werden (vgl. IFRS 1.27). Darüber hinaus dürfen auch *Sicherungsbeziehungen* (*hedge accounting*) unter bestimmten Voraussetzungen keinen Eingang in die IFRS-Eröffnungsbilanz finden (vgl. IFRS 1.28 ff.). Das dritte Verbot betrifft das Problem der Wertaufhellung: Bei notwendigen *Schätzungen* müssen die zum Zeitpunkt des jeweiligen Geschäftsvorfalls gegebenen Verhältnisse zugrunde gelegt werden, es dürfen keine im Nachhinein bekannt gewordenen Erkenntnisse berücksichtigt werden. Deshalb sind die nach nationalem Recht getroffenen Schätzungen ohne Veränderungen in die IFRS-Eröffnungsbilanz zu übernehmen.

In sechs Fällen eröffnet IFRS 1 dem Bilanzierenden ein Wahlrecht zu einer retrospektiven Anwendung der IFRS. Dieses Wahlrecht bezieht sich zunächst auf den Bereich der *Unternehmenszusammenschlüsse*. Dort darf IAS 22 auch prospektiv berücksichtigt werden, da mit einer nachträglichen Ermittlung von *fair values* unter Umständen ein hoher Aufwand verbunden ist. Außerdem dürfen angewandte Konsolidierungsmethoden genauso beibehalten werden wie eine nach nationalem Recht erlaubte erfolgsneutrale Verrechnung des Goodwills mit den Gewinnrücklagen (vgl. IFRS 1.15 sowie Appendix B). Oftmals stimmen die nach HGB zugrunde gelegten *Abschreibungsdauern und -methoden* nicht mit den IFRS-Vorschriften überein. Auf die Ermittlung der fortgeführten Buchwerte entsprechend IAS 16 für die IFRS-Eröffnungsbilanz darf auch zugunsten eines Ansatzes mit dem *fair value* verzichtet werden (vgl. IFRS 1.16 ff.). Im Bereich der Bilanzierung von *Pensionsverpflichtungen* besteht ein Wahlrecht, die kumulierten versicherungsmathematischen Gewinne und Verluste erfolgsneutral in der IFRS-Eröffnungsbilanz zu erfassen (*fresh start*, vgl. IFRS 1.20). Bei bestehenden *Währungsumrechnungsdifferenzen* eröffnet sich dem Bilanzierenden die Möglichkeit, diese in der IFRS-Eröffnungsbilanz kumuliert mit dem Wert null anzusetzen (*fresh start*, vgl. IFRS 1.21 f.). Bei (aus Eigen- und Fremdkapital) *zusammengesetzten Finanzinstrumenten* darf – falls die Verbindlichkeit zum Stichtag der IFRS-Eröffnungsbilanz nicht mehr besteht – auf die Trennung des Eigenkapitals in das ursprüngliche Eigenkapital einerseits sowie den Zinsanteil der Verbindlichkeit andererseits verzichtet werden (vgl. IFRS 1.23). Wird ein *Tochter-, Gemeinschafts- oder assoziiertes Unternehmen* zeitlich nach dem Stichtag der IFRS-Eröffnungsbilanz des Mutterunternehmens *selbst IFRS-Erstanwender*, dürfen entweder die schon nach IFRS ermittelten Konzernbuchwerte oder die in der IFRS-Eröffnungsbilanz des Mutterunternehmens angesetzten Werte in den nach IFRS zu erstellenden Jahresabschluss des Tochterunternehmens eingehen. Im umgekehrten Fall, d. h., wenn die Tochter vor der Mutter ihre Rechnungslegung auf IFRS umgestellt hat, sind für das Mutterunternehmen die IFRS-Wertansätze aus dem Einzelabschluss des Tochterunternehmens maßgebend.

Aufgabe 2

- Aufwendungen für die Ingangsetzung und Erweiterung des Geschäftsbetriebs dürfen nach IFRS nicht aktiviert werden, sondern müssen direkt aufwandswirksam berücksichtigt werden.

- Nach HGB dürfen Geschäfts- oder Firmenwerte auch erfolgsneutral mit den Rücklagen verrechnet werden. Nach IAS 22 ist dies nicht zulässig; Geschäfts- oder Firmenwerte sind zu aktivieren und über ihre jeweilige Nutzungsdauer erfolgswirksam abzuschreiben.

- Entwicklungskosten sind entgegen § 248 Abs. 2 HGB nach IAS 38 als immaterielle Vermögenswerte zu aktivieren, sofern die Herstellung der entwickelten Produkte dem Unternehmen einen wirtschaftlichen Nutzen bringen wird.

- Das bewegliche Sachanlagevermögen darf nach IFRS nur linear – nicht hingegen wahlweise auch degressiv – abgeschrieben werden. Der Abschreibung wird die betriebswirtschaftliche Nutzungsdauer und nicht eine steuerliche zugrunde gelegt; steuerliche Abschreibungen sind im IFRS-Abschluss nicht zulässig.

- Gemäß IAS 2 sind Vorräte zu Vollkosten zu bewerten; ein Ansatz zu Teilkosten, wie nach § 255 Abs. 2 HGB möglich, ist unzulässig. Erhaltene Anzahlungen dürfen nicht von den Vorräten offen abgesetzt werden, sondern sind unter den Verbindlichkeiten auszuweisen.

- Bei Langfristfertigung werden – bei Vorliegen der Voraussetzungen gemäß IAS 11 – nach der *percentage-of-completion-method* Umsätze und Erträge entsprechend dem effektiven Baufortschritt realisiert. Nach HGB und der so genannten *completed-contract-method* dürfen Umsatz und Ertrag erst bei Erfüllung des Vertrags oder einer abgrenzbaren Teilleistung/-lieferung ausgewiesen werden.

- Während nach § 253 Abs. 1 HGB Vermögensgegenstände nicht höher als mit ihren Anschaffungskosten angesetzt werden dürfen, werden nach IAS 39 weiterveräußerbare sowie ausschließlich zu Handelszwecken gehaltene Wertpapiere zum Marktwert bilanziert.

- Der Ansatz rein steuerlich motivierter Posten (Sonderposten mit Rücklageanteil) ist nach IFRS unzulässig.

- Die Abgrenzung von Differenzen, auf die latente Steuern zu bilden sind, ist nach IAS 12 weiter gefasst als nach den §§ 274 und 306 HGB. Ferner sind unter bestimmten Voraussetzungen nach IFRS auch aktive latente Steuern auf steuerliche Verlustvorträge zu bilden (vgl. IAS 12.34ff.).

- Nach HGB werden die Pensionsrückstellungen regelmäßig in Anlehnung an das steuerlich vorgeschriebene Teilwertverfahren nach § 6a EStG bewertet. Nach IAS 19 kommt hingegen das Anwartschaftsbarwertverfahren (*projected-unit-credit-method*) zur Anwendung, bei dem auch zukünftige Steigerungen von Renten und Gehältern zu berücksichtigen sind.

- Rückstellungen sind gemäß IAS 37 nur dann zu bilden, wenn eine externe Verpflichtung vorliegt, eine Inanspruchnahme wahrscheinlich und die Höhe der Rückstellung zuverlässig zu schätzen ist. Aufwandsrückstellungen, z. B. für unterlassene Instandhaltung, dürfen somit nach IFRS nicht gebildet werden.

Aufgabe 3

Die Bilanz der BRZ-GmbH zum 31. Dezember 2003 sieht nach der Umstellung auf IFRS – ohne Berücksichtigung von (latenten und effektiven) Steuern – wie folgt aus:

Aktiva		Bilanz der BRZ-GmbH zum 31. Dezember 2003 nach IFRS in Teuro		Passiva
Anlagevermögen		402,5	**Eigenkapital**	576
IAV	25		Stammkapital 50	
Sachanlagen	312,5		Kapitalrücklage 30	
Finanzanlagen	65		Gewinnrücklagen 241	
			Jahresüberschuss 255	
Umlaufvermögen		493,5		
Vorräte	320		**Fremdkapital**	320
Forderungen	85		Rückstellungen 115	
Finanzanlagen des UV	48,5		Verbindlichkeiten 205	
Zahlungsmittel	40			
		896		**896**

Im Folgenden werden kurze Erläuterungen der einzelnen Geschäftsvorfälle und die entsprechenden Veränderungen der Posten der Bilanz und der Gewinn- und Verlustrechnung dargestellt sowie die einzelnen Buchungssätze (BS) angegeben. Aus Vereinfachungsgründen wurden einzelne Buchungen in den Positionen ‚sonstige betriebliche Erträge' und ‚sonstige betriebliche Aufwendungen' bzw. ‚Gewinnrücklagen' zusammengefasst.

Nr.	Erläuterung	Positionsveränderung/ Ergebniswirkung
1	Die zu Beginn des Geschäftsjahrs noch aktivierten Ingangsetzungsaufwendungen sind gegen die Gewinnrücklagen (GRL) aufzulösen; die im Geschäftsjahr darauf vorgenommene Abschreibung ist zugunsten des Jahresüberschusses (JÜ) zu stornieren.	GRL – 20 Ingangs.aufw. – 10 Abschr.aufw. – 10 → JÜ + 10
BS	Gewinnrücklagen 20 an Ingangsetzungsaufwendungen 10 Abschreibungen 10	
2	Die Behandlung des erworbenen Patents nach IFRS entspricht der nach HGB.	---

Nr.	Erläuterung	Positionsveränderung/ Ergebniswirkung
3	Das immaterielle Anlagevermögen (IAV) erhöht sich um die nach IAS 38 zu aktivierenden Entwicklungskosten i. H. v. 25 TEuro abzüglich der planmäßigen Abschreibung von 5 TEuro; der Jahresüberschuss erhöht sich um 20 TEuro.	IAV + 20 (= 25 – 5) Abschr.aufw. + 5 ⎤ JÜ s. b. Aufw. – 25 ⎦ + 20
BS	IAV 20 an s. b. Aufwendungen 25 Abschreibungen 5	
4	Die steuerliche Sonderabschreibung ist nach IFRS nicht zulässig und wird zurückgedreht; dadurch erhöhen sich die Sachanlagen (SAV) und der Jahresüberschuss um 50 TEuro.	SAV + 50 Abschr.aufw. – 50 → JÜ + 50
BS	Sachanlagen 50 an Abschreibungen 50	
5	Die im Zusammenhang mit den *qualifying assets* stehenden Fremdkapitalzinsen sind bei den Sachanlagen zu aktivieren und abzuschreiben.	SAV + 7,5 (= 10 – 2,5) Abschr.aufw. + 2,5 ⎤ JÜ Zinsaufw. – 10 ⎦ + 7,5
BS	Sachanlagen 7,5 an Zinsaufwand 10 Abschreibungen 2,5	
6	Der Wertansatz der unter den Finanzanlagen (FAV) ausgewiesenen jederzeit weiterveräußerbaren Wertpapiere ist nach IAS 39 um 15 TEuro zu erhöhen; in gleichem Maße verändern sich die Gewinnrücklagen.	FAV + 15 GRL + 15
BS	Finanzanlagen 15 an Gewinnrücklagen 15	
7	Da nach IAS 2 die Vorratsbewertung zu Vollkosten zu erfolgen hat, werden die Vorräte in der Bilanz um die zugehörigen Gemeinkostenanteile (165 TEuro) erhöht; diese Neubewertung erhöht in gleichem Maße den Jahresüberschuss um 99 TEuro (= 60% von 165 TEuro) und die Gewinnrücklagen um 66 TEuro (= 40% von 165 TEuro).	Vorräte + 165 GRL + 66 s.b. Aufw. – 99 → JÜ + 99
BS	Vorräte 165 an Gewinnrücklagen 66 s. b. Aufwendungen 99	
8	Die nach HGB mit den Vorräten verrechneten erhaltenen Anzahlungen sind nach IFRS unter den Verbindlichkeiten auszuweisen, so dass sich beide Bilanzansätze um jeweils 10 TEuro erhöhen.	Vorräte + 10 Verbindlichkeiten + 10
BS	Vorräte 10 an Verbindlichkeiten 10	

Nr.	Erläuterung	Positionsveränderung/Ergebniswirkung
9	Die weitere Umsatz- und Ertragsrealisierung von 20 TEuro führt nach IFRS zu einem Ansteigen der Periodenumsätze (UE) und der Forderungen.	Ford. + 20 UE + 20 → JÜ + 20
BS	Forderungen 20 an Umsatzerlöse	20
10	Die Wertpapiere des Umlaufvermögens (FA des UV) sind an ihre *fair values* anzupassen und erhöhen sich in gleichem Maße wie das Periodenergebnis.	FA des UV + 18,5 (= 75% · 20 + 3,5) s.b. Erträge + 18,5 → JÜ + 18,5
BS	Finanzanlagen des UV 18,5 an s. b. Erträge	18,5
11	Der SoPo ist nach IFRS unzulässig und daher gegen die Gewinnrücklagen aufzulösen.	SoPo − 30 GRL + 30
BS	SoPo 30 an Gewinnrücklagen	30
12	Die abweichende Bewertung der Pensionsrückstellung führt bei der Umstellung auf IFRS zu einer Erhöhung der ausgewiesenen Rückstellungen (RSt) i. H. v. 35 TEuro sowie zu einer Reduktion der Gewinnrücklagen i. H. v. 30 TEuro (6/7) und des Jahresüberschusses i. H. v. 5 TEuro (1/7).	RSt + 35 GRL − 30 Personalaufw. + 5 → JÜ − 5 [6/7 · 35 = 30; 1/7 · 35 = 5]
BS	Gewinnrücklagen 30 an (Pensions-)Rückstellungen 35 Personalaufwand 5	
13	Da nach IAS 37 Rückstellungen nur bei Vorliegen von so genannten Drittverpflichtungen gebildet werden dürfen, ist die nach HGB gebildete Instandhaltungsrückstellung unzulässig und führt zu einer Reduktion i. H. v. 15 TEuro bei den Rückstellungen und einer gleich hohen Mehrung des Jahresergebnisses.	RSt − 15 s. b. Aufw. − 15 → JÜ + 15
BS	Rückstellungen 15 an s. b. Aufwendungen	15
14	Die Behandlung der Rückstellungen für Drittverpflichtungen nach IFRS entspricht der nach HGB.	---

Folglich werden die Gewinnrücklagen in der Summe um 61 TEuro, der Jahresüberschuss um insgesamt 235 TEuro erhöht.

Aufgabe 4

a) Die Gewinn- und Verlustrechnung 2003 der BRZ-GmbH verändert sich durch die IFRS-Umstellung wie folgt:

Umsatzerlöse	+ 20
s. b. Erträge	+ 18,5
Personalaufwand	+ 5
Abschreibungen	− 52,5
s. b. Aufwendungen	− 139
Zinsaufwand	− 10
Jahresüberschuss	+ 235

Damit steigt der Jahresüberschuss im Beispielsachverhalt durch die Umstellung auf IFRS um 235 TEuro.

Das bilanzielle Eigenkapital der BRZ-GmbH zum 31. Dezember 2003 verändert sich durch die IFRS-Umstellung wie folgt:

Stammkapital	unverändert
Kapitalrücklage	unverändert
Gewinnrücklagen	+ 61
Jahresüberschuss	+ 235
Eigenkapital	+ 296

Somit hat sich das bilanziell ausgewiesene Eigenkapital zum 31. Dezember 2003 durch die Umstellung auf IFRS im Beispielsachverhalt um 296 TEuro erhöht.

b) Die Umstellung von HGB auf IFRS führt zu den nachfolgenden Veränderungen in der Bilanz und der Gewinn- und Verlustrechnung der BRZ-GmbH:

Position	nach HGB	nach IFRS	Veränderung
Anlagevermögen	310	402,5	+ 30%
Umlaufvermögen	280	493,5	+ 76%
Eigenkapital	280	576	+ 106%
Fremdkapital	290	320	+ 10%
Bilanzsumme	600	896	+ 49%
Jahresüberschuss	20	255	+ 1.175%

Daraus ergeben sich folgende bilanzanalytische Kennzahlen:

Anlagevermögen / Bilanzsumme	52%	45%	−13%
Umlaufvermögen / Bilanzsumme	47%	55%	+17%
Eigenkapital / Bilanzsumme	47%	64%	+36%
Fremdkapital / Bilanzsumme	48%	36%	−25%
Jahresüberschuss / Eigenkapital	7%	44%	+529%

Es zeigt sich, dass die Umstellung der Rechnungslegung auf IFRS unter Rating-Gesichtspunkten und bilanzpolitischen Aspekten Vorteile bringt: Das Eigenkapital wird mehr als verdoppelt und die Eigenkapitalquote steigt um mehr als ein Drittel. Obwohl das in der Bilanz ausgewiesene Fremdkapital um 10% steigt, verringert sich die Fremdkapitalquote aufgrund der um 49% gestiegenen Bilanzsumme um 25%. Das Periodenergebnis steigt sogar um 1.175%! Die Anteile von Anlage- und Umlaufvermögen an der Bilanzsumme verschieben sich zugunsten des Umlaufvermögens, woraus bilanzanalytisch unter Umständen eine schnellere Veräußerbarkeit des gebundenen Kapitals abgeleitet werden könnte. Der Anteil des Periodenergebnisses am gesamten ausgewiesenen Eigenkapital verändert sich von 7% nach HGB auf 44% bei IFRS, was einer Steigerung von 529% entspricht.

c) Nach HGB und IFRS werden Darlehen und sonstige Kredite unter der Position ‚Verbindlichkeiten' auf der Passivseite ausgewiesen. Für ein gegebenenfalls zu zahlendes Disagio besteht nach HGB ein Wahlrecht, diesen Unterschiedsbetrag entweder in voller Höhe als Zinsaufwand erfolgswirksam in der Gewinn- und Verlustrechnung zu berücksichtigen oder gemäß § 250 Abs. 3 HGB in den aktivischen Rechnungsabgrenzungsposten einzustellen und über die Laufzeit der Verbindlichkeit ratierlich erfolgswirksam aufzulösen. Nach den Regeln der IFRS ist ein Disagiobetrag in jedem Fall über die Laufzeit zu verteilen, ein Wahlrecht wie nach HGB besteht hier nicht.

In Zusammenhang mit einem Börsengang wird vielfach eine Kapitalerhöhung durchgeführt. Die dadurch erhaltenen Gelder finden auf der Aktivseite ihren Niederschlag als Zahlungsmittel (bei einer Sachkapitalerhöhung werden die entsprechenden Aktivkonten tangiert). Im Eigenkapital wird die Kapitalerhöhung auf das ‚gezeichnete Kapital' (Nenn- oder Nominalwert der ausgegebenen Aktien) und die ‚Kapitalrücklage' (Agio auf die ausgegebenen Aktien) aufgeteilt. Lediglich in Bezug auf die Behandlung der Börseneinführungskosten unterscheiden sich die Vorschriften des HGB und der IFRS. Nach den handelsrechtlichen Vorschriften sind die Kosten des Börsengangs aufgrund § 248 Abs. 1 HGB nicht aktivierungsfähig und folglich in voller Höhe erfolgswirksam als Aufwand in der Gewinn- und Verlustrechnung zu berücksichtigen. Dahingegen werden Aufwendungen, die im Zusammenhang mit einem IPO stehen, nach IFRS erfolgsneutral – aber *net of tax* – gegen die Kapitalrücklage gekürzt, weil sie in unmittelbarem Zusammenhang mit den dadurch generierten – und in die Kapitalrücklage eingestellten – Mitteln gesehen werden (vgl. SIC 17.3).

Aufgabe 5

Während das HGB mit den §§ 284 ff. HGB konkrete Vorschriften über Inhalt und Struktur des Anhangs enthält, ergeben sich diese Anforderungen im Bereich der IFRS-Rechnungslegung aus den einzelnen Standards selbst. Diese finden sich meist am Ende jedes Standards in einem Abschnitt mit dem Titel *Disclosure*. Die internationalen Vorschriften nehmen auch beim Anhang keine Unterscheidung zwischen Einzel- und Konzernabschluss vor. Darüber hinaus gibt es nach IFRS auch keine größenabhängigen Angabepflichten respektive Befreiungen. Insgesamt gelten die Angabe- und Erläuterungspflichten im Bereich der internationalen Rechnungslegung als wesentlich detaillierter und umfangreicher als in der HGB-Konzeption, was oftmals mit der stärker im Vordergrund stehenden Informationsfunktion des Jahresabschlusses begründet wird. Anders als nach HGB müssen die geforderten Angaben nicht zwingend innerhalb der *notes* erfolgen, sondern sie dürfen auch direkt an der entsprechenden Position in Bilanz, Gewinn- und Verlustrechnung oder Kapitalflussrechnung vorgenommen werden.

Nach IFRS haben die *notes* folgende Struktur: Zunächst wird im *statement of compliance* die Übereinstimmung des Jahresabschlusses mit den Vorschriften der IFRS bestätigt. Im Anschluss daran werden unter den *accounting policies* die jeweils angewandten Bilanzierungs- und Bewertungsgrundsätze dargestellt. Die Ausführlichkeit richtet sich dabei nach der Relevanz für die Beurteilung der Vermögens-, Finanz- und Ertragslage des Unternehmens. Den größten Bereich stellen die *explanatory notes* dar. Dort werden einzelne Positionen der Rechenwerke näher erläutert bzw. weiter aufgegliedert, um so ein besseres Verständnis der bloßen Zahlenangaben zu ermöglichen. Entsprechende Querverweise sind dabei obligatorisch. Abschließend werden im Rahmen der *supplementary information* weitere Angaben finanzieller sowie nichtfinanzieller Art angegeben oder in zusätzlichen *schedules* ergänzende Aufstellungen vorgenommen. An dieser Stelle dürfen auch weitergehende, freiwillige Informationen aufgeführt werden. Eine Grenze für zusätzliche, nicht zwingend erforderliche, Informationen gibt es nicht, es sei denn, es käme zu einer Beeinträchtigung der Aussagekraft des Jahresabschlusses.

Literaturhinweise

ADLER, H./DÜRING, W./SCHMALTZ, K.: Rechnungslegung und Prüfung der Unternehmen, 6. Aufl., Stuttgart ab 1995.

BAETGE, J./KIRSCH, H.-J./THIELE, S.: Bilanzen, 6. Aufl., Düsseldorf 2002.

BORN, K.: Rechnungslegung nach IAS, US-GAAP und HGB im Vergleich, 2. Aufl., Stuttgart 2001.

BUCHHOLZ, R.: Internationale Rechnungslegung: Die Vorschriften nach IAS, HGB und US-GAAP im Vergleich, 3. Aufl., Berlin 2003.

COENENBERG, A. G.: Jahresabschluss und Jahresabschlussanalyse, 19. Aufl., Stuttgart 2003.

DANGEL, P./HOFSTETTER, U./OTTO, P.: Analyse von Jahresabschlüssen nach US-GAAP und IAS, Stuttgart 2001.

DÜRR, U./ZWIRNER, C.: Überleitungsrechnung von HGB auf IAS/US-GAAP – Empirische Ergebnisse im NEMAX als Orientierung für die Unternehmen des SMAX, in: Betrieb und Wirtschaft, 56. Jg. (2002), S. 485–491.

DÜRR, U./ZWIRNER, C.: IAS und US-GAAP im SMAX ab 2002 – Fortschreitende Internationalisierung der Rechnungslegung in Deutschland, in: Betrieb und Wirtschaft, 56. Jg. (2002), S. 316–322.

DUSEMOND, M./KESSLER, H.: Rechnungslegung kompakt: Einzel- und Konzernabschluß nach HGB mit Erläuterung abweichender Rechnungslegungspraktiken nach IAS und US-GAAP, 2. Aufl., München/Wien 2001.

GRÜNBERGER, D./GRÜNBERGER, H.: IASB: Neuer Standard zur Umstellung von HGB auf IAS, in: Steuern und Bilanzen, 5. Jg. (2003), S. 587–589.

HAYN, S./BÖSSER, J./PILHOFER, J.: Erstmalige Anwendung von International Financial Reporting Standards (IFRS 1), in: Betriebs-Berater, 58. Jg. (2003), S. 1607–1613.

HAYN, S./GRAF WALDERSEE, G.: IAS/US-GAAP/HGB im Vergleich: Synoptische Darstellung für den Einzel- und Konzernabschluss, 4. Aufl., Stuttgart 2003.

IASB: International Financial Reporting Standards 2003 incorporating International Accounting Standards and Interpretations, London 2003.

IASB: International Financial Reporting Standard 1: First-time Adoption of International Financial Reporting Standards, London 2003.

JEBENS, C.: IAS kompakt, Stuttgart 2003.

KAGERMANN, H./KÜTING, K./WIRTH, J.: IAS-Konzernabschlüsse mit SAP®, Stuttgart 2002.

KÜTING, K./DÜRR, U./ZWIRNER, C.: Internationalisierung der Rechnungslegung in Deutschland: Ausweitung durch die Unternehmen des SMAX ab 2002 – Möglichkeit der Erstellung einer Überleitungsrechnung auf internationale Vorschriften, in: Kapitalmarktorientierte Rechnungslegung, 2. Jg. (2002), S. 1–13.

KÜTING, K./ZWIRNER, C.: Bilanzierung nach HGB: ein Auslaufmodell? – Internationalisierung der Rechnungslegung, in: Steuern und Bilanzen, 4. Jg. (2002), S. 785–790.

KÜTING, K./ZWIRNER, C.: Latente Steuern in der Unternehmenspraxis: Bedeutung für Bilanzpolitik und Unternehmensanalyse – Grundlagen sowie empirischer Befund in 300 Konzernabschlüssen von in Deutschland börsennotierten Unternehmen –, in: Die Wirtschaftsprüfung, 56. Jg. (2003), S. 301–316.

KÜTING, K./ZWIRNER, C./REUTER, M.: Latente Steuern im nationalen und internationalen Jahresabschluss: Konzeptionelle Grundlagen und synoptischer Vergleich, in: Betrieb und Wirtschaft, 57. Jg. (2003), S. 441–447.

NÖLTE, U./RICHARD, M.: First-time Adoption of IFRS und Goodwill-Bilanzierung – Bericht über das IAS-Forum des Instituts für Unternehmensführung und Unternehmensforschung an der Ruhr-Universität Bochum –, in: Steuern und Bilanzen, 5. Jg. (2003), S. 697–701.

PELLENS, B.: Internationale Rechnungslegung, 4. Aufl., Stuttgart 2001.

PRANGENBERG, A.: Konzernabschluß international – Grundlagen und Einführung in die Bilanzierung nach HGB, IAS und US-GAAP, Stuttgart 2000.

SELCHERT, F. W.: Internationale Rechnungslegung: Der Jahresabschluß nach HGB, IAS und US-GAAP, 2. Aufl., München, Wien 1999.

ZWIRNER, C./BUSCH, J./REUTER, M.: Abbildung und Bedeutung von Verlusten im Jahresabschluss – Empirische Ergebnisse zur Wesentlichkeit von Verlustvorträgen in deutschen Konzernabschlüssen, in: Deutsches Steuerrecht, 41. Jg. (2003), S. 1042–1049.

2. Ausgewählte Fallstudien zur Bilanzierung

Rainer Buchholz

Bewertung von Sachanlagen nach HGB und IFRS

Sachanlagen werden beim Zugang mit den Anschaffungs- oder Herstellungskosten bewertet (nach HGB und IFRS). Anschaffungskosten entstehen beim entgeltlichem Erwerb von Dritten, während Herstellungskosten im Zuge der Eigenerstellung anfallen. Handelsrechtlich bilden nur die Einzelkosten einen Pflichtbestandteil der Herstellungskosten. Es besteht ein *Wahlrecht* für die Aktivierung von (angemessenen und notwendigen) Gemeinkosten (§ 255 Abs. 2 HGB). Bei IFRS müssen die Herstellungskosten auf Vollkostenbasis kalkuliert werden. Ein *Ansatzverbot* besteht bei IFRS für die Aktivierung allgemeiner Verwaltungskosten. Weder im HGB noch nach IFRS dürfen Vertriebskosten oder kalkulatorische Kosten berücksichtigt werden.

Sachanlagen (mit Ausnahme von Grund und Boden) unterliegen einer *vorhersehbaren Wertminderung* (z. B. durch Verschleiß), die durch planmäßige Abschreibungen berücksichtigt wird. Die handelsrechtlichen Vorschriften in § 253 Abs. 2 HGB regeln keine Einzelheiten: Weder die Nutzungsdauer noch die Abschreibungsverfahren sind festgelegt. Die Einzelheiten der planmäßigen Abschreibungen sind unter Beachtung der Grundsätze ordnungsmäßiger Buchführung zu bestimmen[1]. In IAS 16 werden die Details für die planmäßige Abschreibung determiniert. Als Abschreibungsverfahren werden die lineare und geometrisch-degressive Methode sowie die Leistungsabschreibung explizit genannt (IAS 16.47).

Unvorhersehbare Wertminderungen können bei allen abnutzbaren und nicht abnutzbaren Sachanlagen relevant werden. Sie werden durch außerplanmäßige Abschreibungen berücksichtigt. Die Abschreibungsursachen können technisch (z. B. Beschädigungen) oder wirtschaftlich (z. B. sinkende Marktwerte) bedingt sein. Im HGB wird die Vornahme von außerplanmäßigen Abschreibungen rechtsformabhängig nach dem folgenden Schema geregelt:

---

[1] Vgl. *DÖRING/BUCHHOLZ* 2003, Rn. 114.

Außerplanmäßige Abschreibungen im HGB			
Alle Kaufleute		Kapitalgesellschaften/PersG nach § 264a HGB	
Dauernde Wertminderung	Nicht dauernde Wertminderung	Dauernde Wertminderung	Nicht dauernde Wertminderung
Abschreibungspflicht	Abschreibungswahlrecht	Abschreibungspflicht	Abschreibungsverbot; bei Finanzanlagen Abschreibungswahlrecht

Abb. 1: Außerplanmäßige Abschreibungen im HGB.

Außerplanmäßige Abschreibungen sind nur vorzunehmen, wenn der beizulegende Stichtagswert niedriger ist als der Restwert nach planmäßiger Abschreibung. Es ist *zunächst* die planmäßige Abschreibung zu verrechnen, bevor eine außerplanmäßige Abschreibung in Betracht kommt[1]. Bei nicht dauernder Wertminderung weichen die Regelungen zwischen allen Kaufleuten und Kapitalgesellschaften sowie Personenhandelsgesellschaften nach § 264a HGB voneinander ab. Für die letzten beiden gelten *strengere* Regelungen als für alle Kaufleute (§ 279 Abs. 1 HGB).

Bei IFRS werden außerplanmäßige Abschreibungen durch IAS 36 geregelt. Nach der bevorzugten Behandlung („benchmark treatment") ist ein Wertminderungsverlust („impairment loss") ohne Differenzierung nach Rechtsform oder Dauer vorzunehmen. Im Mittelpunkt der Abwertung steht der „recoverable amount". Hierbei handelt es sich nach IAS 36.5 um den höheren der beiden folgenden Werte: Nettoveräußerungspreis („net selling price") und Nutzungswert („value in use"). Im ersten Fall ist der Absatzmarkt relevant, im zweiten Fall die interne Verwendung. Der Nutzungswert ergibt sich als Barwert der Einzahlungsüberschüsse (Cash flow), die von einem Vermögenswert („asset") erwirtschaftet werden. Das folgende Schema gilt:

Außerplanmäßige Abschreibungen nach IFRS („benchmark treatment")	
Ohne Differenzierung nach Rechtsform oder Dauer	
recoverable amount < Buchwert	recoverable amount ≥ Buchwert
Abschreibungspflicht	Abschreibungsverbot

Abb. 2: Außerplanmäßige Abschreibungen nach IFRS („benchmark treatment").

Zuschreibungen *können* im Handelsrecht von allen Kaufleuten nach § 253 Abs. 5 HGB verrechnet werden, wenn nach einer außerplanmäßigen Abschreibung eine Wertaufholung stattfindet. Die *Obergrenze* der Zuschreibung bilden die fortgeführten ursprünglichen Anschaffungs- oder Herstellungskosten. Kapitalgesellschaften und

---

[1] Vgl. BUCHHOLZ 2002, S. 93.

Personenhandelsgesellschaften nach § 264a HGB müssen die Zuschreibung vornehmen – es gilt ein *Wertaufholungsgebot* (mit Obergrenze) nach § 280 Abs. 1 HGB.

Nach IFRS gilt bei der bevorzugten Behandlung eine dem HGB ähnliche Vorgehensweise. Wenn der Grund für eine außerplanmäßige Abschreibung entfallen ist, besteht eine Zuschreibungspflicht auf den gestiegenen „recoverable amount". Die Obergrenze der Bewertung bilden die ursprünglichen fortgeführten Anschaffungs- oder Herstellungskosten (IAS 36.102).

Besonderheiten bestehen bei IFRS für die alternativ zulässige Behandlung („allowed alternative treatment"). Hierbei findet eine *Neubewertung* von Sachanlagen zum „fair value" (beizulegender Zeitwert) statt. Es handelt sich um den Betrag, zu dem ein „asset" zwischen sachverständigen, vertragswilligen und unabhängigen Parteien getauscht werden könnte (IAS 16.6). Bei Anwendung der *Neubewertungsmethode* ist alle drei bis fünf Jahre eine Wertüberprüfung notwendig. Die Methode ist einheitlich für eine Gruppe von Sachanlagen (z. B. Gebäude, Fahrzeuge) anzuwenden.

Führt die Neubewertung zu einem *gestiegenen* „fair value", ist dieser auf der Aktivseite zu berücksichtigen. Auf der Passivseite entsteht in Höhe der Differenz zwischen „fair value" und Buchwert eine Neubewertungsrücklage („revaluation surplus") im Eigenkapital. Hierbei sind nach IAS 12.18 (b) und IAS 12.20 auch latente Steuern zu bilden[1]. Die weiteren planmäßigen Abschreibungen erfolgen vom „fair value" über die verbleibende Restnutzungsdauer. Die Neubewertungsrücklage kann nach IAS 16.39 aufgelöst oder fortgeführt werden.

Auflösung bedeutet bei Aktiengesellschaften eine anteilige Umbuchung (gemäß der Abschreibungsmethode) in die Gewinnrücklagen. Es findet kein Ausweis in der Gewinn- und Verlustrechnung statt. Die Wertsteigerung des „assets" wird durch seine Nutzung teilweise realisiert, wenn die erhöhten Abschreibungen auf die Produkte kalkuliert werden, die am Markt abgesetzt werden[2]. Wird der Vermögenswert zum fortgeführten „fair value" veräußert, findet eine Realisation des verbleibenden Rücklagenbetrages statt. Auch in diesem Fall kann die Rücklage umgebucht werden.

Führt die Neubewertung zu einem *gesunkenen* „fair value", müssen Abwertungen nach dem folgenden Schema erfolgen. Zusätzlich ist zu prüfen, ob der „recoverable amount" gesunken ist, da IAS 36 auch im Fall der Neubewertung gilt. Eine zusätzliche Abwertung dürfte in der Praxis eine Ausnahme darstellen[3].

---

[1] Vgl. COENENBERG 2003, S. 413, 418 f.

[2] Vgl. BUCHHOLZ 2003a, S. 140.

[3] Vgl. WAGENHOFER 2001, S. 305.

Außerplanmäßige Abschreibungen nach IFRS ("allowed alternative treatment")	
Vorhandene Neubewertungsrücklage	Keine vorhandene Neubewertungsrücklage
Erst Rücklagenauflösung, dann Aufwandsverrechnung	Sofortige Aufwandsverrechnung

Abb. 3: Außerplanmäßige Abschreibungen nach IFRS („allowed alternative treatment").

Steigt der „fair value" nach einer vorhergehenden Wertminderung wieder an, ist wie folgt vorzugehen. Der zunächst als Aufwand verrechnete Betrag wird erfolgswirksam (als Ertrag) behandelt (IAS 16.37). Ist die Wertsteigerung noch höher, wird für den übersteigenden Teil auf erfolgsneutrale Weise eine Neubewertungsrücklage gebildet.

Fallstudie

Sie werden nach bestandenem Examen als Assistent des Leiters Rechnungswesen bei der „Transnational-AG" angestellt. Ihre Aufgabe besteht in der Aufstellung des Jahresabschlusses der AG. Dieser Einzelabschluss ist nach HGB und IFRS zu erstellen. Sie werden von Ihrem Buchhalter mit verschiedenen Sachverhalten zur Bewertung der Sachanlagen des Geschäftsjahres 05 konfrontiert, zu denen Sie Stellung nehmen müssen. Die „Transnational AG" führt nur umsatzsteuerpflichtige Leistungen im Inland aus, die dem Umsatzsteuersatz von 16% unterliegen. Es ist ein voller Vorsteuerabzug möglich.

Aufgabe 1

Ihr Buchhalter legt Ihnen die Rechnung für eine am 01.05.05 bestellte und am 01.06.05 gelieferte Maschine vor. Der Anschaffungspreis beträgt 40.000 € zzgl. 16% USt. Die Transportkosten betrugen 1.000 € zzgl. 16% USt. Die Installation der Maschine wurde in kurzer Zeit durch eigene Arbeitskräfte ausgeführt, wofür Fertigungslöhne von 4.000 € und anteilige Gemeinkosten von 5.000 € angefallen sind. Zur Finanzierung der Maschine musste ein Zwischenkredit aufgenommen werden, der Zinskosten von 1.500 € zur Folge hatte. Die Nutzungsdauer der Anlage wird auf zehn Jahre geschätzt, wobei von einer gleichmäßigen Entwertung auszugehen ist.

Wie ist die Bewertung nach HGB und IFRS in 05 und 06 vorzunehmen?

Aufgabe 2

Im Geschäftsjahr 05 ist das II. Quartal bei der AG „schlecht gelaufen". Damit keine Arbeitskräfte entlassen werden mussten, wurde am 01.07.05 mit dem Bau einer seit langem geplanten Lagerhalle begonnen. Hierfür sind Materialkosten von 50.000 € (zugehörige Gemeinkosten 70.000 €), Lohnkosten von 60.000 € (zugehörige Gemeinkosten 80.000 €) angefallen. Die Gemeinkosten für die Geschäftsleitung, Rechnungswesen und weitere Leitungsinstanzen betrugen 680.000 €. Hiervon werden nach einem Verteilungsschlüssel 25% der Lagerhalle zugerechnet. Die Fertigstellung der Halle erfolgte am 31.10.05. Die planmäßige handelsrechtliche Abschreibung orientiert sich an der steuerrechtlichen Absetzung für Abnutzung für Betriebsgebäude. Die Nutzungsdauer wird wie folgt geschätzt:

a) Fünfzig Jahre,

b) Zwanzig Jahre.

Es wird von einer gleichmäßigen Entwertung ausgegangen. Die Geschäftsleitung bittet Sie, die wirtschaftliche Lage des Unternehmens möglichst positiv darzustellen, da Verhandlungen über eine Kreditverlängerung anstehen.

Wie ist die Bewertung nach HGB und IFRS in 05 und 06 vorzunehmen?

Aufgabe 3

Der Restwert einer zwei Jahre alten Fertigungsanlage beträgt Ende 05 noch 240.000 € (nach planmäßiger Abschreibung mit linearer Methode). Die Restnutzungsdauer beträgt sechs Jahre. Die Anlage ist voll ausgelastet. Dem Buchhalter wurde ein Angebot des Herstellers zugeschickt, wonach dieselbe Maschine im Neuzustand zum Preis von 275.000 € netto zu beziehen wäre. Für Transport und Installation des neuen Gerätes wären direkt zurechenbare Kosten von 5.000 € zu berücksichtigen.

Wie ist nach HGB bzw. IFRS vorzugehen?

Aufgabe 4

Sie erhalten einen Anruf von einem ehemaligen Kommilitonen, der ebenfalls im Rechnungswesen einer Aktiengesellschaft tätig ist, die Zubehörteile für Elektrogeräte herstellt. Er muss zum ersten Mal die IFRS („benchmark treatment") anwenden und schildert Ihnen das folgende Problem: „Eine Spezialmaschine hat nach meiner normalen Abschreibung noch einen Wert von 300.000 €. Wir fertigen auf der Maschine ein Produkt, wobei jährliche Aufwendungen für Material (50.000 €), Personal (60.000 €) und Sonstiges (12.000 €) anfallen. Wir bezahlen immer am Jahresende und in den nächsten fünf Jahren – das ist die Restnutzungsdauer – wird sich das auch nicht ändern. Die hergestellte Menge beträgt 40.000 Stück pro Jahr bei einem Stückpreis von 5,51 € mit Mehrwertsteuer. Die Kunden bezahlen ebenfalls am Jahresende.

Der Marktzinssatz beträgt 8% (vor Steuern), aber wir rechnen immer mit 6% nach Steuern. Wenn ich die Maschine verkaufen würde, könnte ich noch 280.000 € netto erzielen, weil der Markt im Moment nicht mehr hergibt. Muss ich bei IFRS auf die 280.000 € abschreiben?"

Was antworten Sie ihm?

Aufgabe 5

Die Anschaffungskosten einer Fertigungsanlage betragen am 01.01.02 400.000 € (Nutzungsdauer 12,5 Jahre). Die Abschreibung erfolgt geometrisch-degressiv im HGB mit dem steuerrechtlichen Maximalsatz. Am 31.12.03 findet eine außerplanmäßige Abschreibung statt, da der beizulegende Stichtagswert auf 100.000 € gesunken ist. Am 31.12.05 findet eine Wertaufholung auf 250.000 € statt. Ihr Buchhalter will diesen Wert ungeprüft in die Handelsbilanz übernehmen.

a) Stimmen Sie diesem Vorhaben zu? Wie hoch ist der Zuschreibungsbetrag für 05?

b) Wie ist die Zuschreibung nach IFRS („benchmark treatment") geregelt?

Aufgabe 6

Am 01.07.05 erwirbt die Aktiengesellschaft ein Gebäude mit Anschaffungskosten von 600.000 €. Die Abnutzung erfolgt gleichmäßig über 30 Jahre, sodass eine lineare Abschreibung über diesen Zeitraum erfolgt. Am 31.12.08 wird ein Gutachten eingeholt, das den beizulegenden Wert („fair value") auf 583.000 € taxiert. Am 31.12.11 ist der „fair value" unstrittig auf 390.000 € gesunken. Die „allowed alternative treatment" kommt zur Anwendung, wobei Neubewertungsrücklagen umzubuchen sind. Latente Steuern werden vernachlässigt.

a) Wie ist zum 31.12.08 nach IFRS zu bewerten? Welcher Unterschied besteht im Vergleich zum HGB?

b) Wie ist zum 31.12.11 nach IFRS zu bewerten?

Aufgabe 7

Ihr Buchhalter ist mit dem HGB „groß geworden". Für ihn bedeutet das Realisationsprinzip alles. Er fragt Sie, wie dieses Prinzip mit der Neubewertung von Sachanlagen zu vereinbaren ist. Ihm ist insbesondere die weitere Behandlung der Neubewertungsrücklage (Folgebewertung) unverständlich.

Wie beantworten Sie seine Fragen?

Aufgabe 8

Da das Geschäftsjahr 05 die Erwartungen nicht erfüllt hat, schlägt Ihnen der Buchhalter Folgendes vor: „Wir haben doch noch das Lagergrundstück am Bahndamm, das mit 200.000 € in der Bilanz steht. Der Wert müsste doch schon längst gestiegen sein. Alle Grundstücke in der Gegend sind viel teurer. Wir könnten die Z-Waren-AG um ein Gutachten bitten, in dem sie den Wert des Grundstücks auf 300.000 € festlegt. Dann steigt unser Eigenkapital um 100.000 €. Das ist zwar nur ein bilanzieller Effekt, aber besser als gar nichts. Unsere Bank schaut doch sowieso nur auf die Bilanz, wenn sie unsere Kredite prüft. Außerdem schuldet uns die Z-Waren-AG sowieso noch einen Gefallen, weil wir schriftlich auf Schadensersatz verzichtet haben, als die letzte Warenlieferung schlecht war."

Können Sie auf Grund dieser Informationen eine Neubewertung zum „fair value" durchführen?

Aufgabe 9

Sie werden vom Leiter des Rechnungswesens gebeten, zu einem Problem der latenten Steuer bei der Neubewertung von Sachanlagen Stellung zu nehmen. Eine Maschine ist zum 31.12.05 nach IFRS neu zu bewerten: Der Buchwert beträgt 100.000 €, der beizulegende Zeitwert 150.000 €. Es besteht eine Restnutzungsdauer von fünf Jahren bei linearer Abschreibung. Der Ertragsteuersatz beträgt 40% und es werden die steuerrechtlichen Verhältnisse des geltenden Einkommensteuergesetzes hinsichtlich der Bewertung von Sachanlagen zugrunde gelegt.

a) Welche Arten von Ergebnisunterschieden können grundsätzlich zwischen IFRS-Bilanz und Steuerbilanz bestehen? Welcher Fall liegt bei einer Neubewertung von Sachanlagen vor?

b) Welche latenten Steuern sind in 05 bzw. 06 zu berücksichtigen?

c) Sind die latenten Steuern im Sinne der statischen oder dynamischen Bilanztheorie zu interpretieren?

Lösung

Aufgabe 1

Zunächst sind die *Anschaffungskosten* zu berechnen, die bei den gegebenen Daten nach HGB und IFRS identisch sind. Zum Anschaffungspreis gehören die direkt zurechenbaren Nebenkosten und Installationskosten (Einzelkosten). Die Vorsteuer ist abzugsfähig und stellt keinen Aufwand dar. Höhe der Anschaffungskosten: 45.000 €.

Die Gemeinkosten und Zinskosten dürfen nicht berücksichtigt werden. Bei IFRS können nach IAS 23.11 für *qualifizierte Vermögenswerte* Finanzierungskosten einbezogen werden („allowed alternative treatment")[1] – dieser Fall liegt nicht vor, weil die Maschine bereits nach kurzer Zeit betriebsbereit ist.

Die *planmäßigen Abschreibungen* beginnen nach HGB und IFRS mit dem Zeitpunkt der Lieferung (01.06.05), da das Unternehmen in diesem Zeitpunkt wirtschaftlicher Eigentümer wird. Da von einer gleichmäßigen Entwertung auszugehen ist, wird die lineare Methode angewendet, woraus ein Jahresbetrag von 4.500 € resultiert. Im Zugangsjahr kann handelsrechtlich eine *Vereinfachungsregel* angewendet werden, die beim Zugang in der ersten Jahreshälfte den vollen Betrag verrechnet[2]. Diese Regelung entspricht den Grundsätzen ordnungsmäßiger Buchführung.

Nach IFRS kann entsprechend vorgegangen werden. Die Vereinfachungsregel dürfte dem *Relevance-Grundsatz* entsprechen. Der im Vergleich zur monatlichen Verrechnung enstehende Mehraufwand dürfte die Entscheidungen der Aktionäre nicht beeinflussen. Die Maschine wird zum 31.12.05 mit 40.500 € und zum 31.12.06 mit 36.000 € bewertet.

Aufgabe 2

Zunächst sind die *Herstellungskosten* zu ermitteln. Nach dem HGB besteht ein *Wahlrecht* zur Einbeziehung von Gemeinkosten. Um die wirtschaftliche Lage des Unternehmens möglichst positiv darzustellen, wird das Wahlrecht ausgeübt, sodass die Bewertung auf Vollkostenbasis erfolgt. Die Gemeinkosten für Material und Fertigung werden kalkuliert. Auch die anteiligen allgemeinen Verwaltungskosten werden verrechnet. Nach dem HGB ergeben sich Herstellungskosten von 430.000 €. Bei IFRS sinkt der Betrag auf 260.000 €. Nach IFRS muss eine Vollkostenbewertung vorgenommen werden – für allgemeine Verwaltungskosten besteht jedoch ein Ansatzverbot. Der handelsrechtliche Erfolg ist in 05 höher als der Erfolg nach IFRS.

Da die Fertigstellung der Lagerhalle am 31.10.05 erfolgt, sind in 05 für zwei Monate planmäßige Abschreibungen zu verrechnen. Die Orientierung am Steuerrecht führt dazu, dass nach § 7 Abs. 4 Satz 1 Nr. 1 EStG jährlich *3% der Herstellungskosten* als Aufwand verrechnet werden. Diese Vorgehensweise ist nur bei der fünfzigjährigen Nutzungsdauer zulässig. Dem Abschreibungsprozentsatz von 3% entspricht eine Nutzungsdauer von 33 1/3 Jahren[3], sodass eine schnellere Abschreibung erfolgt und höhere Abschreibungsbeträge verrechnet werden als bei der längeren Nutzungsdauer.

---

[1] Vgl. *BUCHHOLZ* 2003a, S. 121 f.

[2] Vgl. *BUCHHOLZ* 2002, S. 86 f.

[3] Anders als bei der „normalen" linearen Abschreibung dürfen die Herstellungskosten aber nicht durch die Nutzungsdauer dividiert werden. Vgl. *BUCHHOLZ* 2002, S. 101 f.

Diese Vorgehensweise entspricht dem handelsrechtlichen *Vorsichtsprinzip*[1], da eine Unterbewertung erfolgt und stille Reserven gebildet werden. Somit ergeben sich Abschreibungen von jährlich 12.900 € – für die beiden Monate in 05 werden 2/12 verrechnet (2.150 €). Bewertung zum 31.12.05: 427.850 € – Bewertung zum 31.12.06: 414.950 €. *Hinweis*: Da Gebäude unbewegliche Wirtschaftsgüter sind, darf im Steuerrecht keine Vereinfachungsregel angewendet werden. In R 42 Abs. 2 Satz 3 EStR wird dieses Wahlrecht auf bewegliche Wirtschaftsgüter beschränkt.

Bei einer geschätzten Nutzungsdauer von zwanzig Jahren *muss* eine Abschreibung über diesen Zeitraum erfolgen. Bei der dreiprozentigen Abschreibung würde von einer zu langen Nutzungsdauer ausgegangen werden, aus der eine Überbewertung resultieren würde. Daher sind pro Jahr Abschreibungen von 21.500 € zu verrechnen. Auf 05 entfällt für zwei Monate ein Betrag von 3.583 € (Wert 31.12.05: 426.417 €) und auf 06 der volle Betrag von 21.500 € (Wert 31.12.06: 404.917 €).

Bei IFRS sind steuerrechtliche Regelungen ohne Bedeutung. Die Abschreibungen sind so zu verrechnen, dass der Erfolg periodengerecht ausgewiesen wird. Bei gleichmäßiger Entwertung sind lineare Abschreibungen vorzunehmen. Wendet man die Vereinfachungsregel an, ergeben sich die folgenden Bewertungen für die Lagerhalle, wobei die Abschreibungen vom Ausgangswert 260.000 € zu berechnen sind:

	Wert 31.12.05	Wert 31.12.06
50 Jahre Nutzungsdauer	257.400 € (Abschreibung 2.600)	252.200 € (Abschreibung 5.200)
20 Jahre Nutzungsdauer	253.500 € (Abschreibung 6.500)	240.500 € (Abschreibung 13.000)

Abb. 4: Beispielhafte Bewertung von Gebäuden nach IFRS.

Aufgabe 3

Im HGB sind bei Kapitalgesellschaften außerplanmäßige Abschreibungen zu verrechnen, wenn der beizulegende Stichtagswert dauernd gesunken ist. Bei nicht dauernder Wertminderung besteht ein Abschreibungsverbot. Im Gesetz werden weder der beizulegende Stichtagswert noch die Dauerhaftigkeit näher definiert. Bei betriebsnotwendigen Sachanlagen ist der Wiederbeschaffungswert relevant, da die Beschaffungsalternative im Vordergrund steht[2]. Die Wiederbeschaffungskosten umfassen den Wert eines vergleichbaren Vermögensgegenstandes zuzüglich (einzeln erfassbarer) Nebenkosten. Da meist keine vergleichbaren Sachanlagen vorhanden sind, wird von neuen Anlagen ausgegangen, bei denen Abschläge für Alter und Ausstattung vorzunehmen sind.

---

[1] Vgl. *DÖRING/BUCHHOLZ* 2003, Rn. 123.

[2] Vgl. *BUCHHOLZ* 2002, S. 88 f., *FEDERMANN* 2000, S. 328.

Da die Anlage voll ausgelastet ist, muss sie als betriebsnotwendig angesehen werden. Der Wiederbeschaffungswert beträgt 280.000 € für eine neuwertige Maschine (inklusive der direkt zurechenbaren Nebenkosten). Nach Abzug von linearen Abschreibungen (2 x 280.000 € / 8 Jahre) in Höhe von 70.000 € ist die altersmäßige Äquivalenz hergestellt. Der beizulegende Stichtagswert beträgt 210.000 € und liegt unter dem Wert nach planmäßiger Abschreibung.

Eine außerplanmäßige Abschreibung ist nur dann vorzunehmen, wenn die Wertminderung dauerhaften Charakter hat. Das ist der Fall, wenn der beizulegende Stichtagswert für mindestens die Hälfte der Restnutzungsdauer unter dem Wert liegt, der sich bei planmäßiger Abschreibung ergibt[1]. Nach der Hälfte der Restnutzungsdauer ergibt sich bei planmäßiger Abschreibung ein Restwert von 120.000 € (240.000 € − 3 x 40.000 €). Da der beizulegende Stichtagswert nicht unter 120.000 € liegt, ist die Wertminderung nicht als dauerhaft einzustufen. Es besteht ein *Abschreibungsverbot*.

Bei IFRS sind sinkende Wiederbeschaffungswerte ohne Bedeutung. Eine außerplanmäßige Abschreibung ist vorzunehmen, wenn der „recoverable amount" gesunken ist. Seine Komponenten werden vom Absatzmarkt abgeleitet (Nettoveräußerungspreis) bzw. ergeben sich aus der internen Nutzung (Nutzungswert). Der Beschaffungsmarkt ist insoweit ohne Bedeutung.

Aufgabe 4

Die Angaben enthalten – wie es in der Praxis oft vorkommt – einige unpräzise Angaben. Die „normale" Abschreibung ist als planmäßige Abschreibung anzusehen, sodass der „Wert" als Restbuchwert anzusehen ist. Außerplanmäßige Abschreibungen sind zu beachten, wenn der „recoverable amount" niedriger ist. Er ist der höhere Wert aus Nettoveräußerungspreis (280.000 €) und Nutzungswert. Letzterer ist noch zu berechnen. Hierzu muss der Barwert der Einzahlungsüberschüsse ermittelt werden. Im ersten Schritt ist der Cash flow zu berechnen, der im zweiten Schritt diskontiert werden muss. Die Einzelheiten werden derzeit in IAS 36.26 ff. festgelegt[2].

Die Einzahlungen betragen jährlich 190.000 € (40.000 Stück x 4,75 € je Stück). Es ist vom Nettopreis auszugehen, da die Umsatzsteuer an das Finanzamt abzuführen ist. *Hinweis*: Es existiert in Deutschland keine „Mehrwertsteuer", sondern eine *Umsatzsteuer*. Der Umsatzsteuersatz wurde im Gespräch nicht genannt. Die Lieferung von Zubehörteilen für Elektrogeräte ist steuerbar und nicht steuerbefreit – es dürfte im Regelfall von einem Umsatzsteuersatz von 16% auszugehen sein (Regelsteuersatz).

---

[1] Vgl. DÖRING/BUCHHOLZ 2003, Rn. 165.

[2] IAS 36 befindet sich derzeit in Überarbeitung. Vgl. hierzu KÜMPEL 2003, S. 1491–1494.

Die Auszahlungen betragen jährlich 122.000 €. Sie umfassen die Aufwendungen, die zugleich Auszahlungen darstellen. Der Cash flow beträgt jährlich 68.000 €, der für die nächsten fünf Jahre konstant bleibt. Die Abzinsung hat mit einem Zinssatz *vor Steuern* zu erfolgen (IAS 36.48). Diese Vorgehensweise ist ökonomisch zweckmäßig, um die Vergleichbarkeit alternativer Anlageformen sicherzustellen. Die Besteuerung von Erträgen ist unterschiedlich geregelt und kann beim Empfänger bzw. Zahlenden anknüpfen. Somit ist ein Zinssatz von 8% zugrunde zu legen. Da die Einzahlungen und Auszahlungen am Jahresende anfallen, erfolgt eine Diskontierung für ganze Jahre. Der Barwert berechnet sich wie folgt: $68.000 € / 1,08^1 + ... + 68.000 € / 1,08^5$. Es ergibt sich ein Nutzungswert von rund 271.504 €.

Der Nettoveräußerungspreis ist 280.000 € und liegt über dem Nutzungswert. Damit beträgt der „recoverable amount" 280.000 € und es ist eine außerplanmäßige Abschreibung von 20.000 € zu verrechnen („impairment loss" 20.000 €). Bereits die relativ einfache Fallgestaltung macht die Probleme bei der Ermittlung des Nutzungswertes deutlich. Weitere Schwierigkeiten entstehen, wenn sich die Zahlungen nicht einem Projekt allein zurechnen lassen, sondern bestimmte Vermögenswerte nur gemeinsam einen Cash flow erwirtschaften. In einer Papierwarenhandlung muss z. B. die Ladeneinrichtung (Verkaufstresen, Schränke, Ständer, etc.) zusammen bewertet werden, weil ein Schrank allein keine Mittel erwirtschaftet. In diesem Fall werden „cash generating units" (zahlungsmittelgenerierende Einheiten) gebildet, die zusammen bewertet werden[1].

Aufgabe 5

a) Bei Kapitalgesellschaften besteht ein *Wertaufholungsgebot*, sodass eine Zuschreibung erfolgen muss. Allerdings ist eine Obergrenze zu beachten (§ 280 Abs. 1 HGB): Die Zuschreibung darf nicht so hoch ausfallen, dass der ursprüngliche Abschreibungsverlauf überschritten wird. Der planmäßige Abschreibungswert zum 31.12.05 ist die Obergrenze. Der Abschreibungsprozentsatz beträgt bei einer Nutzungsdauer von 12,5 Jahren 16%, da er nach § 7 Abs. 2 Satz 2 EStG maximal das Doppelte des linearen Satzes betragen darf (2 x 1 / 12,5 = 0,16). Die Grenze von 20% kommt in diesem Fall nicht zur Anwendung, da sie eine absolute Obergrenze darstellt, die zusätzlich zur ersten (relativen) Grenze zu beachten ist.

- Restwert ohne außerplanmäßige Abschreibung zum 31.12.05: 199.148,54 €.
- Restwert mit außerplanmäßiger Abschreibung zum 31.12.05: 70.560 €.

Somit kann dem Buchhalter nicht zugestimmt werden. Die Zuschreibung darf nicht auf 250.000 €, sondern nur auf 199.148,54 € erfolgen. Der Zuschreibungsertrag ergibt sich als Differenz der Werte unter den Aufzählungspunkten und beträgt 128.588,54 €.

---

[1] Vgl. *BAETGE/KIRSCH/THIELE* 2002, S. 247.

b) Die Methodik der Zuschreibung beim „benchmark treatment" entspricht systematisch dem HGB. Wenn der „recoverable amount" nach einer außerplanmäßigen Abschreibung wieder steigt, muss eine Zuschreibung erfolgen (Wertaufholungsgebot). Es besteht jedoch eine Obergrenze, die wie im HGB ermittelt wird.

Aufgabe 6

a) Zum 31.12.08 beträgt der Restwert nach planmäßiger Abschreibung 530.000 €. Da der „fair value" gestiegen ist, findet eine *erfolgsneutrale Zuschreibung* statt. Auf der Aktivseite erscheinen 583.000 € und im Eigenkapital wird eine Neubewertungsrücklage („revaluation surplus") in Höhe von 53.000 € gebildet. Im Handelsrecht darf *keine Zuschreibung* erfolgen, da die Wertsteigerung nicht realisiert ist. Die fortgeführten Anschaffungs- oder Herstellungskosten sind die Obergrenze der Bewertung.

b) Zum 31.12.11 beträgt der Restwert des Gebäudes nach Verrechnung von planmäßigen Abschreibungen in Höhe von 22.000 € jährlich (583.000 € / 26,5 Jahre) noch 517.000 €. Die Neubewertungsrücklage wurde anteilig mit einem jährlichen Betrag von 2.000 € umgebucht (53.000 € / 26,5 Jahre). Am 31.12.11 weist sie einen Wert von 47.000 € auf.

Da der „fair value" auf 390.000 € gesunken ist, muss eine Abwertung vorgenommen werden. Zunächst wird die vorhandene Neubewertungsrücklage aufgelöst, sodass sich ein Restwert von 470.000 € ergibt. Die Auflösung der Neubewertungsrücklage wirkt sich nicht auf den Erfolg aus. Der verbleibende Betrag von 80.000 € ist erfolgswirksam zu behandeln. Er wird in der Gewinn- und Verlustrechnung als Wertminderungsverlust („impairment loss") ausgewiesen. Bei späteren Wertsteigerungen würden Beträge bis einschließlich 80.000 € als Ertrag behandelt werden. Bei noch höheren Wertsteigerungen würde der über 80.000 € hinausreichende Betrag in eine Neubewertungsrücklage eingestellt werden.

Aufgabe 7

Das handelsrechtliche *Realisationsprinzip* besagt, dass ein Ertrag erst ausgewiesen werden darf, wenn schuldrechtliche Verträge geschlossen wurden und vom Schuldner vollständig erfüllt sind[1]. Beim Kaufvertrag muss z. B. die zu liefernde Sache übergeben worden sein. Es besteht ein unbestreitbarer Anspruch auf die Gegenleistung. Das Realisationsprinzip wird „streng" interpretiert. Die Neubewertung von Sachanlagen widerspricht dieser Interpretation. Die Wertsteigerung eines „assets" ist bereits zu berücksichtigen, bevor ein Vertrag geschlossen wurde. Auch die Übergabe muss nicht erfolgt sein. Das Realisationsprinzip wird sehr „milde" interpretiert[2].

---

[1] Vgl. *WÖHE* 1997, S. 347 f.

[2] Vgl. *BUCHHOLZ* 2003a, S. 51 f.

Bei der Folgebewertung kann ein Teil der Neubewertungsrücklage in die Gewinnrücklagen umgebucht werden. Der Teil hängt von der verwendeten Abschreibungsmethode ab. Damit wird unterstellt, dass eine partielle Realisation des gestiegenen Wertes eines „assets" stattfindet. Bei abnutzbaren Vermögenswerten werden infolge der Neubewertung höhere Abschreibungen (als Fertigungsgemeinkosten) auf die Produkte verrechnet. Die Selbstkosten steigen im Vergleich zum „benchmark treatment". Wenn mindestens ein kostendeckender Absatz der Produkte möglich ist, wird über die Abschreibungen ein Teil des erhöhten Aktivwertes am Markt verdient. Die Abschreibungen fließen in liquider Form wieder ins Unternehmen zurück. Somit ist es richtig, dass ein Teil der Neubewertungsrücklage (unter Vernachlässigung von Ertragsteuern) in die Gewinnrücklagen umgebucht wird. Dieser Argumentation entspricht aber eine *Pflicht* zur Umbuchung. Das bei IFRS vorhandene Wahlrecht erscheint unzweckmäßig.

Aufgabe 8

Nein. Die Definition des „fair values" soll sicherstellen, dass keine „manipulierten" Werte in die Bilanz übernommen werden. Daher sollen sachverständige, vertragswillige und unabhängige Parteien den Wert bestimmen. Die Z-Waren-AG kann *nicht* als *sachverständig* angesehen werden, weil sie im Warenhandel tätig ist und nicht im Immobiliengeschäft. Sie verfügt nicht über die notwendigen Kenntnisse, um einen sachgerechten Grundstückswert zu ermitteln. Außerdem ist sie *nicht* als *vertragswillig* anzusehen, denn sie ist nicht ernsthaft an dem Grundstück interessiert. Sie würde den ermittelten Preis nicht bezahlen. Es handelt sich somit um einen fiktiven Wert. Außerdem ist die Z-Waren-AG *nicht unabhängig* von der „Transnational-AG". Durch den Verzicht auf Schadensersatz besteht ein gewisses Abhängigkeitsverhältnis zwischen den Gesellschaften, welches eine objektive Wertermittlung verhindert.

Aufgabe 9

a) Man unterscheidet zeitliche, quasi-permanente und permanente Ergebnisunterschiede. Sie können nur zustande kommen, wenn einzelne Geschäftsvorfälle in der IFRS-Bilanz und Steuerbilanz unterschiedlich behandelt werden. Diese Voraussetzung wird insbesondere bei der Bewertung erfüllt. *Zeitliche Differenzen* bestehen für eine bestimmten Zeitraum und gleichen sich automatisch aus. Ein typisches Beispiel sind Differenzen bei der planmäßigen Abschreibung. Nach Ablauf der Nutzungsdauer muss automatisch ein Ausgleich vollzogen sein. Das ist bei *quasi-permanenten Differenzen* nicht der Fall. Werden nicht abnutzbare Gegenstände des Anlagevermögens außerplanmäßig abgeschrieben, kommt ein Erfolgsausgleich nur zustande, wenn später eine Zuschreibung erfolgt. Ob und wann der Ausgleich vorgenommen wird, ist unklar.

Bei *permanenten Differenzen* bleiben die Ergebnisunterschiede von IFRS-Bilanz und Steuerbilanz immer bestehen. Es findet kein Ausgleich statt. Um diesen Fall handelt es sich bei der Bildung von Neubewertungsrücklagen[1]. Durch die ungleiche Behandlung von Zuschreibung (*erfolgsneutral*) und Abschreibung (*erfolgswirksam*) kann sich kein Ausgleich ergeben.

b) Da die Zuschreibung in 05 erfolgsneutral stattfindet, werden auch die latenten Steuern *erfolgsneutral* verrechnet. Sie werden speziell im Eigenkapital ausgewiesen (IAS 12.61). Der Neubewertungsbetrag von 50.000 € wird teilweise in die Neubewertungsrücklage eingestellt (30.000 €) und teilweise als Steueranteil ausgewiesen („dem Eigenkapital belastete latente Steuern 20.000 €"). In 06 ist der IFRS-Gewinn durch die höheren Abschreibungen um 10.000 € niedriger als der Steuerbilanzgewinn. Damit ist der *effektive Steueraufwand*, der sich nach der Steuerbilanz ergibt und in der Gewinn- und Verlustrechnung als Aufwand zu verrechnen ist, um 4.000 € (40% von 10.000 €) zu *hoch*. Die im Eigenkapital vorhandenen latenten Steuern werden in 06 *erfolgswirksam* aufgelöst. Es werden 4.000 € als *Ertrag* verrechnet, um eine Korrektur des zu hohen effektiven Steueraufwands herbeizuführen. In den folgenden vier Jahren wird entsprechend vorgegangen.

c) Die *statische Bilanztheorie* will das Vermögen richtig darstellen. Die latenten Steuern werden als eine Art Steueranspruch oder Steuerschuld interpretiert, die heute wirtschaftlich entsteht und später zu Zahlungen führt. Diese Interpretation kann *nicht* angewendet werden, da eine erfolgsneutrale Rücklagenbildung stattfindet. Es entsteht keine Steuerschuld.

Die *dynamische Bilanztheorie* will den Erfolg richtig darstellen. Die latenten Steuern dienen der Korrektur der effektiven Steuerlast, um eine periodengerechte Belastung zu erzielen. Diese Interpretation ist *zutreffend*. Im Entstehungsjahr werden die latenten Steuern neutral behandelt – erst in den Folgejahren findet eine Korrektur des zu hohen Steueraufwands statt.

---

[1] Vgl. COENENBERG 2003, S. 412.

Literaturhinweise

BAETGE, J./BEERMANN, TH.: Die Neubewertung des Sachanlagevermögens nach International Accounting Standards (IAS), in: StuB, 1. Jg. (1999), S. 341–348.

BAETGE, J./KIRSCH, H.-J./THIELE, S.: Bilanzen, 6. Aufl., Düsseldorf 2002.

BIEG, H./KUßMAUL, H.: Externes Rechnungswesen, 3. Aufl., München, Wien 2003.

BUCHHOLZ, R.: Grundzüge des Jahresabschlusses nach HGB und IAS, München 2002.

BUCHHOLZ, R.: Internationale Rechnungslegung, 3. Aufl., Berlin 2003a.

BUCHHOLZ, R.: Neubewertungsrücklagen nach IAS im Jahresabschluss mittelständischer Unternehmen, in: StuB, 5. Jg. (2003b), S. 577–582.

COENENBERG, A. G.: Jahresabschluss und Jahresabschlussanalyse, 19. Aufl., Stuttgart 2003.

DÖRING, U./BUCHHOLZ, R.: Kommentar zu § 253, in: KÜTING, K./WEBER, C.-P. (Hrsg.), Handbuch der Rechnungslegung, Band Ia, 5. Aufl., Stuttgart 2003, Rn. 106–225.

FEDERMANN, R.: Bilanzierung nach Handelsrecht und Steuerrecht, 11. Aufl., Berlin 2000.

HAYN, S./WALDERSEE, G. G.: IAS/US-GAAP/HGB im Vergleich, 4. Aufl., Stuttgart 2003.

HENO, R.: Jahresabschluss nach Handelsrecht, Steuerrecht und internationalen Standards (IAS/IFRS), 3. Aufl., Heidelberg 2003.

HOFFMANN, W.-D./LÜDENBACH, N.: Praxisprobleme der Neubewertungskonzeption nach IAS, in: DStR, 41. Jg. (2003), S. 565–570.

KIRSCH, H.: Außerplanmäßige Abschreibung von Sachanlagen und immateriellen Vermögenswerten nach IAS 36 und nach § 6 Abs. 1 EStG, in: DStR 40. Jg. (2002), S. 645–650.

KÜMPEL, TH.: Bilanzielle Behandlung von Wertminderungen bei Vermögenswerten nach IAS 36, in: BB, 57. Jg. (2002), S. 983–988.

KÜMPEL, TH.: Geplante Änderungen der bilanziellen Behandlung von Wertminderungen bei Vermögenswerten nach ED-IAS 36, in: BB, 58. Jg. (2003), S. 1491–1494.

LÜDENBACH, N./HOFFMANN, W.-D.: Vergleichende Darstellung von Bilanzierungsproblemen des Sach- und immateriellen Anlagevermögens, in: StuB, 5. Jg. (2003), S. 145–152.

SELCHERT, F. W./ERHARDT, M.: Internationale Rechnungslegung, 3. Aufl., München, Wien 2003.

WAGENHOFER, A.: International Accounting Standards, 3. Aufl., Wien, Frankfurt 2001.

WÖHE, G.: Bilanzierung und Bilanzpolitik, 9. Aufl., München 1997.

ZDROWOMYSLAW, N.: Jahresabschluss und Jahresabschlussanalyse, München, Wien 2001.

Heike Schorcht und Marcel Krosse

Die Bilanzierung von Programmvermögen nach HGB, IFRS und US-GAAP

Die Zahl der auf internationalen Märkten agierenden deutschen Unternehmen der Film- und Medienbranche stieg in den letzten Jahren stetig an. Die unter anderem für die Kapazitätsausweitung dieser Unternehmen benötigten finanziellen Mittel konnten nicht allein auf nationalen, sondern mussten auch auf internationalen Finanzmärkten beschafft werden. Der Zugang zu den internationalen Finanzmärkten erweist sich dabei für deutsche Unternehmen als nach wie vor schwierig.

Potenzielle Investoren analysieren und vergleichen zunächst die veröffentlichten Jahresabschlüsse und informieren sich vor ihrer Investitionsentscheidung über Finanz- und Ertragslage der Unternehmen. Diese Informationen sind im kontinental-europäischen Raum – wie zum Beispiel in Deutschland – durch das Gesellschafts- bzw. Steuerrecht geprägt und besonders eng mit dem Gläubigerschutz verbunden. Demgegenüber steht die investororientierte Bilanzierungspraxis aus dem angloamerikanischen Raum – vornehmlich vertreten durch die US-amerikanischen Generally Accepted Accounting Principles (US-GAAP) und die International Financial Reporting Standards (IFRS). Diese Tatsache weist auf erhebliche Unterschiede in den Jahresabschlüssen hin und erschwert eine Vergleichbarkeit der Jahresabschlüsse.

Für die Film- und Medienunternehmen besitzt das immaterielle Vermögen eine erhebliche Bedeutung. Hinsichtlich der Erstellung des Jahresabschlusses stellt sich die Frage, wie das immaterielle Programmvermögen, d. h. Film- oder Übertragungsrechte, zu bilanzieren ist. Die Schwierigkeiten, die bei der Bilanzierung dieser nicht fassbaren Vermögenswerte auftreten können, sind aus dem Begriff „immateriell" ableitbar. Schon von *Moxter* wurden die immateriellen Werte als ewige Sorgenkinder der Bilanzierung bezeichnet. Ein grundsätzliches Problem für Güter oder Vermögensgegenstände ohne körperliche Substanz ergibt sich daraus, dass ihre Bilanzierung im Spannungsverhältnis zwischen dem Grundsatz der periodengerechten Erfolgsermittlung und dem Grundsatz der Objektivität steht.

Aufgabe 1

Definieren Sie den Begriff immaterielle Vermögensgegenstände.

Aufgabe 2

Definieren Sie die Begriffe Filmrechte und Übertragungsrechte. Gehen Sie dabei auf die Unterschiede zwischen Film- und Übertragungsrechten hinsichtlich der urheberrechtlichen Stellung und der möglichen Auswertung der Rechte ein.

Aufgabe 3

Wie sind immaterielle Vermögensgegenstände, insbesondere Filmrechte und Lizenzen, in Medienunternehmen nach HGB, IFRS und US-GAAP anzusetzen und zu bewerten?

Aufgabe 4

Der ausschließlich werbefinanzierte Ilmenauer Regionalfernsehsender (IRF) schließt im Juli 2001 einen Sportrechtevertrag für eine internationale Biathlonveranstaltung ab, die in den Jahren 2002, 2003 und 2004 jeweils im März in Oberhof stattfinden wird. Die Zahlung für die Übertragungsrechte der Sportveranstaltungen in Höhe von insgesamt 500 T€ erfolgt bereits 14 Tage nach Vertragsunterzeichnung. Es sei angenommen, dass außer diesem Kaufpreis keine Aufwendungen erforderlich sind, um die Sportveranstaltungen zu übertragen.

a) Charakterisieren Sie Sportübertragungsrechte als Gegenstand der Bilanzierung nach HGB.

b) Wie ist der Sachverhalt zum 31. Dezember 2001, am Ende des Geschäftsjahres, handelsrechtlich zu bilanzieren, wenn davon auszugehen ist, dass die den Übertragungsrechten zuzurechnenden erwarteten Erträge des IRF mindestens dem bereits gezahlten Preis entsprechen?

c) Wie ist der Sachverhalt zum 31. Dezember 2001 handelsrechtlich zu bilanzieren, wenn hinreichend sicher ist, dass die den Übertragungsrechten in Anbetracht der geplanten Verwendung zuzurechnenden Ertragserwartungen des IRF unter den im Jahre 2001 getätigten Aufwendungen liegen?

Lösung

Aufgabe 1

Die überproportionale Entwicklung des tertiären Sektors auf den internationalen Weltmärkten erhöhte die Bedeutung der immateriellen gegenüber den materiellen Vermögensgegenständen. Technisches Know-how, Patente, Lizenzen, Markennamen oder Urheberrechte wurden zunehmend die wichtigsten Erfolgsfaktoren für Unternehmen und stellen somit die eigentlich unternehmenswertdeterminierenden Faktoren dar.

Im Rahmen der Rechnungslegung ist eine klar abzugrenzende Definition der „immateriellen Vermögensgegenstände" nicht ohne Weiteres möglich. Aus diesem Grund wird ihnen der mit dem Tastsinn wahrnehmbare und vom Verstand gewöhnlich klar fassbare materielle Wert gegenübergestellt. Demnach besitzen immaterielle Gegenstände grundsätzlich keine körperliche Natur und sind somit von den durch physische Substanz geprägten materiellen Gütern abzugrenzen.

Bilanzrechtlich wird in der deutschen, aber auch in der angloamerikanischen Literatur, eine Unterscheidung derart vorgenommen, dass eine Klassifikation nach materiellen, immateriellen und finanziellen Gütern erfolgt. *Materielle Vermögensgegenstände* und somit die fassbare, körperliche Substanz entsteht, wenn beispielsweise Häuser, Grundstücke oder Maschinen erworben oder diese selbst hergestellt werden. Unter *finanziellen Gütern* sind Beteiligungen, Wertpapiere oder Absicherungsgeschäfte zu verstehen, die hinsichtlich ihrer Bewertung eine relativ hohe Sicherheit aufweisen. Es handelt sich dabei um in Geldeinheiten ausgedrückte Stellvertreter anderer realer Güter, die durch ihren Finanzdienst im Unternehmen – ähnlich wie immaterielle Vermögensgegenstände – zwar keine physische Substanz aufweisen, jedoch deshalb als monetär bezeichnet werden können.

Demnach sind *immaterielle Vermögensgegenstände* körperlose, nicht-monetäre Güter, die für den operativen und strategischen Unternehmenserfolg wesentliche Bedeutung besitzen. Sie sind in der Regel nur mit erheblichem Aufwand zu beurteilen, wobei die präzise Nutzungsdauer ebenfalls nur unzureichend zu bestimmen ist. Dennoch kann mit ihnen gehandelt werden oder eine Selbsterstellung erfolgen. International ist die Abgrenzung von immateriellem und materiellem Unternehmensvermögen anerkannt, es besteht aber eine Vielzahl unterschiedlicher Begriffe, wie *intangible ressources*, *invisible assets* oder *intellectual capital* in der internationalen Fachliteratur.

Ausgehend von der Bilanzierung nach HGB können nach § 266 Abs. 2 A I HGB Konzessionen, gewerbliche Schutzrechte und ähnliche Rechte und Werte sowie Lizenzen an solchen Rechten und Werten neben Patenten, Lizenzen, Firmenwerten oder Programmbeständen als immaterielle Vermögensgegenstände bezeichnet werden.

Aufgabe 2

Als Filmrechte werden sämtliche ein Filmwerk betreffenden Verwertungs- und Nutzungsrechte bezeichnet, die dem Filmhersteller im Rahmen eines Verfilmungsvertrages einzuräumen sind, obwohl der Regisseur auf Grund seiner geistig-schöpferischen Leistung als eigentlicher Urheber des Filmes anzusehen ist. Der Begriff der Filmrechte schließt die Erlaubnis zur Nutzung eines Vermögenswertes oder zur Ausübung einer Tätigkeit ein. Hierbei handelt es sich um ein urheberrechtlich geschütztes dingliches Verwertungsrecht. In Film- und Medienunternehmen steht die Übertragung von Nutzungsrechten im Vordergrund. Aus bilanzieller Sicht stellen Filmrechte immaterielle Vermögensgegenstände dar. Begründen lässt sich diese Einordnung auf Grund der Tatsache, dass der Wert der geistig-kreativen Elemente bei Originalen den Wert des Filmmaterials übersteigt.

Dem Begriff des Übertragungsrechtes werden alle Befugnisse subsumiert, die einem Medienunternehmen vom Veranstalter des Ereignisses weitergereicht werden müssen, um dieses Ereignis, wie z. B. eine Sportveranstaltung, übertragen zu können. Hierbei spielt es keine Rolle, ob das Ereignis direkt, zeitversetzt oder als Zusammenfassung ausgestrahlt wird. Der Veranstalter besitzt zum Schutz seiner wirtschaftlichen Interessen Ansprüche auf Unterlassung der Übertragung (§ 1 UWG, § 823 Abs. 1 BGB, § 826 BGB). Demzufolge steht im Mittelpunkt eines Übertragungsrechtsvertrages der Verzicht des Veranstalters auf Unterlassung der Übertragung, d. h. der Verzicht auf die so genannten Abwehransprüche gegen die Übertragung.

Während die Rechte des Filmherstellers nach § 94 Abs. 1 UrhG sowie die Befugnis zur Ausstrahlung des Filmes durch den Rundfunkveranstalter urheberrechtlich abgesicherte dingliche Rechte darstellen, welche im Sinne der §§ 31 Abs. 1 und 94 Abs. 2 UrhG verselbstständigte dingliche Nutzungs- und Verwertungsrechte besitzen, deren Übertragung zu einem beliebigen Zeitpunkt vor der Ausübung zugänglich sind, handelt es sich bei Übertragungsrechten um Programmbestandteile, die keinen urheberrechtlichen Rechtsschutz besitzen und an eine Aktualität gebunden sind. Die Auswertung der Übertragungsrechte kann deshalb nicht entsprechend der Verwertungskaskade von Filmwerken erfolgen. Die typische Abfolge der Verwertungskette eines Filmes beinhaltet nach der Beschaffung im Sinne einer Filmproduktion bzw. eines Lizenzerwerbs die Auswertungsstufe im Kinobereich. Im Anschluss daran erfolgt eine Auswertung im Home-Entertainment-Bereich mittels Vermarktung der DVD- und VHS-Produkte sowie daran anknüpfend eine Verwertung im Pay-TV und dann im Free-TV. Weitere Stufen der Verwertungskaskade, die jedoch nicht erst im Anschluss an die TV-Verwertung wahrgenommen werden, beinhalten beispielsweise die Vermarktung von Merchandising-Produkten.

Bei Übertragungsrechten kommen im Wesentlichen drei Auswertungsformen in Betracht. Erfolgt eine zeitgleiche Ausstrahlung, wird von einer Direktübertragung gesprochen. Hierbei ist der Handlungsverlauf vor dem Beginn der Übertragung ebenso wenig eindeutig bestimmbar wie die erforderliche Ausstrahlungszeit. Die Unsicherheit in Bezug auf Handlungsverlauf und erforderliche Ausstrahlungszeit ist auch für die zeitversetzte Ausstrahlung vollständiger Veranstaltungen charakteristisch. Jedoch ist der Termin für die Ausstrahlung im Vergleich zur Direktübertragung kein Datum. Üblicherweise wird bei zeitversetzter Ausstrahlung vollständiger Veranstaltungen vertraglich eine Sperrfrist vereinbart, die verhindern soll, dass die Auswertung der Direktübertragung durch ein anderes Medienunternehmen durchgeführt wird. Im Rahmen der zusammenfassenden Berichterstattung – als dritter Auswertungsform von Übertragungsrechten – wird unter Inkaufnahme einer verringerten Aktualität die Ausstrahlung des Übertragungsereignisses auf interessante Aspekte reduziert. Hierdurch kann eine Planungssicherheit hinsichtlich der erforderlichen Ausstrahlungszeit bewirkt werden.

In der folgenden Tabelle sind die besonderen Kriterien zur Abgrenzung von Film- und Übertragungsrechten nochmals zusammengetragen.

Abgrenzungskriterien	Filmrechte	Übertragungsrechte
Urheberrechtliche Würdigung	Urheberrechtlich abgesicherte dingliche Rechte	nicht urheberrechtlich geschützt
Vertragsinhalt	Verwertungs- und Nutzungsrechte werden übertragen	Veranstalter verzichtet auf seine Ansprüche auf Unterlassung der Übertragung
Zeitpunkt der Ausstrahlung	gemäß vertraglicher Vereinbarung	Aktualität
Verwertungsformen	entsprechend der Verwertungskette: – Kinobereich – Home-Entertainment-Bereich – Pay- und Free-TV	entsprechend Handlungsverlauf und Ausstrahlungszeit: – Direktübertragung – zeitversetzte Ausstrahlung vollständiger Veranstaltungen – zusammenfassende Berichterstattung

Tab. 1: Abgrenzung von Film- und Übertragungsrechten.

Aufgabe 3

Das grundsätzliche Problem der Bilanzierung von immateriellen Vermögensgegenständen in Medienunternehmen ist darin zu suchen, ob es sich generell um bilanzierungsfähiges Vermögen handelt, wenn ja, ab wann dieses Vermögen zu bilanzieren ist und wie in diesem Fall die Bewertung aussieht. Die Lösung dieses Problems liegt im besonderen Charakter der immateriellen Vermögensgegenstände, weil diesen bekanntermaßen keine klassischen Mengendimensionen, wie Kilogramm oder Liter, zugeordnet werden können bzw. in der Regel keine Marktpreise existieren. Ein Auto beispielsweise besitzt eine körperliche Natur, die berührt werden kann, mit einer bestimmbaren Masse und einem Reproduktionswert. Ferner stehen immaterielle Vermögensgegenstände meist im Verbund mit anderen Vermögensgegenständen und sind einzeln nur schwer oder gar nicht veräußerbar.

Der Wert des immateriellen Vermögens wird vornehmlich durch zukünftige Nutzen- und Ertragserwartungen determiniert, wobei zum Zeitpunkt der erstmaligen Aktivierung die Bestimmung des Wertes dieser potenziellen Nutzenstiftung problematisch ist. Aus diesem Grund muss der Moment gefunden werden, ab dem ein Vermögenswert als so weit konkretisiert angesehen werden kann, dass sein bilanzieller Ansatz genügend zuverlässig erscheint, obwohl Höhe und Zeithorizont der Nutzensstiftung weitgehend unbekannt sind.

Weitere Schwierigkeiten bestehen darin, dass weder eine Abgangs- oder Abwertungskontrolle durchgeführt werden kann. Bei immateriellen Vermögensgegenständen besteht die Gefahr, dass eine schnelle Verflüchtigung des Wertes auftritt.

Im Folgenden wird darauf verzichtet, die allgemeinen Grundsätze zum Ansatz von immateriellen Vermögensgegenständen in den unterschiedlichen Rechnungslegungssystemen darzustellen. Stattdessen erfolgt die explizite Anwendung dieser Regelungen zur Bilanzierung nach HGB, IFRS und US-GAAP getrennt nach Filmrechten und Lizenzen, wobei den Filmrechten Urheberrechte und Leistungsschutzrechte subsummiert werden. Eine Lizenz ist dagegen die vertragliche Vereinbarung der Überlassung von gewerblichen Schutzrechten, Werten oder Urheberrechten zur wirtschaftlichen Nutzung. Eine getrennte Betrachtung dieser Bestandteile des Programmvermögens[1] ist erforderlich, weil unterschiedliche Regelungen aus den jeweiligen Rechnungslegungssystemen angewendet werden.

---

[1] Das Programmvermögen eines Unternehmens der Medienbranche wird maßgeblich durch originäre und derivate Filmrechte und Lizenzen bestimmt.

1. Filmrechte und Lizenzen im Rahmen der Rechnungslegung nach HGB

a) Bilanzierung von Filmrechten

Zur Beurteilung der konkreten Aktivierungsfähigkeit von Filmrechten ist zwischen Urheberrechten und Leistungsschutzrechten zu unterscheiden.

Nach § 248 Abs. 2 HGB zählen Urheberrechte zu den immateriellen Vermögenswerten mit folgenden Begründungen:

- der körperliche Bestandteil des Urheberrechts (z. B. das Masterband) hat eine untergeordnete Bedeutung und dient ausnahmslos als Trägermedium,

- Urheberrechte sind Bestandteile des Anlagevermögens, weil diese dazu bestimmt sind, das geschützte Werk selbst zu nutzen bzw. einem Dritten Nutzungsrechte für die Verwertung zu ermöglichen,

- Urheberrechte können nur im eigenen Unternehmen entstehen, weil diese auf Grund der gesetzlichen Unübertragbarkeit nicht entgeltlich erworben werden können.

Somit unterliegen Urheberrechte dem Aktivierungsverbot nach § 248 Abs. 2 HGB und sind nicht konkret aktivierungsfähig.

Die konkrete Aktivierungsfähigkeit von Leistungsschutzrechten ist abhängig vom zugrunde liegenden Sachverhalt zu betrachten. Das Tatbestandsmerkmal „immateriell" wird indes stets erfüllt, denn der materielle Bestandteil ist von untergeordneter Bedeutung und besitzt nur eine Trägerfunktion.

Die Zuordnung von Filmen als Medium der darauf gespeicherten Bilder erfolgt zum Anlagevermögen, wenn die Masterbänder dazu bestimmt sind, dem Unternehmen *dauerhaft* zu dienen, indem diese immer wieder vorgeführt, für Videozwecke ausgewertet, hierfür Lizenzen vergeben oder Kopien veräußert werden. Beabsichtigt das Unternehmen eine Veräußerung von Leistungsschutzrechten in Verbindung mit dem Masterband, sind diese dem Umlaufvermögen zuzurechnen. Vornehmlich ist dies der Fall bei Auftragsproduktionen, wenn das bilanzierende Unternehmen alle Verwertungsrechte dem Auftraggeber überlässt. Diese für einen Dritten hergestellten Filme unterliegen nicht dem Bilanzierungsverbot des § 248 Abs. 2 HGB, sondern sind entsprechend dem Grundsatz der Vollständigkeit beim Auftragnehmer aktivierungspflichtig.

Für die Aktivierungbetrachtung von Leistungsschutzrechten, deren Charakter eine Bilanzierung im Anlagevermögen rechtfertigen würde, ist das Tatbestandsmerkmal „entgeltlicher Erwerb" entscheidend. Leistungsschutzrechte entstehen beim Hersteller, wobei dies als ein unentgeltlicher Erwerb im Sinne von § 248 Abs. 2 HGB eingeschätzt wird. Somit unterliegen Leistungsschutzrechte beim Hersteller dem Aktivierungsverbot. Erwirbt ein Unternehmen beispielsweise durch einen Werksvertrag für einen hergestellten Film Leistungsschutzrechte, so sind diese nach § 248 Abs. 2 HGB hinreichend objektiviert und gemäß dem Vollständigkeitsgebot des § 246 Abs. 1 HGB in Verbindung mit § 248 Abs. 2 HGB aktivierungspflichtig.

Filme werden in der Bilanzposition Umlaufvermögen eingeordnet, wenn sie nicht dauerhaft dem Geschäftsbetrieb dienen sollen, d. h. ein Verkauf ist beabsichtigt oder steht bereits fest. Sie sind zu bilanzieren, gegebenenfalls als halbfertige oder fertige Erzeugnisse auszuweisen, auch wenn diese selbst erstellt wurden. Die Möglichkeit der Zuordnung von Filmrechten zu einem zwischen dem Anlage- und Umlaufvermögen ausgewiesenen Sonderposten ist zu verneinen.

Die Folgebewertung dieser Vermögensgegenstände sieht eine außerplanmäßige Abschreibung, die den Regelungen des § 253 HGB zu entsprechen hat, und eine planmäßige Abschreibung der Anschaffungskosten vor. Es erfolgt eine Abschreibung entsprechend der rechtlichen bzw. wirtschaftlichen Nutzungsdauer.

b) Bilanzierung von Lizenzen
Im Kontext der abstrakten Aktivierungsfähigkeit muss der Lizenznehmer zwischen einfachen und ausschließlichen Lizenzen unterscheiden. Die einfache Lizenz ist personen- oder betriebsgebunden in Verbindung mit einem gewöhnlichen Nutzungsrecht für den vereinbarten Gegenstand (z. B. Filmmaterial). Dieses Recht darf nur mit ausdrücklicher Zustimmung des Lizenzgebers an Dritte, in Form einer Unterlizenz, übergeben werden. Die einfachen Lizenzen unterliegen demnach grundsätzlich einem Aktivierungsverbot, wobei anfallende Lizenzgebühren möglicherweise als Rechnungsabgrenzungsposten aktiviert werden können. Ausschließliche Lizenzen unterliegen keiner Personen- oder Betriebsbindung und verbieten allen anderen Personen, so auch dem Lizenznehmer, die Nutzung des Rechtes. Es können nach dem Willen des Lizenznehmers, Veräußerungen an Dritte oder die Bildung von Unterlizenzen vorgenommen werden, sofern es der Lizenzvertrag zulässt. Ausschließliche Lizenzen sind pfändbar, dienen somit zur Deckung von Verbindlichkeiten und sind folglich generell aktivierungspflichtig. Umsatz- bzw. mengenabhängige Lizenzgebühren können nicht ex ante ermittelt werden und gehen somit direkt in den Aufwand oder werden als Rechnungsabgrenzungsposten bilanziert. Die Zugangs- oder Folgebewertung orientiert sich wiederum an den Vorschriften aus § 255 Abs. 1 und Abs. 2 HGB.

2. Filmrechte und Lizenzen im Rahmen der US-amerikanischen Rechnungslegung

a) Bilanzierung von Filmrechten

Das Filmvermögen zählt ebenfalls nach US-amerikanischem Recht zum Urheberrecht, welches das schöpferische Geisteswerk schützt. Im Unterschied zum deutschen Recht ist dieses in den USA grundsätzlich Eigentum des Arbeitgebers, sofern nichts gegenteiliges im Arbeitsvertrag vereinbart wurde. Weiterhin ist das Urheberrecht unbeschränkt übertragbar, mit der Folge, dass eine Unterscheidung in Urheberrecht und Leistungsschutzrecht nicht erforderlich ist.

Die Aktivierungspflicht für von Dritten erworbenen schöpferischen Werken ergibt sich nach SFAS No. 142. Für selbsterstellte Filme besteht nach dem Statement of Position (SOP) 00-2 mit dem Titel „Accounting by Producers or Distributors of Films" vom Accounting Standards Executive Committee (AcSEC) des American Institute of Certified Public Accountants (AICPA) eine vollständige Aktivierungspflicht für Filmausgaben. Paragraph 29 der SOP 00-2 bestimmt, dass die gesamten Einzelkosten (beispielsweise Ausgaben für Drehbuch, Personal, Kostüme, Synchronisation oder Mieten), bestimmte Fertigungsgemeinkosten sowie gewisse Zinsen (in Übereinstimmung mit SFAS No. 134) zu bilanzieren sind. Weiterhin umfasst SOP 00-2 eine Spezialregelung für episodische Fernsehserien (Episodic Television Series). Diese besagt, wenn lediglich Einnahmen aus dem anfänglichen Markt[1] (Initial Market), jedoch keine Einnahmen aus einem Sekundärmarkt (Secondary Market) zu erwarten sind, dürfen die für jede Episode aktivierten Ausgaben nicht über die für die jeweilige Episode vertraglich zugesicherten Einnahmen hinausgehen. Sofern jedoch ein Unternehmen aufzeigen kann, dass bereits hergestellte und vertraglich zugesicherte zukünftige Episoden erfolgreich in einem Sekundärmarkt lizenziert werden können, so sind alle ab diesem Zeitpunkt anfallenden Filmausgaben aktivierungspflichtig.

Neben den generellen Bestandteilen der Anschaffungs- und Herstellungskosten umfassen die im Rahmen der Filmherstellung und -verwertung zu aktivierenden Kosten die nachfolgenden Kostenbestandteile:

1. *film costs*: Aufwendungen für production overhead, costs of overall deals, expenditures for properties und aktivierungspflichtige Fremdkapitalkosten nach SFAS No. 134.

2. *participation costs*: Kosten hinsichtlich Vergütung für die an der Produktion beteiligten Personen wie Regisseure und Schauspieler, die meist auf Grund der vertraglichen Regelungen teilweise oder vollständig von den zukünftigen Erlösen abhängig sind.

---

[1] Unter Markt ist in diesem Zusammenhang ein Distributionskanal im Rahmen eines bestimmten Gebietes zu verstehen.

3. *manufactoring costs*: umfassen die Kosten der Herstellung und/oder der Vervielfältigung beispielsweise für die Erstellung von Videokassetten oder DVDs.

So genannte *exploitation costs*, d. h. Ausgaben, welche der Hersteller eines Filmes tätigt, um damit eine bessere kommerzielle Vermarktung (im Vordergrund stehen hier Werbeaufwendungen) zu erzielen, können mit Inkrafttreten der SOP 00-2 in der Regel nicht aktiviert werden. Im Gegensatz zur Vorgängerregelung gemäß SFAS No. 53, welche besagte, dass große, national angelegte Werbekampagnen vor der erstmaligen Aufführung eines Films oder in den ersten Wochen nach dem Start eines Films, prinzipiell aktivierungspflichtig sind, schreibt SOP 00-2 Paragraph 49 vor, dass für Filmausgaben die allgemeine Verlautbarung zur bilanziellen Behandlung von Werbeausgaben nach SOP 93-7 gilt. Demnach sind Ausgaben für Werbung – abgesehen von Direct-Respons Advertising – spätestens zum Zeitpunkt des ersten Einsatzes der Werbung direkt erfolgswirksam zu verrechnen.

Die Folgebewertung unterliegt den Regelungen des SOP 00-2, wonach der periodisch zu ermittelnde Abschreibungsprozentsatz nach der film-forecast-compulation-method:

$$\text{Abschreibungsprozentsatz}_t = \text{Umsatzerlöse}_t / \text{erwartete Umsatzerlöse}_{gesamt}$$

berechnet wird.

b) Bilanzierung von Lizenzen

Nach US-amerikanischem Recht besteht ähnlich wie nach deutschem Recht, die Möglichkeit, Lizenzen für gewerbliche Schutzrechte, Urheberrechte oder Erfindungen zu erwerben. Für die Bilanzierung von Lizenzen wurden, mit Ausnahme des SFAS No. 50 für selbsterstellte Mastertonträger, keine besonderen Vorschriften erlassen. Es gilt in Anlehnung an die Vorschriften des SFAS No. 50 („Financial Reporting in the Record and Music Industry") die Unterscheidung nach der Art der Zahlungsmodalität. Ein anfänglich festgelegter Pauschalbetrag für eine Lizenz ist als immaterieller Vermögensgegenstand (intagible asset) zu aktivieren. Jährlich oder umsatzabhängig gestaffelte Lizenzgebühren werden direkt erfolgswirksam verrechnet bzw. abgegrenzt.

3. Filmrechte und Lizenzen im Rahmen der IFRS-Rechnungslegung

Unternehmen der Medienbranche, die nach IFRS bilanzieren wollen, können auf keine konkreten, branchenspezifischen Normen und Regelungen zurückgreifen. Die Vorschriften erlauben es jedoch, Branchenpraktiken anderer Standardsetter zu benutzen, soweit daraus kein Konflikt mit bestehenden IFRS-Normen resultiert. Erschwerend kommt hinzu, dass die IFRS grundätzlich nicht als nationale Rechnungslegungsgrundsätze zu verstehen sind. Aus diesem Grund erfolgen nachstehende Betrachtungen zur Bilanzierung von Filmrechten und Lizenzen auf Basis der Regeln zu immateriellen Vermögensgegenständen.

a) Bilanzierung von Filmrechten

Urheberrechte und Leistungsschutzrechte verkörpern Rechte, die das Unternehmen befähigen, die geschützten Werke intern und extern zu verwerten. Somit sind diese identifizierbar, kontrollierbar und meist länger als ein Jahr im Unternehmen. Folglich zählen Computerprogramme, Tonträger und Filme zu den immateriellen Vermögensgegenständen nach IAS 38.

Hinsichtlich der Aktivierungsfähigkeit werden unterschiedliche Ansätze gewählt. Für intern entwickelte immaterielle Vermögensgegenstände in der Forschungsphase (vorbereitende Handlungen für das Filmprojekt) ist der zukünftige Nutzenzufluss zu ungewiss und somit nicht zu aktivieren. Kann das Vorhaben der Entwicklungsphase zugeordnet und ein zukünftiger Nutzen (beispielsweise abgeschlossene Verträge für die Veräußerung an Dritte) nach IAS 38 erkannt werden, dann erscheint ein Ansatz als möglich. Sofern weiterhin die Möglichkeit besteht, die Anschaffungsausgaben verlässlich zu bewerten, sind Urheber- und Leistungsschutzrechte aktivierungspflichtig.

Die Zugangsbewertung von Filmvermögen richtet sich grundsätzlich nach den Vorschriften des IAS 38.22. Danach ist ein Film zu seinen fortgeführten Anschaffungs- und/oder Herstellungskosten anzusetzen, unabhängig davon, ob dieser im Unternehmen selbst hergestellt oder von einem Dritten erworben wurde. Für die Folgebewertung gilt, dass ein Film planmäßig über die geschätzte Nutzungsdauer, maximal 20 Jahre, linear abgeschrieben wird, soweit keine andere Methode besser geeignet ist, den tatsächlichen Nutzungsverlauf abzubilden.

b) Bilanzierung von Lizenzen

Lizenzen für Urheberrechte und Leistungsnutzungsrechte können von Dritten erworben werden. Sie werden damit identifizierbar und stiften für das Unternehmen in der Zukunft einen kontrollierbaren Nutzen. Folglich stellen Lizenzen intagible assets im Sinne des IAS 38 dar. Zur Feststellung der Aktivierungsfähigkeit von Lizenzen wird – wie bei den Regelungen des US-GAAP – die Zahlungsmodalität der Lizenzgebühr untersucht. Somit sind auch hier durch Einmalzahlung erhaltene Lizenzen als immaterielle Vermögensgegenstände aktivierungspflichtig. Jährlich geleistete Lizenzgebühren, die im nächsten Geschäftsjahr einen Nutzen stiften, werden als Rechnungsabgrenzung (matching principle) bilanziert.

Die Zugangs- und Folgebewertung von Lizenzen verhält sich wie die der Filmrechte und orientieren sich demnach wieder an IAS 38.

Aufgabe 4

a) Zur Übertragung einer Sportveranstaltung oder einzelner Teile eines Turniers im Fernsehen ist zwischen dem Veranstalter und dem Medienunternehmen ein Sportrechtevertrag abzuschliessen. In diesem Vertrag werden neben dem Entgelt das geografische Verbreitungsgebiet und die Verbreitungswege der Sportübertragung festgelegt. Bei der Übertragung der Sportveranstaltung stehen die Leistungen der teilnehmenden Sportler im Mittelpunkt. Da Sportler nach § 73 UrhG nicht dem Begriff ausübender Künstler zu subsumieren sind, basiert die Übertragung einer Sportveranstaltung nicht auf einem urheberrechtlich geschützten dinglichen Verwertungsrecht. Im Sportrechtevertrag wird vielmehr die Einwilligung des Sportveranstalters in die Übertragung in Form des Verzichtes des Veranstalters auf seine Ansprüche auf Unterlassung der Übertragung, die so genannten Abwehransprüche gegen die Übertragung, geregelt.

Sportübertragungsrechte stellen einen immateriellen vermögenswerten Vorteil dar, der auf Grund seiner geregelten Übertragbarkeit selbstständig verkehrsfähig ist und dem ein selbstständiger Wert beigelegt werden kann. Dies bewirkt eine abstrakte Aktivierungsfähigkeit der Übertragungsrechte.

Die Erfüllung des Sportrechtevertrages ist nur zum Zeitpunkt der vertragsgegenständlichen Veranstaltung, nicht aber zu einem früheren Zeitpunkt möglich. Es handelt sich folglich um ein schwebendes Geschäft, welches nicht allein mit dem Abschluss des Vertrages erfüllt ist. Der Schwebezustand endet bei Übertragungsrechten erst mit der Unterlassung der Geltendmachung der Abwehransprüche des Veranstalters gegen die Übertragung, weil diese Abwehransprüche nur zum Zeitpunkt der Veranstaltung existieren. Entsprechend dem Grundsatz der Nichtbilanzierung schwebender Geschäfte sind Sportübertragungsrechte nicht konkret aktivierungsfähig. Beim Erwerb von Sportübertragungsrechten stellt sich bilanztechnisch vielmehr die Frage, ob aus den schwebenden Geschäften Verluste drohen, denen nach § 249 Abs. 1 HGB durch eine Rückstellung für drohende Verluste aus schwebenden Geschäften zu begegnen ist.

Sende- und Werbeerfolg eines Sportereignisses hängen von unterschiedlichen Aspekten ab. Entscheidend für den Erfolg sind u. a. die Teilnahme und das Abschneiden nationaler Sportler sowie Substitutionseffekte zeitlich gleichgelagerter anderer Sendungen. Aus bilanzierungstechnischer Sicht stellt sich daher die Frage, ob aus dem Erwerb der Sportübertragungsrechte und dem damit zusammenhängenden Verkauf von Werbezeiten für zukünftige Perioden Verluste zu erwarten und wie diese gegebenenfalls im Rahmen der handelsrechtlichen Gewinnermittlung des abzuschließenden Geschäftsjahres zu berücksichtigen sind. Diese Überlegung schließt insbesondere die Klärung der Frage ein, ob das Ziel einer verlustfreien zukünftigen Abwicklung langfristig abgeschlossener Sportrechteverträge eine Verlustrückstellung erfordert. Verlustrückstellungen werden bei Vorliegen eines Verpflichtungsüberschusses notwendig. Dieser Überschuss entsteht, wenn die erwarteten Erträge aus Werbeeinnahmen, Nebenrechten und sonstigen wirtschaftlichen Vorteilen geringer ausfallen als die Aufwendungen. Diese werden insbesondere durch den Kaufpreis der Sportübertragungsrechte determiniert.

b) Der Schwebezustand des abgeschlossenen Vertrages endet mit der Unterlassung der Geltendmachung des Abwehrrechtes des Veranstalters der internationalen Biathlonveranstaltungen gegen deren Übertragung. Auf Grund der fehlenden Erfüllungshandlung endet der Schwebezustand mit der Durchführung des Wettkampfes. Der Grundsatz der Nichtbilanzierung solcher schwebenden Geschäfte, im vorliegenden Fall der Sportübertragungsrechte, beruht auf dem Prinzip der kaufmännischen Vorsicht und kann als Instrument der Wertobjektivierung eingeordnet werden. Eine Beurteilung des Sachverhaltes nach handelsbilanzrechtlichen Gesichtspunkten führt demzufolge zu der Erkenntnis, dass sich die Sportübertragungsrechte vor ihrer Übertragung in den Jahren 2002, 2003 und 2004 noch nicht zu einem bilanzierungsfähigen Vermögensgegenstand verdichtet haben.

Die im Jahre 2001 getätigte Zahlung in Höhe von 500 T€ für den Kauf der Sportübertragungsrechte ist deshalb zum 31. Dezember 2001 als aktiver Rechnungsabgrenzungsposten zu deklarieren. Rechnungsabgrenzungsposten werden gebildet, um das Auseinanderklaffen von zahlungs- und erfolgswirtschaftlichen Effekten in der Bilanz zu berücksichtigen. Beim aktiven Rechnungsabgrenzungsposten erfolgt die Auszahlung oder Ausgabe in der laufenden Periode, der Aufwand entsteht jedoch erst zu einem späteren Zeitpunkt, d. h. nicht mehr im aktuellen Geschäftsjahr. Die Zahlung für die Übertragungsrechte der Sportveranstaltungen stellen für das Geschäftsjahr 2001 Ausgaben dar, die erst in den jeweiligen Jahren der Wettkampfdurchführung als Aufwendungen zu erfassen sind.

c) Wie bereits in der Lösung zu Aufgabe b) erläutert, handelt es sich bei den Übertragungsrechten zum Bilanzstichtag um ein schwebendes Geschäft. Dies führt zur Verneinung der Aktivierung der Sportübertragungsrechte als Vermögensgegenstand zum 31. Dezember 2001. Ist davon auszugehen, dass die erwarteten Einnahmen unter den getätigten Ausgaben liegen – d. h. aus dem Vertrag über die Sportübertragungsrechte lassen sich nunmehr Verlusterwartungen ableiten – muss gemäß § 249 Abs. 1 HGB eine Drohverlustrückstellung gebildet werden. Die auch als Verpflichtungsüberschuss bezeichnete Verlusterwartung stellt neben der Bedingung des Vorliegens eines schwebenden Geschäftes die Voraussetzung für die Bildung einer Drohverlustrückstellung dar. Um eine Rückstellung für drohende Verluste aus schwebenden Geschäften bilden zu können, reicht alleine die Möglichkeit eines Verlustes nicht aus. Vielmehr muss ernsthaft die Verlusterwartung hinreichend konkretisiert werden.

Diese Konkretisierung erfolgt durch eine Bewertung der Einnahmen und Ausgaben aus dem Sportrechtevertrag. Die Bewertung der Ausgaben bzw. der Verpflichtungen erscheint unproblematisch vor dem Hintergrund, dass die Ausgaben zumeist überwiegend der Entrichtung des Kaufpreises für die Sportrechteübertragung betreffen. Die Bewertung der Einnahmen gestaltet sich hingegen schwieriger, weil die den Übertragungsrechten zuzurechnenden Einnahmen in Medienunternehmen mehrere Komponenten umfassen. Neben den Werbeeinnahmen als wesentliche Einnahmequelle sind Einnahmen aus der marktlichen Verwertung sowie die weiteren wirtschaftlichen Vorteile zu verzeichnen. Die Bewertung der Ertragserwartung sollte hierbei absatzmarktorientiert retrograd erfolgen, weil Sportübertragungsrechten eine selbstständige Ertragsfähigkeit innewohnt. Die beschaffungsseitige Bewertung von Sportübertragungsrechten gestaltet sich hingegen problematisch, weil häufig keine Wiederbeschaffungspreise für derartige Übertragungsrechte existieren sowie auf Grund des Charakters dieses Vermögenswertes auf Wiederherstellungskosten nicht zurückgegriffen werden kann.

Im Rahmen der absatzmarktorientierten Bewertung der Übertragungsrechte bedarf es zum Bilanzstichtag einer Schätzung des erwarteten Absatzpreises. Da die Übertragungsrechte für die Absatzleistung „eingeräumte Werbezeit" den Ausgangspunkt darstellen, bestimmt sich die Höhe der Werbeeinnahmen durch die Beschaffenheit der Übertragungsrechte. In Abhängigkeit von der Qualität der Übertragung können unterschiedliche Preise für die Sendezeit zur Ausstrahlung von Werbespots gebildet werden. Die Werbeeinnahmen ergeben sich in Abhängigkeit von der Sendezeit sowie vom Sendeereignis und werden mit Hilfe des Tausendkontaktpreises (TKP) zum Ausdruck gebracht. Für die Anzahl und Länge der Werbeblöcke können nun Standards entwickelt werden. Die Bewertung der erwarteten Werbeeinnahmen erfolgt dann in Abhängigkeit vom Sendetermin. Vorteilhaft wirkt sich in Bezug auf den Zeitpunkt der Ausstrahlung bei Sportübertragungsrechten die weitestgehend strikte zeitliche Aktualität der Übertragungsveranstaltung aus. Im Vergleich zu Filmrechten, deren Ausstrahlungszeitpunkt zumeist bei der Anschaffung noch nicht feststeht, kann eine objektivere Schätzung der Werbeeinnahmen vorgenommen werden.

Sind so auch die erwarteten Einnahmen bestimmt, kann eine Gegenüberstellung der erwarteten Einnahmen und Ausgaben erfolgen. Bei Vorliegen eines Verpflichtungsüberschusses muss nunmehr die Ausgeglichenheitsvermutung widerlegt werden. Dabei ist nachzuweisen, dass Fehlmaßnahmen eingeleitet oder Veränderungen des Verhältnisses zwischen dem Abschluss des Sportrechtevertrages und dem maßgeblichen Bilanzstichtag stattgefunden haben. Im Anschluss an die Widerlegung der Ausgeglichenheitsvermutung können schließlich gemäß dem Imparitätsprinzip Rückstellungen für drohende Verluste aus schwebenden Geschäften gebildet werden.

Literaturhinweise

BAETGE, J./ZÜLCH, H.: Fair Value-Accounting, in: BFuP, 53. Jg. (2001), S. 543–562.

BAUER, A.: Medienunternehmen zwischen IAS und US-GAAP – Eine Ergänzung zur Studie von Küting/Zwirner, in: FB, 3. Jg. (2001), S. 228–229.

BRÖSEL, G.: Medienrechtsbewertung. Der Wert audiovisueller Medienrechte im dualen Rundfunksystem, Wiesbaden 2002.

BRÖSEL, G.: Stichworte: Fernsehlizenzvertrag; Fernsehrechte; Fernsehrechte, handelsrechtliche Bilanzierung; Filmrechte; Filmrechte, Bilanzierung von; Sportrechtevertrag; Übertragungsrechte; Übertragungsrechte, handelsrechtliche Bilanzierung, in: SJURTS, I. (Hrsg.), Gabler Lexikon Medienwirtschaft, Wiesbaden, erscheint 2003.

FORSTER, K.-H.: Zu Ausweis, Ansatz und Bewertung des Programmvermögens von Rundfunkanstalten, in: WPg, 41. Jg. (1988), S. 321–328.

HALLER, A.: Immaterielle Vermögenswerte – Wesentliche Herausforderungen für die Zukunft der Unternehmensrechnung, in: MÖLLER, H. P./SCHMIDT, F. (Hrsg.), Rechnungswesen als Instrument für Führungsentscheidungen, Stuttgart 1998, S. 561–598.

VON HARTLIEB, H.: Handbuch des Film-, Fernseh- und Videorechts, 3. Aufl., München 1991.

HERZIG, N.: Bilanzierung von Fernseh- und Sportübertragungsrechten bei werbefinanzierten Privatsendern, in: MATSCHKE, M. J./SCHILDBACH, TH. (Hrsg.), Unternehmensberatung und Wirtschaftsprüfung, Festschrift für G. Sieben, Stuttgart 1998, S. 223–241.

HERZIG, N./SÖFFING, A.: Bilanzierung und Abschreibung von Fernsehrechten, Teil I, in: WPg, 47. Jg. (1994), S. 601–608.

HERZIG, N./SÖFFING, A.: Bilanzierung und Abschreibung von Fernsehrechten, Teil II, in: WPg, 47. Jg. (1994), S. 656–633.

HOMMEL, M.: Internationale Bilanzrechtskonzeption und immaterielle Vermögensgegenstände, in: ZfbF, 49. Jg. (1997), S. 345–369.

KÜTING, K.: Bilanzierung und Bilanzanalyse am Neuen Markt, Stuttgart 2001.

KÜTING, K./ZWIRNER, CH.: Bilanzierung und Bewertung bei Film- und Medienunternehmen des Neuen Marktes, in: FB, 3. Jg. (2001), Beilage 3.

KÜTING, K./ZWIRNER, CH.: Ausgewählte Bilanzierungs- und Bewertungsprobleme bei Film- und Medienunternehmen, in: BuW, 55. Jg. (2001), S. 573–581.

KÜTING, K./ZWIRNER, CH.: Besonderheiten der Bilanzierung bei Start-up-Unternehmen – Bedeutung der immateriellen Vermögenswerte bei Unternehmen des Neuen Marktes, in: BC, 25. Jg. (2001), S. 173–179.

LADEUR, K.-H.: Das Recht der Rundfunkprogrammveranstalter auf „Kurzberichterstattung" von Spielen der Fußballbundesliga, in: GRUR, 91. Jg. (1989) S. 885–891.

MEYER, H.: Zur Bewertung von Spielfilmen in der Bilanz, Stellungnahme zum gleichnamigen Aufsatz von Dr. Hans-Joachim Priester, in: WPg, 26. Jg. (1973), S. 88–91.

MOXTER, A.: Aktivierungsgrenzen bei immateriellen Anlagewerten, in: BB, 33. Jg. (1978), S. 821–825.

MOXTER, A.: Immaterielle Anlagewerte im neuen Bilanzrecht, in: BB, 34. Jg. (1979), S. 1102–1109.

PRIESTER, H.-J.: Zur Bewertung von Spielfilmen in der Bilanz, in: WPg, 25. Jg. (1972), S. 581–587.

RANKER, D./WOHLGEMUTH, F./ZWIRNER, CH.: Die Bedeutung immaterieller Vermögenswerte bei Unternehmen des Neuen Marktes und daraus resultierende Implikationen für eine kapitalmarktorientierte Berichterstattung, in: KoR, 1. Jg. (2001), S. 269–279.

RODEWALD, J.: Die Bilanzierung von Rechten zur Berichterstattung und Übertragung von Sportereignissen im Fernsehen, in: BB, 50.Jg. (1995), S. 2103–2108.

RUHNKE, K./NERLICH, C.: Abbildung von Filmrechten in einem IAS/IFRS-Jahresabschluss, in: WPg, 56. Jg. (2003), S. 753–763

SCHREIBER, S.: Der Ansatz von selbst erstellten Filmen gemäß SOP 00-2 und der Vorgängerregelung (SFAS No. 53) in: IStR, 12.Jg. (2003), S. 104–108.

WEHRHEIM, M.: Die Bilanzierung immaterieller Vermögensgegenstände („Intangible Assets") nach IAS 38, in: DStR, 38. Jg. (2000), S. 86–88.

WRIEDT, P./FISCHER, M.: Zur Bilanzierung von Filmvermögen, in: DB, 46. Jg. (1993), S. 1683–1687.

WRIEDT, P./WITTEN, V.: Zur bilanziellen Behandlung von Filmrechten, in: DB, 44. Jg. (1991), S. 1292–1295.

ZWIRNER, CH.: Transparenz des Zelluloids? – Branchenspezifische Ansätze einer rechnungslegungsbasierten Berichterstattung und Unternehmensanalyse bei Film- und Medienunternehmen, in: KoR, 2. Jg. (2002), S. 245–259.

ZWIRNER, CH.: Die bilanzielle Behandlung von Filmrechten und Lizenzen, in: BRÖSEL, G./KEUPER, F. (Hrsg.), Medienmanagement, München, Wien 2003, S. 259–289.

Wesentliche relevante internationale Bilanzierungsnormen

AICPA: Statement of Position 00-2: Accounting by Producers or Distributors of Films, New York 2000.

FASB: SFAS 139: Rescission of FASB Statement No. 53 and amendments to FASB Statements No. 63, 89 and 121, Norwalk 2000.

FASB: SFAS 141: Business Combinations, Norwalk 2001.

FASB: SFAS 142: Goodwill and Other Intangible Assets, Norwalk 2001.

FASB: Business and Financial Reporting, Challenges from the New Economy, Special Report, Financial Accounting Series, No. 219-A, Norwalk 2001.

Sascha Mölls

Bilanzierung von Leasingverhältnissen nach HGB und IFRS

Neben die herkömmlichen Finanzierungsalternativen für Investitionsgüter – den Kreditkauf oder die Miete – ist das Leasing getreten. Der Begriff des Leasing erscheint dabei nicht eindeutig geklärt. Typisches Merkmal dieser Verträge ist eine entgeltliche Gebrauchs- oder Nutzungsüberlassung von Vermögensgegenständen, die jedoch nicht (zumindest nicht sofort) gekauft, sondern gemietet werden.

Für Unternehmen implizieren derartige Vertragsgestaltungen eine Reihe von Vorteilen. Sieht die Leasingvereinbarung eine 100%ige-Finanzierung des betreffenden Vermögensgegenstandes mit fest vereinbarten Raten vor, muss der Leasingnehmer keine Anzahlungen leisten und kennt des Weiteren die Höhe der während der Vertragslaufzeit zu leistenden Zahlungsverpflichtungen. Darüber hinaus kann sich der Leasingnehmer vor einer Überalterung der im Unternehmen eingesetzten Vermögensgegenstände immer dann schützen, wenn noch während der Laufzeit des abgeschlossenen Vertrages auf technisch überlegenere Vermögenswerte umgestiegen werden kann. Ferner lassen sich durch den Abschluss eines Leasingvertrages in vielen Fällen Steuervorteile realisieren. Ein weiterer Vorteil von Leasingverhältnissen liegt schließlich darin begründet, dass es sich bei Leasinggeschäften oftmals um Außerbilanzgeschäfte handelt, die die Kapitalstruktur des Leasingnehmers positiv beeinflussen und dadurch zu einer Verbesserung der Kennzahlen des Jahresabschlusses führen.

Bei der Abbildung von Leasinggeschäften im Jahresabschluss stellt sich die Frage, wem die Leasinggegenstände bilanziell zuzurechnen sind. Die Entscheidung, ob ein Vermögensgegenstand in den Jahresabschluss aufgenommen wird oder nicht, richtet sich sowohl nach den handelsrechtlichen Vorschriften (HGB) als auch nach den International Financial Reporting Standards (IFRS) des International Accounting Standards Board (IASB) grundsätzlich nicht nach dem juristischen Eigentum, sondern wird anhand des wirtschaftlichen Eigentums entschieden. Der so genannte wirtschaftliche Eigentümer verfügt über das Verwertungsrecht, kommt in den Genuss von Wertsteigerungen und trägt aber auch das Risiko von Wertminderungen bzw. Verlusten. Fallen das rechtliche und das wirtschaftliche Eigentum auseinander, werden dem Bilanzierenden alle Gegenstände und Rechte zugerechnet, die er wirtschaftlich nutzt.

Der vorliegende Beitrag gibt zunächst einen Überblick über die wesentlichen Vorschriften zur Bilanzierung von Leasinggeschäften nach dem HGB. Anschließend werden die Vorschriften des IASB vorgestellt, die in Deutschland ab dem Jahre 2005 für den Konzernabschluss von kapitalmarktorientierten Unternehmen verpflichtend sind. Die Ausführungen schließen mit Übungsaufgaben und den entsprechenden Lösungshinweisen.

Bilanzierung von Leasinggegenständen nach dem HGB

Grundlagen

Handelsrechtlich ist die Frage der bilanziellen Behandlung von Leasinggegenständen nicht in allen Fällen eindeutig geregelt und zudem umstritten. Im Einklang mit der Generalnorm des § 264 Abs. 2 HGB für Kapitalgesellschaften wird handelsrechtlich die Zurechnung des Leasingobjekts zum Leasingnehmer grundsätzlich dann befürwortet, wenn infolge der Vertragsgestaltung das wirtschaftliche Eigentum bei ihm liegt. Mangels eigenständiger handelsrechtlicher Vorschriften in Bezug auf die Bilanzierung von Leasinggegenständen befürwortet der Großteil des Schrifttums – in Übereinstimmung mit dem in der Praxis üblichen Vorgehen – die Anwendung der steuerrechtlichen Vorschriften auch in der Handelsbilanz. Daher sind für die bilanzielle Erfassung des Leasing insbesondere die folgenden (steuerrechtlichen) Erlasse des Bundesministeriums für Finanzen (BMF) bedeutsam:

- Leasing-Erlass über die Bilanzierung von Leasingverträgen bei beweglichen Wirtschaftsgütern (Mobilen-Leasing-Erlass vom 19.04.1971) und
- Leasing-Erlass über die Bilanzierung von Leasingverträgen bei unbeweglichen Wirtschaftsgütern (Immobilien-Leasing-Erlass vom 21.03.1972).

Leasinggeschäfte können nach verschiedenen Kriterien systematisiert werden. So lassen sich z. B. nach dem Leasinggeber direktes (= Abschluss des Leasingvertrages direkt mit dem Hersteller) und indirektes (= Leasing über spezielle Leasinggesellschaften) Leasing und nach dem Leasinggegenstand Leasing von Mobilien und Leasing von Immobilien unterscheiden. Eine gängige Systematisierung orientiert sich am Verpflichtungscharakter der Verträge und unterscheidet Operate Leasing und Finanzierungsleasing (Finance Leasing).

Operate Leasing

Kennzeichnend für Operate Leasing ist eine im Verhältnis zur betriebsgewöhnlichen Nutzungsdauer relativ kurze Laufzeit der Verträge, die sowohl vom Leasingnehmer (= Mieter) als auch vom Leasinggeber (= Vermieter) unter Beachtung der vereinbarten (kurzen) Kündigungsfristen jederzeit gekündigt werden können. Im Kern gleichen solche Verträge einem typischen Mietverhältnis im Sinne der §§ 535 ff. BGB. Das Investitionsrisiko und sämtliche mit dem Leasinggegenstand verbundenen Kosten, wie Wartung, Reparatur etc., trägt der Leasinggeber. Operate Leasing ist häufig bei Objekten zu finden, die der Leasinggeber nach Beendigung des Mietverhältnisses problemlos weitervermieten kann.

Die Bilanzierung derartiger Verträge ist unproblematisch. Der Leassinggeber aktiviert das Leasingobjekt in seiner Bilanz und schreibt es über die betriebsgewöhnliche

Nutzungsdauer ab. Die Leasingraten sind als Erträge zu verbuchen. Umgekehrt stellen die Raten auf der Seite des Leasingnehmers Aufwand dar.

Finanzierungsleasing

Grundlagen: Beim Finance Leasing werden die Verträge über eine bestimmte Grundmietzeit abgeschlossen. Während der Vertragslaufzeit kann der Leasingnehmer den Vertrag nicht kündigen und ist verpflichtet, die festgelegten Leasingraten zu zahlen. Ein Kündigungsrecht seitens des Leasinggebers besteht nur in den Fällen, in denen der Leasingnehmer seinen Vertragsverpflichtungen nicht nachkommt. Bei so genannten Vollamortisationsverträgen decken die Leasingraten während der Grundmietzeit die gesamten Anschaffungs- oder Herstellungskosten zuzüglich der Nebenkosten und der Verzinsung des vom Leasinggeber eingesetzten Kapitals ab. Bei Verträgen, bei denen die Anschaffungs- oder Herstellungskosten des Leasinggebers zuzüglich der Neben- und Finanzierungskosten nicht durch die Leasingraten innerhalb der Grundmietzeit voll abgedeckt sind, handelt es sich dagegen um so genannte Teilamortisationsverträge. Sie sind nach einem Urteil des BFH vom 26.01.1970 nicht dem Finanzierungsleasing zuzurechnen. Der bei diesen Verträgen entstehende Differenzbetrag (d. h. die nicht abgedeckten Gesamtkosten) wird durch eine Abschlusszahlung des Leasingnehmers oder durch eine Weiterveräußerung des Leasinggegenstandes beglichen.

Im Gegensatz zum Operate Leasing geht beim Finanzierungsleasing das gesamte Investitionsrisiko – insbesondere die Gefahr der technischen Veralterung – auf den Leasingnehmer über. Er trägt darüber hinaus die gesamten Kosten für Wartung, Reparaturen etc.

Für die wirtschaftliche Zurechnung des Leasingobjekts und die daraus folgenden Ausweispflichten ist entscheidend, welche Vereinbarungen zwischen Leasingnehmer und -geber der Finanzierungsleasingvertrag nach dem Ablauf der Grundmietzeit vorsieht. Folgende Vertragsgestaltungen sind zu unterscheiden:

- Vollamortisationsverträge ohne Option:

  Bei Leasingverträgen ohne Option gibt der Leasingnehmer den geleasten Gegenstand nach dem Ablauf der Grundmietzeit an den Leasinggeber zurück.

- Vollamortisationsverträge mit Kaufoption:

  Eine vertraglich vereinbarte Kaufoption gewährt dem Leasingnehmer nach dem Ende der Grundmietzeit ein Vorkaufsrecht.

- Vollamortisationsverträge mit Mietverlängerungsrecht:

  Mietverlängerungsoptionen ermöglichen dem Leasingnehmer den Vertrag nach Ablauf der Grundmietzeit zu verlängern.

Daneben ist noch der Sonderfall des so genannten Spezialleasing von Bedeutung. Hierbei werden die geleasten Gegenstände so stark auf die Wünsche des Leasingnehmers zugeschnitten, dass sie für andere kaum brauchbar erscheinen (z. B. Spezialkräne).

Abbildung von Vollamortisationsverträgen: Bei Vollamortisationsverträgen ist die Frage der Bilanzierung durch die einschlägigen Leasing-Erlasse vergleichsweise klar und differenziert geregelt. Im Einzelnen gelten folgende Zurechnungsvorschriften:

Beim Spezialleasing werden die Leasingobjekte unabhängig von der Länge der Grundmietzeit und etwaigen Optionsklauseln stets dem Leasingnehmer zugerechnet.

Grund und Boden ist hingegen grundsätzlich dem Leasinggeber zuzurechnen. Ist jedoch der Boden bebaut und beinhaltet der Leasingvertrag eine Kaufoption, orientiert sich die Zurechnung des Bodens nach der des Gebäudes.

Beim Leasing von beweglichen Wirtschaftsgütern und Gebäuden, die nicht zum Spezialleasing gehören, gilt folgender Grundsatz: Beträgt die Grundmietzeit mindestens 40% und höchstens 90% der betriebsgewöhnlichen Nutzungsdauer, wird der Leasinggegenstand vom Leasinggeber bilanziert. Ist die Grundmietzeit kürzer als 40% und größer als 90% der betriebsgewöhnlichen Nutzungsdauer, erfolgt eine Zurechnung zum Leasingnehmer. Die Begründung für die Zurechnung zum Leasingnehmer bei einer vereinbarten Grundmietzeit ≤ 40% der betriebsgewöhnlichen Nutzungsdauer liegt in der Unterstellung eines verdeckten Kreditkaufs.

Abweichend vom obigen Grundsatz gelten bei speziellen Ausgestaltungen des Leasingvertrages andere Regeln für die Zurechnung. Bei einer Grundmietzeit von mindestens 40% und höchstens 90% der betriebsgewöhnlichen Nutzungsdauer wird in diesen Fällen wie folgt unterschieden:

- Leasingvertrag mit Kaufoption:

  Ist im Falle der Ausübung der Kaufoption der vereinbarte Kaufpreis niedriger als der Buchwert, wird der Gegenstand dem Leasingnehmer zugerechnet. Der Buchwert ergibt sich unter Zugrundelegung der linearen Abschreibung über die betriebsgewöhnliche Nutzungsdauer oder als der niedrigere gemeine Wert [≈ am Absatzmarkt orientierter Verkehrswert, § 9 Abs. 2 Bewertungsgesetz (BewG)] im Zeitpunkt der Veräußerung.

- Leasingvertrag über ein bewegliches Wirtschaftsgut mit Mietverlängerungsoption:

  Ist im Falle der Ausübung der Mietverlängerungsoption die festgelegte Anschlussmiete kleiner als der Wertverzehr, wird das bewegliche Wirtschaftsgut dem Leasingnehmer zugerechnet. Der Wertverzehr ergibt sich unter Berücksichtigung der linearen Abschreibung über die betriebsgewöhnliche Nutzungsdauer aus dem Restbuchwert oder dem niedrigen gemeinen Wert.

- Leasingvertrag über Gebäude mit Mietverlängerungsoption:

  Ist im Falle der Ausübung der Mietverlängerungsoption die festgelegte Anschlussmiete nicht größer als 75% des Mietentgelts, das für ein nach Art, Lage und Ausstattung vergleichbares Grundstück (Gebäude) üblicherweise gezahlt wird, ist das Gebäude dem Leasingnehmer zuzurechnen.

Im Falle der Zurechnung des Leasingobjekts zum Leasinggeber muss dieser den Gegenstand mit seinen Anschaffungs- oder Herstellungskosten aktivieren. Die im Zusammenhang mit dem Leasingvertrag anfallenden Anschaffungsnebenkosten gehen dabei nicht in die Bemessung der Anschaffungskosten ein. Vom Leasinggeber u. U. vorgenommene Abschreibungen sind auf der Grundlage der betriebsgewöhnlichen Nutzungsdauer und nicht nach der Grundmietzeit zu bemessen. Die Leasingraten stellen beim Leasinggeber Erträge dar. Für den Leasingnehmer sind sie Aufwand.

Im Falle der Zurechnung des Leasingobjekts zum Leasingnehmer hat dieser den Gegenstand zu aktivieren und nach der betriebsgewöhnlichen Nutzungsdauer abzuschreiben. Die zu aktivierenden Anschaffungskosten bemessen sich nach der Höhe der beim Leasinggeber für die Berechnung der Leasingraten zugrundegelegten Anschaffungs- oder Herstellungskosten. In gleicher Höhe passiviert der Leasingnehmer eine Verbindlichkeit gegenüber dem Leasinggeber. Die Leasingraten des Leasingnehmers bestehen aus einem Zins- und Kostenanteil sowie einem Tilgungsanteil. In Höhe der Tilgung verringern sich beim Leasingnehmer die passivierten Verbindlichkeiten und beim Leasinggeber die aktivierten Forderungen. Der Zins- und Kostenanteil stellt beim Leasingnehmer Aufwand und beim Leasinggeber Ertrag dar.

Teilamortisationsverträge

Eine dem Finanzierungsleasing eng verwandte Form stellen die bereits erwähnten Teilamortisationsverträge dar. Im Falle der beweglichen Wirtschaftsgüter, bei denen von einer Grundmietzeit zwischen 40% und 90% der betriebsgewöhnlichen Nutzungsdauer ausgegangen wird, richtet sich die Zurechnung nach dem Vertragstyp. Grundsätzlich lassen sich drei Vertragsausgestaltungen mit jeweils eigenständigen Zurechnungsvorschriften unterscheiden:

- Teilamortisationsverträge mit Andienungsrecht des Leasinggebers:

  Bei einem Andienungsrecht des Leasinggebers erklärt dieser seine Bereitschaft, nach dem Ablauf der Grundmietzeit über eine Verlängerung des Mietverhältnisses zu verhandeln. In dem Fall, in dem es nicht zu einer Mietverlängerung kommt, muss der Leasingnehmer das Leasingobjekt auf Verlangen des Leasinggebers zu einem bereits bei Vertragsabschluss festgelegten Betrag kaufen. Sowohl die Verlängerungsmiete als auch der Kaufpreis werden dabei so bemessen, dass die Vollamortisation gesichert ist. Die Bilanzierung liegt bei diesem Vertragstyp stets beim Leasinggeber.

- Teilamortisationsverträge mit Mehrerlösbeteiligung des Leasingnehmers:

Verträge mit Mehrerlösbeteiligung sehen eine Restzahlung des Leasingnehmers vor, wenn der aus dem Verkauf am Ende der Grundmietzeit erzielte Verkaufserlös den Restamortisationsbetrag nicht deckt. Übersteigt hingegen der erzielte Verkaufserlös den Restamortisationsbetrag, muss die Differenz zwischen Leasinggeber und -nehmer aufgeteilt werden. Im Zusammenhang mit der Zurechnung stellt das Steuerrecht hier auf die Fragen ab, wer das Risiko der Wertminderung trägt und wer die Chance auf Wertsteigerung hat. Beträgt der Anteil des Leasingnehmers mehr als 75% an der Wertsteigerung (an der Differenz), ist der Gegenstand ihm zuzurechnen. Partizipiert er hingegen zu 75% oder weniger an der Wertsteigerung, erfolgt die Zuordnung beim Leasinggeber, der in diesem Fall als wesentlich beteiligt am wirtschaftlichen Ertrag des Objekts gilt.

- Teilamortisationsverträge mit Kündigungsrecht des Leasingnehmers:

Dieser Vertragstyp sieht die Kündigung durch den Leasingnehmer am Ende der Grundmietzeit vor. Auf die zu leistende Abschlusszahlung wird zur Sicherung der Restamortisation i. d. R. ein aus der Veräußerung erzielter Verkaufserlös angerechnet. Die Leasingobjekte werden bei diesen Verträgen stets dem Leasinggeber zugerechnet.

Bei unbeweglichen Wirtschaftsgütern gehen die einschlägigen (steuerrechtlichen) Regelungen von den gleichen Vertragstypen aus wie bei den Vollamortisationsverträgen. Grundsätzlich sind Gebäude und Grundstücke danach dem Leasinggeber zuzurechnen. Die Zurechnung zum Leasingnehmer erfolgt ausnahmsweise, wenn Spezialleasing vorliegt, wenn die Grundmietzeit größer als 90% der betriebsgewöhnlichen Nutzungsdauer ist, wenn die vereinbarten Konditionen der Kauf- oder Mietverlängerungsoption gemessen am Restbuchwert besonders günstig sind und wenn durch die Vertragsklauseln dem Leasingnehmer die zentralen wirtschaftlichen Risiken übertragen werden.

Angaben

Nach § 285 Nr. 3 HGB müssen Kapitalgesellschaften – mit Ausnahme der gemäß § 288 Satz 1 HGB davon befreiten kleinen Kapitalgesellschaften – über die finanziellen Verpflichtungen aus Leasingverträgen im Anhang berichten.

Bilanzierung von Leasinggegenständen nach den IFRS

Grundlagen

Die Abbildung von Leasingverhältnissen nach den IFRS wird in IAS 17 (leases) geregelt. Ein Leasingverhältnis wird danach als eine Vereinbarung (Vertrag) definiert, bei welcher der Leasinggeber (lessor) dem Leasingnehmer (lessee) gegen eine Zahlung oder eine Reihe von Zahlungen das Nutzungsrecht an einem Vermögenswert (asset) für einen vereinbarten Zeitraum überträgt (IAS 17.3).

Die Vorschriften des IAS 17 beziehen sich grundsätzlich auf alle Arten von Leasinggegenständen, wobei durch IAS 17.1a) und b) allerdings Leasingvereinbarungen in Bezug auf die Entdeckung und Verarbeitung von Mineralien, Öl, Erdgas und ähnlicher nicht regenerativer natürlicher Ressourcen sowie auf Lizenzvereinbarungen z. B. über Filme, Videoaufnahmen, Theaterstücke, Manuskripte, Patente und Copyrights explizit ausgeschlossen sind.

Bei der Frage, ob ein Leasinggegenstand in die Bilanz des Leasinggebers oder des Leasingnehmers aufgenommen werden muss, folgt IAS 17 analog zu den deutschen Vorschriften der Unterscheidung zwischen Operate Leasing (operating lease) und Finanzierungsleasing (finance lease) (IAS 17.3). Das Zuordnungskriterium zu einer der beiden Kategorien ist dabei der Umfang, in welchem die Chancen und Risiken, die mit dem Eigentum an dem Leasinggegenstand verbunden sind, beim Leasinggeber oder beim Leasingnehmer liegen (IAS 17.5). Zu den Risiken zählen alle Verlustmöglichkeiten infolge von Unterbeschäftigung oder technischer Veralterung sowie Ertragsschwankungen aufgrund wechselnder wirtschaftlicher Rahmenbedingungen. Chancen können sich insbesondere aus Gewinnerwartungen und einem Wertzuwachs über die Nutzungsdauer des Gutes oder der Realisation eines Liquidationserlöses ergeben (IAS 17.5). Beim Finanzierungsleasing werden im Wesentlichen alle mit dem Eigentum verbundenen Chancen und Risiken auf den Leasingnehmer übertragen, wobei es gleichgültig ist, ob es zu einer Übertragung des zivilrechtlichen Eigentums kommt oder nicht (IAS 17.3 und 17.6). Anderenfalls liegt im Sinne einer Negativabgrenzung Operate Leasing vor (IAS 17.3 und 17.6). Nach dem Grundsatz der wirtschaftlichen Betrachtungsweise (substance over form) (F. 35) kommt es bei der Beurteilung eines Sachverhalts allerdings nicht auf das rechtliche Eigentum, sondern vielmehr auf den wirtschaftlichen Gehalt des Vertrags an. Typische Fälle von Finanzierungsleasing sind nach IAS 17.8 und 17.9 folgende Vertragskonstellationen:

- am Ende der Vertragslaufzeit des Leasingverhältnisses geht das Eigentum an dem Vermögenswert auf den Leasingnehmer über;
- der Leasingnehmer hat eine Kaufoption zu einem Preis, der wesentlich unter dem voraussichtlich beizulegenden Wert im Zeitpunkt der Optionsausübung liegt, so dass die Ausübung wahrscheinlich ist;

- die Vertragslaufzeit entspricht dem überwiegenden Teil der wirtschaftlichen Nutzungsdauer des Vermögenswertes;
- im Zeitpunkt des Vertragsabschlusses erreicht der Barwert der Mindestleasingzahlungen im Wesentlichen mindestens den beizulegenden Wert (Verkehrswert) des Leasinggegenstandes;
- aufgrund seiner Beschaffenheit ist der Vermögenswert ohne bedeutende Veränderungen nur vom Leasinggeber nutzbar (Spezialleasing);
- bei vorzeitiger Kündigung durch den Leasingnehmer entstehende Verluste des Leasinggebers sind vom Leasingnehmer auszugleichen;
- durch Schwankungen des beizulegenden Restzeitwertes entstehende Gewinne oder Verluste fallen dem Leasingnehmer zu und/oder
- bei vergleichsweise geringen Leasingraten hat der Leasingnehmer ein Mietverlängerungsoptionsrecht.

Hat der Bilanzierende zu Beginn des Vertragsverhältnisses das Leasingverhältnis als Operate Leasing oder als Finanzierungsleasing qualifiziert, erfolgt im Falle des Operate Leasing die Bilanzierung beim Leasinggeber. Wird das Leasingverhältnis hingegen als Finanzierungsleasing eingestuft, ist der Leasinggegenstand dem Leasingnehmer zuzurechnen.

Bei der Bilanzierung von Leasingverträgen über Grundstücke und Gebäude sind grundsätzlich die gleichen Kriterien anzuwenden. Da jedoch in diesen Fällen die Nutzungsdauer die Laufzeit des Leasingverhältnisses regelmäßig wesentlich übersteigen dürfte, wird – sofern das Eigentum nicht übergeht – sowohl beim Leasing eines Grundstücks als auch eines Gebäudes meistens Operate Leasing vorliegen.

Operate Leasing

Im Falle des Operate Leasing bleibt der Leasinggeber wirtschaftlicher Eigentümer des Leasinggegenstandes, so dass der betreffende Vermögenswert nicht in die Bilanz des Leasingnehmers aufgenommen wird. Der Leasingnehmer muss den Zahlungsaufwand vielmehr direkt in der Gewinn- und Verlustrechnung erfassen. Dabei sollte der gesamte Zahlungsaufwand grundsätzlich linear über den Zeitraum der Leasingvereinbarung verteilt werden, sofern nicht eine andere Methode dem zeitlichen Nutzungsverlauf besser entspricht (IAS 17.25).

Beim Leasinggeber sind die Leasinggegenstände nach IAS 17.41 entsprechend ihren Eigenschaften als Aktivposten in der Bilanz auszuweisen und unter Berücksichtigung der üblichen Bewertungsvorschriften [IAS 16 (Property, Plant and Equipment) und IAS 38 (Intangible Assets)] zu bewerten. Die Leasingerträge müssen grundsätzlich linear über die Vertragslaufzeit als Ertrag vereinnahmt werden, außer eine andere planmäßige Verteilung entspricht dem Nutzenverlauf besser (IAS 17.42).

Vertragskosten und ähnliche Positionen können entweder über die Laufzeit abgegrenzt oder sofort als Aufwand geltend gemacht werden (IAS 17.44).

Finanzierungsleasing

Beim Finanzierungsleasing wird der Leasinggegenstand in der Bilanz des Leasingnehmers aktiviert und gleichzeitig eine Verbindlichkeit für zukünftige Leasingzahlungen in gleicher Höhe ausgewiesen. Der Leasingnehmer aktiviert nach IAS 17.12 den Vermögenswert zum niedrigeren Wert aus dem beizulegenden Zeitwert (fair value) des Leasinggegenstandes zu Beginn des Leasingverhältnisses (unter Abzug allfälliger Subventionen und Steuervorteile seitens des Leasinggebers) und dem Barwert der Mindestleasingzahlungen. Diese minimum lease payments enthalten alle Zahlungen, die der Leasingnehmer während der Vertragslaufzeit zu leisten hat oder zu denen er herangezogen werden kann (IAS 17.3). Für die Abzinsung der Leasingraten ist nach IAS 17.12 der Zinssatz zu wählen, der dem Leasingverhältnis zugrunde gelegt wurde. Falls sich ein solcher nicht ermitteln lässt, wird derjenige Zinssatz verwendet, den der Leasingnehmer zu Beginn des Leasingverhältnisses vereinbaren müsste, wenn er für einen hypothetischen Kauf des Vermögenswertes Fremdkapital für die gleiche Dauer und mit der gleichen Sicherheit aufnehmen müsste. Die Abschreibung des aktivierten Vermögenswertes erfolgt unter Berücksichtigung von IAS 16 bzw. IAS 38 nach den gleichen Grundsätzen, die auch auf als rechtliches Eigentum erworbene abschreibungsfähige Vermögenswerte anzuwenden wären (IAS 17.19). Der Zeitraum der Abschreibung umfasst dabei die gesamte ökonomische Nutzungsdauer, sofern am Ende des Leasingverhältnisses das Eigentum auf den Leasingnehmer sicher übergeht. Ist dies zu Beginn der Vereinbarung nicht hinreichend sicher, ergibt sich die Dauer der Abschreibung aus dem kürzeren der beiden Zeiträume „Laufzeit des Leasingverhältnisses" oder „Nutzungsdauer des Leasinggegenstandes" (IAS 17.19). Entsprechend zu den handels- bzw. steuerrechtlichen Vorschriften sind schließlich die aus dem Leasingvertrag resultierenden Leasingzahlungen nach IAS 17.17 in einen Zins- und einen Tilgungsanteil aufzuteilen, die Aufwand bzw. eine Verminderung der passivierten Verbindlichkeit darstellen.

Der Leasinggeber tauscht beim Finanzierungsleasing seinen Besitz an dem betreffenden Vermögenswert gegen die vertraglich festgelegten Leasingzahlungen ein und behandelt den Leasinggegenstand daher analog zu einem Verkauf auf Ziel. Er bilanziert nach IAS 17.28 eine Forderung in Höhe des Nettoinvestitionswertes in das Leasingverhältnis (net investment in the lease), der dem Barwert der dem Leasinggeber voraussichtlich zufließenden Zahlungen entspricht. Den Tilgungsanteil der vereinnahmten Leasingraten muss vom Leasinggeber erfolgsneutral mit der ausgewiesenen Forderung verrechnet werden. Der als Vergütung für die Kapitalüberlassung zu interpretierende Zinsanteil ist erfolgswirksam in der Gewinn- und Verlustrechnung zu erfassen, wobei dieser nach IAS 17.30 als Finanzertrag so zu vereinnahmen ist, dass sich eine gleichmäßige Verzinsung der jeweils noch ausstehenden Nettoinvestition ergibt.

Angaben

Ergänzend zu den allgemeinen Angabepflichten nach IAS 32 müssen im Hinblick auf die Abbildung von Leasingverhältnissen im Jahresabschluss sowohl der Leasingnehmer als auch der Leasinggeber nach IAS 17.23 und 17.27 sowie IAS 17.39 und 17.48 eine Reihe zusätzlicher detaillierter Angaben gemacht werden.

Aufgabe 1

Welche Unterschiede bestehen bei der Bilanzierung von Leasingverhältnissen nach HGB und IFRS?

Aufgabe 2

Beurteilen Sie auf der Grundlage einer vergleichenden Betrachtung der deutschen und der internationalen Vorschriften, unter welchem Normensystem Leasingverträge häufiger als Finanzierungsleasing qualifiziert werden!

Aufgabe 3

Wie beurteilen Sie vor dem Hintergrund der Funktionen der Rechnungslegung die Konzeption des wirtschaftlichen Eigentums?

Aufgabe 4

Welche anderen typischen Fälle für das Auseinanderfallen von rechtlichem und wirtschaftlichem Eigentum kennen Sie?

Lösung

Aufgabe 1

Grundsätzlich unterscheidet sich die Bilanzierung (Ansatz und Bewertung) von Leasingverhältnissen nach HGB und IFRS nicht. Unterschiede können sich jedoch ergeben, wenn die ausgewiesenen Wertansätze voneinander abweichen. Beim Operate Leasing werden die Leasingzahlungen nach den deutschen Vorschriften im Regelfall sofort als Aufwand geltend gemacht, während sie nach den IFRS u. U. passender auf die einzelnen Perioden zu verteilen sind. Darüber hinaus sind die Angabepflichten nach den IFRS im Vergleich zum HGB wesentlich umfangreicher und detaillierter.

Aufgabe 2

IAS 17 enthält im Vergleich zu den handels- und steuerrechtlichen Vorschriften kaum quantitative Kriterien für die Zurechnung von Leasinggegenständen zum Leasinggeber oder Leasingnehmer, so dass im Ergebnis nach den IFRS mehr Vertragsverhältnisse als Finanzierungsleasing qualifiziert werden dürften. Dementsprechend enthalten die nach internationalen Normen aufgestellten Jahresabschlüsse tendenziell mehr Vermögensgegenstände als die grundsätzlich auf identischen Vorschriften basierenden deutschen Abschlüsse.

Aufgabe 3

Der Grundsatz der wirtschaftlichen Zugehörigkeit ist aus der Sicht des Gläubigerschutzes kritisch zu beurteilen, da sich im Falle einer Insolvenz herausstellen kann, dass große Teile des bilanzierten Vermögens dem Unternehmen (Schuldner) nicht rechtlich gehören. Aus der Sicht der Informationsfunktion des Jahresabschlusses ist die Bilanzierung des wirtschaftlichen Eigentums jedoch dringend geboten. Anderenfalls würde oft ein beträchtlicher Teil des Vermögens nicht in der Bilanz erscheinen.

Die nach den IFRS tendenziell häufigere Bilanzierung von Leasinggegenständen beim Leasingnehmer (Aufgabe 2) zeigt daher, dass auch in Bezug auf die Abbildung von Leasingverhältnissen im Jahresabschluss die internationalen Rechnungslegungsvorschriften die Informationsfunktion stärker in den Mittelpunkt rücken als die am Gläubigerschutz orientierten handelsrechtlichen Vorschriften.

Aufgabe 4

Neben Leasinggeschäften liegen typische Fälle für das Auseinanderfallen von rechtlichem und wirtschaftlichem Eigentum insbesondere bei Kommissionsgeschäften, bei Sicherungsübereignungen und -zessionen, bei Eigentumsvorbehalten, bei Pensionsgeschäften und bei Treuhandverhältnissen vor.

Literaturhinweise

ACHLEITNER, A.-K./BEHR, G.: International Accounting Standards, 3. Aufl., München 2003.

BAETGE, J. ET AL.: Bilanzen, 6. Aufl., Düsseldorf 2002.

KRAG, J./MÖLLS, S.: Rechnungslegung, München 2001.

PRICEWATERHOUSECOOPERS DEUTSCHE REVISION (Hrsg.): IAS für Banken, 2. Aufl., Frankfurt am Main 2002.

WAGENHOFER, A.: International Accounting Standards, 3. Aufl., Wien et al. 2001.

Michael Olbrich

Zum Ansatz des beizulegenden Zeitwerts nach IAS 40

International Accounting Standard (IAS) 40 regelt die Bilanzierung von als Finanzinvestition gehaltenen Immobilien. Hierunter werden nach IAS 40.4 Grundstücke oder Gebäude verstanden, die von der bilanzierenden Unternehmung gehalten werden, um Mieteinnahmen und/oder langfristige Erfolge aus einer späteren lukrativen Weiterveräußerung zu erzielen. Erstmalig sind derartige Immobilien im Jahresabschluß nach IAS 40.17 in Höhe ihrer Anschaffungs- oder Herstellungskosten zuzüglich etwaiger Transaktionskosten anzusetzen. Im Hinblick auf die Folgebewertung räumt IAS 40.24 das einheitlich und stetig anzuwendende Wahlrecht ein, die Immobilien entweder in Höhe ihrer fortgeführten Anschaffungs- oder Herstellungskosten („Anschaffungskostenmodell" nach IAS 40.50) oder aber in Höhe ihres beizulegenden Zeitwertes („Modell des beizulegenden Zeitwertes" gemäß IAS 40.27–49) zu bilanzieren. Definiert wird der – auch als „fair value" bezeichnete – beizulegende Zeitwert dabei nach IAS 40.4 als „der Betrag, zu dem ein Vermögenswert zwischen sachverständigen, vertragswilligen und voneinander unabhängigen Geschäftspartnern getauscht werden könnte". Eine Konkretisierung erfährt der Begriff des beizulegenden Zeitwerts in IAS 40.29; danach ist der beizulegende Zeitwert „in der Regel der Marktwert". Dieser „entspricht [...] dem wahrscheinlichsten Preis, der vernünftigerweise am Markt zum Bilanzstichtag erzielt werden kann" und ist „aus Sicht des Verkäufers [...] der höchste, aus jener des Käufers der vorteilhafteste, vernünftigerweise erzielbare Preis". Zunächst kann also auf Basis der angeführten Definition festgehalten werden, daß es sich bei dem „fair value" nach IAS 40 mitnichten um einen Markt*wert*, sondern vielmehr um einen Markt*preis* handelt, den es zum Zwecke der Bilanzierung der Immobilien zu ermitteln gilt. Zur Bestimmung des beizulegenden Zeitwertes schreibt IAS 40.39–40 ein vierstufiges Konzept vor, das im folgenden kurz skizziert werden soll:

1. *Marktpreise*: Liegen für Immobilien, die den zu bilanzierenden Grundstücken oder Gebäuden hinsichtlich Ort, Zustand und vertraglicher Verhältnisse gleichen, aktuelle Preise in einem „aktiven Markt" vor, so stellen diese Preise nach IAS 40.39 den besten Hinweis auf den „fair value" dar.

2. *Sachliche Vergleichspreise*: Liegen keine Marktpreise für Immobilien, die den zu bilanzierenden Immobilien gleichen, vor, kann der beizulegende Zeitwert nach IAS 40.40 (a) auch aus den aktuellen Preisen eines „aktiven Marktes" solcher Grundstücke und Gebäude abgeleitet werden, die den zu bilanzierenden Immobilien zumindest ähneln. Unterschiede hinsichtlich Ort, Zustand oder vertraglicher Verhältnisse müssen bei der Bestimmung des „fair value" Berücksichtigung finden, indem die Vergleichspreise durch Zu- oder Abschläge entsprechend angepaßt werden.

3. *Zeitliche Vergleichspreise*: Des weiteren vermag der beizulegende Zeitwert gemäß IAS 40.40 (b) aus Preisen ermittelt zu werden, die für Immobilien auf einem „weniger aktiven Markt" in jüngerer Vergangenheit galten. Mittlerweile eingetretene Änderungen der wirtschaftlichen Gegebenheiten, die diesen Preisen zugrunde lagen, müssen dabei durch entsprechende Anpassungen (Zu- oder Abschläge) in den „fair value" einfließen.

4. *„discounted cash flow"-Verfahren*: Nicht zuletzt schlägt IAS 40.40 (c) vor, den beizulegenden Zeitwert der zu bilanzierenden Grundstücke oder Gebäude mit Hilfe diskontierter „cash flows" zu bestimmen.

Aufgabe 1

Arbeiten Sie heraus, inwiefern die in IAS 40 angeführten Methoden zur Ermittlung des beizulegenden Zeitwertes problembehaftet sind!

Aufgabe 2

Zeigen Sie, wie die zu bilanzierende Unternehmung statt dessen vorzugehen hat, um den beizulegenden Zeitwert zuverlässig zu bestimmen!

Lösung

Aufgabe 1

Da der Marktpreis gleicher Grundstücke oder Gebäude in aller Regel nicht vorliegt, weil für Immobilien kein organisierter laufender Handel existiert, wie er beispielsweise für Wertpapiere an der Börse anzutreffen ist, wird die bilanzierende Unternehmung meist darauf angewiesen sein, den „fair value" ihrer Immobilien auf anderem Wege zu ermitteln. Die in IAS 40.40 (a) – (c) angeführten Vorgehensweisen vermögen ihr dabei allerdings keine sinnvolle Hilfestellung zu geben: Wenig schlüssig ist die in IAS 40.40 (a) angeführte Zeitwertermittlung mittels sachlicher Vergleichspreise insofern, als es in der Praxis nicht möglich sein wird, den zu bilanzierenden Grundstücken oder Gebäuden „ähnliche" Immobilien zu finden. Aufgrund ihrer jeweiligen Charakteristika im Hinblick auf Lage, Alter, Größe und ähnlichem stellen Immobilien meist Unikate dar, deren Vergleichbarkeit daher erheblichen Einschränkungen unterliegt. Finden sich dennoch vermeintlich ähnliche Immobilien, unterliegen die notwendigen Anpassungen ihrer Preise an den „fair value" der Bilanzierungsobjekte weitgehend der Willkür; eine objektive Nachprüfbarkeit weisen die vorzunehmenden Zu- oder Abschläge nicht auf. Hinzu kommt, daß es ohnehin fraglich ist, ob ein auf Basis der jeweiligen Konzessionsgrenzen anderer Vertragsparteien, ihrem Verhandlungsgeschick und ihrer Verhandlungsmacht zustande gekommenes Entgelt für „vergleichbare" Immobilien Rückschlüsse zu liefern vermag auf den zwischen der Unternehmung und einem potentiellen Erwerber für die Grundstücke oder Gebäude erzielbaren Preis und damit auf ihren „fair value". Die den sachlichen Vergleichspreisen entgegengebrachte Kritik gilt analog ebenfalls für die von IAS 40.40 (b) postulierten zeitlichen Vergleichspreise. Hinzu kommt, daß die hierbei notwendigen Zu- und Abschläge zur Anpassung des „fair value" an mittlerweile eingetretene Änderungen der wirtschaftlichen Rahmenbedingungen ebenfalls ausschließlich willkürlich vorgenommen werden können. Nicht zuletzt kann auch die von IAS 40.40 (c) vorgeschlagene Ermittlung des beizulegenden Zeitwertes mit Hilfe des „discounted cash flow"-Verfahrens nicht überzeugen: Das „discounted cash flow"-Verfahren geht stets von der Prämisse eines vollkommenen Kapitalmarktes aus und sucht den „objektiven" Preis des Bewertungsobjekts im Marktgleichgewicht zu bestimmen. Da jede bilanzierende Unternehmung in der Realität allerdings auf einem unvollkommenen Markt agiert, ist die Errechnung fiktiver, von ihrem Zielsystem und Entscheidungsfeld losgelöster „objektiver" Gleichgewichtswerte ihrer Immobilien für die „fair value"-Ermittlung irrelevant. Schließlich stellt der beizulegende Zeitwert keinen Wert in einem theoretisch modellierten Marktgleichgewicht, sondern einen tatsächlich in einem realen und damit unvollkommenen Markt der Praxis erzielbaren Verkaufspreis dar.

Das fragwürdige Procedere der Bestimmung des beizulegenden Zeitwertes nach IAS 40.40 (a) – (c) steht angesichts seiner Schwächen im Widerspruch zu der durch § 31 des Rahmenkonzepts geforderten Verläßlichkeit der Informationen der Rechnungslegung und beeinträchtigt die von § 46 des Rahmenkonzepts und IAS 1.20 verlangte, den tatsächlichen Verhältnissen entsprechende Darstellung der Vermögenslage der Unternehmung.

Aufgabe 2

Da der beizulegende Zeitwert den Preis darstellt, zu dem die Unternehmung die zu bilanzierenden Grundstücke und Gebäude an einen Erwerber zu veräußern vermag, muß sich die Ermittlung des „fair value" an den Gesetzmäßigkeiten orientieren, die der Preisbildung zugrunde liegen. Festzuhalten ist in diesem Zusammenhang zunächst, daß der Preis einer Immobilie – wie grundsätzlich jeder Vermögensposition – von den jeweils subjektiven Entscheidungswerten abhängt, die ihr von Verkäufer und Käufer zugemessen werden: Der Entscheidungswert der betreffenden Partei im Hinblick auf die betrachtete Immobilie zeigt ihr – bei gegebenem Entscheidungsfeld und gegebenem Zielsystem –, unter welchem Komplex von Bedingungen die Durchführung der Transaktion den ohne diese Transaktion erreichbaren Grad der Zielerfüllung gerade noch nicht mindert. Ist allein die Höhe des zu zahlenden Preises für die Änderung der Eigentumsverhältnisse des Grundstücks oder Gebäudes von Bedeutung, so entspricht der Entscheidungswert dem Grenzpreis der Transaktionspartei, das heißt demjenigen Preis, den der Immobilienkäufer gerade noch zahlen kann und den der Verkäufer mindestens erhalten muß, wenn er durch die interessierende Transaktion keinen Nachteil hinnehmen möchte. Der Entscheidungswert des Verkäufers und der Entscheidungswert des Käufers haben für beide folglich den Charakter von Konzessionsgrenzen, so daß der in ihren Verhandlungen letztlich vereinbarte Preis für die Immobilie dementsprechend zwischen diesen jeweiligen subjektiven Grenzpreisen liegen wird. Für die Entstehung des Preises von Grundstücken und Gebäuden und damit die Bemessung ihres „fair value" können daher zunächst folgende drei Aspekte als Zwischenergebnisse festgehalten werden:

1. Der Preis einer Immobilie läßt sich nicht unabhängig von den jeweiligen Entscheidungswerten von Verkäufer und Käufer ermitteln, die diese ihr zumessen.
2. Die subjektiven Entscheidungswerte der Transaktionsparteien sind maßgebend für die Preishöhe, da der Veräußerer nur einen solchen Preis für die Immobilie akzeptieren wird, der seine Konzessionsgrenze nicht unterschreitet, während der Erwerber vice versa nur einen Preis hinnehmen wird, der seine Konzessionsgrenze nicht übersteigt.
3. Zu der Möglichkeit der Aushandlung eines Preises für die Immobilie und damit einer Transaktion kommt es folglich nur dann, wenn zwischen den Parteien ein Einigungsbereich existiert, also der Entscheidungswert des Verkäufers nicht größer als der Entscheidungswert des Käufers ist.

Der Preis, auf den sich die Transaktionsparteien verständigen, stellt einen zwischen Verkäufer und Käufer vereinbarten Schiedswert dar. Wo der Schiedswert, das heißt der Preis, letztendlich innerhalb des Einigungsbereiches zwischen den Parteien fixiert wird, welche Höhe er also annimmt, ist grundsätzlich abhängig vom jeweiligen Verhandlungsgeschick und der jeweiligen Verhandlungsmacht, die Veräußerer und Erwerber besitzen; selbstverständlich wird jedoch jede Partei versuchen, einen Preis für die Immobilie zu vereinbaren, der möglichst weit entfernt von der eigenen Konzessionsgrenze liegt. Als allgemeines, auf den entscheidungstheoretischen Paradigmen der funktionalen Wertlehre fußendes Verfahren zur Ermittlung des beizulegenden Zeitwertes der Immobilien kann folglich ein dreistufiges Procedere festgehalten werden:

1. Die Bestimmung des „fair value" eines Grundstücks oder Gebäudes erfordert zum einen die Ermittlung des Entscheidungswertes, also des Grenzpreises, den die bilanzierende Unternehmung als potentieller Verkäufer diesem Aktivum zumißt.
2. Zum anderen bedarf es der analogen Abschätzung des Entscheidungswertes, den die Immobilie für einen möglichen Käufer aufweist, um eine Vorstellung von dessen Konzessionsgrenze zu erhalten. Existieren mehrere potentielle Erwerber, können Grenzpreisermittlungen für jeden dieser Käufer vorgenommen werden.
3. Ist der Einigungsbereich zwischen potentiellem Veräußerer und Erwerber durch die vorangegangenen Schritte abgegrenzt, muß der Preis der Immobilie in Form des Schiedswertes zwischen den Parteien identifiziert werden. Dieser stellt den „fair value" des Grundstücks oder Gebäudes dar, zu dem eine Übertragung auf einen Transaktionspartner möglich ist.

Ermittelt werden kann der Entscheidungswert der bilanzierenden Unternehmung (Bewertungssubjekt) mit dem Zukunftserfolgswertverfahren, das für jene Eigentümer zweckmäßig ist, die mit ihrer Immobilie (Bewertungsobjekt) ausschließlich Ziele finanzieller Art in Form einer Maximierung der Einzahlungsüberschüsse anstreben. Um die Komplexität des Bewertungskalküls zu reduzieren, beruht die Wertfindung dabei nicht auf einer Total-, sondern lediglich einer Partialbetrachtung: Es wird im Rahmen des Zukunftserfolgswertverfahrens nicht das vollständige Entscheidungsfeld des Bewertungssubjektes explizit betrachtet, sondern das Bewertungsobjekt allein mit der vermuteten günstigsten Alternativinvestition verglichen. Unter dem Zukunftserfolgswert versteht man im Partialmodell den Ertragswert der Zahlungsüberschüsse, die die Immobilie ihrem Eigner in der Zukunft verspricht. Der Zukunftserfolgswert zeigt damit dem potentiellen Verkäufer, wieviel er durch die Grundstücks- oder Gebäudeveräußerung mindestens erlösen muß, um den identischen Zielerfüllungsgrad wie mit der Immobilie durch eine anderweitige Anlage des erhaltenen Betrages sicherzustellen. Analog gibt der Zukunftserfolgswert dem präsumtiven Käufer an, welchen Preis er höchstens für die Immobilie zahlen kann, ohne das durch eine Alternativverwendung des entsprechenden Betrages erzielbare Erfolgsniveau zu unterschreiten. Zu beachten ist freilich, daß die Zukunftserfolgswertmethode insofern problematisch sein kann, als ihre Anwendung im Falle eines unvollkommenen Kapitalmarktes die Kenntnis der Grenzzinsfüße voraussetzt, die als Diskontierungssätze Verwendung finden müssen: Sie ergeben sich aus den Zahlungsreihen der Grenzobjekte, also jener Geldverwendungen, die in der optimalen Investitions- und Finanzierungslösung gerade noch – das heißt nur teilweise – verwirklicht werden. Grenzobjekte zeichnen sich folglich dadurch aus, daß sie weder gänzlich vorteilhaft noch gänzlich unvorteilhaft sind. Im Falle eines unvollkommenen Kapitalmarktes ist es typisch, daß die als Lenkpreise zu interpretierenden Grenzzinsfüße nur modellendogen im Rahmen einer Totalbetrachtung ermittelt werden können, die das gesamte Entscheidungsfeld des Bewertungssubjektes mit allen zur Verfügung stehenden Investitions- und Finanzierungsmöglichkeiten berücksichtigt. Wurden die endogenen Grenzzinssätze auf diesem Wege bestimmt, können sie entsprechend in die Zukunftserfolgswertmethode einfließen, die damit den entscheidungs- beziehungsweise investitionstheoretisch korrekten Grenzpreis der Immobilie herausarbeitet. Freilich ist die Anwendung dieses Partialmodells dann für das Bewertungssubjekt nicht mehr vonnöten, da es den gesuchten Entscheidungswert bereits im Rahmen des Totalmodells identifiziert hat.

Wurde der Entscheidungswert der bilanzierenden Unternehmung im Hinblick auf Grundstück oder Gebäude ermittelt, erfolgt im Anschluß in einem analogen Vorgehen die Abschätzung des Entscheidungswertes des potentiellen Erwerbers. Gegebenenfalls ist es hierfür notwendig, zunächst denkbare Erwerber ausfindig zu machen, um darauf aufbauend die Grenzpreisvorstellung der Käuferseite zu eruieren. Das zu diesem Zwecke Verwendung findende Bewertungsmodell stellt ebenfalls die Ertragswertmethode oder – bei Unkenntnis der endogenen Grenzzinsfüße – ein Totalmodell dar. Die Entscheidungswerte von Käufer und Verkäufer unterliegen selbstverstänlich der Unsicherheit hinsichtlich der anzusetzenden Zukunftserfolge und Zinssätze. Sie lassen sich daher lediglich als Bandbreiten abschätzen.

Ist der Einigungsbereich zwischen den Transaktionsparteien auf Basis der dargestellten Vorgehensweise näherungsweise identifiziert, muß im Anschluß der Schiedswert in Form des Preises und damit des „fair value" ermittelt werden, zu dem das betrachtete Grundstück oder Gebäude eine Übereignung zu erfahren vermag. Da die Höhe des Schiedswerts neben dem jeweiligen Verhandlungsgeschick der Parteien vor allem von der Verhandlungsmacht abhängt, die Verkäufer und Käufer besitzen, wird insbesondere die Analyse der am Immobilienmarkt anzutreffenden Angebots- und Nachfragestrukturen aufschlußreich sein: Steht einem nur begrenzten Angebot eine relativ große Nachfrage gegenüber, spricht dies dafür, den Schiedswert vergleichsweise nah an der Konzessionsgrenze des potentiellen Erwerbers zu lokalisieren; zeichnet sich der Markt dagegen durch einen deutlichen Angebotsüberhang aus, ist es plausibel, den Schiedswert vice versa unweit des Entscheidungswertes der bilanzierenden Unternehmung zu vermuten. Sind zuverlässige Erkenntnisse über die Verteilung der Verhandlungsmacht zwischen den Transaktionsparteien nicht zu erlangen, bietet es sich darüber hinaus auch an, den Schiedswert im Rahmen einer typisierten Vorgehensweise – beispielsweise durch eine hälftige Aufteilung des geschätzten Einigungsbereiches zwischen Verkäufer- und Käuferseite – zu bestimmen. Für die exakte Fixierung des Schiedswerts (als Zahl zur Übernahme in die Bilanz) lassen sich aufgrund der Problemstruktur (Bandbreiteninformationen) und fehlender Kenntnis der Entscheidungsprozesse der Marktgegenseite keine wissenschaftlich fundierten Algorithmen angeben, so daß ein nicht eliminierbarer Bewertungsspielraum verbleibt.

Literaturhinweise

BAETGE, J./ZÜLCH, H.: Fair Value-Accounting, in: Betriebswirtschaftliche Forschung und Praxis, 53. Jg. (2001), S. 543–562.

BUSSE VON COLBE, W.: Der Zukunftserfolg, Wiesbaden 1957.

HAX, H.: Investitions- und Finanzplanung mit Hilfe der linearen Programmierung, in: Schmalenbachs Zeitschrift für betriebswirtschaftliche Forschung, 16. Jg. (1964), S. 430–446.

HERING, TH.: Finanzwirtschaftliche Unternehmensbewertung, Wiesbaden 1999.

HERING, TH./OLBRICH, M.: Der Ansatz des „fair value" bei der Bilanzierung von Beteiligungen nach IAS 39 und seine Konsequenzen für das Beteiligungscontrolling, in: LITTKEMANN, J./ZÜNDORF, H. (Hrsg.), Beteiligungsmanagement und Beteiligungscontrolling, Herne, Berlin 2004, im Druck.

HIRSHLEIFER, J.: On the Theory of Optimal Investment Decision, in: Journal of Political Economy, 66. Jg. (1958), S. 329–352.

MATSCHKE, M. J.: Der Entscheidungswert der Unternehmung, Wiesbaden 1975.

MATSCHKE, M. J.: Funktionale Unternehmungsbewertung, Band II, Der Arbitriumwert der Unternehmung, Wiesbaden 1979.

OLBRICH, M.: Zur Bilanzierung von als Finanzinvestition gehaltenen Immobilien nach IAS 40, in: Betriebswirtschaftliche Forschung und Praxis, 55. Jg. (2003), S. 346–357.

SCHILDBACH, TH.: Zeitwertbilanzierung in USA und nach IAS, in: Betriebswirtschaftliche Forschung und Praxis, 50. Jg. (1998), S. 580–592.

SCHMALENBACH, E.: Die Werte von Anlagen und Unternehmungen in der Schätzungstechnik, in: Zeitschrift für handelswissenschaftliche Forschung, 12. Jg. (1917/1918), S. 1–20.

SCHNEIDER, D.: Marktwertorientierte Unternehmensrechnung: Pegasus mit Klumpfuß, in: Der Betrieb, 51. Jg. (1998), S. 1473–1478.

SIEGEL, TH.: Zeitwertbilanzierung für das deutsche Bilanzrecht?, in: Betriebswirtschaftliche Forschung und Praxis, 50. Jg. (1998), S. 593–603.

WIEDMANN, H.: Fair Value in der internationalen Rechnungslegung, in: LANFERMANN, J. (Hrsg.), Internationale Wirtschaftsprüfung, Festschrift zum 65. Geburtstag von Hans Havermann, Düsseldorf 1995, S. 780–811.

Ulrike Dürr und Andreas Gattung

Finanzinstrumente nach IAS 39 und HGB im Vergleich

Die IFRS definieren in IAS 39 Finanzinstrumente wie folgt: Ein Finanzinstrument ist ein Vertrag, der gleichzeitig bei einem Unternehmen zu einem finanziellen Vermögenswert und bei einem anderen Unternehmen zu einer finanziellen Schuld führt.

Nach IAS 39 gehören zu den Finanzinstrumenten:
- Wertpapiere, die Fremdkapital zur Verfügung stellen („debt securities"),
- Wertpapiere, die Eigenkapital zur Verfügung stellen („equity securities"),
- ausgereichte Kredite und Forderungen („loans and receivables originated by the enterprise"),
- derivative Finanzinstrumente („derivatives").

Die Regelungen des IAS 39 umfassen demzufolge die Gesamtheit aller originären und derivativen Finanzinstrumente.

Das deutsche Recht kennt keine allgemein gültige Legaldefinition des Begriffs „Finanzinstrument". Im Sprachgebrauch unterscheidet man zwischen traditionellen (z. B. festverzinsliche Wertpapiere) und innovativen („derivativen"; z. B. Terminkontrakte, Optionen) Finanzinstrumenten.

Herr Winfried Kraft, Leiter Rechnungswesen der Maier AG, bittet Sie nun um Mithilfe bei der Bilanzierung und Bewertung verschiedener Finanzinstrumente für den IFRS- bzw. HGB-Abschluss. Die Maier AG ist eine im Handelsregister eingetragene, börsennotierte große Kapitalgesellschaft mit Sitz in Hamburg, die einen Konzernabschluss nach IFRS erstellt. Daneben ist die Maier AG zur Erstellung eines HGB-Einzelabschlusses verpflichtet. Das Geschäftsjahr der Gesellschaft entspricht dem Kalenderjahr. Die operative Geschäftstätigkeit der Maier AG besteht in der Konstruktion und dem Verkauf von Energiekraftwerken. Im Rahmen der Abschlusserstellung für das Jahr 03 sind folgende Fragen zu beantworten.

Aufgabe 1

Erläutern Sie zunächst die Grundkonzeption zur Bewertung von Finanzinstrumenten nach IFRS und HGB. Zeigen Sie dabei insbesondere die unterschiedlichen Kategorien von Finanzinstrumenten auf.

Aufgabe 2

Die Maier AG hält zum 31.12.03 u. a. folgende eigenkapitalverbriefenden Wertpapiere.

Emittent	Anzahl	Kaufpreis	Börsenkurs zum 31.12.03	Börsenkurs zum 31.12.02
A-AG	1.000	100	110	–
B-AG	500	200	202	–
C-AG	300	80	60	90
D-AG	500	100	110	90

Abb. 1: *Ausgewählte Wertpapiere der Maier AG zum 31.12.03.*

Die Maier AG hat im laufenden Geschäftsjahr 1.000 Aktien der A-AG zu einem Kurs von 100 Euro/Aktie und 500 Aktien der B-AG zu einem Kurs von 200 Euro/Aktie erworben. Zum Bilanzstichtag ist der Kurs der Papiere der A-AG auf 110 Euro/Aktie und derjenige der B-AG auf 202 Euro/Aktie gestiegen. Es liegen keine Indikatoren vor, die für eine Wertminderung aufgrund vollständiger oder teilweiser Uneinbringlichkeit der Aktien sprechen.

Die Maier AG hält darüber hinaus seit letztem Jahr 300 Aktien der C-AG und 500 Aktien der D-AG. Der Kaufpreis belief sich bei den Wertpapieren der C-AG auf 80 Euro/Aktie und bei den Wertpapieren der D-AG auf 100 Euro/Aktie. Der Kurs zum Bilanzstichtag liegt bei den C-Aktien bei jeweils 60 Euro und bei den D-Aktien bei jeweils 110 Euro. Der beizulegende Zeitwert beider Wertpapiere betrug zum letzten Bilanzstichtag 90 Euro/Aktie.

Die Wertminderung der C-Aktien im Jahr 03 ist auf den Markteintritt eines neuen Konkurrenten zurückzuführen. Es ist davon auszugehen, dass der Kurs dauerhaft auf dem niedrigen Niveau verbleiben wird. Der im Rahmen eines Werthaltigkeitstests ermittelte voraussichtlich erzielbare Betrag entspricht dem Börsenkurs zum Bilanzstichtag.

Der Kursverlust der D-Aktien im Vorjahr ist mit der Eröffnung eines Verfahrens in den USA wegen Patentrechtsverletzung zu begründen. Der Kursverlust wurde ursprünglich als dauerhaft angenommen und eine Wertminderung auf den „net realisable value" zum Bilanzstichtag erfasst. Der voraussichtlich erzielbare Betrag entspricht dem Börsenkurs zum Bilanzstichtag. Im Jahr 03 wurde das Verfahren überraschend gegen Zahlung einer geringen Geldstrafe eingestellt. Der Kurs konnte sich daraufhin bis zum Bilanzstichtag wieder erholen und man geht davon aus, dass die Gründe für die Wertminderung entfallen sind.

Zeigen Sie, wie die aufgeführten Geschäftsvorfälle im IFRS- bzw. im HGB-Abschluss der Maier AG für das Geschäftsjahr 03 zu berücksichtigen sind, wenn alle Wertpapiere

- mit der Absicht erworben wurden, einen Gewinn aus kurzfristigen Schwankungen des Preises oder der Händlermarge zu erzielen, und konkrete Veräußerungsabsicht besteht (*Variante 1*) bzw.
- ohne diese Absicht erworben wurden und dem Unternehmen dauerhaft dienen sollen (*Variante 2*).

Es gelten folgende Prämissen:

- Alle dargestellten Wertpapiere erfüllen die Bilanzierungskriterien für finanzielle Vermögenswerte nach IAS 39 bzw. für Vermögensgegenstände nach HGB. Bei keiner der oben genannten Gesellschaften handelt es sich um ein Tochterunternehmen, ein Gemeinschaftsunternehmen oder ein assoziiertes Unternehmen der Maier AG.
- Bei jedem Erwerb bzw. jeder Veräußerung fallen Spesen in Höhe von 2% an. Weitere Kosten entstehen der Maier AG nicht.
- Kurzfristige Preisschwankungen sollen nach Möglichkeit erfolgsneutral abgebildet werden.
- Die Vermögenswerte sind nicht Bestandteil eines Portfolios, das auf Erzielung kurzfristiger Gewinne gerichtet ist.
- Alle betrachteten Wertpapiere werden an einem aktiven Markt gehandelt. Der beizulegende Zeitwert lässt sich anhand der Börsenkurse verlässlich ermitteln.
- Eine Umgruppierung der Wertpapiere nach erstmaliger Bilanzierung hat nicht stattgefunden.
- Außer den genannten Indikatoren liegen keine Gründe vor, die für eine Wertminderung der Wertpapiere sprechen.

Lösung

Aufgabe 1

Bilanzierung, Bewertung und Ausweis von Finanzinstrumenten folgen nach *IFRS* grundsätzlich dem *IAS 32* und dem *IAS 39* sowie den zugehörigen Interpretationen des SIC; es sei denn, die Finanzinstrumente sind explizit aus dem Anwendungsbereich der Standards ausgeschlossen. Dies betrifft u. a. Wertpapiere von Tochterunternehmen, Gemeinschaftsunternehmen und assoziierten Unternehmen, die nach IAS 27, IAS 31 bzw. IAS 28 behandelt werden, Rechte und Verpflichtungen aus Leasingverträgen, die im Anwendungsbereich des IAS 17 liegen, Forderungen und

Verbindlichkeiten aus Altersversorgungsprogrammen gemäß IAS 19, Bürgschaften und Garantien – einschließlich Akkreditive, die zu Zahlungen führen, wenn der Schuldner seinen Verpflichtungen bei Fälligkeit nicht nachkommt – im Anwendungsbereich des IAS 37 und Verträge über Unternehmenszusammenschlüsse mit variablen Kaufpreisbestandteilen gemäß IAS 22.

Alle finanziellen Vermögenswerte und Verbindlichkeiten einschließlich aller derivativen Finanzinstrumente sind in der Bilanz zu erfassen. Ein Unternehmen hat gemäß IAS 39.27 einen finanziellen Vermögenswert oder eine finanzielle Schuld dann in seiner Bilanz anzusetzen, wenn es *Vertragspartei* zu den Regelungen des Finanzinstruments wird. Das Ausbuchen eines (Teils eines) finanziellen Vermögenswerts erfolgt gemäß IAS 39.35, wenn das Unternehmen die *Verfügungsmacht* über die vertraglichen Rechte, aus denen der (Teil des) finanzielle(n) Vermögenswert(s) besteht, verliert. Das Ausbuchen einer finanziellen Schuld erfolgt nach IAS 39.57, wenn diese *getilgt* ist. Für das Ausbuchen von finanziellen Vermögenswerten oder Schulden gegen die Schaffung neuer Vermögenswerte und Schulden bestehen Sonderregelungen.

Die erstmalige Erfassung sämtlicher Finanzinstrumente erfolgt gemäß IAS 39.66 zu *Anschaffungskosten*. *Transaktionskosten* stellen dabei einen Anschaffungskostenbestandteil dar. Zu den Transaktionskosten gehören nach IAS 39.17 an Vermittler, Berater, Makler und Händler gezahlte Gebühren und Provisionen, an Aufsichtsbehörden und Wertpapierbörsen zu entrichtende Abgaben und auf die Transaktion entfallende Steuern und Gebühren.

Die Folgebewertung der Finanzinstrumente ist abhängig von deren Kategorisierung. IAS 39 unterscheidet zwischen vier Arten von finanziellen Vermögenswerten sowie zwischen zwei Arten von finanziellen Schulden (vgl. Abbildung 2). Für das Hedge-Accounting gelten Sonderregelungen.

	Finanzielle Vermögenswerte (FA)				Finanzielle Verbindlichkeiten (FL)	
Kategorien	a) zu Handelszwecken gehaltene FA	b) vom Unternehmen ausgereichte Kredite und Forderungen	c) bis zur Endfälligkeit zu haltende FA	d) zur Veräußerung verfügbare FA	e) zu Handelszwecken gehaltene FL	f) sonstige FL
Bewertung	erfolgswirksam zum beizulegenden Zeitwert*	zu (fortgeführten) Anschaffungskosten	zu (fortgeführten) Anschaffungskosten	erfolgswirksam oder erfolgsneutral zum beizulegenden Zeitwert*	erfolgswirksam zum beizulegenden Zeitwert*	zu (fortgeführten) Anschaffungskosten
* sofern ermittelbar, ansonsten Bewertung zu fortgeführten Anschaffungskosten						

Abb. 2: *Bewertung der einzelnen Kategorien finanzieller Vermögenswerte und Verbindlichkeiten.*

Jeder *finanzielle Vermögenswert* ist einer der vier Kategorien zuzuordnen. Eine spätere Umwidmung ist nur unter bestimmten Bedingungen möglich (vgl. IAS 39.107).

a) *Zu Handelszwecken gehaltene finanzielle Vermögenswerte:*
Es besteht gemäß IAS 39.10 i. V. m. IAS 39.18 die Pflicht zur Einstufung als zu Handelszwecken gehalten („financial assets held for trading") für finanzielle Vermögenswerte, die mit dem Ziel erworben wurden, Gewinne aus kurzfristigen Preisschwankungen zu erzielen. Eine Einstufung als zu Handelszwecken gehalten erfolgt darüber hinaus, unabhängig von der mit dem Erwerb verfolgten Absicht, falls der finanzielle Vermögenswert

- Bestandteil eines Portfolios ist, das auf Erzielung kurzfristiger Gewinne gerichtet ist, oder

- ein derivatives Finanzinstrument ist, das nicht zu Sicherungszwecken erworben wurde und eingesetzt wird.

Der im Dezember 2002 verabschiedete Änderungsentwurf zu IAS 39 sieht darüber hinaus vor, dass im Zeitpunkt der erstmaligen Erfassung jeder finanzielle Vermögenswert als „held for trading" eingestuft werden darf.

b) *Vom Unternehmen ausgereichte Kredite und Forderungen:*
Der Kategorie „vom Unternehmen ausgereichte Kredite und Forderungen" („loans and receivables originated by the enterprise") sind gemäß IAS 39.10 i. V. m. IAS 39.19 f. Vermögenswerte zuzuordnen, die vom Unternehmen durch direkte Bereitstellung von Bargeld, Waren oder Dienstleistungen für einen Schuldner geschaffen wurden und die nicht der Kategorie a) zuzurechnen sind.

Der im Dezember 2002 verabschiedete Änderungsentwurf zu IAS 39 sieht darüber hinaus vor, dass jederzeit eine freiwillige Einordnung in die Kategorie a) oder d) möglich ist.

c) *Bis zur Endfälligkeit zu haltende finanzielle Vermögenswerte:*
Bei bis zur Endfälligkeit zu haltenden finanziellen Vermögenswerten („financial assets held to maturity") handelt es sich gemäß IAS 39.10 i. V. m. IAS 39.79 ff. um Vermögenswerte mit festen oder bestimmbaren Zahlungen sowie einer festen Laufzeit. Sie wurden mit der Absicht und Fähigkeit erworben, diese bis zur Endfälligkeit im Bestand zu halten, und es handelt sich nicht um finanzielle Vermögenswerte der Kategorie a) oder b).

Halteabsicht und Haltefähigkeit sind an jedem Bilanzstichtag zu prüfen. Unternehmen, die im laufenden oder in einem der beiden vorangegangenen Wirtschaftsjahre einen wesentlichen Teil der „held to maturity"-Finanzinstrumente verkauft, übertragen oder eine Verkaufsoption ausgeübt haben, ist die Einstufung von finanziellen Vermögenswerten in diese Kategorie gemäß IAS 39.83 ff. grundsätzlich verwehrt (vgl. zu Ausnahmen IAS 39.86).

Der im Dezember 2002 verabschiedete Änderungsentwurf zu IAS 39 sieht darüber hinaus vor, dass jederzeit eine freiwillige Einordnung in die Kategorie a) oder d) möglich ist.

d) *Zur Veräußerung verfügbare finanzielle Vermögenswerte:*
Zur Veräußerung verfügbare finanzielle Vermögenswerte („financial assets available for sale") stellen gemäß IAS 39.10 i. V. m. IAS 39.21 einen Auffangtatbestand für alle finanziellen Vermögenswerte dar, die nicht den Kategorien a) bis c) zuzuordnen sind.

Die Bewertung der Vermögenswerte der Kategorien a) „zu Handelszwecken gehalten" und d) „zur Veräußerung verfügbar" erfolgt gemäß IAS 39.68 zum *beizulegenden Zeitwert*, sofern sich dieser zuverlässig bestimmen lässt. Der beizulegende Zeitwert ist der Marktwert oder Verkehrswert eines Finanzinstruments. Er lässt sich regelmäßig am besten anhand öffentlich notierter Preise auf einem aktiven Markt bestimmen. Ist kein Marktpreis verfügbar, erfolgt die Ermittlung des beizulegenden Zeitwerts ggf. aus jüngeren Transaktionen oder anhand anerkannter Bewertungsverfahren. Bei seiner Bestimmung sind Transaktionskosten nicht zu berücksichtigen.

Änderungen des beizulegenden Zeitwerts sind gemäß IAS 39.103 bei Kategorie a) immer *erfolgswirksam* als Aufwand der Periode zu erfassen, während für Kategorie b) bisher ein Wahlrecht besteht, diese entweder *erfolgswirksam* als Aufwand der Periode oder *erfolgsneutral* in einer gesonderten Rücklage im Eigenkapital zu erfassen, bis der Vermögenswert ausscheidet oder bis eine Wertminderung des Vermögenswerts zu berücksichtigen ist. Lässt sich der beizulegende Zeitwert eines Vermögenswerts nicht zuverlässig bestimmen, so ist dieser zu (fortgeführten) Anschaffungskosten zu bewerten und zu jedem Bilanzstichtag auf seine Werthaltigkeit zu testen. Der im Dezember 2002 verabschiedete Änderungsentwurf zu IAS 39 sieht vor, das Wahlrecht zu streichen. Wertänderungen bei zur Veräußerung verfügbaren Vermögenswerten wären dann immer erfolgsneutral zu verbuchen.

Die Bewertung der Vermögenswerte der Kategorien b) „vom Unternehmen ausgereichte Kredite und Forderungen" und c) „bis zur Endfälligkeit zu haltende finanzielle Vermögenswerte" sowie von Vermögenswerten der Kategorien a) und d), für die ein beizulegender Zeitwert nicht verlässlich zu ermitteln ist, erfolgt, soweit es sich um finanzielle Vermögenswerte mit fester Laufzeit handelt, zu *fortgeführten Anschaffungskosten*. Diese sind auf Basis der sog. Effektivzinsmethode zu ermitteln. Vermögenswerte ohne feste Laufzeit sind hingegen zu historischen Anschaffungskosten zu bewerten.

Gemäß IAS 39.109 ist zu jedem Bilanzstichtag zu prüfen, ob Indikatoren für eine *Wertminderung* aufgrund der vollständigen oder teilweisen Uneinbringlichkeit von finanziellen Vermögenswerten vorliegen, z. B. erhebliche finanzielle Schwierigkeiten des Emittenten, ein tatsächlich erfolgter Vertragsbruch – etwa ein Ausfall oder Verzug von Zins- und Tilgungszahlungen – oder die hohe Wahrscheinlichkeit zur Eröffnung eines Insolvenzverfahrens oder eines sonstigen Sanierungsbedarfs. In diesem Fall ist für Wertpapiere, die zu (fortgeführten) Anschaffungskosten bewertet werden, und für Wertpapiere, die erfolgsneutral mit dem beizulegenden Zeitwert bewertet werden, eine erfolgswirksame Abschreibung verpflichtend zu erfassen.

Entfällt wider Erwarten der Grund für die Wertminderung in den Folgeperioden, so besteht die Pflicht zur erfolgswirksamen Zuschreibung auf die „unter normalen Umständen" ermittelten (fortgeführten) Anschaffungskosten (vgl. IAS 39.114 und IAS 39.119).

Finanzielle *Verbindlichkeiten*, die mit Weiterveräußerungsabsicht erworben wurden, sind gemäß IAS 39.93 als „zu Handelszwecken gehalten" zu kategorisieren und analog der zu Handelszwecken gehaltenen finanziellen Vermögenswerten erfolgswirksam mit dem *beizulegenden Zeitwert* zu bilanzieren. Alle übrigen finanziellen Verbindlichkeiten sind zu *fortgeführten Anschaffungskosten* zu bewerten.

Bezüglich der Abgrenzung latenter Steuern gelten die Regelungen nach IAS 12, der das international übliche „*temporary*"-Konzept verfolgt. Demnach sind sämtliche Bilanzierungs- und Bewertungsdifferenzen zwischen Handelsbilanz („accounting base") und Steuerbilanz („tax base") Gegenstand der Abgrenzung latenter Steuern, unabhängig davon, ob diese aus erfolgsneutralen oder erfolgswirksamen Transaktionen stammen. Ausgenommen hiervon sind lediglich permanente Differenzen.

Das *deutsche Recht* kennt keinen das gesamte finanzielle Vermögen bzw. die gesamten finanziellen Schulden umfassenden Begriff der Finanzinstrumente. Durch den Grundsatz der Vollständigkeit in § 246 Abs. 1 HGB, dem zufolge der Jahresabschluss „sämtliche Vermögensgegenstände, Schulden ... zu enthalten (hat), soweit gesetzlich nichts anderes bestimmt ist", ergibt sich eine grundsätzliche Bilanzierungspflicht für ansatzfähige Vermögensgegenstände und Schulden. Das Bilanzgliederungsschema des § 266 HGB, das in erster Linie von (großen und mittelgroßen) Kapitalgesellschaften und Personenhandelsgesellschaften i. S. d. § 264a HGB anzuwenden ist, differenziert für die an dieser Stelle zu betrachtenden Posten zwischen Finanzanlagen und Wertpapieren des Umlaufvermögens. Die Abgrenzung hat nach den allgemeinen Einordnungsgrundsätzen für das Anlage- und Umlaufvermögen zu erfolgen.[1]

Eine Zuordnung zum Finanzanlagevermögen setzt gemäß § 247 Abs. 2 HGB die Bestimmung voraus, „dauernd dem Geschäftsbetrieb zu dienen". Entscheidend ist hierbei die *Absicht* des Kaufmanns. Neben der Daueranlageabsicht muss allerdings auch die *Haltefähigkeit* als Zuordnungskriterium Beachtung finden. Bei einer Einordnung aus dem Blickwinkel des Umlaufvermögens – als Umkehrschluss aus § 247 Abs. 2 HGB – ist ein Ausweis im Anlagevermögen zwingend, wenn die Papiere nicht kurzfristig veräußert werden können.

Die Finanzanlagen werden in § 266 HGB wie folgt untergliedert (vgl. Abs. 2 A. III.):

1. Anteile an verbundenen Unternehmen;

2. Ausleihungen an verbundene Unternehmen;

3. Beteiligungen;

4. Ausleihungen an Unternehmen, mit denen ein Beteiligungsverhältnis besteht;

5. Wertpapiere des Anlagevermögens;

6. sonstige Ausleihungen.

Für den Ausweis von Kapitalanteilen ist die Beteiligungsdefinition des § 271 Abs. 1 HGB maßgeblich. Beteiligungen stellen keine kurzfristig gehaltenen Anteilsrechte dar, so dass nur ein Ausweis im Anlagevermögen in Frage kommt. Die Beteiligungen umfassen zwar auch Anteile (Beteiligungen) an verbundenen Unternehmen. Allerdings besteht für diese Teilmenge die in § 271 Abs. 2 HGB genannte – engere – Unternehmensverbindung, mit der Folge des gesonderten Ausweises innerhalb der Finanzanlagen. Ausleihungen stellen Forderungen dar, die durch Kapitalhingabe erworben wurden. Ausleihungen, deren Schuldner ein verbundenes Unternehmen i. S. d. § 271 Abs. 2 HGB darstellt, werden gesondert unter den Finanzanlagen er-

---

[1] Für derivative Finanzinstrumente und Finanzinstrumente bei Banken und anderen Finanzinstitutionen gelten Sonderregelungen, auf die an dieser Stelle nicht näher eingegangen werden soll.

fasst. Bei den Wertpapieren des Anlagevermögens handelt es sich um Kapitalmarktpapiere zur längerfristigen Anlage.

Anteile an verbundenen Unternehmen sind auch in der Aufgliederung der Wertpapiere des Umlaufvermögens zu finden. § 266 Abs. 2 B. III. HGB nimmt diese wie folgt vor:

1. Anteile an verbundenen Unternehmen;

2. eigene Anteile;

3. sonstige Wertpapiere.

Für eigene Anteile sind die genannten Zuordnungskriterien nicht maßgeblich. Diese sind vielmehr stets gesondert innerhalb des Umlaufvermögens auszuweisen.

Die Bewertung bei erstmaliger Erfassung erfolgt – analog der IFRS-Regelungen – zum Kaufpreis zuzüglich Anschaffungsnebenkosten. Dieser Maßstab stellt rechtsformunabhängig zugleich die *Wertobergrenze* dar.

Für die Folgebewertung ist der *beizulegende Wert* maßgeblich, dessen Ermittlung jedoch keiner ausdrücklichen gesetzlichen Regelung unterliegt. Im Anlagevermögen sind insbesondere die Wiederbeschaffungskosten als Hilfswert relevant. Bei *Beteiligungen* kommt der Ertragswert als beizulegender Wert in Betracht. Für die Prüfung des Abwertungsbedarfs bei Beteiligungen ist jedoch zu hinterfragen, ob das Beteiligungsverhältnis noch über einen längeren Zeitraum bestehen bleibt. Steht deren baldiger Verkauf (oder anderweitiger Abgang) bevor, erfolgt die Ermittlung des Vergleichswerts unter Veräußerungsgesichtspunkten (oder aus dem Blickwinkel der Liquidation). Ist der Veräußerungswert niedriger als der Buchwert, muss die Beteiligung abgeschrieben werden, wenn erst nach Abgang mit einer Wertaufholung zu rechnen ist. Für die Ermittlung des beizulegenden Werts von *Ausleihungen* ist der voraussichtliche – ggf. abgezinste – Rückzahlungsbetrag maßgebend. Bei der Ermittlung des beizulegenden Werts von *Wertpapieren des Anlagevermögens* ist grundsätzlich der Börsenkurs heranzuziehen. Alle Finanzanlagen unterliegen dem *gemilderten Niederstwertprinzip*: Liegt der beizulegende Zeitwert in den Folgeperioden unter dem Buchwert, ist dieser nur anzusetzen, wenn es sich um eine voraussichtlich dauernde Wertminderung handelt.

Für das Umlaufvermögen gilt das *strenge Niederstwertprinzip*: Auch bei nur vorübergehender Wertminderung ist der Vermögensgegenstand zwingend auf den niedrigeren beizulegenden Wert abzuschreiben. Liegt der beizulegende Wert unter den Anschaffungskosten, sind die Wertpapiere des Umlaufvermögens mit diesem einschließlich anteilig abgeschriebener Anschaffungsnebenkosten zu bilanzieren. Besteht zum Abschlussstichtag die Absicht zur Weiterveräußerung, sind sie mit dem niedrigeren Börsen- oder Marktpreis – ohne anteilige Anschaffungsnebenkosten – abzüglich noch anfallender Verkaufsspesen zu berücksichtigen. Werden eigene Anteile aufgrund des (strengen) Niederstwerttests abgewertet, so erfolgt in gleicher Höhe eine Auflösung der Rücklage für eigene Anteile.

Bei Wegfall der Gründe für einen niedrigeren Wertansatz müssen Kapitalgesellschaften und Personenhandelsgesellschaften i. S. d. § 264a HGB eine Zuschreibung vornehmen; für Nicht-Kapitalgesellschaften, die nicht in den Anwendungsbereich des § 264a HGB fallen, besteht demgegenüber ein Beibehaltungswahlrecht für den niedrigeren Wertansatz. Die Wertaufholung kann jedoch maximal den Betrag der früher vorgenommenen Abschreibungen umfassen, d. h., die historischen Anschaffungskosten stellen die Zuschreibungsobergrenze dar.

Die Bewertung passiver Finanzinstrumente hat nach handelsrechtlichen Vorschriften zum Rückzahlungsbetrag zu erfolgen. Die Anschaffungskosten bilden dabei die Wertuntergrenze.

Die Abgrenzung latenter Steuern folgt dem „*timing*"-Konzept, das den Fokus auf temporäre Differenzen zwischen handelsbilanziellem und steuerlichem Gewinn richtet. Auf quasi-permanente sowie auf permanente Differenzen werden keine latenten Steuern abgegrenzt.

Aufgabe 2

Der Anwendungsbereich des IAS 39 ist erfüllt. Kein Ausschlustatbestand greift, so dass eine Bewertung der Wertpapiere nach IAS 39 erfolgt.

a) Die erstmalige Erfassung der 1.000 A-Aktien erfolgt nach *IAS 39* zum Anschaffungspreis in Höhe von 100 Euro/Aktie. Hinzu kommen als Anschaffungsnebenkosten Spesen in Höhe von 2% des Kaufpreises. Es ergibt sich ein Buchwert von 102.000 Euro.

	Anschaffungspreis	1.000 Aktien · 100 Euro/Aktie	100.000 Euro
+	Anschaffungsnebenkosten	2% von 100.000 Euro	2.000 Euro
=	Ursprünglicher Buchwert		102.000 Euro

Bezüglich der Folgebewertung zum 31.12.03 ist zu prüfen, welcher Kategorie IAS 39 die Wertpapiere zuordnet. Wurden die Wertpapiere hauptsächlich mit der Absicht erworben, einen Gewinn aus kurzfristigen Schwankungen des Preises oder der Händlermarge zu erzielen (*Variante 1*), handelt es sich zwingend um zu Handelszwecken gehaltene finanzielle Vermögenswerte. Diese sind zum Bilanzstichtag mit dem beizulegenden Zeitwert zu bewerten. Dieser lässt sich laut Aufgabenstellung verlässlich aus dem Börsenkurs der A-Aktien zum 31.12.03 ableiten. Bei einer Veräußerung fielen zusätzlich Verkaufsspesen in Höhe von 2% des Verkaufspreises an. Diese sind nach IAS 39 bei der Ermittlung des beizulegenden Zeitwerts nicht zu berücksichtigen. Es ergibt sich ein beizulegender Zeitwert von 110.000 Euro.

=	Beizulegender Zeitwert	1.000 Aktien · 110 Euro/Aktie	110.000 Euro

Bei zu Handelszwecken gehaltenen finanziellen Vermögenswerten sind Änderungen des beizulegenden Zeitwerts immer erfolgswirksam in der Gewinn- und Verlustrechnung zu berücksichtigen. Es entsteht somit ein Ertrag aus der Bewertung von finanziellen Vermögenswerten zum beizulegenden Zeitwert in Höhe von 8.000 Euro. Vereinfacht lässt sich der Buchungssatz für *Variante 1* wie folgt darstellen.

Finanzielles Vermögen	8.000	an	Ertrag aus Bewertung von finanziellem Vermögen zum beizulegenden Zeitwert	8.000

Zu beachten ist, dass in der deutschen Steuerbilanz weiterhin das Anschaffungskostenprinzip gilt. Auch hier sind die Wertpapiere der A-AG bei der erstmaligen Erfassung zu Anschaffungskosten zuzüglich Anschaffungsnebenkosten mit einem Wert von 102.000 Euro einzubuchen. Eine nachträgliche Bewertung zu einem über den Anschaffungskosten liegenden Wert ist nicht statthaft. Es ergibt sich somit eine Differenz zwischen „tax base" und „accounting base" in Höhe von 8.000 Euro. Da Veräußerungen von Wertpapieren in Deutschland für Körperschaften nach dem Halbeinkünfteverfahren steuerfrei sind, handelt es sich allerdings um permanente Differenzen, auf die nach IAS 12 keine latenten Steuern abzugrenzen sind. Wären die Veräußerungsvorgänge steuerpflichtig, ergäbe sich bei einem unterstellten Steuersatz von 20% folgender Buchungssatz.

Finanzielles Vermögen	8.000	an	Ertrag aus Bewertung von finanziellem Vermögen zum beizulegenden Zeitwert	8.000
Aufwand für latente Steuern	1.600		Rückstellung für latente Steuern	1.600

Wird der Vermögenswert nicht mit der Absicht erworben, einen Gewinn aus kurzfristigen Schwankungen des Preises oder der Händlermarge zu erzielen (*Variante 2*), und ist er – wie im vorliegenden Fall – nicht Bestandteil eines Portfolios, das auf Erzielung kurzfristiger Gewinne gerichtet ist, oder ein derivatives Finanzinstrument, so kommt nach geltendem Recht eine Einordnung als zu Handelszwecken gehalten nicht in Betracht.[1]

---

[1] Nach der vorgeschlagenen Änderung des IAS 39 wäre aber eine freiwillige Einordnung bei erstmaliger Erfassung möglich.

Für *Variante 2* ist folglich zu prüfen, ob es sich um einen von der Maier AG ausgereichten Kredit bzw. eine ausgereichte Forderung handelt. Dies ist nicht der Fall. Ebenfalls ausgeschlossen per definitione ist bei eigenkapitalverbriefenden Wertpapieren ein Halten der Finanzinvestition bis zu deren Endfälligkeit. Da damit keine Zuordnung zu einer der drei anderen Kategorien möglich ist, muss das Wertpapier zwingend als zur Veräußerung verfügbar eingestuft werden. Bei dieser Kategorie erfolgt die Folgebewertung ebenfalls zum beizulegenden Zeitwert. Sie unterscheidet sich von der Bewertung von zu Handelszwecken gehaltenen Vermögenswerten durch ein Wahlrecht zur erfolgsneutralen Erfassung von Änderungen im beizulegenden Zeitwert. Laut Prämissen soll dies genutzt werden. Der oben dargestellte Buchungssatz ändert sich somit wie folgt.

| Finanzielles Vermögen | 8.000 | an | Rücklage zur Bewertung von Finanzinstrumenten nach IAS 39 | 8.000 |

Zu beachten ist, dass nach IAS 12 aufgrund der erfolgsneutralen Behandlung eine mögliche Steuerlatenz ebenfalls erfolgsneutral zu berücksichtigen wäre. Es ergäbe sich folgender Buchungssatz.

| Finanzielles Vermögen | 8.000 | an | Rücklage zur Bewertung von Finanzinstrumenten nach IAS 39 | 6.400 |
| | | | Rückstellung für latente Steuern | 1.600 |

Die erstmalige Erfassung der A-Aktien *nach handelsrechtlichen Vorschriften* erfolgt – analog IAS 39 – mit einem Wert von 102.000 Euro.

Die Folgebewertung erfolgt zu fortgeführten Anschaffungskosten. Bei *Variante 1* werden sämtliche Papiere aufgrund der fehlenden Daueranlageabsicht dem Umlaufvermögen zugeordnet. *Variante 2* führt grundsätzlich zu einer Einordnung in das Anlagevermögen, da die Papiere der längerfristigen Kapitalanlage dienen. Sprechen Faktoren gegen eine dauerhafte Haltefähigkeit der Aktien, kommt auch eine Einordnung in das Umlaufvermögen in Betracht. Die Aufgabenstellung gibt diesbezüglich jedoch keine Hinweise, so dass sämtliche nach *Variante 2* zu beurteilenden Papiere als Finanzanlagen eingestuft werden.

Für die bilanzielle Behandlung der A-Aktien ist die Zuordnung – und damit die Frage der Gültigkeit des strengen oder des gemilderten Niederstwertprinzips – nicht von Bedeutung. In jedem Fall hat die Mayer AG den Wertansatz des Vorjahres beizubehalten, da der Börsenkurs der A-Aktien zum 31.12.03 im Vergleich zum Anschaffungszeitpunkt deutlich gestiegen ist – selbst nach Abzug von potenziellen Verkaufsspesen sind die historischen Anschaffungskosten niedriger als der Vergleichswert. Anpassungsbuchungen sind damit nicht erforderlich.

=	Buchwert 31.12.03		102.000 Euro

b) Nach *IAS 39* bestimmt sich der Buchwert der B-Aktien bei erstmaliger Erfassung wiederum aus dem Anschaffungspreis zuzüglich Anschaffungsnebenkosten.

	Anschaffungspreis	500 Aktien · 200 Euro/Aktie	100.000 Euro
+	Anschaffungsnebenkosten	2% von 100.000 Euro	2.000 Euro
=	Ursprünglicher Buchwert		102.000 Euro

Analog der A-AG sind die Wertpapiere zur Folgebewertung bei *Variante 1* der Kategorie „zu Handelszwecken gehalten" und bei *Variante 2* der Kategorie „zur Veräußerung verfügbar" zuzuordnen. Nach beiden Varianten ist das Wertpapier zum 31.12.03 mit dem beizulegenden Zeitwert zu bewerten, der sich aus dem Börsenkurs zum Bilanzstichtag bestimmt.

=	Beizulegender Zeitwert	500 Aktien · 202 Euro/Aktie	101.000 Euro

Obgleich der Kurs seit dem Erwerb gestiegen ist, ergibt sich ein Abwertungsbedarf in Höhe von 1.000 Euro. Dieser lässt sich dadurch erklären, dass in die erstmalige Bewertung Anschaffungsnebenkosten eingehen. Bei der Bestimmung des beizulegenden Zeitwerts bleiben Spesen jedoch unberücksichtigt.

Der Unterschiedsbetrag ist nach *Variante 1* erfolgswirksam zu verbuchen. Hierbei ist es grundsätzlich unerheblich, ob es sich um nur vorübergehende Wertänderungen handelt oder ob Indikatoren vorliegen, die für eine (teilweise) Uneinbringlichkeit der ursprünglichen Anschaffungskosten sprechen.[1] Es ergibt sich für *Variante 1* folgender Buchungssatz.

Aufwand aus Bewertung von finanziellem Vermögen zum beizulegenden Zeitwert	1.000	an	Finanzielles Vermögen	1.000

Bei *Variante 2* ist die Differenz zwischen Buchwert und beizulegendem Zeitwert analog der A-Aktien erfolgsneutral zu behandeln und folgendermaßen zu verbuchen.

---

[1] Vgl. dazu ausführlich SCHARPF 2001, S. 167.

| Rücklage zur Bewertung von Finanzinstrumenten nach IAS 39 | 1.000 | an | Finanzielles Vermögen | 1.000 |

Lägen bei *Variante 2* hingegen Indikatoren vor, die auf eine (teilweise) Uneinbringlichkeit der ursprünglichen Anschaffungskosten hindeuteten, wäre die Bewertungsdifferenz erfolgswirksam zu erfassen. Da es sich nicht um eine dauerhafte Wertminderung handelt, bestünde sowohl bei *Variante 1* als auch bei *Variante 2* ein Abwertungsverbot. Auf den Unterschied zwischen „tax base" und „accounting base" wären wiederum latente Steuern abzugrenzen. Da aber Verluste aus der Veräußerung von Wertpapieren nach dem Halbeinkünfteverfahren die Steuerbemessungsgrundlage nicht kürzen, handelt es sich um permanente Differenzen, für die ein Abgrenzungsverbot besteht.

Nach den *handelsrechtlichen Vorschriften* sind die B-Aktien – analog IAS 39 – mit einem Wert von 102.000 Euro erstmalig zu erfassen.

Die Folgebewertung führt bei *Variante 1*, der zufolge die Papiere dem Umlaufvermögen zuzuordnen und damit nach dem strengen Niederstwertprinzip zu bewerten sind, zu einem Abwertungsbedarf in Höhe von 3.020 Euro, da kurzfristige Veräußerungsabsicht seitens der Mayer AG besteht. In diesem Fall kommt der Börsenwert abzüglich (voraussichtlich anfallender) Verkaufsspesen zum Tragen.

	Börsenpreis	500 Aktien · 202 Euro/Aktie	101.000 Euro
–	Verkaufsspesen	2% von 101.000 Euro	2.020 Euro
=	Buchwert 31.12.03		98.980 Euro

Da es sich nicht um eine voraussichtlich dauernde Wertminderung handelt, bleibt der ursprüngliche Wertansatz für steuerbilanzielle Zwecke unverändert. Auch nach Handelsrecht handelt es sich um permanente Differenzen, auf die keine latenten Steuern abgegrenzt werden dürfen.

Variante 2 führt in der handelsrechtlichen Rechnungslegung – wie bereits erwähnt – im Regelfall zu einer Einordnung der Papiere in das Anlagevermögen. Aus dem gemilderten Niederstwertprinzip resultiert ein Abwertungswahlrecht bei nicht dauerhafter Wertminderung. Nimmt das bilanzierende Unternehmen keine Abschreibung vor, ergeben sich keine Erfolgswirkungen.

c) Die Papiere der C-AG befinden sich bereits seit letztem Jahr im Bestand der Mayer AG.

Nach *IAS 39* entspricht sowohl bei *Variante 1* als auch bei *Variante 2* der Eröffnungsbilanzwert zum 01.01.03 dem beizulegenden Zeitwert des Vorjahresstichtags.

| = | Buchwert 01.01.03 | 300 Aktien · 90 Euro/Aktie | 27.000 Euro |

Der Kurs zum aktuellen Stichtag ist auf 60 Euro gesunken. Es ergibt sich ein beizulegender Zeitwert in Höhe von 18.000 Euro.

| = | Beizulegender Zeitwert | 300 Aktien · 60 Euro/Aktie | 18.000 Euro |

Die Wertminderung von insgesamt 9.000 Euro ist nach *Variante 1* erfolgswirksam zu erfassen. Es ist dabei unerheblich, dass im vorliegenden Fall Indikatoren vorliegen, die für eine teilweise Uneinbringlichkeit des ursprünglichen Buchwerts sprechen. Es ergibt sich folgender Buchungssatz.

| Aufwand aus Bewertung von finanziellem Vermögen zum beizulegenden Zeitwert | 9.000 | an | Finanzielles Vermögen | 9.000 |

Nach *Variante 2* sind Bewertungsdifferenzen grundsätzlich erfolgsneutral abzubilden. Da Indikatoren vorliegen, die für eine (teilweise) Uneinbringlichkeit des Vermögenswerts sprechen, ist die Differenz zwischen ursprünglichem Buchwert und voraussichtlich erzielbarem Betrag[1] erfolgswirksam zu berücksichtigen. Der ursprüngliche Buchwert bestimmt sich analog der A-AG.

	Anschaffungspreis	300 Aktien · 80 Euro/Aktie	24.000 Euro
+	Anschaffungsnebenkosten	2% von 24.000 Euro	480 Euro
=	Ursprünglicher Buchwert		24.480 Euro

Da nach *Variante 2* die Bewertungsdifferenz zwischen ursprünglichem Buchwert und Eröffnungsbilanzwert im Vorjahr erfolgsneutral berücksichtigt wurde, ist diese im laufenden Jahr erfolgsneutral zurückzunehmen. Es ergibt sich folgender Buchungssatz.

| Rücklage zur Bewertung von Finanzinstrumenten nach IAS 39 | 2.520 | an | Finanzielles Vermögen | 9.000 |
| Aufwand aus Bewertung von finanziellem Vermögen zum beizulegenden Zeitwert | 6.480 | | | |

In der *handelsrechtlichen Rechnungslegung* stellen die historischen Anschaffungskosten die Bewertungsobergrenze dar. Demzufolge sind die C-Aktien in der Eröffnungsbilanz zum 01.01.03 mit 24.480 Euro erfasst.

---

[1] Dieser entspricht laut Aufgabenstellung dem beizulegenden Zeitwert zum Bilanzstichtag.

Bei *Variante 1* unterliegen die Papiere dem strengen Niederstwertprinzip. Aufgrund des gesunkenen Börsenkurses besteht Abwertungspflicht auf den niedrigeren beizulegenden Wert. Dieser entspricht dem Kurswert abzüglich noch anfallender Veräußerungskosten. Daraus ergibt sich zum 31.12.03 ein Wertansatz in Höhe von 17.640 Euro.

	Börsenpreis	300 Aktien · 60 Euro/Aktie	18.000 Euro
−	Verkaufsspesen	2% von 18.000 Euro	360 Euro
=	Buchwert zum 31.12.03		17.640 Euro

Nach *Variante 2* unterliegen die Papiere in der handelsrechtlichen Rechnungslegung wiederum dem gemilderten Niederstwertprinzip. Da die C-Aktien dauerhaft in ihrem Wert gemindert sind, führt dies zu einer Abwertungspflicht auf den beizulegenden Wert, der im Anlagevermögen den Wiederbeschaffungskosten entspricht. D. h., der Anschaffungspreis und die Anschaffungsnebenkosten werden proportional zum niedrigeren Börsenkurs gemindert. Der Wertansatz zum 31.12.03 beträgt nunmehr 18.360 Euro.

	Börsenpreis	300 Aktien · 60 Euro/Aktie	18.000 Euro
+	Anschaffungsnebenkosten	2% von 18.000 Euro	360 Euro
=	Buchwert zum 31.12.03		18.360 Euro

d) Auch die Anteile an der D-AG befinden sich bereits seit dem letzten Jahr im Bestand der Maier AG.

Nach *IAS 39* wurden die Wertpapiere bei *Variante 1* im vergangenen Jahr erfolgswirksam auf den beizulegenden Zeitwert abgeschrieben. Nach *Variante 2* mussten die Wertpapiere zum letzten Bilanzstichtag aufgrund der angenommenen (teilweisen) Uneinbringlichkeit erfolgswirksam auf den „net realisable value" (dieser entsprach laut Aufgabenstellung dem beizulegenden Zeitwert zum Bilanzstichtag) abgeschrieben werden. Der Buchwert in der Eröffnungsbilanz beläuft sich nach beiden Varianten auf 45.000 Euro.

=	Buchwert 01.01.03	500 Aktien · 90 Euro/Aktie	45.000 Euro

Nach beiden Varianten besteht im laufenden Jahr analog der Behandlung der Anteile der A-AG die Pflicht zur Zuschreibung auf den beizulegenden Zeitwert zum 31.12.03.

=	Beizulegender Zeitwert	500 Aktien · 110 Euro/Aktie	55.000 Euro

Bei zu Handelszwecken gehaltenen Vermögenswerten und zur Weiterveräußerung verfügbaren Vermögenswerten, bei denen das Wahlrecht zur erfolgswirksamen Erfassung der Wertänderungen genutzt wird, hat diese Zuschreibung unabhängig von den Gründen, die zur Wertsteigerung geführt haben, erfolgswirksam zu erfolgen. Es entsteht ein Ertrag aus Bewertung von finanziellem Vermögen zum beizulegenden Zeitwert in Höhe von 10.000 Euro. Nach *Variante 1* ergibt sich folgender Buchungssatz.

Finanzielles Vermögen	10.000	an	Ertrag aus Bewertung von finanziellem Vermögen zum beizulegenden Zeitwert	10.000

Bei zur Veräußerung verfügbaren Vermögenswerten, die erfolgsneutral mit dem beizulegenden Zeitwert bewertet werden, ist eine Differenzierung erforderlich. Ist die Wertsteigerung – wie im Beispielfall – auf den Wegfall von Gründen zurückzuführen, die ursprünglich zur Wertminderung geführt haben, wird eine erfolgswirksame Zuschreibung bis zur Höhe der unter normalen Umständen fortgeführten Anschaffungskosten vorgenommen. Die ursprünglichen Anschaffungskosten bestimmen sich analog der A-AG.

	Anschaffungspreis	500 Aktien · 100 Euro/Aktie	50.000 Euro
+	Anschaffungsnebenkosten	2% von 50.000 Euro	1.000 Euro
=	Ursprünglicher Buchwert		51.000 Euro

Der die ursprünglichen Anschaffungskosten überschießende Betrag ist erfolgsneutral zu vereinnahmen. Nach *Variante 2* ergibt sich folgender Buchungssatz.

Finanzielles Vermögen	10.000	an	Rücklage zur Bewertung von Finanzinstrumenten nach IAS 39	4.000
			Ertrag aus Rücknahme von Wertberichtigung auf finanzielles Vermögen	6.000

Hätte die Kurserholung im Jahr 03 nicht auf Gründen basiert, die ursprünglich zur Annahme der Wertminderung geführt hatten, sondern z. B. im vorliegenden Fall auf dem plötzlichen Konkurs eines wichtigen Mitkonkurrenten, so bestünde nach *Variante 2* kein Gebot zur erfolgswirksamen Zuschreibung auf den ursprünglichen Buchwert. Die gesamte Differenz zwischen Eröffnungsbilanzwert und beizulegendem Zeitwert zum 31.12.03 wäre stattdessen erfolgsneutral zu erfassen. Nach der geplanten Änderung des IAS 39 soll das Zuschreibungsgebot durch ein Zuschreibungsverbot ersetzt werden. Damit findet eine nachträgliche Rücknahme einer ursprünglich erfassten Wertminderung nicht mehr statt. Es ergäbe sich folgender Buchungssatz.

| Finanzielles Vermögen | 10.000 | an | Rücklage zur Bewertung von Finanzinstrumenten nach IAS 39 | 10.000 |

In der *handelsrechtlichen Eröffnungsbilanz* sind bei *Variante 1* die D-Aktien aufgrund der Gültigkeit des strengen Niederstwertprinzips zum 01.01.03 mit 44.100 Euro – d. h. dem Börsenkurs zum 31.12.02 abzüglich noch anfallender Verkaufsspesen – erfasst.

	Börsenpreis	500 Aktien · 90 Euro/Aktie	45.000 Euro
–	Verkaufsspesen	2% von 45.000 Euro	900 Euro
=	Buchwert 01.01.03		44.100 Euro

Im Lauf des Jahres 03 stellt sich heraus, dass die Gründe für die im Vorjahr vorgenommene Abschreibung nicht mehr bestehen. Demzufolge ist eine Zuschreibung (maximal) bis zu den historischen Anschaffungskosten erforderlich. Es ergibt sich zum 31.12.03 ein Wertansatz in Höhe der ursprünglichen Anschaffungskosten.

	Buchwert 01.01.03	44.100 Euro
+	Zuschreibung	6.900 Euro
=	Buchwert 31.12.03	51.000 Euro

Aufgrund der erwarteten Dauerhaftigkeit der Wertminderung der D-Aktien ist auch bei *Variante 2* zum 31.12.02 eine außerplanmäßige Abschreibung auf den beizulegenden Wert erforderlich. Dieser entspricht den Wiederbeschaffungskosten, in diesem Fall 45.900 Euro. Die Wertaufholung im Jahr 03 umfasst den Betrag der früher vorgenommenen Abschreibungen.

	Buchwert 01.01.03	45.900 Euro
+	Zuschreibung	5.100 Euro
=	Buchwert 31.12.03	51.000 Euro

Literaturhinweise

BELLAVITE-HÖVERMANN, Y./BARCKOW, A.: Kommentierung des IAS 39, in: BAETGE, J. ET AL. (Hrsg.), Rechnungslegung nach International Accounting Standards (IAS), Kommentar auf der Grundlage des deutschen Bilanzrechts, Loseblatt, 2. Aufl., Stuttgart 2002.

COENENBERG, A. G.: Jahresabschluss und Jahresabschlussanalyse, 19. Aufl., Stuttgart 2003.

HAYN, S./GRAF WALDERSEE, G.: IAS/US-GAAP/HGB im Vergleich, 4. Aufl., Stuttgart 2003.

IASB (Hrsg.): International financial reporting standards, London 2003.

KÜTING, K./WEBER, C.-P. (Hrsg.): Handbuch der Rechnunglegung – Einzelabschluss, Kommentar zur Bilanzierung und Prüfung, Loseblatt, 5. Aufl., Stuttgart 2002.

PWC (Hrsg.): Derivative Finanzinstrumente in Industrieunternehmen – Einsatz, Risikomanagement und Bilanzierung nach HGB, US-GAAP und IAS –, 3. Aufl., Frankfurt am Main 2001.

SCHARPF, P.: Rechnungslegung von Financial Instruments nach IAS 39, Stuttgart 2001.

Günther Strunk und Sylvia Bös

Zurechnung des wirtschaftlichen Eigentums an Aktien und GmbH-Anteilen bei Kaufvertragsvereinbarungen unter Berücksichtigung von Put- und Call-Optionen – eine handels- und steuerrechtliche Analyse –

Auf Grund der im Jahr 2000 eingetretenen Änderung der steuerlichen Behandlung von Dividenden und Veräußerungsgewinnen aus Beteiligungen an Kapitalgesellschaften von dem bis dahin geltenden Vollanrechnungsverfahren hin zum Halbeinkünfteverfahren ergaben sich zahlreiche Verschiebungen von Anteilen zwischen Unternehmen und Investoren. Vor allem die aus der Sicht von Kapitalgesellschaften als Gesellschafter von Kapitalgesellschaften fungierenden Personen zu erzielende Steuerfreiheit des Veräußerungsgewinns führte dazu, dass bereits kurz nach Veröffentlichung der Steuerpläne und vor ihrem zu erwartenden Inkrafttreten Kaufvertragsverhandlungen über die Veräußerung von Anteilen stattgefunden haben. Insbesondere beim Erwerb von Beteiligungsgesellschaften bzw. Holdinggesellschaften, bei denen eine planmäßige Abschreibung der Anschaffungskosten auf die Anteile nicht gegeben war, kam es zu einem Interessenkonflikt zwischen Veräußerer und Erwerber hinsichtlich des Zeitpunkts und der Höhe des Verkaufspreises.

Wirtschaftliches Interesse hierbei war, den Vertragsabschluss vorzunehmen, die wirtschaftlichen Grundlagen für den Verkauf weitgehend festzulegen und gleichzeitig den Zeitpunkt der Übertragung des wirtschaftlichen Eigentums, also den Zeitpunkt der konkreten Durchführung der Veräußerung so zu wählen, dass die für den Erwerber begünstigende steuerliche Neuregelung bereits zum Tragen kam.

Demgegenüber hatte der Erwerber das Interesse, wenn nicht schon den Verkaufsgegenstand so schnell als möglich zu nutzen, so doch bereits die vertraglichen Bedingungen zu bestimmen, sodass, wirtschaftlich betrachtet, ein Erwerb zu einem bestimmten Preis zumindest nicht mehr verhindert werden konnte.

Da hierbei regelmäßig eine gewisse Zeitspanne zu überwinden war, stellte sich für die Beteiligten die Frage, wie die unterschiedlichen Interessen abgesichert werden können. Diese Frage ist mittels der vertraglichen Möglichkeiten von so genannten Put- und Call-Optionen in der Praxis sichergestellt worden, wobei die handels- und steuerrechtliche Grundlage des Erfolgs des Einsatzes solcher Maßnahmen das Rechtsinstitut des wirtschaftlichen Eigentums im Sinne des § 39 Abs. 2 Nr. 1 AO war. Dieser Eigenschaft bei Wertpapieren soll daher der folgende Beitrag gewidmet sein.

Aufgabe 1

Erläutern Sie den Begriff des wirtschaftlichen Eigentums und seine Bedeutung für das Handels- und Steuerrecht.

Aufgabe 2

Welche konkreten Abgrenzungskriterien für die Bestimmung des wirtschaftlichen Eigentums sind bei verbrieften Gesellschaftsrechten anzuwenden?

Aufgabe 3

a) Was versteht man unter Put-Optionen?

b) Was versteht man unter Call-Optionen?

c) Welche Gestaltungsmöglichkeiten ergeben sich auf Grund der Zuordnung des wirtschaftlichen Eigentums?

Lösung

Aufgabe 1

Grundsätzlich folgt das Handels- wie das Steuerrecht im Sinne der Einheitlichkeit der Rechtsordnung dem Zivilrecht und damit bei der Bestimmung des Vermögens einer Person dem *zivilrechtlichen Eigentum* von Vermögensgegenständen bzw. Wirtschaftsgütern. Die Einheitlichkeit der Rechtsordnung wird jedoch durch die jeweilige Zwecksetzung der einzelnen Rechtsgebiete eingeschränkt, sodass für das Handelsrecht wie für das Steuerrecht als entscheidendes Kriterium für die Zurechnung von Vermögenswerten zu einer Person das wirtschaftliche Eigentum herangezogen wird. Regelmäßig wird der zivilrechtliche Eigentümer auch wirtschaftlicher Eigentümer des Vermögenswertes sein.[1]

Abweichend von diesem Grundsatz ist ein Wirtschaftsgut demjenigen zuzurechnen, der die *tatsächliche Sachherrschaft* über das Wirtschaftsgut in der Weise ausübt, dass er den Eigentümer im Regelfall für die gewöhnliche Nutzungsdauer von der Einwirkung auf das Wirtschaftsgut wirtschaftlich ausschließen kann (§ 39 Abs. 2 Nr. 1 AO. Legaldefinition). Wirtschaftlich ausgeschlossen ist der Eigentümer dann, wenn sein Herausgabeanspruch nicht mehr besteht oder keine wirtschaftliche Bedeutung mehr hat.[2] Hierbei ist auf die getroffenen Vereinbarungen[1] und den tatsächlichen Vollzug

---

[1] Vgl. MOXTER 2003, S. 64 ff.; EBENROTH ET AL., in: EBENROTH/BOUJONG/JOOS 2003, § 246 Rz. 6.

[2] Vgl. BFH, Urteil vom 18.07.2001 – X R 15/01; BFH, Urteil vom 27.11.1996 – X R 92/92.

abzustellen.² Der wirtschaftliche Eigentümer muss so über das Wirtschaftsgut verfügen können, als sei es auch zivilrechtlich sein eigenes.³ Typische Beispiele hierfür sind die Treuhandschaft, der Eigentumsvorbehalt, die Sicherungsübereignung sowie besondere Formen des Mietkaufs und des Leasings.⁴

So ist beispielsweise beim *Kauf mit Eigentumsvorbehalt* der zivilrechtliche Eigentümer bis zur vollständigen Bezahlung des Kaufpreises der Verkäufer diejenige Person, der das Vermögen zivilrechtlich zuzuweisen ist, doch hat bilanziell, dem wirtschaftlichen Eigentum folgend, bereits eine Zurechnung des Vermögenswertes beim Käufer stattzufinden, da bei einer unterstellten normalen Abwicklung des Geschäftes der Erwerber durch den Weiterverkauf der Ware den Kaufpreis in voller Höhe an den Verkäufer begleichen kann. Hierbei erlangt der Käufer das wirtschaftliche Eigentum nicht erst zu dem Zeitpunkt, in dem er den vollen Kaufpreis zahlt und gleichzeitig sich des Eigentums an dem Wirtschaftsgut durch Weiterverkauf begeben hat, sondern bereits zum Zeitpunkt der Übergabe des Wirtschaftsgutes durch den Verkäufer.

Die *Rechtsfolgen der Zugehörigkeit* des wirtschaftlichen Eigentums eines Wirtschaftsgutes zu einer Person sind vor allem bilanzieller Natur, da gemäß § 246 Abs. 1 HGB der Jahresabschluss des Kaufmanns sämtliche Vermögensgegenstände, Schulden, Rechnungsabgrenzungsposten, Aufwendungen und Erträge zu enthalten hat. Diese Regelung greift über den Grundsatz der Maßgeblichkeit des § 5 Abs. 1 Satz 1 EStG auch für die Bilanzierung nach Steuerrecht. Nur derjenige, der ein Wirtschaftsgut bilanziert, kann hierauf Wertminderungen in Form planmäßiger oder außerplanmäßiger Abschreibungen vornehmen, muss jedoch auch einen sich ergebenden Gewinn aus der Realisierung stiller Reserven bzw. der Veräußerung des Wirtschaftsgutes versteuern.

Gerade letzter Aspekt hat für die hier in Rede stehende Situation eine besondere Bedeutung. Eine *Realisation der enthaltenen stillen Reserven* ist immer nur dann anzunehmen, wenn das wirtschaftliche Eigentum von der Person des Bilanzierenden in die Vermögenssphäre einer anderen Person übergeht. Erst zu diesem Zeitpunkt kann von einer Veräußerung im Sinne des Handels- und Steuerrechts gesprochen werden.⁵ Knüpft nun das Steuerrecht an eine Veräußerung entsprechende Steuerfolgen, die kurze Zeit vor dem Veräußerungszeitpunkt noch deutlich nachteiliger für den Steuerpflichtigen waren, so ist das Bestreben des Veräußerers, dafür zu sorgen, dass der

---

1 Vgl. BFH, Urteil vom 10.07.1996 – X R 72/93.

2 Vgl. BFH, Urteil vom 10.07.1996 – X R 72/93; BFH, Urteil vom 12.09.1991 – III R 233/90.

3 Vgl. *KLEIN/BROCKMEYER*, in: *KLEIN* 2003, § 39 Rz. 14.

4 Vgl. *STRUNK/KAMINSKI* 2001, S. 24 ff.

5 Ungeachtet des Umstandes, dass der Gesetzgeber unterschiedliche Begriffsdefinitionen je nach Zwecksetzung der einzelnen Regelungen vorgesehen hat. Vgl. zum Begriff der Veräußerung von Anteilen an Kapitalgesellschaften *STRUNK/BÖS* 2003.

steuerlich relevante Zeitpunkt der Veräußerung erst dann zum Tragen kommt, wenn die begünstigendere Besteuerung eingetreten ist. Der genaue Einsatz von schuldrechtlichen, vertraglichen Vereinbarungen über den Aspekt des Übergangs des wirtschaftlichen Eigentums ist für die Frage der Besteuerung oder Nichtbesteuerung eines Veräußerungsgewinns von besonderer Bedeutung.

Aufgabe 2

Da die grundsätzliche Definition des § 39 Abs. 2 Nr. 1 AO eine *unmittelbare Sachherrschaft* des wirtschaftlichen Eigentümers voraussetzt, die den anderen von der Einwirkung auf das Wirtschaftsgut für die betriebsgewöhnliche Nutzungsdauer ausschließen kann und nicht auf Gesellschaftsrechte und andere immaterielle Wirtschaftsgüter zu übertragen ist, kann die Beantwortung nur im Wege der Auslegung des § 39 Abs. 2 Nr. 1 AO erfolgen.

Bei Aktien erlangt der Erwerber wirtschaftliches Eigentum im Allgemeinen ab dem Zeitpunkt, von dem er nach dem Willen der Vertragspartner über die Wertpapiere frei verfügen kann. Das ist in der Regel, wie der BFH in seinem Beschluss vom 30. Juli 2002[1] ausgeführt hat, der Fall, sobald *Besitz, Gefahr, Nutzen und Lasten*, insbesondere die mit den Wertpapieren gemeinhin verbundenen Kursrisiken und Chancen auf den Erwerber übergegangen sind.

Ebenfalls erforderlich ist, dass alle *Gesellschaftsrechte*, die der Anteilseigner aus seinem Gesellschaftsrecht ausüben kann, von dem Veräußerer an den Erwerber übertragen worden sind. Die Gesellschaftsrechte des Aktionärs gliedern sich in Mitverwaltungs- und Vermögensrechte[2]. So hat der Aktionär gemäß § 118 Abs. 1 AktG das Recht, an der Hauptversammlung teilzunehmen, eine Stimme abzugeben (§ 134 AktG), das Recht auf Auskunft (§ 131 AktG) und das Anfechtungsrecht nach § 245 Nrn. 1 bis 3 AktG). Zu den Vermögensrechten zählen der Dividendenanspruch gemäß § 58 Abs. 4, 5 und § 60 AktG, das Recht zum Bezug neuer Aktien (§ 186 AktG) sowie das Recht auf Teilnahme am Liquidationserlös nach § 271 AktG.

Dies führt zu dem Ergebnis, dass erst die vollständige Aufgabe der eigenen Rechtsposition und Einräumung dieser gegenüber dem Erwerber zu einem für Zwecke der Besteuerung als Veräußerung anzusehenden Realisationszeitpunkt führt. Demgegenüber keine Realisation und damit auch keine Übertragung des wirtschaftlichen Eigentums liegt im Zeitpunkt der Gewährung einer Put- oder Call-Option vor, selbst wenn diese die Vorbereitung einer Übertragung darstellen.

---

[1] BFH, Beschluss vom 30.07.2002 – III B 50/01.

[2] Vgl. *SCHMIDT* 2002, S. 797.

Aufgabe 3

a) Mit dem Kauf einer *Put-Option* erwirbt der Verkäufer dieser Option das Recht, von dem anderen Vertragspartner bei Fälligkeit oder bis zum Zeitpunkt der Fälligkeit die der Option zugrunde liegenden Wirtschaftsgüter (hier Gesellschaftsrechte) zu einem vorher festgelegten Preis zu verkaufen. Da die Festlegung des Preises bereits frühzeitig erfolgt, kann durch den Abschluss eines solchen Vertrages zumindest der Veräußerer sein wirtschaftliches Risiko eines unangemessen niedrigen Preises auf Grund von Wertveränderungen über die Börse ausschließen. Demgegenüber hat jedoch der Käufer keinerlei Ansprüche auf den Erwerb der Aktien, obwohl er dies für erforderlich hält. Daher erfolgt bei den oben genannten Gestaltungen nicht nur die Gewährung einer Put-Option für den Verkäufer, sondern auch einer Call-Option für den potentiellen Erwerber der Gesellschaftsanteile.

b) Mit dem Kauf einer *Call-Option* erwirbt der Käufer das Recht, die Gesellschaftsrechte bei oder bis zur Fälligkeit der Option zu einem festgelegten Preis zu erwerben, wobei der Stillhalter dieses Geschäftes, der beabsichtigte Veräußerer eine Veräußerungspflicht zu diesem Preis eingeht. Da es sich um eine Leistungspflicht handelt, kann der potentielle Erwerber der Anteile sicherstellen, dass er zu einem bereits heute festgelegten Preis unabhängig von in der Zwischenzeit eingetretenen Kursschwankungen die Anteile erwerben kann und lediglich den Zeitpunkt des Erwerbsvorgangs bestimmt. Um zu verhindern, dass der Zeitpunkt steuerschädlich zu früh gewählt wird, muss vereinbart werden, dass die Option erst ab einem vorher festgelegten Zeitpunkt ausgeübt werden darf.[1]

Eine Kombination aus Put- und Call-Optionen ist für diese Geschäfte deshalb erforderlich, da beide Personen sich zu einem frühen Zeitpunkt auf eine Veräußerung bzw. einen Erwerb der Gesellschaftsrechte einigen und sichergehen möchten, dass die tatsächliche Durchführung dieses Geschäftes nicht auf Grund geänderter Rahmenbedingungen zum Zeitpunkt der tatsächlichen Durchführung von einem der Vertragspartner revidiert wird.

c) Im Sinne der Zuordnung des wirtschaftlichen Eigentums dieser Gesellschaftsrechte ist es wichtig festzustellen, dass durch die *Gestaltung von Put- und Call-Optionen* zwischen Veräußerer und Erwerber ein, der sofortigen Veräußerung sehr nahe kommender Vertrag gebildet wird, ohne dass die nachteiligen Folgen einer Besteuerung zu einem früheren Zeitpunkt zum Tragen kommen. Es lässt sich also eine Verschiebung des steuerlich relevanten Tatbestandes in Zeiträume erzielen, in denen die Besteuerung begünstigender ist. So kann sich der Verkäufer heute entscheiden, sich von Anteilen zu trennen, die steuerlichen Auswirkungen aber auf einen späteren Zeitpunkt, den Zeitpunkt der Ausübung der Option, verschieben, um entweder die Absenkung der Steuersätze oder eine vollständige Steuerbefreiung bestimmter Einnahmen erzielen zu können.

---

[1] Vgl. *BUSSE* 1996, S. 294 ff.

Literaturhinweise

BUSSE, F. J.: Grundlagen der betrieblichen Finanzwirtschaft, 4. Aufl., München 1996.

EBENROTH, C. T./BOUJONG, K./JOOST, D.: Handelsgesetzbuch Kommentar, München 2003.

KLEIN, F.: Abgabenordnung Kommentar, 8. Aufl., München 2003.

MOXTER, A.: Grundsätze ordnungsgemäßer Rechnungslegung, Düsseldorf 2003.

SCHMIDT, K.: Gesellschaftsrecht, 4. Aufl., Köln 2002.

STRUNK, G./BÖS, S.: Steuerliche Aspekte beim Squeeze-Out für die Minderheits- wie Mehrheitsgesellschafter, in: Finanzbetrieb, 5. Jg. (2003), S. 601–605.

STRUNK, G./KAMINSKI, B.: Steuerliche Gewinnermittlung bei Unternehmen, Kriftel 2001.

Rechtsprechungshinweise

BFH, Urteil vom 18. Juli 2001 – X R 15/01 – BStBl. II 2002, 278.

BFH, Urteil vom 27. November 1996 – X R 92/92 – BStBl. II 1998, 97.

BFH, Urteil vom 10. Juli 1996 – X R 72/93 – BStBl. II 1998, 111.

BFH, Urteil vom 12. September 1991 – III R 233/90 – BStBl. II 1992, 182.

BFH, Beschluss vom 30. Juli 2002 – III B 50/01 – BFH/NV 2003, S. 55.

Gerrit Brösel und Andreas Focke

Zur bilanziellen Behandlung von Anteilen an Joint Ventures in der Rechtsform einer Gesellschaft bürgerlichen Rechts und der daraus resultierenden Erfolge nach HGB und IFRS

Die in Deutschland in den letzten Jahren zu beobachtende wachsende Bedeutung von Unternehmungskooperationen in der Form von Joint Ventures ist unter anderem auf die zunehmende Globalisierung der Wirtschaft und die daraus resultierende Notwendigkeit einer Zusammenarbeit deutscher Unternehmungen sowohl mit inländischen als auch mit ausländischen Partnern zurückzuführen. Insbesondere durch die Öffnung Osteuropas bieten sich für deutsche Unternehmungen vielfältige Möglichkeiten der Joint Venture-Kooperationen. Aber auch innerhalb Deutschlands sind Joint Ventures eine oft zu beobachtende Form der wirtschaftlichen Zusammenarbeit. Die Gründe hierfür sind zahlreich und liegen beispielsweise in der Schaffung größenoptimaler Einheiten oder in der Notwendigkeit zur Kooperation im Rahmen der Durchführung von Großaufträgen.

Unterstützen Sie nun den Leiter der Abteilung Rechnungswesen, Herrn Jo Kisch, der *Preetzer Lebensmittel & Konserven AG*. Zur Durchführung eines gemeinsamen Projektes zur Säuberung und Zerkleinerung von frischem Gemüse wird ein Joint Venture in der Rechtsform der Gesellschaft bürgerlichen Rechts gegründet. Partner der Preetzer Lebensmittel & Konserven AG ist die Unternehmung *Camping Soup plc*, die in Lübeck eine eigene Konservenfabrik betreibt. Sitz dieser „public limited company" (plc) ist London (England). Die Gesellschafter des Joint Ventures sind an diesem jeweils zu 50% beteiligt und haben eine gemeinschaftliche Geschäftsführung im Sinne des § 709 Abs. 1 BGB vereinbart. Zur Projektdurchführung verpflichten sie sich, Einlagen zu leisten. Das dadurch gebildete Gesellschaftsvermögen steht allen Gesellschaftern zur gesamten Hand zur Verfügung. Das BGB-Joint Venture besitzt eine eigene nach außen gerichtete Organisation und tritt unter eigenem Namen im Wirtschaftsverkehr auf. Sitz der Gesellschaft ist Kiel. Herr Jo Kisch stellt Ihnen die folgenden Fragen:

Aufgabe 1

a) Definieren Sie den Begriff Joint Venture.

b) Das Kriterium der zeitlich beschränkten Partnerschaft zur Charakterisierung eines Joint Ventures ist im Schrifttum umstritten. So wird einerseits die Auffassung vertreten, daß Joint Ventures immer zeitlich befristet sind, weil nach Erreichung des gemeinsamen Ziels oder mit Projektabschluß das Joint Venture automatisch endet. Andererseits wird die Meinung vertreten, daß zeitlich begrenzte Zusammenschlüsse keine Joint Ventures darstellen. Ist die zeitliche Beschränkung als Wesensmerkmal von Joint Ventures zweckmäßig?

c) Die typische Form eines BGB-Joint Ventures ist die Gesamthandsgesellschaft. Erläutern Sie diese Gesellschaftsform. Gehen Sie dabei auf die aktuelle Rechtsprechung zur Rechtsnatur der BGB-Gesellschaft ein. Ist es aus bilanziellen Sicht von Bedeutung, wer Träger des Gesamthandsvermögens ist? Wie unterscheiden sich die BGB-Innengesellschaft und die Gesellschaft bürgerlichen Rechts mit Bruchteilseigentum von der Gesamthandsgesellschaft?

Aufgabe 2

Herr Jo Kisch erstellt nunmehr den handelsrechtlichen Einzelabschluß der Preetzer Lebensmittel & Konserven AG. Dabei steht er vor diesen Problemen:

a) *Zum Ansatz:*
Diskutieren Sie ausführlich, ob die Anteile an BGB-Joint Ventures die Voraussetzungen für eine Aktivierung erfüllen. Unterscheiden Sie dabei in die abstrakte und die konkrete Aktivierungsfähigkeit. Warum und wie sind diese Anteile gegenüber schuldrechtlichen Forderungen abzugrenzen? Welche Möglichkeiten des bilanziellen Zugangs von Anteilen an BGB-Joint Ventures gibt es? Stellen Sie die möglichen Zugangsformen jeweils mit Aktivierungsvoraussetzungen und -zeitpunkten übersichtlich in einer Tabelle dar. Nennen Sie schließlich die Möglichkeiten des bilanziellen Abgangs von BGB-Joint Ventures und zeigen Sie wiederum die Voraussetzungen und den Zeitpunkt der Erfassung von Anteilsabgängen in einer geeigneten Abbildungsform auf. *Hinweis:* Legen Sie den Schwerpunkt bei der abstrakten Aktivierungsfähigkeit auf die Verkehrsfähigkeit.

b) *Zur Zugangsbewertung:*
Im Rahmen der Erstbewertung von Vermögensgegenständen unterscheidet das Handelsrecht zwischen den Anschaffungskosten im Sinne des § 255 Abs. 1 HGB und den Herstellungskosten im Sinne des § 255 Abs. 2 HGB als Bewertungsmaßstab. Anteile an Gesellschaften, die durch einen Erwerb von Dritten in das Vermögen des Bilanzierenden übergehen (sogenannter derivativer Erwerb), sind mit den Anschaffungskosten zu bewerten. Im Falle des originären Erwerbs von Anteilen an BGB-Joint Ventures, z. B. bei der Gründung einer Gesellschaft, werden jedoch weder die Voraussetzungen der Anschaffungs- noch der Herstellungskosten erfüllt. Da der Gesetzgeber nur Anschaffungs- und Herstellungskosten zur Bewertung zuläßt, besteht eine Regelungslücke. Versuchen Sie, diese argumentativ zu schließen. Klären Sie vorab, warum eine entsprechende Unterscheidung in Anschaffungs- oder Herstellungskosten relevant ist.

c) *Zur Folgebewertung:*
Wann erfolgen bei Anteilen an BGB-Joint Ventures planmäßige und wann außerplanmäßige Abschreibungen? Zwischen Zu- und Abgang von Anteilen an BGB-Joint Ventures müssen die beteiligten Gesellschafter zum jeweiligen Bilanzstichtag die Werthaltigkeit der Anteile überprüfen. Welche Indizien sprechen dabei für eine eingetretene dauerhafte Wertminderung? Zählen Anlaufverluste auch dazu? Das HGB unterscheidet in „dauerhafte" und „vorübergehende" Wertminderungen. Wie ist vorzugehen, wenn in der Praxis nicht zweifelsfrei festzustellen ist, ob die eingetretene Wertminderung des Anteils am BGB-Joint Venture „dauerhaft" oder „vorübergehend" ist?

d) *Zum Ausweis:*
Der Ausweis von Anteilen an BGB-Joint Ventures in der Bilanz hängt von der Zuordnung der Anteile zum Anlage- oder Umlaufvermögen ab. Wonach richtet sich die Zuordnung? In der Praxis wird – insbesondere bei Bauarbeitsgemeinschaften – oftmals der Ausweis eines Joint Venture-Verrechnungskontos zur Abbildung von Beziehungen mit maßgeblich gesellschaftsrechtlichem und anderem schuldrechtlichem Charakter gewählt. Nehmen Sie hierzu Stellung. Zeigen Sie kurz die alternativen Ausweismöglichkeiten der Ansprüche und Verpflichtungen aus prägend gesellschafts- sowie anderen schuldrechtlichen Beziehungen auf.

Aufgabe 3

Generell sind die Erträge aus den BGB-Joint Ventures den einzelnen Posten der Gewinn- und Verlustrechnung in Abhängigkeit des Ausweises der Anteile in der Bilanz zuzuordnen. Stellen Sie den Bilanzausweis der Anteile und den korrespondierenden Ertragsausweis in der Gewinn- und Verlustrechnung tabellarisch dar.

Aufgabe 4

Wie ist das gemeinsame BGB-Joint Venture der Preetzer Lebensmittel & Konserven AG sowie der englischen Camping Soup plc durch Herrn Jo Kisch im Konzernabschluß der Preetzer Lebensmittel & Konserven AG zu erfassen? *Hinweis:* Gehen Sie davon aus, daß die Bilanzierung des Joint Ventures im handelsrechtlichen Einzelabschluß unter dem Posten „Beteiligungen" erfolgt.

Aufgabe 5

Im Unterschied zum deutschen Handelsrecht enthält das Regelwerk des International Accounting Standards Board (IASB) mit dem International Accounting Standard 31 (IAS 31) einen Standard, welcher sich ausschließlich und speziell mit der Bilanzierung sowie der Konsolidierung von Joint Ventures im Jahresabschluß der Gesellschafter befaßt.

a) Welche wesentlichen Voraussetzungen müssen erfüllt sein, damit ein BGB-Joint Venture nach den Regelungen des IAS 31 zu bilanzieren ist?

b) Mit den gemeinschaftlich geführten Tätigkeiten („jointly controlled operations"), den Vermögenswerten unter gemeinschaftlicher Führung („jointly controlled assets") und den gemeinschaftlich geführten Einheiten („jointly controlled entities") unterscheidet der IAS 31 drei Grundtypen von Joint Ventures. Grenzen Sie diese drei Typen voneinander ab und stellen Sie jeweils die Konsequenzen für den Konzernabschluß der Gesellschafter dar. Ordnen Sie schließlich für Herrn Jo Kisch das gemeinsame BGB-Joint Venture der Preetzer Lebensmittel & Konserven AG und der englischen Camping Soup plc zu.

c) Erstellen Sie eine Synopse der wesentlichen Konzernanhangsangaben nach HGB und IFRS für quotal zu konsolidierende BGB-Joint Ventures.

d) Entwerfen Sie für BGB-Joint Ventures, die als gemeinschaftlich geführte Einheit gelten, ein Ablaufschema zur Abbildung im Konzernabschluß nach den Regeln des IASB.

Lösung

Aufgabe 1

a) *Joint Ventures* sind partnerschaftliche wirtschaftliche Aktivitäten einer geringen Anzahl unabhängiger Partner, die zur Verwirklichung eines gemeinsamen wirtschaftlichen Zieles innerhalb eines fest umrissenen Tätigkeitsbereiches wirken, hierfür Beiträge leisten und am Management dieser Aktivitäten beteiligt werden.

b) Die *zeitliche Beschränkung* ist als Wesensmerkmal von Joint Ventures nicht zweckmäßig, weil die Dauer des Joint Ventures vom jeweiligen Projektgegenstand abhängig ist. Erfolgt der Zusammenschluß zu einem Joint Venture z. B. zur gemeinsamen Rohstoffbeschaffung, bestimmt die Festlegung des Tätigkeitsbereiches auch die Dauer der Zusammenarbeit der Partner. Da davon ausgegangen werden kann, daß die Rohstoffe von beiden Partnern für einen unbestimmten Zeitraum benötigt werden, muß auch das Joint Venture unbefristet sein. Besteht hingegen die Zusammenarbeit in der Erschließung eines einzigen Rohstoffvorkommens, ist das Joint Venture bis zur endgültigen Ausbeutung der Rohstoffe befristet. Auch lassen teilweise gesetzliche Regelungen eines Staates nur zeitlich befristete Joint Ventures zu, so daß in diesen Fällen Joint Ventures auf unbestimmte Zeit gar nicht möglich sind. Folglich kann die Dauer der Kooperation kein maßgebliches Merkmal eines Joint Ventures darstellen.

c) Eine *Gesellschaft bürgerlichen Rechts* (GbR oder auch BGB-Gesellschaft genannt) stellt die Grundform der Personengesellschaften dar. Es handelt sich gemäß § 705 BGB um einen vertraglichen Zusammenschluß von natürlichen oder juristischen Personen, um die Erreichung eines gemeinsamen Zwecks zu fördern. Gemäß § 718 BGB bilden die Beiträge der Gesellschafter und die durch die Geschäftsführung für die Gesellschaft erworbenen Gegenstände das Gesellschaftsvermögen. Dieses steht gewöhnlich allen Gesellschaftern zur gesamten Hand zu. Die typische Form der BGB-Joint Ventures ist deshalb die *Gesamthandsgesellschaft*. Bei der Verwaltung des Gesellschaftsvermögens tritt die BGB-Gesellschaft nach außen als eigenständige Gesellschaft auf. Das Gesamthandsvermögen führt zu einer starken dinglichen Bindung des Gesellschaftsvermögens an die Gesellschaft, wobei die Gesellschafter keine Möglichkeit haben, über Anteile der einzelnen zum Gesellschaftsvermögen gehörenden Vermögensgegenstände zu verfügen.

In der neueren Rechtsprechung zur *Rechtsnatur der BGB-Gesellschaft* (z. B. BGH-Urteil vom 29. Januar 2001 – II ZR 331/100) vertritt der BGH die Auffassung, daß die Gesellschaft bürgerlichen Rechts als Gesamthandsgemeinschaft ihrer Gesellschafter im Rechtsverkehr grundsätzlich jede Rechtsposition einnehmen kann. Begründet sie also in diesem Rahmen eigene Rechte und Pflichten, ist sie gemäß § 14 Abs. 2 BGB als BGB-Gesellschaft – ohne juristische Person zu sein – rechtsfähig. Ein Vorteil dieser Auffassung ist, daß sich durch einen Wechsel im Mitgliederbestand der BGB-Gesellschaft kein Einfluß auf das Fortbestehen der mit dieser Gesellschaft bestehenden Rechtsverhältnisse ergibt.

In der Literatur ist umstritten, wer *Träger des Gesamthandsvermögens* ist. Einerseits wird die Meinung vertreten, daß ein durch den Gemeinschaftsgedanken gebundenes Sondervermögen besteht, dessen Träger die Gesellschafter sind. Andererseits erfolgt die Zuordnung des Gesamthandsvermögens zur BGB-Gesellschaft, wobei die Gesellschafter lediglich einen Anteil am gesamten Gesellschaftsvermögen besitzen. Diese theoretische Diskussion ist aus bilanzieller Sicht jedoch ohne Bedeutung, weil beide Ansätze zum gleichen Ergebnis führen: Die Gesellschafter können – im Unterschied zur Gemeinschaft nach Bruchteilen – *nur gemeinsam* über die Vermögensgegenstände der Gesellschaft verfügen. Entsprechend sind bei Mitgliedschaftsrechten am Gesamthandsvermögen die Vermögensgegenstände nicht unmittelbar dem Vermögen der Gesellschafter zuzurechnen. Folglich ist eine Bilanzierung von Anteilen an den einzelnen Vermögensgegenständen nicht möglich. Vielmehr müssen die Mitgliedschaftsrechte als einheitlicher Anteil in der Bilanz des Gesellschafters erfaßt werden.

Entscheiden die Partner eines BGB-Joint Ventures – kraft Vertragsfreiheit – abweichend vom gesetzlichen Normaltyp, daß dieses als solches nach außen nicht in Erscheinung tritt, liegt eine *BGB-Innengesellschaft* vor. Hinsichtlich der Bilanzierung eines solchen BGB-Joint Ventures ist zu beachten, daß dieses lediglich die vertragliche Form einer Zusammenarbeit ohne eigene Rechtspersönlichkeit darstellt. Da somit das Fehlen von Anteilsrechten ein wesentliches Merkmal dieser Joint Venture-Form ist, besteht keine Notwendigkeit (und auch Möglichkeit) zur Bilanzierung von Anteilen an Joint Ventures. Die Bilanzierung der Rechte und Pflichten aus der BGB-Innengesellschaft hat nach den allgemeinen handelsrechtlichen Regelungen zu erfolgen.

Ebenso wie die typische Form der BGB-Joint Ventures, die Gesamthandsgesellschaft, stellt das in den §§ 741 ff. BGB kodifizierte *BGB-Joint Venture mit Bruchteilseigentum* eine BGB-Außengesellschaft dar. Bei einer Außengesellschaft existieren sowohl Beziehungen der Gesellschaft gegenüber Dritten (also im Außenverhältnis) als auch Beziehungen der Gesellschafter untereinander (im Innenverhältnis). Im Gegensatz zum Gesamthandsvermögen steht den Gesellschaftern beim Bruchteilseigentum ein bestimmter Anteil an jedem Gegenstand des Vermögens zu. Dabei kann gemäß § 747 BGB jeder Teilhaber über seinen Anteil an einem einzelnen Vermögensgegenstand frei verfügen.

Aufgabe 2

a) Anteile an einem BGB-Joint Venture sind dann im handelsrechtlichen Jahresabschluß der Gesellschafter zu berücksichtigen, wenn es sich bei den Anteilen um *Vermögensgegenstände* handelt. Nach § 242 HGB und dem Vollständigkeitsgebot des § 246 HGB muß der Kaufmann sämtliche Vermögensgegenstände in seiner Bilanz berücksichtigen. Diese Einbeziehungspflicht kann allerdings durch ein Aktivierungswahlrecht oder ein Aktivierungsverbot eingeschränkt werden. Hinsichtlich der Aktivierungsfähigkeit ist generell zwischen einer abstrakten und einer konkreten zu unterscheiden, wobei beide Merkmale zur Aktivierung von Anteilen vorliegen müssen.

Unter *abstrakter Aktivierungsfähigkeit* wird die generelle Möglichkeit des Ansatzes von Vermögensgegenständen und Schulden in der Bilanz verstanden. Anhand welcher Merkmale sich der Begriff des Vermögensgegenstandes bestimmen läßt, wird in der Literatur kontrovers diskutiert. Nach h. M. ist ein Vermögensgegenstand jedes nach der Verkehrsanschauung individualisierbare Gut, das sich bei wirtschaftlicher Betrachtung einzeln verwerten läßt. Mit anderen Worten sind Vermögensgegenstände die wirtschaftlichen Werte, die sowohl selbständig bewertbar als auch selbständig verkehrsfähig (im Sinne von einzeln verwertbar) sind. Die Verwertbarkeit setzt ein wirtschaftlich verwertbares Potential zur Deckung der Schulden der Unternehmung voraus. Dabei kann die Verwertung eines Vermögensgegenstandes einerseits durch Übereignung oder Zession einer Sache oder eines Rechtes und andererseits durch die Vereinbarung einer entgeltlichen Nutzungsüberlassung erfolgen. Vermögensgegenstände sind hingegen *konkret aktivierungsfähig*, wenn ihrer Aktivierung in der Bilanz keine gesetzlichen Vorschriften oder Grundsätze ordnungsmäßiger Buchführung entgegenstehen.

In der Vergangenheit wurde die Übertragbarkeit von Anteilen an BGB-Gesellschaften abgelehnt. Diese Auffassung begründete sich auf § 719 Abs. 1 BGB, nach dem der Gesellschafter einer BGB-Gesellschaft nicht über seinen Anteil an dem Gesellschaftsvermögen allein verfügen kann. Folglich wurde eine rechtsgeschäftsähnliche Übertragung der Anteile an einer BGB-Gesellschaft oder der Mitgliedschaft an dieser als unzulässig betrachtet. Den Anteilen an BGB-Gesellschaften fehlte somit die für einen Vermögensgegenstand notwendige Eigenschaft der Verwertbarkeit, weil die Anteile nicht für sich allein übertragbar sind, d. h. selbständig als Gegenstand des Rechtsverkehrs auftreten können. Tatsächlich trifft die Regelung des § 719 BGB jedoch keine Aussagen zur Übertragbarkeit von Mitgliedschaftsrechten, sondern bezieht sich nur auf den Vermögensanteil aufgrund der Mitgliedschaft und spiegelt die gesamthänderische Verbundenheit des Gesellschaftsvermögens einer BGB-Gesellschaft wider. Insoweit wird eine Anteilsübertragung zwischen einem ausscheidenden und einem eintretenden Gesellschafter nach heute h. M. für zulässig gehalten. Die Übertragung der Mitgliedschaft an einer BGB-Gesellschaft setzt jedoch voraus, daß diese im Gesellschaftsvertrag zugelassen ist, und/oder daß alle Mitglieder der Gesellschaft dieser zustimmen, weil die Schutzbelange der Mitgesellschafter gewahrt bleiben müssen. Berücksichtigt man die weitestgehende Verselbständigung des Gesamthandsvermögens gegenüber den Mitgliedern der Gesellschaft, so erscheint es sachlich angemessen, die Veräußerung des Gesellschaftsanteils als ein der selbständigen Verfügung fähiges Recht anzusehen. Aufgrund der (abstrakt) vorhandenen Veräußerungsmöglichkeit sind Anteile an BGB-Joint Ventures selbständige sowie einheitliche Vermögensgegenstände und somit *abstrakt aktivierungsfähig*.

Anteile an BGB-Joint Ventures spiegeln einen materiellen Anteil am Gesamthandsvermögen wider. Entsprechend handelt es sich bei ihnen nicht um immaterielle Vermögensgegenstände. Da deshalb weder das Bilanzierungsverbot gemäß § 248 Abs. 2 HGB, wonach immaterielle Vermögensgegenstände des Anlagevermögens, die unentgeltlich erworben wurden, nicht aktiviert werden dürfen, noch andere Vorschriften eine Aktivierung verhindern, ist auch von einer *konkreten Aktivierungsfähigkeit* der Anteile an BGB-Joint Ventures auszugehen.

Zwischen Joint Ventures und ihren Gesellschaftern bestehen in der Regel nicht nur *allein gesellschaftsrechtliche Verbindungen*, sondern auch *andere schuldrechtliche Beziehungen* (z. B. aus Lieferungs- und Leistungsverträgen). Diese sind *voneinander abzugrenzen*, weil ansonsten die Gefahr der Bilanzierung von nicht gesellschaftsrechtlichen Ansprüchen unter den Anteilen an BGB-Joint Ventures besteht. Insoweit ist aus bilanzieller Sicht eine strikte Trennung der ausschließlich gesellschafts- und der anderen schuldrechtlichen Verpflichtungen erforderlich. Die Bilanzierung letzterer Beziehungen muß unter Beachtung der gesetzlichen Vorschriften über Kauf, Miete oder Darlehen erfolgen. Auch wenn schuldrechtliche Liefer- und Leistungsbeziehungen innerhalb des Gesellschaftsvertrages geregelt werden, ist daraus nicht zwangsläufig eine Beziehung lediglich gesellschaftsrechtlicher Natur abzuleiten. Vielmehr muß im Einzelfall entschieden werden, nach welchen vertraglichen Regelungen eine Lieferung oder Leistung konkret erfolgt. So können z. B. Maschinen einerseits als Sacheinlage in das Joint Venture eingebracht werden, andererseits kann diesem Vorgang aber auch eine Lieferungsvereinbarung zugrunde liegen. Während bei der Maschine als Sacheinlage der Anteil am Gewinn des Joint Ventures das Entgelt darstellt, ist bei Lieferung der Maschine eine besondere Vergütung erforderlich.

Ein *Zugang von Anteilen* an BGB-Joint Ventures kann entweder durch Gründung eines Joint Ventures oder unter den oben genannten Bedingungen durch Erwerb von Anteilen eines bereits bestehenden Joint Ventures erfolgen. Darüber hinaus besteht die Möglichkeit, daß eine Eigenkapitalerhöhung des Joint Ventures einen Zugang von Anteilen bewirkt. Die möglichen Zugangsformen sind – jeweils mit ihren Aktivierungsvoraussetzungen sowie -zeitpunkten – in der nachfolgenden Tabelle dargestellt.

Zugangsform		Voraussetzung	Zeitpunkt
Gründung	Gründungsakt	Bareinlage, Übertragung von Sachen zu vollem Eigentum oder dem Wert nach, einlagefähige Nutzungsrechte oder Dienstleistungen	Abschluß des Gesellschaftsvertrages
Erwerb von Anteilen	Eintritt	Einlageleistung aufgrund vertraglicher Vereinbarung	Übertragung der Verfügungsmacht
	Übertragung von Anteilen	Verfügungsgeschäft mit Zustimmung sämtlicher Gesellschafter	Übertragung der Verfügungsmacht
	Schwebend unwirksamer Anteilserwerb	Verfügungsgeschäft mit erwarteter Zustimmung sämtlicher Gesellschafter	Abschluß des Veräußerungsvertrages
Eigenkapitalerhöhungen	Zusätzliche Einlageleistungen	Änderung des Gesellschaftsvertrages durch einstimmigen Beschluß oder Mehrheitsbeschluß	Zeitpunkt der Gesellschaftsvertragsänderung bzw. des im Gesellschaftsvertrag festgelegten Termins
	Nachträgliche Aufwendungen	Zuwendung durch Gesellschafter	Zeitpunkt der Vorteilsgewährung
	Verlustausgleich	Verlustausgleich zur Erhaltung der Kapitalausstattung	Zeitpunkt der Entstehung der Nachschußverpflichtung
Gewinnanteile		Hinreichend sicherer Gewinnanspruch und Erhöhung der bedungenen Einlage	Abschlußstichtag des Rechnungsabschlusses des BGB-Joint Ventures

Tab. 1: Die Aktivierung von Anteilszugängen; vgl. Focke (1998), S. 79.

Bei der *Erfassung von Anteilsabgängen* sind verschiedene Formen des Abgangs zu unterscheiden. Ein Abgang kann durch Auflösung des BGB-Joint Ventures, Verkauf der Anteile oder Eigenkapitalminderungen erfolgen. In der folgenden Tabelle sind diese Möglichkeiten mit ihren jeweiligen Voraussetzungen sowie dem Zeitpunkt der bilanziellen Erfassung des Abgangs dargestellt.

Abgangsform	Voraussetzung	Zeitpunkt
Auflösung	Abschluß der Abwicklung	Schlußverteilung
Übertragung von Anteilen	Verfügungsgeschäft	Übergang der Verfügungsmacht
Freiwilliges Ausscheiden	Vertragliche Vereinbarung	Festgelegter Termin des Ausscheidens
Zwangsweises Ausscheiden	Vorliegen der im Gesellschaftsvertrag festgelegten Umstände	Zeitpunkt des Eintretens des Umstandes
Eigenkapitalminderungen	Herabsetzung der Einlage	Zeitpunkt der Beschlußfassung einer Einlagenherabsetzung

Tab. 2: Die Erfassung von Anteilsabgängen; vgl. Focke (1998), S. 87.

b) Bei BGB-Joint Ventures ist die Klärung des Sachverhaltes, ob die *Bewertung mit Anschaffungs- oder Herstellungskosten* zu erfolgen hat, insofern von Bedeutung, als die Frage aufgeworfen werden kann, inwieweit später anfallende Aufwendungen für die erworbenen Anteile nachträgliche Anschaffungskosten oder aber Erhaltungsaufwand bzw. nachträgliche Herstellungskosten darstellen.

Der *Herstellungsvorgang* ist als ein Wertumformungs- oder Transformationsprozeß über einen bestimmten Zeitraum anzusehen. Ein solcher Prozeß findet beim originären Erwerb von Anteilen nicht statt. Der Anteil an einer Gesellschaft entsteht nicht über einen Zeitraum, sondern im Zeitpunkt der Gründung, d. h. bei BGB-Joint Ventures durch Zustimmung aller Gesellschafter zum Gesellschaftsvertrag. Zu diesem Termin ist der Vermögensgegenstand „Anteil" entstanden. Die zeitpunktbezogene Übertragung gleicht der Vorgehensweise bei *Anschaffungsvorgängen*, die ebenfalls zu einem bestimmten Zeitpunkt gültig werden. Ein weiterer Grund für die Anwendung der Anschaffungskosten als Wertmaßstab liegt in der Übernahme der Verpflichtung des Erwerbers, bestimmte Vermögenswerte in die Vermögenssphäre eines anderen Rechtssubjektes – im Falle des BGB-Joint Ventures also in die Gesamthandsgemeinschaft – zu überführen. Auch bei Anschaffungsgeschäften erfolgt eine Vermögensübertragung zwischen zwei Rechtssubjekten. Beim Herstellungsvorgang wird hingegen nur innerhalb des Vermögens eines Rechtssubjektes eine Umschichtung vorgenommen.

Darüber hinaus spricht der eigentliche Zweck der Unterscheidung zwischen einer Bewertung mit Anschaffungs- oder Herstellungskosten für die Annahme des Anschaffungsvorganges. Der Zweck liegt in Anbetracht des *Vorsichtsprinzips* in der *Wertbestätigung am Markt*. Bei der Anschaffung geht ein fertiger Vermögensgegenstand über, dessen Werthaltigkeit durch einen marktbezogenen Kaufpreis bzw. Ausgabebetrag objektiviert wurde. Im Herstellungsprozeß wird im Unterschied dazu der Vermögensgegenstand erst durch das Zusammenfügen mehrerer Wertkomponenten geschaffen, weil der Kaufpreis als dominierendes Element der handelsbilanziellen Wertfindung fehlt. Die im Rahmen des originären Erwerbs zu zahlende Einlage ermöglicht eine Objektivierung für die Anteile am Joint Venture. Eine darüber hinausgehende (unter Umständen willkürbehaftete) Wertermittlung unter Zuhilfenahme von Gemeinkosten ist nicht erforderlich.

c) *Planmäßige Abschreibungen* auf Anteile an BGB-Joint Ventures sind nicht vorzunehmen, weil diese Anteile keine abnutzbaren Vermögensgegenstände im Sinne des § 253 Abs. 2 Satz 1 HGB darstellen. Das Erfordernis zur *außerplanmäßigen Abschreibung* ergibt sich beim Ausweis der Anteile in der Bilanz der Preetzer Lebensmittel & Konserven AG, des bilanzierenden Gesellschafters in der Rechtsform einer Kapitalgesellschaft, wie folgt: Gemäß § 253 Abs. 2 Satz 3 i. V. m. § 279 Abs. 1 Satz 2 HGB „können" (Abschreibungswahlrecht) durch Herrn Jo Kisch im Falle einer voraussichtlich vorübergehenden Wertminderung außerplanmäßige Abschreibungen dann vorgenommen werden, wenn der beizulegende Wert am Abschlußstichtag den Buchwert der Anteile unterschreitet. Handelt es sich um eine voraussichtlich dauernde Wertminderung, besteht gemäß § 253 Abs. 2 Satz 3 2. Halbsatz HGB eine Abschreibungspflicht („sind"). Anteile an BGB-Joint Ventures des Umlaufvermögens „sind" (Abschreibungspflicht) gemäß § 253 Abs. 3 HGB mit dem niedrigeren Börsen- oder Marktpreis bzw. beizulegenden Wert auszuweisen.

Für eine *dauerhafte Wertminderung* der Anteile an BGB-Joint Ventures sprechen beispielsweise nachfolgende *Indizien*:

- länger andauernde Verlustsituation des BGB-Joint Ventures,
- erhebliche Substanzminderung durch Rücklagenauflösung mit anschließender Gewinnausschüttung, die das Erfolgspotential des BGB-Joint Ventures beeinträchtigt,
- Fortfall von positiven Verbundeffekten infolge von Änderungen des Produktionsprogrammes der Gesellschafter oder durch Fehlmaßnahmen,
- Wechselkursänderungen oder
- veränderte strukturelle und wirtschaftspolitische Rahmenbedingungen (z. B. dauerhafte Gewinntransferbeschränkung oder drohende Enteignung).

Die während der Anlaufphase eintretenden Verluste eines BGB-Joint Ventures können hingegen nicht als Indiz einer dauernden Wertminderung herangezogen werden. *Anlaufverluste* sind in der Regel bei Beginn eines Joint Ventures zu erwarten und führen nicht automatisch zu einem Absinken der Anteilswerte.

Für die Vornahme von außerplanmäßigen Abschreibungen auf Anteile an BGB-Joint Ventures des Anlagevermögens ist von Bedeutung, ob *eine dauerhafte oder nur eine vorübergehende Wertminderung* vorliegt. Das HGB macht keine Aussage darüber, wann eine Wertminderung „dauernd" oder wann sie nur „vorübergehend" ist. Es handelt sich hierbei um gesetzlich unbestimmte Rechtsbegriffe. In Zweifelsfällen ist aus Gründen der kaufmännischen Vorsicht (§ 252 Abs. 1 Nr. 4 HGB) eher von einer Dauerhaftigkeit der Wertminderung auszugehen. Das gilt insbesondere für Anteile, weil hier ein latenter Bewertungsfehler nicht automatisch durch planmäßige Abschreibungen korrigiert wird. Ein Wahlrecht für eine außerplanmäßige Abschreibung besteht demzufolge lediglich beim Vorliegen konkreter Anhaltspunkte für eine nur kurzfristige Wertminderung. Solche Motive existieren bei BGB-Joint Ventures dann, wenn nach Anlaufverlusten aufgrund konkret geplanter oder bereits getroffener Maßnahmen für die Folgeperioden wieder Gewinne zu erwarten sind. Liegen hingegen keine entsprechenden Hinweise für eine Wertsteigerung der im Anlagevermögen ausgewiesenen Anteile an BGB-Joint Ventures innerhalb eines überschaubaren Zeitraumes vor, müssen diese außerplanmäßig auf den niedrigeren beizulegenden Wert abgeschrieben werden.

d) Nach § 247 Abs. 2 HGB dürfen in der Bilanz der Gesellschafter Anteile an einem BGB-Joint Venture nur dann im Anlagevermögen ausgewiesen werden, wenn sie dazu bestimmt sind, *dauernd* dem Geschäftsbetrieb zu dienen. Aus diesem Wortlaut der Vorschrift ist ersichtlich, daß es für die Zuordnung nicht auf eine rein zeitliche Zugehörigkeit der Anteile ankommt, sondern daß die Anteile dem Geschäftsbetrieb im Sinne einer Zweckbestimmung dauernd dienen müssen. Für BGB-Joint Ventures erweist sich die enge Beziehung der Gesellschafter zur Gesellschaft als besonders kennzeichnend. Dies zeigt sich neben der personellen und organisatorischen Verflechtung durch eine stark eingeschränkte Veräußerungsmöglichkeit der Anteile, weil die Joint Ventures auf die Anforderungen der jeweiligen Partner ausgerichtet sind. Aufgrund dieser engen Bindung kann im Einklang mit der HFA-Stellungnahme 1/1993 grundsätzlich von einer längerfristigen Bindungsabsicht ausgegangen werden, wenn Vermögensgegenstände voraussichtlich länger als ein Jahr dem Geschäftsbetrieb dienen oder sich die Bilanzierung der Anteile über mehr als zwei Abschlußstichtage erstreckt.

In bilanzieller Hinsicht sind die Ansprüche und Verpflichtungen gesellschaftsrechtlicher Natur streng von den anderen schuldrechtlichen zu trennen. Die Darstellung der Beziehungen zum Joint Venture in Form eines einzigen *Verrechnungskontos* steht sowohl dem *Verrechnungsverbot* des § 246 Abs. 2 HGB als auch dem *Gebot der Klarheit* gemäß § 243 Abs. 2 HGB entgegen. Während einerseits Verpflichtungen und Ansprüche im Rahmen der Bilanzierung nicht gegenseitig aufgerechnet werden dürfen, können sich andererseits durch den zusammengefaßten Ausweis Fehlinformationen für den Bilanzadressaten ergeben. Die aus dem Verrechnungsverkehr zwischen dem BGB-Joint Venture und dem Gesellschafter resultierenden Ansprüche und Verpflichtungen sind daher so zu bilanzieren, als wenn diese gegen einen Dritten bestehen.

Ausweis der Beziehungen ausschließlich gesellschaftsrechtlichen Charakters:
Während die Ansprüche aus gesellschaftsrechtlichen Anteilen am BGB-Joint Venture unter den zutreffenden Positionen des Anlage- („Anteile an verbundenen Unternehmen", „Beteiligungen" oder gegebenenfalls gesonderter Ausweis der Joint Venture-

Anteile) oder Umlaufvermögens („Anteile an verbundenen Unternehmen" oder „Sonstige Vermögensgegenstände") auszuweisen sind, müssen Verpflichtungen zu einem Nachschuß oder zum Verlustausgleich als „Sonstige Verbindlichkeit" oder unter Umständen als „Sonstige Rückstellung" passiviert und Gewinnansprüche als „Sonstige Vermögensgegenstände" aktiviert werden.

Ausweis der Beziehungen anderen schuldrechtlichen Charakters:
Der Ausweis der Ansprüche und Verpflichtungen aus Liefer- und Leistungsbeziehungen oder beispielsweise aus Darlehensverträgen richtet sich im wesentlichen nach dem Ausweis der gesellschaftsrechtlichen Anteile am BGB-Joint Venture. Leistungsforderungen können z. B. als „Forderungen gegen verbundene Unternehmen", „Forderungen gegen Unternehmen, mit denen ein Beteiligungsverhältnis besteht" sowie – gemäß § 265 Abs. 3 HGB wahlweise mit einem Mitzugehörigkeitsvermerk in der Bilanz oder im Anhang – als „Forderungen aus Lieferungen und Leistungen" ausgewiesen werden.

Aufgabe 3

Der Ausweis der Erträge eines BGB-Joint Ventures in der Gewinn- und Verlustrechnung kann in Abhängigkeit vom Bilanzausweis der Anteile wie folgt dargestellt werden:

Ausweis in der Bilanz		Ausweis in der Gewinn- und Verlustrechnung
Anlagevermögen	Beteiligungen	Erträge aus Beteiligungen
	Anteile an verbundenen Unternehmen	Erträge aus Beteiligungen (mit „davon"-Vermerk)
	Anteile an BGB-Gesellschaften	Erträge aus anderen Wertpapieren, nicht verbrieften Anteilen und Ausleihungen des Finanzanlagevermögens bei wesentlichen Beträgen: Erträge aus BGB-Gesellschaften
Umlaufvermögen	Anteile an verbundenen Unternehmen	Sonstige Zinsen und ähnliche Erträge (mit „davon"-Vermerk)
	Sonstige Vermögensgegenstände oder Anteile an BGB-Gesellschaften	Sonstige Zinsen und ähnliche Erträge (mit „davon"-Vermerk) bei wesentlichen Beträgen: Erträge aus BGB-Gesellschaften

Tab. 3: Der Ertragsausweis in Abhängigkeit vom Ausweis der Joint Venture-Anteile; in Anlehnung an Focke (1998), S. 162.

Aufgabe 4

Sofern ein BGB-Joint Venture – wie im vorliegenden Fall des paritätischen Joint Ventures – von mindestens zwei rechtlich selbständigen und voneinander unabhängigen Gesellschaftern gemeinsam geführt wird, besteht nach § 310 HGB ein Wahlrecht, das Joint Venture als sogenannte Gemeinschaftsunternehmung durch Quotenkonsolidierung in den Konzernabschluß des Gesellschafters einzubeziehen. Verzichtet der bilanzierende Gesellschafter auf die Möglichkeit zur quotalen Konsolidierung, ist es gemäß der §§ 311 f. HGB als assoziierte Unternehmung in den Konzernabschluß aufzunehmen. Die Gesellschafter haben dabei unabhängig voneinander diese Möglichkeit der Equity-Behandlung. Sind die Anteile der Gesellschafter am Joint Venture von untergeordneter Bedeutung, kann gemäß § 311 Abs. 2 HGB eine einzelbilanzorientierte Behandlung der Anteile im Konzernabschluß erfolgen.

Aufgabe 5

a) Ein BGB-Joint Venture ist nach den Regelungen des IAS 31 im Konzernabschluß der Gesellschafter abzubilden, wenn die drei folgenden Kriterien kumulativ erfüllt sind:

- Die Gesellschafter müssen in der Lage sein, über das Joint Venture gemeinsam einen herrschenden Einfluß auszuüben („*joint control*").
- Die gemeinsame Beherrschung des Joint Ventures durch die Gesellschafter wird durch eine vertragliche Vereinbarung zwischen den Gesellschaftern begründet („*contractual arrangement*").
- Es werden *nicht lediglich ideelle Ziele* verfolgt.

b) Der Joint Venture-Typ der *gemeinschaftlich geführten Tätigkeiten* („jointly controlled operations") ist durch zwei Merkmale gekennzeichnet: (1) Das Joint Venture verfügt als solches über keine Vermögenswerte und (2) tritt zudem nach außen nicht in Erscheinung. Jeder Joint Venture-Gesellschafter verwendet im Rahmen dieses Joint Venture-Grundtyps sein eigenes Vermögen und geht seine eigenen Verpflichtungen ein. Eine gemeinschaftlich geführte Tätigkeit liegt beispielsweise vor, wenn die Gesellschafter ihre Ressourcen zusammenführen, um ein bestimmtes Produkt (z. B. ein Flugzeug) gemeinsam herzustellen, zu vermarkten und zu vertreiben. Dabei führt jeder Gesellschafter verschiedene Leistungsprozeßstufen aus, trägt seine eigenen Aufwendungen und erhält gemäß den vertraglichen Vereinbarungen einen Anteil der Erlöse aus dem Verkauf der Produkte. Der jeweilige Gesellschafter bilanziert schließlich im Einzel- und im Konzernabschluß die Vermögenswerte, die seiner Verfügungsmacht unterliegen, und die von ihm eingegangenen Schulden sowie seine anteiligen Erträge und seine getätigten Aufwendungen. *Nachrichtlich:* Als gemeinschaftlich geführte Tätigkeit ist nach deutschen Recht das Joint Venture vom Typ der BGB-Innengesellschaft anzusehen.

Um *Vermögenswerte unter gemeinschaftlicher Führung* („jointly controlled assets") handelt es sich, wenn das Joint Venture (1) nach außen als solches nicht in Erscheinung tritt und (2) die Gesellschafter gemeinsames Eigentum an den Vermögenswerten haben, die in das Joint Venture eingebracht oder für dessen Zwecke erworben wurden sowie im Rahmen des Joint Ventures – (3) unter vereinbarter Teilhabe an der Führung der wirtschaftlichen Geschäftstätigkeit – zum Nutzen der Gesellschafter eingesetzt werden. Dabei steht jedem Gesellschafter ein vertraglich bedungener Anteil an den durch die gemeinschaftlich geführten Vermögenswerte erbrachten Leistungen (und Aufwendungen) zu. Hierunter fallen beispielsweise die gemeinschaftliche Führung und der gemeinschaftliche Betrieb einer Gas- oder Ölleitung, wobei jeder der Gesellschafter seine eigenen Produkte durch diese befördert und als Gegenleistung einen vereinbarten Teil der Aufwendungen übernimmt. Der jeweilige Gesellschafter bilanziert im Fall einer solchen Joint Venture-Form im Einzel- und im Konzernabschluß seinen Anteil an den gemeinschaftlich geführten Vermögenswerten und den gemeinschaftlich eingegangenen Schulden sowie die im eigenen Namen eingegangenen Schulden. Darüber hinaus hat er seine anteiligen Erträge aus dem Verkauf der vom Joint Venture erbrachten Lieferungen und Leistungen und seinen Anteil der vom Joint Venture verursachten Aufwendungen sowie die anteiligen Aufwendungen, die der Gesellschafter selbst in Bezug auf seinen Joint Venture-Anteil verursacht hat, anzusetzen. *Nachrichtlich:* Diese Joint Venture-Form stimmt mit der (deutschen) BGB-Gesellschaft mit Bruchteilseigentum überein.

Eine *gemeinschaftlich geführten Einheit* („jointly controlled entities") liegt vor, wenn das Joint Venture als solches (1) über die Vermögensgegenstände des Joint Ventures verfügen kann, (2) nach außen in Erscheinung tritt und am Rechtsverkehr teilnimmt sowie (3) eine rechtlich selbständige Unternehmung („enterprise") ist. Dieser Unternehmungsbegriff umfaßt Kapital- („companies") und Personengesellschaften („partnerships") sowie andere rechtliche Einheiten („other entities"), an denen jeder Gesellschafter beteiligt ist. Die gemeinschaftlich geführten Einheiten handeln wie jede andere Unternehmung, jedoch mit der Ausnahme, daß ihre unternehmerische Tätigkeit auf den vertraglich festgelegten Bereich beschränkt ist. Eine gemeinschaftlich geführte Einheit liegt beispielsweise vor, wenn zwei Unternehmungen die Tätigkeiten eines bestimmten Geschäftszweiges zusammenlegen und dafür die erforderlichen Vermögenswerte auf das als rechtlich selbständige Joint Venture übertragen. Ein Gesellschafter hat im Falle der gemeinschaftlich geführten Einheit seine Anteile an deren Vermögenswerten und Schulden quotal in den Konzernabschluß einzubeziehen („benchmark"-Methode: Quotenkonsolidierung). Alternativ besteht die Möglichkeit, daß die Bilanzierung der Gemeinschaftsunternehmung nach der Equity-Methode erfolgt. Die Joint Venture-Form der gemeinschaftlich geführten Einheit gleicht der Form des BGB-Joint Ventures mit Gesamthandseigentum. Das von der Preetzer Lebensmittel & Konserven AG und der englischen Camping Soup plc gegründete BGB-Joint Venture, welches die Tätigkeiten der Gesellschaften zur Säuberung und Zerkleinerung von frischem Gemüse zusammenführt, ist somit eine gemeinschaftlich geführte Einheit und muß zudem als solches einen eigenen Jahresabschluß gemäß den IFRS erstellen.

c)

	Handelsrechtliche Vorschriften	**Regelungen des IAS 31**
Angaben zum Anteilsbesitz an Joint Ventures	– Name des Joint Ventures – Sitz des Joint Ventures – Kapitalanteil am Joint Venture	Für wesentliche Joint Ventures ist anzugeben: – Name des Joint Ventures – Sitz des Joint Ventures – Kapitalanteil am Joint Venture – Branche des Joint Ventures – weitere Gesellschafter – Zielsetzung des Joint Ventures – zeitliche Befristung
Angaben zur Einbeziehung von Joint Ventures	Tatbestand, der die Quotenkonsolidierung des Joint Ventures ermöglicht (rechtliche oder sachliche Grundlage)	<u>Gesonderte</u> Angabe der Summen der quotal einbezogenen: – kurzfristigen Aktiva, – langfristigen Aktiva, – kurzfristigen Passiva, – langfristigen Passiva sowie – Aufwendungen und Erträge für die einzelnen Posten der Konzern-Gewinn- und Verlustrechnung
Sonstige Angaben zu Joint Ventures	Sonstige finanzielle Verpflichtungen, die aus Joint Ventures resultieren	Summen der Eventualverbindlichkeiten und finanziellen Verpflichtungen, die aus Joint Ventures resultieren

Tab. 4: Synopse der wesentlichen Erläuterungen quotal zu konsolidierender BGB-Joint Ventures im Konzernanhang nach HGB und IFRS; in Anlehnung an Vaubel (2001), S. 246 f.

d)

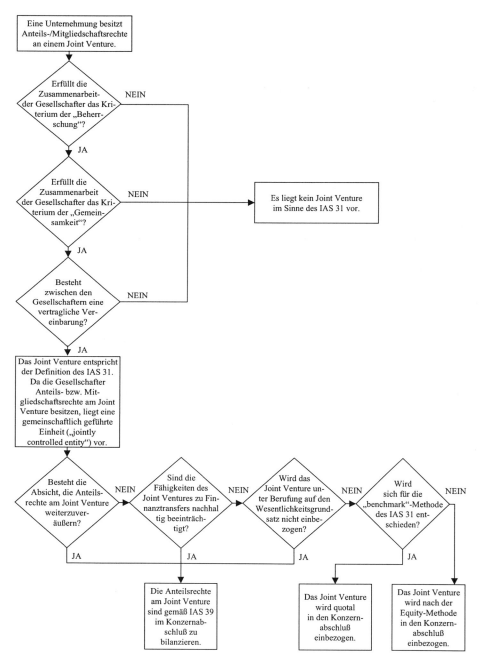

Abb. 1: Ein Ablaufschema zur Abbildung von BGB-Joint Ventures als gemeinschaftlich geführte Einheit im Konzernabschluß des Gesellschafters nach den Regeln des IASB; in Anlehnung an Vaubel (2001), S. 162.

Literaturhinweise

FEY, G.: Grundsätze ordnungsmäßiger Bilanzierung für Joint Ventures: Stellungnahme HFA 1/1993 des Instituts der Wirtschaftsprüfer, in: Betrieb und Wirtschaft, 47. Jg. (1993), S. 794–797.

FOCKE, A.: Die bilanzielle Behandlung von Anteilen an Gesellschaften bürgerlichen Rechts bei Joint Ventures, Lohmar/Köln 1998.

FREERICKS, W.: Bilanzierungsfähigkeit und Bilanzierungspflicht in Handels- und Steuerbilanz, Köln et al. 1976.

FRÜH, H.-J./KLAR, M.: Joint Ventures – Bilanzielle Behandlung und Berichterstattung, in: Die Wirtschaftsprüfung, 46. Jg. (1993), S. 493–503.

GSCHREI, M. J.: Beteiligungen im Jahresabschluß und Konzernabschluß, Heidelberg 1990.

INSTITUT DER WIRTSCHAFTSPRÜFER: HFA Stellungnahme 1/1993: Zur Bilanzierung von Joint Ventures, in: Die Wirtschaftsprüfung, 46. Jg. (1993), S. 441–444.

KÜTING, K.: Grundlagen der unternehmerischen Zusammenarbeit, in: Deutsches Steuerrecht, 28. Jg. (1990), Beilage zu Heft 4, S. 1–20.

MOXTER, A.: Selbständige Bewertbarkeit als Aktivierungsvoraussetzung, in: Betriebs-Berater, 42. Jg. (1987), S. 1846–1853.

TEICHMANN, M.: Die Bilanzierung von Beteiligungen im handelsrechtlichen Jahresabschluß der Kapitalgesellschaft. Ein Beitrag zur Ableitung von Grundsätzen ordnungsmäßiger Bilanzierung für Anteilsrechte, Aachen 1993.

VAUBEL, M.-A.: Joint Ventures im Konzernabschluß des Partnerunternehmens, Düsseldorf 2001.

VEIT, K.-R.: Der korrespondierende Ausweis von Anteilen und Anteilserfolgen an einer GbR bei Joint Ventures, in: Buchführung, Bilanz, Kostenrechnung, Fach 22 vom 20. November 1998, S. 6215–6222.

VEIT, K.-R./FOCKE, A.: Die Behandlung von Anteilen an paritätischen BGB-Joint Ventures in Konzernbilanzen beider Partnerunternehmen, in: DER BETRIEB, 52. Jg. (1999), S. 496–499.

Rechtsprechungshinweise

BGH-Urteil vom 15. Juli 1997 – XI ZR 154/96, in: DER BETRIEB, 50. Jg. (1997), S. 1813–1815.

BGH-Urteil vom 29. Januar 2001 – II ZR 331/100, in: DER BETRIEB, 54. Jg. (2001), S. 423–430.

Julia Busch und Christian Zwirner

Herstellungskostenermittlung nach HGB, IFRS und US-GAAP

Die Herstellung selbst produzierter Güter bedingt eine angemessene und den tatsächlichen Verhältnissen entsprechende Ermittlung der (aktivierungsfähigen bzw. aktivierungspflichtigen) Aufwendungen. Hierbei handelt es sich um Aufwendungen, die beispielsweise durch den Verbrauch von Gütern oder die Inanspruchnahme von Diensten entstehen. Wesentlich unterscheiden sich hierbei die bilanziellen Herstellungskosten, denen der pagatorische Aufwandsbegriff zugrunde liegt, von den kalkulatorischen Kostenarten. In diesem Zusammenhang ist es notwendig, den innerbetrieblichen Transformations- oder Wertumschichtungsprozess – aus Roh-, Hilfs- und Betriebsstoffen werden durch den Einsatz von Betriebsmitteln, im Wesentlichen also den Produktionsfaktoren Kapital und Arbeit, fertige oder unfertige Erzeugnisse – abzubilden.

Der Wertmaßstab Herstellungskosten für alle vom Unternehmen selbst erstellten Waren und Güter respektive Vermögenswerte ist in den unterschiedlichen Regelungskreisen teilweise abweichend kodifiziert und bietet darüber hinaus regelmäßig Spielraum für eine den Interessen des Unternehmens folgende Bilanzpolitik.

Aufgabe 1

Stellen Sie kurz den Anwendungsbereich der Herstellungskosten dar.

Aufgabe 2

a) Erläutern Sie den Herstellungskostenbegriff und -umfang nach HGB. Gehen Sie dabei auch auf die steuerlichen Vorschriften ein.

b) Erläutern Sie den Herstellungskostenbegriff und -umfang nach IFRS.

c) Erläutern Sie den Herstellungskostenbegriff und -umfang nach US-GAAP.

d) Fassen Sie Ihre Ergebnisse synoptisch in einer Tabelle zusammen.

Aufgabe 3

Die JC-GmbH ist im Bereich der zelluloid-orientierten Herstellung von Datenträgern tätig. Für das neue Produkt ‚Zelluloid-Master' wurde im laufenden Geschäftsjahr 2003 mit der Erstellung einer Produktionsanlage – der ‚Zelluloid-Master-Producer', kurz ZMP-Anlage – begonnen, die die Voraussetzungen eines *qualifying asset* erfüllt.

Hinsichtlich der angefallenen Herstellungskosten liegen der Rechnungswesenabteilung folgende Daten vor:

Materialeinzelkosten	25,0
Fertigungseinzelkosten	75,0
Sondereinzelkosten der Fertigung	15,0
Materialgemeinkosten	45,0
Fertigungsgemeinkosten	120,0
Abschreibung der Produktionsmaschine	7,5
Verwaltungskosten des Material- und Fertigungsbereichs	20,0
Kosten für freiwillige soziale Leistungen	13,0
Kosten für soziale Einrichtungen	7,0
Kosten für Altersversorgung	8,0
Substanzsteuern	2,5
Fremdkapitalkosten	3,0
Allgemeine Verwaltungskosten	12,5
Ertragsteuern	13,5
Verwaltungskosten des Vertriebsbereichs	5,5
Kosten der Grundlagenforschung	3,5
Vertriebskosten	4,0
Gesamte Kosten [in TEUR]	**380,0**

Tab. 1: *Kosten der Herstellung in TEUR.*

a) Ermitteln Sie anhand der vorgegebenen Daten die Herstellungskosten der ZMP-Anlage nach HGB und IFRS.

b) Zeigen Sie den Unterschied zwischen dem in Aufgabenteil a) ermittelten Ansatz der Produktionsanlage nach IFRS und einem aus den US-GAAP-Normen resultierenden Herstellungskostenansatz.

Aufgabe 4

Die Quack-GmbH ist im Bereich Maschinenbau tätig. Im Geschäftsjahr 2003 produzierte sie mehrere Vermögensgegenstände, deren Herstellungskosten zum 31.12.2003 ermittelt werden sollen. Dem zuständigen Mitarbeiter aus der Rechnungswesenabteilung, Herrn Elmar Entinger, liegen folgende Informationen vor:

- Im Geschäftsjahr 2003 wurden drei verschiedene Typen von Maschinen hergestellt, bezeichnet mit den Typennummern 911LH, 525AC und 350DL. Von diesen Maschinen befinden sich zu Beginn des Geschäftsjahrs 2003 keine im Lager der Quack-GmbH.

- Daneben arbeitet die Quack-GmbH im Rahmen eines langfristigen Auftrags an der Herstellung der 224ZZ-Maschine. Mit der Produktion wurde bereits im Geschäftsjahr 2002 begonnen; die Fertigstellung ist für das dritte Quartal 2004 geplant.

- Aus dem Verkauf von 35 Maschinen des Typs 525AC resultierte insgesamt eine Körperschaftsteuerbelastung von 800 Euro. Produziert wurden 165 Maschinen dieses Typs.

- Die Rohstoffe, die zur Herstellung einer Maschine des Typs 911LH verwendet werden, werden zu einem Preis von 78 Euro bei der Eisen-AG eingekauft.

- Von der Maschine 350DL wurden im Geschäftsjahr 100 Stück produziert. Dafür wurden an eigene Mitarbeiter Akkordlöhne in Höhe von 10.500 Euro gezahlt.

- Für die Herstellung der Maschine 911LH musste ein Spezialwerkzeug angefertigt werden, für das Kosten in Höhe von 4.000 Euro entstanden. Insgesamt wurden im Geschäftsjahr 2003 200 Maschinen dieses Typs hergestellt.

- Eine Werbekampagne für die Maschine 911LH, für die die Quack-GmbH 1.500 Euro aufwendete, führte zum Verkauf von 75 Stück noch im Geschäftsjahr 2003.

- Die Zeitlöhne der Quack-GmbH, die im Geschäftsjahr 2003 im Zusammenhang mit der Produktion der betrachteten Maschinen entstanden sind, betragen insgesamt 45.000 Euro. Sie entfallen zu 20% auf die Herstellung der 224ZZ-Maschine, zu 15% auf den Maschinentyp 350DL, zu 30% auf 911LH und zu 35% auf 525AC.

- Für die Herstellung der 224ZZ-Maschine fielen Finanzierungskosten von 4.800 Euro an. Diese sind nach § 255 Abs. 3 HGB aktivierungsfähig. Die 224ZZ-Maschine stellt ein *qualifying asset* im Sinne der IFRS/US-GAAP dar. Aus den Kostenrechnungsdaten ergeben sich für den betrachteten Zeitraum darüber hinaus kalkulatorische Eigenkapitalkosten in Höhe von 2.600 Euro. Das Wahlrecht zur Aktivierung von Fremdkapitalzinsen nach IAS 23 wird ausgeübt.

- Auf die in der Fertigung eingesetzten Produktionsanlagen werden im Geschäftsjahr 2003 Abschreibungen von 16.500 Euro vorgenommen; die Hälfte dieser Abschreibungen wird durch die Produktion des Maschinentyps 350DL verursacht; 2.500 Euro entfallen auf 911LH und 4.500 Euro auf 525AC. Die restlichen Abschreibungen entstanden durch die Herstellung der 224ZZ-Maschine.

- Die auf die einzelnen Maschinentypen entfallenden Verwaltungskosten belaufen sich auf 1.500 Euro für 911LH, 2.000 Euro für 525AC, 1.750 Euro für 350DL und 600 Euro für die 224ZZ-Maschine. Hiervon sind jeweils 40% als produktionsbezogene Kosten anzusehen, 60% stellen allgemeine Verwaltungskosten dar.

- Freiwillige soziale Aufwendungen wurden nur an die in der Produktion der Maschine 350DL eingesetzten Mitarbeiter in Höhe von 1.050 Euro geleistet. Diese Aufwendungen stellen ebenfalls produktionsbezogene Kosten im Sinne der IFRS/US-GAAP dar.

- Für eine Maschine des Typs 350DL kalkuliert die Gesellschaft einen Gewinnaufschlag von 250 Euro, bei 911LH von 150 Euro. Der kalkulatorische Gewinnaufschlag des Maschinentyps 525AC beträgt 125 Euro.

- Materialgemeinkosten sind in Höhe von 5.400 Euro angefallen. Sie entfallen zu 20% auf Typ 911LH, zu 30% auf 525AC, zu 35% auf 350DL und zu 15% auf die 224ZZ-Maschine.

Unterstützen Sie Herrn Elmar Entinger bei der Ermittlung der Herstellungskosten. Berechnen Sie dazu für die jeweiligen Vermögensgegenstände

a) die handels- und die steuerrechtliche Wertuntergrenze der Herstellungskosten in der Bilanz,

b) die handels- und steuerrechtliche Wertobergrenze der Herstellungskosten in der Bilanz,

c) den bilanziellen Herstellungskostenansatz nach IFRS und

d) den bilanziellen Herstellungskostenansatz nach US-GAAP.

e) Stellen Sie Ihre in den Aufgabenteilen a) bis d) ermittelten Ergebnisse tabellarisch einander gegenüber und würdigen Sie diese kurz.

f) Zeigen Sie anhand der von Ihnen in den Aufgabenteilen a) und b) ermittelten Werte für die handelsrechtliche Wertuntergrenze und Wertobergrenze auf, welches bilanzpolitische Gestaltungspotenzial hieraus für die Quack-GmbH resultiert.

Lösung

Aufgabe 1

Die Herstellungskosten stellen – neben den Anschaffungskosten – einen der beiden grundlegenden Wertbegriffe dar, die beim Ansatz von Vermögenswerten in der Bilanz nicht überschritten werden dürfen. Sie haben somit die Funktion einer absoluten Wertobergrenze und bilden den Ausgangspunkt der (Zugangs-)Bewertung. Dies gilt aufgrund der Regelung des § 253 HGB für das Handelsrecht uneingeschränkt; in anderen Rechnungslegungsnormensystemen, z. B. nach IFRS, können sich jedoch Abweichungen und somit eine über die originären Anschaffungs- oder Herstellungskosten hinausgehende (Folge-)Bewertung ergeben. Die Bewertungsregeln zu den Anschaffungs- oder Herstellungskosten gelten grundsätzlich für alle Vermögensgegenstände bzw. -werte, sofern nicht im Einzelfall besondere Vorschriften existieren. Während die Anschaffungskosten für von außen erworbene Vermögenswerte relevant sind, werden Herstellungskosten dann angewendet, wenn der zu bewertende Vermögenswert vom Bilanzierenden selbst hergestellt wurde.

Mit Hilfe der Definition der Anschaffungs- bzw. Herstellungskosten sollen der Anschaffungs- oder der Herstellungsvorgang soweit wie möglich erfolgsneutral behandelt werden. Erfolgsneutralität bedeutet, dass aus der Anschaffung oder Herstellung lediglich eine Vermögensumschichtung resultiert, keine Vermögensmehrung oder -minderung. Die Veränderung eines Bilanzpostens als Konsequenz der Anschaffung oder Herstellung (z. B. der Zahlungsmittelabfluss) wird durch die Veränderung eines anderen Bilanzpostens (z. B. Erhöhung der Position ‚Vorräte') kompensiert. Die Erfolgsneutralität orientiert sich in diesem Fall am Ziel der periodengerechten Erfolgsermittlung und fokussiert auf eine einzige Periode. Wird das Prinzip der Erfolgsneutralität verletzt, gleicht sich dies in einer mehrperiodigen Betrachtung zwangsläufig wieder aus. Die Anschaffung bzw. Herstellung soll die Erfolgsrechnung – vom Ergebnis her – unberührt lassen. Dieses Prinzip wird jedoch nicht konsequent eingehalten, da für bestimmte Kostenarten Aktivierungswahlrechte oder Aktivierungsverbote bestehen. Als Bestandteil der Herstellungskosten kommen nur pagatorische Kosten in Frage; der Ansatz kalkulatorischer Kosten, die beispielsweise im Rahmen der Kostenrechnung berücksichtigt werden, ist nicht zulässig.

Aufgabe 2

a) Die Bestandteile der Herstellungskosten im Handelsrecht werden in § 255 Abs. 2 und Abs. 3 HGB abschließend geregelt. Die Vorschriften des § 255 HGB unterscheiden ausdrücklich zwischen aktivierungspflichtigen und aktivierungsfähigen Kostenarten. Der Mindestumfang der Herstellungskosten (= Wertuntergrenze) ergibt sich aus der Addition der aktivierungspflichtigen Komponenten. Addiert man zu dieser Wertuntergrenze alle aktivierungsfähigen, aber nicht aktivierungspflichtigen Bestandteile, ergibt sich die Wertobergrenze der Herstellungskosten. Auch der Ansatz eines Zwischenwertes ist handelsrechtlich zulässig.

Die aktivierungspflichtigen Bestandteile der Herstellungskosten umfassen die Materialeinzelkosten, die Fertigungseinzelkosten sowie die Sondereinzelkosten der Fertigung.

Zu den Materialeinzelkosten gehören Roh- und Hilfsstoffe, selbst erstellte und erworbene Fertigteile sowie Kosten für bezogene Leistungen, sofern sie den hergestellten Produkteinheiten direkt zurechenbar sind. Unter den Fertigungseinzelkosten sind in erster Linie die durch die Produktion verursachten Lohn- und Lohnnebenkosten zu subsumieren, wenn sie dem hergestellten Vermögensgegenstand einzeln zurechenbar sind. Als Einzelkosten sind nur Akkordlöhne anzusehen, eine Schlüsselung, wie sie bei Zeitlöhnen erforderlich ist, widerspricht dem Einzelkostencharakter. Auch für die Lohnnebenkosten ist für jede einzelne Teilkomponente der Einzelkostencharakter zu überprüfen. Sondereinzelkosten der Fertigung müssen ebenfalls unmittelbar auf einen hergestellten Vermögensgegenstand als Einzelkosten verrechenbar sein, wie z. B. Kosten für Modelle, Spezialwerkzeuge, stückbezogene Lizenzgebühren oder Entwürfe.

Die aktivierungsfähigen, aber nicht aktivierungspflichtigen Bestandteile der Herstellungskosten sind Gegenstand der Sätze 3 bis 5 des § 255 Abs. 2 HGB. Demnach „dürfen auch angemessene Teile der notwendigen Materialgemeinkosten, der notwendigen Fertigungsgemeinkosten und des Wertverzehrs des Anlagevermögens, soweit er durch die Fertigung veranlasst ist, eingerechnet werden. Kosten der allgemeinen Verwaltung sowie Aufwendungen für soziale Einrichtungen des Betriebs, für freiwillige soziale Leistungen und für betriebliche Altersversorgung brauchen nicht eingerechnet zu werden." Allerdings müssen diese Kostenbestandteile auf den Zeitraum der Herstellung entfallen, um aktivierungsfähig zu sein. Aus der Forderung der Angemessenheit ergibt sich, dass bei den Gemeinkosten von normalen Beschäftigungsverhältnissen auszugehen ist. Besteht eine wesentliche Unterbeschäftigung, so dürfen die hieraus resultierenden so genannten Leerkosten nicht aktiviert werden.

Gemeinkosten sind Kosten, die den einzelnen produzierten Erzeugnissen durch Schlüsselung zugerechnet werden. Zu den Materialgemeinkosten gehören unter anderem Personal- und Raumkosten, die in Zusammenhang mit der Beschaffung, Lagerung und Verwaltung des Materials stehen. Die Fertigungsgemeinkosten umfassen beispielsweise Kosten der Werkstattverwaltung, Reinigungskosten für Produktionsräume und Geräte, Energiekosten sowie Aufwendungen für Betriebsstoffe. Einen bedeutenden Bestandteil der Fertigungsgemeinkosten stellen darüber hinaus die Löhne und Gehälter sowie die gesetzlichen Sozialabgaben im Fertigungsbereich dar, die keinen Einzelkostencharakter aufweisen.

Aufwendungen für Abschreibungen sind dann aktivierungsfähig, wenn sie auf den Zeitraum der Herstellung entfallen, angemessen und durch die Fertigung veranlasst sind. Auch für Kosten der allgemeinen Verwaltung besteht ein Aktivierungswahlrecht. Zu den allgemeinen Verwaltungskosten zählen beispielsweise Aufwendungen für die Geschäftsleitung, den Einkauf und Wareneingang, das Rechnungswesen sowie Kosten des Personalwesens, der Rechts-, Versicherungs- und sonstigen Stabsabteilungen.

Das Wahlrecht zur Einbeziehung so genannter freiwilliger Sozialkosten umfasst Kosten, die nicht durch Arbeits- oder Tarifverträge geregelt sind. Hierzu gehören Aufwendungen für soziale Einrichtungen des Betriebs (z. B. Kantinen), Aufwendungen für freiwillige soziale Leistungen wie Weihnachtszuwendungen oder Jubiläumsgeschenke sowie Aufwendungen für die betriebliche Altersversorgung (beispielsweise Direktversicherungen oder Pensionsrückstellungen).

Gemäß § 255 Abs. 2 Satz 6 HGB dürfen Vertriebskosten nicht als Herstellungskosten aktiviert werden. Hierzu zählen unter anderem Kosten für Werbung, Schulungen, Reisekosten sowie Kosten für Fertig- und Vertriebsläger.

§ 255 Abs. 3 HGB kodifiziert ein Aktivierungswahlrecht für Fremdkapitalzinsen, soweit das Fremdkapital zur Finanzierung der Herstellung des betreffenden Vermögensgegenstands verwendet wird und die Zinsen auf den Zeitraum der Herstellung entfallen. Aktivierungsfähig sind Fremdkapitalzinsen, Kosten der Kreditbeschaffung sowie ein Disagio. Eine Aktivierung von kalkulatorischen Eigenkapitalkosten kommt hingegen nicht in Frage, da damit gegen das Prinzip der pagatorischen Herstellungskosten verstoßen würde (vgl. auch § 248 Abs. 1 HGB).

Die steuerlich relevante Regelung zum Umfang der Herstellungskosten findet sich in R 33 EStR. Im Vergleich zu den handelsrechtlichen Vorschriften ist die steuerrechtliche Wertuntergrenze weiter gezogen. Sie umfasst die Materialeinzelkosten, Materialgemeinkosten, Fertigungseinzelkosten, Fertigungsgemeinkosten, den Wertverzehr des Anlagevermögens sowie die Sonderkosten der Fertigung. Gegenüber der Regelung in § 255 Abs. 2 HGB sind also die Material- und Fertigungsgemeinkosten sowie die Abschreibungen zusätzliche Bestandteile der steuerlichen Wertuntergrenze.

Soziale Aufwendungen sind steuerlich grundsätzlich als Fertigungsgemeinkosten zu aktivieren, wenn sie auf gesetzlichen Regelungen, Tarif- oder einzelnen Arbeitsverträgen beruhen. Für freiwillige soziale Aufwendungen besteht hingegen gemäß R 33 Abs. 4 Satz 5 EStR ein Aktivierungswahlrecht. Für Kosten der allgemeinen Verwaltung existiert ebenfalls ein Aktivierungswahlrecht. R 33 Abs. 5 Satz 3 EStR beinhaltet in Analogie zu den handelsrechtlichen Vorschriften ein Aktivierungsverbot für Vertriebskosten.

Das handelsrechtliche Wahlrecht zur Einbeziehung von Finanzierungskosten in die Herstellungskosten gilt nach R 33 Abs. 4 EStR auch für die Steuerbilanz. Sofern in der Handelsbilanz Finanzierungsaufwendungen aktivierbar sind und aktiviert werden, kann dieser Ansatz in die Steuerbilanz übernommen werden. Hieraus begründet sich, dass sich die Wertobergrenzen der Herstellungskosten im Handelsrecht und im Steuerrecht – dem Vollkostenansatz folgend – regelmäßig entsprechen.

b) Während im Handelsrecht der Herstellungskostenbegriff des § 255 HGB auf alle Vermögensgegenstände anzuwenden ist, existieren innerhalb der IFRS in verschiedenen Standards Vorschriften zur Herstellungskostenermittlung; es gibt keine allgemeine übergreifende Begriffsdefinition.

Die Zusammensetzung der Herstellungskosten im Vorratsvermögen ist Gegenstand von IAS 2. Die Herstellungskostenermittlung für selbst erstellte und zum Verkauf bestimmte Vermögenswerte des Sachanlagevermögens ist in IAS 16 geregelt. Dieser verweist wiederum auf die Vorschriften des IAS 2. Die Normen zur Herstellungskostenermittlung bei immateriellen Vermögenswerten beinhaltet IAS 38. Die Regelungen stimmen inhaltlich in etwa mit den Bestimmungen von IAS 2 überein. Eine Besonderheit resultiert jedoch aus dem ED zu IAS 38 *„Proposed Amendments to IAS 38"*. Demnach sollen in die Herstellungskosten selbst erstellter immaterieller Vermögenswerte nur noch die direkt zurechenbaren Kosten (*direct costs*) einbezogen werden. Eine Verteilung der Gemeinkosten auf einzelne Vermögenswerte durch

Schlüsselung ist somit bei selbst erstellten immateriellen Vermögenswerten nicht (mehr) möglich.

Der Umfang der Herstellungskosten nach IFRS folgt dem *produktionsbezogenen Vollkostenprinzip*. Gemäß IAS 2.7 ff. stellen für das Vorratsvermögen die Material- und Fertigungseinzelkosten, die Material- und Fertigungsgemeinkosten auf Basis der Normalbeschäftigung sowie die Sonderkosten der Fertigung aktivierungspflichtige Herstellungskostenbestandteile dar. Auch nach IFRS wird – wie im Handelsrecht – zwischen Einzelkosten (*direct costs*) und Gemeinkosten (*overheads*) differenziert. Die Gemeinkosten sind weiter zu unterteilen in produktionsbezogene Gemeinkosten und solche Gemeinkosten, die keinen direkten Bezug zur Produktion besitzen. Während die produktionsbezogenen Gemeinkosten nach IAS 2.10 aktivierungspflichtig sind, besteht für nicht auf die Fertigung bezogene Gemeinkosten ein Aktivierungsverbot. Somit sind im Gegensatz zu den Regelungen des HGB sowohl die variablen als auch die fixen Gemeinkosten aktivierungspflichtig, sofern sie einen direkten Bezug zur Fertigung aufweisen.

Einem Aktivierungsverbot unterliegen Vertriebskosten, Forschungskosten, Zwischengewinne, unüblich hohe Kosten, Kosten, die vor Beginn der eigentlichen Produktion anfallen, Anlaufverluste, Leerkosten, Lagerkosten, die nicht für den Produktionsprozess erforderlich sind, und nicht produktionsbezogene Verwaltungsgemeinkosten (vgl. IAS 2.14).

Während nach HGB und US-GAAP auch Entwicklungsaufwendungen nicht aktivierungsfähig sind, beinhaltet IAS 38.45 bei Vorliegen bestimmter Voraussetzungen eine Aktivierungspflicht für Entwicklungsaufwendungen.

IAS 23.11 kodifiziert in Bezug auf die Herstellungskostenermittlung ein einmaliges Aktivierungswahlrecht für Fremdkapitalkosten. Entscheidet sich das Unternehmen grundsätzlich für eine Aktivierung von Fremdkapitalzinsen, muss diese bei allen in Frage kommenden Vermögenswerten vorgenommen werden. Fremdkapitalzinsen dürfen dann in den Herstellungskostenansatz eines Vermögenswertes einbezogen werden, wenn der Vermögenswert ein so genanntes *qualifying asset* darstellt. Gemäß IAS 23.4 liegt ein *qualifying asset* dann vor, wenn für die Herstellung des Vermögenswertes ein längerer Zeitraum erforderlich ist, bis er einsatzbereit ist oder verkauft werden kann. Hierbei darf es sich nicht um Gegenstände handeln, die in hohen Stückzahlen und mit hoher Umschlaghäufigkeit hergestellt und verkauft werden (vgl. IAS 23.6).

c) Die US-GAAP enthalten ebenfalls keine allgemeine, umfassende Definition der Herstellungskosten. Generell folgt ihre Ermittlung wie nach den IFRS dem *produktionsbezogenen Vollkostenprinzip*. Es existieren keine Wahlrechte zum Ansatz bestimmter Kostenkomponenten. Nach ARB 43 umfassen die Herstellungskosten im Vorratsvermögen die Material- und Fertigungseinzelkosten, Material- und Fertigungsgemeinkosten auf Basis der Normalbeschäftigung inklusive anteiliger Abschreibungen sowie die Sonderkosten der Fertigung. Sofern sie sich auf die Produktion beziehen, sind somit als Herstellungskosten alle Kosten des eigentlichen Herstellungsvorgangs und alle Kosten, die notwendig sind, um den jeweiligen Vermögenswert in einen betriebsbereiten Zustand zu versetzen und ihn an seinen Einsatzort zu transportieren, anzusehen. Einbeziehungsverbote bestehen hingegen für Vertriebskosten, Zwischengewinne, unüblich hohe Kosten, Kosten, die vor dem Beginn der eigentlichen Produktion anfallen, Anlaufverluste und Leerkosten.

Das Verbot zur Einbeziehung in die Herstellungskosten erstreckt sich gemäß den Regelungen von SFAS 2.12 auch auf Forschungs- und Entwicklungsaufwendungen. Diese Kosten sind als Aufwand der Periode zu erfassen. Ausnahmen zu dieser Regelung existieren jedoch beispielsweise bei branchenspezifischen Normen wie im Bereich der Softwarebilanzierung gemäß SFAS 86 in Verbindung mit SOP 98-1 oder der Bilanzierung von Filmrechten nach SFAS 139 und SOP 00-2.

Lagerkosten unterliegen ebenfalls einem Aktivierungsverbot, sofern sie nicht für den eigentlichen Produktionsprozess notwendig sind.

Bei den Verwaltungskosten ist eine Aufteilung der angefallenen Kosten vorzunehmen. Während die produktionsbezogenen Verwaltungskosten nach US-GAAP zu aktivieren sind, besteht für Verwaltungskosten ohne Herstellungsbezug ein Aktivierungsverbot.

Fremdkapitalzinsen unterliegen grundsätzlich einem Aktivierungsverbot, es sei denn, sie beziehen sich auf *qualifying assets*. In diesem Fall besteht – entgegen den Regelungen der IFRS, die hier ein Wahlrecht vorsehen – gemäß SFAS 34 eine Aktivierungspflicht für die betreffenden Fremdkapitalzinsen.

d) Vergleicht man die in den Aufgabenteilen a) bis c) gewonnenen Ergebnisse, erhält man nachfolgende synoptische Gegenüberstellung:

	HGB	**EStR**	**IFRS**	**US-GAAP**
Materialeinzelkosten	Pflicht	Pflicht	Pflicht	Pflicht
Fertigungseinzelkosten	Pflicht	Pflicht	Pflicht	Pflicht
Sondereinzelkosten der Fertigung	Pflicht	Pflicht	Pflicht	Pflicht
Materialgemeinkosten	Wahlrecht	Pflicht	Pflicht	Pflicht
Fertigungsgemeinkosten	Wahlrecht	Pflicht	Pflicht	Pflicht
Wertverzehr des Anlagevermögens	Wahlrecht	Pflicht	Pflicht	Pflicht
Verwaltungskosten des Material- und Fertigungsbereichs	Wahlrecht	Pflicht	Pflicht	Pflicht
Allgemeine Verwaltungskosten	Wahlrecht	Wahlrecht	Verbot	Verbot
Kosten für freiwillige soziale Leistungen	Wahlrecht	Wahlrecht	Pflicht (anteilig)	Pflicht (anteilig)
Kosten für soziale Einrichtungen	Wahlrecht	Wahlrecht	Pflicht (anteilig)	Pflicht (anteilig)
Kosten für betriebliche Altersversorgung	Wahlrecht	Wahlrecht	Pflicht (anteilig)	Pflicht (anteilig)
Fremdkapitalkosten	Wahlrecht	Wahlrecht	Wahlrecht bei *qualifying assets*	Pflicht bei *qualifying assets*
Vertriebskosten	Verbot	Verbot	Verbot	Verbot

Tab. 2: *Synoptische Gegenüberstellung des Umfangs der Herstellungskosten nach HGB, EStR, IFRS und US-GAAP.*

Aufgabe 3

a) Nachfolgende Tabelle stellt den bilanziellen Wertansatz der Herstellungskosten der Produktionsanlage ‚Zelluloid-Master-Producer' nach HGB und nach IFRS dar.

Herstellungskosten [in TEUR]		HGB	IFRS
Materialeinzelkosten	25,0	25,0	25,0
Fertigungseinzelkosten	75,0	75,0	75,0
Sondereinzelkosten der Fertigung	15,0	15,0	15,0
Wertuntergrenze HGB		**115,0**	
Materialgemeinkosten	45,0	45,0	45,0
Fertigungsgemeinkosten	120,0	120,0	120,0
Abschreibung der Produktionsmaschine	7,5	7,5	7,5
Verwaltungskosten des Material- und Fertigungsbereichs	20,0	20,0	20,0
Kosten für freiwillige soziale Leistungen	13,0	13,0	13,0
Kosten für soziale Einrichtungen	7,0	7,0	7,0
Kosten für Altersversorgung	8,0	8,0	8,0
Substanzsteuern	2,5	2,5	2,5
Wertuntergrenze IFRS			**338,0**
Fremdkapitalkosten	3,0	3,0	3,0
Wertobergrenze IFRS			**341,0**
Allgemeine Verwaltungskosten	12,5	12,5	Verbot
Wertobergrenze HGB		**353,50**	
Ertragsteuern	13,5	Verbot	Verbot
Verwaltungskosten des Vertriebsbereichs	5,5	Verbot	Verbot
Kosten der Grundlagenforschung	3,5	Verbot	Verbot
Vertriebskosten	4,0	Verbot	Verbot
Gesamte Kosten [in TEUR]	**380,0**		

Tab. 3: *Herstellungskosten der Produktionsanlage nach HGB und IFRS.*

b) Da die Produktionsanlage die Voraussetzungen eines *qualifying asset* erfüllt, besteht nach den Regelungen der US-GAAP ein Aktivierungsgebot für die angefallenen Fremdkapitalzinsen. Ansonsten ergeben sich für den betrachteten Sachverhalt keine Abweichungen zum Herstellungskostenansatz nach IFRS. Der Wertansatz nach US-GAAP entspricht im vorliegenden Fall somit der Wertobergrenze nach IFRS (341 TEUR).

Aufgabe 4

Aus den Informationen, die Herrn Elmar Entinger vorliegen, sind folgende Kostenbestandteile zu ermitteln:

- Materialeinzelkosten: Die für die Produktion einer Maschine des Typs 911LH anfallenden Materialkosten für Rohstoffe in Höhe von 78 Euro pro Maschine stellen Materialeinzelkosten dar. Für 200 gefertigte Maschinen fielen somit Materialeinzelkosten in Höhe von insgesamt 15.600 Euro an.

- Fertigungseinzelkosten: Lediglich die Akkordlöhne, die in Zusammenhang mit der Fertigung der Maschinen vom Typ 350DL angefallen sind, stellen Fertigungseinzelkosten dar. Diese belaufen sich also auf 10.500 Euro.

- Sondereinzelkosten der Fertigung: Die Aufwendungen von 4.000 Euro für das zur Produktion von 911LH erforderliche Spezialwerkzeug stellen Sondereinzelkosten der Fertigung dar.

- Materialgemeinkosten: Die Materialgemeinkosten betragen insgesamt 5.400 Euro. Sie verteilen sich auf die Produktion der einzelnen Maschinentypen wie folgt: 1.080 Euro (20%) auf 911LH, 1.620 Euro (30%) auf 525AC, 1.890 Euro (35%) auf 350DL sowie 810 Euro (15%) auf die 224ZZ-Maschine.

- Fertigungsgemeinkosten: Die von der Quack-GmbH gezahlten Zeitlöhne von 45.000 Euro stellen Fertigungsgemeinkosten dar. Sie werden ebenfalls prozentual aufgeteilt: 13.500 Euro (30%) entfallen auf 911LH, 15.750 Euro (35%) auf 525AC, 6.750 Euro (15%) auf 350DL sowie 9.000 Euro (20%) auf die 224ZZ-Maschine.

- Wertverzehr des Anlagevermögens: Der Wertverzehr des Anlagevermögens in Form der Abschreibungen in Höhe von 16.500 Euro verteilt sich wie folgt: 2.500 Euro auf 911LH, 4.500 Euro auf 525AC, 8.250 Euro auf 350DL und die übrigen 1.250 Euro auf die 224ZZ-Maschine.

- Verwaltungskosten des Material- und Fertigungsbereichs: 2.340 Euro (40%) der angefallenen Verwaltungskosten von 5.850 Euro sind produktionsbezogen. Davon entfallen auf 911LH 600 Euro, auf 525AC 800 Euro, auf 350DL 700 Euro und auf die 224ZZ-Maschine 240 Euro.

- Allgemeine Verwaltungskosten: Die übrigen 60% der Verwaltungskosten (3.510 Euro) stellen allgemeine Verwaltungskosten dar und verteilen sich folgendermaßen auf die produzierten Maschinentypen: 900 Euro auf 911LH, 1.200 Euro auf 525AC, 1.050 Euro auf 350DL sowie 360 Euro auf die 224ZZ-Maschine.

- Kosten für freiwillige soziale Leistungen: Die Kosten für freiwillige soziale Leistungen beziehen sich in voller Höhe (1.050 Euro) auf die Produktion der Maschinen vom Typ 350DL. Sie stellen in voller Höhe produktionsbezogene Aufwendungen dar; es ist keine Aufteilung notwendig.

- Fremdkapitalkosten: Die Finanzierungskosten von 4.800 Euro sind als aktivierungsfähige bzw. -pflichtige Fremdkapitalkosten im Rahmen der Herstellungskostenermittlung zu behandeln. Sie entfallen vollständig auf die 224ZZ-Maschine.

- Vertriebskosten: Die Aufwendungen von 1.500 Euro für die Werbekampagne stellen Vertriebskosten dar. Diese sind in keinem der betrachteten Rechnungslegungsnormensysteme aktivierungsfähig.

- Ertragsteuern: Die auf den Verkauf von 35 Maschinen des Typs 525AC entfallende Körperschaftsteuer darf als Ertragsteuer unabhängig von den angewendeten Rechnungslegungsnormen keinen Eingang in die Herstellungskostenermittlung finden.
- Eigenkapitalkosten: Auch die Eigenkapitalkosten dürfen als kalkulatorische Kosten nicht in die Herstellungskostenermittlung einbezogen werden.
- Gewinnaufschlag: Der Gewinnaufschlag für die einzelnen Maschinentypen wird ebenfalls nicht als Bestandteil der Herstellungskostenermittlung berücksichtigt; er stellt eine rein kalkulatorische Größe dar und verstößt damit gegen die pagatorische Aufwandsdefinition.

Der Bestand an Maschinen der Typen 911LH, 525AC und 350DL entwickelte sich im Geschäftsjahr 2003 wie folgt:

[in Stück]	911LH	525AC	350DL
Bestand zum 01.01.2003	0	0	0
Produktion im Geschäftsjahr 2003	200	165	100
Verkauf im Geschäftsjahr 2003	75	35	0
Bestand zum 31.12.2003	**125**	**130**	**100**

Tab. 4: *Entwicklung des Maschinenbestands der Quack-GmbH im Geschäftsjahr 2003.*

a1)

[in Euro bzw. Stück]	911LH	525AC	350DL	224ZZ	Summe
Materialeinzelkosten	15.600	0	0	0	15.600
Fertigungseinzelkosten	0	0	10.500	0	10.500
Sondereinzelkosten der Fertigung	4.000	0	0	0	4.000
Summe	**19.600**	**0**	**10.500**	**0**	**30.100**
produzierte Maschinen	200	165	100	(1)	–
Wertuntergrenze je Maschine	98	0	105	0	–
Lagerbestand zum 31.12.2003	125	130	100	(1)	–
handelsrechtliche Wertuntergrenze je Maschinentyp zum 31.12.2003	**12.250**	**0**	**10.500**	**0**	**22.750**

Tab. 5: *Ermittlung der handelsrechtlichen Wertuntergrenze der Herstellungskosten in der Bilanz zum 31.12.2003.*

a2)

[in Euro bzw. Stück]	911LH	525AC	350DL	224ZZ	Summe
Materialeinzelkosten	15.600	0	0	0	15.600
Fertigungseinzelkosten	0	0	10.500	0	10.500
Sondereinzelkosten der Fertigung	4.000	0	0	0	4.000
Materialgemeinkosten	1.080	1.620	1.890	810	5.400
Fertigungsgemeinkosten	13.500	15.750	6.750	9.000	45.000
Wertverzehr des Anlagevermögens	2.500	4.500	8.250	1.250	16.500
Verwaltungskosten des Material- und Fertigungsbereichs	600	800	700	240	2.340
Summe	**37.280**	**22.670**	**28.090**	**11.300**	**99.340**
produzierte Maschinen	200	165	100	(1)	–
Wertuntergrenze je Maschine	186,40	137,39	280,90	11.300	–
Lagerbestand zum 31.12.2003	125	130	100	(1)	–
steuerrechtliche Wertuntergrenze je Maschinentyp zum 31.12.2003	**23.300**	**17.861**	**28.090**	**11.300**	**80.551**

Tab. 6: Ermittlung der steuerrechtlichen Wertuntergrenze der Herstellungskosten in der Bilanz zum 31.12.2003.

b)

[in Euro bzw. Stück]	911LH	525AC	350DL	224ZZ	Summe
Materialeinzelkosten	15.600	0	0	0	15.600
Fertigungseinzelkosten	0	0	10.500	0	10.500
Sondereinzelkosten der Fertigung	4.000	0	0	0	4.000
Materialgemeinkosten	1.080	1.620	1.890	810	5.400
Fertigungsgemeinkosten	13.500	15.750	6.750	9.000	45.000
Wertverzehr des Anlagevermögens	2.500	4.500	8.250	1.250	16.500
Verwaltungskosten des Material- und Fertigungsbereichs	600	800	700	240	2.340
allgemeine Verwaltungskosten	900	1.200	1.050	360	3.510
Kosten für freiwillige soziale Leistungen	0	0	1.050	0	1.050
Fremdkapitalzinsen	0	0	0	4.800	4.800
Summe	**38.180**	**23.870**	**30.190**	**16.460**	**108.700**
produzierte Maschinen	200	165	100	(1)	–
Wertobergrenze je Maschine	190,90	144,67	301,90	16.460	–
Lagerbestand zum 31.12.2003	125	130	100	(1)	–
handels- und steuerrechtliche Wertobergrenze je Maschinentyp zum 31.12.2003	**23.863**	**18.807**	**30.190**	**16.460**	**89.320**

Tab. 7: Ermittlung der handels- und steuerrechtlichen Wertobergrenze der Herstellungskosten in der Bilanz zum 31.12.2003.

c)

[in Euro bzw. Stück]	911LH	525AC	350DL	224ZZ	Summe
Materialeinzelkosten	15.600	0	0	0	15.600
Fertigungseinzelkosten	0	0	10.500	0	10.500
Sondereinzelkosten der Fertigung	4.000	0	0	0	4.000
Materialgemeinkosten	1.080	1.620	1.890	810	5.400
Fertigungsgemeinkosten	13.500	15.750	6.750	9.000	45.000
Wertverzehr des Anlagevermögens	2.500	4.500	8.250	1.250	16.500
Verwaltungskosten des Material- und Fertigungsbereichs	600	800	700	240	2.340
Kosten für freiwillige soziale Leistungen	0	0	1.050	0	1.050
Fremdkapitalzinsen (Wahlrecht wird ausgeübt)	0	0	0	4.800	4.800
Summe	**37.280**	**22.670**	**29.140**	**16.100**	**105.190**
produzierte Maschinen	200	165	100	(1)	–
Herstellungskosten je Maschine	186,40	137,39	291,40	16.100	–
Lagerbestand zum 31.12.2003	125	130	100	(1)	–
Herstellungskostenansatz zum 31.12.2003 nach IFRS	**23.300**	**17.861**	**29.140**	**16.100**	**86.401**

Tab. 8: *Ermittlung des bilanziellen Herstellungskostenansatzes zum 31.12.2003 nach IFRS.*

Entscheidet sich die Quack-GmbH gegen die Aktivierung von Fremdkapitalkosten, reduziert sich der Herstellungskostenansatz aller zum 31.12.2003 auf Lager liegenden, im Geschäftsjahr 2003 selbst erstellten Güter nach IFRS um 4.800 Euro auf 81.601 Euro.

d)

[in Euro bzw. Stück]	911LH	525AC	350DL	224ZZ	Summe
Materialeinzelkosten	15.600	0	0	0	15.600
Fertigungseinzelkosten	0	0	10.500	0	10.500
Sondereinzelkosten der Fertigung	4.000	0	0	0	4.000
Materialgemeinkosten	1.080	1.620	1.890	810	5.400
Fertigungsgemeinkosten	13.500	15.750	6.750	9.000	45.000
Wertverzehr des Anlagevermögens	2.500	4.500	8.250	1.250	16.500
Verwaltungskosten des Material- und Fertigungsbereichs	600	800	700	240	2.340
Kosten für freiwillige soziale Leistungen	0	0	1.050	0	1.050
Fremdkapitalzinsen	0	0	0	4.800	4.800
Summe	**37.280**	**22.670**	**29.140**	**16.100**	**105.190**
produzierte Maschinen	200	165	100	(1)	–
Herstellungskosten je Maschine	186,40	137,39	291,40	16.100	–
Lagerbestand zum 31.12.2003	125	130	100	(1)	–
Herstellungskostenansatz zum 31.12.2003 nach US-GAAP	**23.300**	**17.861**	**29.140**	**16.100**	**86.401**

Tab. 9: *Ermittlung des bilanziellen Herstellungskostenansatzes zum 31.12.2003 nach US-GAAP.*

e)

[in Euro]	Herstellungskosten		als Aufwand berücksichtigte Kosten	Summe
	verkaufte Maschinen	gelagerte Maschinen		
handelsrechtliche Wertuntergrenze	22.750	7.350	80.900	111.000
steuerrechtliche Wertuntergrenze	80.551	18.789	11.660	111.000
handels- und steuerrechtliche Wertobergrenze	89.320	19.380	2.300	111.000
Herstellungskostenansatz nach IFRS	86.401	18.789	5.810	111.000
Herstellungskostenansatz nach US-GAAP	86.401	18.789	5.810	111.000

Tab. 10: *Zusammenfassung der Ergebnisse.*

In den in der Periode 2003 als Aufwand verrechneten Kosten sind jeweils neben den nicht aktivierten Herstellungskostenkomponenten die Vertriebskosten (1.500 Euro) sowie die gezahlte Körperschaftsteuer (800 Euro) zu berücksichtigen. Dem Herstellungskostenansatz nach IFRS liegt die Ausübung des Wahlrechts zur Aktivierung von Fremdkapitalzinsen zugrunde.

Die Ergebnisse in Tabelle 10 verdeutlichen, dass – aufgrund der allgemeinen Verwaltungskosten – die handels- und steuerrechtliche Wertobergrenze über dem Herstellungskostenansatz nach IFRS/US-GAAP liegt. Der Unterschied resultiert aus der produktionsbezogenen Konzeption des Herstellungskostenbegriffs in den internationalen Rechnungslegungsnormen. Nach IFRS bestehen im Rahmen der Herstellungskostenermittlung mit Ausnahme der Möglichkeit zur Aktivierung von Fremdkapitalkosten keine Wahlrechte; ebenso eröffnen sich beim Herstellungskostenansatz nach US-GAAP dem Bilanzierenden regelmäßig weniger – im hier vorliegenden Sachverhalt keine – Wahlrechte. Im Vergleich zu den im HGB kodifizierten Wahlrechten schränken die steuerlichen Regelungen diese erheblich ein. Es besteht aber im Rahmen des steuerlichen Wertansatzes der Herstellungskosten immer noch ein größerer Spielraum als nach den entsprechenden internationalen Normen.

f) Entscheidet sich die Quack-GmbH für einen Ansatz der handelsrechtlichen Wertobergrenze, werden 89.320 Euro der Kosten, die durch die Maschinenproduktion entstanden sind, als Herstellungskosten der gelagerten Vermögensgegenstände aktiviert. Wird hingegen der Bewertung die handelsrechtliche Wertuntergrenze zugrunde gelegt, werden als Herstellungskosten nur 22.750 Euro aktiviert, die Differenz in Höhe von 66.570 Euro wird im Geschäftsjahr 2003 als Aufwand in der Gewinn- und Verlustrechnung erfasst. Damit vermindert sich das Jahresergebnis der Gesellschaft beim Ansatz der Wertuntergrenze entsprechend. Dieser Effekt gleicht sich jedoch in der Periode wieder aus, in der die im Lager befindlichen Vermögenswerte veräußert werden. Wurden nur Teilkosten aktiviert, ist der Erfolg aus der Veräußerung – also die Differenz aus Verkaufserlös und bilanziellem Wertansatz – entsprechend höher als bei einer Bewertung zu Vollkosten. Auch das Jahresergebnis erhöht sich beim Teilkostenansatz gegenüber dem Jahresergebnis bei Vollkostenansatz entsprechend in der Periode der Veräußerung.

Die Erfolgswirkung aus der Produktion und dem Verkauf eines Vermögensgegenstands ist somit über die Totalperiode betrachtet die gleiche. Durch die Entscheidung für einen Herstellungskostenansatz innerhalb der zulässigen Bandbreite kann die Gesellschaft jedoch den Zeitpunkt des Ertrags- bzw. Aufwandsausweises beeinflussen. Zu beachten ist hierbei, dass die Entscheidung für den Herstellungskostenansatz dem Stetigkeitsprinzip unterliegt. Der Bilanzierende kann also nicht in jedem Jahr neu entscheiden, in welchem Umfang Herstellungskosten aktiviert werden, sondern ist grundsätzlich an die Vorgehensweise im Vorjahr gebunden.

Literaturhinweise

ADLER, H./DÜRING, W./SCHMALTZ, K.: Rechnungslegung und Prüfung der Unternehmen, 6. Aufl., Stuttgart ab 1995.

BAETGE, J./KIRSCH, H.-J./THIELE, S.: Bilanzen, 6. Aufl., Düsseldorf 2002.

BRUNS, C. (Hrsg.): Fälle mit Lösungen zur Bilanzierung nach IAS und US-GAAP, 2. Aufl., Herne et al. 2003.

BUCHHOLZ, R.: Internationale Rechnungslegung. Die Vorschriften nach IAS, HGB und US-GAAP im Vergleich – mit Aufgaben und Lösungen, 3. Aufl., Bielefeld 2003.

COENENBERG, A. G.: Jahresabschluss und Jahresabschlussanalyse, 19. Aufl., Stuttgart 2003.

DUSEMOND, M./KESSLER, H.: Rechnungslegung kompakt: Einzel- und Konzernabschluß nach HGB mit Erläuterung abweichender Rechnungslegungspraktiken nach IAS und US-GAAP, 2. Aufl., München et al. 2001.

ELLROTT, H./SCHMIDT-WENDT, D.: Kommentierung des § 255 HGB (Rn. 1–133 und Rn. 201–603), in: BERGER, A. ET AL. (Bearb.), Beck'scher Bilanz-Kommentar, Handels- und Steuerrecht, 5. Aufl., München 2003.

HAYN, S./GRAF WALDERSEE, G.: IAS/US-GAAP/HGB im Vergleich: Synoptische Darstellung für den Einzel- und Konzernabschluss, 4. Aufl., Stuttgart 2003.

KNOP, W./KÜTING, K.: Kommentierung des § 255 HGB, in: KÜTING, K./WEBER, C.-P. (Hrsg.), Handbuch der Rechnungslegung – Einzelabschluss, 5. Aufl., Stuttgart 2003.

KUSSMAUL, H.: Betriebswirtschaftliche Steuerlehre, 3. Aufl., München et al. 2003.

PELLENS, B.: Internationale Rechnungslegung, 4. Aufl., Stuttgart 2001.

Christian Zwirner, Julia Busch und Michael Reuter

Die Abgrenzung latenter Steuern im Jahresabschluss

In der Erfolgsrechnung eines Unternehmens wird das Ergebnis vor Steuern um den Steueraufwand oder mögliche Steuererstattungsbeträge korrigiert, so dass sich daraus das Ergebnis nach Steuern als (Konzern-)Jahresergebnis ergibt. Da das – gegebenenfalls um Minderheitenanteile weiter berichtigte – Konzernergebnis als Ausgangsgröße vieler bilanzanalytischer und ebenso kapitalmarktrelevanter Kennzahlen – beispielsweise der nach IFRS und US-GAAP geforderten *earnings per share* Angaben – dient, ist die Berücksichtigung latenter Steuern für diese Erfolgsgröße unter Umständen von erheblicher Bedeutung. Hierbei ist zu beachten, dass mit Blick auf die Erfolgsermittlung nach HGB, IFRS oder US-GAAP der in der Handelsbilanz ausgewiesene Ertragsteueraufwand ursprünglich nur aus dem zu versteuernden Einkommen respektive aus der Steuerbilanz abgeleitet wird. In der Regel wird es aufgrund verschiedener Ansatz- und Bewertungsvorschriften und einer vielfach damit verbundenen unterschiedlichen Periodisierung von Aufwendungen und Erträgen zu Differenzen zwischen den in den beiden genannten Rechenwerken ermittelten Erfolgsgrößen kommen. Folglich wird der nach der Steuerbilanz ermittelte Ertragsteueraufwand regelmäßig nicht mit dem ausgewiesenen Jahreserfolg der Handelsbilanz korrespondieren. Der Versuch, mittels eines Blicks in die handelsrechtliche Gewinn- und Verlustrechnung (GuV) eines Unternehmens dessen Ertragsteuerbelastung festzustellen, schlägt somit regelmäßig fehl. Mit Hilfe der Abgrenzung von so genannten latenten Steuern soll eine Kongruenz zwischen dem tatsächlichen Ertragsteueraufwand eines Unternehmens und dem – seinem handelsrechtlichen Erfolg entsprechenden – fiktiven Steueraufwand hergestellt werden. Die vorliegenden Aufgaben sollen diesen Themenbereich erörtern und zeigen, wie der Thematik der latenten Steuerabgrenzung sowohl in der nationalen als auch in der internationalen Rechnungslegung begegnet wird.

Aufgabe 1

Erläutern Sie das theoretische Grundkonzept der latenten Steuerabgrenzung.

Aufgabe 2

a) Erläutern Sie Ansatz und Bewertung latenter Steuern nach HGB.

b) Erläutern Sie Ansatz und Bewertung latenter Steuern nach IFRS.

c) Erläutern Sie Ansatz und Bewertung latenter Steuern nach US-GAAP.

d) Erläutern Sie Ansatz und Bewertung latenter Steuern nach DRS 10.

Aufgabe 3

Entscheiden Sie bei den folgenden Aussagen zur Abgrenzung latenter Steuern jeweils, ob es sich um eine richtige oder eine falsche Aussage handelt.

a) Passive latente Steuern sind nach HGB sowohl im Einzel- als auch im Konzernabschluss passivierungspflichtig.

b) Die Bildung bzw. Auflösung latenter Steuern führen zu Zahlungsmittelzu- oder -abflüssen.

c) Die Berechnung der latenten Steuerabgrenzung erfolgt auf Konzernebene in der Praxis stets mit dem Steuersatz des Mutterunternehmens.

d) Aus Konsolidierungsmaßnahmen resultierende Steuerabgrenzungspositionen werden als sekundäre latente Steuern bezeichnet.

e) Im Einzelabschluss besteht sowohl für aktive als auch für passive latente Steuern ein Ansatzwahlrecht nach § 274 HGB.

f) Bei einer steuerlich nicht zulässigen außerplanmäßigen Abschreibung auf ein Grundstück handelt es sich in Bezug auf die Abgrenzung latenter Steuern um eine permanente Differenz.

g) Die Abgrenzung latenter Steuern hat keine Auswirkung auf den Totalerfolg des Unternehmens.

h) Eine Entstehungsursache für die Ansatzpflicht passiver latenter Steuern kann ein in der Steuerbilanz im Vergleich zur Handelsbilanz zeitlich nachgelagerter Ertrag sein.

i) Eine Entstehungsursache für den Ansatz aktiver latenter Steuern kann ein in der Steuerbilanz im Vergleich zur Handelsbilanz zeitlich vorverlagerter Aufwand sein.

j) In keinem der betrachteten Rechtskreise erfolgt im Rahmen der Kapitalkonsolidierung eine Abgrenzung latenter Steuern auf einen Geschäfts- oder Firmenwert.

k) Bei Vorliegen der entsprechenden Voraussetzungen müssen sowohl nach IFRS als auch nach US-GAAP aktive latente Steuern auf Verlustvorträge abgegrenzt werden.

l) Sekundäre latente Steuern aufgrund der konzerneinheitlichen Bilanzierung und Bewertung nach den §§ 300, 308 HGB sowie einzelner Konsolidierungsmaßnahmen (z. B. Schuldenkonsolidierung, Zwischenergebniseliminierung) sind entsprechend der Behandlung primärer latenter Steuern abzugrenzen.

m) Die Bildung aktiver latenter Steuern in Verlustsituationen vermindert den Verlustausweis.

n) Eine Entstehungsursache für den Ansatz aktiver latenter Steuern kann ein in der Steuerbilanz im Vergleich zur Handelsbilanz zeitlich nachgelagerter Ertrag sein.

o) Beim timing Konzept steht der richtige Ausweis der Steuererstattungsansprüche und -verbindlichkeiten im Vordergrund, beim temporary Konzept hingegen der richtige Erfolgsausweis.

p) Permanente Differenzen in Bezug auf die Abgrenzung latenter Steuern entstehen beispielsweise bei der Vereinnahmung steuerfreier Erträge.

q) Bei der Aktivierung latenter Steuern auf Verlustvorträge sind die Anforderungen an die Wahrscheinlichkeit der zukünftigen Nutzung der Verlustvorträge nach US-GAAP restriktiver als nach IFRS.

r) Latente Steuern sind im Rahmen der Schuldenkonsolidierung verpflichtend abzugrenzen, in Bezug auf die Zwischenergebniseliminierung besteht hingegen ein Wahlrecht.

s) Bei der Zwischenergebniseliminierung nach IFRS wird der Bewertung der latenten Steuern regelmäßig der Steuersatz des empfangenden Unternehmens zugrunde gelegt.

t) Eine Entstehungsursache für die Ansatzpflicht passiver latenter Steuern kann ein in der Steuerbilanz im Vergleich zur Handelsbilanz zeitlich vorverlagerter Aufwand sein.

u) In allen hier betrachteten Rechtskreisen sind im Rahmen der Kapitalkonsolidierung auf aufgedeckte stille Reserven und stille Lasten latente Steuern abzugrenzen.

v) Weder die IFRS noch die US-GAAP unterscheiden zwischen primären und sekundären latenten Steuern.

w) Die Aktivierung selbst erstellter immaterieller Vermögenswerte nach IFRS oder US-GAAP führt zur Ansatzpflicht passiver latenter Steuern.

x) Die deferred method dient in erster Linie dem richtigen Ausweis der Vermögenswerte und Schulden in der Bilanz.

y) Im Konzernabschluss besteht sowohl für aktive als auch für passive latente Steuern nach § 306 HGB eine Ansatzpflicht.

z) Bei der Einzeldifferenzenbetrachtung wird die Steuerabgrenzung für jeden Geschäftsvorfall des jeweiligen Geschäftsjahrs, bei dem eine temporäre Differenz aufgetreten ist, errechnet und über die Betrachtungsperioden aufsummiert.

Aufgabe 4

Die Zeppelin-AG weist im Geschäftsjahr 01 einen Verlust vor Steuerabgrenzung von 1 Mio. Euro aus. Dieses Ergebnis entspricht zudem dem steuerlichen Ergebnis. Wegen einer anhaltend schlechten Auftragslage bestehen seit Gründung des Unternehmens steuerliche Verlustvorträge von mehr als 3 Mio. Euro. Aufgrund eines am 23. Februar 02 abgeschlossenen Vertrags rechnet das Unternehmen im Geschäftsjahr 02 mit einem Gewinn vor Steuern von circa 2,24 Mio. Euro. Wegen bestehender Verhandlungen mit dem Hauptkreditgeber der Gesellschaft sowie der Vorschriften des DRS 10 entschließt sich das Unternehmen, zum 31. Dezember 01 auf die im Geschäftsjahr 01 neu entstandenen Verluste aktive latente Steuern abzugrenzen. Entsprechend den in der Periode 01 für Kapitalgesellschaften geltenden Regelungen sind für den anzuwendenden Steuersatz bei der Gewerbesteuer nach § 11 Abs. 2 GewStG eine Steuermesszahl in Höhe von 5% und ein Gewerbesteuerhebesatz von 400%, ein Körperschaftsteuersatz von 25% sowie der nach § 4 Satz 1 SolZG hierauf entfallende Solidaritätszuschlag von 5,5% zu berücksichtigen.

a) Leiten Sie den für die Gesellschaft maßgeblichen Gesamtsteuersatz für die Abgrenzung latenter Steuern ab. Zu beachten ist hierbei, dass die Gewerbesteuer als Betriebsausgabe ihre eigene Bemessungsgrundlage sowie die der Körperschaftsteuer mindert.

b) Berechnen Sie das Ergebnis nach Steuern für das Jahr 01 unter der Prämisse, dass neben den latenten Steuern keine effektiven Steuern zu berücksichtigen sind, und geben Sie den Buchungssatz für die Bildung der Steuerabgrenzung an.

c) Zeigen Sie kurz die bilanzpolitischen Implikationen dieser Maßnahme auf.

Lösung

Aufgabe 1

Latente Steuerabgrenzungsposten dienen dazu, eine Kongruenz zwischen dem tatsächlichen, effektiven Ertragsteueraufwand eines Unternehmens, der aus der steuerlichen Erfolgsgröße resultiert, und einem mit dem handelsrechtlichen Erfolg korrespondierenden fiktiven Steueraufwand zu erreichen und so einen möglichst genauen Einblick in die Steuerbelastung des Unternehmens oder des Konzerns zu ermöglichen. Doch auch durch die Abgrenzung latenter Steuern lässt sich keine vollkommene Kongruenz zwischen dem Erfolg in der Handelsbilanz und dem Steuerausweis erzielen, da so genannte permanente Differenzen nicht Gegenstand der Steuerabgrenzung sind.

Der Ansatz latenter Steuern hängt vom Charakter der ihrer Bildung zugrunde liegenden Differenzen ab. Hierbei sind drei Arten von Erfolgsdifferenzen zu unterscheiden: temporäre Differenzen (*timing differences*), quasi-permanente Differenzen (*temporary differences*) und permanente Differenzen.

Temporäre Differenzen entstehen, wenn aufgrund unterschiedlicher Gewinnermittlungsvorschriften Erfolgsgrößen – also Aufwendungen und/oder Erträge – zu unterschiedlichen Zeitpunkten in Handels- und Steuerbilanz erfasst werden und die sich ergebenden Ergebnisunterschiede sich innerhalb eines absehbaren Zeitraums umkehren bzw. ausgleichen. Aus diesen zeitlichen Abweichungen resultieren somit zwar unterschiedliche Periodenerfolge, aber kein abweichender Totalerfolg. Typische Beispiele für temporäre Differenzen sind abweichende Nutzungsdauern oder Abschreibungsmethoden in Steuer- und Handelsbilanz, die Bildung von steuerlich nicht zulässigen Rückstellungen in der Handelsbilanz, der Ansatz der Wertuntergrenze des § 255 Abs. 2 HGB bei der Ermittlung der Herstellungskosten oder eine aus der Anwendung der *percentage of completion method* resultierende zeitlich vorgelagerte Gewinnrealisation in einem Konzernabschluss, der nicht nach HGB, sondern nach internationalen Normen erstellt wurde.

Quasi-permanente Differenzen liegen vor, wenn sich die unterschiedlichen Ergebniseffekte in den betrachteten Rechenwerken nicht innerhalb eines überschaubaren Zeitraums ausgleichen. Die Umkehrung erfolgt in diesem Fall erst nach sehr langer Zeit, also beispielsweise beim Verkauf des entsprechenden Vermögenswerts oder bei der Liquidation des Unternehmens. Beispiele für solche quasi-permanenten Differenzen sind unter anderem die Vornahme von nur im Handelsrecht erlaubten Abschreibungen auf nicht-abnutzbare Vermögensgegenstände des Anlagevermögens wie Beteiligungen oder der unterschiedlicher Wertansatz eines Grundstücks in Handels- und Steuerbilanz.

Bei den **permanenten Differenzen** handelt es sich um Unterschiede zwischen dem handelsbilanziellen Gewinn (*reporting income*) und dem Steuerbilanzgewinn (*tax income*), die zwar in einer Periode entstehen, bei denen in der Zukunft jedoch kein Ausgleich stattfindet. Permanente Differenzen liegen beispielsweise vor, wenn handelsrechtliche Aufwendungen nach den steuerrechtlichen Vorschriften nicht als Betriebsausgaben anerkannt werden. Beispiele hierfür sind nach § 4 Abs. 5 EStG nicht abzugsfähige Betriebsausgaben, verdeckte Gewinnausschüttungen gemäß § 8 Abs. 3 KStG oder steuerlich nicht anerkannte Goodwillabschreibungen. Auch steuerfreie Erträge führen zu permanenten Differenzen.

Bei der Abgrenzung latenter Steuern sind permanente Differenzen nicht zu berücksichtigen; als Grundlage hierfür verbleiben somit die temporären sowie die quasi-permanenten Differenzen.

Bei der Abgrenzung latenter Steuern ist grundsätzlich zwischen zwei unterschiedlichen Konzepten zu differenzieren: dem *timing* Konzept (GuV-orientierte Sichtweise) und dem *temporary* Konzept (bilanz-orientierte Sichtweise). Beim *timing* Konzept werden der Abgrenzung latenter Steuer nur die Differenzen zugrunde gelegt, bei denen sowohl die Entstehung als auch die Auflösung erfolgswirksam sind. Die Berücksichtigung quasi-permanenter Differenzen bei der Bemessung der Steuerabgrenzung wird in der Literatur im Zusammenhang mit diesem Konzept überwiegend abgelehnt; im Zentrum der Betrachtung stehen bei der GuV-orientierten Abgrenzungsmethodik eindeutig die temporären Differenzen.

Bei der bilanz-orientierten Sichtweise steht im Gegensatz zum *timing* Konzept nicht die Betrachtung der Gewinn- und Verlustrechnung im Vordergrund. Stattdessen wird die nach den handelsrechtlichen Vorschriften oder internationalen Normen – also den IFRS oder den US-GAAP – erstellte Bilanz mit der Steuerbilanz der betreffenden Gesellschaft verglichen. Bei den jeweiligen Bilanzpositionen der beiden betrachteten Rechenwerke treten regelmäßig Unterschiede auf. Bei der bilanz-orientierten Abgrenzungsmethodik wird auf diese Differenzen zwischen den aus den handelsrechtlichen Normen resultierenden Wertansätzen der einzelnen Vermögenswerte bzw. Schulden (*reporting base*) und ihren steuerrechtlichen Wertansätzen (*tax base*) abgestellt. Um einen richtigen Ausweis des (Rein-)Vermögens in der Bilanz zu erreichen, werden auf sich im Zeitablauf ausgleichende Differenzen latente Steuern abgegrenzt. Ob die Entstehung und Auflösung dieser Differenzen erfolgswirksam sind, ist bei der bilanz-orientierten Sichtweise der Steuerabgrenzung nicht von Bedeutung. Lediglich auf permanente Differenzen werden auch bei Anwendung dieses Konzepts keine latenten Steuern abgegrenzt, quasi-permanente Differenzen sind hingegen nach dem *temporary* Konzept Gegenstand der Steuerabgrenzung.

Während die Zielsetzung beim *timing* Konzept in erster Linie im richtigen Erfolgsausweis zu sehen ist, zielt das *temporary* Konzept darauf ab, einen richtigen Ausweis der Steuererstattungsansprüche und -verbindlichkeiten, also der Vermögensgegenstände und Schulden, zum Bilanzstichtag zu erreichen. Die Abgrenzung latenter Steuern nach dem *temporary* Konzept ist weitreichender als die nach dem *timing* Konzept, da im Rahmen des *temporary* Konzepts alle nicht permanenten Differenzen zwischen Handels- und Steuerbilanz bei der Steuerabgrenzung berücksichtigt werden. Das *timing* Konzept kann insofern als Teilmenge des *temporary* Konzepts bezeichnet werden.

Neben dem Charakter der zugrunde liegenden Differenzen sowie der grundsätzlichen Abgrenzungskonzeption ist eine Unterscheidung auch nach den einzelnen Ebenen, auf denen Differenzen zwischen Steuer- und Handelsbilanz bzw. zu versteuerndem Einkommen und handelsrechtlichem Erfolg entstehen, vorzunehmen.

Die so genannten primären Differenzen stellen Unterschiede dar, die bereits auf der Ebene des Einzelabschlusses zu berücksichtigen sind. Auf der Ebene des Konzernabschlusses sind über die Abgrenzung von latenten Steuern auf die aus (notwendigen oder freiwilligen) Anpassungsmaßnahmen resultierenden Unterschiede in der Bilanzierung und Bewertung zwischen HB I und HB II hinaus auch so genannte sekundäre latente Steuern zu beachten. Diese ergeben sich aus den Konsolidierungsmaßnahmen (z. B. Schuldenkonsolidierung oder Zwischenergebniseliminierung).

In Bezug auf die Berechnungsweise latenter Steuern lassen sich vom Grundsatz her zwei verschiedene Methoden unterscheiden: Die Abgrenzungsbeträge können einerseits nach der *deferred method* (auch als Abgrenzungsmethode oder *deferral method* bezeichnet) oder andererseits nach der *liability method* (auch Verbindlichkeitenmethode genannt) berechnet werden.

Bei der *deferred method* steht der sachgerechte Ausweis des Steueraufwands der jeweiligen Periode im Vordergrund. Dementsprechend ist bei der Berechnung der Abgrenzungsposten der Steuersatz zugrunde zu legen, der im Zeitpunkt des Entstehens der relevanten Bilanzierungs- und Bewertungsunterschiede Gültigkeit besitzt. Bei einer nachträglichen Änderung des Steuersatzes erfolgt grundsätzlich keine Anpassung der gebildeten Steuerlatenzen.

Im Unterschied zur *deferred method* ist das Ziel der *liability method* weniger der Ausweis eines periodengerechten Steueraufwands in der Gewinn- und Verlustrechnung des Unternehmens, sondern der zutreffende Ausweis der Vermögenswerte und Schulden zum Bilanzstichtag. Folglich wird bei der *liability method* der zum Zeitpunkt der Umkehrung gültige Steuersatz angewandt. Wird der Steuersatz nachträglich geändert, ist eine rückwirkende Anpassung der in der Vergangenheit bilanzierten Beträge verpflichtend.

Ordnet man die beiden dargestellten Berechnungsmethoden den unterschiedlichen Konzepten zur Ermittlung latenter Steuern zu, ist dem *temporary* Konzept ausschließlich die *liability method* zuzurechnen. Bei Anwendung des *timing* Konzepts sind hingegen grundsätzlich beide Berechnungsmethoden anwendbar. Die angewandten Rechnungslegungsnormen schreiben regelmäßig eine der beiden Methoden zur Ermittlung von Steuerlatenzen vor.

Als Verfahren zur Ermittlung der latenten Steuern kommen sowohl die Einzeldifferenzenbetrachtung als auch die Gesamtdifferenzenbetrachtung in Frage. Bei der Einzeldifferenzenbetrachtung wird die Steuerabgrenzung für jeden einzelnen Geschäftsvorfall des jeweiligen Geschäftsjahrs, bei dem eine temporäre Differenz aufgetreten ist, errechnet und über alle betrachteten Perioden aufsummiert. Für die Steuerabgrenzung nach der Gesamtdifferenzenbetrachtung ist indes der Saldo aller zeitlichen Ergebnisunterschiede zwischen Handels- und Steuerbilanz die Bemessungsgrundlage. Maßgeblich ist hier der kumulierte Saldo des Geschäftsjahrs und aller noch in Betracht kommenden früheren Perioden, wobei den einzelnen Ursachen für das Abweichen der beiden genannten Erfolgsgrößen keine weitere Beachtung zu schenken ist. Eine Abgrenzung der Abweichungsgründe im Rahmen der Bestimmung der Art der Differenzen (temporär, quasi-permanent, permanent) sowie der internen Ermittlung und Verfolgung ihrer zeitlichen Entwicklung muss gleichwohl erfolgen.

Aufgabe 2

a) Die Abgrenzung latenter Steuern ist für den Einzelabschluss in § 274 HGB geregelt. Diese Vorschrift unterscheidet explizit zwischen aktiven und passiven Steuerlatenzen. Bei der Bemessung der Steuerabgrenzung dürfen permanente und nach der bisher h. M. auch quasi-permanente Abweichungen nicht berücksichtigt werden, da als grundsätzliche Voraussetzung für den Ansatz eines Steuerabgrenzungspostens das Vorliegen von temporären Differenzen gilt. Darüber hinaus muss bei der Steuerabgrenzung darauf geachtet werden, ob aktive oder passive latente Steuern vorliegen. Ist der nach steuerrechtlichen Vorschriften ermittelte Erfolg (zunächst) niedriger als der Erfolg laut Handelsbilanz, muss eine Rückstellung für passive latente Steuern gebildet werden; es besteht gemäß § 274 Abs. 1 HGB eine Passivierungspflicht. Liegt dagegen (zunächst) der steuerrechtliche Erfolg über dem der Handelsbilanz, hat der Bilanzierende nach § 274 Abs. 2 HGB ein Wahlrecht zum Ansatz eines aktiven Steuerabgrenzungspostens. Im Falle seiner Bildung ist der jeweilige Betrag mit einer Ausschüttungssperre verbunden. In der Literatur wird vielfach darauf hingewiesen, dass es sich bei aktiven latenten Steuern um eine so genannte ‚Bilanzierungshilfe' handelt.

Das Konzept der latenten Steuern ist dadurch charakterisiert, dass bestimmte Geschäftsvorfälle in der Handels- und Steuerbilanz in unterschiedlichen Abrechnungszeiträumen berücksichtigt werden und sich die Differenzen über mehrere Perioden hinweg wieder kompensieren und demnach in der Totalperiode keine Abweichungen mehr vorhanden sind. Die handelsrechtliche Abgrenzung latenter Steuern folgt hierbei der GuV-orientierten Betrachtungsweise (*timing* Konzept).

Abbildung 1 zeigt die möglichen Ursachen aus Sicht des Einzelabschlusses, die zu Abweichungen zwischen dem handelsrechtlichen und dem steuerrechtlichen Erfolg führen:

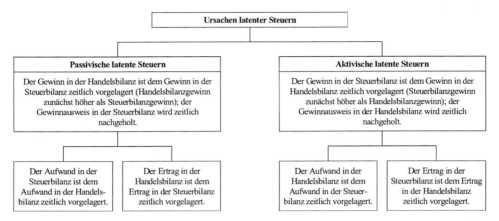

Abb. 1: *Ursachen latenter Steuern im Rahmen der GuV-orientierten Abgrenzungsmethodik.*

Trotz der Maßgeblichkeit der Handels- für die Steuerbilanz ergeben sich nicht selten erhebliche Differenzen zwischen den beiden Rechenwerken. Diese beruhen einerseits darauf, dass Aktivierungs- und Passivierungswahlrechte in der Handelsbilanz zu einer Aktivierungspflicht bzw. einem Passivierungsverbot in der Steuerbilanz führen. Andererseits bestehen bei Bilanzansatz- und Bewertungsvorgängen in der Handelsbilanz vergleichsweise grundsätzlich weniger restriktive Vorschriften und größere Ermessensspielräume.

Die Abgrenzung latenter Steuern im Konzernabschluss nach § 306 HGB unterscheidet nicht zwischen aktiven und passiven latenten Steuern. Der Ansatz latenter Steuern im Konzernabschluss nach HGB folgt dem im Einzelabschluss anzuwendenden *timing* Konzept. Der Ansatz aktiver latenter Steuern auf die aus der Konsolidierung resultierenden Unterschiede nach § 306 HGB ist – anders als nach dem Aktivierungswahlrecht des § 274 Abs. 2 HGB für den Einzelabschluss – verpflichtend. Für passive latente Steuern besteht – wie im Einzelabschluss auch – ein Passivierungsgebot. Die Vorschriften des HGB schreiben kein bestimmtes Verfahren zur Ermittlung latenter Steuern vor. Folglich kann zur Berechnung entweder die Einzeldifferenzen- oder die Gesamtdifferenzenbetrachtung zur Anwendung kommen.

Zur Berechnung der Höhe des Steuerabgrenzungspostens muss die Bemessungsgrundlage mit dem maßgeblichen Steuersatz multipliziert werden. Dies würde zum Zwecke eines periodengerechten Ergebnisausweises die Anwendung der *deferred method* implizieren. Nach der Auslegung der Regelungen in § 274 HGB ist dabei indes auf die Steuersätze abzustellen, die zum Zeitpunkt der Umkehrung der temporären Ergebnisdifferenzen gelten. Für eine Anwendung der *liability method* spricht die Tatsache, dass nach § 274 HGB in Verbindung mit § 306 HGB für zukünftig zu erwartende Steuerzahlungen eine mit dem voraussichtlichen Erfüllungsbetrag zu bewertende Rückstellung anzusetzen ist. Da die Schätzung von zukünftigen Steuersätzen jedoch in der Praxis Schwierigkeiten bereitet, werden grundsätzlich die am Bilanzstichtag gültigen Steuersätze zugrunde gelegt, falls nicht schon Steuersatzänderungen beschlossen wurden. Die GuV-orientierte Betrachtungsweise nach HGB setzt zudem die Bemessung der Steuerlatenzen mit dem aktuellen Steuersatz voraus, da nur so eine (annähernde) Kongruenz zwischen handelsrechtlichem Ergebnis vor Steuern und dem ausgewiesenen Steueraufwand erreicht werden kann. Gleichwohl ist in Deutschland die Bewertungsmethode für latente Steuern grundsätzlich nicht festgelegt. Eine Abzinsung der bilanzierten Steuerabgrenzungsposten verbietet sich nicht zuletzt aufgrund der im Bereich der HGB-Regelungen zur Anwendung gelangenden GuV-orientierten Abgrenzungskonzeption. Ungeklärt bleibt im Gesetz auch die Frage nach der Ermittlung des aus Unternehmenssicht richtigen Steuersatzes im Konzernabschluss. Vereinfachend ist daher die Anwendung von Durchschnittssätzen nach HGB zulässig; in der Praxis wird hier zunehmend ein Konzern-Durchschnittssatz bzw. der Steuersatz des Mutterunternehmens angewandt. Die handelsrechtlichen Vorschriften enthalten keine verbindlichen Regelungen zur Durchführung eines periodischen Werthaltigkeitstests bei aktiven latenten Steuern. Das Vorsichtsprinzip ist allerdings bei der Bewertung und regelmäßigen Überprüfung des Steuerabgrenzungspostens zu beachten.

Auch hinsichtlich des Ausweises latenter Steuern in Bilanz und Gewinn- und Verlustrechnung gibt es im HGB keine expliziten Vorschriften. Aus dem in § 274 HGB genannten Charakter der Steuerlatenz ergibt sich der Bilanzausweis: Passive latente Steuern werden regelmäßig in der Bilanz als eigene Position unter den Rückstellungen oder zusammen mit den Steuerrückstellungen unter Angabe des Betrages im Anhang oder eines Davon-Vermerks ausgewiesen. Wird vom Wahlrecht zur Aktivierung latenter Steuern Gebrauch gemacht, sind diese in der Bilanz als gesonderter Posten auszuweisen und im Anhang zu erläutern. Der Ausweis im Konzernabschluss richtet sich nach den gleichen Grundsätzen; dabei dürfen gemäß § 306 Satz 3 HGB die aus den Einzelabschlüssen übernommenen latenten Steuern mit solchen nach § 306 HGB zusammengefasst werden. Latente Steuern werden in der Gewinn- und Verlustrechnung entweder einzeln oder zusammen mit den effektiven Ertragsteuern in der Position ‚Steuern vom Einkommen und vom Ertrag' ausgewiesen.

b) Die Abgrenzung latenter Steuern nach IFRS wird durch die Bestimmungen des IAS 12 (revised 2000) geregelt. Nach IAS 12.15 sind grundsätzlich für alle temporären Differenzen latente Steuern anzusetzen, wobei nicht zwischen primären und sekundären latenten Steuern unterschieden wird. Die Regeln des IAS 12 sind somit grundsätzlich auf alle Arten latenter Steuern anzuwenden. Dem *temporary* Konzept folgend werden somit alle unterschiedlichen Wertansätze zwischen handelsrechtlichem Konzernabschluss (*reporting base*) und der Steuerbilanz (*tax base*), die keine permanenten Differenzen sind, erfasst. Nach IFRS besteht ein Ansatzgebot sowohl für aktive als auch für passive latente Steuern, die mittels Einzeldifferenzenbetrachtung zu ermitteln sind – der Vergleich zwischen *reporting base* und *tax base* ist hierbei positionsbezogen vorzunehmen.

Die Bewertung der latenten Steuern hat gemäß den Vorschriften der IFRS nach der *liability method* zu erfolgen. Hinsichtlich des anzuwendenden Steuersatzes bestimmt IAS 12.47f., dass der Bewertung der Steuerlatenzen dann die aktuellen Steuersätze zugrunde zu legen sind, wenn keine hinreichend sicheren und zuverlässigen Informationen über den zukünftigen Steuersatz vorliegen. Mit dieser expliziten Regelung soll subjektiven Einflüssen bei der Bestimmung des zukünftigen Steuersatzes weitestgehend entgegengewirkt werden. In späteren Perioden zu berücksichtigende Steuersatzänderungen müssen erfolgswirksam erfasst werden, sofern es sich nicht um erfolgsneutral im Eigenkapital erfasste Unterschiede aus *temporary differences* handelt (vgl. IAS 12.61). Nach IAS 12.48 ist ein neuer Steuersatz bereits dann anzuwenden, wenn einem entsprechenden Gesetz zugestimmt wurde oder dieses höchstwahrscheinlich beschlossen wird. Bezüglich der Abzinsung latenter Steuerpositionen spricht IAS 12.53 ein ausdrückliches Abzinsungsverbot aus.

Die Realisation von aktivierten Steuererstattungsansprüchen muss nach den Vorschriften der IFRS zumindest *probable* sein (vgl. IAS 12.24). Folglich muss bei latenten Steuern auf Verlustvorträge die Wahrscheinlichkeit gegeben sein, dass die der Aktivierung zugrunde liegenden steuerlichen Verlustvorträge mit zukünftigen Gewinnen verrechnet werden können. Das Kriterium der Wahrscheinlichkeit nach IFRS wird dabei in der Literatur mit 75% bis 80% beziffert. Wird in späteren Perioden die Werthaltigkeit der aktivierten Steueransprüche in Frage gestellt respektive deren Realisation nicht mehr als *probable* erachtet, sind diese Beträge außerplanmäßig wertzuberichtigen.

Der Bilanzausweis von latenten Steuern erfolgt nach IFRS grundsätzlich als *non-current asset* oder *non-current liability*. Steht dem Steuersubjekt ein einklagbares Recht zur Aufrechnung von Steuerforderungen und -verbindlichkeiten zu und unterliegen die als latent bilanzierten Ertragsteuern der Zuständigkeit der gleichen Steuerbehörde, sieht IAS 12.74 einen saldierten Ausweis der Beträge vor. Die von den IFRS geforderten Angaben werden außerdem durch eine Überleitungsrechnung vom erwarteten zum tatsächlich ausgewiesenen – aus effektiven und latenten Steuern bestehenden – Steueraufwand ergänzt. Es hat somit gemäß den Vorschriften des IAS 12 ein getrennter Ausweis von effektiven und latenten Steuern sowohl in der Bilanz als auch in der Erfolgsrechnung – mindestens jedoch im Anhang – zu erfolgen.

c) Nach US-GAAP ist die Abgrenzung latenter Steuern in SFAS 109 geregelt. Auch in diesem Standard erfolgt keine Unterscheidung zwischen primären und sekundären latenten Steuern. Grundsätzlich sind gemäß SFAS 109.8 für alle temporären Differenzen latente Steuern anzusetzen, so dass auch hier alle nicht permanenten unterschiedlichen Wertansätze erfasst werden. Analog zu den IFRS sehen die US-GAAP sowohl für aktive als auch für passive latente Steuern ein Ansatzgebot vor. Auch hier ist die Einzeldifferenzenbetrachtung anzuwenden.

Die Vorschriften der US-GAAP bezüglich der Bewertung latenter Steuern sind weitgehend identisch mit denen der IFRS. SFAS 109 folgt ebenfalls dem *temporary* Konzept, so dass auch hier die *liability method* zur Anwendung kommt. Analog zu den Vorschriften der IFRS fordert SFAS 109 die erfolgswirksame Erfassung latenter Steuern in der Gewinn- und Verlustrechnung, wenn der Sachverhalt, auf dem die Abgrenzung beruht, erfolgswirksam behandelt wurde. Anderenfalls ist eine erfolgsneutrale Erfassung vorzunehmen. Nach US-GAAP sind Steuersatzänderungen bei der Berechnung latenter Steuern ab dem Zeitpunkt zu berücksichtigen, zu dem die Änderung verabschiedet wurde.

In Bezug auf die Realisation des Steuervorteils ergibt sich jedoch eine Besonderheit: Nach den Regelungen der US-GAAP gilt hierbei ein Wahrscheinlichkeitskriterium von mehr als 50% (*more likely than not*). Falls die zu erwartende zukünftige Steuerentlastung nicht mit einer Wahrscheinlichkeit von mehr als 50% eintritt, sieht SFAS 109.17 eine Korrektur der aktiven Steuerlatenz mit einem entsprechenden Sicherheitsabschlag (*valuation allowance*) zwischen 0% und 100% vor. Eine derartige Korrektur ist in jedem Fall zu berücksichtigen, bevor eine eventuelle Saldierung der aktivierten Beträge mit passiven latenten Steuern erfolgt. Sofern aus Anpassungen der Schätzungen bezüglich der Wahrscheinlichkeit Wertabweichungen resultieren, sind diese erfolgswirksam zu berücksichtigen. Der in IAS 12 verwendete Begriff *probable* führt zu einer restriktiveren Abgrenzung latenter Steuern als das *more likely than not*-Kriterium der US-amerikanischen Vorschriften. Sind bestimmte Voraussetzungen erfüllt, erlauben die US-GAAP einen saldierten Ausweis latenter Steuern. Im Unterschied zu den IFRS-Normen ist in der Bilanz ein getrennter Ausweis kurzfristiger (*current*) und langfristiger (*non-current*) Steuerlatenzen vorzunehmen. Die Unterteilung nach der Fristigkeit orientiert sich an dem den zeitlichen Unterschied auslösenden Bilanzposten. Aktive latente Steuern werden generell als *deferred tax assets* ausgewiesen, passive latente Steuern hingegen als *deferred tax liabilities*. Darüber hinaus verlangt SFAS 109.47 eine Überleitungsrechnung vom erwarteten zum tatsächlich ausgewiesenen Steueraufwand. Die US-GAAP fordern einen gesonderten Ausweis von effektiven Steuerzahlungen und latenten Steuerpositionen.

d) Gegenüber den Regelungen des HGB beinhaltet DRS 10 sowohl Konkretisierungen als auch von der bisher h. M. in Bezug auf die geltenden HGB-Vorschriften abweichende Neuregelungen. Anzuwenden ist der Standard erstmals für Geschäftsjahre, die nach dem 31. Dezember 2002 beginnen. DRS 10 sieht analog zu den internationalen Normen vor, dass latente Steuern zukünftig auf alle erfolgswirksam entstandenen, temporären Differenzen mittels Einzeldifferenzenbetrachtung abzugrenzen sind. Der Standard regelt explizit, dass auch auf quasi-permanente Differenzen latente Steuern abzugrenzen sind und folgt damit der bilanz-orientierten Sichtweise.

Unternehmen, die ihre Konzernabschlüsse weiterhin nach HGB erstellen, werden die Regelungen des DRS 10 anwenden müssen, da der Standard aufgrund seiner Bekanntmachung durch das Bundesministerium der Justiz zu den Grundsätzen ordnungsmäßiger Konzernrechnungslegung gehört. Darüber hinaus erscheint eine Ausstrahlungswirkung der Regelungen auf den Einzelabschluss vorgezeichnet. Als Konsequenz hieraus werden HGB-Bilanzierer in Zukunft unter anderem auch mit der Frage der Abgrenzung von Steuerlatenzen auf Verlustvorträge konfrontiert: Sofern der mit den Verlustvorträgen verbundene Steuervorteil hinreichend wahrscheinlich ist, fordert DRS 10 eine Aktivierung latenter Steuern auf Verlustvorträge. Dies ist auch nach den internationalen Vorschriften Pflicht, nach in der Vergangenheit h. M. war ein Ansatz handelsrechtlich jedoch nicht zulässig. Es ist kritisch anzumerken, dass der in DRS 10 geforderte Ansatz latenter Steuern auf Verlustvorträge gegen nach wie vor geltendes, gesetzlich kodifiziertes Bilanzrecht verstößt. Im Wesentlichen ist hier der Verstoß gegen das Realisationsprinzip zu sehen, das einen Ausweis noch nicht realisierter Erträge explizit verbietet (vgl. § 252 Abs. 1 Nr. 4 HGB). Latente Steuern sind darüber hinaus auf zeitliche Differenzen anzusetzen, die aus der Kapitalkonsolidierung resultieren. Der Standard verbietet jedoch explizit, latente Steuern auf einen positiven oder negativen Goodwill aus der Kapitalkonsolidierung abzugrenzen. Analog zu § 306 HGB beinhaltet DRS 10 ein Ansatzgebot sowohl für aktive als auch für passive latente Steuern.

Für die Bewertung latenter Steuern sieht DRS 10.20 die Anwendung der *liability method* vor. DRS 10 fordert die Berücksichtigung von Gesetzesänderungen und damit auch die Anpassung von in der Vergangenheit angesetzten Steuerlatenzen, „sobald die maßgebliche Körperschaft die Änderung verabschiedet hat" (DRS 10.25). Die Verwendung eines konzerneinheitlichen (Durchschnitts-)Steuersatzes ist grundsätzlich nicht zulässig. Gegenüber der nicht explizit geregelten Bewertung latenter Steuern nach HGB erfolgt durch DRS 10 eine Konkretisierung. Zum Abschlussstichtag ist eine Werthaltigkeitsprüfung der aktivierten latenten Steuern vorzunehmen. Die Abzinsung latenter Steueransprüche ist explizit ausgeschlossen. Gemäß DRS 10.36f. sind aktive latente Steuern als eigener Vermögenswert auszuweisen, passive latente Steuern als gesonderte Rückstellung; eine Saldierung ist unter restriktiven Voraussetzungen möglich. Neben dem Ausweis latenter Steuern in der Bilanz sind die in der Gewinn- und Verlustrechnung verbuchten Beträge dort oder im Anhang getrennt anzugeben und nach ihrer Verursachung zu differenzieren. DRS 10.42 verlangt neben detaillierten und umfangreichen Anhangangaben eine Überleitungsrechnung vom erwarteten zum ausgewiesenen Steueraufwand oder Steuersatz.

Nach DRS 10.29 sind Ansatz und Auflösung latenter Steuern erfolgswirksam zu behandeln, wenn der ihnen zugrunde liegende Sachverhalt in der Gewinn- und Verlustrechnung erfasst worden ist. Wurde dieser Sachverhalt hingegen direkt im Eigenkapital berücksichtigt, so sind Ansatz und Auflösung der latenten Steuerbeträge nach der Regelung des DRS 10.30 ebenso erfolgsneutral zu verrechnen. Die Auflösung der bilanzierten Beträge orientiert sich somit an der Erfolgswirksamkeit der Bildung.

Aufgabe 3

	Aussage	Richtig	Falsch
a	Passive latente Steuern sind nach HGB sowohl im Einzel- als auch im Konzernabschluss passivierungspflichtig.	X	
b	Die Bildung bzw. Auflösung latenter Steuern führen zu Zahlungsmittelzu- oder -abflüssen.		X
c	Die Berechnung der latenten Steuerabgrenzung erfolgt auf Konzernebene in der Praxis stets mit dem Steuersatz des Mutterunternehmens.		X
d	Aus Konsolidierungsmaßnahmen resultierende Steuerabgrenzungspositionen werden als sekundäre latente Steuern bezeichnet.	X	
e	Im Einzelabschluss besteht sowohl für aktive als auch für passive latente Steuern ein Ansatzwahlrecht nach § 274 HGB.		X
f	Bei einer steuerlich nicht zulässigen außerplanmäßigen Abschreibung auf ein Grundstück handelt es sich in Bezug auf die Abgrenzung latenter Steuern um eine permanente Differenz.		X
g	Die Abgrenzung latenter Steuern hat keine Auswirkung auf den Totalerfolg des Unternehmens.	X	
h	Eine Entstehungsursache für die Ansatzpflicht passiver latenter Steuern kann ein in der Steuerbilanz im Vergleich zur Handelsbilanz zeitlich nachgelagerter Ertrag sein.	X	
i	Eine Entstehungsursache für den Ansatz aktiver latenter Steuern kann ein in der Steuerbilanz im Vergleich zur Handelsbilanz zeitlich vorverlagerter Aufwand sein.		X
j	In keinem der betrachteten Rechtskreise erfolgt im Rahmen der Kapitalkonsolidierung eine Abgrenzung latenter Steuern auf einen Geschäfts- oder Firmenwert.	X	
k	Bei Vorliegen der entsprechenden Voraussetzungen müssen sowohl nach IFRS als auch nach US-GAAP aktive latente Steuern auf Verlustvorträge abgegrenzt werden.	X	
l	Sekundäre latente Steuern aufgrund der konzerneinheitlichen Bilanzierung und Bewertung nach den §§ 300, 308 HGB sowie einzelner Konsolidierungsmaßnahmen (z. B. Schuldenkonsolidierung, Zwischenergebniseliminierung) sind entsprechend der Behandlung primärer latenter Steuern abzugrenzen.		X
m	Die Bildung aktiver latenter Steuern in Verlustsituationen vermindert den Verlustausweis.	X	
n	Eine Entstehungsursache für den Ansatz aktiver latenter Steuern kann ein in der Steuerbilanz im Vergleich zur Handelsbilanz zeitlich nachgelagerter Ertrag sein.		X
o	Beim *timing* Konzept steht der richtige Ausweis der Steuererstattungsansprüche und -verbindlichkeiten im Vordergrund, beim *temporary* Konzept hingegen der richtige Erfolgsausweis.		X
p	Permanente Differenzen in Bezug auf die Abgrenzung latenter Steuern entstehen beispielsweise bei der Vereinnahmung steuerfreier Erträge.	X	

Tab. 1: Lösungstableau zu Aufgabe 3 – Multiple Choice (Teil 1).

	Aussage	Richtig	Falsch
q	Bei der Aktivierung latenter Steuern auf Verlustvorträge sind die Anforderungen an die Wahrscheinlichkeit der zukünftigen Nutzung der Verlustvorträge nach US-GAAP restriktiver als nach IFRS.		X
r	Latente Steuern sind im Rahmen der Schuldenkonsolidierung verpflichtend abzugrenzen, in Bezug auf die Zwischenergebniseliminierung besteht hingegen ein Wahlrecht.		X
s	Bei der Zwischenergebniseliminierung nach IFRS wird der Bewertung der latenten Steuern regelmäßig der Steuersatz des empfangenden Unternehmens zugrunde gelegt.	X	
t	Eine Entstehungsursache für die Ansatzpflicht passiver latenter Steuern kann ein in der Steuerbilanz im Vergleich zur Handelsbilanz zeitlich vorverlagerter Aufwand sein.	X	
u	In allen hier betrachteten Rechtskreisen sind im Rahmen der Kapitalkonsolidierung auf aufgedeckte stille Reserven und stille Lasten latente Steuern abzugrenzen.		X
v	Weder die IFRS noch die US-GAAP unterscheiden zwischen primären und sekundären latenten Steuern.	X	
w	Die Aktivierung selbst erstellter immaterieller Vermögenswerte nach IFRS oder US-GAAP führt zur Ansatzpflicht passiver latenter Steuern.	X	
x	Die *deferred method* dient in erster Linie dem richtigen Ausweis der Vermögenswerte und Schulden in der Bilanz.		X
y	Im Konzernabschluss besteht sowohl für aktive als auch für passive latente Steuern nach § 306 HGB eine Ansatzpflicht.	X	
z	Bei der Einzeldifferenzenbetrachtung wird die Steuerabgrenzung für jeden Geschäftsvorfall des jeweiligen Geschäftsjahrs, bei dem eine temporäre Differenz aufgetreten ist, errechnet und über die Betrachtungsperioden aufsummiert.	X	

Tab. 1: Lösungstableau zu Aufgabe 3 – Multiple Choice (Teil 2).

Aufgabe 4

a) Der relevante Gesamtsteuersatz s der Zeppelin-AG ergibt sich aus der Addition von Körperschaft- und effektivem Gewerbesteuersatz. Dabei ist allerdings zu berücksichtigen, dass die Gewerbesteuer sowohl ihre eigene Bemessungsgrundlage als auch die der Körperschaftsteuer mindert. Der Solidaritätszuschlag wird als Zuschlag auf die Körperschaftsteuer erhoben. Der Gesamtsteuersatz lässt sich somit nach folgender Formel berechnen:

$$s = s_{KSt} \cdot (1 - s_{GewSt}) \cdot (1 + s_{SolZ}) + s_{GewSt}$$

wobei $s_{GewSt} = m \cdot h / (1 + m \cdot h)$

s = Gesamtsteuersatz s_{KSt} = Körperschaftsteuersatz
s_{GewSt} = effektiver Gewerbesteuersatz s_{SolZ} = Solidaritätszuschlag
m = Steuermesszahl h = Gewerbesteuerhebesatz der Gemeinde

Für die Zeppelin-AG ergibt sich nach obiger Formel ein Gesamtsteuersatz von

$$s = 25\% \cdot (1 - 16{,}67\%) \cdot (1 + 5{,}5\%) + 16{,}67\% = 38{,}65\%.$$

b) Die Abgrenzung aktiver latenter Steuern wird nur auf den im Jahr 01 entstandenen Verlust, also 1 Mio. Euro, vorgenommen; der Verlustvortrag der vergangenen Jahre bleibt unberücksichtigt. Bei einem relevanten Gesamtsteuersatz von 38,65% werden aktive latente Steuern in Höhe von 386.500 Euro gebildet und als latenter Steuerertrag in der Gewinn- und Verlustrechnung berücksichtigt. Der Verlust nach Steuern reduziert sich somit von 1 Mio. Euro (vor Steuern) auf einen Verlust von 613.500 Euro.

Verlust vor Steuern	− 1.000.000 Euro
Steuerertrag aus der Bildung aktiver latenter Steuern	+ 386.500 Euro
Verlust nach Steuern	− 613.500 Euro

Der Buchungssatz lautet:
Aktive latente Steuern *an*
        Steuern vom Einkommen und vom Ertrag 386.500 Euro.

c) Durch die Aktivierung latenter Steuern auf den im Geschäftsjahr 01 entstandenen Verlust reduziert sich – wie in Aufgabenteil b) dargestellt – der Verlust nach Steuern der Zeppelin-AG für diese Periode. Es wird ein geringerer Jahresfehlbetrag ausgewiesen. Der Bildung latenter Steuern liegt die Annahme zugrunde, dass in der Zukunft eine Steuerersparnis durch die Verrechnung der vorhandenen steuerlichen Verlustvorträge mit erwirtschafteten Gewinnen erreicht werden kann. In diesem Fall werden die aktivierten Beträge erfolgswirksam – erfolgsmindernd – aufgelöst, die den Jahresüberschuss und die damit verbundene Eigenkapitalerhöhung in der entsprechenden Periode mindert. Treffen jedoch die Erwartungen der Gesellschaft im Hinblick auf die Gewinnerzielung in den Folgeperioden nicht zu und werden stattdessen nachhaltig Verluste erzielt, so sind die gebildeten aktiven latenten Steuern aufgrund mangelnder Werthaltigkeit wertzuberichtigen. In diesem Fall wird der ohnehin entstandene Verlust der Gesellschaft durch die erfolgswirksame Auflösung der aktiven latenten Steuern zusätzlich erhöht.

Literaturhinweise

ADLER, H./DÜRING, W./SCHMALTZ, K.: Rechnungslegung und Prüfung der Unternehmen, 6. Aufl., Stuttgart ab 1995.

BAETGE, J./KIRSCH, H.-J./THIELE, S.: Bilanzen, 6. Aufl., Düsseldorf 2002.

BAUMANN, K.-H.: Kommentierung des § 306 HGB, in: KÜTING, K./WEBER, C.-P. (Hrsg.), Handbuch der Konzernrechnungslegung, Band II, 2. Aufl., Stuttgart 1998.

BAUMANN, K.-H./SPANHEIMER, J.: Kommentierung des § 274 HGB, in: KÜTING, K./WEBER, C.-P. (Hrsg.), Handbuch der Rechnungslegung – Einzelabschluss, 5. Aufl., Stuttgart 2003.

BERGER, A./FISCHER, N.: Kommentierung der §§ 274, 306 HGB, in: BERGER, A. ET AL. (Bearb.), Beck'scher Bilanz-Kommentar, Handels- und Steuerrecht, 5. Aufl., München 2003.

COENENBERG, A. G.: Jahresabschluss und Jahresabschlussanalyse, 19. Aufl., Stuttgart 2003.

DUSEMOND, M./KESSLER, H.: Rechnungslegung kompakt: Einzel- und Konzernabschluß nach HGB mit Erläuterung abweichender Rechnungslegungspraktiken nach IAS und US-GAAP, 2. Aufl., München/Wien 2001.

HAYN, S./GRAF WALDERSEE, G.: IAS/US-GAAP/HGB im Vergleich: Synoptische Darstellung für den Einzel- und Konzernabschluss, 4. Aufl., Stuttgart 2003.

KUSSMAUL, H.: Betriebswirtschaftliche Steuerlehre, 3. Aufl., München et al. 2003.

KÜTING, K./ZWIRNER, C.: Latente Steuern in der Unternehmenspraxis: Bedeutung für Bilanzpolitik und Unternehmensanalyse – Grundlagen sowie empirischer Befund in 300 Konzernabschlüssen von in Deutschland börsennotierten Unternehmen –, in: Die Wirtschaftsprüfung, 56. Jg. (2003), S. 301–316.

KÜTING, K./ZWIRNER, C./REUTER, M.: Latente Steuern im nationalen und internationalen Jahresabschluss: Konzeptionelle Grundlagen und synoptischer Vergleich, in: Betrieb und Wirtschaft, 57. Jg. (2003), S. 441–447.

MÜLLER, W.: Die Bilanzierung latenter Steuern nach US-GAAP, IAS und HGB, in: KÜTING, K./WEBER, C.-P. (Hrsg.), Wertorientierte Konzernführung, Stuttgart 2000, S. 183–199.

PELLENS, B.: Internationale Rechnungslegung, 4. Aufl., Stuttgart 2001.

SCHILDBACH, T.: Latente Steuern auf permanente Differenzen und andere Kuriositäten – Ein Blick in das gelobte Land jenseits der Maßgeblichkeit, in: Die Wirtschaftsprüfung, 51. Jg. (1998), S. 939–947.

ZWIRNER, C./BUSCH, J./REUTER, M.: Abbildung und Bedeutung von Verlusten im Jahresabschluss – Empirische Ergebnisse zur Wesentlichkeit von Verlustvorträgen in deutschen Konzernabschlüssen, in: Deutsches Steuerrecht, 41. Jg. (2003), S. 1042–1049.

Gerrit Adrian und Michael Wehrheim

Latente Steuern nach IAS 12

Internationale Rechnungslegungsvorschriften gewinnen eine immer größere Bedeutung. Schon derzeit dürfen börsennotierte Unternehmen gemäß § 292a HGB einen befreienden Konzernabschluss nach IFRS aufstellen. Ab 2005 wird für kapitalmarktorientierte Unternehmen die Anwendung von IFRS – zumindest für den Konzernabschluss – verpflichtend.

Aufgrund der fehlenden Verknüpfung zwischen IFRS-Abschluss und Steuerbilanz sind zahlreiche Bilanzierungs- und Bewertungsunterschiede dieser beiden Rechenwerke zu konstatieren. Dies führt dazu, dass im Vergleich zum HGB-Abschluss in verstärktem Maße latente Steuern zu bilanzieren sind. Dabei verfolgt IAS 12 eine von den Vorschriften der §§ 274 und 306 HGB abweichende Konzeption der latenten Steuerabgrenzung.

Konzeptionelle Grundlagen

Temporary-Konzept

Intention der Bilanzierung latenter Steuern nach IFRS ist nicht eine Kongruenz von Ergebnis und ausgewiesener Steuerlast, sondern eine korrekte Vermögensdarstellung durch Periodisierung von Steuerzahlungen. Die Basis der latenten Steuerabgrenzung bildet das zugrunde liegende Konzept, das primär den Umfang der zu erfassenden Differenzen festlegt. IAS 12 verfolgt im Rahmen der Bilanzierung latenter Steuern das bilanzorientierte Temporary-Konzept.

Dem Ziel der korrekten Vermögensdarstellung folgend stellt das Temporary-Konzept nicht auf Ergebnisunterschiede zwischen IFRS-Bilanz und Steuerbilanz, sondern auf bilanzielle Differenzen der beiden Rechenwerke ab. Während sich die abzugrenzenden Bilanzierungs- und Bewertungsunterschiede zukünftig steuerent- oder -belastend auswirken müssen, ist dies bei Entstehung der Abweichung keine tatbestandliche Voraussetzung für die Bildung latenter Steuern. Mithin impliziert die vergleichende Betrachtung von Bilanzwerten, dass auch erfolgsneutral entstehende Abweichungen zwischen Bilanz- und Steuerwert abzugrenzen sind. Dabei ist die verpflichtende Umkehrung der Differenz nicht auf einen bestimmten Zeitraum begrenzt. Dies bedeutet, dass aufgrund der Betrachtung der Totalperiode auch latente Steuern zu bilden sind, wenn die Umkehrung in ferner Zukunft, im Extremfall erst bei Unternehmensliquidation eintritt.

Aufgrund der Betrachtung der Totalperiode unterscheidet das Temporary-Konzept lediglich zwei Arten von Differenzen hinsichtlich ihrer zeitlichen Umkehrung: Temporary und Permanent Differences. Als Temporary Differences werden zeitlich begrenzte Differenzen bezeichnet, die sich innerhalb der Totalperiode wieder ausgleichen. Auf derartige Abweichungen sind grundsätzlich latente Steuern zu bilden. Permanent Differences stellen dagegen zeitlich unbegrenzte Differenzen dar, die dauerhaft als Abweichung zwischen Bilanz- und Steuerwert bestehen bleiben. Da das Temporary-Konzept eine steuerwirksame Umkehrung der Abweichungen voraussetzt, dürfen auf permanente Differenzen keine latenten Steuern gebildet werden.

Dem Merkmal der Bilanzorientierung des Temporary-Konzepts entsprechend kann zwischen vier Sachverhalten unterschieden werden, die zur Bilanzierung latenter Steuern führen. Dabei sind zunächst Bilanzierungs- und Bewertungsunterschiede auf der Aktivseite von entsprechenden Differenzen der Passivseite zu unterscheiden.

Auf der Aktivseite kann der IFRS-Wert des Asset den korrespondierenden Steuerbilanzwert entweder unter- oder überschreiten. Sofern der Buchwert des Vermögenswertes in der IFRS-Bilanz niedriger als der Wert des Wirtschaftsguts in der Steuerbilanz ist, führt die Realisierung des Asset zu einem höheren IFRS-Ergebnis. Zur Gewährleistung eines korrekten Vermögensausweises ist in diesem Fall im Zeitpunkt des Entstehens der Abweichung eine aktivische latente Steuer zu bilden, die eine zukünftige Steuerentlastung abbildet. Bei Umkehrung der Differenz wird der aus Sicht der IFRS-Rechnungslegung zu niedrige Steueraufwand durch Auflösung des aktivischen Postens an das Ergebnis angepasst. Überschreitet auf der Aktivseite der IFRS-Wert den entsprechenden Steuerbilanzwert ist eine passivische latente Steuer zu bilden, die eine zukünftige Steuerbelastung anzeigt.

Aus Abweichungen auf der Passivseite können ebenfalls aktivische oder passivische latente Steuern resultieren. Eine aktivische latente Steuerabgrenzung ist vorzunehmen, sofern der IFRS-Wert der Liability die steuerbilanzielle Verbindlichkeit übersteigt. Umgekehrt sind latente Steuern zu passivieren, wenn der Passiv-Posten in der IFRS-Bilanz den entsprechenden Steuerbilanzwert unterschreitet.

Ansatz

Nach IAS 12 besteht sowohl für aktivische als auch passivische latente Steuern im Einzel- und Konzernabschluss eine grundsätzliche Bilanzierungspflicht. Da aktivische latente Steuern als forderungsähnliche Positionen aufzufassen sind, begründen neben zeitlichen Differenzen auch steuerliche Verlustvorträge sowie ungenutzte Steuergutschriften eine latente Steuerabgrenzung. Allerdings darf ein latenter Steueranspruch nur aktiviert werden, soweit dessen zukünftige Realisierung wahrscheinlich ist. Dies ist der Fall, wenn im Zeitpunkt der Umkehrung der abgegrenzten Differenz zu versteuerndes Einkommen in entsprechender Höhe zur Verfügung steht, gegen das der latente Steueranspruch verrechnet werden kann.

Trotz der umfassenden Steuerabgrenzung benennt IAS 12 explizite Ausnahmen, bei denen keine latenten Steuern gebildet werden dürfen. Ein Ausnahmetatbestand besteht in Form des steuerlich nicht absetzbaren Geschäfts- oder Firmenwertes, ein anderer zielt auf erfolgsneutrale Differenzen ab, die beim erstmaligen Ansatz eines Vermögensgegenstandes oder einer Schuld entstehen und nicht auf einem Unternehmenszusammenschluss beruhen. Aktivische latente Steuern im Zusammenhang mit Beteiligungen dürfen nach IAS 12.44 nicht gebildet werden, sofern sich die zeitlichen Differenzen nicht in einem vorhersehbaren Zeitraum ausgleichen und im Zeitpunkt der Umkehrung steuerpflichtiges Einkommen in entsprechender Höhe vorliegt. Zudem ist nach IAS 12.39 der Ansatz passivischer latenter Steuern im Zusammenhang mit Anteilen an Tochterunternehmen, Zweigniederlassungen, assoziierten Unternehmen und Joint Ventures untersagt, sofern die Obergesellschaft Einfluss auf die in absehbarer Zeit nicht eintretende Umkehrung der zeitlichen Differenz hat.

Hinsichtlich der Ermittlung des anzusetzenden Betrags geht IAS 12 von einer Einzeldifferenzenbetrachtung aus. Dies bedeutet, dass der Gesamtbetrag latenter Steuern über die einzelnen für die Steuerabgrenzung ursächlichen Sachverhalte und Geschäftsvorfälle ermittelt wird. Da aktivische und passivische latente Steuern grundsätzlich nicht saldiert werden dürfen, scheidet eine Betrachtung der bilanziellen Gesamtdifferenz aus.

Die Erfolgswirkung beim Ansatz latenter Steuern korrespondiert mit dem zugrundeliegenden Sachverhalt. Folglich ist die Bildung latenter Steuern erfolgsneutral vorzunehmen, wenn die Gegenbuchung des differenzauslösenden Geschäftsvorfalls im bilanziellen Eigenkapital erfolgt. Umgekehrt sind latente Steuern erfolgswirksam zu bilden und aufzulösen, wenn der zugrundeliegende Sachverhalt die Gewinn- und Verlustrechnung berührt.

Bewertung

Hinsichtlich der Bewertung latenter Steuern folgt IAS 12 den Grundsätzen der Liability-Methode. Korrespondierend zum Temporary-Konzept verfolgt die Liability-Methode das Ziel des zutreffenden Vermögens- und Schuldenausweises. Dementsprechend sind nach der Liabilty-Methode aktivische latente Steuern als Forderung und passivische latente Steuern als Verbindlichkeit zu interpretieren. Da auf erwartete Steuereffekte abgestellt wird, sind die abzugrenzenden Differenzen mit dem zukünftigen, im Zeitpunkt der Umkehrung gültigen Steuersatz zu bewerten.

Eine Schätzung des zukünftigen Steuersatzes darf nach IAS 12 allerdings nicht vorgenommen werden. Sofern bei Entstehen der Differenz ein zukünftiger abweichender Steuersatz nicht bekannt ist, muss zunächst der aktuell gültige Steuersatz zur Bewertung herangezogen werden. Erst wenn das Inkrafttreten der Steuersatzänderungen mit hinreichender Sicherheit angenommen werden kann, erfolgt eine entsprechende Umbewertung der latenten Steuern.

Eine Abzinsung latenter Steuerforderungen und -verbindlichkeiten ist gemäß IAS 12.53 explizit untersagt. Auch diesbezüglich gehen die Vorschriften des IAS 12 mit dem Liability-Konzept konform, das ausdrücklich auf den zukünftigen und nicht auf den aktuellen Wert latenter Steuern abstellt.

Ausweis

Latente Steuern sind in der IFRS-Bilanz getrennt von anderen Vermögenswerten und Schulden auszuweisen. Sofern das bilanzierende Unternehmen zwischen kurz- und langfristigen Positionen unterscheidet, sind latente Steuern unter die langfristigen Vermögensgegenstände (aktivische latente Steuern) bzw. Schulden (passivische latente Steuern) zu subsumieren.

In der Gewinn- und Verlustrechnung sieht IAS 12 keinen getrennten Ausweis von tatsächlichen und latenten Steuern vor. Eine gesonderte Darstellung ist nach IAS 12.77 lediglich für den Steueraufwand zwingend vorzunehmen, der der gewöhnlichen Geschäftstätigkeit zuzuordnen ist.

Im Anhang sind nach IAS 12.79 die Hauptbestandteile des Steueraufwands gesondert anzugeben. Als mögliche Bestandteile benennt IAS 12.80 beispielsweise:

- den tatsächlichen Steueraufwand;
- den Betrag latenter Steuern, der auf das Entstehen bzw. auf die Umkehrung temporärer Differenzen zurückzuführen ist;
- den Betrag latenter Steuern, der auf Steuersatz- oder Steuergesetzesänderungen berührt.

Ferner sind unter anderem folgende Angaben verpflichtend offenzulegen:

- der Betrag latenter und tatsächlicher Steuern, die erfolgsneutral behandelt wurden;
- der Betrag temporärer Differenzen, steuerlicher Verluste sowie Steuergutschriften, auf den keine latente Steuer gebildet wurde;
- der Betrag aktivischer und passivischer latenter Steuern für jede Art von temporärer Differenz, steuerlichen Verlustvortrags und von Steuergutschrift.

Zur Erläuterung des Verhältnisses von Jahresergebnis vor Steuern und ausgewiesenen Steueraufwand ist nach IAS 12.81 eine Überleitungsrechnung (Tax Reconciliation) zu erstellen. Die Überleitung kann alternativ zwischen effektivem und erwartetem Steueraufwand oder zwischen effektivem und erwartetem Steuersatz erfolgen. Unabhängig von der Darstellungsform der Überleitungsrechnung sind die Grundlagen der Ermittlung des erwarteten Steuersatzes offenzulegen.

Aufgabe

Der nach den Vorschriften der IFRS bilanzierende K-Konzern besteht aus der Obergesellschaft O, die Sitz und Geschäftsleitung in Land A hat, sowie aus der 100%igen Tochterkapitalgesellschaft T, deren Sitz und Geschäftsleitung in Land B ist. In der abzubildenden Rechnungslegungsperiode tragen sich folgende Geschäftsvorfälle bzw. Sachverhalte zu:

a) Während die Konzernmutter einen Jahresüberschuss erwirtschaftet, schließt die Tochtergesellschaft das Geschäftsjahr mit einem Jahresfehlbetrag von 6.000 GE ab. Es wird damit gerechnet, dass der steuerrechtlich unbegrenzt vortragsfähige Verlust schon in den nächsten Veranlagungszeiträumen steuermindernd genutzt werden kann, da in entsprechender Höhe passivische Steuerlatenzen bestehen. Der Ertragsteuersatz in Land A beträgt 35%, in Land B 50%.

b) Die Obergesellschaft erwirbt eine Maschine zum Rechnungsbetrag von 1.000 GE. Im Einzelabschluss legt sie eine Nutzungsdauer von zwei Jahren zugrunde. Für steuerbilanzielle Zwecke bestimmt die entsprechende AfA-Tabelle eine Verteilung der Anschaffungskosten über fünf Jahre. In beiden Rechenwerken wird die lineare Abschreibungsmethode angewandt. Der Ertragsteuersatz in Land A beträgt 35%, in Land B 50%.

c) In Abweichung zur unter b) beschriebenen Fallkonstellation tritt im dritten Geschäftsjahr nach Erwerb der Maschine in Land A eine gesetzliche Steuersatzreduktion um 10% in Kraft. Differenzieren Sie folgende Sachverhalte:

   1) Aufgrund der bereits beschlossenen Gesetzesänderung ist der neue Steuersatz bereits im Geschäftsjahr 02 bekannt.

   2) Die Steuersatzänderung wird erst im Jahr ihres Inkrafttretens (Geschäftsjahr 03) öffentlich.

d) Aus einer inländischen Beteiligung erwächst der Konzernmutter ein Dividendenanspruch von 1.000 GE, dem Finanzierungsaufwendungen in Höhe von 500 GE gegenüberstehen. Insgesamt erwirtschaftet die Obergesellschaft im betrachteten Geschäftsjahr einen Jahresüberschuss vor Steuern in Höhe von 3.500 GE. Der ausgewiesene Steueraufwand beläuft sich auf 1.050 GE, während der gesetzliche Ertragsteuersatz in Land A 35% beträgt. Legen Sie hinsichtlich der steuerlichen Behandlungen der einzelnen Geschäftsvorfälle das deutsche Ertragsteuerrecht zugrunde.

Nehmen Sie zum jeweiligen Geschäftsvorfall bzw. Sachverhalt in Bezug auf die latente Steuerabgrenzung Stellung. Gehen Sie bei Ihrer Untersuchung gemäß den zuvor erläuterten Kategorien „Ansatz", „Bewertung" und „Ausweis" vor.

Lösung

a) Ansatz:
Beim vorliegenden Sachverhalt ist zu prüfen, ob der steuerliche Verlust eine Aktivierung latenter Steuern begründet. Da aktivische latente Steuern nach IAS 12 als forderungsähnliche Positionen aufzufassen sind, müssen nicht nur auf temporäre Differenzen, sondern grundsätzlich auch auf steuerliche Verlustvorträge sowie ungenutzte Steuergutschriften latente Steuern gebildet werden. Allerdings dürfen latente Steuern gemäß IAS 12.34 nur aktiviert werden, soweit es wahrscheinlich ist, dass zukünftig ein zu versteuerndes Ergebnis zur Verfügung steht gegen das die latente Steuerforderung verrechnet werden kann. Die erforderliche Wahrscheinlichkeit zur Bildung latenter Steuern auf steuerliche Verlustvorträge wird von IAS 12 nicht anhand einer bestimmten Prozentzahl quantifiziert, sondern mit Hilfe von qualitativen Objektivierungskriterien beschrieben. Danach müssen entweder substanzielle Hinweise vorliegen, die auf ein positives zukünftiges steuerliches Einkommen schließen lassen oder in entsprechender Höhe passivische Steuerlatenzen bestehen. Da letzteres bei vorliegender Fallkonstellation gegeben ist, besteht für die Tochtergesellschaft T die Verpflichtung zum Ansatz einer aktivischen latenten Steuer.

Bewertung:
Aktivische latente Steuern aus Verlustvorträgen geben die erwartete Steuerminderung zum Zeitpunkt der steuerlichen Verlustverrechnung an. Da diese Steuerminderung auf Ebene von T eintritt, ist hinsichtlich der Bewertung der latenten Steuerabgrenzung der zukünftige Steuersatz der Tochtergesellschaft maßgeblich. Aufgrund einer fehlenden Angabe eines zukünftigen Steuersatzes ist der aktuell gültige Steuersatz des Landes B in Höhe von 50% maßgeblich. Die aktivische latente Steuer beträgt demnach 3.000 GE (6.000 GE · 50%).

Ausweis:
In der Bilanz sind aktivische latente Steuern getrennt von anderen Vermögensgegenständen gesondert auszuweisen. In der Gewinn- und Verlustrechnung erfolgt dagegen weder ein gesonderter Ausweis von aktivischen und passivischen Steuerlatenzen noch eine Trennung von latenten und tatsächlichen Steuern. Während beim Ausweis in Bilanz und Gewinn- und Verlustrechnung keine Spezifika im Zusammenhang mit latenten Steuern auf Verlustvorträge zu beachten sind, müssen im Anhang diesbezüglich eine Vielzahl von Angaben verpflichtend offengelegt werden.

Nach IAS 12.80 ist der latente Steuerertrag gesondert anzugeben, sofern er auf bisher nicht in der latenten Steuerabgrenzung berücksichtigten steuerlichen Verlusten beruht. Da der Verlust der Gesellschaft T nicht in einem früheren, sondern im aktuellen Geschäftsjahr erlitten wurde, ist IAS 12.80 im vorliegenden Fall nicht einschlägig. Zudem sind nach IAS 12.81 nicht abgegrenzte steuerliche Verluste betragsmäßig anzugeben. Aufgrund des vorliegenden Ansatzgebots latenter Steuern in Höhe von 3.000 € trifft auch diese Vorschrift nicht auf den Sachverhalt zu. Allerdings muss die

Tochterkapitalgesellschaft T gemäß IAS 12.81 sowohl den in der Bilanz angesetzten Betrag als auch den in der Gewinn- und Verlustrechnung erfassten Betrag an Steueraufwand gesondert angeben, der im Zusammenhang mit der Bilanzierung latenter Steuern auf Verlustvorträge steht. Sofern substanzielle Hinweise für die Aktivierung der Steuerlatenz ausschlaggebend waren, sind diese ebenfalls im Anhang zu erläutern. Dies ist bei der gegebenen Fallkonstellation aufgrund des Bestands an passivischen latenten Steuern nicht notwendig.

b) Ansatz:
Gemäß dem IAS 12 zugrundeliegenden Temporary-Konzept sind zeitlich begrenzte Differenzen durch Bildung latenter Steuern abzugrenzen, sofern sie sich in der Totalperiode wieder ausgleichen. Da sich das Temporary-Konzept durch seine Bilanzorientierung auszeichnet, ist der handelsbilanzielle Wert mit dem steuerbilanziellen Wert der Maschine im Zeitablauf zu vergleichen:

Geschäftsjahr	01	02	03	04	05
IFRS-Abschreibung	500 GE	500 GE	0 GE	0 GE	0 GE
Steuerbilanzielle Abschreibung	200 GE	200 GE	200 GE	200 GE	200 GE
IFRS-Bilanzwert	500 GE	0 GE	0 GE	0 GE	0 GE
Steuerbilanzwert	800 GE	600 GE	400 GE	200 GE	0 GE
Differenz	300 GE	600 GE	400 GE	200 GE	0 GE

Beim vorliegenden Sachverhalt ist der unterschiedliche Bilanzansatz in einer abweichenden Nutzungsdauer des Vermögensgegenstandes von der des Wirtschaftsguts begründet. Die resultierende Differenz ist als zeitlich begrenzt einzuordnen, da ihre Umkehrung bereits in der dritten Periode beginnt und im fünften Geschäftsjahr – mit der letzten Abschreibungsrate – vollendet ist. Folglich sind nach den Vorschriften der IFRS verpflichtend latente Steuern zu bilden. Da der Steuerbilanzwert den IFRS-Bilanzwert übersteigt, handelt es sich im vorliegenden Fall um eine aktivische latente Steuer.

Bewertung:
Die Abweichung zwischen IFRS-Bilanzwert und Steuerbilanzwert der Maschine im jeweiligen Geschäftsjahr multipliziert mit dem maßgeblichen Steuersatz der Obergesellschaft in Höhe von 35% ergibt den in der Bilanz auszuweisenden latenten Steueranspruch. In Abhängigkeit des in Vorperioden bereits abgegrenzten Betrags erfolgt über eine Differenzenrechnung die in der Periode erfolgswirksam zu erfassende oder aufzulösende aktivische latente Steuer.

Geschäftsjahr	01	02	03	04	05
Aktivische latente Steuer	105 GE	210 GE	140 GE	70 GE	0 GE
Steuerertrag	105 GE	105 GE			
Steueraufwand			70 GE	70 GE	70 GE

Ausweis:
Hinsichtlich des Bilanz- und GuV-Ausweises der Steuerlatenzen sind im vorliegenden Sachverhalt keine Besonderheiten zu beachten. Im Anhang sind allerdings die latenten Steueraufwendungen und -erträge gesondert auszuweisen, die auf das Entstehen (Geschäftsjahre 01 und 02) oder die Umkehrung latenter Steuern (Geschäftsjahre 03 bis 05) zurückzuführen sind:

Geschäftsjahr	01	02	03	04	05
Steuerertrag	105 GE	105 GE			
Steueraufwand			70 GE	70 GE	70 GE

c) Ansatz:
Bei vorliegendem Sachverhalt handelt es sich primär um ein Bewertungsproblem. Hinsichtlich einer Prüfung des Ansatzes sei demzufolge auf die Lösungshinweise zu Teilaufgabe b) verwiesen.

Bewertung:
Obgleich latente Steuern in IFRS-Abschlüssen im Rahmen der Liability-Methode mit dem im Zeitpunkt der Umkehrung gültigen Steuersatz zu bewerten sind, darf die Ermittlung des zukünftigen Steuersatzes nicht auf einer Schätzung beruhen. Folglich determiniert regelmäßig der aktuell gültige Steuersatz die Höhe der latenten Steuerabgrenzung. Kann allerdings eine Steuersatzänderung am Bilanzstichtag mit hinreichender Sicherheit angenommen werden, sind einerseits die neu entstehenden Latenzen mit dem zukünftigen Steuersatz zu bewerten, andererseits der Bestand an latenten Steuern entsprechend umzubewerten. Die Umbewertung hat zwar zur Folge, dass das Jahresergebnis mit periodenfremden Erträgen und Aufwendungen belastet wird, aber auch, dass ein funktionaler Zusammenhang von Jahresergebnis vor Steuern und ausgewiesenem Steueraufwand in den Perioden der gesetzlichen Gültigkeit des neuen Steuersatzes entsteht.

Bei Fallgestaltung c) 1) muss der neue Steuersatz in Höhe von 25% (35% – 10%) bereits im zweiten Geschäftsjahr bei der Bewertung der latenten Steuerabgrenzung berücksichtigt werden, obwohl der reduzierte steuerliche Tarif erst in der darauffolgenden dritten Periode in Kraft tritt. Die sich ergebenden Abweichungen im Vergleich zu den Werten der Teilaufgabe b) – d. h. ohne Berücksichtigung einer Steuersatzänderung – sind fett hervorgehoben.

Latente Steuern nach IAS 12 159

Geschäftsjahr	01	02	03	04	05
IFRS-Bilanzwert	500 GE	0 GE	0 GE	0 GE	0 GE
Steuerbilanzwert	800 GE	600 GE	400 GE	200 GE	0 GE
Differenz	300 GE	600 GE	400 GE	200 GE	0 GE
Aktivische latente Steuer	105 GE	**150 GE**	**100 GE**	**50 GE**	0 GE
Steuerertrag	105 GE	**45 GE**			
Steueraufwand			**50 GE**	**50 GE**	**50 GE**

Der Steuerertrag im zweiten Geschäftsjahr setzt sich wie folgt zusammen:

$$300 \text{ GE } (0{,}25 - 0{,}35) + 300 \text{ GE} \cdot 0{,}25 = 45 \text{ GE.}$$

Während der erste Term die Umbewertung des Bestands an aktivischen latenten Steuern darstellt, handelt es sich beim zweiten Produkt um die in der aktuellen Periode neu entstandene Differenz, die ebenfalls mit dem Steuersatz in Höhe von 25% zu bewerten ist. Die Abweichungen in den Folgejahren im Vergleich zu Teilaufgabe b) resultieren ebenfalls aus der Anwendung des neuen Steuersatzes. Die Differenz der jeweiligen Periode ergibt sich über eine entsprechende Ermittlung des zuvor – für das Geschäftsjahr 02 – erläuterten ersten Terms.

Bei Fallgestaltung c) 2) erfolgt erst in der Periode des Inkrafttretens der Steuersatzänderung, d. h. im Geschäftsjahr 03, eine Neubewertung der Steuerlatenzen. In der folgenden tabellarischen Übersicht sind wiederum die Änderungen im Vergleich zu Teilaufgabe b) fett hervorgehoben.

Geschäftsjahr	01	02	03	04	05
IFRS-Bilanzwert	500 GE	0 GE	0 GE	0 GE	0 GE
Steuerbilanzwert	800 GE	600 GE	400 GE	200 GE	0 GE
Differenz	300 GE	600 GE	400 GE	200 GE	0 GE
Aktivische latente Steuer	105 GE	210 GE	**100 GE**	**50 GE**	0 GE
Steuerertrag	105 GE	105 GE			
Steueraufwand			**110 GE**	**50 GE**	**50 GE**

Der Steueraufwand im dritten Geschäftsjahr setzt sich wie folgt zusammen:

$$600 \text{ GE } (0{,}25 - 0{,}35) - 200 \text{ GE} \cdot 0{,}25 = -110 \text{ GE.}$$

Bei dieser Fallgestaltung muss aufgrund der um eine Periode verschobenen Berücksichtigung der Steuersatzänderung ein entsprechend höherer Betrag an aktivischen latenten Steuern umbewertet werden. Für die im dritten Geschäftsjahr beginnende Umkehrung der Differenz ist ebenfalls der neue Steuersatz in Höhe von 25% maßgeblich.

Ausweis:
Während hinsichtlich der Steuersatzänderung beim Bilanz- und GuV-Ausweis der Steuerlatenzen keine Besonderheiten zu beachten sind, muss im Anhang gemäß IAS 12.80 der latente Steueraufwand bzw. -ertrag betragsmäßig offengelegt werden, der auf Steuersatzänderungen zurückzuführen ist. Bei Fallgestaltung c) 1) ist dies aufgrund der Steuersatzreduktion ein latenter Steueraufwand in Höhe von 30 GE, bei Fallgestaltung c) 2) ist dagegen eine Steueraufwand von 60 GE gesondert auszuweisen.

d) Ansatz:
Bei vorliegender Problemstellung sind zwei Sachverhalte auf die Bilanzierung latenter Steuern zu untersuchen: Einerseits die erhaltenen Dividenden, andererseits die Finanzierungsaufwendungen der Beteiligung.

Da die aus dem Dividendenanspruch resultierende Forderung sowohl in der IFRS-Bilanz als auch in der Steuerbilanz in Höhe von 1.000 GE zu bilden ist, entsteht keine abzugrenzende Differenz. Die steuerfreie Vereinnahmung der Dividenden gemäß § 8 Abs. 1 KStG, die auf Ebene der empfangenden Kapitalgesellschaft durch eine außerbilanzielle Abrechnung sichergestellt wird, findet folglich keinen Eingang in die latente Steuerabgrenzung. Ebenso ist die Nicht-Abzugsfähigkeit der Finanzierungsaufwendungen gemäß § 3c Abs. 1 EStG nicht in Form einer latenten Steuer zu berücksichtigen.

Bewertung:
Da weder die Dividenden noch die Finanzierungsaufwendungen eine zeitliche Differenz begründen, stellt sich auch das Problem der Bewertung nicht.

Ausweis:
Obgleich keine Differenz zwischen IFRS-Bilanzwert und Steuerbilanzwert entsteht, führt sowohl die Steuerfreiheit der Dividenden als auch die steuerliche Nicht-Abzugsfähigkeit der Finanzierungsaufwendungen zu einer Abweichung zwischen IFRS-Ergebnis und zu versteuerndem Einkommen. Da diese Abweichung nicht durch die Bilanzierung latenter Steuern abgegrenzt wird, resultiert eine Diskrepanz zwischen IFRS-Ergebnis vor Steuern und ausgewiesenem Steueraufwand. Zur Erläuterung dieses Verhältnisses ist nach IAS 12.81 im Anhang verpflichtend eine Überleitungsrechnung offenzulegen. Diese kann alternativ zwischen effektivem und erwartetem Steueraufwand oder zwischen effektivem und erwartetem Steuersatz erfolgen.

Überleitung nach dem Steueraufwand:

	Erwarteter Steueraufwand	1.225 GE	(3.500 GE · 0,35)
−	Dividende	350 GE	(1.000 GE · 0,35)
+	Finanzierungsaufwendungen	175 GE	(500 GE · 0,35)
=	Effektiver Steueraufwand	1.050 GE	

Überleitung nach dem Steuersatz:

	Erwarteter Steuersatz	35%	
−	Dividende	10%	(350 GE/3.500 GE)
+	Finanzierungsaufwendungen	5%	(175 GE/3.500 GE)
=	Effektiver Steuersatz	30%	(1.050 GE/3.500 GE)

Literaturhinweise

DUSEMOND, M.: Ursachen latenter Steuern im Konzernabschluss nach HGB und IAS, in: KÜTING, K./LANGENBUCHER, G. (Hrsg.), Internationale Rechnungslegung, FS für C.-P. Weber, Stuttgart 2001, S. 311–342.

FÖRSCHLE, G./KRONER, M.: International Accounting Standards: Offene Fragen zur künftigen Steuerabgrenzung, in: DB 1996, S. 1633–1639.

HEURUNG, R.: Steuerabgrenzung nach dem Temporary Differences-Konzept im befreienden Konzernabschluss, in: BB 2000, S. 1340–1347.

KIRSCH, H.: Abgrenzung latenter Steuern bei Personengesellschaften in Deutschland nach IAS 12, in: DStR 2002, S. 1875–1880.

WAGENHOFER, A.: International Accounting Standards, 3. Aufl., Wien et al. 2001, S. 268–286.

Ralph L. Gierga und Joachim Krag

Bewertung von Rückstellungen mit Hilfe der Optionspreistheorie

Die Bewertung von Rückstellungen nimmt im Rahmen der Bilanzpolitik eine zentrale Rolle ein. Die gängigen Verfahren zur Ermittlung des zu passivierenden Betrages beinhalten häufig ausgesprochen subjektive und damit nur schwer zu überprüfende Einschätzungen. Für wichtige Rückstellungsarten stellt das Instrumentarium der Optionspreistheorie jedoch ein Verfahren zur Verfügung, das zu einer verbesserten Nachvollziehbarkeit der Wertansätze führen kann.[1]

Im vorliegenden Beitrag wird zunächst ein Überblick über die für Rückstellungen relevanten Ansatz- und Bewertungsvorschriften nach HGB und IFRS gegeben. Im Anschluss werden die Grundzüge der Optionspreistheorie sowie des Realoptionsansatzes dargestellt. Nach einer kurzen Erläuterung zum Einsatz der Optionspreistheorie bei der Bewertung von Rückstellungen werden anhand eines Fallbeispiels die Methoden der Optionsbewertung verdeutlicht.

Bilanzierung von Rückstellungen

Die bilanziellen Schulden eines Unternehmens setzen sich aus Rückstellungen und Verbindlichkeiten zusammen. Sowohl bei der Abgrenzung der Rückstellungen von den Verbindlichkeiten als auch in Bezug auf Ansatz und Bewertung weichen die Vorschriften des International Accounting Standards Boards (IASB) teilweise von denen des deutschen Handelsrechts ab.

Ansatzvorschriften

Handelsrechtliche Vorschriften

Bei Rückstellungen handelt es sich um Passivposten zur Erfassung bestimmter künftiger Ausgaben und Mindereinnahmen. Ihr Ansatz ist abschließend in § 249 HGB geregelt.[2]

Aufgrund der heterogenen Inhalte der einzelnen Rückstellungsarten bieten sich unterschiedliche Systematisierungsmöglichkeiten an. Hinsichtlich ihres Verpflichtungscharakters können Rückstellungen in Außen- und Innenverpflichtungen unterteilt werden. Bezüglich des Zeitpunktes der ihnen zuzuordnenden Erträge kann die Rückstellung bereits realisierten bzw. keinen oder aber zukünftigen Erträgen zugeordnet sein. Da der Gesetzgeber nicht für sämtliche unter dem Begriff „Rückstellungen"

---

[1] Zur handelsrechtlichen Bewertung des Stillhalterrisikos aus Realoptionen vgl. LÖHR 2000.

[2] Vgl. auch nachfolgend KRAG/MÖLLS 2001, BAETGE 2002.

subsumierten Sachverhalte einheitliche Ansatzvorschriften vorsieht, ist ebenfalls zwischen passivierungspflichtigen und solchen Verpflichtungen, für die ein Passivierungswahlrecht gilt, zu unterscheiden.

Der Unterscheidung in Außen- und Innenverpflichtungen folgend besteht *Ansatzpflicht* für folgende Rückstellungen:

- **Außenverpflichtungen**
  - Bei den *Rückstellungen für ungewisse Verbindlichkeiten* (§ 249 Abs. 1 Satz 1 HGB) handelt es sich um am Bilanzstichtag bestehende bürgerlich-rechtliche oder öffentlich-rechtliche Außenverpflichtungen, deren Geltendmachung wahrscheinlich ist. Entstehung und/oder Höhe der Verpflichtung ist jedoch ungewiss. Hierin liegt auch der entscheidende Unterschied zwischen Rückstellungen und Verbindlichkeiten, die dem Grunde und der Höhe nach gewiss sind.
  - *Rückstellungen für drohende Verluste aus schwebenden Geschäften* (§ 249 Abs. 1 Satz 1 HGB): Die Drohverlustrückstellungen sind für schwebende Geschäfte zu bilden, falls mit hinreichender Wahrscheinlichkeit zu erwarten ist, dass der Wert des Anspruchs geringer als die zur Erfüllung der Verpflichtung notwendigen Aufwendungen ausfällt.
  - *Rückstellungen für Gewährleistungen ohne rechtliche Verpflichtung* (§ 249 Abs. 1 Satz 2 Nr. 2 HGB): Bei den Kulanzrückstellungen handelt es sich nicht um rechtliche, sondern um faktische Außenverpflichtungen, denen sich der Kaufmann nicht entziehen kann.

- **Innenverpflichtungen**
  - *Rückstellungen für im Geschäftsjahr unterlassene Instandhaltung* (§ 249 Abs. 1 Satz 2 Nr. 1 HGB): Für Instandhaltungsaufwendungen besteht lediglich eine Passivierungspflicht, wenn die Instandhaltung innerhalb der ersten drei Monate des folgenden Geschäftsjahres nachgeholt wird.
  - *Rückstellungen für Abraumbeseitigung* (§ 249 Abs. 1 Satz 2 Nr. 1 HGB) die im folgenden Geschäftsjahr nachgeholt wird.

Ein *Ansatzwahlrecht* besteht bei folgenden Rückstellungen:

- **Innenverpflichtungen**

- *Rückstellungen für im Geschäftsjahr unterlassene Instandhaltung* (§ 249 Abs. 1 Satz 3 HGB): Für Instandhaltungsaufwendungen die im nächsten Geschäftsjahr, allerdings nicht in den ersten drei Monaten, nachgeholt werden.

- *Rückstellungen für näher umschriebene Aufwendungen* (§ 249 Abs. 2 HGB) dürfen für ihrer Eigenart genau umschriebene, dem jeweiligen oder einem früheren Geschäftsjahr zuzuordnende Aufwendungen gebildet werden, sofern die Aufwendungen am Bilanzstichtag wahrscheinlich oder sicher, bezüglich ihrer Höhe oder ihres Eintrittszeitpunktes jedoch unsicher sind.

Zu anderen als den genannten Zwecken dürfen Rückstellungen nach § 249 Abs. 3 HGB nicht gebildet werden. Die folgende Abbildung verdeutlicht die Gründe für eine Rückstellungsbildung und grenzt Rückstellungen von Verbindlichkeiten ab.

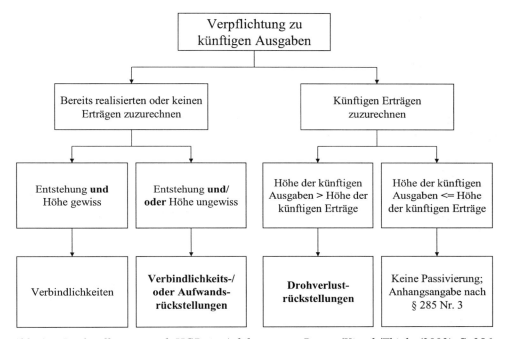

Abb. 1: Rückstellungen nach HGB; in Anlehnung an: Baetge/Kirsch/Thiele (2002), S. 356.

Vorschriften der IFRS

IAS 37 regelt Ansatz, Bewertung und Ausweis von Rückstellungen (Provisions), Eventualschulden (Contingent Liabilities) und Eventualforderungen (Contingent Assets).[1] Rückstellungen werden dabei definiert als Schulden, die bezüglich ihrer Fälligkeit oder Höhe ungewiss sind (IAS 37.10). In IAS 37.1 wird der Anwendungsbereich des Standards negativ abgegrenzt. Der Standard darf nicht angewendet werden auf Rückstellungen, Eventualschulden und -forderungen

- die aus zum beizulegenden Zeitwert bilanzierten Finanzinstrumenten resultieren,
- die aus noch zu erfüllenden, nicht belastenden Verträgen resultieren,

---

[1] Vgl. zum Folgenden INTERNATIONAL ACCOUNTING STANDARDS BOARD 2002, PELLENS 2001, BAETGE 2002.

- die bei Versicherungsunternehmen aus ausgegebenen Policen entstehen, und
- die von einem anderen Standard abgedeckt werden. Derzeit sind als relevante andere Standards die folgenden zu nennen:
  - IAS 11 ⇨ Rückstellungsbildung bei langfristiger Fertigung
  - IAS 12 ⇨ Steuerrückstellungen
  - IAS 17 ⇨ Verpflichtungen aus Leasingverträgen
  - IAS 19 ⇨ Leistungen an Arbeitnehmer

Die Ansatzkriterien für Rückstellungen sind IAS 37.14 zu entnehmen. Demnach ist eine *Rückstellung* dann zu bilden, wenn

- aus einem vergangenen Ereignis eine gegenwärtige Verpflichtung (rechtlich oder faktisch) besteht,
- zur Erfüllung der Verpflichtung ein Abfluss von wirtschaftlich nutzbaren Ressourcen wahrscheinlich ist, d. h. eine Eintrittswahrscheinlichkeit größer als 50% vorliegt, und
- die Höhe der Verpflichtung zuverlässig geschätzt werden kann.

Neben den genannten Kriterien legt IAS 37 fest, unter welchen Bedingungen Rückstellungen für belastende Verträge (Drohverlustrückstellungen; IAS 37.66–69) und Restrukturierungsrückstellungen (IAS 37.70–83) gebildet werden müssen.

Liegen diese Voraussetzungen nicht vor und greifen auch keine anderen Standards, darf keine Rückstellung angesetzt werden. In diesem Fall ist zu prüfen, ob eine Eventualschuld vorliegt. Für Eventualschulden besteht ein Passivierungsverbot. Das Unternehmen muss jedoch Angaben zu den finanziellen Auswirkungen, zu Unsicherheiten bezüglich Betrag und Fälligkeiten sowie zu Erstattungsmöglichkeiten machen. Bei einer *Eventualschuld* handelt es sich gemäß IAS 37.10 um

- eine auf vergangenen Ereignissen beruhende mögliche (unsichere) Verpflichtung, oder
- eine auf vergangenen Ereignissen beruhende gegenwärtige Verpflichtung die nicht erfasst werden darf, da ein Ressourcenabfluss nicht wahrscheinlich ist oder die Höhe der Verpflichtung nicht mit hinreichender Genauigkeit geschätzt werden kann.

Die nachfolgende Abbildung verdeutlicht nochmals die Ansatzvorschriften:

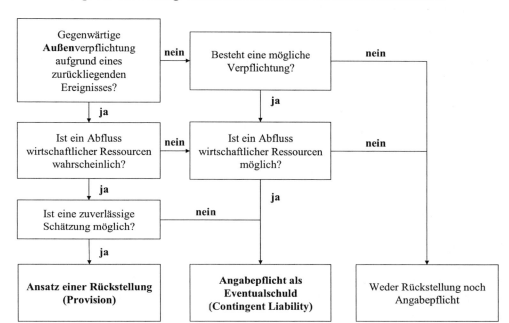

Abb. 2: Ansatzkriterien für Rückstellungen und Eventualschulden nach IAS 37; in Anlehnung an IAS 37, Anhang B.

Bewertungsvorschriften

Handelsrechtliche Vorschriften

Gemäß § 253 Abs. 1 Satz 2 HGB sind Rückstellungen mit dem Betrag anzusetzen, der nach vernünftiger kaufmännischer Beurteilung notwendig ist.[1] Daraus folgt, dass auch für ungewisse Verbindlichkeiten der Rückzahlungsbetrag (Erfüllungsbetrag) der relevante Wertansatz ist. Dabei sieht das Handelsrecht ein weitgehendes Abzinsungsverbot vor. § 253 Abs. 1 Satz 2 Hs. 2 HGB lässt eine Diskontierung nur für Rückstellungen zu, deren zugrundeliegende Verbindlichkeiten einen Zinsanteil enthalten, mit anderen Worten, wenn ein schwebendes verdecktes Kreditgeschäft vorliegt.

Diese sehr allgemeine Bewertungsvorschrift führt zu einem nicht unerheblichen Bewertungsspielraum für den Bilanzierenden. Unter Beachtung des Vorsichtsprinzips sind Rückstellungen in Höhe der wahrscheinlichen Inanspruchnahme und unter Berücksichtigung bestehender Risiken zu bewerten. Die Risikoberücksichtigung führt damit zu einem nicht exakt definierten Wertansatz oberhalb des Erwartungswertes. Im Schrifttum umstritten ist die Einbeziehung von Kosten- bzw. Preissteigerungen in

---

[1] Vgl. detaillierter zum Nachfolgenden KRAG/MÖLLS 2001, BAETGE 2002.

den Rückstellungsbetrag. Diese wird für Verbindlichkeits-, Kulanz- und Aufwandsrückstellungen abgelehnt. Lediglich im Falle von Drohverlustrückstellungen sind aufgrund des Imparitätsprinzips Preissteigerungen zu berücksichtigen.

Analog zu Vermögensgegenständen und anderen Schulden gilt für Rückstellungen der Grundsatz der Einzelbewertung (§ 252 Abs. 1 Nr. 3 HGB). Dieser Grundsatz kann allerdings durchbrochen werden, wenn eine Bewertung in Höhe der vernünftigen kaufmännischen Beurteilung leichter für mehrere gleichartige Sachverhalte zusammengenommen durchgeführt werden kann. In diesem Fall spricht man von einer Sammel- oder Pauschalbewertung.

<u>Vorschriften der IFRS</u>

Nach IAS 37.36 hat die Bewertung von Rückstellungen mit der bestmöglichen Schätzung der Ausgabe für eine gegenwärtig bestehende Verpflichtung zu erfolgen.[1] Als bestmögliche Schätzung gilt der Betrag, der bei vernünftiger Betrachtung zur Erfüllung der Verpflichtung am Bilanzstichtag notwendig ist bzw. der zur Übertragung der Verpflichtung auf einen Dritten gezahlt werden müsste. Zur Schätzung wird auf Erfahrungswerte des Managements und gegebenenfalls auch auf unabhängige Sachverständigengutachten zurückgegriffen. Im Gegensatz zum Handelsrecht sind gemäß IAS 37.45–47 die Wertansätze für Rückstellungen abzuzinsen. Hiervon ist lediglich abzusehen, wenn der Diskontierungseffekt unwesentlich ist.

Rückstellungen für einzelne Verpflichtungen werden grundsätzlich in Höhe des Wertes des wahrscheinlichsten Ereignisses gebildet. Liegt jedoch der überwiegende Teil der anderen möglichen Ereignisse über (unter) dem wahrscheinlichsten Ereignis, so ist ein höherer (niedrigerer) Betrag zu wählen.

Für *Pauschalrückstellungen* sieht IAS 37.39 abweichende Wertansätze vor. Sofern ein Erwartungswert ermittelt werden kann, muss dieser Wert angesetzt werden. Liegt lediglich eine Bandbreite möglicher Werte mit gleichgroßen Eintrittswahrscheinlichkeiten vor, so wird der Median als Schätzwert verwendet.

Drohverlustrückstellungen sind gemäß IAS 37.66–69 lediglich mit ihren unvermeidlichen Kosten anzusetzen. Dabei handelt es sich entweder um die bei Nichterfüllung drohenden Entschädigungszahlungen oder, falls niedriger, um die bei Erfüllung drohenden Verlust.

Restrukturierungsrückstellungen dürfen gemäß IAS 37.80 nur die Ausgaben enthalten, die zwangsweise durch die Restrukturierung entstehen und nicht mit den laufenden Aktivitäten des Unternehmens in Zusammenhang stehen.

---

[1] Vgl. nachfolgend *INTERNATIONAL ACCOUNTING STANDARDS BOARD* 2002, *PELLENS* 2001, *BAETGE* 2002.

Darüber hinaus sind für *Eventualschulden* die finanziellen Auswirkungen anzugeben. Die Schätzung der Auswirkungen erfolgt analog zur Bewertung der Rückstellungen.

Optionspreisbasierte Bewertung von Rückstellungen

Grundzüge der Optionspreistheorie für Finanzoptionen

Optionen stellen eine Vereinbarung zwischen zwei Vertragspartnern dar, wobei der Verkäufer dem Käufer das Recht gewährt, die Erfüllung des Vertrages einzufordern. Sie sind demnach den bedingten Termingeschäften zuzuordnen.[1]

Kauf- und Verkaufsoptionen bilden die zwei elementaren Optionstypen. Ein Call (Kaufoption) gibt dem Käufer der Option das Recht, vom Stillhalter (Verkäufer der Option) die Lieferung des zugrunde liegenden Kontraktgegenstandes zum festgesetzten Preis zu fordern. Bei einem Put (Verkaufsoption) erwirbt der Käufer das Recht zum Verkauf des Kontraktgegenstandes an den Stillhalter. Die Position des Käufers wird auch als „long position", die des Stillhalters als „short position" bezeichnet. Es existieren demnach vier Positionen mit unterschiedlichen Rechten und Pflichten:

Optionsart / Kontraktposition	Käufer	Verkäufer/Stillhalter
Kaufoption/Call	Recht auf Bezug von Wertpapieren	Pflicht, Wertpapiere zu liefern
Verkaufsoption/Put	Recht auf Abgabe von Wertpapieren	Pflicht, Wertpapiere zu kaufen

Abb. 3: Positionen in Optionsgeschäften; in Anlehnung an Perridon/Steiner (2002).

Ein weiteres Unterscheidungsmerkmal bildet der Zeitpunkt zu dem, beziehungsweise der Zeitraum in dem eine Option durch den Inhaber ausgeübt werden darf. Klassisch ist dabei, zwischen „amerikanischen" und „europäischen" Optionen zu differenzieren. Optionen des erstgenannten Typus können während der gesamten Laufzeit, die europäische Variante kann dagegen nur am Ende der Optionsfrist ausgeübt werden.

---

[1] Vgl. zu den grundlegenden Ausführungen zur Optionspreistheorie PERRIDON/STEINER 2002, STEINER/BRUNS 2002, BREALEY/MYERS 2003.

Die wesentlichen Charakteristika einer Option sowie mit ihnen verbundene Termini werden im Folgenden erklärt:

- *Basiswert* ⇨ Der zugrunde liegende Kontraktgegenstand.
- *Basispreis* ⇨ Der im Optionskontrakt fixierte Preis zu dem der Optionsinhaber den Basiswert kaufen bzw. verkaufen kann.
- *Verfalldatum* ⇨ Der Zeitpunkt an dem die Option sowie die sich aus ihr ergebenden Rechte und Pflichten verfallen.
- *Optionspreis* ⇨ Der Betrag, den der Käufer beim Erwerb der Option an den Stillhalter zahlen muss. Der gezahlte Betrag bleibt, unabhängig von der Ausübung der Option, beim Stillhalter.
- *Innerer Wert* ⇨ Der innere Wert einer Option ist der Gegenwert, der bei sofortiger Ausübung erzielt würde.
- *Zeitwert* ⇨ Der Zeitwert ergibt sich aus der Differenz von Optionspreis und innerem Wert. Er wird nie negativ und sinkt bei näher rückendem Verfalltermin kontinuierlich, bis er am Verfalltag den Wert Null erreicht.

Während die Ermittlung des Optionswertes zum Verfalldatum keine größeren Schwierigkeiten bereitet (Optionswert = innerer Wert), ist die Wertermittlung während der Laufzeit weitaus aufwendiger, da ebenfalls der Zeitwert berücksichtigt werden muss und sich die Zahl der relevanten Einflussparameter somit vergrößert.

Änderungen der wesentlichen Einflussparameter beeinflussen den Wert einer Option. Unter ceteris paribus Bedingungen ergeben sich für Kaufoptionen folgende Zusammenhänge: Ein steigender *Aktienkurs* wirkt sich positiv auf den Wert einer Kaufoption aus. Ein höherer *Basispreis* hat dagegen einen geringeren inneren Wert und damit auch einen geringeren Gesamtwert der Option zur Folge. Eine abnehmende *Restlaufzeit* bewirkt durch die im Zeitverlauf rückläufige Wahrscheinlichkeit einer positiven Kursentwicklung einen Rückgang des Zeitwertes. Eine Option mit geringerer Laufzeit ist weniger wert als eine ansonsten identische Option mit längerer Laufzeit. Einen vergleichbaren Einfluss hat die *Volatilität des Basiswertes*. Bei geringerer Volatilität ist eine deutlich positive Kursentwicklung der Aktie unwahrscheinlicher. Steigende Zinsen haben auf den Wert einer Kaufoption einen positiven Einfluss, da durch ein höheres *Zinsniveau* der vom Optionsinhaber zu zahlende Barwert des Basispreises gesenkt wird. Umgekehrt entsteht durch den Nichtverkauf des Wertpapiers dem Stillhalter (einer Kaufoption) ein höherer Zinsverlust, der durch eine erhöhte Optionsprämie auszugleichen ist. In diesem Zusammenhang muss ebenfalls der zweite Effekt der *Restlaufzeit* erwähnt werden. Eine längere Restlaufzeit hat bei europäischen Kaufoptionen eine werterhöhende Wirkung. Je länger der Diskontierungszeitraum, desto geringer fällt der Barwert des Basispreises aus. Als letzte direkte Determinante sind *Dividendenzahlungen* zu nennen. Fällt eine solche in die Laufzeit der Option, so reduziert sich über den Kursabschlag auf die Aktie auch der Optionswert.

Es existiert eine Vielzahl von Bewertungsmodellen für Finanzoptionen. Hier sollen lediglich die beiden bekanntesten Modelle, das Black-Scholes-Modell und das Binomialmodell, kurz vorgestellt werden. Beide Modelle basieren auf Arbitrageüberlegungen. In einem arbitragefreien Markt ist es nicht möglich, dass zwei Portfolios, die in der Zukunft identische Zahlungsströme produzieren, einen unterschiedlichen Preis haben. Das dominante Portfolio muss immer einen höheren Preis besitzen als das von ihm dominierte, da sich andernfalls Arbitragemöglichkeiten eröffnen. Der Wert einer Option muss demnach mit dem Wert eines Portfolios mit deckungsgleichen Rückflüssen übereinstimmen. Um den Optionswert zu ermitteln, ist demnach lediglich ein solches Portfolio zu konstruieren.

Diesen Zusammenhang machen sich *Black-Scholes* (BS) zunutze.[1] Für einen mehrperiodigen Fall ergibt sich jedoch das Problem, dass das Portfolio permanent an die Aktienkursentwicklung angepasst werden muss, um die Sicherheit des Zahlungsstroms aus dem Portfolio zu gewährleisten. Die Bewertungsformel von BS leistet die notwendige permanente Anpassung. Die Formel lautet wie folgt:

$$c_t = N(d_1) \cdot S_t - N(d_2) \cdot X \cdot e^{-r_f \cdot (T-t)}$$

mit
c_t = Wert der Kaufoption
S_t = Aktienkurs
X = Basispreis
r_f = risikoloser Zinssatz
σ = annualisierte Standardabweichung der zukünftigen Aktienrendite
$T - t$ = Restlaufzeit der Option in Jahren
$N(d)$ = kumulierter Wert der Standardnormalverteilung an der Stelle d

$$d_1 = \frac{\ln \frac{S_t}{X} + (r_f + 0{,}5 \cdot \sigma^2) \cdot (T-t)}{\sigma \cdot \sqrt{T-t}}$$

$$d_2 = d_1 - \sigma \cdot \sqrt{T-t}$$

Das *Binomialmodell* unterstellt diskrete Kursänderungen.[2] Annahmegemäß kann der Preis (S) des Basiswertes in der nächsten Periode entweder steigen (u · S) oder fallen (d · S), also lediglich zwei Zustände annehmen. Neben einem Großteil der restriktiven Annahmen, die auch für das BS-Modell gelten, wird vorausgesetzt, dass für die die Entwicklung des Aktienkurses beschreibenden Faktoren (u und d) sowie für den

---
[1] Vgl. *BLACK/SCHOLES* 1973.
[2] Zum Binomialmodell vgl. *COX/ROSS/RUBINSTEIN* 1979, *RENDLEMAN/BARTTER* 1979.

risikolosen Zins [u > (1 + r_f) > d] gilt. Die Zustände u (up) und d (down) treten jeweils mit der Wahrscheinlichkeit q respektive (1 − q) ein. Auf den zu ermittelnden Optionswert haben die angegebenen Wahrscheinlichkeiten jedoch keinen Einfluss.

Das Modell lässt sich für den einperiodigen Fall wie folgt herleiten: Eine Kaufoption kann am Ende der Periode zwei Werte annehmen: C_u = max [u · S − X; 0] und C_d = max [d · S − X; 0]. Werden diese Zahlungen durch ein Portfolio, bestehend aus δ Aktien mit dem Aktienkurs S und einem risikolosen Schuldschein im Wert von B dupliziert, so ergeben sich die möglichen Gegenwerte in Höhe von [δ · u · S + R_f · B] und [δ · d · S + R_f · B]. Aufgrund der Kongruenz der Zahlungsströme muß C_u = [δ · u · S + R_f · B] und C_d = [δ · d · S + R_f · B] sein. Durch mathematische Umformungen lassen sich aus den beiden Gleichungen die beiden Unbekannten (δ und B) ermitteln.

$$\delta = \frac{C_u - C_d}{(u-d) \cdot S}$$

$$B = \frac{u \cdot C_d - d \cdot C_u}{(u-d) \cdot R_f}$$

Der Wert des Calls in t = 0 muss gleich der Summe der Werte aus dem Aktienerwerb (δ · S) und dem Schuldschein (B) sein. Diese können mit Hilfe obiger Formeln ermittelt werden. Nach Umformung ergibt sich der Wert der Kaufoption aus:

$$C = \delta \cdot S + B = \frac{\left(\frac{R_f - d}{u-d}\right)C_u + \left(\frac{u - R_f}{u-d}\right)C_d}{R_f}$$

Da die Summe der in Klammern stehenden Zählerterme eins ergibt, lassen sie sich durch p respektive (1 − p) substituieren, was zu folgender Formel führt:

$$C = \frac{p \cdot C_u + (1-p) \cdot C_d}{R_f}$$

Für den mehrperiodigen Fall ist die Formel wie folgt zu erweitern:

$$C = \frac{\sum_{t=0}^{n}\left[\left(\frac{n!}{t! \cdot (n-t)!}\right) \cdot p^t \cdot (1-p)^{n-t} \cdot \max\left[0; u^t \cdot d^{n-t} \cdot S - X\right]\right]}{R_f^n}$$

Bei dem BS-Modell wird von einem stetigen Random Walk der Aktienkurse, beim Binomialmodell hingegen von diskreten Kursänderungen ausgegangen. Eine Verringerung der Zeiträume zwischen den Binomialschritten führt zu einer Annäherung der Ergebnisse des Binomialmodells an die des BS-Modells. Bei gegebener jährlicher Standardabweichung können mit Hilfe folgender Formeln die Steigungsparameter ermittelt werden:

$$u = e^{\left(\sigma \cdot \sqrt{\frac{\text{Laufzeit der Option}}{\text{Anz. der Binomialschritte}}}\right)}$$

$$d = \frac{1}{u}$$

Die Werte einheitlich ausgestatteter europäischer Kauf- und Verkaufsoptionen stehen in einem bestimmten Verhältnis. Um vom Wert einer Kaufoption auf den Wert einer identischen Verkaufsoption zu schließen, kann die Put-Call-Parität herangezogen werden. Der Wert eines Put ergibt sich demnach aus der Summe von Callwert und Barwert des Basispreises abzüglich des gegenwärtigen Aktienkurses.

Realoptionen und die Bewertung von Rückstellungen

In Anlehnung an die dargestellte finanzwirtschaftliche Optionspreistheorie wird mit Hilfe des Realoptionsansatzes versucht, die mit Investitionen in reale Vermögensgegenstände einhergehenden optionalen Elemente gesondert zu bewerten. Diese optionalen Elemente können bei Realoptionen in unterschiedlichen Erscheinungsformen auftreten. Eine gängige Klassifizierung unterscheidet zwischen Aufschubs-, Abbruch- und Umstellungsoptionen.[1]

Beinhaltet ein Projekt die Möglichkeit, die endgültige Entscheidung zur Durchführung in die Zukunft zu verlegen, anstatt eine geplante Investition unmittelbar ausführen zu müssen, kann man diese Realoption als *Aufschubsoption* bezeichnen. Diese Verzögerung bietet den Vorteil, abwarten zu können, ob sich die für die Investition relevanten Bedingungen (beispielsweise der zu erzielende Marktpreis des zu produzierenden Produktes) positiv oder negativ entwickeln und eröffnet somit die Möglichkeit, gegebenenfalls den Zeitpunkt der Durchführung zu optimieren. In der Terminologie der Finanzoptionen lässt sich dies durch eine Long Position in einem amerikanischen Call ausdrücken, wobei die Investitionsausgaben dem Basispreis entsprechen. Eine *Abbruchoption* beschreibt die Möglichkeit, ein begonnenes Investitionsprojekt zu liquidieren. Der Liquidationserlös entspräche, wiederum in der Terminologie der Finanzoptionen, dem Basispreis einer amerikanischen Verkaufsoption. *Um-*

---

[1] Vgl. zu teilweise leicht abweichenden Klassifizierungen sowie ausführlicher zum Realoptionsansatz PEEMÖLLER/BECKMANN 2002, COPELAND/KOLLER/MURRIN 2002, ausführlich MEISE 1998.

stellungsoptionen bieten die Möglichkeit, bestimmte Aktiva flexibel zu nutzen. Beispielsweise hat aus der Perspektive des Realoptionsansatzes eine Anlage, welche die Möglichkeit bietet, unterschiedliche Produktqualitäten zu produzieren, einen höheren Wert als eine ansonsten identische Anlage, die diese Möglichkeit nicht eröffnet. Umstellungsoptionen können sowohl als Kauf- als auch als Verkaufsoptionen auftreten.

Bei den zuvor beschriebenen Realoptionstypen handelt es sich regelmäßig um Long-Positionen der jeweiligen Optionen, d. h. die Optionen werden aus Sicht des Optionskäufers/-inhabers betrachtet. Im Zusammenhang mit einer Bewertung von Rückstellungen steht für das die Rückstellung bildende Unternehmen jedoch nicht die eigene zusätzliche Flexibilität im Mittelpunkt, sondern die ungewissen Folgen eingegangener Verpflichtungen. Das bilanzierende Unternehmen nimmt somit die Position des Stillhalters bzw. Optionsverkäufers ein (Short Position) und besitzt nicht die oben beschriebene, sich aus der jeweiligen Option ergebende Flexibilität, sondern hat sie, willentlich oder unwillentlich, einem Vertragspartner gewährt. Für den Bilanzierenden ist es von herausragender Bedeutung zu erkennen, dass die gewährte Flexibilität einen Wert für den Begünstigten darstellt, und dass dieser Wert in Form einer Verbindlichkeit das gewährende Unternehmen belastet. Zur nachvollziehbaren Ermittlung des Wertes ist der Einsatz der Optionspreistheorie naheliegend, besonders da IAS 37 als einen möglichen Wertansatz den zur Übertragung der Verpflichtung auf einen Dritten zu zahlenden Betrag angibt. Der zur Veräußerung einer Stillhalterposition zu entrichtende Betrag entspricht dem Optionswert und lässt sich bei Kenntnis der notwendigen Parameter analog zu den Finanzoptionen ermitteln. Es ist anzumerken, dass es sich bei dem Optionswert nicht um einen vorsichtigen, sondern um einen „fairen" bzw. marktnahen Wertansatz handelt, der mit dem prinzipiellen Bewertungsparadigma der IFRS in Einklang steht.

Zur Berechnung des Optionswertes ist die Kenntnis der aufgezeigten Determinanten notwendig. Werden Realoptionen betrachtet, so entspricht der Wert des Basiswertes dem Bruttobarwert der Zahlungsströme bei Ausübung der Option. Die Volatilität ergibt sich aus der Schwankungsbreite der erwarteten Zahlungsströme und die Restlaufzeit ist der Zeitraum, nach dessen Ende die Option wertlos verfällt.

Fallbeispiel

Ausgangssituation

Ein nach IFRS bilanzierendes Bauunternehmen verkauft einen Bürokomplex an einen Immobilienfond. Aufgrund der schwierigen Marktlage gelingt es dem Fondsverwalter, eine Mindestmiete vertraglich festzulegen. Sollte der ortsübliche Quadratmeterpreis drei Jahre nach dem Eigentumsübergang unter 100 GE je Jahr liegen, so hat der Fondsverwalter das Recht, vom Bauunternehmen den Differenzbetrag für ein Jahr zu einzufordern. Dabei wird vertraglich eine durchschnittliche Belegung von 80% der zur Verfügung stehenden 25.000 qm als Berechungsgrundlage angesetzt. Die Zahlungsverpflichtung des Bauunternehmens bezieht sich also auf 80% der Fläche und ist verbunden mit dem allgemeinen Mietniveau für vergleichbare Büroflächen. Sie ist somit unabhängig von den tatsächlich erzielten Mieteinnahmen. Der Eigentumsübergang erfolgte zum 01.01.01. Zu diesem Zeitpunkt lag der Quadratmeterpreis bei 100 GE pro Jahr.

Aufgrund langjähriger Marktkenntnis erwartet das Management des Bauunternehmens in den kommenden drei Jahren sehr volatile, wahrscheinlich rückläufige Mietpreise. Die unter Zuhilfenahme von Modellrechnungen ermittelte jährliche Standardabweichung des Mietniveaus beträgt 22,3%. Der risikolose Zinssatz beläuft sich auf 5%.

In der Rolle des Assistenten der Geschäftsführung sollen Sie im Jahr 01 überprüfen, ob eine Rückstellung zu bilden ist und welcher Betrag gegebenenfalls angesetzt werden muss. Obwohl das Management bereits einen auf Erfahrungswerten beruhenden Wert ermittelt hat, werden Sie gebeten, rechnerisch einen Wert abzuleiten. Nutzen Sie zur Ermittlung des Wertes bitte beide zuvor beschriebenen Modelle.

Lösung

Ansatz:

IAS 37 ist der für Rückstellungen relevante Standard. Zunächst muss geprüft werden, ob der beschriebene Sachverhalt in den Anwendungsbereich des IAS 37 fällt. Da dies bejaht werden kann, folgt nun die Untersuchung, ob die Bildung einer Rückstellung oder die Angabe einer Eventualschuld erforderlich ist. Die Ansatzkriterien für Rückstellungen sind in IAS 37.14 aufgeführt. Demnach wird eine Rückstellung dann gebildet, wenn

a) aus einem vergangenen Ereignis eine gegenwärtige Verpflichtung (rechtlich oder faktisch) besteht,

b) zur Erfüllung der Verpflichtung ein Abfluss von wirtschaftlich nutzbaren Ressourcen wahrscheinlich ist, d. h. eine Eintrittswahrscheinlichkeit größer als 50% vorliegt, und

c) die Höhe der Verpflichtung zuverlässig geschätzt werden kann.

Diese Anforderungen sind erfüllt, da der Eigentumsübergang bereits erfolgte, eine rechtliche Verpflichtung, deren Eintreten als wahrscheinlich eingeschätzt wird, besteht und sich die Höhe der Verpflichtung erfahrungsgemäß zuverlässig schätzen lässt.

Bewertung:

Aufgrund der gegebenen Daten wird die Analogie zur Optionspreistheorie deutlich. Der Immobilienfond hat bei negativer Marktentwicklung die Möglichkeit, die Differenz zwischen dem festgelegten Quadratmeterpreis (100 GE) und dem Marktpreis vom Bauunternehmen einzufordern. In der Terminologie der Optionspreistheorie entspricht dies einer europäischen Verkaufsoption (Put), wobei nicht das komplette Objekt, sondern lediglich die Mieteinnahmen eines Jahres Kontraktgegenstand sind. Übt der Fonds seine Option aus, ist das Bauunternehmen verpflichtet, für ein Jahr die Mietzahlungen zum vereinbarten Niveau zu übernehmen. Dabei soll das allgemeine Mietniveau angerechnet werden, so dass lediglich der Differenzbetrag fällig wird. Das Bauunternehmen nimmt demzufolge die Position des Stillhalters ein.

Bei dieser Datenlage bietet sich eine Bewertung mit Hilfe der BS-Formel für europäische Kaufoptionen an:

$$c_0 = N(0{,}58) \cdot 100 - N(0{,}20) \cdot 100 \; e^{-0{,}05 \cdot (3-0)} = 22{,}26$$

Der Wert eines Put ergibt sich dann wie folgt:

$P = C - S + X \cdot e^{-r_f \cdot (T-t)}$, wobei $X \cdot e^{-r_f \cdot (T-t)}$ den Barwert des Ausübungspreises darstellt.

Bezogen auf den Quadratmeterpreis beläuft sich der Wert der Verkaufsoption 8,33. Bei einer Fläche von 20.000 qm (80% von 25.000 qm) ergibt sich somit als Wertansatz für die Rückstellung ein Betrag von 166.600 GE.

Um die Bewertung mit Hilfe der Optionspreistheorie zu vervollständigen, soll ebenfalls das Binomialmodell herangezogen werden. Wie bereits erwähnt, ist in diesem Modell die Kenntnis der kursbeeinflussenden Faktoren u und d zwingend notwendig. Die vorgegebene Standardabweichung kann mit Hilfe der bereits angegebenen Formeln in die Werte für die Steigungsparameter überführt werden: Für u ergibt sich 1,25, für d 0,8.

Anhand eines Zustandsbaumes lassen sich die möglichen Entwicklungen des Mietpreisniveaus darstellen:

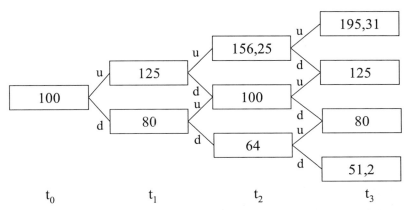

Abb. 4: *Entwicklungen des Quadratmeterpreises in Abhängigkeit von u und d.*

Aus diesem Zustandsbaum kann durch eine retrograde Vorgehensweise der Wert einer europäischen Kaufoption abgeleitet werden. Zum Verfalltermin hat eine Kaufoption mit einem Basispreis von 100 nur dann einen Wert, wenn der Preis des Kontraktgegenstandes zum Verfalltermin 100 übersteigt. Der Optionswert zum Verfallzeitpunkt ergibt sich aus der Differenz aus Preis des Kontraktgegenstandes und dem Basispreis. Der Wert der Kaufoption in t_0 errechnet sich durch retrograde Anwendung der bereits genannten Formel:

$$C = \frac{p \cdot C_u + (1-p) \cdot C_d}{R_f} \quad \text{mit } p = \left(\frac{R_f - d}{u - d}\right)$$

Diese Vorgehensweise führt zu einem Optionswert der Kaufoption in Höhe von 23,01 GE:

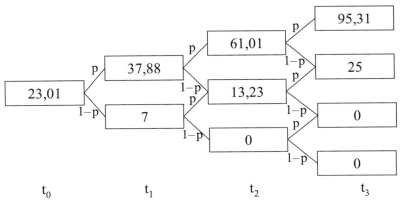

Abb. 5: *Ermittlung des Optionswertes im Binomialmodell.*

Zum identischen Ergebnis führt die oben angegebene Formel für den mehrperiodigen Fall des Binomialmodells:

$$C = \frac{\sum_{t=0}^{3}\left[\left(\frac{3!}{t! \cdot (3-t)!}\right) \cdot \left(\frac{5}{9}\right)^{t} \cdot \left(\frac{4}{9}\right)^{3-t} \cdot \max\left[0; 1{,}25^{t} \cdot 0{,}8^{3-t} \cdot 100 - 100\right]\right]}{1{,}05^{3}} = 23{,}01$$

Der Wert der Verkaufsoption ist wiederum mit Hilfe der Put-Call-Parität zu ermitteln:

$$P = C - S + X \cdot R_{f}^{-n} = 9{,}39$$

Bei einer Fläche von 20.000 qm (80% von 25.000 qm) ergibt sich somit als Wertansatz für die Rückstellung ein Betrag von 187.600 GE.

Aufgabe 1

Erklären Sie die voneinander abweichenden Ergebnisse der beiden Optionspreismodelle!

Aufgabe 2

Nennen Sie Sachverhalte für die eine Pauschalrückstellung handelsrechtlich möglich wäre!

Aufgabe 3

Ist eine Bewertung von Rückstellungen mit Hilfe des Realoptionsansatzes mit den handelsrechtlichen Vorschriften zu vereinbaren?

Aufgabe 4

Grenzen Sie Eventualverbindlichkeiten von Rückstellungen ab!

Lösung

Aufgabe 1

Bei dem BS-Modell wird von einem stetigen Random Walk der Aktienkurse, bei dem Binomialmodell von diskreten Kursänderungen ausgegangen. Eine Verringerung der Zeiträume zwischen den Binomialschritten führt zu einer Annäherung der Ergebnisse des Binomialmodells an die des BS-Modells. Im vorliegenden Beispiel war die Anzahl der Binomialschritte mit n = 3 relativ gering.

Aufgabe 2

Der auch bei Rückstellungen gültige Einzelbewertungsgrundsatz kann durchbrochen werden, wenn eine sinnvolle Bewertung in Höhe der vernünftigen kaufmännischen Beurteilung leichter für mehrere gleichartige Sachverhalte zusammengenommen durchgeführt werden kann. Typische Beispiele sind Garantieverpflichtungen, Gewährleistungen ohne rechtliche Verpflichtung, Bürgschaftsverpflichtungen und Wechselobligo.

Aufgabe 3

Eine Bewertung von Rückstellungssachverhalten durch Optionspreismodelle dürfte handelsrechtlich abzulehnen sein. Die handelsrechtlichen Vorschriften schreiben eine, verglichen mit IAS 37, vorsichtigere Bewertung vor und legen einen Wertansatz oberhalb des Erwartungswertes nahe. Optionspreismodelle führen allerdings eher zu einem fairen (marktgerechten) als zu einem vorsichtigen Wertansatz. Bei den oben ermittelten Werten wäre zusätzlich zu bemängeln, dass handelsrechtlich eine Abzinsung nur für Rückstellungen zulässig ist, deren zugrundeliegende Verbindlichkeiten einen Zinsanteil enthalten.

Aufgabe 4

Bei einer Eventualschuld handelt es sich gemäß IAS 37.10 um eine auf vergangenen Ereignissen beruhende mögliche (unsichere) Verpflichtung oder um eine auf vergangenen Ereignissen beruhende gegenwärtige Verpflichtung, die nicht erfasst werden darf, da ein Ressourcenabfluss nicht wahrscheinlich ist oder die Höhe der Verpflichtung nicht mit hinreichender Genauigkeit geschätzt werden kann. Zur Abgrenzung siehe Abbildung 2.

Literaturhinweise

ADLER, H./DÜRING, W./SCHMALTZ, K.: Rechnungslegung und Prüfung der Unternehmen: Teilband 6, 6. Aufl., Stuttgart 1998.

BAETGE, J./KIRSCH, H.-J./THIELE, S.: Bilanzen, 6. Aufl., Düsseldorf 2002.

BECK'SCHER BILANZ-KOMMENTAR: Der Jahresabschluss nach Handels- und Steuerrecht, 5. Aufl., München 2003.

BLACK, F./SCHOLES, M.: The Pricing of Options and Corporate Liabilities, in: Journal of Political Economy, 1973, S. 637–654.

BREALEY, R. A./MYERS, S. C.: Principles of Corporate Finance, 7. Aufl., New York 2003.

COPELAND, T./KOLLER, T./MURRIN, J.: Unternehmenswert, 3. Aufl., Frankfurt am Main 2002 (aus dem Englischen von F. MADER).

COX, J. C./ROSS, S. A./RUBINSTEIN, M.: Option Pricing – A Simplified Approach, in: Journal of Financial Economics, 1979, S. 229–263.

HOMMEL, U./PRITSCH, G.: Marktorientierte Investitionsbewertung mit dem Realoptionsansatz: Ein Implementierungsleitfaden für die Praxis, in: Finanzmarkt und Portfolio Management, 1999, S. 121–144.

INTERNATIONAL ACCOUNTING STANDARDS BOARD (Hrsg.): International Accounting Standards 2002 (Deutsche Ausgabe), Stuttgart 2002.

KRAG, J./KASPERZAK, R.: Grundzüge der Unternehmensbewertung, München 2000.

KRAG, J./MÖLLS, S.: Rechnungslegung: Handels- und steuerrechtliche Grundlagen, München 2001.

LÖHR, D.: Die handelsrechtliche Bilanzierung und Bewertung des Stillhalterrisikos aus Realoptionen, in: Die Wirtschaftsprüfung, 2000, S. 597–605.

MEISE, F.: Realoptionen als Investitionskalkül – Bewertung von Investitionen unter Unsicherheit, München et al. 1998.

PEEMÖLLER, V. H./BECKMANN, C.: Der Realoptionsansatz, in: PEEMÖLLER, V. H. (Hrsg.), Praxishandbuch der Unternehmensbewertung, Herne 2002, S. 735–749.

PELLENS, B.: Internationale Rechnungslegung, 4. Aufl., Stuttgart 2001.

PERRIDON, L./STEINER, M.: Finanzwirtschaft der Unternehmung, 11. Aufl., München 2002.

RENDLEMAN, R./BARTTER, B. J.: Two State Option Pricing, in: Journal of Finance, 1979, S. 1093–1110.

SCHILDBACH, T.: Der handelsrechtliche Jahresabschluß, 6. Aufl., Herne et al. 2000.

STEINER, M./BRUNS, C.: Wertpapiermanagement, 8. Aufl., Stuttgart 2002.

WAGENHOFER, A.: International Accounting Standards, 3. Aufl., Wien et al. 2001.

Christian Zwirner, Michael Reuter und Julia Busch

Die Abbildung von Verlusten im Jahresabschluss

In Zeiten einer schwierigen Wirtschaftslage und schlechter Unternehmensergebnisse werden vielfach hohe Verluste erwirtschaftet. In diesem Kontext ist zwischen der steuer- und der handelsrechtlichen Abbildung im Jahresabschluss zu unterscheiden. Darüber hinaus ist aus der handelsrechtlichen Sicht zwischen der Behandlung von Verlusten in Einzel- und Konzernabschluss zu differenzieren.

Den externen Jahresabschlussleser interessieren neben der absoluten Höhe der entstandenen Verluste auch deren Entstehungsursachen und die daraus resultierenden Konsequenzen zur Einschätzung bzw. Beurteilung der künftigen Entwicklung des Unternehmens. Aufgrund des großen bilanzpolitischen Potenzials ist dabei auch besonderes Augenmerk auf die Aktivierung latenter Steuern auf Verlustvorträge und deren Auswirkungen auf den Erfolgs- und Vermögensausweis heute sowie in zukünftigen Perioden zu richten.

Aufgabe 1

Erläutern Sie die steuerrechtliche Abbildung von Verlusten im Jahresabschluss.

Aufgabe 2

Erläutern Sie die handelsrechtliche Abbildung von Verlusten im Einzelabschluss.

Aufgabe 3

Erläutern Sie die Abbildung von Verlusten im Konzernabschluss nach den Regelungen des HGB/DRS 10, der IFRS und der US-GAAP.

Aufgabe 4

Veranschaulichen Sie übersichtsartig die Wirkungen von Verlusten auf das Periodenergebnis und das Eigenkapital in den steuer- und handelsrechtlichen Rechenwerken eines Unternehmens nach nationalen und (betreffend den Konzernabschluss) auch nach internationalen Vorschriften.

Aufgabe 5

a) Die Z-AG verfügt über ein Eigenkapital von 200 TEuro. In Periode 01 wird ein Verlust (vor Steuern) von 90 TEuro, in Periode 02 von 170 TEuro ausgewiesen. In den Perioden 03 und 04 weist die Gesellschaft einen Gewinn vor Steuern in Höhe von jeweils 150 TEuro aus. Der anzuwendende Steuersatz betrage vereinfacht 40%. Zwischen der Steuerbilanz und dem handelsrechtlichen Einzelabschluss gibt es keine Bewertungsunterschiede. Auch im Konzernabschluss entspricht das Ergebnis vor Steuern den oben genannten Beträgen. Die steuerlich entstandenen Verluste sind unbeschränkt vortragsfähig. Ein Verlustrücktrag kommt aufgrund fehlender Gewinne in den Vorperioden bei der Z-AG nicht in Betracht. Die Regelungen des DRS 10 zur Abgrenzung latenter Steuern auf Verlustvorträge werden angewendet. Zeigen Sie die Berücksichtigung der Jahresergebnisse sowie die Konsequenzen für den Eigenkapitalausweis tabellarisch auf und erläutern Sie auftretende Unterschiede.

b) Der Sachverhalt wird nun dahin gehend modifiziert, dass die Z-AG in den Perioden 03 und 04 keinen Gewinn, sondern einen Verlust (vor Steuern) in Höhe von jeweils 100 TEuro erzielt. Die Werthaltigkeit der gebildeten Steuerabgrenzung soll damit nicht mehr gegeben sein und in den Perioden 03 und 04 eine Wertberichtigung der in den Perioden 01 und 02 gebildeten Aktivposition in Höhe von jeweils 50% vorgenommen werden. Welche Konsequenzen ergeben sich aus dieser Modifikation gegenüber Aufgabenteil a) für den Ergebnis- und Eigenkapitalausweis?

c) Welche Aussagen zum Totalerfolg der Z-AG lassen sich aus den in a) und b) gewonnenen Erkenntnissen ableiten?

Lösung

Aufgabe 1

Das der Ertragsbesteuerung eines Unternehmens zugrunde liegende zu versteuernde Einkommen ergibt sich aus der Gegenüberstellung von Betriebseinnahmen und Betriebsausgaben sowie der Berücksichtigung spezieller steuerrechtlicher Korrekturen und Anpassungen. Zur Berechnung der festzusetzenden Ertragsteuern sind im Verlustfall, d. h., wenn die Betriebsausgaben die Betriebseinnahmen im entsprechenden Wirtschaftsjahr übersteigen, die Verrechnungsbeschränkungen in den §§ 2 Abs. 3 Satz 2 ff., 2a, 2b, 10d und 15a EStG sowie § 8 Abs. 4 KStG zu beachten. Über den Verweis in § 8 Abs. 1 KStG gelten die angegebenen Vorschriften des EStG ebenfalls für die Ermittlung des Einkommens von Körperschaften und somit von Kapitalgesellschaften. Auf die Darstellung weiterer Beschränkungen von Verlustverrechnungsmöglichkeiten bei Privatpersonen, wie sie sich beispielsweise aus § 23 Abs. 3 EStG ergeben, wird an dieser Stelle verzichtet.

Nach § 10d EStG können nicht ausgeglichene negative Einkünfte bis zu einem Betrag von 511.500 Euro in das unmittelbar vorausgegangene Wirtschaftsjahr zurückgetragen (Verlustrücktrag) oder unbeschränkt in die folgenden Veranlagungszeiträume vorgetragen werden (Verlustvortrag).

Wenn ein *Verlustrücktrag* möglich ist, resultiert daraus eine sofortige Minderung der Steuerlast für das abgelaufene Geschäftsjahr. Die entsprechende Steuererstattung bzw. -minderung kann somit unmittelbar ergebniswirksam vereinnahmt werden. Aus einem *Verlustvortrag* hingegen resultiert keine unmittelbare Realisation einer Steuererstattung, sondern lediglich die Möglichkeit, bei zukünftigen steuerpflichtigen Gewinnen die Steuerbelastung durch eine Verrechnung dieser Gewinne mit den Verlustvorträgen zu reduzieren. Eine Nutzung dieser potenziellen Steuerersparnis ist allerdings in jedem Fall an künftig zu erzielende Gewinne geknüpft. Somit findet – wenn überhaupt – eine effektive Minderung von Steuerzahlungen erst in künftigen Perioden statt.

Verluste können bei Vorliegen einer steuerlichen Organschaft auch zwischen rechtlich selbstständigen Konzernunternehmen transferiert und unmittelbar mit den Gewinnen anderer Gesellschaften im Konzernverbund verrechnet werden. Weitere Nutzungsmöglichkeiten von Verlusten ergeben sich – unter den jeweiligen restriktiven Voraussetzungen – im Rahmen der verschiedenen Formen der Umwandlung, beispielsweise bei der Verschmelzung. Eine Verlustverrechnung wird dabei in großen, diversifizierten Konzernen tendenziell eher möglich sein als bei kleinen Unternehmen oder Gesellschaften, die erst kurze Zeit bestehen.

Aufgabe 2

Sowohl das Gliederungsschema des Gesamtkostenverfahrens als auch das des Umsatzkostenverfahrens sehen für die Erstellung der handelsrechtlichen Gewinn- und Verlustrechnung als letzte Position dieses Rechenwerks den Jahresüberschuss bzw. Jahresfehlbetrag vor (vgl. § 275 Abs. 2 Nr. 20 HGB und § 275 Abs. 3 Nr. 19 HGB). Diese Größe entsteht gemäß § 242 Abs. 2 HGB in Verbindung mit § 246 Abs. 1 Satz 1 HGB durch die Gegenüberstellung sämtlicher Aufwendungen und Erträge der jeweiligen Periode. Hierbei ist zu beachten, dass die Begriffsabgrenzungen der handelsrechtlichen Erträge und Aufwendungen nicht grundsätzlich mit den steuerlichen Formulierungen der Betriebseinnahmen und Betriebsausgaben übereinstimmen. Als Konsequenz führen beide Rechenwerke regelmäßig zu einem unterschiedlichen Ergebnisausweis. Übersteigen die periodisierten Erträge die entsprechenden Aufwendungen, ergibt sich ein Jahresüberschuss – vereinfacht auch als ‚Gewinn' bezeichnet. Im Falle eines Aufwendungsüberschusses resultiert aus der handelsrechtlichen Erfolgsrechnung ein Jahresfehlbetrag, der häufig mit dem Begriff ‚Verlust' umschrieben wird.

Die Begriffe ‚Gewinn' und ‚Verlust' sind als solche jedoch nicht gesetzlich kodifiziert. Gleichwohl kennen das AktG und das HGB die Bezeichnung ‚Bilanzgewinn' bzw. ‚Bilanzverlust' als Ergebnis der so genannten Gewinnverwendungsrechnung. Gemäß § 158 Abs. 1 AktG wird ausgehend vom Jahresüberschuss bzw. Jahresfehlbetrag durch Berücksichtigung eines Gewinn- bzw. Verlustvortrags aus dem Vorjahr sowie der Veränderungen der Kapital- und Gewinnrücklagen der Bilanzgewinn/ Bilanzverlust abgeleitet.

In der Bilanz bestehen zwei Möglichkeiten für den Erfolgsausweis: Bei einer Abbildung vor Gewinnverwendung sind gemäß Abs. 3 Buchst. A, Nr. IV und V des Bilanzgliederungsschemas des § 266 HGB sowohl der Gewinn- bzw. Verlustvortrag aus dem Vorjahr als auch das laufende Periodenergebnis als Eigenkapitalbestandteile separat zu zeigen. Ein im laufenden Geschäftsjahr entstandener Jahresfehlbetrag wird in der nachfolgenden Periode dabei als Verlustvortrag mit zukünftigen Gewinnen im Eigenkapital verrechnet. Wird von dem Wahlrecht des § 268 Abs. 1 HGB Gebrauch gemacht und die Bilanz unter Berücksichtigung der Verwendung des Jahresergebnisses aufgestellt, so wird nur der Bilanzgewinn bzw. Bilanzverlust im Eigenkapital ausgewiesen. Dabei wirkt sich ein negatives Jahresergebnis eigenkapitalmindernd aus. Übersteigen die kumulierten Verluste das bilanzielle Eigenkapital des Unternehmens, ist gemäß § 268 Abs. 3 HGB der überschießende Teil als ‚Nicht durch Eigenkapital gedeckter Fehlbetrag' auf der Aktivseite der Bilanz auszuweisen.

Aufgabe 3

Die in den §§ 246, 266, 268, 275 HGB kodifizierten Regelungen finden über den Verweis in § 298 HGB auch im Bereich der Konzernrechnungslegung Anwendung. Die für den handelsrechtlichen Einzelabschluss geltenden Ausweisgrundsätze sind somit auch auf Konzernebene anzuwenden. Im Rahmen der Konzernabschlusserstellung werden Verluste aus den Einzelabschlüssen der einbezogenen Unternehmen auch in den Konzernabschluss übernommen. Darüber hinaus können bei der konzerneinheitlichen Bewertung gemäß den §§ 300, 308 HGB sowie durch Konsolidierungsmaßnahmen weitere Verluste entstehen.

Über die Vorschrift des § 292a HGB ist es deutschen Unternehmen erlaubt, ihren Konzernabschluss nicht nach den Vorschriften des HGB, sondern nach international anerkannten Rechnungslegungsnormen – in der Praxis handelt es sich hierbei um die IFRS oder die US-GAAP – zu erstellen. Wird von diesem Wahlrecht Gebrauch gemacht, folgt die einzelgesellschaftliche Rechnungslegung nach wie vor den Vorschriften des HGB, während der Konzernabschluss nach einem anderen Normengefüge aufgebaut ist. Dementsprechend gering ist der Zusammenhang zwischen den HGB-Einzelabschlüssen bzw. den Steuerbilanzen und den für die Konsolidierung notwendigen Abschlüssen der einbezogenen Unternehmen nach den internationalen Vorschriften. In diesem Zusammenhang ergeben sich hinsichtlich der Behandlung und der daraus resultierenden Abbildung von Verlusten, insbesondere Verlustvorträgen, Besonderheiten und gravierende Unterschiede zu der Vorgehensweise nach HGB: Sowohl nach IFRS als auch nach US-GAAP sind auf steuerliche Verlustvorträge – unter gewissen Voraussetzungen – aktive latente Steuern zu bilden. Durch die Aktivierung latenter Steuern soll die mögliche zukünftige Steuererstattung zum Zwecke einer periodengerechten Abgrenzung bereits bei Entstehung des zugrunde liegenden Sachverhalts (steuerlicher Verlustvortrag) berücksichtigt werden.

Im Vordergrund der internationalen Vorschriften steht als Zielsetzung ein richtiger Ausweis von Vermögenswerten und Schulden und damit zukünftiger Steuererstattungsansprüche und -ersparnisse. DRS 10 – und auch neuere Literaturmeinungen – sehen bei Erstellung des (Konzern-)Jahresabschlusses nach HGB mittlerweile ebenfalls eine Aktivierung latenter Steuern auf Verlustvorträge vor. Da der DRS 10 am 9. April 2002 vom Bundesministerium der Justiz bekannt gemacht wurde, wird bei Beachtung des Standards gemäß § 342 Abs. 2 HGB die Einhaltung der die Konzernrechnungslegung betreffenden Grundsätze ordnungsmäßiger Buchführung vermutet. Eine mögliche Ausstrahlungswirkung des DRS 10 auf den handelsrechtlichen Einzelabschluss könnte in der Zukunft dazu führen, dass auch im Rahmen der einzelgesellschaftlichen Rechnungslegung nach den Vorschriften des HGB eine Abgrenzung latenter Steuern auf Verlustvorträge vorgenommen wird. Die Zulässigkeit einer (erfolgswirksamen) Aktivierung latenter Steuern auf durch steuerliche Verlustvorträge determinierte zukünftige Steuererstattungsansprüche wird indes – mit Blick auf das geltende Bilanzrecht (insbesondere das in § 252 HGB kodifizierte Realisations- und Vorsichtsprinzip) – kontrovers diskutiert.

Aufgabe 4

Den unterschiedlichen Einfluss von Verlusten auf Eigenkapital und Ergebnisausweis im Zeitpunkt der Entstehung und in zukünftigen Perioden zeigt Abbildung 1:

Auswirkungen eines Verlusts auf Ergebnis und Eigenkapital in	Steuerbilanz	Handelsrechtlicher Einzelabschluss (ohne DRS 10)	Konzernabschluss	
			HGB (mit DRS 10)	IFRS/US-GAAP
der Periode der Entstehung	⇩	⇩	⇩ ⇧	⇩ ⇧
der Zukunft (bei Vorliegen von Gewinnen)	⇧	⇧	⇧ ⇩	⇧ ⇩
der Zukunft (bei Vorliegen von Verlusten)	⇩	⇩	⇩ ⇩	⇩ ⇩

⇩ Verlust mindert Ergebnis und Eigenkapital zum Zeitpunkt des Entstehens

⇧ Die ertragswirksame Bildung aktiver latenter Steuern auf Verlustvorträge kompensiert den Verlust und erhöht damit das Eigenkapital.

⇧ Gewinn erhöht Ergebnis und Eigenkapital zum Zeitpunkt des Entstehens

⇩ Die aufwandswirksame Auflösung aktiver latenter Steuern auf Verlustvorträge kompensiert den Gewinn und damit die Eigenkapitalmehrung bzw. erhöht den Verlust und somit die Eigenkapitalminderung.

Abb. 1: Auswirkungen von Verlusten auf den Jahreserfolg und das Eigenkapital.

In allen betrachteten Rechenwerken führen Verluste zu einer Eigenkapitalminderung. Während in der Steuerbilanz vorhandene Verlustvorträge mit künftigen Gewinnen für die Steuerbemessung verrechnet werden, erfolgt im handelsrechtlichen Einzelabschluss und auch im Konzernabschluss ein Verlustvortrag auf neue Rechnung. In Abhängigkeit der jeweiligen zu berücksichtigenden bilanziellen Abbildungsvorschriften wirkt sich schon im Zeitpunkt der Verlustentstehung die Antizipation zukünftiger Steuerersparnisansprüche kompensierend aus. In Zeiten künftiger Gewinne hat dies zur Folge, dass der Jahresgewinn – gemindert um latente Steueraufwendungen – geringer ausgewiesen wird. Mit anderen Worten: Während die entstandenen Verluste einerseits das Eigenkapital verringern, wirkt eine erfolgswirksame Aktivierung latenter Steuern – auf eben diese Verluste – der Eigenkapitalminderung entgegen. Einer Erfolgssteigerung im Jahr der Bildung steht jedoch das Risiko einer späteren Wertberichtigung dieser Position und daraus folgend einer Eigenkapitalminderung gegenüber. Über alle Perioden hinweg betrachtet ergeben sich allerdings keine Unterschiede, weil aufgrund des Kongruenzprinzips in allen Rechenwerken derselbe Totalerfolg erzielt wird.

Die Abbildung von Verlusten im Jahresabschluss

Aufgabe 5

a)

(1) Auswirkungen in Steuerbilanz und handelsrechtlichem Einzelabschluss bei Vortrag der Verluste auf neue Rechnung (Angaben in TEuro)

Periode	Eigenkapital der Z-AG zu Beginn der Periode	Gewinn/Verlust der Periode	Ergebnis kumuliert	Eigenkapital der Z-AG am Ende der Periode
01	+ 200	– 90	– 90	+ 110
02	+ 110	– 170	– 260	– 60
03	– 60	+ 150	– 110	+ 90
04	+ 90	+ 150 – 16	+ 24	+ 224

Anmerkung: Die – 16 TEuro entsprechen der effektiven Steuerbelastung der Periode 04. Der laufende Gewinn in Höhe von 150 TEuro wird um den noch vorhandenen Verlustvortrag von – 110 TEuro gemindert, so dass Steuern in Höhe von 40% lediglich auf die verbleibenden 40 TEuro (= – 16 TEuro) zu zahlen sind.

(2) Auswirkungen auf den Konzernabschluss bei Berücksichtigung aktiver latenter Steuern auf den entsprechenden Verlustvortrag (Angaben in TEuro)

Periode	Eigenkapital der Z-AG zu Beginn der Periode	Gewinn/ Verlust der Periode	aktive latente und effektive Steuern	Ergebnis nach (latenten) Steuern	Ergebnis kumuliert	Eigenkapital der Z-AG am Ende der Periode
01	+ 200	– 90	+ 36	– 54	– 54	+ 146
02	+ 146	– 170	+ 68	– 102	– 156	+ 44
03	+ 44	+ 150	– 60	+ 90	– 66	+ 134
04	+ 134	+ 150	– 44 – 16	+ 90	+ 24	+ 224

Anmerkung: In Periode 01 werden aktive latente Steuern in Höhe von 36 TEuro (= 40% von 90 TEuro) ertragswirksam verbucht. Ebenso werden in Periode 02 aktive latente Steuern in Höhe von 40% auf den laufenden Verlust von 170 TEuro (= 68 TEuro) verlustmindernd berücksichtigt. In Periode 03 werden die aktiven latenten Steuern (insgesamt 104 TEuro) zum Teil wieder aufgelöst (40% von 150 TEuro = 60 TEuro). Neben der Auflösung der verbleibenden latenten Steuern in Periode 04 (36 TEuro + 68 TEuro – 60 TEuro = 44 TEuro bzw. 40% von 110 TEuro = 44 TEuro) sind zusätzlich 16 TEuro effektive Steuern zu zahlen [vgl. die Anmerkung zu (1)].

b)

(1) Auswirkungen in Steuerbilanz und handelsrechtlichem Einzelabschluss nach der Modifikation (Angaben in TEuro)

Periode	Eigenkapital der Z-AG zu Beginn der Periode	Gewinn/Verlust der Periode	Ergebnis kumuliert	Eigenkapital der Z-AG am Ende der Periode
01	+ 200	− 90	− 90	+ 110
02	+ 110	− 170	− 260	− 60
03	− 60	− 100	− 360	− 160
04	− 160	− 100	− 460	− 260

Anmerkung: Aufgrund der nachhaltigen Verlustsituation findet keine Steuerzahlung statt. Vielmehr ist zum Ende der Periode 02 ein ‚Nicht durch Eigenkapital gedeckter Fehlbetrag' in Höhe von 60 TEuro auszuweisen, der durch die Verluste der Perioden 03 und 04 auf 260 TEuro anwächst.

(2) Auswirkungen auf den Konzernabschluss bei Berücksichtigung aktiver latenter Steuern auf den entsprechenden Verlustvortrag nach der Modifikation (Angaben in TEuro)

Periode	Eigenkapital der Z-AG zu Beginn der Periode	Gewinn/Verlust der Periode	aktive latente und effektive Steuern	Ergebnis nach (latenten) Steuern	Ergebnis kumuliert	Eigenkapital der Z-AG am Ende der Periode
01	+ 200	− 90	+ 36	− 54	− 54	+ 146
02	+ 146	− 170	+ 68	− 102	− 156	+ 44
03	+ 44	− 100	− 52	− 152	− 308	− 108
04	− 108	− 100	− 52	− 152	− 460	− 260

Anmerkung: In den Perioden 01 und 02 wird wie unter a) (2) beschrieben vorgegangen. Aufgrund der nachhaltigen Verlustsituation werden die bis zum Ende von Periode 02 erfolgswirksam gebildeten aktiven latenten Steuern (insgesamt 104 TEuro) zu jeweils 50% in Periode 03 und 04 (also 52 TEuro p.a.) aufwandswirksam abgeschrieben.

c) Das Beispiel zeigt, dass der Totalerfolg der Z-AG über die betrachteten Perioden 01 bis 04 unabhängig von der Abgrenzung latenter Steuern ist und sowohl in der Steuerbilanz bzw. im Einzelabschluss als auch im Konzernabschluss jeweils gleich hoch ausgewiesen wird. Die auf Verlustvorträge aktivierten latenten Steuern verlangsamen durch den Kompensationseffekt einer erfolgswirksamen Bildung im Verlustfall zunächst die Eigenkapitalminderung. Entsprechend wird jedoch in den Perioden, in denen Gewinne für die Steuerbemessung mit noch vorhandenen Verlustvorträgen verrechnet werden, ein Ansteigen des Eigenkapitals durch die aufwandswirksame Auflösung der zuvor gebildeten aktiven latenten Steuern verlangsamt. Im Falle einer nachhaltigen Verlustsituation, so verdeutlicht das Beispiel nach der Modifikation, führt die Abgrenzung der latenten Steuern in der Periode der Aktivierung zwar zu einem höheren Ergebnis der Periode (geringerer Verlust). Wird in Folgeperioden eine Wertberichtigung notwendig, wird das Ergebnis durch die erfolgswirksame Auflösung des Steuerabgrenzungspostens jedoch entsprechend höher belastet. Latente Steuern führen somit zwar zu einer abweichenden Periodisierung des Erfolgsausweises, wirken sich jedoch nicht auf den Totalerfolg aus.

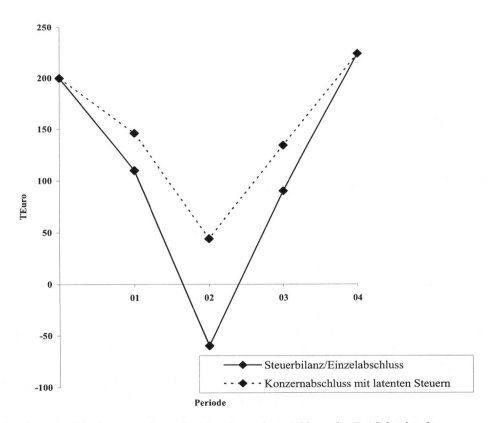

Abb. 2: Graphische Darstellung der Eigenkapitalentwicklung der Z-AG bei künftiger Gewinnerzielung.

Die Auswirkungen der Abgrenzung latenter Steuern werden in den Abbildungen 2 und 3 insofern zum Ausdruck gebracht, als die Steigung des Graphen, der die periodische Eigenkapitalveränderung repräsentiert, bei Ansatz latenter Steuern geringer ist; das Eigenkapital wird also ceteris paribus bei Abgrenzung latenter Steuern höher ausgewiesen. Die Steigung der Kurve stellt das Ergebnis der Periode dar.

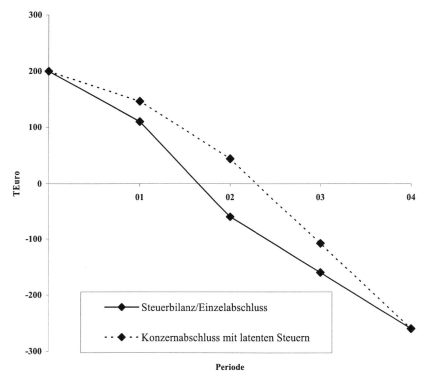

Abb. 3: *Graphische Darstellung der Eigenkapitalentwicklung der Z-AG bei nachhaltiger Verlustsituation.*

Stellt sich zu einem der Aktivierung nachgelagerten Zeitpunkt heraus, dass die aktivierten Beträge nicht mehr werthaltig sind (wie im modifizierten Sachverhalt und in Abbildung 3 dargestellt), wird das Ergebnis der Perioden, in denen Wertberichtigungen vorzunehmen sind, zusätzlich belastet: Das Eigenkapital sinkt in diesen Perioden aufgrund des zusätzlichen Aufwands schneller als bei ursprünglicher Nichtaktivierung latenter Steuern. Schließlich verdeutlichen die Abbildungen 2 und 3, dass über die Totalperiode – d. h. zum Ende der Berücksichtigung latenter Steuern durch vollkommene Nutzung der steuerlichen Verluste oder vollständige Wertberichtigung – die Auswirkungen der Verluste auf das Eigenkapital vollkommen gleich sind. Die Betrachtung des Totalerfolgs über alle Perioden hinweg zeigt die Gültigkeit des Kongruenzprinzips.

Literaturhinweise

ADLER, H./DÜRING, W./SCHMALTZ, K.: Rechnungslegung und Prüfung der Unternehmen, 6. Aufl., Stuttgart ab 1995.

BERGER, A./FISCHER, N.: Kommentierung der §§ 274, 306 HGB, in: Beck'scher Bilanzkommentar, 5. Aufl., München 2003.

COENENBERG, A. G.: Jahresabschluss und Jahresabschlussanalyse, 19. Aufl., Stuttgart 2003.

DUSEMOND, M./KESSLER, H.: Rechnungslegung kompakt: Einzel- und Konzernabschluß nach HGB mit Erläuterung abweichender Rechnungslegungspraktiken nach IAS und US-GAAP, 2. Aufl., München et al. 2001.

HAYN, S./GRAF WALDERSEE, G.: IAS/US-GAAP/HGB im Vergleich: Synoptische Darstellung für den Einzel- und Konzernabschluss, 4. Aufl., Stuttgart 2003.

KUSSMAUL, H.: Betriebswirtschaftliche Steuerlehre, 3. Aufl., München et al. 2003.

KÜTING, K./ZWIRNER, C.: Latente Steuern in der Unternehmenspraxis: Bedeutung für Bilanzpolitik und Unternehmensanalyse – Grundlagen sowie empirischer Befund in 300 Konzernabschlüssen von in Deutschland börsennotierten Unternehmen –, in: Die Wirtschaftsprüfung, 56. Jg. (2003), S. 301–316.

KÜTING, K./ZWIRNER, C./REUTER, M.: Latente Steuern im nationalen und internationalen Jahresabschluss: Konzeptionelle Grundlagen und synoptischer Vergleich, in: Betrieb und Wirtschaft, 57. Jg. (2003), S. 441–447.

ZWIRNER, C./BUSCH, J./REUTER, M.: Abbildung und Bedeutung von Verlusten im Jahresabschluss – Empirische Ergebnisse zur Wesentlichkeit von Verlustvorträgen in deutschen Konzernabschlüssen, in: Deutsches Steuerrecht, 41. Jg. (2003), S. 1042–1049.

3. Ausgewählte Fallstudien zur Konzernrechnungslegung

Julia Busch und Andreas Gattung

Abgrenzung des Konsolidierungskreises nach HGB und IFRS

Unter dem Begriff des Konsolidierungskreises werden die Unternehmen subsumiert, die in den Konzernabschluss einzubeziehen sind. Der Konsolidierungskreis im engeren Sinn umfasst das Mutterunternehmen und alle vollkonsolidierungspflichtigen Tochterunternehmen. Der Konsolidierungskreis im weiteren Sinn enthält zudem die Unternehmen, die quotal in den Konzernabschluss einbezogen oder nach der Equity-Methode bilanziert werden. Das Bestehen mindestens einer vollkonsolidierungspflichtigen Mutter-Tochter-Beziehung ist Grundvoraussetzung für die Erstellung eines Konzernabschlusses. Dies begründet die besondere Bedeutung des Konsolidierungskreises im engeren Sinn. Nach Handelsrecht ist die Anwendung der §§ 310 ff. HGB nur zu prüfen, wenn ein Konzernabschluss tatsächlich aufgestellt wird. Nach IFRS ist hingegen im Abschluss eines Unternehmens, das keinen Konzernabschluss aufstellt,[1] de lege lata die Behandlung von Gemeinschaftsunternehmen implizit und von assoziierten Unternehmen explizit nach den gleichen Regeln möglich, die auch für den Konzernabschluss gelten. Nach den im Rahmen des „Improvements Project" des IASB vorgeschlagenen Änderungen soll dies zur Pflicht werden.

Herr Jan Müller, der soeben die Aufgaben des Leiters der Abteilung Konzernrechnungswesen bei der A-AG übernommen hat, bittet Sie im Rahmen der Konzernabschlusserstellung um Ihre Mithilfe bei der Abgrenzung des Konsolidierungskreises sowie der Entscheidung über die Einbeziehungsart der betroffenen Unternehmen. Die A-AG ist eine im Handelsregister eingetragene, nicht börsennotierte große Kapitalgesellschaft mit Sitz in Deutschland (Kiel), die derzeit ihren Konzernabschluss noch nach den Regelungen des HGB erstellt. Ab dem Geschäftsjahr 2005 soll eine Umstellung der Konzernrechnungslegung auf die Vorschriften der IFRS erfolgen. Das Geschäftsjahr der Gesellschaft entspricht dem Kalenderjahr. Die operative Geschäftstätigkeit der A-AG besteht in der Konstruktion und dem Verkauf von Segelyachten. Gleichzeitig ist die A-AG Spitzenholding des A-Konzerns. Bei den in- und ausländischen Konzernunternehmen handelt es sich sowohl um Zulieferunternehmen als auch um Vertriebs- und Verwaltungsgesellschaften, welche die Geschäftstätigkeit der A-AG unterstützen.

---

[1] Dies ist nicht zu verwechseln mit dem so genannten „Separate Financial Statement", das, als Ergänzung zum Abschluss der wirtschaftlichen Einheit, als Abschluss der rechtlichen Einheit erstellt wird.

Abgrenzung des Konsolidierungskreises nach HGB und IFRS 193

Im Rahmen der Konzernabschlusserstellung für das Jahr 2003 bittet Herr Jan Müller Sie um Beantwortung folgender Fragen:

Aufgabe 1

Erläutern Sie zunächst allgemein die Kriterien zur Abgrenzung des Konsolidierungskreises sowohl nach HGB als auch nach IFRS. Beschreiben Sie dabei die wesentlichen Arten in den Konzernabschluss einzubeziehender Unternehmen sowie die zugehörige Einbeziehungsart.

Aufgabe 2

Das folgende Organigramm bildet die Konzernstruktur des A-Konzerns zum 31.12.2003 ab.

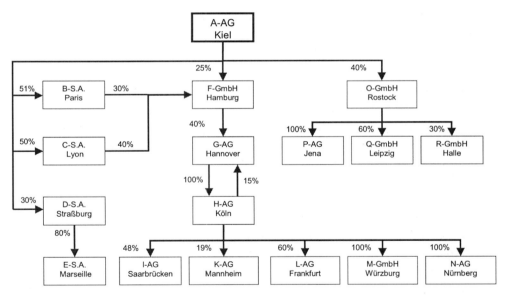

Abb. 1: Organigramm des A-Konzerns.

Zu den einzelnen Unternehmen sind folgende Zusatzinformationen zu beachten, welche die Abteilung Konzernrechnungswesen für Herrn Jan Müller zusammengestellt hat:

- Die Prozentsätze im Organigramm beziehen sich jeweils sowohl auf den Kapital- als auch auf den Stimmrechtsanteil.
- An der C-S.A., Lyon, ist neben der A-AG nur noch die Y-S.A., ein konzernfremdes Unternehmen, beteiligt. Die beiden Gesellschafterunternehmen teilen sich die Geschäftsführung der C-S.A. Dies wurde in einer vertraglichen Vereinbarung festgeschrieben.

- Die G-AG, Hannover, verfügt über eigene Anteile in Höhe von 10% ihres Grundkapitals.

- Aufgrund ihrer Beteiligung in Höhe von 48% hatte die H-AG, Köln, in den letzten Jahren regelmäßig die Präsenzmehrheit bei der Hauptversammlung der I-AG, Saarbrücken, inne. Sie hat in der Vergangenheit diese Präsenzmehrheit jedoch nicht ausgeübt und beabsichtigt auch in Zukunft nicht, dies zu tun.

- Die H-AG übt tatsächlich einen maßgeblichen Einfluss auf die K-AG, Mannheim, aus.

- Die Beteiligung an der L-AG, Frankfurt, wurde erst vor drei Monaten erworben mit der Maßgabe, dass die Anteile spätestens in vier Monaten wieder veräußert werden sollen.

- Die Geschäftsführer der M-GmbH, Würzburg, haben wegen drohender Zahlungsunfähigkeit beim Amtsgericht Würzburg die Eröffnung des Insolvenzverfahrens beantragt. Das Verfahren wurde am 01.11.2003 eröffnet.

- Bei der N-AG, Nürnberg, handelt es sich um eine rechtlich selbstständige Unterstützungskasse. Bei ihrer Einbeziehung in den Konzernabschluss würde die Vermögenslage des A-Konzerns erheblich günstiger dargestellt als bei einem Verzicht auf die Einbeziehung.

- Zwischen der A-AG, Kiel, und der O-GmbH, Rostock, wurde vor einigen Jahren ein Beherrschungsvertrag abgeschlossen.

- Bei der P-AG, Jena, können die für eine Konsolidierung benötigten Daten, nachdem das EDV-System der Gesellschaft aufgrund eines Computervirus zusammengebrochen ist, für das Geschäftsjahr 2003 nur mit unverhältnismäßig hohen Kosten beschafft werden.

- Die Q-GmbH, Leipzig, ist eine kleine Vertriebsgesellschaft, welche die Marketing-Aktivitäten des A-Konzerns koordiniert. Für die Vermittlung eines den tatsächlichen Verhältnissen entsprechenden Bildes der Vermögens-, Finanz- und Ertragslage des A-Konzerns ist sie – zusammen mit der R-GmbH, Halle – von untergeordneter Bedeutung.

- Eine Inanspruchnahme der Befreiungsmöglichkeiten der §§ 291 bis 293 HGB bzw. des IAS 27.8 ff. durch die A-AG kommt nicht in Frage.

- Sofern keine anders lautenden Prämissen gegeben sind, ist davon auszugehen, dass es sich um Beteiligungen im Sinne des § 271 Abs. 1 HGB handelt.

Bestimmen Sie für jede Gesellschaft des A-Konzerns jeweils den Unternehmenstyp und daran anknüpfend die möglichen Einbeziehungsarten in den Konzernabschluss. Differenzieren Sie hierbei zwischen einer Konzernabschlusserstellung einerseits nach HGB und andererseits nach IFRS. Fassen Sie Ihre Ergebnisse für Herrn Jan Müller überblicksartig zusammen.

Lösung

Aufgabe 1

Konsolidierungskreis im engeren Sinn

Der Konsolidierungskreis im engeren Sinn umfasst das Mutterunternehmen sowie alle vollzukonsolidierenden Tochterunternehmen. Die Pflicht zur Aufstellung eines Konzernabschlusses knüpft sowohl nach § 290 HGB als auch nach IAS 27.7 an das *Vorliegen eines Mutter-Tochter-Verhältnisses* an.

Bei der Entscheidung, ob ein Mutter-Tochter-Verhältnis vorliegt, ist im *Handelsrecht* zwischen zwei unterschiedlichen Konzepten zu differenzieren:

- dem Konzept der einheitlichen Leitung nach § 290 Abs. 1 HGB und
- dem Control-Konzept nach § 290 Abs. 2 HGB.

Das Vorliegen eines Mutter-Tochter-Verhältnisses ist – unabhängig voneinander – nach beiden Konzeptionen zu überprüfen. Es ist ausreichend, wenn mindestens eine der beiden Voraussetzungen erfüllt ist.

Beide Konzeptionen verlangen, dass es sich beim *Mutterunternehmen* um eine Kapitalgesellschaft – also eine AG, KGaA oder GmbH – mit Sitz im Inland handelt. Darüber hinaus gelten die Regeln aber auch für bestimmte Personenhandelsgesellschaften gemäß § 264a HGB. Die Verpflichtung zur Konzernrechnungslegung kann sich für inländische Nicht-Kapitalgesellschaften auch aus § 11 Abs. 1 PublG ergeben. Auf die nähere Betrachtung dieser Regelungen wird im Folgenden verzichtet.

Für *Tochterunternehmen* werden keine Anforderungen bzw. Einschränkungen bezüglich Rechtsform und Sitz der Gesellschaft formuliert.

Gemäß dem *Konzept der einheitlichen Leitung* (auch deutsches oder ökonomisches Konzept) liegt ein Mutter-Tochter-Verhältnis vor, wenn das Mutterunternehmen über ein anderes Unternehmen (= Tochterunternehmen)

- die einheitliche Leitung ausübt und
- gleichzeitig eine Beteiligung nach § 271 Abs. 1 HGB an dieser Gesellschaft hält.

Zum Begriff der einheitlichen Leitung existiert keine allgemein gültige, gesetzliche Definition; daher ist grundsätzlich eine Einzelfallentscheidung notwendig. Eine einheitliche Leitung liegt vor, wenn die Geschäftspolitik bzw. die Aktivitäten der Konzernunternehmen von der Muttergesellschaft koordiniert werden. Entscheidend ist, dass die Einflussnahme durch das Mutterunternehmen nicht nur möglich ist, sondern die einheitliche Leitung tatsächlich ausgeübt wird.

Wesentliches Merkmal einer Beteiligung im Sinne des § 271 Abs. 1 HGB ist, dass die gehaltenen Anteile dazu bestimmt sein sollen, dem Geschäftsbetrieb der beteiligten Gesellschaft durch die Schaffung einer dauerhaften Verbindung zu dienen. Darüber hinaus beinhaltet § 271 Abs. 1 HGB die widerlegbare Vermutung, dass bei einer Anteilsquote von mehr als 20% vom Vorliegen einer Beteiligung auszugehen ist. Sind alle vier Bedingungen des § 290 Abs. 1 HGB kumulativ erfüllt, liegt ein Mutter-Tochter-Verhältnis vor.

§ 290 Abs. 2 HGB beinhaltet das *Control-Konzept* (auch angelsächsisches oder juristisches Konzept). Nach dieser Konzeption liegt ein Mutter-Tochter-Verhältnis vor, wenn eine Kapitalgesellschaft mit Sitz im Inland bei einem anderen Unternehmen (= Tochterunternehmen)

- eine Stimmrechtsmehrheit innehat (§ 290 Abs. 2 Nr. 1 HGB),
- über ein Organbesetzungsrecht verfügt und gleichzeitig Gesellschafter ist (§ 290 Abs. 2 Nr. 2 HGB) oder
- aufgrund eines Beherrschungsvertrags oder einer Satzungsbestimmung des Tochterunternehmens das Recht hat, einen beherrschenden Einfluss auf dieses Unternehmen auszuüben (§ 290 Abs. 2 Nr. 3 HGB).

Als Rechte, die dem Mutterunternehmen zustehen, gelten gemäß § 290 Abs. 3 HGB auch die Rechte, über die ein Tochterunternehmen verfügt. Zu beachten ist, dass das Control-Konzept keine tatsächliche Ausübung der jeweiligen Rechte durch das Mutterunternehmen fordert. Allein das Vorliegen der Rechtsposition ist ausreichend, um eine Mutter-Tochter-Beziehung unwiderlegbar anzunehmen.

Die *IFRS* kennen nur das Control-Konzept zur Bestimmung eines Mutter-Tochter-Verhältnisses, das sich jedoch vom Control-Konzept nach HGB in einigen Punkten unterscheidet. Das *Mutterunternehmen* ist gemäß IAS 27.6 ein Unternehmen, das ein anderes Unternehmen (*Tochterunternehmen*) direkt oder indirekt beherrscht. Beide Begriffe sind unabhängig von Rechtsform und Sitzland der Gesellschaften zu sehen.

Im Gegensatz zur Control-Konzeption nach HGB kennt IAS 27 eine abstrakte Definition für die Beherrschung (Control). *Beherrschung* ist gemäß IAS 27.6 „die Möglichkeit, die Finanz- und Geschäftspolitik eines Unternehmens zu bestimmen, um aus dessen Tätigkeit Nutzen zu ziehen." IAS 27 verlangt somit – genauso wie § 290 Abs. 2 HGB – keine tatsächliche Einflussnahme durch das Mutterunternehmen. Der abstrakte Begriff der Beherrschung wird in IAS 27.12 durch mehrere Tatbestände konkretisiert, die im Wesentlichen den Kriterien nach § 290 Abs. 2 HGB entsprechen:

- Eine Beherrschung wird gemäß IAS 27.12 Satz 2 angenommen, wenn das Mutterunternehmen direkt oder indirekt über *mehr als die Hälfte der Stimmrechte* am Tochterunternehmen verfügt, es sei denn, das Unternehmen kann begründen, dass trotz des Mehrheitsbesitzes kein Beherrschungsverhältnis vorliegt. Es handelt sich somit – anders als nach § 290 Abs. 2 Nr. 1 HGB – um eine widerlegbare Vermutung.

- Eine Beherrschung wird des Weiteren angenommen, wenn ein Unternehmen trotz fehlender Mehrheit der Stimmrechte gemäß IAS 27.12 Satz 3 die Möglichkeit hat,

  (a) über die Mehrheit der Stimmrechte kraft einer mit anderen Anteilseignern getroffenen Vereinbarung zu verfügen,

  (b) die Geschäftspolitik eines Unternehmens gemäß einer Satzung oder Vereinbarung zu bestimmen,

  (c) die Mehrheit der Mitglieder des Geschäftsführungs- und/oder Aufsichtsorgans oder eines gleichwertigen Leitungsgremiums zu ernennen oder abzusetzen oder

  (d) die Mehrheit der Stimmen bei Sitzungen des Geschäftsführungs- und/oder Aufsichtsorgans oder eines gleichwertigen Leitungsgremiums auszuüben.

  Aufgrund des Wortlauts des IAS 27.12 Satz 3 wurde bisher angenommen, dass es sich hierbei um *unwiderlegbare Vermutungen* handelt. Der im Mai 2002 vorgeschlagene IAS-E 27.12A nennt mehrere Gründe, die gegen das Bestehen eines beherrschenden Einflusses sprechen, unabhängig davon, ob Merkmale nach IAS 27.12 erfüllt sind. Damit würde es sich auch bei den in IAS 27.12 Satz 3 aufgeführten Tatbeständen um *widerlegbare Kriterien* handeln.

Liegt keiner der Tatbestände nach IAS 27.12 vor, ist darüber hinaus zu prüfen, ob die tatsächliche Möglichkeit zur Beherrschung *(faktisches Control)* besteht. Für so genannte „Special Purpose Entities" gelten gemäß SIC 12 Sonderregelungen.

Der im Mai 2002 vorgeschlagene IAS-E 27.12A formuliert die Vermutung, dass kein beherrschender Einfluss ausgeübt werden kann, wenn das gehaltene Unternehmen sich in der Phase der Insolvenz befindet oder unter langfristigen Restriktionen tätig ist, welche die Möglichkeiten zum Finanzmitteltransfer an das Mutterunternehmen beeinträchtigen. Dies führt bisher zum Ausschluss eines Tochterunternehmens von der Konsolidierung gemäß IAS 27.13.

Sowohl nach § 294 Abs. 1 HGB als auch nach IAS 27.12 herrscht das *Weltabschlussprinzip*, das fordert, dass neben dem Mutterunternehmen alle Tochterunternehmen unabhängig vom jeweiligen Sitzland in den Konzernabschluss einzubeziehen sind. Ausgenommen hiervon sind nur Unternehmen, für die ein Einbeziehungsverbot oder -wahlrecht besteht.

Der Konzernabschluss hat nach *Handelsrecht* gemäß § 297 Abs. 2 HGB ein den tatsächlichen Verhältnissen entsprechendes Bild der Vermögens-, Finanz- und Ertragslage des Konzerns zu vermitteln. Um dies zu gewährleisten, *verbietet* § 295 HGB die

Einbeziehung eines Tochterunternehmens in den Konzernabschluss, wenn sich seine Tätigkeit von der der anderen einbezogenen Gesellschaften derart unterscheidet, dass eine Einbeziehung zu einer nicht den tatsächlichen Verhältnissen entsprechenden Darstellung der Vermögens-, Finanz- und Ertragslage führen würde.

Während § 295 HGB ein Einbeziehungsverbot darstellt, werden in § 296 HGB insgesamt vier *Einbeziehungswahlrechte* kodifiziert. Auf die Einbeziehung eines Tochterunternehmens in den Konzernabschluss darf verzichtet werden, wenn

- erhebliche und andauernde Beschränkungen das Mutterunternehmen daran hindern, seine Rechte über das Vermögen oder die Geschäftsführung des Tochterunternehmens auszuüben (§ 296 Abs. 1 Nr. 1 HGB);

- die Beschaffung der für eine Konsolidierung erforderlichen Daten des Tochterunternehmens mit unverhältnismäßig hohen Kosten oder Verzögerungen verbunden ist (§ 296 Abs. 1 Nr. 2 HGB);

- das Mutterunternehmen die Anteile am Tochterunternehmen ausschließlich zum Zweck der Weiterveräußerung hält (§ 296 Abs. 1 Nr. 3 HGB);

- das Tochterunternehmen für die Vermittlung eines den tatsächlichen Verhältnissen entsprechenden Bildes der Vermögens-, Finanz- und Ertragslage des Konzerns von untergeordneter Bedeutung ist (§ 296 Abs. 2 HGB); erfüllen mehrere Tochterunternehmen diese Bedingung, ist zwingend eine Gesamtbetrachtung vorzunehmen.

IAS 27 kennt nach bisherigem Recht zwei *Einbeziehungsverbote*. Gemäß IAS 27.13 muss auf die Einbeziehung eines Tochterunternehmens verzichtet werden, wenn

- das Tochterunternehmen mit der Absicht zur Weiterveräußerung in naher Zukunft erworben wurde [IAS 27.13(a)] oder

- das Tochterunternehmen unter langfristigen Beschränkungen tätig ist, die seine Fähigkeiten zum Transfer von Finanzmitteln an das Mutterunternehmen nachhaltig beeinträchtigen [IAS 27.13(b)].

Darüber hinaus wird ein faktisches *Einbeziehungswahlrecht* auf Basis des Wesentlichkeitsgrundsatzes angenommen.

Gemäß dem im Mai 2002 verabschiedeten IAS-E 27 sollen Unternehmen, die das Kriterium nach IAS 27.13(b) erfüllen, künftig grundsätzlich nicht mehr als Tochterunternehmen angesehen werden. Der Änderungsentwurf schlägt des Weiteren vor, IAS 27.13(a) dahin gehend zu konkretisieren, dass das Tochterunternehmen innerhalb von zwölf Monaten veräußert werden muss. Zu beachten ist, dass der im Juli 2003 vorgeschlagene ED 4 vorsieht, das Konsolidierungsverbot für mit Weiterveräußerungsabsicht erworbene Tochterunternehmen aufzuheben. Diese wären in diesem Fall vollzukonsolidieren. Die Vermögenswerte und Schulden des betreffenden Unternehmens wären allerdings separiert und aggregiert im Konzernabschluss auszuweisen und gesondert zu bewerten.

Tochterunternehmen, für die ein Einbeziehungsverbot besteht oder ein Einbeziehungswahlrecht genutzt wird, sind von der Vollkonsolidierung ausgeschlossen. Nach *Handelsrecht* ist für diese nach der Stufenkonzeption eine Bewertung gemäß §§ 311 f. HGB zu prüfen. Kommt diese nicht in Frage, sind die Anteile zu fortgeführten Anschaffungskosten zu bewerten. Nach *IAS 27* sind Tochterunternehmen, für die ein Einbeziehungsverbot besteht, im Konzernabschluss nach IAS 39 zu bewerten. Gemäß IAS 39.10 sind Anteile an Tochterunternehmen, die auf Basis des bisherigen IAS 27.13(a) nicht einbezogen werden, als zu Handelszwecken gehalten zu klassifizieren und zwingend erfolgswirksam mit dem beizulegenden Zeitwert zu bewerten. Tochterunternehmen, für die das bisherige Einbeziehungsverbot gemäß IAS 27.13(b) greift, sind nach IAS 39.10 als zur Weiterveräußerung verfügbar zu klassifizieren und wahlweise erfolgsneutral oder erfolgswirksam mit dem beizulegenden Zeitwert zu bewerten.

Alle übrigen Tochterunternehmen sind sowohl nach HGB als auch nach IFRS mittels der Vollkonsolidierung in den Konzernabschluss einzubeziehen.

Konsolidierungskreis im weiteren Sinn

Im Konsolidierungskreis im weiteren Sinn wird der Konsolidierungskreis im engeren Sinn um die Unternehmen ergänzt, die quotal oder nach der Equity-Methode in den Konzernabschluss einzubeziehen sind. Dabei handelt es sich um Gemeinschaftsunternehmen und assoziierte Unternehmen, für die kein Einbeziehungsverbot besteht, sowie – nur nach HGB – auch um Tochterunternehmen, für die ein Einbeziehungsverbot oder -wahlrecht besteht und nach der Equity-Methode bilanziert werden.

Sofern ein in den Konzernabschluss einbezogenes Mutter- oder Tochterunternehmen ein anderes Unternehmen gemeinsam mit einer konzernfremden Gesellschaft führt – sich also mit der konzernfremden Gesellschaft die einheitliche Leitung (nach HGB) bzw. Beherrschung (nach IFRS) teilt –, handelt es sich hierbei um ein *Gemeinschaftsunternehmen* (Joint Venture). Während nach HGB die einheitliche Leitung tatsächlich ausgeübt werden muss, genügt es nach IAS 31 grundsätzlich, wenn die Möglichkeit zur geteilten Beherrschung („joint control") besteht. Umgekehrt fordert IAS 31 eine vertragliche Absicherung dieser Möglichkeit, während das HGB dies nicht explizit verlangt.

Analog zu den Tochterunternehmen existieren weder nach HGB noch nach IFRS Restriktionen bezüglich Rechtsform oder Sitzland des Gemeinschaftsunternehmens.

Ein Gemeinschaftsunternehmen darf gemäß *§ 310 HGB* nach der Quotenkonsolidierung (anteilsmäßige Konsolidierung) in den Konzernabschluss einbezogen werden.

Die Anwendung der Quotenkonsolidierung stellt somit keine Pflicht, sondern ein *Wahlrecht* dar. Wird dieses nicht ausgeübt, erfolgt über die Stufenkonzeption die Bewertung nach §§ 311 f. HGB.

Auch nach *IAS 31* besteht das *Wahlrecht*, Gemeinschaftsunternehmen quotal einzubeziehen (Benchmark-Methode) oder in Anwendung der Regelungen des IAS 28 „at equity" zu bewerten (alternativ zulässige Methode). IAS 31.35 formuliert ein explizites Einbeziehungsverbot für bestimmte Gemeinschaftsunternehmen, das dem Einbeziehungsverbot für Tochterunternehmen nach IAS 27.13 entspricht. Gemeinschaftsunternehmen, die unter den Anwendungsbereich von IAS 31.35 fallen, sind gemäß IAS 39 zu bewerten. Die Ausführungen zu nicht einbezogenen Tochterunternehmen gelten analog. Der im Mai 2002 veröffentlichte IAS-E 31 schlägt darüber hinaus vor, Gemeinschaftsunternehmen, die von Venture Capital-Unternehmen, Investmentfonds oder ähnlichen Gesellschaften gehalten werden, von der Anwendung des IAS 31 auszuschließen und diese stattdessen gemäß IAS 39 erfolgswirksam mit dem beizulegenden Zeitwert zu bewerten.

Assoziierte Unternehmen werden sowohl nach HGB als auch nach IFRS durch einen maßgeblichen Einfluss gekennzeichnet. Auch bei assoziierten Unternehmen existieren keine Einschränkungen bezüglich Rechtsform und Sitzland.

Ein assoziiertes Unternehmen liegt nach *§ 311 HGB* vor, wenn ein in den Konzernabschluss einbezogenes Unternehmen auf ein nicht einbezogenes Unternehmen einen maßgeblichen Einfluss ausübt und das Konzernunternehmen am assoziierten Unternehmen eine Beteiligung im Sinne des § 271 Abs. 1 HGB hält. Eine Definition des maßgeblichen Einflusses fehlt im HGB. § 311 Abs. 1 HGB beinhaltet lediglich die widerlegbare Vermutung, dass ab einer Stimmrechtsquote von 20% ein maßgeblicher Einfluss vorliegt.

Ein maßgeblicher Einfluss nach Handelsrecht schließt aufgrund der Stufenkonzeption auch Tochterunternehmen und Gemeinschaftsunternehmen mit ein. Da § 311 HGB aber nur auf Unternehmen anzuwenden ist, die nicht bereits auf einer höheren Stufe in den Konzernabschluss einbezogen werden, fallen vollkonsolidierte Tochterunternehmen und Gemeinschaftsunternehmen, die quotal einbezogen werden, nicht in den Anwendungsbereich der Vorschrift.

IAS 28.3 definiert ein assoziiertes Unternehmen als Unternehmen, auf welches der Anteilseigner einen maßgeblichen Einfluss ausüben kann, wobei der maßgebliche Einfluss die Möglichkeit ist, an der Finanz- und Geschäftspolitik des Beteiligungsunternehmens mitzuwirken, ohne diese Entscheidungsprozesse zu beherrschen. Tochterunternehmen und Gemeinschaftsunternehmen stellen explizit keine assoziierten Unternehmen dar. Auch IAS 28.4 vermutet widerlegbar einen maßgeblichen Einfluss ab einem direkten oder indirekten Besitz von 20% der Stimmrechte. IAS 28.5 enthält darüber hinaus weitere Indikatoren, die für einen maßgeblichen Einfluss sprechen. Dazu gehören

(a) Zugehörigkeit zum Geschäftsführungs- und/oder Aufsichtsorgan oder einem gleichwertigen Gremium,

(b) Mitwirkung an der Geschäftspolitik des assoziierten Unternehmens,

(c) wesentliche Geschäftsvorfälle zwischen dem Anteilseigner und dem assoziierten Unternehmen,

(d) Austausch von Führungspersonal oder

(e) Bereitstellung von bedeutenden technischen Informationen.

Nach dem im Mai 2002 vorgeschlagenen IAS-E 28.5B soll die Vermutung mit in den Standard aufgenommen werden, dass ein maßgeblicher Einfluss nicht vorliegt, wenn sich das Unternehmen in der Phase der Insolvenz befindet oder strengen langfristigen Beschränkungen unterliegt, welche die Fähigkeit zum Finanzmitteltransfer an den Investor wesentlich beeinträchtigen. Dies führte bisher zu einem Einbeziehungsverbot.

Assoziierte Unternehmen sind sowohl nach HGB als auch nach IFRS grundsätzlich nach der Equity-Methode in den Konzernabschluss einzubeziehen. Ist eine Einbeziehung nach der Equity-Methode für eine den tatsächlichen Verhältnissen entsprechende Abbildung der Vermögens-, Finanz- und Ertragslage des Konzerns von untergeordneter Bedeutung, so erlaubt *§ 311 Abs. 2 HGB* den Verzicht auf die Anwendung der Equity-Methode für das betreffende assoziierte Unternehmen. In diesem Fall ist das Unternehmen zu fortgeführten Anschaffungskosten zu bewerten.

IAS 28.8 formuliert explizite Verbote zur Equity-Bewertung, die den Kriterien für Tochterunternehmen und Gemeinschaftsunternehmen entsprechen. Greift für ein Unternehmen das Verbot nach IAS 28.8, ist es nach IAS 39 zu bewerten. ED 4 schlägt hingegen ein Wahlrecht vor, assoziierte Unternehmen, die mit Weiterveräußerungsabsicht erworben wurden, entweder nach IAS 39 oder nach den Regeln des noch zu verabschiedenden IFRS 4 zu bewerten. Der im Mai 2002 veröffentlichte IAS-E 28 schlägt darüber hinaus vor, assoziierte Unternehmen, die von Venture Capital-Unternehmen, Investmentfonds oder ähnlichen Gesellschaften gehalten werden, von der Anwendung des IAS 28 auszuschließen und diese stattdessen gemäß IAS 39 erfolgswirksam mit dem beizulegenden Zeitwert zu bewerten.

Aufgabe 2

A-AG

Die A-AG ist eine Kapitalgesellschaft mit Sitz in Deutschland und hält an verschiedenen anderen Gesellschaften, z. B. an der B-S.A., eine Mehrheitsbeteiligung. Sie ist somit ein Mutterunternehmen im Sinne von *§ 290 Abs. 2 HGB*. Da die Befreiungsvoraussetzungen der §§ 291 bis 293 HGB nicht zur Anwendung gelangen können, ist davon auszugehen, dass eine Pflicht zur Konzernabschlusserstellung besteht, sofern mindestens eines der Tochterunternehmen ebenfalls einbeziehungspflichtig ist.

Nach *IAS 27* ist die Rechtsform der A-AG unerheblich. Sie ist Mutterunternehmen, sofern sie über mindestens ein Unternehmen die Beherrschung ausübt. Das Bestehen einer Mehrheitsbeteiligung ist lediglich Indikator für das Vorliegen eines Beherrschungsverhältnisses. Nur wenn über mindestens ein Tochterunternehmen ein beherrschender Einfluss ausgeübt wird, ist die A-AG Mutterunternehmen. Da die Möglichkeit zur Befreiung von der Aufstellungspflicht gemäß IAS 27.8 ff. nicht vorliegt, besteht in diesem Fall die Pflicht zur Aufstellung eines Konzernabschlusses, wenn mindestens ein Tochterunternehmen ebenfalls einbeziehungspflichtig ist.

B-S.A.

Die A-AG verfügt bei der B-S.A. mit 51% über eine Stimmrechtsmehrheit. Die B-S.A. ist somit gemäß *§ 290 Abs. 2 Nr. 1 HGB* Tochterunternehmen der A-AG.

Nach *IAS 27.12* besteht die Vermutung, dass aufgrund der Mehrheitsbeteiligung eine Mutter-Tochter-Beziehung vorliegt. Da keine Gründe existieren, die gegen ein Beherrschungsverhältnis nach IAS 27.6 sprechen, ist die B-S.A. Tochterunternehmen.

Aufgrund des nach beiden Rechtskreisen bestehenden Weltabschlussprinzips ist es für die Einbeziehung unerheblich, dass die Gesellschaft ihren Sitz im Ausland hat. Da offensichtlich keine Tatbestände ein Einbeziehungswahlrecht oder -verbot begründen, ist die B-S.A. sowohl nach HGB als auch nach IFRS vollzukonsolidieren.

Bei der *A-AG* handelt es sich somit um ein Mutterunternehmen. In beiden Rechtskreisen besteht die Pflicht, einen Konzernabschluss aufzustellen.

C-S.A.

Bei der C-S.A. teilt sich die A-AG die Leitung des Unternehmens mit einer konzernfremden Gesellschaft, der Y-S.A. Die Ausübung der (alleinigen) einheitlichen Leitung und damit Erfüllung der Bedingung des § 290 Abs. 1 HGB liegt somit nicht vor. Die A-AG verfügt gegenüber der C-S.A. auch nicht über eine der in § 290 Abs. 2 HGB aufgeführten Rechtspositionen. Es liegt nach keiner der beiden Konzeptionen ein Mutter-Tochter-Verhältnis zwischen den beiden Unternehmen vor. Die C-S.A. stellt ein Gemeinschaftsunternehmen dar. Nach *§ 310 Abs. 1 HGB* darf sie daher mittels der Quotenkonsolidierung in den Konzernabschluss einbezogen werden. Soll von diesem Wahlrecht kein Gebrauch gemacht werden, ist zu prüfen, ob die Bedingungen für eine Equity-Bewertung erfüllt sind. Da keine Prämisse darauf hinweist, dass die gesetzliche Vermutung, dass ab einer Beteiligungsquote von 20% ein maßgeblicher Einfluss ausgeübt wird, in diesem Fall widerlegt werden kann, ist die C-S.A. bei Verzicht auf die Quotenkonsolidierung alternativ mittels der Equity-Bewertung in den Konzernabschluss der A-AG einzubeziehen.

Für die C-S.A. liegen keine Gründe vor, die zu einer Vermutung der Beherrschung durch die A-AG nach IAS 27.12 führen würden. Dennoch ist zu prüfen, ob eine tatsächliche Beherrschung (faktisches Control) vorliegt. Dies ist nicht der Fall, weil gemäß IAS 27.6 hierfür die ungeteilte Möglichkeit zur Bestimmung der Finanz- und Geschäftspolitik Voraussetzung ist. Es liegt somit kein Mutter-Tochter-Verhältnis nach IAS 27 vor. Da laut Aufgabenstellung ein Vertrag besteht, der die gemeinsame Führung der A-AG und der Y-S.A. absichert, handelt es sich um ein Gemeinschaftsunternehmen nach *IAS 31.19*. Bestünde der Vertrag nicht, wäre das Unternehmen trotz geteilter Beherrschung als assoziiertes Unternehmen gemäß IAS 28 zu behandeln. Da keine Hinweise auf ein Einbeziehungsverbot oder -wahlrecht vorliegen, besteht nach IAS 31.25 die Option, die C-S.A. quotal in den Konzernabschluss einzubeziehen. Alternativ können die Anteile gemäß IAS 31.32 nach der Equity-Methode bewertet werden.

D-S.A.
An der D-S.A. hält die A-AG eine direkte Beteiligung von 30%. Analog zur C-S.A. besteht auch bei der D-S.A. weder nach HGB noch nach IFRS ein Mutter-Tochter-Verhältnis. Darüber hinaus fehlt die gemeinschaftliche Führung zusammen mit einem konzernfremden Unternehmen, so dass eine Einbeziehung als Gemeinschaftsunternehmen nach beiden Rechtskreisen entfällt.

Aufgrund der direkten Beteiligung von über 20% der Stimmrechte wird sowohl nach *§ 311 HGB* als auch nach *IAS 28.4* ein maßgeblicher Einfluss widerlegbar vermutet. Laut Sachverhalt bestehen keine Gründe, die gegen einen maßgeblichen Einfluss sprechen. Sowohl handelsrechtlich als auch nach IFRS handelt es sich bei der D-S.A. um ein assoziiertes Unternehmen. Da keine Hinweise für ein Einbeziehungsverbot oder -wahlrecht bekannt sind, ist die D-S.A. in beiden Abschlüssen nach der Equity-Methode zu bewerten.

E-S.A.
Die D-S.A. hält eine Mehrheitsbeteiligung an der E-S.A. Stellt die D-S.A. einen Konzernabschluss auf, so ist dieser gemäß § 312 Abs. 6 HGB der Equity-Bewertung zugrunde zu legen. Eine solche Forderung wird durch IAS 28 bisher nicht explizit erhoben, soll aber durch den im Mai 2002 vorgeschlagenen IAS-E 28 mit in den Standard aufgenommen werden.

F-GmbH
An der F-GmbH hält die A-AG direkt 25% der Stimmrechte. Darüber hinaus hält die B-S.A., die selbst Tochterunternehmen der A-AG ist, weitere 30% der Stimmrechte der F-GmbH. Diese sind der A-AG gemäß *§ 290 Abs. 3 HGB* bzw. *IAS 27.12* zuzurechnen. Die A-AG kann somit über 55% der Stimmrechte verfügen. Es ist dabei unerheblich, dass der auf die A-AG entfallende Kapitalanteil nur bei ca. 40% liegt (51% x 30% + 25%). Die Anteile, die die C-S.A. an der F-GmbH hält, sind hingegen nicht zu berücksichtigen, da es sich bei der C-S.A. nicht um ein Tochterunternehmen handelt. Analog zur B-S.A. ist die F-GmbH nach beiden Rechtskreisen vollkonsolidierungspflichtiges Tochterunternehmen der A-AG.

G-AG
An der G-AG hält die A-AG über ihre Beteiligung an der F-GmbH 40% der Stimmrechte. Die G-AG selbst hält 10% der eigenen Aktien. Weitere 15% der Anteile werden von der H-AG gehalten, an der die G-AG wiederum zu 100% beteiligt ist. Zur Bestimmung einer Mehrheitsbeteiligung nach *§ 290 Abs. 2 HGB* bzw. *IAS 27.12* sind von der Gesamtzahl der Stimmrechte die Stimmrechte abzuziehen, die der Beteiligungsgesellschaft selbst gehören, die einem Tochterunternehmen der Beteiligungsgesellschaft gehören oder die ein fremder Dritter für Rechnung der Beteiligungsgesellschaft hält.

Analog zur B-S.A. besteht aufgrund der Stimmrechtsmehrheit ein Mutter-Tochter-Verhältnis gemäß § 290 Abs. 2 HGB sowie die Vermutung eines Mutter-Tochter-Verhältnisses nach IAS 27.12, die laut Sachverhalt nicht widerlegt wird. Die eigenen Aktien (10%) sowie die Aktien im Besitz der H-AG (15%) sind von der Gesamtanzahl (100%) abzusetzen. Die A-AG hält indirekt ca. 53% der relevanten Stimmrechte an der G-AG (40% von 75%). Analog zur B-S.A. ist die G-AG ein vollkonsolidierungspflichtiges Tochterunternehmen der A-AG.

H-AG
Die A-AG hält über die G-AG 100% der Anteile der H-AG. Diese ist analog zur B-S.A. ein vollkonsolidierungspflichtiges Tochterunternehmen.

I-AG
Gegenüber der I-AG verfügt die A-AG nicht über eine der in § 290 Abs. 2 HGB in Verbindung mit § 290 Abs. 3 HGB aufgeführten Rechtspositionen. Es besteht somit kein Mutter-Tochter-Verhältnis nach § 290 Abs. 2 HGB. Aufgrund ihrer Beteiligung in Höhe von 48% hatte die H-AG in den letzten Jahren regelmäßig die Präsenzmehrheit bei der Hauptversammlung der I-AG inne. Es besteht somit die Möglichkeit zur Ausübung der einheitlichen Leitung. Von dieser Möglichkeit wurde laut Sachverhalt in den letzten Jahren jedoch kein Gebrauch gemacht und es besteht auch keine Absicht, dies in Zukunft zu tun. Daher liegt auch kein Mutter-Tochter-Verhältnis nach *§ 290 Abs. 1 HGB* vor. Analog zur D-S.A. besteht aufgrund der Beteiligungsquote

von mehr als 20% der Stimmrechte die Vermutung des Vorliegens eines maßgeblichen Einflusses, die nicht widerlegt werden kann. Da keine Einbeziehungsverbote oder -wahlrechte vorliegen, sind die Anteile gemäß *§§ 311 f. HGB* nach der Equity-Methode zu bewerten.

Nach IFRS liegen für die I-AG keine Gründe vor, die zu einer Vermutung der Beherrschung durch die A-AG nach IAS 27.12 führen. Aufgrund der Präsenzmehrheit besteht allerdings die Möglichkeit zur faktischen Beherrschung nach *IAS 27.6*. Dass diese bisher nicht genutzt wurde und auch in absehbarer Zukunft nicht genutzt werden soll, ist unerheblich. Bei der I-AG handelt es sich nach IFRS um ein Tochterunternehmen, das in Abwesenheit von Gründen für ein Einbeziehungsverbot oder -wahlrecht vollzukonsolidieren ist.

K-AG
Analog zur D-S.A. handelt es sich bei der K-AG nach beiden Rechtskreisen weder um ein Tochter- noch um ein Gemeinschaftsunternehmen. Da die H-AG nur 19% der Stimmrechte hält, wird nach *HGB* implizit und nach *IAS 28.4* explizit vermutet, dass kein maßgeblicher Einfluss vorliegt. Diese Vermutung wird dadurch widerlegt, dass auf die K-AG tatsächlich ein maßgeblicher Einfluss ausgeübt wird. Es handelt sich sowohl nach HGB als auch nach IFRS um ein assoziiertes Unternehmen, das in Ermangelung von Gründen für ein Einbeziehungsverbot oder -wahlrecht „at equity" zu bewerten ist.

L-AG
Bei der L-AG handelt es sich analog zur B-S.A. nach beiden Rechtskreisen um ein Tochterunternehmen. Da die Beteiligung erst vor drei Monaten mit der Maßgabe erworben wurde, dass die Anteile spätestens in vier Monaten wieder veräußert werden sollen, besteht nach *§ 296 Abs. 1 Nr. 3 HGB* ein Wahlrecht, auf die Vollkonsolidierung zu verzichten. Strittig ist, ob bei Weiterveräußerungsabsicht eine Beteiligung im Sinne des § 271 Abs. 1 HGB vorliegt, die eine notwendige Voraussetzung für ein Assoziierungsverhältnis darstellt. Da die Ausübung eines maßgeblichen Einflusses bei lediglich zeitweiligem Anteilsbesitz nur im Ausnahmefall möglich ist, erfolgt keine Bewertung „at equity", sondern das Tochterunternehmen wird im Konzernabschluss zu fortgeführten Anschaffungskosten bilanziert.

Nach *IAS 27.13(a)* besteht bisher ein Verbot zur Einbeziehung von Tochterunternehmen, die mit Weiterveräußerungsabsicht erworben wurden. Die L-AG ist verpflichtend nach IAS 39 als zu Handelszwecken gehalten einzuordnen und erfolgswirksam mit dem beizulegenden Zeitwert zu bewerten. Der im Juli 2003 veröffentlichte ED 4 schlägt hingegen ein Konsolidierungsgebot vor.

M-GmbH
Die A-AG hält an der M-GmbH indirekt eine Mehrheitsbeteiligung. Damit handelt es sich um ein Tochterunternehmen nach § 290 Abs. 2 HGB. Aufgrund des eröffneten Insolvenzverfahrens ist die M-GmbH unter erheblichen und andauernden Beschränkungen tätig, die das Mutterunternehmen daran hindern, seine Rechte über das Vermögen oder die Geschäftsführung des Tochterunternehmens auszuüben. Es besteht somit nach *§ 296 Abs. 1 Nr. 1 HGB* ein Wahlrecht, auf die Vollkonsolidierung zu verzichten. Wird von diesem Wahlrecht Gebrauch gemacht, ist im nächsten Schritt zu überprüfen, ob die Beschränkungen die tatsächliche Ausübung eines maßgeblichen Einflusses verhindern. Unter der Voraussetzung, dass dennoch ein maßgeblicher Einfluss durch die Muttergesellschaft ausgeübt werden kann, ist das Tochterunternehmen „at equity" in den Konzernabschluss einzubeziehen.

Nach IAS 27.12 besteht aufgrund der Mehrheitsbeteiligung die Vermutung, dass es sich bei der M-GmbH um ein Tochterunternehmen handelt. Es stellt sich die Frage, ob das eröffnete Insolvenzverfahren de lege lata Grund genug ist, einen beherrschenden Einfluss abzulehnen. Wird dies verneint, greift das Einbeziehungsverbot nach *IAS 27.13(b)*. Die M-GmbH ist verpflichtend nach IAS 39 als zur Veräußerung verfügbares Finanzinstrument mit dem beizulegenden Zeitwert zu bewerten. Nach dem im Mai 2002 vorgeschlagenen IAS-E 27.12A soll das Einbeziehungsverbot nach IAS 27.13(b) entfallen und dieser Tatbestand stattdessen als Grund für die Widerlegung eines beherrschenden Einflusses angenommen werden.

N-AG
Bei der N-AG handelt es sich ebenfalls analog zur B-S.A. nach beiden Rechtskreisen um ein Tochterunternehmen. Aufgrund der abweichenden Tätigkeit, die bei Einbeziehung zu einer Verfälschung der Vermögens-, Finanz- und Ertragslage führen würde, besteht nach *§ 295 HGB* ein Einbeziehungsverbot. Dieses Einbeziehungsverbot führt jedoch nicht zum Verbot einer Bewertung „at equity". Die Vermutung eines maßgeblichen Einflusses bei einem Stimmrechtsanteil von mindestens 20% wird für die N-AG nicht widerlegt, sie ist daher im Konzernabschluss „at equity" zu bewerten. Nach *IAS 27* besteht hingegen die Pflicht zur Vollkonsolidierung.

O-GmbH
Die A-AG hält an der O-GmbH eine direkte Beteiligung von 40% der Stimmrechte. Darüber hinaus hat die A-AG mit der O-GmbH einen Beherrschungsvertrag abgeschlossen. Die O-GmbH erfüllt somit die Kriterien eines Tochterunternehmens nach *§ 290 Abs. 2 Nr. 3 HGB*. Da keine Hinweise auf ein Einbeziehungsverbot oder -wahlrecht bestehen, ist das Tochterunternehmen nach HGB vollzukonsolidieren.

Nach *IAS 27.12* liegt eine Mutter-Tochter-Beziehung vor, wenn trotz fehlender Stimmrechtsmehrheit die Möglichkeit besteht, die Finanz- und Geschäftspolitik eines Unternehmens gemäß einer Satzung oder einem Vertrag zu beeinflussen. Dies ist durch einen Beherrschungsvertrag gegeben. Bisher wurde angenommen, dass es sich hierbei um eine unwiderlegbare Vermutung einer Mutter-Tochter-Beziehung handelt. Nach dem im Mai 2002 vorgeschlagenen IAS-E 27.12A wäre zusätzlich zu prüfen, ob Gründe vorliegen, die gegen die Beherrschung sprechen. Dies ist hier nicht der Fall. Es liegen auch keine Hinweise auf ein Einbeziehungsverbot oder -wahlrecht vor. Die O-GmbH ist nach IFRS ebenfalls vollzukonsolidieren.

P-AG
Bei der P-AG handelt es sich analog zur B-S.A. um ein Tochterunternehmen. Da die zur Konzernabschlusserstellung benötigten Daten nur unter unverhältnismäßig hohen Kosten beschafft werden können, besteht nach *§ 296 Abs. 1 Nr. 2 HGB* ein explizites und nach *IFRS* ein implizites Wahlrecht, auf die Einbeziehung zu verzichten. Nach HGB ist aufgrund der Stufenkonzeption in der Folge grundsätzlich eine Einbeziehung „at equity" zu prüfen; der Ausschließungsgrund ist nicht ohne weiteres auf die Equity-Methode übertragbar, weil gegenüber der Vollkonsolidierung Erleichterungen bei den Informationspflichten bestehen. Da die Vermutung des maßgeblichen Einflusses nicht widerlegt wird, ist die P-AG „at equity" in den Konzernabschluss einzubeziehen.

Nach IFRS kommt eine Anwendung von IAS 28 auf Tochterunternehmen explizit nicht in Betracht. Die Anteile sind nach IAS 39 mit dem beizulegenden Zeitwert zu bewerten.

Q-GmbH
Auch die Q-GmbH ist nach beiden Rechtskreisen ein Tochterunternehmen der A-AG analog zur B-S.A. Auf ihre Einbeziehung kann nach *§ 296 Abs. 2 HGB* explizit und nach *IFRS* implizit verzichtet werden, da sie zusammen mit der R-GmbH von untergeordneter Bedeutung ist. In diesem Fall ist auch von der Erfüllung der Voraussetzungen zur Nutzung des Wahlrechts zum Verzicht auf die Equity-Bewertung nach § 311 HGB auszugehen; die Anteile werden nach HGB „at cost" bewertet.

Nach IFRS ist die Q-GmbH gemäß IAS 39 mit dem beizulegenden Zeitwert zu bewerten.

R-GmbH
Die R-GmbH ist ein assoziiertes Unternehmen analog zur D-S.A. Für assoziierte Unternehmen besteht nach *§ 311 HGB* explizit und nach **IFRS** implizit ein Wahlrecht zum Verzicht auf die Equity-Bewertung bei Unwesentlichkeit. Das assoziierte Unternehmen ist nach HGB „at cost" und nach IAS 39 mit dem beizulegenden Zeitwert zu bewerten.

	Anteil	Art der Beziehung (Mutter-, Tochter-, Gemeinschafts- oder assoziiertes Unternehmen)		Art der Einbeziehung (**V**oll-, **Q**uotenkonsolidierung, **E**quity-Methode, nach **I**AS 39 oder „at **c**ost")	
		HGB	**IFRS**	**HGB**	**IFRS**
A-AG		Mutter-	Mutter-	V: Pflicht	V: Pflicht
B-S.A.	51%	Tochter-	Tochter-	V: Pflicht	V: Pflicht
C-S.A.	50%	Gemeinschafts-	Gemeinschafts-	Q: Wahlrecht E: Pflicht bei Verzicht auf Q	Q: Wahlrecht E: Pflicht bei Verzicht auf Q
D-S.A.	30%	assoziiertes	assoziiertes	E: Pflicht	E: Pflicht
F-GmbH	55%	Tochter-	Tochter-	V: Pflicht	V: Pflicht
G-AG	53%	Tochter-	Tochter-	V: Pflicht	V: Pflicht
H-AG	100%	Tochter-	Tochter-	V: Pflicht	V: Pflicht
I-AG	48%	assoziiertes	Tochter-	E: Pflicht	V: Pflicht
K-AG	19%	assoziiertes	assoziiertes	E: Pflicht	E: Pflicht
L-AG	60%	Tochter-	Tochter-	V: Wahlrecht E: Verbot (strittig) c: Pflicht	V: Verbot I: zu Handelszwecken gehalten
M-GmbH	100%	Tochter-	Tochter-	V: Wahlrecht E: Pflicht	V: Verbot I: zur Veräußerung verfügbar
N-AG	100%	Tochter-	Tochter-	V: Verbot E: Pflicht	V: Pflicht
O-GmbH	40%	Tochter-	Tochter-	V: Pflicht	V: Pflicht
P-AG	100%	Tochter-	Tochter-	V: Wahlrecht E: Pflicht	V: Wahlrecht (faktisch) I: zur Veräußerung verfügbar
Q-GmbH	60%	Tochter-	Tochter-	V: Wahlrecht E: Wahlrecht c: Pflicht	V: Wahlrecht (faktisch) I: zur Veräußerung verfügbar
R-GmbH	30%	assoziiertes	assoziiertes	E: Wahlrecht c: Pflicht	E: Wahlrecht (faktisch) I: zur Veräußerung verfügbar

Tab. 1: Stellung der Unternehmen im Konzern und Einbeziehungsart in den Konzernabschluss.

Literaturhinweise

BAETGE, J./KIRSCH, H.-J./THIELE, S.: Konzernbilanzen, 6. Aufl., Düsseldorf 2002.

COENENBERG, A. G.: Jahresabschluss und Jahresabschlussanalyse, 19. Aufl., Stuttgart 2003.

HAYN, S./GRAF WALDERSEE, G.: IAS/US-GAAP/HGB im Vergleich, 4. Aufl., Stuttgart 2003.

KÜTING, K./WEBER, C.-P.: Der Konzernabschluss, 8. Aufl., Stuttgart 2003.

KÜTING, K./WEBER, C.-P. (Hrsg.): Handbuch der Konzernrechnungslegung, Kommentar zur Bilanzierung und Prüfung, Band II, 2. Aufl., Stuttgart 1998.

Klaus Henselmann

Erwerb, Besitz und Veräußerung eines Tochterunternehmens

Aufgabe

Mit Wirkung zum 31.12.01 erwirbt die Mechatronic AG mit Sitz in München (im Folgenden M) 100% der Anteile an der Technik GmbH mit Sitz in Traunstein (im Folgenden T). Um innerhalb der Unternehmensgruppe abgestimmte, einheitliche unternehmerische Entscheidungen treffen zu können, werden zwei leitende Angestellte von M zu Geschäftsführern der T berufen.

Beide Gesellschaften haben ein mit dem Kalenderjahr übereinstimmendes Wirtschaftsjahr. Ferner sollen beiden Jahresabschlüssen einheitliche Ansatz- und Bewertungsvorschriften zugrunde liegen, so dass vor den eigentlichen Konsolidierungsmaßnahmen keine weiteren Aufbereitungsmaßnahmen erforderlich sind. Steuern (auch latente) sollen nicht zu berücksichtigen sein. Zwischen den Gesellschaften bestehen keinerlei Geschäftsbeziehungen, wie z. B. Darlehensgewährung, Mietverhältnisse oder Warenlieferungen.

Zum 31.12.01 haben die beiden Unternehmen folgende Bilanzen und Gewinn- und Verlustrechnungen erstellt:

A	Bilanz T 31.12.01		P
sonstiges AV	4.500	Gezeichnetes Kapital	600
sonstiges UV	3.500	Kapitalrücklage	700
		Gewinnrücklage	900
		Jahresüberschuss	800
		sonstige Passiva	5.000
	8.000		8.000

S	GuV T 31.12.01		H
diverse Aufwendungen	2.200	Umsatz	2.000
Jahresüberschuss	800	sonstiger Ertrag	1.000
	3.000		3.000

Abb. 1: Einzeljahresabschluss der T GmbH zum 31.12.01.

A	Bilanz M 31.12.01		P
Anteile an T	4.000	Gezeichnetes Kapital	1.000
sonstiges AV	5.500	Kapitalrücklage	500
sonstiges UV	2.500	Gewinnrücklage	2.000
		Jahresüberschuss	0
		sonstige Passiva	8.500
	12.000		12.000

S	GuV M 31.12.01		H
diverse Aufwendungen	7.000	Umsatz	6.000
Jahresüberschuss	0	Beteiligungsertrag	0
		sonstiger Ertrag	1.000
	7.000		7.000

Abb. 2: *Einzeljahresabschluss der M AG zum 31.12.01.*

a) Erläutern Sie kurz die Rechtsvorschriften, aus denen sich nach HGB oder (im Anwendungsfalle) nach IFRS die Pflicht zur Erstellung eines Konzernabschlusses sowie der Einbeziehung von T ergeben.

b) Der Kaufpreis für die gesamten Anteile beläuft sich auf 4.000. Das sonstige Anlagevermögen von T enthält dabei stille Reserven von 510 (Restnutzungsdauer von drei Jahren). Die im sonstigen Umlaufvermögen der T enthaltenen Vorräte weisen stille Reserven von 90 auf (vollständige Auflösung durch Weiterverkäufe im folgenden Jahr).

Erstellen Sie aus den Einzelabschlüssen von M und T den Konzernjahresabschluss im Zeitpunkt der Erstkonsolidierung (31.12.01). Verwenden Sie hierzu die sog. Neubewertungsmethode mit späterer Abschreibung des Firmenwerts über vier Jahre.

c) In den Folgejahren sollen die Einzeljahresabschlüsse bei M und T grundsätzlich denen des Jahres 01 entsprechen.

Im April des Folgejahres wird aber jeweils beschlossen, den von T erwirtschafteten Jahresüberschuss nur zu 80% auszuschütten. Es wird daher erstmals im April 02 eine Gewinnausschüttung in Höhe von 640 vorgenommen. Die einbehaltenen Gewinne von T erhöhen das sonstige Umlaufvermögen.

Im Einzeljahresabschluss von M werden zudem ab dem Jahr 02 die von T ausgeschütteten Gewinne als Beteiligungsertrag erfasst. Es ist davon auszugehen, dass der Anspruch auf die Gewinnausschüttung sowohl rechtlich als auch wirtschaftlich erst im jeweils folgenden Jahr entsteht. Da M aus ihrer eigentlichen Tätigkeit keinen Jahresüberschuss erzielt, entspricht der Jahresüberschuss ab dem Jahr 02 der von T erhaltenen Gewinnausschüttung. Die von M erzielten Jahresüberschüsse werden voll thesauriert.

Führen Sie bis einschließlich 31.12.05 die Folgekonsolidierung durch.

d) Zum 01.01.06 verkauft M die gesamte Beteiligung zum Preis von 6.000. Der erhaltene Betrag schlägt sich in einer Erhöhung des sonstigen Umlaufvermögens nieder. Nehmen Sie die Entkonsolidierung zu diesem Stichtag vor.

e) Vergleichen Sie den kumulierten Konzern-Jahresüberschuss mit dem kumulierten Jahresüberschuss im Einzelabschluss von M und erläutern Sie Abweichungen.

Lösung

a) Zunächst ist zu prüfen, ob M durch den Erwerb der Beteiligung an T zur Erstellung eines Konzernjahresabschlusses verpflichtet ist. Da M über 100% der Anteile und damit die Mehrheit der Stimmrechte verfügt, ist sowohl nach nationalen Vorschriften (§ 290 Abs. 2 Nr. 1 HGB) als auch nach internationalen Regelungen (IAS 27.7, 27.12) die Voraussetzung für die Erstellung eines Konzernabschlusses erfüllt.

Zudem wäre handelsrechtlich auch das Kriterium der einheitlichen Leitung gegeben, da die Geschäftspolitik beider Gesellschaften mit Hilfe der praktizierten Personalunion aufeinander abgestimmt wird. Auch dies führt alternativ zur handelsrechtlichen Aufstellungspflicht für einen Konzernabschluss (§ 290 Abs. 1 HGB).

Sieht man von größenabhängigen Erleichterungen im Handelsrecht ab (§ 293 HGB), so besteht für M die Verpflichtung, einen Konzernabschluss aufzustellen und T als verbundenes Unternehmen im Wege der Vollkonsolidierung einzubeziehen. Die IFRS kennen keine größenabhängigen Ausnahmen. Jedoch besteht bis Ende 2004 keine Anwendungspflicht, sondern lediglich eine Wahlmöglichkeit für IFRS (§ 292a HGB) ausschließlich für sog. kapitalmarktorientierte Unternehmen. Dies müssen keine börsennotierten Aktiengesellschaften sein, da Anleihen oder Genussscheine auch von anderen Rechtsformen begeben werden können, faktisch wird es sich aber nicht um mittelständische Konzerne handeln. Ab 2005 werden IFRS für den Konzernabschluss kapitalmarktorientierter Unternehmen Pflicht (sog. IAS-Verordnung der Europäischen Union vom 19. Juli 2002; Nr. 1606/2002); die Mitgliedsstaaten können ihre Anwendung auch in anderen Fällen erlauben oder vorschreiben.

Mögliche Einbeziehungsverbote (§ 295 HGB, IAS 27.13) oder Einbeziehungswahlrechte (§ 296 HGB, nicht nach IFRS) greifen im vorliegenden Sachverhalt nicht.

b) Tochterunternehmen werden vollkonsolidiert (§§ 300 ff. HGB, IAS 27.15). Erwerbszeitpunkt für die erstmalige Einbeziehung in den Konzernabschluss ist der 31.12.01 (§ 301 Abs. 2 HGB, IAS 22.20). Da die Bilanzierungs- und Bewertungsmethoden bei M und T bereits identisch sind, entsprechen die Einzelabschlüsse von M und T der Handelsbilanz II (§ 300 Abs. 1 HGB, § 308 HGB, IAS 27.21).

Konsolidierungsmaßnahmen finden grundsätzlich in vier Bereichen statt:
- Bei der *Kapitalkonsolidierung* wird der Beteiligungsbuchwert mit dem anteiligen Eigenkapital der Tochtergesellschaft verrechnet (§ 301 HGB, IAS 27.15, IAS 22).
- Im Rahmen der *Forderungs- und Schuldenkonsolidierung* erfolgt eine Aufrechnung von Forderungen und Verbindlichkeiten, die zwischen den Konzerngesellschaften bestehen (§ 303 HGB, IAS 27.17–18).
- Die *Aufwands- und Ertragskonsolidierung* nimmt eine Saldierung von Umsatzerlösen bzw. Erträgen mit den zugehörigen Aufwendungen vor (§ 305 HGB, IAS 27.17–18).
- Eine *Zwischengewinneliminierung* ist immer dann erforderlich, wenn Vermögensgegenstände innerhalb des Konzerns geliefert wurden, sich jedoch am Abschlussstichtag noch innerhalb des Konzernkreises befinden und damit in den Konzernabschluss einzubeziehen sind (§ 304 HGB, IAS 27.17–18).

Da im vorliegenden Fall keinerlei Geschäftsbeziehungen zwischen beiden Gesellschaften bestehen, ist nur die Kapitalkonsolidierung relevant.

Handelsrechtlich kommen im vorliegenden Fall sowohl die Buchwertmethode (§ 301 Abs. 1 Nr. 1 HGB) als auch die Neubewertungsmethode (§ 301 Abs. 1 Nr. 2 HGB) in Betracht. DRS 4.23 verlangt die Anwendung der Neubewertungsmethode. Nach den IFRS ist ausschließlich die Neubewertungsmethode zulässig; ihre beiden Varianten unterscheiden sich beim Fehlen von Minderheitsgesellschaftern nicht (IAS 22.32–36).

Die Konsolidierungsberechnungen gehen von den Einzelabschlüssen von M und T aus, die in den im Folgenden verwendeten Tabellen in den ersten Spalten aufgeführt sind. Anschließend folgen die für die Erstkonsolidierung erforderlichen Maßnahmen.

	Abschluss M 31.12.01		Abschluss T 31.12.01		Zuschreibung stiller Reserven		Neuabschluss T 31.12.01 (HB III)		Summen-abschluss		Aufrechnung Beteiligung/ EK		Konzern-abschluss	
	S	H	S	H	S	H	S	H	S	H	S	H	S	H
Aktiva:														
Geschäftswert											400		400	
Anteile an T	4.000								4000			4.000		
sonstiges AV	5.500		4.500		510		5.010		10.510				10.510	
sonstiges UV	2.500		3.500		90		3.590		6090				6.090	
Passiva:														
Neubewertungsdifferenz						600		600		600	600			
Gezeichnetes Kapital		1.000		600				600		1.600	600			1.000
Kapitalrücklage		500		700				700		1.200	700			500
Gewinnrücklage		2.000		900				900		2.900	900			2.000
Jahresüberschuss				800				800		800	800			
sonstige Passiva		8.500		5.000				5.000		13.500				13.500
Summen	12.000	12.000	8.000	8.000	600	600	8.600	8.600	20.600	20.600	4.000	4.000	17.000	17.000
Aufwendungen:														
diverse Aufwendungen	7.000								7.000				7.000	
Jahresüberschuss														
Erträge:														
Umsatz		6.000								6.000				6.000
Beteiligungsertrag		1.000								1.000				1.000
sonstiger Ertrag														
Summen	7.000	7.000							7.000	7.000			7.000	7.000

Abb. 3: Erstkonsolidierung zum 31.12.01.

Erläuterungen:

Im Rahmen der Neubewertungsmethode erfolgt als erstes eine Neubewertung der Vermögensgegenstände bei T (§ 301 Abs. 1 Nr. 2 1. HS., § 301 Abs. 3 HGB, IAS 22.19, IAS 22.26) in einer sog. Handelsbilanz III. Dabei werden sämtliche stille Reserven in den einzelnen Vermögensgegenständen aufgedeckt (beizulegender Wert nach § 301 Abs. 1 Nr. 2 2. HS. HGB, beizulegender Zeitwert nach IAS 22.32–35). Die als Ausfluss der stillen Reserven entstandene Neubewertungsdifferenz wird zunächst als gesonderter Posten im Eigenkapital ausgewiesen. Folgende Umbuchungen sind hierzu erforderlich:

| sonstiges AV | 510 | an | Neubewertungsdifferenz | 600 |
| sonstiges UV | 90 | | | |

Aus dem Neuabschluss für T (Handelsbilanz III) und dem Einzelabschluss (eigentlich: Handelsbilanz II) von M wird ein Summenabschluss gebildet, der die eigentliche Grundlage für die Konsolidierungsmaßnahmen bildet.

Da in der Summenbilanz (= Zeitpunktrechnung auf den 31.12.01) sowohl das Eigenkapital von T als auch der Beteiligungsbuchwert enthalten sind, müssen beide gegeneinander aufgerechnet werden, um die Doppelerfassung zu beseitigen. In die Aufrechnung sind alle Eigenkapitalpositionen von T einschließlich der Neubewertungsdifferenz einzubeziehen. Auch der von T im Eigenkapital ausgewiesene Jahresüberschuss wird ausgebucht, da dieser von M mit „erworben" wurde. Eine Einbeziehung der Gewinn- und Verlustrechnung von T (= Zeitraumrechnung vom 01.01.01 bis 31.12.01) erfolgt im vorliegenden Fall nicht, da sie sich auf einen Zeitraum vor dem Erwerbszeitpunkt bezieht (in IAS 27.23 ausdrücklich geregelt).

Der aufzurechnende Beteiligungsbuchwert übersteigt das bilanzielle Eigenkapital nach Neubewertung (= Aufdeckung stiller Reserven) immer noch um 400. Dieser Teil des Kaufpreises wurde für künftig erwartete positive Geschäftsentwicklungen gezahlt und stellt den Geschäfts- oder Firmenwert dar (§ 301 Abs. 3 HGB; IAS 22.32–35, IAS 22.41 ff.). Damit entstehen folgende weitere Buchungen:

Gezeichnetes Kapital	600	an	Anteile an T	4.000
Kapitalrücklage	700			
Gewinnrücklage	900			
Jahresüberschuss	800			
Neubewertungsdifferenz	600			
Geschäftswert	400			

Die letzte Spalte der Abbildung 3 zeigt den Konzernabschluss zum 31.12.01.

c) In den Jahren 02 bis 05 besteht jeweils während des gesamten Jahres eine 100%ige Beteiligung von M an T. Es ist daher wiederum eine Vollkonsolidierung durchzuführen. Im Gegensatz zur Erstkonsolidierung am 31.12.01 wird jetzt auch die Gewinn- und Verlustrechnung von T in den Konzernabschluss einbezogen, da sämtliche Aufwendungen und Erträge nach dem Erwerbszeitpunkt angefallen sind.

Bei der Neubewertungsmethode erfolgt die Verrechnung des Beteiligungsbuchwertes mit dem anteiligen Eigenkapital stets nach den Wertverhältnissen zum Zeitpunkt der erstmaligen Einbeziehung (§ 300 Abs. 1 Nr. 2 i. V. m. Abs. 2 HGB).

	Abschluss M 31.12.02		Abschluss T 31.12.02		Zuschreibung stiller Reserven		Abschreibung stiller Reserven		Neuabschluss T 31.12.02 (HB III)		Summen-abschluss		Aufrechnung Beteiligung/ EK		erfolgs-wirksame Buchungen		Konzern-abschluss	
	S	H	S	H	S	H	S	H	S	H	S	H	S	H	S	H	S	H
Aktiva:																		
Geschäftswert													400			100	300	
Anteile an T	4.000													4.000				
sonstiges AV	5.500		4.500		510			170	4.840		10.340						10.340	
sonstiges UV	3.140		3.660		90			90	3.660		6.800						6.800	
Passiva:																		
Neubewertungsdifferenz						600	260			340		340	600			260		
Gezeichnetes Kapital		1.000		600						600		1.600	600					1.000
Kapitalrücklage		500		700						700		1.200	700					500
Gewinnrücklage		2.000		1.060						1.060		3.060	1.700		1.000	640		2.000
Jahresüberschuss		640		800						800		1.440						440
sonstige Passiva		5.000		5.000						5.000		13.500						13.500
Summen	12.640	12.640	8.160	8.160	600	600	260	260	8.500	8.500	21.140	21.140	4.000	4.000	1.000	1.000	17.440	17.440
Aufwendungen:																		
diverse Aufwendungen	7.000		2.200						2.200		9.200				360		9.560	
Jahresüberschuss	640		800						800		1.440					1.000	440	
Erträge:																		
Umsatz		6.000		2.000						2.000		8.000						8.000
Beteiligungsertrag		640										640			640			
sonstiger Ertrag		1.000		1.000						1.000		2.000						2.000
Summen	7.640	7.640	3.000	3.000					3.000	3.000	10.640	10.640			1.000	1.000	10.000	10.000

Abb. 4: Folgekonsolidierung zum 31.12.02.

Erläuterungen:
Sowohl bei T als auch bei M haben sich durch die Jahresüberschüsse das sonstige Umlaufvermögen erhöht (T: neuer Jahresüberschuss +800 abzüglich geleistete Ausschüttung von 800 · 80% = –640 für das Vorjahr; M: erhaltene Ausschüttung von +640) und die Gewinnrücklagen verändert. M weist außerdem einen entsprechenden Beteiligungsertrag aus.

Der erste Arbeitsschritt bei der Folgekonsolidierung ist die Erstellung der Handelsbilanz III von T. Am 31.12.01 entstand ursprünglich durch Zuschreibung stiller Reserven im AV und UV der Handelsbilanz III eine Neubewertungsdifferenz in Höhe von 600:

sonstiges AV	510	an Neubewertungsdifferenz	600
sonstiges UV	90		

Diese stillen Reserven sind aber zum 31.12.02 nicht mehr komplett vorhanden: So werden die im sonstigen Anlagevermögen aufgedeckten stillen Reserven annahmegemäß über drei Jahre linear abgeschrieben. Daraus ergibt sich eine Minderung im Anlagevermögen von 510 : 3 = 170. Die im sonstigen Umlaufvermögen aufgedeckten stillen Reserven in Höhe von 90 waren vollständig in Vorräten enthalten, die im Folgejahr (also 02) verbraucht wurden. Dies bedeutet, dass diese gänzlich nicht mehr vorhanden sind. Folgende weitere Buchungen führen zur Fortschreibung der Handelsbilanz III und der Neubewertungsdifferenz (Anpassung an die noch vorhandenen stillen Reserven):

Neubewertungsdifferenz	260	an sonstiges AV	170
		sonstiges UV	90

Anschließend erfolgt die Aufrechnung des Beteiligungsbuchwertes mit dem Eigenkapital von T. Hierbei kommen *erneut die Werte zum Zeitpunkt der Erstkonsolidierung* zur Anwendung! Zu berücksichtigen ist lediglich eine kleine Umgliederung innerhalb des Eigenkapitalausweises: Der im Vorjahr von T erzielte Jahresüberschuss (800) gehört mittlerweile zu den Gewinnrücklagen (von T bei Thesaurierung oder von M bei Ausschüttung; aus Sicht des Konzerns verlässt der Jahresüberschuss jedoch nicht den Konzern, er gilt daher insgesamt als einbehalten und erhöht die Konzern-Gewinnrücklagen). Somit treten (zusätzliche) Gewinnrücklagen bei der Aufrechnung an die Stelle des Jahresüberschusses aus 01.

Gezeichnetes Kapital	600	an Anteile an T	4.000
Kapitalrücklage	700		
Gewinnrücklage	900		
Gewinnrücklage (Vorjahr: JÜ)	800		
Neubewertungsdifferenz	600		
Geschäftswert	400		

Im nächsten Schritt werden die erfolgswirksamen Buchungen vorgenommen.

Die Verminderungen der stillen Reserven, die oben die fortgeführte bilanzielle Neubewertungsdifferenz veränderten, haben gleichzeitig Erfolgswirkungen:

sonstige Aufwendungen (= erhöhte Abschreibungen)	170	an	Jahresüberschuss (GuV)	170
sonstige Aufwendungen (= erhöhter Wareneinsatz)	90	an	Jahresüberschuss (GuV)	90
Jahresüberschuss (Bilanz)	260	an	Neubewertungsdifferenz	260

Damit verschwindet gleichzeitig die Neubewertungsdifferenz.

Darüber hinaus muss der aktivierte Firmenwert in Höhe von 400 abgeschrieben werden. Nach Handelsrecht ist dies pauschaliert (§ 309 Abs. 1 Satz 1 HGB) oder über die Nutzungsdauer (§ 309 Abs. 1 Satz 2 HGB) möglich. IFRS sehen eine planmäßige Abschreibung über die Nutzungsdauer vor, wobei die widerlegbare Vermutung gilt, dass diese 20 Jahre nicht übersteigt (IAS 22.44 ff.). Die nach Handelsrecht auch mögliche offene Verrechnung mit den Rücklagen (§ 309 Abs. 1 Satz 3 HGB) wird von DRS 4.28–29 abgelehnt. Annahmegemäß soll eine lineare Abschreibung über vier Jahre erfolgen, was zu einem jährlichen Betrag von 100 führt:

Jahresüberschuss (Bilanz)	100	an	Geschäftswert	100
sonstige Aufwendungen (Abschreibungen auf den Geschäftswert)	100	an	Jahresüberschuss (GuV)	100

Schließlich muss noch der Beteiligungsertrag eliminiert werden. Der von T an M in 02 ausgeschüttete Gewinn (800 · 20% = 640) ist im Konzernabschluss bereits enthalten. Somit darf er nicht nochmals in der Konzern-GuV als Ertrag berücksichtigt werden; er muss erfolgswirksam ausgebucht werden. In der Bilanz ist anstelle des reduzierten Jahresüberschusses eine Erhöhung der Gewinnrücklage zu buchen, da letztere bislang nur den thesaurierten Jahresüberschussanteil von T (800 · 20% = 160) enthält.

Beteiligungsertrag	640	an	Jahresüberschuss (GuV)	640
Jahresüberschuss (Bilanz)	640	an	Gewinnrücklagen	640

Aus der Summe der erfolgswirksamen Buchungen ergibt sich eine Minderung des Jahresüberschusses gleichzeitig in GuV und Bilanz von 1.000 (170 + 90 + 100 + 640).

Nach Abschluss aller Buchungen erhält man den Konzernabschluss am 31.12.02.

Erwerb, Besitz und Veräußerung eines Tochterunternehmens 219

	Abschluss M 31.12.03		Abschluss T 31.12.03		Zuschreibung stiller Reserven		Abschreibung stiller Reserven		Neuabschluss T 31.12.03 (HB III)		Summen- abschluss		Aufrechnung Beteiligung/ EK		erfolgs- wirksame Buchungen		Konzern- abschluss	
	S	H	S	H	S	H	S	H	S	H	S	H	S	H	S	H	S	H
Aktiva:																		
Geschäftswert	4.000												400			200	200	
Anteile an T	5.500		4.500		510			340	4.670		4.000			4000				
sonstiges AV	3.780		3.820		90			90	3.820		10.170						10.170	
sonstiges UV											7.600						7.600	
Passiva:																		
Neubewertungsdifferenz						600	430			170		170	600			430		
Gezeichnetes Kapital		1.000		600						600		1.600	600					1.000
Kapitalrücklage		500		700						700		1.200	700					500
Gewinnrücklage		2.640		1.220						1.220		3.860	1.700		360	640		2.440
Jahresüberschuss		640		800						800		1.440			910			530
sonstige Passiva		8.500		5.000						5.000		13.500						13.500
Summen	13.280	13.280	8.320	8.320	600	600	430	430	8.490	8.490	21.770	21.770	4.000	4.000	1.270	1.270	17.970	17.970
Aufwendungen:																		
diverse Aufwendungen	7.000		2.200						2.200		9.200				270		9.470	
Jahresüberschuss	640		800						800		1.440					910	530	
Erträge:																		
Umsatz		6.000		2.000						2.000		8.000						8.000
Beteiligungsertrag		640										640			640			
sonstiger Ertrag		1.000		1.000						1.000		2.000						2.000
Summen	7.640	7.640	3.000	3.000					3.000	3.000	10.640	10.640			910	910	10.000	10.000

Abb. 5: Folgekonsolidierung zum 31.12.03.

Erläuterungen:
Die Ermittlung der Handelsbilanz III von T erfolgt im Wesentlichen genauso wie im Vorjahr. Zunächst werden die ursprünglich aufgedeckten stillen Reserven sowie deren im Vorjahr erfolgten Änderungen verbucht.

sonstiges AV	510	an	Neubewertungsdifferenz	600
sonstiges UV	90			
Neubewertungsdifferenz	260	an	sonstiges AV	170
			sonstiges UV	90

Zusätzlich muss die Veränderung der stillen Reserven für das laufende Jahr vorgenommen werden. Da die stillen Reserven im Umlaufvermögen bereits vollständig aufgelöst sind, verbleibt nur noch die Änderung der stillen Reserven im Anlagevermögen (aufgrund der erhöhten Abschreibung) in Höhe von 170.

Neubewertungsdifferenz	170	an	sonstiges AV	170

Insgesamt verringert sich die Neubewertungsdifferenz auf 170.

Die Aufrechnung des Beteiligungsbuchwertes mit dem Eigenkapital von T erfolgt analog dem Vorjahr. Entsprechend sind auch die selben Buchungen vorzunehmen.

Gezeichnetes Kapital	600	an	Anteile an T	4.000
Kapitalrücklage	700			
Gewinnrücklage	1.700			
Neubewertungsdifferenz	600			
Geschäftswert	400			

Die erfolgswirksamen Buchungen sind im Vergleich zum Vorjahr deutlich umfangreicher, da sowohl die bislang erfassten erfolgswirksamen Buchungen als auch die Buchungen des aktuellen Jahres erfasst werden müssen.

Die *bereits im Vorjahr* erfolgswirksam vorgenommenen Veränderungen der stillen Reserven sowie des Geschäftswertes sind in der Bilanz gegen die Gewinnrücklage zu buchen. (Da diese im Vorjahr den Konzernjahresüberschuss und damit – bei konstanter Ausschüttung – den einbehaltenen Gewinn verringert haben, wirkt sich dies im Folgejahr auf die Höhe der Gewinnrücklagen aus.).

Gewinnrücklage	260	an	Neubewertungsdifferenz	260
Gewinnrücklage	100	an	Geschäftswert	100

Darüber hinaus sind die erfolgswirksamen Buchungen *für das laufende Jahr* vorzunehmen.

Die Abschreibung der stillen Reserven im Anlagevermögen ist in der Gewinn- und Verlustrechnung erfolgswirksam zu berücksichtigen. Darüber hinaus erhöht sich in der Bilanz die Neubewertungsdifferenz um diesen Betrag, so dass diese nun im Konzernjahresabschluss vollständig ausgebucht ist:

sonstige Aufwendungen	170	an	Jahresüberschuss (GuV)	170
(= erhöhte Abschreibungen)				
Jahresüberschuss (Bilanz)	170	an	Neubewertungsdifferenz	170

Ferner muss die Abschreibung des Geschäftswertes in der Konzern-Gewinn- und Verlustrechnung erfolgen. Entsprechend verringert sich der Bilanzansatz des Geschäftswerts:

sonstige Aufwendungen	100	an	Jahresüberschuss (GuV)	100
(Abschreibungen auf den				
Geschäftswert)				
Jahresüberschuss (Bilanz)	100	an	Geschäftswert	100

Schließlich ist analog zum Vorjahr die Doppelerfassung des Beteiligungsertrages zu beseitigen:

Beteiligungsertrag	640	an	Jahresüberschuss (GuV)	640
Jahresüberschuss (Bilanz)	640	an	Gewinnrücklagen	640

Im Konzernabschluss ergibt sich aus den erfolgswirksamen Buchungen eine Verringerung des Jahresüberschusses in 03 um 910 (170 + 100 + 640). Die Differenz zur Minderung des Jahresüberschusses in 02 um 1.000 resultiert daraus, dass die stillen Reserven in den Vorräten (90) bereits im Vorjahr voll aufgelöst wurden.

	Abschluss M 31.12.04		Abschluss T 31.12.04		Zuschreibung stiller Reserven		Abschreibung stiller Reserven		Neuabschluss T 31.12.04 (HB III)		Summenabschluss		Aufrechnung Beteiligung/ EK		erfolgswirksame Buchungen		Konzernabschluss	
	S	H	S	H	S	H	S	H	S	H	S	H	S	H	S	H	S	H
Aktiva:																		
Geschäftswert													400			300	100	
Anteile an T	4.000										4.000			4.000				
sonstiges AV	5.500		4.500		510			510	4.500		10.000						10.000	
sonstiges UV	4.420		3.980		90			90	3.980		8.400						8.400	
Passiva:																		
Neubewertungsdifferenz						600	600											
Gezeichnetes Kapital		1.000		600						600		1.600	600			600		1.000
Kapitalrücklage		500		700						700		1.200	700					500
Gewinnrücklage		3.280		1.380						1.380		4.660	1.700		630	640		2.970
Jahresüberschuss		640		800						800		1.440			910			530
sonstige Passiva		8.500		5.000						5.000		13.500						13.500
Summen	13.920	13.920	8.480	8.480	600	600	600	600	8.480	8.480	22.400	22.400	4.000	4.000	1.540	1.540	18.500	18.500
Aufwendungen:																		
diverse Aufwendungen	7.000		2.200						2.200		9.200				270		9.470	
Jahresüberschuss	640		800						800		1.440					910	530	
Erträge:																		
Umsatz		6.000		2.000						2.000		8.000						8.000
Beteiligungsertrag		640										640			640			
sonstiger Ertrag		1.000		1.000						1.000		2.000						2.000
Summen	7.640	7.640	3.000	3.000					3.000	3.000	10.640	10.640			910	910	10.000	10.000

Abb. 6: Folgekonsolidierung zum 31.12.04.

Erläuterungen:
Die Folgekonsolidierung zum 31.12.04 entspricht weitgehend der des Vorjahres. Bei der Erstellung der Handelsbilanz III von T sind wiederum die Veränderungen der stillen Reserven der Vorjahre sowie des laufenden Jahres zu berücksichtigen. Folgende Buchungen sind durchzuführen:

Ursprüngliche Aufdeckung der stillen Reserven:

sonstiges AV	510	an Neubewertungsdifferenz	600
sonstiges UV	90		

Minderung der stillen Reserven in den Vorjahren:

Neubewertungsdifferenz	430	an sonstiges AV	340
		sonstiges UV	90

Minderung der stillen Reserven für das laufende Jahr:

Neubewertungsdifferenz	170	an sonstiges AV	170

In der Summe sind die bei der erstmaligen Konsolidierung aufgedeckten stillen Reserven nun voll verschwunden. Dies hat zur Folge, dass die Wertansätze in der Handelsbilanz III denen des Einzelabschlusses von T entsprechen.

Bei der Aufrechnung des Beteiligungsbuchwertes mit dem Eigenkapital von T ergeben sich keine Änderungen zu den Vorjahren:

Gezeichnetes Kapital	600	an Anteile an T	4.000
Kapitalrücklage	700		
Gewinnrücklage	1.700		
Neubewertungsdifferenz	600		
Geschäftswert	400		

Bei den erfolgswirksamen Buchungen sind wiederum die *in den Vorjahren* vorgenommenen Abschreibungen auf stille Reserven und den Firmen- und Geschäftswert bei den Gewinnrücklagen mindernd zu berücksichtigen:

Gewinnrücklage	430	an Neubewertungsdifferenz	430
Gewinnrücklage	200	an Geschäftswert	200

Die Abschreibungen *für das laufende Jahr* sowie der Beteiligungsertrag sind erfolgswirksam zu verbuchen. Somit ergibt sich wie im Vorjahr eine Verringerung des Jahresüberschusses von 910.

sonstige Aufwendungen (= erhöhte Abschreibungen)	170	an	Jahresüberschuss (GuV)	170
Jahresüberschuss (Bilanz)	170	an	Neubewertungsdifferenz	170
sonstige Aufwendungen (Abschreibungen auf den Geschäftswert)	100	an	Jahresüberschuss (GuV)	100
Jahresüberschuss (Bilanz)	100	an	Geschäftswert	100
Beteiligungsertrag	640	an	Jahresüberschuss (GuV)	640
Jahresüberschuss (Bilanz)	640	an	Gewinnrücklagen	640

Erwerb, Besitz und Veräußerung eines Tochterunternehmens

	Abschluss M 31.12.05		Abschluss T 31.12.05		Zuschreibung stiller Reserven		Abschreibung stiller Reserven		Neuabschluss T 31.12.05 (HB III)		Summen-abschluss		Aufrechnung Beteiligung/ EK		erfolgs-wirksame Buchungen		Konzern-abschluss	
	S	H	S	H	S	H	S	H	S	H	S	H	S	H	S	H	S	H
Aktiva:																		
Geschäftswert	4.000										4.000		400	4.000		400		
Anteile an T	5.500		4.500		510			510	4.500		10.000						10.000	
sonstiges AV	5.060		4.140		90			90	4.140		9.200						9.200	
sonstiges UV																		
Passiva:																		
Neubewertungsdifferenz				600		600	600			600		1.600	600			600		1.000
Gezeichnetes Kapital		1.000		700						700		1.200	600					500
Kapitalrücklage		500		1.540						1.540		5.460	700		900	640		3.500
Gewinnrücklage		3.920		800						800		1.440	1.700		740			700
Jahresüberschuss		640		5.000						5.000		13.500						13.500
sonstige Passiva		8.500																
Summen	14.560	14.560	8.640	8.640	600	600	600	600	8.640	8.640	23.200	23.200	4.000	4.000	1.640	1.640	19.200	19.200
Aufwendungen:																		
diverse Aufwendungen	7.000		2.200						2.200		9.200				100		9.300	
Jahresüberschuss	640		800						800		1.440					740	700	
Erträge:																		
Umsatz		6.000		2.000						2.000		8.000						8.000
Beteiligungsertrag		640										640			640			
sonstiger Ertrag		1.000		1.000						1.000		2.000						2.000
Summen	7.640	7.640	3.000	3.000					3.000	3.000	10.640	10.640			740	740	10.000	10.000

Abb. 7: Folgekonsolidierung zum 31.12.05.

Auch diese Folgekonsolidierung läuft im Wesentlichen so ab, wie die bisherigen. Die ursprüngliche Zuschreibung der stillen Reserven in der Bilanz wurde in den Vorjahren bereits vollständig rückgängig gemacht (Ausgleich der Neubewertungsdifferenz). Handelsbilanz III und Einzelabschluss des Tochterunternehmens sind von vornherein deckungsgleich.

Die Aufrechnung des Beteiligungsbuchwertes mit dem Eigenkapital von T entspricht den Vorjahren:

Gezeichnetes Kapital	600	an	Anteile an T	4.000
Kapitalrücklage	700			
Gewinnrücklage	1700			
Neubewertungsdifferenz	600			
Geschäftswert	400			

Bei den erfolgswirksamen Buchungen müssen wiederum die *in den Vorjahren* berücksichtigten Aufwendungen erfasst und entsprechend die Gewinnrücklagen gemindert werden:

Gewinnrücklage	600	an	Neubewertungsdifferenz	600
Gewinnrücklage	300	an	Geschäftswert	300

In den erfolgswirksamen Buchungen *des Jahres* fällt neben der Ausbuchung des Beteiligungsertrages (640) nur noch eine Firmenwertabschreibung von 100 an.

sonstige Aufwendungen (Abschreibungen auf den Geschäftswert)	100	an	Jahresüberschuss (GuV)	100
Jahresüberschuss (Bilanz)	100	an	Geschäftswert	100
Beteiligungsertrag	640	an	Jahresüberschuss (GuV)	640
Jahresüberschuss (Bilanz)	640	an	Gewinnrücklagen	640

Der Konzernjahresüberschuss verringert sich damit nur noch um 740 (100 + 640).

d) Mit der Veräußerung der Beteiligung scheidet die Tochtergesellschaft T aus dem Konzernkreis aus. Es muss daher eine Entkonsolidierung vorgenommen werden. Stichtag hierfür ist der Tag des Verkaufs, also der 01.01.06.

Der Einzeljahresabschluss von M zum 01.01.06 kann aus dem Abschluss zum 31.12.05 abgeleitet werden. Dazu ist der im Vorjahr erzielte Jahresüberschuss umzubuchen, also z. B. bei unterstellter Thesaurierung den Gewinnrücklagen zuzurechnen. Anschließend ist der Verkauf der Beteiligung als einziger Geschäftsvorfall zu erfassen. Dieser führt zu einem Ausbuchen des Beteiligungsbuchwertes von 4.000 und einer Erhöhung des sonstigen Umlaufvermögens um den Kaufpreis von 6.000. Die Differenz von 2.000 stellt einen Veräußerungsgewinn dar, der mangels weiterer Geschäftsvorfälle gleichzeitig dem Jahresüberschuss entspricht. In der Gewinn- und Verlustrechnung des Einzelabschlusses von M wird somit ausschließlich der Veräußerungsgewinn in Höhe von 2.000 ausgewiesen.

Der Einzeljahresabschluss von T am 01.01.06 unterscheidet sich vom Abschluss zum 31.12.05 nur dahingehend, dass der in 05 erzielte Jahresüberschuss ebenfalls umzubuchen ist, also etwa bei entschiedener Thesaurierung in die Gewinnrücklagen eingeht. Die übrigen Bilanzpositionen bleiben unverändert. Eine Gewinn- und Verlustrechnung für T braucht nicht aufgestellt zu werden, da bis zu diesem Zeitpunkt keine Geschäftsvorfälle angefallen sind.

Für die Entkonsolidierung von T sind folgende Schritte erforderlich:

	Abschluss M 01.01.06		Abschluss T 01.01.06		Konzern-abschluss vor Verkauf		erfolgswirksame Entkonsolidierung		Konzern-abschluss	
	S	H	S	H	S	H	S	H	S	H
Aktiva:										
Geschäftswert										
Anteile an T										
sonstiges AV	5.500		4.500		10.000			4.500	5.500	
sonstiges UV	11.060		4.140		9.200		6.000	4.140	11.060	
Passiva:										
Neubewertungsdifferenz										
Gezeichnetes Kapital		1.000		600		1.000				1.000
Kapitalrücklage		500		700		500				500
Gewinnrücklage		4.560		2.340		4.200				4.200
Jahresüberschuss		2.000						2.360		2.360
sonstige Passiva		8.500		5.000		13.500	5.000			8.500
Summen	16.560	16.560	8.640	8.640	19.200	19.200	11.000	11.000	16.560	16.560
Aufwendungen:										
diverse Aufwendungen										
Jahresüberschuss	2.000						2.360		2.360	
Erträge:										
Umsatz										
Veräußerungsgewinn		2.000						2.360		2.360
sonstiger Ertrag										
Summen	2.000	2.000					2.360	2.360	2.360	2.360

Abb. 8: Entkonsolidierung zum 01.01.06.

Erläuterungen:
Ausgangspunkt für die Konsolidierung ist der Konzernabschluss vor Verkauf der Beteiligung an T, d. h. also der Konzernabschluss zum 31.12.05. Anschließend sind die erfolgswirksamen Konsolidierungsbuchungen vorzunehmen.

Der für den Verkauf der Beteiligung erhaltene Kaufpreis (6.000) erhöht wie auch im Einzelabschluss das sonstige Umlaufvermögen.

Abweichend vom Einzelabschluss muss im Konzernabschluss nicht der Beteiligungsbuchwert ausgebucht werden, da dieser durch die Kapitalkonsolidierung eliminiert wurde. Vielmehr gelten dafür alle im Konzernabschluss enthaltenen Vermögensgegenstände (AV 4.500 und UV 4.140) und Schulden (5.000) von T als einzeln veräußert.

Der Veräußerungsgewinn ergibt sich dann aus der Differenz der Buchwerte der Vermögensgegenstände von T in der Konzernbilanz und dem Verkaufspreis. Die vorzunehmende Buchung lautet:

sonstige Passiva (T)	5.000	an	sonstiges AV (T)	4.500
sonstiges UV (M)	6.000		sonstiges UV (T)	4.140
			Jahresüberschuss (M)	2.360

Im Konzernabschluss ergibt sich daher ein vom Einzelabschluss abweichender Jahresüberschuss. Die Abweichung ist auf zwei gegenläufige Effekte zurückzuführen:

- Die von T erzielten, aber nicht ausgeschütteten Gewinne von jährlich 160 (20% von 800) sind im Einzeljahresabschluss von M bislang nicht berücksichtigt, da immer nur der ausgeschüttete Teil des Jahresüberschusses in Höhe von 640 als Beteiligungsertrag erfasst wurde. Dagegen ging in den Konzernjahresabschluss stets der gesamte Jahresüberschuss von 800 ein. Die von T einbehaltenen Gewinne waren daher bereits in den laufenden Jahresüberschüssen enthalten, so dass der Veräußerungsgewinn um diesen Betrag niedriger ausfällt. Da T über vier Jahre einbezogen wurde, ergibt sich ein niedrigerer Veräußerungsgewinn von $4 \cdot 160 = 640$.

- Demgegenüber steht die Aufdeckung und anschließende erfolgswirksame Auflösung der stillen Reserven sowie des Firmen- und Geschäftswertes. Dadurch wurde der Jahresüberschuss im Konzernabschluss im Vergleich zum Einzelabschluss von M um insgesamt $510 + 90 + 400 = 1.000$ gemindert. Bei der Veräußerung der Beteiligung ergibt sich ein dementsprechend höherer Veräußerungsgewinn.

Die Summe aus diesen beiden Abweichungen ($1.000 - 640 = 360$) entspricht der Differenz der Veräußerungsgewinne in Einzel- und Konzernabschluss ($2.360 - 2.000 = 360$). Diese Differenz wird bei den Gewinnrücklagen wieder ausgeglichen. Da sich alle erfolgswirksamen Buchungen in den Folgejahren in den Gewinnrücklagen der Konzernbilanz niedergeschlagen haben, sind diese um den Betrag von 360 niedriger

Erwerb, Besitz und Veräußerung eines Tochterunternehmens

als im Einzelabschluss. Die übrigen Positionen sind in Einzel- und Konzernabschluss identisch.

e) Abschließend sollen die Ergebnisse nochmals zusammengefasst und ausgewertet werden. Die kumulierten Jahresüberschüsse im Einzelabschluss von M sowie dem Konzernabschluss von M sind in der folgenden Übersicht zusammengestellt:

	31.12.01	31.12.02	31.12.03	31.12.04	31.12.05	01.01.06
Jahresabschluss	0	640	640	640	640	2.000
kumuliert	0	640	1.280	1.920	2.560	4.560
Konzernabschluss	0	440	530	530	700	2.360
kumuliert	0	440	970	1.500	2.200	4.560

Abb. 9: Verlauf der kumulierten Jahresüberschüsse bei M.

Hierbei wird deutlich, dass zwar die Summe der Jahresüberschüsse im Einzelabschluss von M sowie im Konzernabschluss identisch sind, sich allerdings eine unterschiedliche zeitliche Verteilung ergibt. Die Höhe der kumulierten Jahresüberschüsse ist im Konzernabschluss zunächst niedriger als im Einzelabschluss. Abweichungen lassen sich wie folgt erklären:

- Zum einen erfolgt im Konzernabschluss eine erfolgswirksame Auflösung der stillen Reserven im Anlagevermögen und in den Vorräten sowie die Abschreibung des Firmenwertes. Dies führt dazu, dass der Jahresüberschuss im Konzernabschluss im Vergleich zum Einzelabschluss von M niedriger ausfällt.

- Zum anderen kommt es jedoch aufgrund der nur teilweisen Ausschüttung der von T erzielten Gewinne im Konzernabschluss zu einem höheren Gewinn. Während im Einzelabschluss von M lediglich 80% des Jahresüberschusses von T als Beteiligungsertrag ins Ergebnis einfließen, wird aufgrund der Einbeziehung von T in den Konzernabschluss dort der gesamte Jahresüberschuss ausgewiesen.

- Ein Ausgleich erfolgt schließlich durch die verschiedenen Veräußerungsgewinne in Einzel- und Konzernabschluss (siehe *d)*).

Literaturhinweise

BAETGE, J./KIRSCH, H.-J./THIELE, S.: Konzernbilanzen, 6. Aufl., Düsseldorf 2002.

COENENBERG, A. G.: Jahresabschluss und Jahresabschlussanalyse, 19. Aufl., Stuttgart 2003.

KÜTING, K./WEBER, C.-P.: Der Konzernabschluss, 8. Auflage, Stuttgart 2003.

SCHERRER, G.: Konzernrechnungslegung, München 1994.

Rainer Jäger und Holger Himmel

Fair-Value-Bewertung immaterieller Vermögenswerte[*]

Durch die zunehmende Dominanz der internationalen Rechnungslegungsstandards speziell zur bilanziellen Abbildung von Unternehmenszusammenschlüssen rücken die damit verbundenen, zahlreichen neuen Anwendungsprobleme vermehrt in das Zentrum der Konzernabschlusserteller und -prüfer. So fordert der US-GAAP-Rechnungslegungsstandard SFAS 141 (Business Combinations), dass alle nach dem 01. Juli 2001 durchgeführten Unternehmenszusammenschlüsse ausschließlich nach der so genannten Erwerbsmethode (Purchase Method) zu bilanzieren sind.[1] Dies gilt aber auch für die International Accounting Standards, wo der bislang gültige IAS 22 (Business Combinations) zur Zeit eine Erweiterung und Konkretisierung durch den Exposure Draft ED 3 Business Combinations (ED 3) erfährt. Mit der bereits erfolgten bzw. der geplanten Einführung dieser Standards und der Etablierung der Erwerbsmethode bei beiden internationalen Rechnungslegungsstandards geht die Maßgabe einher, dass die im Zuge eines Unternehmenserwerbs übernommenen Vermögenswerte[2] und Schulden in der auf den Übernahmestichtag zu erstellenden Eröffnungsbilanz nicht mit ihrem jeweiligem Buchwert, sondern mit dem ihnen beizulegenden Zeitwert (Fair Value) zu bewerten sind.[3] Demzufolge ist der Erwerber im Falle eines Unternehmenskaufs verpflichtet, die Buchwertbilanzen des akquirierten Unternehmens in Zeitwertbilanzen zu transformieren. Dieses skizzierte (Zeitwert-)Transformationsproblem betrifft zunächst alle bilanzierten Vermögenswerte und Schulden. Darüber hinaus sind aber auch jene nicht bilanzierten Vermögenswerte, die bislang nicht im Jahresabschluss des bewertenden Unternehmens aktiviert worden sind, mit Zeitwerten anzusetzen. Dies gilt beispielsweise für Markennamen, bestimmte Kundenbeziehungen oder selbstgeschaffene Patente.[4] Die Ermittlung des Fair Value für die übernommenen Vermögenswerte, insbesondere im Bereich der nicht bilanzierten immate-

---

[*] Die Ausführungen des vorliegenden Beitrags sind zum Großteil an den in der Zeitschrift Betriebswirtschaftliche Forschung und Praxis (BFuP), 55. Jg. (2003), Heft 4, S. 417–440, erschienenen Aufsatz „Die Fair Value-Bewertung immaterieller Vermögenswerte vor dem Hintergrund der Umsetzung internationaler Rechnungslegungsstandards" angelehnt.

[1] Vgl. SFAS 141.13.

[2] Wegen der im deutschen Handelsrecht engeren Definition des Begriffs „Vermögensgegenstand" wird im Folgenden für die Bereiche der IFRS und US-GAAP zum Zwecke der Abgrenzung der Begriff des Vermögenswerts verwendet.

[3] Vgl. SFAS 141.5; IFRS ED 3.35. Die Begriffe beizulegender Zeitwert und Fair Value werden nachfolgend synonym verwendet.

[4] Eine Kategorisierung immaterieller Vermögenswerte in marketingbezogene, kundenbezogene, künstlerische, vertragsbezogene und technologiebezogene Vermögenswerte mit entsprechenden Beispielen findet sich in Appendix A zu SFAS 141 und IFRS ED 3 (Draft Illustrative Examples).

riellen Anlagewerte, wird damit zum Kernproblem der Anwendung der neuen Rechnungslegungsvorschriften.

Das Fair-Value-Konzept basiert auf einer fiktiven Verwertung des Bewertungsobjekts zwischen unabhängigen Vertragsparteien am Absatzmarkt und auf dem unter dieser Prämisse festgestellten, fairen und dem Fortführungsprinzip genügenden Einigungspreis. Dieser kann für spezifische immaterielle Vermögenswerte i. d. R. nicht beobachtet werden. Im Rahmen der Fair-Value-Bilanzierung ist das Konzept des Fair Value selbst im hohen Maße interpretationsbedürftig. Die internationalen Rechnungslegungsvorschriften beschränken sich in erster Linie auf die definitorische Grundlegung und die Nennung der drei übergeordneten Konzepte, die zur Ermittlung des Fair Value in Frage kommen. Hierbei handelt es sich um das marktorientierte Verfahren (Market Approach), das einkommensorientierte Verfahren (Income Approach) sowie das kostenorientierte Verfahren (Cost Approach).[1] Dabei wird die Anwendung dieser konzeptionell völlig unterschiedlichen Verfahren bei einem gegebenen Sachverhalt in aller Regel zu differierenden Bewertungsergebnissen oder einer Bewertungsbandbreite führen. Dementsprechend ist zu ergründen, welcher Konzeption vor dem Hintergrund des gegebenen Auslegungsrahmens der Vorrang einzuräumen ist.

Das aus der Reproduktionshypothese abgeleitete kostenorientierte Verfahren vermag den Ansprüchen des Informationsprinzips des True and Fair View der internationalen Rechnungslegungsnormen oftmals nicht zu genügen, da durch die Orientierung an den Wiederbeschaffungskosten die zukünftigen Erfolgsbeiträge keine Berücksichtigung finden. Folglich kommt diesem Verfahren lediglich der Charakter eines (objektivierungsgeprägten) Hilfsverfahrens zu. Das marktorientierte Verfahren stellt demgegenüber das adäquatere Konzept zur Fair-Value-Ermittlung dar, da hier auf einem der Fair-Value-Definition entsprechenden (Absatz-)Marktpreis explizit Bezug genommen wird, bei dem die erwarteten Erfolgsbeiträge bereits einkalkuliert worden sind. Insoweit wird dem Informationsprinzip relativ umfassend und dem Objektivierungsprinzip aufgrund der marktseitig abgeleiteten Werthaltigkeitsvermutung (zumindest) eingeschränkte Geltung verschafft. Soweit das marktorientierte Verfahren wegen der diesem Verfahren für immaterielle Vermögenswerte immanenten Datenverfügbarkeitsproblematik ausscheidet, ist das auf dem Barwertkalkül basierende einkommensorientierte Verfahren zu präferieren.[2]

Die Dominanz des einkommensorientierten Verfahrens drückt sich in der relativ weiten Verbreitung der damit verbundenen Bewertungsmethoden aus. Diesbezüglich können im Wesentlichen drei Methoden zur Bestimmung des Ertragswerts eines immateriellen Vermögenswerts angewendet werden: die Relief-from-Royalty-Methode,

---

[1] Vgl. *IVSC* 2001, S. 44 ff.; *AICPA* 2001, S. 11 ff.; REILLY/SCHWEIHS 1999, S. 95 ff.; *PWC* 2002, S. 14 ff.

[2] Vgl. hierzu ausführlich JÄGER/HIMMEL 2003, S. 426–432.

die Multi-Period-Excess-Earnings-Methode und die Incremental-Cash-Flow-Methode.[1] Abhängig vom zu bewertenden immateriellen Vermögenswert weisen die genannten Methoden unterschiedliche Stärken und Schwächen auf. Die auf dem Grundsatz der Lizenzpreisanalogie basierenden Relief-from-Royalty-Methode kann insbesondere zur Bewertung von Warenzeichen, Markennahmen, Patenten, entwickelten Produktionstechnologie herangezogen werden. Einschränkungen der Anwendungsfähigkeit ergeben sich aus der mangelnden Verfügbarkeit von Lizenzraten (Royalty Rates), die den Anforderungen der Fair-Value-Definition und dem Äquivalenzgrundsatz genügen. Bei der Multi-Period-Excess-Earnings-Methode liegt das primäre Gewicht auf der Isolierung der ausschließlich durch den immateriellen Vermögenswert hervorgebrachten Einzahlungsüberschüsse, bei der auch der Erfolgsbeitrag anderer, das Bewertungsobjekt unterstützender Vermögenswerte in Form so genannter Contributory Asset Charges zu eliminieren ist. Kern der Incremental-Cash-Flow-Methode ist die Bestimmung der zusätzlichen (Grenz-)Einzahlungsüberschüsse, die sich durch die Nutzung des immateriellen Vermögenswertes (etwa eines Markennamens) erzielen lassen. Dieses Verfahren liefert dann sachverhaltsadäquate Resultate, wenn ein durch den immateriellen Vermögenswert bedingter Grenzeinzahlungsüberschuss relativ genau festgestellt werden kann.

Abschließend bleibt darauf hinzuweisen, dass die Qualität der Bewertungsergebnisse und damit der im Jahresabschluss enthaltenen Informationsbasis maßgeblich von der Qualität und Verfügbarkeit der zur Bewertung erforderlichen Informationen und der Erfahrung des Bewerters mit der Bewertung immaterieller Vermögenswerte abhängig ist.

---

[1] Vgl. *AICPA* 2001, S. 12 ff.; *REILLY/SCHWEIHS* 1999, S. 159 ff.; *MAUL* 2003, S. 4 ff.

Aufgabe 1

Welche Problem treten beim der Transformation von Buchwert- zu Zeitwertbilanzen im Rahmen der Bilanzierung erworbener Unternehmen vor dem Hintergrund der Umsetzung internationaler Rechnungslegungsstandards auf?

Aufgabe 2

Wie ist der Fair Value bzw. beizulegende Zeitwert in den internationalen Rechnungslegungsstandards definiert? Welche Probleme ergeben sich in Bewertungspraxis speziell bei der Ermittlung des Fair Value immaterieller Vermögenswerte?

Aufgabe 3

Erläutern Sie das kostenorientierte Verfahren (Cost Approach) zur Bewertung immaterieller Vermögenswerte und gehen Sie kurz auf die Bewertungsmethoden dieses Verfahrens ein!

Aufgabe 4

Erläutern Sie das marktorientierte Verfahren (Market Approach) zur Bewertung immaterieller Vermögenswerte und gehen Sie kurz auf die Bewertungsmethoden dieses Verfahrens ein!

Aufgabe 5

Erläutern Sie das einkommensorientierte Verfahren (Income Approach) zur Bewertung immaterieller Vermögenswerte!

Aufgabe 6

Geben Sie einen Überblick über die drei üblichen Methoden des einkommensorientierten Verfahrens zur Bewertung immaterieller Vermögenswerte!

Lösung

Aufgabe 1

Vor dem Hintergrund internationaler Rechnungslegungsstandards (speziell US-GAAP SFAS 141 und IFRS ED 3) müssen alle bilanzierten aber auch nicht bilanzierte Vermögenswerte mit dem Fair Value bzw. beizulegenden Zeitwert aktiviert werden, was zu einer Ausdehnung des Aktivierungsumfangs und zu einer Aufdeckung der stillen Reserven führt. Für materielle Vermögenswerte stellt die Ermittlung von beizulegenden Zeitwerten i. d. R. ein lösbares Problem dar, während die Fair-Value-Bestimmung für immaterielle, bisher noch nicht bilanzierte Vermögenswerte einige Schwierigkeiten aufwirft. Dabei stellt die „richtige" Abgrenzung dieser Vermögenswerte im Sinne eines Einzelerwerbsvorgangs von den anderen Vermögenswerten das Hauptproblem dar. Darüber hinaus sind die für die Bewertung notwendigen Daten in den Unternehmen häufig noch nicht in ausreichendem Maße vorhanden oder liegen noch nicht in einer adäquat aufbereiteten Form vor.

Aufgabe 2

Die den US-GAAP zugrunde liegende Fair-Value-Definition lautet gemäß SFAC No. 7 wie folgt: „Fair Value is the amount at which the asset (or liability) could be bought (or incurred) or sold (or settled) in a current transaction between willing parties, that is, other than in a forced or liquidation sale."[1] Die vom IASB in verschiedenen Standards angeführte Definition des Fair Value ist in inhaltlicher Hinsicht weitestgehend vergleichbar: „Fair value is the amount for which an asset could be exchanged, or a liability settled, between knowledgeable, willing parties in an arm's length transaction."[2] Dieses Definitionen haben sich auch auf die „Fair Value-Richtlinie" der Europäischen Union ausgewirkt, nach der es sich bei dem Fair Value in erster Linie um einen transaktionsbezogenen Preis handelt, der auf dem Beschaffungs- oder Veräußerungsmarkt erzielt werden kann: „Der ‚fair value' wird gemeinhin als der Betrag verstanden, zu dem zwischen sachverständigen, vertragswilligen und voneinander unabhängigen Geschäftspartnern (‚at arm's length') ein Vermögenswert getauscht bzw. eine Verbindlichkeit beglichen wird".[3] Weitere Voraussetzungen, die bei der Ermittlung des Fair Value explizit berücksichtigt werden müssen, sind die Vertragswilligkeit, das Sachwissen im Hinblick auf die Eigenschaften des Gutes und der Märkte sowie die Gleichwertigkeit der Marktteilnehmer.[4] Somit widersprechen solche Transaktionen dem Fair-Value-Gedanken, bei denen einer der Trans-

---

[1] *FASB* 2000, S. 1.

[2] *IASB* 2003, S. 13 (Glossary) und vgl. die korrespondierenden Definitionen in den relevanten Standards.

[3] *KOMMISSION DER EG* 2000, S. 11.

[4] Vgl. IAS 40.34–38 sowie *BAETGE/ZÜLCH* 2001, S. 544 f.; *KÜMMEL* 2002, S. 46–47.

aktionspartner sich in einer fingierten (Liquidations-)Zwangslage befindet. Vielmehr basiert das Wertkonzept auf dem Going-Concern-Prinzip, bei dem grundsätzlich von einer Fortführung der Geschäftstätigkeit unter Wahrung der ökonomischen Grundprinzipien auszugehen ist.

Die Bestimmung eines der Fair-Value-Definition entsprechenden Marktpreises setzt die Existenz eines vollständigen und vollkommenen Marktes voraus. Für zum Teil einzigartige unternehmensspezifische immateriellen Anlagewerte sind solche Bedingungen normalerweise nicht anzutreffen, so dass dafür Marktwerte in aller Regel nicht eindeutig definiert sind. Folglich können für bestimmte immateriellen Vermögenswerte meistens nur Preisbandbreiten festgestellt werden, je nachdem in welchen Segmenten und unter welchen spezifischen, individuellen Bedingungen die einzelnen Preise ermittelt worden sind. Unter Berücksichtigung dieser Erkenntnis werden in der Literatur drei Ausprägungen für den beizulegenden Zeitwert benannt: Markteintrittspreis auf dem Beschaffungsmarkt (Entry Price), Marktaustrittspreis auf dem Absatzmarkt (Exit Price) und so genannter Nutzungswert (Value in Use).[1] Die Begriffe stehen sich nicht nur quantitativ wegen der damit verbundenen Wertbandbreiten diametral gegenüber. Sie unterscheiden sich auch in qualitativer Hinsicht, da die beiden ersten Begriffe eine Preiskonstellation beschreiben, während der Value in Use eine Wertkonstellation darstellt. Da der Exit Price im Gegensatz zum Entry Price den erwarteten Erfolgsbeitrag des zu bewertenden Vermögenswerts und somit die vom Unternehmen geleistete Wertschöpfung enthält, dominiert bei der Fair-Value-Ermittlung der in einer normalen Veräußerungstransaktion zu erzielende Absatzpreis.[2] Im Gegensatz zu den beiden preisorientierten Ermittlungsmethoden für den Fair Value, ist der Begriff des im Rahmen der Werthaltigkeitsprüfung in Folgeperioden heranzuziehenden Nutzungswerts im starken Maße an den subjektiven Verhältnissen orientiert, die das Management des bewertenden Unternehmens mit dem jeweiligen Vermögenswert verbindet.[3]

Neben der Realisierung unternehmensspezifischer Preis- und Kostenvorteile ist bei der Abgrenzung der Fair-Value-Konzeption ferner zu berücksichtigen, ob auch käuferspezifische Synergieerwartungen in die Wertfindung mit einbezogen werden sollten. Die Berücksichtigung eines solchen Vorteils wäre damit zu begründen, dass der Gesamtkaufpreis für ein Unternehmen oder für eine Gruppe von Vermögenswerten einen Aufschlag enthält, der wiederum den einzelnen Vermögensbestandteilen zuzuordnen wäre. Letztendlich wäre damit der Nutzungswert als Ertragswertanteil am Gesamtunternehmenswert definiert und Bestandteile des originären Geschäfts- und Firmenwerts würden in die Bewertung einzelner Vermögenswerte eingehen.[4] Eine

---

[1] Vgl. BARTH/LANDSMAN 1995, S. 99; BAETGE/ZÜLCH 2001, S. 545.

[2] Vgl. MUJKANOVIC 2002, S. 115; BAETGE/ZÜLCH 2001, S. 545.

[3] Vgl. u. a. KÜMMEL 2002, S. 49–53.

[4] Vgl. HITZ/KUHNER 2000, S. 893.

solche Zuordnungsvorschrift wirft neben theoretischen Problemen auch zahlreiche praktische Fragen auf, die allesamt mit der noch weitergehenden Zurückdrängung des für Zwecke der bilanziellen Gewinnermittlung fundamentalen Objektivierungs- und Vereinfachungsprinzip einhergehen. Außerdem würde dieses Wertkonzept durch die Berücksichtigung von Synergien dem Informationsprinzip nicht gerecht werden, da aufgrund mehrerer Wertbemessungen eine intersubjektiven Nachprüfbarkeit aus Kapitalmarktsicht kaum gegeben ist.[1] Aus diesen Gründen sind bewerterspezifische Synergieeffekte, die von branchenüblichen Synergieeffekten abweichen, bei der Fair-Value-Ermittlung im Sinne des Objektivierungsprinzips explizit zu vernachlässigen.[2]

Aufgabe 3

Nach dem kostenorientierten Verfahren sind die Kosten bei der Wertermittlung anzusetzen, die bei der Reproduktion des Bewertungsobjekts anfallen würden. Dabei können die Wiederbeschaffungskosten zur Reproduktion eines exakt gleichen Vermögenswerts (Reproduction Cost Method) oder die zur Erstellung eines anderen Vermögenswerts mit gleichem Nutzen (Replacement Cost Method) bei der Wertfindung zugrunde gelegt werden.[3] Beide Methoden basieren auf der Annahme, dass ein rational handelnder Investor für einen Vermögenswert nicht bereit ist, mehr als die Wiederbeschaffungskosten zu zahlen. Die Ermittlung des Vermögenswertes nach dem kostenorientierten Verfahren gliedert sich in zwei Schritte. In einem ersten Schritt müssen alle relevanten Kosten, die bei der Reproduktion entstehen würden, identifiziert werden. Sie sollten somit alle auszahlungswirksamen Kosten (z. B. Material-, Arbeits- und Gemeinkosten), aber auch Opportunitätskosten (z. B. Gewinn des Entwicklers und Unternehmervergütung) enthalten.[4] Da es sich bei dem Bewertungsobjekt i. d. R. nicht um einen neuen Vermögenswert handelt, muss folglich in einem zweiten Schritt der eingetretene ökonomische Wertverlust des Vermögenswerts quantifiziert werden. Nach dessen Abzug von den Wiederbeschaffungskosten gelangt man zum Fair Value. Die Bestimmung dieser Wertverluste stellt eine besonders schwierige Aufgabe dar, wenn es sich um einen relativ alten, aus Sicht der Marktteilnehmer einzigartigen Vermögenswert handelt.[5]

Im Hinblick auf die Beurteilung des kostenorientierten Verfahrens ist festzuhalten, dass dieser wegen des Rückgriffs auf vergleichsweise leicht nachzuprüfende Faktoren den verlässlichsten Nachweis für den Fair Value darstellt und mit dem Objekti-

---

[1] Zur empirischen Messung von Kapitalmarktreaktion auf (vermeintliche) Verbesserungen der in Jahresabschlüssen enthaltenen Informationsbasis vgl. u. a. *LEUZ/VERRECCHIA*, 2000.

[2] Vgl. hierzu *AICPA* 2001, S. 6 (Tz. 1.1.09).

[3] Vgl. *REILLY/SCHWEIHS* 1999, S. 97 f.; *SMITH/PARR* 1994, S. 192 ff.

[4] Die Identifikation und Bemessung der Opportunitätskosten stellen bei der Anwendung des kostenorientierten Verfahrens ein häufig unterschätztes Problem dar.

[5] Vgl. dazu *REILLY/SCHWEIHS* 1999, S. 97 und S. 127.

vierungs- und Vereinfachungsprinzip grundsätzlich im Einklang steht. Allerdings wird bei der Vermögensbewertung das für den Fair Value bedeutsame Informationsprinzip zurückgedrängt, da diese Methode lediglich auf die mit der Reproduktion verbundenen Kosten aber nicht auf den im Vermögenswert enthaltenen Gewinnanteil abstellt. Den Informationsansprüchen der Informationsempfänger, die den im Fair Value verkörperten Erfolgsbeitrag (die stillen Reserven) berücksichtigt sehen wollen, vermag das kostenorientierte Verfahren somit nicht zu genügen. Deshalb kommt diesem Verfahren lediglich der Charakter eines Hilfsverfahrens zu, dessen Anwendungsrahmen sich auf Fälle beschränkt, in denen die beiden anderen Verfahren mangels verfügbarer Datenbasis nicht durchführbar sind.[1]

Aufgabe 4

Bei dem marktorientierten Bewertungsverfahren ist zwischen der direkten Verwendung gängiger Marktpreise und dem so genannten Analogieverfahren bei vergleichbaren Transaktionen zu unterscheiden. Für selbstgeschaffene immaterielle Anlagewerte ist der direkte Rückgriff auf einen Marktpreis nur in den seltensten Fällen möglich. Der vergleichsorientierten Marktbewertungsmethode liegt die Annahme zugrunde, dass andere, zeitnah durchgeführte Transaktionen einen ausreichend guten Indikator für die Bewertung des betreffenden immateriellen Vermögenswertes darstellen. Im Rahmen dieser Bewertungsmethode findet üblicherweise die Multiplikatormethode Anwendung, bei der die Auswahl der geeigneten Vergleichstransaktionen die zentrale Aufgabe der Bewertung darstellt.[2] Darüber hinaus entsprechen die Transaktionspreise der als Vergleichswerte spezifizierten Vermögenswerte i. d. R. nicht dem beizulegenden Zeitwert des zu bewertenden Vermögenswertes, so dass zur Eliminierung dieser Unterschiede Anpassungen z. B. in Hinblick auf die der Transaktion zugrunde liegenden speziellen Marktgegebenheiten und mögliche käuferspezifischen Motive vorgenommen werden müssen.

Die Verwendung des marktorientierten Bewertungsverfahrens eignet sich grundsätzlich für vergleichsweise homogene Güter, wie Wertpapiere und Rohstoffe, die auch an organisierten Märkten gehandelt werden. Da dies für immaterielle Vermögenswerte i. d. R. nicht gegeben ist, sollte die Analogiefähigkeit des zu bewertenden Vermögenswerts mit ausgewählten Vergleichstransaktionen kritisch gesehen werden. Neben dem grundlegenden Problemfeld der Vergleichbarkeit stellt sich des weiteren für immaterielle Vermögenswerte die grundsätzliche Frage nach der Datenverfügbarkeit.

---

[1] Der Cost Approach kann grundsätzlich zur Bewertung immaterieller Vermögenswerte herangezogen werden, deren Erstellung schrittweise erfolgt und bei der die dabei entstandenen Kosten relativ gut geschätzt werden können. Dies ist beispielsweise bei der Bewertung selbsterstellter Computer-Software möglich, während er für die Wertfindung einer etablierten Marke nicht geeignet ist. Vgl. dazu GREINERT 2002, S. 159 ff.

[2] Zur Multiplikatormethode vgl. z. B. BÖCKING/NOWAK 1999, S. 170 ff.; LÖHNERT/BÖCKMANN 2002, S. 401 ff.

Da zum einen immaterielle Werte selten an organisierten Märkten gehandelt werden und zum anderen die Veröffentlichung verkaufsbezogener Informationen für den Käufer häufig nachteilig ist, kann die öffentliche Verfügbarkeit von Daten zur Durchführung marktorientierter Bewertungen im Bereich immaterieller Vermögenswerte als relativ begrenzt angesehen werden.[1]

Aufgabe 5

Dem einkommensorientierten Verfahren liegt die Annahme zugrunde, dass der Wert des Bewertungsobjektes an dessen Fähigkeit gemessen wird, künftig Erträge zu erwirtschaften. Für einen immateriellen Vermögenswert ergibt sich somit der Wert aus den erwarteten Erträgen, die dem Besitzer dieses Vermögenswertes als Einkommenskomponente zufließen. Der Wert des betrachteten Vermögenswerts entspricht somit dem Barwert der zukünftigen erwarteten, mit einem risikoangepassten Kapitalisierungszinssatz diskontierten Einzahlungsüberschüsse.[2]

Die Ableitung der auf den immateriellen Vermögenswert zurückführbaren, künftigen Einzahlungsüberschüsse stellt das Kernproblem des einkommensorientierten Verfahrens dar. Dabei sind neben Fragen zur Ableitung der Einzahlungsüberschüsse aus der Finanzplanung des Unternehmens auch einige Prämissen im Vorfeld der praktischen Anwendung zu klären.[3] Hierzu zählt die Frage, welche Einzahlungsüberschüsse unter Berücksichtigung der Bewertungsperspektive zur Fair-Value-Ermittlung herangezogen werden sollen. So ist zu klären, ob bei der Ableitung der Einzahlungsüberschüsse ein objektivierter oder subjektiver (die alleinige Bewertungsperspektive des bilanzierenden Unternehmens reflektierender) Ertragswert ermittelt werden soll.[4]

Zur Ermittlung eines der Fair-Value-Definition entsprechenden objektivierten Ertragswerts, bei dem eine so genannte „Stand-Alone-Betrachtung" zugrunde gelegt wird, dürfen nur die Einzahlungsüberschüsse berücksichtigt werden, die von dem zu bewertenden immateriellen Vermögenswert alleinig generiert werden können. So müssen ausgehend von den Finanzplänen des Unternehmens die Einzahlungsüberschüsse um Synergieeffekte bereinigt werden, soweit diese in der Planung enthalten sind. Durch die Eliminierung subjektiver Bewertungsspielräume kann das Vertrauen der Adressaten in die im Jahresabschluss enthaltenen Informationen gestärkt werden. Die zumindest insoweit gegebene Betonung des Objektivierungs- und Vereinfa-

---

[1] Vgl. SMITH/PARR 1994, S. 170; REILLY/SCHWEIHS 1999, S. 103 ff. und S. 154 ff.
[2] Vgl. AICPA 2001, S. 12; REILLY/SCHWEIHS 1999, S. 161 ff.
[3] Vgl. dazu KÜTING/DAWO 2003, S. 237 f.; FROWEIN/LÜDENBACH 2003, S. 66.
[4] Vgl. hierzu JÄGER/HIMMEL 2003, S. 430 f.

chungsprinzips gegenüber dem Informationsprinzip findet sich somit auch implizit in den Fair Value-Definitionen der internationalen Rechnungslegungsstandards wieder.[1]

Im Rahmen der Ableitung der Einzahlungsüberschüsse bedürfen einige grundlegende Aspekte der weiteren Betrachtung.[2] So zählt bei der Modellierung der zu diskontierenden Einzahlungsüberschüsse die Festlegung der Nutzungsdauer des immateriellen Vermögenswerts zu den kritischen Fragen. Ferner müssen bei der Bewertung die Steuereffekte berücksichtigt werden, die sich in Abhängigkeit von der zugrunde liegenden Transaktionsform (Asset Deal oder Share Deal) ergeben. Im Normalfall eines im Wege des Gesamtanteilserwerbs vollzogenen Unternehmenskaufs (Share Deal) werden auf der Ebene der Steuerbilanz die Buchwerte typischerweise fortgeführt. Dagegen werden die bei dem Erwerb einzelner Vermögensgegenstände (Asset Deal) mit dem jeweiligen Anschaffungspreis aktiviert. Dies führt bei der Aufdeckung stiller Reserven schließlich zu höheren, steuerabzugsfähigen Abschreibungen, die ein ökonomisch handelnder Investor berücksichtigen würde. Selbst wenn beim Unternehmenserwerb im Wege des Anteilskaufs eine Unternehmensgesamtheit erworben wird, ist wegen der Dominanz des Einzelbewertungsgrundsatzes bei der Bestimmung des Fair Value für alle Vermögenswerte fiktiv eine Einzelrechtsnachfolge und folglich eine Einzelbewertung zu unterstellen. Zur Ermittlung des beizulegenden Zeitwerts muss der auf Basis dieser Grundlagen abgeleitete Steuervorteil (Tax Amortization Benefit) zu dem originären Barwert des Vermögenswertes hinzugerechnet werden.[3]

Neben der Ableitung der bewertungsrelevanten Einzahlungsüberschüsse ist die Ableitung eines adäquaten Kapitalisierungszinssatzes von besonderer Relevanz. Hierbei wird auf das in der Bewertungstheorie und -praxis verbreitete Konzept der gewogenen durchschnittlichen Kapitalkosten (Weighted Average Costs of Capital; WACC) zurückgegriffen. Die Ermittlung der Eigenkapitalkosten vollzieht sich unter Bezugnahme auf das Capital Asset Pricing Model (CAPM).[4] Vor dem Hintergrund der für den Fair-Value-Ansatz relevanten Fiktion der Einzelbewertung muss der Kapitalisierungszinssatz unter Berücksichtigung der besonderen Risiko-Rendite-Konstellation des zu bewertenden immateriellen Vermögenswertes abgeleitet werden. Hierbei sind im Sinne der Objektivierung des Kapitalisierungszinssatzes nicht allein die unter-

---

[1] Nach Maßgabe der internationalen Standardsetter dürfen die im Rahmen der SFAS 141/142 und IFRS ED 3 bewerteten immateriellen Vermögensgegenstände keine unternehmensspezifischen synergetischen Wertbestandteile enthalten. Diese Vorgehensweise bei der Bilanzierung stellt somit zumindest insoweit das Objektivierungsprinzip in den Vordergrund und die Wertbeiträge der Synergieeffekte werden bei der Erstkonsolidierung dem „Residual"-Posten des Geschäftswerts bzw. Goodwill zugeordnet.

[2] Eine ausführliche Darstellung der Vor- und Nachteile der einkommensorientierten Bewertungsmethoden findet sich bei REILLY/SCHWEIHS 1999, S. 173 f.

[3] Vgl. dazu MARD ET AL. 2002, S. 54 f.; AICPA 2001, S. 96 ff.

[4] Vgl. dazu BREALEY/MYERS 2000, S. 195–203 und S. 484–488; KRAG/KASPERZAK 2000, S. 90–95 und S. 104–108.

nehmensspezifischen, sondern die für den relevanten Marktsektor gültigen Daten (Peer Group) zu berücksichtigen bzw. zu approximieren. Auf dieser Basis wird das dem Vermögenswert beizulegende Risiko ermittelt und unter Berücksichtigung der spezifischen Marktverhältnisse ein vermögenswertspezifischer Kapitalisierungszinssatz abgeleitet.[1]

Aufgabe 6

Im Rahmen der Anwendung des einkommensorientierten Verfahrens bei immateriellen Vermögenswerten werden im wesentlichen drei Methoden zur Bestimmung des Ertragswertes angewendet: (a) die Relief-from-Royalty-Methode, (b) die Multi-Period-Excess-Earnings-Methode und (c) die Incremental-Cash-Flow-Methode.[2]

a) *Relief-from-Royalty-Methode*: Die Relief-from-Royalty-Methode, die auch als Methode der Lizenzpreisanalogie bezeichnet wird, stellt das bekannteste Verfahren zur Ermittlung des Ertragswertes immaterieller Vermögenswerte dar. Bei dieser Methode ist die Frage zu beantworten, wie viel der Eigentümer des immateriellen Vermögenswerts im Vergleich zu einem unter Fremdvergleichsgesichtspunkten für die Nutzung des Vermögenswertes zu entrichtenden „marktüblichen" Lizenzentgelt einsparen würde. Hierbei müssen in einem ersten Schritt die „eingesparten" Einzahlungsüberschüsse bestimmt werden. Dies geschieht dadurch, dass bezugnehmend auf eine Datenbasis (beispielsweise die Planumsätze der unter einem Markennamen vertriebenen Produkte) mittels Anwendung einer Lizenzrate die Einzahlungsüberschüsse abgeleitet werden, die als eingesparte Lizenzgebühren bezeichnet werden können. In einem zweiten Schritt wird der Ertragswert bestimmt, indem die eingesparten Lizenzzahlungen mit einem risikoangepassten Kapitalisierungszinssatz auf den Bewertungszeitpunkt diskontiert werden.

Ein wesentlicher Vorteil dieser Methode kann darin gesehen werden, dass am Markt empirisch beobachtete Lizenzraten zur Bewertung herangezogen werden können, die in Datenbanken gespeichert werden.[3] Dabei ist es besonders bedeutsam, dass die verwendeten Lizenzraten durch das Verhandeln zweier Parteien mit entgegengesetzten Preisvorstellungen und ohne Zwang zustande gekommen sind, um eine möglichst objektive Bewertung durchführen zu können. Probleme bei dieser Bewertungsmethode ergeben sich aus dem Tatbestand, dass die Bestimmung der elementaren Lizenzraten i. d. R. auf einer Marktvergleichsmethode basieren und somit auch hier die

---

[1] Vgl. *REILLY/SCHWEIHS* 1999, S. 183–192; *SMITH/PARR* 1994, S. 214 f.

[2] Vgl. dazu *AICPA* 2001, S. 12 ff.; *REILLY/SCHWEIHS* 1999, S. 159 ff.; *MAUL* 2003, S. 4 ff.

[3] So verfügen üblicherweise die in diesem Bereich tätigen Beratungsgesellschaften über umfangreiche Lizenzdatenbanken. Darüber hinaus werden Informationen zu Lizenzraten von kommerziellen Datenbankanbietern über das Internet angeboten: http://www.ipresearch.com, http://www.royalty-source.com, http://www.royaltystat.com. Zu empirischen Studien über die Höhe von Lizenzraten in verschiedenen Branchen vgl. *BRAITMAYER* 1998, S. 108; *BINDER* 2001, S. 405.

Schwachpunkte des marktorientierten Verfahrens kritisiert werden können. Darüber hinaus können relativ ungenau geschätzte Planumsatzgrößen, auf deren Basis normalerweise die Relief-from-Royalty-Einzahlungsüberschüsse abgeleitet werden, zu verzerrten Wertansätzen führen.

b) *Multi-Period-Excess-Earnings-Methode*: Wie bei den anderen Verfahren des einkommensorientierten Verfahrens liegt auch hier das primäre Gewicht auf der Isolierung der ausschließlich durch den immateriellen Vermögenswert hervorgebrachten Einzahlungsüberschüsse, die auf den Bewertungsstichtag diskontiert werden. Da immaterielle Vermögenswerte i. d. R. erst in Kombination mit anderen Vermögenswerten ihre Leistungspotenziale entfalten, wird bei dieser residualen Bewertungsmethode dieser Tatsache Rechnung getragen, dass die mit dem immateriellen Vermögenswert in Verbindung gebrachten Einzahlungsüberschüssen um die Erfolgsbeiträge aller „unterstützenden" Vermögenswerte bereinigt werden, um schließlich die ausschließlich dem zu bewertenden immateriellen Vermögenswert zurechenbaren Einzahlungsüberschüsse zu erhalten.

Um die gemäß der Multi-Period-Excess-Earnings-Methode bewertungsrelevanten Einzahlungsüberschüsse abzuleiten, müssen in einem ersten Schritt die mit dem zu bewertenden Vermögenswert in Beziehung gebrachten Einzahlungsüberschüsse aus der Gesamtgeschäftsplanung (z. B. auf Produktebene) isoliert und mögliche Synergieeffekte eliminiert werden. Im zweiten Schritt werden die Ertragsteuern abgezogen.[1] Um dem Aspekt Rechnung zu tragen, dass zur Generierung der mit dem immateriellen Vermögenswert in Verbindung gebrachten Einzahlungsüberschüssen weitere, unterstützende Vermögenswerte (so genannte Contributory Assets) eingesetzt werden müssen, werden zur Ableitung der alleinig auf den immateriellen Vermögenswert zurückzuführenden Einzahlungsüberschüsse in einem dritten Schritt von den Nach-Steuer-Einzahlungsüberschüssen die Leistungsbeiträge dieser unterstützenden Vermögenswerte in Abzug gebracht.[2] Die Bereinigung wird im Wege der Ermittlung von „Contributory Asset Charges" durchgeführt. Im Rahmen der Ermittlung der Contributory Asset Charges wird unterstellt, dass für die Nutzung der unterstützenden Vermögenswerte (z. B. von Produktionsanlagen) Leasing-Raten entrichtet werden müssen. Von den nach Abzug der Contributory Asset Charges verbleibenden, residualen Einzahlungsüberschüssen wird angenommen, dass sie ausschließlich von dem isolierten immateriellen Vermögenswert erwirtschaftet werden und somit die Basis der Diskontierung darstellen.

---

[1] Vgl. *AICPA* 2001, S. 69 ff.

[2] Bei diesen Vermögensgegenständen kann es sich u. a. um Grundstücke, Gebäude, Maschinen, Geschäftsausstattungen, Belegschaft oder Nettoumlaufvermögen, aber auch um andere immaterielle Vermögenswerte, wie z. B. eine Marke, handeln.

Das oben dargestellte Verfahren basiert auf der Vermutung, dass der zu bewertende immaterielle Vermögenswert der hauptsächliche Erfolgstreiber des Unternehmens (Leading Asset) ist und die in Abzug zu bringenden Contributory Asset Charges nur einen relativ geringen Anteil ausmachen.[1] Bei der Anwendung dieser Methode erweist es sich als problematisch, dass einige Anpassungen, wie die Eliminierung von Synergieeffekten und die Einbeziehung von Contributory Asset Charges, vorgenommen werden müssen, die Beurteilungsbandbreiten zulassen und somit anfällig für die Auslegung von Ermessensspielräumen sind.

c) *Incremental-Cash-Flow-Methode*: Die zugrunde liegende Perspektive der Incremental-Cash-Flow-Methode unterscheidet sich grundsätzlich von der der beiden vorangegangen Methoden. So wird bei dieser Methode nicht direkt auf die Einzahlungsüberschüsse des zu bewertenden immateriellen Vermögenswertes abgestellt. Stattdessen werden die dem Vermögenswert zuordenbaren Einzahlungsüberschüsse durch den Unterschiedsbetrag zwischen den Einzahlungsüberschüssen des Bewertungsobjektes inklusive und exklusive dieses immateriellen Vermögenswerts approximiert. Die auf den Vermögenswert zurückzuführenden, zusätzlichen bzw. inkrementellen Einzahlungsüberschüsse werden abschließend mit einem risikoangepassten Kapitalisierungszinssatz auf den Bewertungszeitpunkt diskontiert.

Der mit der Einbeziehung des immateriellen Vermögenswertes einhergehende Anstieg der Einzahlungsüberschüsse bzw. Cashflows kann darauf zurückgeführt werden, dass durch diesen Vermögenswert entweder zusätzliche Umsatzbeiträge erwirtschaftet oder Kosten eingespart werden können.[2] Typische erlöserhöhende immaterielle Vermögenswerte werden z. B. in Warenzeichen oder Markennamen gesehen. Spezielle Kosteneinsparungen können sich beispielsweise bei der Verwendung von patentierten Produktionsprozessen, Technologien oder effizienteren Rezepturen ergeben.

Die Incremental-Cash-Flow-Methode stellt dann einen geeigneten Bewertungsverfahren dar, wenn die Einzahlungsüberschüsse mit und ohne den immateriellen Vermögenswert zuverlässig geschätzt werden können. Da normalerweise nur Daten für das Planungsszenario inklusive des Vermögenswertes in den Finanzplänen des Unternehmens vorliegen, stellt die Bestimmung der Grenzeinzahlungsüberschüsse das zentrale Problem dar. Darüber hinaus ist eine erfolgreiche Anwendung dieser Methode dann am ehesten gewährleistet, wenn im Zusammenhang mit einem Unternehmenserwerb nur ein einziger immaterieller Wert zu bewerten ist, da durch das Vorliegen möglicher Interdependenzen zwischen mehreren immateriellen Vermögenswerten die einzelnen Bewertungsergebnisse verzerrt werden.

---

[1] So kann die Multi-Period-Earnings-Methode beispielsweise bei der Bewertung von Kundenbeziehungen in Handelsunternehmen erfolgreich angewendet werden. Vgl. dazu *FROWEIN/LÜDENBACH* 2003, S. 71.

[2] Vgl. *REILLY/SCHWEIHS* 1999, S. 192 f.; *AICPA* 2001, S. 13 (Tz. 2.1.10).

Literaturhinweise

AMERICAN INSTITUT OF CERTIFIED PUBLIC ACCOUNTANTS (AICPA): Practice aid: Assets acquired in a business combination to be used in research and development activities, New York 2001.

BAETGE, J./ZÜLCH, H.: Fair Value-Accounting, in: BFuP, 53. Jg. (2001), S. 543–562.

BARTH, M. E./LANDSMAN, W. R.: Fundamental issues related to using fair value accounting for financial reporting, in: Accounting Horizons, Dezember (1995), S. 97–107.

BINDER, C. U.: Lizenzierung von Marken, in: ESCH, F.-R. (Hrsg.), Moderne Markenführung, 3. Aufl., Wiesbaden 2001, S. 387–411.

BÖCKING, H.-J./NOWAK, K.: Marktorientierte Unternehmensbewertung, in: FB, 1. Jg. (1999), S. 169–176.

BREALEY, R. A./MYERS, S. C.: Principles of Corporate Finance, 6. Aufl., Boston et al. 2000.

BRAITMAYER, O.: Lizenzierung von Marken: Eine entscheidungs- und transaktionskostentheoretische Analyse, Frankfurt am Main 1998.

FINANCIAL ACCOUNTING STANDARD BOARD (FASB): Statement of Financial Accounting Concepts No. 7 „Using Cash Flow Information and Present Value in Accounting Measurements", in: Financial Accounting Series No. 206-C, Februar 2000, Norwalk (Connecticut).

FROWEIN, N./LÜDENBACH, N.: Der Goodwill-Impairment-Test aus Sicht der Bewertungspraxis, in: FB, 5. Jg. (2003), S. 65–72.

GREINERT, M.: Die bilanzielle Behandlung von Marken, Lohmar et al. 2002.

HITZ, J.-M./KUHNER, C.: Erweiterung des US-amerikanischen conceptional framework um Grundsätze der Barwertermittlung – Inhalt und Bedeutung des Statement of Financial Accounting Concepts No. 7, in: WPg, 53. Jg. (2000), S. 889–902.

INTERNATIONAL ACCOUNTING STANDARD BOARD (IASB): International Financial Reporting Standards 2003, London.

INTERNATIONAL VALUATION STANDARDS COMMITTEE (IVSC): International valuation standards 2001.

JÄGER, R./HIMMEL, H.: Die Fair Value-Bewertung immaterieller Vermögenswerte vor dem Hintergrund der Umsetzung internationaler Rechnungslegungsstandards, in: BFuP, 55. Jg. (2003), S. 417–440.

KOMMISSION DER EUROPÄISCHEN GEMEINSCHAFTEN (KOMMISSION DER EG): Vorschlag für eine Richtlinie des Europäischen Parlaments und des Rates zur Änderung der Richtlinien 78/660/EWG und 83/349/EWG im Hinblick auf die im Jahresabschluss bzw. im konsolidierten Abschluss von Gesellschaften bestimmter Rechtsformen zulässigen Wertansätze, veröffentlicht im Internet unter: http://europa.eu.int/eur-lex/de/com/pdf/2000/com20000080de02.pdf (Stand: 29.06.2003).

KRAG, J./KASPERZAK, R.: Grundzüge der Unternehmensbewertung, München 2000.

KÜMMEL, J.: Grundsätze für die Fair Value-Ermittlung mit Barwertkalkülen – Eine Untersuchung auf der Grundlage des Statement of Financial Accounting Concepts No. 7, Düsseldorf 2002.

KÜTING, K./DAWO, S.: Anwendungsfälle der fair value-Bewertung bei nicht finanziellen Vermögenswerten im Rahmen der International Financial Reporting Standards (IFRS), in: KoR, 3. Jg. (2003), S. 228–241.

LÖHNERT, P. G./BÖCKMANN, U. J.: Multiplikatorverfahren in der Unternehmensbewertung, in: PEEMÖLLER, V. H. (Hrsg.), Praxishandbuch der Unternehmensbewertung, 2. Aufl., Herne et al. 2002, S. 401–426.

LEUZ, C./VERRECCHIA, R. E.: The Economic Consequences of Increased Disclosure, in: Journal of Accounting Research, Vol. 38 (Supplement 2000), S. 91–124.

MARD, M. J./HITCHNER, J. R./HYDEN, S. D./ZYLA, M. L.: Valuation for financial reporting: Intangible Assets, Goodwill, and Impairment Analysis, SFAS 141 and 142, New York 2002.

MAUL, K.-H.: ABV – Advanced Brand Valuation, in: SCHIMANSKY, A. (Hrsg.), Der Wert der Marke – Markenbewertungsverfahren für ein effektives Markenmanagement, München 2003 (Manuskript in Vorbereitung).

MUJKANOVIC, R.: Fair Value im Financial Statement nach International Accounting Standards, Stuttgart 2002.

PRICEWATERHOUSECOOPERS (PWC): Shedding Light on the new business combination rules: A Guide for Dealmakers, 2002.

REILLY, R. F./SCHWEIHS, R. P.: Valuing intangible assets, New York 1999.

SMITH, G. V./PARR, R. L.: Valuation of intellectual property and intangible assets, 2. Aufl., New York 1994.

Jochen Biermann und Michael Hinz

Bilanzierung von Geschäftswerten nach HGB und IFRS und die geplante Annäherung an den Impairment-Only-Approach des FAS 142 durch den Exposure Draft 3 „Business Combinations" des IASB

Die Organisationsform für die Durchführung unternehmerischer Aktivitäten hat in den letzten einhundert Jahren eine bedeutsame Wandlung erfahren und dazu geführt, dass in der Wirtschaftspraxis das unabhängige Einheitsunternehmen gegenüber dem Zusammenschluss von rechtlich selbstständigen Unternehmen zu einem Unternehmensverbund erheblich an Bedeutung verloren hat und insbesondere bei großen Unternehmen durch die Organisationsform „Konzern" ersetzt worden ist. Der Konzern als Zusammenschluss mehrerer rechtlich selbstständiger Unternehmen zu einer wirtschaftlichen Einheit hat sich in den westlichen Industrienationen zur typischen Organisationsform wirtschaftlichen Handelns sowohl großer als auch mittelgroßer Unternehmen entwickelt und stellt für international tätige Unternehmen praktisch die einzig relevante Organisationsform dar. Vor dem Hintergrund dieser Entwicklung ist es daher auch nicht verwunderlich, dass gerade dem Konzernabschluss immer größere Beachtung geschenkt wird. Hierzu trägt auch die Internationalisierung der Rechnungslegung bei, die ihren Anfang in Deutschland mit dem Kapitalaufnahmeerleichterungsgesetz aus dem Jahre 1998 nahm und nunmehr mit der von der EU am 19.07.2002 erlassenen IAS-Verordnung zu einem vorläufigen Ende gekommen ist. Denn auf internationaler Ebene wird der Konzernabschluss im Vergleich zum Einzelabschluss als wesentlich informativerer Abschluss angesehen.

Aufgrund der in jüngster Zeit weltweit zu beobachtenden Intensivierung der Akquisitions- und Fusionstätigkeit, tritt gerade der Geschäftswert und seine bilanzielle Behandlung auf nationaler und internationaler Ebene verstärkt in den Mittelpunkt des Interesses von Rechnungslegung und Unternehmensanalyse. So ist sowohl auf nationaler Ebene als auch auf internationaler Ebene die bilanzielle Behandlung des Geschäftswertes z. T. umfassend neu geregelt worden[1] bzw. befindet sich gerade im Endstadium einer grundlegenden Überarbeitung[2].

---

[1] Vgl. IAS 22 „Business Combinations" und IAS 36 „Impairment of Assets", die 1998 überarbeitet bzw. verabschiedet wurden, DRS 4 „Unternehmenserwerbe im Konzernabschluss", der im Mai 2000 bekannt gemacht wurde, sowie insbesondere FAS 141 „Business Combinations" und FAS 142 „Goodwill and other Intangible Assets", die im Juni 2001 vom FASB verabschiedet wurden und grundlegende Änderungen der Behandlung des Geschäftswertes enthalten.

[2] Vgl. Exposure Draft 3 „Business Combinations" mit den „Proposed Amendments to IAS 36 Impairment of Assets", die im Dezember 2002 vom IASB veröffentlicht wurden.

Unterstützen Sie nun den neuen Leiter der Abteilung Konzernrechnungswesen, Herrn Jonathan Wagner, der *Pizza & Pasta AG*, Berlin. Der Vorstand der Pizza & Pasta AG hat einerseits zur Verbreiterung der angebotenen Produktpalette und andererseits zur Verringerung seiner Lieferantenabhängigkeit mit verschiedenen Unternehmen intensive Kaufverhandlungen geführt. In zwei Fällen konnten die Verhandlungen positiv abgeschlossen werden. Gemäß den Kaufverträgen hat die Pizza & Pasta AG zum 31.12. des vorangegangen Geschäftsjahres 100% der Anteile und Stimmrechte der *Biopizza GmbH* und zum 31.12. des gerade abgelaufenen Geschäftsjahres 100% der Anteile und Stimmrechte der *Tomato AG* übernommen. Mit dem Kauf der *Biopizza GmbH,* die in ihrem Segment zu den führenden Anbietern von Biopizzen und Biopasta gehört, steht der Pizza & Pasta AG seitdem auch das – nach eigenen Marktstudien – in den kommenden Jahren sehr lukrative Absatzsegment Reformhausprodukte offen. Durch den Erwerb der *Tomato AG*, einem Unternehmen, das sich auf die Weiterverarbeitung von Tomaten spezialisiert hat, wird die Pizza & Pasta AG weitgehend unabhängig von anderen Anbietern entsprechender Ausgangsstoffe für Pizzen und Pastasoßen. Jonathan Wagner bittet Sie, ihn bei der nun anstehenden Aufstellung des Konzernabschlusses hilfreich zur Seite zu stehen. Insbesondere interessieren ihn der Ansatz und die Bewertung der Geschäftswerte. Da im Vorstand vor dem Hintergrund von „Basel II" derzeit auch beraten wird, den Konzernabschluss zukünftig nach IFRS aufzustellen, hat Jonathan Wagner den Auftrag erhalten, neben dem nach handelsrechtlichen Vorschriften aufzustellenden Konzernabschluss auch einen IFRS-konformen Konzernabschluss zu erstellen. Auch hierfür bittet er Sie, ihn bei der bilanziellen Behandlung des Geschäftswertes zu unterstützen.

Aufgabe 1

a) Erläutern Sie allgemein, was unter dem Begriff des Geschäfts- bzw. Firmenwertes verstanden wird.

b) Wodurch entsteht ökonomisch ein Geschäftswert und wodurch kann sich die Höhe eines solchen Wertes ändern? Worin liegt das Hauptproblem bei der Bestimmung der Höhe eines Geschäftswertes?

Aufgabe 2

Wann darf oder muss ein Geschäftswert bilanziert werden? Erklären Sie hierzu zunächst, was man unter den Begriffen des originären und des derivativen Geschäftswertes versteht. Erläutern Sie dann die grundlegenden Regelungen des Ansatzes und der Bewertung eines Geschäfts- bzw. Firmenwertes im

a) handelsrechtlichen Einzel- und Konzernabschluss, sowie nach

b) den bisher geltenden IAS 22 (1998), IAS 36 (1998) und IAS 38 (1998).

Aufgabe 3

Die Pizza & Pasta AG hat zum 31.12.03 100% der stimmberechtigten Anteile der *Biopizza GmbH* zu einem Kaufpreis i. H. v. 5.000 T€ übernommen. Zu diesem Zeitpunkt befanden sich im Anlagevermögen der übernommenen Gesellschaft stille Reserven i. H. v. 720 T€ (Konzessionen 250 T€, Grundstücke 320 T€, Wertpapiere 150 T€) und im Umlaufvermögen stille Reserven i. H. v. 300 T€ (Roh-, Hilfs-, Betriebsstoffe). Das bilanzielle Eigenkapital betrug 1.600 T€ (Stammkapital 500 T€, Kapitalrücklagen 50 T€, Gewinnrücklagen 1.050 T€). Ferner hatte die Biopizza GmbH zwei selbsterstellte Patente, die mit jeweils 250 T€ bewertet wurden. Aus den internen Unterlagen ergibt sich des Weiteren, dass der Wert des Warenzeichens „Biopizza" zum Kaufzeitpunkt verlässlich auf 650 T€ geschätzt wurde. Soweit ersichtlich spielten auch der Kundenstamm und die Rezeptur des „Vollwertteiges" bei der Bestimmung des Kaufpreises eine Rolle. Schätzungen hinsichtlich der Werthaltigkeit dieser beiden Werte liegen aber nicht vor. Die Nutzungsdauer des Firmenwertes wurde im Kaufzeitpunkt auf zehn Jahre geschätzt.

Erwerbszeitpunkt sämtlicher Anteile an der *Tomato AG* ist der 31.12.04. Der Kaufpreis für die Anteile an der Tomato AG beträgt 10.000 T€. Zum Kaufzeitpunkt befinden sich in deren Anlagevermögen stille Reserven i. H. v. 2.750 T€ (Grundstücke). Das Eigenkapital beträgt 5.750 T€ (gezeichnetes Kapital 2.500 T€, Kapitalrücklage 250 T€, Gewinnrücklagen 3.000 T€). Die Tomato AG unterhält sehr gute Geschäftsbeziehungen zu einigen italienischen Tomatenanbauern. Als interessant für die Pizza & Pasta AG erweisen sich auch die Verfahren für die Konservierung von Tomatensoßen. Weder die Geschäftsbeziehungen noch die Verfahren wurden einer separaten Schätzung unterzogen. Die Nutzungsdauer des Geschäftswertes wird auf sechs Jahre geschätzt.

Bestimmen Sie Ansatz und Bewertung der Geschäftswerte der Biopizza GmbH und der Tomato AG zum 31.12.04 für den Fall,

a) dass ein den handelsrechtlichen Vorschriften entsprechender Konzernabschluss aufgestellt wird,

b) dass ein IFRS-konformer Konzernabschluss aufgestellt wird.

c) Was wäre, wenn die Pizza & Pasta AG die Anteile an der Tomato AG zu einem Kaufpreis i. H. v. 5.000 T€ erworben hätte? Gehen Sie auf die handelsrechtliche und die IAS-Regelung getrennt ein. Berücksichtigen Sie, dass laut verlässlicher interner Schätzungen in den nächsten Jahren mit Verlusten von insgesamt 750 T€ bei der Tomato AG gerechnet wird, die zu einem entsprechenden Kaufpreisabschlag geführt haben.

Aufgabe 4

Durch die Veröffentlichung des Exposure Draft 3 „Business Combinations" plant das IASB eine Annäherung der IFRS an die Goodwill-Bilanzierung des FAS 142.

a) Erläutern Sie die wesentlichen vorgeschlagenen Regelungen des ED 3 hinsichtlich der Bilanzierung eines derivativen Geschäfts- bzw. Firmenwertes.

b) Stellen Sie kurz die Vorgehensweise bei der Durchführung eines nach ED 3 geforderten Wertminderungstests („impairment test") dar.

Aufgabe 5

Ausgehend von den Daten aus Aufgabe 3 soll nun der sich nach ED 3 „Business Combinations" ergebende Geschäftswert der Biopizza GmbH bestimmt werden. Gegenüber den Daten aus Aufgabe 3 sind noch folgende Ergänzungen zu berücksichtigen:

1. Zum Zeitpunkt des Erwerbes der *Biopizza GmbH* wird deren Kundenstamm auf 350 T€ sowie deren Rezeptur auf 300 T€ geschätzt.

2. Die Biopizza GmbH begründet im Rahmen des Konzerns zwei eigenständige zahlungsmittelgenerierende Einheiten („Vollwertpizza" und „Biopizza classic"), die die bereits vor dem Erwerb der Biopizza GmbH bestehenden zahlungsmittelgenerierenden Einheiten der Pizza & Pasta AG unbeeinflusst lassen.

3. Der Kundenstamm lässt sich i. H. v. 200 T€ der Einheit „Vollwertpizza" und zu 150 T€ der Einheit „Biopizza classic" zuordnen.

4. Die Rezeptur ist vollständig der Einheit „Vollwertpizza" zuordenbar.

5. Das Warenzeichen „Biopizza" lässt sich den beiden zahlungsmittelgenerierenden Einheiten zu gleichen Teilen zuordnen.

6. Ein Patent betrifft ein Gefrierverfahren, das ausschließlich für „Biopizza classic"-Pizzen Verwendung findet, während es sich bei dem anderen Patent um ein spezielles Verfahren zum Vorbacken von Vollwertteigen handelt.

7. Unter Ausschluss der Patente, des Kundenstamms, des Warenzeichens und der Rezeptur ergeben sich zum Erwerbszeitpunkt (31.12.03) folgende Werte für die Nettovermögen auf fair value-Basis der beiden zahlungsmittelgenerierenden Einheiten:

31.12.03	gesamt	Biopizza classic	Vollwertpizza
vorläufig identifizierbares Vermögen	11.120 T€	6.100 T€	5.020 T€
vorläufiger Rest	2.380 T€	1.200 T€	1.180 T€
Eigenkapital	5.000 T€	2.800 T€	2.200 T€
Fremdkapital	8.500 T€	4.500 T€	4.000 T€

a) Bestimmen Sie die Geschäftswerte und das identifizierbare Vermögen der beiden zahlungsmittelgenerierenden Einheiten zum 31.12.03.

b) Bestimmen Sie die Geschäftswerte der zahlungsmittelgenerierenden Einheiten zum 31.12.04. Gehen Sie dabei von folgenden Ausgangsdaten (Buchwerte) aus:

31.12.04	gesamt	Biopizza classic	Vollwertpizza
identifizierbares Vermögen	11.940 T€	6.045 T€	5.895 T€
Geschäftswert	580 T€	475 T€	105 T€
Eigenkapital	4.020 T€	2.020 T€	2.000 T€
Fremdkapital	8.500 T€	4.500 T€	4.000 T€

Die Bestimmung der im Rahmen des Wertminderungstests zu ermittelnden erzielbaren Beträge für jede zahlungsmittelgenerierende Einheit erfolgt anhand der periodischen Netto-Cashflows, die sich jeweils als Erwartungswert ergeben. Für die Perioden 05 und 06 werden die Cashflows als sicher angenommen. In den Perioden 07 und 08 werden zwei unterschiedliche Umweltzustände mit unterschiedlichen Wahrscheinlichkeiten (w1 und w2) unterstellt. Ab der Periode 09 werden sämtliche Beträge als gleichwahrscheinlich angenommen. Die Erwartungswerte werden mit einem sich aus den gewichteten Kapitalkosten auf Marktwertbasis (WACC) ergeben Zinssatz diskontiert. Der ermittelte Zinssatz beträgt 10%.

Die Netto-Cashflows (NCF) und Erwartungswerte (EW) der Einheit „Biopizza classic" betragen:

Biopizza classic	05	06	07	08	09
NCF	100 (w=1)	120 (w=1)	150 (w=0,7) 200 (w=0,3)	180 (w=0,6) 220 (w=0,4)	150–280 (w=1)
EW	100	120	165	196	215

Die Netto-Cashflows (NCF) und Erwartungswerte (EW) der Einheit „Vollwertpizza" betragen:

Vollwertpizza	05	06	07	08	09
NCF	110 (w=1)	130 (w=1)	180 (w=0,6) 240 (w=0,4)	240 (w=0,6) 280 (w=0,4)	200–300 (w=1)
EW	110	130	204	256	250

Gehen Sie für den Fall, dass die impliziten Werte der Geschäftswerte der beiden zahlungsmittelgenerierenden Einheiten ermittelt werden müssen, davon aus, dass der Zeitwert des identifizierbaren Vermögens der Einheit „Biopizza classic" zum Zeitpunkt des Wertminderungstestes 6.150 T€ und derjenige der Einheit „Vollwertpizza" 6.375 T€ beträgt.

Lösung

Aufgabe 1

a) Unter dem Begriff des *Geschäfts- oder Firmenwerts (goodwill)* wird allgemein der Unterschied zwischen dem Substanzwert und dem Ertragswert einer Unternehmung verstanden. Der *Substanzwert* eines Unternehmens ergibt sich aus der Summe der Einzelwerte aller betrieblichen Vermögenswerte zum (beizulegenden) Zeitwert des Bewertungsstichtages abzüglich der Schulden.

Der Substanzwert eines Unternehmens entspricht in der Regel nicht seinem „tatsächlichen" Gesamtwert, den z. B. ein potentieller Verkäufer des Unternehmens als Verkaufspreis akzeptieren würde. Der *Gesamtwert* eines Unternehmens kann als der *Ertragswert* aus Sicht seiner Eigentümer gesehen werden. Beim Vorliegen eines effizienten Marktes (z. B. Börse) stimmt dieser Wert mit dem *Marktwert* der Unternehmensanteile überein. Ansonsten ist der Ertragswert im Rahmen einer Unternehmensbewertung zu ermitteln. Hierzu kann der *Barwert* der erwarteten zukünftigen Nettozahlungen an die Eigentümer zum Bewertungsstichtag ermittelt werden.

Ist der ermittelte Ertragswert eines Unternehmens größer als der vorliegende Substanzwert, so liegt ein *positiver Geschäfts- bzw. Firmenwert (goodwill)* vor. Ist die Differenz aus Ertragswert und Substanzwert negativ, so ergibt sich ein *negativer Geschäftswert (badwill* oder *negative goodwill)*. Vereinfacht ausgedrückt, ist der positive Geschäftswert (negative Geschäftswert) folglich der Betrag, um den der Wert des Unternehmens als Ganzes den Wert der Summe seiner Teile übersteigt (unterschreitet).

b) Existiert ein *positiver Geschäftswert*, dann beinhaltet das Unternehmen aus Sicht der bewertenden Person (z. B. einem potentiellen Unternehmenskäufer) Werte, die nicht durch den Substanzwert abgebildet werden. Solche Werte wurden folglich nicht bei der einzelnen Bewertung der Vermögensgegenstände erfasst, gehen aber in die Ermittlung des Gesamtwerts des Unternehmens ein, der zum Beispiel im Rahmen eines Unternehmensverkaufs realisiert werden könnte. Zu solchen Werten zählen z. B. Erfolgschancen des Unternehmens, die aus seiner Marktstellung, dem Bekanntheitsgrad, den Kunden- oder Lieferantenbeziehungen, den Organisationsstrukturen, der Mitarbeiterqualifikation und -motivation, der Managementqualität oder aus möglichen Standortvorteilen hervorgehen. Im Falle eines Unternehmenskaufs gehören auch Synergiepotenziale, die sich durch den Zusammenschluss von Erwerber und Akquisitionsobjekt ergeben, zu den Komponenten des Geschäftswertes.

Durch die positive oder negative Entwicklung solcher Wettbewerbsvor- oder nachteile im Zeitablauf oder durch besondere Ereignisse kann sich die Höhe eines Geschäftswertes verändern. So kann sich z. B. durch eine nachhaltig qualitätsorientierte Produktpolitik die Kundenbeziehung im Zeitablauf verbessern oder sich durch negative Medienberichterstattung über das Unternehmen die Marktstellung plötzlich verschlechtern. Die Bestimmung der Höhe kann außerdem dadurch variieren, dass sowohl der Geschäftswert als auch der Gesamtwert *subjektive Größen* darstellen, die von verschiedenen Personen oder in verschiedenen Bewertungssituationen (z. B. Unternehmenskauf oder -verkauf, geplante Fusion, Börsengang, Kreditgewährung) unterschiedlich eingeschätzt bzw. bewertet werden.

Hauptproblem bei der Bestimmung eines Geschäftswertes ist die *mangelnde Objektivierbarkeit*, die aus der zuvor beschriebenen Subjektivität der zu Grunde liegenden Wertkalküle resultiert. Die Bestimmung von Unternehmens- und Geschäftswert ist neben der subjektiven Einschätzung der Wettbewerbschancen ebenfalls von den individuellen Ausgangsgrößen der Unternehmensbewertung (z. B. Bewertungsmethode, Bewertungsprämissen, Kalkulationszinsfuß) abhängig. Dies führt dazu, dass der Geschäftswert nicht objektiv ermittel- oder messbar ist, sondern individuell von der bewertenden Person, der Bewertungssituation und den jeweils gegebenen Umweltbedingungen (z. B. Zinsniveau, geltendes Steuerrecht, Konjunkturphase) abhängig ist.

Aufgabe 2

Für die Zwecke der Bilanzierung unterscheidet man zwischen dem *originären* (selbst geschaffenen) und dem *derivativen* (abgeleiteten) Geschäftswert. Der vom Unternehmen (z. B. durch geschicktes Management oder durch langjährigen Aufbau von guten Kunden- und Lieferantenbeziehungen) selbst geschaffene Geschäftswert gilt als *originär*, so lange er sich nicht durch den Kauf des Unternehmens oder von Unternehmensteilen in einem tatsächlich gezahlten Kaufpreis konkretisiert hat. Aus dem Überschuss des durch den Erwerber gezahlten Kaufpreises über den Nettosubstanzwert des Unternehmens (Summe der Einzelwerte aller Vermögenswerte abzüglich Schulden) lässt sich der *derivative* Geschäftswert ableiten. Im Vergleich zum nur theoretisch vorhandenen originären Geschäftswert ist der derivative Geschäftswert also zu einem bestimmten Zeitpunkt tatsächlich durch einen Marktvorgang bestätigt und insofern – zumindest eingeschränkt – objektiviert worden. Im Konzernabschluss gilt als derivativer Geschäftswert der aktivische Unterschiedsbetrag, der sich im Rahmen der Kapitalkonsolidierung nach der Aufrechnung von Beteiligungsbuchwert und neubewertetem Eigenkapital des Tochterunternehmens ergibt.

Sowohl handelsrechtlich (§ 248 Abs. 2 HGB) als auch nach IAS 38.36 darf ein originär geschaffener Geschäfts- oder Firmenwert ausdrücklich nicht aktiviert werden. Durch diese strikten *Bilanzierungsverbote* können sich die nachfolgenden Ausführungen daher auf die Betrachtung der Bilanzierung derivativer Geschäftswerte beschränken.

a) *Ansatz und Bewertung im handelsrechtlichem Einzel- und Konzernabschluss*
Gemäß § 255 Abs. 4 HBG darf als Geschäfts- oder Firmenwert der Unterschiedsbetrag angesetzt werden, um den die für die Übernahme eines Unternehmens bewirkte Gegenleistung den Wert der einzelnen Vermögensgegenstände des Unternehmens abzüglich Schulden im Zeitpunkt der Übernahme übersteigt. Insofern besteht ein *Aktivierungswahlrecht*. Macht der Unternehmenskäufer von dem Wahlrecht keinen Gebrauch, so ist der gezahlte Geschäftswert direkt als Aufwand zu verrechnen. Durch die fehlende Einzelveräußerbarkeit eines Geschäftswertes ist der bilanzielle Charakter dieses Postens als *Vermögensgegenstand* umstritten. In der Literatur wird er auch als *Bilanzierungshilfe* oder als *Wert eigener Art*[1] interpretiert. Im Rahmen einer Untersuchung des FASB zum Firmenwert aus dem Jahre 1997[2] werden, ausgehend von einer bottom-up-Perspektive, d. h. einer Analyse des wirtschaftlichen Inhaltes des Geschäftswertes, insgesamt sechs mögliche Komponenten des Geschäftswertes unterschieden, von denen aus konzeptioneller Sicht zwei als Kernelemente eines wirtschaftlichen Wertes „*Geschäftswert*" verbleiben, die grundsätzlich die Kriterien als *eigener Vermögensgegenstand* erfüllen. Diese beiden Kernelemente sind:

(a) Die Differenz zwischen dem Wert des Akquisitionsobjektes als laufendes Unternehmen und dem Wert seines zu Zeitwerten bewerteten Nettovermögens und

(b) der Zeitwert des sich durch den Unternehmenszusammenschluss ergebenden Synergiepotenzials.

Gemäß § 266 HGB ist ein Geschäftswert bei Kapitalgesellschaften unter den *immateriellen Vermögensgegenständen* im *Anlagevermögen* auszuweisen. Die Frage der Aktivierung stellt sich im *Einzelabschluss* allerdings nur dann, wenn der Erwerber im Rahmen des Unternehmenskaufs die einzelnen Vermögensgegenstände und Schulden übernimmt und bilanziert. Wird das erworbene Unternehmen (oder der erworbene Anteil) als *Beteiligung* oder als *Anteil an verbundenen Unternehmen* bilanziert, so ist der Geschäftswert nicht gesondert auszuweisen.

Der aktivierte derivative Geschäftswert ist gemäß § 255 Abs. 4 Satz 2 HGB in jedem der Übernahme folgenden Jahr um *mindestens ein Viertel abzuschreiben* oder gemäß Satz 3 *planmäßig über die voraussichtliche Nutzungsdauer abzuschreiben*. Die planmäßige Nutzungsdauer und die Abschreibungsmethode (Wahlrecht linear oder degressiv) bestimmen hierbei die jährlichen Abschreibungsquoten. Bei der Wahl der Abschreibungsmethode und der Schätzung der Nutzungsdauer sind die GoB, insbesondere das Vorsichtsprinzip, zu beachten. Stellt sich während der geplanten Nutzungsdauer heraus, dass der gezahlte Kaufpreis überhöht war oder der Geschäftswert unvorhergesehen gesunken ist, so kann der aktivierte Geschäftswert gemäß § 253 Abs. 2 Satz 3 HGB auch *außerplanmäßig* abgeschrieben werden. Bei einer voraus-

---

[1] Vgl. *ADS* § 255.
[2] Vgl. *JOHNSON/PETRONE* 1998.

sichtlich dauernden Wertminderung besteht entsprechend die Pflicht abzuschreiben. *Außerplanmäßige Abschreibungen* des derivativen Geschäftswertes sind von Kapitalgesellschaften gemäß § 277 Abs. 3 Satz 1 HGB *gesondert auszuweisen oder im Anhang anzugeben*. Ferner ist gemäß § 285 Nr. 13 HGB bei der Wahl der *planmäßigen Abschreibung* des derivativen Geschäftswertes der *Grund* für die planmäßige Abschreibung *im Anhang anzugeben*.

Steuerrechtlich muss der derivative Geschäftswert gemäß § 7 Abs. 1 Satz 3 EStG über einen Zeitraum von *15 Jahren linear* abgeschrieben werden.

Im *Konzernabschluss* entsteht ein derivativer Geschäftswert durch die Verrechnung des Beteiligungsbuchwertes mit dem neubewerteten Eigenkapital der Unternehmung, an dem die Beteiligung gehalten wird. Im Rahmen der vorherrschenden *Kapitalkonsolidierung nach der Erwerbsmethode* kann das Mutterunternehmen zwischen der Buchwertmethode (§ 301 Abs. 1 Nr. 1 HGB) und der Neubewertungsmethode (§ 301 Abs. 1 Nr. 2 HGB) wählen. Nach der *Buchwertmethode* wird zunächst der Wertansatz der Beteiligung mit dem Buchwert des Eigenkapitals des Tochterunternehmens verrechnet. Der sich ergebende Unterschiedsbetrag wird dann auf die Bilanzpositionen des Tochterunternehmens verteilt, bis – gegebenenfalls – alle stillen Reserven und stillen Lasten durch diese Neubewertung der Vermögensgegenstände und Schulden des Tochterunternehmens aufgedeckt worden sind. Ein verbleibender *aktivischer Unterschiedsbetrag* ist in der Konzernbilanz als Geschäfts- oder Firmenwert auszuweisen (§ 301 Abs. 3 HGB). Verbleibt hingegen ein passivischer Unterschiedsbetrag, ist dieser als *Unterschiedsbetrag aus der Kapitalkonsolidierung* auf der Passivseite auszuweisen. Bei der *Neubewertungsmethode* werden sämtliche Bilanzpositionen des Tochterunternehmens noch vor der eigentlichen Kapitalkonsolidierung zum Tageswert neu bewertet (sog. Konsolidierungseröffnungsbilanz). Hierdurch werden sämtliche stillen Reserven und Lasten aufgedeckt und damit auch das Eigenkapital des Tochterunternehmens neubewertet, welches dann mit dem Beteiligungsbuchwert saldiert wird. Ein so auf der *Aktivseite entstehender Saldo* ergibt den auszuweisenden Geschäfts- oder Firmenwert. Bei einer 100%-Beteiligung führen Neubewertungs- und Buchwertmethode nur dann zum gleichen Ergebnis, wenn das aus der Neuwertung resultierende Eigenkapital des Tochterunternehmens die Anschaffungskosten der Beteiligung *nicht* übersteigt.

Ein nach § 301 Abs. 3 HGB ausgewiesener Geschäfts- oder Firmenwert ist nach § 309 Abs. 1 HGB wie im Einzelabschluss zu mindestens einem Viertel pro Geschäftsjahr abzuschreiben oder planmäßig auf die Geschäftsjahre zu verteilen. Neben den erfolgswirksamen Abschreibungsmöglichkeiten gestattet der Gesetzgeber im Konzernabschluss – abweichend von der Regelung zum Einzelabschluss – auch die *erfolgsneutrale Verrechnung mit den Rücklagen*. Als Rücklagenkategorien, mit denen der Geschäftswert verrechnet werden kann, kommen grundsätzlich sowohl die Kapitalrücklagen als auch die Gewinnrücklagen in Betracht. Aufgrund der Verwendungsbeschränkungen der Kapitalrücklage, sollte eine Verrechnung grundsätzlich mit den Gewinnrücklagen erfolgen. Aufgrund des unbestimmten Wortlautes des § 309 Abs. 1 Satz 3 HGB wird es im Schrifttum auch für zulässig erachtet, den Geschäftswert nicht nur in einem Betrag, sondern ratierlich über mehrere Geschäftsjahre erfolgsneutral zu verrechnen.

Wird der Geschäftswert planmäßig abgeschrieben, so kann aufgrund der Niederstwertvorschrift des § 253 Abs. 2 Satz 3 HGB i. V. m. § 298 Abs. 1 HGB im Laufe des Abschreibungszeitraumes auch eine *außerplanmäßige Abschreibung* notwendig sein, wenn die Voraussetzungen des § 253 Abs. 2 Satz 3 HGB vorliegen. Zwar wäre bei Wegfall des Grundes für die außerplanmäßige Abschreibung grundsätzlich eine Zuschreibung (§ 280 Abs. 1 i. V. m. § 298 Abs. 1 HGB) erforderlich, aufgrund der besonderen Bewertungsprobleme beim Goodwill und der damit einhergehenden Ermessensspielräume, wird von der h. M. im Schrifttum eine *Zuschreibung abgelehnt*.

Verbleibt im Rahmen der Erstkonsolidierung ein *passivischer Unterschiedsbetrag aus der Kapitalkonsolidierung*, so ist dieser vom Grundsatz her in den Folgeperioden unverändert fortzuführen. Gemäß § 309 Abs. 2 HGB ist er jedoch dann erfolgswirksam aufzulösen, wenn entweder eine zum Zeitpunkt der Erstkonsolidierung erwartete *ungünstige Entwicklung der Ertragslage tatsächlich eingetreten* ist bzw. wenn zu diesem Zeitpunkt *erwartete Aufwendungen* nunmehr *realisiert* sind, oder wenn feststeht, dass der passivische Unterschiedsbetrag einem *realisierten Gewinn* entspricht. Im *ersten Fall* weist der Unterschiedsbetrag inhaltlich den Charakter einer konzernspezifischen *Rückstellung* auf, während er im *zweiten Fall Eigenkapitalcharakter* hat. Er sollte daher auch entsprechend seinem jeweiligen Charakter ausgewiesen werden.

Neben den handelsrechtlichen Vorschriften zur Bilanzierung eines Geschäftswertes sind für Konzerne, die nach § 290 HGB zur Aufstellung eines Konzernabschluss verpflichtet sind, auch die in *DSR 4 „Unternehmenserwerbe im Konzernabschluss"* enthaltenen Regelungen zum Ansatz und zur Bewertung eines Geschäftswertes von Relevanz. Gemäß DRS 4.27 ist ein *positiver verbleibender Unterschiedsbetrag aus der Kapitalkonsolidierung* stets zu aktivieren und planmäßig über seine Nutzungsdauer abzuschreiben (DRS 4.31). Eine *erfolgsneutrale Verrechnung* mit den Rücklagen, wie sie § 309 Abs. 1 Satz 3 HGB ermöglicht, ist *nicht zulässig*. Die maximale Nutzungsdauer ist auf 20 Jahre begrenzt und darf nur in begründeten Ausnahmefällen überschritten werden. Grundsätzlich ist der Geschäftswert linear abzuschreiben, es sei denn, dass eine andere Abschreibungsmethode den Nutzungsverlauf besser widerspiegelt. Der Aufwand aus der Abschreibung des Geschäftswertes ist gesondert in der Konzern-Gewinn- und Verlustrechnung auszuweisen (DRS 4.37). Zu jedem Konzernbilanzstichtag sind die Werthaltigkeit und die verbleibende Restnutzungsdauer des Geschäftswertes zu prüfen und gegebenenfalls durch eine außerplanmäßige Abschreibung oder die Verkürzung der Restnutzungsdauer anzupassen (DRS 4.34). Sind die Gründe für eine außerplanmäßige Abschreibung entfallen, sieht DRS 4.36 vor, dass diese Abschreibung durch eine entsprechende Zuschreibung wieder rückgängig gemacht wird.

Im Falle eines *passivischen Unterschiedbetrages* aus der Kapitalkonsolidierung folgt DRS 4 im Wesentlichen den entsprechenden Regelungen in IAS 22, auf die nachfolgend noch eingegangen wird.

b) *Ansatz und Bewertung nach IAS 22 (1998) und IAS 36 (1998)*

Ein derivativer Geschäfts- oder Firmenwert (goodwill) ist gemäß IAS 22.41 ff. als Vermögenswert (asset) in der Bilanz auszuweisen (*Ansatzpflicht*) und zu Anschaffungskosten abzüglich kumulierter Abschreibungen und Wertminderungsaufwendungen anzusetzen. Als *Anschaffungskosten* des Geschäftswertes ist hierbei der Überschuss der Anschaffungskosten des Unternehmenserwerbs über den beizulegenden Zeitwert (fair value) der erworbenen Vermögenswerte und Schulden anzusehen. Ein *negativer Firmenwert (negative goodwill)* ist nach IAS 22.64 in der Bilanz als Abzugsposten unter der gleichen Position wie ein positiver Firmenwert auszuweisen.

Gemäß IAS 22.44 f. ist der Geschäftswert *planmäßig über die Nutzungsdauer abzuschreiben*. Die Abschreibungsdauer soll die bestmögliche Schätzung des Zeitraums sein, während dessen dem Unternehmen wirtschaftlicher Nutzen zufließen wird. Als widerlegbare Vermutung wird eine maximale Nutzungsdauer von 20 Jahren unterstellt. Bei einer geschätzten Nutzungsdauer über 20 Jahren ist nach IAS 22.50 bzw. IAS 22.56 ein jährlicher Niederstwerttest vorzunehmen. Regelmäßig ist die *lineare Abschreibungsmethode* anzuwenden, sofern keine wesentlichen Hinweise auftreten, dass eine andere Abschreibungsmethode den zu erwartenden Werteverzehr (sinkender künftiger wirtschaftlicher Nutzen) besser abbildet. Eine *erfolgsneutrale Verrechnung* mit den Rücklagen, wie in § 309 Abs. 1 Satz 3 HGB vorgesehen, ist *nicht zulässig*.

Eine *außerplanmäßige Abschreibung* auf den Geschäftswert ist gemäß IAS 36.79 ff. grundsätzlich dann vorzunehmen, wenn es Hinweise darauf gibt, dass eine Wertminderung (impairment) aufgetreten ist. Da der Geschäftswert selbst keine Cashflows erzeugt, die unabhängig von anderen Vermögenswerten sind, kann der *erzielbare Betrag (recoverable amount)* des Geschäftswertes als einzelner Vermögenswert nicht bestimmt werden. Daher ist im Rahmen des Niederstwerttests der erzielbare Betrag für die *zahlungsmittelgenerierende Einheit (cash-generating unit)* zu bestimmen, zu der der Geschäftswert gehört. Dieser Betrag wird dann mit dem Buchwert dieser Zahlungsmittelgenerierenden Einheit verglichen. Der so festgestellte Wertminderungsaufwand ist gemäß IAS 36.88 zu erfassen und auf die Buchwerte der einzelnen Vermögenswerte der Einheit zu verteilen. Im Gegensatz zum grundsätzlichen Wertaufholungsgebot beim Wegfall des Grundes für außerplanmäßige Abschreibungen darf eine *Wertaufholung* beim Geschäfts- oder Firmenwert nach IAS 36.109 nur bei bestimmten externen Ereignissen von außergewöhnlicher Art erfolgen.

Der Überschuss der fair values der erworbenen, identifizierbaren Vermögenswerte abzüglich Schulden über die Anschaffungskosten des Unternehmenserwerbes ist als *negativer Geschäftswert* (negative goodwill) auszuweisen (IAS 22.59). Gemäß IAS 22 ist der negative Geschäftswert in folgende *Komponenten* zu unterteilen:

1. Zukünftig erwartete, verlässlich messbare vom Käufer antizipierte und vom Kaufpreis abgezogene Verluste und Aufwendungen. Dieser Teilbetrag ist gemäß IAS 22.61 bei Anfall der erwarteten Verluste und Aufwendungen erfolgswirksam zu vereinnahmen und bei deren Nichteintritt gemäß Punkt (2.) zu behandeln.

2. Werden solche Verluste und Aufwendungen nicht erwartet bzw. sind sie nicht verlässlich messbar, so wird der negative Geschäftswert als ein beim Kauf erzielter Vorteil (bargain purchase element) betrachtet und ist wie folgt zu behandeln:

    a. Der die fair values der erworbenen, nicht monetären Vermögenswerte *nicht überschreitende Betrag des negativen Geschäftswertes* ist über die gewichtete durchschnittliche Nutzungsdauer des abnutzbaren Vermögenswerte planmäßig ertragswirksam aufzulösen

    b. Der die fair values der erworbenen, nicht monetären Vermögenswerte *überschreitende Betrag des negativen Geschäftswertes* ist sofort als Ertrag zu vereinnahmen.

Aufgabe 3

a) *Handelsrechtlicher Konzernabschluss*
Gemäß § 301 HGB ergibt sich der Geschäftswert als verbleibende positive Differenz zwischen einerseits den Anschaffungskosten der Beteiligung und andererseits dem Eigenkapital nach Verrechnung bzw. Zuschreibung sämtlicher in den Vermögensgegenständen und Schulden befindlichen stillen Reserven und Lasten. Seine Behandlung ist in § 309 Abs. 1 HGB geregelt.

Biopizza GmbH
Zur Bestimmung des Geschäftswertes ist der Kaufpreis für die 100%-Beteiligung an der Biopizza GmbH i. H. v. 5.000 T€ mit dem bilanziellen Eigenkapital i. H. v. 1.600 T€ und den stillen Reserven im Anlage- und Umlaufvermögen i. H. v. 1.020 T€ zu verrechnen. Des Weiteren sind auch die von der Biopizza GmbH selbsterstellten Patente in den Konzernabschluss zu übernehmen und mit dem Kaufpreis zu verrechnen, da sie aus der Sicht der Pizza & Pasta AG mit dem Erwerb der Beteiligung erworben wurden (500 T€). Aus Konzernsicht handelt es sich bei diesen Patenten um derivative immaterielle Vermögensgegenstände, für die eine Ansatzpflicht besteht. Fraglich ist, ob und inwieweit auch der Kundenstamm, das Warenzeichen „Biopizza" und die Rezeptur „Vollwertteig" einer Aktivierung im Konzernabschluss als eigenständige immaterielle Vermögensgegenstände zugänglich sind.

Da der *Kundenstamm* im Rahmen des Erwerbs der Biopizza GmbH mit erworben wurde, ist eine Aktivierung als eigenständiger immaterieller Vermögensgegenstand nicht per se auszuschließen, da es sich vom Grundsatz her um einen derivativen immateriellen Vermögensgegenstand handelt. Eine eigenständige Aktivierung kommt aber überhaupt nur dann in Betracht, wenn der Erwerb des Kundenstamms ein gesonderter Gegenstand des Anschaffungsvorganges ist. Im Falle des Erwerbes eines Unternehmens ist dies nicht der Fall, so dass der Kundenstamm nicht eigenständig in der Konzernbilanz auszuweisen ist. Vielmehr stellt er einen Bestandteil des Geschäftswertes dar.

Zwar gebricht es dem *Warenzeichen* „Biopizza" an der Einzelverkehrsfähigkeit, so dass zunächst davon auszugehen wäre, dass eine eigenständige Aktivierung nicht in Betracht käme. Der BGH geht jedoch davon aus, dass beim Erwerb eines ganzen Unternehmens eine Aufteilung des für das ganze Unternehmen gezahlten Kaufpreises auf das Warenzeichen, auf die verschiedenen einzelveräußerbaren Vermögensgegenstände sowie den Geschäftswert durch Schätzung möglich ist.[1] Das Warenzeichen ist infolgedessen als eigenständiger immaterieller Vermögensgegenstand in der Konzernbilanz auszuweisen (650 T€).

Aufgrund seiner mangelnden Konkretisierbarkeit und Bewertungsproblematik ist auch das *Rezept* „Vollwertteig" nicht eigenständig zu aktivieren. Es stellt vielmehr einen Wertfaktor des Geschäftswertes dar.

Der *Geschäftswert der Biopizza GmbH* beträgt somit *zum 31.12.03* (5.000 – 1.600 – 1.020 – 500 – 650 =) 1.230 T€. Ob er in dieser Höhe in der Konzernbilanz ausgewiesen wird, ist davon abhängig, ob sich die Pizza & Pasta AG zum Erstkonsolidierungszeitpunkt für eine erfolgsneutrale Verrechnung mit den Rücklagen oder für eine Aktivierung mit anschließender erfolgswirksamer Abschreibung entscheidet. Bei der erfolgsneutralen Verrechnung in voller Höhe im Erwerbszeitpunkt, kommt es zu keiner Aktivierung. Der Geschäftswert wird dann folglich weder im Konzernabschluss zum 31.12.03 noch in Folgeabschlüssen ausgewiesen.

Wird hingegen der Geschäftswert aktiviert und erfolgswirksam abgeschrieben, so stehen dem Konzern gemäß § 309 Abs. 1 HGB zwei Abschreibungsmethoden zur Verfügung. Wird der Geschäftswert pauschaliert zu mindestens einem Viertel pro Geschäftsjahr abgeschrieben, ist im Geschäftsjahr 04 eine Geschäftswertabschreibung von 307,50 T€ bis 1.230 T€ (vollständige Abschreibung) möglich. Im Konzernabschluss zum 31.12.04 ist demnach ein Ansatz des Geschäftswertes der Biopizza GmbH mit jedem Wert zwischen 922,50 T€ und 0 T€ zulässig.

---

[1] Vgl. MOXTER 1979, S. 1109.

Entscheidet sich der Konzern für die Abschreibung über die planmäßige voraussichtliche Nutzungsdauer, so beträgt der Wertansatz für den Geschäftswert der Biopizza GmbH im Konzernabschluss zum 31.12.04 aufgrund der geschätzten zehnjährigen Nutzungsdauer (1.230 − 123 =) 1.107 T€. Diese Art der Behandlung des Geschäftswertes ist gemäß DRS 4 zwar die einzig zulässige, das HGB sieht in § 309 aber weiterhin auch die pauschalierte Abschreibung und die erfolgsneutrale Verrechnung vor.

Tomato AG
Erwerbszeitpunkt der Tomato AG ist der 31.12.04. Zur Bestimmung des Geschäftswertes ist der Kaufpreis mit dem Eigenkapital (5.750 T€) nach Aufdeckung der stillen Reserven und Lasten (2.750 T€) zu verrechnen.

Während die stillen Reserven in den Grundstücken unproblematisch sind, erhebt sich hier die Frage, ob und inwieweit die guten Geschäftsbeziehungen zu einigen Lieferanten und die Verfahren für die Konservierung von Tomatensoßen als eigenständige immaterielle Vermögensgegenstände in der Konzernbilanz zu aktivieren sind.

Da den „*sehr guten Geschäftsbeziehungen*" eine klare und eindeutige Abgrenzung zum Geschäftswert fehlt, wird eine eigenständige Aktivierung dieses Wertfaktors abgelehnt. Er stellt mithin einen Wertfaktor des Geschäftswertes dar.

Ähnlich stellt es sich bei den *Konservierungsverfahren* dar. Dadurch, dass anhand der Unterlagen nicht ersichtlich ist, welcher Wert ihnen beigemessen wurde, fehlt es ihnen an einer hinreichenden Objektivierung und Abgrenzung vom Geschäftswert. Dies steht einer eigenständigen Aktivierung entgegenstehen. Es handelt sich demnach auch hierbei um einen Wertfaktor des Geschäftswertes.

Als *Geschäftswert der Tomato AG zum 31.12.04* ergibt sich demnach (10.000 − 5.750 − 2.750 =) 1.500 T€.

Wird das Wahlrecht der sofortigen erfolgsneutralen Verrechnung gemäß § 309 Abs. 1 HGB in Anspruch genommen, wird im Konzernabschluss zum 31.12.04 der Geschäftswert der Tomato AG nicht ausgewiesen.

In der Konzernbilanz sind sämtliche verbleibenden aktivischen Unterschiedsbeträge zusammengefasst auf der Aktivseite als Geschäftswert auszuweisen. Der Geschäftswert der Biopizza GmbH und derjenige der Tomato AG sind folglich zusammen zu fassen.

Hinsichtlich des im *Konzernabschluss* der Pizza & Pasta AG *zum 31.12.04* auszuweisenden Geschäftswertes ergeben sich damit wahlweise die folgenden Wertansätze:

	erfolgsneutrale Verrechnung in T€	pauschalierte Abschreibung in T€	planmäßige Abschreibung in T€
Geschäftswert zum 31.12.04	0,00	1.500,00 bis 2.422,50	2.607,00

b) *IFRS-konformer Konzernabschluss*
Gemäß IAS 22.41 ergibt sich der Geschäftswert als Überschuss der Anschaffungskosten des Unternehmenserwerbes über die mit dem beizulegenden Zeitwert bewerteten identifizierbaren Vermögenswerte abzüglich der Schulden und ist gemäß IAS 22.44 planmäßig über die Nutzungsdauer abzuschreiben.

Biopizza GmbH
Zur Ermittlung des Geschäftswertes der Biopizza GmbH zum 31.12.03 (Erwerbszeitpunkt) ist der Kaufpreis i. H. v. 5.000 T€ mit dem identifizierbarem Nettovermögen zu verrechnen. Dies bedeutet, dass zunächst die stillen Reserven im Anlage- und Umlaufvermögen (1.020 T€) und das ausgewiesene Eigenkapital (1.600 T€) für die Verrechnung zu berücksichtigen sind. Des Weiteren ist zu klären, ob und inwieweit die erworbenen *immateriellen Vermögenswerte* eigenständig ansetzbar sind.

Gemäß IAS 38.19 sind immaterielle Vermögenswerte nur dann zu aktivieren, wenn dem Unternehmen aus dem Vermögenswert wahrscheinlich künftiger wirtschaftlicher Nutzen zufließen wird und die Anschaffungs- oder Herstellungskosten des Vermögenswertes zuverlässig bemessen werden können. Insbesondere kommt ein *eigenständiger Ansatz nicht* in Betracht, wenn im Rahmen eines Unternehmenserwerbes die Anschaffungskosten eines immateriellen Vermögenswertes nicht zuverlässig bemessen werden können. In diesem Fall stellt der immaterielle Vermögenswert einen Wertfaktor des Geschäftswertes dar (IAS 38.31).

Werden die Ansatzvoraussetzungen für immaterielle Vermögenswerte zugrunde gelegt, sind die *Patente* der Biopizza GmbH identifizierbare immaterielle Vermögenswerte und damit separat zu aktivieren. Ob und inwieweit die immateriellen Vermögenswerte *Kundenstamm* und *Rezeptur* eigenständig aktivierbar sind, hängt letztlich davon ab, ob sie mit ausreichender Zuverlässigkeit bewertet werden können. Da im vorliegenden Fall hinreichend zuverlässige Schätzungen dieser Posten nicht vorliegen, ist eine der Voraussetzungen für eine eigenständige Aktivierbarkeit nicht gegeben. Sie repräsentieren vielmehr Bestandteile eines Gesamtkaufpreises, deren zuverlässige Wertbemessung in den meisten Fällen problembehaftet ist, so dass ein eigenständiger Ansatz in der Konzernbilanz nicht in Betracht kommt. Sie werden dann in den Geschäftswert einbezogen.

Das *Warenzeichen* (650 T€) hingegen, wurde mit hinreichender Zuverlässigkeit geschätzt, so dass ein Einbezug in den Geschäftswert nicht in Betracht kommt.

Damit ergibt sich folgender Wertansatz für den *Geschäftswert der Biopizza GmbH zum 31.12.03*: 1.230 T€ (= 5.000 − 1.600 − 1.020 − 500 − 650). Zum *31.12.04* ist der Geschäftswert planmäßig abzuschreiben. Aufgrund der geschätzten Nutzungsdauer von 10 Jahren beträgt die lineare Abschreibung (vgl. IAS 22.45) 123 T€. Der auszuweisende Geschäftswert beträgt damit 1.107 T€.

Tomato AG
Bei der Bestimmung des Geschäftswertes der Tomato AG ist fraglich, ob die *guten Geschäftsbeziehungen* und die *Konservierungsverfahren* als identifizierbare immaterielle Vermögenswerte zu betrachten sind und dann separat zu aktivieren wären. Gegen eine eigenständige Aktivierung der guten Geschäftsbeziehungen sprechen ihre nicht eindeutige Abgrenzbarkeit vom Geschäftswert und die nicht gegebene Wertbemessung.

Anders stellt es sich bei den Konservierungsverfahren dar, die durchaus einer Schätzung zugänglich sein können. Aber auch hier fehlt eine hinreichend zuverlässige Wertbemessung, so dass eine eigenständige Aktivierung nicht in Betracht kommt.

Als Ansatz für den *Geschäftswert der Tomato AG zum 31.12.04* ergibt sich damit 1.500 T€ (= 10.000 − 5.750 − 2.750).

Für den Ausweis in der Konzernbilanz sind die Geschäftswerte zusammenzufassen. Als Wertansatz des Geschäftswertes im *Konzernabschluss* der Pizza & Pasta AG *zum 31.12.04* ergibt sich damit 2.607 T€ (= 1.107 + 1.500).

c) Negativer Geschäftswert
<u>I. Handelsrechtlicher Konzernabschluss</u>
Beträgt der Kaufpreis der Anteile an der Tomato AG nur 5.000 T€, so ist der Kaufpreis geringer als der auf die Anteile entfallende Betrag des Eigenkapitals der Tomato AG i. H. v. 5.750 T€. Dies legt die Vermutung nahe, dass bei der Konsolidierung der Tomato AG nicht ein Geschäftswert, sondern vielmehr ein passivischer Unterschiedsbetrag (negativer Geschäftswert) entsteht. In welcher Höhe der negative Geschäftswert auf der Passivseite der Konzernbilanz auszuweisen ist, hängt davon ab, welche Kapitalkonsolidierungsmethode angewandt wird.

Bei der *Buchwertmethode* gemäß § 301 Abs. 1 Nr. 1 HGB ist der Beteiligungsbuchwert des Mutterunternehmens (Pizza & Pasta AG) mit dem anteiligen Eigenkapital des Tochterunternehmens (Tomato AG) vor Neubewertung zu verrechnen. Bei dieser Vorgehensweise ergibt sich zunächst ein passivischer Unterschiedsbetrag i. H. v. 750 T€. Da bei einem zunächst ermittelten passivischen Unterschiedsbetrag gemäß

§ 301 Abs. 1 Satz 3 HGB stille Reserven und Lasten nur insoweit aufgedeckt werden können, als die Aufdeckung der stillen Reserven und Lasten *nicht* zu einer Erhöhung des passivischen Unterschiedsbetrages führt, bei der Tomato AG aber ausschließlich stille Reserven vorliegen, kommt es zu keiner Aufdeckung. Dies bedeutet, dass der zunächst ermittelte passivische Unterschiedsbetrag i. H. v. 750 T€ gemäß § 301 Abs. 3 Satz 2 HGB auf der Passivseite der Konzernbilanz als Unterschiedsbetrag aus der Kapitalkonsolidierung auszuweisen ist.

Wird hingegen die *Neubewertungsmethode* gemäß § 301 Abs. 1 Nr. 2 HGB angewendet, ist vor der Kapitalkonsolidierung zunächst das Eigenkapital durch die Auflösung sämtlicher stillen Reserven und Lasten neu zu bewerten. Erst hiernach erfolgt die Verrechnung des Beteiligungsbuchwertes mit dem neubewerteten Eigenkapital. Da bis zur Streichung des § 301 Abs. 1 Satz 4 HGB durch das TransPuG das Eigenkapital des Tochterunternehmens (Tomato AG) höchstens mit dem Beteiligungsbuchwert des Mutterunternehmens (Pizza & Pasta AG) angesetzt werden durfte, kam die Anwendung der Neubewertungsmethode als Kapitalkonsolidierungsmethode für die Tomato AG bis Mitte 2002 nicht in Betracht, da bereits der Buchwert des Eigenkapitals des Tochterunternehmens (Tomato AG) den Beteiligungsbuchwert übersteigt.

Durch die Streichung des § 301 Abs. 1 Satz 4 HGB a. F. ist die Restriktion, dass das neubewertete Eigenkapital des Tochterunternehmens die Anschaffungskosten der Beteiligung des Mutterunternehmens nicht überschreiten darf, aufgehoben worden. Infolgedessen sind bei Anwendung der Neubewertungsmethode die stillen Reserven beim Tochterunternehmen vollständig aufzudecken und erst danach das sich daraus ergebende neubewertete Eigenkapital mit dem Beteiligungsbuchwert zu verrechnen. Damit ergibt sich folgender negative Unterschiedsbetrag aus der Kapitalkonsolidierung: 5.000 – 5.750 – 2.750 = 3.500 T€.

Zwar sind verbleibende aktivische und passivische Unterschiedsbeträge aus der Kapitalkonsolidierung grundsätzlich gesondert in der Konzernbilanz auszuweisen (§ 301 Abs. 3 Satz 1 HGB), gemäß § 301 Abs. 3 Satz 3 HGB dürfen sie aber auch miteinander saldiert werden. In der Konzernbilanz wird dann nur noch der Saldo aller Unterschiedsbeträge ausgewiesen. Wird dieses Wahlrecht in Anspruch genommen, ist allerdings im Konzernanhang der aktivische und passivische Bestandteil dieses Saldos anzugeben.

In der Konzernbilanz der Pizza & Pasta AG zum 31.12.04 ergeben sich damit folgende Ausweismöglichkeiten:

(1) Erfolgsneutrale Verrechnung des Geschäftswertes der Biopizza GmbH:

	Buchwertmethode	Neubewertungsmethode
– passivischer Unterschiedsbetrag aus der Kapitalkonsolidierung	750 T€	3.500 T€

(2) Pauschalierte Abschreibung des Geschäftswertes der Biopizza GmbH

	Buchwertmethode	Neubewertungsmethode
– Geschäftswert	0 bis 922,50 T€	0 bis 922,50 T€
– passivischer Unterschiedsbetrag aus der Kapitalkonsolidierung	750 T€	3.500 T€

(3) Planmäßige Abschreibung des Geschäftswertes der Biopizza AG

	Buchwertmethode	Neubewertungsmethode
– Geschäftswert	1.107 T€	1.107 T€
– passivischer Unterschiedsbetrag aus der Kapitalkonsolidierung	750 T€	3.500 T€

(4) Saldierung bei pauschalierter Abschreibung des Geschäftswertes der Biopizza GmbH

	Buchwertmethode	Neubewertungsmethode
– Geschäftswert	172,50 T€ bis	
– passivischer Unterschiedsbetrag aus der Kapitalkonsolidierung	750 T€	2.577,50 bis 3.500 T€

Bei Anwendung der Buchwertmethode kann, wie anhand der Tabelle zu ersehen, sowohl ein Firmenwert (max. 172,50 T€) als auch ein passivischer Unterschiedsbetrag aus der Kapitalkonsolidierung (max. 750 T€) ausgewiesen werden. Ob ein Geschäftswert oder ein passivischer Unterschiedsbetrag ausgewiesen wird, hängt vom Abschreibungsbetrag des Geschäftswertes ab, der zwischen 307,50 T€ und 1.230 T€ liegen kann. Durch eine geschickte Wahl der Abschreibungshöhe kann mithin auch erreicht werden, dass in der Konzernbilanz weder ein Geschäftswert noch ein passivischer Unterschiedsbetrag ausgewiesen wird.

(5) Saldierung bei planmäßiger Abschreibung des Geschäftswertes der Biopizza GmbH

	Buchwertmethode	Neubewertungsmethode
– Geschäftswert	357 T€	
– passivischer Unterschiedsbetrag aus der Kapitalkonsolidierung		2.393 T€

II. IFRS-konformer Konzernabschluss

Gemäß IAS 22.59 ist jeder Überschuss des Anteils des Erwerbers an dem zum fair value bewerteten Nettovermögen des erworbenen Unternehmens über die Anschaffungskosten des Unternehmenserwerbes als negativer Geschäftswert auszuweisen und gemäß IAS 22.61 bzw. IAS 22.62 zu behandeln.

Aus der Verrechnung der Anschaffungskosten für die Tomato AG (5.000 T€) mit dem fair value des Nettovermögens der Tomato AG (5.750 T€ Eigenkapital + 2.750 T€ stille Reserven) ergibt sich ein negativer Geschäftswert von 3.500 T€. Dieser Betrag ist nun dahingehend zu untersuchen, ob und inwieweit er zukünftig erwartete, verlässlich messbare vom Erwerber antizipierte und bei der Kaufpreisbestimmung berücksichtigte Verluste und Aufwendungen darstellt oder nicht.

Aus den Unterlagen ergibt sich, dass die Pizza & Pasta AG zukünftig Verluste der Tomato AG von 750 T€ erwartet und im Rahmen der Verhandlungen zu einem entsprechenden Kaufpreisabschlag geführt haben. Werden diese Verluste in der Zukunft realisiert, ist dieser Teil des negativen Geschäftswertes in der Konzern-Gewinn- und Verlustrechnung als Ertrag zu erfassen.

Der verbleibende Teil des negativen Geschäftswertes (2.750 T€) repräsentiert unerwartete bzw. nicht verlässlich messbare Verluste oder Aufwendungen. In Höhe der fair values der nicht monetären Vermögenswerte ist dieser Teilbetrag des negativen Geschäftswertes gemäß dem Abschreibungsverlauf der abnutzbaren Vermögenswerte erfolgswirksam aufzulösen. Da dieser Teilbetrag gerade den stillen Reserven in den Grundstücken (2.750 T€) entspricht, überschreitet er die fair values der nicht monetären Vermögenswerte nicht.

In der Konzernbilanz ist der negative Geschäftswert aus solcher auszuweisen und offen von dem aktivischen Geschäftswert abzusetzen (IAS 22.64). Der negative Geschäftswert wirkt infolgedessen als Korrekturposten zum ausgewiesenen Vermögen. In seiner Gesamtheit kommt damit sein Charakter als Wertberichtigung zu den fair values der Vermögenswerte und Schulden zum Ausdruck.

In der *Konzernbilanz der Pizza & Pasta AG zum 31.12.04* kommt es auf der Aktivseite zu folgendem Ausweis:

Geschäftswert
 negativer Geschäftswert – 2.393 T€.

Aufgabe 4

a) *Vorgeschlagene Regelungen hinsichtlich der Geschäftswertbilanzierung*
Der ED 3 „Business Combinations" sieht im Zusammenhang mit den ebenfalls vorliegenden Entwürfen ED-IAS 36 und ED-IAS 38 weitreichende Änderungen bei der bilanziellen Behandlung von Unternehmenszusammenschlüssen vor. Insbesondere sind durch ED 3.50 ff. wesentliche Änderungen der Ansatz- und Bewertungsvorschriften für den derivativen Geschäftswert vorgesehen. Zu beachten ist hierbei, dass zumindest einige der vorgeschlagenen Änderungen umstritten sind. In den endgültigen Neufassungen der betroffenen Standards können sich gegenüber den vorliegenden Entwürfen also durchaus noch Änderungen ergeben.

Nach ED 3.50 ist der Geschäftswert zum Erwerbszeitpunkt (acquisition date) als Vermögenswert (asset) anzusetzen und mit seinen Anschaffungskosten (cost) zu bewerten. Diese Anschaffungskosten sind der Betrag, um den die Anschaffungskosten des Unternehmens den (ggf. anteiligen) beizulegenden Zeitwert des Nettovermögens (Vermögenswerte abzüglich Schulden) übersteigen. Im Gegensatz zum bisherigen IAS 22 sind hierbei auch *Eventualschulden (contingent liabilities)* einzubeziehen. Gemäß ED 3.35 f. müssen künftig Eventualschulden durch den Erwerber mit dem beizulegenden Zeitwert angesetzt werden. IAS 37.27 ff. sind hier nicht zu berücksichtigen (ED 3.49). Nach der erstmaligen Erfassung sind die passivierten Eventualschulden in Folge jeweils mit ihren beizulegenden Zeitwerten zu bewerten. Entstehende Wertänderungen sind erfolgswirksam zu erfassen (ED 3.46).

Erhebliche Änderungen gegenüber den bisherigen Regelungen ergeben sich bei der Betrachtung der Entwürfe zur Folgebewertung. ED 3.53 f. sehen künftig ein Verbot der bisher vorgesehenen planmäßigen Abschreibung des Geschäftswertes vor. Stattdessen ist ein erworbener Geschäftswert künftig *jährlich* einem *Wertminderungstest (test for impairment)* im Zusammenhang mit *IAS 36 (überarbeitet 200X)* zu unterziehen. Deuten Ereignisse oder Veränderungen des Umfelds auf eine mögliche Wertminderung hin, so ist ein entsprechender Test auch in kürzeren Zeitabständen durchzuführen. Der Geschäftswert ist nach der erstmaligen Aktivierung zu *Anschaffungskosten abzüglich der kumulierten Wertminderungen* anzusetzen.

Eine *Wertaufholung bzw. Zuschreibung* beim bilanzierten Geschäftswert ist im Unterschied zur bisherigen Regelung des IAS 36 in jedem Fall ausgeschlossen (ED-IAS 36.123). Auch bei Wegfall der Gründe für eine im Rahmen des Impairment-Tests erfolgte außerplanmäßige Abschreibung ist ein striktes Zuschreibungsverbot vorgesehen.

b) ***Überblick über die Vorgehensweise beim Wertminderungstest („impairment test")***
Die Vorgehensweise des gemäß ED 3 mindestens jährlich durchzuführenden *Wertminderungstests (impairment test)* wird durch den Entwurf zu IAS 36 „Impairment of Assets" geregelt.

Um den Test durchführen zu können, ist der erworbene Firmenwert zunächst auf die *zahlungsmittelgenerierenden Einheiten (cash generating units)* zu verteilen (ED-IAS 36.73 ff.). Als eine solche Einheit ist die kleinste identifizierbare Gruppe von Vermögenswerten anzusehen, die Mittelzuflüsse aus der fortgesetzten Nutzung erzeugen und die weitgehend unabhängig von den Mittelzuflüssen anderer Vermögenswerte sind (ED-IAS 36.5). Der Geschäftswert ist hierbei auf die kleinstmöglichen Einheiten zu verteilen, denen ein Anteil am Geschäftswert (carrying amount of the goodwill) in einer vernünftigen (reasonable) und stetigen (consistent) Weise zugerechnet werden kann. Die Zurechnung soll auf der untersten Ebene geschehen, auf der das Management die Rentabilität (return on investment) der Vermögenswerte beobachtet, die den

Geschäftswert beinhalten. Die zahlungsmittelgenerierenden Einheiten dürfen hierbei nicht größer sein als die festgestellten Segmente der Segmentberichterstattung nach IAS 14. Nach erfolgter Verteilung des Geschäftswertes erfolgt dann der zweistufige Wertminderungstest nach ED-IAS 36.85 ff.

Auf der *ersten Stufe* ist zunächst der *erzielbare Betrag (recoverable amount)* der zahlungsmittelgenerierenden Einheiten zu ermitteln und mit dem entsprechenden *Buchwert (carrying amount)* der Einheit (einschließlich des Geschäftswertes) zu vergleichen. Der erzielbare Betrag ist der höhere der beiden Beträge aus *Nettoveräußerungspreis* und *Nutzungswert* eines Vermögenswertes. Als Nutzungswert ist der Barwert der künftigen erwarteten Cashflows anzusehen, die aus einem Vermögenswert oder einer zahlungsmittelgenerierenden Einheit entstehen. Weitere Definitionen finden sich in ED-IAS 36.5. Ist der erzielbare Betrag größer als der Buchwert, so ist von keiner Wertminderung auszugehen. In diesem Fall brauchen keine weiteren Überprüfungen oder andere Maßnahmen durchgeführt zu werden.

Unterschreitet der erzielbare Betrag den Buchwert der betrachteten zahlungsmittelgenerierenden Einheit, so ist in der *zweiten Stufe* des Tests zu überprüfen, ob eine Wertminderung des Geschäftswertes vorliegt. Hierbei ist zu entscheiden, ob der *implizite Wert (implied value)* des Geschäftswertes den Buchwert des Geschäftswertes unterschreitet. Der *implizite Wert* des Geschäftswertes ergibt sich aus dem Überschuss des erzielbaren Betrags der zahlungsmittelgenerierenden Einheit über den beizulegenden Zeitwert des Nettovermögens (identifizierbare Vermögenswerte, Schulden und Eventualschulden) der zahlungsmittelgenerierenden Einheit ohne den Geschäftswert. Er entspricht dem Geschäftswert, der bei einem fiktiven Kauf der Einheit zum erzielbaren Betrag und zum Testzeitpunkt abzuleiten wäre. Unterschreitet der implizite Wert des Geschäftswertes seinen Buchwert, so ist der Unterschiedsbetrag als *Wertminderungsverlust (impairment loss)* erfolgswirksam durch eine Abschreibung auf den Geschäftswert zu erfassen. Wenn der ermittelte implizite Wert negativ ist, so kann der Geschäftswert der Einheit aber höchstens auf null abgeschrieben werden (ED-IAS 36.104). Verbleibt nach einer Geschäftswertabschreibung noch ein Rest der auf der ersten Stufe festgestellten Wertminderung der zahlungsmittelgenerierenden Einheit, so ist dieser gemäß ED-IAS 36.103 dann auf die übrigen nicht monetären Vermögenswerte der Einheit zu verteilen. Die Buchwerte der einzelnen nicht monetären Vermögenswerte dürfen allerdings in ihrem Wert nicht unter ihre jeweiligen bestimmbaren Nettoveräußerungspreise (net selling price), Nutzungswerte (value in use) oder null reduziert werden (ED-IAS 36.104).

ED 3 sieht auch umfassende Änderungen bei der Behandlung des *negativen Geschäftswertes* vor, der in ED 3.55 nun als „Excess of aquirer's interest in the net fair value of aquiree's identifiable assets, liabilities and contingent liabilities over cost" bezeichnet wird.

Ergibt sich nach der Verrechnung der Anschaffungskosten der Beteiligung mit dem fair value des Nettovermögens des Tochterunternehmens ein *excess*, so sieht ED 3.55 (a) ausdrücklich ein „reassessment" vor, d. h. eine Überprüfung von Ansatz und Bewertung der Vermögenswerte, Schulden und angesetzten Eventualschulden. Verbleibt nach diesem reassessment immer noch ein negativer Restbetrag, so ist dieser dann gemäß ED 3.55 (b) im Erwerbszeitpunkt sofort erfolgswirksam zu vereinnahmen. Der Ausweis eines negativen Geschäftswertes, wie dies IAS 22 noch vorsieht, ist nach ED 3 demnach ausgeschlossen.

Schematisch lässt sich der *Wertminderungstest* für den Geschäftswert wie folgt darstellen:

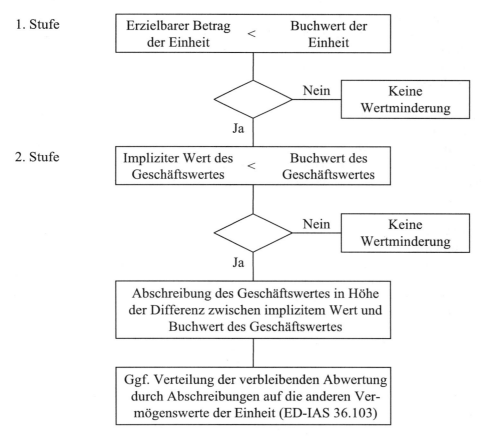

Abb. 1: Wertminderungstest für den Geschäftswert nach ED-IAS 36.85.

Aufgabe 5

a) *Ermittlung des Geschäftswertes der Biopizza GmbH zum 31.12.03*

Gemäß ED 3.50 ist der Geschäftswert zum Erwerbszeitpunkt der Betrag, um den die Anschaffungskosten der Beteiligung die identifizierbaren Vermögenswerte abzüglich der identifizierbaren Schulden inklusive ggf. vorhandener Eventualschulden des erworbenen Unternehmens auf fair value-Basis übersteigen.

Zunächst sind daher sämtliche identifizierbaren Vermögenswerte und Schulden zu bestimmen. Gemäß ED 3, Illustrative Examples S. 4 ff. sind sowohl die *Patente* (500 T€) als auch der *Kundenstamm* (350 T€), das *Warenzeichen* (650 T€) und die *Rezeptur* (300 T€) *eigenständige immaterielle Vermögenswerte*, die aufgrund ihrer Separierbarkeit *getrennt* vom Geschäftswert mit ihren geschätzten Werten *zu erfassen* sind. Der Geschäftswert der Biopizza GmbH zum 31.12.03 ergibt sich damit als Überschuss der Anschaffungskosten der Beteiligung über das Eigenkapital, die stille Reserven im Anlagevermögen, die Patente, den Kundenstamm, das Warenzeichen und die Rezeptur mit (5.000 – 1.600 – 1.020 – 500 – 350 – 650 – 300 =) 580 T€.

Um in den Folgeperioden den jährlichen *Wertminderungstest* durchführen zu können, ist das identifizierbare Nettovermögen und der Geschäftswert auf die zahlungsmittelgenerierenden Einheiten der Biopizza GmbH zu verteilen. Der bei den einzelnen zahlungsmittelgenerierenden Einheiten auszuweisende Geschäftswert ergibt sich als Differenz zwischen dem beizulegenden Zeitwert der jeweiligen zahlungsmittelgenerierenden Einheit und ihrem identifizierbaren Nettovermögen auf fair value-Basis.

Das *identifizierbare Nettovermögen der Einheit „Biopizza classic"* ergibt sich aus dem vorläufigen identifizierbaren Vermögen (6.100 T€), einem Patent (250 T€), dem anteiligen Kundenstamm (150 T€) und dem anteiligen Warenzeichen (325 T€) abzüglich der identifizierbaren Schulden (4.500 T€). Es beträgt 2.325 T€. Durch die Verrechnung des identifizierbaren Nettovermögens mit dem Zeitwert der Einheit (2.800 T€) ergibt sich der Geschäftswert mit 475 T€.

Zur Bestimmung des *identifizierbaren Nettovermögens der Einheit „Vollwertpizza"* sind zur Ermittlung des identifizierbaren Vermögens neben dem vorläufigen identifizierbaren Vermögen i. H. v. 5.020 T€ noch ein Patent (250 T€), der anteilige Kundenstamm (200 T€), das anteilige Warenzeichen (325 T€) und die Rezeptur (300 T€) als identifizierbare immaterielle Vermögenswerte separat zu erfassen. Von dem insgesamt identifizierbaren Vermögen der Einheit i. H. v. 6.095 T€ sind dann die identifizierbaren Schulden (4.000 T€) zu subtrahieren. Das Nettovermögen beträgt damit 2.095 T€. Wird der Zeitwert der Einheit (2.200 T€) mit dem Nettovermögen verrechnet ergibt sich der Geschäftswert mit 105 T€.

Es ergeben sich zum 31.12.03 damit folgende Werte:

31.12.03	gesamt	Biopizza classic	Vollwertpizza
identifizierbares Vermögen	12.920 T€	6.825 T€	6.095 T€
Geschäftswert	580 T€	475 T€	105 T€
Eigenkapital	5.000 T€	2.800 T€	2.200 T€
Fremdkapital	8.500 T€	4.500 T€	4.000 T€

b) *Geschäftswerte der zahlungsmittelgenerierenden Einheiten zum 31.12.04*
Zum 31.12.04 ist zum ersten Mal der Wertminderungstest für die Geschäftswerte der zahlungsmittelgenerierenden Einheiten durchzuführen. Hierzu sind als erster Schritt die erzielbaren Beträge der zahlungsmittelgenerierenden Einheiten zu ermitteln. Da weder für die Einheit „Biopizza classic" noch für die Einheit „Vollwertpizza" beobachtbare Veräußerungspreise vorliegen, ist auf den jeweiligen Nutzungswert abzustellen. Dieser lässt sich durch die Diskontierung der Erwartungswerte (Zinssatz 10%) der geschätzten zukünftigen periodischen Netto-Cashflows ermitteln. Die folgenden Tabellen geben die erzielbaren Beträge für die beiden zahlungsmittelgenerierenden Einheiten wieder.

Biopizza classic	05	06	07	08	09
EW	100,00	120,00	165,00	196,00	215,00
diskontierte EW	90,91	99,17	123,97	133,87	1.334,98
erzielbarer Betrag	1.782,90				

Vollwertpizza	05	06	07	08	09
EW	110,00	130,00	204,00	256,00	250,00
diskontierte EW	100,00	107,44	153,27	174,85	1.552,30
erzielbarer Betrag	2.087,86				

Auf der *ersten Stufe* des Wertminderungstestes ergibt der Vergleich des erzielbaren Betrages der Einheit mit dem entsprechenden Buchwert (inklusive Geschäftswert) des Nettovermögens der Einheit für die zahlungsmittelgenerierende Einheit *„Biopizza classic"* ein Überhang des Buchwertes (= fortgeführtes Nettovermögen der Erstkonsolidierung) über den erzielbaren Betrag i. H. v. 237,10 T€ (= 2.020,00 − 1.782,90). Dies ist als Indiz für eine Wertminderung des Geschäftswertes zu werten und löst die Durchführung der *zweiten Stufe* des Wertminderungstests aus. Auf dieser Stufe ist der implizite Wert des Geschäftswertes mit seinem Buchwert zu vergleichen. Da sich der implizite Wert des Geschäftswertes als Überschuss des erzielbaren Betrages über das identifizierbare Nettovermögen der zahlungsmittelgenerierenden Einheit ergibt, ist somit zunächst das identifizierbare Nettovermögen neu zu bewerten und dieses dann mit dem erzielbaren Betrag zu verrechnen. Laut Aufgabenstellung beträgt der Zeitwert des identifizierbaren Vermögens zum Zeitpunkt des Wertminderungstestes 6.150,00 T€. Der implizite Wert des Geschäftswertes lässt sich damit wie folgt ermitteln:

Biopizza classic	Zeitwerte
(1) identifizierbares Vermögen	6.150,00 T€
(2) − Fremdkapital	4.500,00 T€
(3) = identifizierbares Nettovermögen	1.650,00 T€
(4) erzielbarer Betrag	1.782,90 T€
impliziter Wert des Geschäftswertes [(4) − (3)]	132,90 T€

Der Vergleich des impliziten Wertes des Geschäftswertes (132,90 T€) mit seinem Buchwert (475,00 T€) zeigt, dass der implizite Wert seinen Buchwert um 342,10 T€ unterschreitet. Die Differenz zwischen impliziten Wert und Buchwert des Geschäftswertes i. H. v. 342,10 T€ ist erfolgswirksam als Abschreibung vom Geschäftswert zu erfassen. Der Geschäftswert der zahlungsmittelgenerierenden Einheit „Biopizza classic" zum 31.12.04 beträgt damit 132,90 T€.

Der Vergleich des erzielbaren Betrages der zahlungsmittelgenerierenden Einheit „Vollwertpizza" mit deren Buchwert (inklusive Geschäftswert) auf der *ersten Stufe* des Wertminderungstestes ergibt einen Überhang des erzielbaren Betrages über den Buchwert i. H. v. 87,86 T€ (= 2.087,86 − 2.000,00). Der Geschäftswert dieser zahlungsmittelgenerierenden Einheit ist folglich in voller Höhe als werthaltig anzusehen, so dass sich die zweite Stufe des Tests erübrigt.

Der *gesamte Geschäftswert* der Biopizza GmbH *zum 31.12.04* beträgt damit 237,90 T€ (= 132,90 + 105,00).

Literaturhinweise

ADLER, H./DÜRING, W./SCHMALTZ, K.: Rechnungslegung und Prüfung der Unternehmen. Kommentar zum HGB, AktG, GmbHG, PublG nach den Vorschriften des Bilanzrichtlinien-Gesetzes, bearbeitet von K.-H. FORSTER ET AL., 6. Aufl., Stuttgart ab 1995.

BALLWIESER, W.: Geschäftswert, in: BUSSE VON COLBE, W./PELLENS, B. (Hrsg.), Lexikon des Rechnungswesens, 4. Aufl., München et al. 1998, S. 283–286.

BIEKER, M./ESSER, M.: Goodwill-Bilanzierung nach ED 3 „Business Combinations" – Darstellung des vom IASB geplanten Impairment-Only-Ansatzes –, in: Zeitschrift für kapitalmarktorientierte Rechnungslegung 2003, S. 75–84.

BRÜCKS, M./WIEDERHOLD, P.: Ansatz und Bewertung des Goodwill – Kritische Darstellung der Vorschläge des IASB –, in: Der Konzern in Recht und Wirtschaft 2003, S. 219–226.

BRÜCKS, M./WIEDERHOLD, P.: Exposure Draft 3 „Business Combinations" des IASB – Darstellung der wesentlichen Unterschiede zu den bestehenden Regelungen –, in: Zeitschrift für kapitalmarktorientierte Rechnungslegung 2003, S. 21–29.

BUSSE VON COLBE, W.: Geschäfts- oder Firmenwert, in: BALLWIESER, W./COENENBERG, A. G./V. WYSOCKI, K. (Hrsg.), Handwörterbuch der Rechnungslegung und Prüfung, 3. Aufl., Stuttgart 2002, Sp. 884–899.

BUSSE VON COLBE, W./ORDELHEIDE, D./GEBHARDT, G./PELLENS, B.: Konzernabschlüsse. Rechnungslegung nach betriebswirtschaftlichen Grundsätzen sowie nach Vorschriften des HGB und der IAS/IFRS, 7. Aufl., Wiesbaden 2003.

COENENBERG, A. G.: Jahresabschluss und Jahresabschlussanalyse, Betriebswirtschaftliche, handelsrechtliche, steuerrechtliche und internationale Grundsätze – HGB, IAS/IFRS, US-GAAP, DRS, 19. Aufl., Stuttgart 2003.

DÖRING, U.: Goodwill, in: CHMIELEWICZ, K./SCHWEITZER, M. (Hrsg.), Handwörterbuch des Rechnungswesens, 3. Aufl., Stuttgart 1993, Sp. 810–818.

EPPSTEIN, B./ABBAS, A. M.: Interpretation and Application of International Accounting Standards, New York 2000.

FLADT, G./FEIGE, P.: Der Exposure Draft 3 „Business Combinations" des IASB – Konvergenz mit den US-GAAP?, in: Die Wirtschaftsprüfung 2003, S. 249–262.

HITZ, J.-M./KUHNER, C.: Die Neuregelung zur Bilanzierung des derivativen Goodwill nach SFAS 141 und 142 auf dem Prüfstand, in: Die Wirtschaftsprüfung 2002, S. 273–287.

IASB (Hrsg.): International Accounting Standards 2002 (Deutsche Ausgabe), Stuttgart 2002.

IASB (Hrsg.): Exposure Draft 3 „Business Combinations", in: www.iasb.org.uk.

IASB (Hrsg.): Proposed Amendments to IAS 36 „Impairment of Assets" and IAS 38 „Intangible Assets", in: www.iasb.org.uk.

IASB (Hrsg.): International Financial Reporting Standards, incorporating International Accounting Standards and Interpretations, London 2003.

JOHNSON, L. T./PETRONE, K. R.: Is Goodwill an Asset?, in: Accounting Horizons September 1998, S. 293–303.

KIESO, D. E./WEYGANDT, J. J./WARFIELD, T. D.: Intermediate Accounting, 10. Aufl., New York et al. 2001.

LÜDENBACH, N./SCHULZ, R.: Unternehmensbewertung für Bilanzierungszwecke – Neue Herausforderungen für den Berufsstand durch den impairment-Ansatz von FAS 142? –, in: Die Wirtschaftsprüfung 2002, S. 489–499.

LÜDENBACH, N./FROWEIN, N.: Der Goodwill Impairment-Test aus der Sicht der Rechnungslegungspraxis, in: DER BETRIEB 2003, S. 217–223.

MOXTER, A.: Immaterielle Anlagewerte im neuen Bilanzrecht, in: Betriebs-Berater 1979, S. 1102–1109.

MUJKANOVIC, R.: Der derivative Geschäftswert im handelsrechtlichen Jahresabschluß. Charakter und Auswirkungen in der Gewinn- und Verlustrechnung, in: Betriebs-Berater 1994, S. 894–898.

NESTLER, A./THUY, M.: Verfahren zur Bewertung von Reporting Units im Rahmen des Goodwill-Impairmenttests nach SFAS 142, in: Zeitschrift für kapitalmarktorientierte Rechnungslegung 2002, S. 169–179.

ORDELHEIDE, D.: Kapitalmarktorientierte Bilanzierungsregeln für den Geschäftswert – HGB, IAS und US-GAAP –, in: K.-H. FORSTER, K.-H./GRÜNEWALD, B./LUTTER, M./SEMLER, J. (Hrsg.), Aktien- und Bilanzrecht, Festschrift für Bruno Kropff, Düsseldorf 1997, S. 596–589.

PELLENS, B./SELLHORN, T.: Goodwill-Bilanzierung nach SFAS 142 und 142 für deutsche Unternehmen, in: DER BETRIEB 2001, S. 1681–1689.

PFEIL, O. P./VATER, H. J.: „Die kleine Unternehmensbewertung" oder die neuen Vorschriften zur Goodwill- und Intangible-Bilanzierung nach SFAS No. 141 und SFAS No. 142 – Eine Analyse unter bilanziellen und finanzwirtschaftlichen Gesichtspunkten –, in: Zeitschrift für kapitalmarktorientierte Rechnungslegung 2002, S. 66–81.

SELLHORN, T.: Ansätze zur bilanziellen Behandlung des Goodwill im Rahmen einer kapitalmarktorientierten Rechnungslegung, in. DER BETRIEB 2000, S. 885–892.

THEILE, C./PAWELZIK, K. U.: Erfolgswirksamkeit des Anschaffungsvorgangs nach ED 3 beim Unternehmenserwerb im Konzern – Zur Bilanzierung eines excess (vormals negativer Goodwill) –, in: Die Wirtschaftsprüfung 2003, S. 316–324.

WAGENHOFER, A.: Internationale Rechnungslegungsstandards, Grundkonzepte/Bilanzierung, Bewertung, Angaben/Umstellung und Analyse, 4. Aufl., Frankfurt am Main et al. 2003.

WAGNER, F. W.: Firmenwert in der Steuerbilanz. Ein ertragswertorientiertes Abschreibungsverfahren, in: Die Wirtschaftsprüfung 1980, S. 477–486.

WÖHE, G.: Zur Bilanzierung und Bewertung des Firmenwertes, in: Steuer und Wirtschaft 1980, S. 89–108.

Martina Flögel, Karl-Heinz Maul und Daniela Schlünder

Markenbewertung vor dem Hintergrund neuer Rechnungslegungsanforderungen

Neuere Rechnungslegungsvorschriften nach US-GAAP und IFRS

In der Vergangenheit wurden im Rahmen von Unternehmenskäufen entgeltlich erworbene Marken zumeist nicht als eigenständiger Vermögenswert, sondern als Bestandteil des Goodwill bilanziert. In den Folgejahren wurden sie dann, ungeachtet der Aufwendungen in die Markenpflege, planmäßig mit dem Goodwill abgeschrieben.

Mit der Einführung der US-amerikanischen Rechnungslegungsvorschriften Statement of Financial Accounting Standards (SFAS) No. 141, Business Combinations, und SFAS No. 142, Goodwill and Other Intangible Assets, im Juni 2001 wurde die bilanzielle Behandlung im Rahmen von Unternehmenskäufen entgeltlich erworbener immaterieller Vermögenswerte grundlegend geändert. Seitdem müssen identifizierte immaterielle Vermögenswerte im Rahmen der Erstkonsolidierung separat vom Goodwill zum beizulegenden Zeitwert (Fair Value) bilanziert werden. In den Folgejahren werden sowohl Goodwill als auch immaterielle Vermögenswerte mit einer unbestimmbaren Nutzungsdauer nicht mehr planmäßig abgeschrieben, sondern müssen durch einen jährlichen Werthaltigkeitstest (Impairment Test) überprüft werden. Diese Prüfung ist auch bei besonderen Ereignissen, wie beispielsweise bei Änderungen des rechtlichen Umfelds oder der allgemeinen wirtschaftlichen Lage (einem „triggering event"), die eine Wertminderung begründen könnten, durchzuführen.[1] In solchen Fällen ist der Bilanzwert durch eine außerplanmäßige Abschreibung anzupassen.

Im Rahmen der Konvergenzbestrebungen der internationalen Rechnungslegungsgremien signalisierte das International Accounting Standards Board (IASB) mit der Veröffentlichung des Änderungsentwurfs „Exposure Draft (ED 3) Business Combinations" für die Behandlung von Unternehmenszusammenschlüssen eine weitgehende Anlehnung an die US-amerikanischen Vorschriften. Folglich werden alle bereits nach den International Financial Reporting Standards (IFRS) bilanzierenden Unternehmen und ab 2005 alle kapitalmarktorientierten Unternehmen innerhalb der EU mit einem vergleichbaren Regelwerk konfrontiert.[2]

---

[1] Vgl. FINANCIAL ACCOUNTING STANDARDS BOARD (FASB), Statement of Financial Accounting Standards (SFAS) No. 142, Goodwill and Other Intangible Assets, Juni 2001, Absatz 28, im Folgenden zitiert mit SFAS 142 und der Absatzziffer.

[2] Für Unternehmen, deren Anteile an einer US-amerikanischen Börse notiert sind und die deshalb nach US-GAAP bilanzieren, ist eine Übergangsfrist bis 2007 vorgesehen.

Sowohl US-GAAP als auch die International Financial Reporting Standards (IFRS) fordern für Zwecke der Erstkonsolidierung immaterieller Vermögenswerte den Wertmaßstab des Fair Value, konkretisieren aber nicht die geeigneten Bewertungsmethoden. Die gestiegene Bedeutung immaterieller Vermögenswerte und die Weiterentwicklung der Berichterstattung erfordern jedoch zuverlässige Ermittlungsmethoden.

Im Folgenden wird zunächst das Wertkonzept des Fair Value erläutert, um anschließend die in Theorie und Praxis anerkannten Bewertungsverfahren auf die Anwendbarkeit im Rahmen der Rechnungslegung und der Erfüllung des Fair-Value-Konzepts zu untersuchen.

Der Artikel beschränkt sich hierbei auf die Betrachtung der sich in Praxis und Theorie herausgebildeten ertragsorientierten Bewertungsmethoden:

- Relief-from-Royalty-Methode (Lizenzpreisanalogie),
- Incremental-Cash-Flow-Methode (Preisprämienmethode) und
- Multi-Period-Excess-Earnings-Methode (Residualverfahren).

Substanz- oder reproduktionsorientierte Verfahren sollen im folgenden nicht betrachtet werden.[1]

Anforderungen an die Markenbewertung vor dem Hintergrund des Fair-Value-Konzepts

Zentraler Wertmaßstab für die Bewertung immaterieller Vermögenswerte im Rahmen einer Kaufpreisallokation sowohl nach US-GAAP als auch nach IFRS ist der Fair Value, der mit dem beizulegenden (Zeit-)Wert nach § 253 Abs. 2 und 3 HGB gleichgesetzt werden kann.

In den Rechnungslegungsvorschriften nach US-GAAP definiert das Statement of Financial Accounting Concepts (SFAC) No. 7 den Begriff des Fair Value wie folgt:

„The amount at which that asset (or liability) could be bought (or incurred) or sold (or settled) in a current transaction between willing parties, that is, other than in a forced or liquidation sale."[2]

---

[1] Vgl. hierzu JÄGER/HIMMEL 2003, S. 427 ff.; MAUL 2003, S. 4.

[2] Vgl. SFAC No. 7, 2000, S. 1. Die Formulierung ist bis auf eine unwesentliche Abweichung in SFAS 142 (App. F) übernommen worden.

Das IASB definiert in seinen Glossary of Terms den Begriff Fair Value als „the amount for which an asset could be exchanged or a liability settled, between willing parties in an arm's length transaction."[1]

Die Europäische Union berücksichtigt in ihrer Fair-Value-Richtlinie beide Definitionen. Der Fair Value ist der Betrag, zu dem zwischen sachverständigen, vertragswilligen und voneinander unabhängigen Geschäftspartnern ein Vermögenswert erworben oder eine Verbindlichkeit beglichen werden kann.[2]

Die Ermittlung des Fair Value einer Marke wirft verschiedene Probleme auf. Nur auf vollkommenen und vollständigen Märkten ist der Fair Value eindeutig beobachtbar.[3] Da Marken nicht regelmäßig auf Märkten gehandelt werden und Preisinformationen somit nur begrenzt verfügbar sind, ist ihr Fair Value nicht eindeutig bestimmbar. Für ihre Bewertung stellt sich demzufolge die Frage, inwieweit am Markt beobachtbare Preise den Rahmenbedingungen eines Fair Value genügen oder welche alternativen Bewertungsmethoden für die Ermittlung des Fair Value herangezogen werden können.

Sowohl US-amerikanische als auch internationale Rechnungslegungsstandards sind sich dieser Problematik bewusst. Das American Institute of Certified Public Accountants (AICPA) verweist in seinem am 26. Dezember 2001 veröffentlichten Practice Aid „Assets Acquired in a Business Combination to be used in Research & Development Activities" bei Fehlen entsprechender Märkte für die Ermittlung von Marktpreisen auf Bewertungsmethoden, die eine bestmögliche Annäherung an den Fair Value ermöglichen, wie beispielsweise die Multi-Period-Excess-Earnings-Methode.[4] Vergleichbar argumentiert das IASB sowohl in dem derzeitigen Standard IAS 38, Intangible Assets, als auch in den vorgeschlagenen Änderungen, dass die beste Schätzung des Fair Value den Angebotspreisen eines aktiven Marktes entspricht. Liegen diese nicht vor, wird gefordert, entweder auf Marktpreise von vergleichbaren Vermögenswerten oder auf Barwertkalküle zurückzugreifen.[5]

Wir beschränken uns deshalb im folgenden auf die ertragswertorientierten Methoden und deren Anwendbarkeit im Rahmen des Fair-Value-Konzepts.

---

[1] Vgl. *IASB* 2003, S. 13 (Glossary). In dem Exposure Draft of Revised IAS 38 (ED IAS 38) heißt es wie folgt: „Fair value of an asset is the amount for which that asset could be exchanged between knowledgeable, willing parties in an arm's length transaction." Proposed Amendments IAS 36/38 December 2002 des IASCF, hier S. 187.

[2] Vgl. KOMMISSION DER EUROPÄISCHEN GEMEINSCHAFT 2003.

[3] Vgl. KÜTING/DAWO 2003, S. 242; BAETGE/ZÜLCH, 2001, S. 543.

[4] Vgl. *AICPA* 2001, S. 8 (Tz. 1.1.21).

[5] Vgl. IAS 38, Tz. 30, unverändert in ED IAS 38, a. a. O., S. 196.

Ertragswertorientierte Markenbewertung

Die Methoden der ertragswertorientierten Markenbewertung beruhen auf einer investitionstheoretisch begründeten Wertdefinition, wonach sich der Wert einer Marke durch den Barwert der durch die ökonomische Verwertung erwarteten Erfolge ermittelt.

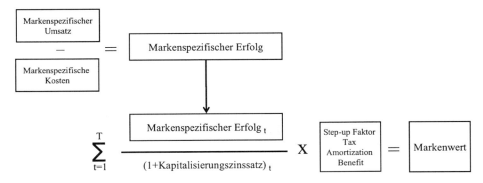

Abb. 1: Ertragswertorientierte Markenbewertung.

Wie Abbildung 1 zeigt, sind unterschiedliche Informationen für die Bestimmung des Fair Value einer Marke notwendig. Daraus ergeben sich folgende Problembereiche:

- die Ableitung des markenspezifischen Erfolgs,
- die Bestimmung der voraussichtlichen Nutzungsdauer (T) und
- die Wahl des angemessenen Kapitalisierungszinssatzes.

Zusätzlich muss für die Fair-Value-Bestimmung ungeachtet der Art der Transaktion oder des Bewertungshintergrundes ein Tax Amortization Benefit berechnet werden. Dieser beruht auf den Vorteilen der steuerlich wirksamen Abschreibung der erworbenen Marke, denen keine bilanzierungspflichtigen Herstellungskosten späterer Erhaltungsmaßnahmen gegenüberstehen. Diese Sichtweise ist üblich für die Fair-Value-Ermittlung mittels eines ertragswertorientierten Bewertungsverfahren. Im Gegensatz zu diesen Verfahren wird bei den marktorientierten Bewertungsverfahren davon ausgegangen wird, dass die steuerliche Vorteilhaftigkeit bereits im Marktpreis enthalten ist.[1]

Bis auf die Problematik der Isolierung der markenspezifischen Erfolge sind die oben genannten Problembereiche unabhängig von der gewählten Bewertungsmethode zu analysieren. Aus diesem Grund werden die Bestimmung der Nutzungsdauer und die Ableitung des angemessenen Kapitalisierungszinssatzes als gemeinsame Probleme aller ertragswertorientierten Bewertungsverfahren zur Bestimmung des Fair Value

---

[1] Vgl. *AICPA* 2001, S. 97, Tz. 5.3.102.

einer Marke im Folgenden erläutert; die unterschiedlichen Methoden zur Ableitung der markenspezifischen Erfolge werden an einer späteren Stelle analysiert.

Für die Bestimmung der Nutzungsdauer unterscheiden SFAS 142 und der Entwurf zu den neuen IFRS-Regelungen grundsätzlich zwischen immateriellen Vermögenswerten mit einer begrenzten Nutzungsdauer und solchen mit einer unbestimmbaren Nutzungsdauer. Eine unbestimmbare Nutzungsdauer ist zu wählen, wenn keine rechtlichen, vertraglichen, regulatorischen, ökonomischen sowie weitere die Nutzungsdauer limitierende Faktoren bestehen. Ferner erwähnen die Standards explizit, dass eine unbestimmbare Nutzungsdauer nicht mit einer unendlichen Nutzungsdauer gleichzusetzen sei.[1] Sofern deshalb keine konkreten Planungen zu einer begrenzten Nutzung vorliegen und Investitionen in den Erhalt oder die Stärkung der Marke geplant werden, ist grundsätzlich für die Ermittlung des Fair Value eine unbestimmbare Nutzungsdauer anzunehmen. Bei der Bewertung von Marken mit unbestimmbarer Nutzungsdauer wird vereinfachend eine unendliche Lebensdauer angenommen.

Aus dem daraus resultierenden Verbot der planmäßigen Abschreibung ergibt sich, dass Marken sowohl nach US-GAAP als auch nach IFRS jährlich und bei Eintreten eines „triggering event" auf ihre Werthaltigkeit überprüft werden müssen. Im Rahmen eines Impairment Tests wird nach US-GAAP und nach den neuen Regelungen des IFRS geprüft, ob der Buchwert den Fair Value der Marke überschreitet und somit ein außerordentlicher Abschreibungsbedarf vorliegt.[2] Außerordentliches Abschreibungspotenzial würde die Vernichtung von Markenwert implizieren. Entscheidungen zur Markenführung erhalten somit vor dem Hintergrund der neuen Rechnungslegungsstandards eine neue, bilanzpolitische Dimension.

Für die Ermittlung des Fair Value einer Marke müssen die isolierten und prognostizierten markenspezifischen Erfolge mit einem geeigneten Kapitalisierungszinssatz auf den Bewertungsstichtag diskontiert werden, der nach der Sicherheitsäquivalenz- oder der Risikozuschlagsmethode ermittelt werden kann.[3] Dabei muss sichergestellt werden, dass folgende Einflussfaktoren entweder in der Ermittlung der markenspezifischen Erfolge oder des Kapitalisierungszinssatzes berücksichtigt werden:

- Unterschiedliche Erwartungen über künftige Änderungen der markenspezifischen Erfolge nach Höhe und zeitlichem Anfall,
- Zeitwert des Geldes, berücksichtigt durch den Zinssatz einer risikolosen Kapitalanlage,

---

[1] Vgl. SFAS 142.11, 2001; *IASCF* 2002, S. 205, Tz. 88.

[2] Nach IFRS wird dem Buchwert der Marke der „Recoverable Amount" gegenübergestellt, dieser kann entweder durch den „Net Selling Price" oder dem „Value in use" bestimmt werden, vgl. hierzu *IASCF*, 2002, S. 28 (Tz. 7).

[3] Vgl. *DRUKARCZYK* 2003, S. 79 ff.

- Quantifizierung der Risikostruktur der erwarteten markenspezifischen Erfolge sowie
- zusätzliche Faktoren, wie Illiquidität oder Marktunvollkommenheiten.[1]

Die im Rahmen der monetären Markenbewertung maßgebliche Methode zur Ermittlung des Kapitalisierungszinssatzes ist die Risikozuschlagsmethode nach dem Capital Asset Pricing Model (CAPM).

Bei Anwendung des CAPM ermittelt sich der Kapitalisierungszinssatz folgendermaßen:

$$WACC = R_{EK} \cdot EK / GK + (R_{FK} \cdot (1-s) \cdot FK / GK), \text{ wobei}$$

$$R_{EK} = R_f + (R_{ME} - R_f) \cdot \beta$$

mit
WACC	=	Weighted Average Cost of Capital (gewichtete Kapitalkosten)
EK	=	Marktwert des Eigenkapitals
FK	=	Marktwert des Fremdkapitals
GK	=	Gesamtwert des Unternehmens
R_{EK}	=	Kosten des Eigenkapitals
R_{FK}	=	Kosten des Fremdkapitals
R_f	=	Zinssatz einer risikolosen Kapitalanlage
R_{ME}	=	Rendite des Marktportfolios
R_f	=	Marktrisikoprämie
β	=	Beta-Faktor
s	=	Effektiver Steuersatz

Mit dieser Formel werden unter Berücksichtigung des Fair-Value-Konzepts zunächst die Kapitalkosten für ein Unternehmen eines hypothetischen Marktteilnehmers im Sinne des Fair Value ermittelt. Dabei wird angenommen, dass eine wertmaximierende Risikostruktur in Bezug auf die Kapitalstruktur, die Anlagenintensität und andere wertbeeinflussende Faktoren verwendet wird.[2] Da sich der so ermittelte Kapitalisierungszinssatz auf ein Unternehmen und nicht auf die Marke bezieht, ist in einem weiteren Schritt zu untersuchen, inwieweit das markenspezifische Risiko vom unternehmensspezifischen Risiko abweicht und gegebenenfalls Anpassungen notwendig sind.

---

[1] Vgl. *AICPA* 2001, S. 90, Tz. 5.3.76.
[2] Vgl. *MAUL* 2003, S. 14.

Die Schätzung der prognostizierten markenspezifischen Erfolge muss einem Erwartungswert entsprechen. Das bedeutet, dass Erwartungen über unterschiedliche künftige Datenkonstellationen und daraus folgend unterschiedliche erwartete markenspezifische Erfolge in Abhängigkeit von der jeweiligen Datenkonstellation in die Berechnung des Markenwertes eingeflossen sein müssen. Ist dies nicht der Fall, entsprechen die ermittelten Erfolge beispielsweise einem „Most-likely-Szenario", ist der Kapitalisierungszinssatz anzupassen.

Neben der beschriebenen Methode favorisiert SFAC No. 7 die Sicherheitsäquivalenzmethode, wobei auf Basis individueller Nutzenfunktionen ein Abschlag von den Erwartungswerten der künftigen Erfolge vorgenommen wird und sich dann das Sicherheitsäquivalent ergibt. Durch Diskontierung des Sicherheitsäquivalents mit dem risikofreien Zinssatz soll der Fair Value der Marke ermittelt werden. Aufgrund der Schwierigkeiten der Ermittlung des Sicherheitsäquivalents, besonders wegen der notwendigen Quantifizierung des Erwartungsnutzens, präferiert die Praxis die Risikozuschlagsmethode.

Ertragswertorientierte Methoden zur Markenbewertung

Relief-from-Royalty-Methode (Lizenzpreisanalogie)

Nach §§ 30, 31 MarkenG können an eingetragenen Marken und Markenanmeldungen für alle oder einzelne der im Warenverzeichnis aufgeführten Waren und Dienstleistungen einfache und ausschließliche Lizenzen erteilt werden. In der Ausgestaltung der Lizenzvereinbarung sind die Vertragspartner weitgehend frei.[1] Lizenzraten sind der Ausgangspunkt für die Anwendung der Relief-from-Royalty-Methode zur Bestimmung des Fair Value einer Marke.

Die Relief-from-Royalty-Methode basiert auf der Prämisse, dass der Inhaber einer Marke die Zahlung von Lizenzentgelten spart, da er die Marke nicht lizenzieren muss. Aus diesem Grund spricht man auch von Lizenzersparnissen.[2]

Der markenspezifische Erfolg entspricht dem Barwert der erwarteten Lizenzersparnisse, die durch die Multiplikation einer am Markt beobachtbaren Lizenzrate mit den erwarteten markenspezifischen Umsätzen ermittelt werden.[3] Die Vorgehensweise bei

---

[1] Vgl. REPENN 1998, S. 20.

[2] Vgl. MARD/HITCHNER/HYDEN/ZYLA 2002, S. 61 ff.; VON DER GATHEN 2001, S. 272.

[3] Vgl. REILLY/SCHWEIHS 1999, S. 152 f. Die Annahme einer umsatzbezogenen Lizenz entspricht den häufigsten praktischen Fällen. Lizenzen auf der Basis von Mengen (z. B. je Stück verkaufter Markenprodukte, je Liter eines Getränkes) haben den Nachteil, dass der Lizenzgeber nicht von inflationsbedingten oder sonstigen Preissteigerungen profitiert. Bei der Anwendung veröffentlichter Lizenzraten ist zu berücksichtigen, dass in vielen Fällen daneben auch noch Einmalzahlungen bei

der Relief-from-Royalty-Methode, auch Lizenzpreisanalogie genannt, wird in Abbildung 2 veranschaulicht:

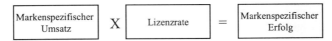

Abb. 2: Relief-from-Royalty-Methode.

Die Methode erscheint auf den ersten Blick einfach anwendbar, allerdings ergeben sich im Wesentlichen zwei komplexe Fragen, deren Lösung für eine Fair-Value-Ermittlung von entscheidender Bedeutung sind.

Die erste Frage lautet: Wie und wo kann eine geeignete Lizenzrate abgeleitet werden? Die zweite Frage betrifft die Ableitung des erwarteten markenspezifischen Umsatzes, da nicht alle Umsatzerlöse eines Unternehmens der Marke zugerechnet werden können.

Die Frage nach dem „Wo" kann durch verschiedene Quellen, wie beispielsweise der *PwC-Lizenzratendatenbank*, beantwortet werden.[1] Für die Beantwortung der Frage nach dem „Wie" müssen verschiedene Faktoren berücksichtigt werden. Grundsätzlich muss aufgrund der Einzigartigkeit einer Marke die Übertragbarkeit beziehungsweise die Vergleichbarkeit der Betrachtungsobjekte individuell geprüft werden. Weiterhin muss der Umfang der Lizenzverträge analysiert werden. In nur wenigen Fällen werden exklusive, weltweite Lizenzverträge abgeschlossen; vielmehr handelt es sich um regionale und auch oftmals produktbezogenen Verträge. Beispielsweise kann man nicht ausschließlich den Lizenzvertrag über die Verwendung einer Luxusmarke für Sonnenbrillen im europäischen Raum für die Bewertung der gesamten Luxusmarke heranziehen.

Da die zu untersuchende(n) Lizenzrate(n) durch spezifische Faktoren geprägt wurde(n), müssen die genauen Hintergründe, die zu der Festlegung geführt haben, untersucht werden. Neben der vorherrschenden Marktsituation können insbesondere die Verhandlungsposition und das Verhandlungsgeschick der involvierten Parteien die Lizenzverträge wesentlich beeinflusst haben. Beispielsweise kann eine unter Zwang oder strategischen Aspekten verhandelte Lizenzrate nicht für die Ermittlung des Fair Value der Marke verwendet werden, da der Fair Value einem Wert entsprechen soll, der zwischen sachverständigen, vertragswilligen und voneinander unabhängigen Ge-

---

Vertragsabschluss oder beim Erreichen bestimmter Ereignisse (z. B. im Pharmabereich der Abschluss klinischer Studien oder die Zulassung des Medikamentes) fällig werden.

[1] *PricewaterhouseCoopers* verfügt über eine Lizenzdatenbank mit mehr als 5000 Datensätzen. Auch das Bundesamt für Finanzen hat in einer so genannten Lizenzkartei die zwischen unabhängigen Unternehmen vereinbarten Lizenzraten gesammelt. Allerdings können nur die Landesfinanzbehörden auf die Lizenzkartei zugreifen.

schäftspartnern entstanden ist. Aus diesem Grund entsprechen in Verhandlungen vereinbarte Lizenzraten somit nicht immer dem Konzept des Fair Value. Ein auf Basis gegensätzlicher Interessen von Lizenzgeber und -nehmer verhandelte Lizenzrate würde dem Fair-Value-Konzept weitestgehend entsprechen. Zusätzlich muss auch die Aktualität der möglichen Lizenzrate im Rahmen dieser Überlegungen berücksichtigt werden.

Lizenzverträge sind häufig komplexe Vertragswerke, die sich nicht immer auf die Zahlung einer Lizenzrate auf die entsprechenden Umsätze beschränken. Es werden mengenbezogenen Pauschalbeträge, Kooperationen in Werbung und Marketing, gemeinsame Forschungs- und Entwicklungsarbeiten etc. verhandelt. Die Verteilung dieser zusätzlich vereinbarten Leistungen auf die Vertragspartner muss bei der Bestimmung der periodenbezogenen Lizenzentgelte berücksichtigt werden. Geschieht dies nicht, kann der Fair Value nicht sachgerecht ermittelt werden.

Zum Problem der angemessenen Lizenzrate heißt es im Practice Aid des AICPA wie folgt: „A key challenge in applying this method is to develop a royalty rate that is comparable to ownership of the specific asset (for example, a rate that equates to worldwide, exclusive rights to use that asset in perpetuity in any manner desired). Verifiable objective information regarding royalty rates can be obtained, including rates for agreements that confirm comparable economic rights for similar intellectual property. Typically the best source of information would be other licensing agreements made by the acquired company or acquiring company for comparable technologies. Use of industry average rates or other benchmarks would not be acceptable."[1]

Probleme der Ermittlung der erwarteten markenspezifischen Umsätze ergeben sich zunächst aus der Unsicherheit künftiger Erwartungen. Darüber hinaus können besondere Umstände dazu führen, dass die Marke nicht der alleinige oder der entscheidende Verkaufsfaktor ist. Wenn in einem kleinen Ort beispielsweise nur eine Tankstelle oder eine Bank besteht, ist der Umsatz vor allem auf die Standortsituation und nicht (primär) auf die Marke zurückzuführen. Das gleiche gilt partiell für Promotionmaßnahmen. Wenn bei Preisgleichheit und Geschmacksindifferenz zwischen mehreren Premiumbieren ein Markenhersteller als Promotionmaßnahme Sachgeschenke verteilt, sind Umsätze während dieser Promotionphase zwar auch auf die Marke zurückzuführen, aber mindestens gleichermaßen auf die Sachgeschenke. Solche Situationen sind beim Ansatz der Lizenzraten bei der Ermittlung der markenspezifischen Umsätze zu berücksichtigen.

---

[1] Vgl. *AICPA* 2001, S. 14, Tz. 2.1.12.

Da für die Anwendung dieser Methode die Lizenzraten für Marken am Markt abgeleitet werden, kann das Verfahren unter Berücksichtigung aller spezifischen Einflussfaktoren für die Ermittlung des Fair Value verwendet werden.

Incremental-Cash-Flow-Methoden (Preisprämienmethode)

Ausgangspunkt der Incremental-Cash-Flow-Methoden kann eine Grenzkosten- oder eine Grenzpreisbetrachtung sein. Die Grenz*kosten*betrachtung, auch Cost-Savings-Methode genannt, basiert auf der Prämisse, dass Kosten, die aufgrund der Verwendung des immateriellen Vermögenswertes eingespart werden können, dem spezifischem Erfolg des Vermögenswertes entsprechen. Diese Betrachtungsweise kann beispielsweise für patentierte Verfahren zweckmäßig sein. Für die Markenbewertung ist sie eher unüblich.

Der Markenbewertung mittels der Incremental-Cash-Flow-Methoden liegt eine Grenz*preis*betrachtung zu Grunde. Der markenspezifische Erfolg basiert auf einer erhöhten Zahlungsbereitschaft des Konsumenten für ein markiertes Produkt. Der Wert der Marke kann somit als inkrementaler Wert verstanden werden, der gegenüber einem technisch-pysikalisch gleichen, jedoch unmarkierten Produkt besteht.[1] Man bezeichnet diese Methode deshalb auch Preisprämienmethode.

Abbildung 3 veranschaulicht die Vorgehensweise bei der Anwendung der Preisprämienmethode. Die Preisprämie wird mit der entsprechende Menge multipliziert, um den markenspezifischen (Mehr-)Umsatz zu erhalten. Nach einer Bereinigung des markenspezifischen Umsatzes um markenspezifische Kosten erhält man den markenspezifischen Erfolg. Zu den markenspezifischen Kosten gehören alle Aufwendungen, die zum Erhalt der Marke erforderlich sind.

Abb. 3: Preisprämienmethode.

---

[1] Vgl. SATTLER 1995, S. 664.

Die Preisprämie kann entweder direkt durch Marktbeobachtungen oder Befragungen sowie indirekt, z. B. durch die Abfrage der Zahlungsbereitschaft von Konsumenten, mittels Methoden der Präferenzforschung ermittelt werden.[1]

Für die direkte Ermittlung der Preisprämie wird ein vergleichbares unmarkiertes Produkt benötigt. Vergleichbare unmarkierte Produkte gibt es allerdings ausschließlich für einfache, gering differenzierte Produkte, z. B. für Salz. Möchte man die Preisprämie eines markierten Speisesalzes, z. B. Bad Reichenhaller, gegenüber unmarkierten Produkten ermitteln, so ist dies durch Marktbeobachtungen möglich. Allerdings bleibt auch bei dieser Erhebung zu berücksichtigen, dass der Kauf von Speisesalz einem habituellen Kaufverhalten entspricht. Ist die persönliche Beschäftigung der Käufer mit der Marke gering, handelt es sich um ein Low-Involvement-Produkt. Hierbei wird angenommen, dass der Konsument in ein Geschäft geht, irgendein Salz kauft und somit keinen besonderen Aufwand in seine Kaufentscheidung investiert. In den meisten Fällen wäre er auch bereit, für ein unmarkiertes Produkt einen höheren Preis zu bezahlen, wenn ihm keine Alternativen zur Verfügung stehen, bevor er einen weiteren Laden aufsucht.

Sind keine unmarkierten Produkte verfügbar, kann man auf das preisgünstigste Vergleichsangebot zurückgreifen. Dabei ist jedoch zu berücksichtigen, dass solche Angebote häufig in Discountläden gemacht werden, bei denen weniger der Produktname als der Name des Discounters als Marke anzusehen ist. Auch wenn in solchen Fällen das Produkt selbst nicht markiert ist, wirkt der Name des Discounters als Markierung.

Je höher die Komplexität der Produkteigenschaften und der Integration externer Faktoren, desto schwieriger gestaltet sich die Reduktion des markenspezifischen Erfolges auf eine Preisprämie. Ist die Preisprämie eines Geldinstituts wirklich auf die Marke oder vielleicht auf die kompetente Beratungsleistung des Kundenbetreuers oder die flächendeckende Bereitstellung von Geldautomaten zurückzuführen?

Mögliche Lösungsansätze dieser Problematik zeigt das von *PricewaterhouseCoopers*, der *Gesellschaft für Konsumforschung (GfK)* und *Prof. Henrik Sattler* gemeinsam entwickelte Markenbewertungsmodell auf. Die markenspezifischen Umsätze werden in diesem Modul um Promotioneffekte, Distributionseffekte und Produkteffekte bereinigt.[2]

Treten bei der direkten Ableitung von Preisprämien Probleme auf, empfiehlt es sich, Methoden der Präferenzforschung heranzuziehen, wie beispielsweise die Ermittlung

---

[1] Weitere Methoden der indirekten Ermittlung werden erläutert in VON DER GATHEN 2002, S. 250 ff.

[2] Vgl. HÖGL/HUPP/MAUL/SATTLER 2002.

der Preisprämie durch Conjoint Measurement.[1] Damit wird der Zusammenhang zwischen Präferenzen von Objekten und objektiven Eigenschaften dieser Objekte untersucht. Ziel des Conjoint Measurement ist es, den Nutzenbeitrag einzelner Produkteigenschaften (z. B. der Marke) zum Gesamtnutzen (z. B. Markenwert) zu ermitteln. Ergebnis eines solchen Verfahrens könnte die Aussage sein, „dass ein Konsument für Produkt A bereit ist, einen um x Geldeinheiten höheren Preis als für Produkt B zu zahlen". Vorteil dieser Methode ist, dass dieser Betrag vollständig auf die Marke zurückzuführen ist und somit um die unerwünschten Effekte aus Promotion, Distribution oder Produktdifferenzierung bereinigt ist.

Die durch Marktbeobachtung oder direkte Befragung ermittelte Preisprämie wird anschließend mit der erwarteten Absatzmenge multipliziert, um den markenspezifischen Umsatz zu erhalten. Bei der Ermittlung der Menge müssen z. B. Mengeneffekte, die auf die Markierung des Produktes zurückzuführen sind, berücksichtigt werden. So ist es für Hersteller besonders starker Marken, wie z. B. Coca-Cola, aufgrund ihrer Machtstellung gegenüber dem Handel einfacher, eine höhere Distributionsdichte als Hersteller schwächerer Marken zu erlangen.

Der über die Preisprämie erzielte markenspezifische Mehrumsatz entspricht dann dem markenspezifischem Erfolg, wenn die Kostenstruktur für Unternehmen mit Generika mit denen von Markenartiklern identisch wäre. Dies trifft allerdings in den seltensten Fällen zu. In den meisten Fällen muss der markenspezifische Umsatz um markenspezifische Kosten bereinigt werden. Solche Kosten können für Werbung, für Qualitätsmanagement, für höherwertige Einsatzmaterialien oder Produktionstechniken entstehen.

Die praktische Handhabung der Preisprämienmethode basiert häufig auf einer einperiodigen Betrachtungsweise, die das Erfolgspotenzial der Marke nur unzureichend abbildet.[2] Markenwerte können damit zwar einfach und schnell ermittelt werden; ihre Brauchbarkeit als Fair Value ist jedoch angreifbar bis unbrauchbar. In solchen Fällen addieren sich die Probleme bei der Ermittlung der Preisprämie und die Schwierigkeit, den repräsentativen Kapitalisierungsmultiplikator unter Berücksichtigung von Risiko und Wachstum zu definieren. Mit der Ermittlung der Preisprämie im Rahmen der Präferenzforschung ist es möglich, einen weitgehend objektivierten Differenzbetrag abzuleiten; der Arbeitsaufwand dazu kann jedoch sehr groß sein. Um das Problem der Einperiodigkeit zu lösen oder zumindest die sonst impliziten Prämissen offen zu legen, ist es notwendig, der Markenwertermittlung eine detaillierte Planungsrechnung zu Grunde zu legen. Auf einer solchen Basis ist der Schritt zu Verfahren, die diese Probleme vermeiden, allerdings nicht mehr weit.

---

[1] Weitere Ausführungen zum Thema Conjoint-Analysen sind zu finden bei HAMMANN/ERICHSON 1994, S. 303 ff.

[2] Vgl. GÜNTHER/KRIEGBAUM 2001, S. 132.

Multi-Period-Excess-Earnings-Methode (Residualverfahren)

Die Multi-Period-Excess-Earnings Methode beruht auf der Prämisse, dass der Wert einer Marke dem Barwert seiner von ihr (auf einer Stand-alone-Basis) generierten markenspezifischen Erfolge entspricht. Insoweit unterscheidet sich diese Methode nach dem Anspruch nicht von vielen anderen; der Weg zu diesem Ergebnis ist jedoch wesentlich verschieden von denen der anderen Verfahren.

Die Methode stellt ein Residualgewinnverfahren dar. Ausgangspunkt für die Ermittlung des markenspezifischen Erfolges ist der aus der Planung des Unternehmens abgeleitete markenrelevante Umsatz. Nach Ermittlung der (markenrelevanten) Gewinne vor Zinsen und Steuern (Earnings before interest and taxes – EBIT) wird der Wertbeitrag weiterer materieller und immaterieller Vermögenswerte des Sachanlagevermögen, des Nettoumlaufvermögens, der Patente, der Kundenbeziehungen und sonstiger identifizierbarer materieller und immaterieller Vermögenswerte abgezogen. Der verbleibende Gewinn (der Residualgewinn) entfällt dann auf die Marke(n) und eventuell auf den Goodwill. Hierbei unterscheidet man zwei Vorgehensweisen zur Isolierung der markenspezifischen Erfolge: die Gross-Lease-Methode (Alternative A) sowie die Return-on-Asset-Methode (Alternative B).

Die grundsätzliche Vorgehensweise zur Isolierung des markenspezifischen Erfolges wird in der folgenden Abbildung 4 verdeutlicht:

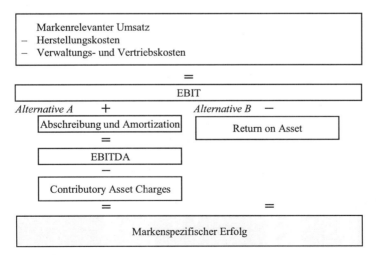

Abb. 4: Multi-Period-Excess-Earnings-Methode.

Der aus der Planung des Unternehmens abgeleitete EBIT spiegelt die subjektive Sichtweise des Unternehmens wider und muss im Sinne des Fair-Value-Konzepts objektiviert werden.

Bei der Ermittlung der Herstellungs-, Verwaltungs- und Vertriebskosten sollte eine normalisierte Kostenstruktur, d. h. die Kostenstruktur eines potenziellen Marktteilnehmers, berücksichtigt werden. Um dies zu gewährleisten, müssen unternehmensspezifische Effizienzen und Ineffizienzen sowohl auf der Umsatz- als auch auf der Kostenseite eliminiert werden.

Hierzu muss die Kostenstruktur des Unternehmens mit der potenzieller Marktteilnehmer verglichen und ggf. entsprechend angepasst werden. Hat das Unternehmen beispielsweise eine besonders aufwendige Verwaltung und eine besonders ineffiziente Produktion, werden relativ ungünstige Ergebnisse ausgewiesen, die sich ohne Normalisierung der Kostenstruktur auch negativ auf den markenspezifischen Erfolg auswirkten. Neben solchen Zusatzkosten unwirtschaftlicher Organisation sollten auch andere Kosten eliminiert werden, die für den entsprechenden markenrelevanten Umsatz nicht von Bedeutung sind. Bei der Bewertung einer Marke dürfen z. B. die Vertriebskosten für die Etablierung eines Kundenbindungsprogramms nicht berücksichtigt werden, da diese Kosten den Kundenbeziehungen als immaterieller Vermögenswert zuzuordnen sind.

Die Anpassungen sind notwendig, um dem Fair-Value-Konzept Rechnung zu tragen und den Wert der Marke auf einer Stand-alone-Basis und unabhängig von den Kostenstrukturen des Markeninhabers zu berechnen.

Nach der Berechnung des markenrelevanten EBIT gibt es zwei mögliche Alternativen, den Wertbeitrag weiterer Vermögenswerte abzuziehen:
- die Gross-Lease-Methode und
- die Return-on-Asset-Methode.

Der Gross-Lease-Methode liegt das Konzept einer hypothetischen Leasingrate zu Grunde, die das Unternehmen zahlen müsste, um, ohne dass ihm die dazu notwendigen materiellen oder immateriellen Vermögenswerte gehören, die markenspezifischen Umsätze zu generieren. Man fingiert ein Unternehmen, dem außer der Marke keiner der sonst vorhandenen Vermögenswerte gehört und diese mieten oder leasen müsste. Die Methode betrachtet sowohl die Verzinsung des gebundenen Kapitals als auch die Abschreibung des jeweiligen Vermögenswertes.

Im Gegensatz dazu betrachtet die Return-on-Asset-Methode lediglich die Verzinsung des entsprechenden Vermögenswertes; demzufolge unterscheiden sich die Bezugsgrößen bei beiden Alternativen. Der Wertbeitrag der Leasingraten wird von den Earnings before interest, taxes, depreciation and amortization (EBITDA) abgezogen, wogegen der Return-on-Asset sich auf den EBIT bezieht. Die Anwendung der Return-on-Asset-Methode setzt voraus, dass alle Abschreibungen, also demzufolge auch Abschreibungen auf Mitarbeiterstamm, Kundenbeziehungen etc. in dem EBIT bereits

Markenbewertung

enthalten sind. Ist dies nicht der Fall, müssen entsprechende Anpassungen vorgenommen werden.

Auch die Multi-Period-Excess-Earnings-Methode ermöglicht die Wertermittlung einer Marke vor dem Hintergrund des Fair-Value Konzepts. Hierbei muss jedoch berücksichtigt werden, dass spezifische Umsatz- und Kostenstrukturen, die nicht gleichwertig mit denen potenzieller Marktteilnehmer sind, eliminiert oder bereinigt werden müssen.

Fallstudie

Konsumgüterhersteller A möchte gerne den Fair Value seiner Marke „Waschmittel" bestimmen. Die Traditionsmarke „Waschmittel" existiert seit Bestehen des Unternehmens und soll auch in Zukunft weiterhin vermarktet werden.

Folgende Informationen hat A bereits erhoben:

1. Der markenspezifische Kapitalisierungszinssatz beträgt 10%.
2. Bei einer steuerlichen Abschreibungsdauer von 15 Jahren und einem Unternehmenssteuersatz von 40% wurde ein Step-up-Faktor von 1,3 auf den Barwert der markenspezifischen Erfolge zur Berücksichtigung der steuerlichen Vorteile aus der Abschreibung des Markenwertes ermittelt.
3. Die Produktumsätze des der Marke „Waschmittel" zurechenbaren Produktes belaufen sich im Jahr 2004 auf 100 Mio. EUR. In Zukunft wird kein Wachstum im gesättigten Waschmittelmarkt erwartet.
4. Den Umsätzen stehen Herstellungskosten von 60 Mio. EUR sowie Verwaltungs- und Vertriebskosten von 20 Mio. EUR gegenüber.
5. In der Vergangenheit sind verschiedene Lizenzverträge für Waschmittel abgeschlossen worden. Im Durchschnitt betrug die verhandelte Lizenzrate 5%, Details über die Verträge sind nicht bekannt.
6. Ein beauftragtes Marktforschungsinstitut ermittelte eine Preisprämie von 0,15 EUR pro kg. A verkauft insgesamt 100.000 t pro Jahr.
7. Der Marktwert der Vermögenswerte, die gleichfalls zu den markenrelevanten Umsätze beitragen, beläuft sich auf 100 Mio. EUR, und die erwartete Verzinsung des gebundenen Kapitals beträgt 10%.
8. Es fallen jährlich markenrelevante Abschreibungen von 10 Mio. EUR pro Jahr an.

A geht davon aus, dass sich die getroffenen Annahmen auch in Zukunft nicht ändern werden.

Aufgabe 1

Bitte ermitteln Sie auf Basis der gegebenen Informationen den Fair Value der Marke mittels der beschriebenen ertragswertorientierten Methoden!

Aufgabe 2

Was können die Ursachen für bestehende Wertdifferenzen sein?

Lösung

Aufgabe 1

Relief from Royalty Methode Fair Value		from 2004
		Mio. EUR
Markenrelevante Umsätze		**100**
Lizenzrate	5%	
Royalty Savings vor Steuern		**5,0**
− Steuern	40%	2,0
Royalty Savings nach Steuern		**3,0**
Kapitalisierungszinssatz	10%	
Barwertfaktor		10,0
Barwert der Royalty Savings		**30,0**
Tax Amortization Benefit		9,0
Fair Value		**39,0**
Step Up Faktor TAB		1,3

Preisprämienmethode Fair Value		from 2004
		Mio. EUR
Preisprämie/kg in EUR		0,15
X verkaufte Menge in t		100.000
= Incremental Cash Flows		**15,0**
− Steuern	40%	6,0
Incremental Cash Flows nach Steuern		**9,0**
Kapitalisierungszinssatz	10%	
Barwertfaktor		10,0
Barwert der Royalty Savings		**90,0**
Tax Amortization Benefit		27,0
Fair Value		**117,0**
Step Up Faktor TAB		1,3

Multi-Period Excess Earnings Methode Gross Lease Methode		from 2004
		Mio. EUR
Markenrelevante Umsätze		**100**
− Herstellungskosten		60
− Verwaltungs- und Vertriebskosten		20
= **Markenrelevanter EBIT**		**20**
+ Abschreibung und Amortization		10
= **Markenrelevanter EBITDA**		**30**
− Contributory Asset Charges		20
= **Markenspezifischer Erfolg vor Steuern**		**10**
− Steuern	40%	4
= **Markenspezifischer Erfolg nach Steuern**		**6**
Kapitalisierungszinssatz	10%	
Barwertfaktor		10
Barwert der Royalty Savings		**60**
Tax Amortization Benefit		18
Fair Value		**78**
Step Up Faktor TAB		1,3

Multi-Period Excess Earnings Methode Return on Asset Methode		from 2004
		Mio. EUR
Markenrelevante Umsätze		**100**
− Herstellungskosten		60
− Verwaltungs- und Vertriebskosten		20
= **Markenrelevanter EBIT**		**20**
− Contributory Asset Charges		10
= **Markenspezifischer Erfolg vor Steuern**		**10**
− Steuern	40%	4
= **Markenspezifischer Erfolg nach Steuern**		**6**
Kapitalisierungszinssatz	10%	
Barwertfaktor		10
Barwert der Royalty Savings		**60**
Tax Amortization Benefit		18
Fair Value		**78**
Step Up Faktor TAB		1,3

Aufgabe 2

Zunächst bleibt festzuhalten, dass bei Anwendung der drei Methoden unterschiedliche „Fair Values" ermittelt werden. Grundsätzlich kann der Fehler bei allen drei Methoden liegen, da keine der Methoden ohne umfassende Analyse angewendet werden sollte.

Der Wertunterschied aller drei Methoden ist, in diesem Beispiel, jeweils auf die unterschiedliche Höhe der markenspezifischen Erfolge zurückzuführen.

Gründe für eine fehlerhafte Ermittlung der markenspezifischen Erfolge bei der Anwendung der *Relief-from-Royalty-Methode* können zum einen auf eine mangelnde Vergleichbarkeit der Marken oder zum anderen auch darauf zurückzuführen sein, dass im Lizenzvertrag keine exklusiven, weltweiten Rechte an einer vergleichbaren Waschmittelmarke verhandelt wurden. Weiterhin sind auch die Umstände, unter denen der Lizenzvertrag verhandelt wurde, nicht bekannt. Es bleibt zu fragen, inwieweit es sich bei den Verhandlungen um Verhandlungen zwischen zwei sachverständigen, vertragswilligen und voneinander unabhängigen Geschäftspartnern handelte.

Bei der Anwendung der *Preisprämienmethode* sind in der Lösung keine markenspezifischen Kosten berücksichtigt worden. Diese wurden in den Annahmen nicht genannt, hätten jedoch analysiert werden müssen. An dieser Stelle müsste man die markenspezifischen Kosten, z. B. Produktions- und Materialkosten, aufgrund einer besseren Qualität der Marke oder markenspezifischer Werbemaßnahmen berücksichtigen. Diese Faktoren würden zu einer Verringerung des markenspezifischen Erfolges führen.

Die Analyse der *Multi-Period-Excess-Earnings-Methode* zeigt, dass nach Abzug der Contributory Asset Charges unabhängig von der Ermittlungsmethode der markenspezifische Erfolg 10 Mio. EUR beträgt, wogegen die markenspezifischen Erfolge bei Anwendung der Relief-from-Royalty-Methode nur 5 Mio. EUR betragen. Unter der Annahme, dass die 5 Mio. EUR eine korrekte Größe darstellen, kann es unterschiedliche Ursachen für das abweichende Ergebnis der Multi-Period-Excess-Earnings-Methode geben. Grundsätzlich ist es möglich, dass die der Bewertung zu Grunde gelegte Kostenstruktur von der vergleichbarer Marktteilnehmer abweicht und im Rahmen der Fair-Value-Ermittlung hätte angepasst werden müssen. Möglich wäre aber auch, dass die Wertbeiträge anderer Vermögenswerte nur unzureichend ermittelt wurden, indem z. B. nicht alle Vermögenswerte erfasst, die unterstellte Verzinsung oder aber die Fair Values der Vermögenswerte nicht korrekt ermittelt wurden.

Grundsätzlich können alle drei Methoden zur Ermittlung des Fair Value herangezogen werden. Wichtig ist jedoch, dass der Anwender sich der Annahmen der jeweiligen Methode bewusst ist und diese kritisch hinterfragt.

Literaturhinweise

AMERICAN INSTITUTE OF CERTIFIED PUBLIC ACCOUNTANTS (Hrsg.): AICPA Practice Aid: Assets Acquired in a Business Combination to Be Used in Research and Development Activities, New York 2001.

BAETGE, J./ZÜLCH, H.: Fair Value Accounting, in: BFuP, 53. Jg. (2001), S. 543–562.

DRUKARCZYK, J.: Unternehmensbewertung. 4. Aufl., München 2003.

FINANCIAL ACCOUNTING STANDARDS BOARD: Statement of Financial Accounting Standards No. 142 „Goodwill and Other Intangible Assets" in: Financial Accounting Series No. 221–C, Norwalk 2001.

FINANCIAL ACCOUNTING STANDARDS BOARD: Statement of Financial Accounting Standards No. 141 „Business Combinations" in: Financial Accounting Series No. 221–B, Norwalk 2001.

FINANCIAL ACCOUNTING STANDARDS BOARD: Statement of Financial Accounting Concepts No. 7 „Using Cash Flow Information and Present Value in Accounting Measurements", in: Financial Accounting Series No. 206–C, Norwalk 2000.

VON DER GATHEN, A.: Marken in Jahresabschluß und Lagebericht, Frankfurt am Main 2001.

GREINERT, M.: Die bilanzielle Behandlung von Marken, Lohmar et al. 2002.

GÜNTHER, T./KRIEGBAUM, C.: Methoden zur Markenbewertung: Ein Ausgangspunkt für das Markencontrolling, in: Controlling 2001, S. 129–137.

HAMMANN, P./ERICHSON, B.: Marktforschung, 3. Aufl., Stuttgart et al. 1994.

HÖGL, S./HUPP, O./MAUL, K.-H./SATTLER, H.: Der Geldwert der Marke als Erfolgsfaktor für Marketing und Kommunikation, in: GWA E. V. (Hrsg.), Der Geldwert der Marke, Frankfurt am Main 2002, S. 37–80.

INTERNATIONAL ACCOUNTING STANDARD BOARD (IASB): International Financial Reporting Standards 2003, London 2003.

INTERNATIONAL ACCOUNTING STANDARD COMMITTEE FOUNDATION (IASCF): Exposure Draft of Proposed Amendments to IAS 36 Impairment of Assets and IAS 38 Intangible Assets, 2003.

INTERNATIONAL ACCOUNTING STANDARDS COMMITTEE (IASC): International Accounting Standard IAS 38 Intangible Assets, 1999.

JÄGER, R./HIMMEL, H.: Die Fair Value-Bewertung immaterieller Vermögenswerte vor dem Hintergrund der Umsetzung internationaler Rechnungslegungsstandards, in: BFuP, 55. Jg (2003), S. 417–440.

KOMMISSION DER EUROPÄISCHEN GEMEINSCHAFTEN (KOMMISSION DER EG): Vorschlag für eine Richtlinie des Europäischen Parlaments und des Rates zur Änderung der Richtlinien 78/660/EWG und 83/349/EWG im Hinblick auf die im Jahresabschluss bzw. im konsolidierten Abschluss von Gesellschaften bestimmter Rechtsformen zulässigen Wertansätze; veröffentlicht im Internet unter http://europa.eu.int/eurlex/de/cp,/pdf/2000/com20000080de02.pdf (Stand: 29.06.2003).

KÜMMEL, J.: Grundsätze für die Fair-Value Ermittlung mit Barwertkalkülen – Eine Untersuchung auf der Grundlage des Statement of Financial Accounting Concepts No. 7, Düsseldorf 2002.

KÜTING, K./DAWO, S.: Anwendungsfälle der fair-value Bewertung bei nicht finanziellen Vermögenswerten im Rahmen der International Financial Reporting Standards (IFRS), in: Kapitalmarktorientierte Rechnungslegung, 3. Jg. (2003), S. 228–241.

LEV, B.: Intangibles – Management, Measurement, and Reporting, Washington/USA 2001.

MARD, M. J./HITCHNER, J. R./HYDEN, S. D./ZYLA, M. L.: Valuation for Financial Reporting, New York 2002.

MAUL, K.-H.: ABV – Advanced Brand Valuation, in: *SCHIMANSKY, A.* (Hrsg.), Der Wert der Marke – Markenbewertungsverfahren für ein effektives Markenmanagement, München 2003 (Manuskript in Vorbereitung).

REILLY, R. F./SCHWEIHS, R. P.: Valuing Intangible Assets, New York et al. 1999.

REPENN, W.: Handbuch der Markenbewertung und -verwertung, Weinheim 1998.

SATTLER, H.: Markenbewertung, in: ZfB, 65. Jg. (1995), S. 663–682.

SCHMIDT, R. H./TERBERGER E.: Grundzüge der Investitions- und Finanzierungstheorie, 4. Aufl., Wiesbaden 1997.

TROTT, E. W./UPTON, W. S.: Expected Cash Flows, in: *FASB* (Hrsg.), Understanding the Issues, Vol. 1, May 2001, S. 1–6.

Christian Zwirner und Marco Keßler

Der Abhängigkeitsbericht: Fallstudie – Polit AG

Mittelgroße und große Kapitalgesellschaften sind in Deutschland (meist) Teil eines Konzernverbundes, d. h. sie herrschen über ein oder mehrere andere Unternehmen bzw. sie werden von diesen beherrscht. Der Fall *Enron* in den USA hat gezeigt, dass diese rechtliche und wirtschaftliche Struktur des Konzerns erheblichen bilanzpolitischen Spielraum für die Gesellschaften beinhaltet, der dazu führen kann, dass sowohl der gesamte Kapitalmarkt als auch die Anteilseigner und Gläubiger des Unternehmens nachhaltig geschädigt werden. Aber nicht nur die Frage nach der Abgrenzung des Konsolidierungskreises – wie im Falle *Enron* –, sondern auch die wirtschaftlichen Beziehungen zwischen den einzelnen Konzerngesellschaften, die eventuell bis zur Schädigung einzelner Tochtergesellschaften zu Gunsten der Mutter führen, können negative Folgen für die Anteilseigner und Gläubiger der abhängigen Gesellschaft haben. Daher hat der deutsche Gesetzgeber mit der Verabschiedung der §§ 311 ff. AktG Schutzmaßnahmen getroffen, mit deren Hilfe die dem deutschen Wirtschaftsrecht inhärenten Gläubigerschutzregeln auch beim Vorhandensein eines faktischen Konzerns gestärkt werden sollen.

Um dieses Ziel des Gläubigerschutzes zu erreichen, legt § 311 AktG (Schranken des Einflusses) fest, dass die Obergesellschaft Nachteile ausgleichen muss, die der abhängigen Gesellschaft aufgrund einer Weisung ihrer Mutter entstanden sind. Als abhängig i. S. d. § 17 Abs. 1 AktG ist eine Gesellschaft dann einzustufen, wenn ein oder mehrere andere Unternehmen unmittelbar oder mittelbar einen beherrschenden Einfluss auf sie ausüben können. Widerlegbar wird in § 17 Abs. 2 AktG zudem eine Abhängigkeit eines in Mehrheitsbesitz stehenden Unternehmens von dem an ihm mit Mehrheit beteiligten Unternehmen vermutet.

Damit die Durchsetzung der Regelungen von § 311 AktG gewährleistet und die Beweisführung vereinfacht wird, ist der Vorstand des Tochterunternehmens gemäß § 312 AktG verpflichtet „einen Bericht über die Beziehungen der Gesellschaft zu verbundenen Unternehmen aufzustellen", sofern kein Tatbestand vorliegt, der von der grundsätzlichen Aufstellungspflicht entbindet. Dieser sog. Abhängigkeitsbericht hat u. a. die Angabe zu beinhalten, ob die Gesellschaft durch das Vorliegen eines Abhängigkeitsverhältnisses geschädigt wurde und ob diese Nachteile adäquat ausgeglichen wurden. Nach § 312 Abs. 1 AktG sind in dem Bericht alle Rechtsgeschäfte aufzuführen, „welche die Gesellschaft im vergangenen Geschäftsjahr mit dem herrschenden Unternehmen oder einem mit ihm verbundenen Unternehmen oder auf Veranlassung oder im Interesse dieser Unternehmen vorgenommen hat, und alle anderen Maßnahmen, die sie auf Veranlassung oder im Interesse dieser Unternehmen im vergangenen Geschäftsjahr getroffen oder unterlassen hat [...]. Bei den Rechtsgeschäften sind Leistung und Gegenleistung, bei den Maßnahmen die Gründe der Maßnahme und deren Vorteile und Nachteile für die Gesellschaft anzugeben". Nach § 312 Abs. 3 HGB hat der Vorstand der Gesellschaft am Schluss des so genannten Abhängigkeitsberichts anzugeben, ob das abhängige Unternehmen durch im Berichtsjahr getroffene Maßnahmen und/oder vorgenommene Rechtsgeschäfte benachteiligt wurde. Liegt eine Benachteiligung/Schädigung des abhängigen Unternehmens vor, so hat der Vorstand zu erklären „ob die Nachteile ausgeglichen worden sind" (§ 312 Abs. 3 AktG).

Damit dient dieser Bericht nicht nur dem Zweck der Beweissicherung und der Darlegung der Fakten, sondern er soll auch die Aufgabe einer Präventivmaßnahme erfüllen, die die Schädigung der Tochtergesellschaft ex ante vermeiden soll und die Stellung des Vorstandes der abhängigen Gesellschaft gegenüber dem herrschenden Unternehmen stärkt.

Nachfolgende Fallstudie soll dazu dienen, die aktienrechtlichen Regelungen des § 312 AktG im Detail zu erläutern und verständlich zu machen.

Fallstudie – Polit AG

Sie sind Leiter der Abteilung Konzernrechnungswesen der Mäkel AG (siehe Konzernorganigramm).

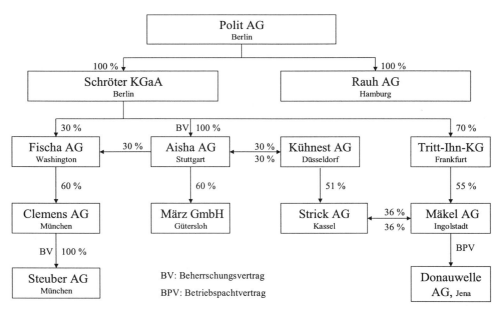

Abb. 1:   Konzernorganigramm des Polit-Konzerns.

Der Abhängigkeitsbericht: Fallstudie – Polit AG

Bei einer Vorstandssitzung, an der Sie teilnehmen, richtet der Vorstandsvorsitzende das Wort an Sie und bittet Sie, für ihn ein dringendes Problem zu lösen. Der Wirtschaftsprüfer der Gesellschaft, Karl Häkchen, verlange von ihm, dass die Mäkel AG einen Abhängigkeitsbericht aufstellt und dass dabei alle Unternehmen des Polit-Konzerns (siehe Abbildung 1) mit einbezogen werden. Diesen Bericht sollen auch alle anderen Tochterunternehmen der Polit AG aufstellen. Der Vorstandsvorsitzende fragt Sie, ob es wirklich gesetzlich vorgeschrieben sei, dass die Mäkel AG bzw. die anderen Konzernunternehmen einen solchen Bericht erstellen müssen. Erläutern Sie Ihrem Vorgesetzten die Regelungen der §§ 311 ff. AktG und beantworten Sie seine Frage bezüglich der Notwendigkeit der Aufstellung eines Abhängigkeitsberichtes.

Beachten Sie, dass alle Zahlenangaben in Abbildung 1 die Prozentzahl sowohl der gehaltenen Stimmrechte als auch des gehaltenen Kapitalanteils angeben. Die widerlegbaren Vermutungen der §§ 16 und 17 AktG können nicht widerlegt werden.

Aufgabe 1

Erklären Sie Ihrem Vorgesetzten,

a) unter welchen Voraussetzungen eine Gesellschaft einen Abhängigkeitsbericht aufstellen muss,

b) unter welchen Bedingungen die Befreiungstatbestände des § 312 AktG zur Anwendung kommen,

c) was Abhängigkeit i. S. d. § 17 AktG bedeutet und welche Unternehmen des Polit-Konzerns abhängig sind, und

d) welche Unternehmen des Polit-Konzerns einen Abhängigkeitsbericht aufstellen müssen.

Aufgabe 2

a) Erklären Sie dem Vorstandsvorsitzenden der Mäkel AG, welche Unternehmen gemäß § 312 AktG im Abhängigkeitsbericht aufgeführt werden müssen.

b) Übertragen Sie diese theoretischen Ausführungen auf den Polit-Konzern und erstellen Sie eine Liste der aufstellungspflichtigen Gesellschaften inklusive der Unternehmen, über die berichtet werden muss.

c) Welche Unternehmen müsste die Donauwelle AG mit einbeziehen, wenn sie von der Mäkel AG abhängig wäre und einen Abhängigkeitsbericht aufstellen müsste?

Lösung

Aufgabe 1

a) § 311 Abs. 1 AktG verbietet, dass Gesellschaften in der Rechtsform der *Aktiengesellschaft* oder der *Kommanditgesellschaft auf Aktien* veranlasst werden, „ein für sie nachteiliges Rechtsgeschäft vorzunehmen". Da dieses Verbot sich auf die genannten Rechtsformen beschränkt, gilt diese Einschränkung auch für die Berichterstattung über solche Geschäfte. Somit ist der Abhängigkeitsbericht gemäß § 312 AktG nur von einem Unternehmen in der Rechtsform der AG oder KGaA aufzustellen. Da das AktG – als nationales Recht – lediglich für das Rechtsgebiet der Bundesrepublik Deutschland wirksam ist, müssen diese Gesellschaften zudem ihren Sitz im Inland haben, d. h., es muss sich um eine *inländische AG oder KGaA* handeln, die den Tatbestand der *Abhängigkeit gemäß § 17 AktG* erfüllt.

Eine grundsätzliche Pflicht zur Aufstellung eines Abhängigkeitsberichtes besteht zusammenfassend bei folgenden Voraussetzungen:

1. Unternehmen mit Sitz im Inland,
2. in der Rechtsform einer AG oder KGaA,
3. Vorliegen eines Abhängigkeitsverhältnisses nach § 17 AktG.

b) Auch wenn die allgemeinen Voraussetzungen erfüllt sind, führen folgende Ausschlusstatbestände dennoch dazu, dass die abhängige Gesellschaft keinen Abhängigkeitsbericht aufstellen muss:

1. Vorliegen eines Beherrschungsvertrages gemäß § 291 Abs. 1 AktG i. V. m. § 312 Abs. 1 AktG,
2. Vorliegen eines Gewinnabführungsvertrages gemäß § 291 Abs. 1 AktG i. V. m. § 312 Abs. 1 AktG,
3. Abhängigkeitsverhältnis, das auf einer Eingliederung gemäß § 323 Abs. 1 AktG beruht.

Damit müssen nur die Unternehmen einen Abhängigkeitsbericht aufstellen, die die positiven Abgrenzungskriterien erfüllen und nicht unter mindestens einen der genannten Ausschlusstatbestände fallen.

Beim Vorliegen einer mehrstufigen Abhängigkeit liegen die in Aufgabenteil a) genannten Berichtsvoraussetzungen seitens des berichtspflichtigen Unternehmens mehrfach vor. Die Ausschlusstatbestände entfalten jedoch – abhängig von ihrer Reichweite und Einflussmöglichkeit – nur Wirkung gegenüber dem unmittelbar herrschenden Unternehmen, so dass eine Berichtspflicht gegenüber den mittelbar herrschenden Unternehmen dennoch gegeben sein kann.

c) § 17 Abs. 1 AktG definiert eine abhängige Gesellschaft als rechtlich selbstständiges Unternehmen, auf das ein oder mehrere andere Unternehmen unmittelbar oder mittelbar einen beherrschenden Einfluss ausüben *können*. Dabei reicht die bloße Innehabung der Beherrschungsmöglichkeit aus, um diesen Tatbestand zu begründen.

Durch die Abhängigkeitsvermutung des § 17 Abs. 2 AktG (die hier im Beispiel nach der genannten Prämisse nicht widerlegt wird) wird (widerlegbar) vermutet, dass eine Mehrheitsbeteiligung nach § 16 AktG zur Abhängigkeit führt. Dies ist realiter auch der am häufigsten auftretende Grund für das Vorhandensein eines solchen Verhältnisses. Dennoch existieren z. B. durch Stimmrechtsbindungsverträge oder durch personelle Verflechtungen in der Führungsstruktur der Unternehmen Fälle, in denen ein Abhängigkeitsverhältnis, aber keine Stimmrechtsmehrheit vorliegt. Auch Beherrschungsverträge (vgl. § 291 Abs. 1 AktG) begründen (unwiderlegbar) den Tatbestand der Abhängigkeit, während rein schuldrechtliche Verträge (wie der Betriebspacht- oder Betriebsüberlassungsvertrag) lediglich organisationsrechtlichen Charakter haben und somit nicht zur Abhängigkeit führen.

Im Polit-Konzern sind folglich alle Unternehmen außer der Polit AG, der Kühnest AG und der Donauwelle AG abhängig.

d) Ihrem Vorstandsvorsitzenden teilen Sie mit, dass die Mäkel AG einen Abhängigkeitsbericht zu erstellen hat, da sie ihren Sitz in Ingolstadt hat, und somit eine inländische AG ist. Zudem ist sie über die widerlegbaren Vermutungen des AktG, die im Beispielfall gemäß der Prämisse nicht widerlegt werden, als abhängig zu bezeichnen, da die Tritt-Ihn-KG eine Mehrheitsbeteiligung gemäß § 16 AktG an ihr hält. Auch keiner der Ausschlusstatbestände greift. Somit ist die Mäkel AG berichtspflichtig gegenüber der Tritt-Ihn-KG. Aber auch gegenüber der Schröter KGaA und der Polit AG ist dies der Fall (identisches Vorgehen bei der Prüfung). Damit nicht gegenüber jedem herrschenden Unternehmen ein Abhängigkeitsbericht aufgestellt werden muss, darf ein zusammengefasster Bericht erstellt werden, der die Beziehungen zu allen Unternehmen umfasst.

Prüft man die anderen Konzerngesellschaften, so ergibt sich folgende Aufstellung, die Sie ihrem Vorstandsvorsitzenden erläutern müssen.

Unternehmen	abhängig?	inländisches Unternehmen?	AG oder KGaA?	Ausschließungstatbestand?	Berichtspflicht
Polit AG	nein	ja	ja	nein	nein
Schröter KGaA	ja	ja	ja	nein	ja
Rauh AG	ja	ja	ja	nein	ja
Fischa AG	ja	nein	ja	nein	nein
Aisha AG*	ja	ja	ja	ja/nein	nein/ja
Kühnest AG	nein	ja	ja	nein	nein
Tritt-Ihn-KG	ja	ja	nein	nein	nein
Clemens AG	ja	ja	ja	nein	ja
März GmbH	ja	ja	nein	nein	nein
Strick AG	ja	ja	ja	nein	ja
Mäkel AG	ja	ja	ja	nein	ja
Steuber AG*	ja	ja	ja	ja/nein	nein/ja
Donauwelle AG	nein	ja	ja	nein	nein

Tab. 1: *Unternehmen, die einen Abhängigkeitsbericht aufstellen müssen.*

(*) Die Aisha AG und die Steuber AG erfüllen beide die (positiven) Voraussetzungen zur Erstellung eines Abhängigkeitsberichtes. Gegenüber dem jeweils unmittelbar herrschenden Unternehmen, also der Schröter KGaA bzw. der Clemens AG, greifen allerdings (bilateral) die jeweiligen Ausschlusstatbestände, so dass (lediglich) eine Berichtspflicht gegenüber den mittelbar herrschenden Unternehmen besteht.

Aufgabe 2

a) § 312 AktG führt aus, dass alle Rechtsgeschäfte zu erläutern sind, die „mit dem herrschenden Unternehmen oder einem mit ihm verbundenen Unternehmen oder auf Veranlassung oder im Interesse dieser Unternehmen" durchgeführt wurden. Das bedeutet, dass die abhängige Gesellschaft in einem ersten Schritt alle Unternehmen aufzuführen hat, die gegenüber dieser herrschend sind. Es müssen auch die mittelbar herrschenden Unternehmen in den Abhängigkeitsbericht mit einbezogen werden. Zudem müssen in einem zweiten Schritt alle Unternehmen genannt werden, die verbundene Unternehmen zu den (mittelbar und unmittelbar) herrschenden Unternehmen sind. Wenngleich auch keine Rechtsgeschäfte mit diesen genannten Firmen vollzogen wurden, kann es dennoch zu einem berichtspflichtigen Tatbestand kommen, sofern diese Vertrags- und Lieferbeziehungen auf einer Anweisung beruhen, die eines der genannten Unternehmen gegenüber dem berichtenden Unternehmen ausgesprochen hat.

Der Begriff der verbundenen Unternehmen wird im Aktiengesetz in den §§ 15 ff. AktG definiert. Demnach können eine Vielzahl von Tatbeständen das Verbundverhältnis begründen. Der wichtigste Grund für dessen Vorliegen ist allerdings die Mehrheitsbeteiligung, die über die widerlegbaren Vermutungen der §§ 17 f. AktG dazu führt, dass ein Konzernunternehmen vorliegt, bei dem alle Unternehmen zueinander in einem *multilateralen Unternehmensverbund* stehen. Im Gegensatz dazu kennzeichnen Betriebspacht- bzw. Betriebsüberlassungsverträge und wechselseitige Beteiligungen nur *einfache Verbundbeziehungen*. Demnach sind nur die Unternehmen (bilateral oder multilateral) miteinander verbunden, zwischen denen eine dieser Voraussetzungen vorliegt.

Gerade diese Verbundenheit ist bei *mehrstufiger Abhängigkeit* besonders zu beachten, da der Kreis verbundener Unternehmen des unmittelbar herrschenden Unternehmens nicht zwangsläufig identisch sein muss mit jenem des/der mittelbar herrschenden Unternehmen(s). Diese Übereinstimmung ist oft nicht gegeben, wenn ein mittelbar oder unmittelbar herrschendes Unternehmen einen Betriebspacht- bzw. einen Betriebsüberlassungsvertrag abgeschlossen hat, da durch diesen Tatbestand – wie erläutert – nur bilaterale Verbundbeziehungen begründet werden.

Zu beachten ist auch, dass die abhängige Gesellschaft mit einer Firma Rechtsgeschäfte vollziehen kann, mit der zwar sie selbst, aber nicht mind. eines der herrschenden Unternehmen verbunden ist. In diesem Fall sind diese Beziehungen nicht berichtspflichtig, sofern keines der herrschenden Unternehmen bzw. ein mit ihnen verbundenes Unternehmen diese Vorgänge veranlasst hat. Auch das Unternehmen, mit dem die Rechtsgeschäfte vorgenommen wurden, ist nicht in den Abhängigkeitsbericht einzubeziehen.

Für das Vorliegen verbundener Unternehmen nach AktG ist nach h. M. die Rechtsform unerheblich. Daher müssen auch Personenhandelsgesellschaften in die Berichterstattung mit einbezogen werden. Rechtsfolgen treten jedoch nur dann ein, wenn das abhängige Unternehmen das Rechtsformerfordernis der AG oder KGaA erfüllt. Demzufolge sind die Rechtsgeschäfte mit Personenhandelsgesellschaften berichtspflichtig, auch wenn diese Unternehmen nicht zur Aufstellung eines Abhängigkeitsberichtes verpflichtet sind. An dieser Stelle muss strikt zwischen dem Tatbestand und der Rechtsfolge eines Sachverhaltes getrennt werden.

Von der herrschenden Gesellschaft verlangt der Gesetzgeber lediglich die Eigenschaft des „Unternehmens", woraus ersichtlich ist, dass bei der Obergesellschaft weder die Rechtsform noch der Sitzstaat für die Einbeziehung von Bedeutung ist.

b) Bezüglich der Mäkel AG müssen Sie ihrem Vorgesetzten berichten, dass der Abhängigkeitsbericht die Tritt-Ihn-KG als unmittelbar herrschendes Unternehmen sowie die Polit AG und die Schröter KGaA als mittelbar herrschende Unternehmen einschließen muss. Im nächsten Schritt sind die verbundenen Unternehmen *dieser drei Gesellschaften* zu ermitteln. Dies sind die Rauh AG, die Fischa AG und die Clemens AG. Die Steuber AG, die Aisha AG und die März GmbH sind ebenfalls zu berücksichtigen, da das Vorliegen eines Beherrschungsvertrages für die Abgrenzung der einzubeziehenden Unternehmen irrelevant ist, weil diese Form des Vertrages lediglich einen Ausschlusstatbestand bei der Prüfung der Aufstellungspflicht darstellt. Die Kühnest AG ist nicht einzubeziehen, da diese lediglich verbunden ist mit der Aisha AG und der Strick AG, die beide kein (mittelbar oder unmittelbar) herrschendes Unternehmen gegenüber der Mäkel AG darstellen. Ebenso sind die Strick AG und die Donauwelle AG rein bilateral verbundene Unternehmen der Mäkel AG und sind demnach nicht mit in den Abhängigkeitsbericht aufzunehmen.

Überträgt man die aufgezeigten Prüfungsschritte auf den Gesamtkonzern, ergibt sich folgendes Bild:

Aufstellungs-pflichtige Unternehmen	einzubeziehende Unternehmen	Begründung
Schröter KGaA	Polit AG	unmittelbar herrschendes Unternehmen
	Rauh AG, Fischa AG, Clemens AG, Steuber AG, Aisha AG, März GmbH, Tritt-Ihn-KG, Mäkel AG	verbundene Unternehmen der Polit AG
Rauh AG	Polit AG	unmittelbar herrschendes Unternehmen
	Schröter KGaA, Fischa AG, Clemens AG, Steuber AG, Aisha AG, März GmbH, Tritt-Ihn-KG, Mäkel AG	verbundene Unternehmen der Polit AG
Aisha AG[*]	Polit AG	mittelbar herrschendes Unternehmen
	Rauh AG, Fischa AG, Clemens AG, Steuber AG, März GmbH, Tritt-Ihn-KG, Mäkel AG	verbundene Unternehmen der Polit AG

Tab. 2: *In den Abhängigkeitsbericht einzubeziehende Unternehmen (Teil 1).*

Aufstellungs-pflichtige Unternehmen	einzubeziehende Unternehmen	Begründung
Clemens AG	Fischa AG	Unmittelbar herrschendes Unternehmen
	Schröter KGaA, Polit AG	mittelbar herrschende Unternehmen
	Rauh AG, Steuber AG, Aisha AG, März GmbH, Tritt-Ihn-KG, Mäkel AG	verbundene Unternehmen der Polit AG oder der Schröter KGaA oder der Fischa AG
Steuber AG*	Fischa AG, Schröter KGaA, Polit AG	mittelbar herrschende Unternehmen
	Rauh AG, Aisha AG, März GmbH, Tritt-Ihn-KG, Mäkel AG	verbundene Unternehmen der Fischa AG oder der Schröter KGaA oder der Polit AG
Strick AG	Kühnest AG	unmittelbar herrschendes Unternehmen
	Aisha AG	verbundenes Unternehmen der Kühnest AG
Mäkel AG	Tritt-Ihn-KG	unmittelbar herrschendes Unternehmen
	Polit AG, Schröter KGaA	mittelbar herrschende Unternehmen
	Rauh AG, Fischa AG, Clemens AG, Steuber AG, Aisha AG, März GmbH	verbundene Unternehmen der Polit AG oder der Tritt-Ihn-KG oder der Schröter KGaA

Tab. 2: *In den Abhängigkeitsbericht einzubeziehende Unternehmen (Teil 2).*

(*) Die Aisha AG und die Steuber AG haben mit dem jeweils unmittelbar herrschenden Unternehmen einen Beherrschungsvertrag abgeschlossen. Da dieser als Ausschließungstatbestand nach § 291 Abs. 1 AktG i. V. m. § 312 Abs. 1 AktG anzusehen ist, entbindet er die jeweils beherrschten Unternehmen, also die Aisha AG und die Steuber AG, von ihrer Berichtspflicht gegenüber dem unmittelbar herrschenden Unternehmen, also der Schröter KGaA bzw. der Clemens AG. Gegenüber den mittelbar herrschenden Unternehmen bleibt die Berichtspflicht indes bestehen, so dass diesen gegenüber ein Abhängigkeitsbericht aufzustellen ist. Der Umfang der Berichtspflicht umfasst die mittelbar herrschenden sowie die mit diesen verbundenen Unternehmen, ausgeschlossen der durch den Beherrschungsvertrag von der Berichtspflicht ausgenommenen unmittelbar herrschenden Unternehmen.

c) Die Donauwelle AG müsste – entsprechend dem Vorgehen bei den anderen Unternehmen – alle (mittelbar und unmittelbar) herrschenden Unternehmen in ihren Abhängigkeitsbericht mit einbeziehen. Dies sind die Polit AG, die Schröter KGaA, die Tritt-Ihn-KG und die Mäkel AG. Zudem müssen alle verbundenen Unternehmen der herrschenden Unternehmen aufgeführt werden. Größtenteils ist dieses Vorgehen identisch mit der Teilaufgabe b). Eine Besonderheit ergibt sich jedoch bezüglich der Strick AG. Die Strick AG muss ebenfalls im Abhängigkeitsbericht der Donauwelle AG berücksichtigt werden, da sie ein verbundenes Unternehmen der Mäkel AG ist. Zwischen der Mäkel AG und der Strick AG liegt eine wechselseitige Beteiligung gemäß § 19 Abs. 1 AktG vor. Diese wechselseitige Beteiligung bewirkt, dass (nur) diese beiden Unternehmen (bilateral) verbundene Unternehmen darstellen. Wichtig ist dabei, dass der Unterschied zur Abhängigkeit beachtet wird. Während Abhängigkeiten und Konzerntatbestände multilaterale Beziehungen schaffen, kennzeichnen verbundene Unternehmen gemäß § 15 AktG – damit auch Unternehmensverträge nach §§ 291 f. AktG – und wechselseitig beteiligte Unternehmen gemäß § 19 AktG lediglich einfache, bilaterale Verbundbeziehungen.

Die Einbeziehungspflicht der Donauwelle AG kann folgendermaßen zusammengefasst werden:

Aufstellungs-pflichtige Unternehmen	einzubeziehende Unternehmen	Begründung
Donauwelle AG	Mäkel AG	unmittelbar herrschendes Unternehmen
	Polit AG, Schröter KGaA, Tritt-Ihn-KG	mittelbar herrschende Unternehmen
	Rauh AG, Fischa AG, Clemens AG, Steuber AG, Aisha AG, März GmbH	verbundene Unternehmen der Mäkel AG oder der Polit AG oder der Schröter KGaA oder der Tritt-Ihn-KG
	Strick AG	verbundene Unternehmen der Mäkel AG

Tab. 3: Die Berichtspflicht der Donauwelle AG.

Literaturhinweise

BAETGE, J./KIRSCH, H.-J./THIELE, S.: Konzernbilanzen, 6. Aufl., Düsseldorf 2002.

FÖRSCHLE, G./KROPP, M.: Kommentierung des § 289 HGB, in: BERGER, AXEL ET AL. (Bearb.), Beck'scher Bilanz-Kommentar, Handels- und Steuerrecht, 5. Aufl., München 2003.

GÖTZ, J.: Der Abhängigkeitsbericht der 100%igen Tochtergesellschaft, in: Die Aktiengesellschaft, 45. Jg. (2000), S. 498–503.

HÜFFER, U.: Aktiengesetz, 5. Aufl., München 2003.

KÜTING, K.: Der Abhängigkeitsbericht in der Wirtschaftspraxis, in: Zeitschrift für Betriebswirtschaft, 45. Jg. (1975), S. 473–492.

KÜTING, K./SCHUBERT, W.: Recht der verbundenen Unternehmen und Abhängigkeitsbericht, in: Wirtschaftswissenschaftliches Studium, 3. Jg. (1974), S. 595–598.

KÜTING, K./WEBER, C.-P.: Der Konzernabschluss, 8. Aufl., Stuttgart 2003.

LÜCK, W.: Kommentierung des § 289 HGB, in: KÜTING, K./WEBER, C.-P. (Hrsg.), Handbuch der Rechnungslegung – Einzelabschluss, Bd. 2, 5. Aufl., Stuttgart 2003.

OLG FRANKFURT/MAIN: Urteil vom 4.4.2000 – 5 U 224/98: Keine Verpflichtung zur Aufstellung eines Abhängigkeitsberichts bei ununterbrochener Kette von Beherrschungsverträgen von Muttergesellschaft bis zur Enkel-AG, in: Der Betrieb, 53. Jg. (2000), S. 1066.

SCHÖNBRUNN, N.: Kommentierung der §§ 15–19 AktG, in: KÜTING, K./WEBER, C.-P. (Hrsg.), Handbuch der Rechnungslegung – Einzelabschluss, Bd. 3, 5. Aufl., Stuttgart 2003.

II. Prüfung

„Die Fülle des Lesestoffes, die einem normalen Wirtschaftsprüfer zugemutet wird, übertrifft das menschlich Fassbare. Selbst das Institut der Wirtschaftsprüfer, das die Interessen der Wirtschaftsprüfer vertreten will und soll, produziert eine fachliche Verlautbarung nach der anderen. Diese Geschäftigkeit überfordert die Lesekraft des Wirtschaftsprüfers, trübt seinen Blick und bedroht seine übrige fachliche Tätigkeit. Zeitaufwendige Hobbys kann sich der Wirtschaftsprüfer ohnehin nicht leisten."

SEBASTIAN HAKELMACHER

(Das Alternative Wirtschaftsprüfer Handbuch, Düsseldorf 2000, S. 123.)

1. Grundlagen

Rainer Kasperzak

Unternehmenspublizität in der Dienstleistungs- und Informationsgesellschaft

Die Unternehmenspublizität ist derzeit fundamentalen Veränderungsprozessen unterworfen. Die Ursachen sieht man vor allem in dem sich vollziehenden Wandel von der Industriegesellschaft zur Dienstleistungs- und Informationsgesellschaft. Selbst amerikanische Regulierungsinstitutionen, namentlich das American Institute of Certified Public Accountants (AICPA), wenden ein, dass das traditionelle „financial accounting" den Anforderungen eines durch wachsenden Wettbewerb und raschen technologischen Wandel geprägten ökonomischen Umfeldes kaum mehr gerecht wird. Während die Unternehmen, so argumentiert das AICPA, auf diese Entwicklung reagieren, indem sie beispielsweise ihre Beziehungen zu Abnehmern und Lieferanten in veränderte Organisationsstrukturen einbetten, bliebe der Stand der Unternehmenspublizität hinter dieser Entwicklung zurück. Auch würde der Unternehmenserfolg zunehmend durch Investitionen in das sog. „intellektuelle Kapital" beeinflusst. Aufgrund eines weitgehenden Aktivierungsverbots für selbsterstellte immaterielle Vermögenswerte laufe man jedoch Gefahr, den Adressaten der Unternehmenspublizität wesentliche entscheidungsrelevante Informationen vorzuenthalten.

Breite Unterstützung findet diese Auffassung durch Arbeiten aus der rechnungslegungsorientierten empirischen Kapitalmarktforschung, wobei insbesondere die value relevance-Forschung interessante Ergebnisse herausgearbeitet hat.[1] So zeigen beispielsweise *Lev* und *Zarowin* anhand von Kapitalmarktstudien, dass die wachsende Bedeutung von immateriellen Vermögenswerten für den wirtschaftlichen Erfolg der Unternehmen aufgrund der restriktiven bilanziellen Behandlung dieser Werte mit einer abnehmenden Entscheidungsrelevanz der Gewinnberichterstattung einhergeht.[2]

In der jüngeren Vergangenheit bemüht man sich daher verstärkt, die identifizierte Publizitätslücke zu schließen und die Unternehmenspublizität stärker an den Bedürfnissen des Kapitalmarktes auszurichten. In diesem Zusammenhang spricht man u. a. von kapitalmarktorientierter Unternehmenspublizität, business reporting oder value reporting.[3] Im Rahmen der nachstehenden Ausführungen sollen zunächst die

---

[1] Vgl. im Überblick etwa *BEAVER* 2002.
[2] Vgl. *LEV/ZAROVIN* 1998; vgl. kritisch *WAGENHOFER/EWERT* 2003, S. 131 ff.
[3] Vgl. *RUHWEDEL/SCHULTZE* 2002.

wesentlichen Studien nationaler, internationaler und supranationaler Institutionen vorgestellt und anschließend die Implikationen für die künftige Ausgestaltung der Unternehmenspublizität besprochen werden.

Die Entwicklung einer kapitalmarktorientierten Unternehmenspublizität

Die Studien internationaler und supranationaler Institutionen

Eine weite Beachtung hat im Schrifttum der so genannte „Jenkins-Report" gefunden. Dabei handelt es sich um eine vom amerikanischen Berufsverband der Wirtschaftsprüfer (AICPA) in Auftrag gegebene Studie, die der Frage nachgehen sollte, welche Art von Informationen Eigner und Financiers als Entscheidungsgrundlage benötigen. Die Studie ist Teil einer breit angelegten Initiative des AICPA mit der Zielsetzung, die Qualität und den Wert der US-amerikanischen Unternehmenspublizität sowie das öffentliche Vertrauen in dieselbe zu verbessern.[1]

Aus der Befragung ging hervor, dass die Adressaten, man hat sich auf die Anteilseigner und die Gläubiger konzentriert, signifikante Veränderungen der Publizitätspraxis einfordern. Auf der Grundlage der Auswertung des empirischen Materials wurde, quasi als Vorschlag zur Verbesserung der Unternehmenspublizität, ein „Business Reporting Model" entwickelt, das sich auf fünf, nachstehend aufgeführte Hauptkomponenten gründet:

- finanzielle und nicht-finanzielle Berichterstattung,
- Managementanalyse der finanziellen und nicht-finanziellen Berichterstattung,
- zukunftsorientierte Berichterstattung,
- Berichterstattung über das Management und die Anteilseigner,
- ökonomische Hintergrundinformationen über die Gesellschaft.

Die Initiative des AICPA ist später vom Financial Accounting Standards Board (FASB) im Rahmen einer Auftragsstudie aufgenommen und weiter konkretisiert worden.[2] Ziel des so genannten „Business Reporting Research Projects" ist es, die Grundlagen einer freiwilligen Unternehmenspublizität zu erarbeiten, um auf diese Weise die Versorgung des Kapitalmarktes mit entscheidungsrelevanten Informationen zu verbessern. Über die bereits im Jenkins Report bekannten Informationsklassen hinaus identifiziert das FASB als sechste Komponente die Berichterstattung über nicht bilanzierte immaterielle Vermögenswerte, wie etwa Humanressourcen, Kundenbeziehungen oder Innovationspotenziale. Als erfolgskritische Ressource misst man diesen Werten eine zunehmend hohe Entscheidungsrelevanz bei.

---

[1] Vgl. *AICPA* 1994.

[2] Vgl. *FASB* 2001.

Zu ähnlichen Resultaten gelangt auch eine Studie, die vom Verband der amerikanischen Finanzanalysten (AIMR) durchgeführt wurde.[1] Das AIMR schlägt ein Modell für eine umfassende Unternehmenspublizität vor. Inhaltlich lehnt sich der Vorschlag mit den Informationsmodulen Unternehmensgrundlagen, abschlussorientierte Zusatzinformationen, kritische Erfolgsfaktoren, Wertentwicklungskennzahlen sowie zukunftsorientierte Informationen stark an die Studien des AICPA und des FASB an.

Auch sei auf die Bemühungen der International Organization of Securities Commissions (IOSCO) hingewiesen, den Inhalt der Berichterstattung für grenzüberschreitende Börsennotierungen weitgehend zu standardisieren.[2] Über die traditionellen Angaben hinaus sieht das Konzept weitere Informationspflichten vor, die sich weitgehend mit den Anforderungen des AICPA, des FASB sowie des AIMR decken.

Die Arbeiten nationaler Institutionen

Indem sich das Institut der Wirtschaftsprüfer mit der konkreten Ausgestaltung des Lageberichts befasst hat, wurde auch in Deutschland einer kapitalmarktorientierten Berichterstattung der Weg geebnet.[3]

Nach den Vorstellungen des IDW sollen die Anforderungen, die sich aus den §§ 289 und 315 HGB an den Inhalt und die Gestaltung von Lage- bzw. Konzernlageberichten ergeben, konkretisiert werden. Zu diesem Zweck entwickelte das IDW eine Stellungnahme zur Aufstellung des Lageberichts, die konkrete Informationen – soweit sie wesentlich für den Geschäftsverlauf des Unternehmens sind – über die Branchenentwicklung und die Gesamtwirtschaft, Umsatz- und Auftragsentwicklung, Produktion und Beschaffung, Investition und Finanzierung, Personal- und Sozialbereich sowie über Umweltschutzmaßnahmen beinhaltet. Darüber hinaus ist auch über wesentliche Veränderungen der rechtlichen Rahmenbedingungen und über den Abschluss wichtiger Verträge zu berichten. Schließlich konkretisiert die Stellungnahme jene Elemente der Lageberichtspublizität, die Gegenstand zukunftsbezogener Angaben sind. Hier ist auf die §§ 289 Abs. 1 bzw. 315 Abs. 1 HGB (Risiken der künftigen Entwicklung) sowie auf die §§ 289 Abs. 2 Nr. 2 bzw. 315 Abs. 2 Nr. 2 HGB (voraussichtliche Entwicklung der Kapitalgesellschaft) hinzuweisen.

Jüngst hat das Deutsche Rechnungslegungs Standards Committee (DRSC) mit DRS 12 einen Standard zur bilanziellen Behandlung von immateriellen Vermögenswerten des Anlagevermögens vorgelegt. Im Rahmen dieses Standards wird die Empfehlung ausgesprochen, im Konzernlagebericht auf die Aufwendungen für nicht aktivierte immaterielle Vermögenswerte einzugehen. Darüber hinaus empfiehlt DRS 12

---

[1] Vgl. *AIMR* 1993.

[2] Vgl. *IOSCO* 1998.

[3] Vgl. *IDW* RS HFA 1.

eine Berichterstattung über das intellektuelle Kapital. Dabei lehnt sich der Standard an eine Kategorisierung des intellektuellen Kapitals an, die vom *Arbeitskreis „Immaterielle Werte im Rechnungswesen" der Schmalenbachgesellschaft* (2001) entwickelt wurde:

- Human capital (z. B. Aus- und Weiterbildung, Führungsqualität),
- Customer capital (z. B. Kundenstamm, Marktanteile, Kundenzufriedenheit),
- Supplier capital (z. B. Lieferantennetzwerke, exklusive Belieferungsrechte),
- Investor capital (z. B. Kredit-Rating, Finanzierungsstruktur),
- Process capital (z. B. Vertriebsnetze, Qualitätssicherung),
- Location capital (z. B. Infrastruktur, steuerbedingte Standortvorteile),
- Innovation capital (z. B. Patente, Lizenzen).

Der Standard bleibt im Hinblick auf die Berichterstattung über das intellektuelle Vermögen allerdings sehr unbestimmt, da sich weder in dem Standard selbst noch in seiner Begründung eine Begriffsdefinition bzw. eine nähere Erläuterung der einzelnen IC-Komponenten findet. Die intendierte Verbesserung der Informationsgrundlage der Abschlussadressaten wird auf diese Art und Weise jedenfalls nicht erreicht. Auch finden sich keine Hinweise darauf, wie eine Berichterstattung über intellektuelles Kapital konkret ausgestaltet werden könnte. Zwar gilt zu beachten, dass Informationen über intellektuelles Kapital in hohem Maße unternehmensspezifischen Charakter haben und einer zwischenbetrieblichen Vergleichbarkeit insofern Grenzen gesetzt sind. Allerdings benötigen wir m. E. gewisse Mindeststandards, um die Berichterstattung über intellektuelles Kapital nicht in Beliebigkeit münden zu lassen.

Auch der *Arbeitskreis „Externe Unternehmensrechnung" der Schmalenbachgesellschaft* (2002) hat sich mit der potenziellen Berichterstattung über das intellektuelle Kapital im Rahmen sog. „Grundsätze für das Value Reporting" auseinandergesetzt, geht aber ebenfalls nicht auf spezifische Abbildungstechniken ein. Die Grundsätze für das Value Reporting sollen dem Investor eine verbesserte Einschätzung des Unternehmenswertes ermöglichen. Dabei unterscheidet der Arbeitskreis folgende Bereiche des Value Reporting:

- Kapitalmarktorientierte Daten (z. B. Börsenkapitalisierung, Multiplikatoren, Beta-Faktor, Anteilseignerstruktur),
- Informationen über nicht bilanzierte Werte des Unternehmens (u. a. intellektuelles Kapital),
- Informationen über Strategie und Performance des Unternehmens (z. B. Kapitalrentabilität und Kapitalkosten, Beschreibung der Stärken und Schwächen, Beschreibung der Strategie, Marktumfeld- und Wettbewerbsanalyse).

Abschließend sei auf Arbeiten verwiesen, die die Unternehmenspublizität als wichtiges Teilelement der Corporate Governance betrachten. Zu nennen ist in diesem Zusammenhang zunächst die Grundsatzkommission Corporate Governance, die einen so genannten „Code of Best Practice" für börsennotierte Gesellschaften erarbeitet hat. Dieses doch eher allgemein gehaltene Regelwerk hat die Deutsche Vereinigung für Finanzanalyse und Asset Management (DVFA) aufgegriffen und im Rahmen der Entwicklung einer so genannten „Scorecard for German Corporate Governance" weiter konkretisiert.[1] Die standardisierte Scorecard soll vor allem Analysten und Investoren in die Lage versetzen, die Qualität der Corporate Governance auf der Basis eines Scoring-Verfahrens zu beurteilen. Die Evaluierung der Kommunikationspolitik der Unternehmensleitung gegenüber ihren Stakeholdern erfolgt dabei im Modul „Transparenz".

Fazit

Die Aktivitäten der genannten Organisationen und der Druck der Kapitalmärkte sprechen dafür, dass sich die Berichterstattung der Unternehmen in der Zukunft noch stärker als bisher hin zu einer kapitalmarktorientierten Unternehmenspublizität entwickeln wird, d. h. einer Berichterstattung, die die Adressaten mit zusätzlichen, außerhalb der traditionellen Finanzberichterstattung platzierten Informationen versorgt. Ein wesentlicher Eckpfeiler dieser Publizität dürfte die freiwillige, gleichwohl mit gewissen Mindeststandards versehene Offenlegung entscheidungsrelevanter Daten sein. Das Hauptargument für eine stärkere Transparenz wird in der Möglichkeit gesehen, die Kapitalkosten der Unternehmen zu reduzieren und in der Folge positive Markwerteffekte zu generieren. Einige empirische Untersuchungen sprechen zwar dafür, dass dieser Zusammenhang existiert, die Ergebnisse sind indes nicht eindeutig. Hier besteht noch erheblicher weiterer Forschungsbedarf.[2]

Dass die traditionellen Instrumente Bilanz und Gewinn- und Verlustrechnung noch einen entscheidenden Stellenwert in einer kapitalmarktorientierten Unternehmenspublizität einnehmen, wird von einigen Autoren, deren Argumentation im folgenden Kapitel aufgegriffen wird, bezweifelt. So mehren sich in jüngster Zeit Vorschläge, die auf eine radikalere Veränderung in der Ausgestaltung der Unternehmenspublizität zielen.

---

[1] Vgl. *DVFA* 2000.
[2] Vgl. *EWERT/WAGENHOFER* 2000, S. 38 ff.

Künftige Entwicklungslinien

Das Kernargument der Befürworter eines radikalen Einschnitts in die Praxis der Unternehmenspublizität rekurriert auf den vollzogenen Strukturwandel von der Industriegesellschaft zur Dienstleistungs- und Informationsgesellschaft. Dieser Wandel, so wird argumentiert, könne nicht ohne Konsequenzen für die Entwicklung der Unternehmenspublizität bleiben. Folgende Fragen sind in diesem Zusammenhang von Relevanz:[1]

- *Wer* soll berichten (Subjekt der Berichterstattung)?
- *Wann* soll berichtet werden (Zeitaspekt der Berichterstattung)?
- *Wie* soll berichtet werden (Medium der Berichterstattung)?
- *Worüber* soll berichtet werden (Inhalt der Berichterstattung)?

Die Frage, wer überhaupt zur Berichterstattung verpflichtet ist und wie das Berichtssubjekt von seiner Umwelt abgegrenzt werden kann, stellt auf das Konzept der rechnungslegenden Einheit ab. So basiert die Konzernrechnungslegung auf der Fiktion der wirtschaftlichen Einheit rechtlich selbstständiger Unternehmen, um der rechnungslegenden Einheit „Konzern" rechnungslegungsbezogene Informationen zuordnen zu können. Die einzelnen Konzernunternehmen gleichen quasi Abteilungen oder Teilbetrieben der Konzernobergesellschaft, ein Sachverhalt, der ihre eingeschränkte wirtschaftliche Selbstständigkeit deutlich zum Ausdruck bringt. Fraglich ist, ob diese Konzeption dem Wandel, der in der Organisation ökonomischer Aktivitäten stattgefunden hat, gerecht wird. Hier ist insbesondere auf das Netzwerkphänomen zu verweisen. Als klassisches Beispiel wird häufig die Automobilindustrie herangezogen. Die enorme Reduzierung der Fertigungstiefe in dieser Branche führt nämlich dazu, dass die Hersteller zunehmend Teile und Komponenten von selbstständigen Zulieferbetrieben beziehen, die in ein System industrieller Partnerschaften eingebundenen sind. Solche Partnerschaften basieren auf langfristigen Lieferverträgen. Oftmals werden die Zulieferer in mehrere Prozessstufen, beispielsweise im Bereich von Forschung und Entwicklung, für Produkt- und Prozessinnovationen eingebunden. Auch die Hersteller selbst arbeiten intensiv unternehmensübergreifend zusammen, indem sie zum Zwecke der Entwicklung und Produktion neuer Modelle strategische Allianzen eingehen oder Joint Ventures gründen. In der biotechnologischen Industrie basiert die Zusammenarbeit vor allem auf Lizenzvereinbarungen, langfristigen Forschungsvereinbarungen und Joint Ventures. Weitere Beispiele für derartige Beziehungen finden sich im Bereich der Elektronik- und Maschinenbauindustrie und in zahlreichen Branchen von Dienstleistung und Handel.

---

[1] Vgl. *WALLMANN* 1995; *PELLENS* 2001, S. 615 ff.

Nachdem das Netzwerkphänomen zu Beginn der achtziger Jahre verstärkt Eingang in die Organisations-, Management- und Strategieliteratur gefunden hat, haben nunmehr auch Vertreter der „Accounting Community" netzwerkartige Unternehmensverbindungen als Problemgegenstand für ihr Fach entdeckt.[1] Vereinzelt wird sogar schon die Frage nach einer eigenständigen Netzwerkrechnungslegung aufgeworfen. Hier sieht man offensichtlich Defizite im Hinblick auf die derzeitige Behandlung von Unternehmensnetzwerken im externen Berichtswesen.

Die zweite und die dritte Frage greifen die neuen Möglichkeiten der Informationstechnologie in Bezug auf den Faktor Zeit und die Art und Weise der Informationsverbreitung auf. Empirische Ereignisstudien zeigen, dass aufgrund vorlaufender Informationsquellen dem Jahresabschluss selbst vor allem eine bestätigende, nicht jedoch primär informierende Funktion zukommt;[2] daher steht die Forderung nach einer möglichst zeitnahen Berichterstattung (Real Time Reporting) im Raum. In diesem Zusammenhang spielt das Medium Internet eine wichtige Rolle.[3] Die Rechnungslegungsadressaten haben nunmehr jederzeit standortungebunden Zugriff auf aktuelle Unternehmensdaten. Es finden sich auch Vorschläge, den Adressaten Daten in stark disaggregierter Form zur Verfügung zu stellen. Diese könnten dann im Sinne einer datenbankgestützten Publizität benutzerspezifisch aufbereitet werden.[4]

Dem Inhalt der Berichterstattung wird ein hohes Maß an Skepsis im Hinblick auf die derzeitige Bilanzierungs- und Bewertungspraxis entgegengebracht, da diese die heutigen „weichen" Werttreiber in Form von Informationsgütern wie Wissen, Knowhow, Innovationspotenzialen, Kunden- und Lieferantenbeziehungen etc. nicht ausreichend abzubilden vermag. Informationsgüter bzw. das intellektuelle Kapital finden nur teilweise und unter sehr restriktiven Voraussetzungen Eingang in die Bilanz. Daher bemühen sich standardsetzende Institutionen, wie bereits oben beschrieben, vermehrt darum, die Berichterstattung über das intellektuelle Kapital im Rahmen einer freiwilligen Unternehmenspublizität zu etablieren. So haben u. a. das „Intellectual Property Statement"[5], das „Intangible Asset Statement" oder gar „Wissensbilanzen" Eingang in die aktuelle Diskussion gefunden.[6]

---

[1] Vgl. im Überblick KASPERZAK 2003.

[2] Vgl. im Überblick COENENBERG 2000, S. 1133.

[3] Vgl. EWERT/WAGENHOFER 2000, S. 48.

[4] Vgl. GASSEN 2000.

[5] Vgl. Abbildung 1.

[6] Vgl. KASPERZAK/KRAG/WIEDENHOFER 2001.

Kundenbeziehungen	Humankapital
• Marken, • Kundenzahl und -struktur, • Dauer der Kundenbeziehung und Intensität, • Firmenname, • Auftragsbestand, • Vertriebsstrukturen, • Lizenzverträge, • Kooperationsverträge, • Franchisevereinbarungen.	• Technisches Wissen (Know-how), • Ausbildung, • arbeitsablaufbezogenes Wissen, • Erfahrung, • innovatives Verhalten, • Reaktionsverhalten, • Anpassungsfähigkeit an geänderte Situationen.
Innovationskapital, unabhängig von der Bilanzierbarkeit	Infra- oder Prozess-Struktur
• Patente, • Markenrechte, • Copyrights, • Warenzeichen, • Dienstleistungsmarken.	• Managementphilosophie, • Informationssystem, • Unternehmenskultur, • Netzwerke, • Kapitalausstattung.

Abb. 1: Intellectual Property Statement; Quelle: Maul/Menninger 2000, S. 530.

Das von *Lev* vorgelegte „Value Chain Scoreboard" setzt konsequent an der Wertschöpfungskette an und will über den fundamentalen Prozess der Innovation informieren.[1] Wie die Abbildung 2 zeigt, konstruiert *Lev* die logische Abfolge eines Innovationsprozesses in den Dimensionen „Discovery/Learning" (Cluster 1), „Implementation" (Cluster 2) und „Commercialization" (Cluster3), die ihrerseits durch Indikatoren weiter präzisiert werden. Im Gegensatz zu vielen Vorschlägen in der Literatur will *Lev* ausschließlich quantitative Indikatoren verwenden, qualitative Aspekte hingegen als zusätzliche Information bereitstellen. Zudem strebt *Lev* zur Unterstützung von Benchmarking-Prozessen eine Standardisierung der Bewertungsmethodik an.

---

[1] Vgl. *LEV* 2001, S. 205 ff.

Discovery and learning	Implementation	Commercialization
1. Internal renewal • Research and developement • Work force training and developement • Organizational capital, processes **2. Acquired capabilities** • Technology purchase • Spillover utilization • Capital expenditures **3. Networking** • R&D alliances and joint ventures • Supplier and customer integration • Communities of practice	**4. Intellectual property** • Patents, trademarks, and copyrights • Licensing agreements • Coded know-how **5. Technological feasibility** • Clinical tests, Food and Drug Administration approvals • Beta tests, working pilots • First mover **6. Internet** • Threshold traffic • Online purchases • Major Internet alliances	**7. Customers** • Marketing alliances • Brand values • Customer churn and value • Online sales **8. Performance** • Revenues, earnings, and market share • Innovation revenues • Patent and know-how royalties • Knowledge earnings and assets **9. Growth prospects** • Product pipeline and lunch dates • Expected efficiencies and savings • Planned initiatives • Expected breakeven and cash burn rate

Abb. 2: *Value Chain Scoreboard™; Quelle: Lev 2001, S. 111.*

Aufgabe

Der Wandel von der Industriegesellschaft zur Dienstleistungs- und Informationsgesellschaft lässt die Forderung nach einem Value Reporting laut werden. Erörtern Sie denkbare Auswirkungen einer derartigen Berichterstattung auf die Jahresabschlussprüfung!

Lösung

Grundsätzlich ist zu differenzieren, ob das Value Reporting im prüfungspflichtigen oder im nicht prüfungspflichtigen Teil des veröffentlichten Konzern-Geschäftsberichts, d. h. außerhalb von Konzernlagebericht und Konzernjahresabschluss einschließlich Anhang erfolgt. Sofern der Lagebericht als Ort der Berichterstattung gewählt wird, sind vor allem § 317 Abs. 2 HGB bzw. die entsprechende Konkretisierung durch IDW PS 350 zu beachten. Danach müssen die Angaben zum Value Reporting mit den bei der Prüfung gewonnenen Erkenntnissen des Abschlussprüfers in Einklang stehen und der Lagebericht muss insgesamt eine zutreffende Vorstellung von der Lage des Unternehmens vermitteln. Erfolgt die Berichterstattung hingegen außerhalb des Lageberichts zusammen mit den prüfungspflichtigen Abschlussinformationen (z. B. Geschäftsberichte oder Börsenprospekte), besteht grundsätzlich keine Prüfungspflicht. Jedoch muss der Prüfer gemäß IDW PS 202 die Informationen kritisch lesen, da Unstimmigkeiten zwischen diesen Informationen und dem geprüften Jahresabschluss oder Lagebericht die Glaubwürdigkeit von Jahresabschluss und Lagebericht in Frage stellen können. Erkennt der Prüfer eine wesentliche Unstimmigkeit, so hat er zu beurteilen, ob der zu prüfende Jahresabschluss, der Lagebericht oder die zusätzliche Information änderungsbedürftig ist.

Denkbar ist auch, dass das Value Reporting nicht im Rahmen der prüfungspflichtigen Finanzberichterstattung oder gemeinsam mit den prüfungspflichtigen Abschlussinformationen verankert wird. In diesem Fall ist besteht die Möglichkeit einer freiwilligen Prüfung, z. B. auf dem Niveau einer prüferischen Durchsicht (IDW PS 900). Dabei handelt es sich nicht um eine Abschlussprüfung, sondern um eine kritische Würdigung auf der Grundlage einer Plausibilitätsbeurteilung.

Vor dem Hintergrund der möglichen Module eines Value Reporting (kapitalmarktorientierte Daten, Informationen über nicht bilanzierte Vermögenswerte, Strategie und Performance des Unternehmens) ist festzustellen, dass der Prüfer verstärkt mit zukunftsorientierten Angaben bzw. Erwartungen des Managements und auch mit qualitativen Informationen konfrontiert wird. In diesem Zusammenhang kommt dem risiko- bzw. geschäftsrisikoorientierten Prüfungsansatz, der in vielen großen Prüfungsgesellschaften derzeit zur Anwendung kommt, eine große Bedeutung zu. Dieser sieht vor, dass sich der Prüfer im Rahmen einer strategischen Analyse mit den Zielen des Unternehmens, den Strategien und den kritischen Erfolgsfaktoren intensiv auseinandersetzt. Die zu beobachtende Entwicklung von einer buchhaltungsorientierten Abschlussprüfung zu einer geschäftsrisikoorientierten Abschlussprüfung ist somit geeignet, der Prüfung des Value Reporting, sei es im Rahmen einer Pflichtprüfung oder einer freiwilligen Prüfung, nachhaltige Impulse zu verleihen.

Literaturhinweise

AICPA (Hrsg.): Improving business reporting. Jersey City 1994.

AIMR: Financial Reporting in the 1990s and beyond, USA 1993.

ARBEITSKREIS „EXTERNE UNTERNEHMENSRECHNUNG" DER SCHMALENBACHGESELLSCHAFT FÜR BETRIEBSWIRTSCHAFT E. V.: Grundsätze für das Value Reporting, in: Der Betrieb, 55. Jg. (2002), S. 2337–2340.

ARBEITSKREIS „IMMATERIELLE WERTE IM RECHNUNGSWESEN" DER SCHMALENBACHGESELLSCHAFT FÜR BETRIEBSWIRTSCHAFT E. V.: Kategorisierung und bilanzielle Erfassung immaterieller Werte, in: Der Betrieb, 54. Jg. (2001), S. 989–995.

BEAVER, W. H.: Perspectives on recent capital market research, in: The Accounting Review, Vol. 77, S. 453–474.

COENENBERG, A. G.: Jahresabschluss und Jahresabschlussanalyse, 19. Aufl., Stuttgart 2003.

DVFA (Hrsg.): Scorecard for german corporate governance, in: http://www.dvfa.de vom 01.10.2000.

EWERT, R./WAGENHOFER, A.: Neuere Ansätze zur theoretischen Fundierung von Rechnungslegung und Prüfung, in: *LACHNIT, L./FREIDANK, C.-C.* (Hrsg.), Investororientierte Unternehmenspublizität, Wiesbaden 2000, S. 33–60.

FASB: Business and financial reporting. Challanges from the new economy, Financial Accounting Series, No. 219-AI, April 2001.

GASSEN, J.: Datenbankgestützte Rechnungslegungspublizität. Ein Beitrag zur Evolution der Rechnungslegung, Frankfurt am Main et al. 2000.

IOSCO: International disclosure standards for cross-border offerings and initial listings by foreign issuers, in: http://www.iosco.org/iosco.html vom 15.02.2001.

KASPERZAK, R.: Unternehmenspublizität und Unternehmensnetzwerke. Theoretische Grundlagen und Gestaltungsmöglichkeiten, Bielefeld 2003.

KASPERZAK, R./KRAG, J./WIEDENHOFER, M.: Konzepte zur Erfassung und Abbildung von Intellectual Capital, in: Deutsches Steuerrecht, 35. Jg. (2001), S. 1494–1500.

LEV, B.: Intangibles, management, measurement, and reporting, Washington D.C. 2001.

LEV, B./ZAROVIN, P.: The boundaries of financial reporting and how to extend them, Working paper, New York University 1998.

MAUL, K.-H./MENNINGER, J.: Das „Intellectual Property Statement" – eine notwendige Ergänzung des Jahresabschlusses?, in: Der Betrieb, 53. Jg. (2000), S. 529–533.

PELLENS, B.: Internationale Rechnungslegung, 4. Aufl., Stuttgart 2001.

WAGENHOFER, A./EWERT, R.: Externe Unternehmensrechnung, Berlin et al. 2003.

WALLMANN, S. M. H.: The future of accounting and disclosure in an evolving world: the need for dramatic change, in: Accounting Horizons, Vol. 9, 1995, S. 81–91.

Norbert Krawitz und Christina Hartmann

Handelsrechtliche Jahresabschlussprüfung – Prüfungspflicht, Auswahl und Bestellung des Abschlussprüfers

Die Prüfungspflicht des handelsrechtlichen Jahresabschlusses und Lageberichts eines Unternehmens hängt von verschiedenen Faktoren ab. Dabei sind vor allem die Größe und die Rechtsform des Unternehmens sowie die Art der Kapitalbeschaffung zu betrachten. Im Rahmen der handelsrechtlichen Pflichtprüfung müssen die zuständigen Organe des prüfungspflichtigen Unternehmens bei der Prüferauswahl vor allem die betreffenden handelsrechtlichen Regelungen beachten. Der gewählte Abschlussprüfer hat bei der Auftragsannahme und -durchführung daneben auch die relevanten berufsrechtlichen Vorgaben einzuhalten.

Sachverhalt

Die Kaktus-GmbH aus Siegen hat sich auf die Züchtung verschiedener Kakteenarten für den heimischen Markt spezialisiert. Sie wird von den Geschäftsführern Herrn Dipl.-Kfm. Maier und Frau Dipl.-Biologin Huber sehr erfolgreich geführt. Beide halten je 30% der Anteile an der Kaktus-GmbH; die übrigen 40% verteilen sich auf folgende nicht an der Geschäftsführung beteiligten Personen: 30% hält der inzwischen 68-jährige Herr Büdenbender, der das Unternehmen gegründet hat, und die restlichen 10% gehören dem Vater von Frau Huber. Der Gesellschaftsvertrag der GmbH enthält keine Regelungen zur Abschlussprüfung und zur Einrichtung eines Aufsichtsrates.

Im Jahr 2002 hatte die Kaktus-GmbH einen deutlichen Anstieg (im Vergleich zu 2001 über 10%) der maßgeblichen wirtschaftlichen Erfolgsgrößen zu verzeichnen. Um die auch für die Zukunft erwartete steigende Nachfrage bedienen zu können, soll der Geschäftsbetrieb um die Züchtung weiterer Kakteenarten erweitert werden. Dafür sind jedoch Investitionen in größerem Umfang erforderlich. Zur Beschaffung des notwendigen Kapitals plant die Kaktus-GmbH im Herbst 2003 für Ende 2004 oder Anfang 2005 ein Going Public an der Börse Düsseldorf. Aus diesem Grund soll die Kaktus-GmbH zum 01. Januar 2004 in die Kaktus-AG umgewandelt werden. Die Gesellschafter wollen keine Vorschrift über eine Prüfungspflicht in die neue Satzung aufnehmen.

Prüfungspflicht und Prüferauswahl 319

Folgende Unternehmensdaten sind bekannt (Geschäftsjahr = Kalenderjahr):

Kriterium	2002	2003	2004 (Prognose)
Bilanzsumme	3.700.000 Euro	4.100.000 Euro	4.400.000 Euro
Umsatzerlöse	6.500.000 Euro	6.800.000 Euro	6.850.000 Euro
durchschnittliche Beschäftigtenzahl	51 Beschäftigte	51 Beschäftigte	49 Beschäftigte

Im Zuge der Vorbereitung auf die anstehende Gesellschafterversammlung sitzen die beiden Geschäftsführer, Herr Dipl.-Kfm. Maier und Frau Dipl.-Biologin Huber, Ende 2003 zusammen und überlegen, was noch zu tun ist. Beide sollen nach der Umwandlung in eine AG entsprechend § 76 AktG zu Vorstandsmitgliedern bestellt werden und somit weiterhin die Geschäftsführung sowie die Vertretung übernehmen. Herr Maier, der sich um die kaufmännischen Belange der Kaktus-GmbH kümmert, gibt zu bedenken, dass evtl. eine Prüfungspflicht für den Jahresabschluss 2003 und/oder 2004 bestehen könnte und in diesem Fall ein Abschlussprüfer bestellt werden sollte.

Frau Huber, die sich bisher kaum mit den kaufmännischen Fragestellungen beschäftigt hat, empfiehlt, hierfür der Gesellschafterversammlung den langjährigen Steuerberater der Kaktus GmbH, Schulze, der auch vereidigter Buchprüfer ist, oder dessen Sozius, den Wirtschaftsprüfer Weber, vorzuschlagen. Sie seien doch schließlich immer gut von vBP/StB Schulze beraten worden. Der vBP/StB Schulze fertigt seit Jahren die Steuererklärungen für die Kaktus-GmbH an und berät die Gesellschaft in allen steuerlichen Fragen. Außerdem habe ihr Schwager, WP Weber, auf der letzten Familienfeier erzählt, dass die Auftragslage der Wirtschaftsprüfungs- und Steuerberatungssozietät Schulze & Weber deutlich besser sein könnte und die Kaktus-GmbH einer der besten Mandanten (mit dem sie rd. 10% der Einnahmen erwirtschaften) sei. Daher würde es sich doch anbieten, die Sozietät Schulze & Weber zur Abgabe eines Angebots aufzufordern.

WP Weber und vBP/StB Schulze erwirtschaften etwa jeder die Hälfte des gesamten Einnahmenvolumens der Sozietät; sie teilen deshalb den erzielten Gewinn untereinander gleichmäßig auf. Schulze und Weber verfügen über eine wirksame Bescheinigung über die Teilnahme an der Qualitätskontrolle nach § 57a WPO.

Herr Maier trifft sich regelmäßig zum Golfen mit seinem Schulfreund Müller. Dieser ist als bestellter Wirtschaftsprüfer und Steuerberater geschäftsführender Gesellschafter (Anteil = 5%) der großen Umsicht-Wirtschaftsprüfungsgesellschaft mit beschränkter Haftung, Berlin (kurz: Umsicht-WPG). Er übt seine Tätigkeit in der Berliner Zentrale aus und hat sich auf die Prüfung öffentlicher Einrichtungen spezialisiert. Die Umsicht-WPG verfügt über eine wirksame Bescheinigung über die Teilnahme an der Qualitätskontrolle nach § 57a WPO. Dipl.-Kfm. Maier bittet WP/StB Müller, ihm einen Ansprechpartner in der Düsseldorfer Zweigniederlassung der Umsicht-WPG zu nennen, der sich auf die Prüfung mittelständischer Kapitalgesellschaften spezialisiert hat, um dort ein Alternativangebot einzuholen.

Außerdem soll WP/StB Müller Herrn Huber ab dem 01. Juli 2004 als Mitglied des Aufsichtsrats der Kaktus-AG ablösen. Als weitere Mitglieder des Aufsichtsrats sind der Miteigentümer, Herr Büdenbender, und der derzeitige Vertriebsleiter, Herr Kaufmann, als Arbeitnehmervertreter vorgesehen.

Frau Huber und Herr Maier stimmen überein, dass sie den Abschlussprüfer so auswählen wollen, dass sie diesen, wenn keine wesentlichen Veränderungen eintreten und Leistung sowie Arbeitsweise zufrieden stellen, auch in den Folgejahren zum Abschlussprüfer vorschlagen können.

Aufgabe 1

Prüfen Sie, ob für den Jahresabschluss der Kaktus-GmbH im Jahre 2003 und den Jahresabschluss der Kaktus-AG für 2004 eine Prüfungspflicht besteht? Gehen Sie davon aus, dass die prognostizierten Daten für 2004 eintreten.

Aufgabe 2

Gehen Sie unabhängig von dem konkreten Ergebnis der ersten Aufgabe für die folgenden beiden Aufgaben von einer gesetzlichen Prüfungspflicht aus.

Wer ist bei der Kaktus-GmbH im Jahre 2003 und bei der Kaktus-AG im Jahre 2004 für die Wahl und Bestellung des Abschlussprüfers für die Geschäftsjahre 2003 bzw. 2004 zuständig?

Aufgabe 3

Prüfen Sie unter Abwägung sämtlicher einzelner Sachverhaltsangaben, ob

a) vBP/StB Schulze

b) WP Weber

c) die Umsicht-WPG

für eine Abschlussprüfung der Kaktus-GmbH bzw. der Kaktus-AG in Frage kommt! Begründen Sie Ihre Ausführungen! Gehen Sie dabei auch darauf ein, welche rechtlichen Aspekte bei der Auswahl des Abschlussprüfers zu beachten sind!

Anmerkung: Fragen zur Prüfung der Umwandlung sollen Sie nicht untersuchen.

Lösungshinweise

Aufgabe 1

Prüfungspflicht für 2003

Die hier maßgebende Pflicht zur Prüfung regelt § 316 Abs. 1 HGB. Danach sind der Jahresabschluss und der Lagebericht von Kapitalgesellschaften, die nicht kleine Kapitalgesellschaften i. S. v. § 267 Abs. 1 HGB sind, durch einen Abschlussprüfer zu prüfen.

Die Kaktus-GmbH erfüllt das Tatbestandsmerkmal einer Kapitalgesellschaft, da sie in der Rechtsform einer Gesellschaft mit beschränkter Haftung geführt wird. Des Weiteren ist zu untersuchen, ob die Ausnahmeregelung (= Befreiung) für kleine Kapitalgesellschaften greift. Nach § 267 Abs. 1 HGB ist eine Kapitalgesellschaft klein, wenn sie mindestens zwei der nachfolgend genannten Merkmale unterschreitet:

Kriterium	Ausprägung in 2003	Folgerung
Bilanzsumme < 3.438.000 Euro	4.100.000 Euro	überschritten
Umsatzerlöse < 6.875.000 Euro	6.800.000 Euro	unterschritten
durchschnittl. Beschäftigtenzahl < 50	51 Beschäftigte	überschritten

Damit überschreitet die Kaktus-GmbH 2003 zwei der drei Merkmale und stellt somit keine kleine Kapitalgesellschaft im Sinne der hier relevanten Vorschrift dar. Aufgrund der Merkmale gemäß § 267 Abs. 2 HGB, von denen die Kaktus-GmbH keines überschreitet, ist sie in 2003 als mittelgroße Kapitalgesellschaft zu qualifizieren. (Die gesetzlichen Grenzwerte der betreffenden Merkmale für eine „große Kapitalgesellschaft" im Sinne dieser Vorschrift sind allesamt unterschritten.)

Es ist jedoch § 267 Abs. 4 Satz 1 HGB zu beachten, nach dem die Rechtsfolgen der Merkmale nach Abs. 1 bis 3 erst dann eintreten, wenn diese an zwei aufeinanderfolgenden Stichtagen über- oder unterschritten werden. Der Abgleich der Voraussetzungen für das Jahr 2002 führt zu folgendem Ergebnis:

Kriterium	Ausprägung in 2002	Folgerung
Bilanzsumme < 3.438.000 Euro	3.700.000 Euro	überschritten
Umsatzerlöse < 6.875.000 Euro	6.500.000 Euro	unterschritten
durchschnittl. Beschäftigtenzahl < 50	51 Beschäftigte	überschritten

Damit hatte die Kaktus-GmbH schon 2002 zwei der drei Merkmale überschritten und galt auch 2002 bereits nicht mehr als kleine Kapitalgesellschaft.

Daher besteht für den Jahresabschluss und Lagebericht des Geschäftsjahres 2003 der Kaktus-GmbH gemäß § 316 HGB Prüfungspflicht.

Prüfungspflicht für 2004

Als Abweichung zu 2003 liegen andere wirtschaftliche Daten vor; daher sind die Größenmerkmale erneut festzustellen.

Kriterium	Ausprägung in 2004	Folgerung
Bilanzsumme < 3.438.000 Euro	4.400.000 Euro	überschritten
Umsatzerlöse < 6.875.000 Euro	6.850.000 Euro	unterschritten
durchschnittl. Beschäftigtenzahl < 50	49 Beschäftigte	unterschritten

Damit wird nur eines der Merkmale des § 267 Abs. 1 HGB überschritten, und die Kaktus-AG gehört 2004 zur Gruppe der kleinen Kapitalgesellschaften.

Jedoch ist erneut § 267 Abs. 4 Satz 1 HGB zu beachten, der regelt, dass die Rechtsfolgen der Klassifizierung nur dann eintreten, wenn diese an mindestens zwei aufeinanderfolgen Geschäftsjahren unterschritten werden. Laut Sachverhalt erfolgt im Januar 2004 die Umwandlung in eine Aktiengesellschaft; daher greift hier zusätzlich noch die Regelung des § 267 Abs. 4 Satz 2 HGB. Diese sieht für den Fall einer Umwandlung vor, dass die Rechtsfolgen der Merkmale der Abs. 1 bis 3 schon bei Vorliegen der Voraussetzungen am ersten Stichtag nach der Umwandlung eintreten. Bei wortgetreuer Anwendung dieser Vorschrift gelten nur die Merkmalsausprägungen für das Jahr 2004, so dass für die Kaktus-AG als kleine Kapitalgesellschaft keine Prüfungspflicht bestände.[1] Bei einer zwecksentsprechenden Auslegung der genannten Gesetzesvorschrift besteht die Prüfungspflicht jedoch fort, da es sich in diesem Fall um einen reinen Formwechsel handelt.

Die hier durchgeführte Betrachtung der konkreten Größenmerkmale kann unterbleiben, wenn die Kaktus-AG ihre Going Public-Pläne im Jahr 2004 verwirklicht, da nach § 267 Abs. 3 Satz 2 HGB eine Kapitalgesellschaft stets als große Kapitalgesellschaft gilt, wenn sie einen organisierten Markt im Sinne des § 2 Abs. 5 des Wertpapierhandelsgesetzes in Anspruch nimmt. Die Börse Düsseldorf zählt eindeutig dazu. Damit wäre die Kaktus-AG für das Geschäftsjahr 2004 nach den Bestimmungen für große Kapitalgesellschaften prüfungspflichtig.

Aufgabe 2

Es ist hier zunächst mit Bezug auf die geplante Umwandlung nach den beiden verschiedenen Rechtsformen zu differenzieren. Für 2003 sind die Regelungen für die Rechtsform der GmbH zu beachten.

---

[1] Zur kritischen Diskussion einer solchen Auslegung vgl. *ADLER/DÜRING/SCHMALTZ* 1997, § 267 Rz. 24; *MATSCHKE/SCHELLHORN* 2002, Rz. 40; a. A. *HENSE/LAWALL* 2003, § 267 Rz. 26.

Gemäß § 318 Abs. 1 Satz 1 HGB wird der Abschlussprüfer von den Gesellschaftern der GmbH gewählt, es sei denn, der Gesellschaftsvertrag würde etwas anderes vorsehen. Laut Sachverhalt enthält der Gesellschaftsvertrag der Kaktus-GmbH jedoch keine Regelung zur Abschlussprüfung.

Da bei der GmbH kein Aufsichtsrat existiert, obliegt den gesetzlichen Vertretern gemäß § 318 Abs. 1 Satz 4 HGB die Verpflichtung, unverzüglich nach der Wahl den Prüfungsauftrag zu erteilen. Gesetzliche Vertreter der GmbH sind die Geschäftsführer gemäß § 35 Abs. 1 GmbHG. Somit haben Frau Huber und Herr Maier den Abschlussprüfer zu beauftragen.

Für 2004 sind die Regelungen für Aktiengesellschaften einschlägig. Gem. § 119 Abs. 1 Nr. 4 beschließt die Hauptversammlung über die Bestellung des Abschlussprüfers.

Unverzüglich nach der Wahl hat der Aufsichtsrat nach § 318 Abs. 1 Satz 4 HGB i. V. m. § 111 Abs. 2 Satz 3 AktG den Prüfungsauftrag zu erteilen. Konkret obliegt diese Aufgabe i. d. R. dem zu wählenden bzw. gewählten Vorsitzenden des Aufsichtsrates.

Aufgabe 3

a) vBP/StB Schulze:

Zunächst muss die prüfungspflichtige Kapitalgesellschaft bei der Auswahl des Prüfers § 319 HGB beachten. Nach Abs. 1 Satz 1 dieser Vorschrift kann Abschlussprüfer ein Wirtschaftsprüfer oder eine Wirtschaftsprüfungsgesellschaft sein. Bei einer mittelgroßen GmbH oder mittelgroßen Personenhandelsgesellschaft i. S. v. § 264a Abs. 1 HGB kann nach § 319 Abs. 1 Satz 2 HGB auch ein vereidigter Buchprüfer oder eine Buchprüfungsgesellschaft zum Abschlussprüfer bestellt werden. Daher kann vBP/StB Schulze 2003 zum Abschlussprüfer gewählt und bestellt werden, wenn keine anderen Gründe entgegenstehen.

Des Weiteren sind die Ausschlusstatbestände des § 319 Abs. 2 HGB zu berücksichtigen. Danach lassen sich 5 Gruppen von handelsrechtlichen Ausschlussgründen unterscheiden:

1. Wirtschaftliche Interessen des Abschlussprüfers

Nach § 319 Abs. 2 Nr. 1 HGB kann jemand, der Anteile an dem zu prüfenden Unternehmen besitzt, nicht Abschlussprüfer sein. Laut Sachverhalt besitzt vBP/StB Schulze keine Anteile an der Kaktus-GmbH.

Ein weiterer Ausschlusstatbestand umfasst die sogenannte Einnahmen- bzw. Kundenabhängigkeit nach § 319 Abs. 2 Nr. 8 HGB. Danach ist ein Abschlussprüfer von der Annahme des Mandats ausgeschlossen, wenn er in den letzten fünf Jahren jeweils mehr als 30% der Gesamteinnahmen seiner beruflichen Tätigkeit aus der Prüfung und Beratung der zu prüfenden Kapitalgesellschaft bezogen hat. Für 2003 hat die Sozietät Schulze und Weber laut Sachverhalt ca. 10% ihrer Einnahmen aus der Beratung der Kaktus-GmbH erzielt. Davon entfallen auf vBP/StB Schulze 50%, so dass seine Einnahmen aus der Steuerberatung der Kaktus-GmbH bei ihm ca. 20% der Gesamteinnahmen ausmachen. Sie liegen damit unter der Grenze von 30%.

2. Funktionsträgerabhängigkeit

§ 319 Abs. 2 Nr. 2 HGB schließt denjenigen als Abschlussprüfer aus, der gesetzlicher Vertreter, Mitglied des Aufsichtsrats oder Arbeitnehmer der zu prüfenden Gesellschaft ist oder in den letzten drei Jahren vor seiner Bestellung war. Entsprechendes gilt nach Nr. 3 und 4 auch für eine Funktion (gesetzlicher Vertreter, Aufsichtsratsmitglied, Gesellschafter einer Personengesellschaft, Unternehmensinhaber, Arbeitnehmer) bei einem mit dem zu prüfenden Unternehmen verbundenen Unternehmen oder bei einem Unternehmen mit einem Anteilsbesitz von mehr als 20% am zu prüfenden Unternehmen.

Sämtliche hier angesprochenen Tatbestände liegen bei vBP/StB Schulze nicht vor.

3. Prozessabhängigkeit

Des Weiteren darf der Abschlussprüfer nach § 319 Abs. 2 Nr. 5 HGB nicht bei der Führung der Bücher oder bei der Aufstellung des zu prüfenden Jahresabschlusses (über die Prüfungstätigkeit hinaus) mitgewirkt haben oder nach Nr. 6 eine Funktion (gesetzlicher Vertreter, Arbeitnehmer, Aufsichtsratsmitglied, Gesellschafter, Unternehmensinhaber) bei einem nach Nr. 5 ausgeschlossenen Unternehmen innehaben.

Diese Bedingung erfordert eine nähere Untersuchung. Herr vBP/StB Schulze hat die Kaktus-GmbH in steuerlichen Fragen beraten und die Steuererklärungen angefertigt. Eine positive Aussage, dass vBP/StB Schulze auch die Buchführung und die Handelsbilanz erstellt hat, liegt nicht vor. Da im Rahmen der gesetzlichen Jahresabschlussprüfung jedoch vor allem Buchführung und Handelsbilanz (nicht explizit Steuerbilanz bzw. Steuererklärung) die Prüfungsgegenstände bilden, stellt die steuerliche Beratung (ohne Anfertigung von Buchführung und handelsrechtlichem Jahresabschluss) durch vBP/StB Schulze eine unschädliche Tätigkeit dar.

4. Zeitliche Restriktionen

Die Regelungen zur Prüferrotation nach § 319 Abs. 2 Satz 2 Nr. 1 i. V. m. Abs. 3 Nr. 6 HGB sind unproblematisch, da es sich in 2003 um die erstmalige Prüfung handelt.

5. Teilnahme an der Qualitätskontrolle

Nach § 319 Abs. 2 Satz 2 Nr. 2 HGB muss für die Bestellung zum Abschlussprüfer eine Bescheinigung über die Teilnahme an der Qualitätskontrolle gem. § 57a WPO vorliegen. Laut Sachverhalt liegt eine solche Bescheinigung vor.

Über die Ausschlusstatbestände des HGB hinaus muss der Berufsangehörige auch die berufsrechtlichen Regelungen beachten. Hier kommt insbesondere den §§ 43 ff. und 49 WPO Bedeutung zu. Die Berufsgrundsätze des Wirtschaftprüfers umfassen Unabhängigkeit und Unbefangenheit, Eigenverantwortlichkeit, Verschwiegenheit, Unparteilichkeit, Gewissenhaftigkeit und berufswürdiges Verhalten. Im vorliegenden Sachverhalt sind vor allem der Grundsatz der Unabhängigkeit und Unbefangenheit kritisch zu untersuchen.

Nach § 43 Abs. 1 Satz 1 WPO und § 1 Abs. 1 S. 1 der „Satzung der Wirtschaftsprüfungskammer über die Rechte und Pflichten bei der Ausübung der Berufe des Wirtschaftsprüfers und des vereidigten Buchprüfers" (Berufssatzung) haben WP/vBP ihren Beruf unabhängig, gewissenhaft, verschwiegen und eigenverantwortlich auszuüben. Zur möglichen Besorgnis der Befangenheit enthält § 21 Abs. 1 der Berufssatzung einschlägige Ergänzungen. Danach muss man von einer solchen Besorgnis ausgehen, wenn nahe Beziehungen des WP/vBP zu einem Beteiligten oder zu einem Gegenstand der Beurteilung bestehen, die geeignet sein könnten, die Urteilsbildung zu beeinflussen. Liegt die Besorgnis der Befangenheit vor, so hat der Wirtschaftsprüfer nach § 49 WPO seine Tätigkeit zu versagen.

Unter Unabhängigkeit versteht man die nach außen sichtbare rechtliche und/oder wirtschaftliche Bindungslosigkeit des Prüfers zum zu prüfenden Unternehmen.

Im vorliegenden Fall besteht eine schädliche, nach außen sichtbare Abhängigkeit zwischen Herrn vBP/StB Schulze und der Kaktus-GmbH nicht.

Unbefangenheit umschreibt die innere Freiheit als Einstellung des Prüfers zum Prüfungsobjekt und Prüfungssubjekt. Hier gehört es zu den Berufspflichten von Herrn vBP/StB Schulze, sich selbst zu prüfen, ob er diese innere Freiheit gegenüber der Kaktus-GmbH trotz des bestehenden Vertrauensverhältnisses aus der langjährigen Mandatsbeziehung noch hat. Des Weiteren könnte die innere Freiheit von Herrn Schulze durch das Verwandschaftsverhältnis von Frau Huber zu seinem Sozius WP Weber eingeschränkt sein. Eine nahe Beziehung i. S. v. § 21 Abs. 2 oder Abs. 3 wird dadurch für ihn jedoch nicht begründet. Zudem ist vBP/StB Schulze nach § 43 Abs. 1 i. V. m. § 44 WPO zur eigenverantwortlichen Prüfung verpflichtet. Kommt er insgesamt zu einem Ergebnis, dass er sich unbefangen fühlen kann und dass auch keine Gründe existieren, nach denen sachverständige Dritte zu einer Besorgnis der Befangenheit kommen müssten, kann er für 2003 zum Abschlussprüfer bestellt werden.

Nach der Umwandlung der Kaktus-GmbH in eine AG schließt das Gesetz für das Jahr 2004 die Bestellung von vBP/StB Schulze aus, weil dann die Ausnahmeregelung des § 319 Abs. 1 Satz 2 HGB nicht mehr zur Anwendung kommen kann und somit nur ein Wirtschaftsprüfer oder eine Wirtschaftsprüfungsgesellschaft, nicht aber ein vereidigter Buchprüfer zur Abschlussprüfung berechtigt ist.

b) WP Weber:
Weber erfüllt als Wirtschaftsprüfer die grundsätzliche Anforderung des § 319 Abs. 1 Satz 1 HGB, so dass er insoweit zum Abschlussprüfer bestellt werden kann.

Des Weiteren ist zu prüfen, ob keiner der Ausschlusstatbestände des § 319 Abs. 2 HGB vorliegt. Hier sind wieder die bereits genannten 5 Bereiche zu untersuchen:

1. Wirtschaftliche Interessen des Abschlussprüfers

Schädliche wirtschaftliche Interessen liegen nicht vor, da Weber keine Anteile an der Kaktus-GmbH besitzt und Einnahmenabhängigkeit in seiner Person nicht existiert.

2. Funktionsträgerabhängigkeit

Auch eine Funktionsträgerabhängigkeit liegt bei WP Weber nicht vor.

3. Prozessabhängigkeit

Da WP Weber bisher nicht für die Kaktus-GmbH tätig war, liegt auch keine Prozessabhängigkeit vor.

4. Zeitliche Restriktionen

Zeitliche Restriktionen sind im vorliegenden Fall wegen der Erstprüfung generell unproblematisch.

5. Teilnahme an der Qualitätskontrolle

Die Bescheinigung über die Teilnahme an der Qualitätskontrolle kann WP Weber ebenfalls vorweisen.

Daher liegen für WP Weber keine Ausschlusstatbestände nach § 319 HGB vor.

Darüber hinaus muss Herr Weber prüfen, ob berufsrechtliche Gründe gegen seine Beauftragung sprechen.

Bei WP Weber weist die Einhaltung der Verpflichtung zur Unabhängigkeit und Unbefangenheit Probleme auf. Die Besorgnis der Befangenheit liegt nach § 21 Abs. 1 Berufssatzung insbesondere vor, wenn nahe Beziehungen des WP zu einem Beteiligten oder zum Gegenstand der Beurteilung bestehen, die geeignet sein können, die

Urteilsbildung zu beeinflussen. Nahe Beziehungen bestehen gemäß der Definition des § 21 Abs. 2 der Berufssatzung u. a. zu Angehörigen im Sinne von § 15 AO. Nach § 15 Abs. 1 Nr. 3 AO zählen auch Verwandte und Verschwägerte gerader Linie zu den Angehörigen.[1] Als Schwager von Frau Huber, der Geschäftsführerin und Anteilseignerin der Kaktus-GmbH, bestehen nahe Beziehungen zwischen WP Weber und der Geschäftsführung und damit auch zur Gesellschaft. WP Weber müsste daher den Prüfungsauftrag wegen der „Besorgnis der Befangenheit" entsprechend § 49 WPO ablehnen. (Zu der möglichen Rückwirkung dieses Verhältnisses mit der Besorgnis der Befangenheit für WP Weber auf seinen Sozius vBP/Schulze siehe oben unter a)).

Der Ablehnungsgrund gilt sowohl für den Prüfungszeitraum 2003 als auch 2004.

c) Umsicht-WPG:
Nach § 319 Abs. 1 Satz 1 HGB kann eine Wirtschaftsprüfungsgesellschaft Abschlussprüfer sein, so dass die Umsicht-WPG hier grundsätzlich in Frage kommt, wenn keine sonstigen Gründe entgegen stehen.

Bei der Auswahl des vorgesehenen Abschlussprüfers müssen die Organe der zu prüfenden Kapitalgesellschaft die Ausschlusstatbestände des § 319 Abs. 3 i. V. m. Abs. 2 HGB beachten. Ebenso gelten diese Einschränkungen für den Abschlussprüfer.

Zunächst schließt § 319 Abs. 3 Nr. 1 HGB Wirtschaftsprüfungsgesellschaften von der Prüfung aus, wenn diese oder ein Unternehmen, an dem die WPG mit mindestens 20% beteiligt ist, Anteile an dem zu prüfenden Unternehmen besitzt oder mit diesem verbunden ist. Bei den genannten Eigentumsverhältnissen der Kaktus-GmbH liegt diese Bedingung für die Umsicht-WPG nicht vor.

Weitere Ausschlusstatbestände ergeben sich aus Nr. 2. Danach darf eine WPG nicht bestellt werden, wenn sie Gesellschafterin einer juristischen Person oder Personengesellschaft ist, die wegen verbotener Mitwirkung an der Buchführung oder Abschlusserstellung nicht als Abschlussprüfer in Frage kommt. Ferner darf die Umsicht-WPG nach § 319 Abs. 3 Nr. 2 i. V. m. Abs. 2 Nr. 5 HGB auch nicht prüfen, wenn sie selbst bei der Buchführung oder Abschlusserstellung mitgewirkt hat. Diese Tatbestände sind hier unproblematisch, da die Kaktus-GmbH bei der Buchführung und Erstellung des handelsrechtlichen Jahresabschlusses keine Beratungsleistungen von außen bekommen hat.

Einen weiteren Ausschlussgrund bildet die Bedingung, dass die Umsicht-WPG bei der Prüfung keinen Wirtschaftsprüfer beschäftigen darf, der einen der Tatbestände nach § 319 Abs. 2 Nr. 1–6 HGB erfüllt. Über das Prüfungsteam der Umsicht-WPG

---
[1] Vgl. auch WP-Handbuch 2000, A 237.

macht der Sachverhalt keine nähere Angaben. WP/StB Müller, der Mitglied des Aufsichtsrats der Kaktus-AG werden soll, dürfte ab dem Zeitpunkt der Bestellung im Rahmen der Prüfung von Jahresabschluss und Lagebericht der Kaktus-AG jedoch nicht tätig werden (§ 319 Abs. 2 Nr. 2 HGB). (Zu den weitergehenden Konsequenzen dieser Funktion siehe weiter unten).

Da die Kaktus-GmbH und die Umsicht-WPG bisher keinen geschäftlichen Kontakt hatten, liegt hier keine zum Ausschluss führende Einnahmenabhängigkeit entsprechend § 319 Abs. 2 Nr. 8 HGB vor.

§ 319 Abs. 3 Nr. 3 HGB bestimmt, dass eine Wirtschaftsprüfungsgesellschaft, die als juristische Person geführt wird, von der Prüfung ausgeschlossen ist, wenn ein gesetzlicher Vertreter einen der Ausschlusstatbestände des Abs. 2 Nr. 1 bis 4 erfüllt. Gleiches gilt auch für einen Gesellschafter der Wirtschaftsprüfungsgesellschaft, der über mindestens 50% der Stimmrechte der WPG verfügt. Der Gesellschaftsanteil von WP/StB Müller an der WPG ist mit 5% insoweit unschädlich. Wenn WP/StB Müller zum Aufsichtsratsmitglied der Kaktus-AG bestellt wird, ist er von der Prüfung nach § 319 Abs. 2 Nr. 3 HGB ausgeschlossen. Als Mitglied der Geschäftsführung der Umsicht-WPG erfüllt WP/StB Müller das Tatbestandsmerkmal des gesetzlichen Vertreters. Somit darf in diesem Falle die Umsicht-WPG nicht zum Abschlussprüfer des Jahresabschlusses 2004 der Kaktus-AG bestellt werden.

Für die Prüfung des Jahresabschlusses 2003 greift dieser Ausschlusstatbestand nicht, wenn diese bis zur Bestellung von WP/StB Müller als Aufsichtsratsmitglied abgeschlossen wurde.

Entsprechend § 319 Abs. 3 Nr. 4 HGB darf eine Wirtschaftsprüfungsgesellschaft nicht Abschlussprüfer sein, wenn einer ihrer gesetzlichen Vertreter oder einer ihrer Gesellschafter nach Abs. 2 Nr. 5 oder Nr. 6 nicht Abschlussprüfer sein darf. WP/StB Müller ist Gesellschafter und gesetzlicher Vertreter der Umsicht-WPG; doch hat dieser nicht direkt oder mittelbar an der Buchführung oder Erstellung des Jahresabschlusses der Kaktus-GmbH mitgewirkt.

Ferner muss der Ausschlusstatbestand gemäß § 319 Abs. 3 Nr. 5 HGB beachtet werden, nach dem bei Vorliegen eines Ausschlussgrundes bei einem Aufsichtsratsmitglied einer Prüfungsgesellschaft diese ebenfalls nichts als Abschlussprüfer bestellt werden darf. Zum Vorliegen einer solchen Bedingung macht der Sachverhalt keine Angabe.

Die Pflicht zur Prüferrotation nach § 319 Abs. 3 Nr. 6 HGB bildet hier ebenfalls kein Problem, da es sich um eine erstmalige Prüferbestellung handelt.

Laut Sachverhalt verfügt die Umsicht-WPG über eine wirksame Bescheinigung über die Teilnahme an der Qualitätskontrolle nach § 57a WPO, so dass ein Prüfungsverbot nach § 319 Abs. 3 Nr. 7 HGB ebenfalls nicht vorliegt.

Des Weiteren muss die Umsicht-WPG zusätzlich die berufsrechtlichen Bestimmungen einhalten. Auch bei einer Gesellschaft kann die Besorgnis der Befangenheit zu einer Versagung der Prüfungstätigkeit nach § 49 WPO führen. Gemäß § 21 Abs. 3 der Berufssatzung kann die Besorgnis der Befangenheit bei nahen Beziehungen der gesetzlichen Vertreter, Gesellschafter oder mit der Prüfungsdurchführung betrauter Arbeitnehmer einer Wirtschaftsprüfungsgesellschaft zu einem Beteiligten oder dem Gegenstand der Prüfung vorliegen. Fraglich ist in diesem Fall, ob die langjährige Freundschaft des WP/StB Müller als gesetzlicher Vertreter der Umsicht-WPG zu Herrn Maier (derzeit Geschäftsführer der Kaktus-GmbH und zukünftig Vorstandsmitglied der Kaktus-AG) eine schädliche nahe Beziehung darstellt, die geeignet ist, die Urteilsbildung zu beeinflussen. Eine Freundschaft fällt nicht unter die explizit in § 21 Abs. 2 der Berufssatzung genannten Tatbestände. Hinzukommt, dass die Prüfung durch Prüfer des Düsseldorfer Büros der Umsicht-WPG durchgeführt werden soll. Diese müssen die Prüfung eigenverantwortlich entsprechend § 43 Abs. 1 i. V. m. § 44 WPO durchführen. Daher besteht hier keine Pflicht zur Versagung der Tätigkeit durch die Umsicht-WPG für die Prüfung des Jahresabschluss 2003 der Kaktus-GmbH.

Somit kommt die Umsicht-WPG als Abschlussprüferin für das Jahr 2003 in Betracht. Falls WP/StB Müller jedoch – wie geplant – Aufsichtsratmitglied der Kaktus-AG wird, kann die Umsicht-WPG für das Jahr 2004 nicht zur Abschlussprüferin bestellt werden.

Literaturhinweise

ADLER, H./DÜRING, W./SCHMALTZ, K. (ADS): Rechnungslegung und Prüfung der Unternehmen, Kommentar, bearbeitet von FORSTER, K.-H. ET AL., 6. Aufl., Stuttgart ab 1995.

HENSE, B./LAWALL, L.: Kommentar zu § 267 HGB, in: BERGER, A. ET AL. (Hrsg.): Beck'scher Bilanzkommentar, Handels- und Steuerrecht – §§ 238 bis 339 HGB, 5. Aufl. 2003.

MATSCHKE, M. J./SCHELLHORN, M.: Kommentar zu § 267 HGB, in: HOFBAUER, M. A./KUPSCH, P. (Hrsg.): Bonner Handbuch Rechnungslegung, 2. Aufl., Stand: April 2002.

WIRTSCHAFTSPRÜFER-HANDBUCH 2000: Handbuch für Rechnungslegung, Prüfung und Beratung, Bd. I, bearbeitet von GEIB, G. ET AL., 12. Aufl., Düsseldorf 2000.

Hansrudi Lenz

Abschlussprüfung der Philipp Holzmann AG oder „Don't Blame Us, We're Only Accountants" – Ein Fallbeispiel zur Funktion von Wirtschaftsprüfern

Zum Einstieg: Wirtschaftsprüfer in der öffentlichen Meinung

Nach einer vom Meinungsforschungsinstitut *EMNID* (Bielefeld) durchgeführten Studie „Wirtschaftsprüfer in der öffentlichen Meinung"[1], die im Auftrag der Wirtschaftsprüfungsgesellschaft *KPMG* erstellt wurde, ist die Branche der Wirtschaftsprüfer in Deutschland im Allgemeinen sehr bekannt, jedoch ist das Wissen um deren tatsächliche Aufgabe nicht sonderlich fundiert.[2] 60% der Befragten glauben, Wirtschaftsprüfer seien verantwortlich für die Erfolgskontrolle der Geschäftspolitik und 39% sind der Auffassung, Wirtschaftsprüfer seien zuständig für die Überprüfung der Personalpolitik. Ein Drittel glaubt gar, die Prüfer würden die gesamtwirtschaftliche Lage der Nation bewerten. Auch darüber, wer Auftraggeber des Wirtschaftsprüfers ist, herrscht weitgehend Unkenntnis. Der Sprecher des Vorstandes der *KPMG*, *Prof. Dr. Harald Wiedmann*, zog die folgenden Schlussfolgerungen aus der Studie:

> „Zwischen dem gesetzlich vorgeschriebenen Auftrag der Wirtschaftsprüfer und der Erwartungshaltung an unseren Berufsstand klafft eine Riesenlücke. Ich füge selbstkritisch hinzu: Das ist nicht der Öffentlichkeit anzulasten. Als die Wirtschaftsprüfung durch einzelne Krisenfälle urplötzlich ins Rampenlicht katapultiert wurde, war die Branche darauf nicht ausreichend vorbereitet. Es ist Aufgabe des gesamten Berufsstandes deutlich zu machen: Wir sind nicht die Vollkaskoversicherung der Nation."[3]

Der *KPMG-Vorstandssprecher* sieht durch ein möglicherweise negatives Image der Branche auch Gefahren für die Gewinnung von talentierten Nachwuchskräften. Allein *KPMG Deutschland* suchte für das Jahr 2000 etwa 670 Mitarbeiter für den Bereich Wirtschaftsprüfung. Der Bedarf an gut ausgebildeten Wirtschaftsprüfern sei nicht nur bei der *KPMG* groß.

> „Wir müssen noch viel mehr als bisher deutlich machen: Wirtschaftsprüfer ist ein Top-Job mit guten Karrierechancen."[4]

---

[1] *EMNID-INSTITUT BIELEFELD*, 30. Mai 2000.
[2] Vgl. *KPMG* Presseinformation vom 30. Mai 2000.
[3] *KPMG* Pressemitteilung vom 30. Mai 2000.
[4] *KPMG* Pressemitteilung vom 30. Mai 2000.

Wiedmann beklagt weiter die zu lange Ausbildung zum Wirtschaftsprüfer in Deutschland im Vergleich zu anderen Ländern und fordert deshalb,

> „ .. die Ausbildung zumindest teilweise in die Hochschulen zu verlagern: Das Studium muss praxisnäher werden. Die Lehre über die Bilanzprüfung nach den neuesten Methoden und Standards gehört ebenso in den Hörsaal wie das Bilanzrecht."[1]

Der hohe Bekanntheitsgrad der Wirtschaftsprüfer in den vergangenen Jahren wurde allerdings wesentlich durch die intensive Berichterstattung der Medien über die *CDU-Spendenaffäre* und den Fall der *Philipp Holzmann AG* verursacht. Bei der *CDU-Spendenaffäre* hatte ein Steuerberater und Wirtschaftsprüfer maßgeblich an der Gestaltung des Systems von verdeckten Konten mitgewirkt, die genutzt wurden, um Spenden nicht – wie gesetzlich vorgesehen – in den Rechenschaftsberichten der Parteien offen legen zu müssen. In jüngster Zeit haben u. a. die Bilanzskandale um *Enron* und *WorldCom* dazu beigetragen, dass sich die breite Öffentlichkeit für die Tätigkeit der Wirtschaftsprüfer interessierte. Im Falle der börsennotierten *Philipp Holzmann AG*, die Ende 1999 in einer spektakulären Aktion unter Beteiligung von Banken und Bundesregierung vorübergehend vor der Insolvenz gerettet wurde, geriet der Prüfer des Jahresabschlusses für das Geschäftsjahr 1998, die *KPMG Deutsche Treuhand-Gesellschaft*, in starke Kritik. Der Fall der *Philipp Holzmann AG* soll genutzt werden, um in anschaulicher Weise in die Aufgaben und Probleme eines Wirtschaftsprüfers im deutschen Rechtssystem einzuführen.

Die Rolle des Abschlussprüfers im Fall Philipp Holzmann AG

Die *Philipp Holzmann AG* war ein international im Hoch-, Tief-, Verkehrswege- und Infrastrukturbau, Industriebau, in der Immobilien- und Anlagenprojektentwicklung tätiges Unternehmen. Zudem wurden baunahe Dienstleistungen (z. B. sog. Facility-Management) angeboten. Großaktionäre zum Zeitpunkt Januar 1999 waren die *Deutsche Bank AG* mit 20,87% sowie Unternehmen (*Gevaert N.V.*) des belgischen Industriellen *André Leysen* mit 30,4%.[2] Die *Gevaert N.V.* erwarb in den Jahren 1998/99 die 30,4% für insgesamt 400 Mill. DM.[3] Das belgische Unternehmen hatte Ende 1998 von der *Deutschen Bank* ein Aktienpaket von rd. 10% übernommen[4] und 5% durch Vermittlung der *Deutschen Bank* über die Börse. Die restlichen 15% wurden über einen Aktientausch vom Baukonzern *Hochtief* erworben.[5] Vorsitzender des Auf-

---

[1] *KPMG* Pressemitteilung vom 30. Mai 2000.

[2] Vgl. *PHILIPP HOLZMANN AG*, Geschäftsbericht 1998, S. 107

[3] Vgl. HB vom 09.02.2000, S. 1.

[4] Vgl. FAZ vom 16.11.1999, S. 21.

[5] Vgl. HB vom 9.2.2000, S. 1.

sichtsrates war zu diesem Zeitpunkt *Carl L. von Boehm-Bezing* (Mitglied des Vorstandes der *Deutschen Bank AG*), u. a. ist ab dem 22. März 1999 auch *André Leysen* (Vorsitzender des Verwaltungsrates *Gevaert N.V.*) Mitglied des Aufsichtsrates. In Folge der nachstehend dargestellten Ereignisse scheiden im April 2000 *Boehm-Bezing* und im Mai 2000 *Leysen* aus dem Aufsichtsrat aus.

Dr. Heinrich Binder, der damalige Vorsitzende des Vorstandes der *Philipp Holzmann AG*, hatte in seiner Rede anlässlich der Hauptversammlung am 30. Juni 1999 in Frankfurt verkündet, dass im Sanierungsfall *Holzmann* nunmehr im Jahr des 150. Bestehens das Unternehmen „die Wende geschafft" und nach „Abarbeiten der Altlasten" wieder „ertragreich sein wird". Weiter trug er vor:

> „Im abgelaufenen Geschäftsjahr haben wir auf unserem Weg zu einem neuen Konzern ein beachtliches Stück zurückgelegt. Der Turnaround ist vollzogen, die Restrukturierung geht planmäßig voran, die finanzielle Situation hat sich deutlich entspannt. Der Jahresabschluss, den wir Ihnen heute vorlegen und der im Gegensatz zum Vorjahr ohne Auflagen testiert ist und erheblich an Transparenz und Offenheit gewonnen hat, stellt eine Basis dar für profitables Wachstum in der Zukunft."[1]

Erstmals seit vier Jahren sollen für das laufende Geschäftsjahr 1999 wieder schwarze Zahlen geschrieben werden. *Binder* kündigte auf der Hauptversammlung für 1999 einen „moderaten Gewinn im laufenden Geschäftsjahr" an. Schon der Lagebericht von *Philipp Holzmann* für das abgelaufene Geschäftsjahr 1998 enthielt für das Jahr 1999 die folgende Prognose: „Das Geschäftsjahr 1999 wird noch durch die weitere Restrukturierung bei unverändert schwieriger Marktlage geprägt sein. Die Betriebsergebnisse werden sich weiter verbessern. Wir erwarten ein leicht positives Ergebnis."[2] Hinweise auf möglicherweise bestandsgefährdende Risiken finden sich im Lagebericht 1998 nicht.

Der Geschäftsbericht für das Jahr 1998 enthält auch den uneingeschränkten und nicht mit Zusätzen versehenen Bestätigungsvermerk der Wirtschaftsprüfungsgesellschaft *KPMG Deutsche Treuhand-Gesellschaft* mit Datum vom 22. April 1999.[3]

---

[1] Rede von *Dr. Heinrich Binder*, Vorsitzender des Vorstands der Philipp Holzmann AG, anlässlich der Hauptversammlung am 30. Juni 1999 in Frankfurt am Main.

[2] *PHILIPP HOLZMANN AG*, Geschäftsbericht 1998, S. 17.

[3] Rechtsgrundlage für diesen Bestätigungsvermerk war noch § 322 HGB a. F. Durch das Gesetz zur Kontrolle und Transparenz im Unternehmensbereich (KonTraG) wurde § 322 HGB umfassend verändert, vgl. im Einzelnen *WP-HANDBUCH* 2000, Q 388 ff.

> **Bestätigungsvermerk**
>
> Die Buchführung, der Jahresabschluss und der Konzernabschluss entsprechen nach unserer pflichtgemäßen Prüfung den gesetzlichen Vorschriften. Der Jahresabschluss und der Konzernabschluss vermitteln unter Beachtung der Grundsätze ordnungsmäßiger Buchführung ein den tatsächlichen Verhältnissen entsprechendes Bild der Vermögens-, Finanz- und Ertragslage der Philipp Holzmann AG und des Konzerns. Der Bericht über die Lage der Philipp Holzmann AG und des Konzerns steht im Einklang mit dem Jahresabschluss und dem Konzernabschluss.
>
> Frankfurt am Main, den 22. April 1999
>
> **KPMG Deutsche Treuhand-Gesellschaft**
> Aktiengesellschaft
> Wirtschaftsprüfungsgesellschaft
>
> *Zielke*   *Dankert*
> Wirtschaftsprüfer   Wirtschaftsprüfer

Viereinhalb Monate nach der Hauptversammlung wurde am 15. November 1999 die Öffentlichkeit über einen voraussichtlichen Jahresfehlbetrag von 2,4 Mrd. DM und die dadurch entstandene Überschuldung der *Holzmann AG* informiert. Ursachen für den Jahresfehlbetrag seien jetzt erst entdeckte Verlustpotenziale aus Geschäften, die der frühere Vorstand zu verantworten habe. Diese sog. „Altlast" sei nicht vorhersehbar gewesen, weil „diese Verlustpotenziale systematisch von den Verantwortlichen verschwiegen und verschleiert worden sind."[1] Die *Holzmann-Aktie* wird vom Börsenhandel ausgesetzt. Durch eingeleitete Sonderuntersuchungen seien die Verluste erst jetzt entdeckt worden.

Es begannen intensive Gespräche mit Banken und Kreditversicherern über das weitere Vorgehen: Insolvenz oder Zustimmung zum Sanierungskonzept des Vorstandes.[2] Nach dem Scheitern der Gespräche mit den wichtigsten Gläubigerbanken stellte *Holzmann* am 23. November 1999 den Antrag auf Eröffnung des Insolvenzverfahrens. Nach Wiederaufnahme des Handels der *Holzmann-Aktie* brach der Kurs um über 80% ein (vgl. Abbildung 1).

---

[1] Interview mit *Dr. Binder*, FAZ vom 16.11.1999, S. 20.

[2] Vgl. *zum* Ablauf: *PHILIPP HOLZMANN AG*, Geschäftsbericht 1999, S.14 f.: Chronik der Rettung.

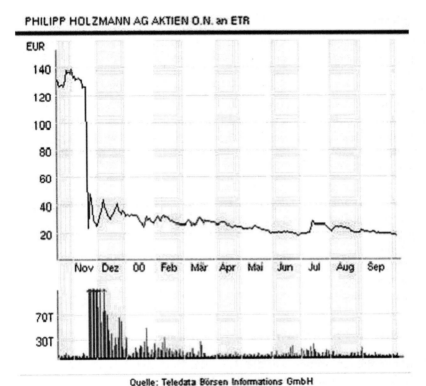

Abb. 1: Kursverlauf der Aktie der Philipp Holzmann AG.

Am 24. November 1999 führte Bundeskanzler *Gerhard Schröder* Gespräche mit den Gläubigerbanken und sicherte ein nachrangiges, d. h. eigenkapitalersetzendes Darlehen der bundeseigenen *Kreditanstalt für Wiederaufbau* in Höhe von 150 Mio. DM sowie eine vom *Bund* übernommene Ausfallbürgschaft über 100 Mio. DM zu. Am Abend dieses Tages stimmten die Gläubigerbanken dem entsprechend modifizierten Sanierungskonzept zu. Die auf dem Spiel stehenden Summen für die Bankengläubiger können der nachstehenden Tabelle entnommen werden. Die Beteiligung der Banken an der Sanierung ergibt sich aus Tabelle 2.

Alle Angaben in Tausend DM	Gesamtlinie	in Anspruch genommen	davon Barkredite	Projektgeschäft	Avale
Deutsche Bank-Gruppe	2.190.816	1.831.789	899.850	429.922	502.917
Bayr. Hypo- u.Vereinsbank	665.545	783.135	10.172	229.512	534.451
Bayern LB	613.718	573.701	301.590	-	272.112
Helaba	571.381	456.485	80.180	243.954	132.351
Commerzbank Gruppe	510.415	481.693	197.029	25.690	258.974
Berliner Bank-Gruppe	502.682	435.969	74.230	106.623	255.116
DG-Bank-Gruppe	400.765	367.217	98.541	146.858	121.820
Dresdner Bank-Gruppe	382.373	358.178	16.625	128.207	211.347
BHF Bank-Gruppe	247.100	207.919	52.344	88.255	67.320
West LB	181.090	171.861	59.172	55.969	56.746

Tab 1: Die zehn größten Gläubigerbanken; Quelle: FAZ vom 18.11.1999, S. 22.

Alle Angaben in Mio. DM		davon Deutsche Bank	davon Commerzbank
Kapitalerhöhung	1.265	500	106
Rangrücktritt	1.300	435	139
Konsortialkreditlinie	1.000	325	111
Wandelgenussrechte	774	248	94

Tab. 2: Eckpunkte des finanziellen Sanierungskonzeptes;
Quelle: Manager-Magazin 1/00, S. 62.

Innerhalb der Bankengruppe war die Rolle der Deutschen Bank umstritten. So war in einem Bericht des Manager-Magazins[1] zu lesen:

> „Weil der deutsche Geldprimus den besten Einblick in das Zahlenwerk des Bauriesen hatte, griffen die anderen Holzmann-Gläubiger das Frankfurter Geldhaus frontal an. Die Deutsche Bank habe sich für ihre Kredite viele Sicherheiten einräumen lassen. Zudem, maulte die Konkurrenz, hätte das Institut einen Großteil seiner Holzmann-Kredite in Eigenkapital umwandeln müssen – die Darlehenszinsen müssten zurückgezahlt werden ...
>
> Vor allem Commerzbank-Chef *Martin Kohlhausen* war empört, und das mit gutem Grund. Im vergangenen Jahr hat die Deutsche Bank ihre Holzmann-Gelder sukzessive zurückgeführt; Holzmann holte sich aber von der Commerzbank noch nach Aufdeckung des neuen Milliardenlochs 50 Millionen Mark auf Konto."

Am 09. Dezember 1999 erteilte der Aufsichtsrat auf Basis der Ergebnisse einer von der Wirtschaftsprüfungsgesellschaft *Ernst & Young* durchgeführten Sonderprüfung den Auftrag, zivilrechtliche Maßnahmen gegen frühere Vorstände und ehemalige leitende Mitarbeiter zu ergreifen. Der Vorstandsvorsitzende *Dr. Binder* erklärte sei-

---

[1] Manager-Magazin 1/2000, S. 62.

nen Rücktritt zum 14. Dezember 1999. In einer *Ad hoc-Mitteilung* vom gleichen Tage ist zu lesen:

> „Der Aufsichtsrat hat sich in seiner heutigen Sitzung der Philipp Holzmann AG ausführlich mit dem Bericht und den Prüfungsfeststellungen des Sonderpüfers Ernst & Young und den hieraus zu ziehenden Konsequenzen befaßt. Die Ergebnisse der Feststellungen und deren rechtliche Würdigung lassen zweifelsfrei erhebliche Pflichtverletzungen früherer Vorstandsmitglieder und leitender Mitarbeiter erkennen. Der Aufsichtsrat hat daher den Auftrag erteilt, neben den bereits laufenden Ermittlungen der Staatsanwaltschaft unverzüglich zivilrechtliche Maßnahmen gegen die betroffenen Personen zu ergreifen.
>
> Ferner hat sich der Aufsichtsrat die Ursachen erläutern lassen, die zu einem voraussichtlichen Jahresverlust von rund 2,4 Mrd. DM geführt haben. In diesem Zusammenhang haben sowohl der Sonderprüfer als auch der Abschlussprüfer KPMG Stellungnahmen abgegeben. Sowohl die im Sonderprüfungsbericht mit 600 Mio. DM bezifferten Verlustpotenziale einer ausgewählten Anzahl von Projekten und Geschäftsvorfällen als auch die im Anschluss hieran vom Vorstand der Philipp Holzmann AG vorgenommene Gesamtbeurteilung beruhen zu einem hohen Maße auf einer stichtagsbezogenen Neueinschätzung von in früheren Jahren eingeleiteten Geschäftsvorfällen (Altlasten). Der Gesamtbetrag der Verluste wird im Jahresabschluss 1999 ausgewiesen und von einer Öffnung früherer Jahresabschlüsse wird abgesehen. Die Bestätigungsvermerke der KPMG für die Vorjahre stehen deshalb nicht in Frage."

Auf der außerordentlichen Hauptversammlung vom 30. Dezember 1999 wurde eine Kapitalherabsetzung im Verhältnis 26:1 mit anschließender Kapitalerhöhung im Verhältnis 3:4 gegen Bareinlagen beschlossen. Die Wirtschaftsprüfungsgesellschaft *Ernst & Young* wird neben der *KPMG* zum *zusätzlichen* Abschlussprüfer gewählt. Nach IDW PS 208: Zur Durchführung von Gemeinschaftsprüfungen (Joint Audits), Tz. 4, führen die Abschlussprüfer die jeweiligen Prüfungen eigenverantwortlich durch, „jedoch sind sie gemeinsam der Abschlussprüfer im Sinne der gesetzlichen Vorschriften."

In der Presse wurden die folgenden Vorwürfe gegenüber dem Abschlussprüfer *KPMG* erhoben:

- *Gäubigerbanken wundern sich darüber, dass gerade bei Holzmann „Legionen von Wirtschaftsprüfern" die Altgeschäfte des Konzerns untersucht hätten und nun trotzdem Verluste aus diesen längst bewerteten Geschäften hochgekommen seien (HB vom 18.11.1999, S. 24).*
- *Die Berufung auf das „formale Argument" der Verschwiegenheitspflicht „Die stummen Prüfer") dürfte die KPMG nicht daran hindern, ihre Arbeit gegenüber der Öffentlichkeit zu erläutern (FAZ vom 18.11.1999, S. 30; SZ vom 22.11.1999, S. 25).*

- *Der Vorstandsvorsitzende Dr. Binder erläutert die Ursachen für die Verluste am Beispiel der Projektimmobilien City-Carré Magdeburg und Köln-Arena. Beide Projekte seien zur Verschleierung der desolaten Lage an renommierte Fonds zu überhöhten Preisen verkauft und diesen seien im Gegenzug überzogene Mietgarantien eingeräumt worden. „Die Wirtschaftsprüfungsgesellschaft KPMG hat dieses System auch in eingehender Untersuchung nicht aufgedeckt", wird von Dr. Binder kritisiert (FAZ vom 30.11.1999, S. 22).*

- *Auf die Frage „Wie kommt es, dass ein Wirtschaftsprüfer ‚faule Eier' in solchen Massen übersehen konnte, wie es dies bei Holzmann der Fall war?" erwidert der Unternehmensberater Roland Berger: „Dies ist nur in einer Gemengelage vorstellbar, in der man die Bewertungsspielräume bis zum Exzess ausschöpft und für die Zukunft auf das Prinzip Hoffnung setzt" (SZ vom 08.12.1999, S. 30).*

- *„Auch bei Philipp Holzmann bin ich nach wie vor der Meinung, dass es keine Verluste aus dem operativen Geschäft in Höhe von 2,4 Milliarden Mark waren. Das sind für mich Verluste aus dem Altgeschäft, denn selbst bei einem Krisenkonzern wie Philipp Holzmann entstehen solche Milliardenverluste nicht einfach über Nacht. Man hätte Rückgrat zeigen und das Testat einschränken oder versagen müssen" (Prof. Dr. Karlheinz Küting, Universität Saarbrücken, Die Woche vom 19.05.2000, S. 17).*

- *Kritisiert wird, dass der Lagebericht für das Geschäftsjahr 1998 von Holzmann eine positive Prognose - „Die Betriebsergebnisse werden sich weiter verbessern. Wir erwarten ein leicht positives Ergebnis." - enthielt, jedoch keine Hinweise auf mögliche bestandsgefährdende Risiken. Dies hätte vom Prüfer beanstandet werden müssen. Der Prüfungsansatz der KPMG sehe zudem die Analyse von strategischen Risiken und von Prozessrisiken vor, die KPMG sei deshalb an ihrem eigenen Anspruch gescheitert (Prof. Dr. Hansrudi Lenz in SZ vom 02.12.1999, vgl. Anlage).*

- *In einem Bericht des Wirtschaftsmagazins Capital (Heft 1/2 2000), welchem offensichtlich interne Unterlagen, so z. B. der Prüfungsbericht der KPMG zu Grunde lagen, wird deutlich, dass zwar der nur dem Aufsichtsrat zugängliche Prüfungsbericht im Mai 1999 eine Vielzahl kritischer Bemerkungen zur Bewertung und zum Controllingsystem und zum Risikomanagement enthielt, die Bewertung von der KPMG aber gerade noch für vertretbar gehalten wurde, so dass keine Konsequenzen für den Bestätigungsvermerk gezogen wurden. Ein Beispiel aus dem Prüfungsbericht: „Insgesamt halten wir die Rückstellungen für Mietrisiken für knapp dotiert. Sofern sich die der Rückstellungsbemessung zugrunde liegenden Annahmen als nicht realistisch erweisen sollten, können erhebliche Nachdotierungen erforderlich werden."*

Zur Verteidigung des Abschlussprüfers werden folgende Argumente vorgebracht:

- *Falls vorsätzliches Handeln im Spiel sei (z. B. dem Prüfer werden Verträge über Mietgarantien trotz Nachfrage nicht vorgelegt), dann sei es für Prüfer schwierig, dies zu entdecken (HB vom 25.11.1999, S. 19).*

- *Die Bewertung von Immobilien zum Ertragswert sei wegen der damit verbundenen Prognoseprobleme (z. B. hinsichtlich erzielbarer Mieten) besonders schwierig und ermessensbehaftet (HB vom 25.11.1999, S. 19). Hierauf verweist auch der Vorstandssprecher der KPMG: „Wenn sich die drei Stellschrauben Mieteinnahmen, Belegungsquote und Diskontierung der Belastungen verändern, erhält man unheimliche Hebel", sagt Wiedmann. Beispielhaft wird auf die Projekte am Potsdamer Platz in Berlin verwiesen.*

Die Initiatoren hätten hier 1992 mit 70 DM Miete je Quadratmeter geplant. Bis 1996 sei der Wert auf DM 30 gefallen, heute erhalte man bei Neuvermietungen schon wieder 60 DM (FAZ vom 04.02.2000, S. 19).

- *Die Sitzung des Aufsichtsrates vom 09.12.1999, derzufolge die Verlustursachen auf einer „stichtagsbezogenen Neueinschätzung von in früheren Jahren eingeleiteten Geschäftsvorfällen" beruhen und die Bestätigungsvermerke der Vorjahre nicht in Frage gestellt werden, wird von der KPMG als Entlastung gewertet. Die Verluste würden aus „geänderten Risikoeinschätzungen" herrühren und in ihnen seien „in ganz erheblichem Umfang auch operative Verluste des Jahres 1999" enthalten. Bei der Prüfung des Abschlusses für das Geschäftsjahr 1998 seien „alle notwendigen Prüfungshandlungen korrekt ausgeführt und alle erforderlichen Aussagen im Prüfungsbericht in der gebotenen Deutlichkeit getroffen worden" (SZ vom 9.12.1999, S. 26).*

- *Ein Hinweis des Prüfers im Bestätigungsvermerk könnte zu einer „sich selbst erfüllenden Prognose" führen, d. h. könnte selbst zur Insolvenzursache werden, deshalb müsse ein Prüfer hier besonders besonnen agieren.*

Im Juli 2000 wurde der mit Spannung erwartete Geschäftsbericht von *Holzmann* für das Geschäftsjahr 1999 vorgelegt. Der Jahresfehlbetrag belief sich auf 2,71 Mrd. DM im Konzern (AG: 2,75 Mrd. DM) und setzte sich aus folgenden Einzelpositionen zusammen:[1]

	Konzern (in Mio. DM)	AG (in Mio. DM)
„Risiken der Vergangenheit"		
Abwertung der Buchwerte und stg. Risiken Immobilienprojektgeschäft	503	237
insbesondere City Carré Magdeburg und Ablösung Betreiberrisiko Kölnarena	375	144
Neueinschätzung der Realisierbarkeit der Forderungen aus Lieferungen und Leistungen und stg. Vermögensgegenstände	629	293
Abwertung von Beteiligungen	60	10
Zwischensumme „Risiken der Vergangenheit"	**1567**	**684**
Restrukturierungsaufwendungen (Rückstellungen für die Bereinigung des Beteiligungsportfolios und für Personalabbau)	391	93
Einmalaufwendungen (z. B. Prozessrisiken)	134	122
Beteiligungsergebnis Philipp Holzmann AG	--	1.500
Operativer Verlust (bedingt durch Rückgang der inländischen Bauleistung und Baustillstandskosten während der Finanzkrise)	*616*	*348*
Jahresfehlbetrag	**2.708**	**2.747**

Tab. 3: Zusammensetzung des Jahresfehlbetrages.

---

[1] Erläuterung im Lagebericht in: *PHILIPP HOLZMANN AG*, Geschäftsbericht 1999, S. 7 f.

Der Anhang des Jahresabschlusses enthält zwei unterschiedliche Bestätigungsvermerke[1], die nachfolgend im Wortlaut wiedergegeben werden.[2] Rechtsgrundlage für diese Vermerke war hier schon der durch das KonTraG geänderte § 322 HGB. Nach Art. 46 Abs. 1, Satz 1 EGHGB war dieser erstmals auf das nach dem 31.12.1998 beginnende Geschäftsjahr anzuwenden.

KPMG Bestätigungsvermerk

Wir haben den Jahresabschluss unter Einbeziehung der Buchführung der Philipp Holzmann AG sowie den von ihr aufgestellten Konzernabschluss und ihren Bericht über die Lage der Gesellschaft und des Konzerns für das Geschäftsjahr vom 1. Januar bis 31. Dezember 1999 geprüft. Die Aufstellung dieser Unterlagen nach den deutschen handelsrechtlichen Vorschriften liegt in der Verantwortung des Vorstands der Gesellschaft. Unsere Aufgabe ist es, auf der Grundlage der von uns durchgeführten Prüfung eine Beurteilung über den Jahresabschluss unter Einbeziehung der Buchführung sowie den von ihr aufgestellten Konzernabschluss und ihren Bericht über die Lage der Gesellschaft und des Konzerns abzugeben.

Wir haben unsere Jahres- und Konzernabschlussprüfung nach § 317 HGB unter Beachtung der vom Institut der Wirtschaftsprüfer (IDW) festgestellten Grundsätze ordnungsmäßiger Abschlussprüfung vorgenommen. Danach ist die Prüfung so zu planen und durchzuführen, dass Unrichtigkeiten und Verstöße, die sich auf die Darstellung des durch den Jahresabschluss und den Konzernabschluss unter Beachtung der Grundsätze ordnungsmäßiger Buchführung und durch den Bericht über die Lage der Gesellschaft und des Konzerns vermittelten Bildes der Vermögens-, Finanz- und Ertragslage wesentlich auswirken, mit hinreichender Sicherheit erkannt werden. Bei der Festlegung der Prüfungshandlungen werden die Kenntnisse über die Geschäftstätigkeit und über das wirtschaftliche und rechtliche Umfeld der Gesellschaft sowie die Erwartungen über mögliche Fehler berücksichtigt. Im Rahmen der Prüfung werden die Wirksamkeit des internen Kontrollsystems sowie Nachweise für die Angaben in Buchführung, in Jahres- und Konzernabschluss und in dem Bericht über die Lage der Gesellschaft und des Konzerns überwiegend auf der Basis von Stichproben beurteilt. Die Prüfung umfasst die Beurteilung der angewandten Bilanzierungs- und Konsolidierungsgrundsätze und der wesentlichen Einschätzungen des Vorstands sowie die Würdigung der Gesamtdarstellung des Jahres- und Konzernabschlusses sowie des Berichts über die Lage der Gesellschaft und des Kon-

---

[1] IDW PS 208 (Zur Durchführung von Gemeinschaftsprüfungen (Joint Audits)), Tz. 29, stellt hierzu fest: „Können die Gemeinschaftsprüfer sich ausnahmsweise nicht auf ein einheitliches Gesamturteil verständigen, so hat jeder Gemeinschaftsprüfer sein Prüfungsurteil grundsätzlich in einem eigenen Bestätigungsvermerk zum Ausdruck zu bringen. Erteilt einer der Gemeinschaftsprüfer den Bestätigungsvermerk nur in eingeschränkter Form ist damit auch das Gesamturteil der Abschlussprüfung ein eingeschränktes, auch wenn der andere Gemeinschaftsprüfer den Bestätigungsvermerk nicht einschränkt.

In den jeweiligen Bestätigungsvermerken ist unter entsprechender Anwendung von IDW PS 400: Grundsätze für die ordnungsmäßige Erteilung von Bestätigungsvermerken, Tz. 75 in einem gesonderten Absatz im Anschluss an das Prüfungsurteil auf die abweichenden Ergebnisse der anderen beteiligten Prüfer hinzuweisen." Dies wurde in den vorliegenden Bestätigungsvermerken nicht beachtet!

[2] Vgl. *PHILIPP HOLZMANN AG*, Geschäftsbericht 1999, S. 70 f.

zerns. Wir sind der Auffassung, dass unsere Prüfung eine hinreichend sichere Grundlage für unsere Beurteilung bildet.

Unsere Prüfung hat zu keinen Einwendungen geführt.

Nach unserer Überzeugung vermitteln der Jahresabschluss und der Konzernabschluss unter Beachtung der Grundsätze ordnungsmäßiger Buchführung ein den tatsächlichen Verhältnissen entsprechendes Bild der Vermögens-, Finanz- und Ertragslage der Gesellschaft und des Konzerns sowie der Zahlungsströme des Konzerns. Der Bericht über die Lage der Gesellschaft und des Konzerns gibt insgesamt eine zutreffende Vorstellung von der Lage der Gesellschaft und des Konzerns und stellt die Risiken der künftigen Entwicklung zutreffend dar.

Ohne diese Beurteilung einzuschränken, weisen wir auf die Ausführungen im Lagebericht hin. Dort ist in dem Abschnitt „Vermögens- und Finanzlage" ausgeführt, dass die Liquiditätsausstattung zu einem Engpass für den laufenden Geschäftsbetrieb werden könnte, sofern die bis Ende November 2000 befristeten Kreditlinien nicht prolongiert werden. Ferner wird im Abschnitt „Geschäftsrisiken" auf die geringe Eigenkapitalausstattung hingewiesen. In dem Abschnitt „Ertragslage" beziffert der Vorstand den operativen Verlust mit DM 348 Mio. für die AG und mit DM 616 Mio. für den Konzern. Wir weisen darauf hin, dass in dem gesondert aufgeführten Posten „Risiken der Vergangenheit" in nicht unerheblichem Umfang auch operative Verluste des Jahres 1999 erhalten sind, darunter insbesondere auch solche, die auf im Geschäftsjahr 1999 getroffene Entscheidungen zurückzuführen sind.

Frankfurt am Main, den 19. Juni 2000

KPMG Deutsche Treuhand-Gesellschaft
Aktiengesellschaft
Wirtschaftsprüfungsgesellschaft

(Zielke)	*(Dankert)*
Wirtschaftsprüfer	Wirtschaftsprüfer

Ernst & Young Bestätigungsvermerk

An die Philipp Holzmann Aktiengesellschaft

Wir prüften den Jahresabschluss unter Einbeziehung der Buchführung der Philipp Holzmann Aktiengesellschaft, Frankfurt am Main, sowie den von ihr aufgestellten Konzernabschluss und ihren Bericht über die Lage der Gesellschaft und des Konzerns für das Geschäftsjahr vom 1. Januar bis 31. Dezember 1999. Die Buchführung und die Aufstellung dieser Unterlagen nach den deutschen handelsrechtlichen Vorschriften liegen in der Verantwortung der gesetzlichen Vertreter der Gesellschaft. Unsere Aufgabe ist es, auf der Grundlage der von uns durchgeführten Prüfung eine Beurteilung über den Jahresabschluss unter Einbeziehung der Buchführung sowie den Konzernabschluss und den Bericht über die Lage der Gesellschaft und des Konzerns abzugeben.

Wir nahmen unsere Jahresabschluss- und Konzernabschlussprüfung nach § 317 HGB unter Beachtung der vom Institut der Wirtschaftsprüfer (IDW) festgestellten Grundsätze ordnungsmäßiger Abschlussprüfung vor. Danach ist die Prüfung so zu planen und durchzuführen, dass Unrichtigkeiten und Verstöße, die sich auf die Darstellung des durch den Jahresabschluss und den Konzernabschluss unter Beachtung der Grundsätze ordnungsmäßiger Buchführung und durch den Bericht über die Lage der Gesellschaft und des Konzerns vermittelten Bildes der Vermögens-, Finanz- und Ertragslage wesentlich auswirken, mit hinreichender Sicherheit erkannt werden. Bei der Festlegung der Prüfungshandlungen werden die Kenntnisse über die Geschäftätigkeit und über das wirtschaftliche und rechtliche Umfeld der Gesellschaft und des Konzerns sowie die Erwartungen über mögliche Fehler berücksichtigt. Im Rahmen der Prüfung werden die Wirksamkeit des internen Kontrollsystems sowie Nachweise für die Angaben in Buchführung, Jahres- und Konzernabschluss und in dem Bericht über die Lage der Gesellschaft und des Konzerns überwiegend auf der Basis von Stichproben beurteilt. Die Prüfung umfasst die Beurteilung der angewandten Bilanzierungs- und Konsolidierungsgrundsätze und der wesentlichen Einschätzungen der gesetzlichen Vertreter sowie die Würdigung der Gesamtdarstellung des Jahres- und des Konzernabschlusses sowie des Berichts über die Lage der Gesellschaft und des Konzerns. Mit Schreiben vom 20. Januar 2000 erweiterte der Aufsichtsrat den Prüfungsauftrag, um die Überprüfung der Aufteilung des Jahresfehlbetrags laut Ausführungen des Vorstands auf der außerordentlichen Hauptversammlung der Gesellschaft am 30. Dezember 1999 und die Analyse des Gesamtverlustes unter Berücksichtigung der Verlustursachen und der Frage, ob und ggf. welcher Teil des Gesamtverlustes auf der Grundlage des jeweiligen Kenntnisstandes früheren Perioden hätte zugerechnet werden müssen. Wir sind der Auffassung, dass unsere Prüfung eine hinreichend sichere Grundlage für unsere Beurteilung bildet.

Unsere Prüfung führte, mit Ausnahme der folgenden Einschränkung, zu keinen Einwendungen. Die Gesellschaft hat frühere Perioden betreffende Anwendungen in Höhe von 198,4 Mio. DM im Jahresabschluss und in Höhe von 278,4 Mio. DM im Konzernabschluss nicht gesondert ausgewiesen und nicht im Anhang erläutert.

Mit dieser Einschränkung vermittelt nach unserer Überzeugung der Jahresabschluss und der Konzernabschluss unter Beachtung der Grundsätze ordnungsmäßiger Buchführung ein den tatsächlichen Verhältnissen entsprechendes Bild der Vermögens-, Finanz- und Ertragslage der Gesellschaft und des Konzerns. Der Bericht über die Lage der Gesellschaft und des Konzerns gibt insgesamt eine zutreffende Vorstellung von der Lage der Gesellschaft und des Konzerns und stellt die Risiken der künftigen Entwicklung insbesondere zur Liquiditätslage zutreffend dar.

Mannheim, den 19. Juni 2000

Ernst & Young
Deutsche Allgemeine Treuhand AG
Wirtschaftsprüfungsgesellschaft

| *(A. Müller)* | *(Wenz)* |
| Wirtschaftsprüfer | Wirtschaftsprüfer |

Die Bestätigungsvermerke der *KPMG* und von *Ernst & Young* enthalten entsprechend § 322 Abs. 2 S. 2 HGB Hinweise auf bestandsgefährdende Risiken.[1] Die von *KPMG*

---

[1] Vgl. auch *IDW* PS 400, Tz. 77.

gewählte Formulierung ist sehr viel deutlicher, entspricht eher IDW PS 400 und ist deshalb aus Adressatensicht informativer. Der *uneingeschränkte KPMG* Bestätigungsvermerk enthält einen zweiten Hinweis, welcher wie der erste Hinweis im Anschluss an das Prüfungsurteil entsprechend IDW PS 400, Tz. 75, in einem gesonderten Absatz aufgenommen wurde. Demzufolge sind nach Auffassung der *KPMG* in den im Lagebericht erläuterten „Risiken der Vergangenheit" in nicht unerheblichem Umfang auch operative Verluste des Jahres 1999 enthalten.

Der Bestätigungsvermerk von *Ernst & Young* enthält im die Prüfung nach Art und Umfang beschreibenden Abschnitt eine Aussage zur *Erweiterung* des Prüfungsauftrages (Analyse des Gesamtverlustes unter Berücksichtigung der Verlustursachen und die Zurechnung auf ggf. unterschiedliche Perioden) und eine *Einschränkung*. Nach Meinung von *Ernst & Young* entfallen 278,4 Mio. DM im Konzernabschluss (198,4 Mio. DM im Jahresabschluss) auf frühere Perioden und hätten entsprechend § 277 Abs. 4 S. 3 i. V. m. § 298 Abs. 1 HGB deshalb im Konzern- bzw. Jahresabschluss gesondert ausgewiesen und im Anhang erläutert werden müssen. Vorstand und Aufsichtsrat haben offensichtlich die Auffassung von *Ernst & Young* nicht geteilt, sonst hätten sie die genannten Beträge gesondert ausgewiesen und erläutert. KPMG interpretiert das Prüfungsergebnis von *Ernst & Young* als Entlastung.[1] Zur Bilanzpressekonferenz der *Philipp Holzmann AG* gab *KPMG* die folgende Erklärung ab:

> „Die von KPMG testierten Abschlüsse der vergangenen Jahre bleiben auch nach Auffassung der Philipp Holzmann AG gültig. Die ‚Altlastenlegende' des ehemaligen Holzmann-Vorstandsvorsitzenden *Dr. Heinrich Binder*, Verluste in Höhe von 2,4 Mrd. DM gingen zu 95 Prozent auf das Konto sogenannter Altlasten aus den Jahren vor 1997, ist widerlegt. Das sind aus Sicht von KPMG Deutschland die zentralen Ergebnisse, die sich aus der heutigen Bilanz-Pressekonferenz der Philipp Holzmann AG und in Bewertung der Zusatzprüfung durch die Wirtschaftsprüfungsgesellschaft Ernst & Young ergeben.
>
> Der Konzernabschluss der Holzmann AG zum 31.12.1999 weist einen Verlust in Höhe von rund 2,7 Mrd. DM aus. KPMG hat den Konzern- und Einzelabschluss geprüft und ohne Einschränkung testiert. Der Gesamtverlust wird auch von Ernst & Young in ihrer Zusatzprüfung bestätigt, jedoch mit der Einschränkung, dass 278 Mio. DM hiervon Vorjahren zuzurechnen sind. Nach Auffassung der KPMG sind auch die von Ernst & Young genannten 278 Mio. DM nicht Vorjahren zuzuordnen, sondern sind betriebliche Verluste des Jahres 1999. Vorstand und Aufsichtsrat der Philipp Holzmann AG haben sich die Auffassung von Ernst & Young nicht zu eigen gemacht. Anderenfalls hätte Holzmann die betreffende Summe gemäß

---

[1] Vgl. SZ vom 26.7.2000, S. 26.

§ 277 Abs. 4 Handelsgesetzbuch (HGB) im Anhang nennen müssen" (Pressemitteilung KPMG vom 27. Juli 2000).

Auf der ordentlichen Hauptversammlung der *Philipp Holzmann AG* am 31. August 2000 schlägt der Aufsichtsrat vor, die *Ernst & Young Deutsche Allgemeine Treuhand AG* zum Abschlussprüfer und Konzernabschlussprüfer für das Geschäftsjahr 2000 zu wählen. Die HV folgt diesem Vorschlag; damit verliert die *KPMG* nach Jahrzehnten das Prüfungsmandat bei *Holzmann*.

Aufgabe

a) Beschreiben Sie kurz mit Verweis auf die gesetzlichen Regelungen die Wahl, Auftragserteilung und Aufgabe des Abschlussprüfers der *Philipp Holzmann AG* für das Geschäftsjahr 1998.

b) Wer ist möglicherweise durch eine unzureichende Berichterstattung in Jahres- und Konzernabschluss und Lagebericht bzw. Konzernlagebericht für das Geschäftsjahr 1998 geschädigt worden?

c) Welche Träger unterschiedlicher Interessen sind erkennbar? Welche Erwartungen an den Abschlussprüfer haben diese?

d) Weshalb ist es so schwierig, die Qualität des Abschlussprüfers *KPMG* in Bezug auf die Prüfung des 1998er Abschlusses der *Philipp Holzmann AG* abzuschätzen?

e) Warum wurden im Abschluss zum 31.12.1999 die 278 Mio. DM, die nach Auffassung von *Ernst & Young* hätten gesondert ausgewiesen und erläutert werden müssen, nicht gesondert offen gelegt?

f) Warum wurde die *KPMG* nicht erneut zum Abschlussprüfer für das Geschäftsjahr 2000 bestellt?

Epilog 2002

Im März 2002 stellte der Vorstand der *Philipp Holzmann AG* den Antrag auf Eröffnung des Insolvenzverfahrens, nachdem Verluste im Jahr 2002 das Eigenkapital wiederum vollständig aufgezehrt hatten und weitere Zuführungen von Eigenkapital verweigert wurden. In der Ad hoc-Mitteilung von 21.03.2003 wurden den Aktionären mitgeteilt: „Die Philipp Holzmann AG wird am 21. März 2002 Antrag auf Eröffnung des Insolvenzverfahrens wegen Zahlungsunfähigkeit stellen." Damit endet eine 153-jährige Firmengeschichte.

Lösungsvorschlag

a) Bei einer Aktiengesellschaft wie *Philipp Holzmann* ist der Jahresabschluss und Lagebericht (Konzernabschluss und Konzernlagebericht) nach § 316 HGB i. V. m. § 267 Abs. 3 S. 2 HGB durch einen Abschlussprüfer zu prüfen. Auf der Hauptversammlung vom 24. August 1998 wurde die *KPMG Deutsche Treuhand-Gesellschaft AG* von den Aktionären auf Vorschlag des Aufsichtsrates zum Abschlussprüfer für das Geschäftsjahr 1998 gewählt (§ 119 Abs. 1 Ziff. 4 i. V. m. § 124 Abs. 3 S. 1 AktG). Nach § 111 Abs. 2 S. 3 AktG i. V. m. § 318 Abs. 1 S. 4 HGB erteilt danach unverzüglich der Aufsichtsrat dem Prüfer den Prüfungsauftrag für den Jahres- und Konzernabschluss. Diese Regelung wurde durch das KonTraG vom 27.04.1998 eingeführt. Auch bei der *Philipp Holzmann AG* erteilte der Aufsichtsrat den Prüfungsauftrag an die *KPMG*.[1]

Gegenstand und Umfang der Prüfung ist in § 317 HGB geregelt. Die Buchführung und die Aufstellung von Jahres- und Konzernabschluss und Lagebericht sowie Konzernlagebericht liegen in der alleinigen Verantwortung der Geschäftsführung der Gesellschaft. Aufgabe des Abschlussprüfers ist es hingegen, die Prüfung so zu planen und durchzuführen, dass mit *hinreichender Sicherheit* beurteilt werden kann, ob die Buchführung, der Jahresabschluss sowie der Lagebericht *frei von wesentlichen Mängeln* sind.[2] Auf Basis der vorgenommenen Prüfung bestätigt der Prüfer, dass der Abschluss den gesetzlichen Vorschriften entspricht und unter Beachtung der Grundsätze ordnungsmäßiger Buchführung ein den *tatsächlichen Verhältnissen entsprechendes Bild der Vermögens-, Finanz- und Ertragslage* vermittelt. Der nicht öffentlich zugängliche Prüfungsbericht enthält eine Fülle weiterer Informationen, die der Aufsichtsrat für Überwachungszwecke nutzen kann. Gemäß § 321 Abs. 5 S. 2 HGB ist der Prüfungsbericht dem Aufsichtsrat vorzulegen; dem Vorstand ist vor Zuleitung Gelegenheit zur Stellungnahme zu geben. Die Prüfungsaussagen des Abschlussprüfers werden in der Bilanzsitzung des Aufsichtsrates erläutert.[3] Im Bericht des Aufsichtsrats für das Geschäftsjahr 1998 heißt es hierzu: „Die Berichte über die Prüfungen des Jahresabschlusses und des Konzernabschlusses wurden den Mitgliedern des Aufsichtsrates ausgehändigt.[4] An der Sitzung des Aufsichtsrats am 5. Mai 1998 nahm der Abschlussprüfer teil und berichtete über die wesentlichen Prüfungsergebnisse. Der Aufsichtsrat prüfte seinerseits beide Jahresabschlüsse und den Lagebericht. Da-

---

[1] Vgl. den Bericht des Aufsichtsrats in: *PHILIPP HOLZMANN AG*, Geschäftsbericht 1998, S. 67.

[2] Vgl. auch *IDW* PS 200: Ziele und allgemeine Grundsätze der Durchführung von Abschlussprüfungen. Zur Prüfung des Lageberichts vgl. IDW PS 350.

[3] Durch das Transparenz- und Publizitätsgesetz vom 19.07.2002 wird der Prüfer nunmehr gesetzlich verpflichtet an der sog. Bilanzsitzung teilzunehmen, vgl. § 171 Abs. 1 S. 2 AktG.

[4] Vgl. hierzu § 170 Abs. 3 AktG.

bei haben sich keine Einwendungen ergeben. Der Aufsichtsrat hat heute den vom Vorstand festgestellten Jahresabschluss gebilligt, der damit festgestellt ist."[1]

Was ist der Zweck dieser Prüfung? Kapitalgeber sollen sich auf die Informationen für Zwecke der *retrospektiven Rechenschaftslegung* (Kontrolle des Managements) und *prospektiven Erwartungsbildung* (z. B. hinsichtlich der zukünftigen Gewinnentwicklung) verlassen können.[2]

b) Durch die möglicherweise unzureichende Berichterstattung könnten die *Anteilseigner* der *Holzmann AG* geschädigt worden sein. Insbesondere ist hier die Situation der Kleinaktionäre zu betrachten, die im Vertrauen auf die Richtigkeit der Rechnungslegung neue Engagements eingegangen sind bzw. bisherige verlängert haben. Minderheitsaktionäre haben kaum eigene Möglichkeiten, sich Informationen über den Zustand des Unternehmens zu verschaffen bzw. dies wäre mit einem Aufwand verbunden, der sich für einen Kleinaktionär nicht lohnen würde. Sie müssen deshalb auf die Korrektheit der Rechnungslegungspraktiken und die Richtigkeit des Jahresabschlusses einer Aktiengesellschaft, welcher mit einem uneingeschränkten Bestätigungsvermerk eines unabhängigen Wirtschaftsprüfers versehen wurde, vertrauen können.

Anders hingegen ist die Situation bei den beiden Großaktionären zu beurteilen. Die *Deutsche Bank AG* hielt im Januar 1999 20,87% an der *Holzmann AG* und stellte mit ihrem Vorstandsmitglied *Boehm-Bezing* den Aufsichtsratschef der *Holzmann AG*. Damit waren über viele Jahre entscheidende Mitwirkungs- und Informationsrechte verbunden. Der Aufsichtsrat hatte auch Einsicht in die Prüfungsberichte der Wirtschaftsprüfer. Im Mai 1999 wurden die Aufsichtsräte im Prüfungsbericht der *KPMG* für den 1998er Abschluss über einige schwerwiegende Mängel im Controlling und Risikomanagementsystem der *Holzmann AG* informiert. Außerdem wurden die Aufsichtsräte mit Hilfe des Prüfungsberichtes darauf hingewiesen, dass die Rückstellungen eher knapp bemessen waren. Die Aufsichtsräte sahen anscheinend keinen Anlass, Konsequenzen zu ziehen, z. B. den kritischen Punkten weiter nachzugehen.

Die *Gevaert-Holding* stockte ihren Anteil an *Holzmann* im fraglichen Zeitraum massiv auf. Einen Teil der Aktien erwarb sie dabei von der *Deutschen Bank*, die als Verkäufer an einem allzu negativen Bild der Unternehmenslage nicht interessiert sein konnte. Ob der Käufer sich nicht ausreichend sorgfältig über das Kaufobjekt informiert hat, kann nicht abschließend beurteilt werden. Zu beachten ist, dass die *Deutsche Bank* neben ihrer Rolle als Großaktionär auch Großgläubiger bei *Holzmann* war. Aufgrund ihrer Bedeutung war sie in der Lage, sehr weitgehende Informationen von *Holzmann* zu erhalten. Es ist davon auszugehen, dass die *Deutsche Bank* – zumindest

---

[1] *PHILIPP HOLZMANN AG*, Geschäftsbericht 1998, S. 67.

[2] So auch *IDW* PS 200, Tz. 8.

theoretisch – sehr viel besser über die tatsächliche Lage informiert war als die Kleinaktionäre. Aus der Sichtweise von Minderheitsaktionären ist die Rolle von Großaktionären ambivalent zu bewerten. Einerseits können Großaktionäre ihre Stellung nutzen, um den Vorstand effektiv zu kontrollieren; dies kommt auch den Minderheiten zugute; andererseits können sie ihre Rolle dazu missbrauchen, um eigene Interessen auf Kosten der Minderheiten zu verfolgen.

Auch die Gläubiger der *Holzmann AG* sind ggf. durch eine unzureichende Berichterstattung geschädigt worden. Dies betrifft vor allem solche Gläubiger, die vor der Bekanntgabe der hohen Verluste neue Kredite vergeben bzw. bestehende Kredite verlängert haben. Auch eine risikoadäquate Verzinsung und Besicherung der Kredite setzt u. a. zutreffende finanzielle Daten voraus. Laut Presseberichten hat sich z. B. die *Commerzbank* darüber beschwert, dass die *Deutsche Bank* Kreditlinien zurückgeführt hätte, während die *Commerzbank* zusätzlich in Anspruch genommen wurde.

In volkswirtschaftlicher Betrachtung sind Verluste entstanden, weil die Effizienz des Kapitalmarktes beeinträchtigt wurde. Ressourcen sollen in die produktivsten Verwendungsmöglichkeiten fließen; dies setzt zutreffende Information über Risiken und Renditen von Anlagemöglichkeiten voraus. Glaubwürdige Jahresabschlüsse sind eine wichtige Quelle solcher Informationen. Verzerrte Informationen führen zu verzerrten Investitionsentscheidungen. So sind bei dieser Betrachtung auch diejenigen Unternehmen geschädigt worden, die an Stelle von *Holzmann* in den Genuss von vertraglichen Beziehungen mit Kapitalgebern gekommen wären, wenn korrekte Informationen vorgelegt hätten.

c) Zu betrachten sind zunächst die Interessen des *Vorstandes*. Dieser ist daran interessiert, seine Einkommenssituation zu verbessern und seine Position zu sichern. Eine positive Außendarstellung, hierzu gehören auch die Konzernabschlüsse, gegenüber dem Kapitalmarkt ist hierzu ein wichtiges Mittel. Die Ausnutzung von Ermessens- und Bewertungsspielräumen ist ein legales bilanzpolitisches Mittel zur Zielerreichung, das auch im Jahres- und Konzernabschluss der *Holzmann AG* für das Jahr 1998 genutzt wurde. In aller Regel wird der Vorstand vom Abschlussprüfer die Erteilung eines uneingeschränkten Bestätigungsvermerkes erwarten, da eine Einschränkung oder gar Versagung vom Kapitalmarkt als deutlich negatives Signal bewertet wird. Deshalb wird auch vor der Einschränkung oder Versagung eines Bestätigungsvermerks versucht, eine einvernehmliche Lösung zu finden, indem fehlerhafte Darstellungen im Abschluss korrigiert werden.

Aktionäre und *Gläubiger* sind zunächst grundsätzlich an einer möglichst objektiven Darstellung der Vermögens-, Finanz- und Ertragslage im Jahres- und Konzernabschluss interessiert. Allerdings besteht insbesondere bei Großaktionären und -gläubigern ein Anreiz, private Informationsvorsprünge auszunutzen. Eine bewusste Täuschung anderer Gruppen, die den privaten Informationsvorsprung erhält, z. B. durch

Einfluss auf die Bilanzpolitik etwa über die Vertretung im Aufsichtsrat, kann hierzu dienen. Hieraus folgt, dass für Minderheitsaktionäre und kleinere Gläubiger die neutrale und unabhängige Funktion des Abschlussprüfers, der die Glaubwürdigkeit von Abschlussinformationen sicherstellen soll, von besonderer Wichtigkeit ist. Aus diesen unterschiedlichen Interessenlagen folgen unterschiedliche Erwartungen an den Abschlussprüfer. So kann ein Großaktionär durchaus versucht sein, über seine Vertretung im Aufsichtsrat gezielt Einfluss auf Prüfungsbericht und Bestätigungsvermerk des Abschlussprüfers zu nehmen.

Gemäß § 111 Abs. 1 AktG ist es die Aufgabe des *Aufsichtsrates* die Geschäftsführung zu überwachen. Weiter hat der Aufsichtsrat den Jahres- und Konzernabschluss sowie den (Konzern-)Lagebericht zu prüfen[1] und über das Ergebnis der Prüfung der Hauptversammlung zu berichten. Er ist weiter verpflichtet, zum Prüfungsergebnis des Abschlussprüfers Stellung zu nehmen. Abschließend hat er im Bericht an die Hauptversammlung zu erklären, ob nach dem abschließenden Ergebnis seiner Prüfung Einwendungen zu erheben sind und ob er den vom Vorstand aufgestellten Jahresabschluss billigt.[2] Aus der Überwachungsfunktion des Aufsichtsrates folgt, dass dieser möglichen Verstößen gegen Rechnungslegungsvorschriften nachgehen muss. Sofern diese allerdings wie im hier vorliegenden Fall möglicherweise vorhergehende Geschäftsjahre betreffen, besteht aus Sicht des Aufsichtsrates die Gefahr, dass von Aussenstehenden der Vorwurf erhoben wird, der Aufsichtsrat hätte dies schon früher bemerken müssen. Insofern ist möglicherweise der Aufsichtsrat nicht an einer Aufklärung im Einzelnen interessiert, da diese ggf. eigene Versäumnisse zu Tage fördern könnte.

Der *Abschlussprüfer* selbst wird zum einen versuchen, den Interessen des Auftraggebers (hier: des Aufsichtsrates, der wiederum die Interessen der Aktionäre vertreten soll) gerecht zu werden, weil er den Prüfungsauftrag auch in Folgeperioden wieder erhalten möchte. Zum anderen wird er versuchen, mögliche Haftungs- (vgl. hierzu § 323 HGB) und Reputationsrisiken, die z. B. durch eine fahrlässige Prüfungsdurchführung entstehen können, zu minimieren.

d) Die *Prüfungsqualität* und damit der Wert z. B. einer Abschlussprüfung für Kapitalgeber ist von der Fähigkeit des Prüfers abhängig, (a) Verstöße zu entdecken und (b) seiner Bereitschaft, entdeckte Verstöße auch zu berichten.[3] Ob Verstöße vom Prü-

---

[1] § 171 Abs. 1 ist durch das KonTraG vom 27.04.1998 geändert worden. Hiernach ist bei Mutterunternehmen im Sinne von § 290 HGB auch der Konzernabschluss und Konzernlagebericht durch den Aufsichtsrat zu prüfen. Dies ist bei der *Holzmann AG* auch erfolgt, vgl. die Erläuterungen unter a).

[2] Durch das Transparenz- und Publizitätsgesetz vom 19.07.2003 wurde die Pflicht zur Stellungnahmen zum Prüfungsbericht und die Erhebung von Einwendungen oder die Billigung des Abschlusses auch auf den Konzernabschluss ausgedehnt.

[3] Vgl. *DEANGELO* 1981.

fer aufgedeckt werden, hängt von der fachlichen Qualifikation des Prüfers, seiner *Kompetenz*, ab. *Leffson*[1] nennt dies die Urteilsfähigkeit des Prüfers. Ob Pressionen auf ein Verschweigen entdeckter Verstöße nachgegeben wird, wird vom Grad der *Unabhängigkeit* des Prüfers beeinflusst. *Leffson*[2] bezeichnet dies als Urteilsfreiheit des Prüfers. Urteilsfreiheit liegt dann vor, wenn der Prüfer sein Urteil frei von Einflüssen, Bindungen und Rücksichten anderer Personen abgibt, die ein Interesse an der Abgabe eines nicht wahrheitsgemäßen Urteils haben.

Die Qualität von Prüfungsleistungen kann ex ante nicht beurteilt werden. Prüfungsleistungen sind für die Organe der geprüften Gesellschaft *Erfahrungsgüter*, für die Aktionäre einer Aktiengesellschaft zumeist *Vertrauensgüter*, d. h. auch nach Leistungserstellung ist die „wahre" Qualität für sie nicht unmittelbar oder nur mit großem Aufwand und nur bei wiederholten Leistungsaustauschen über einen längeren Zeitraum erkennbar. Dies mag mit ein Grund sein, warum sich der Gesetzgeber veranlasst sah, durch Rechtsvorschriften eine bestimmte Mindestqualität zu gewährleisten.

Im Fallbeispiel *Holzmann* kam es z. B. bei Immobilienveräußerungen zu bedeutsamen Nebenverträgen, in welchem sich die *Holzmann AG* als Verkäufer gegenüber dem Käufer verpflichtete, die Differenz aus dessen tatsächlich realisierter Miete und einer Garantiemiete zu bezahlen. Solche Nebenverträge hätten zusätzliche Rückstellungen erforderlich gemacht. Außenstehende können jedoch nicht beurteilen, inwieweit den Prüfern solche Nebenverträge vorenthalten wurden. Auch die bei Rechnungslegungs- und Prüfungsfragen bestehenden Ermessens-, Schätz- und Beurteilungsspielräume erschweren eine Qualitätsbeurteilung.

Ob der Abschlussprüfer gegen Vorschriften des Berufsrechts oder des HGB im Fall *Holzmann* verstoßen hat, kann also von Außenstehenden mangels Informationen nicht beurteilt werden. Unabhängig von der zivil-, berufs- und ggf. sogar strafrechtlichen Verantwortlichkeit des Abschlussprüfers ist es jedoch legitim und notwendig, die *KPMG* als Abschlussprüfer von *Philipp Holzmann* einmal an ihren eigenen Ansprüchen zu messen. Der Kern des Prüfungsansatzes, der bei der *KPMG* aber auch den anderen großen Prüfungsgesellschaften eingesetzt wird, besteht in einer Analyse der Unternehmensstrategie sowie in einer Analyse der zentralen Kern- und Unterstützungsprozesse des Mandanten. Ziel ist die Erkennung von externen und internen strategischen Geschäftsrisiken, die die Umsetzung der Unternehmensstrategie möglicherweise bedrohen. Kritische Erfolgsfaktoren (*critical success factors*), die mit Hilfe leistungsbezogener Schlüsselgrößen (*key performance indicators*) gemessen werden, sind zu bestimmen. Eine Analyse und Prüfung des Risikomanagement-Systems des Mandanten auf Basis eines umfassenden Verständnisses der Geschäftstätigkeit des Mandanten ist bei diesem Prüfungsansatz zwingend erforderlich. In einem weiteren

---

[1] Vgl. LEFFSON 1988, S. 66.

[2] Vgl. LEFFSON 1988, S. 67.

Schritt ist zu beurteilen, ob die Risiken im Lagebericht angemessen dargestellt sind. Das unternehmensinterne Erfolgs- und Finanzplanungssystem ist im Hinblick auf die Erstellung des Lageberichts auf seine Zuverlässigkeit zu beurteilen, etwa durch Überprüfung, ob die Prognosen und Wertungen wirklichkeitsnah sind und von einer gewissen Prognosesicherheit ausgegangen werden kann. Der Lagebericht der *Holzmann AG* für das Geschäftsjahr 1998 enthielt z. B. folgende Prognose für das Jahr 1999: „Die Betriebsergebnisse werden sich weiter verbessern. Wir erwarten ein leicht positives Ergebnis." Der Prüfer muss sich die Frage beantworten, ob die Unternehmensleitung ein vollständiges Bild der Geschäftsrisiken besitzt und ob sie bei der Beurteilung der Wesentlichkeit der Risiken von plausiblen Annahmen ausgeht.

Ein weiterer zentraler Baustein neuerer Prüfungsansätze ist die Analyse von Kern- und Unterstützungsprozessen, mit dem Ziel der Identifizierung und Analyse von Prozessrisiken, die sich auch auf den Jahresabschluss auswirken. Ein Kernprozess bei *Holzmann* würde etwa mit dem Teilprozess Angebotserstellung und Abgabe beginnen und durch die Teilprozesse Vertragsabschluss, Bauausführung, Verkauf und ggf. Vertrieb des Objektes weitergeführt werden. Wesentliche Unterstützungsprozesses waren Projekt- und Vertragscontrolling.

Einschlägige Prüfungsrichtlinien verlangten etwa von den *Holzmann-Abschlussprüfern*, dass diese die wesentlichen Kontroll- und Überwachungstätigkeiten zur Steuerung der Risiken innerhalb dieser Prozesse identifizieren und auf ihre Wirksamkeit überprüfen. In einem weiteren Schritt wird die Entwicklung eines mandantenspezifischen Kennzahlensystems auf der Basis von finanziellen und nicht-finanziellen Schlüsselgrößen auf Unternehmens- und Prozessebene gefordert, um damit eine wirkungsvolle Analyse des Jahresabschlusses und Lageberichtes vorzunehmen.

Misst man das prüferische Vorgehen der *KPMG* am Anspruch moderner prozess- und risikoorientierter Prüfungsansätze[1], dann hätte der Abschlussprüfer wesentliche Geschäfts- und Prozessrisiken bei der *Holzmann AG* wohl erkennen müssen. Falls er sie erkannt hat, hätte der Abschlussprüfer weiter auf eine ausführlichere Berichterstattung über Geschäftsrisiken im Lagebericht dringen müssen. Zwar war die durch das KonTraG eingeführte Ergänzung der Vorschriften zum Lagebericht (§§ 289 Abs. 1, 315 Abs. 1) – „dabei ist auch auf die Risiken der künftigen Entwicklung einzugehen" – erst auf Geschäftsjahre nach dem 31.12.1998 anzuwenden (Art 46 Abs. 1 EGHGB), jedoch hätte gerade die intensive Diskussion um die neuen Regelungen des KonTraG den Abschlussprüfer besonders sensibilisieren müssen. Weiter ist anzumerken, dass schon nach den §§ 289, 315 HGB a. F. auf die voraussichtliche Entwicklung der Kapitalgesellschaft bzw. des Konzern einzugehen war, hierzu gehören auch mögliche Risiken. In diesem Sinne ist die *KPMG* bei dieser Prüfung an ihrem eigenen Anspruch gescheitert.

---

[1] Vgl. hierzu *WP-HANDBUCH* 2000, Abschnitt R; BELL ET AL. 1997; WIEDMANN 1998.

e) Vor einer möglichen Einschränkung des Bestätigungsvermerks durch den Abschlussprüfer wird i. d. R. versucht, gemeinsam mit Vorstand und Aufsichtsrat eine akzeptable Lösung zu finden, und den Fehler im Jahres- und Konzernabschluss zu korrigieren. Deshalb ist davon auszugehen, dass Vorstand und Aufsichtsrat trotz des Hinweises von *Ernst & Young* auf den Verstoß gegen § 277 Abs. 4 S. 3 HGB von der Korrektheit ihrer Darstellung überzeugt waren oder aus bestimmten Gründen von der gewählten Darstellung nicht abweichen wollten.

Ein Grund für die Beibehaltung der Darstellung könnte in der Ad hoc-Mitteilung vom 14.12.1999 zu finden sein. In dieser haben Vorstand und Aufsichtsrat erklärt, dass die Bestätigungsvermerke und Abschlüsse der Vorjahre, also auch die von 1999, voll gültig sind und die Ursachen des Verlustes von 2,4 Mrd. DM auf einer „stichtagsbezogenen Neueinschätzung von in früheren Jahren eingeleiteten Geschäftsvorfällen" beruht. Die Zuordnung von 278 Mio. DM zu früheren Geschäftsjahren würde dieser Aussage aber widersprechen. Insbesondere dürfte der Aufsichtsrat und der Abschlussprüfer *KPMG* kein explizites Interesse an einer Zuordnung größerer Beträge zu früheren Geschäftsjahren gehabt haben, da dies unweigerlich zur Diskussion geführt hätte, ob der Aufsichtsrat als Überwachungsorgan in Verbindung mit dem Abschlussprüfer dies dann in den betreffenden Vorjahren nicht schon hätte erkennen müssen. Damit wären ggf. verstärkt Überwachungsversäumnisse des Aufsichtsrates thematisiert worden.

f) Durch die Erteilung eines uneingeschränkten Bestätigungsvermerks für den Jahres- und Konzernabschluss für das Geschäftsjahr 1998 sowie die sehr kontroverse Diskussion um die Zuordnung der dramatischen Verluste des Jahres 1999 hatte die *KPMG* das Vertrauen der Aktionäre und Gläubiger verloren. Dies zeigte sich schon daran, dass *Ernst & Young* auf der Hauptversammlung am 30.12.1999 zum zusätzlichen Abschlussprüfer für das Geschäftsjahr 1999 gewählt wurde.

Literaturhinweise

BELL, T./MARRS, F./SOLOMON, I./THOMAS, H.: Auditing Organizations Through a Strategic-Systems Lens, The KPMG Business Measurement Process, 1997.

DEANGELO, L. E.: Auditor Independence, Low Balling and Disclosure Regulation, in: Journal of Accounting and Economics, Vol. 3 (1981), S. 113–127.

INSTITUT DER WIRTSCHAFTSPRÜFER IN DEUTSCHLAND E. V. (Hrsg.): Wirtschaftsprüfer-Handbuch 2000, Band I, Düsseldorf 2000.

INSTITUT DER WIRTSCHAFTSPRÜFER IN DEUTSCHLAND E. V. (Hrsg.): IDW Prüfungsstandards (IDW PS), IDW Stellungnahmen zur Rechnungslegung (IDW RS), IDW Standards (IDW S), IDW Prüfungs- und Rechnungslegungshinweise, Stand 9. Ergänzungslieferung Januar 2003, Düsseldorf 2003.

LENZ, H.: Anspruch und Wirklichkeit. Bei Philipp Holzmann ist die KPMG an den eigenen Vorgaben gescheitert, in: Süddeutsche Zeitung vom 02.12.1999, Nr. 279, S. 26.

LEFFSON, U.: Wirtschaftsprüfung, 4. Aufl., Wiesbaden 1988.

LUBER, TH.: Außer Kontrolle, in: Capital 1/2 2000, S. 46-56.

PHILIPP HOLZMANN AG: Geschäftsbericht 1998.

PHILIPP HOLZMANN AG: Geschäftsbericht 1999.

PHILIPP HOLZMANN AG: Geschäftsbericht 2000.

STUDENT, D./WILHEM, W.: Rette sich, wer kann, in: Manager Magazin 1/2000, S. 54–66.

WIEDMANN, H.: Ansätze zur Fortentwicklung der Abschlussprüfung, in: Die Wirtschaftsprüfung, 51. Jg. (1998), S. 338–350.

Julia Busch und Corinna Boecker

Die Haftung des Abschlussprüfers

Nicht nur die steigende Anzahl von Unternehmenskrisen, sondern auch das wachsende Interesse der Jahresabschlussadressaten an den publizierten Rechnungslegungsdaten haben die Frage nach einer möglichen Verbesserung der Qualität und Verlässlichkeit dieser Informationen immer wieder in den Mittelpunkt zahlreicher Diskussionen in Theorie und Praxis gerückt. Damit einher geht auch die Frage nach der Aufgabe des Abschlussprüfers, die im Zuge jüngerer Gesetzesänderungen häufig diskutiert wurde und auch Neuregelungen erfuhr. Erste wesentliche Änderungen resultierten bspw. aus dem KonTraG im Jahr 1998, das die Stellung des Abschlussprüfers gegenüber der zu prüfenden Gesellschaft stärkte. Weitere Veränderungen ergaben sich im Jahr 2002 aus dem TransPuG sowie aus speziellen berufsrechtlichen Regelungen. Zu erwähnen ist hier insbesondere der zu Beginn des Jahres 2002 neu eingeführte Peer Review, der als gegenseitige Verfahrensprüfung der Wirtschaftsprüfer bzw. Wirtschaftsprüfungsgesellschaften als Qualitätssicherungsinstrument dienen soll. Ein weiteres Mittel zur Sicherstellung einer qualitativ hochwertigen und zu verlässlichen Ergebnissen führenden Abschlussprüfung stellt auch eine mögliche Haftung des Abschlussprüfers bei Fehlverhalten bzw. für die Ergebnisse seiner Arbeit dar.

In seinem Prüfungsstandard IDW PS 200 formuliert das Institut der Wirtschaftsprüfer allgemeine Grundsätze für die Durchführung von Abschlussprüfungen. Erfolgt keine ordnungsgemäße Durchführung des Abschlussprüfung, kann der Abschlussprüfer möglicherweise in Anspruch genommen werden. Vor diesem Hintergrund werden in der vorliegenden Fallstudie – auf Basis der in Deutschland geltenden gesetzlichen Vorschriften – zunächst die grundsätzliche Frage der Haftung des Abschlussprüfers, sowohl gegenüber der geprüften Gesellschaft als auch im Verhältnis zu Dritten, sowie die bestehenden Sanktionsmechanismen erläutert. Die hieraus gewonnenen theoretischen Ergebnisse werden im Anschluss anhand praxisorientierter Fallbeispiele veranschaulicht. Eine darüber hinaus in Frage kommende Haftung nach ausländischen Rechtsgrundsätzen wird nicht thematisiert.

Aufgabe 1

Stellen Sie dar, inwiefern eine Haftung des Abschlussprüfers gegenüber der auftraggebenden Gesellschaft aus dem Prüfungsauftrag resultieren kann.

Aufgabe 2

Erläutern Sie, inwiefern eine Haftung des Abschlussprüfers gegenüber Dritten begründet werden kann.

Aufgabe 3

Welche Sanktionsmaßnahmen drohen einem Abschlussprüfer bei Fehlverhalten?

Aufgabe 4

Die B&B Future Development AG ist eine Aktiengesellschaft, deren Aktien zum Handel am amtlichen Markt zugelassen sind. Sie ist vor allem im Bereich der Entwicklung und des Vertriebs zukunftsweisender Software-Sicherheits-Technologie tätig. Bereits zum wiederholten Mal wurde der Clear View-Wirtschaftsprüfungsgesellschaft der Auftrag zur Prüfung des Jahresabschlusses und des Konzernjahresabschlusses erteilt. Wie im Jahr zuvor ist auch im aktuellen Jahr Andreas Adlerauge der Leiter des Prüfungsteams.

Nachfolgend werden mögliche Szenarien dargestellt, wie die Abschlussprüfung ablaufen kann. Beurteilen Sie jeweils, ob Wirtschaftsprüfer Adlerauge und sein Team die aus § 323 Abs. 1 HGB resultierenden Pflichten ordnungsgemäß erfüllt haben bzw. ob bei Nichterfüllung eine Inanspruchnahme durch die B&B Future Development AG möglich ist.

a) Andreas Adlerauge hat im Preisausschreiben eine Reise nach New York gewonnen, die er zehn Tage später antritt. Währenddessen arbeitet sein Team weiter am Mandat bei der B&B Future Development AG. Nach seiner Rückkehr ist die Zeit bis zur Abgabe des Prüfungsurteils knapp bemessen. Außerdem hat er als Wirtschaftsprüfer noch weitere Mandate zu betreuen. Sein Prüfungsteam berichtet, dass alle relevanten Unterlagen durchgesehen und entsprechend beurteilt wurden. Für Andreas Adlerauge wurde bereits der Entwurf eines Prüfungsberichts angefertigt. Aus Zeitgründen entscheidet der Wirtschaftsprüfer, diesen Entwurf mit nur geringen Korrekturen auch an die Gesellschaft weiterzugeben und sich somit auf das Urteil seiner Prüfungsgehilfen zu verlassen. Nach Erteilung eines uneingeschränkten Bestätigungsvermerks fällt auf, dass in der Gewinn- und Verlustrechnung der B&B Future Development AG aufgrund eines Fehlers bei der Währungsumrechnung die Umsatzerlöse um 125 Mio. Euro zu hoch ausgewiesen wurden. Daraus resultiert auch ein überhöhter Ausweis des Jahresüberschusses. Allerdings hat die Gesellschaft aufgrund dessen bereits hohe Investitionen in neue Produktionstechnologie getätigt, deren Kreditfinanzierung sich nun wegen der geänderten Ausgangslage um 250.000 Euro verteuert.

b) Bei der Prüfung des Konzernabschlusses der B&B Future Development AG stößt Reiner Redlich, ein Mitglied des Prüfungsteams um Andreas Adlerauge, auf ein Tochterunternehmen, die Safe-Software AG, welche kürzlich die Entwicklung einer neuen Software-Komponente erfolgreich abgeschlossen hat und diese nun bald zum Patent anmelden möchte. Ein Freund von Reiner Redlich, der auch in der Software-Entwicklung tätig ist, arbeitet ebenfalls an einer Lösung für das be-

Die Haftung des Abschlussprüfers 355

kannte Problem und befindet sich in der Endphase seines Projekts. Reiner Redlich informiert seinen Freund über die bevorstehende Patentanmeldung der Safe-Software AG. Wenig später steht der Freund am Ende seiner Arbeiten und es gelingt ihm, seine Neuentwicklung beim Patentamt einzureichen, bevor die Safe-Software AG dieses mit ihrem neuen Produkt tut. Aufgrund dessen haben die langjährigen Entwicklungsarbeiten bei der Safe-Software AG nun erheblich an Wert verloren; insgesamt ist der Gesellschaft und damit auch dem B&B Future Development-Konzern ein Vermögensschaden in Höhe von 2,8 Mio. Euro entstanden.

Lösung

Aufgabe 1

Die Haftung des Abschlussprüfers gegenüber der auftraggebenden Gesellschaft bei durch das HGB vorgeschriebenen Pflichtprüfungen resultiert aus den Regelungen des § 323 HGB. Haftungsansprüche können demnach die auftraggebende Gesellschaft selbst oder ein mit ihr im Sinne der §§ 271 Abs. 2, 290 HGB verbundenes Unternehmen, sofern dieses geschädigt wurde, gegenüber dem Abschlussprüfer geltend machen. Dessen Haftungspflicht ist an die Erfüllung mehrerer Voraussetzungen geknüpft.

Zunächst muss der Abschlussprüfer seine Pflichten gegenüber dem Unternehmen verletzt haben. Als Pflichten des Abschlussprüfers werden in § 323 Abs. 1 HGB Gewissenhaftigkeit, Unparteilichkeit, Verschwiegenheit sowie das Verbot zur unbefugten Verwertung von Geschäfts- und Betriebsgeheimnissen genannt:

- Durch die Forderung der *Gewissenhaftigkeit* wird die nach § 276 Abs. 1 Satz 2 BGB geltende allgemeine Sorgfaltspflicht konkretisiert. Die Wirtschafsprüferkammer umschreibt den allgemeinen Begriff der Gewissenhaftigkeit in § 4 der Berufssatzung für Wirtschaftsprüfer. Demnach ist ein wesentliches Element der Gewissenhaftigkeit des Abschlussprüfers die Beachtung von Gesetzen und den für die Berufsausübung geltenden Bestimmungen sowie fachlichen Regelungen. Hinzu kommt das Gebot zur Fortbildung, um die fachliche Kompetenz zu erhalten und die Erfüllung der gesetzlichen Aufgaben sicherzustellen. Darüber hinaus darf ein Wirtschaftsprüfer Aufträge nur annehmen, wenn er über die für die Erfüllung des Auftrags notwendige Sachkenntnis und die erforderliche Zeit verfügt. Durch die Gesamtplanung aller seiner Aufträge muss der Wirtschaftsprüfer, auch gemäß IDW PS 240, dafür Sorge tragen, dass er alle Aufträge entsprechend den Vorgaben der Berufsgrundsätze ausführen und termingerecht abschließen kann. Schließlich besteht die Pflicht zur Beendigung des Auftragsverhältnisses, wenn nach der Auftragsannahme Umstände eintreten, die zur Ablehnung des Auftrags hätten führen müssen, wenn sie zum Zeitpunkt der Auftragsannahme bereits eingetreten oder bekannt gewesen wären.

- Das Gebot der *Unparteilichkeit* des Abschlussprüfers resultiert aus dem Zweck der Abschlussprüfung, die eine Kontrolle der Rechnungslegung des Unternehmens darstellen soll. Ebenso wird sie durch die teilweise gegensätzlichen Interessen der unterschiedlichen Jahresabschlussadressaten bedingt. Demnach dürfen sich weder die Prüfungsdurchführung noch die Berichterstattung des Abschlussprüfers an den Interessen bestimmter Adressatengruppen orientieren. Die Unparteilichkeit basiert auf der Unabhängigkeit und der Unbefangenheit des Abschlussprüfers. Die Unabhängigkeit ist sowohl in § 43 WPO als auch in § 2 der Berufssatzung verankert. Darüber hinaus enthält § 319 HGB eine Aufzählung von Tatbeständen, die eine Unabhängigkeit des Abschlussprüfers ausschließen bzw. beeinträchtigen. Die Unabhängigkeit des Abschlussprüfers bedeutet insbesondere, dass er weder gegenüber dem Auftraggeber, einzelnen Organen der Gesellschaft noch Dritten weisungsgebunden ist. Detailregelungen zur Unbefangenheit und Unparteilichkeit finden sich in den §§ 20 ff. der Berufssatzung. Besteht in Bezug auf die Tätigkeit des Abschlussprüfers die Besorgnis der Befangenheit, so verpflichtet § 49 WPO ihn, die Tätigkeit zu versagen.

- Die Pflicht zur *Verschwiegenheit* wird bedingt durch die umfangreichen Einsichts- und Auskunftsrechte, die dem Abschlussprüfer durch § 320 HGB zur Durchführung seiner Prüfung eingeräumt werden. Sie gilt zeitlich unbeschränkt und gegenüber allen Dritten. Dies umfasst gemäß § 323 Abs. 3 HGB auch explizit den Aufsichtsrat der Prüfungsgesellschaft. Ausnahmen von der Verschwiegenheitspflicht gelten jedoch gegenüber den bei der Abschlussprüfung eingesetzten Mitarbeitern des Abschlussprüfers, den gesetzlichen Vertretern der Prüfungsgesellschaft sowie auf Seiten des Auftraggebers den Adressaten des Prüfungsberichts und den von der zu prüfenden Gesellschaft benannten Auskunftspersonen. Nicht von der Verschwiegenheitspflicht betroffen sind Informationen über die auftraggebende Gesellschaft, die allgemein bekannt und jedermann zugänglich sind. Für die Abgrenzung ist der bekundete oder mutmaßliche Wille des Auftraggebers entscheidend. Die Wahrung der Verschwiegenheit bezieht sich nicht nur auf das aktive Tun des Abschlussprüfers, sondern er ist auch verpflichtet, geeignete Maßnahmen zu ergreifen, die eine Einsichtnahme Dritter in mandantenspezifische Unterlagen ausschließen.

- Das *Verbot der unbefugten Verwertung von Betriebs- und Geschäftsgeheimnissen* gilt – wie die Verschwiegenheitspflicht – zeitlich unbeschränkt. Geheimnisse stellen in diesem Zusammenhang Informationen dar, die sich auf die Geschäftstätigkeit des Unternehmens beziehen und nach seinem Willen und aus wirtschaftlichen Überlegungen heraus ihm allein oder nur einem bestimmten Personenkreis bekannt sind. Bei Betriebsgeheimnissen handelt es sich um technische Kenntnisse oder Verfahrensweisen, während Geschäftsgeheimnisse sich auf interne Informationen über das Unternehmen (bspw. Kalkulationen, Strategien) beziehen. Eine Verwertung solcher Geheimnisse ist jede Form der wirtschaftlichen Nutzung, sie setzt jedoch – im Gegensatz zur Verletzung der Verschwiegenheitspflicht – keine Weitergabe von Informationen an Dritte voraus. Das Verwertungsverbot des § 323 Abs. 1

HGB schützt grundsätzlich nur die auftraggebende Gesellschaft sowie die mit ihr verbundenen Unternehmen. Das in § 10 der Berufssatzung kodifizierte Verwertungsverbot – also die berufsrechtliche Regelung – bezieht hingegen ausdrücklich auch Betriebs- und Geschäftsgeheimnisse Dritter mit ein.

Ob es sich um eine *vorsätzliche oder fahrlässige Pflichtverletzung* handelt, ist für die Begründung der Haftungspflicht des Abschlussprüfers gegenüber der auftraggebenden Gesellschaft nach dieser Vorschrift nicht von Bedeutung, da hierfür bereits leichte Fahrlässigkeit ausreicht. Die Unterscheidung ist jedoch für die dem Abschlussprüfer drohenden Folgen von Relevanz. Liegt Vorsatz vor, kommen neben der unbeschränkten zivilrechtlichen Haftung auch strafrechtliche Konsequenzen in Betracht.

Durch die Pflichtverletzung des Abschlussprüfers muss darüber hinaus ein *Vermögensschaden* bei der auftraggebenden Gesellschaft oder bei einem mit ihr verbundenen Unternehmen entstanden sein. In Frage kommen bspw. Schäden aufgrund der pflichtwidrigen Erteilung, Einschränkung oder Versagung des Bestätigungsvermerks, die negative Konsequenzen für die Kapitalbeschaffungsmöglichkeiten der Gesellschaft bedingen können, sowie Schäden durch Versäumnisse bei den Berichtspflichten im Prüfungsbericht oder durch eine Verletzung der Verschwiegenheitspflicht bzw. des Verwertungsverbots von Betriebs- und Geschäftsgeheimnissen. Die Bemessung des Vermögensschadens erfolgt nach den Regelungen der §§ 249 ff. BGB.

Weitere Voraussetzung für die Haftungspflicht des Abschlussprüfers ist darüber hinaus, dass ein *kausaler Zusammenhang* zwischen dem bei der Gesellschaft eingetretenen Schaden und der Pflichtverletzung des Abschlussprüfers bestehen muss. Die Pflichtverletzung muss demnach bei objektiver Betrachtung geeignet sein, den entsprechenden Schaden zu bewirken. Daraus folgt, dass keine Haftungspflicht des Abschlussprüfers bei Schäden besteht, für die seine Pflichtverletzung zwar ursächlich ist, die aber aus einer – gemessen an normalen Verhältnissen – unwahrscheinlichen Verkettung von Umständen entstanden sind. Ebenso kann die Haftungspflicht des Abschlussprüfers auf Basis des Einwands des rechtmäßigen Alternativverhaltens bzw. der Reserveursache verneint werden, wenn der betreffende Schaden auch ohne die Pflichtverletzung früher oder später aufgrund anderer Ereignisse ebenso eingetreten wäre.

Die *Beweislast* für das pflichtwidrige Verhalten des Abschlussprüfers liegt grundsätzlich beim Anspruchsteller.

Als *Schadensersatzpflichtige* kommen nach § 323 Abs. 1 Satz 1 HGB der Abschlussprüfer selbst, seine Gehilfen und die bei der Prüfung mitwirkenden gesetzlichen Vertreter einer Prüfungsgesellschaft in Frage. Mehrere Personen haften als Gesamtschuldner im Sinne des § 421 BGB. Der Abschlussprüfer haftet demnach nicht nur für eigene Pflichtverletzungen, sondern auch für eigenes Verschulden bei der Auswahl und Überwachung der von ihm herangezogenen Prüfungsgehilfen. Er muss gewährleisten, dass als Prüfungsgehilfen nur zuverlässige Personen mit den notwendigen Fachkenntnissen beschäftigt und auch entsprechend beaufsichtigt werden. Auch ohne eigenes Verschulden haftet der Abschlussprüfer aufgrund von § 278 BGB in vollem Umfang für Pflichtverletzungen durch Prüfungsgehilfen. Die Prüfungsgehilfen selbst haften für *eigene* Pflichtverstöße im Außenverhältnis ebenfalls unmittelbar, obwohl sie nicht in einem direkten Vertragsverhältnis zur auftraggebenden Gesellschaft stehen.

§ 323 Abs. 2 HGB beschränkt die persönliche Haftung des Abschlussprüfers auf 1 Mio. Euro für eine Prüfung, wenn es sich bei der Pflichtverletzung um eine fahrlässige Handlung handelt. Ist der Auftraggeber eine Aktiengesellschaft, deren Aktien zum Handel im amtlichen Markt zugelassen sind, so erhöht sich die Haftungssumme des Abschlussprüfers bei Fahrlässigkeit auf 4 Mio. Euro für eine Prüfung. Begeht der Abschlussprüfer im Rahmen einer Prüfung mehrere (fahrlässige) Pflichtverletzungen, so wird die Wirksamkeit der betraglichen *Beschränkung der Haftungssumme* davon nicht berührt. Die Haftungssumme ist nach § 323 Abs. 2 Satz 3 HGB ebenfalls unabhängig davon, wie viele Personen insgesamt haften und ob bei anderen Beteiligten keine fahrlässige Handlung, sondern Vorsatz vorliegt.

Die betragliche Haftungsbeschränkung des § 323 Abs. 2 HGB greift nicht – d. h., der Abschlussprüfer haftet unbeschränkt –, wenn eine vorsätzliche Pflichtverletzung vorliegt. Vorsatz bezeichnet das Wissen und Wollen von Tatbeständen, die eine Rechtswidrigkeit implizieren (so genannter unbedingter Vorsatz) oder das gleichgültige Hinnehmen einer möglichen Rechtswidrigkeit (so genannter bedingter Vorsatz). Für die Aufhebung der Haftungsbeschränkung genügt bereits das Vorliegen eines bedingten Vorsatzes. Dies bedeutet, dass der Abschlussprüfer nicht unbedingt von der Rechtswidrigkeit seines Tuns überzeugt sein muss, er die Pflichtverletzung durch sein Verhalten als mögliche Konsequenz aber billigend in Kauf genommen hat.

§ 323 Abs. 4 HGB schließt eine über § 323 Abs. 2 HGB hinaus gehende vertragliche Haftungsbeschränkung oder einen Ausschluss der Haftung aus. Eine entgegen dieser Regelung getroffene Vereinbarung ist nichtig nach § 134 BGB.

Aufgabe 2

Die Haftung des Abschlussprüfers gegenüber Dritten ist bei weitem nicht so eindeutig definiert wie die so genannte Auftraggeberhaftung.[1] Als dritte Personen gelten in diesem Zusammenhang bspw. Aktionäre, Investoren oder Gläubiger der geprüften Gesellschaft. Grundsätzlich ist festzuhalten, dass der Gesetzgeber bewusst eine Inanspruchnahme der Abschlussprüfer durch Dritte nur unter restriktiven Bedingungen zulässt. Nach § 323 HGB haftet der Abschlussprüfer (und gegebenenfalls auch seine Gehilfen) gegenüber dem geprüften Unternehmen sowie mit diesem verbundenen Unternehmen. Eine Haftung gegenüber Dritten lässt sich aus dieser Vorschrift dagegen nicht ableiten. Sie kann nur aus deliktischen oder aus vertragsähnlichen Anspruchsgrundlagen resultieren. Nach herrschender Meinung kam eine Inanspruchnahme durch Dritte bislang nur bei freiwilligen Prüfungen in Betracht. Die jeweils möglichen Unterfälle werden in Abbildung 1 dargestellt.

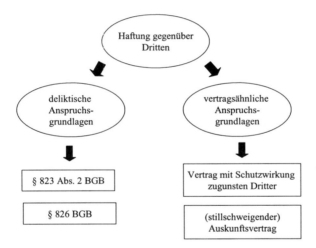

Abb. 1: Möglichkeiten der Inanspruchnahme des Abschlussprüfers durch Dritte.

Nach § 823 Abs. 2 BGB ist zum Schadensersatz verpflichtet, wer „gegen ein den Schutz eines anderen bezweckendes Gesetz verstößt." Die Art und Weise der möglichen Schädigung muss in der entsprechenden (Gesetzes-)Norm näher bestimmt sein. Als Schutzgesetze im Sinne des § 823 Abs. 2 BGB kommen in diesem Zusammenhang in erster Linie Vorschriften des Strafgesetzbuchs oder auch die §§ 332 und 333 HGB respektive §§ 403 und 404 AktG sowie §§ 18 und 19 PublG (Verletzung der Berichtspflicht, Verletzung der Geheimhaltungspflicht) in Frage. Dabei setzen alle genannten Normen *vorsätzliches* Handeln, d. h. eine vorsätzliche Pflichtverletzung, voraus. Hier offenbart sich die Problematik in der Praxis: In der Regel liegt kein Vorsatz des Abschlussprüfers zur Schädigung Dritter vor oder ist nicht nachweisbar.

---

[1] Vgl. hierzu die Lösung zu Aufgabe 1.

Darüber hinaus bezieht sich die deliktische Haftung nach § 823 BGB nicht auf reine Vermögensschäden. Bei Drittschäden handelt es sich aber regelmäßig um solche reinen Vermögensschäden, so dass eine Inanspruchnahme auf dieser Basis typischerweise nicht in Frage kommt.

§ 826 BGB gründet die Schadensersatzpflicht auf die *vorsätzliche* Schädigung eines anderen „in einer gegen die guten Sitten verstoßenden Weise". Von der Rechtsprechung werden die Begriffe *„sittenwidrig"* und *„vorsätzlich"* als Tatbestandsvoraussetzungen wenig streng ausgelegt. So kann bereits dann von einem Verstoß gegen § 826 BGB gesprochen werden, wenn die Verletzung der Prüfungs-, Berichts- oder Bestätigungspflicht auf *leichtfertiges* und *gewissenloses* Verhalten zurückzuführen ist. Die Literatur spricht in diesem Fall von einem *bedingten Vorsatz*, wenn der Abschlussprüfer es billigt, dass aufgrund seines Handelns einer anderen Person möglicherweise ein Schaden zugefügt wird. Als Beispiel wird oftmals angeführt, dass ein Prüfer wichtige prüfungsnotwendige Angaben des zu prüfenden Unternehmens im Rahmen seiner Beurteilung der Vermögens-, Finanz- und Ertragslage ungeprüft übernimmt und auf dieser Grundlage einen unrichtigen Bestätigungsvermerk erteilt.

Während die Voraussetzungen für das Vorliegen der deliktischen Haftung in praxi in aller Regel nur selten erfüllt sein werden, gibt es für eine Haftung aufgrund vertraglicher Ansprüche eine etwas weiter gefasste Grundlage. Eine Inanspruchnahme des Abschlussprüfers ist hier nämlich bereits bei *fahrlässigem Fehlverhalten* möglich. Grundsätzlich stellt sich allerdings das Problem, dass vom Vertragsrecht des BGB nur die am Vertrag beteiligten Parteien erfasst sind. Im Zusammenhang mit der hier in Rede stehenden Dritthaftung eines Abschlussprüfers gelten als dritte Personen vor allem Aktionäre, Investoren und Gläubiger, welche nicht unmittelbar an dem Vertragsabschluss zwischen der betreffenden Gesellschaft und dem Abschlussprüfer beteiligt sind. Um trotzdem diese Personengruppe als mögliche Geschädigte bei einer aufgetretenen Pflichtverletzung im Rahmen der Jahresabschlussprüfung nicht gänzlich ungeschützt zu lassen, wurden von der Rechtsprechung zwei Konstrukte geschaffen und auch von der Literatur anerkannt, die somit unter bestimmten Umständen zur Anwendung gelangen können: der Vertrag mit Schutzwirkung zugunsten Dritter und der Auskunftsvertrag.

Ein *Vertrag mit Schutzwirkung zugunsten Dritter* liegt vor, wenn folgende Voraussetzungen erfüllt sind:

- Leistungsnähe des Dritten: Zwischen der Leistung des Schuldners an den Gläubiger und dem Dritten bestehen Berührungspunkte.[1]

---

[1] Beispielsweise ist der Bestätigungsvermerk auch an unternehmensexterne Personen gerichtet.

- Schutzpflicht des Gläubigers: Die Leistung soll auch dem Dritten zugute kommen. Es ist von Bedeutung, ob der Dritte in den Schutzbereich einbezogen werden sollte; dies kann auch stillschweigend geschehen.
- Erkennbarkeit für den Schuldner: Es muss zu erkennen sein, dass die Möglichkeit zur Einbeziehung eines Dritten in den Schutzbereich gegeben ist. Allerdings muss die Zahl möglicherweise einzubeziehender Dritter überschaubar sein, um so unübersehbare Haftungsrisiken zu vermeiden.

Von Bedeutung ist der übereinstimmende Wille der Vertragsparteien, den Dritten, welchem das Prüfungsergebnis als Entscheidungsgrundlage dient, in den Schutzbereich des Vertrags zwischen dem Abschlussprüfer und der zu prüfenden Gesellschaft mit einzubeziehen. Diese Situation ist dann gegeben, wenn das besondere Vertrauen, welches gegenüber einem Abschlussprüfer besteht, mit seiner Bestellung konkret in Anspruch genommen wird. Regelmäßig wird dies – auch nach Ansicht der Rechtsprechung – der Fall sein, wenn seitens des Auftraggebers das Interesse besteht, den Dritten einzubeziehen.

Eine zweite Möglichkeit für die Haftung des Abschlussprüfers gegenüber dritten Personen kann aus einem so genannten *Auskunftsvertrag* resultieren. Dieses Konstrukt fußt auf folgender Annahme: Eine Person stellt einer anderen Person eine Bescheinigung in dem Bewusstsein aus, dass der Empfänger diese an einen Dritten weiterleitet, um diesen damit in seinem Sinne zu beeinflussen. In einem solchen Fall muss der Ausstellende diesem Dritten, der sich auf das erhaltene Urteil verlässt, auch für die Bescheinigung haften. Der neueren Rechtsprechung nach beschränkt sich das Vorliegen eines Auskunftsvertrags darauf, dass der Abschlussprüfer dann haftbar gemacht werden kann, wenn er (auch) auf Verlangen des Dritten hinzugezogen wurde und seine Erklärungen und Zusicherungen unmittelbar diesem gegenüber abgegeben hat.

Die Literatur lehnt eine Inanspruchnahme aufgrund eines Auskunftsvertrags überwiegend ab. Als Begründung findet sich bspw. Folgendes:

- Es sei der Wille des Gesetzgebers, die Haftung eines Abschlussprüfers in Fällen bloßer Fahrlässigkeit zu beschränken.[1]
- Das haftungsrechtliche Gesamtsystem biete fremden Vermögensinteressen nur begrenzten deliktsrechtlichen Schutz.
- Der Kreis der zu schützenden Personen sei nicht abgrenzbar.
- Das Ansehen der Wirtschaftsprüfer sei durch die weitergehende Dritthaftung gefährdet.

---

[1] Im Rahmen des KonTraG wurde auf eine weitere Ausdehnung der Haftung der Abschlussprüfer verzichtet.

Bedeutung für das Dritthaftungsrisiko entwickelt ein BGH-Urteil vom 02. April 1998. Hier hat der BGH erstmals eine Sperrwirkung des § 323 Abs. 1 HGB für die Inanspruchnahme des Abschlussprüfers durch Dritte verneint. Trotz der Einbeziehung einer unbekannten Anzahl an dritten Personen sollen diese nicht von einer möglichen Inanspruchnahme ausgeschlossen sein, sofern die Vertragspartner übereinstimmend davon ausgehen, dass die Abschlussprüfung auch im Interesse der Dritten durchgeführt wurde. Allerdings ist die Inanspruchnahme mittels eines Vertrags mit Schutzwirkung zugunsten Dritter bzw. der Personenkreis, welcher in den Schutzbereich des Prüfungsvertrags einbezogen ist, von der Rechtsprechung noch nicht gefestigt. Der BGH hat sich in diesem Urteil jedoch auch dafür ausgesprochen, die Haftung auf vertragsähnlicher Basis nicht nur auf Fälle der freiwilligen Prüfung, sondern auch im Rahmen von Pflichtprüfungen anzuwenden.

Es ist nach Ansicht der Rechtsprechung nicht Zweck eines Vertrags mit Schutzwirkung zugunsten Dritter, eine Haftung des Abschlussprüfers gegenüber jedermann zu bewirken. Der Prüfer selbst hat auch das Interesse, den Kreis der Personen, von denen er haftbar gemacht werden kann, möglichst wenig auszudehnen. Ohne eine entsprechende Eingrenzung kann ein solcher Vertrag demnach nicht zustande kommen. In zwei Fällen kann die Haftung auch explizit ausgeschlossen werden:

- Nach dem Wortlaut in Bestätigungsvermerk oder Prüfungsbericht soll keine Haftung übernommen werden.

- Aufgrund einer ausdrücklichen Erklärung soll keine Haftung übernommen werden.

Allerdings muss eine solche Haftungsbeschränkung stets eindeutig erklärt werden.

Nach Ansicht des BGH gilt in diesen Fällen, also bei der Haftung wegen einer vertraglichen Schutzwirkung, auch die Haftungsbeschränkung des § 323 Abs. 2 HGB. Diese begrenzt die Ersatzpflicht allgemein auf 1 Mio. Euro für eine Prüfung bzw. auf 4 Mio. Euro, wenn es sich bei dem geprüften Unternehmen um eine Aktiengesellschaft handelt, deren Anteile zum Handel im amtlichen Markt zugelassen sind.

Trotz des angesprochenen BGH-Urteils wird die Dritthaftung eines Abschlussprüfers nach wie vor in Theorie und Praxis kontrovers diskutiert. Unklar ist auch, ob es generell die Möglichkeit eines vertraglichen Dritthaftungsausschlusses gibt. Mit Blick auf § 323 Abs. 4 HGB ist hiervon nach Analyse der derzeit herrschenden Meinung nicht auszugehen.

Aufgrund des Fehlens einer aussagekräftigen gesetzlichen Norm wird die Frage nach der Dritthaftung des Abschlussprüfers auch zukünftig oftmals gerichtlicher (Einzelfall-)Entscheidung bedürfen.

Aufgabe 3

Um eine Haftung des Abschlussprüfers nach § 323 HGB auszulösen, muss unter anderem eine Verletzung der dort aufgeführten Pflichten – wie bereits in Aufgabe 1 dargestellt – vorliegen. Eine vorsätzliche Pflichtverletzung löst die unbeschränkte Haftung aus. § 323 HGB ist eine abschließende Sonderregelung, die als lex specialis sowohl die bürgerlich-rechtlichen Haftungstatbestände als auch deliktische Anspruchsgrundlagen im kodifizierten Anwendungsbereich des § 323 HGB verdrängt. Ein Verstoß gegen andere Berufspflichten zieht grundsätzlich keine Haftung nach § 323 HGB, sondern nur eine berufsgerichtliche Sanktionierung gemäß den §§ 67 ff. WPO nach sich.

Die Verhaltenspflichten des Abschlussprüfers (Gewissenhaftigkeit, Unabhängigkeit und Verschwiegenheit) sind als allgemeine Berufspflichten des Abschlussprüfers auch in § 43 WPO aufgeführt und infolgedessen mit den berufsrechtlichen Sanktionen der §§ 67 ff. WPO bewehrt. Lediglich das Verbot der Geheimnisverwertung ist in § 10 der Berufssatzung kodifiziert. Durch diese Vorschrift werden auch Geheimnisse Dritter in den Schutz mit einbezogen, während durch § 323 HGB nur die Geheimnisse der geprüften Gesellschaft dem Verwertungsverbot unterliegen. Die Geheimnisse Dritter sind somit nur berufsrechtlich geschützt, ein Verstoß gegen § 10 der Berufssatzung zieht keine zivil- oder strafrechtlichen Sanktionen nach sich.

Um eine Haftungspflicht des Abschlussprüfers nach § 323 HGB auszulösen, muss auf Seiten der zu prüfenden Gesellschaft oder eines mit ihr verbundenen Unternehmens ein Vermögensschaden eingetreten sein. Da dieser beim Bruch der Verschwiegenheitspflicht bzw. dem Verbot der Verwertung von Geheimnissen in der Regel schwer nachzuweisen ist, enthält § 333 HGB eine strafrechtliche Sanktion dieser Tatbestände, die nicht an den Eintritt eines Vermögensschadens, aber an ein vorsätzliches Verhalten des Abschlussprüfers gebunden ist.

Strafrechtliche Konsequenzen bei Fehlverhalten eines Abschlussprüfers finden sich im Zusammenhang mit der durch das HGB vorgeschriebenen Pflichtprüfung mindestens mittelgroßer Kapital- und Personenhandelsgesellschaften im Sinne des § 264a HGB in §§ 332 und 333 HGB. Die §§ 403, 404 AktG und §§ 18, 19 PublG enthalten für andere Gesellschaften bzw. besondere gesetzliche Prüfungen ähnliche Regelungen.

Sowohl § 332 HGB als auch § 333 HGB setzen jeweils ein vorsätzliches Verhalten voraus, wobei bedingter Vorsatz ausreichend ist, um die Rechtsfolgen der Vorschriften auszulösen. Gemäß § 332 HGB wird ein Abschlussprüfer oder Gehilfe mit einer Freiheitsstrafe bis zu drei Jahren oder Geldstrafe bestraft bei

- unrichtiger Berichterstattung über das Ergebnis der Prüfung,
- Verschweigen erheblicher Umstände im Prüfungsbericht,
- Erteilung eines inhaltlich unrichtigen Bestätigungsvermerks.

Das Merkmal der Unrichtigkeit des Prüfungsberichts bezieht sich nur auf die Berichterstattung über das Ergebnis der Prüfung, nicht den Gegenstand der Prüfung. Der Tatbestand der unrichtigen Berichterstattung ist dann erfüllt, wenn der Prüfungsbericht von dem abweicht, was der Abschlussprüfer im Rahmen seiner Prüfung festgestellt hat. Ob das Prüfungsergebnis, über das berichtet wird, als solches objektiv richtig ist, ist für die Regelung des § 332 HGB nicht von Bedeutung.

Handelt der Abschlussprüfer bzw. sein Gehilfe gegen Entgelt oder verfolgt er die Absicht, sich oder einen anderen zu bereichern oder einen anderen zu schädigen, so erhöht sich das Strafmaß auf Freiheitsstrafe bis zu fünf Jahre oder Geldstrafe. Eine Verfolgung derartiger Vergehen erfolgt von Amts wegen, ohne dass die geprüfte Gesellschaft oder Dritte dies beantragen.

§ 333 HGB sanktioniert – wie bereits erwähnt – die Verletzung der Verschwiegenheitspflicht und des Verbots der Geheimnisverwertung. Wer als Abschlussprüfer oder Gehilfe seine Verschwiegenheitspflicht verletzt oder Betriebs- und Geschäftsgeheimnisse der zu prüfenden Gesellschaft oder mit ihr verbundener Unternehmen unbefugt verwertet, wird mit Freiheitsstrafe bis zu einem Jahr oder Geldstrafe bestraft. Auch in diesem Fall erhöht sich das Strafmaß auf Freiheitsstrafe bis zu zwei Jahre oder Geldstrafe, wenn der Abschlussprüfer bzw. sein Gehilfe gegen Entgelt handelt oder in der Absicht, sich oder einen anderen zu bereichern oder einen anderen zu schädigen. Eine Verfolgung findet jedoch nur auf Antrag der Gesellschaft, nicht von Amts wegen statt.

§ 334 HGB beinhaltet Bußgeldvorschriften bei Ordnungswidrigkeiten. Nach dieser Regelung wird die Erteilung eines Bestätigungsvermerks gemäß § 322 HGB, obwohl der Abschlussprüfer nach § 319 Abs. 2 und 3 HGB nicht Abschlussprüfer sein darf, bei vorsätzlichem Verhalten mit einer Geldbuße bis zu 25.000 Euro geahndet. Das Vergehen wird von Amts wegen verfolgt.

Neben möglichen straf- und zivilrechtlichen Konsequenzen sind Pflichtverstöße des Abschlussprüfers gegen die kodifizierten Berufspflichten durch die berufsrechtlichen Regelungen der §§ 67 ff. WPO sanktioniert. § 67 WPO enthält keine Aufzählung möglicher schuldhafter Pflichtverletzungen, aber die Verhaltenspflichten des § 323 HGB sind größtenteils auch explizit im berufsrechtlichen Regelwerk[1] kodifiziert, so dass eine Verletzung dieser Vorschrift in der Regel auch eine berufsrechtliche Ahndung nach sich zieht. Über die Vorschriften des § 323 HGB hinaus sind jedoch auch alle anderen Verstöße gegen Berufspflichten des Abschlussprüfers mit berufsrechtlichen Konsequenzen bewehrt.

---

[1] Vgl. bspw. § 43 Abs. 1 WPO.

Als Sanktionsmöglichkeiten nennt § 68 Abs. 1 WPO je nach Schwere der Pflichtverletzung

- die Warnung: In diesem Fall bleibt die Pflichtverletzung als solche ohne weitere Sanktionierung; lediglich vor einer Wiederholung der entsprechenden Verhaltensweise in der Zukunft wird gewarnt.
- den Verweis: Ein Verweis bezieht sich im Gegensatz zur Warnung nicht auf zukünftiges Verhalten, sondern auf die seiner Erteilung zugrunde liegende Pflichtverletzung. Warnung und Verweis ziehen – abgesehen von den anfallenden Gerichtskosten – keine unmittelbaren materiellen Konsequenzen nach sich. Sie führen jedoch zu einer Strafverschärfung bei künftigen Vergehen des Abschlussprüfers.
- Geldbußen bis maximal 50.000 Euro: Ein Mindestbetrag für die Geldbuße ist nicht vorgesehen; es bleibt dem Ermessen des Richters überlassen, in Abhängigkeit von der Schwere der Pflichtverletzung und den wirtschaftlichen Verhältnissen des Abschlussprüfers ein angemessenes Strafmaß zu verhängen.
- Ausschließung aus dem Beruf als äußerste Maßnahme bei erheblichen und/oder wiederholten Pflichtverletzungen.

Handelt es sich lediglich um eine geringfügige Pflichtverletzung, so verfügt die Wirtschaftsprüferkammer nach § 63 WPO auch über ein Rügerecht. Die Rüge kann ab dem In-Kraft-Treten des Wirtschaftsprüferexamens-Reformgesetzes (so genannte Fünfte WPO-Novelle), das unter anderem auch der Verbesserung der Sanktionsmechanismen dient, zum 01. Januar 2004 mit einer Geldbuße von bis zu 10.000 Euro verbunden werden. Durch dieses Gesetz werden darüber hinaus die Sanktionsmöglichkeiten in berufsgerichtlichen Verfahren ergänzt um ein Tätigkeitsverbot in bestimmten Tätigkeitsfeldern für die Dauer von einem bis zu fünf Jahren sowie ein auf ein bis fünf Jahre zeitlich begrenztes Berufsverbot. Für Geldbußen wurde die Höchstgrenze auf 100.000 Euro angehoben.

Aufgabe 4

a) In diesem Fall verstößt Andreas Adlerauge eklatant gegen die Pflicht zum gewissenhaften Arbeiten. Durch die Urlaubsreise des Wirtschaftsprüfers war kein termingerechter Abschluss des Auftrags entsprechend den Vorgaben der Berufsgrundsätze mehr gewährleistet. Da er der Leiter des gesamten Prüfungsteams ist, kann er für Schäden, die er aufgrund fahrlässigen Handelns verursacht bzw. nicht verhindert hat, haftbar gemacht werden. Der Fehler im Ausweis der Umsatzerlöse wurde nicht erkannt, der Wirtschaftsprüfer hat irrtümlicherweise einen unrichtigen Bestätigungsvermerk erteilt.

Der Vermögensschaden seitens der B&B Future Development AG ist offensichtlich eingetreten: Die getätigte Investition verteuert sich nachträglich und außerplanmäßig um 250.000 Euro. Bei dem in Rede stehenden Vergehen handelt es sich zwar um fahrlässiges Verhalten, dennoch kann auch bedingter Vorsatz unterstellt werden. Die Sanktionsvorschriften des § 332 HGB greifen jedoch nicht, weil der Abschlussprüfer nicht falsch über das Prüfungsergebnis berichtet hat, sondern das Ergebnis der Prüfung als solches nicht korrekt war. Somit resultieren aus diesem Fehlverhalten keine strafrechtlichen, wohl aber zivilrechtliche Konsequenzen entsprechend § 323 HGB. Die B&B Future Development AG kann den Abschlussprüfer für den eingetretenen Vermögensschaden haftbar machen. Darüber hinaus drohen Andreas Adlerauge und seinem Team auch berufsrechtliche Maßnahmen. Diese richten sich nach der Schwere des Vergehens und werden von der Wirtschaftsprüferkammer festgelegt.[1]

b) Nach § 323 HGB muss ein Abschlussprüfer verschwiegen sein. Unmittelbar damit einher geht auch das Verbot der unbefugten Verwertung von Betriebs- und Geschäftsgeheimnissen. Reiner Redlich hätte unter keinen Umständen seinem Freund von der bevorstehenden Patentanmeldung der Safe-Software AG erzählen dürfen, da es sich nicht um eine allgemein bekannte und jedermann zugängliche Information handelte. Damit hat er wissentlich verbotenerweise Interna an fremde Dritte weitergegeben. Es handelt sich hierbei um eine vorsätzliche Pflichtverletzung. Somit drohen also neben zivilrechtlichen Maßnahmen (Inanspruchnahme durch den B&B Future Development-Konzern für den Vermögensschaden) auch strafrechtliche Konsequenzen. Dabei haftet neben Reiner Redlich auch der Leiter Andreas Adlerauge, da er für die Auswahl zuverlässiger Mitarbeiter verantwortlich zeichnet.

Auch wenn kein Vermögensschaden eingetreten wäre, hätte das Verhalten von Reiner Redlich eine strafrechtliche Sanktionierung zur Folge. § 333 HGB knüpft die Bestrafung der Verletzung der Geheimhaltungspflicht lediglich an das vorsätzliche Verhalten des Abschlussprüfers, auch wenn niemand unmittelbar geschädigt wurde. Entsprechend den gesetzlichen Bestimmungen wird die Straftat nur auf Antrag der Gesellschaft verfolgt. In diesem Fall droht eine Freiheitsstrafe von bis zu zwei Jahren (wegen der beabsichtigten Bereicherung des Freundes, sonst nur ein Jahr) oder eine Geldbuße. Weiterhin müssen Reiner Redlich und Andreas Adlerauge auch mit berufsrechtlichen Maßnahmen seitens der Wirtschaftsprüferkammer rechnen.[2]

---

[1] Vgl. hierzu auch die Lösung zu Aufgabe 3.

[2] Vgl. hierzu auch die Lösung zu Aufgabe 3.

Literaturhinweise

ADLER, H./DÜRING, W./SCHMALTZ, K.: Rechnungslegung und Prüfung der Unternehmen, 6. Aufl., Stuttgart ab 1995.

BÄRENZ, C.: Haftung des Abschlussprüfers bei der Bestätigung fehlerhafter Jahresabschlüsse gemäß § 323 Abs. 1 S. 3 HGB, in: Betriebs-Berater, 58. Jg. (2003), S. 1781–1784.

BGH: Urteil vom 02.04.1998, III ZR 245/96, in: Entscheidungssammlung des Bundesgerichtshofs in Zivilsachen 138, S. 257–266.

CANARIS, C.-W.: Die Reichweite der Expertenhaftung gegenüber Dritten, in: Zeitschrift für Unternehmens- und Gesellschaftsrecht, 28. Jg. (1999), S. 206–245.

EBKE, W.: Haftung des Pflichtprüfers aufgrund der Rechtsfigur des Prüfungsvertrages mit der Schutzwirkung für Dritte weiterhin höchstrichterlich unentschieden, in: WPK-Mitteilungen, 36. Jg. (1997), S. 196–200.

EBKE, W.: Der Ruf unserer Zeit nach einer Ordnung der Dritthaftung des gesetzlichen Jahresabschlußprüfers, in: Betriebswirtschaftliche Forschung und Praxis, 52. Jg. (2000), S. 549–571.

EWERT, R.: Abschlußprüfung, Dritthaftung und Prüfungsgrundsätze – Ergebnisse einer ökonomischen Analyse, in: Betriebswirtschaftliche Forschung und Praxis, 51. Jg. (1999), S. 94–109.

EWERT, R./FEESS, E./NELL, M.: Prüfungsqualität, Dritthaftung und Versicherung, in: Betriebswirtschaftliche Forschung und Praxis, 52. Jg. (2000), S. 572–593.

FEDDERSEN, C.: Die Dritthaftung des Wirtschaftprüfers nach § 323 HGB, in: Wertpapier-Mitteilungen, 53. Jg. (1999), S. 105–116.

HENSE, B.: Kommentierung des § 323 HGB, in: BERGER, A. ET AL. (Hrsg.), Beck'scher Bilanzkommentar, Handels- und Steuerrecht – §§ 238 bis 339 HGB –, 5. Aufl., München 2003.

HEPPE, H.: Nach dem Vertrauensverlust – Ist es an der Zeit, die Dritthaftung deutscher Abschlussprüfer zu verschärfen? Teil I, in: Wertpapier-Mitteilungen, 57. Jg. (2003), S. 714–724.

HEPPE, H.: Nach dem Vertrauensverlust – Ist es an der Zeit, die Dritthaftung deutscher Abschlussprüfer zu verschärfen? Teil II, in: Wertpapier-Mitteilungen, 57. Jg. (2003), S. 753–762.

IDW: Wirtschaftsprüfer-Handbuch 2000, Handbuch für Rechnungslegung, Prüfung und Beratung, Band I, 12. Aufl., Düsseldorf 2000, Abschnitt A.

IDW: IDW Prüfungsstandard PS 200: Ziele und allgemeine Grundsätze der Durchführung von Abschlussprüfungen, in: Die Wirtschaftsprüfung, 53. Jg. (2000), S. 706–710.

IDW: IDW Prüfungsstandard PS 210: Zur Aufdeckung von Unregelmäßigkeiten im Rahmen der Abschlussprüfung, in: Die Wirtschaftsprüfung, 56. Jg. (2003), S. 655–663.

IDW: IDW Prüfungsstandard PS 240: Grundsätze der Planung von Abschlussprüfungen, in: Die Wirtschaftsprüfung, 53. Jg. (2000), S. 846–849.

IDW: IDW Prüfungsstandard PS 300: Prüfungsnachweise im Rahmen der Abschlussprüfung, in: Die Wirtschaftsprüfung, 54. Jg. (2001), S. 898–903.

IDW: IDW Prüfungsstandard PS 350: Prüfung des Lageberichts, in: Die Wirtschaftsprüfung, 51. Jg. (1998), S. 663–666.

IDW: IDW Prüfungsstandard PS 400: Grundsätze für die ordnungsmäßige Erteilung von Bestätigungsvermerken bei Abschlussprüfung, in: Die Wirtschaftsprüfung, 52. Jg. (1999), S. 641–657.

IDW: IDW Prüfungsstandard PS 450: Grundsätze ordnungsmäßiger Berichterstattung bei Abschlussprüfungen, in: Die Wirtschaftsprüfung, 56. Jg. (2003), S. 1127–1141.

KLEEKÄMPER, H./KÖNIG, K.: Die Haftung des Abschlussprüfers, in: DÖRNER, D./ MENOLD, D./PFITZER, N./OSER, P. (Hrsg.), Reform des Aktienrechts, der Rechnungslegung und der Prüfung. KonTraG – Corporate Governance – TransPuG, 2. Aufl., Stuttgart 2003, S. 957–970.

KUHNER, C.: Kommentierung des § 323 HGB, in: KÜTING, K./WEBER, C.-P. (Hrsg.), Handbuch der Rechnungslegung – Einzelabschluss, Loseblatt, 5. Aufl., Stuttgart ab 2002.

MARTEN, K.-U./QUICK, R./RUHNKE, K.: Wirtschaftsprüfung – Grundlagen des betriebswirtschaftlichen Prüfungswesens nach nationalen und internationalen Normen, 2. Aufl., Stuttgart 2003.

PALANDT, O. (Begr.): Bürgerliches Gesetzbuch, Kurzkommentar, bearbeitet von BASSENGE, P. ET AL., 62. Aufl., München 2003.

QUICK, R.: Nationale und internationale Haftungsrisiken deutscher Abschlußprüfer, in: Die Betriebswirtschaft, 60. Jg. (2000), S. 60–77.

SCHÜPPEN, M.: Aktuelle Fragen der Wirtschaftsprüfer-Haftung, in: Der Betrieb, 51. Jg. (1998), S. 1317–1319.

SOMMERSCHUH, N.: Strengere Berufsaufsicht durch die 5. WPO-Novelle: Ein neuer Ansatz zur Kontrolle der Wirtschaftsprüfer, in: Betriebs-Berater, 58. Jg. (2003), S. 1166–1171.

WEBER, M.: Die Haftung des Abschlußprüfers gegenüber Dritten, in: Neue Zeitschrift für Gesellschaftsrecht, 2. Jg. (1999), S. 1–12.

Walter Niemann

Wirtschaftsprüferermessen und risikoorientierte Prüfung

Eine Jahresabschlussprüfung erstreckt sich nach § 317 HGB darauf, ob die gesetzlichen Vorschriften und die sie ergänzenden Bestimmungen des Gesellschaftsvertrages und der Satzung beachtet worden sind. Die Prüfung ist dabei so anzulegen, dass Unrichtigkeiten und Verstöße gegen die genannten Bestimmungen, die sich auf die Vermögens-, Finanz- und Ertragslage des Unternehmens wesentlich auswirken, bei gewissenhafter Berufsausübung erkannt werden. Der Lagebericht ist darauf zu prüfen, ob er mit dem Jahresabschluss sowie mit den bei der Prüfung gewonnenen Erkenntnissen des Abschlussprüfers in Einklang steht und ob er insgesamt eine zutreffende Vorstellung von der Lage des Unternehmens vermittelt. Dabei ist auch zu prüfen, ob die Risiken der künftigen Entwicklung zutreffend dargestellt sind.

Aufgabe 1

Sie sind bei einem Einzel-Wirtschaftsprüfer beschäftigt und unterstützen diesen bei der Planung der Prüfung des Jahresabschlusses eines mittelständischen Baustoffhändlers. Der Wirtschaftsprüfer wendet hierbei einen risikoorientierten Prüfungsansatz an und dokumentiert sein Vorgehen mit verschiedenen Checklisten, um im Rahmen einer in Kürze anstehenden Qualitätskontrolle gem. § 57 a WPO (sog. Peer-Review) keine Beanstandung zu erhalten.

Sie fragen sich, was in diesem Zusammenhang „gewissenhafte Berufsausübung" i. S. von § 317 HGB bedeutet und ob für die Vorgehensweise des Wirtschaftsprüfers feste Regeln gelten.

Aufgabe 2

Was bedeutet dabei „Ermessen" und wie wird das Ermessen von unbestimmten Rechtsbegriffen abgegrenzt?

Aufgabe 3

Der Wirtschaftsprüfer verwendet u. a. die im Anschluss an die Aufgabenstellungen (als Checklisten 1 und 2)[1] abgebildeten Arbeitshilfen bei der Prüfungsplanung und hat im Vorfeld mit der Geschäftsführung des zu prüfenden Baustoffhandels folgende Risiken festgestellt:

- Das Unternehmen ist äußerst abhängig von der seit mehreren Jahren rückläufigen Baukonjunktur;
- es wird ausschließlich von einem Großhändler beliefert;
- in der Buchhaltung haben die Mitarbeiter häufig gewechselt, wobei die Kompetenz der derzeitigen Mitarbeiter zweifelhaft ist;
- eine steuerliche Außenprüfung hat sich über längere Zeit hingezogen und ist noch nicht abgeschlossen;
- es handelt sich um ein mittelgroßes Unternehmen, bei dem ein ausgeprägtes internes Kontrollsystem nicht eingerichtet ist.

Schildern Sie den Ablauf der risikoorientierten Prüfung unter Verwendung der von dem Wirtschaftsprüfer verwendeten Arbeitshilfen.

Aufgabe 4

Beschreiben Sie unter Anwendung der (für die Lösung der Aufgabe 1) relevanten Regelungen zum Wirtschaftsprüferermessen, wo und in welchem Umfang bei der risikoorientierten Prüfung unbestimmte Rechtsbegriffe auszufüllen und das Wirtschaftsprüferermessen auszuüben sind.

Aufgabe 5

Wie unterscheidet sich die Auswahl von Prüfungshandlungen bei größerem und kleinerem Prüfungsvolumen?

---

[1] Entnommen aus *NIEMANN* 2002a, S. 67 (Checkliste 1) und 69 f. (Checkliste 2).

Mandant: ABC GmbH
Auftrag: 31.12.2003

Name/Unterschrift Prüfer: Meier — Datum: 5.3.2004
Name/Unterschrift Prüfungsleiter: Schulze — Datum: 5.3.2004

Checkliste zur Risikoanalyse
Position JA: Anlagevermögen

Checkliste 1

Beschreibung	generelle Beurteilung vorhanden (+) / nicht vorhanden (−)	Auswirkung auf Bilanzposition ja (+) / nein (−)	Fehlerindikator / -hypothesen gemäß Prüfungsbeginn Checkliste (CL.) …	Beurteilung für die Bilanzposition vorhanden (+), nicht vorhanden (−)			Bemerkungen / Verweise
				A. Nachweis Vorhandensein, Vollständigkeit, Genauigkeit der Erfassung und Abgrenzung Zurechnung	**B. Bewertung**	**C. Ausweis**	
1. Sachlich bedingte Risiken:							
− wirtschaftliche Risiken:							
• Branchenaussichten — Abhängigkeit von der Baukonjunktur	+	−	CL 2				
• Finanzsituation	−						
• Investitionstätigkeit	−						
• Kostenstruktur	−						
• Bilanzierungsverhalten	−						
• sonstige	−						
− technische Risiken:							
• Produktionsverfahren	+	−					
• Rohstoffversorgung — Nur ein Lieferant	−		CL 2				
• Umweltrisiken	−						
• Innovation	−						
• Absatzmarkt	−						
• Standort	−						
• Qualifikation der Mitarbeiter — Mängel der MA der Buchhaltung	+	+	CL 2	Mittel	Hoch	Mittel	
• sonstige	−						
− rechtliche Risiken							
• Risiken aus Besteuerungsverfahren — BP noch nicht abgeschlossen	+	+		Gering	Gering	Gering	
• rechtsformspezifische Risiken, Haftung	−			Mittel	Mittel	Mittel	
daraus resultierende inhärente Sicherheit							
2. Kontrollrisiken:							
− Mängel im internen Kontrollsystem — größenabhängig	+	+	CL 2	Gering	Gering	Gering	
− Risiken in der Organisationsstruktur	−						
− Führungsqualität	−						
− EDV-Risiken				Hoch	Hoch	Hoch	
daraus resultierende Kontrollsicherheit				Mittel	Mittel	Mittel	
3. Erforderliche Prüfungssicherheit							
(entsteht aus den Ziffern 1. und 2)							

Mandant: ABC GmbH	Risikoanalyse: **Fehlerindikatoren / Fehlerhypothesen** vor* / ~~nach~~* Prüfungsbeginn * nicht zutreffendes bitte streichen **Position: Anlagevermögen**	Checkliste 2 – 1 –
Auftrag: 31.12.2003		

	Prüfer	Prüfungsleiter	Berichtskritik
Name / Unterschrift Datum	Meier 5.3.2004	Schulze 5.3.2004	

	ja	nein	n.e.	Besonderheiten/ Verweise

I Fehlerindikatoren auf Kontensaldenebene:

Sind nachstehende Fehlerindikatoren für die zu beurteilende(n) Bilanzposition(en) ausgeschlossen? (Soweit Fehlerindikatoren nicht ausgeschlossen werden können oder festgestellt wurden: Erläutern Sie bitte den Fehlerindikator unter der Rubrik „Besonderheiten" oder – mit einem entsprechenden Verweis – auf einem gesonderten Arbeitspapier.)

		ja	nein	n.e.	
1.	Größe eines Kontensaldos	X			
2.	Anfälligkeit für Diebstahl und Unterschlagung	X			
3.	Komplexität der anzustellenden Beurteilungen bei der Bewertung	X			
4.	Umfang, in dem das Management in Bewertungsfragen involviert ist	X			
5.	Grad, in dem externe Effekte den Wert des Kontensaldos beeinflussen	X			
6.	Auftreten von Fehlern in der Vergangenheit	X			
7.	Qualität des Buchführungspersonals		X		
8.	Anzahl der Transaktionen im betreffenden Konto	X			
9.	Sonstiges				

Fehlerindikatoren auf Jahresabschlussebene:

		ja	nein	n.e.	
10.	Das Management arbeitet sehr erfolgsorientiert	X			
11.	Hohe Fluktuation im Management	X			
12.	Schlechte Reputation des Managements	X			
13.	Größe des Unternehmens	X			
14.	Schlechte Profitabilität des Unternehmens im Vergleich zur Branche	X			
15.	Die Branche unterliegt einem extrem schnellen Wandel	X			
16.	Dezentralisierte Organisation mit schlechter Überwachung	X			
17.	Schlechte Ertragslage	X			
18.	Qualität des internen Überwachungssystems		X		
19.	Sonstiges	X			

Mandant: ABC GmbH	Risikoanalyse: **Fehlerindikatoren / Fehlerhypothesen** vor* / ~~nach~~* Prüfungsbeginn * nicht zutreffendes bitte streichen **Position: Anlagevermögen**	Checkliste 2 – 2 –
Auftrag: 31.12.2003		

	Prüfer	Prüfungsleiter	Berichtskritik
Name / Unterschrift Datum	Meier 5.3.2004	Schulze 5.3.2004	

	ja	nein	n.e.	Besonderheiten/ Verweise

II In Betracht kommende Fehlerhypothesen:
Sind nachstehende Fehlerhypothesen für die zu beurteilende(n) Bilanzposition(en) ausgeschlossen? (Soweit Fehlerhypothesen nicht ausgeschlossen werden können oder festgestellt wurden: Erläutern Sie bitte die Fehlerhypothesen unter der Rubrik „Besonderheiten" oder – mit einem entsprechenden Verweis – auf einem gesonderten Arbeitspapier.)

Fehlerhypothesen bei einer schlechten wirtschaftlichen Lage:

	ja	nein	n.e.
20. Vorfakturierung	X		
21. Bilanzpolitische Maßnahmen vor/nach dem Bilanzstichtag	X		

Bei einer guten wirtschaftlichen Lage:

	ja	nein	n.e.
22. Nachfakturierung	X		

Bei nicht voller Auslastung:

	ja	nein	n.e.
23. Sonstiges	X		

Lösung

Aufgabe 1

Mit der Umschreibung der von einem Wirtschaftsprüfer erwarteten Berufsausübung als „gewissenhaft" wird es der Eigenverantwortlichkeit des Abschlussprüfers überlassen, Art und Umfang der im Einzelfall erforderlichen Prüfungshandlungen zu bestimmen. Für den dabei erforderlichen Prüfungsprozess gelten Grundsätze ordnungsmäßiger Durchführung von Abschlussprüfungen (nachstehend „GoA"), die verschiedene gesetzliche Vorschriften umfassen[1] und im übrigen vom Institut der Wirtschaftsprüfer in Form so genannter „IDW-Prüfungsstandards" in Anpassung an internationale Gepflogenheiten formuliert und veröffentlicht wurden. Bei letzteren handelt es sich um die berufsständische Interpretation von gesetzlich allgemein umschriebenen Grundsätzen, die die Ordnungsmäßigkeit einer Abschlussprüfung gewährleisten sollen.[2] Innerhalb der GoA wird im Zusammenhang mit der Betonung der Eigenverantwortlichkeit des Abschlussprüfers an verschiedenen Stellen auf das pflichtgemäße Ermessen des Abschlussprüfers eingegangen, u. a. heißt es dort:

> „Gegenstand und Umfang der Abschlussprüfung leiten sich aus den gesetzlichen Vorschriften ab. Die im HGB enthaltenen Regelungen zur Prüfung des Jahresabschlusses und des Lageberichts legen den grundsätzlichen Ansatz der Prüfung fest, enthalten jedoch keine Bestimmungen über die Durchführung der Prüfung; somit liegt es im pflichtgemäßen Ermessen des Abschlussprüfers, im Einzelfall Art und Umfang der Prüfungsdurchführung zu bestimmen."[3]

> „Der Abschlussprüfer hat Art und Umfang der im Einzelfall erforderlichen Prüfungshandlungen im Rahmen der Eigenverantwortlichkeit nach pflichtgemäßem Ermessen zu bestimmen. Das Ermessen wird durch gesetzliche Regelungen und Verordnungen, IDW-Prüfungsstandards sowie ggf. erweiternde Bedingungen zu dem Auftrag und die jeweiligen Berichtspflichten begrenzt. Prüfungshandlungen werden in der Regel festgelegt auf der Grundlage der Kenntnisse über die Geschäftstätigkeit sowie das wirtschaftliche und rechtliche Umfeld der Gesellschaft, der Erwartungen über mögliche Fehler und der Beurteilung der Wirksamkeit des rechnungslegungsbezogenen Kontrollsystems ... Die Prüfungshandlungen sind mit dem erforderlichen Maß an Sorgfalt so zu bestimmen, dass unter Beachtung des Grundsatzes der Wesentlichkeit die geforderten Prüfungsaussa-

---

[1] Vgl. vor allem §§ 317–324, 332, 333 HGB, 43, 44, 49, 52 WPO.

[2] Vgl. NIEMANN 2003, S. 1454 ff.

[3] IDW PS 200 Rz. 2.

gen möglich werden. In diesem Rahmen ist auch der Grundsatz der Wirtschaftlichkeit der Abschlussprüfung zu beachten."[1]

„Die Kenntnis über die Geschäftstätigkeit sowie das wirtschaftliche und rechtliche Umfeld des Unternehmens bilden den ... Bezugsrahmen für eine pflichtgemäße Ermessensausübung des Abschlussprüfers im Verlauf der gesamten Abschlussprüfung ..."[2].

Aufgabe 2

Was unter „Ermessen" (nachfolgend „Wirtschaftsprüferermessen") verstanden wird, ist nicht im Einzelnen geregelt. Ermessen kennzeichnet einen Freiraum, in dem das Verhalten nicht vorausbestimmt oder kontrollierbar ist. Pflichtgemäßes Ermessen bedeutet bereits eine Einschränkung indem auf eine Pflichtenlage hingewiesen wird.[3] Diese Einschränkung wird um so deutlicher, wenn man sich vor Augen hält, dass die GoA in Form von Prüfungsstandards höchst detaillierte Regelungen beinhalten, die einen Freiraum nur noch sehr eingeschränkt zu lassen.

Demgegenüber räumen unbestimmte Rechtsbegriffe kein Ermessen ein. Der Sinngehalt solcher unbestimmten Rechtsbegriffe ist nicht offenkundig, sondern muss durch Auslegung konkretisiert werden. Dies geschieht mit Hilfe der üblichen Auslegungsmethoden. Allerdings besteht insoweit ein Problem in der Sachverhaltsbeurteilung. Je nach Standpunkt, Qualifikation und Sachnähe des Beurteilers und nach Art der jeweiligen Situation sind unterschiedliche Einschätzungen und Bewertungen denkbar. Dabei ist es ebenfalls durch Auslegung zu ermitteln, ob ein Beurteilungsspielraum besteht. Ein Beurteilungsspielraum wird regelmäßig bejaht, wenn es auf eine besondere Qualifikation und die Maßgeblichkeit persönlicher Erfahrungen und Eindrücke ankommt, ohne dass bestimmte Entscheidungsvorgaben gegeben sind.

Soweit unbestimmte Rechtsbegriffe Tatbestandsvoraussetzungen für Ermessensentscheidungen des Abschlussprüfers bilden, werden regelmäßig Anhaltspunkte dafür gegeben sein, dass insoweit auch Beurteilungsspielräume eingeräumt werden, da es bei den Entscheidungen des Abschlussprüfers auf dessen besondere Qualifikation und die Maßgeblichkeit seiner persönlichen Erfahrungen und Eindrücke ankommt und da hinreichend bestimmte Entscheidungsvorgaben fehlen.[4]

---

[1] IDW PS 200, Rz. 18, 20, 21
[2] IDW PS 230, Rz. 7.
[3] Siehe die vergleichbare Situation im Verwaltungsrecht, §§ 40 VwVfG, 5 AO.
[4] Vgl. *KOPP/RAMSAUER* 2003, Kommentierung zu § 40 VwVfG, Rz. 72.

Dies gilt in erster Linie zu dem unbestimmten Rechtsbegriff „gewissenhaft", der das Handeln des Abschlussprüfers nach § 317 HGB, § 43 WPO bestimmt. Bei ihm handelt es sich um einen unbestimmten Rechtsbegriff, der schon vom Wortsinn subjektiv orientiert ist, so dass die besondere Qualifikation ebenso wie die persönlichen Erfahrungen und Eindrücke des Abschlussprüfers bei der Ausfüllung dieses Begriffs im Vordergrund stehen, ohne dass bestimmte gesetzliche Entscheidungsvorgaben existieren. Er erfüllt damit die Voraussetzungen, die für die Einräumung von Beurteilungsspielräumen aufgestellt sind.

Beurteilungsspielräume eröffnen – soweit nicht sachfremde Erwägungen angestellt werden – Freiräume im Rahmen des bestehenden Sachverhalts und der nach § 4 Abs. 1 der Berufssatzung der WPO zu beachtenden „fachlichen Regelungen", zu denen die IDW-Prüfungsstandards als die Fachmeinung besonders erfahrener und sachverständiger Berufsangehöriger gelten.[1] Die IDW-Prüfungsstandards räumen ihrerseits in dem zuvor aufgezeigten Rahmen das Wirtschaftsprüferermessen ein,[2] sofern die hierzu aufgestellten Voraussetzungen, die ebenfalls im Wesentlichen als unbestimmte Rechtsbegriffe formuliert wurden, erfüllt sind.

Aufgabe 3

Eine risikoorientierte Prüfung[3] geht von dem Risiko des Abschlussprüfers aus, einen unrichtigen Bestätigungsvermerk zum Jahresabschluss abzugeben. Dieses Risiko kann sich realisieren, sofern sich Einzelrisiken realisieren, die es während der gesamten Prüfungsphase zu identifizieren, zu analysieren und zu bewerten gilt.[4]

Die Risikoorientierung der Tätigkeit des Abschlussprüfers zeigt sich bereits bei der Prüfungsplanung darin, dass die potentiellen ebenso wie die bereits bestehenden sachlich bedingten Risiken, die Kontrollrisiken und eventuelle Entdeckungsrisiken möglichst vollständig identifiziert, analysiert und bewertet werden. Das weitere Vorgehen ist – wie generell bei der Auswahl von Art und Umfang der Prüfungshandlungen – gekennzeichnet, durch die Elemente der Wesentlichkeit, die jeweilige Prüfungssicherheit und die Festlegung der Prüfungsstrategie nach Posten und möglichen Fehlern.[5]

Die Vorgehensweise einer risikoorientierten Prüfung bei der Prüfungsplanung wird anhand der vorab als Checkliste 1 wiedergegebenen Arbeitshilfe verdeutlicht. Sie macht offenkundig, dass die Risikoanalyse einen Schwerpunkt der risikoorientierten

---

[1] Vgl. *WP-HANDBUCH* 2000, Teil A, Rz. 282.

[2] Siehe IDW PS 200, Rz. 2, 18, 20, 21 und IDW PS 230, Rz. 7.

[3] Siehe hierzu *LÜCK* 1998, S. 1925; *ORTH* 1999, S. 573 sowie *WIEDMANN* 1993, S. 13.

[4] Vgl. IDW PS 260, Rz. 23 ff.

[5] Vgl. IDW PS 200, Rz. 18 ff., 24 ff.; IDW PS 230; *NIEMANN* 2002b, Teil D, Rz. 236 ff.

Prüfung bildet, da das hier gewonnene Ergebnis die Intensität und den Umfang der weiteren Prüfung bestimmt. Bei der Risikoanalyse werden sämtliche in Betracht kommenden sachlich bedingten Risiken aufgeteilt nach wirtschaftlichen Risiken, technischen Risiken und rechtlichen Risiken, sowie sämtliche Kontrollrisiken erfasst und verbal beschrieben (1. Spalte der Arbeitshilfe). Sofern eine umfangreichere Beschreibung erforderlich ist, kann dies gesondert erfolgen. Weiterhin wird festgestellt, ob entsprechende Risiken vorhanden sind (2. Spalte der Arbeitshilfe) und ob die generell als vorhanden beschriebenen Risiken auch Auswirkungen auf die jeweils untersuchte Bilanzposition haben (3. Spalte der Arbeitshilfe).

Anhand von analytischen Prüfungshandlungen wird gesondert festgestellt, ob für das jeweilige Prüffeld Fehlerindikatoren bzw. Fehlerhypothesen existieren, die für die Risikobeurteilung von Bedeutung sind. Dabei bildet der Abschlussprüfer aufgrund seines Erfahrungswissens zusätzlich Fehlerhypothesen, die für die Risikobeurteilung eines Prüffeldes von Bedeutung sein können. Sie werden dokumentiert, wie z. B. in der nachstehend als Checkliste 2 wiedergegebenen zusätzlichen Arbeitshilfe. Das Ergebnis wird sodann in die Arbeitshilfe zur Risikoanalyse (4. Spalte) übernommen.

Nach der vorläufigen Inventarisierung der Risiken sowie der Ermittlung der Fehlerindikatoren und -hypothesen wird wertend festgestellt, inwieweit die inventarisierten Risiken sowie die erfassten Fehlerindikatoren und Fehlerhypothesen Auswirkungen auf das jeweilige Prüffeld haben. Nur wenn und soweit diese Auswirkungen bejaht werden, können diese für die Einzelbereiche, die in dem jeweiligen Prüffeld zu prüfen sind, d. h. für

- den Nachweis der zu dem Prüffeld gehörende Bilanzposition (Vorhandensein, Vollständigkeit, Genauigkeit der Erfassung und Abgrenzung) sowie der Zurechnung der jeweiligen Vermögensgegenstände (5. Spalte);
- die Bewertung der zu dem Prüffeld gehörende Bilanzposition (6. Spalte) sowie
- den Ausweis der zu dem Prüffeld gehörende Bilanzposition (7. Spalte)

beurteilt werden. Dabei reicht es aus, wenn die Auswirkungen des Risikos, der Fehlerindikatoren und der Fehlerhypothesen mit

- o hoch
- o mittel
- o gering

beurteilt werden.

Ziel dieser Bewertung ist es, für den Nachweis, die Bewertung und den Ausweis der jeweiligen Bilanzposition festzustellen, welch inhärente Sicherheit sich aus den sachlich bedingten Risiken und welche Kontrollsicherheit sich aus den Kontrollrisiken ergeben. Wenn dabei in der Mehrheit geringe Auswirkungen der Risiken festgestellt werden, kann daraus eine hohe Sicherheit gefolgert werden. Es kann aber auch bei entsprechender Wertung ein anderes Urteil gefunden werden.

Nachdem auf diese Weise der Grad der inhärenten Sicherheit, die aus den sachlich bedingten Risiken resultiert, und der Grad der Kontrollsicherheit, die aus den Kontrollrisiken resultiert, vorläufig ermittelt wurde, wird für den Nachweis, die Bewertung und den Ausweis der in dem Prüffeld zu prüfenden Bilanzposition beurteilt, von welcher Prüfungssicherheit aufgrund der vorhergehenden Risikoanalyse auszugehen ist. Wurde z. B. eine hohe inhärente Sicherheit und eine hohe Kontrollsicherheit festgestellt, so kann auch von einer hohen Prüfungssicherheit ausgegangen werden, die wiederum im Folgenden Einfluss auf die Auswahl der Prüfungshandlungen haben wird. Entsprechendes gilt bei anderen Beurteilungsgraden. In jedem Fall sollte ein abschließendes Werturteil gefunden werden, da dieses Ausgangspunkt für die weiteren Prüfungsmaßnahmen ist.

Bei der vorläufigen Risikoanalyse anhand dieser Arbeitshilfen ist zu berücksichtigen, dass sie grundsätzlich in einem frühen Stadium der Prüfungsplanung erfolgt, um hierdurch Inhalt und Umfang der Prüfungshandlungen mandanten- und prüffeldspezifisch zu strukturieren. Es ist nicht auszuschließen, dass sich während der Prüfung die ursprüngliche Beurteilung ändern kann. Für diesen Fall können in entsprechender Weise die sich aus der laufenden Prüfung ergebenden Änderungen der Fehlerindikatoren und -hypothesen erfasst und die Auswirkungen auf die Risikostrukturen erneut bewertet werden. Dabei wird vergleichbar vorgegangen, wie in der Planungsphase.[1]

Das gewonnene Ergebnis für die Prüfungssicherheit wird nach Abschluss der Prüfungsplanung bei der Auswahl der Prüfungshandlungen für die einzelnen Bilanzpositionen übernommen. Damit setzt sich die Risikoorientierung auch während der weiteren Tätigkeit des Abschlussprüfers fort.

So kann das für die Prüfungssicherheit gewonnene Ergebnis bei einzelnen Positionen des Jahresabschlusses vorrangig eine analytische Prüfung rechtfertigen, während es bei anderen Positionen vorrangig Einzelfallprüfungen erforderlich macht. Soweit Einzelfallprüfungen erforderlich sind, können diese lückenlos oder in Stichproben erfolgen. Die Risikoorientierung zeigt sich dabei in den verschiedenen Auswahlkriterien für die Auswahl der Prüfungsausübung. Werden die Stichproben nach der Bedeutung der zu prüfenden Elemente gewählt, so finden hier die Ergebnisse Eingang, die bereits bei der Risikoanalyse während der Prüfungsplanung gewonnen wurden. Bei der Auswahl nach dem Fehlerrisiko werden in die Stichprobe solche Fälle einbezogen, bei denen Fehler am ehesten zu erwarten sind. Auch hier werden die Schlussfolgerungen berücksichtigt, die bereits bei der Risikoanalyse während der Prüfungsplanung gewonnen wurden. Bei der Auswahl typischer Fälle konzentrieren sich die

---

[1] Vgl. *NIEMANN* 2002a, S. 68.

Prüfungshandlungen auf Geschäftsvorfälle, die im Prüfgebiet jeweils in gleicher Weise verarbeitet werden und die für die Mehrheit der Geschäftsvorfälle repräsentativ sind. Auch hierbei kann eine risikoorientierte Auswahl der Geschäftsvorfälle erfolgen, sofern unterschiedliche Risikograde bestehen. Nur wenn die Stichproben nicht bewusst, sondern zufallsbedingt ausgewählt werden, werden rein statistische und keine risikoorientierten Auswahlkriterien gewählt.

Auch die Prüfungshandlungen bei Abschluss der Prüfung erfordern ein risikoorientiertes Vorgehen. Der Abschlussprüfer wird die Angemessenheit und die Plausibilitäten der Angaben im Jahresabschluss noch einmal mit früheren Erwartungen und Annahmen vergleichen, z. B. im Rahmen von Kapitalflussrechnungen oder Kennzifferanalysen. Soweit die abschließenden Prüfungshandlungen eine Prüfung von Ereignissen und Geschäftsvorfällen nach dem Abschlussstichtag erfordern, wird auch deren Auswahl risikoorientiert erfolgen.

Die Dokumentation, die dem Abschlussprüfer obliegt, muss das risikoorientierte Vorgehen gleichfalls erkennen lassen. So müssen die Arbeitspapiere, die Planung, den Ablauf der Prüfung, die im Einzelnen vorgenommenen Prüfungshandlungen und die Prüfungsfeststellungen dokumentieren. Dies ist nur möglich, wenn das risikoorientierte Vorgehen, die Auswahlmechanismen und die Prüfungsinhalte deutlich gemacht werden. Schließlich muss auch die Berichtskritik materiell darauf gerichtet sein, dass das Urteil des Abschlussprüfers folgerichtig ist. Hierzu wird das risikoorientierte Vorgehen des Abschlussprüfers noch einmal einer abschließenden Beurteilung unterzogen.

Aufgabe 4

Geht man von den in der Lösung zur Aufgabe 1 zitierten Vorschriften der IDW-Prüfungsstandards zu der Ausübung des Wirtschaftsprüferermessens aus, so zeigt sich, dass die Erfassung und Beschreibung der Risiken dazu dient, den Bezugsrahmen für eine pflichtgemäße Ermessensausübung des Abschlussprüfers zu bilden.[1] Die Art der Vorgehensweise bei der Risikoanalyse ist nicht verbindlich, sondern nur „in der Regel"[2] festgelegt. Hierzu dienen subjektiv orientierte Begriffe wie „Kenntnis der Geschäftstätigkeit" oder „Kenntnis des wirtschaftlichen und rechtlichen Umfelds der Gesellschaft". Dabei erstreckt sich die Kenntnis auf nachprüfbare Sachverhalte. Die Art der Vorgehensweise ist aber auch durch subjektiv orientierte Begriffe festgelegt, die sich auf nicht prüfbare individuelle Einschätzungen beziehen wie „Erwartung der möglichen Fehler", „Beurteilung der Wirksamkeit des rechnungslegungsbezogenen internen Kontrollsystems". Daneben sind objektiv orientierte unbestimmte Rechtsbegriffe auszufüllen, wie „das erforderliche Maß an Sorgfalt, das die Prüfungshand-

---

[1] Vgl. IDW PS 230, Rz. 7.
[2] Nachfolgende wörtliche Zitate in diesem Absatz jeweils: IDW PS 200, Rz. 20.

lung bestimmt" oder die Grundsätze der „Wesentlichkeit" und der „Wirtschaftlichkeit", die zur Ermöglichung der geforderten Aussagen beachtet werden müssen.

Schon bei der Ausfüllung dieser Begriffe wird dem Abschlussprüfer weitestgehend ein Beurteilungsspielraum eingeräumt, da sie auf der besonderen Qualifikation des Abschlussprüfers und seinen persönlichen Erfahrungen beruht, ohne dass bestimmte Entscheidungsvorgaben existieren. Lediglich bei den objektiv orientierten unbestimmten Rechtsbegriffen fehlt ein vergleichbarer Beurteilungsspielraum, soweit nicht zusätzliche Regelungen wie z. B. in IDW PS 250 zum Grundsatz der Wesentlichkeit weitere Beurteilungsspielräume eröffnen. Diese Begriffe sind daher grundsätzlich justitiabel, während bei den subjektiv orientierten unbestimmten Rechtsbegriffen die Einschätzungen des Abschlussprüfers nur daraufhin rechtlich überprüft werden können, ob von einem zutreffenden Sachverhalt ausgegangen wurde, ob er die fachlichen Regeln, das sind i. d. R. die IDW Prüfungsstandards, angewandt und keine sachfremden Erwägungen angestellt wurden.

In vergleichbarer Weise hat der Abschlussprüfer einen Beurteilungsspielraum, wenn er einschätzen muss, ob ein von ihm angenommenes Risiko auch Auswirkungen auf die Bilanzposition hat und ob Fehlerindikatoren oder Fehlerhypothesen bestehen.

Schließlich hat der Abschlussprüfer außerdem auch einen Beurteilungsspielraum, wenn er die einzelnen sachlich bedingten Risiken und die einzelnen Kontrollrisiken bewertet und danach den Grad der inhärenten Sicherheit und der daraus resultierenden Prüfungssicherheit ableitet.

Wurde in den einzelnen Schritten der Risikoanalyse, insbesondere bei der Bewertung der Risiken und der Feststellung des Grades der Prüfungssicherheit, der Bezugsrahmen für eine pflichtgemäße Ermessensausübung des Abschlussprüfers im Verlauf der Abschlussprüfung geschaffen, so ist dem Abschlussprüfer für die weiteren Prüfungshandlungen ein pflichtgemäßes Ermessen eingeräumt. Er kann die Prüfungshandlungen unter Beachtung der ihm – i. d. R. durch die IDW-Prüfungsstandards – auferlegten Pflichten auswählen und entscheiden, ob er bei einzelnen Bilanzpositionen vorrangig analytische Prüfungen und bei anderen Positionen vorrangig Einzelfallprüfungen vornimmt. Dabei sind die Prüfungshandlungen mit dem erforderlichen Maß an Sorgfalt so zu bestimmen, dass unter Beachtung der Grundsätze der Wesentlichkeit und der Wirtschaftlichkeit die geforderten Prüfungsaussagen möglich werden.[1] Die Auswahl bei den Prüfungshandlungen setzt mithin weiterhin – neben dem schon beschriebenen Bezugsrahmen der Ermessensentscheidung – voraus, dass unbestimmte Rechtsbegriffe, wie der Grundsatz der „Wesentlichkeit" und der Grundsatz der „Wirtschaftlichkeit" beachtet wurden, für die grundsätzlich ein Beurteilungsspielraum nicht besteht, soweit nicht IDW PS 250 zum Grundsatz der Wesentlichkeit zusätzliche Beurteilungsspielräume eröffnet.

---

[1] Vgl. IDW PS 200, Rz. 21.

Bei der Auswahl der Prüfungshandlungen im Rahmen eines einmal eingeräumten Ermessens können Pflichtenlagen bestehen, die das grundsätzlich eingeräumte Ermessen auf null reduzieren. So muss der Abschlussprüfer an der körperlichen Bestandsaufnahme einer Vorratsinventur teilnehmen, wenn die Vorräte von wesentlicher Bedeutung für den Jahresabschluss sind.[1] Die Prüfungshandlungen bei Teilnahme an der Vorratsinventur obliegen dann wiederum seinem Ermessen, wobei auch insoweit IDW PS 301 die Vorgehensweise detailliert umschreibt. In anderen Bereichen, insbesondere bei Forderungen und Rückstellungen oder Verbindlichkeiten kann das Ermessen dahingehend auf null reduziert sein, dass die Verpflichtung besteht, für wesentliche Sachverhalte Bestätigungen Dritter einzuholen, sofern nicht durch anderweitige Prüfungshandlungen die Prüfungsaussagen mit zumindest gleicher Sicherheit getroffen werden können.[2] Auch hierfür ist somit Voraussetzung, ob ein „wesentlicher" Sachverhalt vorliegt und ob nicht „anderweitige Prüfungshandlungen die Prüfungsaussagen mit zumindest gleicher Sicherheit" ermöglichen, d. h. unbestimmte Rechtsbegriffe, die aufgrund der Besonderheit der Entscheidungslage einen Beurteilungsspielraum eröffnen.

Soweit die Ermessensausübung dazu führt, dass analytische Prüfungshandlungen ausgewählt werden können, stehen dem Abschlussprüfer weitere Handlungsalternativen zur Verfügung. Auch hier hat er unter Berücksichtigung der Grundsätze der Wesentlichkeit und der Wirtschaftlichkeit vorzugehen das eingeräumte Ermessen unter Anwendung von detaillierten fachlichen IDW PS Regelungen[3] auszuüben. Entsprechendes gilt bei der Prüfung von geschätzten Werten in der Rechnungslegung,[4] bei der Prüfung von Vergleichsangaben für Vorjahre,[5] bei der Verwendung der Arbeit eines anderen externen Prüfers[6] sowie bei der Verwertung der Arbeit von Sachverständigen.[7]

Zur Vermeidung von Ermessensfehlern muss der Abschlussprüfer bei der Ausübung des Wirtschaftsprüferermessens nicht nur darauf achten, dass die Tatbestandsmerkmale der Ermessensvorschrift erfüllt sind und somit eine Ermessensüberschreitung ausscheidet. Er muss vielmehr auch darauf achten, dass Ermessensunterschreitungen vermieden werden, d. h. dass von dem Ermessen auch Gebrauch gemacht wird.

---

[1] Vgl. IDW PS 301, Rz. 7.

[2] Vgl. IDW PS 300, Rz. 40; IDW PS 302.

[3] Vgl. IDW PS 312.

[4] Vgl. IDW PS 314.

[5] Vgl. IDW 318.

[6] Vgl. IDW PS 320.

[7] Vgl. IDW PS 322.

Aufgabe 5

Der Ermessensgebrauch kann in verschiedener Weise erfolgen. Bei größerem Prüfungsvolumen, das einen entsprechenden Aufwand gestattet, kann die Risikoanalyse mit mathematisch statistischen Methoden ausgewertet und dieses Ergebnis auf die weitere Auswahl der Prüfungshandlungen angewandt werden. Das Ermessen erstreckt sich dann auf die Auswahl der Methode, die ihrerseits aufgrund von mathematisch statistischen Ergebnissen die weitere im Ermessen des Abschlussprüfers stehende Auswahl der Prüfungshandlungen bestimmt. Bei kleinerem Prüfungsvolumen wird in der Regel auf die Anwendung mathematisch statistischer Methoden verzichtet. Hier obliegt die Abwägung zwischen analytischen Prüfungshandlungen und Einzelfallprüfungen in Abhängigkeit von den identifizierten Risikofaktoren und der Wirksamkeit der vorhandenen internen Kontrollen der Ermessensentscheidung des Abschlussprüfers. Er kann im Rahmen seines pflichtgemäßen Ermessens bestimmen, in welchem Prüffeld welche Prüfungsschwerpunkte gelegt werden, welche Prüfungshandlungen ausgewählt und auf welche verzichtet wird, ob bei Verstößen oder Fehlern Prüfungshandlungen ausgedehnt werden oder ob aufgrund des individuellen Vorgehens weitere Einschränkungen von Prüfungshandlungen gestattet sind.

Während bei der Anwendung mathematisch statistischer Methoden die Stichprobenauswahl innerhalb der einzelnen Prüfungshandlungen durch die Methode vorgegeben wird, kann die Stichprobenauswahl bei der Ermessensausübung ohne Anwendung mathematisch statistischer Methoden entsprechend dem eingeräumten pflichtgemäßen Ermessen nach Zufallsmethoden oder nach bewussten Methoden erfolgen. Das pflichtgemäße Ermessen, das der Abschlussprüfer bei Auswahl der Prüfungshandlungen auszuüben hat, muss nur darauf ausgerichtet sein, dass die Prüfungsaussagen mit hinreichender Sicherheit getroffen werden können.[1]

---

[1] Vgl. IDW PS 200, Rz. 24 ff.

Literaturhinweise

INSTITUT DER WIRTSCHAFTSPRÜFER (Hrsg.): IDW-Prüfungsstandards (IDW PS), IDW-Stellungnahmen zur Rechnungslegung (IDW RS), IDW-Standards (IDW S) einschließlich der dazugehörigen Entwürfe, IDW-Prüfungs- und IDW-Rechnungslegungshinweise (IDW PH und IDW RH), Düsseldorf 2003.

KOPP, F. O./RAMSAUER, U. (Hrsg.): Verwaltungsverfahrensgesetz; Kommentar, 8. Aufl., München 2003.

LÜCK, W.: Der Umgang mit unternehmerischen Risiken durch ein Risikomanagementsystem und durch ein Überwachungssystem – Anforderungen durch das KonTrG und Umsetzung in der betrieblichen Praxis, in: DB, 51. Jg (1998), S. 1925–1930.

NIEMANN, W.: Jahresabschlußprüfung, Arbeitshilfen – Prüfungstechnik – Erläuterungen, München 2002a.

NIEMANN, W.: Jahresabschlußprüfung, in: Beck'sches Steuerberater-Handbuch 2002/2003, München 2002b, Teil D, Rz. 236 ff., S. 707–708.

NIEMANN, W.: Grundsätze ordnungsmäßiger Durchführung von Abschlußprüfungen im Umbruch?, in: DStR, 41. Jg. (2003), S. 1454–1460.

ORTH, T. M.: Überlegungen zu einem prozeßorientierten Prüfungsansatz, in: WPg, 52. Jg. (1999), S. 573–585.

WIEDMANN, H.: Der risikoorientierte Prüfungsansatz, in: WPg, 46. Jg. (1993), S. 13–25.

WIRTSCHAFTSPRÜFER-HANDBUCH 2000: Handbuch für Rechnungslegung, Prüfung und Beratung, Bd. I, bearbeitet von GEIB, G. ET AL., 12. Aufl., Düsseldorf 2000.

Corinna Boecker und Julia Busch

Die Auswirkungen des TransPuG auf die handelsrechtliche Jahresabschlussprüfung in Deutschland

Vor dem Hintergrund einzelner Unternehmenskrisen sowohl in Deutschland als auch im Ausland und des damit einhergehenden gesunkenen Vertrauens in die (Konzern-) Jahresabschlüsse der Gesellschaften sah sich die Bundesregierung – nicht zuletzt auch aufgrund der Reaktionen anderer Länder – veranlasst, Teile des deutschen Bilanzrechts zu reformieren. Zu diesem Zweck wurde im Mai 2000 die so genannte Regierungskommission „Corporate Governance – Unternehmensführung – Unternehmenskontrolle – Modernisierung des Aktienrechts" eingesetzt. Hauptziel dieser Kommission war es, mögliche Defizite des deutschen Systems der Unternehmensführung und -kontrolle zu eliminieren. Im Juli 2001 wurde der Abschlussbericht vorgelegt, welcher sowohl Empfehlungen an den Gesetzgeber als auch an eine noch zu bildende Kommission zur Entwicklung eines speziellen Deutschen Corporate Governance Kodex enthielt.

Dieser Deutsche Corporate Governance Kodex wurde am 26. Februar 2002 von der Kommission vorgelegt und seitdem auch weiterentwickelt. Darin wurden Maßnahmen und Verhaltensweisen zu einer guten und verantwortungsvollen Unternehmensführung und -überwachung formuliert. Weitere Vorschläge der Regierungskommission wurden von der Bundesregierung aufgenommen und mit dem Gesetz zur weiteren Reform des Aktien- und Bilanzrechts, zu Transparenz und Publizität (Transparenz- und Publizitätsgesetz, TransPuG) vom 19. Juli 2002 umgesetzt. Dieses Gesetz beinhaltet vor allem Änderungen im Aktienrecht (bspw. Stärkung der Position des Aufsichtsrats, Entsprechenserklärung zum Deutschen Corporate Governance Kodex), im Konzernbilanzrecht sowie im Bereich der Jahresabschlussprüfung.

Die nachfolgende Fallstudie behandelt in einer theoretischen Darstellung wichtige Neuerungen durch das TransPuG, welche Einfluss auf die handelsrechtliche Jahresabschlussprüfung haben. Dies ist zum einen die Neuregelung des Prüfungsberichts nach § 321 HGB, zum anderen die Einfügung des § 161 AktG, welcher sich mit der Entsprechenserklärung zum Deutschen Corporate Governance Kodex befasst.

Aufgabe 1

Inwiefern haben sich die Anforderungen an den Abschlussprüfer hinsichtlich der Aufstellung eines Prüfungsberichts nach § 321 HGB mit In-Kraft-Treten des TransPuG verändert? Stellen Sie die wesentlichen Unterschiede zwischen alter und neuer Rechtslage dar.

Aufgabe 2

Stellen Sie die wesentlichen Neuerungen und Auswirkungen auf die Abschlussprüfung durch die Einführung des Deutschen Corporate Governance Kodex im Rahmen des TransPuG dar.

Lösung

Aufgabe 1

Der Prüfungsbericht stellt eine schriftliche Äußerung des Abschlussprüfers zu der von ihm durchgeführten Prüfung dar. Dort berichtet der Abschlussprüfer über Gegenstand, Art und Umfang sowie über wesentliche Feststellungen und Ergebnisse der Jahresabschlussprüfung. Der Bericht ist für die Aufsichtsorgane eines Unternehmens bestimmt und soll diese bei ihrer Aufgabe der Überwachung des Unternehmens unterstützen. Nach § 321 Abs. 5 HGB ist er den gesetzlichen Vertretern der Gesellschaft vorzulegen. Sofern der Aufsichtsrat den Auftrag zur Prüfung erteilt hat, ist der Bericht diesem vorzulegen, wobei vorher dem Vorstand Gelegenheit zur Stellungnahme gegeben werden muss.

Das Anfertigen eines Prüfungsberichts stellt nach § 321 Abs. 1 Satz 1 HGB eine vertragliche Pflichtaufgabe des Abschlussprüfers dar, die sowohl für die Prüfung von Einzel- als auch von Konzernabschlüssen besteht. In diesem Bericht hat er nach dieser Vorschrift „über Art und Umfang sowie über das Ergebnis der Prüfung schriftlich und mit der gebotenen Klarheit zu berichten." Der gesamte Prozess der Jahresabschlussprüfung ist erst mit der Aushändigung des Prüfungsberichts durch den Abschlussprüfer beendet, vorher kann der Jahresabschluss demnach auch nicht festgestellt bzw. der Konzernabschluss nicht gebilligt werden. Wird ein solcher Prüfungsbericht überhaupt nicht oder fehlerhaft erstellt, ergeben sich für den Abschlussprüfer zivilrechtliche, gegebenenfalls strafrechtliche und auch berufsrechtliche Konsequenzen. Im Gegensatz zum Bestätigungsvermerk, welcher eine an die Öffentlichkeit gerichtete knappe Zusammenfassung des Prüfungsergebnisses beinhaltet, hat der Prüfungsbericht insbesondere eine Erläuterungsfunktion für die Leitungs- und Kontrollorgane der Gesellschaft.

Aufgrund seiner Aufgabe als Informationsinstrument und abgeleitet aus § 321 Abs. 1 Satz 1 HGB sind an den Prüfungsbericht eine Reihe von Grundanforderungen zu stellen:

- *Schriftlichkeit und Vollständigkeit*: Der Abschlussprüfer muss sich schriftlich über das Prüfungsergebnis äußern und darf Wesentliches auch dann nicht weglassen, wenn er darüber bereits in anderer Form berichtet hat. Nach dem Grundsatz der Vollständigkeit müssen alle gesetzlichen und vertraglichen Erfordernisse berücksichtigt werden, damit der Adressat sich ein eigenes Bild über die Gesetzes-, Satzungs- und Ordnungsmäßigkeit des Jahresabschlusses machen kann. Dabei liegt es im pflichtgemäßen Ermessen des Abschlussprüfers zu entscheiden, welche Tatsachen in diesem Zusammenhang wesentlich sind.

- *Klarheit*: Ein Prüfungsbericht muss adressatenbezogen abgefasst werden und dabei die entsprechende Kompetenz der jeweiligen Adressaten berücksichtigen. Dennoch kann der Abschlussprüfer bei seinen Ausführungen davon ausgehen, dass sowohl ein Grundverständnis der wirtschaftlichen Gegebenheiten des Unternehmens als auch der Grundlagen der Rechnungslegung vorhanden ist. Verklausulierte Formulierungen sind unzulässig. Auch hinsichtlich des formalen Aufbaus ist auf übersichtliche Gliederung und Satzbau sowie auf einen einfachen und sachlichen Stil zu achten.

- *Berichtswahrheit*: Der Inhalt des Prüfungsberichts muss nach der Überzeugung des Abschlussprüfers den tatsächlichen Gegebenheiten entsprechen. Beruhen Teile des Prüfungsergebnisses nicht auf eigenen Feststellungen, sondern auf den Aussagen Dritter, ist dies eindeutig kenntlich zu machen. Darüber hinaus müssen auch Angaben erfolgen, wenn Sachverhalte während der Prüfung nicht eindeutig aufgeklärt oder beurteilt werden konnten.

- *Unparteilichkeit*: Um das Gebot der Unparteilichkeit zu erfüllen, muss der Abschlussprüfer zum Prüfungsobjekt ein rein sachbezogenes Verhältnis haben, d. h. keinerlei persönliche Wünsche hinsichtlich des Ergebnisses der Prüfung. Er muss objektiv und mit Blick auf bestehende Interessengegensätze der Adressaten berichten.

Bestimmte in § 321 HGB kodifizierte Elemente des Prüfungsberichts wurden mit In-Kraft-Treten des TransPuG hinsichtlich Inhalt, Ausgestaltung und Umfang – wie nachfolgend dargestellt – grundlegend verändert. Aus diesem Grund hat das Institut der Wirtschaftsprüfer seinen Prüfungsstandard PS 450 überarbeitet und an die neuen gesetzlichen Vorschriften angepasst. Dieser Standard stimmt nahezu vollständig mit dem International Standard on Auditing (ISA) 260 überein.

- Die Neufassung des § 321 Abs. 1 Satz 3 HGB stellt eine Abkehr von der durch KonTraG im Jahr 1998 eingeführten Negativerklärung hin zu einer *Positivfeststellung* dar. Fortan hat der Abschlussprüfer nicht mehr zu berichten, ob Unrichtigkeiten oder Verstöße gegen gesetzliche Vorschriften der Rechnungslegung vorliegen oder nicht, sondern er muss nur dann Angaben machen, wenn im Rahmen der Prüfung tatsächlich solche Unrichtigkeiten oder Verstöße festgestellt wurden. Dabei sind unter Unrichtigkeiten unbeabsichtigte, unter Verstößen dagegen beabsichtigte falsche Angaben im Jahresabschluss oder Lagebericht zu verstehen. Hintergrund für die Abkehr von der Negativfeststellung ist die Vermeidung von zu hohen Erwartungen seitens der Adressaten des Prüfungsberichts. Eine Berichtspflicht entfällt dagegen, wenn der Abschlussprüfer keinerlei berichtsrelevante Unrichtigkeiten oder Verstöße festgestellt hat.

Gleiches gilt für die Berichtspflicht über Tatsachen, welche den Fortbestand des Unternehmens gefährden: Auch hier ist in Form einer Positivfeststellung nur dann zu berichten, wenn im Verlauf der Prüfung Tatsachen festgestellt wurden, die den Fortbestand des Unternehmens gefährden oder seine Entwicklung beeinträchtigen können. Dabei muss die Berichterstattung auf die Zukunft gerichtet sein und nach herrschender Meinung zumindest den Zeitraum bis zum nächsten Abschlussstichtag umfassen. Bestandsgefährdung liegt dann vor, wenn es Hinweise gibt, dass das Unternehmen mit nicht zu vernachlässigender Wahrscheinlichkeit seinen Geschäftsbetrieb nicht fortsetzen wird und somit Insolvenz oder Liquidation droht. Entwicklungsbeeinträchtigende Tatsachen sind gegeben, wenn die kontinuierliche wirtschaftliche Entwicklung der Gesellschaft gestört ist. Der Übergang zwischen beiden Kriterien ist fließend.

- Vor In-Kraft-Treten des TransPuG musste der Abschlussprüfer über Tatsachen berichten, die einen schwer wiegenden Verstoß gegen Gesetz, Gesellschaftsvertrag oder Satzung (über die Vorschriften zur Rechnungslegung hinausgehend) darstellen. Nunmehr tritt bereits dann eine Berichtspflicht ein, wenn im Rahmen der Prüfung solche *Tatsachen* festgestellt werden, *die diese Verstöße erkennen lassen*. Als Beispiel für einen solchen schwer wiegenden Verstoß dient die Abgabe einer unrichtigen Entsprechenserklärung nach § 161 AktG zum Deutschen Corporate Governance Kodex.[1] Im Gegensatz zur alten Rechtslage ist fortan also schon dann zu berichten, wenn Indizien über einen solchen Verstoß vorliegen, nicht erst nach eindeutigem Nachweis des Vergehens. Wurden keine solchen substanziellen Hinweise festgestellt, entfällt auch die Berichtspflicht.

- Mit Blick auf eine Straffung der Ausführungen und somit eine Beschränkung auf wesentliche Aussagen, die für die Überwachungsfunktion der Kontrollorgane von Bedeutung sind, hat der Abschlussprüfer nach § 321 Abs. 2 Satz 1 HGB nicht mehr ausführlich darzustellen, ob die Buchführung und die sonstigen Unterlagen der Rechnungslegung den gesetzlichen Vorschriften entsprechen, sondern er hat lediglich eine kurze *Feststellung* darüber zu treffen. Eine eingehende Darstellung über die Konformität mit den gesetzlichen Normen ist demnach nicht mehr gewollt. Bei Vorliegen keiner oder unwesentlicher Mängel ist die Ordnungsmäßigkeit der Buchführung ausdrücklich festzustellen, wurden jedoch wesentliche Mängel aufgedeckt, ist im Prüfungsbericht auf diese einzugehen sowie ihre Auswirkungen auf die Rechnungslegung, das Prüfungsergebnis und den Bestätigungsvermerk darzustellen. Auch mit dieser Änderung soll das Ziel der problemorientierteren Berichterstattung im Prüfungsbericht erreicht werden.

- Nach neuer Fassung des § 321 Abs. 2 Satz 2 HGB ist der Abschlussprüfer verpflichtet, in seinem Prüfungsbericht auch auf solche *Mängel und Beanstandungen* einzugehen, *die nicht zu einer Einschränkung oder Versagung des Bestätigungsvermerks geführt haben*, dennoch aber von Bedeutung für die Führung und Über-

---

[1] Vgl. hierzu auch die Lösung zu Aufgabe 2.

wachung des geprüften Unternehmens sind. Somit wurde quasi eine weitere Berichtsebene geschaffen, noch unterhalb der Einschränkung oder Versagung des Testats. Allerdings werden diese Aussagen in der Regel nicht für unternehmensexterne Adressaten zugänglich sein, da sie nicht Bestandteil des Bestätigungsvermerks nach § 322 HGB sind.

- Der Gesetzgeber verlangt explizit in § 321 Abs. 2 Satz 3 HGB, dass im Prüfungsbericht darauf einzugehen ist, ob der Jahresabschluss unter Beachtung der Grundsätze ordnungsmäßiger Buchführung insgesamt ein den tatsächlichen Verhältnissen entsprechendes Bild der Vermögens-, Finanz- und Ertragslage sowie der zukünftigen Entwicklung der Gesellschaft darstellt. Nach den durch das TransPuG geänderten Vorschriften gehört zu dieser Beurteilung durch § 321 Abs. 2 Satz 4 HGB nunmehr auch eine *Darstellung der wesentlichen Bewertungsgrundlagen*. Zusätzlich ist fortan auf den *Einfluss von Änderungen* dieser Bewertungsgrundlagen einzugehen. Dazu muss über die Ausübung und Ausnutzung der Wahlrechte und Ermessensspielräume ebenso berichtet werden wie über Sachverhaltsgestaltungen, die die Darstellung der Vermögens-, Finanz- und Ertragslage betreffen. Hierbei ist vor allem auf die oftmals notwendigen Schätzungen einzugehen, bspw. im Bereich der Bestimmung von Nutzungsdauern oder Zinssätzen, mit welchen durch Bilanzpolitik die Darstellung der Lage des Unternehmens verändert werden kann. Bei einer Änderung der Bewertungsgrundlagen ist nicht nur auf deren Auswirkung – sofern sie wesentlich ist –, sondern auch auf die Ursache einzugehen. Sachverhaltsgestaltende Maßnahmen sind vor allem dann berichtspflichtig, wenn sie ungewöhnlich sind oder die Abbildung im Jahresabschluss nicht mit dem wirtschaftlichen Gehalt der Transaktion in Einklang steht. Die Auswirkungen der Ausübung von Bilanzierungs- und Bewertungswahlrechten sollten möglichst quantitativ ermittelt werden, bspw. auch unter Angabe eines bereinigten Ergebnisses. Eine Wertung des Abschlussprüfers hinsichtlich der Ausübung von Wahlrechten und Ermessensspielräumen sowie der Anwendung von Sachverhaltsgestaltungen wird indes nicht verlangt.

Im Zusammenhang mit diesen Ausführungen sind gemäß § 321 Abs. 2 Satz 5 HGB auch Aufgliederungen und Erläuterungen zu einzelnen Jahresabschlussposten vorzunehmen, sofern diese Angaben nicht bereits im Anhang des Jahresabschlusses enthalten sind.

Weitere Bestandteile des Prüfungsberichts, welche jedoch nicht von den Neuerungen des TransPuG tangiert werden, sind:

- eine Stellungnahme zur Beurteilung der Lage des Unternehmens/Konzerns sowie zur künftigen Entwicklung durch die gesetzlichen Vertreter (§ 321 Abs. 1 Satz 2 HGB),

- eine Darstellung, ob von den gesetzlichen Vertretern die verlangten Nachweise und Aufklärungen erbracht wurden (§ 321 Abs. 2 Satz 6 HGB),

- eine Erläuterung von Gegenstand, Art und Umfang der Prüfung (§ 321 Abs. 3 HGB),
- die Beurteilung des Überwachungssystems und gegebenenfalls der Notwendigkeit von Verbesserungsmaßnahmen (§ 321 Abs. 4 HGB).

Nach § 322 Abs. 5 Satz 2 HGB ist auch der Bestätigungsvermerk respektive Versagungsvermerk in den Prüfungsbericht aufzunehmen. Die Gliederung des Prüfungsberichts erfolgt zumeist in Anlehnung an die vom Institut der Wirtschaftsprüfer in IDW PS 450 vorgeschlagene Ausgestaltung.

Mit dem TransPuG verfolgte die Bundesregierung das Ziel einer verstärkt problemorientierten Berichterstattung über das Ergebnis der Jahresabschlussprüfung. Die Neuerungen sollen zu einer pointierteren Darstellung der wesentlichen Aussagen im Hauptteil des Prüfungsberichts führen. Die eigentliche Schwierigkeit für den Abschlussprüfer, nämlich das Aufdecken von (beabsichtigten oder unbeabsichtigten) Fehlern im Rahmen der Jahresabschlusserstellung, bleibt auch zukünftig unverändert.

Aufgabe 2

Der *Deutsche Corporate Governance Kodex*, der eine Zusammenstellung von Standards guter Unternehmensführung und -kontrolle darstellt, wurde am 26. Februar 2002 von der mit der Ausarbeitung beauftragten Regierungskommission Deutscher Corporate Governance Kodex dem Bundesjustizministerium übergeben und der Öffentlichkeit präsentiert. Seit der Bekanntmachung des Kodex im elektronischen Bundesanzeiger am 30. August 2002 wurde er bereits zweimal überarbeitet. Der Kodex verdeutlicht einerseits die Rechte der Aktionäre und andererseits auch das in Deutschland gesetzlich vorgegebene duale Führungssystem durch Vorstand und Aufsichtsrat. Das Zusammenwirken dieser beiden Organe soll verbessert und nach außen transparenter dargestellt werden – ebenso wie die Beziehungen zwischen dem Abschlussprüfer und sowohl den Aktionären als auch dem Vorstand und dem Aufsichtsrat. Nach seiner Bekanntmachung im elektronischen Bundesanzeiger am 30. August 2002 wurde der Kodex erstmals am 07. November 2002 überarbeitet. Die zweite Fortschreibung erfolgte am 21. Mai 2003. Die Änderungen wurden jeweils ebenfalls im elektronischen Bundesanzeiger publiziert und stellen für die Unternehmen somit eine verbindliche Weiterentwicklung des Kodex dar.

Der Kodex enthält drei verschiedene Kategorien von Regelungen mit jeweils unterschiedlichem Verbindlichkeitsgrad. Er greift in Deutschland *geltende gesetzliche Regelungen*, die für die Unternehmen (ohnehin) verbindliches Recht darstellen, auf und fasst sie – vor allem im Interesse der Kapitalmarktteilnehmer ohne weiter reichende Kenntnisse des deutschen Gesellschaftsrechts – kurz und in leicht verständlichen Formulierungen zusammen. *Empfehlungen* des Kodex werden durch die Formulierung „soll(en)" gekennzeichnet, während *Anregungen* durch „sollte(n)" oder „könnte(n)" kenntlich gemacht werden.

Der Deutsche Corporate Governance Kodex hat selbst keine unmittelbare rechtliche Bindungswirkung. Seine *gesetzliche Verankerung* erfolgte durch das TransPuG in § 161 AktG. Demnach müssen Vorstand und Aufsichtsrat einer börsennotierten Gesellschaft jährlich erklären, „dass den vom Bundesministerium der Justiz im amtlichen Teil des elektronischen Bundesanzeigers bekannt gemachten Empfehlungen der ‚Regierungskommission Deutscher Corporate Governance Kodex' entsprochen wurde und wird oder welche Empfehlungen nicht angewendet wurden oder werden. Die Erklärung ist den Aktionären dauerhaft zugänglich zu machen." Die Erklärung war zum ersten Mal für das Jahr 2002 abzugeben.

Für die Entsprechenserklärung gemäß § 161 AktG gilt das Prinzip „*comply or explain*": Die Vorgaben des Kodex müssen entweder eingehalten oder Abweichungen ausdrücklich einzeln genannt werden. Eine Begründung ist nicht erforderlich. Die Angabepflichten der Entsprechenserklärung beziehen sich jedoch nur auf die Empfehlungen des Kodex, während die Beachtung der Anregungen in das Ermessen der jeweiligen Gesellschaft gestellt bleibt und hierüber keine Berichterstattung gefordert wird. Verbindlich ist die Abgabe einer Entsprechenserklärung nur für börsennotierte Unternehmen, allerdings wird die Beachtung des Kodex auch nicht börsennotierten Gesellschaften empfohlen. Zur Abgabe der Entsprechenserklärung sind sowohl der Vorstand als auch der Aufsichtsrat des Unternehmens verpflichtet. Dementsprechend sind zwei getrennte Beschlüsse der beiden Organe erforderlich, die zu einer Erklärung zusammengeführt werden. Die Entsprechenserklärung bezieht sich einerseits auf die Vergangenheit, stellt aber andererseits auch eine Momentaufnahme und gleichzeitig eine Absichtserklärung hinsichtlich des zukünftigen Verhaltens der Gesellschaft in Bezug auf den Kodex dar. Die Entsprechenserklärung ist in einem gesonderten Bericht abzugeben, der nicht Bestandteil des Jahres- oder Konzernjahresabschlusses ist.

Durch die Änderungen des TransPuG wurden die gemäß § 325 Abs. 1 HGB *offenlegungspflichtigen Unterlagen* um die Entsprechenserklärung zum Deutschen Corporate Governance Kodex nach § 161 AktG erweitert. Die Erklärung ist somit zum Handelsregister einzureichen und im Bundesanzeiger bekannt zu machen. Nicht explizit geregelt ist hingegen die Form, in der die Entsprechenserklärung den Aktionären dauerhaft zugänglich gemacht werden soll. Der Deutsche Corporate Governance Kodex selbst fordert eine Berichterstattung zur Corporate Governance des Unternehmens sowohl im Geschäftsbericht als auch im Internet auf der Website der Gesellschaft. Für die Zugänglichmachung gegenüber den Aktionären ist bereits eine Veröffentlichung auf der Internetseite des Unternehmens ausreichend.

Folgeänderungen der Einfügung der Verpflichtung zur Abgabe einer Entsprechenserklärung nach § 161 AktG stellen auch die durch das TransPuG neu in das HGB aufgenommenen Vorschriften der §§ 285 Nr. 16 und 314 Abs. 1 Nr. 8 HGB dar. Durch § 285 Nr. 16 HGB werden börsennotierte Gesellschaften dazu verpflichtet, im Anhang des Jahresabschlusses anzugeben, dass die nach § 161 AktG vorgeschriebene Entsprechenserklärung abgegeben und auch den Aktionären zugänglich gemacht wurde. § 314 Abs. 1 Nr. 8 HGB erweitert die Verpflichtung zur *Anhangangabe* auf alle in den Konzernabschluss einbezogenen börsennotierten Unternehmen. So gibt beispielsweise die *Deutsche Telekom AG* im Anhang ihres Konzernabschlusses für das Geschäftsjahr 2002 an, dass die Entsprechenserklärung von Vorstand und Aufsichtsrat der *Deutschen Telekom AG* den Aktionären auf der Internetseite dieser Gesellschaft und die Entsprechenserklärung des börsennotierten Tochterunternehmens *T-Online International AG* den Aktionären auf der Internetseite der *T-Online International AG* zugänglich gemacht werden.

Der Inhalt der Entsprechenserklärung als solcher ist nicht in den Anhang aufzunehmen. Auch eine Aufnahme in den Lagebericht ist nicht vorgesehen. Demnach ist der Inhalt auch nicht Gegenstand der Prüfung durch den Abschlussprüfer. Es ist nicht Aufgabe des Abschlussprüfers festzustellen, ob den Empfehlungen des Deutschen Corporate Governance Kodex entsprochen wurde und alle etwaigen Abweichungen in die Entsprechenserklärung aufgenommen wurden; es findet also keine inhaltliche Prüfung der Entsprechenserklärung auf ihre Richtigkeit statt. Auch wenn die Entsprechenserklärung in den Anhang oder auch den Lagebericht aufgenommen wird, ist sie nicht Gegenstand der Abschlussprüfung, es sei denn, dies wird in einem zusätzlichen Auftrag als Erweiterung des Prüfungsauftrags vereinbart. Wurde die Entsprechenserklärung dennoch in den Anhang oder Lagebericht aufgenommen, empfiehlt das IDW, einen entsprechenden Hinweis in den einleitenden Abschnitt des Bestätigungsvermerks aufzunehmen, um Missverständnissen über den Umfang der Abschlussprüfung vorzubeugen. Außerdem ist gemäß IDW PS 345 hierüber im Prüfungsbericht im Rahmen der Angaben zu Gegenstand, Art und Umfang der Prüfung zu berichten.

Der Abschlussprüfer muss also lediglich prüfen, ob eine Angabe zur Abgabe der Entsprechenserklärung und der Zugänglichmachung gegenüber den Aktionären der Gesellschaft im Anhang enthalten und ob sie vollständig und zutreffend ist. Fehlt diese Angabe oder ist sie unvollständig oder unzutreffend, so hat er den Bestätigungsvermerk gemäß § 322 HGB einzuschränken und auch im Prüfungsbericht hierüber zu berichten.[1] Die Wirksamkeit des (Konzern-)Jahresabschlusses ist jedoch nicht vom Vorhandensein und der Richtigkeit der Entsprechenserklärung abhängig. Ist die Anhangangabe zur Abgabe der Entsprechenserklärung vorhanden, vollständig und zutreffend, so ist hierüber keine gesonderte Berichterstattung im Bestätigungsvermerk erforderlich.

---

[1] Vgl. auch die Lösung zu Aufgabe 1.

Der Deutsche Corporate Governance Kodex enthält in Abschnitt 7.2 weitere Regelungen, die die Abschlussprüfung betreffen. Zunächst wird in Ziffer 7.2.1 empfohlen, dass der Aufsichtsrat bzw. der Prüfungsausschuss des Aufsichtsrats eine Unabhängigkeitserklärung des Abschlussprüfers einholen soll, ehe er diesen der Hauptversammlung zur Wahl vorschlägt. In dieser Unabhängigkeitserklärung soll dargestellt werden, ob und welche beruflichen, finanziellen oder sonstigen Beziehungen zwischen dem Abschlussprüfer bzw. der Prüfungsgesellschaft und dem Unternehmen und seinen Organmitgliedern bestehen, die die Unabhängigkeit des Abschlussprüfers beeinträchtigen könnten. Darüber hinaus ist anzugeben, in welchem Umfang im abgelaufenen Geschäftsjahr andere Leistungen gegenüber dem Unternehmen – insbesondere in Form von Beratungstätigkeiten – erbracht oder bereits für das folgende Jahr vereinbart wurden.

Darüber hinaus fordert der Deutsche Corporate Governance Kodex im Rahmen der Regelungen zur Abschlussprüfung, dass der Aufsichtsrat mit dem von der Hauptversammlung gewählten Abschlussprüfer besondere Informationspflichten vereinbart, die teilweise über die bestehenden gesetzlichen Anforderungen hinausgehen:

- Treten während der Prüfung mögliche Ausschluss- oder Befangenheitsgründe in Bezug auf den gewählten Abschlussprüfer auf, so soll der Vorsitzende des Aufsichtsrats bzw. des Prüfungsausschusses hierüber unverzüglich informiert werden, wenn die Gründe nicht unverzüglich beseitigt werden.

- Darüber hinaus soll der Abschlussprüfer über alle Feststellungen und Vorkommnisse berichten, von denen er im Rahmen der Abschlussprüfung Kenntnis erlangt, sofern sie für die Aufgaben des Aufsichtsrats wesentlich sind.

- Außerdem soll der Abschlussprüfer den Aufsichtsrat informieren bzw. im Prüfungsbericht vermerken, wenn er im Rahmen seiner Prüfung Unrichtigkeiten der von Vorstand und Aufsichtsrat abgegebenen Entsprechenserklärung zum Deutschen Corporate Governance Kodex gemäß § 161 AktG feststellt. Je nach Verhaltensempfehlung des Kodex ist es mehr oder weniger wahrscheinlich, dass der Abschlussprüfer es – auch wenn er keine explizite inhaltliche Prüfung der Entsprechenserklärung vornimmt – im Laufe seiner Prüfungshandlungen feststellt, wenn Abweichungen zwischen tatsächlichem Verhalten und der Entsprechenserklärung von Vorstand und Aufsichtsrat bestehen. Diese Abweichungen können sich jedoch immer nur auf das Verhalten in der Vergangenheit beziehen. IDW PS 345 enthält in Anlage 1 eine Übersicht, in der zu den einzelnen Regelungen des Deutschen Corporate Governance Kodex jeweils dargestellt wird, ob der Abschlussprüfer sich mit deren Gegenstand aus der Sicht des IDW im Rahmen seiner Abschlussprüfung sachlich befasst, ob er regelmäßig davon Kenntnis nimmt oder ob er sich in der Regel damit nicht sachlich befasst. Es wird jedoch explizit darauf hingewiesen, dass keine allgemeine Festlegung möglich ist, sondern es letztlich hierbei auf Art und Umfang der Prüfung im Einzelfall ankommt.

Literaturhinweise

GÖTZ, H.: Rechte und Pflichten des Aufsichtsrats nach dem Transparenz- und Publizitätsgesetz, in: Neue Zeitschrift für Gesellschaftsrecht, 5. Jg. (2002), S. 599–606.

HENSE, B./POULLIE, M.: Kommentierung des § 321 HGB, in: BERGER, A. ET AL. (Hrsg.), Beck'scher Bilanzkommentar, Handels- und Steuerrecht – §§ 238 bis 339 HGB –, 5. Aufl., München 2003.

HÜTTEN, C.: Unternehmenseigener Corporate-Governance-Kodex – Zulässigkeit und Sinnhaftigkeit in Zeiten von TransPuG und Deutschem Kodex, in: Betriebs-Berater, 57. Jg. (2002), S. 1740–1742.

IDW: Wirtschaftsprüfer-Handbuch 2000, Handbuch für Rechnungslegung, Prüfung und Beratung, Band I, 12. Aufl., Düsseldorf 2000, Abschnitt Q.

IDW: IDW Prüfungsstandard PS 345: Auswirkungen des Deutschen Corporate-Governance-Kodex auf die Abschlussprüfung, in: Die Wirtschaftsprüfung, 56. Jg. (2003), S. 1002–1020.

IDW: IDW Prüfungsstandard PS 450: Grundsätze ordnungsmäßiger Berichterstattung bei Abschlussprüfungen, in: Die Wirtschaftsprüfung, 56. Jg. (2003), S. 1127–1141.

IFAC: International Standard on Auditing ISA 260: Communications of Audit Matters with those Charged with Governance.

KAISER, T.: Berichtigung und Änderung des handelsrechtlichen Jahresabschlusses, Herne et al. 2000.

KNIGGE, D.: Änderungen des Aktienrechtes durch das Transparenz- und Publizitätsgesetz, in: Wertpapier-Mitteilungen, 56. Jg. (2002), S. 1729–1737.

KUHNER, C./PÄSSLER, N.: Kommentierung des § 321 HGB, in: KÜTING, K./WEBER, C.-P. (Hrsg.), Handbuch der Rechnungslegung – Einzelabschluss, Kommentar zur Bilanzierung und Prüfung, Loseblatt, 5. Aufl., Stuttgart ab 2002.

MARTEN, K.-U./QUICK, R./RUHNKE, K.: Wirtschaftsprüfung – Grundlagen des betriebswirtschaftlichen Prüfungswesens nach nationalen und internationalen Normen, 2. Aufl., Stuttgart 2003.

OSER, P./WIRTH, M./BISCHOF, S.: Auswirkungen des TransPuG auf Rechnungslegung und Abschlussprüfung, in: DÖRNER, D./MENOLD, D./PFITZER, N./OSER, P. (Hrsg.), Reform des Aktienrechts, der Rechnungslegung und der Prüfung. KonTraG – Corporate Governance – TransPuG, 2. Aufl., Stuttgart 2003, S. 591–616.

PFITZER, N./ORTH, C.: Die Berichterstattung des Abschlussprüfers nach neuem Recht, in: DÖRNER, D./MENOLD, D./PFITZER, N./OSER, P. (Hrsg.), Reform des Aktienrechts, der Rechnungslegung und der Prüfung. KonTraG – Corporate Governance – TransPuG, 2. Aufl., Stuttgart 2003, S. 873–897.

POLL, J.: Kommentierung des § 161 AktG, in: KÜTING, K./WEBER, C.-P. (Hrsg.), Handbuch der Rechnungslegung – Einzelabschluss, Kommentar zur Bilanzierung und Prüfung, Loseblatt, 5. Aufl., Stuttgart ab 2002.

THEILE, C.: Neuerungen bei der GmbH durch das Transparenz- und Publizitätsgesetz – TransPuG. Zu den Konsequenzen für den Konzernabschluß und die Abschlußprüfung, in: GmbH-Rundschau, 93. Jg. (2002), S. 231–235.

2. Ausgewählte Einzelfragen

Alexander Lenz

Systemgebundene Risikofrüherkennung nach § 91 Abs. 2 AktG und die Prüfung des Systems durch den Wirtschaftsprüfer

„Der Vorstand hat geeignete Maßnahmen zu treffen, insbesondere ein Überwachungssystem einzurichten, damit den Fortbestand der Gesellschaft gefährdende Entwicklungen früh erkannt werden" (§ 91 Abs. 2 AktG).

Als Folge der Perzeption von Schwächen und Verhaltensfehlsteuerungen im deutschen System der Unternehmenskontrolle wurde das Gesetz zur Kontrolle und Transparenz im Unternehmensbereich (KonTraG) am 06.11.1997 durch das Bundeskabinett verabschiedet. Durch dieses Artikelgesetz wurde § 91 Abs. 2 AktG neu eingefügt. Der Gesetzgeber hat damit die risikoorientierte Kontrollpflicht des Vorstandes hervorgehoben. Nach h. M. impliziert die Gesetzesvorschrift die Verpflichtung zu einer systemgebundenen Risikofrüherkennung. Der Gesetzgeber läßt die konkrete Ausgestaltung des Systems offen und überantwortet die Problematik der Beurteilung der Angemessenheit im Einzelfall der Betriebswirtschaftslehre, Rechtswissenschaft und Rechtsprechung.

Für Aktiengesellschaften, deren Aktien an der Börse zum Handel mit amtlicher Notierung zugelassen sind, sieht der Gesetzgeber ein Testat des Wirtschaftsprüfers über die Einführung und Funktionsfähigkeit der nach § 91 Abs. 2 AktG geforderten Maßnahmen vor (§ 317 Abs. 4 HGB). Das Ergebnis der Beurteilung wird im Prüfungsbericht dargelegt (§ 321 Abs. 4 HGB). Der Aufsichtsrat ist primärer Adressat des Prüfungsberichtes. Die über die systembezogene Prüfungspflicht und -berichterstattung angestrebte Intensivierung der Zusammenarbeit der Überwachungsinstanzen Prüfer und Aufsichtsrat kann als einer der Normzwecke des § 91 Abs. 2 AktG interpretiert werden.[1]

---

[1] Vgl. GERNOTH 2001, S. 305 f.; SALZBERGER 2000, S. 762 f.; FEDDERSEN 2000, S. 387; STROBEL 2000, S. 560 f.

Die Maßnahmen nach § 91 Abs. 2 AktG als Prüfungsgegenstand

Der § 91 Abs. 2 AktG als unbestimmte Rechtsnorm für die Leitung und Überwachung in der Aktiengesellschaft

Mit § 91 Abs. 2 AktG. wird der Vorstand einer Aktiengesellschaft expressis verbis dazu verpflichtet, geeignete Maßnahmen zur Früherkennung von den Fortbestand der Gesellschaft gefährdenden Entwicklungen zu treffen und hierfür insbesondere ein Überwachungssystem einzurichten. Die Begründung zum Regierungsentwurf präzisiert die diesbezügliche Geschäftsführungsaufgabe desweiteren, indem sie insbesondere die Vorstandsverantwortung, für ein „adäquates Risikomanagement" und eine angemessene „interne Revision zu sorgen", hervorhebt.[1] Mit der Einführung des § 91 Abs. 2 AktG als lex specialis erfolgt eine Präzisierung der allgemeinen Leitungspflicht des Vorstands nach § 76 Abs. 1 AktG.

Welches Risikoverständnis das KonTraG zugrunde legt, geht weder aus dem Gesetz noch der Gesetzesbegründung in eindeutig formulierter Form hervor. Aus juristischer Sicht ist der der Gesetzesneuerung zugrundeliegende Risikobegriff damit ein auslegungsbedürftiger Rechtsbegriff, der abgegrenzt werden muß. Der Terminus „Risiko" wird in der Betriebswirtschaftslehre nicht einheitlich definiert. Eine für die Offenlegung des relevanten Risikobegriffs zweckmäßige Systematik unterscheidet reine Risiken, die ausschließlich Schadensgefahren repräsentieren (bspw. Vermögensverluste durch Feuer oder Sturm) und spekulative Risiken. Letztere erfassen Verlustgefahren (Risiko im engeren Sinn) in Gegenüberstellung zu Chancen aus unternehmerischer Tätigkeit und können mithin beispielsweise in Form von Volatilität gemessen werden. Der spekulative Risikobegriff entspricht damit dem in der Statistik verwendeten Risikobegriff, der die Streuung einer zufallsabhängigen Variablen um ihren Mittel- bzw. Erwartungswert bezeichnet.

Im Hinblick auf die risikoorientierten Vorstandsmaßnahmen nach § 91 Abs. 2 AktG ist unter Berücksichtigung von Wortlaut und Sinnzusammenhang, der Entstehungsgeschichte sowie dem Normzweck der Gesetzesvorschrift davon auszugehen, daß auf den engeren Risikobegriff abgezielt wird.[2] Risiko wird als die Möglichkeit einer negativen Abweichung der Handlungsergebnisse im Sinne der tatsächlichen Entwicklung vom Handlungsziel im Sinne der geplanten verstanden. Chancen als positive Abweichungen werden hingegen nicht unter den Risikobegriff gefaßt. Risiko i. S. d. § 91 Abs. 2 AktG. meint also die Möglichkeit einer ungünstigen künftigen Entwicklung mit der Gefahr eines Vermögensverlustes.[3] Eine weitere Eingrenzung erfolgt dadurch, daß im Gesetz nur von risikobehafteten Entwicklungen die Rede ist, die

---

[1] Vgl. Bundesrats-Drucksache 872/97, allgemeine Begründung zum Gesetzentwurf.

[2] Vgl. *MOXTER* 1997, S. 723; *KROMSCHRÖDER/LÜCK* 1998, S. 1573; *WOLZ* 2001, S. 791.

[3] Vgl. *PAHLKE* 2002, S. 1681 f.

bestandsgefährdend sind oder werden können. Nach der Gesetzesbegründung gehören hierzu insbesondere risikobehaftete Geschäfte, Unrichtigkeiten der Rechnungslegung und Verstöße gegen gesetzliche Vorschriften, die sich wesentlich auf die Vermögens-, Finanz- und Ertragslage auswirken.[1] Eine Bestandsgefährdung in diesem Sinne liegt vor, wenn aufgrund des Risikopotentials Zahlungsunfähigkeit, Überschuldung oder auf längere Sicht keine ausreichende Eigenkapitalrentabilität zu erwarten ist. Die mit einer entsprechenden Bestandsgefährdung korrespondierende Risikosituation ist für die Darstellungsanforderungen der §§ 264 Abs. 2, 289 sowie 315 Abs. 1 HGB relevant.

Allerdings darf der Begriff des Risikos in qualitativer Hinsicht nicht zu eng verstanden werden. Regelmäßig können auch Risiken, die isoliert gesehen keine Bestandsgefährdung erzeugen, durch Kumulation eine solche mit sich bringen und müssen demgemäß auch Gegenstand der Vorstandsmaßnahmen nach § 91 Abs. 2 AktG sein. Eine genaue Abgrenzung der einzubeziehenden Gefahrenmomente bleibt jedoch in der Gesamtsicht unklar.

Zu der Rechtslage hinsichtlich der inhaltlichen und strukturellen Anforderungen aus dem § 91 Abs. 2 AktG hat sich mittlerweile eine gefestigte Auffassung herausgebildet, die u. a. auch von dem Institut der Wirtschaftsprüfer (IDW) vertreten wird. Hiernach beschränkt sich die durch § 91 Abs. 2 AktG kodifizierte Vorstandsaufgabe auf Maßnahmen der systematischen Risikofrüherkennung und deren Sicherstellung durch ein Überwachungssystem.[2] Der Pflichtenstandard erstreckt sich in diesen Bereichen auf eine systematische, in sich schlüssige und unternehmensweite Risikoerfassung, die auf Leitlinien des Vorstandes beruht. Die Reaktionen der Geschäftsleitung auf erfaßte und kommunizierte Risiken, also die Risikobewältigung, ist hiernach nicht Gegenstand der Organisationspflicht.

Konzeptionelles Gestaltungsspektrum in Form von Mindestanforderungen

In der Gesetzesbegründung zu § 91 Abs. 2 AktG wird darauf verwiesen, daß sich die Organisationspflicht bei Mutterunternehmen im Sinne des § 290 HGB nicht nur auf die einzelne rechtliche Einheit bezieht, sondern im Rahmen der bestehenden gesellschaftsrechtlichen Möglichkeiten konzernweit zu verstehen ist.[3] Sie folgt damit der Konzernleitungspflicht, welche dem Vorstand der Konzernobergesellschaft obliegt.

Demgemäß ist zusätzlich zu den die rechteinheitliche Unternehmung betreffenden Maßnahmen ein spezielles Konzernrisikomanagement zu installieren. Dies trägt dem Umstand Rechnung, daß der Konzernmutter aus der Konzernierung nicht nur ein ge-

---

[1] Vgl. Bundesrats-Drucksache 872/97, allgemeine Begründung.

[2] Vgl. *IDW* 1999; *EMMERICH* 1999; *GERNOTH* 2001; *DRYGALA/DRYGALA* 2000.

[3] Vgl. Bundesrats-Drucksache 872/97, allgemeine Begründung zum Gesetzentwurf.

steigertes Gewinnpotential anheimfallen kann, sondern daß auch regelmäßig erhebliche zusätzliche Risikopositionen entstehen, die sich u.U. als bestandsgefährdend erweisen. Im Hinblick auf die Organisationspflicht nach § 91 Abs. 2 AktG ist es sowohl unerheblich, ob die konzernleitende Gesellschaft als Holding oder Stammhauskonzern agiert, als auch ob es sich bei der Konzernform um einen Vertrags- oder faktischen Konzern handelt. Die Begründung für letzteres liegt darin, daß Entstehung und Kumulation konzernspezifischer Risiken unabhängig davon erfolgt, auf welchem Weg die Konzernleitungsmacht übermittelt wird. Allerdings ergeben sich wesentliche Unterschiede der Ingerenzbefugnisse der Obergesellschaft gegenüber den abhängigen Gesellschaften in Abhängigkeit von der Konzernform und damit korrespondierend auch abgestufte Möglichkeiten der Verankerung eines konzernweiten Risikomanagements.[1] Den Ausgangspunkt der systemgebundenen Umsetzung der Vorstandsmaßnahmen nach § 91 Abs. 2 AktG bildet die Festlegung einer „Risikostrategie" in Form risikopolitischer Grundsätze und Ziele. Diese müssen sich an den strategischen Dispositionen der Unternehmensleitung auf der Ebene des Gesamtunternehmens und der einzelnen Geschäftsfelder ausrichten, da hierdurch in einem großen Umfang vorgegeben wird, inwiefern die unternehmerischen Aktivitäten mit Risiken behaftet sind. Die der strategischen Planung zugrundeliegenden Prämissen und deren Änderungen im Zeitablauf dienen bei der Konzeptionalisierung der Risikostrategie als übergeordnetes Prärogativ.

Entscheidungsprobleme im Bereich der strategischen Planung sind in der Regel durch Merkmale gekennzeichnet, die die besondere Bedeutung von systematischer Risikoüberwachung im Zuge ihrer Realisierung begründen. Hierzu zählen insbesondere ein langfristiger Planungshorizont, die Unbestimmtheit des erforderlichen Ressourceneinsatzes, der mitunter starke Einfluß von Umweltbedingungen auf die Entscheidungswirkung sowie der hohe Einfluß der Entscheidungen auf die Unternehmensergebnisse. Das Risikofrüherkennungssystem nach § 91 Abs. 2 AktG läßt sich in diesem Zusammenhang mit der ihm u.a. zugeordneten Aufgabenstellung der Erfassung bestandsgefährdender Entwicklungen, die durch Abweichungen vom strategischen Zielkorridor induziert sind, als funktionales Teilglied strategischer Unternehmensführung einordnen. Legt man prozessual den strategischen Managementprozesses bestehend aus Planung, Organisation, Personaleinsatz, Führung und Kontrolle zugrunde, so ist dem System ein Standort im Bereich der strategischen Kontrolle zuzuweisen. Damit besteht einerseits ein deterministisches Verhältnis zwischen den organisatorischen Dispositionen im Bereich der Risikofrüherkennung und den übergeordneten strategischen Planungsvorgaben. Systemgebundene Risikokontrolle im Sinne des § 91 Abs. 2 AktG stellt damit eine organisatorische Sicherungsmaßnahme der Planrealisierung dar, die der Strategie eindeutig folgt. Allerdings nimmt das System im Idealfall durch die Bereitstellung frühzeitiger Warnsignale im Hinblick auf bestandsgefährdende Entwicklungen im Zuge eines rückkoppelnden Prozesses wiederum Ein-

---

[1] Vgl. EMMERICH 1999, S. 1078; HOMMELHOFF/MATTHEUS 2000, S. 220 f.

fluß auf die Planung. Es dient damit auch als selbsständiges Steuerungsinstrument, das den Planungsprozeß kritisch absichernd begleitet. In der prozessualen Gesamtsicht besteht demnach ein interdependentes Verhältnis zwischen den Maßnahmen nach § 91 Abs. 2 AktG und der strategischen Planung.[1]

Obgleich den Vorstandsmaßnahmen nach § 91 Abs. 2 AktG insofern eindeutig eine strategische Dimension zukommt, muß hiervon klar ein Systemansatz unterschieden werden, der Strategisches Risikomanagement als eine begleitende unternehmerische Führungsfunktion begreift, das sämtliche zielbezogene Aktivitäten unter dem Blickwinkel der möglichen Störpotentiale überprüft und steuert. Eine solche weite Konzeption beinhaltet „die Gesamtheit der (willensbildenden) Institutionen, Prozesse und Instrumente, welche auf eine zielgerichtete Gestaltung der Risikolage bzw. der Sicherheitslage des Wirtschaftssubjektes ausgerichtet sind und damit der Risikoproblemlösung dienen." Dieses in der betriebswirtschaftlichen Controllingliteratur schon seit langer Zeit im Vorfeld des KonTraG diskutierte weite Verständnis betrieblichen Risikomanagements geht über die Anforderungen aus § 91 Abs. 2 AktG hinaus. Zu beachten ist allerdings, daß das Risikofrüherkennungssystem im Sinne des § 91 Abs. 2 AktG idealiter Teil eines solchen umfassenden Risikomanagementsystems der Unternehmen sein sollte.[2]

Bei der Entwicklung einer Risikokategorisierung aus der Perspektive des Unternehmens bzw. Unternehmensverbundes kann grundsätzlich verschiedenen Gliederungsprinzipien gefolgt werden. Es kann bspw. eine Gliederung nach Wirkungen, Herkunft oder Risikoursachen erfolgen, wobei auf der zweiten Gliederungsebene wiederum andere Kriterien zum Tragen kommen können. Die im folgenden vorgetragene Abgrenzung nach Risikoherkunft folgt dem Anspruch, auf Basis der analysierten konzeptionellen Orientierungsleitlinie die abzudeckenden Risikopositionen geordnet, weitestgehend abgrenzbar sowie umfassend darzulegen. Die Risikoarten werden unterteilt in strategische, operative, regulatorische, finanzwirtschaftliche und konzernspezifische Risiken.

Strategische Risiken
Strategische Risiken manifestieren sich gemäß dieser Einteilung als potentielle negative Abweichung von dem ex-ante im Rahmen der Strategischen Planung festgelegten Zielkorridor. Sie sind i. d. R. gekennzeichnet durch vielfältige Einflußfaktoren, einen längerfristigen Wirkungshorizont und einen hohen Grad an informatorischer Unvollkommenheit. Diese Risikopositionen können zu einer wesentlichen Beeinträchtigung der Erfolgspotentiale des Unternehmens führen und sind wegen ihrer langfristigen Bindung für den Unternehmensfortbestand von erheblicher Bedeutung.

---

[1] Vgl. GLEISSNER 2001, S. 166 f.

[2] Vgl. SALZBERGER 2000, S. 758 f.

Damit besitzen strategische Risiken eine besondere Bedeutung als Bezugsobjekte der Früherkennungsmaßnahmen nach § 91 Abs. 2 AktG.

Operative Risiken
Diese Risikokategorie bezieht sich auf Mängel im Bereich des betrieblichen Ablaufs zur Erreichung der Unternehmensziele. Im Mittelpunkt stehen prozessuale Aspekte der Leistungserstellung, der Information und Kommunikation im Unternehmen. Risiken entstehen dadurch, daß zum einen Fehler auftreten und diese zum anderen nicht durch geeignete Kontrollen beseitigt werden. Beispiele sind etwa Mängel in der Aufbau- und Ablauforganisation, unzureichende Dokumentation der Arbeitsanweisungen, Unzulänglichkeiten der Mitarbeiter sowie Gefahren durch Verlust, Beschädigung oder Fehlen von adäquaten Betriebsmitteln und Infrastruktureinrichtungen.

Finanzielle Risiken
Unter diese Risikokategorie fallen das Liquiditätsrisiko, das Adressenausfall- und Länderrisiko sowie Marktpreisrisiken von Finanzinstrumenten (Bewertungsparameter: Währungen, Zinsen, Aktienkursen, Rohstoffen Volatilitäten und Laufzeiten). Die Gesetzesbegründung zu § 91 Abs. 2 AktG. nennt im Hinblick auf Marktpreisrisiken beispielsweise den Derivatehandel als ein Geschäftsfeld, aus dem sich besondere Risiken ergeben können.

Die Abgrenzung zu den finanziellen Auswirkungen von strategischen und operativen Risiken erfolgt anhand der Bezugnahme auf das jeweilige Grundgeschäft. Strategische und operative Risiken entstehen im Vorfeld der Investitionsentscheidungen respektive im Rahmen der Durchführung der Grundgeschäfte. Finanzielle Risiken im hier vorgetragenen Sinn hingegen treten nach der Durchführung der Grundgeschäfte auf. Es ist jedoch zu berücksichtigen, daß eine eindeutige Abgrenzung nicht immer möglich ist.

Regulatorische Risiken
Hierunter fallen insbesondere Unrichtigkeiten der Rechnungslegung und Verstöße gegen gesetzliche Vorschriften, die sich wesentlich auf die Vermögens-, Finanz- und Ertragslage auswirken. In der Gesetzesbegründung wurden diese Tatbestände expressis verbis als mögliche Auslöser bestandsgefährdender Entwicklungen i. S. d § 91 Abs. 2 AktG genannt.[1]

Nach h. M. erweitern sich aus der Perspektive einer Muttergesellschaft die nach § 91 Abs. 2 AktG abzudeckenden Risikopositionen gegenüber einer nicht konzernierten AG um den Bereich konzernspezifischer Risiken. Hierbei handelt es sich um einen auslegungsbedürftigen Terminus, der weder seitens der Betriebswirtschaftslehre noch durch die Rechtswissenschaften abschließend definiert wird. Zum einen sind hiermit

---

[1] Vgl. Bundesrats-Drucksache 872/97, allgemeine Begründung zum Gesetzentwurf: S. 36.

sämtliche der oben aufgeführten Risiken im Bereich der rechtseinheitlichen Tochterunternehmung gemeint, die über einen Haftungsverbund respektive die ökonomischen Leistungsverflechtungen im Konzern zu einer Bestandsgefährdung der Mutter führen können. Dabei müssen die Einzelrisiken aus den verbundenen Unternehmen nicht zwangsläufig für sich eine Bestandsgefährdung der Mutter bedeuten. Vielmehr kann eine solche auch durch ihre Kumulation entlang des Verbundes zur Konzernspitze erzeugt werden.

Desweiteren werden hierunter Risiken subsumiert, die aus Finanzierungseffekten im Konzern resultieren. Beispielhaft genannt sei hier das Risiko der Mutter im Rahmen der Konzerninnenfinanzierung, das durch die Existenz einer Eigenkapitalpyramide oder Kreditpyramide ausgelöst wird. Ferner ist an Risiken zu denken, die aus Interessenkonflikten zwischen Mutter- und Tochterunternehmen herrühren oder aus Koordinierungsmängeln bei dezentraler Managementstruktur resultieren. Eine besondere Bedeutung kommt außerdem der Berücksichtigung von Gefährdungen im Bereich der strategischen Konzernführung zu. Diese betreffen Abweichungen von dem festgeschriebenen strategischen Zielkorridor für den Konzernverbund. Betriebswirtschaftlich entsprechen diese den strategischen Risiken im Bereich der rechtseinheitlichen Unternehmung, juristisch sind sie als Spezifikum des Konzerns dem Verantwortungsbereich der Konzernleitung zuzuordnen.

Idealtypische Eckpunkte eines integrativen Konzeptes zu institutioneller Risikofrüherkennung nach § 91 Abs. 2 AktG

Die prozessuale Gestaltung ist im Hinblick auf die Aufgaben des Risikofrüherkennungssystem nach KonTraG auszurichten. Dies beinhaltet den Prozeßanspruch, daß alle wesentlichen Risiken im Unternehmen frühzeitig identifiziert, nachvollziehbar analysiert, in ihrer Gesamtwirkung bewertet sowie rechtzeitig und aussagekräftig kommuniziert werden.

Risikoidentifikation
Die erste Phase des Früherkennungsprozesses bildet prozeßlogisch die strukturierte Bestandsaufnahme relevanter Risikoquellen und damit einhergehend die Festlegung der Beobachtungsbereiche (Risikoidentifikation). Unter dem Gebot der Vollständigkeit müssen geeignete Frühwarnindikatoren in allen festgelegten Beobachtungsbereichen generiert und ständig aktualisiert werden, damit tatsächlich solche Entwicklungen frühzeitig identifiziert werden können, die bestandsgefährdendes Ausmaß erreichen können. Die Maßnahmen aus § 91 Abs. 2 AktG. haben sich dabei auf die Untersuchung sämtlicher betrieblicher Prozesse und Funktionsbereiche auf allen Hierarchieebenen des Unternehmens respektive Konzernverbunds zu erstrecken.

Risikobewertung und Risikoaggregation
Auf der Basis der gewonnenen Erkenntnissen im Bereich der Risikoidentifikation muß in einem zweiten Schritt eine Überführung der identifizierten Gefährdungspo-

tentiale in quantifizierbare Größen erfolgen. Dies ist erforderlich, um die Risikopositionen im Hinblick auf ihr Gefahrenausmaß und damit ihre Relevanz im Bereich der Vorstandsmaßnahmen nach § 91 Abs. 2 AktG einschätzen zu können.

Da sich Einzelrisiken gegenseitig verstärken, kompensieren bzw. gegenseitig bedingen können, sind entsprechende Abhängigkeitsgefüge idealiter bei einer gesamtheitlichen Betrachtung der Risikosituation auf der Basis bewerteter Einzelrisiken zu berücksichtigen. Die Erfassung sämtlicher Interdependenzen wird dabei in der Praxis erhebliche Schwierigkeiten bereiten.

Risikodokumentation und -kommunikation
Die Kommunikation zwischen den Risikoverantwortlichen ist entscheidend für die Funktionsfähigkeit eines Früherkennungssystems. Informationen über Risikopositionen müssen vollständig, zeitnah und in nachweisbarer Form weitergegeben werden. Die Notwendigkeit einer ausreichenden und transparenten Dokumentation der Maßnahmen ergibt sich dabei bereits im Hinblick auf die Rechnungslegungsprüfung sowie die Exkulpationspflicht der Organträger. Das Risikoberichtwesen wird idealiter als integraler Bestandteil eines Management-Informationssystems implementiert. Dieses hat die Aufgabe, die relevanten Informationen rechtzeitig sowohl von der Geschäftsführungs- zu nachgelagerten Hierarchieebenen (top-down) als auch umgekert (bottom-up) zu vermitteln. Die Modalitäten der Berichterstattung über die Veränderung einzelner Risikopositionen sowie die organisatorische Festlegung der Berichtsempfänger werden dabei durch die jeweilige Risikoart und ihre perzipierte Bedeutung für den Unternehmensbestand determiniert.

Die Risikokommunikation und -dokumentation kann nicht eindeutig im Rahmen einer prozessualen Schrittfolge der Früherkennungsmaßnahmen verortet werden. In Abhängigkeit von der organisatorischen Verankerung des Systems erfolgen Informationsflüsse sowohl im Anschluß an die Risikoidentifikation, um zu einer Einzelbewertung zu gelangen als auch im Vorfeld und Anschluß einer Gesamtbewertung.

Die oben beschriebenen Module im Bereich des Frühwarnsystems müssen gemäß Gesetzeswortlaut durch ein Überwachungssystem ergänzt werden. Folgt man einer streng rechtswissenschaftlichen Auslegung des § 91 Abs. 2 AktG so ist unter dem Überwachungssystem nichts anderes zu verstehen als ein einzurichtender Teilbereich der Internen Revision respektive die Installation organisatorischer Sicherungsmaßnahmen hinsichtlich der getroffenen Früherkennungsdispositionen.[1] Der Internen Revision respektive dem organisatorischen Bereich, dem die Vorstandsmaßnahmen nach § 91 Abs. 2 AktG zugeordnet sind, kommt im Rechtssinn damit die Aufgabe zu, die Einhaltung der Früherkennungsmaßnahmen zu sichern und deren Funktionsfähigkeit zu überwachen.

---

[1] Vgl. DRYGALA/DRYGALA 2000, S. 299; SEIBERT 2000, S. 436 ff.

Von entscheidender Bedeutung für die Funktionsfähigkeit und Effizienz der Maßnahmen nach § 91 Abs. 2 AktG ist eine transparente und eindeutige organisatorische Eingliederung. Die wesentlichen organisatorischen Umsetzungsoptionen manifestieren sich in der Zuordnung zu den Stabs- oder Linienaufgaben. Grundsätzlich können drei Gruppen von denkbaren Organisationskonzepten unterschieden werden.[1]

Gruppe A: Die risikopolitischen Aufgaben werden vollständig dem bestehenden Linienmanagement und den Zentralbereichen zugeordnet (Integrationskonzept). Diejenige Instanz, die über die Sache entscheidet, entscheidet auch über die damit verbundenen risikopolitischen Maßnahmen.

Gruppe B: Die Aufgaben werden separat in einer eigenständigen Aufbauorganisation zusammengefaßt, die parallel zu den bestehenden operativen Einheiten des Unternehmens besteht (Separationskonzept). Die eine Instanz erzeugt mit ihrer Sachentscheidung Risikopositionen, die die andere Instanz im Sinne der übergeordneten Risikopolitik zu beurteilen hat.

Gruppe C: Die risikopolitischen Maßnahmen werden z. T. dezentral im Rahmen der bestehenden Linie wahrgenommen. Hinzu treten unterstützende Risikomanagementeinheiten in Form von Stäben, die die einzelnen Geschäftsbereiche und die Geschäftsführungsebene zum einen bei der Entscheidungsfindung beratend unterstützen. Andererseits werden bestimmte Entscheidungskompetenzen auch auf sie verlagert. Die Nuancen dieses Mischkonzeptes sind vielseitig. Bei extrem zentraler Ausrichtung werden sämtliche risikopolitischen Aufgaben gemäß § 91 Abs. 2 AktG einer zentralen Risikomanagementabteilung an der Konzernspitze überantwortet, eine vollständig dezentrale Ausrichtung wiederum führt zu dem oben beschriebenen Integrationskonzept.

Es ist schwierig, für die eine oder die andere organisatorische Lösung eine Wertung abzugeben. Bei der Problemstellung, welches dieser Konzepte zu bevorzugen ist, muß berücksichtigt werden, daß keine eindeutigen theoretischen Aussagen zu der einzelfallbezogenen Zweckmäßigkeit existieren. Einschränkend kann jedoch konstatiert werden, daß in einem großen Unternehmen an der Konzernspitze aufgrund der Vielzahl der relevanten Risiken, ihrer Unterschiedlichkeit und ihres dezentralen Auftretens keine Überwachung sämtlicher Positionen allein durch die Geschäftsleitung oder eine zentrale Risikomanagementabteilung wahrgenommen werden kann. Die Überwachung bestimmter Risikopositionen muß zwangsläufig an nachgeordnete Hierarchieebenen delegiert werden. Dies kann organisatorisch gewährleistet werden, indem bei der Festlegung der risikopolitischen Grundsätze und Ziele seitens des Vorstandes Wesentlichkeitsgrenzen in Form von Schwellenwerten für bestandsgefährdende Risiken im Sinne des Gesetzgebers festgelegt werden. Folgt man dem offenge-

---

[1] Vgl. MOTT 2001, S. 207 ff.

legten Risikobegriff so ist bei der Vorgabe der Grenzen auf die Tatbestände Zahlungsunfähigkeit, Überschuldung oder auf längere Sicht mangelnde Eigenkapitalrentabilität abzuzielen. Durch die Setzung solcher Risikolimits wird die Überwachung der Risikopositionen unterhalb der Schwellenwerte an untere Hierarchieebenen delegiert. Die Risikofrüherkennung wird damit partiell dezentral organisiert.

Andererseits besteht bei einer zu stark dezentralen organisatorischen Eingliederung des Risikofrüherkennungssystems die Gefahr, daß die Forderung einer Gesamtbewertung der Risikolage, d. h eine Risikoaggregation nur unzureichend möglich sein könnte. Daher wird ein bestimmtes Maß zentral agierender Risikomanagementinstanzen unabdingbar sein.

Die Prüfung der Maßnahmen nach § 91 Abs. 2 AktG durch den Abschlußprüfer

Prüfungsumfang

Der Gesetzgeber verpflichtet den Prüfer durch den im Rahmen des KontraG neu eingefügten § 317 Abs. 4 HGB bei der Prüfung einer Aktiengesellschaft, die Aktien mit amtlicher Notierung ausgegeben hat, zu einem Urteil darüber zu gelangen, ob der Vorstand die obligatorischen risikopolitischen Maßnahmen nach § 91 Abs. 2 AktG getroffen hat, ob diese zweckadäquat ausgestaltet sind und ob diese während des gesamten zu prüfenden Zeitraumes eingehalten wurden.[1] Mit Blick auf die gesetzlichen Mindestanforderungen sind hierbei lediglich die risikoorientierten Früherkennungsmaßnahmen und die die diesbezüglichen Überwachungsdispositionen zu fokussieren. Etwaige Maßnahmen der Risikobewältigung, deren Notwendigkeit ggf. aufgrund der Indikation bestandsgefährdender Entwicklungen abgeleitet wird, sind nicht unmittelbarer Prüfungsgegenstand nach § 317 Abs. 4 HGB.

Prüfungsdurchführung

Die Prüfung ist als eine Systemprüfung auszugestalten.[2] Systemprüfungen zielen auf eine zweckentsprechende Konzeption und Funktionsfähigkeit ab.[3] Besonderheiten einer Systemprüfung in dem skizzierten Anwendungsbereich ergeben sich insbesondere aus dem prospektiven Charakter von Teilbereichen der zu leistenden Risikoeinschätzung.

Die Prüfungsplanunng erfordert zunächst eine Auseinandersetzung mit der gewählten Risikostrategie der Unternehmensführung sowie der unternehmensspezifischen Risi-

---

[1] Vgl. *IDW* 1999, S. 660; DOBLER 2001, S. 2089 ff.

[2] Vgl. *IDW* 1999, S. 660.

[3] Vgl. grundlegend LEFFSON 1988, S. 226 ff.

kosituation. Anhand einer Systemdokumentation hat der Prüfer die unternehmens- bzw. konzernweite Existenz des nach § 91 Abs. 2 geforderten Maßnahmenpaketes zu überprüfen. Mängel im Bereich der Dokumentation lassen bereits Vermutungen hinsichtlich möglicher Sorgfaltspflichtverletzungen des Vorstandes zu. Sofern eine aussagefähige Dokumentation nicht vorliegt, ist von seiten des Prüfers eine eigenständige Bestandsaufnahme durchzuführen.[1]

In einem weiteren Schritt ist eine materielle Beurteilung der Eignung der getroffenen Dispositionen im Bereich der Früherkennung vorzunehmen. Es ist zu überprüfen, ob das errichtete Früherkennungssystem seiner Eigenart nach so gestaltet wurde, daß alle wesentlichen Risiken frühzeitig identifiziert, analysiert und bewertet sowie rechtzeitig im Instanzenweg kommuniziert werden. Im Bereich der Risikoidentifikation ist darauf zu achten, daß eine vollständige Erfassung der relevanten Risikobereiche erfolgt und eine ständige Akualisierung der einzubeziehenden Positionen unter Berücksichtigung der Unternehmensspezifika und des Wettbewerbsumfeldes sichergestellt wird. Bspw. ist zu überprüfen, ob im Betrachtungszeitraum wesentliche Änderungen der strategischen Ausrichtungen stattgefunden haben und diese angemessen im System berücksichtigt wurden. So kann es bspw. im Falle der Erschließung eines neuen Auslandsmarktes als erforderlich erachtet werden, zusätzliche ländergebundene Risikopositionen wie etwa Währungsrisiken oder politische Gefahrenmomente im System zu berücksichtigen. Es ist zu beachten, daß Risiken grundsätzlich in sämtlichen Unternehmensbereichen auftreten können. Deshalb sind alle betrieblichen Prozesse und Funktionsbereiche grundsätzlich daraufhin zu untersuchen, ob aus ihnen Risiken resultieren können, die für sich oder kumuliert mit anderen Risiken eine Bestandsgefährdung nach sich ziehen können.[2]

Die von der Unternehmensleitung verwendeten Verfahren im Bereich der Risikobewertung sind auf Plausibilität und Widerspruchsfreiheit zu prüfen Ferner ist festzustellen, ob geeignete Schwellenwerte festgelegt wurden, anhand derer systemgebunden die Notwendigkeit weiterführender Früherkennungsschritte indiziert wird. Diese unternehmensspezifischen „Eskalationskriterien" sind auch in das unternehmesweite Management-Informationssystem einzubinden, d. h in den Bereich der Risikokommunikation. Die Maßnahmen aus diesem Feld sind schließlich daraufhin zu beurteilen, ob alle maßgeblichen Entscheidungsträger in den Kommunikationsfluß eingebunden werden. Es ist eine Einschätzung abzugeben, ob alle wesentlichen Risikoinformationen zeitnah weitergeleitet werden, so daß ggf. noch wirksame Bewältigungsmaßnahmen eingeleitet werden können.

In einem weiteren Schritt ist der Prüfer dazu angehalten auch die Angemessenheit der Überwachung der Früherkennungsmaßnahmen durch die interne Revision zu beurtei-

---

[1] Vgl. *IDW* 1999, S. 660.
[2] Vgl. *IDW* 1999, S. 659.

len. Diese wird somit auch zum Überwachungsgegenstand des Prüfers. Sicherzustellen ist insbesondere, daß die personelle und qualitative Ausstattung hinreichend ist und die Mitarbeiter von der zu kontrollierenden Tätigkeit unabhängig sind.[1]

Berichterstattung

Die gesetzliche Berichterstattung über die Prüfungsergebnisse erfolgt einerseits schriftlich im Rahmen des Prüfungsberichtes gemäß § 321 HGB. In diesem an den internen Überwachungsträger Aufsichtsrat gerichteten Informationsmedium ist in einem gesonderten Abschnitt auf die Ergebnisse der Systemprüfung einzugehen. Gegebenenfalls sind auch Verbesserungsvorschläge darzulegen. Es ist hervorzuheben, daß Maßnahmen der Risikobewältigung, obwohl nicht Prüfungsgegenstand nach § 317 Abs. 4 HGB im Prüfungsbericht gewürdigt werden können.[2] Neben der Prüfung der Fortbestandsprognose (§ 321 Abs. 1 S. 3 HGB) wirken sich die ggf. ergriffenen Maßnahmen der Risikobewältigung nämlich auf die Darstellungsanforderungen der Risiken der künftigen Entwicklung im Lagebericht aus (§§ 289 Abs. 1, 317 Abs. 2, S. 2 HGB i. V. m. § 321 Abs. 2, S. 1 AktG) und sind insofern u. U auch prüfungsrelevant.

Desweiteren wird auch indirekt über den Bestätigungsvermerk nach § 322 HGB Bericht über die Maßnahmen nach § 91 Abs. 2 AktG erstattet. Festgestellte Mängel im Bereich der Umsetzung der risikoorientierten Vorstandsdispositionen, die zu Unregelmäßigkeiten oder Verstößen in der Rechnungslegung geführt haben, insbesondere in der Risikoberichterstattung im Rahmen des Lageberichtes, führen zu einer Einschränkung oder Versagung des Bestätigungsvermerkes.

Zusätzlich kann in Form eines sogenannten Management-Letters auf die Prüfungsergebnisse eingegangen werden.[3] Hierin können funktionsgemäß innerbetriebliche Schwachstellen gegenüber dem Vorstand angesprochen werden, die im Rahmen der Prüfungsdurchführung aufgefallen sind, denen aber für die Beurteilung der Ordnungsmäßigkeit der Rechnungslegung keine materielle Bedeutung beigemessen wird. Dieses primär an den Vorstand gerichtete Informationsinstrument ist auch dem Aufsichtsrat für Überwachungszwecke zur Verfügung zu stellen.

Problemorientierte Wertung der Prüfung

Die mit Umsetzung des KonTraG entstandene Verpflichtung zur Beurteilung der Zweckmäßigkeit der vom Vorstand ergriffenen Früherkennungsmaßnahmen impliziert eine faktische Erweiterung des Prüfungsumfangs und der Verantwortlichkeit des

---

[1] Vgl. EGGEMANN/KONRADT 2000, S. 508.
[2] Vgl. BREBECK/FÖRSCHLE 1999, S. 184.
[3] Vgl. GERNOTH 2001, S. 307.

Abschlußprüfers als Teilglied der „Corporate Governance". Die materielle Kontrolle der Vorstandsdispositionen in diesem Bereich führt aber regelmäßig zu Problemen, da sich auch nach nun mehr als 5 Jahren seit der aktienrechtlichen Kodifizierung der Organisationspflicht noch keine einheitlichen Umsetzungsstandards herausgebildet haben, die zur Ableitung eines normierten Soll-Risikofrüherkennungssystems verwendet werden können. Ein prüfungstechnisch leicht zu bewerkstellender Soll-Ist-Vergleich ist insofern nicht möglich. Der Prüfer ist dazu gezwungen, unter Rückgriff auf sein Erfahrungswissen und seine betriebswirtschaftlichen Kenntnisse sowie unter Beachtung der unternehmensindividuellen Besonderheiten sich ein eigenständiges Bild der Risikosituation des Unternehmens zu verschaffen. D. h. der Prüfer wird indirekt dazu verpflichtet, sämtliche gewählte Geschäftsführungsmaßnahmen einschließlich der strategischen Dispositionen auf ihr Risikoausmaß zu untersuchen und in einem weiteren Schritt die Berücksichtigung der Risikoparameter im Risikokontrollsystem einzuschätzen. Insofern ist die Verlautbarung des IDW zur Prüfung nach § 317 HGB, wonach dieser ausschließlich der Charakter einer reinen Systemprüfung zugewiesen wird, in dieser Form zumindest fragwürdig, da sie aufgrund der angeführten Aspekte auch in gewissem Maße zwangsläufig Züge einer Geschäftsführungsprüfung trägt.[1] In diesem Zusammenhang wird nicht ohne Grund Unbehagen dahingehend geäußert, daß eine „Mega-Erwartungslücke"[2] die Folge der erhöhten Verantwortungszuweisung an den Prüfer sein könnte.

Faktisch kann auch die Testierung der nach § 91 Abs. 2 AktG eingeleiteten Maßnahmen als ordnungsgemäß keine Garantie für die nachhaltige Bestandssicherung des geprüften Unternehmens sein. Nichtsdestotrotz ist mit der Verpflichtung nach § 317 Abs. 4 HGB eine deutliche auch haftungsrechtlich relevante Neuausrichtung im Bereich der duch die Gesetzesneuregelung betroffenen Gesellschaften auf eine (noch) stärker risikoorientierte Abschlußprüfung eingeleitet worden. Der tatsächliche Gehalt für die Corporate Governance in Deutschland kann noch nicht abschließend eingeschätzt werden.

Die Bedeutung des Prüfungsergebnisses für die Arbeit des Aufsichtsrates

Die Rolle des Abschlußprüfers als Partner bzw. Hilfsorgan des Aufsichtsrates wird durch das KonTraG deutlich herausgestellt. Gemäß § 111 Abs. 2, S. 3 AktG wird nunmehr dem Rat, und nicht mehr wie bis dahin dem Vorstand die Aufgabe zuteil, den Prüfungsauftrag zu erteilen und das Honorar zu verhandeln.

Der Aufsichtsrat ist bei der Wahrnehmung seiner Überwachung der Vorstandsgeschäftsführung gemäß § 111 Abs. 1 AktG auf eine aussagefähige Informationsbasis angewiesen. Die durch den Prüfer als externen Überwachungsträger bereitgestellten

---

[1] Vgl. HACHMEISTER 1999, S. 1458.

[2] POLLANZ 1999.

Informationen besitzen für ihn einen hohen Stellenwert, da es sich bei ihm um eine unabhängige Instanz mit hohem Sachverstand handelt. Der Prüfungsbericht stellt in gewisser Weise ein Gegengewicht zu den zwangsläufig interessenbehafteten Berichten des Vorstands dar.[1]

Die Prüfungsergebnisse zu den Risikokontrollmaßnahmen nach § 91 Abs. 2 AktG haben für den Aufsichtsrat somit die Funktion einer zusätzlichen Information, einer Bestätigung sowie ggf einer Anregung. Sie können jedoch nicht seine risikoorientierte Überwachungspflicht in diesem Bereich abgelten. Die Rolle des Aufsichtsrates als Herr der aktienrechtlichen Geschäftsführungsüberwachung bleibt erhalten. Die erweiterte Prüfungspflicht soll vielmehr einer Intensivierung der aktienrechtlichen Unternehmenkontrolle dienen. Der Aufsichtsrat soll durch die Handlungen des Prüfers unterstützt und darauf aufbauend über seine Kontrollpflicht der Geschäftsführung nach §§ 111 Abs. 1 i. V. m 91 Abs. 2 AktG verstärkt in die betriebliche Früherkennung aktiv eingebunden werden. In der Gesamtsicht forciert das KonTraG über den Pflichtenstandard des § 317 Abs. 4 HGB somit die Kooperation zwischen den beiden Überwachungsinstanzen, indem über den traditionellen Bereich der Rechnungslegung hinaus eine sachgerechte zukunfts- und risikoorientierte Beurteilung der Leitungsmaßnahmen des Vorstandes durch den Prüfer eingefordert wird.

Aufgabe 1

Welche gesetzgeberischen Normzwecke können der Einfügung des § 91 Abs. 2 AktG im Rahmen des KonTraG zugewiesen werden?

Aufgabe 2

Welche prozessualen Mindestanforderungen sind aus Prüfersicht an das einzurichtende Risikofrüherkennungssystem zu stellen?

Aufgabe 3

Inwiefern kann die Prüfung nach § 317 Abs. 4 HGB einen Beitrag zur Verbesserung der Arbeit des Aufsichtsrates leisten?

---

[1] Vgl. HACHMEISTER 1999, S. 1454.

Lösung

Aufgabe 1

Einer der Normzwecke des § 91 Abs. 2 AktG. war offensichtlich der Wunsch des Gesetzgebers, über die Gesetzesinitiative einen als besonders wichtig erachteten Teilbereich der Unternehmensführung als Pflichtaufgabe zu spezifizieren und insofern zumindest im Bereich der Frage der Bestandsnotwendigkeit einer angemessenen Risikovorsorge Rechtssicherheit zu schaffen. Die über die systembezogene Prüfungspflicht und -berichterstattung angestrebte Intensivierung der Zusammenarbeit der Überwachungsinstanzen Prüfer und Aufsichtsrat kann als weiterer Normzweck des § 91 Abs. 2 AktG interpretiert werden. Ferner kann der Gesetzesneuerung normative Funktion zugewiesen werden, indem sie die Adressaten Vorstand und Aufsichtsrat für ihre Risikoverantwortung sensibilisiert. Damit soll eine Verbesserung der Insolvenzprophylaxe im Unternehmensbereich angestrebt werden, was gemäß der Begründung des Gesetzgebers der maßgebliche Hintergrund des KonTraG war.

Aufgabe 2

Als Mindestanforderungen in diesem Bereich gelten die Prozeßschritte Risikoidentifikation, Risikobewertung und -aggregation sowie die Risikokommunikation. Die Früherkennungsmaßnahmen sollten idealiter so ausgestaltet sein, daß im Falle einer aufgedeckten bestandsgefährdenden Entwicklung noch rechtzeitig Maßnahmen zur Abwehr bzw. Bekämpfung der indizierten Risiken eingeleitet werden können. Die Maßnahmen zur Risikobewältigung fallen jedoch nicht unter die Vorstandspflicht nach § 91 Abs. 2 AktG, sondern eine diesbezügliche Verpflichtung ergibt sich aus dem allgemeinen Pflichtenstandard des § 76 AktG.

Aufgabe 3

Da der Prüfer im Rahmen der Prüfung der Vorstandsmaßnahmen nach § 91 Abs. 2 AktG zwangsläufig auch zu einer materiellen Beurteilung der Geschäftsführungstätigkeit unter Risikogesichtspunkten verpflichtet wird, besitzen die Prüfungsergebnisse einen hohen Stellenwert für den Aufsichtsrat. Er kann hierdurch auf eine Informationsbasis zurückgreifen, die durch eine unabhängige Instanz mit hohem Sachverstand und einem in der Regel hohen Erfahrungswissen erstellt wurde.

Literaturhinweise

BERRAR, C. (2001): Die Entwicklung der Corporate Governance in Deutschland im internationalen Vergleich, München 2001.

BÖCKING, H.-J./ORTH, C. (2000): Risikomanagement und das Testat des Abschlußprüfers, in: Betriebswirtschaftliche Forschung und Praxis 2000, S. 242–260.

BREBECK, F./FÖRSCHLE, G. (1999): Gegenstand und Umfang der Abschlußprüfung nach Inkrafttreten des KonTraG, in: Das Kontroll- und Transparenzgesetz, hrsg. von B. SAITZ/F. BRAUN, Wiesbaden 1999, S. 171–193.

DOBLER, M. (2001): Die Prüfung des Risikofrüherkennungssystems gemäß § 317 Abs. 4 HGB – Kritische Analyse und empirischer Befund, in: Deutsches Steuerrecht 2001, S. 2086–2092.

DRYGALA, T./DRYGALA, A. (2000): Wer braucht ein Frühwarnsystem?, in: ZIP 2000, S. 297–305.

EGGEMANN, G./KONRADT, T. (2000): Risikomanagement nach KonTraG aus dem Blickwinkel des Wirtschaftsprüfers, in: Betriebs-Berater 2000, S. 503–509.

EMMERICH, G. (1999): Risikomanagement in Industrieunternehmen – gesetzliche Anforderungen und Umsetzung nach dem KonTraG, in: Zeitschrift für betriebswirtschaftliche Forschung 1999, S. 1075–1089.

FEDDERSEN, D. (2000): Neue gesetzliche Anforderungen an den Aufsichtsrat, in: Die Aktiengesellschaft 2000, S. 385–396.

GERNOTH, J. P. (2001): Die Überwachungspflichten des Aufsichtsrats im Hinblick auf das Risiko-Management und die daraus resultierenden Haftungsfolgen für den Aufsichtsrat, in: Deutsches Steuerrecht 2001, S. 299–309.

GIESE, R. (1998): Die Prüfung des Risikomanagements einer Unternehmung durch den Abschlußprüfer gemäß KonTraG, in: Die Wirtschaftsprüfung 1998, S. 451–458.

GLEISSNER, W. (2001): Identifikation, Messung und Aggregation von Risiken, in: Wertorientiertes Risiko-Management für Industrie und Handel, hrsg. von W. GLEISSNER/G. MEIER, Wiesbaden 2001, S. 111–137.

HACHMEISTER, D. (1999): Die gewandelte Rolle des Wirtschaftsprüfers als Partner des Aufsichtsrates nach den Vorschriften des KonTraG, in: Deutsches Steuerrecht 1999, S. 1453–1460.

HOMMELHOFF, P./MATTHEUS, D. (2000): Risikomanagement im Konzern – ein Problemaufriß, in: Betriebswirtschaftliche Forschung und Praxis 2000, S. 217–230.

IDW (1999): IDW Prüfungsstandard: Die Prüfung des Risikofrüherkennungssystems nach § 317 Abs. 4 HGB, in: Die Wirtschaftsprüfung 1999, S. 658–662.

KROMSCHRÖDER, B./LÜCK, W. (1998): Grundsätze risikoorientierter Unternehmensüberwachung, in: Der Betrieb 1998, S. 1573–1576.

LACHNIT, L./MÜLLER, S. (2001): Risikomanagementsystem nach KonTraG und Prüfung des Systems durch den Wirtschaftsprüfer, in: Die deutsche Rechnungslegung und Wirtschaftsprüfung im Umbruch, Festschrift für T. STROBEL, hrsg. von C.-C. FREIDANK, München 2001, S. 363–393.

LEFFSON, U. (1988): Wirtschaftsprüfung, 4. Aufl. 1988.

LEHNER, U. (1999): Risikomanagement – Ein Gegenstand der Abschlußprüfung, in: Auswirkungen des KonTraG auf Rechnungslegung und Prüfung, hrsg. von J. BAETGE, Düsseldorf 1999, S. 23–41.

MATTHEUS, D. (1999): Die gewandelte Rolle des Wirtschaftsprüfers als Partner des Aufsichtsrates nach dem KonTraG, in: Zeitschrift für Unternehmens- und Gesellschaftsrecht 1999, S. 682–714.

MOTT, B. T. (2001): Organisatorische Gestaltung von Risiko-Managementsystemen, in: Wertorientiertes Risiko-Management für Industrie und Handel, hrsg. von *W. GLEISSNER UND G. MEIER*, Wiesbaden 2001, S. 199–232.

MOXTER, A. (1997): Die Vorschriften zur Rechnungslegung und Abschlußprüfung im Referentenentwurf eines Gesetzes zur Kontrolle und Transparenz im Unternehmensbereich, in: Betriebs-Berater 1997, S. 722–730.

PAHLKE, A. K. (2002): Risikomanagement nach KonTraG – Überwachungspflichten und Haftungsrisiken für den Aufsichtsrat, in: Neue Juristische Wochenschrift 2002, S. 1680–1688.

POLLANZ, M. (1999): Konzeptionelle Überlegungen zur Einrichtung und Prüfung eines Risikomanagementsystems – Droht eine „Mega-Erwartungslücke"?, in: Der Betrieb 1999, S. 393–399.

PREUSSNER, J./ZIMMERMANN, D. (2002): Risikomanagement als Gesamtaufgabe des Vorstandes, in: Die Aktiengesellschaft 2002, S. 657–662.

SALZBERGER, W. (2000): Die Überwachung des Risikomanagements durch den Aufsichtsrat – Überwachungspflichten und haftungsrechtliche Konsequenzen, in: Die Betriebswirtschaft 2000, S. 756–773.

SCHEFFLER, E. (2000): Aufsichtsrat und Beirat als Teil des Risiko- und Überwachungsmanagement eines Unternehmens, in: Praxis des Risikomanagements, hrsg von *D. DÖRNER/P. HORVATH/H. KAGERMANN* 2000, S. 837–860.

SEIBERT, U. (2000): Die Entstehung des § 91 Abs. 2 AktG im KonTraG – „Risikomanagement" oder „Frühwarnsystem"?, in: Rechtsanwalt und Notar im Wirtschaftsleben, Festschrift für *G. BEZZENBERGER* zum 70. Geburtstag, hrsg. Von *H. P. WESTERMANN/K. MOCK*, Berlin et al. 2000, S. 427–438.

STROBEL, W. (2000): Reform der Unternehmensüberwachung durch den Aufsichtsrat der Aktiengesellschaft, in: Investororientierte Unternehmenspublizität – Neue Entwicklungen von Rechnungslegung, Prüfung und Jahresabschlußanalyse, Wiesbaden 2000, S. 527–569.

WOLZ, M. (2001): Zum Stand der Umsetzung von Risikomanagemensystemen aus der Sicht börsennotierter Aktiengesellschaften und ihrer Prüfer, in: Die Wirtschaftsprüfung 2001, S. 789–801.

Maximilian K. P. Jung und Gerwald Mandl

Die Prüfung großer Prüffelder mittels Monetary-Unit-Sampling im Rahmen der Einzelfallprüfung

Gem. *IDW PS 300 Tz. 6* hat der Abschlussprüfer durch geeignete Prüfungshandlungen ausreichende und angemessene Prüfungsnachweise einzuholen, die es ihm ermöglichen, zu begründeten Schlussfolgerungen (sog. Prüfungsfeststellungen) zu gelangen, um darauf aufbauend mit hinreichender Sicherheit die geforderten Prüfungsaussagen treffen zu können.

IDW PS 300 unterscheidet weiters zwischen Prüfungshandlungen der Systemprüfung und aussagebezogenen Prüfungshandlungen.

Durch die *Systemprüfung* hat der Abschlussprüfer Prüfungsnachweise über die angemessene Ausgestaltung und Wirksamkeit des auf die Rechnungslegung bezogenen internen Kontrollsystems einzuholen (*IDW PS 300 Tz. 15*). Mit Hilfe von *aussagebezogenen Prüfungshandlungen* werden hingegen Prüfungsnachweise gewonnen, die dem Abschlussprüfer hinreichende Sicherheit darüber verschaffen sollen, ob die in der Rechnungslegung enthaltenen Angaben wesentliche Fehlaussagen enthalten (*IDW PS 300 Tz. 19*). Aussagebezogene Prüfungshandlungen sind entweder dem Bereich der *analytischen Prüfungshandlungen* oder dem der *Einzelfallprüfungen* zuzuordnen.

Analytische Prüfungshandlungen sind Plausibilitätsbeurteilungen von Verhältniszahlen und Trends, durch die auffällige Abweichungen festgestellt werden können. *Einzelfallprüfungen* dienen hingegen dem unmittelbaren Soll-Ist-Vergleich von einzelnen Geschäftsvorfällen und Beständen (*IDW PS 300 Tz. 22 und 23*).

Grundsätzlich gilt, dass der Abschlussprüfer aus wirtschaftlichen Gründen oftmals gar nicht in der Lage ist, die Einzelfallprüfung als Vollprüfung (lückenlose Prüfung) durchzuführen. Er ist dazu auch nicht angehalten, zumal die Zielsetzung der Abschlussprüfung keine lückenlose Prüfung erfordert (*IDW PS 300 Tz. 25*). Der Abschlussprüfer wird daher im Rahmen der Einzelfallprüfung (auch) *stichprobenweise* vorgehen.

Bei der stichprobengestützten Prüfung wird das Urteil über die Ordnungsmäßigkeit eines Prüffeldes gem. *HFA 1/1988* nicht anhand einer vollständigen Prüfung aller urteilsrelevanten Merkmale sämtlicher Elemente eines Prüffeldes gewonnen. Die Beurteilung erfolgt vielmehr anhand einer *kleineren Auswahl von Elementen*. Die anhand der Stichprobe gewonnenen Erkenntnisse werden sodann zu einer Aussage über das gesamte Prüffeld *hochgerechnet*. Grundsätzlich können im Rahmen der stichprobenweisen Prüfung vielfältige Auswahl- und Hochrechnungsverfahren eingesetzt werden, solange sie dem Abschlussprüfer die Gewinnung eines *verlässlichen Urteils* ermöglichen.

Auswahlprüfungen kommen sowohl im Rahmen der Systemprüfung als auch im Rahmen der Einzelfallprüfung vor. Im Rahmen der *Systemprüfung* werden Auswahlprüfungen durchgeführt, um Aussagen über das Funktionieren der im internen Kontrollsystem vorgesehenen Kontrollen anhand eines Teils der abgewickelten Geschäftsfälle treffen zu können. Den Abschlussprüfer interessiert dabei der Anteil der korrekt bzw. fehlerhaft bearbeiteten Geschäftsfälle, d. h. der *Fehleranteil*. Man spricht auch von *homograder Auswahlprüfung*. Im Rahmen der *Einzelfallprüfung* ist der Abschlussprüfer an Aussagen über die *betragsmäßige Korrektheit* eines Prüffeldes interessiert. Die betreffenden Verfahren werden auch als *heterograde Verfahren* bezeichnet.

Die *heterograden Verfahren* lassen sich in Verfahren der *freien Hochrechnung*, der *gebundenen Hochrechnung* sowie in das *Monetary-Unit-Sampling* (MUS) unterscheiden. Allen drei Verfahren ist die Verwendung der Zufallsauswahl gemein. Bei der Zufallsauswahl kommt jedem Element der Grundgesamtheit eine bestimmte von Null verschiedene Wahrscheinlichkeit zu, in die Stichprobe zu gelangen. Diese Wahrscheinlichkeit muss nicht unbedingt für alle Elemente der Grundgesamtheit gleich groß sein. Es reicht vielmehr, wenn die betreffenden Wahrscheinlichkeiten berechenbar sind.

Die Durchführung des Monetary-Unit-Sampling verläuft – so wie jedes Stichprobenverfahren – in *fünf* Schritten:

1. *Festlegung der Grundgesamtheit:*
   Beim MUS besteht die Grundgesamtheit aus derjenigen Menge an Geldeinheiten, die kumuliert den Buchwert des betreffenden Prüffeldes ergibt. Besteht das Prüffeld „Lieferforderungen" z. B. aus 1.000 offenen Kundensalden im Gesamtbuchwert von 10.000.000 €, so wird die Grundgesamtheit nicht durch die 1.000 offene Einzelsalden sondern durch die insgesamt 10.000.000 Geldeinheiten (Monetary Units) gebildet.

2. *Bestimmung des Stichprobenumfangs:*
   Zur Bestimmung des Stichprobenumfangs stehen beim MUS mehrere Verfahren zur Auswahl. Die Verwendung eines bestimmten Verfahrens hängt von der Zielsetzung ab, die der Abschlussprüfer im Detail verfolgt. Dabei wird i. d. R. unterstellt, dass das Prüffeld (wenn überhaupt) nur vollständig überbewertete Geldeinheiten enthält, deren Sollwert daher Null ist. Der notwendige Stichprobenumfang *n* errechnet sich in diesem Fall z. B. wie folgt:

$$n = -\frac{\ln(\beta)}{\mu/Y} \qquad (1)$$

Darin bezeichnet Y den Ist- oder Buchwert des Prüffeldes, μ die gerade noch als tolerierbar zu erachtende Überbewertung des Prüffeldes in Geldeinheiten und β das maximale Risiko des Abschlussprüfers, ein wesentlich, d. h. nicht mehr tolerierbar, überbewertetes Prüffeld nicht als solches zu erkennen.[1]

3. *Ziehung der Stichprobe:*
Nach Bestimmung des notwendigen Stichprobenumfangs werden die n Geldeinheiten der Stichprobe im Bereich zwischen 1 und Y zufällig ermittelt. Dies kann mit Hilfe von Zufallsrifferntabellen oder computergestützt mittels EXCEL geschehen. Tatsächlich geprüft werden allerdings diejenigen physischen Einheiten der Grundgesamtheit (z. B. im Prüffeld „Lieferforderungen" die offenen Einzelsalden), denen die gezogenen Geldeinheiten zuzurechnen sind. Beim MUS verhält sich die Auswahlwahrscheinlichkeit der physischen Einheiten proportional zu ihrem Buchwert.

4. *Auswertung:*
Zur Auswertung bedient man sich der sog. Fehlerreihungsmethode. Werden in der Stichprobe m teilweise überbewertete Geldeinheiten entdeckt, so sind zunächst anhand der zugehörenden physischen Einheiten die sog. Fehlerbewertungsraten (d_i) zu berechnen

$$d_i = \frac{Y_i - X_i}{Y_i} \quad \text{für } 1 \leq i \leq m \qquad (2)$$

und absteigend zu sortieren

$$d_1 \geq d_2 \geq \ldots \geq d_m. \qquad (3)$$

Darin bezeichnet X_i den vom Prüfer ermittelten Sollwert der i-ten überbewerteten Geldeinheit. Die Obergrenze des Konfidenzintervalls [0, og] der aus der Stichprobe geschätzten Überbewertung berechnet sich sodann aus

$$og = Y \cdot \left[P_{1-\beta,0} + \sum_{i=1}^{m} (P_{1-\beta,i} - P_{1-\beta,i-1}) \cdot d_i \right] \qquad (4)$$

---

[1] Die Berechnung des Stichprobenumfangs gem. Formel (1) hat den Nachteil, nicht besonders trennscharf zu sein. So werden zwar Prüffelder, die wesentlich überbewertet sind, mit dem vorgegebenen Risiko von höchstens β nicht als solche erkannt. Umgekehrt ist das Risiko hoch, Prüffelder, die tatsächlich nicht wesentlich überbewertet sind, als unkorrekt zu beurteilen. Es existieren allerdings auch Verfahren zur Ermittlung des Stichprobenumfangs, bei denen die gewünschte Trennschärfe vom Abschlussprüfer vorgegeben werden kann. Vgl. z. B. MANDL/JUNG 1997, S. 234. Die derart berechneten Stichprobenumfänge sind höher als die nach Formel (1) berechneten.

wobei die gesuchten Parameter $P_{1-\beta,i}$ aus Tabellen zu entnehmen sind oder mit Hilfe von EXCEL berechnet werden können. Im letzteren Fall kann $P_{1-\beta,i}$ approximativ mit Hilfe der Poisson-Verteilung bestimmt werden, dass

$$\sum_{k=0}^{i} \frac{\mu^k \cdot e^{-\mu}}{k!} = \beta \text{ mit } \mu = n \cdot P_{1-\beta,i} \tag{5}$$

erfüllt ist.[1]

5. *Beurteilung:*
Das Konfidenzintervall [0, *og*] umschließt mit einer Wahrscheinlichkeit von $1 - \beta$ die wahre Überbewertung. Ist *og* daher kleiner oder gleich der gerade noch tolerierbaren Überbewertung μ, so kann der Abschlussprüfer mit einer Wahrscheinlichkeit von mindestens $1 - \beta$ davon ausgehen, dass das Prüffeld nicht wesentlich überbewertet ist, und es als „ordnungsmäßig" beurteilen. Das Risiko, ein tatsächlich wesentlich überbewertetes Prüffeld fälschlicherweise als korrekt zu beurteilen, beträgt weniger als β. Ist hingegen *og* größer als μ, so kann der Abschlussprüfer nur mit einer Wahrscheinlichkeit weniger $1 - \beta$ davon ausgehen, dass das Prüffeld nicht wesentlich überbewertet ist. Durch die Beurteilung als „nicht ordnungsmäßig" vermeidet der Abschlussprüfer das Risiko, ein tatsächlich wesentlich überbewertetes Prüffeld fälschlicherweise als korrekt zu beurteilen. Das entsprechende Risiko würde mindestens β betragen und die ursprünglichen Vorgaben des Abschlussprüfers übersteigen.

Gemäß *HFA 1/1988* kommt das MUS insbesondere in Betracht, wenn *Überbewertungen* zu erwarten sind. Sein Einsatz ist im Falle von erwarteten Unterbewertungen bedenklich. Negative Buchwerte und Nullsalden sind jedenfalls gesondert zu behandeln.

Das Monetary-Unit-Sampling eignet sich, so wie jedes statistische Prüfungsverfahren, insbesondere dazu, große Prüffelder zu beurteilen. Aus Gründen der effizienten Darstellung wird der nachfolgenden Fallstudie jedoch ein Prüffeld zugrunde gelegt, das nur 300 physische Elemente enthält.

Fallstudie

Ein Abschlussprüfer möchte das in nachfolgenden Tabellen 1 und 2 dargestellte Prüffeld „Lieferforderungen" mit Hilfe des Monetary-Unit-Sampling beurteilen. Das Prüffeld umfasst 300 am Bilanzstichtag als offen ausgewiesene Einzelsalden und

---

[1] Formal stellt $P_{1-\beta,i}$ den (maximalen) Anteil an fehlerhaften Geldeinheiten im geprüften Prüffeld dar dar, bei dem in 100 · $(1 - \beta)$% der Fälle mehr als *i* fehlerhafte Geldeinheiten in eine Stichprobe vom Umfang *n* gelangen. $P_{1-\beta,i}$ sind bei einem Ziehen der Stichprobe „ohne Zurücklegen" mit der hypergeometrischen Verteilung oder näherungsweise mit Hilfe der Binomialverteilung oder der Poissonverteilung zu ermitteln. Vgl. HÖMBERG 1994, Rn. 146.

weist einen Buch- oder Istwert von 14.890,41 € auf. Der Abschlussprüfer rechnet damit, dass Überbewertungen vorliegen können.

Aufgabe 1

Ermitteln Sie den notwendigen Stichprobenumfang, wenn der Prüfer eine Überbewertung von 4% als gerade noch tolerierbar ansieht, und er einem Risiko von weniger als 5% unterliegen möchte, ein wesentlich überbewertetes Prüffeld irrtümlich als „ordnungsmäßig" zu beurteilen.

Aufgabe 2

Bestimmen Sie mittels EXCEL die entsprechende Anzahl von für die Ziehung der Stichprobe aus Aufgabe 1 notwendigen Zufallszahlen.

Aufgabe 3

Gehen Sie davon aus, dass die von Ihnen erzeugten Zufallszahlen u. a. die Werte 5.309, 3.738, 2.651, 5.824, 4.658, 7.825, 13.482, 193, 11.112 und 14.477 enthalten. Ziehen Sie die zugehörige Stichprobe und ermitteln Sie allfällige Fehlerbewertungsraten! Wie ist vorzugehen, wenn ein Einzelsaldo mehrfach in die Stichprobe gelangen würde?

Aufgabe 4

Auf welche Weise können die dem Abschlussprüfer (noch) unbekannten Sollwerte der Lieferforderungen ermittelt werden?

Aufgabe 5

Welches Urteil ist vom Abschlussprüfer zu treffen, wenn Sie davon ausgehen, dass der Abschlussprüfer folgende drei überbewertete Einzelsalden gefunden hat:

- Einzelsaldo 72 mit einer Fehlerbewertungsrate von 0,80.
- Einzelsaldo 222 mit einer Fehlerbewertungsrate von 0,90.
- Einzelsaldo 293 mit einer Fehlerbewertungsrate von 1,00.

Hinweis:
Die benötigten Parameter $P_{1-\beta,i}$ lauten für $\beta = 0{,}05$ und $n = 75$ bei Verwendung der Poissonverteilung: $P_{0,95,0} = 0{,}0399$, $P_{0,95,1} = 0{,}0633$, $P_{0,95,2} = 0{,}0839$ und $P_{0,95,3} = 0{,}1034$.[1]

---

[1] Bei Verwendung der Binomialverteilung lauten die Werte bei $\beta = 0{,}05$ und $n = 75$: $P_{0,95,0} = 0{,}0392$, $P_{0,95,1} = 0{,}0617$, $P_{0,95,2} = 0{,}0816$ und $P_{0,95,3} = 0{,}1001$. Die hypergeometrische Verteilung

	BW	kum. BW	SW		BW	kum. BW	SW		BW	kum. BW	SW
1	39,27	39,27	39,27	51	61,25	2.755,71	61,25	101	54,99	5.145,21	54,99
2	37,77	77,04	37,77	52	82,35	2.838,06	82,35	102	54,95	5.200,17	54,95
3	82,27	159,31	82,27	53	60,22	2.898,28	60,22	103	77,23	5.277,40	77,23
4	95,23	254,55	95,23	54	13,55	2.911,83	13,55	104	24,10	5.301,50	24,10
5	99,48	354,02	99,48	55	32,62	2.944,44	32,62	105	62,72	5.364,22	62,72
6	46,33	400,35	46,33	56	42,57	2.987,02	42,57	106	79,42	5.443,64	79,42
7	78,54	478,89	78,54	57	28,85	3.015,87	28,85	107	71,02	5.514,66	71,02
8	16,88	495,77	16,88	58	45,80	3.061,67	45,80	108	95,11	5.609,76	95,11
9	98,31	594,08	98,31	59	46,81	3.108,48	46,81	109	42,20	5.651,97	42,20
10	15,23	609,31	*7,61*	60	19,28	3.127,77	19,28	110	69,19	5.721,16	69,19
11	52,59	661,90	52,59	61	72,34	3.200,11	72,34	111	23,19	5.744,35	23,19
12	70,40	732,30	70,40	62	93,77	3.293,88	93,77	112	83,98	5.828,33	83,98
13	47,30	779,60	47,30	63	46,74	3.340,63	46,74	113	40,80	5.869,12	40,80
14	2,89	782,49	2,89	64	52,14	3.392,76	52,14	114	61,11	5.930,23	61,11
15	7,17	789,66	7,17	65	45,58	3.438,34	45,58	115	71,19	6.001,43	71,19
16	14,75	804,41	14,75	66	23,20	3.461,54	23,20	116	80,34	6.081,76	80,34
17	21,92	826,33	21,92	67	26,70	3.488,24	26,70	117	78,10	6.159,87	78,10
18	78,52	904,85	78,52	68	83,70	3.571,94	83,70	118	69,13	6.229,00	69,13
19	51,86	956,71	51,86	69	21,57	3.593,51	21,57	119	24,72	6.253,71	24,72
20	49,63	1.006,34	49,63	70	59,48	3.652,98	59,48	120	52,43	6.306,14	52,43
21	74,23	1.080,56	74,23	71	28,10	3.681,08	28,10	121	10,38	6.316,52	10,38
22	77,59	1.158,15	77,59	72	71,98	3.753,07	*14,40*	122	41,30	6.357,82	41,30
23	11,12	1.169,27	11,12	73	44,24	3.797,31	44,24	123	75,35	6.433,17	75,35
24	86,92	1.256,19	86,92	74	65,01	3.862,32	65,01	124	39,91	6.473,08	39,91
25	33,07	1.289,25	33,07	75	4,92	3.867,24	4,92	125	71,43	6.544,51	71,43
26	37,00	1.326,26	37,00	76	5,36	3.872,60	5,36	126	16,27	6.560,79	16,27
27	93,62	1.419,88	93,62	77	49,03	3.921,63	49,03	127	25,53	6.586,32	25,53
28	81,96	1.501,84	81,96	78	88,55	4.010,17	88,55	128	37,61	6.623,93	37,61
29	22,95	1.524,79	22,95	79	6,51	4.016,69	6,51	129	66,72	6.690,65	66,72
30	35,30	1.560,09	35,30	80	76,36	4.093,04	76,36	130	48,40	6.739,05	48,40
31	74,98	1.635,08	74,98	81	96,42	4.189,46	96,42	131	58,05	6.797,10	58,05
32	22,13	1.657,21	22,13	82	54,19	4.243,65	54,19	132	19,23	6.816,33	19,23
33	31,46	1.688,67	31,46	83	98,18	4.341,83	98,18	133	10,22	6.826,54	10,22
34	87,92	1.776,58	87,92	84	35,61	4.377,44	35,61	134	40,60	6.867,14	40,60
35	27,52	1.804,10	27,52	85	28,98	4.406,43	28,98	135	50,84	6.917,99	50,84
36	87,22	1.891,32	87,22	86	29,62	4.436,05	29,62	136	18,91	6.936,90	18,91
37	77,49	1.968,81	77,49	87	16,02	4.452,07	16,02	137	25,21	6.962,11	25,21
38	5,25	1.974,06	5,25	88	49,57	4.501,63	49,57	138	37,09	6.999,20	37,09
39	98,75	2.072,81	98,75	89	79,92	4.581,56	79,92	139	52,23	7.051,43	52,23
40	19,74	2.092,56	19,74	90	24,29	4.605,84	24,29	140	64,72	7.116,15	64,72
41	3,60	2.096,16	3,60	91	35,76	4.641,61	35,76	141	76,15	7.192,30	76,15
42	81,47	2.177,63	81,47	92	21,62	4.663,23	21,62	142	1,20	7.193,50	1,20
43	42,37	2.220,01	42,37	93	71,26	4.734,49	71,26	143	38,80	7.232,30	38,80
44	56,05	2.276,06	56,05	94	97,76	4.832,24	97,76	144	66,91	7.299,21	*0,00*
45	100,01	2.376,07	100,01	95	54,88	4.887,12	54,88	145	36,68	7.335,89	36,68
46	97,24	2.473,31	97,24	96	5,10	4.892,22	5,10	146	95,62	7.431,51	95,62
47	42,60	2.515,92	42,60	97	91,76	4.983,98	*0,00*	147	20,00	7.451,51	20,00
48	87,54	2.603,46	*0,00*	98	65,32	5.049,30	65,32	148	19,90	7.471,41	19,90
49	44,92	2.648,38	44,92	99	7,02	5.056,32	7,02	149	36,43	7.507,83	36,43
50	46,08	2.694,46	46,08	100	33,90	5.090,22	33,90	150	38,10	7.545,93	*3,81*

Tab. 1: *Erster Teil der Daten für das Prüffeld „Lieferforderungen".*[1]

führt in diesem Fall zu: $P_{0,95,0} = 0,0391$, $P_{0,95,1} = 0,0616$, $P_{0,95,2} = 0,0815$ und $P_{0,95,3} = 0,1000$. Die Abweichungen sind nur geringfügig.

[1] Angegeben sind die ersten 150 Einzelsalden sowie deren kumulierte Werte. Die ebenfalls dargestellten Sollwerte sind dem Prüfer zunächst noch nicht bekannt. Fehler sind fett und kursiv hervorgehoben.

	BW	kum. BW	SW		BW	kum. BW	SW		BW	kum. BW	SW
151	73,55	7.619,48	*0,00*	201	37,53	10.158,31	37,53	251	42,27	12.673,71	42,27
152	15,07	7.634,55	15,07	202	19,16	10.177,48	19,16	252	34,49	12.708,20	*4,31*
153	96,27	7.730,82	96,27	203	75,86	10.253,34	75,86	253	12,87	12.721,07	12,87
154	22,62	7.753,43	22,62	204	67,61	10.320,95	67,61	254	8,08	12.729,14	8,08
155	38,43	7.791,86	38,43	205	3,07	10.324,02	3,07	255	12,27	12.741,41	12,27
156	3,28	7.795,14	3,28	206	74,78	10.398,80	74,78	256	12,75	12.754,17	12,75
157	19,27	7.814,41	19,27	207	35,44	10.434,25	35,44	257	31,01	12.785,18	31,01
158	24,57	7.838,98	24,57	208	95,02	10.529,26	95,02	258	97,55	12.882,73	97,55
159	82,51	7.921,49	82,51	209	46,03	10.575,29	46,03	259	22,99	12.905,72	22,99
160	58,33	7.979,82	58,33	210	40,85	10.616,14	40,85	260	63,94	12.969,66	63,94
161	19,91	7.999,73	19,91	211	8,84	10.624,98	8,84	261	62,02	13.031,68	62,02
162	27,79	8.027,52	27,79	212	84,74	10.709,72	84,74	262	44,20	13.075,88	44,20
163	72,58	8.100,10	72,58	213	46,93	10.756,65	46,93	263	7,83	13.083,72	7,83
164	17,25	8.117,35	17,25	214	12,58	10.769,23	12,58	264	29,48	13.113,19	29,48
165	21,52	8.138,87	21,52	215	47,17	10.816,40	47,17	265	12,29	13.125,49	12,29
166	75,93	8.214,81	75,93	216	66,75	10.883,15	66,75	266	19,53	13.145,01	19,53
167	49,76	8.264,57	49,76	217	17,39	10.900,54	17,39	267	61,63	13.206,65	61,63
168	98,56	8.363,12	98,56	218	80,25	10.980,79	**26,75**	268	2,81	13.209,46	2,81
169	12,67	8.375,79	12,67	219	44,48	11.025,27	44,48	269	45,57	13.255,03	45,57
170	12,91	8.388,70	12,91	220	20,65	11.045,92	20,65	270	28,04	13.283,07	28,04
171	9,66	8.398,37	9,66	221	16,92	11.062,84	16,92	271	91,46	13.374,53	91,46
172	77,72	8.476,08	77,72	222	90,65	11.153,49	*9,06*	272	36,34	13.410,87	36,34
173	65,43	8.541,51	65,43	223	50,13	11.203,62	50,13	273	13,62	13.424,49	13,62
174	72,71	8.614,22	72,71	224	31,79	11.235,40	31,79	274	24,74	13.449,23	24,74
175	74,47	8.688,69	74,47	225	69,87	11.305,27	69,87	275	74,37	13.523,60	74,37
176	27,35	8.716,03	27,35	226	49,61	11.354,88	49,61	276	30,93	13.554,53	30,93
177	98,04	8.814,08	98,04	227	98,05	11.452,93	*19,61*	277	47,66	13.602,19	47,66
178	85,39	8.899,46	85,39	228	50,47	11.503,40	50,47	278	96,39	13.698,59	96,39
179	74,96	8.974,42	74,96	229	2,47	11.505,87	2,47	279	88,49	13.787,08	88,49
180	45,50	9.019,92	45,50	230	32,77	11.538,64	32,77	280	41,02	13.828,09	41,02
181	66,96	9.086,88	66,96	231	10,67	11.549,31	10,67	281	45,34	13.873,43	45,34
182	89,17	9.176,04	*0,00*	232	24,15	11.573,46	24,15	282	51,65	13.925,08	51,65
183	90,63	9.266,67	90,63	233	92,05	11.665,51	92,05	283	41,46	13.966,54	41,46
184	48,40	9.315,07	48,40	234	97,91	11.763,41	97,91	284	95,11	14.061,65	95,11
185	98,39	9.413,45	98,39	235	36,49	11.799,91	36,49	285	85,58	14.147,23	85,58
186	55,44	9.468,89	55,44	236	89,79	11.889,69	89,79	286	96,97	14.244,21	*0,00*
187	67,47	9.536,36	67,47	237	92,75	11.982,45	*0,00*	287	56,78	14.300,99	56,78
188	55,01	9.591,38	55,01	238	27,39	12.009,83	27,39	288	46,86	14.347,85	46,86
189	76,34	9.667,72	76,34	239	76,27	12.086,10	76,27	289	14,65	14.362,50	14,65
190	22,22	9.689,93	22,22	240	40,34	12.126,44	40,34	290	15,11	14.377,61	15,11
191	13,96	9.703,90	13,96	241	43,88	12.170,32	43,88	291	31,41	14.409,02	31,41
192	21,47	9.725,37	21,47	242	17,93	12.188,25	17,93	292	49,15	14.458,17	49,15
193	62,99	9.788,36	62,99	243	34,48	12.222,73	34,48	293	75,72	14.533,89	*0,00*
194	68,43	9.856,79	68,43	244	57,48	12.280,21	57,48	294	52,66	14.586,55	52,66
195	30,91	9.887,70	30,91	245	87,98	12.368,19	87,98	295	59,42	14.645,97	59,42
196	68,62	9.956,32	68,62	246	31,26	12.399,45	31,26	296	50,80	14.696,76	50,80
197	21,22	9.977,54	21,22	247	23,72	12.423,17	23,72	297	79,46	14.776,22	79,46
198	99,18	10.076,72	99,18	248	78,93	12.502,10	78,93	298	3,27	14.779,49	3,27
199	21,47	10.098,18	21,47	249	54,80	12.556,90	*0,00*	299	10,61	14.790,11	10,61
200	22,60	10.120,78	22,60	250	74,54	12.631,44	74,54	300	100,30	14.890,41	100,30

Tab. 2: Zweiter Teil der Daten für das Prüffeld „Lieferforderungen".[1]

---

[1] Angegeben sind die weiteren 150 Einzelsalden sowie deren kumulierte Werte. Die ebenfalls dargestellten Sollwerte sind dem Prüfer zunächst noch nicht bekannt. Fehler sind fett und kursiv hervorgehoben.

Lösung

Aufgabe 1

Gemäß Formel (1) beträgt der notwendige Stichprobenumfang:

$$n = -\frac{\ln(0{,}05)}{595{,}62/14890{,}41} = \frac{\ln(0{,}05)}{0{,}04} = 74{,}89 \approx 75.$$

Der notwendige Stichprobenumfang beträgt somit 75 Geldeinheiten.

Aufgabe 2

Die EXCEL-Funktion „=Zufallszahl()" erzeugt Zufallszahlen, die im Intervall]0; 1] stetig gleichverteilt sind. Für die Ziehung der Stichprobe werden allerdings im Intervall [1; 14890] diskret gleichverteilte Zufallszahlen benötigt. Die durchzuführende Transformation lautet allgemein $ZZ = \lfloor u \cdot Y + 1 \rfloor$. Darin sind u die von EXCEL bereitgestellten und ZZ die für die Stichprobenziehung erforderlichen Zufallszahlen. Das zu erstellende EXCEL-Arbeitsblatt könnte z. B. folgendes Aussehen haben:

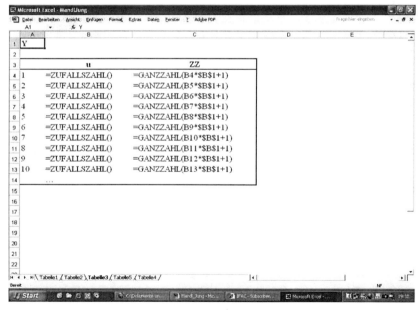

Abb. 1: EXCEL-Arbeitsblatt für die Erzeugung von Zufallszahlen (hier für die ersten 10 Zufallszahlen wiedergegeben).

Das Ergebnis könnte wie in Abbildung 2 dargestellt aussehen:

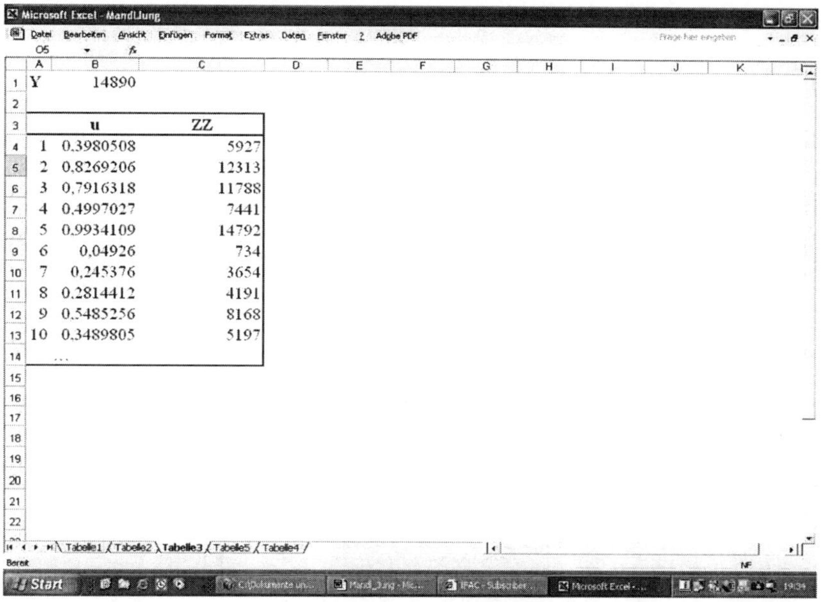

Abb. 2: Ergebnis der Zufallszahlenerzeugung mittels EXCEL (hier für die ersten 10 Zufallszahlen wiedergegeben).

Aufgabe 3

Zur Ziehung der Stichprobe ist es zunächst erforderlich, die Buchwerte des Prüffeldes zu kumulieren. Dies wurde in den Tabellen 1 und 2 bereits vorgenommen. In einem weiteren Schritt sind die tatsächlich zu prüfenden Einzelsalden zu identifizieren. Die gesuchten Einzelsalden sind diejenigen, in deren kumulierte Buchwerte die ermittelten Zufallszahlen fallen. Die Fehlerbewertungsraten errechnen sich gem. Formel (2). Tabelle 3 fasst die Ergebnisse der Stichprobenziehung zusammen:

	ZZ	#	BW	SW	d
1	5309	105	62,72	62,72	0,00
2	3738	72	71,98	14,40	**0,80**
3	2651	50	46,08	46,08	0,00
4	5824	112	83,98	83,98	0,00
5	4658	92	21,62	21,62	0,00
6	7825	158	24,57	24,57	0,00
7	13482	275	74,37	74,37	0,00
8	193	4	95,23	95,23	0,00
	...				
49	11112	222	90,65	9,06	**0,90**
	...				
71	14477	293	75,72	0,00	**1,00**
	...				

Tab. 3: Ergebnis der Stichprobenziehung (für die 10 angegebenen Zufallszahlen).

Würde ein Einzelsaldo mehrfach in die Stichprobe gelangen, so ist dieser bei den nachfolgenden Prüfungshandlungen nur einmal, bei der statistischen Auswertung hingegen mehrfach zu berücksichtigen.

Aufgabe 4

Der Abschlussprüfer wird die gesuchten Sollwerte mittels Saldenbestätigungen ermitteln. Er wird zu diesem Zweck an diejenigen Kunden, deren Einzelsalden in die gezogene Stichprobe gelangt sind, Bestätigungsformulare versenden und die eingegangenen Rückantworten als Sollwerte vermerken. Der Abschlussprüfer hat darauf zu achten, dass die Rückantworten aussagekräftig sind.

Aufgabe 5

Die absteigend gereihten Fehlerbewertungsraten lauten $1,00 \geq 0,90 \geq 0,80$. Die zur Berechnung der Obergrenze des Konfidenzintervalls nötigen Nebenrechnungen sind für den Fall der Approximation mit der Poissonverteilung in Tabelle 4 zusammengefasst:

(1) #	(2) d_i	(3) $P_{0,95,i}$	(4) $P_{0,95,i-1}$	(5) (3)-(4)	(6) (2) x (5)
293	1,00	0,0633	0,0399	0,0234	0,0234
222	0,90	0,0839	0,0633	0,0206	0,0185
72	0,80	0,1034	0,0839	0,0195	0,0156
				Summe	0,0575

Tab. 4: *Nebenrechnungen zur Bestimmung des Konfidenzintervalls.*

Die Obergrenze des Konfidenzintervalls lautet daher:

$$og = Y \cdot \left[P_{1-\beta,0} + \sum_{i=1}^{m} (P_{1-\beta,i} - P_{1-\beta,i-1}) \cdot d_i \right] = 14890,41 \cdot (0,0399 + 0,0575) = 1450,33.$$

Da die Obergrenze des Konfidenzintervalls die gerade noch tolerierbare Überbewertung von 595,62 überschreitet, ist das Prüffeld als „nicht ordnungsmäßig" zu beurteilen.

Literaturhinweise

ARENS, A. A./LOEBBECKE, J. K./ELDER, R. J.: Auditing, An Integrated Approach, 8th Edition, Englewood Cliffs 2000.

HÖMBERG, R.: Einführung in die Prüfungsmethoden, 2. Aufl., Köln 1986.

HÖMBERG, R.: Grundlagen der Perüfungstechnik, in: HdJ, Abt. VI/3, Köln 1994, Rn. 141–168.

HÖMBERG, R.: Dollar-Unit-Sampling, in: LÜCK, W. (Hrsg.), Lexikon der Rechnungslegung und Abschlussprüfung, 4. Auflage, München 1998, S. 189–190.

INSTITUT DER WIRTSCHAFTSPRÜFER IN DEUTSCHLAND E.V.: FG 1/1988, Grundsätze ordnungsmäßiger Durchführung von Abschlussprüfungen, in: Die Fachgutachten und Stellungnahmen des IdW, Düsseldorf, Stand April 1997.

INSTITUT DER WIRTSCHAFTSPRÜFER IN DEUTSCHLAND E.V.: IDW PS 300, IDW-Prüfungsstandard: Prüfungsnachweise im Rahmen der Abschlussprüfung, in: WPg, 54. Jg. (2001), S. 898–903.

JUNG, M.: Monetary-Unit-Sampling, in: Österreichische Zeitschrift für Recht und Rechnungswesen, 8. Jg. (1998), S. 23–28.

JUNG, M./KELLERER, H.: Heterograde Annahmestichprobe versus Monetary-Unit Sampling, in: Österreichische Zeitschrift für Recht und Rechnungswesen, 5. Jg. (1995), S. 248–251.

MANDL, G.: Untersuchungen über die Anwendungsvoraussetzungen und Effizienz statistischer Stichprobenverfahren in der Buchprüfung, Wien 1984

MANDL, G./JUNG, M.: Effizienz und Effektivität statistischer Stichprobenverfahren, in: BFuP, 49. Jg. (1997), S. 229–243.

MARTEN, K. U./QUICK, R./RUHNKE, K.: Wirtschaftsprüfung, 2. Aufl., Stuttgart 2003.

Bert Kaminski

Prüfung der Bilanzierung und Bewertung von ERP-Software

In den letzten Jahren hat der technische Fortschritt dazu geführt, dass sich das Rechnungswesen vieler Unternehmen grundlegend verändert hat. Die Steuerung von und die Verwaltung der Unternehmen erfolgt heute über *integrierte Softwarelösungen, die alle Bereiche des Unternehmens umfassen*. Hierbei handelt es sich um so genannte ERP-Software. ERP steht für Enterprise Resource Planning. Diese Software stellt nicht nur eine einheitliche Datenbasis zur Verfügung, sondern beinhaltet auch die Verknüpfung von operativen rechnungslegungsbezogenen Funktionen. Diese Programme sind dadurch gekennzeichnet, dass vom Anbieter nur ein „Rohling"[1] und eine Lizenz zur individuellen Anpassung erworben werden kann. Der eigentliche Nutzen für das Unternehmen entsteht erst durch die Anpassung an die individuellen Verhältnisse und Bedürfnisse des Unternehmens. Dieses so genannte „Customizing" führt dazu, dass die Software in dieser Form für andere Unternehmen nicht nutzbar ist und verursacht regelmäßig hohe Kosten, die zum Teil ein Mehrfaches der Lizenzkosten für den „Rohling" betragen können.

Aus der Perspektive der Jahresabschlussprüfung stellt sich hierbei u. a. die Frage, wie die Kosten für diese Software handelsbilanziell zu behandeln sind. Diesem Aspekt widmet sich die folgende Aufgabe. Darüber hinaus ergeben sich aus dieser Veränderung in den Unternehmen weitergehende Auswirkungen auf die Jahresabschlussprüfung, die jedoch nicht Gegenstand dieses Beitrags sind.

Aufgabe

Die X-AG, Stuttgart, hat eine Lizenz zur Nutzung der ERP-Software „S" erworben. Diese ist zeitlich unbegrenzt und umfasst auch das Recht zu einer internen Weiterentwicklung. Hierzu erfolgt die Überlassung des Quellcodes des Programms. Vereinbart wurde eine Einmalzahlung in Höhe von 1.000.000,- €, die zum vorgesehenen Zeitpunkt (02. Januar 01) auch geleistet wird. Außerdem verpflichtet sich der Softwareanbieter gegen ein laufendes jährliches Entgelt von 5.000,- € zur Pflege der Software, indem er auftretende Fehler beseitigt und die X-AG unverzüglich auf mögliche Anwendungsprobleme mit und Sicherheitslücken in der Software hinweist.

Um die Software „S" bei der X-AG sinnvoll nutzen zu können, nimmt die Gesellschaft umfangreiche Anpassungen und Schulungsmaßnahmen der Mitarbeiter vor. Diese umfassen insbesondere die folgenden Maßnahmen:

---

[1] Begriff übernommen von *KÖHLER/BENZEL/TRAUTMANN*, S. 927.

- Festlegung von Kontenrahmen und Kostenstellen,
- Definition und Angleichung von Schnittstellen,
- Programmierung von Interpretern bzw. Konnektoren, die die Umsetzung von Daten aus unterschiedlichen EDV-Systemen ermöglichen,
- Überführung von Daten aus der alten Software in die neue (einschließlich Konvertierung, um deren Weiterverarbeitung auch in Zukunft gewährleisten zu können),
- Maßnahmen zur Gewährleistung der Funktionsfähigkeit des Systems und des Schutzes vor unbefugten Zugriffen,
- Schaffung von unternehmensinternen Abrechnungsmasken (z. B. für Reisekosten, Urlaubsanträge),
- Schulung von Mitarbeitern,
- Erstellung von internen Handbüchern, die den Mitarbeitern als Ratgeber dienen sollen,
- Schaffung einer firmeninternen Hotline, die sich ausschließlich der sofortigen Lösung von auftretenden Problemen mit der neuen Software widmet,
- Betrieb eines EDV-System für Testzwecke („Testumgebung"),
- Testläufe der Software, indem fiktive Sachverhalte durch die Software verarbeitet werden um anschließend die Ergebnisse kontrollieren zu können,
- Analyse möglicher juristischer Probleme infolge des Einsatzes der ERP-Software (z. B. Datenschutz und Datensicherheit),
- Abstimmung der Software mit Finanzverwaltung und Wirtschaftsprüfer.

Im Rahmen der Implementierung der Software wird festgestellt, dass die bisherige Organisationsstruktur in Teilbereichen nicht den Anforderungen genügt, die für einen sinnvollen Einsatz der Software bestehen. Deshalb erfolgt eine teilweise Neuzuordnung von Zuständigkeiten und Mitarbeiten im Unternehmen, um die Arbeitsabläufe optimal auf die Softwarelösung einstellen zu können.

Aus Kostengründen werden diese Leistungen soweit wie möglich durch eigene Mitarbeiter durchgeführt. Zu diesem Zweck wurde extra der Mitarbeiter „M" von einem anderen Unternehmen abgeworben. „M" gilt in Branchenkreisen als ausgewiesener Experte der Software „S". Obwohl er die in ihn gesetzten Erwartungen voll erfüllt, belaufen sich die Kosten für die Softwareanpassung und Einführung insgesamt auf 15.000.000,- €. Darin enthalten sind u. a. 250 Beraterstunden (à 150,- €/Stunde), die die X-AG von der Herstellerfirma von „S" in Anspruch genommen hat. Im Rahmen von Werkverträgen, bei denen das Risiko für den Erfolg der Anpassungsmaßnahmen jeweils bei der X-AG lag, wurden die Arbeiten ausgeführt, die weder von „M" noch von der übrigen Mitarbeitern der EDV-Abteilung vorgenommen werden konnten. Bei allen Zahlenangaben handelt es sich um Netto-Beträge, also solche ohne Umsatzsteuer. Die X-AG ist als Unternehmer im Sinne des § 2 Abs. 1 UStG gemäß § 15 UStG zum Vorsteuerabzug berechtigt. Die Software „S" dient ausschließlich der Erbringung voll steuerbarer und steuerpflichtiger Lieferungen und Leistungen.

Im Rahmen der Erstellung des handelsrechtlichen Jahresabschlusses hat der Buchhalter „B" folgende Überlegungen angestellt: Die Software „S" ist entsprechend dem Vollständigkeitsgrundsatz in der Bilanz auszuweisen. Die Bewertung erfolgt mit den Anschaffungskosten. Gemäß § 255 Abs. 1 Satz 1 HGB umfassen diese alle Aufwendungen, die geleistet werden, um einen Vermögensgegenstand zu erwerben und ihn in einen betriebsbereiten Zustand zu versetzen. „B" sieht die Kosten für das Customizing als Anschaffungsnebenkosten an. Er ermittelt die o. g. Zahlen mit Hilfe der Kostenrechnung des Unternehmens und aktiviert die Software mit Anschaffungskosten in Höhe von 16.000.000,- €. Dieser Betrag setzt sich zusammen aus 1.000.000,- € für den „Rohling" und 15.000.000,- € als Kosten bis zur Betriebsbereitschaft. Infolge der Vorsteuerabzugsberechtigung der X-AG lässt „B" die Umsatzsteuer unberücksichtigt.

Diese Anschaffungskosten will „B" über die Jahre der Nutzungsdauer verteilen. Er ist sich unsicher, wie lange diese wohl sein mag, weil er mit der Software „S" noch keine Erfahrung hat. Nach einigem Nachdenken und einem Blick in diverse Gesetze findet er im § 7 Abs. 1 Satz 3 EStG eine gesetzliche Nutzungsdauer von 15 Jahren für den Firmenwert. „B" meint, dass zwischen der ERP-Software und dem Firmenwert zwar durchaus Unterschiede bestehen, aber letztlich wird diese Software dauerhaft im Unternehmen genutzt. Die Lizenz für den „Rohling" ist zeitlich unbefristet und da „B" sich entschlossen hat, evtl. Updates als Erhaltungsaufwand anzusetzen meint er, dass eine kürzere Nutzungsdauer nicht in Betracht käme. Außerdem gäbe es zur Not immer noch die Möglichkeit einer außerplanmäßigen Abschreibung (§ 253 Abs. 2 Satz 3 HGB). Weiterhin geht „B" davon aus, dass die Kosten für die laufende Pflege der Software in Höhe von 5.000,- € als sofort abzugsfähige Betriebsausgaben zu berücksichtigen sind. Die Aufwendungen im Vorfeld der Anschaffung (z. B. für die Auswahl der zu erwerbenden ERP-Software) werden von „B" als sofort abzugsfähiger Aufwand behandelt.

Wie ist die handelsrechtliche Behandlung der ERP-Software durch „B" aus dem Blickwinkel eines Wirtschaftsprüfers zu beurteilen?

Lösung

In der Bilanz müssen grundsätzlich sämtliche Vermögensgegenstände (und Schulden) des Unternehmens ausgewiesen werden (§ 246 Abs. 1 Satz 1 HGB). Allerdings gilt dies nur insoweit, wie es sich um die Vermögensgegenstände *des Unternehmens* handelt und keine abweichenden gesetzlichen Bestimmungen bestehen. Dies setzt eine Zuordnung zum Unternehmen voraus, die nach Maßgabe der Grundsätze des zivilrechtlichen bzw. wirtschaftlichen Eigentums erfolgt.

Es liegt hier ein unbegrenztes Nutzungsrecht durch die X-AG vor, wobei das Unternehmen zusätzlich den Quellcode an der Software erhalten hat. Damit hat eine Zuordnung zum Betriebsvermögen der X-AG zu erfolgen. Fraglich könnte allerdings sein, ob a) überhaupt ein Vermögensgegenstand vorliegt und b) ob möglicherweise ein Bilanzierungsverbot einschlägig ist.

Für das *Vorliegen eines Vermögensgegenstands* werden üblicherweise die folgenden Kriterien aufgestellt:

- Es muss sich um wirtschaftliche Werte handeln, die
- selbständig bewertbar und
- selbständig verkehrsfähig, d. h. einzeln veräußerbar sind.

Ein „*wirtschaftlicher Wert*" ist gegeben, wenn für das Unternehmen in der Zukunft ein Nutzen entsteht. Hiervon kann bei der Software ausgegangen werden, sofern deren Implementierung weiterverfolgt wird.

Die „*selbständige Bewertbarkeit*" verlangt das Vorliegen eines Wertmaßstabs, d. h., es müssen Aufwendungen für das Gut entstanden sein. Dies ist hier unproblematisch, weil sowohl für die Anschaffung des „Rohlings" als auch für das Customizing Aufwendungen entstanden sind.

Das Erfüllen des Kriteriums der „*selbständigen Verkehrsfähigkeit*" könnte hier zweifelhaft sein. Schließlich führt die Anpassung der Software an die individuellen Verhältnisse des Unternehmens dazu, dass ein sinnvoller Einsatz durch ein anderes Unternehmen in aller Regel nicht möglich ist. Gleichwohl geht der BFH in mittlerweile ständiger Rechtsprechung davon aus, dass die Begriffe Vermögensgegenstand und das steuerliche aktivische Wirtschaftsgut identisch sind.[1] Der BFH hat entschieden, dass es für die Frage der Veräußerbarkeit nicht darauf ankommt, ob ein Verkauf tatsächlich erfolgen kann. Entscheidend sei vielmehr, ob der Erwerber im Rahmen des Gesamtkaufpreises bereit sei, einen Teil davon für dieses Wirtschaftsgut zu bezahlen. Damit kann dieses Kriterium auch dann erfüllt sein, wenn eine tatsächliche Veräuße-

---

[1] Ganz h. M., vgl. z. B. BFH-Beschluss vom 7. 8. 2000, GrS 2/99, BStBl. II 2000, S. 632 ff.

rung (wie z. B. bei Güterfernverkehrkonzessionen[1]) rechtlich gar nicht möglich ist. Da für die Frage des Ansatzes in der Steuerbilanz grundsätzlich das Maßgeblichkeitsprinzip des § 5 Abs. 1 Satz 1 EStG gilt, ergibt sich hieraus, dass diese Grundsätze auch für die Handelsbilanz Bedeutung haben müssen. Folglich ist im vorliegenden Fall das Kriterium der selbständigen Verkehrsfähigkeit erfüllt, da ein fiktiver Erwerber, wenn keine entsprechende Software vorhanden ist, eine solche beschaffen müsste. Damit ist er im Rahmen einer fiktiven Kaufpreisfindung bereit, einen höheren Preis zu zahlen, wenn dieses Wirtschaftsgut bereits im Unternehmen vorhanden ist.

„B" geht davon aus, dass ein Anschaffungsvorgang gegeben ist. Dies ist zu prüfen, denn wenn von einem Herstellungsvorgang auszugehen wäre, könnte die Regelung des § 248 Abs. 2 HGB, also das Aktivierungsverbot für selbst erstellte immaterielle Vermögensgegenstände des Anlagevermögens, anwendbar sein. Daher ist zunächst zu prüfen, ob tatsächlich eine Anschaffung vorliegt. Wird ein Anschaffungsvorgang verneint, ist weiter zu fragen, ob ein immaterielles Wirtschaftsgut vorliegt, weil dann § 248 Abs. 2 HGB als Bilanzierungsverbot zu beachten ist.

Das Handelsrecht enthält zwar in § 255 Abs. 1 und 2 HGB Definitionen für die Begriffe der Anschaffungs- und Herstellungskosten, doch werden die Termini „Anschaffung" und „Herstellung" selbst nicht gesetzlich definiert. Eine *Anschaffung* setzt grundsätzlich einen bereits vorhandenen Vermögensgegenstand voraus. Allerdings können hier insoweit Ausnahmen bestehen, weil bei Nutzungsrechten durch das erstmalige Begründen diese Rechte erst geschaffen werden (z. B. beim Nießbrauch) und dennoch eine Anschaffung gegeben sein soll.

Eine *Herstellung* soll nach der Rechtsprechung des BFH immer dann vorliegen, wenn der Steuerpflichtige ein Wirtschaftsgut auf eigene Rechnung und Gefahr herstellt oder herstellen lässt und das Herstellungsgeschehen beherrscht.[2] Dies lässt sich für eine Reihe von vergleichbaren Sachverhalten aus der Rechtsprechung des Bundesfinanzhofs – also zur steuerlichen Abgrenzung, die jedoch insoweit entsprechend auch für das Handelsrecht gilt – herleiten. Besteht ein Herstellungsvorgang aus einer Abfolge von Anschaffungen, liegt dennoch eine Herstellung vor. Dies gilt z. B. für den Einsatz eines Generalunternehmers, der lediglich das Engineering oder die Koordination vornimmt, aber die einzelnen Leistungen von Fremdfirmen zukauft.[3] Wenn ein Vermögensgegenstand aus mehreren anderen Vermögensgegenständen (wie z. B. Softwaremodulen) zusammengesetzt wird, ist entscheidend darauf abzustellen, ob der

---

1 Vgl. BFH-Urteil vom 10. 12. 1991, I R 148/90, BStBl. II 1992, S. 383.
2 Vgl. BFH-Urteil vom 2. 9. 1988, III R 54/87, BStBl. II 1988, S. 1009.
3 Vgl. BFH-Urteil vom 2. 9. 1988, III R 54/87, BStBl. II 1988, S. 1009.

Anschaffungsvorgang oder die Bearbeitung im Mittelpunkt stehen. Sind beide Komponenten gleichgewichtig, soll eine Herstellung gegeben sein.[1]

Für den vorliegenden Fall ist damit festzustellen, dass das Schwergewicht nicht auf dem Erwerb des „Rohlings" (und damit auf der Anschaffung), sondern auf dessen Anpassung im Unternehmen liegt. Ausschlaggebend hierfür ist nicht nur die Kostenverteilung zwischen beiden Bereichen (Software: 1.000.000,- €; Customizing: 15.000.000,- €), sondern der Umstand, dass die Software „S" als solche für das Unternehmen keinen Wert hat. Der angestrebte Einsatz wird erst nach der Anpassung an die individuellen Verhältnisse des Unternehmens möglich. Damit tritt auch erst zu diesem Zeitpunkt die Betriebsbereitschaft ein. Weiterhin liegt das Risiko für die Anpassung an die Gegebenheiten des Unternehmens beim Unternehmen und nicht bei den Auftragnehmern der Programmierleistungen oder beim Hersteller der Software. Hieraus folgt, dass sich Risiken und evtl. Verluste voll zu Lasten der X-AG auswirken. Somit ist im vorliegenden Fall festzustellen, dass kein Anschaffungs-, sondern ein Herstellungsvorgang gegeben ist.

Fraglich könnte sein, ob der „Rohling" als solcher gesondert zu aktivieren ist. Zwar liegen für ihn Anschaffungskosten vor und er erfüllt auch grundsätzlich die Voraussetzungen für das Vorliegen eines Wirtschaftsguts, doch würde bei einer Aktivierung übersehen werden, dass der „Rohling" als solcher für das Unternehmen keinen Nutzen stiftet. Vielmehr bildet er mit den übrigen Maßnahmen der X-AG zur Implementierung der Software eine wirtschaftliche Einheit. Damit würde ein einheitlicher Vermögensgegenstand künstlich in mehrere Vermögensgegenstände aufgespalten. Damit würde ein Verstoß gegen die handelsrechtlichen Grundsätze ordnungsmäßiger Buchführung erfolgen. Deshalb scheidet eine solche Vorgehensweise aus.

Aufgrund der Qualifikation als Herstellungsvorgang und der erwarteten dauerhaften Nutzung durch das Unternehmen ergibt sich die Folgefrage, ob es sich im vorliegenden Fall um einen *immateriellen Vermögensgegenstand* handelt. Ist dies der Fall, wäre das Bilanzierungsverbot des § 248 Abs. 2 HGB anzuwenden. Folglich wären die gesamten Kosten (sowohl für den „Rohling" als auch das Customizing) als Aufwand ergebniswirksam im Jahr des Entstehens zu berücksichtigen.

Software ist grundsätzlich ein immaterieller Vermögensgegenstand.[2] Dies gilt somit auch für die ERP-Software, weil bei dieser der geistige Gehalt im Vordergrund steht und der Datenträger als solcher in der Regel unbedeutend ist. Hingegen liegt nur in seltenen Ausnahmefällen ein materieller Vermögensgegenstand vor. Dies sind die folgenden Fälle:

---

[1] Vgl. *ELLROT/SCHMIDT-WENDT*, in: Beck'scher Bilanzkommentar, 5. Aufl., München 2003, § 255 Rz. 38.

[2] Vgl. BFH-Urteil vom 3. 7. 1987, III R 7/86, BStB. II, S. 728 ff., und vom 3. 7. 1987, III R 147/86, BStBl. II, S. 787 ff.

- *Firmware* (fest mit dem Computer verbundene Mikroprogramme, die die Hardware des Computers steuern) ist als unselbständiger Teil der Hardware zusammen mit dieser zu aktivieren.

- *Bundling* (Systemsoftware wird zusammen – ohne gesonderte Berechnung – mit der Hardware erworben): Die Software ist zusammen mit der Hardware als einheitlicher (materieller) Vermögensgegenstand des Sachanlagevermögens zu behandeln.

- Anwendungssoftware ist kein immaterieller Vermögensgegenstand, wenn sie im Wesentlichen aus *allgemein zugänglichen Daten* besteht und dabei *weder* aus der Nutzung dieser Daten *besondere Vorteile* erwartet werden können *noch* die Fähigkeit der Software zur *Steuerung von Abläufen* im Vordergrund steht.

Da diese Ausnahmen im vorliegenden Fall nicht einschlägig sind, ist davon auszugehen, dass es sich um einen immateriellen Vermögensgegenstand handelt. Folglich kommt es zur Anwendung von § 248 Abs. 2 HGB.

Im Ergebnis ist damit festzustellen, dass die von „B" vorgenommene Aktivierung unzutreffend ist. Die Beträge sind in voller Höhe sofort als Aufwand zu verbuchen. Denkbar wäre allenfalls eine Berücksichtigung im Rahmen einer Bilanzierungshilfe für Aufwendungen für die Ingangsetzung und Erweiterung des Geschäftsbetriebs. In einem solchen Fall ist die „relative Ausschüttungssperre" (§ 269 Satz 2 HGB) und die Abschreibungspflicht gemäß § 282 HGB zu beachten, so dass die von „B" vorgenommene Abschreibung in jedem Fall unzureichend ist. Hingegen ist die Behandlung der „Vorlaufkosten" für die Auswahl der Software und ähnliches nicht zu beanstanden.

Die Berücksichtigung des Entgelts für den Vertrag über die laufende Pflege der Software ist zutreffend. Es handelt sich um einen Werteverzehr, der das laufende Jahr betrifft und der nicht zu einem aktivierungsfähigen Vermögensgegenstand führt. Aus der Beschreibung des Vertragsgegenstands ergibt sich, dass diese Leistungen nur darauf gerichtet sind, bestehende Fehler zu beseitigen, so dass eine Qualifikation als nachträgliche Anschaffungs- oder Herstellungskosten ohnehin ausscheiden muss.

Literaturhinweise

BABON, H.: Aktivierung von Lizenzrechten bei Einführung neuer Software-Systeme, in: StBp 2001, S. 68–74.

BECK'SCHER BILANZ-KOMMENTAR, 5. Aufl., München 2003.

HOFMANN, W.-D.: Nochmals zur Bilanzierung von ERP-Software, in: DStR 2002, S. 1458–1460.

INSTITUT DER WIRTSCHAFTSPRÜFER IN DEUTSCHLAND E. V. (Hrsg.): Entwurf IDW Stellungnahme zur Rechnungslegung: Bilanzierung von Software beim Anwender (IDW ERS HFA 11), Stand: 01.07.2003, in: Wpg 2003, S. 876–879.

INSTITUT DER WIRTSCHAFTSPRÜFER IN DEUTSCHLAND E. V. (Hrsg.): Wirtschaftsprüfer-Handbuch 2000, Band I, 12. Aufl., Düsseldorf 2000.

KÖHLER, S./BENZEL, U./TRAUTMANN, O.: Die Bilanzierung von ERP-Software im Internetzeitalter, in: DStR 20002, S. 926 –932.

SAUER, K. P.: Rechnungslegung für Software, in: DStR 1988, S. 727–735.

STRUNK, G./KAMINSKI, B.: Steuerliche Gewinnermittlung bei Unternehmen, Band 2 der Studienreihe: Steuern in der Unternehmenspraxis, Kriftel 2001.

STRUNK, G.: Handels- und steuerbilanzielle Implikationen von E-Business-Aktivitäten, in: KAMINSKI, B./HENSSLER, T./KOLASCHNIK, H./PAPATHOMA-BAETGE, A. (Hrsg.): Rechtshandbuch e-Business, Kriftel 2002, S. 541–568.

VOSS, J.: Steuerbilanzielle Behandlung von PC-Software, in: FR 1989, S. 358–363.

WEBER, C.-P.: Nachweis- und Dokumentationsfragen aus Unternehmens- und Wirtschaftsprüfersicht, in: FISCHER, L./STRUNK, G. (Hrsg.): Steuerliche Aspekte des Electronic Commerce, Forum der internationalen Besteuerung, Band 15, Köln 1998, S. 137–150.

Rechtsprechungshinweise

BFH-Beschluss vom 7. August 2000 – GrS 2/99, in: Bundessteuerblatt II 2000, S. 632–638.

BFH-Urteil vom 4. Dezember 1991 – I R 148/90, in: Bundessteuerblatt II 1992, S. 383–385.

BFH-Urteil vom 2. September 1988 – III R 54/84, in: Bundessteuerblatt II 1988, S. 1009–1012.

BFH-Urteil vom 3. Juli 1987 – III R 7/86, in: Bundessteuerblatt II 1987, S. 728–732.

BFH-Urteil vom 3. Juli 1987 – III R 147/86, in: Bundessteuerblatt II 1987, S. 787–789.

Manfred Jürgen Matschke, Mathias Schellhorn und Gerrit Brösel

Die Prüfung der Gewinn- und Verlustrechnung nach dem Gesamtkostenverfahren

Gemeinsam mit der Bilanz bildet die *Gewinn- und Verlustrechnung*[1] gemäß § 242 Abs. 3 HGB den Jahresabschluß, der entsprechend § 264 Abs. 1 Satz 1 HGB bei Kapitalgesellschaften und bei Personenhandelsgesellschaften im Sinne des § 264a HGB um den Anhang zu erweitern ist. Nach § 264 Abs. 2 Satz 1 HGB hat der Jahresabschluß der Kapitalgesellschaften und der Personenhandelsgesellschaften im Sinne des § 264a HGB unter Beachtung der Grundsätze ordnungsmäßiger Buchführung ein den tatsächlichen Verhältnissen entsprechendes Bild der Vermögens- und Finanzlage sowie auch der *Ertragslage* zu vermitteln. Im Hinblick auf die Ertragslage stellt die Gewinn- und Verlustrechnung das maßgebliche Informationsinstrument dar. Diese hat – in Anbetracht des Vollständigkeitsgebotes des § 246 Abs. 1 Satz 1 HGB – sämtliche Erträge und Aufwendungen eines Geschäftsjahres, welches gemäß § 240 Abs. 2 Satz 2 HGB die Dauer von zwölf Monaten nicht überschreiten darf, zu enthalten. Bei der Gewinn- und Verlustrechnung handelt es sich daher im Unterschied zur Bilanz, die eine Zeitpunktrechnung ist, um eine Zeitraumrechnung.

Gemäß § 275 Abs. 1 Satz 1 HGB ist die Gewinn- und Verlustrechnung der Kapitalgesellschaften und der Personenhandelsgesellschaften im Sinne des § 264a HGB in *Staffelform* aufzustellen. Die Struktur der Gewinn- und Verlustrechnung als Staffelrechnung ist in Abbildung 1 dargestellt.

	Betriebliche Erträge		
–	Betriebliche Aufwendungen		
=	Betriebsergebnis		Betriebsergebnis
	Finanzerträge		
–	Finanzaufwendungen		
=	Finanzergebnis	+	Finanzergebnis
		=	Ergebnis aus gewöhnlicher Geschäftstätigkeit
	Außerordentliche Erträge		
–	Außerordentliche Aufwendungen		
=	Außerordentliches Ergebnis	+	Außerordentliches Ergebnis
		–	Steuern
		=	Jahresüberschuß/Jahresfehlbetrag (Unternehmensergebnis)

Abb. 1: *Die Struktur der Gewinn- und Verlustrechnung als Staffelrechnung; Quelle: Matschke/Schellhorn (2002), Sp. 980.*

---

[1] Vgl. nachfolgend *MATSCHKE/SCHELLHORN* 2002.

Die Bildung von Teilsalden in bezug auf sachlich zusammengehörende und gesondert ausgewiesene Erträge und Aufwendungen stellt das Merkmal der Staffelform dar. Der Gesamterfolg des Geschäftsjahres wird somit in Teilerfolge aufgespalten. Hierbei wird vom Grundsatz der Erfolgsspaltung gesprochen. Betriebs- und Finanzergebnis brauchen nach dem Gliederungsschema des § 275 Abs. 2 HGB nicht als Zwischensalden ausgewiesen werden. Hinsichtlich der Erfassung und Darstellung der einzelnen Erträge und Aufwendungen gilt gemäß dem Bruttoprinzip (§ 246 Abs. 2 HGB) grundsätzlich die unsaldierte Erfassung der einzelnen Aufwendungen und Erträge.

Nach § 275 HGB haben Kapitalgesellschaften und Personenhandelsgesellschaften im Sinne des § 264a HGB das Wahlrecht, die Gewinn- und Verlustrechnung entweder nach dem Umsatzkostenverfahren oder nach dem Gesamtkostenverfahren aufzustellen. Diese beiden Verfahren, die zum gleichen Jahresüberschuß oder -fehlbetrag als Unternehmungsergebnis führen, unterscheiden sich hauptsächlich bezüglich der Darstellung des Betriebsergebnisses und hier insbesondere des Betriebsergebnisses i. e. S. Im Falle der Aktivierung von Zinsen kommt es zu Abweichungen beim Finanzergebnis und korrespondierend dazu beim Betriebsergebnis, während das Ergebnis aus gewöhnlicher Geschäftstätigkeit nach beiden Verfahren dann wiederum übereinstimmt. Abbildung 2 zeigt die Struktur des Betriebsergebnisses.

	Betriebliche Erträge i. e. S.		
−	Betriebliche Aufwendungen i. e. S.		
=	Betriebsergebnis i. e. S.		Betriebsergebnis i. e. S.
	Sonstige betriebliche Erträge		
−	Sonstige betriebliche Aufwendungen		
=	Sonstiges Betriebsergebnis	+	Sonstiges Betriebsergebnis
		=	Betriebsergebnis

Abb. 2: Die Struktur des Betriebsergebnisses; Quelle: Matschke/Schellhorn (2002), Sp. 981.

Auch wenn in beiden Verfahren von ihren Bezeichnungen her identische Posten (wie z. B. Sonstige betriebliche Aufwendungen) zu verzeichnen sind, können sich diese inhaltlich unterscheiden. Als Basis der Ermittlung des Betriebsergebnisses (i. e. S.) dient entweder – wie beim Umsatzkostenverfahren – die Absatzmenge (Absatzerfolgsrechnung) oder – wie beim Gesamtkostenverfahren – die Produktionsmenge (Produktionserfolgsrechnung) des Geschäftsjahres. Beim Gesamtkostenverfahren sind die betrieblichen Aufwendungen (i. e. S.) artmäßig gegliedert in der Gewinn- und Verlustrechnung zu erfassen. Die Struktur des Betriebsergebnisses (i. e. S.) nach dem Gesamtkostenverfahren ist in Abbildung 3 dargestellt.

	Umsatzerlöse	
+/−	Erhöhung oder Verminderung des Bestandes an fertigen und unfertigen Erzeugnissen	
+	Aktivierte Eigenleistungen	
=	Betriebliche Erträge (i. e. S.)	Betriebliche Erträge (i. e. S.)
	Materialaufwand	
+	Personalaufwand	
+	Abschreibungen	
=	Betriebliche Aufwendungen (i. e. S.)	− Betriebliche Aufwendungen (i. e. S.)
		= Betriebsergebnis (i. e. S.)

Abb. 3: Die Struktur des Betriebsergebnisses (i. e. S.) nach dem Gesamtkostenverfahren; Quelle: Matschke/Schellhorn (2002), Sp. 981.

Die in § 275 Abs. 2 HGB aufgeführten Positionen hat eine Kapitalgesellschaft oder Personenhandelsgesellschaft im Sinne des § 264a HGB im Einzelnen in ihrer Gewinn- und Verlustrechnung nach dem Gesamtkostenverfahren auszuweisen. Für kleine und mittelgroße Gesellschaften sind hierfür gemäß § 276 HGB Erleichterungen vorgesehen. Unabhängig von der Größe ist von den Gesellschaften im Zeitablauf das Prinzip der Gliederungsstetigkeit einzuhalten. Sowohl im Gesamtkosten- als auch im Umsatzkostenverfahren können zudem weitere im Gliederungsschema des § 275 Abs. 2 und Abs. 3 HGB nicht aufgeführte Positionen, wie z. B. Erträge und Aufwendungen aus Gewinngemeinschaften, Gewinnabführungsverträgen sowie aus Verlustübernahmen (§ 277 Abs. 3 HGB), spezielle Steuerposition bei Personenhandelsgesellschaften im Sinne des § 264a HGB (§ 264c Abs. 2 Satz 2 HGB) oder Gewinnverwendungsrechnung gemäß § 158 Abs. 1 AktG, in Frage kommen.

Fallstudie

Nach dreijähriger Tätigkeit bei der internationalen Wirtschaftsprüfungsgesellschaft „Treu und Glauben AG" werden Sie durch Ihren Niederlassungsleiter, dem Gastwirtschaftsprüfer Tick, zum Manager des Prüfungsteams für die „Buchungsdschungel AG" bestimmt. Die „Buchungsdschungel AG" erstellt eine Gewinn- und Verlustrechnung nach dem Gesamtkostenverfahren. In Ihrem neuen Amt müssen Sie sich folgenden Herausforderungen stellen:

Aufgabe 1

Ihr Mandant plant in ein paar Jahren den Gang an internationale Kapitalmärkte. Vor diesem Hintergrund erbittet er sich prägnante Hinweise zu den Besonderheiten der Gewinn- und Verlustrechnung *nach dem Gesamtkostenverfahren* gemäß IFRS sowie gemäß US-GAAP.

Aufgabe 2

Da Ihr Mandant das Prüfungshonorar reduzieren möchte, schlägt er Ihnen vor, sich mit der Prüfung der Bilanz zu begnügen. Eine Prüfung der gemäß HGB erstellten Gewinn- und Verlustrechnung sieht er als überflüssig an. Was antworten Sie ihm?

Aufgabe 3

Sie sind beim Mandanten vor Ort und prüfen den handelsrechtlichen Jahresabschluß. Mit der Prüfung der Umsatzerlöse und der Abschreibungen haben Sie einen jungen Prüfungsassistenten beauftragt. Nach Durchsicht der Prüfungsunterlagen am Abend des ersten Prüfungstages erkennen Sie, daß dieser Prüfungsassistent sich scheinbar vorgenommen hat, jeden einzelnen Umsatz- und Abschreibungsvorgang anzusehen.

a) Erläutern Sie dem Prüfungsassistenten kurz die Festlegung der Prüfungsobjekte am Beispiel der Umsatzerlöse.

b) Grenzen Sie die formelle und die materielle Prüfung voneinander ab.

c) Unterscheiden Sie die Prüfungen der Positionen der Gewinn- und Verlustrechnung im Hinblick auf den Prüfungsablauf.

d) Erklären Sie die Verknüpfung von Bilanz und Gewinn- und Verlustrechnung. Welchen Einfluß hat diese Verknüpfung auf die Prüfung der Gewinn- und Verlustrechnung? Verdeutlichen Sie den Zusammenhang zwischen der Prüfung der Posten der Gewinn- und Verlustrechnung sowie der Bilanzposten in einer Abbildung. *Hinweis:* Geben Sie in der Abbildung für die einzelnen Positionen der Gewinn- und Verlustrechnung korrespondierende Bilanzpositionen sowie Prüfungsobjekte, die ein mögliches Bindeglied zwischen der Position der Gewinn- und Verlustrechnung und der korrespondierenden Bilanzpositionen darstellen, an.

e) Wann ist eine eigenständige Prüfung von Positionen der Gewinn- und Verlustrechnung relevant?

Aufgabe 4

Die Prüfung der Jahresabschlußpositionen kann generell untergliedert werden in eine Ausweisprüfung (einschließlich Nachweisprüfung) und in eine Bewertungsprüfung. Welche dieser Prüfungsformen steht bei der Prüfung der Gewinn- und Verlustrechnung im Mittelpunkt? Warum?

Aufgabe 5

Die Ausweisprüfung erstreckt sich auf die Erfüllung von drei Postulaten: das Postulat des sachgemäßen Ausweises, das Postulat des vollständigen Ausweises und das Postulat des periodengerechten Ausweises. Was sollen diese Postulate gewährleisten? Beschreiben Sie, wie eine Prüfung der Einhaltung dieser Postulate erfolgen kann.

Aufgabe 6

Bei der Ausweisprüfung empfiehlt es sich, zugleich zu prüfen, ob bestimmte mit der Gewinn- und Verlustrechnung zusammenhängende Angaben gemacht wurden. Nennen Sie Beispiele, um welche Angaben es sich im Rahmen des handelsrechtlichen Jahresabschlusses handelt.

Aufgabe 7

Aufgrund der Sensibilität des Personalbereiches bittet der Mandant, daß Sie den Personalaufwand persönlich prüfen.

a) Welche Unterlagen erachten Sie als prüfungsrelevant?

b) Die Ergebnisse der Risikoanalyse des jeweiligen Prüffeldes bestimmen den Umfang und die Intensität der weiteren Prüfung dieses Bereiches. Hierbei soll mit Hilfe analytischer Prüfungshandlungen unter anderem festgestellt werden, ob Fehlerindikatoren existieren, die für die Risikobeurteilung und das weitere Prüfungsvorgehen von Bedeutung sind. Kreieren Sie für die Position „Personalaufwand" eine Checkliste zur Analyse der Fehlerindikatoren und der in Betracht kommenden Fehlerhypothesen.

c) Der Mitarbeiter der Personalabteilung Ihres Mandanten wundert sich, warum Sie sich mit dem Nachweis der jeweiligen Beschäftigungsverhältnisse auseinandersetzen. Erläutern Sie ihm den Grund. Worauf müssen Sie bei dieser Prüfungshandlung achten?

d) Gerade weil der Fokus einer Jahresabschlußprüfung zukünftig ein tieferes Verständnis der Managementprozesse erfordern und sich verstärkt auf die nichtfinanziellen Informationen konzentrieren wird, sind für die Aufgaben der traditionellen (auf die einzelnen Positionen des Jahresabschlusses orientierten) Prüfung Module erforderlich, die eine Verbesserung der Effizienz und vor allem der Qualität ermöglichen. Entwickeln Sie vor diesem Hintergrund ein Arbeitspapier in Form einer Checkliste, das eine Prüfung des „Internen Kontrollsystems" (IKS) im Personalbereich unterstützt. Klären Sie vorab kurz und allgemein, was eigentlich als IKS bezeichnet wird. Welche Verbindung besteht zwischen IKS und Jahresabschlußprüfung?

Lösung

Aufgabe 1

Im Gegensatz zur Rechnungslegung nach dem HGB sind weder die IFRS- noch die US-GAAP-Rechnungslegung gesetzlich verbindliche Rechnungslegungsvorschriften. Obwohl ihre theoretische Fundierung zu wünschen übrig lässt,[1] gewinnt ihr tatsächlicher Geltungs- und Anwendungsbereich nicht zuletzt durch die Verordnung (EG) Nr. 1606/2002 des Europäischen Parlaments vom 19. Juli 2002 stetig an Bedeutung. Die bilanzpolitischen Gestaltungsmöglichkeiten sind anders, aber kaum geringer als nach HGB und den Grundsätzen ordnungsmäßiger Buchführung. Die IFRS (IAS 1) lassen das Umsatzkostenverfahren („cost of sales method") und das Gesamtkostenverfahren („nature of expense method") als Gewinn- und Verlustrechnung („income statement") zu (IAS 1.77), die US-GAAP nur das Umsatzkostenverfahren, so daß Sie den Mandanten – gemäß Aufgabenstellung – keine weiteren Angaben zu den US-GAAP mehr zu machen brauchen.

Nach den IFRS bestehen keine Formvorgaben für die Gewinn- und Verlustrechnung, aber es werden mindestens anzugebende Posten verlangt. Die Gewinn- und Verlustrechnung kann nach IFRS in Konto-, in Staffel- oder in sonstiger Form aufgestellt werden. Die Mindestangaben (IAS 1.75) betreffen:

1. Erlöse („revenue");
2. Ergebnisse der betrieblichen Tätigkeit („result of operating activities");
3. Finanzierungsaufwendungen („finance costs");
4. Gewinn- und Verlustanteile an assoziierten Unternehmen und Joint Ventures, die nach der Equity-Methode bilanziert werden („share of profits and losses of associates and joint ventures accounted for using the equity method");
5. Steueraufwendungen („tax expense");
6. Ergebnis aus der gewöhnlichen Tätigkeit („profit or loss from ordinary activities");
7. außerordentliche Posten („extraordinary items");
8. Minderheitsanteile („minority interest");
9. Periodenergebnis („net profit or loss for the period").

Ein besonderer Ausweis in der Gewinn- und Verlustrechnung wird nach IFRS bei der Berichterstattung zur Einstellung von Geschäftsbereichen („discontinuing operations") verlangt (IAS 35). IAS 8.10 fordert eine getrennte Angabe des Ergebnisses der gewöhnlichen Geschäftstätigkeit („profit or loss from ordinary activities") von den au-

---

[1] Vgl. SCHILDBACH 1998a, WÜSTEMANN 1999, MOXTER 2003.

ßerordentlichen Posten („extraordinary items"). Die auf das Ergebnis der gewöhnlichen Geschäftstätigkeit fallenden Steuern sind gesondert anzugeben (IAS 12.77). Für die außerordentlichen Posten (gemäß IAS 8.6) sind die darauf anfallenden Steuern mit einzubeziehen (IAS 12.83). Bei Unternehmen mit börsennotierten Wertpapieren besteht die Besonderheit, daß im Rahmen der Gewinn- und Verlustrechnung das Ergebnis je Aktie („earnings per share") angegeben werden muß. In bestimmten Fällen (etwa bei grundlegenden Fehlern aus einer früheren Periode; „benchmark treatment", IAS 8.34) ist es nach IFRS möglich, Korrekturen ohne Berührung der Gewinn- und Verlustrechnung durch Anpassung der Eröffnungsbilanzwerte und damit unter Durchbrechung des Bilanzenzusammenhanges durchzuführen. Auch besteht die Besonderheit, daß Aufwendungen im Zusammenhang mit der Eigenkapitalaufnahme (z. B. Kosten eines Börsenganges) direkt, also ohne Berührung der Gewinn- und Verlustrechnung, vom Eigenkapital zu kürzen sind (SIC 17).

Künftig sind einige Änderungen bei den IFRS bezüglich der Gewinn- und Verlustrechnung zu erwarten. Im Rahmen des sog. „improvements project" des IASB ist u. a. vorgesehen, daß der Ausweis außerordentlicher Posten („extraordinary items") und der Ausweis des Ergebnisses der betrieblichen Tätigkeit („result of operating activities") in der Gewinn- und Verlustrechnung entfallen. Mit Umsetzung des Exposure Draft 4 (ED 4) ergeben sich Änderungen hinsichtlich der Darstellung von Einstellungen von Geschäftsbereichen („discontinuing operations"), die stärker der US-amerikanischen Norm SFAS 144 angeglichen werden soll. In den nächsten Jahren soll sogar die Erfolgsdarstellung mittels der Gewinn- und Verlustrechnung gänzlich verändert werden. Damit beschäftigt sich das Projekt beim IASB „reporting comprehensive income/reporting performance".

Aufgabe 2

Sowohl mittelgroße als auch große Kapitalgesellschaften und Personenhandelsgesellschaften im Sinne des § 264a HGB müssen ihren Jahresabschluß gemäß § 316 Abs. 1 HGB prüfen lassen. Auch die Gewinn- und Verlustrechnung muß dann als Teil des Jahresabschlusses uneingeschränkt der Prüfung unterzogen werden. *Nachrichtlich:* Zudem kann freiwillig oder aufgrund vertraglicher Regelungen eine Prüfung der Gewinn- und Verlustrechnung erfolgen.

Aufgabe 3

a) Entscheidend für die *Festlegung der Prüfungsobjekte* als kleinste Einheiten innerhalb des fixierten Prüfungsgegenstandes ist, ob es sich um eine Systemprüfung oder um eine Einzelfallprüfung handelt. So steht bei der Prüfung der Umsatzerlöse im Regelfall nicht der einzelne Umsatzvorgang im Vordergrund, sondern die Frage, von welcher Qualität das für diesen Bereich geltende „Interne Kontrollsystem" ist. Dieses soll gewährleisten, daß jede erbrachte Absatzleistung überhaupt und in zutreffender Höhe berechnet sowie schließlich periodengerecht buchhalterisch erfaßt wird. In welchem

Ausmaß Einzelfallprüfungen vorzunehmen sind, hängt von den Ergebnissen der *Systemprüfung* ab. Für *Einzelfallprüfungen* muß festgelegt werden, ob diese auf der Basis einer Teilerhebung oder auf der Basis einer Vollerhebung stattfinden sollen. Während bei der Vollerhebung alle betreffenden Prüfungsobjekte einer lückenlosen Prüfung unterzogen werden müssen, dürfte zur Prüfung der Gewinn- und Verlustrechnung in der Regel die Teilerhebung für ein zuverlässiges Prüfungsurteil ausreichend sein.

b) Bezüglich der bei den einzelnen Prüfungsobjekten vorgenommenen Prüfungshandlungen kann zwischen formeller und materieller Prüfung unterschieden werden. Die *formelle Prüfung* bezieht sich auf die Prüfung der ordnungsgemäßen Erfassung und der rechnerisch richtigen Verarbeitung der Prüfungsobjekte. Folgende Fragestellung ist in diesem Zusammenhang denkbar: Ist eine Ausgangsrechnung erfaßt und sind ihre Informationen rechnerisch richtig mit unter der Position „Umsatzerlöse" verarbeitet? Die *materielle Prüfung* zielt hingegen auf den Nachweis und die Feststellung der inhaltlichen Richtigkeit der Prüfungsobjekte. Eine mögliche Fragestellung ist: Lag dieser Rechnung tatsächlich ein Verkaufsvorgang zugrunde und ist dieser inhaltlich hinsichtlich seiner Mengen- und seiner Wertkomponente richtig dargestellt? In der Prüfungspraxis ist – bezogen auf einzelne Prüfungsobjekte – eine strikte Trennung von formeller und materieller Prüfung weder sinnvoll noch möglich, auch wenn die Prüfung der Gewinn- und Verlustrechnung im Rahmen der Jahresabschlußprüfung vorrangig eine von externen Prüfern durchgeführte formelle Ordnungsmäßigkeitsprüfung ist. Vielmehr ergänzen formelle und materielle Prüfungen einander.

c) Im Hinblick auf den Prüfungsablauf lassen sich Prüfungen der Positionen der Gewinn- und Verlustrechnung progressiv (vom Beleg ausgehend) oder retrograd (von der Position der Gewinn- und Verlustrechnung ausgehend) gestalten.

d) Aufgrund des Systems der doppelten Buchführung und des damit gegebenen Zwangs, bei jeder Ertrags- und Aufwandsbuchung eine wertgleiche Buchung auf einem Bestandskonto vorzunehmen, sind die Bilanz als Zeitpunktrechnung und die Gewinn- und Verlustrechnung als Zeitraumrechnung rechnungstechnisch verknüpft. Hieraus ergibt sich, daß die Prüfung der Positionen der Gewinn- und Verlustrechnung im engen Zusammenhang mit der Prüfung von Bilanzpositionen zu sehen ist. Werden beispielsweise die Ausgaben für eine Maschine im Jahr ihrer Anschaffung in der Bilanz aktiviert, erscheinen sie in der Gewinn- und Verlustrechnung als Abschreibungsaufwand nur insoweit, als sie auf das Geschäftsjahr aufgrund der Wertminderung oder in Ausnutzung bilanzpolitischer Handlungsspielräume zu verrechnen sind. Die Höhe des Abschreibungsaufwandes, der in der Gewinn- und Verlustrechnung angesetzt wird, ist mithin von der Höhe des Bilanzansatzes der Maschine in der Bilanz zum Abschlußstichtag abhängig.

Aufgrund dieser engen Verbindung zur Bilanz werden die in der Gewinn- und Verlustrechnung aufgeführten Aufwands- und Ertragspositionen zum größten Teil bei der Bilanzprüfung miterfaßt und beurteilt. Einzelne Positionen der Gewinn- und Verlustrechnung werden darüber hinaus schon durch Vorarbeiten bei der Bilanzprüfung einer Prüfung zugänglich gemacht. Da somit die Ergebnisse der einzelnen Prüffelder aus der Bilanzprüfung der Prüfung der Gewinn- und Verlustrechnung zugrunde gelegt werden, ist die Prüfung der Positionen der Gewinn- und Verlustrechnung überwiegend eine indirekte Prüfung. Eine strikte Trennung zwischen der Prüfung der Gewinn- und Verlustrechnung sowie der Bilanzprüfung ist also weder sinnvoll noch möglich. Dies ergibt sich in Anbetracht des sachlichen Zusammenhanges beider Prüfungen sowie der hierauf basierenden Wirtschaftlichkeitsüberlegungen des Prüfers und des zu prüfenden Unternehmens.

In nachfolgender Abbildung wird der Zusammenhang zwischen der Prüfung der Positionen der Gewinn- und Verlustrechnung sowie der Bilanzpositionen verdeutlicht:

Positionen der Gewinn- und Verlustrechnung nach § 275 Abs. 2 HGB	Bilanzpositionen nach § 266 Abs. 2 HGB (A) – Aktivposten (P) – Passivposten	Prüfungsobjekt, Bindeglied zwischen (1) und (2), Beispiele
(1)	(2)	(3)
1. Umsatzerlöse	(A) B.II.1. Forderungen aus Lieferungen und Leistungen (A) B.II.2. Forderungen gegen verbundene Unternehmen (A) B.II.3 Forderungen gegen Unternehmen, mit denen ein Beteiligungsverhältnis besteht	Warenausgänge, Umsatzsteuerkonten, Debitorenkontokorrente
2. Erhöhung oder Verminderung des Bestands an fertigen und unfertigen Erzeugnissen	(A) B.I.2. unfertige Erzeugnisse, unfertige Leistungen (A) B.I.3. fertige Erzeugnisse, Waren	Kostenrechnung, Inventur
3. Andere aktivierte Eigenleistungen	(A) A.II.1–4. Sachanlagen	Anlagenkartei, Kostenrechnung, Grundbuch, Abschreibungsplan
4. Sonstige betriebliche Erträge	Kein unmittelbarer Bezug!	explizite GuV-Prüfung
5. Materialaufwand a) Aufwendungen für Roh-, Hilfs- und Betriebsstoffe und für bezogene Waren	(A) B.I.1–4. Vorräte (P) C.4. Verbindlichkeiten aus Lieferungen und Leistungen; davon mit einer Restlaufzeit bis zu 1 Jahr	Wareneingang und Lagerverwaltung, Hauptbuch, Nebenbücher, Kreditorenkontokorrente, Inventur
b) Aufwendungen für bezogene Leistungen	(P) C.4. Verbindlichkeiten aus Lieferungen und Leistungen; davon mit einer Restlaufzeit bis zu 1 Jahr	Hauptbuch, Nebenbücher, Kreditorenkontokorrente, Inventur
6. Personalaufwand a) Löhne und Gehälter	(A) B.IV. Kassenbestand, Bundesbankguthaben, Guthaben bei Kreditinstituten und Schecks	Lohn- und Gehaltskonten, Kassenkonten, Bankverkehr
b) Soziale Abgaben und Aufwendungen für Altersversorgung und Unterstützung; davon für Altersversorgung	(A) B.IV. Kassenbestand, Bundesbankguthaben, Guthaben bei Kreditinstituten und Schecks (P) B.1 Rückstellungen für Pensionen und ähnliche Verpflichtungen (P) C.8. Sonstige Verbindlichkeiten	Lohn- und Gehaltskonten, Kassenkonten, Bankverkehr, Rückstellungsposten, Kreditorenkontokorrente

Abb. 4a: Die Übersicht des Zusammenhanges zwischen der Prüfung der Gewinn- und Verlustrechnung und der Bilanzprüfung (Teil 1); Quelle: Matschke/Schellhorn (2002), Sp. 987 f.

Positionen der Gewinn- und Verlustrechnung nach § 275 Abs. 2 HGB	Bilanzpositionen nach § 266 Abs. 2 HGB (A) – Aktivposten (P) – Passivposten	Prüfungsobjekt, Bindeglied zwischen (1) und (2), Beispiele
(1)	(2)	(3)
7. Abschreibungen a) auf immaterielle Vermögensgegenstände des Anlagevermögens und Sachanlagen sowie auf aktivierte Aufwendungen für die Ingangsetzung und Erweiterung des Geschäftsbetriebs	(A) A.I.1–3. Immaterielle Vermögensgegenstände (A) A.II.1–4. Sachanlagen	immaterielle Anlagewerte, Sachanlagen, Anlagekartei, Abschreibungsplan, Abschreibungsmethoden
b) auf Vermögensgegenstände des Umlaufvermögens, soweit diese in der Kapitalgesellschaft üblichen Abschreibungen überschreiten	(A) B.I.1–4. Vorräte (A) B.II.1–4 Forderungen und sonstige Vermögensgegenstände (A) B.IV. Kassenbestand, Bundesbankguthaben, Guthaben bei Kreditinstituten und Schecks	Debitorenkontokorrente, Wareneingang und Lagerverwaltung, Hauptbuch, Nebenbücher, flüssige Mittel, Guthaben bei Kreditinstituten, Scheckbestand
8. Sonstige betriebliche Aufwendungen	Kein unmittelbarer Bezug!	explizite GuV-Prüfung
9. Erträge aus Beteiligungen, davon aus verbundenen Unternehmen	(A) A.III.1. Anteile an verbundenen Unternehmen (A) A.III.3. Beteiligungen	außerbuchhalterischer Bereich, Depotauszüge, Verträge, Bestandsverzeichnis über Beteiligungsunternehmen
10. Erträge aus anderen Wertpapieren und Ausleihungen des Finanzanlagevermögens, davon aus verbundenen Unternehmen	(A) A.III.2. Ausleihungen an verbundene Unternehmen (A) A.III.4. Ausleihungen an Unternehmen, mit denen ein Beteiligungsverhältnis besteht (A) A.III.5. Wertpapiere des Anlagevermögens (A) A.III.6. sonstige Ausleihungen	Bestandsverzeichnis über verbundene Unternehmen, Depotauszüge, Verträge mit Dritten
11. Sonstige Zinsen und ähnliche Erträge, davon aus verbundenen Unternehmen	(A) B.III.1–3. Wertpapiere (A) B.IV. Kassenbestand, Bundesbankguthaben, Guthaben bei Kreditinstituten und Schecks	Saldenliste, Wertpapierdepots, Guthaben bei Kreditinstituten, eigene Aktien, Bundesbankguthaben, Debitorenkontokorrente
12. Abschreibungen auf Finanzanlagen und auf Wertpapiere des Umlaufvermögens	(A) A.III.1–6. Finanzanlagen (A) B.III.1–3. Wertpapiere	Beteiligungsverzeichnis, außerbuchhalterischer Bereich, Verträge mit Dritten, Wertpapierdepots, Abschreibungsplan, Abschreibungsmethoden
13. Zinsen und ähnliche Aufwendungen, davon an verbundene Unternehmen	(P) C.1–2. und 5–8. Verbindlichkeiten (A) C. Rechnungsabgrenzungsposten	Kreditorenkontokorrente, Saldenliste, Saldenbücher, Grundbuch, Verträge, aktive Rechnungsabgrenzungsposten

Abb. 4b: Die Übersicht des Zusammenhanges zwischen der Prüfung der Gewinn- und Verlustrechnung und der Bilanzprüfung (Teil 2); Quelle: Matschke/Schellhorn (2002), Sp. 987 f.

e) Unter zwei Aspekten kommt eine eigenständige Prüfung der Gewinn- und Verlustrechnung vor: Zum einen bei jenen Positionen, bei denen sich insbesondere wegen der Heterogenität der darunter erfaßten Ertrags- und Aufwandspositionen, wie es beispielsweise bei den außerordentlichen, aperiodischen sowie den sonstigen betrieblichen Erträgen und Aufwendungen der Fall ist, eine indirekte Prüfung im Zusammenhang mit Bilanzpositionen als nicht zweckmäßig erweist. Zum anderen ist eine eigenständige Prüfung bei jenen Positionen erforderlich, bei denen wegen der Vielzahl von

Prüfungshandlungen, die im Zusammenhang mit einer Position der Gewinn- und Verlustrechnung vorzunehmen sind, eine direkte Prüfung geboten erscheint. Hierfür ist der Personalaufwand ein Beispiel.

Aufgabe 4

Im allgemeinen sind die Probleme, die bei einer Prüfung der Bewertung einzelner Posten der Gewinn- und Verlustrechnung entstehen können, bereits im Rahmen der Bilanzprüfung zu lösen. Aufgrund der Bewertung von Aktiv- und Passivposten in der Bilanz ergibt sich auch die Bewertung der mit den Bilanzposten zusammenhängenden Aufwands- und Ertragsposten. Somit beinhaltet die Bewertungsprüfung der Bilanzpositionen auch eine Bewertungsprüfung von Positionen der Gewinn- und Verlustrechnung. Im Mittelpunkt der Prüfung der Gewinn- und Verlustrechnung steht deshalb die Ausweisprüfung.

Aufgabe 5

Postulat des sachgemäßen Ausweises der Erträge und Aufwendungen

Mit dem Postulat des sachgemäßen Ausweises der Aufwendungen und Erträge soll eine exakte und sachlich gerechtfertigte Zuordnung der einzelnen Geschäftsvorfälle auf die Positionen der Gewinn- und Verlustrechnung gewährleistet werden.

Bei der Prüfung des Gesamtkostenverfahrens sind die Beurteilungsmaßstäbe des sachgemäßen Ausweises das gesetzlich dafür vorgeschriebene Mindestgliederungsschema (§ 275 Abs. 2 HGB) sowie die gesetzlichen Vorschriften hinsichtlich einzelner Positionen der Gewinn- und Verlustrechnung (wie Umsatzerlöse, Bestandsänderungen, außerplanmäßige Abschreibungen, Steuern; §§ 277, 278 HGB). Hierbei erstreckt sich die Prüfung auf die Einhaltung dieses Gliederungsschemas (und seiner gesetzlich vorgesehenen Ergänzungen, z. B. Erträge und Aufwendungen aus Verlustübernahmen) sowie Einhaltung der inhaltlichen Abgrenzung einzelner Positionen der Gewinn- und Verlustrechnung. Werden Abweichungen festgestellt, geht es um die Frage, ob diese Abweichungen gesetzlich sanktioniert werden können,

- weil der Inhalt nicht von einem vorgeschriebenen Posten gedeckt wird (z. B. bei einer weitergehenden Gliederung; § 265 Abs. 5 HGB),
- weil durch sie Klarheit und Übersichtlichkeit des Jahresabschlusses wegen der Besonderheiten bei der Kapitalgesellschaft gefördert werden (z. B. bei einer Zusammenfassung; § 265 Abs. 7 HGB) oder
- weil weder im Berichtsjahr noch im vorangegangenen Geschäftsjahr ein Ausweis erforderlich war (z. B. bei einem Leerposten; § 265 Abs. 8 HGB).

Da im Zeitablauf gleich benannte Positionen der Gewinn- und Verlustrechnung auch in gleicher Weise sachlich abzugrenzen sind, erstreckt sich die Prüfung des sachgemäßen Ausweises zudem auf die Einhaltung des Gebots der Gliederungsstetigkeit.

Die Prüfung des sachgemäßen Ausweises erfordert eine Prüfung des Herleitungsweges der betreffenden Position der Gewinn- und Verlustrechnung: Geschäftsvorfall ⇒ Kontierung ⇒ Verbuchung ⇒ Überleitung des Kontos in eine Position der Gewinn- und Verlustrechnung. Dabei ist der für den sachgemäßen Ausweis *kritische Vorgang* die Überleitung eines Kontoinhalts in eine Position der Gewinn- und Verlustrechnung (Kontenzuordnung). Diese Prüfung hat generell am Kontenplan und der genauen Definition des Inhalts des jeweiligen Kontos anzusetzen, weil die gleiche Überleitung für alle auf einem Konto verbuchten Geschäftsvorfälle gilt.

In Zweifelsfällen ist anhand der Buchungstexte und/oder der zugrunde liegenden Belege zu prüfen, ob ein sachgemäßer Ausweis in bezug auf einzelne Geschäftsvorfälle vorliegt. Eine eingehende Überprüfung des sachgemäßen Ausweises ist insbesondere bei „Sammelpositionen" wie den sonstigen betrieblichen Erträgen und Aufwendungen (§ 275 Abs. 2 Nr. 4 und 8 HGB) sowie den außerordentlichen Erträgen und Aufwendungen (§ 275 Abs. 2 Nr. 15 und 16 HGB) erforderlich. Häufig werden in diese „Sammelpositionen" Posten lediglich deshalb aufgenommen, weil Zweifel an ihrer Zuordnung zu anderen Positionen der Gewinn- und Verlustrechnung bestehen. Für den Prüfer stellt sich die Frage: Müssen diese Posten nicht etwa anderen Positionen der Gewinn- und Verlustrechnung zugeordnet werden?

Postulat des vollständigen Ausweises der Erträge und Aufwendungen

Das Postulat des vollständigen Ausweises der Aufwendungen und Erträge soll eine einheitliche Mindestanforderung der Aussagefähigkeit für alle Bilanzadressaten gewährleisten.

Mit der Prüfung des vollständigen Ausweises soll sichergestellt werden, daß alle Geschäftsvorfälle, die zu Aufwand oder Ertrag in der Periode geführt haben, erfaßt sind. Vorgänge dürfen also weder hinzugefügt noch weggelassen worden sein. Generell können sachliche oder zeitliche Interdependenzen zwischen den Bilanzpositionen und/oder den Positionen der Gewinn- und Verlustrechnung zur Prüfung der Vollständigkeit genutzt werden. Beispielsweise bestehen sachliche Interdependenzen zwischen den hergestellten Einheiten und dem Materialverbrauch (Materialaufwand) sowie zeitliche Interdependenzen bei regelmäßig wiederkehrenden Buchungen (z. B. bei Mieten, Pachten, Strom, Zinsen). Zur Prüfung der Vollständigkeit können aber auch unabhängig von der zu prüfenden Position der Gewinn- und Verlustrechnung ermittelte Soll-Aufwendungen oder Soll-Erträge (z. B. Berechnung der Soll-Zinserträge/Soll-Zinsaufwendungen bei Darlehensforderungen/-verbindlichkeiten, die vereinbarungsgemäß hätten anfallen müssen, Verprobung der Umsatzerlöse mit Hilfe der Warenstatistik oder der Angaben der Umsatzsteuererklärung oder -voranmeldungen) herangezogen werden. Die Prüfung des vollständigen Ausweises dient zur Urteilsbildung, ob einerseits alle ausgewiesenen Erträge und Aufwendungen realiter vorgekommen sind und ob andererseits alle realiter vorgekommenen Erträge und Aufwendungen auch ausgewiesen sind. Sie stellt sich somit als Nachweisprüfung dar.

Postulat des periodengerechten Ausweises der Erträge und Aufwendungen

Eine periodengerechte Erfassung der Aufwendungen und Erträge ist erforderlich, weil die Gewinn- und Verlustrechnung immer für einen bestimmten Zeitraum (i. d. R. ein Jahr) aufgestellt wird, die Totalperiode eines Unternehmens aber im allgemeinen über diesen Zeitraum hinausgeht. Somit korrespondiert das Postulat des periodengerechten Ausweises mit dem Postulat des sachgemäßen Ausweises.

Bei allen Positionen der Gewinn- und Verlustrechnung können aperiodische Aufwendungen und Erträge entstehen. Daher ist bei der Prüfung der Gewinn- und Verlustrechnung auf die richtige zeitliche Einordnung von Erträgen und Aufwendungen – unabhängig vom Zeitpunkt ihrer Einnahme und Ausgabe – zu achten. Dies gilt sowohl für diejenigen Positionen der Gewinn- und Verlustrechnung, die im Rahmen der Bilanzprüfung überprüft werden, als auch für diejenigen, bei denen eine explizite Prüfung durchgeführt wird. Als Beurteilungsmaßstäbe sind für die Prüfung des periodengerechten Ausweises das Realisations- und Imparitätsprinzip heranzuziehen.

Aufgabe 6

Zu den bestimmten mit der Gewinn- und Verlustrechnung zusammenhängenden Angaben, die im Rahmen der Ausweisprüfung zugleich geprüft werden sollten, gehören z. B. die gesonderte Angabe der außerplanmäßigen Abschreibungen (§ 277 Abs. 3 Satz 1 HGB), die Erläuterung der außerordentlichen und periodenfremden Aufwendungen und Erträge (§ 277 Abs. 4 HGB), die Angaben darüber, wie die Ertragsteuern das ordentliche und das außerordentliche Ergebnis belasten (§ 285 Nr. 6 HGB), die Angaben zu steuerrechtlichen Beeinflussungen (§§ 285 Nr. 5, 281 Abs. 2 Satz 1, 280 Abs. 3 HGB) sowie die Aufgliederung der Umsatzerlöse nach Tätigkeitsbereichen und geographischen Märkten (§ 285 Nr. 4 HGB).

Aufgabe 7

a) Sie können den Mandanten unter anderem um folgende Unterlagen bitten:

- Lohn- und Gehaltslisten sowie Lohn- und Gehaltskonten;
- Tarifverträge sowie Betriebsvereinbarungen;
- Überleitungsrechnung von der Lohn- und Gehaltsbuchhaltung (Nebenbuch) zur Finanzbuchhaltung (Hauptbuch);

- Unterlagen zur Ermittlung der durchschnittlichen Zahl der während des Geschäftsjahres beschäftigten Arbeitnehmer – getrennt nach Gruppen (§ 285 Nr. 7 HGB);
- Personalakten mit Arbeitsverträgen, Lohnsteuerkarten und Versicherungsnachweisen;
- Berichte über von den Versicherungsträgern durchgeführte Prüfungen der Beitragsberechnung und -abführung;
- Prüfungsberichte des Finanzamtes;
- Übersichten über Resturlaub und Überstunden;
- Anwesenheits- und Leistungsnachweise;
- Unterlagen über persönliche Einbehalte;
- Nachweise der Zahlungen an die Ausgleichskasse für nicht beschäftigte Schwerbeschädigte sowie an die Berufsgenossenschaft;
- Übersicht über Altersteilzeitverträge sowie
- Pensionszusagen und mathematische Gutachten zur Ermittlung der Pensionsrückstellungen.

b) Eine Checkliste zur Analyse der Fehlerindikatoren und der in Betracht kommenden Fehlerhypothesen für die Position „Personalaufwand" könnte wie folgt aussehen:

	ja	nein	n. e.	Besonderheiten/ Verweise
I a Fehlerindikatoren auf Kontensaldenebene: Sind nachstehende Fehlerindikatoren für die zu beurteilende(n) Bilanzposition(en) ausgeschlossen? (Soweit Fehlerindikatoren nicht ausgeschlossen werden können oder festgestellt wurden, sollten diese auf einem gesonderten Arbeitspapier erläutert werden.)				
1. Hoher Personalbestand	☐	☐	☐	
2. Hohe Einzelgehälter	☐	☐	☐	
3. Betriebliche Altersversorgung oder Unterstützungskasse	☐	☐	☐	
4. Anfälligkeit für Diebstahl und Unterschlagung	☐	☐	☐	
5. Komplexität der anzustellenden Beurteilungen	☐	☐	☐	
6. Umfang, in dem das Management in die Personalabrechnung involviert ist	☐	☐	☐	
7. Grad, in dem externe Effekte die Kontensalden beeinflussen	☐	☐	☐	
8. Auftreten von Fehlern in der Vergangenheit	☐	☐	☐	
9. Qualität des Buchführungspersonals	☐	☐	☐	
10. Anzahl der Transaktionen in betreffenden Konten	☐	☐	☐	
11. Sonstiges				

Abb. 5a: Checkliste zur Analyse der Fehlerindikatoren und der in Betracht kommenden Fehlerhypothesen für die Position „Personalaufwand" (Teil 1); in Anlehnung an Niemann (2002), S. 75 f.

	ja	nein	n. e.	Besonderheiten/ Verweise
I b Fehlerindikatoren auf Jahresabschlußebene:				
1. Auffälligkeiten bei der absoluten und relativen Entwicklung der vergleichenden (monatlichen) Gegenüberstellung der Aufwandsarten				
• Löhne	☐	☐	☐	
• Gehälter	☐	☐	☐	
• Sozialabgaben	☐	☐	☐	
unter Berücksichtigung tariflicher Änderungen und saisonaler und jahreszeitlicher Einflüsse (Urlaubsgeld, Weihnachtsgeld)	☐	☐	☐	
2. Auffälligkeiten bei den Kennzahlen				
• Anteile der Sozialabgaben am Personalaufwand	☐	☐	☐	
• Personalaufwand je Arbeitnehmer	☐	☐	☐	
3. Auffälligkeiten beim Lohnaufwand je Arbeitnehmer, der in der Produktion beschäftigt ist, unter Ansatz der geleisteten Stunden (einschließlich Überstunden und einem durchschnittlichen Stundenlohn)	☐	☐	☐	
4. Auffälligkeiten bei Ausfallzeiten (Urlaub, Krankheit usw.)	☐	☐	☐	
5. Auffälligkeiten bei der Fluktuation des Personals	☐	☐	☐	
6. Schlechte Produktivität	☐	☐	☐	
7. Das Management arbeitet sehr erfolgsorientiert	☐	☐	☐	
8. Hohe Fluktuation im Management	☐	☐	☐	
9. Schlechte Reputation des Managements	☐	☐	☐	
10. Größe des Unternehmens	☐	☐	☐	
11. Schlechte Profitabilität im Vergleich zur Branche	☐	☐	☐	
12. Die Branche unterliegt einem extrem schnellen Wandel	☐	☐	☐	
13. Dezentralisierte Organisation mit schlechter Überwachung	☐	☐	☐	
14. Schlechte Ertragslage	☐	☐	☐	
15. Qualität des internen Kontrollsystems	☐	☐	☐	
16. Sonstiges	☐	☐	☐	
II In Betracht kommende Fehlerhypothesen:				
Sind nachstehende Fehlerhypothesen für die zu beurteilende(n) Bilanzposition(en) ausgeschlossen? (Soweit Fehlerhypothesen nicht ausgeschlossen werden können oder festgestellt wurden, sollten diese auf einem gesonderten Arbeitspapier erläutert werden.)				
Fehlerhypothesen bei einer schlechten wirtschaftlichen Lage:				
Bilanzpolitische Maßnahmen vor/nach dem Bilanzstichtag	☐	☐	☐	
Fehlerhypothesen bei einer guten wirtschaftlichen Lage:				
Bilanzpolitische Maßnahmen vor/nach dem Bilanzstichtag	☐	☐	☐	

Abb. 5b: Checkliste zur Analyse der Fehlerindikatoren und der in Betracht kommenden Fehlerhypothesen für die Position „Personalaufwand" (Teil 2); in Anlehnung an Niemann (2002), S. 75 f.

c) Durch den Nachweis der Beschäftigungsverhältnisse vergewissert sich der Prüfer, ob die in der Gewinn- und Verlustrechnung ausgewiesenen Gehälter und Löhne ausschließlich an Mitarbeiter des Unternehmens ausgezahlt worden sind und nicht etwa fingierte Personen betreffen. Hierbei wird in Stichproben überprüft, ob für die Personen, für die ein Lohn- und Gehaltskonto besteht, Arbeitsverträge und Lohnsteuerkarten vorliegen und diese in den Beitragslisten zur Krankenversicherung und in der Personalkartei geführt werden. Ein besonderes Augenmerk sollte der Prüfer dabei auf die periodengerechte Erfassung der Aufwendungen für Personen richten, deren Arbeitsverhältnis erst nach dem Bilanzstichtag beginnt oder bereits vor diesem endet.

d) Ein IKS umfaßt die Gesamtheit aller miteinander verbundenen und aufeinander abgestimmten Maßnahmen, Regelungen, Systeme, Prozesse und Kontrollen, mit denen vornehmlich folgende Ziele verfolgt werden:[1]

- Schutz und Sicherung des vorhandenen Vermögens sowie der vorhandenen Informationen des Unternehmens vor Verlusten jeglicher Art;
- Bereitstellung vollständiger, richtiger, zeitnaher und aussagekräftiger (unter anderem rechnungslegungsrelevanter) Informationen;
- Ordnungsmäßige Verarbeitung von Informationen zwischen den und innerhalb der betrieblichen Teilsysteme(n) und somit auch die Gewährleistung der Ordnungsmäßigkeit von Buchführung, Jahresabschluß und Lagebericht;
- Förderung der Effizienz und Effektivität durch Auswertung und Kontrolle dieser Informationen;
- Unterstützung der Befolgung der gewählten Unternehmens- und Wettbewerbsstrategie(n) sowie gesetzlicher und satzungsmäßiger Vorschriften.

Soweit der Wirtschaftsprüfer aufgrund der Wirksamkeit der bei der Gesellschaft vorhandenen IKS von der Richtigkeit des zu überprüfenden Zahlenmaterials ausgehen kann, ist es möglich, die Untersuchung von Einzelvorgängen weitgehend einzuschränken. Die Prüfung der stetigen Anwendung der maßgeblichen unternehmensseitigen Überwachungskontrollen des Abwicklungsverfahrens stehen insbesondere bei den Geschäftsvorfällen im Vordergrund, die nach ihrer Art in größerer Zahl nach identischen Verfahren erfaßt und im Rahmen einer wirksamen internen Kontrolle abgewickelt werden. Als Arbeitspapier, das eine Prüfung des IKS im Personalbereich unterstützt, könnte z. B. folgende Checkliste verwendet werden:

---

[1] In Anlehnung an *BMF* 1995. Siehe auch *LÜCK* 1999, S. 107.

	ja	nein	n. e.	Besonderheiten/ Verweise
1. Ist durch • Buchungsanweisung, • Bilanzierungsrichtlinien oder • Kenntnis der verantwortlichen Personen sichergestellt, daß die erforderlichen Vorschriften eingehalten werden?	☐	☐	☐	
2. Wurde der Sollzustand in Form eines Dauerarbeitspapieres dokumentiert, in dem das Verfahren der Erfassung, der Verbuchung und der Auszahlung von Löhnen und Gehältern, sozialen Abgaben, Pensionen und sonstigen von der Lohn- und Gehaltsbuchhaltung wahrgenommenen Aufgaben beschrieben wird?	☐	☐	☐	
3. Sieht der Sollzustand des internen Kontrollsystems vor: • schriftliche Genehmigung aller Einstellungen?	☐	☐	☐	
• schriftliche Autorisation sämtlicher Lohn- und Gehaltsveränderungen?	☐	☐	☐	
• ordnungsgemäße Führung von Personalakten, die außer den Arbeitsverträgen auch sämtliche schriftlichen Autorisationen von Lohn- und Gehaltsveränderungen enthalten?	☐	☐	☐	
• organisatorische Maßnahmen, die sicherstellen, daß der Lohnbuchhaltung sämtliche Neueinstellungen, Entlassungen, Entgeltabzüge usw. zur Kenntnis gelangen?	☐	☐	☐	
• Durchführung von Anwesenheitskontrollen zur Lohnermittlung?	☐	☐	☐	
• Ermittlung der tatsächlichen Arbeitszeiten?				
• Führung von Lohnnachweisen entsprechend den steuerlichen Vorschriften?	☐	☐	☐	
• regelmäßige Kontrolle der Lohn- und Gehaltslisten durch Überprüfung mit den Steuer- und Versicherungskarten, den Arbeitsverträgen, den betrieblichen Vereinbarungen, den Mitteilungen über Lohn- und Gehaltsveränderungen, über Zusatzvergütungen, über Entgeltkürzungen?	☐	☐	☐	
• regelmäßige Überprüfung der sachlichen und rechnerischen Richtigkeit der Lohn- und Gehaltslisten?	☐	☐	☐	
• gesicherte Aufbewahrung der Steuer- und Versicherungskarten sowie deren Aushändigung nur gegen Quittung?	☐	☐	☐	
4. Ist Funktionentrennung gewährleistet, insbesondere durch Trennung der Funktionen • Gehalts-/Lohnberechnung und Ermittlung der Arbeitszeiten und Erstellung der hierzu erforderlichen Belege?	☐	☐	☐	
• Autorisierung von Lohn- und Gehaltsveränderungen und Lohnbuchhaltung?	☐	☐	☐	
• Auszahlungsstelle und sonstiges Personalwesen?	☐	☐	☐	
5. Beurteilung des internen Kontrollsystems: gut/mittel/schlecht				

Abb. 6: Checkliste zur Prüfung des internen Kontrollsystems im Personalbereich (Teil 2); in Anlehnung an Niemann (2002), S. 372 f.

Literaturhinweise

ADLER, H./DÜRING, W./SCHMALTZ, K. (ADS): Rechnungslegung und Prüfung der Unternehmen, Kommentar, bearbeitet von FORSTER, K.-H. ET AL., 6. Aufl., Stuttgart ab 1995.

BERGER, A. ET AL. (Hrsg.): Beck'scher Bilanz-Kommentar, Handels- und Steuerrecht, 5. Aufl., München 2003.

BMF: 4. Schreiben betr. „Grundsätze ordnungsmäßiger DV-gestützter Buchführungssysteme (GoBS)", Schreiben des Bundesministeriums der Finanzen an die obersten Finanzbehörden der Länder vom 7. November 1995 – IV A 8 – S 0316 – 52/95 – (BStBl. I S, 738).

BRÖSEL, G.: Rezension: „NIEMANN, W., Jahresabschlußprüfung, Arbeitshilfen – Prüfungstechnik – Erläuterungen, München 2002", in: BFuP, 55. Jg. (2003), S. 115–116.

CHMIELEWICZ, K.: Gesamt- und Umsatzkostenverfahren in der Gewinn- und Verlustrechnung im Vergleich, in: DBW, 50. Jg. (1990), S. 27–45.

COENENBERG, A. G.: Jahresabschluss und Jahresabschlussanalyse, 19. Aufl., Stuttgart 2003.

GLADE, A.: Praxishandbuch der Rechnungslegung und Prüfung, 2. Aufl., Herne, Berlin 1995.

GMELIN, H. J./WEBER, E.: Neue Prüfungsaufgaben des Abschlußprüfers aufgrund der Erweiterung seiner Berichterstattungs- und Testatspflichten durch das HGB?, in: BFuP, 40. Jg. (1988), S. 301–312.

HARRMANN, A.: Gesamt- und Umsatzkostenverfahren nach neuem Recht, in: BB, 41. Jg. (1986), S. 1813–1817.

HEINHOLD, M.: Der Jahresabschluß, 4. Aufl., München/Wien 1996.

HOFBAUER, M. A. ET AL. (Hrsg.): Bonner Handbuch Rechnungslegung, 17. Aktualisierung, Bonn 2000.

KÜTING, K./WEBER, C.-P. (Hrsg.): Handbuch der Rechnungslegung, Band Ia, 4. Aufl., Stuttgart 1995.

KÜTING, K./WEBER, C.-P. (Hrsg.): Handbuch der Rechnungslegung – Einzelabschluss, 5. Aufl., Stuttgart ab 2002.

LACHNIT, L.: Externe Erfolgsanalyse auf der Grundlage der GuV nach dem Gesamtkostenverfahren, in: BFuP, 39. Jg. (1987), S. 33–53.

LEFFSON, U.: Wirtschaftsprüfung, 4. Aufl., Wiesbaden 1988.

LÜCK, W.: Prüfung der Rechnungslegung, München, Wien 1999.

MATSCHKE, M. J./SCHELLHORN, M.: Gewinn- und Verlustrechnung, Gesamtkostenverfahren, in: BALLWIESER, W./COENENBERG, A. G./V. WYSOCKI, K. (Hrsg.), Handwörterbuch der Rechnungslegung und Prüfung, 3. Aufl., Stuttgart 2002, Sp. 979–990.

MOXTER, A.: Grundsätze ordnungsgemäßer Rechnungslegung, Düsseldorf 2003.

NIEMANN, W.: Jahresabschlußprüfung, Arbeitshilfen – Prüfungstechnik – Erläuterungen, München 2002.

OEBEL, CH.: Zuordnungsfragen in der Gewinn- und Verlustrechnung nach dem Gesamtkostenverfahren, in: WPg, 41. Jg. (1988), S. 125–128.

OTTO, B.: Posteninhalte und Ausweisprobleme in der GuV nach § 275 HGB, in: BB, 43. Jg. (1988), S. 1703–1716.

SCHILDBACH, T.: Der handelsrechtliche Jahresabschluß, 6. Aufl., Herne, Berlin 2000.

SCHILDBACH, T.: Harmonisierung der Rechnungslegung – ein Phantom, in: BFuP, 50. Jg. (1998a), S. 1–22.

SCHILDBACH, T.: Rechnungslegung nach US-GAAP – ein Fortschritt für Deutschland?, in: ZfbF, 50. Jg. (1998b), Sonderheft 40, S. 55–81.

SELCHERT, F. W.: Jahresabschlußprüfung der Kapitalgesellschaften, 2. Aufl., Wiesbaden 1996.

WIRTSCHAFTSPRÜFER-HANDBUCH 2000: Handbuch für Rechnungslegung, Prüfung und Beratung, Bd. I, bearbeitet von GEIB, G. ET AL., 12. Aufl., Düsseldorf 2000.

WÜSTEMANN, J.: Generally Accepted Accounting Principles, Zur Bedeutung und Systembildung der Rechnungslegungsregeln der USA, Berlin 1999.

Carl-Christian Freidank

Matrizenmodelle als Hilfsmittel zur Prüfung ergebnisabhängiger Aufwendungen bei Kapitalgesellschaften

Einführung

Das *Steuersenkungsgesetz vom 23.10.2000* hat zu einer vollständigen Änderung des deutschen Körperschaftsteuersystems geführt. Der Beitrag widmet sich zunächst der Frage, welche Auswirkungen von diesem Umbruch auf die Ermittlung ergebnisabhängiger Aufwendungen im handelsrechtlichen Jahresabschluss von Kapitalgesellschaften ausgehen. Ein zentrales Problem bei der Ermittlung der ergebnisabhängigen Aufwendungen liegt darin, dass für die Berechnung die Höhe dieser Aufwendungen bekannt sein muss. Zur Lösung wird auf am Institut für Wirtschaftprüfung und Steuerwesen der Universität Hamburg entwickelte simultane Gleichungssysteme zurückgegriffen, deren Einsatz bereits vor der Körperschaftsteuerreform für bilanzpolitische Gestaltungsprozesse und im Rahmen der handelsrechtlichen Jahresabschlussprüfung empfohlen wurde.

Die Berechnungsgrundlage für die Bestimmung sog. ergebnisabhängiger Aufwendungen (z. B. Körperschaft- und Gewerbeertragsteuer sowie Tantiemen), das Jahres- oder Bilanzergebnis, ist erst dann bekannt, wenn die Höhe dieser Aufwendungen vorliegt. Da die in Rede stehenden Aufwendungen das Ergebnis mindern, sie aber erst feststehen, wenn das Resultat vorliegt, bietet es sich an, ihre Ermittlung mit Hilfe eines *Gleichungssystems* vorzunehmen, durch das der Erfolg und die ergebnisabhängigen Aufwendungen simultan zu berechnen sind. Ferner können diese linearen Gleichungssysteme zur Erfassung erfolgsabhängiger Aufwendungen auch im Rahmen *handelsbilanzieller Gestaltungsprozesse* für Kapitalgesellschaften Verwendung finden. Darüber hinaus kann der *Abschlussprüfer* das simultane Gleichungssystem nutzen, um die ausgewiesenen erfolgsabhängigen Aufwendungen zu überprüfen. Zu diesen Zwecken braucht er lediglich die entsprechenden Variablen (z. B. Ertragsteuersätze, steuerrechtliche Modifikationen, Ausschüttung) in das Gleichungssystem einzusetzen, um die handelsrechtlichen relevanten Erfolgsgrößen ggf. mit Hilfe eines *Tabellenkalkulationsprogramms* zu ermitteln.

Aufstellung interdependenter Gleichungssysteme

Geht man von einem vorläufigen Jahresüberschuss vor Ertragsteuern (vJvor) und Tantiemenaufwendungen (TA) aus, dann lässt sich der handelsrechtliche Jahresüberschuss (Jnach) wie folgt definieren (KSt = Körperschaftsteuer; GewESt = Gewerbeertragsteuer):

(1) vJvor − KSt − GewESt − TA = Jnach   oder

(2) Jnach + KSt + GewESt + TA = vJvor.

Die Größe vJvor ist der laufenden Buchhaltung der Kapitalgesellschaft zu entnehmen. Sie setzt sich grundlegend aus dem vorläufigen Erfolgssaldo des extern orientierten Rechnungswesens nach Vornahme sämtlicher Abschlussbuchungen (ohne ergebnisabhängige Aufwendungen) zusammen. Unterstellt man, dass auf das zu versteuernde Einkommen (zvE) die Definitivbelastung von 25% zur Anwendung gelangt (§ 23 Abs. 1 KStG), dann gilt für den fünfzehnjährigen Übergangszeitraum bezüglich des modifizierten Anrechnungsverfahrens infolge von Körperschaftsteueränderungen bei Ausschüttung aus mit 40% vorbelasteten Gewinnrücklagen (A 40) bzw. aus mit 0% vorbelasteten Gewinn- bzw. Kapitalrücklagen (A 0):

(3) $\text{KSt} = \frac{1}{4} \cdot \text{zvE} - \frac{1}{6} \cdot \text{A}\,40 + \frac{3}{7} \cdot \text{A}\,0.$

Aus Gründen der Übersichtlichkeit und Vereinfachung bleibt im Folgenden der ab 1995 auf die Körperschaftsteuer erhobene Solidaritätszuschlag (§ 2 Nr. 3 SolZG) unberücksichtigt. Dieser Zuschlag beträgt zur Zeit 5,5% der festgesetzten Körperschaftsteuer und der Körperschaftsteuervorauszahlungen (§ 3 Abs. 1 Nr. 1 und Nr. 2, § 4 SolZG).

Gemäß § 36 bis § 40 KStG sind für eine Zeitspanne von 15 Jahren *Sondervorschriften* für den Übergang vom Anrechnungs- auf das Halbeinkünfteverfahren zu beachten. So können für einen sehr begrenzten Zeitraum nach altem Recht erzielte thesaurierte Gewinne gemäß den Vorschriften des Anrechnungsverfahrens ausgeschüttet werden. Auf der Ebene des Anteilseigners erfolgt eine Besteuerung dieser Gewinne nach den Vorschriften des Anrechnungsverfahrens. Darüber hinaus besteht innerhalb des 15-jährigen Übergangszeitraumes unter Rückgriff auf ein *modifiziertes Anrechnungsverfahren* die Möglichkeit, thesaurierte Altgewinne auszuschütten. In dieser Übergangszeit werden ausgeschüttete versteuerte Altrücklagen mit einer Vorbelastung von 30% (statt 25%) beim Anteilseigner im Halbeinkünfteverfahren besteuert. Infolgedessen mindert sich die Körperschaftsteuer bei Ausschüttungen aus den mit 40% Körperschaftsteuer vorbelasteten Gewinnrücklagen stets um einen Wert von 1/6 (§ 37 Abs. 1 und Abs. 3 KStG). Allerdings gelten Besonderheiten, sofern eine Kapitalgesellschaft an einer anderen beteiligt ist und von dieser Gewinnausschüttungen erhält, die nach § 8 b Abs. 1 KStG bei der empfangenen Kapitalgesellschaft nicht der Körperschaftsteuer unterliegen. In diesem Falle wird nach § 37 Abs. 3 KStG die Körperschaftsteuerminderung in Höhe von 1/6 der Ausschüttungen auf der Ebene der empfangenen Kapitalgesellschaft neutralisiert. Hierdurch wird beabsichtigt, die Realisierung des Körperschaftsteuerguthabens durch Gewinnausschüttungen innerhalb eines Konzerns zu verhindern. Zu beachten ist, dass sich während des 15-jährigen Übergangszeitraumes nach dem modifizierten Anrechnungsverfahren auch *Körperschaftsteuererhöhungen* ergeben können, wenn bei den Ausschüttungen aus Gewinn- bzw. Kapitalrücklagen auf solche Beträge zurückgegriffen wird, die nach altem Recht zur Kategorie des nicht belasteten Eigenkapitals als sonstige Vermögensmehrungen (z. B. steuerfreie Erträge und Einlagen) (EK 02) zählten (§ 38 Abs. 1 und Abs. 2 KStG). Laut § 38 Abs. 2 Satz 1 KStG erhöht sich dann die Körperschaftsteuer um 3/7 des Betrages einer Ausschüttung aus unbelastet vorhandenen Altrücklagen.

Aufgrund der vielfältigen Durchbrechungen des Maßgeblichkeitsprinzips sowie der zu berücksichtigenden einkommen- und körperschaftsteuerrechtlichen Modifikationen sind handelsrechtlicher Jahresüberschuss (Jnach) und zu versteuerndes Einkommen (zvE) nicht identisch. Diese Abweichungen sind in *Abbildung 1* mit der Größe k gekennzeichnet worden.

	handelsrechtliches Jahresergebnis (Jnach)
±	Abweichungen der Handels- von der Ertragsteuerbilanz
=	Steuerbilanzerfolg
±	Erfolgskorrekturen aufgrund einkommensteuerrechtlicher Vorschriften (§ 8 Abs.1 KStG i. V. m. § 3, § 4 Abs. 5 EStG)
+	nicht abziehbare Steueraufwendungen, wie z. B. Körperschaftsteuer (§ 10 Nr. 2 KStG)
+	andere nicht abziehbare Aufwendungen (§ 9 Abs. 1 Nr. 2, § 10 Nr. 1, 3, 4 KStG)
–	nicht abgezogene steuerfreie Erträge (§ 8 Abs. 5 und Abs. 6 KStG)
+	verdeckte Gewinnausschüttungen (§ 8 Abs. 3 KStG)
–	verdeckte Einlagen
–	Gewinnanteile und Geschäftsführervergütungen der persönlich haftenden Gesellschafter einer KGaA (§ 9 Abs. 1 Nr. 1 KStG)
=	korrigierter Steuerbilanzerfolg
–	Verlustabzug (§ 8 Abs. 4 KStG i. V. m. § 10 d EStG) (Vk)
=	zu versteuerndes (körperschaftsteuerrechtliches) Einkommen (zvE)

Abb. 1: *Berechnung der körperschaftsteuerrechtlichen Bemessungsgrundlage.*

Unter Berücksichtigung der Änderungsgröße k ergibt sich sodann:

(4) $\text{KSt} = \frac{1}{4} \cdot (\text{Jnach} + k) - \frac{1}{6} \cdot A\,40 + \frac{3}{7} \cdot A\,0.$

Wie *Abbildung 1* zeigt, ist in dem Differenzbetrag k die KSt selbst enthalten, die aber in dem aufzustellenden interdependenten Gleichungssystem veränderlichen Charakter tragen muss. Wird von der Änderungsgröße k nun die KSt abgezogen, errechnet sich der konstante Ausdruck:

(5) $k^* = k - KSt$,

der dann diejenigen Abweichungen zwischen Jnach und zvE erfasst, die nicht die Körperschaftsteuer betreffen. Auf Grund dieser Modifikation ergibt sich nun für Gleichung (4):

(6) $KSt = \frac{1}{4} \cdot (Jnach + k^* + KSt) - \frac{1}{6} \cdot A\,40 + \frac{3}{7} \cdot A\,0$

oder nach einigen Umformungen:

(7) $-\frac{1}{3} \cdot Jnach + KSt = \frac{1}{3} \cdot k^* - \frac{2}{9} \cdot A\,40 + \frac{4}{7} \cdot A\,0.$

Um zur Bemessungsgrundlage der Gewerbeertragsteuer (GewESt), dem Gewerbeertrag (GE) (§ 7 GewStG), zu gelangen, muss das körperschaftsteuerrechtliche Einkommen vor Verlustabzug noch um bestimmte gewerbeertragsteuerrechtliche Modifikationen sowie den Abzug eines ggf. vorgetragenen Gewerbeverlustes (g) korrigiert werden. Dies lässt sich wie in *Abbildung 2* gezeigt darstellen (Vk = körperschaftsteuerrechtlicher Verlustabzug gemäß § 8 Abs. 4 KStG i. V. m. § 10 d EStG; h = Hebesatz der Standortgemeinde in % : 100; m = Steuermeßzahl Gewerbeertrag in % : 100).

	zu versteuerndes Einkommen vor Verlustabzug
±	gewerbeertragsteuerrechtliche Modifikationen (§ 8, § 9 GewStG)
−	Verlustabzug (§ 10 a GewStG)
=	Gewerbeertrag (GE)

} g

Abb. 2: Berechnung der gewerbeertragsteuerrechtlichen Bemessungsgrundlage.

Für die GewESt, die vom Gewerbeertrag berechnet wird, gilt:

(8) $GewESt = m \cdot h \cdot GE$

und unter Einbeziehung des oben entwickelten Formelapparates:

(9) $GewESt = m \cdot h \cdot (Jnach + k^* + KSt + Vk + g)$ oder

(10) $-m \cdot h \cdot Jnach - m \cdot h \cdot KSt + GewESt = m \cdot h \cdot (k^* + Vk + g).$

Im Hinblick auf *die ergebnisabhängigen Tantiemen* wird davon ausgegangen, dass sie entweder direkt oder indirekt vom Jahresüberschuss auf Grund gesetzlicher Regelungen oder vertraglicher Vereinbarungen wie folgt zu berechnen sind.

	Jahresüberschuss (Jnach)
±	Veränderungen auf Grund von Tantiemenvereinbarungen (ta)
=	Bemessungsgrundlage für Tantiemen (TB)

Abb. 3: Ermittlung der Bemessungsgrundlage für Tantiemen.

Unter Berücksichtigung eines Faktors tb, der auf die Bemessungsgrundlage TB für die Tantiemen anzuwenden ist, ergibt sich sodann:

(11) $TA = tb \cdot TB = tb \cdot (Jnach + ta)$ mit $0 \leq tb \leq 1$ oder

(12) $-tb \cdot Jnach + TA = tb \cdot ta.$

Die Formeln (2), (7), (10) und (12), die die ergebnisabhängigen Aufwendungen repräsentieren, sind dergestalt formuliert worden, dass eine *direkte Abhängigkeit vom Jahresüberschuss* besteht. Diese Beziehungen lassen sich zusammenfassend durch das in *Abbildung 4* dargestellte simultane Gleichungssystem zum Ausdruck bringen.

$$\begin{bmatrix} 1 & 1 & 1 & 1 \\ -\frac{1}{3} & 1 & 0 & 0 \\ -m \cdot h & -m \cdot h & 1 & 0 \\ -tb & 0 & 0 & 1 \end{bmatrix} \cdot \begin{bmatrix} Jnach \\ KSt \\ GewESt \\ TA \end{bmatrix} = \begin{bmatrix} vJvor \\ \frac{1}{3} \cdot k^* - \frac{2}{9} \cdot A\,40 + \frac{4}{7} \cdot A\,0 \\ m \cdot h \cdot (k^* + Vk + g) \\ tb \cdot ta \end{bmatrix}$$

Abb. 4: Simultanes Gleichungssystem in Matrizenschreibweise.

Erweiterung des Gleichungssystems nach Maßgabe aktienrechtlicher Regelungen

Sofern die spezifischen Bemessungsgrundlagen für *Vorstands- und Aufsichtsratstantiemen* gemäß aktienrechtlicher Regelung nach § 86 Abs. 2 bzw. § 113 Abs. 3 AktG Berücksichtigung finden sollen, muss zunächst das vorstehend entwickelte simultane Gleichungssystem entsprechend erweitert werden. Dabei ist zu beachten, dass die Tantiemen für Aufsichtsratsmitglieder laut § 10 Nr. 4 KStG nur zur Hälfte bei der Ermittlung des körperschaftsteuerrechtlichen Einkommens abgezogen werden dürfen. Unter Berücksichtigung der Vorstands- (TAvor) sowie der Aufsichtsratstantiemen (TAauf) errechnet sich der Jahresüberschuss nunmehr aus:

(1) $vJvor - KSt - GewESt - TAvor - TAauf = Jnach$ oder

(2) $Jnach + KSt + GewESt + TAvor + TAauf = vJvor.$

Besteht die Erfolgsbeteiligung des Vorstands in einem Anteil am Jahresgewinn, dann ist die Tantieme nach § 86 Abs. 2 AktG wie folgt zu berechnen (avor = Anteil des Vorstands am korrigierten Jahresüberschuss; REINgs = nach Gesetz oder Satzung vorzunehmende Rücklageneinstellungen; VV = Verlustvortrag aus dem Vorjahr). Zu den Rücklageneinstellungen zählen keine Rücklagenzuführungen in Höhe des Eigenkapitalanteils im Sinne von § 58 Abs. 2 a AktG, da diese stets auf freiwilliger Basis vorgenommen werden.

(3) TAvor = avor · (Jnach − VV − REINgs) mit $0 \leq \text{avor} \leq 1$

Die Rücklageneinstellung REINgs lässt sich in einen gesetzlichen (REINg) und einen satzungsmäßig (REINs) zu dotierenden Teil aufspalten.

(4) REINgs = REINg + REINs.

§ 150 Abs. 2 AktG verlangt, dass pro Geschäftsjahr 5% des um einen Verlustvortrag aus dem Vorjahr geminderten Jahresüberschusses in die gesetzliche Rücklage einzustellen ist, es sei denn, die gesetzlich oder satzungsmäßig vorgeschriebene Dotierungshöhe ist bereits durch eine niedrigere Rücklagenzuführung zu erreichen. Geht man vom *Regelfall* der Feststellung des Jahresabschlusses durch Vorstand und Aufsichtsrat aus, so lässt sich zusammenfassend schreiben (REINn = niedrigere Rücklageneinstellung nach § 150 Abs. 2 AktG; r = Dotierungsfaktor der gesetzlichen Rücklagen). Der Ausnahmefall der satzungsmäßigen Rücklagendotierung gemäß § 58 Abs. 1 Satz 1 AktG bleibt im Folgenden unberücksichtigt.

(5) REINgs = r · 0,05 · (Jnach − VV) + (1 − r) · REINn + REINs
    mit   r = 1 bei 0,05 · (Jnach − VV) < REINn und
          r = 0 bei 0,05 · (Jnach − VV) ≥ REINn.

Setzt man Formel (5) in Gleichung (3) ein, dann ergibt sich nach einigen Umformungen folgender Ausdruck für die Vorstandstantieme.

(6) − (1 − 0,05 · r) · avor · Jnach + TAvor = [(0,05 · r − 1) · VV +
                                                (r − 1) · REINn − REINs] · avor.

Im Gegensatz zur Erfolgsbeteiligung des Vorstands berechnet sich die Aufsichtsratstantieme nach § 113 Abs. 3 AktG durch die Anwendung eines konstanten Anteils (aauf) auf den Bilanzgewinn, der zuvor im Falle ausstehender Einlagen auf das Grundkapital aber um eine mindestens 4%ige Vorabdividende auf die eingezahlten Teile des Grundkapitals (GKe) zu kürzen ist (GV = Gewinnvortrag aus dem Vorjahr; RENT = Entnahmen aus Rücklagen; REINa = Einstellungen in andere Gewinnrücklagen gemäß § 58 Abs. 2 AktG; REINü = übrige Einstellungen in Gewinnrücklagen).

(7) TAauf = aauf · (Jnach − VV + GV + RENT − REINgs − REINa − REINü
            − 0,04 · GKe)   mit $0 \leq \text{aauf} \leq 1$

In Gleichung (7) lässt sich das Glied REINa unter Berücksichtigung der Vorschrift von § 58 Abs. 2 AktG noch weiter präzisieren. Da bei der Feststellung des Jahresabschlusses durch Vorstand und Aufsichtsrat höchstens 50% des Differenzbetrages aus Jahresüberschuss einerseits und Verlustvortrag sowie Zuführungen zur gesetzlichen Rücklage andererseits in die anderen Gewinnrücklagen eingestellt werden können, lässt sich schreiben (dm = Dispositionsanteil des Managements):

(8) REINa = dm · [Jnach – r · 0,05 · (Jnach – VV) + (1 – r) · REINn – VV]
mit $0 \leq dm \leq 0,5$.

Da nur der tatsächlich verfügbare Teil des Jahresüberschusses der Rücklagendotierung nach § 58 Abs. 2 AktG zugrunde gelegt werden kann, müssen die Einstellungen in die gesetzliche Rücklage sowie die Tilgung eines Verlustvortrages zuvor vom Jahresüberschuss abgezogen werden (§ 58 Abs. 2 Satz 4 AktG). Dies gilt nicht für die Zuführung zur Kapitalrücklage, weil sie weder aus dem Jahresüberschuss gespeist wird noch in diesen einfließt.

Sofern der Ausnahmefall einer höheren Dotierung der anderen Gewinnrücklagen auf Grund einer Satzungsermächtigung gemäß § 58 Abs. 2 Satz 2 AktG vorliegt, kann der Dispositionsanteil des Managements bei der Ermittlung von REINa auch die Obergrenze von 0,5 übersteigen.

Integriert man nun Formel (8) in Gleichung (7), so ergibt sich nach einigen Umformungen:

(9) – [(1 – dm) · (1 – 0,05 · r) · aauf] · Jnach + TAauf = {[1 – dm] · (0,05 · r – 1)
· VV + GV + RENT + (dm – 1) · [(1 – r) · REINn] – [REINs + REINü
+ 0,04 · GKe]} · aauf.

Da gemäß § 10 Nr. 4 KStG die Aufsichtsratstantieme nur zur Hälfte die Bemessungsgrundlage der Körperschaftsteuer mindern darf, ist darauf zu achten, dass der Ausdruck 1/2 · TAauf neben der Größe k^* separat berücksichtigt werden muss. Somit gilt nun:

(10) $-\frac{1}{3} \cdot$ Jnach + KSt $-\frac{1}{6} \cdot$ TAauf $= \frac{1}{3} \cdot k^* - \frac{2}{9} \cdot A\,40 + \frac{4}{7} \cdot A\,0.$

Um zur Bemessungsgrundlage der Gewerbeertragsteuer (GewESt), dem Gewerbeertrag (GE) (§ 7 GewStG), zu gelangen, muss auch hier das körperschaftsteuerrechtliche Einkommen vor Verlustabzug noch um bestimmte gewerbeertragsteuerrechtliche Modifikationen sowie den Abzug eines ggf. vorgetragenen Gewerbeverlustes (ga) korrigiert werden (Vk = körperschaftsteuerrechtliche Verlustabzug gemäß § 8 Abs. 4 KStG i. V. m. § 10d EStG).

Für die GewESt, die vom Gewerbeertrag berechnet wird, gilt:

(11) $GewESt = m \cdot h \cdot GE$

und unter Einbeziehung des oben entwickelten Formelapparates

(12) $- m \cdot h \cdot Jnach - m \cdot h \cdot KSt + GewESt = m \cdot h \cdot (k^* + Vk + g).$

Die Formeln (2), (6), (9), (10) und (12), die die ergebnisabhängigen Aufwendungen repräsentieren, sind dergestalt formuliert worden, dass eine *direkte Abhängigkeit vom Jahresüberschuss* besteht. Diese Beziehungen lassen sich wiederum zusammenfassend durch das in *Abbildung 5* dargestellte simultane Gleichungssystem zum Ausdruck bringen.

Variationsmöglichkeiten für bilanzpolitische Gestaltungen

Wird zum Zwecke der Realisierung bestimmter bilanzpolitischer Ziele das zur Verfügung stehende Instrumentarium adäquat eingesetzt, so nimmt der *vorläufige Jahresüberschuss (vJvor)* den Charakter einer durch die Rechnungslegungspolitik beeinflussbaren Größe an. Soll ein Jahresüberschuss in bestimmter Höhe publiziert werden, dann müssen die Entscheidungsträger wissen, in welchem Umfang der vorläufige Jahresüberschuss zu ändern ist, um unter Beachtung der ergebnisabhängigen Aufwendungen den angestrebten *Soll-Jahresüberschuss (sJnach)* exakt zum Ausweis bringen zu können. Durch Variation der oben beschriebenen formalen Abhängigkeiten zwischen Jahresabschluss und ergebnisabhängigen Aufwendungen können die dort entwickelten Formeln nun so transformiert werden, dass sie im Rahmen rechnungslegungspolitischer Gestaltungsprozesse verwendbar sind. *Abbildung 6* zeigt für den oben dargestellten *Grundansatz* (vgl. Abbildung 4) das Ergebnis dieser Umformungen in Matrizenschreibweise.

Das transformierte Gleichungssystem kann nun zum Zwecke *bilanzpolitischer Gestaltungsprozesse* genutzt werden. So besteht die Möglichkeit, anstelle der Größen Jnach bestimmte angestrebte Sollwerte (Soll-Jahresüberschuss und Soll-Ausschüttung) einzusetzen (Fixierungsansatz). Die Lösung des Gleichungssystems weist dann die Ergebnisse für vJ, KSt, GewESt und TA aus, die sich nach Einsatz der erfolgswirksamen Instrumente ergeben würden. Die zu diesem Zwecke benötigte *Manövriermasse* errechnet sich durch Gegenüberstellung des ursprünglichen vorläufigen Jahresergebnisses und des vorläufigen Jahresergebnisses, das in Gestalt der Lösungswerte des simultanen Planungsansatzes ausgewiesen wird. Als Manövriermasse wird speziell im Rahmen der *Steuerbilanzpolitik* die Summe aller Maßnahmen zum Zwecke der zeitlichen Verlagerung des Gewinns bezeichnet.

$$\begin{bmatrix} 1 & -1 & -1 & 1 & 1 & 1 \\ -\frac{1}{3} & 1 & 0 & 1 & 0 & -\frac{1}{6} \\ -m\cdot h & & 1 & -m\cdot h & 1 & 0 \\ -(1-0{,}05\cdot r)\cdot \text{avor} & 0 & 0 & 0 & 1 & 0 \\ -(1-\text{dm})\cdot(1-0{,}05\cdot r)\cdot \text{aauf} & 0 & 0 & 0 & 0 & 1 \end{bmatrix} \cdot \begin{bmatrix} \text{Jnach} \\ \text{KSt} \\ \text{GewESt} \\ \text{TAvor} \\ \text{TAauf} \end{bmatrix} = \begin{bmatrix} \text{vJvor} \\ \frac{1}{3}\cdot k^* - \frac{2}{9}\cdot A\,40 + \frac{4}{7}\cdot A\,0 \\ m\cdot h\cdot(k^* + Vk + g) \\ [(0{,}05\cdot r - 1)\cdot VV + (r-1)\cdot \text{REINn} - \text{REINs}]\cdot \text{avor} \\ \{(1-\text{dm})\cdot(0{,}05\cdot r - 1)\cdot VV + GV + \text{RENT} + (\text{dm}-1)\cdot[(1-r)\cdot \text{REINn}] - [\text{REINs} + \text{REINü} + 0{,}04\cdot \text{GKe}]\}\cdot \text{aauf} \end{bmatrix}$$

Abb. 5: Simultanes Gleichungssystem in Matrizenschreibweise bei aktienrechtlicher Ergebnisverwendung.

$$\begin{bmatrix} 1 & -1 & -1 \\ -\frac{1}{4}\cdot(1-\text{sg}) & 1 & \frac{1}{4}\cdot(1-\text{sg}) \\ -\text{sg} & 0 & 1 & \text{sg} \\ -\text{tb}\cdot\frac{3}{4}\cdot(1-\text{sg}) & 0 & 0 & [1+\text{tb}\cdot\frac{3}{4}\cdot(1-\text{sg})] \end{bmatrix} \cdot \begin{bmatrix} \text{vJ} \\ \text{KSt} \\ \text{GewESt} \\ \text{TA} \end{bmatrix} = \begin{bmatrix} \text{Jnach} \\ \frac{1}{4}\cdot(1-\text{sg})\cdot k^* - \frac{1}{4}\cdot \text{sg}\cdot(Vk+g) - \frac{1}{6}\cdot A\,40 + \frac{3}{7}\cdot A\,0 \\ \text{sg}\cdot(k^* + Vk + g) \\ -\text{tb}\cdot[(\frac{1}{4} + \frac{3}{4}\cdot \text{sg})\cdot k^* + \frac{3}{4}\cdot \text{sg}\cdot(Vk+g)] - \frac{1}{6}\cdot A\,40 + \frac{3}{7}\cdot A\,0 - \text{ta}] \end{bmatrix}$$

Abb. 6: Transformiertes Gleichungssystem in Matrizenschreibweise.

Neben der dargestellten Fixierung der Zielgröße kann aber auch eine *Extremierung* von *Jnach* auf der Basis des *Grundansatzes* (vgl. Abbildung 4) zur Erfassung ergebnisabhängiger Aufwendungen betrieben werden. Zu diesem Zwecke sind lediglich diejenigen zur Verfügung stehenden erfolgswirksamen Aktionsparameter in Erfahrung zu bringen, mit deren Hilfe der in der vorläufigen Erfolgsrechnung ausgewiesene Jahresüberschuss bis an seine Grenzbereiche zu beeinflussen ist. Anhand dieser Daten müssen dann die Ober- und Untergrenzen des vorläufigen Jahresüberschusses wie folgt berechnet werden.

(1) vJ (Max) = vJvor + Summe aller gewinnerhöhenden Aktionsparameter

(2) vJ (Min) = vJvor − Summe aller gewinnsenkenden Aktionsparameter

Eine weitere Senkung der Ertragsteuern könnte vorgenommen werden, wenn auf Alt-Gewinnrücklagen zurückgegriffen wird, die mit 40% Körperschaftsteuer vorbelastet sind, da sich hierdurch zusätzliche Körperschaftsteuerminderungen ermäßigend auf den Körperschaftsteueraufwand der Rechnungsperiode auswirken. Die Nutzung des Anrechnungsanspruches der Körperschaftsteuer im Hinblick auf eine Ausschüttung von mit 40% vorbelasteten Gewinnrücklagen innerhalb des 15-jährigen Übergangszeitraumes nach Einführung des Halbeinkünfteverfahrens ist grundsätzlich dann von Vorteil, wenn der persönliche Einkommensteuersatz der Anteilseigner 46,15% überschreitet. In diesem Falle liegt die ertragsteuerliche Gesamtbelastung der Ausschüttung (30%ige Körperschaftsteuer und hälftige Einkommensteuer) unter der persönlichen Einkommensteuerbelastung der Anteilseigner [sa = 0,3 + 0,5 · sa (1 − 0,3); sa = 0,4615]. Wenn aber handelsrechtlich ausschüttbare Vermögensteile, z. B. infolge zwischenzeitlicher Verluste, nicht vorhanden sind, besteht für die Anteilseigner die Möglichkeit, Einlagen zu leisten, die bei der Kapitalgesellschaft in den Gewinn eingestellt und ausgeschüttet werden. Durch dieses sog. *Leg-ein-hol-zurück-Verfahren* sind blockierte Körperschaftsteuerguthaben zu aktivieren. Im Hinblick auf Ausschüttungen aus mit 0% Körperschaftsteuer vorbelastete Gewinn- oder Kapitalrücklagen ist zu empfehlen, diese Gewinnanteile erst nach Ablauf der 15-jährigen Übergangsfrist den Anteilseignern zur Verfügung zu stellen, da dann auf der Ebene der Kapitalgesellschaft Körperschaftsteuererhöhungen vermieden werden können.

Ergebnis

Die konzipierten Gleichungssysteme stellen mit ihren Erweiterungsmöglichkeiten wichtige Hilfsmittel im Rahmen der die erfolgsabhängigen Aufwendungen, den Eigenkapitalausweis und die Ergebnisverwendung von Kapitalgesellschaften betreffenden Rechnungslegungsmaßnahmen und Prüfungshandlungen dar. Sie sind in der Lage, die komplexen interdependenten handels- und steuerrechtlichen Beziehungen zwischen Jahres- und Bilanzergebnis, Tantiemen und Ertragsteuern exakt zu erfassen. Zudem konnte gezeigt werden, dass sich die Systeme als genügend flexibel erweisen, um die jüngsten Reformen des Körperschaftsteuerrechts mit den Übergangsvorschriften vom Anrechnungs- auf das Halbeinkünfteverfahren aufzunehmen. Im Vergleich zur Erfassung erfolgsabhängiger Aufwendungen nach dem Anrechnungsverfahren vereinfacht sich ihre Ermittlung erheblich.

Während das konzipierte Ausgangsmodell den Erfordernissen *mittelgroßer Kapitalgesellschaften* in der Rechtsform der GmbH entspricht, liegt den Modellerweiterungen die Vorstellung einer *großen Aktiengesellschaft* zugrunde. Darüber hinaus dürften die Ansätze im Hinblick auf bestimmte handels- und steuerrechtliche Spezialregelungen ohne Schwierigkeiten zu modifizieren sein (z. B. satzungsmäßige Rücklagendotierungen, Einbeziehung des Solidaritätszuschlags). Auch für derartige Variationen bieten die beiden dargestellten Basisformen wichtige Anhaltspunkte vor allem im Hinblick auf strukturelle Modellanpassungen. Sofern der Bilanzierende oder der Abschlussprüfer die für seine Aufgabe entsprechenden Matrizen übernommen oder (weiter-)entwickelt hat, braucht er lediglich die erforderlichen Variablen in die Modelle einzusetzen. Die Lösung ist dann mit Hilfe eines Personalcomputers über die in jedem Tabellenkalkulationsprogramm vorhandene Rechenfunktion für simultane Gleichungssysteme zu generieren. Es bleibt zu hoffen, dass sich auch die rechnungslegende und wirtschaftsprüfende Praxis mit den vorgestellten simultanen Konzepten auseinandersetzen wird.

Aufgabe 1

Die vorläufige Gewinn- und Verlustrechnung einer unbeschränkt körperschaftsteuerrechtlichen GmbH zeigt nach Handelsrecht folgendes Aussehen. Beim Körperschaft- und Gewerbesteueraufwand handelt es sich um Vorauszahlungen, die nach § 31 Abs. 1 KStG i. V. m. § 37 EStG bzw. § 19 GewStG während des Geschäftsjahres geleistet worden sind.

Soll	Vorläufige Gewinn- und Verlustrechnung zum 31.12.20..		Haben
	in Euro		in Euro
diverse Aufwendungen	1 900	Umsatzerlöse	2 400
Körperschaftsteueraufwand	230	diverse Erträge	640
Gewerbesteueraufwand	95		
vorläufiger Erfolgssaldo	815		
	3 040		3 040

Abb. 7: *Ausgangsdaten für die Ermittlung der ergebnisabhängigen Aufwendungen.*

Es liegen weiterhin folgende Informationen vor:

(1) Die Differenz zwischen Jnach und zvE beträgt   k* = 150
    (ohne KSt selbst) 150 Tsd. Euro.

(2) Nach dem Gewinnverwendungsvorschlag der Geschäftsführung sollen neben dem Jahresüberschuss andere Gewinnrücklagen in Höhe von 540 Tsd. Euro an die Gesellschafter ausgeschüttet werden, die mit 40% Körperschaftsteuer vorbelastet sind.

A 40 = 540

(3) Der Gewerbesteuerhebesatz der Standortgemeinde beträgt 425%, die Steuermesszahl für den Gewerbeertrag nach § 11 Abs. 2 GewStG 5%. Ein körperschaftsteuerrechtlicher Verlustabzug gemäß § 8 Abs. 4 KStG i. V. m. § 10 d EStG liegt nicht vor.

$h = 4,25$
$m = 0,05$
$sg = 0,17526$
$Vk = 0$

(4) Die gewerbeertragsteuerrechtlichen Modifikationen nach §§ 8 f. GewStG betragen 90 Tsd. Euro.

$g = 90$

(5) Die Tantieme für die Geschäftsführung beträgt 12% des in der Handelsbilanz ausgewiesenen Jahresüberschusses.

$ta = 0$
$tb = 0,12$

(6) Aus den vorliegenden Werten errechnet sich der vorläufige Jahresüberschuss (vJvor) mit 1 140 Tsd. Euro (= 815 Tsd. Euro + 230 Tsd. Euro + 95 Tsd. Euro).

vJvor = 1 140

a) Erstellen Sie das maßgebende simultane Gleichungssystem in Matrizenschreibweise und berechnen Sie die Werte für Jnach, KSt, GewESt und TA. Der auf die Körperschaftsteuer erhobene Solidaritätszuschlag soll unberücksichtigt bleiben.

b) Erstellen sie unter Verwendung der Ergebnisse von a) die handelsrechtliche Gewinn- und Verlustrechnung der GmbH vor Verwendung des Jahresergebnisses in Staffelform nach § 275 Abs. 2 HGB i. V. m. § 158 Abs. 1 AktG.

c) Wie ändern sich die Ergebnisse von a) und b), wenn angenommen wird, dass die Geschäftsführung der GmbH vorschlägt, exakt einen Soll-Jahresüberschuss von 600 Tsd. Euro zur Sicherstellung der geplanten Ausschüttungen zum Ausweis zu bringen, ohne auf Entnahmen aus anderen Gewinnrücklagen zurückzugreifen? Erfolgswirksame Wahlrechte, deren Nutzung auch steuerrechtlich zulässig wäre, stehen in ausreichendem Umfang zur Verfügung.

d) Wie ändern sich die Ergebnisse von c), wenn man unter sonst gleichen Bedingungen unterstellt, dass für die Geschäftsführung der GmbH die Möglichkeit besteht, den vorläufigen Jahresüberschuss von 1 140 Tsd. Euro durch sowohl handels- als auch steuerrechtlich zulässigen Manövriermasseneinsatz auf höchstens 1 800 Tsd. Euro (Maximierungsansatz) oder mindestens 700 Tsd. Euro (Minimierungsansatz) zu senken?

Aufgabe 2

Die verkürzte vorläufige Erfolgsrechnung einer unbeschränkt körperschaftsteuerpflichtigen AG, bei der Vorstand und Aufsichtsrat den Jahresabschluss feststellen, zeigt nach Handelsrecht folgendes Aussehen. Beim Körperschaft- und Gewerbesteueraufwand handelt es sich um Vorauszahlungen, die nach § 31 Abs. 1 KStG i. V. m. § 37 EStG bzw. § 19 GewStG während des Geschäftsjahres geleistet worden sind.

Soll	Vorläufige Gewinn- und Verlustrechnung zum 31.12.20..		Haben
	in Euro		in Euro
diverse Aufwendungen	1 900	Umsatzerlöse	2 400
Körperschaftsteueraufwand	230	diverse Erträge	640
Gewerbesteueraufwand	95		
Verlustvortrag aus dem Vorjahr	80		
vorläufiger Erfolgssaldo	735		
	3 040		3 040

Abb. 8: *Ausgangsdaten für die Ermittlung der ergebnisabhängigen Aufwendungen.*

Es liegen weiterhin folgende Informationen vor:

(1) Der Saldo der Abweichungen zwischen Jahresüberschuss und körperschaftsteuerpflichtigem Einkommen (ohne KSt selbst) beträgt 150 Tsd. Euro.

$k^* = 150$

(2) Die gesetzlichen Rücklagen sind nach der Regelung des § 150 Abs. 2 AktG zu dotieren. Zu berücksichtigen ist, dass die gesetzlich vorgeschriebene Dotierungshöhe bereits bei einer Einstellung von 15 Tsd. Euro erreicht wird. Darüber hinaus sieht die Satzung eine Dotierung der Gewinnrücklagen mit einem Betrag von 50 Tsd. Euro aus dem Jahresüberschuss vor. In die anderen Gewinnrücklagen soll der höchstmögliche Betrag gemäß § 58 Abs. 2 AktG eingestellt werden, wobei eine Satzungsermächtigung zur Dotierung eines höheren Teils als 50% des Jahresüberschusses nicht existiert. Neben dem Jahresüberschuss sollen andere Gewinnrücklagen in Höhe von 540 Tsd. Euro an die Aktionäre ausgeschüttet werden, die mit 40% Körperschaftsteuer vorbelastet sind.

VV = 80
r = 0
REINn = 15
REINs = 50
REINü = 0
dm = 0,5
RENT = 0
A 40 = 540

(3) Der Gewerbesteuerhebesatz der Standortgemeinde beträgt 425%, die Steuermeßzahl für den Gewerbeertrag nach § 11 Abs. 2 GewStG 5%. Ein körperschaftsteuerrechtlicher Verlustabzug gemäß § 8 Abs. 4 KStG i. V. m. § 10 d EStG liegt nicht vor.

$h = 4{,}25$
$m = 0{,}05$
$sg = 0{,}17526$
$Vk = 0$

(4) Die gewerbeertragsteuerrechtlichen Modifikationen nach §§ 8 f. GewStG betragen 90 Tsd. Euro.

$g = 90$

(5) Die Vorstands- und Aufsichtsratstantiemen sind nach den Regelungen von § 86 Abs. 2, § 113 Abs. 3 AktG mit einem Prozentsatz von 6% bzw. 4% zu berechnen. Die eingezahlten Teile auf das Grundkapital betragen 1 200 Tsd. Euro.

$avor = 0{,}06$
$aauf = 0{,}04$
$GKe = 1\,200$

(6) Aus den vorliegenden Werten errechnet sich der vorläufige Jahresüberschuss mit 1 140 Tsd. Euro (= 735 Tsd. Euro + 230 Tsd. Euro + 95 Tsd. Euro + 80 Tsd. Euro).

$vJvor = 1\,140$

a) Erstellen Sie das maßgebende simultane Gleichungssystem in Matrizenschreibweise und berechnen Sie die Werte für Jnach, KSt, GewESt, TAvor und TAauf. Der auf die Körperschaftsteuer erhobene Solidaritätszuschlag soll unberücksichtigt bleiben.

b) Erstellen Sie unter Verwendung der Ergebnisse von a) die handelsrechtliche Gewinn- und Verlustrechnung der AG nach § 275 Abs. 2 HGB i. V. m. § 158 Abs. 1 AktG.

Lösung

Aufgabe 1

a) Setzt man die vorliegenden Zahlenwerte in das simultane Gleichungssystem von *Abbildung 4* ein, dann ergibt sich das in *Abbildung 9* gezeigte Bild.

$$\begin{bmatrix} 1 & 1 & 1 & 1 \\ -0{,}333\overline{3} & 1 & 0 & 0 \\ -0{,}2125 & -0{,}2125 & 1 & 0 \\ -0{,}12 & 0 & 0 & 1 \end{bmatrix} \cdot \begin{bmatrix} Jnach \\ KSt \\ GewESt \\ TA \end{bmatrix} = \begin{bmatrix} 1\,140 \\ -70 \\ 51 \\ 0 \end{bmatrix}$$

Abb. 9: Beispielhafte Darstellung des Gleichungssystems in Matrizenschreibweise.

Zur Berechnung der Ausgangsmatrizen sowie zur Lösung des simultanen Gleichungssystems bietet sich der Einsatz von Personal-Computern unter Rückgriff auf *Tabellenkalkulationsprogramme* an. In diesem Zusammenhang empfiehlt sich unter Berücksichtigung der hier entwickelten Modellstrukturen der Aufbau spezifischer Arbeitsblattdateien, die dann durch Eingabe bestimmter Ausgangsdaten beliebig variiert und über die in aller Regel integrierte Berechnungsfunktion für simultane Gleichungssysteme schnell und übersichtlich gelöst werden können. Das formulierte Gleichungssystem führt in dem hier angeführten Beispielsfall zu folgenden Ergebnissen.

Jnach = 675,936 Tsd. Euro

KSt = 155,312 Tsd. Euro   [= 0,25 · (1 140 Tsd. Euro + 150 Tsd. Euro − 227,64 Tsd. Euro − 81,112 Tsd. Euro − 1/6 · 540 Tsd. Euro)]

GewESt = 227,640 Tsd. Euro   [= 0,17526 · (1 140 Tsd. Euro + 150 Tsd. Euro + 90 Tsd. Euro − 81,112 Tsd. Euro)]

TA = 81,112 Tsd. Euro   (= 0,12 · 675,936 Tsd. Euro)

b) Nunmehr lässt sich die (verkürzte) handelsrechtliche Gewinn- und Verlustrechnung *des Jahresabschlusses vor Verwendung des Jahresergebnisses* in Staffelform wie in *Abbildung 10* gezeigt aufstellen. Der Gewinnverwendungsvorschlag der Geschäftsführung, der den Gesellschaftern zur Beschlußfassung vorgelegt wird (§ 29 Abs. 2 GmbHG) und auf dessen Grundlage auch der Körperschaftsteueraufwand von

155,312 Tsd. Euro berechnet wurde (§ 278 Satz 1 2. HS HGB), beinhaltet neben dem Jahresüberschuss (675,936 Tsd. Euro) mithin Entnahmen aus anderen Gewinnrücklagen in Höhe von 540 Tsd. Euro. Tantiemen-Aufwendungen für die Geschäftsführung sind unter dem Posten Nr. 6 a) von § 275 Abs. 1 HGB auszuweisen.

	Umsatzerlöse	2 400,000 Tsd. Euro
+	diverse Erträge	640,000 Tsd. Euro
−	diverse Aufwendungen	1 900,000 Tsd. Euro
−	Tantiemenaufwand	81,112 Tsd. Euro
−	Steuern vom Einkommen und vom Ertrag	
	(1) Körperschaftsteuer	155,312 Tsd. Euro
	(2) Gewerbeertragsteuer	227,640 Tsd. Euro
=	Jahresüberschuss	675,936 Tsd. Euro
+	Entnahmen aus anderen Gewinnrücklagen	540,00 Tsd. Euro
=	Bilanzgewinn	1 215,936 Tsd. Euro

Abb. 10: *Endgültige Gewinn- und Verlustrechnung zum 31.12.20.. nach Ermittlung der ergebnisabhängigen Aufwendungen.*

c) Setzt man die modifizierten Zahlenwerte in das transformierte simultane Gleichungssystem von *Abbildung 6* ein, dann ergibt sich das in *Abbildung 11* gezeigte Bild.

$$\begin{bmatrix} 1 & -1 & -1 & -1 \\ -0{,}20619 & 1 & 0 & 0{,}20619 \\ -0{,}17526 & 0 & 1 & 0{,}17526 \\ -0{,}07423 & 0 & 0 & 1{,}07423 \end{bmatrix} \cdot \begin{bmatrix} vJ \\ KSt \\ GewESt \\ TA \end{bmatrix} = \begin{bmatrix} 600 \\ 26{,}9844 \\ 42{,}0624 \\ -8{,}28562 \end{bmatrix}$$

Abb. 11: *Beispielhafte Darstellung des transformierten Gleichungssystems in Matrizenschreibweise.*

Die Lösung ergibt nachstehende Werte.

vJ = 1 153,64 Tsd. Euro

KSt = 250,01 Tsd. Euro [= 0,25 · (1 153,64 Tsd. Euro + 150 Tsd. Euro − 231,63 Tsd. Euro − 72,00 Tsd. Euro)]

GewESt = 231,63 Tsd. Euro [= 0,17526 · (1 153,64 Tsd. Euro + 150 Tsd. Euro
+ 90 Tsd. Euro − 72,00 Tsd. Euro)]

TA = 72,00 Tsd. Euro (= 0,12 · 600 Tsd. Euro)

Die entsprechende zieloptimale Erfolgsrechnung, zu deren Erstellung 13,64 Tsd. Euro (= 1 153,65 Tsd. Euro − 1 140 Tsd. Euro) positive Manövriermasse eingesetzt werden muss, hat dann folgendes Aussehen:

	Umsatzerlöse	2 400,00 Tsd. Euro
+	diverse Erträge	640,00 Tsd. Euro
+	Manövriermasseneinsatz	13,64 Tsd. Euro
−	diverse Aufwendungen	1 900,00 Tsd. Euro
−	Tantiemenaufwand	72,00 Tsd. Euro
−	Steuern vom Einkommen und vom Ertrag	
	(1) Körperschaftsteuer	250,01 Tsd. Euro
	(2) Gewerbeertragsteuer	231,63 Tsd. Euro
=	Jahresüberschuss (= geplante Ausschüttung)	600,00 Tsd. Euro

Abb. 12: *Endgültige Gewinn- und Verlustrechnung zum 31.12.20.. nach Ermittlung der ergebnisabhängigen Aufwendungen.*

d) Durch Eingabe für vJ (Max) von 1 800 Tsd. Euro (Maximierungsansatz) bzw. vJ (Min) von 700 Tsd. Euro (Minimierungsansatz) in das in *Abbildung 4* gezeigte simultane Gleichungssystem ergeben sich folgende Lösungswerte:

Maximierungsansatz:

sJnach = 972,193 Tsd. Euro

KSt = 374,064 Tsd. Euro [= 0,25 · (1 800 Tsd. Euro + 150 Tsd. Euro
− 337,08 Tsd. Euro − 116,663 Tsd. Euro)]

GewESt = 337,08 Tsd. Euro [= 0,17526 · (1.800 Tsd. Euro + 150 Tsd. Euro
+ 90 Tsd. Euro − 116,663 Tsd. Euro)]

TA = 116,663 Tsd. Euro (= 0,12 · 972,193 Tsd. Euro)

Minimierungsansatz:

sJnach = 338,795 Tsd. Euro

KSt = 162,932 Tsd. Euro [= 0,25 · (700 Tsd. Euro + 150 Tsd. Euro
− 157,617 Tds. Euro − 40,656 Tsd. Euro)]

GewESt = 157,617 Tsd. Euro [= 0,17526 · (700 Tsd. Euro + 150 Tsd. Euro
+ 90 Tsd. Euro − 40,656 Tsd. Euro)]

TA = 40,656 Tsd. Euro (0,12 · 938,795 Tsd. Euro).

Aufgabe 2

a) Setzt man die vorliegenden Zahlenwerte in das simultane Gleichungssystem von *Abbildung 5* ein, dann ergibt sich das in *Abbildung 13* gezeigte Bild.

$$\begin{bmatrix} 1 & 1 & 1 & 1 & 1 \\ -0{,}33\overline{3} & 1 & 0 & 0 & -0{,}66\overline{6} \\ -0{,}2125 & -0{,}2125 & 1 & 0 & 0 \\ -0{,}06 & 0 & 0 & 1 & 0 \\ -0{,}02 & 0 & 0 & 0 & 1 \end{bmatrix} \cdot \begin{bmatrix} Jnach \\ KSt \\ GewESt \\ TAvor \\ TAauf \end{bmatrix} = \begin{bmatrix} 1\,140 \\ -70 \\ 51 \\ -8{,}7 \\ 15{,}78 \end{bmatrix}$$

Abb. 13: *Beispielhafte Darstellung des erweiterten Gleichungssystems in Matrizenschreibweise.*

Die Lösung des Gleichungssystems führt zu folgenden Ergebnissen.

Jnach   = 684,188 Tsd. Euro

KSt   = 162,974 Tsd. Euro [= 0,25 · (1 140 Tds. Euro + 150 Tsd. Euro − 231,022 Tsd. Euro − 32,352 Tsd. Euro − 0,5 · 29,464 Tsd. Euro) − 1/6 · 540 Tsd. Euro]

GewESt = 231,022 Tsd. Euro [= 0,05 · 4,25 · (1 140 Tsd. Euro + 150 Tsd. Euro + 90 Tsd. Euro − 32,352 Tsd. Euro − 29,464 Tsd. Euro − 231,022 Tsd. Euro)]

TAvor   = 32,352 Tsd. Euro   [0,06 · (684,188 Tsd. Euro − 80 Tsd. Euro − 15 Tsd. Euro − 50 Tsd. Euro)]

TAauf   = 29,464 Tsd. Euro   [= 0,04 · (784,594 Tsd. Euro − 0,04 · 1 200 Tsd. Euro)]

Abbildung 14 zeigt die aus diesen Resultaten abgeleitete verkürzte handelsrechtliche Gewinn- und Verlustrechnung in Staffelform nach § 275 Abs. 2 HGB i. V. m. § 158 Abs. 1 AktG. Tantiemen-Aufwendungen für den Vorstand und/oder Aufsichtsrat sind unter dem Posten Nr. 6 a) von § 275 Abs. 2 HGB auszuweisen.

	Umsatzerlöse	2 400,000 Tsd. Euro
+	diverse Erträge	640,000 Tsd. Euro
–	diverse Aufwendungen	1 900,000 Tsd. Euro
–	Tantiemenaufwand	
	(1) Vorstand	32,352 Tsd. Euro
	(2) Aufsichtsrat	29,464 Tsd. Euro
–	Steuern vom Einkommen und vom Ertrag	
	(1) Körperschaftsteuer	162,974 Tsd. Euro
	(2) Gewerbeertragsteuer	231,022 Tsd. Euro
=	Jahresüberschuss	684,188 Tsd. Euro
–	Verlustvortrag aus dem Vorjahr	80,000 Tsd. Euro
+	Entnahmen aus Gewinnrücklagen	
	(1) aus anderen Gewinnrücklagen	540,000 Tsd. Euro
–	Einstellungen in Gewinnrücklagen	
	(1) in die gesetzliche Rücklage	15,000 Tds. Euro
	(2) in satzungsmäßige Rücklagen	50,000 Tsd. Euro
	(3) in andere Gewinnrücklagen	294,594 Tsd. Euro*
=	Bilanzgewinn	784,594 Tsd. Euro

Abb. 14: *Endgültige Gewinn- und Verlustrechnung zum 31.12.20.. nach Ermittlung der ergebnisabhängigen Aufwendungen.*

(*) 294,594 Tsd. Euro = 0,5 · (684,188 Tsd. Euro – 80 Tsd. Euro – 15 Tsd. Euro)

Symbolverzeichnis

A 0	mit 0% KSt vorbelastete Ausschüttungen
A 40	mit 40% KSt vorbelastete Ausschüttungen
aauf	Anteil des Aufsichtsrats am korrigierten Bilanzgewinn
avor	Anteil des Vorstands am korrigierten Jahresüberschuss
dm	Dispositionsanteil des Managements zur Dotierung der anderen Gewinnrücklagen nach § 58 Abs. 2 AktG
EK 02	nicht belastetes verwendbares Eigenkapital
g	gewerbeertragsteuerliche Korrekturen
GewESt	Gewerbeertragsteuer(-aufwand)
GE	Gewerbeertrag
GKe	eingezahlte Teile des Grundkapitals, bewertet zum geringsten Ausgabebetrag der Aktien
GV	Gewinnvortrag aus dem Vorjahr

h	Gewerbesteuer-Hebesatz (in Prozent) : 100
Jnach	Jahresüberschuss nach erfolgsabhängigen Aufwendungen
k	Abweichungen zwischen Jnach und zvE
k^*	Abweichungen zwischen Jnach und zvE ohne KSt selbst
KSt	Körperschaftsteuer(-aufwand)
m	Steuermeßzahl Gewerbeertrag (in Prozent) : 100
Max	Maximum
Min	Minimum
r	Dotierungsfaktor der gesetzlichen Rücklagen
REINa	Einstellungen in andere Gewinnrücklagen nach § 58 Abs. 2 AktG
REINg	Einstellungen in gesetzliche Rücklagen
REINgs	nach Gesetz oder Satzung vorzunehmende Rücklageneinstellungen
REINn	niedrigere Rücklageneinstellungen nach § 150 Abs. 2 AktG
REINs	Einstellungen in die satzungsmäßige Rücklagen
REINü	übrige Einstellungen in Gewinnrücklagen
RENT	Entnahmen aus Rücklagen
sa	persönlicher Einkommensteuersatz
sg	Gewerbeertragsteuerfaktor mit $(m \cdot h) : (1 + m \cdot h)$
ta	Veränderungen des Jahresüberschusses aufgrund von Tantiemenvereinbarungen
tb	Bemessungsfaktor für Tantiemen
TA	Tantiemen(-aufwand)
TAauf	Aufsichtsratstantiemen
TAvor	Vorstandstantiemen
TB	Bemessungsgrundlage für Tantiemen
vJ	vorläufiger Jahresüberschuss vor ergebnisabhängigen Aufwendungen nach Manövriermasseneinsatz
vJvor	vorläufiger Jahresüberschuss vor ergebnisabhängigen Aufwendungen und vor Manövriermasseneinsatz
Vk	körperschaftsteuerlicher Verlustabzug
VV	Verlustvortrag aus dem Vorjahr
zvE	zu versteuerndes körperschaftsteuerpflichtiges Einkommen

Literaturverzeichnis

ADLER, H./DÜRING, W./SCHMALTZ, K.: Rechnungslegung und Prüfung der Unternehmen, Teilband 4, 6. Aufl., Stuttgart 1997.

COENENBERG, A. G.: Jahresabschluss und Jahresabschlussananlyse. Betriebswirtschaftliche, handelsrechtliche, steuerrechtliche und internationale Grundlagen – HGB, IAS/IFRS, US-GAAP, DRS, 19. Aufl., Stuttgart 2003.

EISELE, W.: Technik des betrieblichen Rechnungswesens, 7. Aufl., München 2002.

FREIDANK, C.-CHR.: Einsatzmöglichkeiten simultaner Gleichungssysteme im Bereich der computergestützten Rechnungslegungspolitik, in: Zeitschrift für Betriebswirtschaft, 60. Jg. (1990), S. 261–279.

FREIDANK, C.-CHR.: Zielformulierungen und Modellbildungen im Rahmen der Rechnungslegungspolitik, in: Rechnungslegungspolitik. Eine Bestandsaufnahme aus handels- und steuerrechtlicher Sicht, hrsg. von C.-CHR. FREIDANK, Berlin et al. 1998, S. 85–153.

FREIDANK, C.-CHR.: Matrizenmodelle als Hilfsmittel zur Prüfung ergebnisabhängiger Aufwendungen, in: Die Wirtschaftsprüfung, 52. Jg. (1999), S. 811–820.

FREIDANK, C.-CHR.: Internationale Rechnungslegungspolitik und Unternehmenswertsteigerung, in: Investororientierte Unternehmenspublizität. Neue Entwicklungen von Rechnungslegung, Prüfung und Jahresabschlussanalyse, hrsg. von L. LACHNIT und C.-CHR. FREIDANK, Wiesbaden 2000, S. 3–29.

FREIDANK, C.-CHR.: Jahresabschlussoptimierung nach der Steuerreform, in: Betriebs-Berater, 56. Jg. (2001), Beilage zu Heft 9, S. 1–22.

FREIDANK, C.-CHR./REIBIS, C.: IT-gestützte Rechnungslegungspolitik auf internationaler Basis, in: Controllingkonzepte. Neue Strategien und Werkzeuge für die Controllingpraxis, hrsg. von C.-CHR. FREIDANK und E. MAYER, 6. Aufl., Wiesbaden 2003, S. 497–544.

HAHN, U./SCHNEIDER, W.: Simultane Modelle der handelsrechtlichen Bilanzpolitik von Kapitalgesellschaften unter besonderer Berücksichtigung der Internationalisierung der Rechnungslegung, in: Rechnungslegungspolitik. Eine Bestandsaufnahme aus handels- und steuerrechtlicher Sicht, hrsg. von C.-CHR. FREIDANK, Berlin et al. 1998, S. 333–405.

SCHEFFER, W.: Besteuerung der Unternehmen I: Ertrag-, Substanz- und Verkehrsteuern, 4. Aufl., Heidelberg 2001.

Bert Kaminski

Die Kapitalerhöhung aus Gesellschaftsmitteln als Gegenstand der Prüfung[*]

Der Ausstattung mit Eigenkapital kommt bei Kapitalgesellschaften besondere Bedeutung zu. Es steht den Gläubigern des Unternehmens als Haftungsmasse dauerhaft zur Verfügung und kann zur dauerhaften Finanzierung langfristiger Investitionen genutzt werden. Außerdem sind die „Vergütungen" für die Kapitalüberlassung vom Erfolg des Unternehmens abhängig. Daher ist es in bestimmten Situationen sinnvoll, die Bindung des Kapitals an das Unternehmen zu verstärken, indem anderes Eigenkapital in Nennkapital umgewandelt wird. Danach ist – abgesehen von einer Kapitalherabsetzung (§§ 222 ff. AktG bzw. §§ 58 ff. GmbHG) – keine Auskehrung im Wege der Ausschüttung an die Gesellschafter mehr möglich. Die Grundlage für eine solche Umstrukturierung des Eigenkapitals bildet die Kapitalerhöhung aus Gesellschaftsmitteln. Dabei werden andere Formen des Eigenkapitals (insbesondere Gewinnrücklagen) in Nennkapital transformiert. Als Gegenleistung erhalten die Aktionäre „kostenlos" zusätzliche Aktien (z. T. als „Gratisaktien" bezeichnet) und zwar im Verhältnis ihrer bisherigen Beteiligungsquote (vgl. § 212 AktG bzw. § 57j Satz 1 GmbHG). Folglich ändern sich durch diese Maßnahme die Stimmenverhältnisse und damit die Einflussmöglichkeit im Rahmen der Gesellschafter- bzw. Hauptversammlung nicht.

Aufgabe 1:   Vorüberlegungen

a) Wie kann der Begriff der Kapitalerhöhung aus Gesellschaftsmitteln definiert werden?

b) Welche Motive gibt es für eine Kapitalerhöhung aus Gesellschaftsmitteln?

c) Welche Nachteile sind möglicherweise mit einer Kapitalerhöhung aus Gesellschaftsmitteln verbunden?

d) Wie ist der Begriff der „Gratisaktien" für die den Aktionären gewährten zusätzlichen Aktien ökonomisch zu interpretieren?

e) Welchen Rechtsformen steht die Kapitalerhöhung aus Gesellschaftsmitteln offen?

---

[*] Die Ausführungen beruhen auf dem Rechtsstand zum 01. Oktober 2003.

Aufgabe 2: Bestimmung des maximal möglichen Umfangs der Kapitalerhöhung aus Gesellschaftsmitteln

a) Die Euro-α AG, Düsseldorf, weist zum 31.12.01 die folgende Bilanz aus:

<table>
<tr><th colspan="4">Euro-α AG, Düsseldorf
Bilanz zum 31.12.01</th></tr>
<tr><td colspan="2">A. Aufwendungen für die Ingangsetzung und Erweiterung des Geschäftsbetriebs</td><td colspan="2">A. Eigenkapital</td></tr>
<tr><td></td><td>2.500.000</td><td>I. Grundkapital</td><td>500.000</td></tr>
<tr><td>B. Anlagevermögen</td><td></td><td>II. Kapitalrücklage</td><td></td></tr>
<tr><td>I. Immaterielle Vermögensgegenstände</td><td>500.000</td><td>1. Agio für Anteile</td><td>3.000.000</td></tr>
<tr><td>II. Sachanlagen</td><td>30.000.000</td><td>2. Agio für Wandelanleihen</td><td>100.000</td></tr>
<tr><td>III. Finanzanlagen</td><td>500.000</td><td>III. Gewinnrücklage</td><td></td></tr>
<tr><td>C. Umlaufvermögen</td><td></td><td>1. Gesetzliche Rücklage</td><td>2.000.000</td></tr>
<tr><td>I. Vorräte</td><td>12.500.000</td><td>2. Satzungsmäßige Rücklagen</td><td></td></tr>
<tr><td>II. Forderungen</td><td>11.350.000</td><td>davon</td><td></td></tr>
<tr><td>III. Kasse/Bankguthaben</td><td>1.400.000</td><td>- zur Stärkung des Grundkapitals</td><td>1.000.000</td></tr>
<tr><td>D. Rechnungsabgrenzungsposten</td><td>1.750.000</td><td>- für Bauerneuerung</td><td>150.000</td></tr>
<tr><td></td><td></td><td>3. Andere Gewinnrücklagen</td><td>2.000.000</td></tr>
<tr><td></td><td></td><td>B. Sonderposten mit Rücklageanteil</td><td>5.500.000</td></tr>
<tr><td></td><td></td><td>C. Rückstellungen</td><td>10.000.000</td></tr>
<tr><td></td><td></td><td>D. Verbindlichkeiten</td><td>35.000.000</td></tr>
<tr><td></td><td></td><td>E. Passive Rechnungsabgrenzungsposten</td><td>1.250.000</td></tr>
<tr><td></td><td>60.500.000</td><td></td><td>60.500.000</td></tr>
</table>

Die Gesellschaft möchte wissen wie hoch die maximal mögliche Kapitalerhöhung aus Gesellschaftsmitteln ist. Was antworten Sie ihr?

b) Die Euro-β GmbH weist zum 31.12.01 die folgende Bilanz aus:

<table>
<tr><th colspan="4">Euro-β GmbH, Hamburg
Bilanz zum 31.12.01</th></tr>
<tr><td>A. Anlagevermögen</td><td></td><td>A. Eigenkapital</td><td></td></tr>
<tr><td>I. Immaterielle Vermögensgegenstände</td><td>1.000</td><td>I. Stammkapital</td><td>50.000</td></tr>
<tr><td>II. Sachanlagen</td><td>130.000</td><td>II. Kapitalrücklage</td><td></td></tr>
<tr><td>III. Finanzanlagen</td><td>9.000</td><td>1. Agio für Anteile</td><td>10.000</td></tr>
<tr><td>B. Umlaufvermögen</td><td></td><td>2. Eingeforderte Nachschüsse</td><td></td></tr>
<tr><td>I. Vorräte</td><td>3.000.000</td><td>(§ 42 Abs. 2 Satz 3 GmbHG)</td><td>100.000</td></tr>
<tr><td>II. Forderungen</td><td>1.500.000</td><td>III. Gewinnrücklagen</td><td></td></tr>
<tr><td>III. Kasse/Bankguthaben</td><td>295.000</td><td>1. Andere Gewinnrücklagen</td><td>25.000</td></tr>
<tr><td>C. Rechnungsabgrenzungsposten</td><td>85.000</td><td>2. Wertaufholungsrücklage</td><td></td></tr>
<tr><td></td><td></td><td>(§ 29 Abs. 4 GmbHG)</td><td>150.000</td></tr>
<tr><td></td><td></td><td>IV. Verlustvortrag</td><td>– 95.000</td></tr>
<tr><td></td><td></td><td>V. Jahresüberschuss</td><td>5.000</td></tr>
<tr><td></td><td></td><td>B. Sonderposten mit Rücklageanteil</td><td>250.000</td></tr>
<tr><td></td><td></td><td>C. Rückstellungen</td><td>1.000.000</td></tr>
<tr><td></td><td></td><td>D. Verbindlichkeiten</td><td>3.500.000</td></tr>
<tr><td></td><td></td><td>E. Passive Rechnungsabgrenzungsposten</td><td>25.000</td></tr>
<tr><td></td><td>5.020.000</td><td></td><td>5.020.000</td></tr>
</table>

Auch hier stellt sich die Frage nach der maximal möglichen Kapitalerhöhung aus Gesellschaftsmitteln.

c) Welchen Einfluss haben Bilanzierungs- und Bewertungswahlrechte auf die Höhe des maximal möglichen umwandelbaren Betrags? Begründen Sie Ihre Auffassung!

Aufgabe 3: Prüfungsrelevante Aspekte

a) Welche besonderen Aspekte sind im Rahmen der regulären Jahresabschlussprüfung zu beachten, wenn die zu prüfende Gesellschaft eine Kapitalerhöhung aus Gesellschaftsmitteln durchgeführt hat?

b) Wie ist die Sonderprüfung nach § 209 Abs. 3 AktG bzw. § 57f Abs. 2 GmbHG durchzuführen?

c) Welche Auswirkungen ergeben sich für die Prüfung der Position „Beteiligungen" bei der Gesellschaft, die die Anteile an der die Kapitalerhöhung aus Gesellschaftsmitteln durchführenden Gesellschaft besitzt?

Lösung

Aufgabe 1

a) Eine Kapitalerhöhung aus Gesellschaftsmitteln lässt sich definieren als eine (einheitliche) Maßnahme, die eine Umwandlung von Rücklagen in (grundsätzlich nicht verteilbares) Nominalkapital bewirkt und damit bei den Anteilseignern mangels Ausschüttung nicht zu einer Gewinnrealisierung führt (*Einheitstheorie*). Bei dieser Umwandlung sind sowohl formale Anforderungen zu erfüllen[1] als auch Höchstgrenzen zu beachten.[2]

b) Der wesentliche Zweck der Kapitalerhöhung aus Gesellschaftsmitteln besteht nicht darin, dem Unternehmen zusätzliches Eigenkapital zuzuführen, sondern „lediglich" darin, die Bindung des vorhandenen Eigenkapitals an das Unternehmen zu verstärken. Hieraus folgt, dass aus Sicht des Unternehmens mit einer solchen Maßnahme *keine unmittelbare Verbesserung der Liquiditätssituation* verbunden ist. Gleichwohl können hiermit eine Reihe von Vorteilen erreicht werden. Diese liegen insbesondere in der *Verstärkung der Kapitalbindung*. Der Vorteil besteht darin, dass – abgesehen von den Regelungen über eine Kapitalherabsetzung (§§ 222 ff. AktG bzw. §§ 58 ff.

---

[1] Siehe unter Aufgabe 3 a).

[2] Siehe unter Aufgabe 2.

GmbHG) – eine Verringerung des Eigenkapitals durch einfache Beschlussfassung der Gesellschafterversammlung nicht mehr möglich ist. Damit erhalten Gläubiger die Sicherheit, dass dieses Kapital langfristiger an das Unternehmen gebunden ist, als dies bei „normalen" thesaurierten Gewinnen der Fall ist. In der Praxis sind Kapitalherabsetzungen – abgesehen von Sanierungsfällen – ausgesprochen selten.

Außerdem besteht ein Vorteil darin, dass das Unternehmen die Möglichkeit hat, den Aktionären eine *Dividende* auszuzahlen, *die nicht zu einer Belastung der Liquiditätssituation des Unternehmens führt*. Gemäß § 217 Abs. 1 AktG bzw. § 57n Abs. 1 GmbHG erfolgt – vorbehaltlich anderer Regelungen durch die Haupt- bzw. Gesellschafterversammlung – eine Beteiligung am Gewinn des Geschäftsjahres, in dem die Kapitalerhöhung aus Gesellschaftsmitteln beschlossen wird. Während bei normalen Gewinnausschüttungen in Form von Dividenden regelmäßig ein Abfluss von finanziellen Mitteln erfolgt, ist dies bei der Kapitalerhöhung aus Gesellschaftsmitteln nicht der Fall. Vielmehr erhalten die Aktionäre zusätzliche Anteile der Gesellschaft, die jedoch frühestens im nächsten Jahr zu einem Anspruch auf eine monetäre Dividende führen. Hieraus folgt, dass mit der Kapitalerhöhung aus Gesellschaftsmitteln eine Möglichkeit geschaffen wurde, Ausschüttungen an die Gesellschafter vorzunehmen, die nicht zu einer Belastung der Liquiditätssituation führen.

Hiermit können *steuerliche Vorteile auf Ebene des empfangenden Gesellschafters* verbunden sein. Während er als natürliche Person zugeflossene Dividenden als Einkünfte aus Kapitalvermögen gemäß § 20 Abs. 1 Satz 1 Nr. 1 EStG versteuern muss, handelt es sich beim Erhalt der zusätzlichen Anteile um einen Vorgang, der ausschließlich die Vermögensebene betrifft, so dass die Ausschüttung als solche nicht zu einer Steuerbelastung führt (vgl. § 1 KapErhStG). Folglich wirkt sich diese Maßnahme frühestens zu dem Zeitpunkt aus, zu dem eine Veräußerung der Anteile erfolgt. Hieraus lassen sich Zins- und Liquiditätsvorteile sowie ggf. zusätzlich ein Steuersatzeffekt erzielen. Anders sieht die Situation hingegen aus, wenn der Gesellschafter eine Kapitalgesellschaft ist. Bei ihr bleiben sowohl Dividenden als auch Gewinne aus der Veräußerung von Anteilen an Kapitalgesellschaften gemäß § 8b Abs. 1 bzw. § 8b Abs. 2 KStG steuerfrei. Gleichwohl können steuerliche Vorteilhaftigkeitsüberlegungen eine Rolle spielen. Der Empfang von steuerfreien Dividenden gemäß § 8b Abs. 1 KStG durch eine Körperschaft führt dazu, dass die Aufwendungen, die in einem unmittelbaren wirtschaftlichen Zusammenhang mit dieser Beteiligung stehen, gemäß § 3c Abs. 1 EStG in Verbindung mit § 8 Abs. 1 KStG als nichtabzugsfähige Betriebsausgaben qualifiziert werden. Dies gilt zumindest insoweit, wie die Betriebsausgaben nicht höher als die ausgeschütteten Dividenden sind. Hieraus folgt, dass durch die Vornahme einer Kapitalerhöhung aus Gesellschaftsmitteln ein steuerlicher Vorteil erlangt werden kann, indem die Umqualifizierung von Betriebsausgaben in nichtabzugsfähige Aufwendungen verhindert werden kann. Zugleich erhält die Kapitalgesellschaft dennoch einen Vermögensvorteil in Form der zusätzlichen Anteile.

Derzeit wird im Rahmen des Gesetzgebungsverfahrens zum so genannten „Gesetz zur Umsetzung der Protokollerklärung der Bundesregierung zur Vermittlungsempfehlung zum Steuervergünstigungsabbaugesetz („Korb II")" eine Änderung der Besteuerung von Dividenden und Veräußerungsgewinnen aus Anteilen an Kapitalgesellschaften bei Kapitalgesellschaften diskutiert. Es ist vorgesehen, die bisher in § 8b Abs. 1 und 2 KStG enthaltene vollständige Freistellung dahingehend einzuschränken, dass sich die Steuerfreiheit nur auf 95 v. H. der Dividenden bzw. Veräußerungsgewinne erstreckt und in Höhe von 5 v. H. pauschal nicht abzugsfähige Betriebsausgaben angenommen werden. Im Gegenzug soll die Anwendung des § 3c Abs. 1 EStG in Verbindung mit § 8 Abs. 1 KStG ausgeschlossen werden. Sofern dieses – derzeit noch laufende – Gesetzgebungsverfahren so umgesetzt wird (geplantes Inkrafttreten: 01. Januar 2004), führt die Kapitalerhöhung aus Gesellschaftsmitteln zu dem Vorteil, dass diese 5 v. H.-Fiktion zunächst nicht zur Anwendung käme. Entscheidend hierfür ist, dass eine Besteuerung erst zum Zeitpunkt der Veräußerung erfolgt. Damit würde jedoch gegenüber einer monetären Ausschüttung ein Vorteil erzielt werden können, weil damit die Fiktion von nicht abzugsfähigen Betriebsausgaben zunächst vermieden werden könnte. Diese Belastung würde damit erst zum Zeitpunkt der Veräußerung eintreten. Hieraus entstehen Zins- und Steuerstundungsvorteile und ggf. ein Steuersatzeffekt, sofern es zu einer Absenkung von KSt, GewSt und/oder SolZ in der Zukunft kommt.

Ein weiteres Argument für eine Kapitalerhöhung aus Gesellschaftsmitteln kann die *gezielte Beeinflussung des Kurswertes der Aktie* sein. Durch die Kapitalerhöhung aus Gesellschaftsmitteln erhöht sich die Anzahl der im Umlauf befindlichen Aktien. Dies führt – zumindest theoretisch – dazu, dass der Wert der einzelnen Aktie zurückgeht. Da der Wert des Unternehmens durch die Kapitalerhöhung aus Gesellschaftsmitteln unverändert bleibt, sich nun aber auf eine größere Anzahl von Anteilen „verteilt", kommt es zu einem geringeren Wert jeder einzelnen Aktie. Zwar zeigt die Praxis, dass die Kursrückgänge häufig nicht so hoch sind wie sie theoretisch hätten sein müssen, doch findet regelmäßig eine Verringerung des Kurswertes statt. Hieran kann das Unternehmen – insbesondere als Publikumsgesellschaft – ein besonderes Interesse haben, um die eigenen Anteile auch für Kleinaktionäre attraktiv zu machen und um damit die Voraussetzung zu schaffen, einen Teil der eigenen Anteile auf einen möglichst breiten Gesellschafterkreis zu verteilen.

c) Ein zentraler Nachteil der Kapitalerhöhung aus Gesellschaftsmitteln besteht darin, dass mit der Ausgabe neuer Aktien in der Zukunft eine größere Anzahl von Aktionären vorhanden ist, die im Rahmen von regulären Dividendenausschüttungen berücksichtigt werden müssen. Hieraus folgt, dass der Effekt der liquiditätsschonenden Gewährung von zusätzlichen Aktien dazu führt, dass in der Zukunft eine größere Anzahl von dividendenberechtigten Aktionären vorhanden ist. Theoretisch müsste der Abschlag der laufenden Dividendenzahlungen durch die Differenz zwischen dem Gesamtbetrag der Gewinnausschüttungen des Vorjahres dividiert durch die Anzahl der

Aktien und den für Ausschüttungen zur Verfügung stehenden Mitteln des laufenden Jahres dividiert durch die nun größere Anzahl von Aktien bestimmt werden. Hieraus folgt, dass für einen Gesellschafter keine Nachteile entstehen, solange er die als zusätzliche Aktien gewährten Gesellschaftsrechte nicht veräußert. Der Zuwachs an Anteilen würde – bezogen auf die Dividende – dazu führen, dass im Ergebnis eine Schlechterstellung nicht erfolgt, weil der Rückgang an Dividendenausschüttung je Aktie durch die größere Anzahl von Aktien exakt kompensiert wird.

Allerdings ist festzustellen, dass die Gesellschafter nur bedingt bereit sind, einen entsprechenden Rückgang der Gewinnausschüttung der Aktie hinzunehmen. Vielmehr wird in der Unternehmenspraxis regelmäßig versucht, aus Gründen der Kurspflege einen Rückgang der Gewinnausschüttung je Aktie zu vermeiden. Damit entstünde für den Gesellschafter ein nachhaltiger Vorteil, weil er nunmehr eine größere Anzahl an Aktien bei unveränderter Dividendenausschüttung je Aktie bekäme. Hieraus resultierte ceteris paribus eine höhere Gesamtausschüttung. Aus Sicht des Unternehmens ist dies ein gravierender Nachteil, weil der einmalige Vorteil einer liquiditätsschonenden Ausschüttung auf Dauer entweder zu einer erheblich höheren Dividendenausschüttung führt oder aber eine „Abstrafung" durch den Kapitalmarkt erfolgt, weil die Erwartungen an eine nachhaltige Dividendenpolitik nicht erfüllt wurden, ohne dass die bisherigen Aktionäre hierfür einen Ausgleich erhalten.

d) Der Begriff der „Gratisaktien" ist zumindest missverständlich. Er suggeriert, dass der Aktionär etwas gewissermaßen geschenkt bekommt. Dies ist jedoch nicht der Fall. Vielmehr handelt es sich bei den im Rahmen der Kapitalerhöhung aus Gesellschaftsmitteln umzuwandelnden Eigenkapitalpositionen um solche Beträge, die entweder vom Gesellschafter selbst geleistet worden sind (Kapitalrücklagen im Sinne des § 272 Abs. 2 HGB) oder um Gewinne, die nicht an die Gesellschafter ausgeschüttet, sondern thesauriert worden sind (Gewinnrücklage im Sinne des § 272 Abs. 3 HGB). Es handelt sich damit um Beträge, die entweder vom Gesellschafter stammen oder deren zumindest zeitlich befristete Nichtausschüttung im Rahmen der Beschlussfassung über die Gewinnverwendung bestimmt wurde bzw. ein Vortrag auf neue Rechnung erfolgt ist. Dies wird dann besonders deutlich, wenn die alternative Vorgehensweise im Sinne einer *Schütt-aus-Leg-ein-Politik* betrachtet wird. Alternativ könnte das Unternehmen die im Rahmen der Kapitalerhöhung aus Gesellschaftsmitteln umzuwandelnden Beträge auch an die Gesellschafter auskehren und diese könnten dann gegen Gewährung neuer Anteile dieses Geld in die Gesellschaft einlegen. Wenn davon ausgegangen wird, dass in einem solchen Fall eine eventuell entstehende Steuerbelastung vom Gesellschafter getragen wird, zeigt sich, dass die Kapitalerhöhung aus Gesellschaftsmitteln eben keine Zuwendung von „Gratisaktien" darstellt.

e) Eine Kapitalerhöhung aus Gesellschaftsmitteln ist nur für Kapitalgesellschaften relevant. Die rechtlichen Grundlagen bilden die §§ 57c – 57o GmbHG für die Gesellschaft mit beschränkter Haftung und die §§ 207 – 220 AktG für die Aktiengesellschaft und die Kommanditgesellschaft auf Aktien. Diese Regelungen sind – unabhängig von der Rechtsform – weitgehend identisch. Eine Anwendung auf Genossenschaften scheidet aus. Zwar besteht zwar auch bei der GmbH & Co. KG die Möglichkeit der Rücklagenbildung auf Ebene der Personengesellschaft und deren späterer Umwandlung in eine Hafteinlage, doch verlangt die h. M. hierfür keine Bilanzprüfung.[1]

Aufgabe 2

a) Umwandelbar sind nur Kapital- und Gewinnrücklagen einschließlich der Zuführung gemäß dem Gewinnverwendungsbeschluss (§ 207 Abs. 1 AktG bzw. 57c GmbHG), soweit wie nicht in der der Umwandlung zugrunde liegenden Bilanz ein Verlust einschließlich eines Verlustvortrags ausgewiesen wird (§ 208 Abs. 2 Satz 1 AktG bzw. § 57d Abs. 2 GmbHG). Die Beträge der Entnahmen aus den Rücklagen sind im Jahresabschluss der Aktiengesellschaft nach § 152 Abs. 2 Nr. 2 und Abs. 3 Nr. 3 AktG gesondert anzugeben. Sind Gewinnrücklagen für einen bestimmten Zweck gebildet worden, so dürfen sie nur umgewandelt werden, soweit dies mit ihrer Zweckbestimmung vereinbar ist (§ 208 Abs. 2 Satz 2 AktG bzw. § 57d Abs. 3 GmbHG). Ein Sonderposten mit Rücklageanteil beinhaltet keine Kapital- oder Gewinnrücklagen im Sinne der gesetzlichen Vorschriften und ist daher nicht umwandelbar.

Wenn diese allgemeinen Grundsätze auf den vorstehenden Fall angewendet werden, kann für die Kapitalerhöhung aus Gesellschaftsmitteln herangezogen werden: Das Agio in Höhe von 3.100.000,- € sowie aus dem Bereich der Gewinnrücklagen die gesetzlichen Rücklagen in Höhe von 1.950.000,- €, die satzungsmäßigen Rücklagen in Höhe von 1.000.000,- € und andere Gewinnrücklagen in Höhe von 2.000.000,- €. Damit beträgt die maximal mögliche Kapitalerhöhung aus Gesellschaftsmitteln 8.050.000,- €. Zu beachten ist hierbei, dass die gesetzliche Rücklage nur insoweit umgewandelt werden kann, wie die Regelung des § 150 AktG beachtet wird. Dabei ist für die Berechnung des Rücklagenbetrags das bisherige Grundkapital entscheidend, also der Betrag vor Durchführung der Kapitalerhöhung aus Gesellschaftsmitteln. Aus dem Bereich der satzungsmäßigen Rücklagen ist nur die Rücklage zur Stärkung des Grundkapitals von ihrer Zwecksetzung her geeignet, für eine Kapitalerhöhung aus Gesellschaftsmitteln herangezogen zu werden. Zu beachten ist ergänzend, dass die Euro-α AG zwar keinen Verlustvortrag aufweist[2], aber von der Möglichkeit des § 269 HGB Gebrauch gemacht hat und eine Bilanzierungshilfe für die Ingangset-

---

[1] Vgl. hierzu m. w. N. FÖRSCHLE/KROPP, in: BUDDE/FÖRSCHLE 2002, E 7.

[2] Vgl. dazu Teilaufgabe b).

zung und Erweiterung des Geschäftsbetriebs gebildet wurde. Bei dieser Position handelt es sich im Ergebnis um Aufwand, der jedoch auf mehrere Wirtschaftsjahre verteilt werden kann. Hieraus folgt, dass der maximal umwandelbare Betrag um diese Position verringert werden muss. Entscheidend hierfür ist, dass in § 269 Satz 2 HGB eine relative Ausschüttungssperre vorgesehen ist. Danach dürfen Gewinnausschüttungen bei Nutzung dieses Wahlrechts nur vorgenommen werden, wenn „die nach der Ausschüttung verbleibenden jederzeit auflösbaren Gewinnrücklagen zuzüglich eines Gewinnvortrags und abzüglich eines Verlustvortrags" dem Betrag dieser Bilanzierungshilfe mindestens entsprechen. Aus dem dieser Regelung zugrunde liegenden Zweck folgt, dass eine entsprechende Kürzung des maximal umwandlungsfähigen Betrages vorzunehmen ist. Andernfalls würde der Schutzzweck dieser Norm umgangen. Folglich beträgt der maximal umwandlungsfähige Betrag 5.550.000,- €.

b) Bei der Euro-β-GmbH beträgt der maximal umwandlungsfähige Betrag 195.000,- €. Dieser setzt sich einerseits aus dem Agio in Höhe von 10.000,- €, den Nachschüssen in Höhe von 100.000,- €, den Gewinnrücklagen von 175.000,- € und dem Jahresüberschuss von 5.000,- € zusammen. Allerdings ist zu berücksichtigen, dass die Gesellschaft einen Verlustvortrag in Höhe von 95.000,- € ausweist und dieser den maximal umwandlungsfähigen Betrag verringert (§ 57d Abs. 2 GmbHG bzw. – hier nicht relevant – § 208 Abs. 2 AktG), so dass sich in der Summe ein Betrag von 195.000,- € ergibt. Die eingeforderten Nachschüsse sind gemäß § 42 Abs. 2 Satz 3 GmbHG gesondert in dem Posten Kapitalrücklage auszuweisen. § 26 GmbHG sieht vor, dass im Gesellschaftsvertrag bestimmt werden kann, dass die Gesellschafter über den Betrag der Stammeinlage hinaus weitere Einzahlungen beschließen können. Da nicht nur ein entsprechender Beschluss vorliegt, sondern auch die Nachschüsse bereits eingefordert worden sind, ist deren Umwandlung im Rahmen der Kapitalerhöhung aus Gesellschaftsmitteln möglich. Im Ergebnis handelt es sich um zusätzliche Zahlungen der Gesellschafter in das Eigenkapital der GmbH, die nach ihrer Leistung im Rahmen der Kapitalrücklagen auszuweisen wären.

Eine Kapitalerhöhung aus Gesellschaftsmitteln ist nur insoweit möglich, wie der umwandlungsfähige Betrag den vorhandenen Verlustvortrag überschreitet. Die Gesetzesformulierung ist insoweit nicht eindeutig: Eine Kapitalerhöhung ist nicht zulässig, „soweit in der zugrunde gelegten Bilanz ein Verlust einschließlich eines Verlustvortrages ausgewiesen ist". Diese Formulierung kann in unterschiedlicher Weise interpretiert werden. Denkbar wäre, dass das Vorliegen eines Verlustvortrages jegliche Kapitalerhöhung aus Gesellschaftsmitteln unterbindet. Eine solche Interpretation wäre jedoch nicht sachgerecht. Vor dem Hintergrund der Zwecksetzung der Obergrenzen für die maximal im Rahmen der Kapitalerhöhung aus Gesellschaftsmitteln umwandlungsfähigen Beträge und dem Umstand, dass in Höhe der Verlustposten kein reales Vermögen zur Verfügung steht, um dadurch das Grundkapital zu erhöhen, ist es notwendig, das „soweit" im Sinne eines „insoweit" auszulegen und eine Kapitalerhöhung aus Gesellschaftsmitteln zwar auch beim Ausweis eines Verlustvortrages grundsätzlich zuzulassen, diese jedoch der Höhe nach auf den Betrag zu begrenzen, der nach Abzug des Verlustvortrags verbleibt.[1]

c) Sofern im Rahmen der Bilanzpolitik das Ziel der Bildung von stillen Reserven verfolgt wird, kommt es im Gegenzug zu einer niedrigeren Bewertung des Eigenkapitals und damit zu geringeren Thesaurierungsmöglichkeiten. Hieraus folgt, dass eine negative Korrelation zwischen dem Umfang der stillen Reserven und der Möglichkeit zur Kapitalerhöhung aus Gesellschaftsmitteln besteht. Wenn in einem großen Umfang auf die Bildung von stillen Reserven verzichtet wird, erfolgt eine Erhöhung des den Gewinnrücklagen zuführbaren Betrags. Folglich kann auch in einem größeren Umfang eine Kapitalerhöhung aus Gesellschaftsmitteln durchgeführt werden. Dabei ist zu berücksichtigen, dass neben der Bilanzpolitik insbesondere die Ausschüttungspolitik Bedeutung hat. Sofern das Unternehmen die Strategie verfolgt, einen möglichst geringen Teil seines Gewinns auszuschütten, ist das Potential für eine Kapitalerhöhung aus Gesellschaftsmitteln deutlich größer. Wenn hingegen eine stark ausschüttungsorientierte Politik verfolgt wird, sind die Möglichkeiten zur Umwandlung in Nennkapital – grundsätzlich unabhängig von der Bilanzpolitik – deutlich begrenzter.

Aufgabe 3

a) Die Berücksichtigung der Kapitalerhöhung aus Gesellschaftsmitteln im Rahmen der Jahresabschlussprüfung erfolgt bei der Prüfung der Position Eigenkapital. Hierbei hat sich der Prüfer zunächst davon zu überzeugen, dass die vom Unternehmen über das gezeichnete Kapital und über die Rücklagen gemachten Angaben zutreffend sind. Grundlage hierfür bildet eine Abgleichung mit dem im Handelsregister eingetragenen Wert. Darüber hinaus ist zu prüfen, ob die Kapitalerhöhung aus Gesellschaftsmitteln auch tatsächlich den formalen Anforderungen entspricht, insbesondere ob alle Voraussetzungen für eine wirksame Anmeldung vorliegen. Außerdem hat die Eintragung konstitutive Wirkung. Hieraus folgt, dass eine Erhöhung des Grund- bzw. Stammkapitals in der Bilanz erst erfolgen darf, wenn die Eintragung im Handelsregister vollzogen wurde. Folglich hat der Prüfer festzustellen, ob diese bereits durchgeführt wurde. Ferner wird er besonderes Gewicht auf die Frage legen, inwieweit bei der Kapitalerhöhung aus Gesellschaftsmitteln der Regelung des § 150 AktG und eventuellen ergänzenden Bestimmungen der Satzung Rechnung getragen wurde. Hierbei gilt es sicherzustellen, dass die erforderlichen Rücklagenbeträge durch die Kapitalerhöhung aus Gesellschaftsmitteln nicht unterschritten werden. Außerdem können sich aus der Erhöhung des Nennkapitals infolge des § 150 AktG Restriktionen für Ausschüttungen des zu prüfenden Wirtschaftsjahrs ergeben. Sofern zum Zeitpunkt der Prüfung ein Gewinnverwendungsvorschlag bereits vorliegt oder von der Möglichkeit der Aufstellung der Bilanz unter Berücksichtigung der Verwendung des Jahresüberschusses (§ 270 Abs. 2 HGB) Gebrauch gemacht wurde, wird er besonders zu prüfen haben,

---

[1] Ganz h. M.; vgl. z. B. ZÖLLNER, in: BAUMBACH/HEUK, § 57d Rz. 6; LUTTER/HOMMELHOFF, § 57d Rz. 6; ROTH/ALTMEPPEN, § 57d Rz. 4, PRIESTER/SCHOLZ § 57d Rz. 11.

ob die Anforderungen zur Bildung von Rücklagen (§ 150 AktG und ggf. ergänzende Satzungsbestimmungen) beachtet wurden.[1]

Der Prüfer hat sich zu vergewissern, dass die tatsächliche Kapitalerhöhung und die Eintragung im Handelsregister übereinstimmen. Dies gilt auch für die Verringerung der Rücklagen in den einzelnen Konten. Schließlich wird zu prüfen sein, ob die Erhöhung des Grundkapitals nicht dazu geführt hat, dass sich die Stimmenmehrheiten in der Gesellschaft verändert haben, sofern diese Änderung nicht eine Folge von Transaktionen im Anschluss an die Kapitalerhöhung aus Gesellschaftsmitteln ist. Durch diese Prüfungshandlungen muss gewährleistet werden, dass kein Gesellschafter durch die Kapitalerhöhung aus Gesellschaftsmitteln unbillig benachteiligt wird. Im Fall der GmbH führt die Kapitalerhöhung aus Gesellschaftsmitteln zu einer Erhöhung des Nennwerts der bestehenden Anteile. Hier ist zu prüfen, inwieweit diese Erhöhung mit den tatsächlichen Beträgen, die als Kapitalerhöhung aus Gesellschaftsmitteln zur Verfügung stehen, deckungsgleich ist. Zu prüfen ist auch, ob eine Anwachsung der neue Gesellschaftsrechte bei den Gesellschaftern im Verhältnis ihrer Anteile am bisherigen Stammkapital, wie § 57j GmbHG dies verlangt, erfolgt ist.

Die vorgenommenen Prüfungshandlungen sind in den Arbeitspapieren des Wirtschaftsprüfers ausreichend zu dokumentieren. Hierbei kommt es darauf an, dass eine Prüfung und Nachvollziehbarkeit der Prüfungshandlungen möglich wird. Zu beachten ist, dass eventuelle Verstöße im Rahmen der Kapitalerhöhung aus Gesellschaftsmitteln vom Prüfer besonders kritisch zu würdigen sind. Dies ergibt sich insbesondere aufgrund des § 321 Abs. 1 Satz 3 HGB. Danach hat der Abschlussprüfer über im Rahmen der Abschlussprüfung festgestellte Verstöße gegen gesetzliche Vorschriften besonders zu berichten. Unter diese Regelung fallen auch Verstöße gegen den Gesellschaftsvertrag oder die Satzung. Sofern die Jahresabschlussprüfung entsprechende Kenntnisse mit sich bringt, hat der Prüfer im Rahmen der so genannten *Redepflicht* gegebenenfalls vorab den Mandanten gesondert zu unterrichten. Andernfalls drohen gegebenenfalls Regressansprüche – auch gegen den Prüfer.

b) *Vorbemerkung*: In der Praxis wird für eine Kapitalerhöhung aus Gesellschaftsmitteln regelmäßig auf den laufenden Jahresabschluss abgestellt. Dies dient der Kostensenkung und der Vereinfachung. Das Gesetz lässt für diesen Zweck einen Rückgriff auf die letzte Jahresbilanz zu, wenn ihr Stichtag höchstens acht Monate vor dem Zeitpunkt der Anmeldung der Eintragung der Kapitalerhöhung aus Gesellschaftsmitteln zum Handelsregister liegt. Nur wenn dieser Zeitraum überschritten wird, ist eine Sonderprüfung gemäß § 209 Abs. 3 AktG bzw. § 57f Abs. 2 GmbHG obligatorisch. Dies schließt jedoch nicht aus, dass bei einem kürzeren Zeitraum die Kapitalgesellschaft von sich aus eine entsprechende Prüfung durchführen lässt. Insbesondere die

---

[1] Vgl. zum Verhältnis zwischen Auswahl der Rücklagen und zukünftiger Dividendenpolitik *THAN*, WM-Sonderheft 1991, 55.

Anforderungen an den zugrunde zu legenden Jahresabschluss können dazu führen, dass dieser erst etliche Monate nach Aufstellung der Bilanz den gesetzlichen Anforderungen entspricht. Ausschlaggebend hierfür ist, dass ein geprüfter mit einem uneingeschränkten Bestätigungsvermerk versehener Jahresabschluss zu verwenden ist. Dies setzt voraus, dass die Prüfung des Jahresabschlusses beendet ist. Da sich die Rückbeziehung auf den Bilanzstichtag bezieht, sind hier eine Abwägung der Interessen und eine sorgfältige Terminplanung vorzunehmen, um diese 8-Monatsfrist nutzen zu können.

Wenn es sich nicht als zweckmäßig erweist, die Frist bis zu einer Rückgriffsmöglichkeit auf die nächste laufende Jahresbilanz abzuwarten, so muss eine *Sonderbilanz* erstellt werden. Diese Verpflichtung obliegt dem Vorstand bzw. den Geschäftsführern, wobei eine Herleitung aus der letzten laufenden Jahresbilanz zu erfolgen hat. Eine Umwandlung von Kapital- und Gewinnrücklagen in Grund- bzw. Stammkapital ist nur möglich, wenn sie sowohl in der Sonderbilanz als auch in der letzten Jahresbilanz ausgewiesen wurden. Weichen die beiden Beträge voneinander ab, ist nur jeweils der geringere Betrag umwandlungsfähig.[1] Da in § 209 Abs. 2 Satz 1 AktG auf die §§ 150, 152 sowie §§ 242 – 256, 264 – 274, 279 – 283 HGB verwiesen wird, hat die Sonderbilanz den gleichen Regelungen zu genügen wie die Jahresbilanz. Die Erstellung von Anhang, Lagebericht und eines Vorschlags für die Gewinnverwendung sind nicht erforderlich.[2] Allerdings müssen diese Angaben dann aus ergänzenden Erläuterungen ersichtlich sein.[3] Im Ergebnis muss für die Aufstellung der Sonderbilanz eine Fortschreibung des letzten Jahresabschlusses erfolgen. Dabei besteht im Unterschied zum regulären Jahresabschluss jedoch die Notwendigkeit, den unterschiedlichen Zeitbezug zu berücksichtigen. Hieraus folgt, dass Abschreibungen nur zeitanteilig zu berücksichtigen sind, während alle anderen Bewertungsvorschriften grundsätzlich in gleicher Weise gelten. So ist z. B. zu prüfen, inwieweit die Bildung von Rückstellungen zu erfolgen hat und inwieweit außerplanmäßige Abschreibungen vorzunehmen sind. Außerdem ist die 8-Monats-Frist auch im Fall der Sonderbilanz zu berücksichtigen. Hieraus folgt, dass der Stichtag dieser Bilanz maximal acht Monate vor dem Antrag auf Eintragung der Kapitalerhöhung aus Gesellschaftsmitteln im Handelsregister liegen darf.

---

[1] Herrschende Meinung vgl. z. B. LUTTER, in: KÖLNER KOMMENTAR § 209 Rz. 11; ULMER, in: HACHENBURG, GmbH-Gesetz Anhang § 57b §§ 3 – 5 KapErhG Rn. 10.

[2] Vgl. z. B. HÜFFER, AktG, 5. Aufl., § 209 Rz. 7.

[3] Vgl. *HFA 2/1996*, S. 769.

Gemäß § 209 Abs. 3 Satz 1 AktG ist die Erhöhungsbilanz durch den Abschlussprüfer darauf zu prüfen, ob sie die Voraussetzungen des § 209 Abs. 2 Satz 1 AktG erfüllt. Hierbei hat die Hauptversammlung die Möglichkeit, einen anderen Prüfer zu bestellen als den letzten Jahresabschlussprüfer. Wird kein gesonderter Prüfer gewählt oder von der Hauptversammlung bestimmt, so gilt der Prüfer als gewählt, der für die Prüfung des letzten Jahresabschlusses bestimmt wurde. Dabei gelten für die Erteilung des Prüfungsauftrags und für die Auswahl des Abschlussprüfers die allgemeinen Grundsätze. Dies gilt auch für die Mitwirkungspflichten des Unternehmens im Rahmen der Abschlussprüfung. So hat z. B. das Unternehmen die Vorlagepflicht nach § 320 Abs. 1 HGB und die Auskunftspflichten nach § 320 Abs. 2 HGB zu erfüllen. Außerdem gelten die Vorschriften über die Erstellung des Prüfungsberichts (§ 321 HGB) entsprechend.[1] Entsprechendes gilt auch für die Verantwortlichkeit des Abschlussprüfers nach § 323 HGB. Auch die Grundsätze über die Erteilung des Bestätigungsvermerks gelten entsprechend. Dies ist besonders wichtig, weil nur ein uneingeschränktes Testat die Kapitalerhöhung aus Gesellschaftsmitteln ermöglicht. Wird hingegen der Bestätigungsvermerk eingeschränkt oder gar versagt, ist eine Kapitalerhöhung aus Gesellschaftsmitteln nicht möglich.

Für die Prüfungsdurchführung und die Berichterstattung ergeben sich gegenüber der laufenden Jahresabschlussprüfung keine grundlegenden Unterschiede. Aufgrund der Zielsetzung der Sonderprüfung wird der Prüfer jedoch besonders zu kontrollieren haben, ob eine ausreichende Risikovorsorge erfolgt ist. Hiermit wird verhindert, dass durch eine Unterbewertung der Passiva (namentlich von Verbindlichkeiten und Rückstellungen) ein zu hoher Ausweis des Eigenkapitals erfolgt und damit der umwandlungsfähige Betrag erhöht wird. Auf der Aktivseite ist besonderes zu prüfen, inwieweit erforderliche Abschreibungen (insbesondere außerplanmäßige Abschreibungen) vorgenommen wurden. Ein besonderes Problem stellen hierbei solche Abschreibungen dar, die ausschließlich aufgrund steuerrechtlicher Vorschriften erfolgen und über § 254 HGB Eingang in die Handelsbilanz finden. Diese Ansätze sind im Rahmen der laufenden Bilanz infolge der so genannten umgekehrten Maßgeblichkeit (§ 5 Abs. 1 Satz 2 EStG) an einen entsprechenden Ansatz in der Handelsbilanz gebunden. Da es zum Zeitpunkt der Sonderbilanz jedoch keine entsprechende Steuerbilanz gibt, ist die Gefahr von Fehlern in diesem Bereich besonders groß. Daher wird der Prüfer diesem Fragenkreis besondere Aufmerksamkeit schenken müssen. Ähnliches gilt auch für die Dotierung der Steuerrückstellungen sowie ggf. der aktivischen latenten Steuern.

---

[1] Vgl. zu einem Formulierungsbeispiel *IDW 2000*, Rz. Q 1116.

c) Die Kapitalerhöhung aus Gesellschaftsmitteln hat bei der besitzenden Gesellschaft auf den Beteiligungsansatz keine Auswirkungen. Ausschlaggebend hierfür ist, dass keine zusätzlichen oder nachträglichen Anschaffungskosten auf die Anteile an der anderen Kapitalgesellschaft vorliegen. Folglich darf sich der Wertansatz auch nicht erhöhen. Was sich jedoch verändert hat, sind die auf die einzelne Aktie oder auf den einzelnen Anteil entfallenden Anschaffungskosten. Diese teilen sich nunmehr auf eine größere Anzahl von Anteilen auf, so dass die Anschaffungskosten je Anteil geringer werden. Hieraus ergeben sich für die Bilanzierung jedoch keine Konsequenzen, weil der Bilanzansatz als das Produkt aus Wert und Menge gebildet wird. Da sich die Menge der Anteile entsprechend erhöht und die Anschaffungskosten je Stück sich nachträglich verringern, kommt es im Ergebnis zu einem unveränderten Wertansatz. Etwas anderes kann lediglich dann gelten, wenn der Wert des einzelnen Anteils am Bilanzstichtag stärker sinkt. Hier kann nach Maßgabe der allgemeinen Grundsätze zur Prüfung einer Abwertung von Finanzanlagen vorgegangen werden. Dabei handelt es sich jedoch nicht um eine Besonderheit infolge der Kapitalerhöhung aus Gesellschaftsmitteln, sondern um die Anwendung des allgemeinen Niederstwertprinzips.

Im Rahmen der Bewertung sollte geprüft werden, ob die Wertansätze zutreffend sind. Die Bilanzansätze dürfen sich infolge der Ausgabe der neuen Anteile nicht verändert haben. Folglich darf allein aufgrund der Kapitalerhöhung aus Gesellschaftsmitteln keine Höherbewertung erfolgt sein, weil andernfalls ein Verstoß gegen das Anschaffungskosten- und Realisationsprinzip erfolgt. Sofern im Anschluss an die Kapitalerhöhung bei der Tochtergesellschaft Anteile an dieser verkauft wurden, ist dies nach den allgemeinen Grundsätzen zu prüfen.

Literaturhinweise

BÖRNER, A.-R.: Verbindung von Kapitalerhöhung aus Gesellschaftsmitteln und Kapitalerhöhung gegen Bareinlagen bei Aktiengesellschaften, in: DB 1988, S. 1254–1259.

BUDDE, W. D./FÖRSCHLE, G. (Hrsg.): Sonderbilanzen. Von der Gründungsbilanz bis zur Liquidationsbilanz, 2. Aufl., München 2002.

ECKHART, U.: Die Ausstattung der neuen Aktien bei einer Kapitalerhöhung aus Gesellschaftsmitteln, in: BB 1967, S. 99–102.

FORSTER, K.-H./MÜLLER, H.-P.: Die umwandelbaren Rücklagen aus Gesellschaftsmitteln, in: AG 1960, S. 55–58 und S. 83–86.

GESSLER, E.: Die Kapitalerhöhung aus Gesellschaftsmitteln, in: BB 1960, S. 6–11.

GESSLER, E.: Die Verwendung von Gewinn zur Kapitalerhöhung aus Gesellschaftsmitteln, in: DB 1960, S. 866–865.

HACHENBURG, M.: Gesetz betreffend die Gesellschaften mit beschränkter Haftung, Großkommentar, 8. Aufl., Berlin, New York 1989 ff.

HEUK, A.: GmbHG, Kommentar, 16. Aufl., München 1996.

HÜFFER, U.: Aktiengesetz, Beck'scher Kurzkommentar, Bd. 53, 5. Aufl., München 2002.

INSTITUT DER WIRTSCHAFTSPRÜFER IN DEUTSCHLAND E. V. (Hrsg.): Wirtschaftsprüfer-Handbuch 2000, Band I, 12. Aufl., Düsseldorf 2000.

INSTITUT DER WIRTSCHAFTSPRÜFER: Stellungnahme HFA 3/1996, Zur Auslegung der Prüfungsvorschriften der §§ 57e und 57f GmbHG, in: WPg 1996, S. 769–770.

KÖLNER KOMMENTAR ZUM AKTIENGESETZ, Band 5/1, 2. Aufl., Köln et al. 1995.

LANGER, H.: Die Kapitalerhöhung aus Gesellschaftsmitteln, Diss. Heidelberg 1973.

LUTTER, M./HOMMELHOFF, P.: GmbH-Gesetz, Kommentar, 15. Aufl., Köln 2000.

MILDE-BÜTTCHER, M.: Mehrstimmrechte bei Kapitalerhöhungen aus AG-Gesellschaftsmitteln – Opfer der heißen Nadel des Gesetzgebers?, in: BB 1999, S. 1073–1075.

PRIESTER, H.-J.: Die neuen Anteilsrechte bei Kapitalerhöhung aus Gesellschaftsmitteln, in: GmbHR 1980, S. 236–241.

PRIESTER, H.-J.: Heilung verdeckter Kapitalerhöhungen aus Gesellschaftsmitteln, in: GmbHR 1998, S. 861–865.

ROTH, G. H./ALTMEPPEN, H.: GmbHG. Kommentar, 4. Aufl., München 2003.

SCHOLZ, F.: GmbH-Gesetz, Kommentar, Band II, 9. Aufl., Köln 2002.

STEGMANN, D.: Die steuerliche Behandlung von Gratisaktien, in: BB 2000, S. 953–957.

THAN, J.: Rechtliche und praktische Fragen der Kapitalerhöhung aus Gesellschaftsmitteln bei einer Aktiengesellschaft, in: WM Sonderheft 1991, S. 54–60.

VEITH, H.-J.: Kapitalerhöhung aus Gesellschaftsmitteln, in: DB 1960, S. 109–113.

WILHELMI, H.: Kapitalerhöhung aus Gesellschaftsmitteln, in: NJW 1960, S. 169–172.

WINTER, W.: Kapitalerhöhungen aus Gesellschaftsmitteln, in: GmbHR 1993, S. 153–154.

WISSMANN, M.: Die Neuregelung der Kapitalerhöhung aus Gesellschaftsmitteln in der GmbH, in: Inf 1995, S. 528–532.

WÜRZNER, U.: Die Kapitalerhöhung aus Gesellschaftsmitteln unter Ausgabe von Gratisaktien, Diss. Uni. Kiel 1962.

Sonstige Quellen

Entwurf eines „Gesetz zur Umsetzung der Protokollererklärung der Bundesregierung zur Vermittlungsempfehlung zum Steuervergünstigungsabbaugesetz („Korb II")" vom 14. August 2003, abgedruckt auf BR-Drucks. 560/03 vom 15. August 2003.

Stellungnahme des Wirtschaftsausschusses des Bundesrats zum Entwurf eines „Gesetz zur Umsetzung der Protokollererklärung der Bundesregierung zur Vermittlungsempfehlung zum Steuervergünstigungsabbaugesetz („Korb II")" vom 14. August 2003, abgedruckt auf BR-Drucks. 560/1/03 bisher: nicht veröffentlicht.

Wolfgang Nadvornik und Tanja Schuschnig

Kreditprüfung durch den Wirtschaftsprüfer

Per 22. April 2002 wurde durch das *„Gesetz über die integrierte Finanzdienstleistungsaufsicht"* die Bankenaufsicht in Deutschland neu geordnet. Die bisher getrennt operierenden Bundesaufsichtsämter für das Kreditwesen, für das Versicherungswesen und für den Wertpapierhandel wurden zu einer neuen integrierten staatlichen Aufsicht zusammengefasst.

Diese neue Allfinanzaufsicht, die *Bundesanstalt für Finanzdienstleistungsaufsicht (BaFin)*, soll mit gesteigerter Effizienz den aufsichtsrechtlichen Aufgaben nachkommen. Zentrales Ziel dabei ist die Aufrechterhaltung der Funktionsfähigkeit des gesamten Finanzsektors. Es soll die Solvenz der Banken, Finanzdienstleister und Versicherungsunternehmen sichergestellt und gleichzeitig der Kunde bzw. Anleger geschützt werden. Im Kreditbereich leistet dazu die Deutsche Bundesbank maßgebliche Hilfe. Dies wurde nun auch gesetzlich ausdrücklich und präziser als bisher festgeschrieben.

Demnach legt § 7 Kreditwesengesetz (KWG) fest, dass die *laufende Überwachung* der Kreditinstitute der Deutschen Bundesbank obliegt. Dies umfasst insbesondere die Auswertung der von den Instituten eingereichten Unterlagen, der Prüfungsberichte der Wirtschaftsprüfer nach § 26 KWG und der Jahresabschlussunterlagen sowie das Bewerten von Prüfungsfeststellungen. Die Bundesbank führt dabei unter Einbeziehung der BaFin routinemäßig Aufsichtsgespräche mit den Instituten, wobei jedoch sowohl die Bundesbank als auch die BaFin jederzeit zusätzliche Aufsichtsgespräche initiieren können.

Außerdem obliegt der Deutschen Bundesbank die Durchführung und Auswertung der bankgeschäftlichen Prüfungen zur Beurteilung der angemessenen Eigenkapitalausstattung und Risikosteuerungsverfahren der Institute. Dieser Teil der laufenden Überwachung wird mit der Umsetzung der neuen Eigenmittelvorschriften des Basler Ausschusses für Bankenaufsicht („Basel II") Ende 2006 zusätzlich an Bedeutung gewinnen. Denn mit dem Supervisory Review Process (SRP) (Säule II der Neuen Eigenkapitalvereinbarung) wird ein kontinuierlicher Überwachungs- und Aufsichtsprozess betreffend der Angemessenheit der Eigenkapitalausstattung und der Risikosteuerungsverfahren geschaffen.

Die Deutsche Bundesbank bedient sich also in Ausübung ihrer Aufsichtspflichten verschiedener Informationsquellen. Neben der Vielzahl von Anzeigen, die die Kreditinstitute selbst zu leisten haben, sind insbesondere die Prüfungsberichte der Wirtschaftsprüfer bzw. Prüfungsverbände zu den Jahresabschlüssen von maßgeblicher

Bedeutung. Daraus ergibt sich eine Instrumentalisierung der gesellschaftsrechtlichen Abschlussprüfung für Zwecke der Bankenaufsicht. Es kommt dem Wirtschaftsprüfer neben seiner unmittelbaren Funktion als Prüfer des Kreditinstitutes auch die mittelbare Funktion der Information der Aufsichtsbehörde zu. Damit ist die eigentliche Prüfung und Umsetzung bankaufsichtlicher Normen den Wirtschaftsprüfern zugeordnet. Dies bewirkt eine wesentliche Ausweitung des Aufgabenspektrums der Wirtschaftsprüfer und macht eine entsprechende Spezialisierung erforderlich.

Zudem entspricht es dem weltweiten Trend, externe Prüfungsgesellschaften verstärkt in die staatliche Überwachung miteinzubeziehen, obwohl sich die Prüfungsgesellschaften dabei in einem dauernden Spannungsfeld zwischen den Ansprüchen ihrer Kunden und den Anforderungen der Aufsichtsbehörde befinden. Die Banken erwarten einerseits eine kooperative und konstruktive Haltung, Ausgewogenheit in der Kritik und möglichst moderate Honorarforderungen. Die Aufsichtsbehörde hingegen legt naturgemäß besonderen Wert auf eine fachkundige und sorgfältige Prüfung und ein klares unabhängiges Urteil.

Aufgabe 1

Beschreiben Sie die *Bestellung* des Abschlussprüfers eines Kreditinstitutes.

Aufgabe 2

Den Abschlussprüfer eines Kreditinstitutes treffen neben den allgemeinen handelsrechtlichen Prüfungspflichten die sog. *besonderen Prüfungspflichten des KWG*. Stellen Sie diese überblicksmäßig dar.

Aufgabe 3

a) Zeigen Sie die besondere Bedeutung der Prüfung des Kreditgeschäfts anhand des *Kreditrisikos* und der *operationalen Risiken* auf.

b) Der Abschlussprüfer hat das Kreditgeschäft in wirtschaftlicher Hinsicht unter Berücksichtigung der Bonität zu prüfen. Definieren Sie dementsprechend den Begriff der *Bonitätsprüfung* und zeigen Sie deren Teilbereiche auf.

c) Die Qualität der Bonitätsprüfung hängt sowohl aus der Sicht des Kreditinstitutes als auch aus der Sicht des Abschlussprüfers von der Qualität der zur Verfügung stehenden Informationen ab. Gehen Sie auf die diesbezüglich relevanten *Informationsfelder* und deren *Quellen* ein.

Aufgabe 4

Beschreiben Sie die Berichterstattung durch den *Prüfungsbericht* im Rahmen der Abschlussprüfung und gehen Sie im Besonderen auf die Behandlung des Kreditgeschäftes ein.

Lösung

Aufgabe 1

Gemäß § 340k HGB haben Kreditinstitute unabhängig von ihrer Größe ihren Jahresabschluss und Lagebericht sowie ihren Konzernabschluss und Konzernlagebericht spätestens vor Ablauf des fünften Monats des dem Abschlussstichtag nachfolgenden Geschäftsjahres prüfen zu lassen. Die Prüfungseinrichtungen der Genossenschaftsbanken und Sparkassen werden zusätzlich auch auf eigenen Antrieb aktiv.

Als Abschlussprüfer kommen gemäß § 340k Abs. 1 S. 1, 2. Hs. i. V. m. § 319 Abs. 1 S. 2 HGB ausschließlich Wirtschaftsprüfer bzw. Wirtschaftsprüfungsgesellschaften in Frage, wobei § 319 Abs. 2 bis 4 HGB vorgeben, in welchen Fällen ein Wirtschaftsprüfer bzw. eine Wirtschaftsprüfungsgesellschaft nicht als Abschlussprüfer fungieren darf. Diese Ausschließungsgründe sollen sicherstellen, dass es zu keinen Interessenkonflikten des Prüfers kommt, welche das Vertrauen der Anleger schmälern könnten.

Kreditinstitute in der Rechtsform der Genossenschaft, des rechtsfähigen wirtschaftlichen Vereins oder Sparkassen werden gemäß § 340k Abs. 2 und 3 HGB grundsätzlich von dem Prüfungsverband, dem sie als Mitglied angehören bzw. von der Prüfungsstelle eines Sparkassen- und Giroverbandes geprüft.

Der bestellte Abschlussprüfer ist nach § 28 Abs. 1 KWG der BaFin und der Deutschen Bundesbank unverzüglich nach seiner Bestellung anzuzeigen. Der BaFin steht das Recht zu, innerhalb eines Monats nach Zugang der Anzeige einen anderen Prüfer zu verlangen, wenn dies zur Erreichung des Prüfungszwecks geboten ist. Denn der Erfolg der Prüfung hängt in entscheidendem Maße von der Eignung des Prüfers zur sachgerechten Prüfung ab. Ein wichtiger Ausschließungsgrund liegt z. B. dann vor, wenn die Prüfungsberichte früherer Jahresabschlüsse so erhebliche Mängel aufgewiesen haben, dass sie für bankaufsichtliche Zwecke nicht geeignet waren. Lediglich bezüglich der Prüfungsverbände der Genossenschaftsbanken oder Prüfungsstellen der Sparkassen steht der BaFin kein Einspruchsrecht zu.

Die Auswahl des Abschlussprüfers ist damit Sache des Kreditinstitutes, obwohl diese Vorgehensweise nicht unumstritten ist. In der Vergangenheit wurde intensiv darüber nachgedacht, ob die Bestellung des Abschlussprüfers nicht doch von der BaFin vorgenommen werden soll. Für beide Vorgehensweisen finden sich schlagende Argumente. Dennoch blieb man bei der Auffassung, dass die besondere Stellung eines freien und unabhängigen Wirtschaftsprüfers in diesen Belangen nicht durch die Prüferbestellung durch die BaFin gefährdet werden sollte.

Aufgabe 2

Aufgrund der Besonderheit der Bankgeschäfte und der Instrumentalisierung der Abschlussprüfung für Zwecke der Bankenaufsicht treffen den Abschlussprüfer eines Kreditinstitutes neben den allgemeinen Prüfungspflichten gemäß §§ 316 bis 324 HGB besondere Prüfungspflichten gemäß § 29 Abs. 1 KWG, die eine wesentliche Ausweitung der Prüfungspflichten des Abschlussprüfers eines Kreditinstitutes bedeuten und bankgeschäftliche Kenntnisse voraussetzen.

So hat der Abschlussprüfer bei der Prüfung des Jahres- und Zwischenabschlusses auch die *wirtschaftlichen Verhältnisse* des Institutes zu prüfen, da dies für eine wirksame Beaufsichtigung der Kreditinstitute unentbehrlich erscheint. Außerdem ist festzustellen, ob das Institut die in § 29 Abs. 1 KWG aufgezählten Anzeigepflichten (z. B. bei der Gewährung von Organkrediten gemäß § 15 KWG; bei personellen, organisatorischen und finanziellen Veränderungen gemäß § 24 KWG) und Anforderungen (z. B. die Offenlegung der wirtschaftlichen Verhältnisse durch Kreditunterlagen bei Krediten von insgesamt mehr als 250.000 Euro gemäß § 18 KWG; die besonderen organisatorischen Pflichten gemäß § 25a KWG) erfüllt hat.

Weiters ist der Frage nachzugehen, ob das Institut (insb. bei Instituten, die das Depotgeschäft betreiben) seinen Verpflichtungen nach dem Geldwäschegesetz (GwG) nachgekommen ist.

Den Abschlussprüfer von Kreditinstituten trifft gemäß § 29 Abs. 3 KWG eine besondere Berichtspflicht gegenüber der BaFin und der Deutschen Bundesbank. Diese entsteht, wenn dem Prüfer bei der Prüfung Tatsachen bekannt werden, welche die Einschränkung oder Versagung des Bestätigungsvermerks rechtfertigen, den Bestand des Instituts gefährden oder seine Entwicklung wesentlich beeinträchtigen können oder schwerwiegende Verstöße der Geschäftsleiter gegen Gesetz, Satzung oder Gesellschaftsvertrag erkennen lassen.

Abgesehen von den genannten Pflichtprüfungen kann die BaFin bzw. die Deutsche Bundesbank gemäß § 44 Abs. 1 KWG jederzeit und ohne besonderen Anlass Sonderprüfungen durchführen.

Aufgabe 3

a) Besonderes Augenmerk der Prüfungshandlungen liegt auf dem Kreditbereich, welcher nach wie vor eine zentrale Rolle im Bankengeschäft spielt. Obwohl alle Bankgeschäfte mit einem mehr oder minder großen Risiko verbunden sind, hat doch das Kreditgeschäft im Besonderen diese Risikobehaftung als zentrale Eigenschaft inne. Die Transformation dieses Risikos ist eine der originären Funktionen der Kreditinstitute als Finanzintermediäre und ist gleichzeitig eine wichtige Gewinnerzielungsmöglichkeit. Das Kreditgeschäft ist ohne die Übernahme von Risiken kaum möglich bzw. zumindest nicht profitabel.

Das Risiko an sich ist also ein Aspekt des Kreditgeschäfts, mit dem Kreditinstitute leben und umgehen müssen. Entscheidend für den Erfolg im Kreditgeschäft und die wirtschaftliche Fortentwicklung ist es daher, das Risiko bewusst einzuschätzen und einzugehen, was wiederum voraussetzt, dass sich das Kreditinstitut im Bereich des Kreditgeschäftes im Zuge der Bonitätsprüfung ein genaues Bild über das mit der Kreditvergabe jeweils verbundene Risiko macht.

Das Kreditrisiko ist allgemein als die Möglichkeit oder Gefahr zu bezeichnen, dass die Kreditgewährung für das Kreditinstitut als Kreditgeber ungünstig verläuft. Das Kreditrisiko kann als *das* klassische Risiko im Bankenbereich bezeichnet werden, dessen Dominanz im gesamten Spektrum an bankenspezifischen Risiken trotz des sich vollziehenden Strukturwandels auf den Finanzmärkten nach wie vor unumstritten ist. Vielmehr zeigte die Reihe von Bankinsolvenzen und Beinahezusammenbrüchen in den vergangenen Jahren, dass überhöhte Kreditrisiken die weitaus häufigste Ursache existenzbedrohender Probleme von Kreditinstituten sind und zu Krisen gesamter Bankensysteme führen können. Die Risikolage eines Kreditinstitutes wird daher maßgeblich vom Kreditrisiko bestimmt. Das Schicksal eines einzelnen Kreditinstitutes wird deshalb eben so sehr von der Beherrschung des Kreditrisikos abhängen, wie die Stabilität eines gesamten Bankensystems.

Grundsätzlich kann man das *Kreditrisiko* als die wichtigste Ausprägungsform des *Adressenausfallrisikos* (d. h. das Risiko eines Verlusts oder entgangenen Gewinns aufgrund des Ausfalls eines Vertragspartners) definieren. Neben dem Kreditrisiko gehören laut IDW PS 522 (IDW Prüfungsstandard 522: Prüfung der Adressenausfallrisiken und des Kreditgeschäfts von Kreditinstituten) auch das *Kontrahentenrisiko* (d. h. das Risiko, dass der unrealisierte Gewinn aus einem schwebenden Geschäft durch den Ausfall eines Vertragspartners nicht mehr erzielt werden kann), das *Länderrisiko* (d. h. das Kreditrisiko oder Kontrahentenrisiko, das aufgrund des Sitzes des Vertragspartners im Ausland besteht) und das *Anteilseignerrisiko* (d. h. das Risiko, dass aus einer Eigenkapitalgeberstellung Verluste entstehen) zum Adressenausfallrisiko.

Betrachtet man das Kreditrisiko näher, so muss man eine Aufschlüsselung in mehrere Teilrisiken vornehmen:

Das *Verlustrisiko* bezeichnet die Gefahr, dass der aushaftende Kreditbetrag sowie Zinsen und Gebühren dem Kreditinstitut teilweise oder zu Gänze nicht zurückgezahlt werden (Kreditrisiko im engeren Sinne).

Das *Terminrisiko* hingegen stellt die Gefahr dar, dass der Kreditnehmer den Kreditbetrag nicht termingerecht tilgt bzw. Zinsen, Provisionen oder Gebühren nicht fristgemäß entrichtet.

Hat sich das Kreditinstitut Vermögenswerte oder Rechte vom Kreditnehmer zur Verfügung stellen bzw. einräumen lassen, damit es sich im Verlustfall daraus die offenstehenden Ansprüche befriedigen kann, ist das *Besicherungsrisiko* zu beachten. Darunter versteht man die Gefahr, dass die Sicherheit zum Zeitpunkt der Verwertung nicht den veranschlagten Wert erbringt oder gar nicht verwertbar ist.

Das Verlustrisiko wird gemeinsam mit dem Terminrisiko als *Bonitätsrisiko* bezeichnet. Bezieht man zusätzlich das Besicherungsrisiko mit ein, so spricht man vom *aktiven Kreditrisiko*, welches für die weiteren Ausführungen als Kreditrisiko schlechthin gelten soll.

Risikokategorien wie *Zinsänderungsrisiko*, *Geldwertrisiko* und *Währungsrisiko* werden lediglich im weiteren Sinne zum Kreditrisiko gezählt, da sie von den Kreditinstituten abgewälzt bzw. kompensiert werden können.

Im Rahmen der Prüfungshandlungen spielen neben dem Kreditrisiko auch operationale Risiken eine nicht zu unterschätzende Rolle, die in Rahmen von „Basel II" als die Gefahr von Verlusten definiert werden, die infolge der Unangemessenheit oder des Versagens von internen Verfahren, Menschen und Systemen oder von externen Ereignissen eintreten. Operationale Risiken sind daher Risiken in betrieblichen Systemen oder Prozessen, die insbesondere in Form von betrieblichen Risiken (d. h. Risiken, die durch menschliches oder technisches Versagen bzw. durch externe Einflussfaktoren entstehen) oder rechtlichen Risiken (d. h. Risiken, die aus vertraglichen Vereinbarungen oder rechtlichen Rahmenbedingungen entstehen) auftreten. Diese operationalen Risiken bestehen auch für das interne Kontrollsystem einschließlich der internen Kontrollverfahren, welche aufgrund der bestehenden Adressenausfallrisiken eingerichtet werden, und können das bestehende Adressenausfallrisiko erhöhen bzw. von selbst zu Verlusten führen.

Bislang wurde dieser Risikokategorie aufgrund der branchenspezifischen Geschäftsstruktur der Banken nur wenig Beachtung geschenkt. Mit zunehmender Komplexität des Bankbetriebes entstand jedoch die Notwendigkeit, operationale Risiken in die risikopolitischen Überlegungen einzubeziehen. Dementsprechend sieht „Basel II" die explizite Berücksichtigung dieser Risiken bei der Bildung der vorgeschriebenen Eigenkapitalreserve vor. Zur Quantifizierung der operationalen Risiken werden verschiedene Methoden von unterschiedlicher Komplexität, Messgenauigkeit und Risikosensitivität vorgesehen: der Basisindikatorenansatz, der Standardansatz und die so genannten fortgeschrittenen Verfahren. „Basel II" berücksichtigt bezüglich der Auswirkungen von operationalen Risiken ausschließlich die Minderung des Eigenkapitals. Es ist jedoch zu beachten, dass beim Schlagendwerden dieser Risikokategorie auch die Liquiditätsebene betroffen sein kann. Daher sollten auch Überlegungen hinsichtlich einer adäquaten Liquiditätsreserve angestellt werden.

Auch das BaFin hat der zunehmenden Bedeutung der operationalen Risiken Rechnung getragen, indem es mit 20. Dezember 2002 die *Mindestanforderungen an das Kreditgeschäft der Kreditinstitute" (MaK)* veröffentlicht hat. Sie definieren qualitative Mindestanforderungen („best practice") an die Organisation des Kreditgeschäftes. Die MaK stimmen über weite Teile bereits mit den voraussichtlich 2006 in Kraft tretenden neuen internationalen Eigenkapitalregeln („Basel II"), die ebenso qualitative Vorgaben zum Kreditgeschäft derjenigen Institute enthalten, die zur Kreditrisikomessung bankinterne Ratingverfahren verwenden, überein. Auch gemäß den MaK hat sich der Abschlussprüfer einen umfassenden Einblick in das Kreditgeschäft und seine Organisation, die damit verbundenen Risiken sowie die internen Kontrollsysteme und -verfahren zu verschaffen und die Angemessenheit und Wirksamkeit der Prozesse und Verfahren zu beurteilen.

Das KWG normiert dahingehend in § 25a Abs. 1, dass angemessene Regelungen zur Steuerung, Überwachung und Kontrolle von Adressenausfallrisiken und operationalen Risiken des Kreditgeschäfts zu treffen sind. Außerdem haben eine ordnungsgemäße Geschäftsorganisation und ein internes Überwachungssystem die Angemessenheit und Wirksamkeit von Kontrollverfahren für Adressenausfallrisiken zu gewährleisten.

Im Sinne des IDW PS 522 werden die Prüfung der ordnungsgemäßen Berücksichtigung von Adressenausfallrisiken und operationalen Risiken des Kreditgeschäfts im Jahresabschluss und Lagebericht und die Prüfung der Einhaltung der Verpflichtungen gemäß § 25a Abs.1 KWG unter dem Begriff „*Kreditprüfung*" zusammengefasst. Dabei ist zunächst die Organisation des Kreditgeschäfts, das interne Kontrollsystem einschließlich der internen Kontrollverfahren für Adressenausfallrisiken in Form von entsprechenden Aufbau- und Funktionsprüfungen (Systemprüfung) genauer zu durchleuchten. Basierend auf dem Ergebnis dieser Prüfungshandlungen sind die Einzelfallprüfungen durchzuführen, die sich mit der konkreten Einschätzung des Adressenausfallrisikos befassen.

b) Ebenso wie das Kreditinstitut selbst zur aktiven Risikopolitik zunächst eine eingehende Risikoanalyse vorzunehmen hat, um sich möglichst umfassende Informationen zur Beurteilung der möglichen Risiken zu beschaffen, obliegt es auch dem Abschlussprüfer, im Rahmen der Einzelfallprüfung das Kreditgeschäft unter der Berücksichtigung der Bonität der Kreditnehmer zu prüfen.

Diese *Bonitätsprüfung* ist ein komplexer Informationsprozess, dessen Ziel im in der Einschätzung zu sehen ist, ob das Kreditrisiko, das mit dem Engagement verbunden ist, einen zu bestimmenden Grenzwert übersteigt oder nicht. Es soll also die Kreditwürdigkeit des Kreditantragstellers beurteilt werden. Ist ein Kreditantragsteller kreditwürdig, so unterstellt man, dass man von einer vertragsgemäßen Erfüllung der Verpflichtungen aus dem Kreditvertrag ausgehen kann. Es geht also darum, die Zahlungsfähigkeit und -willigkeit des Schuldners bezüglich in der Zukunft liegender Gegenleistungen zu beurteilen.

Die Bonitätsprüfung zerfällt daher in zwei Teilbereiche. Zunächst ist die *persönliche Kreditwürdigkeit* zu beurteilen. Diese liegt dann vor, wenn die individuellen Eigenschaften des Kreditnehmers dafür sprechen, dass er willens und fähig ist, den Kredit vereinbarungsgemäß zurückzuführen. Dieser Aspekt der Kreditwürdigkeit spielt im besonderen Maße bei kleineren und mittleren Unternehmen als Kreditnehmer eine Rolle. Bei solchen „Eigentümer-Unternehmen" konzentrieren sich abgesehen von Führungsaufgaben häufig auch operative Tätigkeiten auf die Person des Unternehmers. Das Unternehmen steht und fällt mit der Unternehmerpersönlichkeit. Aber nicht nur bei Klein- und Mittelbetrieben ist der persönlichen Kreditwürdigkeit besondere Bedeutung zuzumessen. Denn die Insolvenzursachenforschung zeigt, dass Fehler der Unternehmensführung zu den häufigsten Insolvenzursachen gehören. In der Praxis ist die persönliche Kreditwürdigkeit als unabdingbare Voraussetzung zur Kreditbewilligung anzusehen.

Im Weiteren wird die *materielle Kreditwürdigkeit* zu prüfen sein, wobei es um die Frage geht, ob der Kreditnehmer in wirtschaftlicher Hinsicht in der Lage ist bzw. sein wird, den Kredit vereinbarungsgemäß zurückzuführen.

Für den Abschlussprüfer ergibt sich im Rahmen der Bonitätsprüfung das grundsätzliche Problem der Auswahl. Aus der Vielzahl der Kreditengagements ist eine repräsentative Stichprobe zu ziehen. Der Umfang und die Zusammensetzung der Stichprobe werden davon abhängen, wie gut das zur Minderung der Adressenausfallrisiken eingerichtete interne Kontrollsystem einschließlich der internen Kontrollverfahren für Adressenausfallrisiken funktionieren bzw. wie effizient der Bearbeitungsprozess gestaltet ist. Zur Auswahl der Einzelkreditengagements kann auf Verfahren der bewussten Auswahl nach Risikomerkmalen oder auf anerkannte mathematisch-statistische Verfahren zurückgegriffen werden. Im Prüfungsbericht ist jedenfalls darzustellen, nach welchem System die zu prüfenden Kredite vom Abschlussprüfer ausgewählt wurden.

Die geprüften Kredite sind gemäß § 28 Abs. 4 Prüfungsberichtsverordnung (PrüfbV) den folgenden drei Risikogruppen zuzuordnen: „Kredite ohne erkennbares Risiko", „Kredite mit erhöhten latenten Risiken" und „Wertberichtigte Kredite". Sollte eine eindeutige Zuordnung zu einer der drei Gruppen nicht möglich sein, kann eine tiefere Differenzierung vorgenommen werden. Die Darstellung der Risikostruktur des Kreditgeschäftes muss nicht zum Bilanzstichtag erfolgen. Sie kann sich auch auf einen vorgezogenen Prüfungsstichtag beziehen, jedoch muss dieser einheitlich für alle geprüften Engagements herangezogen werden. Kommt es bei bereits geprüften Kreditengagements zwischen dem Prüfungsstichtag und dem Bilanzstichtag zu wesentlichen Veränderungen der Risikolage, so muss erneut geprüft werden, soweit dies nach der Bedeutung dieses Engagements angezeigt erscheint. Kreditengagements, die in der Zeit zwischen dem Prüfungsstichtag und dem Bilanzstichtag neu eingegangen wurden, sind bei materieller Bedeutung ebenfalls zu prüfen.

c) Das erklärte Ziel der Bonitätsprüfung ist in der Reduzierung des Ungewissheitsproblems zu sehen, um dadurch Transparenz bezüglich des Risikogehaltes der Kreditengagements zu erreichen. Die Bonitätsprüfung ist als ein Prozess der Beschaffung, Verarbeitung und Bewertung von Informationen über Risiken der jeweiligen Kreditengagements zu sehen, wobei die Qualität der Bonitätsprüfung von der Qualität der zu Grunde liegenden Informationen abhängt.

Für das *Kreditinstitut* ist bezüglich der Informationsbeschaffung zunächst zu klären, welche Informationen für die Bonitätsprüfung relevant sind, wobei nicht nur Plausibilitätsüberlegungen eine Rolle spielen, sondern Kriterien wie Erhebbarkeit, Operationalisierungsmöglichkeit oder auch gesetzliche Ge- oder Verbote. Nebenbei sind natürlich Kapazitäts-, Zeit- und Kostenüberlegungen anzustellen. Das Kreditinstitut wird aufgrund dessen zunächst auf interne Informationsquellen zurückgreifen, wie z. B. Kontendaten des Kreditnehmers, Vergleichsdaten aus der Branche des Kreditnehmers u. ä. Des Weiteren stehen dem Kreditinstitut externe Informationsquellen zur Verfügung, wobei der Kreditnehmer selbst als wichtigster Informant zu nennen ist. Aber auch andere Kreditinstitute, öffentliche Register, Forschungsinstitutionen, Kreditschutzverbände u. ä. können wertvolle zusätzliche Auskünfte liefern.

Aus den angeführten Informationsquellen schöpft das Kreditinstitut nun einerseits qualitative Informationen, welche sich nicht durch einen zahlenmäßigen Wert ausdrücken lassen. Häufig werden sie auch als *soft facts* bezeichnet. Sie spielen insbesondere bei der Beurteilung der persönlichen Kreditwürdigkeit eine Rolle. Als besonders wichtig eingestuft werden Informationen wie:

- kaufmännische Kenntnisse,
- Planungsvermögen und Flexibilität,
- Verantwortungsbewusstsein,
- Initiative, Interesse und Kreativität sowie
- Kooperationsbereitschaft und Kommunikationsfähigkeit.

Auch die materielle Kreditwürdigkeit wird teilweise aufgrund von qualitativen Informationen zu beurteilen sein. Dazu gehören z. B. Rechtsform, Standort, Aufbau- und Ablauforganisation, Auswahl und Weiterbildung der Führungskräfte, Ordnungsmäßigkeit und Aktualität der Buchhaltung, Vorhandensein von Planrechnungen.

Zum Großteil jedoch basiert die Beurteilung der materiellen Kreditwürdigkeit auf quantitativen Informationen, die durch Zahlen auszudrücken sind. Dabei müssen zunächst grundlegende gesamtwirtschaftliche sowie branchenspezifische Daten berücksichtigt werden. Auf Unternehmensebene hingegen dominiert in der Praxis die Jahresabschlussanalyse nach wie vor das Prüfungsvorgehen.

Die Jahresabschlussanalyse versucht die Datenflut des Jahresabschlusses samt Anhang zu einigen wenigen aussagekräftigen Zahlen zu verdichten, um über die komplexen betrieblichen Prozesse und Strukturen, die auf die Bonitätsprüfung wesentlichen Einfluss haben, eine möglichst klare und kurze Aussage zu machen.

Da im Rahmen der Bonitätsprüfung zu beurteilen ist, ob der Kreditantragsteller in Zukunft in der Lage sein wird, den Kredit samt Zinsen und Gebühren vereinbarungsgemäß zurückzuzahlen, wird die künftige Liquiditätssituation bzw. die Finanzlage des Unternehmens von Interesse sein. Da aber die künftig nachhaltig erzielbaren Erträge das Ausmaß der zur Verfügung stehenden Mittel maßgeblich beeinflussen, muss der Analyse der Ertragslage besondere Aufmerksamkeit geschenkt werden. Die Ertragslage umfasst in diesem Sinne nicht nur die Erfolge, die in der Vergangenheit erzielt wurden, sondern insbesondere die künftigen Erfolge, die auf der Basis der im Unternehmen vorhandenen strategischen Erfolgspotentiale erzielt werden.

Der *Abschlussprüfer* muss sich aufgrund des eingeschränkten Zeitrahmens in Ausübung seiner Prüfungstätigkeit auf die Informationen stützen, die das Kreditinstitut bereits im Rahmen der Bonitätsprüfung erhoben und dokumentiert hat. Die Auswertung der vorliegenden Unterlagen und Beurteilung der Bonität des Kreditnehmers bzw. der Werthaltigkeit der gegebenen Sicherheiten obliegt jedoch dem Abschlussprüfer grundsätzlich selbst. In Abhängigkeit von der Qualität der vorliegenden Analysen, der Bedeutung des betreffenden Kreditengagements und der Ordnungsmäßigkeit der Organisation des Kreditgeschäfts an sich ist es jedoch möglich, dass sich der Abschlussprüfer bei seinen Auswertungen auf die Beurteilungen des Kreditinstitutes stützt.

Aufgabe 4

Gemäß § 321 HGB ist auf Art und Umfang sowie das Ergebnis der Abschlussprüfung im Prüfungsbericht einzugehen, welcher den gesetzlichen Vertretern des Kreditinstitutes vorzulegen ist. Gemäß § 26 Abs. 1 KWG ist der Prüfungsbericht außerdem unverzüglich nach Beendigung der Prüfung bei der BaFin und der Deutschen Bundesbank einzureichen. Bei der Prüfung durch einen genossenschaftlichen Prüfungsverband oder durch die Prüfungsstelle eines Sparkassen- und Giroverbandes hat der Abschlussprüfer den Bericht hingegen nur auf Anforderung der BaFin einzureichen.

§ 321 HGB geht auch auf den Inhalt des Prüfungsberichtes im Allgemeinen ein. Genauere Vorschriften dazu finden sich im Besonderen in der Prüfungsberichtsverordnung (PrüfbV), welche die Standardisierung der Prüfungsberichte gewährleistet, aber auch im KWG, in den Verlautbarungen des IDW (IDW PS 522) und den Mindestanforderungen an das Kreditgeschäft der Kreditinstitute (MaK).

Gemäß der PrüfbV hat der Prüfungsbericht so übersichtlich und vollständig zu sein, dass aus ihm die wirtschaftliche Lage des Instituts mit der gebotenen Klarheit ersichtlich ist. Der Umfang des Prüfungsberichts liegt grundsätzlich im Ermessen des Prüfers und hat der Bedeutung der dargestellten Vorgänge zu entsprechen. Der Umfang ergibt sich aber auch zum Teil aus den Bestimmungen der PrüfbV, die mit der Gliederung des Prüfungsberichtes seinen Inhalt vorgibt, woraus sich – neben Jahresabschluss (einschließlich Buchführung) und Lagebericht – weitere Prüfungsgegenstände ergeben. In Anlehnung an die PrüfbV ist folgende Gliederung des Prüfungsberichts möglich bzw. zweckmäßig:

A. Allgemeiner Teil
    I.   Prüfungsauftrag
    II.   Feststellungen gemäß § 321 Abs. 1 HGB bzw. Prüfungsergebnis
    III. Gegenstand, Art und Umfang der Prüfung
    IV.   Rechtliche, wirtschaftliche und organisatorische Grundlagen und geschäftliche Entwicklung
    V.   Risikomanagement
    VI.   Handelsgeschäfte
    VII. Vermögenslage
    VIII. Kreditgeschäft
    IX.   Finanz- und Liquiditätslage
    X.   Ertragslage
    XI.   Einhaltung sonstiger gesetzlicher und aufsichtsrechtlicher Pflichten
    XII. Anhang und Lagebericht
    XIII. Zusammenfassende Schlussbemerkung und Bestätigungsvermerk

B. Besonderer Teil
  I. Erläuterungen zu den einzelnen Bilanzposten, Angaben unter dem Bilanzstrich und Posten der Gewinn- und Verlustrechnung
  II. Besondere Angaben zum Kreditgeschäft und Darstellung der bemerkenswerten Kredite

C. Anlagen
  I. Jahresabschluss
  II. Lagebericht
  III. Vollständigkeitserklärung
  IV. Datenübersicht

Der Prüfungsbericht stellt dem Leser Informationen in drei unterschiedlichen Intensitätsstufen zur Verfügung. Will man lediglich einen groben Überblick erhalten, wird man die „Zusammenfassende Schlussbemerkung" heranziehen. Der Prüfungsbericht selbst liefert bereits ein detailliertes Bild über das geprüfte Institut. Benötigt man zu einzelnen Teilbereichen zusätzliche, genauere Informationen, kann man auf die Anlagen zurückgreifen, die der Prüfer dem Bericht beilegt, wenn es die Lesbarkeit des Berichtes verbessert.

Da das Kreditgeschäft der traditionelle Schwerpunkt des Bankgeschäfts ist, enthält der IDW Prüfungsstandard PS 522 auch Regelungen bezüglich der Berichterstattung über die Prüfung des Kreditgeschäfts. Demnach hat der Abschlussprüfer darzulegen, nach welchen Grundzügen und Verfahren die Kreditprüfung vorgenommen wurde und zu welchen Ergebnissen der Abschlussprüfer gekommen ist. Es ist auf die kreditinstitutsspezifischen Geschäftsprozesse des Kreditgeschäfts und die internen Kontrollverfahren zur Begrenzung des Adressenausfallrisikos und des operationalen Risikos einzugehen, und deren Angemessenheit und Wirksamkeit zu beurteilen.

Auch §§ 27 bis 36 PrüfbV widmen sich ausschließlich der Darstellung des Kreditgeschäftes. Im Rahmen der allgemeinen Darstellung des Kreditgeschäfts ist gemäß § 29 PrüfbV die Organisation des Kreditgeschäftes im Prüfungsbericht darzustellen und zu beurteilen, wobei insbesondere auf folgende Punkte einzugehen ist:

- Kreditbearbeitung,
- Kreditunterlagen,
- Kreditüberwachung,
- Beachtung gesetzlicher und satzungsmäßiger Begrenzungen,
- Befolgung von Arbeitsanweisungen durch die Kreditsachbearbeiter,
- Mahnwesen sowie
- Verwaltung und Überwachung von Kreditsicherheiten.

Im Hinblick auf die Anforderungen gemäß § 25a Abs. 1 KWG ist darzustellen, wie die Steuerung und Überwachung des Adressenausfallrisikos funktional und organisatorisch in die Gesamtbankrisikosteuerung eingebunden ist.

Um einen grundlegenden Überblick über das Kreditgeschäft zu gewährleisten, sind im Weiteren seine wesentlichen strukturellen Merkmale darzustellen. So ist insbesondere anzugeben, wie sich das Kreditgeschäft nach folgenden Kriterien zusammensetzt:

- Kreditarten,
- Branchen der Kreditnehmer,
- geographischer Streuung sowie
- Größenklasse (unter Hervorhebung der Großkreditgrenze).

Dabei ist auf Auffälligkeiten hinzuweisen. Mit Hilfe dieser Gliederung können Risikokonzentrationen aufgedeckt werden, wobei diese nach IDW PS 522 im Hinblick auf deren wirtschaftliche Auswirkungen auf das Kreditinstitut zu beurteilen sind.

Zusätzlich muss festgehalten werden, ob für die erkennbaren Risiken Wertberichtigungen bzw. Rückstellungen in ausreichendem Maße gebildet wurden. Diese müssen auch insgesamt in ihrer Entwicklung dargestellt und wesentliche Änderungen erläutert werden.

Das Kreditgeschäft muss weiters allgemein in wirtschaftlicher Hinsicht unter Berücksichtigung der

- Bonität der Kreditnehmer,
- Sicherheiten,
- Rückstände sowie
- besonderen Risiken.

beurteilt werden. Da die Bonität des Kreditnehmers als primäre Sicherheit für die Rückführung des Kredites samt Zinsen zu sehen ist, kommt ihrer Beurteilung zentrale Bedeutung zu.

Eine wichtige Rolle spielen aber auch die sekundären Sicherheiten, welche in Form von Personal- bzw. Sachsicherheiten gewährt werden, wobei deren Bedeutung mit der Verschlechterung der wirtschaftlichen Lage des Kreditnehmers bzw. mit der mangelnden Eignung der vorliegenden Unterlagen zur endgültigen Beurteilung des Kreditnehmers steigt. Der Abschlussprüfer hat nicht nur den rechtlichen wie tatsächlichen Bestand der Sicherheit festzustellen, sondern auch den Barwert der voraussichtlich erzielbaren, nach Abzug der Verwertungskosten verbleibenden, Erlöse zu ermitteln.

Da dem Bankensektor in der Praxis aus der Sicht der Öffentlichkeit eine hohe sozial- und wirtschaftspolitische Verantwortung zukommt, ist zu beachten, dass die tatsächliche Verwertung dieser Sicherheiten zu (beträchtlichen) Imageschäden für das Kreditinstitut führen kann, was wiederum die vorrangige Bedeutung der Bonität unterstreicht.

Besonderes Augenmerk wird im Rahmen des Besonderen Teiles des Prüfungsberichtes auf die sog. „Bemerkenswerten Kredite" gelegt. Als Bemerkenswerte Kredite gelten gemäß § 59 Abs. 2 PrüfbV insbesondere:

- Kredite an Anteilseigner, denen jeweils mehr als 25 % des Kapitals oder der Stimmrechte des Instituts gehören, und, sofern das Kernkapital des Instituts zum Prüfungsstichtag zu mehr als 20 % durch die Vermögenseinlage eines stillen Gesellschafters dargestellt worden ist, auch die Kredite an den stillen Gesellschafter sowie Kredite an Adressen, die mit jenen Anteilseignern oder stillen Gesellschaftern zu einer Kreditnehmereinheit nach § 19 Abs. 2 KWG zusammenzufassen sind,
- anzeigepflichtige Großkredite,
- Kredite, die im Rahmen des gesamten Kreditgeschäftes nach Auffassung des Prüfers von relativ großer Bedeutung sind, ohne die Großkreditdefinitionsgrenze zu erreichen,
- Organkredite, die hinsichtlich ihrer Höhe oder Ausgestaltung von relativ großer Bedeutung sind,
- Kredite, für die in erheblichem Ausmaß Risikovorsorge nötig war,
- Kredite, bei denen die begründete Gefahr besteht, dass sie mit größeren, im Rahmen des gesamten Kreditgeschäftes bedeutenden Teilen notleidend werden, sowie
- Kredite, bei denen von der Art der Sicherstellung oder der Kreditbearbeitung her gesehen besondere Umstände herrschen.

Diese „Bemerkenswerten Kredite" sind nun im Prüfungsbericht nach Risikogruppen gegliedert einzeln zu besprechen und alphabetisch in einem Gesamtverzeichnis unter Angabe der Fundstelle aufzuführen. Die Werthaltigkeit ist nach § 65 PrüfbV anhand der gesamten Unterlagen des Instituts eingehend zu beurteilen. Sollten dem Prüfer dabei nach seiner Auffassung nur unvollständige Kreditunterlagen zur Verfügung stehen, hat er anzugeben, zu welchen Sachverhalten Unterlagen fehlen. Sollte dies bei einem nicht unerheblichen Teil der Kredite der Fall sein, muss darauf in der „Zusammenfassenden Schlussbemerkung" des Prüfungsberichts hingewiesen werden.

Die MaK verpflichten den Abschlussprüfer außerdem dazu, darzulegen, ob die Ausgestaltung des Kreditgeschäfts des zu prüfenden Kreditinstituts den in den MaK formulierten Mindestanforderungen genügt. Es ist auch darauf einzugehen, in welchen Bereichen vom Kreditinstitut Erleichterungen in Anspruch genommen werden, und ob diese Erleichterungen im Sinne der Mindestanforderungen sachgerecht sind.

Literaturhinweise

BOTSCHEN, F.: Bankenaufsicht, internationale Ordnungsnormen und Risikomanagement bei Kreditinstituten: eine umfassende und kritische Analyse der bestehenden und geplanten bankaufsichtlichen Ordnungsnormen, Frankfurt am Main et al. 1998.

BRÖSEL, G./ROTHE, C.: Zum Management operationeller Risiken im Bankbetrieb, in: Betriebswirtschaftliche Forschung und Praxis, 55. Jg. (2003), S. 376–396.

DEUTSCHE BUNDESBANK: Monatsbericht, Januar, 2003.

GASSELSBERGER, S.: Analyse und Beurteilung der Ertragslage im Rahmen der Kreditprüfung, in: KOFLER, H./NADVORNIK, W./PERNSTEINER H. (Hrsg.), Betriebswirtschaftliches Prüfungswesen in Österreich, Wien 1996.

IDW PRÜFUNGSSTANDARD: Prüfung der Adressenausfallrisiken und des Kreditgeschäfts von Kreditinstituten (IDW PS 522), in: Die Wirtschaftsprüfung, 22/2002, S. 1254–1259.

KOHLHAUSEN, M.: Banken und Wirtschaftsprüfer – Facetten einer Symbiose, in: BOYSEN, K./DYCKERHOFF, C./OTTE, H. (Hrsg.), Der Wirtschaftsprüfer und sein Umfeld zwischen Tradition und Wandel zu Beginn des 21. Jahrhunderts, Düsseldorf 2001.

REISCHAUER, F./KLEINHANS, J.: Kreditwesengesetz (KWG), Loseblattkommentar für die Praxis nebst sonstigen bank- und sparkassenrechtlichen Aufsichtsgesetzen sowie ergänzenden Vorschriften, Berlin, Stand: Lfg. 3/2003.

NADVORNIK, W.: Künftiger Ertrag im Jahresabschluß, Wien 1994, S. 56–61.

WAGENHOFER, A.: Bilanzierung und Bilanzanalyse: eine Einführung für Manager, 6. Aufl., Wien 2000.

WIRTSCHAFTSPRÜFER-HANDBUCH 2000: Handbuch für Rechnungslegung, Prüfung und Beratung, Bd. I, bearbeitet von GEIB, G. ET AL., 12. Aufl., Düsseldorf 2000.

Rechtsquellen

Deutsches Handelsgesetzbuch (HGB) vom 10. Mai 1897 (RGBl. I, S. 219), Stand: BGBl. I, S. 3836.

Gesetz über das Kreditwesengesetz (KWG), in der Neufassung der Bekanntmachung vom 9. September 1998 (BGBl. I S. 2776), zuletzt geändert durch Art. 3 des Gesetzes vom 22. August 2002 (BGBl. I, S. 3387).

Gesetz über das Aufspüren von Gewinnen aus schweren Straftaten (Geldwäschegesetz – GwG) vom 25. Oktober 1993 (BGBl. I, S. 1770ff.), zuletzt geändert durch Geldwäschebekämpfungsgesetz vom 8. August 2002.

Verordnung über die Prüfung der Jahresabschlüsse und Zwischenabschlüsse der Kreditinstitute und Finanzdienstleistungsinstitute und über die Prüfung nach § 12 Abs. 1 Satz 3 des Gesetzes über Kapitalanlagegesellschaften sowie die darüber zu erstellenden Berichte (Prüfungsberichtsverordnung – PrüfbV) vom 21. Dezember 1998 (BGBl. I, Nr. 82, S. 3690 ff.).

Mindestanforderungen an das Kreditgeschäft (MaK), Rundschreiben 34/2002 des BaFin vom 20. Dezember 2002.

3. Unternehmensbewertung

Stefan Dierkes und Stephanie Hanrath

Unternehmensbewertung auf der Grundlage von Discounted Cash Flow (DCF)-Verfahren und des Economic Value Added (EVA)

Im Rahmen der wertorientierten Unternehmensführung erfreuen sich die Kennzahlen des Economic Value Added (EVA) und des Market Value Added (MVA) sowohl in der Theorie als auch in der Praxis einer nach wie vor großen Beliebtheit. Die Bestimmung dieser Kennzahlen erlaubt unter anderem die Ermittlung des Marktwertes eines Unternehmens und des Marktwertes des Eigenkapitals eines Unternehmens. Ebenso können diese Marktwerte allerdings auch mit Hilfe von Discounted Cash Flow (DCF)-Verfahren, wie z. B. dem Weighted Average Cost of Capital (WACC)- und dem Total Cash Flow (TCF)-Verfahren, bestimmt werden. Die nachfolgende Fallstudie stellt auf die Illustration der Zusammenhänge zwischen diesen Vorgehensweisen zur Marktwertermittlung ab.

Das Unternehmen „Value AG" will auf der Grundlage der Umsatzerlöse des vergangenen Jahres in Höhe von 1.000.000,00 € den Marktwert des Eigenkapitals bzw. den Shareholder Value bestimmen. Bei der Prognose der künftigen Cash Flows werden folgende vereinfachend für alle Perioden konstant angenommenen Wertgeneratoren verwendet:

- Umsatzwachstumsrate: $w = 10\%$
- Umsatzrentabilität: $r = 25\%$

  wobei $r = \dfrac{E_t}{U_t}$

  mit
  E_t Earnings Before Interests and Taxes (EBIT) des t-ten Jahres
  U_t Umsatz des t-ten Jahres

- Nettoinvestitionsrate in das Anlagevermögen: $n_{AV} = 30\%$

  wobei $n_{AV} = \dfrac{IA_t}{w \cdot U_{t-1}}$

  mit
  IA_t Nettoinvestitionen ins Anlagevermögen des t-ten Jahres

- Investitionsrate in das Nettoumlaufvermögen: $n_{NUV} = 20\%$

  wobei $n_{NUV} = \dfrac{IU_t}{w \cdot U_{t-1}}$

  mit

  IU_t Investitionen ins Nettoumlaufvermögen des t-ten Jahres

- Steuersatz: $v = 30\%$

Das Anlagevermögen und das Nettoumlaufvermögen am Ende des vergangenen Jahres betragen 1.000.000,00 € bzw. 500.000,00 € und werden vollständig als betriebsnotwendig angenommen.

Der Planungshorizont wird in zwei Prognosephasen unterteilt. In der (vereinfachend nur) zwei Jahre umfassenden 1. Prognosephase werden die freien Cash Flows mit Hilfe der angegebenen Wertgeneratoren bestimmt. Für die 2. Prognosephase wird davon ausgegangen, dass die Erweiterungsinvestitionen keinen zusätzlichen Wertbeitrag erbringen und damit einen Kapitalwert in Höhe von Null aufweisen, weshalb der Net Operating Profit Less Adjusted Taxes (NOPLAT) des 2. Jahres als repräsentatives Ergebnis für alle nachfolgenden Jahre verwendet wird.

Aus der Finanzierungsabteilung ist bekannt, dass das Unternehmen einen Verschuldungsgrad in Höhe von $L = 80\%$ anstrebt. Bei diesem Verschuldungsgrad beträgt der Eigenkapitalkostensatz des verschuldeten Unternehmens $ek^v = 18\%$. Des Weiteren wird von einem Fremdkapitalkostensatz für das verzinsliche Fremdkapital in Höhe von $fk = 9\%$ ausgegangen.

Aufgabe 1

Bestimmen Sie auf der Grundlage der künftigen freien Cash Flows die Marktwerte des Unternehmens, des Fremdkapitals und des Eigenkapitals in den Zeitpunkten $t = 0, 1, 2$ mit Hilfe des WACC- und des TCF-Verfahrens. Wenden Sie dasjenige Verfahren zuerst an, das in der angenommenen Situation keine Zirkularitätsprobleme aufwirft. Bei der Anwendung des anderen Verfahrens können Sie dann die zuvor erzielten Ergebnisse verwenden, um Zirkularitätsprobleme zu umgehen.

Aufgabe 2

Der Leiter der Controlling-Abteilung hat vor kurzem ein Seminar zum EVA- und MVA-Konzept belegt. Er ist von diesen Konzepten derart begeistert, dass er die Unternehmensbewertung auf der Grundlage dieser absoluten Kennzahlen vornehmen möchte. In seinen Seminarunterlagen findet er folgende Definition für den EVA_t einer Periode t:

$$EVA_t = NOPAT_t - Z_t$$

mit
$NOPAT_t$ Net Operating Profit After Taxes im t-ten Jahr
Z_t Zinskosten im t-ten Jahr

Bei näherer Betrachtung dieser Definition des EVA sind ihm jedoch einige Dinge unklar. Zum einen fragt er sich, welchen Kapitalkostensatz er bei dieser EVA-Definition verwenden muss. Zum anderen fragt er sich, ob der EVA nicht auch auf der Grundlage des NOPLAT berechnet werden könnte. Dann ist ihm jedoch auch wiederum unklar, welchen Kapitalkostensatz er der Berechnung zugrunde legen soll.

a) Erläutern Sie zunächst, welche Kapitalkostensätze der Berechnung des EVA auf der Grundlage des NOPAT und des NOPLAT zugrunde zu legen sind. Welche Definition erscheint Ihnen in der angenommenen Situation aus welchen Gründen vorteilhaft? Bestimmen Sie dann zunächst auf der Grundlage der Ihrer Ansicht nach vorteilhaften EVA-Konzeption die EVA der Jahre eins, zwei und drei! Bestimmen Sie im Anschluss daran die EVA auf der Grundlage der anderen EVA-Konzeption, wobei zur Umgehung von Zirkularitätsproblemen die zuvor erzielten Ergebnisse verwendet werden können. Wie sind die ermittelten EVA zu interpretieren?

b) Bestimmen Sie auf der Grundlage beider EVA-Konzeptionen die MVA in den Zeitpunkten t = 0, 1 und 2! Berechnen Sie dann auf der Grundlage der MVA die Marktwerte des Unternehmens! Beurteilen Sie abschließend, ob die künftigen Aktivitäten des Unternehmens zu einer Wertsteigerung führen. Mit Hilfe welcher Maßnahmen kann ein Unternehmen versuchen, Wertsteigerungspotenziale zu erschließen?

Lösung

Aufgabe 1

Sowohl bei dem WACC-Verfahren als auch bei dem TCF-Verfahren wird in einem ersten Schritt der Marktwert des Unternehmens ermittelt, ehe in einem zweiten Schritt der Marktwert des Eigenkapitals bzw. der Shareholder Value durch Subtraktion des Marktwertes des Fremdkapitals vom Marktwert des Unternehmens bestimmt wird. Die Verfahren unterscheiden sich in der Berücksichtigung der Abzugsfähigkeit der Fremdkapitalzinsen von der Steuerbemessungsgrundlage: Während die steuerliche Abzugsfähigkeit der Fremdkapitalzinsen beim WACC-Verfahren im Kapitalkostensatz und damit im Nenner berücksichtigt wird, wird diese beim TCF-Verfahren im Zahlungsstrom und somit im Zähler berücksichtigt. In den Free Cash Flow gemäß dem WACC-Verfahren gehen folglich die Steuern eines unverschuldeten Unternehmens ein. Der Free Cash Flow gemäß dem TCF-Verfahren ist wegen der mit der Fremdfinanzierung einhergehenden Steuerminderung vergleichsweise höher. Unter den Annahmen eines für alle Perioden einheitlichen Verschuldungsgrades und konstanten Free Cash Flows in der 2. Prognosephase bestimmt sich der Marktwert des Unternehmens MW_t zum Zeitpunkt t gemäß dem WACC- und dem TCF-Verfahren wie folgt:

WACC-Verfahren:
$$MW_t = \sum_{s=t+1}^{\infty} \frac{x_s^{WACC}}{(1+k^{WACC})^{s-t}}$$

$$= \sum_{s=t+1}^{T} \frac{x_s^{WACC}}{(1+k^{WACC})^{s-t}} + \frac{x_{T+1}^{WACC}}{k^{WACC} \cdot (1+k^{WACC})^{T-t}}$$

$$= \sum_{s=t+1}^{T} \frac{x_s^{WACC}}{(1+k^{WACC})^{s-t}} + RV_t$$

wobei $k^{WACC} = (1-\theta) \cdot ek^v + \theta \cdot (1-v) \cdot fk$

TCF-Verfahren:
$$MW_t = \sum_{s=t+1}^{\infty} \frac{x_s^{TCF}}{(1+k^{TCF})^{s-t}}$$

$$= \sum_{s=t+1}^{\infty} \frac{x_s^{WACC} + v \cdot fk \cdot FK_{s-1}}{(1+k^{TCF})^{s-t}}$$

$$= \sum_{s=t+1}^{T} \frac{x_s^{WACC} + v \cdot fk \cdot FK_{s-1}}{(1+k^{TCF})^{s-t}} + \frac{x_{T+1}^{TCF}}{k^{TCF} \cdot (1+k^{TCF})^{T-t}}$$

$$= \sum_{s=t+1}^{T} \frac{x_s^{WACC} + v \cdot fk \cdot FK_{s-1}}{(1+k^{TCF})^{s-t}} + RV_t$$

wobei $k^{TCF} = (1-\theta) \cdot ek^v + \theta \cdot fk$

mit

FK_t	Marktwert des Fremdkapitals zum Zeitpunkt t
k^{TCF}	durchschnittlicher Kapitalkostensatz gemäß dem TCF-Verfahren
k^{WACC}	durchschnittlicher Kapitalkostensatz gemäß dem WACC-Verfahren
MW_t	Marktwert des Unternehmens zum Zeitpunkt t
RV_t	Marktwert der Zahlungen in der 2. Prognosephase zum Zeitpunkt t
s,t	Periodenindizes, wobei s,t = 1,...,T und T als letzte Periode der 1. Prognosephase
x_t^{TCF}	Free Cash Flow gemäß dem TCF-Verfahren im t-ten Jahr
x_t^{WACC}	Free Cash Flow gemäß dem WACC-Verfahren im t-ten Jahr
θ	Fremdkapitalquote, wobei $\theta = \dfrac{FK_t}{MW_t} = \dfrac{L}{1+L}$ und $L = \dfrac{FK_t}{EK_t}$

Im Falle einer wertabhängigen Finanzierung, bei der ggf. periodenspezifische Verschuldungsgrade geplant werden, weist das TCF-Verfahren den Nachteil auf, dass zur Ermittlung der Free Cash Flows x_t^{TCF} die periodenspezifischen Fremdkapitalbestände bekannt sein müssen; diese können jedoch erst ermittelt werden, wenn die gesuchten periodenspezifischen Marktwerte des Unternehmens bekannt sind. Insofern ist das TCF-Verfahren in der vorliegenden Problemstellung durch ein Zirkularitätsproblem gekennzeichnet. Demgegenüber weist das WACC-Verfahren bei wertabhängiger Finanzierung keine Zirkularitätsprobleme auf, weshalb die Marktwerte des Unternehmens, des Fremdkapitals und des Eigenkapitals zunächst mit diesem Verfahren bestimmt werden. Es sei erwähnt, dass die Marktwertermittlung mit DCF-Verfahren auch bei Zirkularitätsproblemen unter Zuhilfenahme eines Tabellenkalkulationsprogrammes, wie z. B. Excel, ohne weiteres möglich ist.

Die periodischen Free Cash Flows gemäß dem WACC-Verfahren x_t^{WACC} bestimmen sich auf der Grundlage der gegebenen Wertgeneratoren wie folgt:

$$x_t^{WACC} = U_{t-1} \cdot (1+w) \cdot r \cdot (1-v) - U_{t-1} \cdot w \cdot n_{AV} - U_{t-1} \cdot w \cdot n_{NUV}$$

$$= E_t \cdot (1-v) - U_{t-1} \cdot w \cdot n_{AV} - U_{t-1} \cdot w \cdot n_{NUV}$$

$$= NOPLAT_t - U_{t-1} \cdot w \cdot n_{AV} - U_{t-1} \cdot w \cdot n_{NUV}$$

Der durchschnittliche Kapitalkostensatz k^{WACC} beträgt:

$$k^{WACC} = (1 - 0{,}4444) \cdot 0{,}18 + 0{,}4444 \cdot (1 - 0{,}3) \cdot 0{,}09 = 0{,}128$$

Die Ergebnisse der weiteren Berechnung der Marktwerte können den nachfolgenden Tabellen entnommen werden:

t	U_t	E_t	$NOPLAT_t$	$U_{t-1} \cdot w \cdot n_{AV}$	$U_{t-1} \cdot w \cdot n_{NUV}$
0	1.000.000				
1	1.100.000	275.000	192.500	30.000	20.000
2	1.210.000	302.500	211.750	33.000	22.000
3ff.			211.750		

t	x_t^{WACC}	MW_t	FK_t	EK_t
0		1.549.679,09	688.746,26	860.932,83
1	142.500	1.605.538,01	713.572,45	891.965,56
2	156.750	1.654.296,88	735.243,06	919.053,82
3ff.	211.750			

Aus den periodischen Free Cash Flows gemäß dem WACC-Verfahren x_t^{WACC} können unter Rückgriff der nunmehr bekannten periodischen Fremdkapitalbestände FK_t die periodischen Free Cash Flows gemäß dem TCF-Verfahren x_t^{TCF} abgeleitet werden. Der durchschnittliche Kapitalkostensatz k^{TCF} beträgt:

$$k^{TCF} = (1 - 0,4444) \cdot 0,18 + 0,4444 \cdot 0,9 = 0,14$$

Der Anwendung des TCF-Verfahrens steht damit nichts mehr im Wege. Wie die Ergebnisse der Marktwertberechnung in der nachfolgenden Tabelle zeigen, gelangt man zu den gleichen Marktwerten wie bei dem WACC-Verfahren. Dieses ist insofern nicht überraschend, als dass grundsätzlich alle DCF-Verfahren bei korrekter Anwendung, insbesondere bei übereinstimmenden Finanzierungsannahmen, zu gleichen Ergebnissen führen.

t	x_t^{TCF}	MW_t	FK_t	EK_t
0		1.549.679,09	688.746,26	860.932,83
1	161.096,15	1.605.538,01	713.572,45	891.965,56
2	176.016,46	1.654.296,88	735.243,06	919.053,82
3ff.	231.601,56			

Aufgabe 2

a) Als spezifischer Residualgewinn ist der Economic Value Added allgemein als Periodengewinn abzüglich der Zinskosten auf das am Anfang einer Periode gebundene Kapital definiert. Bei der Bestimmung des EVA ist wie bei den DCF-Verfahren zu beachten, dass die steuerliche Abzugsfähigkeit der Fremdkapitalzinsen von der Steuerbemessungsgrundlage entweder bei der Bestimmung des Periodengewinns oder bei der Bestimmung der Kapitalkosten zu berücksichtigen ist. Demzufolge ist bei Verwendung des NOPLAT als Periodengewinn der durchschnittliche Kapitalkostensatz des WACC-Verfahrens und bei Verwendung des NOPAT als Periodengewinn der durchschnittliche Kapitalkostensatz des TCF-Verfahrens anzuwenden. Der EVA_t^{WACC} auf der Grundlage des durchschnittlichen Kapitalkostensatzes des WACC-Verfahrens und der EVA_t^{TCF} auf der Grundlage des durchschnittlichen Kapitalkostensatzes des TCF-Verfahrens bestimmen sich demnach wie folgt:

$$EVA_t^{WACC} = NOPLAT_t - k^{WACC} \cdot KB_{t-1} = NOPLAT_t - Z_t^{WACC}$$

$$EVA_t^{TCF} = NOPAT_t - k^{TCF} \cdot KB_{t-1} = NOPAT_t - Z_t^{TCF}$$

mit
KB_t Kapitalbindung zum Zeitpunkt t
Z_t^{TCF} Zinskosten des t-en Jahres auf der Grundlage des durchschnittlichen Kapitalkostensatzes des TCF-Verfahrens
Z_t^{WACC} Zinskosten des t-en Jahres auf der Grundlage des durchschnittlichen Kapitalkostensatzes des WACC-Verfahrens

Der Kapitalbestand zum Zeitpunkt 0 ergibt sich aus der Summe des betriebsnotwendigen Anlage- und Nettoumlaufvermögens. Bei der Bestimmung der Kapitalbestände der nachfolgenden Jahre ist zu berücksichtigen, dass die Nettoinvestitionen in das Anlagevermögen und die Investitionen in das Nettoumlaufvermögen zu einer Erhöhung der Kapitalbindung führen. Für die Kapitalbindung KB_t zum Zeitpunkt t gilt demnach:

$$KB_t = KB_{t-1} + U_{t-1} \cdot w \cdot n_{AV} + U_{t-1} \cdot w \cdot n_{NUV}$$

Die Ergebnisse der Berechnung der periodischen EVA_t^{WACC} und EVA_t^{TCF} sind in den folgenden Tabellen angegeben.

t	NOPLAT$_t$	KB$_t$	Z$_t^{WACC}$	EVA$_t^{WACC}$
0		1.500.000		
1	192.500	1.550.000	192.000	500
2	211.750	1.605.000	198.400	13.350
3ff.	211.750		205.440	6.310

t	NOPAT$_t$	KB$_t$	Z$_t^{TCF}$	EVA$_t^{TCF}$
0		1.500.000		
1	211.096,15	1.550.000	210.000	1.096,15
2	231.016,46	1.605.000	217.000	14.016,46
3ff.	231.601,56		224.700	6.901,56

Die ermittelten EVA zeigen an, inwieweit die einzelnen Perioden eine über die jeweilige Mindestverzinsung hinausgehende Verzinsung aufweisen und damit zu einer Wertsteigerung des Unternehmens beitragen.

b) Der Market Value Added MVA$_t$ zum Zeitpunkt t kann zum einen aus der Summe der mit dem Kapitalkostensatz k^{WACC} diskontierten künftigen EVA$_t^{WACC}$ und zum anderen aus der Summe der mit dem Kapitalkostensatz k^{TCF} diskontierten EVA$_t^{TCF}$ bestimmt werden. Beide Vorgehensweisen führen unter den getroffenen Annahmen zu übereinstimmenden Ergebnissen:

$$MVA_t = \sum_{s=t+1}^{T} \frac{EVA_s^{WACC}}{(1+k^{WACC})^{s-t}} + \frac{EVA_{T+1}^{WACC}}{k^{WACC} \cdot (1+k^{WACC})^{T-t}}$$

$$= \sum_{s=t+1}^{T} \frac{EVA_s^{TCF}}{(1+k^{TCF})^{s-t}} + \frac{EVA_{T+1}^{TCF}}{k^{TCF} \cdot (1+k^{TCF})^{T-t}}$$

Den Marktwert des Unternehmens zum Zeitpunkt t erhält man dann aus der Summe des MVA und des Kapitalbestandes:

$$MW_t = MVA_t + KB_t$$

Wie die Ergebnisse in der nachfolgenden Tabelle zeigen, stimmen die so ermittelten Marktwerte mit denen auf der Grundlage der DCF-Verfahren ermittelten überein. Dieses gilt auch dann, wenn man in der 2. Prognosephase von einem nominalen Wachstum des NOPLAT mit einer konstanten Wachstumsrate ausgehen würde.

t	EVA_t^{WACC}	EVA_t^{TCF}	MVA_t	KB_t	MW_t
0			49.679,09	1.500.000	1.549.679,09
1	500	1.096,15	55.538,01	1.550.000	1.605.538,01
2	13.350	14.016,46	49.296,88	1.605.000	1.654.296,88
3ff.	6.310	6.901,56			

Der MVA zeigt an, ob die künftigen Aktivitäten eines Unternehmens zu einer Steigerung des im Unternehmen gebundenen Kapitals führen. Für die Fallstudie heißt dies, dass die künftigen Aktivitäten zu einer Steigerung des im Unternehmen gebundenen Kapitals um 49.674,09 € führen. Im Rahmen einer wertorientierten Unternehmensführung verfolgt man das Ziel, diese Wertsteigerung zu maximieren. Als wesentliche Maßnahmen zur Wertsteigerung stehen einem Unternehmen interne Restrukturierungsmaßnahmen (bspw. Entwicklung neuer Produkte, Kostensenkungsprogramme oder Werbung), externe Restrukturierungsmaßnahmen (Mergers und Acquisitions) und Finanzierungsmaßnahmen zur Senkung des Kapitalkostensatzes zur Verfügung.

Literaturhinweise

COPELAND, T./KOLLER, T./MURRIN, J.: Valuation, Measuring and Managing the Value of Companies, 3. Aufl., New York et al. 2000.

CRASSELT, N./PELLENS, B./SCHREMPER, R.: Konvergenz wertorientierter Erfolgszahlen, in: Das Wirtschaftsstudium, 29. Jg. (2000), S. 72–78 und 205–208.

DIEDRICH, R.: Erfolgsgrößen und Erfolgsmaße, in: KÜPPER, H.-U./WAGENHOFER, A. (Hrsg.), Handwörterbuch Unternehmensrechnung und Controlling, München 2002, Sp. 402–411.

DRUKARCZYK, J.: Unternehmensbewertung, 3. Aufl., München 2001.

KASPERZAK, R./KRAG, J.: Grundzüge der Unternehmensbewertung, München 2000.

RAPPAPORT, A.: Shareholder Value. Ein Handbuch für Manager und Investoren, 2. Aufl., Stuttgart 1999.

STEWART, G. B.: EVA: Fact and Fantasy, in: Journal of Applied Corporate Finance, 1994, S. 71–84.

STEWART, G. B.: The Quest for Value. A Guide for Senior Managers, New York 1999.

Thomas Hering

Unternehmensbewertung mit DCF-Verfahren gemäß IDW-S1

Der Hauptfachausschuß (HFA) des Instituts der Wirtschaftsprüfer in Deutschland e. V. (IDW) hat im Jahre 2000 seine 1983 verabschiedeten Grundsätze zur Durchführung von Unternehmensbewertungen revidiert. Leider wurde dabei die Gelegenheit vergeben, vorhandene Unzulänglichkeiten der alten Empfehlungen auszuräumen.[1] Statt dessen unterwarf sich der HFA kommerziell begründeten Forderungen international tätiger Handelsbanken und Unternehmensberatungsgesellschaften, möglichst auf allen Gebieten bewährte deutsche und europäische Gütestandards und Fachbegriffe durch US-amerikanische Gepflogenheiten und Bezeichnungen zu ersetzen. In Verkennung gravierender theoretischer Unterschiede zwischen dem Ertragswertverfahren und den vielen „Discounted Cash Flow"-Verfahren (DCF-Verfahren) empfiehlt das IDW nunmehr gleich alle diese Verfahren als äquivalente Konkretisierungen der Zukunftserfolgswertmethode.

Eine Begründung für den Übergang von methodischer Klarheit (IDW 1983) zum Methodenpluralismus (IDW 2000) wird vom IDW nicht geliefert. Geradezu widersinnig erscheint der etwas „angstvoll" klingende Hinweis des HFA, daß bei gleichen Annahmen Ertragswert- und DCF-Verfahren gleiche Werte lieferten und bei ungleichen Annahmen natürlich ungleiche Werte.[2] Das klingt trivial und darum verdächtig: Wenn die DCF-Verfahren dem Ertragswertverfahren äquivalent sind, warum bedurfte es dann ihrer Aufnahme in den neuen IDW-Standard (anstatt einer Fußnote, daß der Ertragswert in den Vereinigten Staaten als DCF bezeichnet wird)? Wenn sie nicht äquivalent sind, weil die Annahmen differieren, welche Annahmen sind dann „richtig" – die der Ertragswertmethode oder die der DCF-Verfahren? Und wenn es neue Erkenntnisse gibt, warum lassen sie sich nicht im Ertragswertverfahren berücksichtigen, sondern nur in einer anderen Begriffs- und Modellwelt? Nein, der Verdacht liegt ganz nahe, daß es hier (genau wie beim Übergang von der Deutschen Mark zum Euro) lediglich um eine relativ kurze Phase „paralleler Preisauszeichnung" gehen soll, an deren Ende nur noch die „neuen" DCF-Verfahren als die vermeintlich überlegenen empfohlen werden. Diese Konsequenz würde für die Arbeit des IDW indes einen bedeutenden theoretischen Rückschritt und praktischen Mißgriff darstellen, wie im folgenden anhand der neuen IDW-Empfehlungen[3] exemplarisch herausgearbeitet werden soll.

---

[1] Es hätte sich zum Beispiel angeboten, das Konzept des für niemanden relevanten „objektivierten" Werts aufzugeben und sich statt dessen dem in der Theorie lange bekannten und in der Praxis höchst bedeutsamen, aber bislang vom IDW abgelehnten Konzept des Argumentationswerts zu öffnen.

[2] Vgl. *IDW* 2000, S. 835.

[3] Abschnitt 7.3, „Ermittlung des Unternehmenswerts nach den DCF-Verfahren", *IDW* 2000, S. 837 f.

Aufgabe 1

Welche DCF-Verfahren unterscheidet IDW-S1, und liefern diese wirklich äquivalente Ergebnisse?

Aufgabe 2

Ist die vom IDW-S1 vorgeschlagene Art der Berechnung des Fremdkapitalmarktwerts mit dem WACC-Ansatz kompatibel?

Aufgabe 3

Was ist von der Empfehlung im IDW-S1 zu halten, zur Bestimmung der Eigenkapitalkosten für den WACC-Ansatz auf das Capital Asset Pricing Model (CAPM) der neoklassischen Kapitalmarkttheorie zurückzugreifen?

Lösung

Aufgabe 1

Nach Abschnitt 7.3.1 des IDW-S1 werden den DCF-Verfahren der WACC-Ansatz (WACC = Weighted Average Cost of Capital = gewogene durchschnittliche Kapitalkosten), der APV-Ansatz (APV = Adjusted Present Value = angepaßter Barwert) und der Equity-Ansatz (equity = Eigenkapital) subsumiert. WACC- und APV-Ansatz ermitteln jeweils einen Unternehmensgesamtwert, von dem zur Bestimmung des Eigentümerwerts („shareholder value") noch der Marktwert des Fremdkapitals zu subtrahieren ist. Nur der Equity-Ansatz errechnet, wie der Name bereits andeutet, direkt den „Eigenkapital-Wert".

Der HFA formuliert vorsichtig: „Ungeachtet der Unterschiede in der Rechentechnik führen die einzelnen DCF-Verfahren grundsätzlich" (sic!, *d. Verf.*) „zu übereinstimmenden Ergebnissen". Diese Behauptung wird auch durch häufige Wiederholung in der praxisorientierten Literatur nicht richtiger. Selbst im schon von *Modigliani* und *Miller* 1963 abschließend behandelten Fall der ewigen Rente sind die drei DCF-Verfahren nur dann äquivalent, wenn die jeweils unterschiedlichen Bewertungsgrößen zueinander theoretisch konsistent geschätzt werden, was in der Praxis ausgeschlossen sein dürfte.[1] Außerdem bleibt unverständlich, wieso man überhaupt drei Methoden kennen soll, wenn eine genügen müßte. Schon das auffällige „Beschwören" der Äquivalenz deutet darauf hin, daß in der Praxis genau das Gegenteil der Fall

---

[1] In der Theorie ist die Überführung nur im ewigen Rentenfall einfach und allgemeingültig, aber gerade darum sind dann der WACC- und Equity-Ansatz als reine Umformungen des APV-Ansatzes nach *Modigliani/Miller* überflüssig.

ist und die Methodenwahl *de facto* das Ergebnis determiniert. Der neue IDW-Standard schweigt auf die Frage des Anwenders, welches der präsentierten „neuen" DCF-Verfahren er denn dann wählen solle, sehr beredt. Das Ertragswertverfahren, möchte man am liebsten auf diese Frage antworten, denn nach IDW 2000, S. 835 sind ja Ertragswert und DCF bei gleichen Annahmen sowieso gleich.[1]

Aufgabe 2

Im Abschnitt 7.3.2.1 des IDW-S1 heißt es: „Den Marktwert des Fremdkapitals erhält man, indem die Cash flows an die Fremdkapitalgeber mit einem das Risikopotenzial" (sic!, *d. Verf.*) „dieser Zahlungsströme widerspiegelnden Zinssatz diskontiert werden. Die Differenz aus Gesamtkapitalwert und Marktwert des Fremdkapitals entspricht dem Marktwert des Eigenkapitals (Unternehmenswert)."[2]

Im WACC-Ansatz besteht ein Zirkularitätsproblem, weil der gewogene Kapitalkostensatz als Gewichte die Eigen- und Fremdkapitalquoten in Marktwerten benötigt, die doch gerade mit dem ganzen Verfahren erst zu bestimmen sind. Auch schon zur Berechnung des in den WACC (mit der Eigenkapitalquote gewichtet) einfließenden Eigenkapitalkostensatzes muß der doch erst zu findende Verschuldungsgrad (als Verhältnis von Fremdkapital- zu Eigenkapitalmarktwert) bereits bekannt sein. Allein aus dieser Zirkularität ist aber der Fremdkapitalmarktwert bereits determiniert; es besteht überhaupt kein Freiheitsgrad mehr, ihn alternativ durch Diskontieren des Kapitaldienstes mit einem risikoangepaßten Zinsfuß zu bestimmen, wie IDW-S1 es empfiehlt. In der DCF-Formel des WACC-Ansatzes dienen die Fremdkapitalzinsen zugleich als Basis zur Ermittlung der Steuerzahlungen, so daß ein das Risikopotential widerspiegelnder Fremdkapitalzins überhaupt nicht vorkommt und demnach im WACC-Ansatz nicht verwendet werden darf.[3] Im praktisch (zumindest für die nicht mehr detailliert planbare Phase) bedeutsamen einfachen Fall der ewigen Rente wird der „Steuerschild" gar mit dem Sicherheitszinsfuß diskontiert, was keinen Raum für das vom IDW ins Spiel gebrachte „Risikopotenzial" läßt.

In aller Regel entspricht also der nach IDW-Empfehlung berechnete diskontierte Fremdkapitalwert in der Praxis nicht dem Wert, welcher sich allein aus der Logik des

---

[1] Versteht man den Ertragswert (im Gegensatz zum „objektivierten" IDW-Ertragswert) investitionstheoretisch als Bandbreite und den DCF finanzierungstheoretisch als Punktwert, kann von Äquivalenz natürlich keinesfalls die Rede sein. Die Schwächen der DCF-Verfahren zeigen sich am deutlichsten im Spiegel des investitionstheoretischen Ertragswertverfahrens, welches aber nicht Thema dieses Beitrags ist. Dazu und zur Vertiefung der DCF-Varianten siehe die Literaturhinweise.

[2] *IDW* 2000, S. 837.

[3] Es ergäben sich falsche Steuerzahlungen, denn nur die tatsächlichen Fremdkapitalzinsen führen zur Steuerersparnis, nicht jedoch irgendwelche wie auch immer definierten risikoangepaßten Fremdkapitalzinsen.

Gleichgewichtsmodells zwingend ergibt. Das Gleichgewichtsmodell nach *Modigliani/Miller* kennt keine Diskontierung der expliziten Fremdkapitalzahlungen mit risikoangepaßten Fremdkapitalzinssätzen und kommt daher zu einem anderen, dem IDW-Standard widersprechenden Fremdkapitalmarktwert.

Da die IDW-Empfehlung allerdings sachlogisch nicht ganz von der Hand zu weisen ist, wirft dieser Einwand ein bezeichnendes Licht auf die mangelnde Schlüssigkeit des gleichgewichtstheoretischen WACC-Ansatzes für praktische Bewertungszwecke. Nur in der reinen Theorie des Kapitalmarktgleichgewichts wird man postulieren dürfen, daß aus Gründen der Arbitragefreiheit zwei verschiedene Gleichgewichtsmodelle (das eine ist der DCF-Ansatz mit WACC, das andere die arbitragefreie Bewertung der expliziten Fremdkapitalzahlungsströme) zum selben Fremdkapitalwert führen müssen. In der wenig vollkommenen Welt der Praxis sieht das anders aus, und divergierende Methoden zeitigen unschönerweise divergierende Ergebnisse. IDW-S1 verschließt davor die Augen und versichert dem ratlosen Anwender beruhigend, daß aber dennoch „grundsätzlich" alle Modelle denselben Wert liefern müßten, wenn man sie nur richtig kalibrierte.

Aufgabe 3

Nichts. Im Abschnitt 7.3.2.5 des IDW-S1 wird überaus unkritisch dem theoretisch und empirisch längst als gehaltlose Tautologie widerlegten Betafaktor gehuldigt (IDW 2000, S. 838). Die Einwände gegen das (aus den sechziger Jahren des vergangenen Jahrhunderts stammende und darum nicht gerade „moderne") CAPM als solches sind Legion (siehe hierzu die Literaturhinweise). Daß dieses u. a. auf den einschneidenden Annahmen der Risikoscheu (μ-σ-Prinzip), der Einperiodigkeit und der Abwesenheit von Steuern basierende Modell aber gerade mit DCF-Ansätzen gekoppelt werden soll, die doch bekanntlich mehrperiodige Zahlungsströme präferenzfrei unter expliziter Berücksichtigung von Steuerwirkungen zu bewerten suchen, entbehrt gewiß nicht der Komik. Derartige Vorschläge eignen sich nur zur Generierung von parteiischen Argumentationswerten im Angesicht theoretisch schwacher Verhandlungspartner. Da das IDW aber genau diesen Bewertungszweck nicht verfolgen möchte, stellen seine Empfehlungen fachlich kein Ruhmesblatt dar. Der HFA kann auf die ihm wohlbekannte, überlegene betriebswirtschaftliche Theorie leicht zurückgreifen und beugt sich dennoch mit seinem IDW-S1 unnötig (und womöglich wider besseres Wissen?) dem Zeitgeist. Aber mit ein wenig Einsicht läßt sich solch ein Fehler auch wieder korrigieren. Wo es um viel Geld geht, wird man sich ökonomisch bizarre Bewertungsverfahren nicht lange leisten können.[1]

---

[1] Sehr bitteres Lehrgeld mußten z. B. jene Anleger bezahlen, welchen die heillos überhöhten Preise am inzwischen untergegangenen Neuen Markt einst mit theoretisch fragwürdigen „Realoptionswertverfahren" schmackhaft gemacht worden waren. Auch hier hieß es bis zum Platzen der Spekulationsblase, die Ertragswertmethode sei überholt und man müsse zu gänzlich neuen Verfahren für die sog. „Neue Ökonomie" greifen.

Literaturhinweise

BRÖSEL, G.: Objektiv gibt es nur subjektive Unternehmenswerte, in: UM, 1. Jg. (2003), S. 130–134.

DRUKARCZYK, J.: Unternehmensbewertung, 3. Aufl., München 2001.

HERING, TH.: Finanzwirtschaftliche Unternehmensbewertung, Wiesbaden 1999.

HERING, TH.: Konzeptionen der Unternehmensbewertung und ihre Eignung für mittelständische Unternehmen, in: BFuP, 52. Jg. (2000), S. 433–453.

HERING, TH.: Investition und Unternehmensbewertung, in: KRAG, J. (Hrsg.), Betriebswirtschaft, Wirtschaftsprüfer-Kompendium, Band 2, Bielefeld 2002, Kennzahlen 2500 (S. 1–81) und 2950 (S. 1–2).

HERING, TH.: Investitionstheorie, 2. Aufl., München et al. 2003.

HERING, TH./OLBRICH, M.: Einige grundsätzliche Bemerkungen zum Bewertungsproblem beim Börsengang junger Unternehmen, in: ZfB, 72. Jg. (2002), Ergänzungsheft 5, S. 147–161.

INSTITUT DER WIRTSCHAFTSPRÜFER: Stellungnahme HFA 2/1983: Grundsätze zur Durchführung von Unternehmensbewertungen, in: WPg, 36. Jg. (1983), S. 468–480.

INSTITUT DER WIRTSCHAFTSPRÜFER: IDW Standard: Grundsätze zur Durchführung von Unternehmensbewertungen (IDW S 1), in: WPg, 53. Jg. (2000), S. 825–842.

KASPERZAK, R.: Unternehmensbewertung, Kapitalmarktgleichgewichtstheorie und Komplexitätsreduktion, in: BFuP, 52. Jg. (2000), S. 466–477.

KRAG, J./KASPERZAK, R.: Grundzüge der Unternehmensbewertung, München 2000.

MATSCHKE, M. J./BRÖSEL, G.: Die Bewertung kleiner und mittlerer Unternehmungen mit dem Zustands-Grenzpreismodell unter besonderer Berücksichtigung möglicher Folgen von „Basel II", in: MEYER, J.-A. (Hrsg.), Unternehmensbewertung und Basel II in kleinen und mittleren Unternehmen, Lohmar et al. 2003, S. 157–181.

OLBRICH, M.: Zur Unternehmungsnachfolge im elektronischen Geschäft, in: KEUPER, F. (Hrsg.), Electronic Business und Mobile Business, Wiesbaden 2002, S. 677–708.

Gerrit Brösel

Die Argumentationsfunktion in der Unternehmensbewertung – „Rotes Tuch" oder „Blaues Band" für Wirtschaftsprüfer?

> „Es muß das Genießen so eingerichtet werden, daß die Summe des Genusses des ganzen Lebens ein Größtes werde. Nach diesem Grundsatz sehen wir denn von der Wiege bis zum Grabe alle Menschen ohne Ausnahme handeln, den König wie den Bettler, den frivolen Lebemann wie den büßenden Mönch, und wenn dennoch die Handlungsweise der Menschen, wie wir sie im Leben wahrnehmen, so außerordentlich verschiedenartig erscheint, so hat dieses lediglich in der verschiedenen Ansicht über die Größe der verschiedenen Lebensgenüsse (eine Größe, die auch unzweifelhaft nach der Bildungsstufe des Menschen verschieden ist) und über die Größe der Hinderung seinen Grund, die der Genuß später zu erwartenden Genüssen in den Weg legen werde."[1]

Der *Grundsatz der Zweckabhängigkeit* des Unternehmenswertes bildet den zentralen Aspekt der funktionalen Bewertungstheorie. Der Wert eines Unternehmens ist demnach mit Bezugnahme auf die Vorstellungen und Planungen des konkreten Bewertungsinteressenten und unter expliziter Berücksichtigung der verfolgten Aufgabenstellung der Unternehmensbewertung zu ermitteln. „Die Unternehmung hat nicht bloß für jeden Bewertungsinteressenten einen spezifischen Wert, sondern kann auch je nach Aufgabenstellung einen durchaus unterschiedlichen Wert haben."[2] Eine Bewertung hat entsprechend zweckabhängig zu erfolgen. Der Unternehmenswert und das Verfahren zu seiner Ermittlung existieren nicht. Der Grundsatz der Zweckabhängigkeit wird durch die Grundsätze der Gesamtbewertung, der Zukunftsbezogenheit sowie der Subjektivität flankiert.

Gemäß dem *Grundsatz der Gesamtbewertung* ist nicht die Summe der Einzelwerte der Vermögensteile des Unternehmens bewertungsrelevant; vielmehr ist das im Rahmen der Konfliktsituation zur Disposition stehende Unternehmen als wirtschaftliche Einheit zu betrachten. Der *Grundsatz der Zukunftsbezogenheit* besagt hinsichtlich der Bewertung eines Unternehmens, daß für das Bewertungssubjekt nur der Nutzen bewertungsrelevant ist, den ihm dieses in der Zukunft stiftet. Die Bestimmung des Wertes eines Unternehmens erfordert gemäß dem *Grundsatz der Subjektivität* die Einbettung des Bewertungsobjekts in die Vorstellungen und Planungen des Bewertungsinteressenten. Dementsprechend ist der Wert eines Unternehmens durch die vom Bewertungssubjekt verfolgten Ziele, durch die aus dem Entscheidungsfeld des

---

[1] GOSSEN 1854, S. 1 (Hervorhebungen im Original).
[2] MATSCHKE 1995, S. 973.

Subjekts verfügbaren finanz- und realwirtschaftlichen Handlungsmöglichkeiten und -beschränkungen sowie durch die vom Bewertungssubjekt für das Unternehmen geplante Verwendung determiniert. Unternehmenswerte zeichnen sich entsprechend durch ihre Zielsystem-, Entscheidungsfeld- und Handlungsbezogenheit aus. Der erforderliche Subjektbezug, der das Fundament der funktionalen Bewertungstheorie darstellt, bleibt übrigens in der angelsächsischen Bewertungslehre bisher weitgehend unbeachtet. In der deutschen Literatur ist der Subjektbezug eines Wertes schon lange Zeit bekannt: Ein Wert ergibt sich hinsichtlich des Ziel- und Präferenzsystems des Bewertungssubjekts gemäß der von *Gossen* sowie *Menger* (und der sogenannten Wiener Schule) begründeten subjektiven Wertlehre aus seinem Grenznutzen und ist somit individuell (d. h. subjektiv).[1]

Aufgabe 1

Verfahrensregeln zur Bewertung lassen sich gemäß dem Grundsatz der Zweckabhängigkeit nur sinnvoll ableiten, wenn von der jeweiligen Funktion der Unternehmensbewertung ausgegangen wird. Im Rahmen der Konzeption der funktionalen Unternehmensbewertung wird in Haupt- und Nebenfunktionen unterschieden, denen ein Wert dienen kann. Als Nebenfunktionen der Unternehmensbewertung gelten u. a. die Vertragsgestaltungs-, die Steuerbemessungs- und die Kommunikationsfunktion. Charakterisieren Sie nunmehr die Hauptfunktionen.

Aufgabe 2

Inwieweit unterscheiden sich die in Aufgabe 1 dargestellten Hauptfunktionen von den Ansichten des Instituts der Wirtschaftsprüfer (IDW)? Skizzieren Sie darüber hinaus die wesentlichen Einwände, die in der wirtschaftswissenschaftlichen Literatur gegen die Ansichten des IDW erhoben werden.

Aufgabe 3

Obwohl vermutlich jeder im Rahmen einer Verhandlung über Unternehmenstransaktionen offenbarte Wert einen Argumentationswert darstellt, wird die theoretische Analyse der Argumentationswerte bisher weitestgehend vernachlässig. Systematisieren Sie die Eigenschaften von Argumentationswerten.

---

[1] Vgl. z. B. *Gossen* 1854, *Menger* 1871 sowie das die Fallstudie einleitende Zitat.

Lösung

Aufgabe 1

Als Hauptfunktionen gelten die Funktionen der Entscheidung, der Vermittlung sowie der Argumentation. Das Ergebnis einer Unternehmensbewertung im Rahmen der *Entscheidungsfunktion* ist der *Entscheidungswert* des Unternehmens. Dieser „zeigt einem Entscheidungssubjekt bei gegebenem Ziel- oder Präferenzsystem und bei gegebenem Entscheidungsfeld an, unter welchen Bedingungen oder unter welchem Komplex von Bedingungen die Durchführung einer bestimmten vorgesehenen Handlung das ohne diese Handlung erreichbare Niveau der Zielerfüllung gerade noch nicht mindert."[1] Mit anderen Worten gilt der Entscheidungswert als äußerste Grenze der Konzessionsbereitschaft des Entscheidungssubjekts in einer bestimmten Konfliktsituation. Der Entscheidungswert wird nach *Matschke* durch vier Merkmale charakterisiert: Er wird hinsichtlich einer definierten Handlung ermittelt (Merkmal der Handlungsbezogenheit) und bezieht sich auf ein bestimmtes Entscheidungssubjekt sowie dessen Zielsystem (Merkmal der Subjekt- und Zielsystembezogenheit). Er ist eine kritische Größe (Merkmal des Grenzwertes), die ausschließlich für ein konkretes Entscheidungsfeld und für die daraus ableitbaren Alternativen gültig ist (Merkmal der Entscheidungsfeldbezogenheit). Zielt die Unternehmensbewertung auf die Änderung der Eigentumsverhältnisse und ist für die Einigung der Konfliktparteien lediglich die Höhe des Preises von Bedeutung, so entspricht der Entscheidungswert dem Grenzpreis einer Verhandlungspartei in dieser Konfliktsituation. Aus Sicht des präsumtiven Käufers ist der Entscheidungswert als Preisobergrenze genau der Preis, den er gerade noch zahlen kann, ohne durch den Kauf einen wirtschaftlichen Nachteil hinnehmen zu müssen.

Wird eine Unternehmensbewertung im Rahmen der *Vermittlungsfunktion* durchgeführt, ist das Ergebnis der *Arbitrium-, Vermittlungs- oder Schiedsspruchwert*. Hier kommt einem Gutachter die Rolle des unparteiischen Dritten zu. Mit dem Arbitriumwert soll ein für die konfligierenden Parteien zumutbarer Kompromiß hinsichtlich der Bedingungen über die Änderungen der Eigentumsverhältnisse gefunden werden, der die Interessen der Parteien angemessen berücksichtigt. Voraussetzung dafür ist die Existenz eines Einigungsbereichs: Der Entscheidungswert des Käufers muß folglich über dem Entscheidungswert des Verkäufers liegen. Dem Entscheidungswert kommt auch bei der Vermittlungsfunktion eine zentrale Rolle zu, weil er dazu dient, den sogenannten Arbitriumbereich, die Spanne zwischen dem Entscheidungswert des Verkäufers und dem Entscheidungswert des Käufers, zu bestimmen.

Das Ergebnis einer Bewertung in der *Argumentationsfunktion* wird *Argumentationswert* genannt. Als Argumentationswerte wird die Gesamtheit von taktischen Argumenten verstanden, die eine Verhandlungspartei mit dem Ziel der Verbesserung der eigenen Verhandlungsposition oder der Erreichung eines günstigeren Verhandlungsresultates

---

[1] MATSCHKE 1972, S. 147.

selbst vorträgt oder auch vortragen läßt. Es sind parteiische Werte, deren Bedeutung in der Beeinflussung der Gegenseite in der Preisverhandlung liegt. Argumentationswerte werden zumeist in Form von angeblichen Entscheidungs- oder Arbitriumwerten in den Verhandlungsprozeß eingebracht. Zweckdienliche Argumentationswerte setzen sowohl die Kenntnis des eigenen Entscheidungswertes als auch eine Vermutung über den gegnerischen Entscheidungswert voraus. Auch die Bestimmung eines Argumentationswertes bedingt somit die Kenntnis des eigenen Entscheidungswertes. Förderlich kann ferner eine Vorstellung über das anzustrebende Verhandlungsresultat sein.

Aufgabe 2

Die Argumentationsfunktion wird aus Sicht der Wirtschaftsprüfer als nicht mit dem Berufsstand vereinbar angesehen. Im Unterschied zur Funktionenlehre wird den Wirtschaftsprüfern im Rahmen der Unternehmungsbewertung, neben den Funktionen als Berater des Bewertungssubjekts (im Sinne der *Entscheidungsfunktion*) und als Schiedsgutachter (im Sinne der *Vermittlungsfunktion*), in erster Linie die Rolle eines neutralen Gutachters (im Sinne der *Kommunikationsfunktion*, einer Nebenfunktion in der funktionalen Bewertungstheorie) zugewiesen, der gemäß IDW-S1 als zentrale Größe einen sogenannten „objektivierten Wert" ermitteln soll. Dieser „objektivierte" Wert soll dem Wert der Unternehmung unter der Prämisse der Fortführung des bisherigen Unternehmungskonzepts entsprechen, der im wesentlichen mangels unzureichender Konkretisierung von noch nicht eingeleiteten zukünftigen Maßnahmen und personenbezogenen Wertfaktoren abstrahiert.

Einwände gegen die statische Orientierung des Modells des „objektivierten" Unternehmungswertes werden insbesondere erhoben, weil die Bewertung eine Einbettung in die Planungen des Bewertungssubjekts verlangt. Aus der Planungsabhängigkeit folgt die Zukunftsbezogenheit. Eine Unternehmensbewertung verlangt nach Berücksichtigung der konkreten Ziele, Erwartungen und Handlungsmöglichkeiten des Bewertungssubjekts oder der Bewertungssubjekte unter realitätsnahen Annahmen. Eine Bewertung erfolgt somit, egal ob in Entscheidungs-, Vermittlungs- oder Argumentationsfunktion, immer subjektbezogen. Mit Beachtung dieser Erkenntnisse in der funktionsorientierten Betrachtungsweise der Unternehmungsbewertung sollte die Suche nach „objektivierten" Werten eigentlich überwunden sein.[1]

Aufgabe 3

In einer Verhandlungssituation werden die sogenannten Argumentationswerte – z. B. als scheinbare Entscheidungswerte oder in Form von vermeintlichen Arbitriumwerten – gezielt eingebracht. Mit Hilfe dieser Werte soll gewöhnlich die eigene Verhandlungsposition verbessert und die des Verhandlungspartners geschwächt werden. Der

---

[1] Vgl. zu weiteren Kritikpunkten die Fallstudie „Unternehmensbewertung mit DCF-Verfahren gemäß IDW-S1" in diesem Band.

Die Argumentationsfunktion in der Unternehmensbewertung 519

Erwerb des Unternehmens soll zu Bedingungen realisiert werden, die sich möglichst fern von der eigenen Konzessionsgrenze und möglichst nahe an der vermuteten Konzessionsgrenze der Gegenseite befinden. Vor diesem Hintergrund sollte der vorab ermittelte Entscheidungswert zweifelsohne mit Rücksicht auf die Stärke der eigenen Verhandlungsposition ein Wert hinter „vorgehaltener Hand" sein. Der Gegenpartei werden die Argumentationswerte präsentiert, um diese zielgerichtet zu beeinflussen und schließlich die eigene Position im Hinblick auf das angestrebte Ergebnis, ein möglichst günstiges Verhandlungsresultat, zu stärken oder Nachteile abzuwenden.[1]

Wenn Verhandlungsteilnehmer ihre eigenen Entscheidungswerte kennen und auch beachten, stellen Argumentationswerte keine Instrumente der Übervorteilung dar.[2] Argumentationswerte zeichnen sich hingegen durch zahlreiche Eigenschaften aus, die sich den drei Hauptmerkmalen, dem Merkmal der Tarnung, dem Merkmal der Parteienbezogenheit und dem Merkmal der Konfliktlösungsorientierung, zuordnen lassen. Nachfolgende Abbildung zeigt eine mögliche Systematisierung der Eigenschaften des Argumentationswertes.

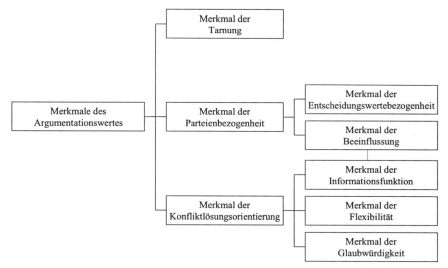

Abb. 1: Systematik der Merkmale des Argumentationswertes.

Da Argumentationswerte in eine Verhandlung nicht in ihrer eigentlichen Gestalt, sondern lediglich als vermeintliche oder scheinbare Entscheidungs- oder Arbitriumwerte eingebracht werden, gilt für sie das *Merkmal der Tarnung*. „Es gehört freilich

---

[1] Schließlich werden so auch die Bewertungsgutachten von Wirtschaftsprüfern als Argumentationswerte verwendet, wenn es für die Konfliktparteien von Vorteil ist, weil grundsätzlich davon ausgegangen werden kann, „daß die Zahlen und Daten des Gutachtens nicht in täuschender oder gar betrügerischer Absicht zusammengestellt worden sind" (*MATSCHKE* 1976, S. 521).

[2] Vgl. *MATSCHKE* 1976, S. 520.

zum Mimikry des Argumentationswertes, daß er seinen wahren Charakter verleugnet."[1] Gemäß dem *Merkmal der Parteienbezogenheit* handelt es sich bei Argumentationswerten um subjektive Werte einer Verhandlungsseite, die auf eine konkrete Verhandlungssituation und somit auf einen konkreten Verhandlungspartner ausgerichtet sind, und dabei die Verhandlungsposition im Verhandlungsprozeß stärken sollen. Folgen dieser Eigenschaft sind die Merkmale der Entscheidungswertebezogenheit und der Beeinflussung. Das *Merkmal der Entscheidungswertebezogenheit* zielt in zwei Richtungen. Einerseits bildet der eigene Entscheidungswert die letzte Rückzugslinie für den Argumentationswert. So darf mit der Einbringung von Argumentationswerten in die Verhandlung weder der eigene Entscheidungswert bekannt gegeben werden, noch sollten der Gegenseite Rückschlüsse auf den „wahren" Entscheidungswert ermöglicht werden. Andererseits sind Argumentationswerte auf den vermuteten gegnerischen Entscheidungswert auszurichten. Das *Merkmal der Beeinflussung* besagt, daß mit Hilfe der Argumentationsfunktion der Unternehmensbewertung beim Verhandlungspartner eine Veränderung des Verhaltens angestrebt wird. Dieser soll durch die Argumentationswerte bewußt zu Zugeständnissen bezüglich bestimmter konfliktlösungsrelevanter Sachverhalte oder angestrebten Verhandlungsergebnissen bewegt werden.

Das *Merkmal der Konfliktlösungsorientierung* äußert sich darin, daß Argumentationswerte grundsätzlich mit dem Zweck in die Verhandlung eingebracht werden, eine Einigung oder eine Nicht-Einigung[2] im Hinblick auf den Übergang des Eigentums am Bewertungsobjekt zu erzielen. Da Argumentationswerte i. d. R. keine einfach in den Raum gestellten Preisangebote, sondern begründete Preisvorstellungen darstellen, dienen sie dazu, die zwischen den Verhandlungspartnern hinsichtlich der Preishöhe bestehenden Interessengegensätze zu überbrücken und schließlich eine Konfliktlösung zu erzielen. Dies kann durch eine mit Hilfe der Argumentationswerte unterstützte kooperative Suche nach konfliktlösungsrelevanten Sachverhalten und einer anschließenden Einigung auf entsprechende Ausprägungen dieser Parameter erfolgen. Die Konfliktlösungsorientierung spiegelt sich in den ihr untergeordneten Merkmalen der Informationsfunktion, der Flexibilität sowie der Glaubwürdigkeit wider. Das *Merkmal der Informationsfunktion* zeichnet die Argumentationswerte aus, weil die Verhandlungsparteien versuchen, mit diesen Werten ihre Angebote zu begründen. Demzufolge gewinnt der Verhandlungspartner Informationen über die Preisvorstellungen der anderen Partei und kann gegebenenfalls auch auf die von dieser Partei gewählte Verhandlungstaktik schließen. Ferner können die Verhandlungspartner aus fremden und auch aus eigenen Argumentationswerten – insbesondere, wenn diese von „unabhängigen" Gutachtern als Arbitriumwerte in den Prozeß eingebracht wurden – eventuell bisher noch unbekannte Informationen über das Bewertungssubjekt gewinnen. Mit den Argumentati-

---

[1] MATSCHKE 1977a, S.102.

[2] Geht eine Verhandlungspartei mit dem Ziel in eine Verhandlung, daß es erst gar nicht zu einer Einigung kommen soll, können z. B. dargebotene astromische Preisvorstellungen und -begründungen geeignete einigungsausschließende Argumentationswerte sein, die zu einer (schnelleren) Konfliktlösung im Sinne des Verhandlungsabbruchs führen.

onswerten können dem Verhandlungspartner auch bewußt Informationen „zugespielt" werden, um den vermuteten Einigungsbereich, die Differenz zwischen dem eigenen Entscheidungswert und dem mutmaßlichen Entscheidungswert der Gegenpartei, insbesondere durch eine angestrebte Korrektur des Entscheidungswertes der Gegenpartei zu erweitern. Hierbei zeigt sich die enge Verknüpfung des Merkmals der Informationsfunktion mit dem Merkmal der Beeinflussung. Das *Merkmal der Flexibilität* beschreibt einerseits die Fähigkeit von Argumentationswerten, neue Informationen und Zwischenergebnisse der Verhandlung noch während derselben in seiner Ermittlung zu berücksichtigen. Andererseits sollten die im Rahmen der Argumentationsfunktion verwendeten Bewertungsverfahren insofern flexibel gestalt- und handhabbar sein, als sie für Argumentationen mehrere Ansatzpunkte zulassen, um gegenüber der Konfliktpartei im Laufe von Verhandlungen nicht unglaubwürdig zu wirken. Schließlich erweist sich ein Argumentationswert nur als brauchbar, wenn ihn das *Merkmal der Glaubwürdigkeit* auszeichnet. Argumentationswerte sollen somit überzeugende, wenig angreifbare „realistische" Werte sein, deren Ermittlung von der Gegenseite toleriert wird, und welche von dieser schließlich als begründetes Angebot akzeptiert werden. Hierzu eignen sich – in Anbetracht des Ansehens des Berufsstandes – auch die von Wirtschaftsprüfern erstellten Bewertungsgutachten, soweit die Verhandlungspartner nicht deren eingeschränkte Brauchbarkeit für Entscheidungszwecke erkennen.

Die Parteien können im Hinblick auf die Beeinflussung des Verhandlungspartners auf die eingesetzten Bewertungsgrößen und/oder die verwendeten Bewertungsverfahren abstellen. Erfolgt die Beeinflussung der Gegenpartei über die *Bewertungsgrößen*, versuchen die Parteien die innerhalb der investitionstheoretischen Bewertungsmodelle (z. B. im Zustands-Grenzpreismodell und im Zukunftserfolgswertverfahren) verwendeten Rechengrößen, wie die abgegrenzten Zukunftserfolge oder die verwendeten Kalkulationszinsfüße, in ihrem Sinne zu präsentieren. Versuchen die Parteien gegenüber ihren Verhandlungspartnern mit den *Bewertungsverfahren* zu argumentieren, müssen der Gegenseite zur Wertfindung scheinbar ökonomisch fundierte Bewertungsmethoden geschickt dargeboten werden. Hierzu eignen sich speziell die Verfahren, die sich trotz ihrer Unbrauchbarkeit zur Entscheidungswertermittlung einer (aus entscheidungsorientierter Sicht unverständlichen) Renaissance erfreuen, wie beispielsweise die neoklassischen finanzierungstheoretischen Bewertungsmodelle, die ausgehend von idealistischer Informationseffizienz, Vollständigkeit und Vollkommenheit der Märkte versuchen, einen mystischen objektiven Tauschwert des Unternehmens als fiktiven Marktpreis zu bestimmen. Diese Verfahren erfreuen sich schließlich in der Praxis einer außerordentlichen Beliebtheit, obwohl ihre Untauglichkeit in der betriebswirtschaftlichen Literatur hinlänglich nachgewiesen ist. Wenn die Gegenseite die weit verbreiteten finanzierungstheoretischen Verfahren also akzeptiert, stellen sie dankenswerterweise immerhin noch „ein ergiebiges Reservoir dar, aus dem sich verschiedenste Argumentationswerte und ... auch Arbitriumwerte schöpfen lassen."[1]

---
[1] HERING 1999, S. 108.

Literaturhinweise

BRÖSEL, G.: Medienrechtsbewertung, Wiesbaden 2002.

BRÖSEL, G.: Objektiv gibt es nur subjektive Unternehmenswerte, in: UM, 1. Jg. (2003), S. 130–134.

BRÖSEL, G./BURCHERT, H.: Die Akquisition von Unternehmen in Osteuropa und die Bedeutung der weichen Faktoren, erscheint in: MEYER, J.-A. (Hrsg.), Kooperationen von KMU in Europa, Lohmar et al. 2004.

BRÖSEL, G./DECHANT, H.: Ein Ansatz zur Bewertung von Telekommunikationsunternehmungen und von deren abgrenzbaren Unternehmungsteilen, in: KEUPER, F. (Hrsg.), E-Business, M-Business und T-Business, Digitale Erlebniswelten aus Sicht von Consulting-Unternehmen, Wiesbaden 2003, S. 133–166.

GORNY, CH.: Unternehmensbewertung in Verhandlungsprozessen, Wiesbaden 2002.

GOSSEN, H. H.: Entwickelung der Gesetze des menschlichen Verkehrs, und der daraus fließenden Regeln für menschliches Handeln, Braunschweig 1854.

HERING, TH.: Finanzwirtschaftliche Unternehmensbewertung, Wiesbaden 1999.

HERING, TH.: Konzeptionen der Unternehmensbewertung und ihre Eignung für mittelständische Unternehmen, in: BFuP, 52. Jg. (2000), S. 433–453.

HERING, TH.: Investition und Unternehmensbewertung, in: KRAG, J. (Hrsg.), Betriebswirtschaft, Wirtschaftsprüfer-Kompendium, Band 2, Bielefeld 2002, Kennzahlen 2500 (S. 1–81) und 2950 (S. 1–2).

HERING, TH.: Investitionstheorie, 2. Aufl., München et al. 2003.

HERING, TH./OLBRICH, M.: Einige grundsätzliche Bemerkungen zum Bewertungsproblem beim Börsengang junger Unternehmen, in: ZfB, 72. Jg. (2002), Ergänzungsheft 5, S. 147–161.

INSTITUT DER WIRTSCHAFTSPRÜFER: Stellungnahme HFA 2/1983: Grundsätze zur Durchführung von Unternehmensbewertungen, in: WPg, 36. Jg. (1983), S. 468–480.

INSTITUT DER WIRTSCHAFTSPRÜFER: IDW Standard: Grundsätze zur Durchführung von Unternehmensbewertungen (IDW S 1), in: WPg, 53. Jg. (2000), S. 825–842.

KRAG, J./KASPERZAK, R.: Grundzüge der Unternehmensbewertung, München 2000.

MATSCHKE, M. J.: Der Gesamtwert der Unternehmung als Entscheidungswert, in: BFuP, 24. Jg. (1972), S. 146–161.

MATSCHKE, M. J.: Der Entscheidungswert der Unternehmung, Wiesbaden 1975.

MATSCHKE, M. J.: Der Argumentationswert der Unternehmung – Unternehmungsbewertung als Instrument der Beeinflussung in der Verhandlung, in: BFuP, 28. Jg. (1976), S. 517–524.

MATSCHKE, M. J.: Die Argumentationsfunktion der Unternehmungsbewertung, in: GOETZKE, W./SIEBEN, G. (Hrsg.), Moderne Unternehmungsbewertung und Grundsätze ihrer ordnungsmäßigen Durchführung, Köln 1977a, S. 91–103.

MATSCHKE, M. J.: Traditionelle Unternehmungsbewertungsverfahren als Argumentationsbasis für Verhandlungen über den Preis einer Unternehmung, in: GOETZKE, W./SIEBEN, G. (Hrsg.), Moderne Unternehmungsbewertung und Grundsätze ihrer ordnungsmäßigen Durchführung, Köln 1977b, S. 158–174.

MATSCHKE, M. J.: Funktionale Unternehmungsbewertung, Bd. II, Der Arbitriumwert der Unternehmung, Wiesbaden 1979.

MATSCHKE, M. J.: Unternehmensbewertung: Anlässe und Konzeptionen, in: CORSTEN, H. (Hrsg.), Lexikon der Betriebswirtschaftslehre, 3. Aufl., München, Wien 1995, S. 971–974.

MATSCHKE, M. J./BRÖSEL, G.: Die Bewertung kleiner und mittlerer Unternehmungen mit dem Zustands-Grenzpreismodell unter besonderer Berücksichtigung möglicher Folgen von „Basel II", in: MEYER, J.-A. (Hrsg.), Unternehmensbewertung und Basel II in kleinen und mittleren Unternehmen, Lohmar et al. 2003, S. 157–181.

MENGER, C.: Grundsätze der Volkswirtschaftslehre, Wien 1871.

OLBRICH, M.: Zur Bedeutung des Börsenkurses für die Bewertung von Unternehmungen und Unternehmungsanteilen, in: BFuP, 52. Jg. (2000), S. 454–465.

OLBRICH, M.: Zur Unternehmungsnachfolge im elektronischen Geschäft, in: KEUPER, F. (Hrsg.), Electronic Business und Mobile Business, Wiesbaden 2002, S. 677–708.

WAGENHOFER, A.: Der Einfluß von Erwartungen auf den Argumentationspreis in der Unternehmensbewertung, in: BFuP, 40. Jg. (1988), S. 532–552.

III. Bilanzpolitik und -analyse

„Es ist die Aufgabe des Bilanzkritikers, das Zahlenbild kritisch zu beleuchten; die prüfende Betrachtung soll den toten Zahlen Leben verleihen. Voraussetzung für die Kritik einer Bilanz ist, daß der Prüfende Sachkenntnis besitzt. Von besonderer Wichtigkeit ist die Eigentümlichkeit und die besondere Richtung des Erwerbszweiges, dem die einzelne Unternehmung angehört."

WILHELM AULER

(Bilanzkritik, Abschnitt A, in: *BOTT, KARL* (Hrsg.), Handwörterbuch des Kaufmanns, Lexikon für Handel und Industrie, Erster Band, A–D, Hamburg 1925, S. 499–501, hier S. 499.)

1. Bilanzpolitik

Sylvia Schultz

Grundlagen der Jahresabschlusspolitik

Fragen der Jahresabschlusspolitik, nachfolgend auch bilanzpolitische Fragen genannt, verdanken ihren Reiz der wechselseitigen Beziehung zwischen Jahresabschlusspolitik und Jahresabschlussanalyse. Einerseits geht es beim Erstellen und Gestalten eines Jahresabschlusses darum, demjenigen, der einen Jahresabschluss zu analysieren gewillt ist, eine bestimmte Vorstellung vom bilanzierenden Unternehmen zu vermitteln. Andererseits versuchen die Analysten zu erfahren, in welcher Weise das Bild des Unternehmens durch bilanzpolitische Maßnahmen beeinflusst wird. Die Jahresabschlusspolitik, die zuweilen auch als Bilanzpolitik bezeichnet wird, ist somit eine sehr interessante Materie, welche sich im Hinblick auf gewisse handels- und steuerrechtliche Aspekte jedoch auch als anspruchsvoll erweist.

Jahresabschlusspolitik bezieht sich – dem Gegenstand der Beeinflussung nach – nicht nur auf die Bestandsrechnung als Gegenüberstellung von Vermögen und Kapital, also auf die Bilanz, sondern auch die die Aufwendungen und Erträge beinhaltende zeitraumbezogene Gewinn- und Verlustrechnung (GuV-Rechnung). Dies ist zweckmäßig, weil es, bezüglich der Konsequenzen für das Ergebnis, eine isolierte Beeinflussung der Bestandsrechnung nicht geben kann. Bei Kapitalgesellschaften umfasst der Jahresabschluss, neben der Bilanz und der GuV-Rechnung, auch den Anhang. Demzufolge ist es nur gerechtfertigt, in die Jahresabschlusspolitik die Gestaltung des Anhangs mit einzubeziehen. Bei mittelgroßen und großen Kapitalgesellschaften ist der Lagebericht zwar nicht Bestandteil des Jahresabschlusses, er lässt sich jedoch als Ergänzung zur Vermittlung eines gemäß § 264 Abs. 2 HGB den tatsächlichen Verhältnissen entsprechenden Bildes der Vermögens-, Finanz- und Ertragslage der Gesellschaft interpretieren und stellt somit ebenso ein Objekt der Jahresabschlusspolitik dar.

Aufgabe 1

Erläutern Sie den Begriff Jahresabschlusspolitik!

Aufgabe 2

Welche Ziele verfolgt die Jahresabschlusspolitik?

Aufgabe 3

Welche Probleme können sich bei der Verfolgung bilanzpolitischer Ziele ergeben?

Aufgabe 4

Geben Sie einen kurzen Überblick über bilanzpolitische Instrumente!

Aufgabe 5

Wodurch unterscheidet sich das handelsbilanzpolitische Instrumentarium von den steuerbilanzpolitischen Instrumentarien?

Aufgabe 6

Nennen Sie jeweils (drei) Beispiele für Bilanzierungs- und Bewertungswahlrechte, die den Gewinn senken!

Aufgabe 7

Was verstehen Sie unter stillen Reserven? Welche Auswirkungen haben diese auf den Jahreserfolg?

Aufgabe 8

Welche Arten von stillen Reserven kann man unterscheiden?

Aufgabe 9

Warum werden stille Zwangsreserven und stille Willkürreserven nicht in der Jahresabschlusspolitik subsumiert?

Aufgabe 10

In welcher Form können stille Ermessens- und Schätzreserven gebildet werden?

Aufgabe 11

Charakterisieren Sie die Möglichkeiten zur Auflösung stiller Reserven!

Aufgabe 12

Wie wirken sich vorhandene stille Reserven auf die Jahresabschlusskritik bzw. Jahresabschlussanalyse aus?

Lösung

Aufgabe 1

Die Jahresabschlusspolitik ist eine Teilpolitik der Unternehmenspolitik. Inhalt der Unternehmenspolitik ist generell das Setzen von Zielen und das Treffen von Entscheidungen zur Verwirklichung der vorgegebenen Ziele. Daneben sind die Ziele der Jahresabschlusspolitik als Unterziele zu dem System der unternehmerischen Oberziele aufzufassen. Folgendermaßen wird die Jahresabschlusspolitik z. B. eingesetzt, um die relevanten unternehmerischen Oberziele, wie das Gewinnziel und das Ziel der Unternehmenssicherung, bestmöglich zu erreichen.

Unter *Jahresabschlusspolitik* wird das bewusste, unternehmenszielbezogene Gestalten, Beeinflussen und Darstellen des Jahresabschlusses (Bilanz, Gewinn- und Verlustrechnung, Anhang) verstanden. Unter Beachtung der gesetzlichen Vorschriften werden die Daten des Jahresabschlusses subjektiv gestaltet, indem Ansatz- und Bewertungswahlrechte zielkonform genutzt werden. Dabei ist es zweckmäßig, die Jahresabschlusspolitik in die handelsrechtlich orientierte Jahresabschlusspolitik, auch Handelsbilanzpolitik genannt, und in die steuerrechtlich orientierte Jahresabschlusspolitik, demnach auch als Steuerbilanzpolitik bezeichnet, zu unterteilen.

Der handelsrechtliche Jahresabschluss und somit auch die *Handelsbilanz* sind dadurch gekennzeichnet, dass sie auf Grund handelsrechtlicher Rechnungslegungsvorschriften sowie nach den Grundsätzen ordnungsmäßiger Buchführung und Bilanzierung erstellt werden. Die *Handelsbilanzpolitik* umfasst demnach alle legalen Maßnahmen, die darauf gerichtet sind, den handelsrechtlichen Jahresabschluss zu beeinflussen, um die von der Unternehmungspolitik vorgegebenen Ziele zu erreichen.

Der steuerrechtliche Jahresabschluss und somit auch die Steuerbilanz sind allein an die Finanzverwaltung gerichtet. Die Steuerbilanz ist die nach steuerrechtlichen Grundlagen korrigierte Handelsbilanz und dient der periodengerechten Gewinnermittlung der Kapitalgesellschaften nach den Vorschriften des Einkommensteuergesetzes und des Körperschaftssteuergesetzes. Nach § 5 Abs. 1 EStG ist der bilanzierende Gewerbetreibende verpflichtet, in der Steuerbilanz das Betriebsvermögen anzusetzen, welches nach handelsrechtlichen Grundsätzen ordnungsgemäßer Buchführung ermittelt wurde. Gemäß diesem Maßgeblichkeitsprinzip der Handelsbilanz für die Steuerbilanz gelten somit die in der Handelsbilanz angesetzten Werte für das Vermögen und für das Kapital auch für die Steuerbilanz, sofern ihrem Ansatz nicht zwingende steuerrechtliche Bestimmungen widersprechen. Unter *Steuerbilanzpolitik* wird die Beeinflussung des Betriebsergebnisses und damit der Steuerbemessungsgrundlage für die Einkommensteuer, Körperschaftsteuer, Gewerbeertragsteuer unter Ausnutzung der gesetzlichen Bilanzierungs- und Bewertungswahlrechte verstanden.

Aufgabe 2

Jahresabschlusspolitik, als eine zielgerichtete Beeinflussung des Jahresabschlusses, ist in das Zielsystem eines Unternehmens integriert und somit Bestandteil der Unternehmensstrategie. Damit bestehen die Ziele der Jahresabschlusspolitik in der Unterstützung der Unternehmensstrategie. Bilanzpolitisches Agieren übt somit keinen Selbstzweck aus. Es ist vielmehr ein Mittel, übergeordnete Ziele, wie z. B. eine Gewinnmaximierung unter Aufrechterhaltung der Liquidität, das Zufriedenstellen von Kunden und Lieferanten, das Erlangen von Krediten usw., zu erreichen. Es geht hierbei um die Gestaltung der Bilanzstruktur und Gestaltung der Ergebnisse, d. h. die Unternehmensleitung verfolgt mit Hilfe der Handels- und Steuerbilanzpolitik sowohl finanzpolitische als auch informationspolitische Ziele.

Bilanzpolitische Ziele können zum einen auf die positive Beeinflussung des Ergebnisses gerichtet sein oder zum anderen darauf, das Ergebnis negativ zu beeinflussen. Dabei geht es vor allem um die Beeinflussung der Zahlungsbemessung eines Unternehmens an seine Eigner, um die Steuerung der Verhaltensweisen der Jahresabschlussadressaten hinsichtlich deren Entscheidungen gegenüber dem Unternehmen sowie um die Minimierung der steuerlichen Belastung. Die Richtung der Jahresabschlusspolitik ist folglich davon abhängig, ob ein günstiges oder eher ungünstiges Bild vermittelt werden soll.

Die Ziele der Jahresabschlusspolitik werden u. a. in den folgenden Fällen eine tendenziell *positive Darstellung* der wirtschaftlichen Lage eines Unternehmens zum Inhalt haben:

- Gläubiger sollen veranlasst werden, ein Kreditengagement einzugehen, beizubehalten oder zu erweitern.

- Anteilseigner bzw. Kapitalanleger sollen bestärkt werden, Gesellschaftsanteile zu erwerben bzw. nicht zu veräußern. Hierzu ist es häufig notwendig, den Handelsbilanzgewinn möglichst hoch auszuweisen, um den Kapitalanlegern ein prosperierendes Unternehmen vor Auge zu führen.

- Die Beziehungen des Unternehmens zu seinen Lieferanten und Kunden sollen dauerhaft ausgebaut werden.

Die Ziele der Jahresabschlusspolitik verfolgen eine tendenziell *negative Darstellung* der wirtschaftlichen Lage eines Unternehmens, um:

- mit Rücksicht auf die Liquiditätssituation des Unternehmens, die Gewinnausschüttung bzw. Gewinnentnahmen möglichst gering zu halten. Das heißt es ist notwendig, den Handelsbilanzgewinn niedriger auszuweisen, um so die Dividendenansprüche der Aktionäre bzw. der Gesellschafter in Grenzen zu halten.

- eine Minimierung der steuerlichen Belastung zu bewirken, indem ein möglichst kleines Ergebnis ausgewiesen wird. Dieses Ziel kann kurzfristig, d. h. jeweils auf

eine Berichtsperiode ausgewiesen, als auch mittel- bzw. langfristig über mehrere Bilanzierungsperioden verfolgt werden.
- als nächstkleinere Kapitalgesellschaft eingestuft zu werden und damit weniger veröffentlichen zu müssen.
- Investoren von Übernahme abzuhalten.
- Risikovorsorge zu betreiben.

Aufgabe 3

Betrachtet man die Vielzahl der Bilanzadressaten mit ihren unterschiedlichen Zielvorstellungen, wird ersichtlich, dass die Jahresabschlusspolitik in der Regel nicht nur eine einzige Zielgröße verfolgen kann. Doch die Verfolgung der bilanzpolitischen Ziele kann zu Konflikten führen. Dies gilt sowohl für die Gewinnermittlungs- bzw. Ausschüttungspolitik als auch für die Informationspolitik sowie für die Beziehung der Bereiche zueinander.

Einerseits ergeben sich Konflikte z. B. bei den finanzpolitischen Zielen daraus, dass das Handelsbilanzergebnis auf Grund der Maßgeblichkeit der Handels- für die Steuerbilanz (§ 5 Abs. 1 Satz 1 EStG) Konsequenzen für die Ertragssteuerbemessung hat. Mit einem hohen Ergebnis im handelsrechtlichen Jahresabschluss ergibt sich tendenziell eine hohe Steuerbelastung. Andererseits können im Rahmen informationspolitischer Ziele Kontroversen dahingehend auftreten, dass eine günstige wirtschaftliche Lage Kreditgeber beeindruckt, allerdings Ansprüche von Arbeitnehmern auf Ergebnisbeteiligung im Sinne von erhöhten Lohn- und Gehaltszahlungen weckt. Weiterhin ist an Konflikte bei der gleichzeitigen Verfolgung von finanz- und informationspolitischen Zielen zu denken. Ein günstiges Bild vom bilanzierenden Betrieb setzt einen bestimmten Gewinnausweis voraus, an welchen sich jedoch gleichzeitig Forderungen von Arbeitnehmern, Aktionären oder dem Fiskus anschließen.

Diese Beispiele zeigen, dass finanz- und informationspolitische Ziele nicht isoliert zu beurteilen sind, sondern es muss deren wechselseitige Verknüpfung berücksichtigt werden. Die beschriebenen Zielkonflikte lassen sich durch verschiedene Maßnahmen lösen. Im Normalfall wird die Geschäftsleitung einen Kompromiss (siehe Abbildung 1) zwischen den verschiedenen Zielen anstreben. Die widersprüchlichen Ziele werden im Hinblick auf die Zielerreichung bei den Adressaten gewichtet, um somit eine Lösung abzuleiten, die allen Beteiligten gerecht wird. Doch auch die Verfolgung nur eines Zieles und Vernachlässigung der anderen ist eine Möglichkeit, diese Zielkonflikte zu lösen. Es werden beispielsweise in Krisenzeiten Prioritäten gesetzt, wenn es darum geht, einen Kredit zu erhalten. Weiterhin können die Ziele zeitlich nacheinander verfolgt werden, wenn es die geforderte Kontinuität der Bilanzierung nicht verhindert. Nach einer verstärkten Reservenbildung, die zu einem Kapitalpolster geführt hat, wird eine stärkere Gewinnausschüttung bzw. Kapitalerhöhung aus Gesellschaftsmitteln vorgenommen.

Abb. 1: *Versuch einer unternehmensoptimalen Jahresabschlusspolitik.*

Aufgabe 4

Jahresabschlusspolitik ist ein weites Feld, das sich mit vielen Instrumenten bearbeiten lässt. Die Möglichkeiten und die Grenzen des Einsatzes der bilanzpolitischen Instrumente werden durch die handelsrechtlichen und die steuerrechtlichen Rechnungslegungsvorschriften sowie die Grundsätze ordnungsgemäßer Buchführung und Bilanzierung bestimmt. Die in Abbildung 2 dargestellte Einteilung gibt einen praxisorientierten Überblick über die wesentlichen dem Entscheidungsträger zur Verfügung stehenden bilanzpolitischen Instrumente.

Die Instrumente der Jahresabschlusspolitik können zeitlicher, formeller oder materieller Art sein. Von zeitlicher und formeller Jahresabschlusspolitik kann geredet werden, wenn gestalterische Maßnahmen das Jahresergebnis nicht beeinflussen. Als *zeitliche Mittel* der Jahresabschlusspolitik versteht man den Zeitpunkt des Jahresabschlussstichtages, den Zeitpunkt der Jahresabschlussvorlage sowie die Festlegung des Jahresabschlussveröffentlichungstermins.

Grundlagen der Jahresabschlusspolitik

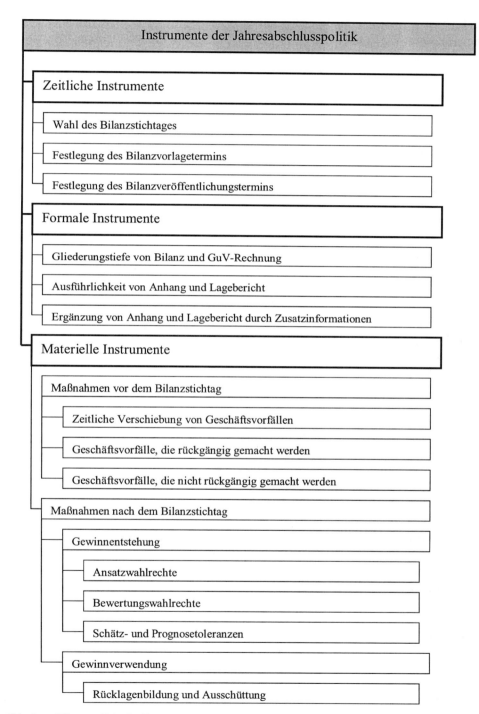

Abb. 2: Bilanzpolitische Instrumente.

Die Festlegung des Zeitpunktes des Jahresabschlussstichtages hat vorrangig Bedeutung vor allem bei Unternehmen mit saisonalem Geschäft, weil deren bilanzielles Bild stark von einem rhythmischen Betriebsablauf geprägt wird. Es ist ein Mittel zur Beeinflussung des Bilanz-, insbesondere des Liquiditätsbildes. In der Wahl dieses Zeitpunktes ist das Unternehmen relativ frei (§ 4a EStG); doch in Bezug auf die Häufigkeit der Aufstellung des Jahresabschlusses kommt hier das Handelsrecht zur Geltung. Gemäß § 240 Abs. 2 HGB darf die Dauer eines Geschäftsjahres zwölf Monate nicht überschreiten. Durch die Wahl des Zeitpunktes der Jahresabschlussvorlage kann der Jahresabschluss nachträglich beeinflusst werden. So können z. B. bei einer relativ späten Jahresabschlussaufstellung Tatsachen verwertet werden, die nach dem Jahresabschlussstichtag eintreten, aber die Verhältnisse am Bilanzstichtag aufhellen. Deshalb müssen diese grundsätzlich in der Handels- und Steuerbilanz berücksichtigt werden (Prinzip der Wertaufhellung; § 252 Abs. 1 Nr. 4 HGB).

Formelle Maßnahmen beinhalten die Gestaltung des äußeren Bildes des Jahresabschlusses. Dies schließt die Gliederungstiefe von Bilanz und GuV-Rechnung, die Ausführlichkeit von Anhang und Lagebericht sowie die Ergänzung von Anhang und Lagebericht durch Zusatzinformationen ein. Das HGB schreibt für die Bilanz der Kapitalgesellschaften eine Mindestgliederung gemäß § 266 HGB vor. Der Bilanzierende darf jedoch gemäß § 265 HGB über die Mindestvorschriften hinausgehen, sofern dies in seinem eigenen oder im Interesse der Öffentlichkeit liegt. Auch die GuV-Rechnung ist einer Mindestgliederung unterworfen und ihre Aufstellung darf bei Kapitalgesellschaften nur in Staffelform erfolgen. Eine weitergehende Untergliederung ist erlaubt.

Im Gegensatz zur formellen Jahresabschlusspolitik, die struktur-, allenfalls größenmerkmalsrelevant ist, hat eine *materielle Jahresabschlusspolitik* Konsequenzen für den Gewinn und Verlust und ist somit ergebnisrelevant. Diese Jahresabschlusspolitik, auch als Jahresabschlusspolitik im engeren Sinne bezeichnet, setzt gestalterische Freiräume bei der Erstellung des Jahresabschlusses voraus. Materielle Mittel der Jahresabschlusspolitik können Maßnahmen vor dem Bilanzstichtag und Maßnahmen nach dem Bilanzstichtag sein. *Maßnahmen vor dem Bilanzstichtag* sind solche, die während des laufenden Geschäftsjahres getroffen werden. Diese Maßnahmen zielen auf eine unmittelbare Beeinflussung der Vermögens- und Finanzlage durch Vermögens- und Kapitalumschichtung sowie der Ertragslage durch Regulierung der Aufwendungen und Erträge. Beispiele für Maßnahmen vor dem Bilanzstichtag sind Verlagerung von Investitionen/Desinvestitionen hinsichtlich Art und Zeitpunkt, Formen betrieblicher Altersversorgung oder Einlagen/Entnahmen des Unternehmers.

Von größerer Bedeutung als die eben genannten materiellen Maßnahmen vor dem Bilanzstichtag sind die Möglichkeiten, die sich der Jahresabschlusspolitik *nach dem Bilanzstichtag* bieten. Bilanzpolitische Maßnahmen beziehen sich hier auf die Ausnutzung von Ansatz und Bewertungswahlrechten (vgl. Abbildung 3) sowie Schätz-

Grundlagen der Jahresabschlusspolitik 535

und Prognosetoleranzen. Die Gestaltung der Maßnahmen hängt vom Zweck ab, welcher mit der Aufstellung der Bilanz verfolgt wird. Im konkreten Fall geht es hier vor allem um die Bildung (ergebnismindernd) und Auflösung (ergebniserhöhend) stiller Reserven.

Handelsrechtliche Ansatz- und Bewertungswahlrechte	
Aktivierungswahlrechte	Entgeltlich erworbene Immaterialgüterrechte (§ 248 Abs. 2 HGB)
	Entgeltlich erworbener Firmenwert (§ 255 Abs. 4 HGB)
	Ingangsetzungs- und Erweiterungsaufwendungen (§ 269 HGB)
	Damnum von Verbindlichkeiten (§ 250 Abs. 3 HGB)
	Geringwertige Wirtschaftsgüter
Passivierungswahlrechte	Aufwandsrückstellungen für Instandhaltung in den Quartalen 2 bis 4 des Folgejahres (§ 249 Abs. 1 HGB)
	Andere Aufwandsrückstellungen (§ 249 Abs. 2 HGB)
	Sonderposten mit Rücklageanteil (§ 247 Abs. 3 HGB)
Bewertungswahlrechte	Ermittlung der Herstellungskosten (§ 255 Abs. 2 HGB) / Entgeltlich erworbener Firmenwert (§ 255 Abs. 4 HGB)
	Sammelbewertungsverfahren (Verbrauchsfolgeverfahren, Festwert, Durchschnittsbewertung §§ 240 Abs. 3 und 4, 256 HGB)
	Verfahren zur Ermittlung planmäßiger Abschreibungen (§ 253 Abs. 2 HGB)
	Außerplanmäßige Abschreibungen bei voraussichtlich vorübergehender Wertminderung des Anlagevermögens (§ 254 HGB)
	Außerplanmäßige steuerliche Abschreibungen (§ 254 HGB); im Rahmen vernünftiger kaufmännischer Beurteilung (§ 253 Abs. 4 HGB)

Abb. 3: Handelsrechtliche Ansatz- und Bewertungswahlrechte.

Aufgabe 5

Das Instrumentarium der Handels- und Steuerbilanzpolitik ist weitestgehend übereinstimmend. Ob eine bilanzpolitische Maßnahme zur Handels- oder zur Steuerbilanzpolitik zu zählen ist, hängt nicht von den eingesetzten Instrumenten, sondern von den bilanzpolitischen Zielen ab, die ein Unternehmen verfolgt. Da viele Unternehmen auch in Zukunft, trotz der erweiterten steuerrechtlichen Abweichungen von den handelsrechtlichen Vorschriften, nur eine an den Fiskus gerichtete sog. „Einheitsbilanz" aufstellen werden, kann man zu dem Schluss kommen, dass die Steuerbilanzpolitik, gemessen an der Zahl der Entscheidungsträger, eine größere Bedeutung aufweist als die Handelsbilanzpolitik.

Aufgabe 6

Bilanzierungswahlrechte, um den Gewinn niedriger auszuweisen:

Um einen niedrigeren Gewinn ausweisen zu können, wird auf Aktivierungswahlrechte verzichtet, und die Passivierungswahlrechte werden hingegen voll ausgeschöpft.

- Als ein Beispiel für eine gewinnreduzierende Maßnahme kann die Bildung von Aufwandsrückstellungen angegeben werden. § 249 Abs. 2 HGB gestattet unter bestimmten Voraussetzungen die Bildung von Aufwandsrückstellungen. Bei dieser Vorschrift liegt ein Passivierungswahlrecht vor.

- Investitionszuschüsse und -zulagen werden nicht als Ertrag, sondern anschaffungskostenmindernd verbucht. Demgemäß wird der Ergebnisbeitrag auf die Nutzungsdauer der Wirtschaftsgüter verteilt. Einen vergleichbaren Effekt erzielt man auch, wenn der Zuschuss gemäß § 281 HGB in den Sonderposten mit Rücklageanteil eingestellt wird.

- Weiterhin wird bei Nichtaktivierung von Aktiva, wie z. B. des Disagios bei Darlehen, des derivativen Firmenwertes oder bei Aufwendungen für die Ingangsetzung und Erweiterung des Geschäftsbetriebes der Gewinn gesenkt. Bei diesen Maßnahmen wird ein Aufwand als sofort ausgewiesen, obwohl er auch zukünftige Perioden betrifft.

Bewertungswahlrechte, die den Gewinn senken:

Neben den Bilanzierungswahlrechten besitzt die Bewertung der Aktiva und Passiva eine wesentliche Bedeutung, um den Gewinn zu beeinflussen:

- Eine Möglichkeit besteht in der Wahl der maximalen Abschreibungsmethode, z. B. zu Beginn der Nutzungsdauer degressiv statt linear abzuschreiben oder einen Wechsel von degressiv zu linear zu vollziehen.

- Bewertung der Vorräte, indem selbst erstellte (un)fertige Erzeugnisse zu minimalen Herstellkosten bewertet werden bzw. Anwendung der Lifo-Methode bei steigenden Preisen.

Aufgabe 7

Unter stillen Reserven sollen die Kapitalreserven verstanden werden. Sie werden als Differenz zwischen dem Buchwert und einem höheren Vergleichswert (z. B. dem Zeit- oder Wiederbeschaffungswert) von Vermögenswerten bzw. den Buchwerten und den niedrigeren tatsächlichen Werten von Schulden definiert. D. h. stille Reserven entstehen, indem Vermögensgegenstände mit zu niedrigen (Niederstwertprinzip), Verbindlichkeiten und Rückstellungen mit zu hohen Werten (Höchstwertprinzip) angesetzt werden.

Werden stille Reserven gebildet, so verkleinert sich rein buchungstechnisch der ausgewiesene Jahreserfolg, ausgenommen bei Bildung von so genannten Zwangsreserven. Dies führt bei alleiniger Betrachtung des veröffentlichen Jahresergebnisses zu einer Unterschätzung der Ertragskraft. Werden hingegen stille Reserven aufgelöst, spiegelt dies eine zu günstige Erfolgssituation wider; die Ertragskraft des Unternehmens wird in diesem Fall überschätzt. Es kann so eine stille Erfolgsglättung vorgenommen werden, ohne dass dies aus der Bilanz ersichtlich wird.

Aufgabe 8

Stille Reserven können bilanzpolitisch in stille Ermessens- und stille Schätzreserven unterschieden werden. Zwei weitere Arten stiller Reserven sind die stillen Zwangs- und die stillen Willkürreserven, welche aber bilanzpolitisch nicht nutzbar sind.

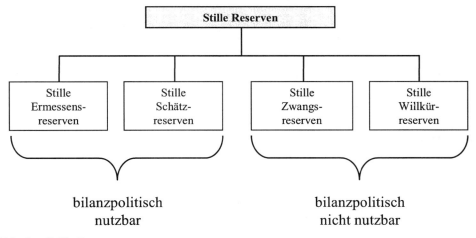

Abb. 4: *Stille Reserven.*

Stille Schätzreserven

Eine Bewertung ist oftmals nur auf dem Wege einer Schätzung möglich. Beispiel hierfür ist die Bestimmung der Nutzungsdauer eines abnutzbaren Anlagegutes. Auch bei den Rückstellungen, insbesondere bei den unsicheren Verbindlichkeiten (beispielsweise Prozessrückstellung, Garantierückstellung oder Schadensersatzrückstellung), bei den drohenden Verlusten aus schwebenden Geschäften oder Aufwandsrückstellungen sind Schätzreserven von besonderer Bedeutung.

Stille Ermessensreserven

Ermessensreserven spielen in der Praxis die wohl wichtigste Rolle. Sie ergeben sich nicht unmittelbar aus dem Gesetz, sondern resultieren vielmehr aus der Tatsache, dass vollständige gesetzliche Vorgaben für sämtliche ökonomische Vorgänge in der Praxis nicht gegeben sind. Stille Ermessenreserven entstehen durch gesetzliche Ansatz- und Bewertungswahlrechte, die dem Bilanzierenden als Art Bilanzierungsfreiraum offen stehen. In diesen Fällen kann der Bilanzierende zwischen Aktivierung oder Nichtaktivierung bzw. zwischen zwei oder mehreren erlaubten Wertansätzen nach freiem Ermessen wählen. So steht gerade im Bereich der Rückstellungsbemessung, der Festlegung von Nutzungsdauern von Anlagegütern oder der Bestimmung des Umfangs außerplanmäßiger Abschreibungen ein umfassendes Potential zur Bildung von Ermessensreserven zur Verfügung.

Stille Zwangsreserven

Stille Zwangsreserven entstehen zwangsläufig als Folge gesetzlicher Bewertungsvorschriften des Handels- und Steuerrechts. Hauptgrund für das Entstehen solcher Zwangsreserven ist die Tatsache, dass der Gesetzgeber den Ansatz über einen bestimmten Wert hinaus untersagt, d. h. die absolute Wertobergrenze sind die Anschaffungs- bzw. Herstellungskosten. Überschreitet der Marktwert die Anschaffungs- und Herstellkosten, so darf die Bilanz dieser Wertsteigerung nicht folgen und erzwingt damit die Legung stiller Zwangsreserven. Weiterhin können stille Zwangsreserven durch das Aktivierungsverbot des originären Firmenwertes sowie durch das Aktivierungsverbot von nicht entgeltlich erworbenen immateriellen Vermögensgegenständen (§ 248 Abs. 2 HGB) entstehen.

Stille Willkürreserven

Willkürreserven entstehen, wenn der richtige Wert im Sinne der Bewertungsvorschriften willkürlich unterschritten wird, wenn Bilanzpositionen weggelassen oder Anlagezustände als Aufwand verbucht werden. Sie entstehen durch in bewusstes Unterschreiten des niedrigsten Wertes.

Gemeinsames Kennzeichen der stillen Schätz-, Ermessens- und Willkürreserve ist die Beeinflussbarkeit durch den Bilanzierenden. In ihrer Höhe kann eine bewusste, zweckorientierte Steuerung des Jahresergebnisses vorliegen, welche durch Analytiker erkennbar oder auch nicht erkennbar ist. Die stille Zwangsreserve demgegenüber steht außerhalb der Beeinflussbarkeit durch den Bilanzierenden.

Aufgabe 9

Der Jahresabschlusspolitik sind dann Schranken gesetzt, wenn dem Bilanzierenden eindeutige und genaue Vorschriften zu Grunde liegen. Sieht man die Jahresabschlusspolitik als gestaltende, rechtskonforme Politik, dann fallen die stillen Zwangsreserven und die stillen Willkürreserven nicht unter die Jahresabschlusspolitik.

Die *stillen Zwangsreserven* entstehen durch Bilanzierungsverbote und Bewertungsvorschriften. So dürfen gemäß den Bestimmungen des HGB beispielsweise immaterielle Anlagewerte nach § 248 Abs. 2 HGB nicht bilanziert werden, wenn ein unentgeltlicher Erwerb vorliegt oder der originäre Firmenwert darf im Gegensatz zu dem derivativen Firmenwert gem. § 255 Abs. 4 HGB nicht aktiviert werden. Neben diesen Bilanzierungsverboten führen auch Bewertungsvorschriften zu Zwangsreserven, indem sie die Aktiva unter- und die Passiva überbewerten. Beispiele sind hier der Ansatz zu Anschaffungs- und Herstellungskosten und Beachtung des Niederstwertprinzips gemäß § 253 HGB.

Durch *stille Willkürreserven* schließlich wird eindeutig die Unternehmenslage verfälscht, da sie unabhängig vom tatsächlichen Wert des Vermögensgegenstands gebildet werden. Sie führen zu einer vorsätzlich falschen Darstellung der Vermögens- und Ertragslage und sind allein vom persönlichen Willen des Bilanzierenden geprägt. Besonders für Kapitalgesellschaften versucht das HGB die Bildung von stillen Willkürrücklagen unmöglich zu machen, um das gemäß § 264 Abs. 2 HGB geforderte Bild der Vermögens-, Finanz- und Ertragslage zu ermöglichen. Genau definierte Abwertungs- und Zuschreibungsvorschriften, die Verpflichtung zu detaillierten Anhangangaben und insbesondere auch die Straf- und Sanktionsmöglichkeiten sollen die Bildung von Willkürreserven zuverlässig verhindern.

Aufgabe 10

Stille Ermessensreserve

Für die Bildung stiller Ermessensreserven bieten sich Bilanzierungs-, Bewertungs- und Methodenwahlrechte an. Beispiel für *Bilanzierungs- bzw. Ansatzwahlrechte* sind die Bildung von Rückstellungen gemäß § 249 Abs. 1 Satz 3 und § 249 Abs. 2 HGB. In der Regel schreibt das HGB vor, mit welchem Wert die einzelnen Vermögensgegenstände anzusetzen sind. Doch um künftige Risiken in angemessenem Umfang zu berücksichtigen, überlässt der Gesetzgeber dem Bilanzierenden durch Gewährung von *Bewertungswahlrechten* einen Bewertungsspielraum. So räumt beispielsweise das HGB in den Vorschriften des § 253 Abs. 2 Satz 1 und 2 (Bemessung der planmäßigen Abschreibungen), § 255 Abs. 2 und 3 (Bemessung der Herstellungskosten, insbesondere hinsichtlich der Einbeziehung von Gemein- und Verwaltungskosten oder von Fremdkapitalzinsen) oder § 256 Satz 1 (Anwendung bestimmter Verbrauchsfolgeverfahren zur Bewertung des Vorratsvermögens) Bewertungswahlrechte ein. Die Bildung stiller Reserven mit Hilfe der *Methodenwahlrechte* betrifft vor allem die Wahl der Abschreibungsmethode (linear, degressiv, nach Maßgabe der Leistung) und die Bewertungsmethode (Gruppenbewertung, Bewertung nach Verbrauchsfolgeverfahren und Festwertverfahren).

Stille Schätzreserven

Grundsätzlich lassen sich die unterschätzte Nutzungsdauer, der überschätzte Tageswert, der überschätzte Forderungsausfall und die überschätzten Rückstellungen als Arten von Schätzreserven unterscheiden. In Bezug auf die Entstehungsursache bilden Schätzreserven eine Mischform zwischen Zwangsreserven und Ermessensreserven.

Aufgabe 11

Die Auflösung stiller Reserven kann auf zwei Arten erfolgen: zum einen als offene Auflösung, zum anderen aber auch als versteckte Auflösung stiller Reserven. In den seltensten Fällen kommt die *offene Auflösung stiller Reserven* nach den Vorschriften des HGB in Betracht. Neben den verschiedenen Ertragsposten der GuV-Rechnung sind auch der Anlagenspiegel und der Anhang Instrumente, mit denen die Auflösung sichtbar gemacht werden kann. Doch eine offene Auflösung von stillen und versteckten Reserven erfordert, dass entsprechende Ertragsposten gesondert ausgewiesen werden, d. h. dass hier die Positionen „Beträge aus dem Abgang von Gegenständen des Anlagevermögens" sowie „Erträge aus der Auflösung von Rückstellungen" erforderlich wären. Das GuV-Rechnungsgliederungsschema des § 275 HGB sieht diese Positionen jedoch nicht vor.

Bei einer *versteckten Auflösung stiller Reserven* ist der Auflösungsbetrag aus dem Jahresabschluss nicht zu erkennen. Der Zugang zu den einzelnen Konten der Buchhaltung ist dem Bilanzleser verwehrt, so dass er sich keine Vorstellungen vom Umfang der gewinnerhöhend aufgelösten stillen Reserven machen kann. Eine versteckte Auflösung stiller Reserven findet nach geltendem Recht beispielsweise durch Herabsetzung der Pauschalwertberichtigung zu Forderungen statt. Sie wird mit anderen sonstigen betrieblichen Erträgen zusammengefasst (Position 4 des GuV-Rechnungsschemas nach § 275 Abs. 2 HGB). Weiterhin kann eine versteckte Auflösung stiller Reserven durch die Weiterverwendung von voll abgeschriebenen Wirtschaftsgütern des Anlagevermögens erfolgen. Durch entfallende Aufwendungen wirkt sich dies gewinnerhöhend aus.

Aufgabe 12

Die Bedeutung der stillen Reserven für das Unternehmen wird recht unterschiedlich beurteilt. Insbesondere die Unternehmen fordern, stille Reserven zuzulassen. Zum einen werden Substanzerhaltungsargumente in Betracht geführt, zum anderen haben stille Reserven eine wichtige, zumindest temporäre Finanzierungsfunktion, da sie Mittel an das Unternehmen binden. Darüber hinaus wird den stillen Reserven eine sichernde Pufferfunktion zugeschrieben, indem sie Verluste auffangen können, ohne offene Rücklagen und das Nennkapital in Mitleidenschaft zu ziehen.

Aus betriebswirtschaftlicher, wirtschaftspolitischer und finanzwirtschaftlicher Sicht argumentiert man jedoch gegen die stillen Reserven. Diese stellen ein Periodisierungs- und Verschleierungsproblem dar. Durch sie werden prinzipiell die Erfolgsausweise von mindestens zwei Perioden beeinflusst, weil die Bildung stiller Reserven auch regelmäßig eine Auflösung nach sich zieht. Eine bilanzpolitisch bedingte Erfolgskürzung (Bildung stiller Reserven) führt auch irgendwann zu einer bilanzpolitisch bedingten Erfolgserhöhung (Auflösung stiller Reserven). Beide Vorgänge verfälschen die Darstellung der Ertragslage, beeinträchtigen somit die Informationsaufgabe des Jahresabschlusses für den Adressaten und erschweren die Aufgaben einer zweckentsprechenden Jahresabschlussanalyse. Besonders bei der versteckten Auflösung einer stillen Reserve können nach außen hin Gewinne vorgetäuscht werden, die tatsächlich nicht erwirtschaftet wurden.

Weiterhin wird argumentiert, dass die Selbstfinanzierung mittels stiller Reserven zu einer nicht optimalen Ressourcenallokation führt, indem sie den Kapitalmarkt umgehen, so einer optimalen Kapitalverwendung entgegenwirken und die Funktionsfähigkeit des Kapitalmarktes beeinträchtigen. Innerbetrieblich führt dies möglicherweise dazu, unwirtschaftliche Investitionen durchzuführen, da die Finanzierung unabhängig von Aktionären und Gläubigern und auf diese Weise auch unabhängig von deren Kontrolle erfolgt. Letztlich stellen die Ermittlungsprobleme stiller Reserven die zentrale Frage der Erfolgsanalyse schlechthin dar.

Literaturhinweise

BAETGE, J./KIRSCH, H.-J./THIELE, S. (Hrsg.): Übungsbuch Bilanzen und Bilanzanalyse. Aufgaben und Fallstudien mit Lösungen, 2. Aufl., Düsseldorf 2003.

BIEG, H./KUSSMAUL, H.: Externes Rechnungswesen, 3. Aufl., München et al. 2003.

COENENBERG, A. G.: Jahresabschluss und Jahresabschlussanalyse, 19. Aufl., Stuttgart 2003.

DITGES, J./ARENDT, U.: Bilanzen, 10. Aufl., Ludwigshafen 2002.

DÖRING, U./BUCHHOLZ, R.: Buchhaltung und Jahresabschluss. Mit Aufgaben und Lösungen, 8. Aufl., Berlin 2003.

GRÄFER, H.: Bilanzanalyse. Mit Aufgaben, Lösungen und einer ausführlichen Fallstudie, 8. Aufl., Herne et al. 2001.

HEINHOLD, M.: Der Jahresabschluß, 4. Aufl., München et al. 1996.

HILKE, W. A.: Bilanzpolitik. Jahresabschluss nach Handels- und Steuerrecht. Mit Aufgaben und Lösungen, 6. Aufl., Wiesbaden 2002.

KERTH, A./WOLF, J.: Bilanzanalyse und Bilanzpolitik, 2. Aufl., München et al. 1992.

KÜTING, K./WEBER, C.-P.: Die Bilanzanalyse: Lehrbuch zur Beurteilung von Einzel- und Konzernabschlüssen, 6. Aufl., Stuttgart 2001.

LANGENBECK, J.: Kompakt-Training Bilanzanalyse, 2. Aufl., Ludwigshafen 2003.

SCHILDBACH, T.: Der handelsrechtliche Jahresabschluß, 6. Aufl., Herne et al. 2000.

SELCHERT, F. W.: Jahresabschlußprüfung der Kapitalgesellschaften, 2. Aufl., Wiesbaden 1996.

VEIT, K.-R.: Bilanzpolitik, München 2002.

WOBBERMANN, M.: Buchhaltung, Jahresabschluss, Bilanzanalyse. Einführung mit Fallbeispielen und Kontrollfragen, Stuttgart 1999.

WÖHE, G.: Bilanzierung und Bilanzpolitik, 9. Aufl., München 1997.

Jörn Littkemann, Axel Fietz, Michael Holtrup und Klaus Schulte

Bilanzpolitik durch Ingangsetzungs- und Erweiterungsaufwendungen

Nach seinem Studium der Betriebswirtschaftslehre wird der frisch gebackene Diplom-Kaufmann Alexander C. Counting als Assistent des Vorstandes der Kaufhauskette Kaufrausch mit einer wichtigen Aufgabe betraut. Da in Erwägung gezogen wird, die Schickefort Versandhandels AG zu erwerben, soll A. C. Counting im Rahmen der Due Diligence bei der Analyse der Bilanz und Gewinn- und Verlustrechnung des zu akquirierenden Unternehmens mitwirken.

Bei einem Blick in die Bilanz (Gesamtvermögen 261 Millionen €) fällt A. C. Counting der Posten „Aufwendungen für die Ingangsetzung und Erweiterung des Geschäftsbetriebes" in Höhe von 6 Millionen € auf. Irgendwie kommen ihm diese Ingangsetzungs- und Erweiterungsaufwendungen aus seinem Studium noch bekannt vor. Aber gehören Aufwendungen nicht eigentlich in die Gewinn- und Verlustrechnung statt in die Bilanz? Daher fragt er sich, ob diese Ingangsetzungs- und Erweiterungsaufwendungen einen Einfluss auf die Erfolgs- und Finanzlage der Schickefort AG haben. Um diese Frage zu klären, besorgt er sich zusätzlich die folgenden Informationen aus den Gewinn- und Verlustrechnungen der Schickefort AG:

Gewinn- und Verlustrechnung Schickefort AG (in TEUR)						
	2003		2002		2001	
Erlöse						
Umsatzerlöse	359.244		365.520		282.691	
andere aktivierte Eigenleistungen	0		6.000		0	
sonstige betriebliche Erträge	15.311		24.151		28.050	
Summe		374.555		395.671		310.741
Aufwand						
Materialaufwand	−231.019		−230.391		−184.608	
Personalaufwand	−50.070		−49.607		−32.275	
Abschreibungen	−7.645		−5.584		−3.322	
Abschreibungen auf IEA	???		0		0	
sonstige betriebliche Aufwendungen	−86.964		−68.432		−50.503	
Summe		???		−354.014		−270.708
Betriebliches Ergebnis		???		41.657		40.033
Finanzergebnis	2.408		1.519		554	
Ergebnis der gewöhnlichen Geschäftstätigkeit		???		43.176		40.587
Außerordentliches Ergebnis						
außerordentliche Erträge	17.570		15.012		8.628	
außerordentliche Aufwendungen	−3.230		−14.144		−4.532	
Summe		14.340		868		4.096
Ergebnis vor Steuern		???		44.044		44.683
Steuern vom Einkommen und vom Ertrag	−256		−19.882		−16.283	
Zinsaufwand	−2.813		−3.359		−1.740	
Jahresüberschuss		???		20.803		26.660
Ausschüttung	−6.400		−11.520		−28.235	
Änderung EK/Erfolg	???		−9.283		1.575	
Summe		0		0		0

In den Erläuterungen des Anhangs zum Geschäftsjahr 2002 findet Counting folgende Passage:

> „... Diese als Bilanzierungshilfe aktivierten Aufwendungen stellen nur einen Teil der insgesamt im Rahmen der Erweiterung des Geschäftsbetriebs angefallenen direkt zurechenbaren Aufwendungen dar. Gemeinkosten werden nicht erfasst [...] Bei dem aktivierten Betrag von 6 Mio. € handelt es sich um den Zugang im Jahre 2002. Abschreibungen erfolgen erst ab 2003..."

Aufgabe 1

Frischen Sie A. C. Countings Erinnerungen in Bezug auf die Ingangsetzungs- und Erweiterungsaufwendungen auf, indem Sie kurz skizzieren, was nach § 269 HGB unter der Bilanzierung von Aufwendungen für Ingangsetzung und Erweiterung des Geschäftsbetriebes zu verstehen ist.

Aufgabe 2

Herr von Zahl, Vorstand des Bereiches Finanzen der Kaufrausch AG, möchte von Counting wissen, welche bilanzpolitischen Möglichkeiten sich durch den *Ansatz* von Ingangsetzungs- und Erweiterungsaufwendungen ergeben. Insbesondere interessiert er sich für den Gestaltungsspielraum im Rahmen des *Aktivierungswahlrechts*, die *Voraussetzungen für die Aktivierung* sowie die *steuerliche Abgrenzung* (Steuersatz $s = 37,45\%$) der Ingangsetzungs- und Erweiterungsaufwendungen. A. C. Counting bekommt daher den Auftrag, sich mit den genannten Fragen zu befassen. Ebenfalls soll er anhand einer Erfolgsanalyse der Schickefort AG klären, welche Folgen der Ansatz der Ingangsetzungs- und Erweiterungsaufwendungen auf die Erfolgslage des Versandhändlers hat. Versetzen Sie sich in die Lage Countings und übernehmen Sie seinen Auftrag.

Aufgabe 3

Nachdem A. C. Counting den Auftrag von Herrn von Zahl gewissenhaft ausgeführt und seine Ergebnisse präsentiert hat, möchte der Finanzvorstand von ihm wissen, welche bilanzpolitischen Möglichkeiten sich durch die *Höhe* der aktivierten Ingangsetzungs- und Erweiterungsaufwendungen ergeben. Vor allem interessiert Herrn von Zahl der Gestaltungsspielraum im Rahmen der Aktivierung von *Teilbeträgen* und der Möglichkeiten zur *Abschreibung* der Ingangsetzungs- und Erweiterungsaufwendungen nach § 282 HGB. Beantworten Sie die Fragen des Finanzvorstandes und gehen Sie dabei insbesondere auf die von ihm gesetzten Schwerpunkte ein. Zeigen Sie anhand einer vergleichenden Erfolgsanalyse, welche Auswirkungen eine maximal mögliche Abschreibung im Vergleich zu der gesetzlich vorgeschriebenen Mindestabschreibung auf den Erfolg des Geschäftsjahres 2003 hat.

Aufgabe 4

Einmal richtig in Fahrt gekommen entwickelt A. C. Counting Eigeninitiative. Beim Durchsehen seiner alten Uni-Unterlagen ist ihm aufgefallen, dass neben dem Ansatz und der Bewertung von Bilanzposten stets auch deren Ausweis diskutiert wird. Ohne von Herrn von Zahl aufgefordert zu werden, versucht er die bilanzpolitischen Möglichkeiten, die sich durch den *Ausweis* von Ingangsetzungs- und Erweiterungsaufwendungen in der Bilanz und der Gewinn- und Verlustrechnung bieten, aufzuzeigen. Helfen Sie ihm dabei und erläutern Sie, welchen Differenzen sich bei der Erfolgsanalyse durch den unterschiedlichen Ausweis ergeben.

Lösung

Aufgabe 1

Aufwendungen gehören in die Gewinn- und Verlustrechnung, nicht in die Bilanz. Durch § 269 HGB wird dieses eiserne Prinzip durchbrochen. Ingangsetzungs- und Erweiterungsaufwendungen des Geschäftsbetriebs können in der Bilanz aktiviert werden.

Dieses Wahlrecht wird im Gesetz als *Bilanzierungshilfe* gekennzeichnet, was verdeutlicht, dass durch den Ansatz kein Vermögensgegenstand geschaffen wird. Gleichzeitig betont der Gesetzgeber damit eine Ausnahmeregelung, denn Bilanzierungshilfen sind Abweichungen von den sonst geltenden Bilanznormen. Der Geltungsbereich der Bilanzierungshilfe ist zwar in erster Linie auf Kapitalgesellschaften beschränkt, kann aber auch von Nicht-Kapitalgesellschaften in Anspruch genommen werden. Voraussetzung dafür ist eine Verpflichtung zur Rechnungslegung durch das PublG oder aber eine freiwillige Anwendung der Vorschriften des HGB für Kapitalgesellschaften oder des PublG.

Der *Zweck der Bildung* der Bilanzierungshilfe liegt in der Vermeidung oder Verringerung eines Verlustausweises, einer Unterbilanz oder Überschuldung in der Anlaufphase oder in Phasen der Unternehmenserweiterung durch den Bilanzansatz von ansonsten in der Gewinn- und Verlustrechnung zu berücksichtigenden Periodenaufwendungen. Der Ausweis von Verlusten ist dabei kein notwendiges Kriterium, so dass auch ausgewiesene Gewinne durch den Ansatz dieser Bilanzierungshilfe erhöht werden können.

Werden Ingangsetzungs- und Erweiterungsaufwendungen aktiviert, schreibt das Gesetz eine Reihe von *Konsequenzen* vor:

- Ausweis als gesonderter Posten vor dem Anlagevermögen,
- Darstellung der Entwicklung dieses Postens im Anhang,
- Abschreibung ab dem der Aktivierung folgenden Geschäftsjahr mit jeweils mindestens 25% des ursprünglich aktivierten Betrages,
- Existenz einer Ausschüttungssperre in Höhe des aktivierten Betrages.

Für den Bilanzanalytiker stellt sich bei einer Aktivierung der Bilanzierungshilfe gemäß § 269 HGB die Frage, welche *Auswirkungen* die Bilanzierung von Ingangsetzungs- und Erweiterungsaufwendungen *auf die Erfolgs- und Finanzlage* haben. Dabei ist zunächst zu untersuchen, inwieweit man bei der Bildung dieses Postens Bilanzpolitik betreiben kann. Erst wenn das Gesetz dem Bilanzierenden Wahlrechte einräumt oder sich zu bestimmten Sachverhalten nicht eindeutig äußert, hat man die Möglichkeit, das Bilanzergebnis im Sinne eigener Interessen zu beeinflussen. Die Überprüfung, ob die Ingangsetzungs- und Erweiterungsaufwendungen als bilanzpolitisches Mittel einsetzbar sind, hat detailliert nach Ansatz, Höhe und Ausweis zu erfolgen.

Aufgabe 2

Im Rahmen des Ansatzes lassen die gesetzlichen Regelungen des § 269 HGB dem Bilanzierenden bei folgenden Sachverhalten *bilanzpolitische Möglichkeiten* zu:

(a) **Aktivierungswahlrecht**

Der Ansatz des Postens ist keine Pflicht. Liegen beispielsweise die Voraussetzungen der Aktivierung von verschiedenen Aufwendungen in zwei aufeinander folgenden Perioden vor, kann in beiden Perioden aktiviert werden, nur in einer oder in keiner der beiden. Erstrecken sich die Ingangsetzungs- und Erweiterungsaufwendungen für eine einheitliche Maßnahme über mehrere Jahre, kann gesondert für die in jedem Jahr anfallenden Beträge über eine Aktivierung entschieden werden. Die Entscheidung für die Aktivierung ist unabhängig von vorhergehenden Entscheidungen und unterliegt keiner Stetigkeit. Eine Einschränkung ergibt sich nur dahingehend, dass der Verzicht auf eine Aktivierung in einem späteren Geschäftsjahr nicht nachgeholt werden kann. Das Wahlrecht kann auch dahingehend ausgelegt werden, dass beispielsweise in der gleichen Periode die Aufwendungen im Konzernabschluss, nicht hingegen im Einzelabschluss bilanziert werden.

(b) Voraussetzungen für die Aktivierung

Das Gesetz enthält keine Definition oder Aufzählung, was unter Ingangsetzungs- und Erweiterungsaufwendungen zu verstehen ist. Nach h. M. gehören zu den Ingangsetzungsaufwendungen alle Aufwendungen nach der Gründung eines Unternehmens, die im Interesse des Aufbaus der Innen- und Außenorganisation sowie der Ingangsetzung und Ausübung des Betriebs gemacht werden. Ingangsetzungsaufwendungen gehen über die bloße Einrichtung des Betriebes hinaus, die lediglich zur Aktivierung von Vermögensgegenständen führt. Unter den Erweiterungsaufwendungen versteht man Aufwendungen, die ihrer Art nach den Ingangsetzungsaufwendungen entsprechen, jedoch nicht anlässlich der erstmaligen Ingangsetzung, sondern einer Ausweitung des Geschäftsbetriebes entstanden sind. Obgleich die Literatur Beispiele für Ingangsetzungs- und Erweiterungsaufwendungen nennt, wird letztendlich immer erst im Einzelfall zu entscheiden sein, was zu den Ingangsetzungs- und Erweiterungsaufwendungen gehört. Im Zweifelsfalle wird es dem Bilanzierenden nicht allzu schwer fallen, Begründungen für die Zugehörigkeit zu dem Bilanzposten nach § 269 HGB zu finden. Unstrittig ist hingegen, dass Aufwendungen zur Gründung des Unternehmens und zur Beschaffung von Eigenkapital nach § 248 Abs. 1 HGB nicht bilanziert werden dürfen. Ob sich diese Aufwendungen jedoch in der Praxis immer eindeutig von den Ingangsetzungs- und Erweiterungsaufwendungen abgrenzen lassen, scheint zweifelhaft.

(c) Steuerabgrenzung

Wird die Bilanzierungshilfe nach § 269 HGB gebildet, sind die Ergebnisse von Handels- und Steuerbilanz c. p. verschieden. Denn in der Steuerbilanz ist ein Ansatz von Bilanzierungshilfen verboten. Ob jedoch in diesem Fall eine Steuerabgrenzung vorzunehmen ist, ist nicht unumstritten. Auf der einen Seite ist die periodengerechte Erfolgsermittlung erste Zielsetzung der Steuerabgrenzung. Daher muss im Zusammenhang mit der Aktivierung von Ingangsetzungs- und Erweiterungsaufwendungen ein Steuerabgrenzungsposten durch die Passivierung latenter Steuern nach § 274 Abs. 1 HGB angesetzt werden. Dem stehen jedoch zwei Argumente entgegen. Einerseits kommt es in diesem Fall zu keiner Zahlung, so dass demzufolge eine Rückstellung nicht gebildet werden muss, andererseits schränkt der gleichzeitige Zwang zur Passivierung latenter Steuern die Auswirkungen der Bilanzierungshilfe nach § 269 HGB ein. Nach h. M. unterliegt der Ansatz des Steuerabgrenzungspostens jedoch nicht einer zahllastorientierten Betrachtungsweise. Daher ist auch in dem Fall der Bilanzierungshilfe nach § 269 HGB eine passivische Steuerabgrenzung vorzunehmen, obwohl der Posten keinen Schuldcharakter hat, sondern nur der Abgrenzung dient.

Die Auswirkungen der bilanzpolitischen Möglichkeiten des Ansatzes auf die Erfolgs- und Finanzanalyse wird im Folgenden am Beispiel der Schickefort AG demonstriert. Dabei wird die Bilanz von 2002, in der erstmals Ingangsetzungs- und Erweiterungsaufwendungen ausgewiesen wurden, mit der von 2001 verglichen. Die Ingangsetzungs- und Erweiterungsaufwendungen (IEA) betrugen TEUR 6.000 und wurden an "andere aktivierte Eigenleistungen" (AEL) gebucht, passive latente Steuern wurden in Höhe von TEUR 3.753 [= 6.000 · (1 − s) TEUR] gebildet.

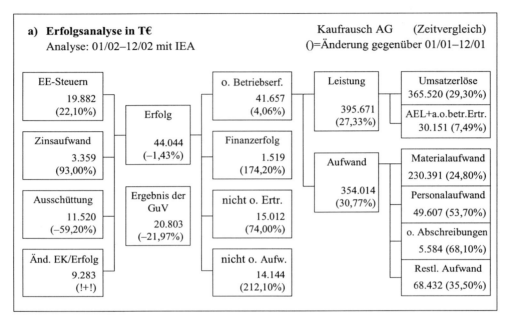

Abb. 1a: Bilanzpolitik durch den Ansatz der IEA.

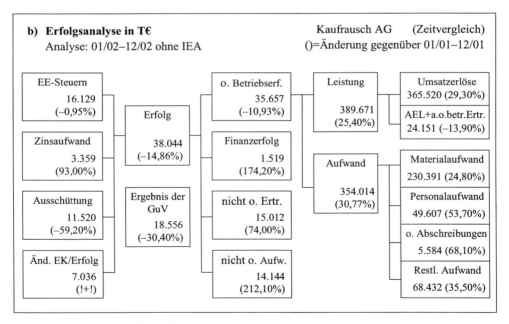

Abb. 1b: Bilanzpolitik durch den Ansatz der IEA.

Bilanzpolitik durch Ingangsetzungs- und Erweiterungsaufwendungen

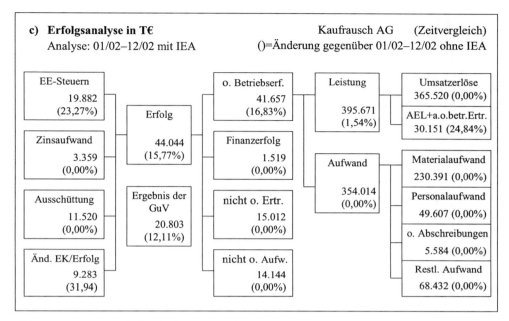

Abb. 1c: Bilanzpolitik durch den Ansatz der IEA.

Für die *Beurteilung der Finanzlage* ist der Ansatz von geringer materieller Bedeutung. Der Posten der Ingangsetzungs- und Erweiterungsaufwendungen beträgt lediglich 2,3% des Gesamtvermögens. Dieser i. d. R. vernachlässigbare Anteil veranlasst Theorie und Praxis oft zu dem Urteil, der Posten habe keine großen Auswirkungen auf die Bilanzanalyse. Dahinter steckt die veraltete Vorstellung, die Finanzanalyse sei für das Gesamturteil wichtiger als die Erfolgsanalyse. Demnach wird schon bei der Dateneingabe auf die spezielle Erfassung dieses Postens verzichtet, indem eine Saldierung mit dem Eigenkapital vorgenommen wird. Konsequenz: Aus den Augen – aus dem Sinn. Der Erfolg eines Unternehmens ist jedoch die zentrale Größe zur Beurteilung. Er ist die Basis, auf die alle anderen Faktoren zurückgehen. Die finanzielle Situation ist daher nur Mittel zum Zweck. Sie ist von sekundärer Bedeutung.

Für die *Erfolgsanalyse* hat der Ansatz der Ingangsetzungs- und Erweiterungsaufwendungen jedoch erhebliche Folgen, was in Abbildung 1a bis c verdeutlicht wird. Abbildung 1a zeigt die Erfolgsanalyse unter Anwendung der Bilanzierungshilfe. Hingegen stellt Abbildung 1b die Erfolgslage der Schickefort AG dar, wenn auf die Aktivierung verzichtet worden wäre. Abbildung 1c vergleicht die Situation Aktivierung versus Aufwandsverrechnung für 2002. Dabei wird deutlich, dass ohne die Aktivierung nach § 269 HGB der Betriebserfolg als wichtigste Erfolgsquelle gegenüber dem Vorjahr um 10,93% zurückgegangen wäre. Durch die Aktivierung konnte er jedoch um 4,06% gesteigert werden. Der Ansatz der Ingangsetzungs- und Erweiterungsaufwendungen führte zu einer Erhöhung des Betriebserfolges von 16,83% und des Gesamterfolgs von 15,77%. Durch die Aktivierung konnte eine „Verschönerung" der

Erfolgslage erreicht werden. Deutlich wird zudem, dass diese künstliche Verbesserung nicht durch die Bildung der latenten Steuern beeinflusst wird und in voller Höhe von TEUR 6.000 durchschlägt. Denn die latenten Steuern werden der Erfolgsverwendungsseite zugerechnet und haben somit keinen Einfluss auf die Ermittlung der Erfolgsquellen. In diesem Fall kann es ohne die Beachtung der Bilanzierungshilfe zu falschen Schlussfolgerungen kommen. Wird doch tendenziell eine Zunahme des Betriebserfolgs besser bewertet als ein Rückgang.

Fazit: Der Bilanzanalytiker hat bei dem Ansatz von Ingangsetzungs- und Erweiterungsaufwendungen die Erfolgslagen mit und ohne Aktivierung zu vergleichen.

Aufgabe 3

Die Höhe der Bilanzierungshilfe nach § 269 HGB kann innerhalb der beiden folgenden Sachverhalte beeinflusst werden:

(a) **Aktivierung von Teilbeträgen**

Das Aktivierungswahlrecht des § 269 HGB bezieht sich nicht nur auf die beiden Extrempunkte, alle oder keine Ingangsetzungs- und Erweiterungsaufwendungen zu bilanzieren. Eine teilweise Aktivierung ist zulässig. Der Bilanzierende darf im Jahr, in dem die Aktivierungsvoraussetzungen vorliegen, jeden Wert zwischen Null und dem maximal aktivierbaren Betrag ansetzen.

(b) **Abschreibungen**

Die Abschreibungsregelung befindet sich in § 282 HGB. Danach sind ausgewiesene Beträge in jedem folgenden Geschäftsjahr zu mindestens einem Viertel durch Abschreibungen zu tilgen. Das Gebot der beschleunigten Abschreibung eröffnet dem Bilanzierenden die Möglichkeit, den Posten schon nach einem Jahr nach seiner Entstehung wieder aus der Bilanz verschwinden zu lassen. Maximal nach vier Jahren ist der Posten vollständig abgeschrieben, da der Abschreibungssatz mindestens 25% betragen muss. Zuschreibungen sind nicht möglich.

Die Erläuterungen der Schickefort AG im Geschäftsbericht 2002 zeigen, dass mit den TEUR 6.000 nur ein Teilbetrag der insgesamt angefallenen Ingangsetzungs- und Erweiterungsaufwendungen aktiviert wurde. Diese Regelung der Teilaktivierung hat beträchtliche Auswirkungen auf die Erfolgsanalyse. Hätte die Schickefort AG einen noch höheren Betrag in der Bilanz angesetzt, wäre der Betriebserfolg dementsprechend höher gewesen. Die Erfolgslage der Schickefort AG hätte ein noch besseres Bild abgegeben. Problematisch für den Bilanzanalytiker ist jedoch, dass Kapitalgesellschaften nicht dazu verpflichtet sind, den Betrag der maximal ansetzungsfähigen Aufwendungen anzugeben. Der Umfang der bilanzpolitischen Gestaltung bleibt demnach für den Außenstehenden in diesem Bereich unentdeckt.

Bilanzpolitik durch Ingangsetzungs- und Erweiterungsaufwendungen 551

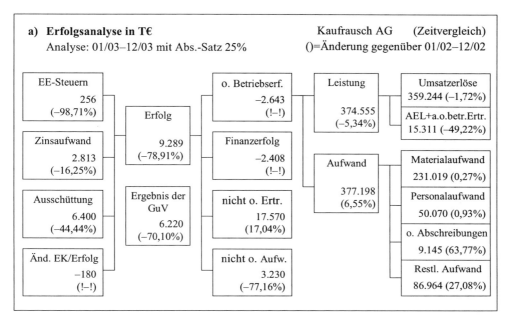

Abb. 2a: Bilanzpolitik durch die Höhe der IEA.

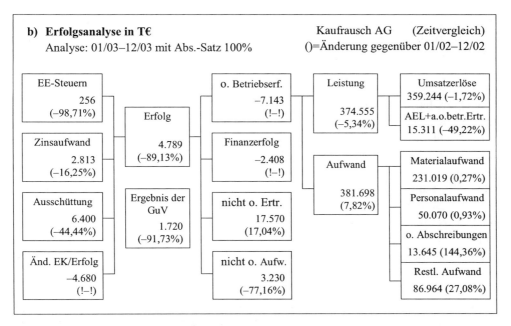

Abb. 2b: Bilanzpolitik durch die Höhe der IEA.

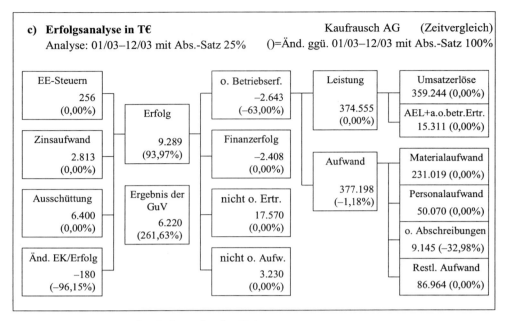

Abb. 2c: Bilanzpolitik durch die Höhe der IEA.

Die Konsequenzen der Abschreibungsregelung werden am Beispiel der Analyse des Jahresabschlusses von 2003 gegenüber 2002 gezeigt, da Abschreibungen erst in dem auf die Aktivierung folgenden Geschäftsjahr vorgenommen wurden.

Abbildung 2a verdeutlicht, dass sich die Erfolgslage der Schickefort AG in 2003 verschlechtert hat. Der Betriebserfolg ist erheblich zurückgegangen und nimmt mit minus TEUR 2.643 im Vergleich zum Vorjahr einen negativen Wert an. Dabei wurde hinsichtlich der Bestimmung der Abschreibungen der Bilanzierungshilfe der Mindestsatz von 25% zugrunde gelegt. Hätte die Schickefort AG den Posten der Ingangsetzungs- und Erweiterungsaufwendungen beispielsweise vollständig in 2003 abgeschrieben, hätte sich die Erfolgslage dramatisch verschlechtert. Abbildung 2b zeigt, dass der Betriebserfolg dann sogar auf minus TEUR 7.143 gesunken wäre. Abbildung 2c vergleicht die Folgen der beiden Extremsituationen der Mindest- und Maximalabschreibung. Durch Verzicht auf die Vollabschreibung konnten in diesem Fall 32,98% weniger Abschreibungen ausgewiesen werden, wodurch der Betriebserfolg um 63% erhöht wurde.

Fazit: Der Bilanzanalytiker hat die verschiedenen Konsequenzen auf die Erfolgslage, die sich durch unterschiedliche Bewertungsmöglichkeiten der Ingangsetzungs- und Erweiterungsaufwendungen ergeben, zu prüfen.

Aufgabe 4

§ 269 HGB schreibt vor, dass aktivierte Ingangsetzungs- und Erweiterungsaufwendungen in der Bilanz als gesonderter Posten vor dem Anlagevermögen auszuweisen sind. Diese Ausweisregelung ist eindeutig und erlaubt dem Bilanzierenden keinen Gestaltungsspielraum. Anders stellt sich jedoch der Fall hinsichtlich des Ausweises in der Gewinn- und Verlustrechnung dar. Eine gesetzliche Vorschrift existiert nicht. Demnach ergeben sich zwei verschieden Wahlmöglichkeiten, die beide betriebswirtschaftlich begründet werden können:

- **Ausweis unter „Andere aktivierte Eigenleistungen"**

Diese Ausweismöglichkeit entspricht der Vorgehensweise der Behandlung von selbsterstellten Anlagen. Die hierfür ermittelten Herstellungskosten finden sich in der Bilanz unter dem entsprechenden Aktivposten und finden ihre Gegenbuchung in der Gewinn- und Verlustrechnung unter den „anderen aktivierten Eigenleistungen". Diese Ausweismöglichkeit wird von der Literatur präferiert.

- **Ausweis unter „Außerordentliche Erträge"**

Dem Charakter nach ist der Ansatz von § 269 HGB als gelegentliche, nicht aber als ständige Bilanzierungshilfe konzipiert. Demnach ist dieser Posten nur anzusetzen, wenn es sich um eine wesentliche Ingangsetzung- bzw. Erweiterung handelt. Da wesentliche Ingangsetzungen oder Erweiterungen i. d. R. nicht im Rahmen der gewöhnlichen Geschäftstätigkeit einer Kapitalgesellschaft anfallen, ist ebenfalls ein Ausweis unter den „außerordentlichen Erträgen" nach § 277 Abs. 4 HGB gerechtfertigt.

Die unterschiedlichen Auswirkungen der verschiedenen Ausweistechniken auf die Erfolgsanalyse werden wiederum am Beispiel der Schickefort AG von 2002 aufgezeigt:

Abbildung 3a entspricht dem tatsächlichen Ausweis der Ingangsetzungs- und Erweiterungsaufwendungen bei der Schickefort AG und ist identisch mit Abbildung 1a. Die Aufwendungen der Erweiterung wurden unter „anderen aktivierten Eigenleistungen" ausgewiesen. Demgegenüber stellt Abbildung 3b die Erfolgslage dar, wenn die Schickefort AG die Bilanzierungshilfe unter den „außerordentlichen Erträgen" verbucht hätte. Abbildung 3c zeigt die Situation des Ausweises unter den „aktivierten Eigenleistungen" im Gegensatz zu der des Ausweises unter den „außerordentlichen Erträgen".

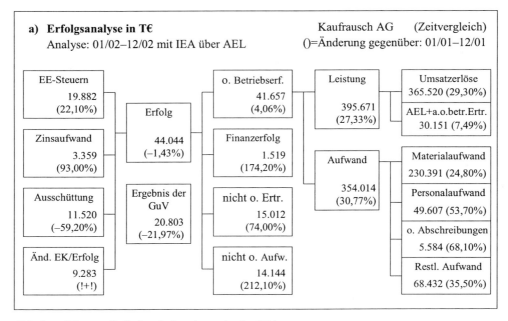

Abb. 3a: Bilanzpolitik durch den Ausweis der IEA.

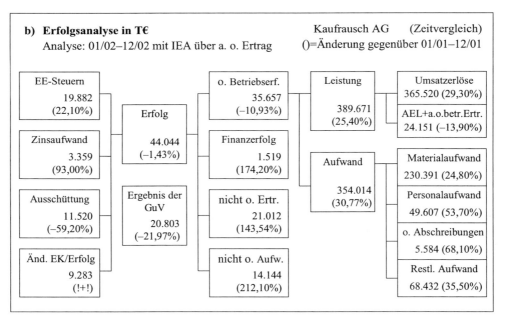

Abb. 3b: Bilanzpolitik durch den Ausweis der IEA.

Bilanzpolitik durch Ingangsetzungs- und Erweiterungsaufwendungen 555

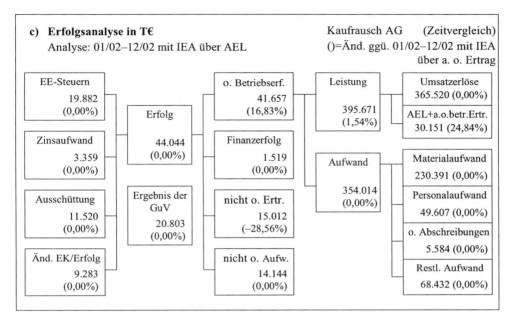

Abb. 3c: Bilanzpolitik durch den Ausweis der IEA.

Bei einem Vergleich der ersten beiden Erfolgsanalysen ist festzustellen, dass ein Bilanzanalytiker der Erfolgslage bei Ausweis der Ingangsetzungs- und Erweiterungsaufwendungen unter den „außerordentlichen Erträgen" besonders kritisch gegenüberstehen dürfte. Der Betriebserfolg gegenüber dem Vorjahr ist um 10,93% zurückgegangen. Gleichzeitig haben die nicht ordentlichen Erträge als Erfolgsquelle dritten Grades um über 140% zugenommen. Das für den externen Analytiker erfreulichere Bild zeigt die Situation des Ausweises der Bilanzierungshilfe nach § 269 HGB unter den „anderen aktivierten Eigenleistungen". Der Anstieg der nicht ordentlichen Erträge gegenüber dem Vorjahr ist mit 74% immer noch sehr hoch, der ordentliche Betriebserfolg ist jedoch im Vergleich zur Vorperiode nicht gesunken, sondern gestiegen. Abbildung 3c verdeutlicht, dass durch die unterschiedliche Ausweistechnik der Betriebserfolg durch Verbuchung unter den „anderen aktivierten Eigenleistungen" um den Absolutbetrag der Erweiterungsaufwendungen in Höhe von TEUR 6.000 bzw. relativ um 16,83% verbessert werden konnte.

Fazit: Der Bilanzanalytiker hat bei der Analyse der Erfolgslage zu beachten, welche Technik hinsichtlich des Ausweises der Ingangsetzungs- und Erweiterungsaufwendungen in der Gewinn- und Verlustrechnung gewählt wurde.

Literaturhinweise

COENENBERG, A. G.: Jahresabschluss und Jahresabschlussanalyse, 19. Aufl., Stuttgart 2003.

COMMANDEUR, D.: § 269. Aufwendungen für die Ingangsetzung und Erweiterung des Geschäftsbetriebs, in: KÜTING, K./WEBER, C.-P. (Hrsg.), Handbuch der Rechungslegung, Kommentar zur Bilanzierung und Prüfung, Bd. I a, 4. Aufl., Stuttgart 1995, S. 1425–1447.

HAUSCHILDT, J.: Erfolgs-, Finanz- und Bilanzanalyse – Analyse der Vermögens-, Finanz- und Ertragslage von Kapital- und Personengesellschaften, 3. Aufl., Köln 1996.

LITTKEMANN, J.: Ingangsetzungs- und Erweiterungsaufwendungen – aus bilanzanalytischer Perspektive, in: Die Wirtschaftsprüfung, 47. Jg. (1994), S. 207–214.

Michael Reuter und Christian Zwirner

Gesamtkostenverfahren versus Umsatzkostenverfahren – Erstellung der Erfolgsrechnung, bilanzpolitische Überlegungen und Fallbeispiel zur Überleitung einer Gewinn- und Verlustrechnung vom Gesamtkostenverfahren zum Umsatzkostenverfahren

Die internationalen Rechnungslegungsnormen IFRS und US-GAAP halten zunehmend Eingang in deutsche (Konzern-)Jahresabschlüsse. Im Zuge der Umstellung der Rechnungslegung von den HGB-Vorschriften auf die internationalen Normen ergeben sich auch Fragen im Bereich von Aufbau und Gliederung der Gewinn- und Verlustrechnung (GuV).

Die GuV zeigt die Zusammensetzung des Jahresergebnisses und soll dem Jahresabschlussadressaten ferner einen Überblick geben, inwieweit das Unternehmen fähig ist, nachhaltig Gewinne zu erwirtschaften und somit seine langfristige Existenz zu garantieren. Sie ist folglich für den Jahresabschlussleser im Hinblick auf die Ertragslage der Unternehmung von großer Wichtigkeit. Zur Erstellung der GuV kommen zwei unterschiedliche Konzeptionen zur Anwendung: das in Deutschland traditionelle Gesamtkostenverfahren (GKV) oder das international übliche Umsatzkostenverfahren (UKV).

Da in den letzten Jahren das UKV auch bei deutschen Unternehmen immer mehr Verbreitung gefunden hat und im Rahmen einer Umstellung der Rechnungslegung von HGB auf IFRS oder US-GAAP vielfach die Erfolgsrechnung vom GKV auf das UKV umgestellt wird, sollen nachfolgend die theoretischen Grundlagen der Erfolgsrechnung gemäß HGB, IFRS und US-GAAP dargestellt sowie nach Erläuterung des bilanzpolitischen Potenzials der GuV-Gliederung beispielhaft eine GuV nach GKV in eine nach UKV überführt werden.

Aufgabe 1

Nennen und erläutern Sie die Rechtsgrundlagen bzw. Normen zur Erstellung der GuV nach

a) HGB,

b) IFRS sowie

c) US-GAAP.

d) Vergleichen Sie die unter a) bis c) gewonnenen Erkenntnisse.

Aufgabe 2

a) Nach welchem Kriterium werden die Aufwendungen beim GKV und wonach beim UKV gegliedert?

b) Wie lässt sich die handelsrechtliche GuV im Rahmen einer ‚Erfolgsspaltung' darstellen? Geben Sie einzelne ‚Ergebnisse' als Bestandteile des ‚Jahresüberschusses/Jahresfehlbetrages' an.

c) Entsprechen die Posten ‚sonstige betriebliche Erträge' und ‚sonstige betriebliche Aufwendungen' nach UKV wertmäßig den gleichnamigen Positionen nach GKV? Wenn es Unterschiede gibt, wie lassen sich diese begründen? *Hinweis*: Denken Sie an die unterschiedlichen Konzeptionen der beiden Verfahren.

d) Kann man durch die Wahl des UKV anstelle des GKV die Höhe des ‚Jahresüberschusses/Jahresfehlbetrages' beeinflussen? Begründen Sie Ihre Antwort kurz.

Aufgabe 3

a) Vergleichen Sie die unterschiedlichen Konzeptionen zur Erstellung der GuV unter Berücksichtigung von Vor- und Nachteilen eines Gliederungsausweises nach den einzelnen Verfahren.

b) Nennen Sie bilanzpolitische Gründe für das Beibehalten des GKV oder für einen Wechsel zum UKV.

Aufgabe 4

Ein Produktionsunternehmen hat im laufenden Geschäftsjahr zehn Maschinen hergestellt. Hierfür sind insgesamt folgende Aufwendungen angefallen:

- Materialeinzelkosten 4.500 Euro
- Materialgemeinkosten 1.000 Euro
- Fertigungseinzelkosten 1.500 Euro
- Fertigungsgemeinkosten 3.000 Euro
- Werteverzehr des Anlagevermögens (Abschreibungen) 2.000 Euro
- Vertriebskosten 500 Euro

Im Verlauf des Geschäftsjahrs wurden neun Maschinen zum Preis von 1.500 Euro/ME veräußert. Eine Maschine liegt noch auf Lager.

a) Wie stellt sich dieser Sachverhalt in der GuV nach dem <u>UKV</u> dar, wenn das Unternehmen seinen Lagerbestand mit *vollen* Herstellungskosten bewertet (keine Berücksichtigung von Umsatzsteuer)? Bitte geben sie neben dem Ergebnis den Rechenweg zur Berechnung der Herstellungskosten an.

b) Wie stellt sich dieser Sachverhalt in der GuV nach dem <u>GKV</u> dar, wenn das Unternehmen seinen Lagerbestand mit *vollen* Herstellungskosten bewertet (keine Berücksichtigung von Umsatzsteuer)? Bitte geben sie neben dem Ergebnis den Rechenweg zur Berechnung der Bestandserhöhung an.

Aufgabe 5

Die Z-AG stellt ihren Konzernabschluss nach den Vorschriften des HGB auf und wendet zur Erstellung ihrer GuV das GKV an. Es ist geplant, die Rechnungslegung innerhalb der kommenden drei Jahre auf IFRS umzustellen und zum Zwecke einer besseren internationalen Vergleichbarkeit die GuV fortan nach dem UKV zu gliedern. Um den Arbeitsaufwand einer Umstellung zeitlich zu verteilen, hat der Leiter des Konzernrechnungswesens beschlossen, bereits vor der IFRS-Umstellung die GuV vom GKV auf das UKV umzustellen. Für das abgeschlossene Geschäftsjahr sieht die GuV nach GKV wie folgt aus:

GuV nach GKV	**in Mio. Euro**
1. Umsatzerlöse	8.450
2. Bestandsveränderung (hier: Bestandserhöhung)	418
3. andere aktivierte Eigenleistungen	0
4. sonstige betriebliche Erträge	274
5. Materialaufwand	3.980
6. Personalaufwand	2.230
7. Abschreibungen	680
8. sonstige betriebliche Aufwendungen	1.588
Ergebnis der gewöhnlichen Geschäftstätigkeit	664
Zinsergebnis	−194
Beteiligungsergebnis	7
Ergebnis vor Ertragsteuern	477
Ertragsteuern	−207
Jahresüberschuss	**270**

Aus dem internen Rechnungswesen sind ferner die nachfolgenden Daten bekannt:
- Die Bestandserhöhung wurde nur in Höhe des auf sie entfallenden Anteils der Material- und Personalaufwendungen aktiviert.
- Die Höhe der ‚sonstigen betrieblichen Erträge', Ertragsteuern sowie das Zins- und Beteiligungsergebnis entsprechen sich nach dem GKV und dem UKV.

- Nach Angaben der internen Kostenstellen- und Kostenträgerrechnung entfallen die Materialaufwendungen zu 88% auf den Bereich der Herstellung, zu 10% auf die allgemeine Verwaltung und zu 2% auf den Vertrieb.

- Die Personalaufwendungen entfallen zu 63% auf die Herstellung, zu 20% auf die allgemeine Verwaltung und zu 17% auf den Vertrieb.

- Die Abschreibungen betreffen zu 75% die Produktionsanlagen; die restlichen 25% betreffen das Hauptgebäude, das zu 80% von der Verwaltung und zu 20% von der Vertriebsabteilung genutzt wird.

- Von den ‚sonstigen betrieblichen Aufwendungen' entfallen 730,30 Mio. Euro auf den Vertrieb, 260,70 Mio. Euro sind der Herstellung zuzurechnen. Der Rest der den Funktionsbereichen zuordenbaren ‚sonstigen betrieblichen Aufwendungen' entfällt auf die Verwaltung. Aufwendungen in Höhe von 479 Mio. Euro lassen sich nach dem UKV funktional nicht zuordnen.

Mit Hilfe dieser Informationen soll nun die GuV nach GKV in eine nach UKV überführt, d. h. die einzelnen GKV-Posten in die entsprechenden Positionen des UKV umgegliedert werden.

a) Stellen Sie dem Leiter des Rechnungswesens der Z-AG kurz die theoretischen Schritte zur Überleitung der GuV vom GKV zum UKV dar.

b) Unterstützen Sie ihn auf Grundlage der gegebenen Daten bei der Überleitung.

Lösung

Aufgabe 1

a) Die Erträge und die Aufwendungen des abgelaufenen Geschäftsjahrs sind gemäß § 242 Abs. 2 HGB in der GuV gegenüber zu stellen. Für Einzelkaufleute und Personengesellschaften, die nicht unter die Regelung des § 264a Abs. 1 HGB fallen, sind im Gesetz für die Gliederung der GuV keine expliziten Vorschriften vorgesehen. Diese Unternehmen müssen lediglich die GoB beachten und können bei der Aufstellung ihrer GuV zwischen Konto- oder Staffelform wählen. Kapitalgesellschaften und Personenhandelsgesellschaften i. S. d. § 264a HGB müssen die Gliederungsvorschriften des § 275 HGB anwenden. Außerdem muss deren GuV in Staffelform aufgestellt werden. Zu jedem Posten sind ferner die entsprechenden Vorjahresbeträge anzugeben.

Seit dem Bilanzrichtlinien-Gesetz existiert in § 275 HGB ein Wahlrecht zur Aufstellung der GuV nach dem GKV oder dem UKV. Diese Wahlmöglichkeit haben auch Unternehmen, für die diese Gliederungsvorschrift nicht verbindlich ist. Die Entscheidung für ein Verfahren oder eine mögliche Umstellung ist jedoch wegen des Stetigkeitsgrundsatzes in § 265 Abs. 1 Satz 1 HGB i. d. R. nicht reversibel und folglich von langfristiger Bedeutung. Bei der Konzernabschlusserstellung sind gemäß § 298 Abs. 1 HGB ebenfalls die Gliederungsschemata des § 275 HGB anzuwenden. Wendet ein Unternehmen in seiner GuV das UKV an, sind gemäß § 285 Nr. 8 HGB im Anhang zusätzlich der in der jeweiligen Periode angefallene Materialaufwand und der entsprechende Personalaufwand anzugeben.

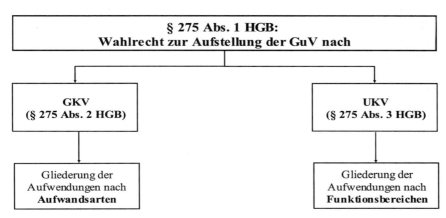

Abb. 1:   Verfahren zur Aufstellung der GuV nach HGB.

b) Die formale Gliederung der GuV nach IAS 1 ist weniger detailliert als nach HGB. Es ist prinzipiell jede Darstellungsform möglich, wenn eine ‚fair presentation' der Ertragslage der Unternehmung erfolgt. IAS 1 lässt dabei offen, ob die Konto- oder Staffelform anzuwenden ist. International üblich ist die Staffelform; ein Indiz für die Präferenz dieses Darstellungsformats nach IFRS ist, dass nur die Staffelform in den Beispielen im Anhang zu IAS 1 verwendet wird.

Die Aufwendungen können dabei entweder nach der Aufwandsartenmethode (‚nature of expense method', entspricht dem GKV) oder nach der funktionalen Zugehörigkeit der Aufwendungen (‚cost of sales method', entspricht dem UKV) gegliedert werden. IAS 1.80 nennt ein Beispiel einer GuV-Gliederung nach GKV, IAS 1.82 beispielhaft eine Darstellung nach UKV. Somit besteht also auch bei einer Rechnungslegung nach IFRS ein Wahlrecht, die GuV entweder nach GKV oder nach UKV aufzustellen. Hinsichtlich der Form ist gemäß IAS 1.84 Satz 3 grundsätzlich jedoch das Verfahren anzuwenden, bei dem „die Bestandteile der Ertragskraft des Unternehmens am besten" dargestellt werden.

Obwohl IAS 1 beide Verfahren alternativ zulässt, wird im Rahmen der IFRS das UKV als die bessere Ausweisform dargestellt, da eine funktionale Zuordnung den Jahresabschlussadressaten „oft wichtigere Informationen als die Aufteilung nach den Aufwandsarten" (IAS 1.82 Satz 2, 1. HS.) liefert. Das UKV wird folglich als die

Konzeption mit dem höheren Informationsgehalt angesehen; gleichwohl müssen Unternehmen zusätzliche Angaben über die Art der Aufwendungen, speziell die Höhe der planmäßigen Abschreibungen sowie des Personalaufwands machen.

c) Nach US-GAAP gibt es für die Gliederung der GuV (in den USA meist ‚income statement' bzw. ‚consolidated statement of income' genannt) keine detaillierten Vorschriften. Die Unternehmen können somit auch nach US-GAAP ihre GuV gemäß einer aufwandsartenorientierten (entsprechend der Konzeption des GKV) oder einer funktionsorientierten Gliederung (Aufbau vergleichbar mit dem UKV) erstellen. Börsennotierte Gesellschaften müssen in den USA jedoch die Anforderungen der amerikanischen Börsenaufsichtsbehörde SEC beachten. Diese schreibt in Regulation S-X, Rule 5-03, für die GuV ein Mindestgliederungsschema in Staffelform vor, das der Konzeption des UKV entspricht (für ausländische Unternehmen gibt es jedoch Befreiungsmöglichkeiten).

In der Praxis wird auch von Gesellschaften, die nicht SEC-berichtspflichtig sind und somit den Anforderungen der SEC nicht verpflichtend unterliegen, fast ausschließlich das UKV angewendet. Nicht zuletzt aus Sicht der Investor Relations kann so eine bessere Vergleichbarkeit mit (US-börsennotierten) Unternehmen der gleichen Branche erreicht werden. Bei Nennung der US-GAAP wird daher oft (fälschlicherweise) auch immer an die von der SEC erlassenen Vorschriften gedacht.

d) Sowohl nach den handelsrechtlichen Vorschriften als auch nach den Normen der IFRS ist das UKV zur Gestaltung der GuV als Alternative zum GKV zugelassen, wobei die formalen Anforderungen nach IFRS vergleichsweise gering sind. Hier wird lediglich allgemein auf eine ‚fair presentation' abgestellt, die für die Unternehmen einerseits eine große Freiheit bei der Darstellung der einzelnen GuV-Posten, andererseits jedoch eine Verpflichtung zu einer ausführlichen und klaren Berichterstattung im Anhang bedeutet. Nach US-GAAP hingegen gibt es für die GuV keine verbindliche Gliederung, wohl aber sehen die Regeln der SEC das UKV vor.

Prinzipiell entsprechen sich die Konzeptionen zur Erstellung der GuV nach HGB, IFRS und US-GAAP. Unterschiede liegen meist in den Details der Postenabgrenzung und einzelnen Bezeichnungen. Als Beipiel kann man hier das außerordentliche Ergebnis nennen, bei dem es sich nach IFRS und US-GAAP im Gegensatz zu den Regelungen nach HGB um ein Ergebnis nach Steuern (‚net of taxes') handelt. Zudem ist die Abgrenzung von ‚außerordentlichen' Aufwendungen und Erträgen nach den internationalen Vorschriften vergleichsweise restriktiver als nach den nationalen Normen des HGB.

Abb. 2: *GuV im internationalen Vergleich.*

Aufgabe 2

a) Beim GKV wird der gesamte Periodenaufwand ausgewiesen und nach Aufwandsarten gegliedert. Bei der Darstellung der Primäraufwendungen ist es dabei nicht von Belang, ob die in der betrachteten Periode hergestellten Produkte, für die die Aufwendungen angefallen sind, im jeweiligen Geschäftsjahr verkauft, auf Lager gelegt oder selbst verwendet worden sind. Folglich ist die Ertragsseite der GuV über die Korrekturposten ‚Bestandsveränderung' und ‚andere aktivierte Eigenleistungen' an das Mengengerüst der Aufwendungen anzupassen. Anderenfalls würde das Jahresergebnis in Höhe der auf die noch nicht abgesetzten Produkte entfallenden Aufwendungen zu niedrig ausgewiesen. Dies resultiert daraus, dass beim GKV die Aufwendungen in voller Höhe ausgewiesen werden (Produktionsaufwand) und diese der Gesamtleistung der Periode gegenübergestellt werden müssen.

Das UKV stellt dahingegen auf die in der jeweiligen Periode abgesetzten Produkte und auf die dadurch generierten Umsatzerlöse ab. Diesen dürfen folglich nur die Herstellungskosten gegenübergestellt werden, die auf die abgesetzten Leistungen entfallen, unabhängig davon, wann sie angefallen sind. Jegliche Veränderungen des Bestands an fertigen und unfertigen Erzeugnissen werden ignoriert, so dass das UKV demnach alle abgesetzten Güter so behandelt, als wären sie in der betreffenden Periode hergestellt worden. Die einzelnen Aufwendungen werden dabei beim UKV entsprechend ihrer funktionalen Zugehörigkeit den Bereichen Herstellung, Vertrieb und allgemeine Verwaltung ausgewiesen. Beim UKV wird als Leistung der Periode lediglich der Umsatz ausgewiesen, so dass die Aufwandsseite anzupassen ist (Umsatzaufwand).

b) Für den Jahresabschlussleser ist bei der Beurteilung der Unternehmung von besonderer Bedeutung, ob durch die operative Tätigkeit Gewinne erzielt wurden oder ob das ausgewiesene Periodenergebnis lediglich auf Erfolgen außerhalb der ordentlichen Geschäftstätigkeit oder aus einmaligen Vorgängen resultiert. Daher lassen sich bestimmte GuV-Positionen zum Zwecke einer ‚Erfolgsspaltung' zusammenfassen und einzelne Ergebnisbeiträge ablesen:

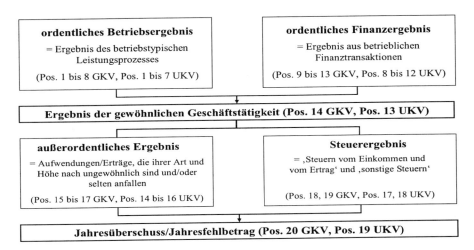

Abb. 3: Aufschlüsselung des Jahresergebnisses.

c) Die ‚sonstigen betrieblichen Erträge' nach dem UKV entsprechen theoretisch der gleichnamigen Position des GKV und sind demnach wert- und inhaltsgleich. Anders dazu ist der Posten ‚sonstige betriebliche Aufwendungen' – trotz der gleichen Bezeichnung im Gesetz – nicht identisch mit der entsprechenden Position nach dem GKV, da sich die ‚sonstigen betrieblichen Aufwendungen' des GKV nach der Konzeption des UKV (zumindest teilweise) auf die Funktionsbereiche Herstellung, Vertrieb und allgemeine Verwaltung aufteilen lassen. Es handelt sich bei diesem Posten also um eine reine Sammelposition, in der nur solche Aufwendungen auszuweisen sind, die sich funktional nicht zuordnen lassen. Darüber hinaus sind hier auch bei Anwendung des UKV die Aufwendungen zu erfassen, deren Ausweis explizit unter diesem Posten vorgesehen ist, z. B. die Aufwendungen aus der Bildung von ‚Sonderposten mit Rücklageanteil'. Die ‚sonstigen betrieblichen Aufwendungen' i. S. d. UKV sind betragsmäßig somit meist geringer als die gleichlautende Position im GKV.

d) Durch die Anwendung des UKV anstelle des GKV lässt sich die Höhe des Jahresergebnisses nicht beeinflussen, weil es sich bei den beiden Verfahren nur um Ausweisalternativen handelt. Das GKV und das UKV unterscheiden sich nur in der jeweiligen Darstellung der Aufwendungen und Erträge entsprechend ihrem Konzept der gesamten Leistung des Geschäftsjahrs oder lediglich des erzielten Umsatzes.

Die Position ‚Umsatzerlöse' sowie die Posten Nr. 8 bis 19 des UKV entsprechen ihrer Bezeichnung und auch ihrem Inhalt nach den Nr. 9 bis 20 des GKV. Ausnahmen von ihrer Wertgleichheit ergeben sich nur dann, wenn z. B. Zinsen oder Teile der ‚sonstigen Steuern' den Bereichen Herstellung, Vertrieb oder allgemeine Verwaltung zugeordnet und bei der entsprechenden Position ausgewiesen werden.

In Perioden, in denen mehr produziert als abgesetzt wird (*Bestandserhöhung*), zeigt eine GuV nach UKV im Vergleich zu einer nach GKV gegliederten einen um den Betrag des Lageraufbaus niedrigeren Periodenaufwand. Beim GKV erscheint dieser Lageraufbau als Korrekturposten bei der ‚Bestandsveränderung' oder den ‚anderen aktivierten Eigenleistungen' und erhöht damit die ausgewiesene Leistung der Periode.

Unternehmen, die in ihrer GuV das UKV anwenden, sind gemäß § 285 Nr. 8 HGB verpflichtet, im Anhang zusätzlich den in der jeweiligen Periode angefallenen Material- und Personalaufwand anzugeben. Die jährlichen Abschreibungen sind beim UKV nicht direkt aus der GuV sondern nur aus dem Anlagespiegel oder der Kapitalflussrechnung ersichtlich (vgl. weiterführend Aufgabe 3b). Nach beiden Konzeptionen beginnt die GuV mit der Position ‚Umsatzerlöse' und endet mit (demselben) Jahresüberschuss oder Jahresfehlbetrag.

Aufgabe 3

a) Betrachtet man einmal die Vor- und Nachteile der beiden Verfahren, lassen sich Hinweise für die bevorzugte Wahl einer bestimmten Methode zur Erstellung der GuV ableiten, die in der nachfolgenden Abbildung dargestellt werden:

Pro GKV	Pro UKV
• Ausweis der primären Aufwandsarten (z. B. Material, Personal, Abschreibungen)	• Darstellung der auf die Funktionsbereiche Herstellung, allgemeine Verwaltung und Vertrieb entfallenden Aufwendungen
• Darstellung des gesamten Periodenaufwands und der Gesamtleistung der Periode	• Darstellung der zur Erzielung der Umsätze notwendigen Aufwendungen
• Ableitung von bestimmten Kennzahlen direkt aus der GuV (z. B. EBITDA)	• Ableitung der Bruttomarge
• geringer Einblick in die Kostenstruktur (z. B. bei Einprodukt-Unternehmen)	• detaillierter Einblick in die Kostenstruktur des Unternehmens; auch Ausweis der funktionalen Aufwendungen
• Datengrundlage kann aus der Buchführung entnommen werden; keine Zuordnungsprobleme bei den betrieblichen Aufwendungen	• Annäherung von internem und externem Rechnungswesen
• teilweise branchenspezifisch besser geeignet (z. B. bei Langfristfertigung und Anlagenbau)	• international übliches Verfahren

Abb. 4: Theoretische Vorteile und praktische Vorzüge der beiden Verfahren.

Aus Sicht eines externen Adressaten wird man das UKV häufig dann als überlegen ansehen, wenn die Aussagefähigkeit der Daten größer oder mindestens nicht geringer ist als beim GKV. Abbildung 4 zeigt jedoch, dass sich grundsätzliche Aussagen über Vor- und Nachteile des UKV gegenüber dem GKV je nach Sicht des Betrachters (beispielsweise Jahresabschlussersteller oder Jahresabschlussleser) kaum treffen lassen. Die Entscheidung für oder gegen das eine oder andere Verfahren hängt somit von verschiedenen Faktoren ab, so dass allgemein festgestellt werden kann, „dass keine überzeugenden Gründe für die Überlegenheit des einen oder anderen Verfahrens vorgebracht werden können und dafür, dass eines der beiden Verfahren seinen spezifischen Informationszweck besser erfüllt als das andere."[1]

b) Bilanzpolitik dient der Beeinflussung der Darstellung von Vermögens-, Finanz- und Ertragslage durch bewusstes Ausnutzen von Ansatz-, Bewertungs- und Ausweiswahlrechten sowie Ermessensspielräumen. Eine Jahresabschlussanalyse wird dadurch erschwert.

Für den externen Analysten sind wichtige Kennzahlen der GuV beim GKV z. B. die Gesamtleistung sowie die Anteile von Personal-, Material- und Abschreibungsaufwand im Verhältnis zum Umsatz. Beim UKV werden dem ‚Bruttoergebnis vom Umsatz', der Herstellungskostenquote und den relativen Anteilen der Vertriebs- und allgemeinen Verwaltungsaufwendungen besondere Aufmerksamkeit geschenkt.

Eine ‚Bruttomarge' (i. S. d. Position ‚Bruttoergebnis vom Umsatz') ist aus der GuV bei Anwendung des GKV nicht zu ermitteln. Ebenso erhält der externe Betrachter keine weiteren Informationen über die Aufwendungen im allgemeinen Verwaltungs- und Vertriebsbereich eines Unternehmens. Das Informationsdefizit beim UKV hinsichtlich des gesamten Material- und Personalaufwands der Periode wird durch die geforderten Anhangangaben ausgeglichen. Da nach der Konzetion des UKV nur die Umsätze der abgesetzten Leistungen und lediglich die entsprechenden Aufwendungen gezeigt werden, ist eine Ermittlung der Größe ‚Gesamtleistung' nicht möglich. Zu deren Berechnung fehlen hier im Gegensatz zum GKV die Höhe der jährlichen Bestandsveränderungen und ‚anderen aktivierten Eigenleistungen', die – fehlerfrei – auch nicht durch Ableitung aus bestimmten Bilanzdaten gewonnen werden können. Dies relativiert sich jedoch dadurch, dass bestimmte bilanzanalytische Kennziffern zu einzelnen Aufwendungen vielfach in Relation zum Umsatz (anstelle der ‚Gesamtleistung') berechnet werden.

Besondere Bedeutung haben in den letzten Jahren auch Kennzahlen wie EBIT oder EBITDA erlangt. Während beim GKV die Höhe der Abschreibungen i. d. R. direkt aus der GuV ablesbar ist, kann diese Position beim UKV regelmäßig nur dem Anla-

---

[1] FÖRSCHLE, § 275 HGB, Rn. 36.

gespiegel oder der Kapitalflussrechnung entnommen und dann eine Überleitung zum EBITDA vorgenommen werden.

Durch die Zuordnung einzelner Aufwendungen zu bestimmten Positionen bestehen sowohl bei der Aufstellung der GuV nach dem GKV als auch nach dem UKV Gestaltungsspielräume. Während diese durch eine verhältnismäßig enge Abgrenzung der einzelnen Aufwandsarten beim GKV jedoch eingeschränkt sind, bieten sich beim UKV Ausweisalternativen bei der Aufwandsstruktur und der Bildung von Zwischensummen. Ein Unternehmen mit hohen Gemeinkostenanteilen hat beim Ausweis der anteilig auf die auf Lager produzierten Erzeugnisse entfallenden Gemeinkosten ein erhebliches Gestaltungspotenzial bei der Beeinflussung von Kennzahlen und der Gliederung einzelner Positionen. Beispielsweise lässt sich der genaue Inhalt der Position ‚Herstellungskosten' nicht analysieren; so können z. B. Verwaltungsaufwendungen, die im ‚herstellungsnahen Bereich' anfallen – abhängig von der Auslegung des Unternehmens – dem Herstellungsbereich oder aber den ‚allgemeinen Verwaltungskosten' zugeordnet werden.

Beim UKV bietet sich im Rahmen der Bilanzpolitik auch die Möglichkeit, das Gewicht bestimmter Aufwendungen zu beeinflussen: So ist z. B. bei hohen Personalaufwendungen, die sich nicht eindeutig den drei Funktionsbereichen zuordnen lassen, denkbar, eine großzügige Zuordnung zu den Herstellungskosten vorzunehmen, so dass der absolute und relative Anteil der (in der GuV offen ausgewiesenen) allgemeinen Verwaltungsaufwendungen sinkt.

Das UKV ist folglich „aufgrund der erheblichen Gestaltungsfreiheiten [...] dem Gesamtkostenverfahren als Instrument der Bilanzpolitik weit überlegen."[1] „Welchen Einblick das Bruttoergebnis vom Umsatz in die Ertragsentwicklung eines Unternehmens gewährt, hängt allein von der Abgrenzung des Postens 2 des UKV ‚Herstellungskosten der zur Erzielung der Umsatzerlöse erbrachten Leistungen' ab, dem damit für die Analyse des UKV zentrale Bedeutung zukommt."[2]

Sofern für einige Branchen nach dem funktionalen Gliederungskonzept des UKV ein besserer Ertragsausweis erfolgt, wird durch eine Umstellung erreicht, dass bestimmte branchenspezifische Kennzahlen deutlich und somit dem Jahresabschlussleser die Leistung der Unternehmung insgesamt besser dargestellt werden. Es gibt umgekehrt natürlich auch Branchen, bei denen das GKV aussagekräftigere Ertragskennzahlen liefert.

---

[1] FISCHER/RINGLING, BB 1988 S. 449.

[2] BAETGE/FISCHER, BFuP 1988 S. 14.

Aufgabe 4

a) Entsprechend den dargestellten Prämissen sieht die GuV nach dem UKV wie folgt aus:

	Umsatzerlöse (9 ME · 1.500 Euro/ME =)	13.500 Euro
−	Herstellungskosten der zur Erzielung der Umsatzerlöse erbrachten Leistungen	10.800 Euro
=	**Bruttoergebnis vom Umsatz**	2.700 Euro
−	Vertriebskosten	500 Euro
=	**Jahresüberschuss**	**2.200 Euro**

Die ‚Herstellungskosten der zur Erzielung der Umsatzerlöse erbrachten Leistungen' ergeben sich, indem man die Summe der aktivierungsfähigen Herstellungskosten (12.000 Euro) mit dem Quotienten aus abgesetzter Menge (9 ME) und produzierter Menge (10 ME) multipliziert bzw. indem man von den gesamten Aufwendungen der Herstellung i. H. v. 12.000 Euro die Bestandsveränderung i. H. v. 1 ME – also 1.200 Euro – in Abzug bringt. Zu beachten ist, dass die Vertriebskosten stets in voller Höhe ausgewiesen werden müssen, weil diese nach § 255 Abs. 2 HGB nicht in die Herstellungskosten einbezogen werden dürfen. Aus diesem Grund sind bei Anwendung des UKV auch die angefallenen Vertriebskosten für die noch auf Lager liegenden Produkte als Aufwand zu zeigen. Gemäß § 285 Nr. 8 HGB sind im Anhang zusätzlich der in der Periode angefallene Materialaufwand (5.500 Euro) sowie der Personalaufwand (4.500 Euro) entsprechend der Abgrenzung nach dem GKV anzugeben.

b) Entsprechend den dargestellten Prämissen sieht die GuV nach dem GKV wie folgt aus:

	Umsatzerlöse (9 ME · 1.500 Euro/ME =)	13.500 Euro
+	Bestandserhöhung	1.200 Euro
=	Gesamtleistung	14.700 Euro
−	Materialaufwand	5.500 Euro
−	Personalaufwand	4.500 Euro
−	Abschreibungen	2.000 Euro
−	Vertriebskosten	500 Euro
=	**Jahresüberschuss**	**2.200 Euro**

Die Bestandserhöhung ergibt sich, indem man die Summe der aktivierungsfähigen Herstellungskosten (12.000 Euro) mit dem Quotienten aus auf Lager genommener Menge (1 ME) und produzierter Menge (10 ME) multipliziert.

Aufgabe 5

a) Da in einer handelsrechtlichen GuV zumindest die Posten ‚Umsatzerlöse' und ‚Jahresüberschuss/Jahresfehlbetrag' nach dem GKV und dem UKV betragsmäßig identisch sind (regelmäßig werden auch Beteiligungsergebnis, Finanzergebnis, das außerordentliche Ergebnis und der ausgewiesene Steueraufwand identisch sein), bezieht sich die Frage einer Überleitung vom GKV zum UKV im Wesentlichen auf den Bereich der Aufwendungen für Material, Personal, Abschreibungen sowie die sonstigen betrieblichen Ergebnisteile. Mit Ausnahme von Fällen, in denen Teile der gezahlten Zinsen und bestimmte Kostensteuern beim UKV nicht unter diesen Positionen sondern im Posten ‚Herstellungskosten' ausgewiesen werden, beschränkt sich eine Umgliederung somit auf die ersten acht bzw. sieben Zeilen der GuV, so dass regelmäßig lediglich die Positionen 1 bis 8 des GKV in die Positionen 1 bis 7 des UKV überführt werden müssen. Die GKV-Positionen ‚Bestandsveränderung' und ‚andere aktivierte Eigenleistungen' müssen dabei gegen die einzelnen Aufwandsposten gekürzt werden. Die beim GKV ausgewiesenen Aufwandsarten sind dabei mit Hilfe von Umrechnungsschlüsseln respektive Daten aus dem internen Rechnungswesen den funktionalen Bereichen Herstellung, allgemeine Verwaltung und Vertrieb zuzuordnen. Aufgrund der theoretisch inhaltlichen und betragsmäßigen Identität der ‚sonstigen betrieblichen Erträge' in den beiden Erfolgsrechnungskonzeptionen kann diese Position vom GKV in die Gliederung nach dem UKV übernommen werden. Nachfolgende Abbildung zeigt schematisch auf, wo sich die entsprechenden Positionen des GKV im Zusammenhang mit der Überleitung im UKV wiederfinden.

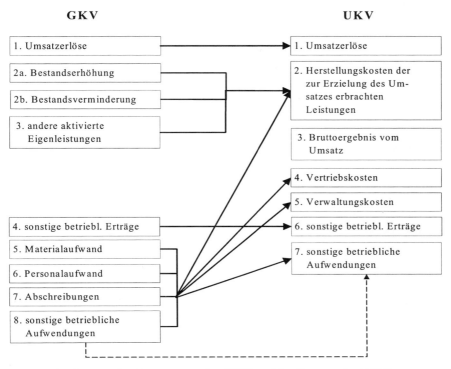

Abb. 5: Umgliederung der Positionen des GKV auf die Posten des UKV.

b) Die Aufwendungen nach dem GKV, die im Rahmen der Umstellung auf das UKV umgegliedert werden müssen (Positionen 5 bis 8 des GKV), sind entsprechend den Prämissen nachfolgend dargestellt. Zudem sind die beim GKV ausgewiesenen Bestandsveränderungen im Rahmen der ‚Herstellungskosten der zur Erzielung der Umsatzerlöse erbrachten Leistungen' in Abzug zu bringen.

in Mio. Euro	Aufwand nach GKV	Aufwand nach UKV			
Position		Herstellung	Verwaltung	Vertrieb	nicht zuordenbar
2. Bestandsveränderung	−418,00	−418,00	0,00	0,00	0,00
5. Materialaufwand	3.980,00	3.502,40	398,00	79,60	0,00
6. Personalaufwand	2.230,00	1.404,90	446,00	379,10	0,00
7. Abschreibungen	680,00	510,00	136,00	34,00	0,00
8. sonstige betriebliche Aufwendungen	1.588,00	260,70	118,00	730,30	479,00
Summe	8.060,00	5.260,00	1.098,00	1.223,00	479,00

Die GuV der Z-AG sieht nach dem UKV somit wie folgt aus:

GuV nach UKV	in Mio. Euro
1. Umsatzerlöse	8.450
2. Herstellungskosten der zur Erzielung der Umsatzerlöse erbrachten Leistungen	**5.260**
3. Bruttoergebnis vom Umsatz	*3.190*
4. Vertriebskosten	**1.223**
5. allgemeine Verwaltungskosten	**1.098**
6. sonstige betriebliche Erträge	274
7. sonstige betriebliche Aufwendungen	**479**
Ergebnis der gewöhnlichen Geschäftstätigkeit	664
Zinsergebnis	−194
Beteiligungsergebnis	7
Ergebnis vor Ertragsteuern	477
Ertragsteuern	−207
Jahresüberschuss	**270**

Die fett markierten GuV-Positionen weichen hierbei vom Ausweis nach GKV ab. Zudem wurde mit Position 3 in der GuV nach UKV die Zwischensumme ‚Bruttoergebnis vom Umsatz' eingefügt. Alle anderen Posten sind unverändert übernommen worden.

Literaturhinweise

ADLER, H./DÜRING, W./SCHMALTZ, K.: Rechnungslegung und Prüfung der Unternehmen, 6. Aufl., Stuttgart ab 1995.

BAETGE, J./KIRSCH, H.-J./THIELE, S.: Bilanzen, 6. Aufl., Düsseldorf 2002.

BIEG, H./KUSSMAUL, H.: Externes Rechnungswesen, 3. Aufl., München et al. 2003.

BORCHERT, D., in: KÜTING/WEBER (Hrsg.), Handbuch der Rechnungslegung, 4. Aufl., Stuttgart 1995.

BUCHHOLZ, R.: Internationale Rechnungslegung: Die Vorschriften nach IAS, HGB und US-GAAP im Vergleich, 3. Aufl., Berlin 2003.

COENENBERG, A. G.: Jahresabschluss und Jahresabschlussanalyse, 19. Aufl., Stuttgart 2003.

DEMMING, C., in: GRÄFER/DEMMING (Hrsg.), Internationale Rechnungslegung, Stuttgart 1994.

DUSEMOND, M./KESSLER, H.: Rechnungslegung kompakt: Einzel- und Konzernabschluß nach HGB mit Erläuterung abweichender Rechnungslegungspraktiken nach IAS und US-GAAP, 2. Aufl., München et al. 2001.

FISCHER, T. R., in: FISCHER/HÖMBERG (Hrsg.), Jahresabschluß und Jahresabschlußprüfung: Probleme, Perspektiven, internationale Einflüsse; Festschrift zum 60. Geburtstag von Jörg Baetge, Düsseldorf 1997.

FÖRSCHLE, G., in: Beck'scher Bilanzkommentar, 5. Aufl., München 2003.

FÖRSCHLE, G./KRONER, M. in: Beck'scher Bilanzkommentar, 5. Aufl., München 2003.

HAYN, S./GRAF WALDERSEE, G.: IAS/US-GAAP/HGB im Vergleich: Synoptische Darstellung für den Einzel- und Konzernabschluss, 4. Aufl., Stuttgart 2003.

KUHLEWIND, A.-M., in: BALLWIESER (Hrsg.), US-amerikanische Rechnungslegung: Grundlagen und Vergleiche mit dem deutschen Recht, 4. Aufl., Stuttgart 2000.

KÜTING, K./REUTER, M./ZWIRNER, C.: Die Erfolgsrechnung nach dem Umsatzkostenverfahren, in: Buchführung, Bilanz, Kostenrechnung, Fach 12 vom 03. und 17. Januar 2003, S. 6627–6654 bzw. BBK 1/2003, S. 9–24 und BBK 2/2003, S. 73–84.

KÜTING, K./WEBER, C.-P.: Die Bilanzanalyse, 6. Aufl., Stuttgart 2001.

REUTER, M./ZWIRNER, C.: Erfolgsrechnung nach dem Umsatzkostenverfahren – Konzeption und Praxis, in: Betrieb und Wirtschaft, 57. Jg. (2003), S. 617–622.

ROGLER, S.: Gewinn- und Verlustrechnung nach dem Umsatzkostenverfahren, Diss., Wiesbaden 1990.

SELCHERT, F. W.: Internationale Rechnungslegung: Der Jahresabschluß nach HGB, IAS und US-GAAP, 2. Aufl., München, Wien 1999.

WEBER, H. K.: Betriebswirtschaftliches Rechnungswesen, Bd. I, 4. Aufl., München 1993.

WÖHE, G.: Bilanzierung und Bilanzpolitik: betriebswirtschaftlich, handelsrechtlich, steuerrechtlich; mit einer Einführung in die verrechnungstechnischen Grundlagen, 9. Aufl., München 1997.

WÖHE, G.: Einführung in die Allgemeine Betriebswirtschaftslehre, 21. Aufl., München 2002.

2. Bilanzanalyse

Michael Wehrheim und Haiko Krause

Jahresabschlussanalyse: Fallstudie – TELECOMMUNICA AG

Die Jahresabschlussanalyse – oft vereinfachend auch als Bilanz- oder Kennzahlenanalyse bezeichnet – stellt ein Verfahren der gezielten Aufbereitung und Auswertung von Angaben des Jahresabschlusses (Bilanz, Gewinn- und Verlustrechnung, Anhang), des Lageberichtes und sonstiger Quellen dar, um durch die Bildung von Kennzahlen zusätzliche Informationen über die finanzielle Stabilität und Ertragskraft eines Unternehmens zu generieren.

In Zeiten zunehmender Dynamik und ansteigender Komplexität des Umfelds hat der Bedarf an verlässlichen Informationen über die wirtschaftliche Lage von Unternehmen stetig zugenommen. Zu diesem Zweck legen Unternehmen Rechenschaft über die wirtschaftliche Situation unter anderem in Form eines Jahresabschlusses ab, der ein den tatsächlichen Verhältnissen entsprechendes Bild der Vermögens-, Finanz- und Ertragslage vermitteln soll. Der Jahresabschluss und sonstige verfügbare Informationsquellen beinhalten zwar eine kaum überschaubare Fülle von Daten und Informationen, diese sind jedoch zum Teil direkt nicht ersichtlich bzw. in dieser Form nicht nutzbar. Es bedarf einer gezielten Aufbereitung, Verdichtung und anschließenden Interpretation dieser Daten anhand bestimmter Vergleichsmaßstäbe, um beispielsweise eine neue Beteiligung am betreffenden Unternehmen, die Bereitstellung von Fremdkapital oder geschäftliche Kunden- und Lieferantenbeziehungen entscheidungstheoretisch zu fundieren. Auch das Unternehmen selbst bzw. dessen Entscheidungsträger benötigen Informationen zur Kontrolle und Steuerung der eigenen Geschäftstätigkeit.

An Aktualität und Bedeutung gewinnt die vorliegende Thematik unter dem Stichwort „Basel II": Banken müssen zukünftig bei ihren Kreditvergabeentscheidungen die Bonität der Unternehmen stärker berücksichtigen. Kreditnehmer haben sich dann zur Feststellung der Bonität einem internen oder externen Rating zu unterziehen. Während „sichere" Kredite mit weniger Eigenkapital unterlegt werden brauchen, wird die Kreditvergabe an bonitätsmäßig weniger gute Adressen zu einer höheren Eigenkapitalunterlegung und folglich zu höheren Finanzierungsaufwendungen für die betreffenden Unternehmen führen.

Aus den genannten Gründen ist ein gewisses Basiswissen auf dem Gebiet der Jahresabschlussanalyse für betriebswirtschaftlich Denkende und Handelnde unumgänglich. Die Vorstellung konzeptioneller Grundlagen im zweiten Abschnitt hat deshalb die

Funktion, dem Leser zunächst ein theoretisches Fundament für den Einstieg in die Jahresabschlussanalyse zu vermitteln. Hierzu werden zu Beginn grundlegende Ziele, die Adressaten und ein zweckmäßiger Ablauf einer Bilanzanalyse vorgestellt, um anschließend auf den Aufbau und Vergleichsmaßstäbe von Kennzahlen einzugehen. Im letzten Teil der konzeptionellen Grundlagen wird die Jahresabschlussanalyse kritisch gewürdigt und versucht, einen bewussten Umgang mit Kennzahlen zu sensibilisieren. Im dritten Abschnitt wird das praktische Bilden und anschließende Interpretieren von grundlegenden Kennzahlen im Rahmen der vereinfachten Fallstudie TELECOMMUNICA AG geübt. Dazu werden zunächst ausgewählte Teile des Jahresabschlusses in komprimierter Form vorgestellt. Daran schließen sich verschiedene Aufgabenstellungen zur Analyse der Vermögens-, Finanz- und Ertragslage der TELECOMMUNICA AG an, die dem Leser die Möglichkeit einer eigenständigen Bearbeitung eröffnen sollen. Eine anschließende Kontrolle der ermittelten Ergebnisse wird anhand einer Musterlösung ermöglicht. Die Auswahl der Aufgaben und Darstellung der Ergebnisse verfolgen den Anspruch, einen Einstieg in die Kennzahlenanalyse zu bieten.

Konzeptionelle Grundlagen der Jahresabschlussanalyse

Ziele und Adressaten

Bei der Analyse von Jahresabschlüssen stehen für die verschiedenen Bilanzanalytiker grundsätzlich zwei Erkenntnisziele im Mittelpunkt:

- Zum einen wird im Rahmen der sogenannten finanzwirtschaftlichen Analyse die Vermögens- und Finanzlage, also die finanzielle Stabilität eines Unternehmens, untersucht. Hierbei wird ermittelt, inwieweit die Unternehmung kurz- und langfristige Zahlungsverpflichtungen termingerecht erfüllen kann. Ausgangspunkt bildet eine Analyse der Vermögensstruktur (Kapitalverwendung) nach Art, Zusammensetzung und Dauer der genutzten Vermögensteile. Dem schließt sich eine Analyse der Kapitalstruktur (Kapitalherkunft) hinsichtlich Quellen, Sicherheiten und Fristigkeit der zur Verfügung gestellten Finanzierungsmittel an. Von zentraler Bedeutung für die finanzielle Stabilität ist die Beziehung zwischen den beiden Bereichen Kapitalverwendung und Kapitalherkunft, die entscheidenden Einfluss auf die Liquidität nimmt. Mit Hilfe einer Liquiditätsanalyse wird untersucht, ob die durch den Umsatzprozess freigesetzten oder durch Vermögensumschichtung freisetzbaren Mittel jederzeit ausreichen, um anstehende Zins- und Rückzahlungsverpflichtungen gegenüber verschiedenen Anspruchsgruppen abzudecken. Hinsichtlich des verwendeten Datenmaterials ist zwischen statischer (auf Basis von Bestandsgrößen) und dynamischer (auf Basis von Stromgrößen) finanzwirtschaftlicher Analyse zu differenzieren.

- In einer Marktwirtschaft können Unternehmen langfristig nur bestehen, wenn Gewinne erzielt werden. Zweites Erkenntnisziel der Jahresabschlussanalyse ist damit notwendigerweise eine Auseinandersetzung mit der Ertragslage von Unternehmen, die auch als erfolgswirtschaftliche Analyse bezeichnet wird. Die wesentlichen Bereiche einer erfolgswirtschaftlichen Jahresabschlussanalyse betreffen die Erfolgsquellenanalyse, die Betrachtung der Aufwands- und Ertragsstruktur, die Rentabilitäts- sowie die Produktivitätsanalyse.

Es ist offensichtlich, dass die beiden Erkenntnisziele finanzielle Stabilität und Ertragskraft in einem gegenseitigen Interdependenzverhältnis stehen. Einerseits ist die Fähigkeit nachhaltig Gewinne erzielen zu können, Voraussetzung für die Sicherung langfristiger Liquidität, auf der anderen Seite bedarf es ausreichender Liquidität, um überhaupt den Unternehmensbetrieb und die damit verbundene Gewinnerzielung aufrecht zu erhalten. Eine erfolgversprechende Jahresabschlussanalyse hat deshalb beide Ziele in einem angemessenen Verhältnis zu berücksichtigen.

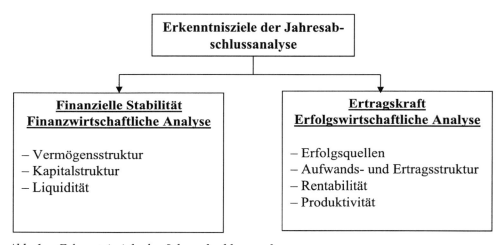

Abb. 1:   Erkenntnisziele der Jahresabschlussanalyse.

Adressaten einer Jahresabschlussanalyse können interne und externe Bilanzanalytiker sein. Diese Unterscheidung basiert auf der Art der Beziehung zum Unternehmen und ist hinsichtlich der zur Verfügung stehenden Informationsquellen sehr wichtig. Während externe Bilanzanalytiker im Regelfall lediglich publizierte Jahresabschlüsse und sonstige öffentlich zugängliche Informationsgrundlagen nutzen können, verfügen interne Bilanzanalytiker über zusätzliche unternehmensinterne Informationsquellen in Form detaillierter Investitions-, Finanz- und Kostenrechnungen. Die Abgrenzung zwischen externen und internen Analysten ist in der Praxis fließend. Mit zunehmender Einflussmöglichkeit bzw. Machtposition der Analytiker steigt der Informationsgrad. Folge dieser unterschiedlichen Informationsbasis ist, dass interne Bilanzanalysen regelmäßig aussagekräftiger und zuverlässiger sind als externe Analysen. Nachfolgend wird sich auf die externe Bilanzanalyse konzentriert.

Externe Bilanzanalytiker	Interne Bilanzanalytiker
(Klein-)Aktionäre	Beteiligungscontroller
Arbeitnehmer	Finanzverwaltung
Kreditgeber	Großaktionäre
Konkurrenzunternehmen	Großkreditgeber
Kunden	Kontrollorgane
Ratingagenturen	Unternehmensleitung

Abb. 2: Gegenüberstellung von externen und internen Bilanzanalytikern.

Ablauf

Nachdem verdeutlicht wurde, wer die Adressaten einer Jahresabschlussanalyse und was deren primäre Ziele sind, soll der Ablauf einer Jahresabschlussanalyse kurz dargestellt werden. Zu beachten ist, dass die praktische Durchführung ein dynamischer Prozess ist und das Ablaufschema fallspezifisch abweichen kann. Folgender Ablauf hat sich in der Praxis als zweckmäßig erwiesen:

Schritt A	Zusammentragen und Sichten sämtlicher verfügbarer Daten über das zu analysierende Unternehmen
Schritt B	Verschaffung eines wirtschaftlichen und rechtlichen Überblicks über das zu betrachtende Unternehmen und dessen Branche
Schritt C	Gezielte Aufbereitung des Zahlenmaterials in Form einer Strukturbilanz und einer Erfolgsspaltung der Gewinn- und Verlustrechnung
Schritt D	Auswahl und Berechnung geeigneter problemspezifischer Kennzahlen
Schritt E	Durchführung von Vergleichen sowie Interpretation und Ursachenforschung der Ergebnisse
Schritt F	Gewinnung und Darstellung eines zusammenfassenden Urteils über die Vermögens-, Finanz- und Ertragslage des Unternehmens

Abb. 3: Zweckmäßiger Ablauf einer Jahresabschlussanalyse.

Kennzahlen und Vergleichsmaßstäbe

Kennzahlen geben quantifizierbare betriebliche Sachverhalte in komprimierter Form wieder. Mit Blick auf den formalen Aufbau lassen sich absolute und relative Kennzahlen unterscheiden.

Absolute Kennzahlen – oft auch als Grundzahlen bezeichnet – sind in einfachster Form Einzelzahlen (z. B. Höhe des Eigenkapitals) oder werden durch Addition und Subtraktion verschiedener Positionen der Bilanz oder Gewinn- und Verlustrechnung (z. B. Cash Flow) gewonnen.

Relative Kennzahlen entstehen, in dem zwei absolute Kennziffern zueinander ins Verhältnis gesetzt werden. Um aussagefähige Verhältniszahlen zu erhalten, muss das sogenannte Entsprechungsprinzip beachtet werden, nach dem die in Relation gesetzten Größen in einem sinnvollen inneren Zusammenhang stehen sollen. Innerhalb der Gruppe der relativen Kennzahlen ist zu unterscheiden zwischen Gliederungs-, Beziehungs- und Indexzahlen.

- Bei der Bildung von Gliederungszahlen wird eine Teilgröße ins Verhältnis zur übergeordneten Gesamtgröße gesetzt. Ein Beispiel für eine Gliederungszahl ist die Eigenkapitalquote, bei der die Teilgröße Eigenkapital in Relation zur zugehörigen Gesamtgröße Gesamtkapital steht.

- Beziehungszahlen entstehen, wenn zwei Größen ins Verhältnis gesetzt, ohne dass eine davon eine übergeordnete Gesamtheit darstellt. Wesentlich ist hierbei ein sachlogischer Zusammenhang zwischen beiden Größen (z. B. Zweck-Mittel-Beziehung). Die Umsatzrentabilität ist ein Beispiel für eine Beziehungszahl. Bei dieser Kennzahl wird der Jahresüberschuss als verursachte Größe im Zähler dem während der Periode getätigten Umsatz als verursachende Größe im Nenner gegenübergestellt.

- In Indexzahlen kommt die zeitliche Veränderung bzw. Entwicklung einer absoluten Kennzahl zum Ausdruck. Hierbei wird der Wert einer absoluten Zahl zu einem bestimmten Basiszeitpunkt meist mit 1 oder 100% festgesetzt, um anschließend die Ausprägungen der absoluten Zahl in anderen Zeitpunkten in Relation zu diesem Ausgangswert zu bringen. Ein einfaches Beispiel für eine Indexzahl wäre die Entwicklung der getätigten Investitionen einer Unternehmung mit 1990 = 100% als Basiswert.

Wesentliche Vorteile von relativen gegenüber absoluten Kennzahlen bestehen darin, dass zum einen Ursache-Wirkungs-Beziehungen ausgedrückt werden können, d. h. die Bedeutung einer einzelnen Größe im Verhältnis zu einem anderen Sachverhalt sichtbar wird; zum anderen erlauben relative Kennzahlen keinen Rückschluss auf die absolute Höhe der Ausgangsdaten – dies kann sehr bedeutsam sein in Fällen, in denen diese nicht bekanntgegeben werden sollen bzw. dürfen und desweiteren Vergleiche von Unternehmen verschiedener Größenordnungen möglich sind. Hierbei kann es sich sowohl um andere als auch das größenmäßig gewachsene eigene Unternehmen handeln.

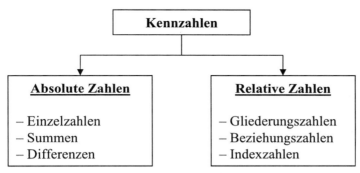

Abb. 4: Einteilung von Kennzahlen nach dem formalen Aufbau.

Eine Beurteilung von Kennzahlen setzt immer bestimmte Vergleichsmaßstäbe voraus. Diese Maßstäbe können Daten früherer Perioden (Zeitvergleich), anderer Unternehmen der gleichen Branche (Betriebsvergleich) oder bestimmte Soll-Größen (Soll-Ist-Vergleich) bilden.

- Im Rahmen eines Zeitvergleichs wird eine bestimmte Kennziffer eines Unternehmens mit der Ausprägung derselben Kennziffer zu einem anderen Zeitpunkt des gleichen Unternehmens verglichen.

- Der Betriebsvergleich ergänzt den Vergleich zur Entwicklung des eigenen Unternehmens durch eine Gegenüberstellung von Kennzahlen des eigenen Unternehmens mit denen anderer Unternehmen der gleichen oder einer verschiedenen Branche.

- Beim Soll-Ist-Vergleich werden allgemein anerkannte Normgrößen oder vorgegebene Planwerte als Vergleichsmaßstab herangezogen.

Erst durch eine Gegenüberstellung der ermittelten Kennzahl mit dem jeweiligen Maßstab lassen sich Aussagen über die aktuelle wirtschaftliche Entwicklung des Unternehmens treffen. Allerdings kann ein sinnvoller Vergleich nur dann stattfinden, wenn auch eine gewisse Vergleichbarkeit gegeben ist.

Grenzen der Jahresabschlussanalyse

Die Jahresabschlussanalyse ist in der Praxis weit verbreitet und wie bereits angedeutet, wird der Anwendungsbereich durch „Basel II" weiter zunehmen. Jeder Analyst sollte sich jedoch bewusst sein, welche Vor- und Nachteile mit einer Kennzahlenanalyse verbunden sind.

Als wesentliche Vorteile von Kennzahlen lassen sich anführen, dass umfassende betriebliche Sachverhalte auf eine oder wenige Kennziffern verdichtet werden können. Diese sind relativ einfach bildbar, erlauben einen schnellen Überblick über interessierende Zusammenhänge oder Entwicklungen des Unternehmens und liefern damit Informationen, die so aus dem Jahresabschluss nicht direkt ersichtlich sind. Außerdem überzeugt die leichte Kommunizierbarkeit.

Dem können jedoch auch erhebliche Nachteile gegenüberstehen, die bei der Anwendung von Kennzahlen zur Informationsgewinnung bzw. Entscheidungsvorbereitung bedacht werden sollten. Bedingt durch die Komprimierung von relevanten Informationen, können bedeutende betriebswirtschaftliche Zusammenhänge verloren gehen. Durch den Vergangenheitsbezug der im Jahresabschluss enthaltenen Daten sowie erschwerend durch den bis zur Veröffentlichung des Zahlenmaterials noch zusätzlich verstrichenen Zeitraum von in der Regel mehr als einem halben Jahr, sind die Informationen teilweise veraltet und unter Umständen nur bedingt zur Fundierung zukünftiger Entscheidungen geeignet. Ferner ist die Definition von Kennzahlen uneinheitlich, so dass beispielsweise Betriebsvergleiche erschwert werden. Einzelne Kennzahlen sind durch ein umfangreiches bilanzpolitisches Instrumentarium in Form existierender Ansatz-, Bewertungs- und Ausweiswahlrechte gestaltbar, so dass speziell von einigen externen Bilanzanalytikern „geschönte" Werte wegen der eingeschränkten Informationsbasis oder auch aufgrund der Orientierung an nur einer bzw. wenigen Kennzahlen nicht erkannt werden.

Umso bedeutender ist es, zunächst das zur Verfügung stehende Datenmaterial gezielt aufzubereiten, in einer Strukturbilanz bzw. Struktur-GuV zu verdichten und mehrere aussagefähige Kennzahlen im Sinne einer ganzheitlichen Betrachtung zu bilden. Die auf diesem Wege erzielbare Neutralität bilanzpolitischer Maßnahmen im nationalen Kontext als auch hinsichtlich der bestehenden fundamentalen Unterschiede zwischen deutschen und internationalen Rechnungslegungsvorschriften – wie z. B. IFRS oder US-GAAP – wird leicht verständlich am Beispiel eines derivativen Geschäfts- oder Firmenwertes im Einzelabschluss. Gemäß § 255 Abs. 4 HGB besteht für diesen Posten ein handelsrechtliches Ansatzwahlrecht mit anschließender Abschreibung über bis zu 15 Jahre bei erfolgter Aktivierung. Ferner gibt es die Möglichkeit bzw. Pflicht einer außerplanmäßigen Abschreibung auf den niedrigeren beizulegenden Wert. IAS 22 und SFAS 142 sehen beide eine Ansatzpflicht vor, unterscheiden sich jedoch hinsichtlich der Folgebewertung. Nach IFRS ist ein Goodwill planmäßig über die Nutzungsdauer abzuschreiben – mit der widerlegbaren Vermutung, dass diese einen

Zeitraum von 20 Jahren nicht übersteigt. Bei einer weiteren Wertminderung ist eine außerplanmäßige Abschreibung vorzunehmen. Dementgegen sehen die US-GAAP in SFAS 142 einen Geschäfts- oder Firmenwert als nicht abnutzbar an. Die Werthaltigkeit des aktivierten Geschäfts- oder Firmenwertes ist durch einen Impairment-Test zu überprüfen. Nach ED 3 i. V. m. ED-IAS 36 und ED-IAS 38 wird auch nach IFRS erwogen, den Goodwill keiner planmäßigen Abschreibung zu unterziehen und insoweit den US-GAAP anzunähern. Durch die im Rahmen der Strukturbilanz vorzunehmende Saldierung eines Geschäfts- oder Firmenwertes mit dem Eigenkapital wird der Einfluss einer Aktivierung im Vergleich zur sofortigen Aufwandsverrechnung auf bestimmte Kennzahlen neutralisiert. Gleiches gilt für unterschiedliche Abschreibungsmethoden im Bereich der Folgebewertung, die über Cash Flow-orientierte Kennzahlen weitgehend eliminiert werden können. Im Idealfall verfälscht die Ausübung bilanzpolitischer Wahlrechte innerhalb deutscher als auch gegenüber internationalen Rechnungslegungsvorschriften die Beurteilung der wirtschaftlichen Lage eines Unternehmens mittels der Jahresabschlussanalyse nicht.

Um Fehlurteile bei der Interpretation von Kennzahlen zu vermeiden, sollte deshalb jeder Bilanzanalytiker die aufgezeigten Grenzen und notwendigen Bedingungen der Jahresabschlussanalyse bei der Informationsgewinnung bzw. Entscheidungsfindung angemessen berücksichtigen.

Fallstudie

Die TELECOMMUNICA AG ist ein weltweit im Bereich Telekommunikation operierendes Unternehmen. Als Informationsgrundlage für eine Kennzahlenanalyse steht der vereinfachte und komprimierte Jahresabschluss der Periode 02 zur Verfügung. Angaben in Bilanz, Gewinn- und Verlustrechnung sowie Anhang sind jeweils in Mio. GE (Geldeinheiten).

Bilanz der TELECOMMUNICA AG zum 31.12.02

Aktiva	02	01	Passiva	02	01
Anlagevermögen			Eigenkapital		
- Immaterielle VG	2	2	- Gezeichnetes Kapital	500	500
- Sachanlagen	988	948	- Kapitalrücklage	250	250
- Finanzanlagen	100	110	- Gewinnrücklagen	670	600
			- Bilanzgewinn	50	100
Umlaufvermögen					
- Vorräte	770	700	Rückstellungen		
- Kundenforderungen	530	500	- Pensionsrückstellungen	100	95
- Andere VG	100	100	- Sonstige		
- Flüssige Mittel	200	250	Rückstellungen	30	20
			Verbindlichkeiten	1.080	1.035
Rechnungsabgrenzungsposten	10	0	Rechnungsabgrenzungsposten	20	10
	2.700	2.610		2.700	2.610

Gewinn- und Verlustrechnung der TELECOMMUNICA AG für das Jahr 02 nach dem Gesamtkostenverfahren

Umsatzerlöse	6.000
Bestandsänderung an fertigen und unfertigen Erzeugnissen	800
Gesamtleistung	6.800
Sonstige betriebliche Erträge	100
Materialaufwand	−2.900
Personalaufwand	−3.500
Abschreibungen	−200
Ergebnis der betrieblichen Tätigkeit	300
Beteiligungserträge	50
Zinsen und ähnliche Erträge	20
Zinsen und ähnliche Aufwendungen	−120
Sonstige finanzielle Aufwendungen	−10
Finanzergebnis	−60
Ergebnis der gewöhnlichen Geschäftstätigkeit / Gewinn vor Steuern	240
Steuern vom Einkommen, Ertrag und Vermögen	−120
Jahresüberschuss	120

Anhang der TELECOMMUNICA AG für das Jahr 02 – Auszug

	02	01
(1) Im Anlagespiegel 02 wurden u. a. dokumentiert:		
- Zuschreibungen	40	30
- Abschreibungen kumuliert bis 31.12.02	1.050	980
- Abschreibungen auf Sachanlagen	160	150
(2) Unter Finanzanlagen sind u. a. ausgewiesen:		
- Beteiligungen	50	60

(3) Das gezeichnete Kapital besteht aus 500 Mio. Aktien mit einem Nennwert von je 1 GE.

(4) Die Verbindlichkeiten setzen sich wie folgt zusammen:

	02	01
1. Verbindlichkeiten gegenüber Kreditinstituten	400	450
davon mit einer Restlaufzeit		
- bis zu einem Jahr	100	150
- bis zu fünf Jahren	280	280
- mehr als fünf Jahre	20	20
2. Erhaltene Anzahlungen	50	0
3. Verbindlichkeiten aus Lieferungen und Leistungen	580	585
davon mit einer Restlaufzeit		
- bis zu einem Jahr	580	585
4. Wechselverbindlichkeiten	40	0
davon mit einer Restlaufzeit		
- bis zu einem Jahr	40	0
5. Sonstige Verbindlichkeiten	10	0
davon mit einer Restlaufzeit		
- bis zu einem Jahr	10	0

(5) Eventualverbindlichkeiten setzen sich wie folgt zusammen:

	02	01
1. Bürgschaften und Garantien	40,5	38
2. Gewährleistungsverpflichtungen	10,2	4,5

(6) Die Sonstigen betrieblichen Erträge beinhalten im Wesentlichen den Saldo aus Inanspruchnahme, Auflösung und Zuführung verschiedener Rückstellungen (ausgenommen Zuführungen zu den Pensionsrückstellungen; diese sind unter „Personalaufwand" berücksichtigt).

(7) Außerordentliche Aufwendungen und Erträge i. S. d. § 277 Abs. 4 HGB fielen weder in der Periode 02 noch 01 an.

Aufgaben

Finanzwirtschaftliche Analyse des Jahresabschlusses:

a) Berechnen Sie mit der Anlage- und Umlaufvermögensintensität Kennzahlen zur Vermögensstruktur für das Jahr 02. Wie stellt sich die Lage der TELECOMMUNICA AG dar, wenn die meisten Wettbewerber eine Quote von je 50% aufweisen?

b) Ermitteln Sie im Rahmen der Analyse der Kapitalstruktur die Eigenkapital- und Fremdkapitalquote sowie den Verschuldungsgrad für das Jahr 02. Gehen Sie dabei kurz auf mögliche Vor- und Nachteile einer hohen bzw. niedrigen Eigenkapitalquote ein.

c) Überprüfen Sie zur Beurteilung der Finanz- und Liquiditätslage die Beachtung der „goldenen Bilanzregel" (i. e. S./ i. w. S.) für die Periode 02. Ermitteln Sie ferner auf der Basis verfügbarer Daten Liquiditätsdeckungsgrade für die Periode 02. Nehmen Sie kritisch zur Aussagefähigkeit der genannten Kennzahlen Stellung.

d) Berechnen Sie den Cash Flow des Unternehmens für 02. Welche Ermittlungsprobleme können in diesem Zusammenhang gegeben sein?

Erfolgswirtschaftliche Analyse des Jahresabschlusses:

e) Vergleichen Sie den Bilanzkurs der TELECOMMUNICA AG zum 31.12.02 mit dem Börsenkurs von 4,10 GE zum gleichen Zeitpunkt und interpretieren Sie mögliche Abweichungen.

f) Ermitteln Sie im Rahmen der Analyse der Aufwands- und Ertragsstruktur die Material-, Personal- und Anlageintensität für das Jahr 02. Welche Interdependenzen bestehen zwischen diesen Kennzahlen?

g) Berechnen Sie die Eigenkapital-, Gesamtkapital- und Umsatzrentabilität für die Periode 02. Interpretieren Sie das Ergebnis unter Beachtung der Zusatzinformationen, dass der Zins für die durchschnittliche Mittelaufnahme am Kapitalmarkt aktuell 7,4% und die durchschnittliche Umsatzrentabilität der Branche zur Zeit 3,5% beträgt.

Lösung

a)

$$\text{Anlagevermögensintensität} = \frac{\text{Anlagevermögen}}{\text{Gesamtvermögen}} \times 100 = \frac{1090}{2700} \times 100 = 40{,}37\%$$

$$\text{Umlaufvermögensintensität} = \frac{\text{Umlaufvermögen}}{\text{Gesamtvermögen}} \times 100 = \frac{1610}{2700} \times 100 = 59{,}63\%$$

Anlage- und Umlaufvermögensintensität sind Gliederungszahlen und dienen einer Analyse der Vermögensstruktur. Bei der Anlagevermögensintensität wird das Anlagevermögen in Beziehung zum Gesamtvermögen gesetzt. Die Umlaufvermögensintensität ist der Quotient von Umlaufvermögen und Gesamtvermögen, wobei der aktive Rechnungsabgrenzungsposten aufgrund seiner in der Regel Kurzfristigkeit dem Umlaufvermögen zugeordnet wurde.

Mit 40,37% liegt die Anlagevermögensintensität der TELECOMMUNICA AG deutlich unter denen ihrer Wettbewerber (50%). Die Kennzahl Umlaufvermögensintensität ist absolut betrachtet ca. 10% größer als im Branchendurchschnitt. Die Ausprägung dieser beiden Kennzahlen im Vergleich zu den Wettbewerbern (Betriebsvergleich) kann einerseits positiv beurteilt werden, weil eine niedrige Anlagevermögensintensität von einer höheren Anpassungsfähigkeit des Unternehmens bei Absatzschwankungen oder an den technischen Fortschritt zeugt. Umgekehrt weisen die Quoten unter Umständen darauf hin, dass die Unternehmung mit veralteten Technologien arbeitet und Rationalisierungspotenziale bisher nur ungenügend genutzt wurden. Eine weitere mögliche Ursache für eine niedrige Anlage- und hohe Umlaufvermögensintensität stellt der alternative Einsatz von Leasinggegenständen statt erworbener Vermögensgegenstände dar. Hierzu gehen jedoch aus dem gegebenen Zahlenmaterial keine Angaben hervor.

b)

$$\text{Eigenkapitalquote} = \frac{\text{Eigenkapital}}{\text{Gesamtkapital}} \times 100 = \frac{1470}{2700} \times 100 = 54{,}44\%$$

$$\text{Fremdkapitalquote} = \frac{\text{Fremdkapital}}{\text{Gesamtkapital}} \times 100 = \frac{1230}{2700} \times 100 = 45{,}56\%$$

$$\text{Verschuldungsgrad} = \frac{\text{Fremdkapital}}{\text{Eigenkapital}} \times 100 = \frac{1230}{1470} \times 100 = 83{,}67\%$$

Eigen- und Fremdkapitalquote sowie der Verschuldungsgrad sind ebenfalls relative Kennzahlen und werden zur Untersuchung der Kapitalstruktur verwendet. Der passive Rechnungsabgrenzungsposten wurde für die Berechnung aufgrund seines Charakters dem Fremdkapital zugeordnet. In Teilen der Literatur wird abweichend von den verwendeten Bilanzwerten eine Berechnung mit Marktwerten zugrunde gelegt.

Grundsätzlich ist die finanzielle Stabilität eines Unternehmens mit hohen bzw. steigenden Eigenkapitalquoten und folglich entgegengesetzt verlaufenden Fremdkapitalquoten positiv zu beurteilen. Eigenkapital stellt eine Art „Risikopuffer" in Verlustsituationen dar, steht dem Unternehmen als Finanzierungsmittel unbefristet zur Verfügung, wahrt die Unabhängigkeit gegenüber Fremdkapitalgebern und erhöht damit die Dispositionsfreiheit. Eine hohe Eigenkapitalquote kann aber auch nachteilig sein, weil Zinsen für Fremdkapital als Betriebsausgaben bei der steuerlichen Gewinnermittlung abzugsfähig sind, während Ausschüttungen aus dem versteuerten Gewinn gezahlt werden. Ferner kann durch den zusätzlichen Einsatz von Fremdkapital die Eigenkapitalrendite gesteigert werden – sogenannte Leverage-Chance, solange die vom Unternehmen erzielte Rendite den Fremdkapitalzins übersteigt. Ob eine allgemein verbindliche oder die „richtige" Kapitalstruktur für Unternehmen existiert, ist umstritten. Die sogenannte „traditionelle These" geht davon aus, dass es einen optimalen Verschuldungsgrad gibt. Dem entgegen steht das Modell von Modigliani/Miller mit einem Beweis der Irrelevanz der Kapitalstruktur.

c) Vermögens- und Kapitalstruktur einer Unternehmung können nicht völlig unabhängig voneinander beurteilt werden. Zur Einschätzung der zukünftigen Zahlungsfähigkeit werden deshalb im Rahmen der horizontalen Bilanzanalyse bestimmte Aktivpositionen in Relation zu bestimmten Passivpositionen gebracht, um zu erkennen, inwieweit die Bindungsdauer der Vermögensgegenstände mit der Kapitalüberlassungsdauer korreliert. Mit den goldenen Bilanzregeln stehen Kennzahlen zur Analyse der langfristigen Fristenkongruenz zur Verfügung. Durch die verschiedenen Liquiditätsdeckungsgrade wird die kurzfristige Einhaltung der Fristenkongruenz untersucht.

$$\text{Goldene Bilanzregel i.e.S.} = \frac{\text{Eigenkapital}}{\text{Anlagevermögen}} \times 100 = \frac{1470}{1090} = 1,35$$

$$\text{Goldene Bilanzregel i.w.S.} = \frac{\text{Eigenkapital+langfr. Fremdkapital}}{\text{Anlagevermögen}} = \frac{1470+120}{1090} = 1,46$$

Die goldenen Bilanzregeln sind Beziehungszahlen. Vergleichsmaßstab ist eine Sollgröße. Bei diesen Kennzahlen wird unterstellt, dass die Einteilung der Vermögensgegenstände auf der Aktivseite in Anlage- und Umlaufvermögen einer längeren bzw. kürzeren Kapitalbindungsdauer entspricht.

Der Grundsatz der Fristenkongruenz ist nach der goldenen Bilanzregel i. e. S. – auch als Anlagendeckungsgrad A bezeichnet – gewahrt, wenn das Eigenkapital das Anlagevermögen übersteigt, d. h. die Kennzahl einen Wert größer als 1 annimmt. Dem liegt aus Sicht der Gläubiger die Annahme zugrunde, dass Anlagevermögen vollständig durch Eigenkapital finanziert sein sollte, weil es im Insolvenzfall nur schwer verwertbar ist. Bei der TELECOMMUNICA AG ist mit einem Wert von 1,35 die Forderung der goldenen Bilanzregel i. e. S. gewahrt.

Die goldenen Bilanzregel i. w. S. – auch als Anlagendeckungsgrad B bezeichnet – bezieht neben dem Eigenkapital noch das langfristige Fremdkapital (Restlaufzeit > fünf Jahre) zur Deckung des Anlagevermögens mit ein. Der Wert sollte ebenfalls größer als 1 sein. Diese Bedingung ist bei der TELECOMMUNICA AG mit einem Wert von 1,46 erfüllt. Der Betrag des langfristigen Fremdkapitals setzt sich aus den Pensionsrückstellungen – bei denen mangels Zusatzinformationen Langfristigkeit unterstellt wird – mit 100 sowie den Verbindlichkeiten gegenüber Kreditinstituten mit einer Restlaufzaufzeit größer fünf Jahre von 20 zusammen.

$$\text{Liquidität 1.Grades} = \frac{\text{flüssige Mittel}}{\text{kurzfr. Fremdkapital}} = \frac{200}{780} = 0{,}26$$

$$\text{Liquidität 2.Grades} = \frac{\text{flüssige Mittel} + \text{kurzfr. Ford.}}{\text{kurzfr. Fremdkapital}} = \frac{200+530}{780} = 0{,}94$$

$$\text{Liquidität 3.Grades} = \frac{\text{flüssige Mittel} + \text{kurzfr. Ford.} + \text{Vorräte}}{\text{kurzfr. Fremdkapital}} = \frac{200+530+770}{780} = 1{,}92$$

Die Fähigkeit, kurzfristig anstehende Zahlungsverpflichtungen termingerecht und uneingeschränkt bedienen zu können, ist nach den verschiedenen Liquiditätsdeckungsgraden (Beziehungszahlen) theoretisch dann gegeben, wenn die Kennzahlen den Sollwert von 1 übersteigen. Es ist damit ebenfalls ein Soll-Ist-Vergleich durchzuführen.

Mit der Kennzahl Liquidität 1. Grades wird geprüft, ob die liquiden Mittel des Unternehmens zur Befriedigung kurzfristiger Ansprüche von Fremdkapitalgebern ausreichen. In das kurzfristige Fremdkapital sind alle Verbindlichkeiten mit einer Restlaufzeit bis zu einem Jahr einzubeziehen, wobei unterstellt wurde, dass die Erhaltene Anzahlung Kurzfristcharakter hat; zu diskutieren wäre, ob bei besseren Informationen die kurzfristigen Rückstellungen und der passive Rechnungsabgrenzungsposten ebenfalls zu integrieren wären. Die TELECOMMUNICA AG erreicht bei dieser Kennzahl einen Wert von 0,26 und unterschreitet damit den Sollwert von 1 erheblich. Es ist jedoch bei der Interpretation und einem Urteil über die Liquiditätssituation zu bedenken, dass diese Kennzahl im Nenner mit dem kurzfristigen Fremdkapital sehr weit, im Zähler mit den liquiden Mitteln jedoch sehr eng gefasst ist. So wird z. B. der Bestand an Forderungen aus Lieferungen und Leistungen zur Deckung der Fremdkapitalansprüche nicht einbezogen.

Diese Asymmetrie wird bei der Liquidität 2. Grades durch den Einbezug der angesprochenen Forderungen in den Zähler aufgehoben. Die TELECOMMUNICA AG erfüllt die Sollgröße mit einem Wert von 0,94 nicht ganz.

Die Liquidität 3. Grades ist ein Maßstab dafür, in welchem Umfang die kurzfristigen Verbindlichkeiten durch liquide Mittel oder liquiditätsnahe Vermögensgegenstände beglichen werden können. Aus diesem Grund sind zusätzlich die Vorräte in den Zähler mit aufzunehmen. Mit einem Wert von 1,94 ist im Sachverhalt aus Sicht der Liquidität 3. Grades eine gute Liquiditätslage gegeben.

Bei der Beurteilung der Liquiditätslage mit Hilfe dieser Kennziffern ist zu bedenken, dass lediglich Größen aus der Bilanz in Zähler und Nenner eingeflossen sind und diese den Bestand zu einem in der Regel bereits einige Monate zurückliegenden Stichtag anzeigen. Neben dem Aspekt des veralteten Zahlenmaterials können Bestandsgrößen vom Unternehmen leicht durch bestimmte Maßnahmen (z. B. Aufnahme eines Kredites kurz vor dem Bilanzstichtag) beeinflusst werden. Derartige Maßnahmen führen dann allerdings auch zu einer Verschlechterung anderer Kennzahlen (z. B. die Fremdkapitalquote steigt bei Kreditaufnahme). Hiermit wird einmal mehr die Bedeutung einer ganzheitlichen Beurteilung der wirtschaftlichen Lage des Unternehmen sichtbar. Ein weiterer Kritikpunkt sind die angenommenen Soll-Größen von 1 als Vergleichsmaßstab, deren Höhe und Existenz aus wissenschaftlicher Sicht stark umstritten ist. Der kausale Zusammenhang zwischen ermittelter Liquidität zum Bilanzstichtag und zukünftiger Liquidität ist zudem gestört, weil in die Liquiditätsgrade zahlreiche regelmäßig wiederkehrende Verbindlichkeiten (anstehende Gehaltszahlungen, Mieten, Steuervorauszahlungen) als auch Kapitalbeschaffungsmöglichkeiten in Form offener Kreditlinien nicht mit einfließen. Ferner ist der Auffassung entgegenzutreten, je höher die Liquiditätsgrade desto besser sei die wirtschaftliche Situation des Unternehmens. Ein zu hoher Bestand an liquiden Mitteln wirkt sich langfristig negativ auf die Ertragssituation eines Unternehmens aus.

d) Der Cash Flow gehört zur Gruppe der absoluten Kennzahlen und kann sowohl als ein Beurteilungsmaßstab für die finanzielle Stabilität als auch für die Ertragskraft eines Unternehmens angesehen werden. Diese Kennzahl stellt den in der vergangenen Periode erwirtschafteten Einzahlungsüberschuss dar – ist also zahlungsstromorientiert. Als Folge der verwendeten Stromgrößen werden durch den Cash Flow Nachteile statischer Liquiditätskennzahlen erheblich gemindert.

Daten der Gewinn- und Verlustrechnung bilden für den externen Bilanzanalytiker die Ausgangsbasis für die Cash Flow-Ermittlung. Es existieren grundsätzlich zwei verschiedene Methoden zur Berechnung des Cash Flow: die direkte und die indirekte Methode. Bei der direkten Ermittlung ergibt sich der Cash Flow als Differenz einnahmewirksamer Erträge und ausgabewirksamer Aufwendungen, d. h. die Kennzahl wird aus den zahlungswirksamen Vorgängen direkt ermittelt. In der Regel wird der Cash Flow in der Praxis nach der indirekten Methode berechnet, in dem der Jahresüberschuss um die nicht zahlungswirksamen Aufwendungen und Erträge korrigiert wird.

Indirekte Cash Flow-Ermittlung:

	Jahresüberschuss	120
+	Abschreibungen	200
−	Zuschreibungen	40
−	sonstige betriebliche Erträge	100
+	Zuführungen zu Pensionsrückstellungen	5
=	Cash Flow	185

Die genaue Ermittlung der Kennzahl Cash Flow sowohl nach der direkten als auch nach der indirekten Methode gestaltet sich für externe Bilanzanalytiker zum Teil sehr problematisch – was in obiger Berechnung insbesondere bei der Zuführung der Pensionsrückstellungen erkennbar ist, die nur mittels einer statischen Veränderung aus der Bilanz entnommen werden kann. Die Schwierigkeiten resultieren insbesondere daraus, dass aus dem zur Verfügung stehenden Zahlenmaterial die Zahlungswirksamkeit einzelner Posten der Gewinn- und Verlustrechnung nicht vollständig ersichtlich ist. Dies hat dazu veranlasst, vielfach nur vereinfachte Formeln zur Ermittlung des Cash Flow in der Praxis anzuwenden. Im Ergebnis führen – verursacht durch die genannten Informationsprobleme – die Berechnungen nur zu einer Annäherung an den tatsächlichen Cash Flow des Unternehmens, mit der Folge, dass die Aussagefähigkeit dieser Kennzahl erheblich eingeschränkt wird.

e)

$$\text{Bilanzkurs} = \frac{\text{Eigenkapital}}{\text{gezeichnetes Kapital}} \times \text{Nennwert der Aktie} = \frac{1470}{500} \times 1 = 2{,}94$$

Der Bilanzkurs ist eine relative Kennzahl und kann sowohl zur Analyse der finanziellen Stabilität als auch der Ertragskraft herangezogen werden. Als substanzorientierte Größe zeigt der Bilanzkurs das Verhältnis von bilanziellem Eigenkapital zum gezeichneten Eigenkapital unter Berücksichtigung des Nennwertes der Aktien. Die Kennzahl beträgt bei der TELECOMMUNICA AG zum 31.12.02 2,94 GE.

Der Börsenkurs eines Unternehmens ist Ausdruck einer ertragsorientierten Bewertung des Unternehmens durch die verschiedenen Marktteilnehmer. Laut Sachverhalt beträgt der Börsenkurs zum Bilanzstichtag 4,10 GE.

Die Differenz zwischen Bilanz- und Börsenkurs der TELECOMMUNICA AG in Höhe von 1,16 GE/Aktie könnte als Ausdruck vorhandenen stiller Reserven einschließlich des originären Geschäfts- oder Firmenwertes verstanden werden. Ursächlich dafür ist die dem Gläubigerschutzgedanken verpflichtete handelsrechtliche Rechnungslegung in Deutschland, die durch eine strenge Ausprägung von Realisations- und Imparitätsprinzip zur Legung von stillen Reserven und damit über ein geringeres bilanzielles Eigenkapital zu einem niedrigeren Bilanzkurs führt. Entgegen dieser teilweisen „Informationsunterdrückung" in handelsrechtlichen Jahresabschlüssen fließen in den Börsenkurs – einen informationseffizienten Kapitalmarkt unterstellt – alle am Markt verfügbaren Informationen das Unternehmen betreffend ein. Mögliche Schlussfolgerung wäre, dass die Ertragskraft der TELECOMMUNICA AG besser ist, als dies durch den Jahresabschluss zum Ausdruck kommt. Die Aussagefähigkeit des Vergleichs von Bilanz- und Börsenkurs verliert indes an Bedeutung, wenn bedacht wird, dass neben den zukünftigen Ertragserwartungen auch noch andere Faktoren, wie z. B. die kurzfristige Marktbeeinflussung durch institutionelle Investoren oder irrationales Verhalten der Marktteilnehmer, Einfluss auf die Höhe der Bewertung an der Börse nehmen.

f)

$$\text{Materialintensität} = \frac{\text{Materialaufwand}}{\text{Gesamtleistung}} \times 100 = \frac{2900}{6800} \times 100 = 42,65\%$$

$$\text{Personalintensität} = \frac{\text{Personalaufwand}}{\text{Gesamtleistung}} \times 100 = \frac{3500}{6800} \times 100 = 51,47\%$$

$$\text{Anlageintensität} = \frac{\text{Abschreibungen auf Sachanlagen}}{\text{Gesamtleistung}} \times 100 = \frac{160}{6800} \times 100 = 2,35\%$$

Die Untersuchung von Aufwands- und Ertragsstruktur stellt einen Teilbereich der erfolgswirtschaftlichen Analyse dar. Ziel ist es, durch die Bildung von Kennzahlen Informationen über den Anteil einzelner Erfolgskomponenten bei der Entstehung des Gesamterfolgs zu generieren. Mit Hilfe der Material-, Personal- und Anlageintensität (Beziehungszahlen) wird die Aufwandsstruktur einer Unternehmung analysiert, um Kostenschwerpunkte im Vergleich zu Wettbewerbern oder eine bestimmte Entwicklung im Zeitablauf zu erkennen. Bei der Berechnung wird jeweils im Nenner die Gesamtleistung verwendet, weil die verschiedenen Aufwandspositionen sowohl durch abgesetzte als auch auf Lager gefertigte Produkte verursacht worden.

Die Materialintensität – auch als Materialaufwandsquote bezeichnet – verdeutlicht den relativen Anteil der Materialaufwendungen bezogen auf die Gesamtleistung und kann als ein Indiz für die Fertigungstiefe einer Unternehmung angesehen werden. Gleichzeitig kommt durch diese Kennzahl zum Ausdruck, welche Chancen und Risiken bei sich am Markt ändernden Mengen- und Preisverhältnissen entstehen können.

Mit der Personalintensität – auch als Personalaufwandsquote bezeichnet – wird das relative Gewicht des Produktionsfaktors Arbeit bei der Erbringung der Gesamtleistung abgebildet. Durch diese Kennzahl kann die potenzielle Anfälligkeit der Unternehmung in Bezug auf Lohn- und Gehaltssteigerungen ersichtlich werden. Ein sinnvoller Vergleich zu anderen Unternehmen setzt voraus, dass immer die Art der Produkte, deren Qualität und entsprechende Serviceleistungen gegenüber Kunden mit in die Beurteilung einfließen.

Im Rahmen der Anlageintensität – auch als Abschreibungsaufwandsquote tituliert – stehen die Abschreibungen auf das Sachanlagevermögen in Relation zur Gesamtleistung. Eine hohe bzw. im Zeitablauf steigende Anlageintensität deutet auf den verstärkten Einsatz des Produktionsfaktors Kapital und damit auf die Erzielung von Rationalisierungseffekten hin. Kurzfristig betrachtet, sind Veränderungen der Kennzahl durch Modifikationen bei den Abschreibungsmodalitäten erklärbar bzw. aus Sicht der Unternehmung beeinflussbar.

Insgesamt wird offensichtlich, dass zwischen den Kennzahlen bzw. den zugrundeliegenden Sachverhalten Interdependenzen vorliegen. Beispiele dafür sind: Der verstärkte Einsatz von Kapital und eine damit steigende Anlageintensität führt ceteris paribus zu einer sinkenden Personalintensität. Ebenso führt eine steigende Materialintensität basierend auf einer Verringerung der Fertigungstiefe ceteris paribus zu einer Verringerung der Personalintensität, wenn die Ertragssituation unverändert bleiben soll.

g)

$$\text{Eigenkapitalrentabilität} = \frac{\text{JÜ nach Steuern}}{\varnothing \text{ Eigenkapital}} \times 100 = \frac{120}{1460} \times 100 = 8{,}22\%$$

$$\text{Gesamtkapitalrentabilität} = \frac{\text{JÜ n. Steuern} + \text{FK'Zinsen}}{\varnothing \text{ Gesamtkapital}} \times 100 = \frac{120+120}{2655} \times 100 = 9{,}04\%$$

$$\text{Umsatzrentabilität} = \frac{\text{JÜ nach Steuern}}{\text{Umsatz}} \times 100 = \frac{120}{6000} \times 100 = 2{,}00\%$$

Rentabilitätsanalysen haben das Ziel, die Ertragslage einer Unternehmung besser einschätzen zu können, in dem eine bestimmte Erfolgsgröße ins Verhältnis zur verursachenden Bezugsgröße gebracht wird. Rentabilitätskennzahlen sind folglich Beziehungszahlen.

Die Kennzahl Eigenkapitalrentabilität drückt aus, wie sich das von den Anteilseignern in das Unternehmen eingebrachte Kapital verzinst hat. Das durchschnittliche Eigenkapital 02 der TELECOMMUNICA AG wird als Mittelwert der entsprechenden Bilanzwerte zum 31.12.01 und 31.12.02 berechnet. Aufgrund der Haftungsfunktion des Eigenkapitals werden Anteilseigner langfristig betrachtet ferner einen Risikozuschlag gegenüber einer alternativen sicheren Anlage am Kapitalmarkt verlangen, so dass die geforderte Eigenkapitalrentabilität in aller Regel den Fremdfinanzierungszins übersteigt.

Bei der Beurteilung der Ertragslage mit Hilfe der Gesamtkapitalrentabilität sind zum Periodenerfolg nach Steuern im Zähler noch die Fremdkapitalzinsen einzubeziehen, weil diese auch durch das investierte Gesamtkapital erwirtschaftet wurden. Die Gesamtkapitalrentabilität stellt eine Art Grenzzins für die Fremdkapitalaufnahme dar. Solange die im Unternehmen erzielte Rendite größer als der Fremdkapitalzins ist, kann durch zusätzliche Verschuldung die Eigenkapitalrentabilität gesteigert werden – sogenannte Leverage-Chance. Übersteigt indessen der zu zahlende Zins die Gesamtkapitalrentabilität, sinkt die Eigenkapitalrentabilität bzw. wird das Eigenkapital langfristig durch Verluste aufgezehrt.

Die Umsatzrentabilität dient der Beurteilung des Jahresergebnisses im Verhältnis zum Umsatz. Tendenziell gilt, je höher die Ausprägung dieser Kennzahl ist, desto besser ist die Ertragssituation einer Unternehmung einzuschätzen.

Die im Vergleich zu den Wettbewerbern (3,5%) wesentlich niedrigere Umsatzrentabilität der TELECOMMUNICA AG mit 2,00% erweckt den Anschein, dass die Ursache nicht in einer ungünstigen wirtschaftlichen Entwicklung der Branche – andere Konkurrenten sind erfolgreicher – liegt, sondern durch eine schlechte Geschäftspolitik verursacht wurde.

Dieser Umstand wird ferner unterstützt durch die Tatsache, dass die ermittelte Eigenkapitalrentabilität der TELECOMMUNICA AG für das Jahr 02 unter der Gesamtkapitalrentabilität liegt und folglich die zu zahlenden Fremdkapitalzinsen größer als die im Unternehmen erwirtschaftete Rendite gewesen sein muss (Fremdkapitalzins > 9,04%). Demzufolge würde ein Leverage-Risiko vorliegen.

Es fällt jedoch auf, dass die durchschnittliche Mittelaufnahme am Kapitalmarkt zu 7,4% möglich ist. Bei Mittelaufnahme zu diesem unter der Geamtkapitalrentabilität liegenden Zins würde die Eigenkapitalrentabilität gesteigert werden können – Leverage-Chance. Was können die Ursachen für die Differenz zwischen dem gegenwärtig sehr hohen von der TELECOMMUNICA AG gezahlten Fremdkapitalzins und den vergleichsweise günstigen Konditionen am Markt sein? Zum einen könnte es sich teilweise um langfristige in einer Hochzinsphase aufgenommene Finanzierungsmittel mit entsprechend hohen Zinszahlungen handeln. Sollte die Möglichkeit einer Kündigung dieser Mittel bestehen, wäre eine Umschuldung zu empfehlen. Eine andere Möglichkeit wäre, den Vergleichsmaßstab zu hinterfragen. Kann die TELECOMMUNICA AG bei vergleichbaren Sicherheiten tatsächlich einen Kredit in entsprechendem Umfang mit gewünschter Fristigkeit zu 7,4% Zinsen erhalten? Oder anders gefragt, kann es überhaupt einen einheitlichen Zins für mit unterschiedlichen Eigenschaften ausgestattete und folglich heterogene Kredite geben?

Ein möglicher Grund, der gegen eine Anspannung der Ertragslage der TELECOMMUNICA AG spricht, ist in der Verwendung des Jahresüberschusses im Zähler der Eigen- und Gesamtkapitalrentabilität als auch der Umsatzrentabilität zu sehen. Diese Größe ist bei Einsatz des zur Verfügung stehenden bilanzpolitischen Instrumentariums in gewissem Umfang variabel. Aus der Variabilität der Höhe des Jahresüberschusses resultiert automatisch eine Variabilität der angesprochenen Kennzahlen. Folglich würde sich bei einem steuerlich motivierten Ausüben der Wahlrechte ein geringerer Jahresüberschuss ergeben, d. h. die wahre absolute Ertragskraft der TELECOMMUNICA AG ist größer als es im Jahresüberschuss 02 zum Ausdruck kommt. Ein möglicher Hinweis darauf ist der ermittelte Cash Flow, der mit 185 den Jahresüberschuss um 65 übersteigt. Ein (wesentlich) höherer Jahresüberschuss hätte folgenden Einfluss auf die Kennzahlen: Die Eigenkapitalrentabilität steigt stärker als die Gesamtkapitalrentabilität bzw. würde diese sogar übersteigen; die Umsatzrentabilität der TELECOMMUNICA AG verglichen mit den Wettbewerbern würde sich wesentlich verbessern.

Fazit

Die zur Lösung der verschiedenen Teilaufgaben aufgezeigten Argumentationen im Rahmen der Fallstudie TELECOMMUNICA AG unterstreichen noch einmal, dass:

- zum Teil quantitativ und qualitativ (z. B. Vergangenheitsbezug) unbefriedigende Informationsgrundlagen den Aussagegehalt der Bilanzanalyse stark einschränken,

- einzelne Kennzahlen gezielt durch die Ausübung bilanzieller Ansatz-, Bewertungs- und Ausweiswahlrechte beeinflusst werden können,

- die Qualität einer Analyse entscheidend von der Auswahl und Bestimmung geeigneter Vergleichsmaßstäbe abhängt und

- das zur Beurteilung von finanzieller Stabilität und Ertragskraft einer Unternehmung eine ganzheitliche Würdigung im Rahmen der Jahresabschlussanalyse vorzunehmen ist, die ein umfassendes Verständnis von betriebswirtschaftlichen Zusammenhängen voraussetzt.

Literaturhinweise

BAETGE, J.: Bilanzanalyse, Düsseldorf 1998.

BURGER, A.: Jahresabschlußanalyse, München et al. 1995.

COENENBERG, A. G.: Jahresabschluss und Jahresabschlussanalyse, 19. Aufl., Stuttgart 2003.

KÜTING, K./WEBER, C.-P.: Die Bilanzanalyse – Lehrbuch zur Beurteilung von Einzel- und Konzernabschlüssen, 6. Aufl., Stuttgart 2001.

PERRIDON, L./STEINER, M.: Finanzwirtschaft der Unternehmung, 11. Aufl., München 2002.

SCHULT, E.: Bilanzanalyse – Möglichkeiten und Grenzen externer Unternehmensbeurteilung, 10. Aufl., Berlin 1999.

WEHRHEIM, M.: Grundlagen der Rechnungslegung, 4. Aufl., Frankfurt am Main et al. 2000.

WEHRHEIM, M./SCHMITZ, T.: Jahresabschlußanalyse, Stuttgart et al. 2001.

Matthias Heiden

Pro-forma-Kennzahlen aus Sicht der Erfolgsanalyse

Weltweit veröffentlicht eine Vielzahl von Unternehmen unter dem Erwartungsdruck zunehmend integrierter Kapitalmärkte neben den Ergebniskennzahlen der handelsrechtlichen Rechnungslegung zusätzlich durch das Management adjustierte Erfolgsgrößen in Form von so genannten Pro-forma-Kennzahlen.

Im Jahre 2002 berichtete die OECD unter Berufung auf die Beratungsfirma *Smart StockInvestor.com*, dass die TOP 100-Firmen des NASDAQ einen nach US-GAAP (und bei der SEC offengelegten) ermittelten Gesamtverlust von 82 Mrd. US-Dollar bilanzierten, unternehmensseitig jedoch gegenüber den Kapitalmarktteilnehmern zuvor einen summarischen Pro-forma-Gewinn in Höhe von 19 Mrd. US-Dollar kommuniziert hatten. Trotz eines anschließend erfolgten regulatorischen Eingriffes seitens der Securities and Exchange Commission (SEC) mit dem Sarbanes-Oxley-Act präsentierten viele Unternehmen in den USA auch 2003 weiterhin Pro-forma-Ergebnisse. Diese werden normenbedingt nunmehr nur noch der Presse und den Analysten präsentiert, während bei der SEC US-GAAP-Ergebnisse vorgelegt werden.

Auch deutsche Unternehmen haben in den Pro-forma-Kanon der Kapitalmärkte eingestimmt. Besonders populär bei allen Beteiligten ist das Nachsingen des von *Lorson/Schedler* als „EBITanei" bezeichneten Kanons der EBIT (*Earnings before interest and taxes*)-Kennzahlenfamilie. Diese von den Informationsempfängern heute vornehmlich in Multiplikatorverfahren zur Unternehmens- und Aktienbewertung genutzten Kennzahlen sind zum festen Bestandteil der Unternehmensberichterstattung geworden. Wie in den USA überwiegt bei den Unternehmen auch hierzulande die (imparitätische) Bereinigung des nach dem jeweiligen Rechnungslegungsnormensystem ausgewiesenen Jahresüberschusses um Aufwendungen, wodurch in einigen Fällen aus negativen Konzernjahresüberschüssen positive Pro-forma-Ergebnisse werden.

Obwohl sich der Pro-forma-Begriff für Kennzahlen erst in den neunziger Jahren durchgesetzt hat, handelt es sich nicht um ein gänzlich neues Phänomen. Bereits 1934 betonten *Graham/Dodd*, dass bestimmte Einflussfaktoren die Verwendung einer solchen von den handelsrechtlichen Rechnungslegungsnormen abweichenden Erfolgsgröße für Analysezwecke erforderlich machen.

Die nachfolgenden Aufgaben sollen nunmehr in das Wesen von Pro-forma-Ergebniskennzahlen einführen und eine kritische Analyse aus Sicht der Erfolgsanalyse vornehmen. Die Ergebnisse werden anhand eines Zahlenbeispiels abschließend verdichtet.

Aufgabe 1

a) Charakterisieren Sie Pro-forma-Kennzahlen. Gehen Sie dabei insbesondere auf die Pro-forma-Ergebniskennzahlen der EBIT-Familie ein.

b) Nehmen Sie eine Systematisierung von Pro-forma-Kennzahlen vor und erläutern Sie die vorgenommenen Einteilungen. Welchen Beitrag kann eine solche Systematisierung leisten?

c) Erläutern Sie Wesen und Ziele der Erfolgsanalyse im Kontext von Pro-forma-Kennzahlen.

Aufgabe 2

a) Analysieren Sie die empirische Bedeutung von EBIT-Kennzahlen in den Geschäftsberichten deutscher Konzerne. Hierbei sind weder multivariate Betrachtungen anzustellen noch ist auf Anwendung und Einhaltung der Rechnungslegungsnormen zur verpflichtenden Pro-forma-Berichterstattung einzugehen. Stellen Sie Ihre Ergebnisse auch in den Kontext empirischer Forschungsergebnisse für die USA.

b) Nehmen Sie aus Sicht der Erfolgsanalyse kritisch Stellung zur Praxis der Pro-forma-Ergebnisberichterstattung in deutschen Konzerngeschäftsberichten.

Aufgabe 3

a) Erläutern Sie die vorgenommene Unterscheidung zur indirekten und direkten Ermittlungsmethode von Pro-forma-Kennzahlen beispielhaft anhand der jeweils in der Literatur vorgelegten EBIT/EBITDA-Berechnungsschemata von *Wöhe* und *Coenenberg* auf Basis einer Gewinn- und Verlustrechnung nach HGB.

b) Nehmen Sie eine kurze kritische Analyse Ihres (theoretischen) Ergebnisses anhand der fiktiven Gewinn- und Verlustrechnung (GuV) der nach HGB bilanzierenden Einzelunternehmung „Heizcon AG" vor.

Gewinn- und Verlustrechnung der Heizcon AG zum 31.12.2002 (in Mio. EURO)	
Umsatzerlöse	5.000
+ sonstige betriebliche Erträge	600
− Materialaufwand	750
− Personalaufwand	600
− Abschreibungen auf Sachanlagen und immaterielle Vermögensgegenstände	100
Betriebsergebnis	**4.150**
− Zinsaufwand	− 2.000
+ Zinsertrag	+ 1.450
Ergebnis der gewöhnlichen Geschäftstätigkeit	**3.600**
− außerordentlicher Aufwand	175
− Ertragsteuern	700
− sonstige Steuern	50
Jahresüberschuss	**2.675**

Tab. 1: Fiktive Gewinn- und Verlustrechung der nach HGB bilanzierenden „Heizcon AG".

Lösung

Aufgabe 1

a) Als „pro forma" können grundsätzlich solche Finanzkennzahlen bezeichnet werden, welche entweder in einem Rechnungslegungsnormensystem explizit als solche genannt werden oder die – im Vergleich zum nach dem jeweiligen Rechnungslegungsstandard ermittelten Nachsteuerergebnis – um einmalige, ungewöhnliche, außerbetriebliche oder nicht zahlungswirksame Aufwendungen und Erträge bereinigt werden. Solche Pro-forma-Earnings definieren *Mulford/Comiskey* als *„reported net income with selected nonrecurring items of revenue or gain and expense or loss deducted from or added back, respectively, to reported net income. Occasionally selected nonoperating or noncash items are also treated as adjustment items"*.

Korrigierte Ergebnisgrößen finden in der modernen Finanzanalyse Eingang in sog. Multiplikatormodelle zur Unternehmens- bzw. Aktienbewertung. Beliebte Bewertungsparameter sind hierbei neben dem EBIT weitere Earnings before-Kennzahlen. Dabei werden bilanzpolitische Gestaltungsmöglichkeiten, welche die Schwächen der EBIT-Methode ausnutzen, häufig übersehen. Die bisherigen empirischen Untersuchungen verdeutlichen dieses Gestaltungspotential, welches sich in einer fehlenden Transparenz der Kennzahlenermittlung sowie facettenreichen Berechnungsmethoden manifestiert.

Uneinheitlich ist derzeit auch die EBIT-Kennzahlenberechnung im Schrifttum. Dies betrifft neben der in Aufgabe 3 anhand eines Beispiels konkretisierend zu beleuchtenden Frage der indirekten oder direkten Ermittlungsmethode insbesondere den Umfang der zu eliminierenden Komponenten: Während sich die Steuerkorrektur (*taxes*) mehrheitlich auf die (vollständige) Eliminierung der Ertragsteuern beschränkt, finden sich bei der Zinskorrektur (*interest*) zwei gänzlich unterschiedliche Vorgehensweisen: Während einerseits die EBIT-Kennzahl als Betriebsergebnis im Sinne der Erfolgsspaltungskonzeption des HGB interpretiert wird und das gesamte Zinsergebnis und somit die saldierten Zinsaufwendungen und -erträge eliminiert werden, nehmen andere Autoren eine imparitätische Korrektur des Zinsergebnisses vor, indem nur die Zinsaufwendungen korrigiert werden. Begründet wird die Ablehnung einer Bereinigung um Zins- oder Beteiligungserträge damit, dass sonst dem betrieblichen Bereich zuzuordnende Erträge aus dem Ergebnis eliminiert würden. Insbesondere die Berechnung einer Gesamtkapitalrentabilität sei ansonsten nicht mehr möglich. Wird diese (imparitätische) Berechnungsmethode zur Ermittlung des EBITDA gewählt und die Abschreibungen auf Sachanlagen (*depreciation*) sowie auf immaterielle Vermögenswerte (*amortization*) ebenfalls rückgängig gemacht, kann sie auch als cashfloworientierte Vorgehensweise bezeichnet werden, da näherungsweise der erwirtschaftete Finanzmittelüberschuss eines (unverschuldeten) Unternehmens ermittelt wird. Eventuell vorhandene Zuschreibungen, welche auf außerplanmäßigen Abschreibungen oder Neubewertungsaufwendungen in Vorperioden beruhen, wären zur Eliminierung der Einflüsse aus unterschiedlichem Bilanzierungs- bzw. Finanzierungsverhalten ebenfalls zu korrigieren.

Zur Korrektur der Steueraufwendungen ist ergänzend anzumerken, dass diese Aufwendungen und Erstattungen ebenso berücksichtigen sollte wie die latenten Steuern. Eine Korrektur der sonstigen Steuern hingegen ist ob ihres Betriebskostencharakters abzulehnen.

Nachstehende Tabelle 2 zeigt die Vielzahl der in der Praxis der Unternehmenspublizität verwendeten Earnings before-Kennzahlen. Die Unternehmensangaben zu einer Kennzahl implizieren dabei weder eine identische Ermittlung noch eine aktuelle Verwendung. Es wird deutlich, dass es sich bei den Informationsabsendern sowohl um Unternehmen selbst als auch um unternehmensexterne Analystenhäuser und Banken handelt. Weiterhin entsteht sowohl durch trickreiches Arrangieren von Buchstabenkombinationen einerseits als auch variantenreiche Berechnungsmethoden und Interpretationen der Inhalte bereinigter Aufwendungen und Erträge eine für die Informationsadressaten kaum durchdringbare Kennzahlenvielfalt.

Kennzahl	Bedeutung	Anwenderbeispiele
EBA	Earnings before amortization	SHS Informationssysteme, eGain Communications
EBDA	Earnings before depreciation and amortization	eGain Communications, Auteo Media
EBDAT	Earnings before depreciation, amortization, and taxes	Haltern Income Fund
EBDADT	Earnings before depreciation, amortization, and deferred taxes	Homestead Village, Security Capital Group
EBT	Earnings before taxes	Linde, Balda, Vossloh
EBDT	Earnings before depreciation and taxes	Windward Group

Tab. 2: Earnings before-Kennzahlen in der nationalen und internationalen Unternehmenspublizität (Teil 1); vgl. Küting/Heiden (2003), S. 1545.

Kennzahl	Bedeutung	Anwenderbeispiele
EBDDT	Earnings before depreciation and deferred taxes	Catellus Development, Tomoka Land
EBTSO	Earnings before taxes and stock options	USU
EBTA	Earnings before taxes and amortization	Linde, SAP SI
EBTDA	Earnings before taxes, depreciation, and amortization	Teles, GFN
EBTDAR	Earnings before taxes, depreciation, amortization, and rents	TAM Linhas Aereas
EBIT	Earnings before interest and taxes	MAN, Epcos, Metro, Henkel
EBITD	Earnings before interest, taxes, and depreciation	Kroger, Fairchild
EBITR	Earnings before interest, taxes, and rents	SAS
	Earnings before interest, taxes, and research with long-term character	Biolitec
	Earnings before interest, taxes, and timber revaluation	DPI Forestry
EBITXD	Earnings before interest, taxes, exploration expense, and DD&A (depreciation, depletion, and amortization)	First Boston
EBIAT	Earnings before interest, amortization, and taxes	AimGlobal Technologies, Celestica
EBITSO	Earnings before interest, taxes, and stock options	USU, CyBio
EBITA	Earnings before interest, taxes, and amortization	Siemens, e.on
EBITAR	Earnings before interest, taxes, amortization, and rents	Erste Bank Austria
EBITASO	Earnings before interest, taxes, amortization, and stock options	Petercam
EBDIT	Earnings before depreciation, interest, and taxes	Cewe Color, Deutsche Steinzeug
EBDIAT	Earnings before depreciation, interest, amortization, and taxes	Viskase Companies, Hamilton Island
EBDITA	Earnings before depreciation, interest, taxes, and amortization	Det Sønderfjeldske, Orell Füssli Holding
EBDITR	Earnings before depreciation, interest, taxes, and investment realisations/revaluations	Infratil Group
EBITDA	Earnings before interest, taxes, depreciation, and amortization	BASF, RWE, Adidas Salomon
EBITDAR	Earnings before interest, taxes, depreciation, amortization, and rents	SAS, Air France, Marseille-Kliniken
	Earnings before interest, taxes, depreciation, amortization, and restructuring charges	Chart Industries, Komag
EBITDASO	Earnings before interest, taxes, depreciation, amortization, and stock options	Brokat, CPU Software
EBET	Earnings before earnings-linked taxes	Digital Advertising, Procon
EBID	Earnings before interest and depreciation	Lintec Computer
EBIDT	Earnings before interest, depreciation, and taxes	Sonata Software, Avalon Work
EBIDA	Earnings before interest, depreciation, and amortization	Littlefield, Devine Entertainment
EBIDAT	Earnings before interest, depreciation, amortization, and taxes	IT International Theatres, SPSS Inc.
EBIDTA	Earnings before interest, depreciation, taxes, and amortization	Iceland Telecom, GPC Biotech
EBIDAR	Earnings before interest, depreciation, amortization, and rents	CSFB

Tab. 2: *Earnings before*-Kennzahlen in der nationalen und internationalen Unternehmenspublizität (Teil 2); vgl. Küting/Heiden (2003), S. 1545.

Die Vielfalt der Earnings before-Kennzahlen, ihre erschwerte externe Nachvollziehbarkeit und die in der Unternehmenspraxis mitunter dubiosen Motive ihres Einsatzes in der Unternehmenskommunikation haben ihnen ein schlechtes Image verschafft. So haben sich neben der eingangs erwähnten Bezeichnung „EBITanei" auch die Ausdrücke „Earnings before Irregularities and Tampering", „Earnings before the bad stuff", „Earnings before I tricked the dumb auditor", „the make-it-up-as-you-go-along method of reporting company performance" oder „‚Alice in Wonderland' homemade report" in der öffentlichen Wahrnehmung eingeprägt. Nicht zuletzt die an Umfang und Intensität zunehmende empirische Forschung in den USA zeigt jedoch, dass Pro-forma-Gewinne nicht grundsätzlich abzulehnen sind, da sie wie andere durch bilanzanalytische Aufbereitungsmaßnahmen errechnete Kennzahlen zeitnahe Informationen für die Adressaten beinhalten können.

b) Die bisherigen Ausführungen haben verdeutlicht, dass sich eine Vielzahl unterschiedlicher Pro-forma-Kennzahlen in der betriebswirtschaftlichen Praxis herausgebildet hat. Der theoretischen BWL kann daher in diesem Kontext die Aufgabe zugewiesen werden, die einzelnen Bausteine, aus denen sich dieses Konglomerat von Kennzahlen zusammensetzt, systematisch zu untersuchen, um hierauf aufbauend in späteren Untersuchungen zur Identifikation und Erläuterung gesetzmäßiger Beziehungen zu gelangen. Eine Typologisierung soll grundsätzlich Aufbau und die Struktur beschreiben und über das Herausheben wesentlicher Merkmale zur Begriffsbildung, Klassifizierung und Systematisierung kommen.

Das Verfahren der Typologisierung wird in diesem Kontext angewandt, da ob der Vielfalt der unterschiedlichen Begriffsformen die Methode der (starren) Begriffsbildung als nicht ausreichend empfunden wird. Die unterschiedlichen Typen können durch eine Kombination von Erfahrung und Intuition gewonnen werden.

i	Systematisierungskriterium S_i	Ausprägung A_i	Ausprägung B_i
1	Form der Pro-forma-Kennzahl	absolut	relativ
2	Bereinigungsweise	imparitätisch	paritätisch
3	Periodenbezogenheit der Korrekturen	periodenbezogene Korrekturen	periodenfremde Korrekturen
4	Ermittlungsansatz	direkt	indirekt
5	Regelmäßigkeit	ordentliches Pro-forma-Ergebnis	bereinigtes Pro-forma-Ergebnis
6	Verpflichtungsgrad	freiwillig	verpflichtend
7	Form der Angabe	quantitativ	qualitativ
8	Kommunikationsform	schriftlich	verbal
9	Wirkungsrichtung	ergebniserhöhend	ergebnismindernd

Tab. 3: Zur Systematisierung von Pro-forma-Kennzahlen (Teil 1); vgl. Küting/Heiden (2003), S. 1549.

i	Systematisierungskriterium S_i	Ausprägung A_i	Ausprägung B_i
10	Bezug zur Erfolgsspaltung	im Einklang mit Erfolgsspaltungskonzeption des Gesetzgebers bzw. des Standardsetters	(individuelle) betriebswirtschaftliche Erfolgsspaltungskonzeption
11	Ziel der Veröffentlichung	Erhöhung der Vergleichbarkeit	Earnings Management
12	Originator der Veröffentlichung	unternehmensintern	unternehmensextern
13	wirtschaftswissenschaftliche Verwendung	betriebswirtschaftlich	volkswirtschaftlich
14	Ort der Veröffentlichung	regelmäßige Unternehmenspublizität	unregelmäßige Unternehmenspublizität
15	dargestellter Unternehmensbereich	Legal Consolidation	Management Consolidation
16	Grad der externen Nachvollziehbarkeit	mit Überleitungsrechnung	fehlende Überleitungsrechnung
17	Mitwirkungsgrad des Abschlussprüfers	geprüft bzw. prüferisch durchgesehen	ungeprüft

Tab. 3: *Zur Systematisierung von Pro-forma-Kennzahlen (Teil 2); vgl. Küting/Heiden (2003), S. 1549.*

Während die Systematisierungskriterien S_1 bis S_{10} auf Aspekte des Entstehens und des Erscheinungsbildes von Pro-forma-Kennzahlen eingehen, werden durch die Kriterien S_{11} bis S_{17} kommunikationsbezogene Ausprägungsmerkmale beleuchtet. Die Systematisierung ist nicht überschneidungsfrei, da Ausprägungen – wie z. B. A_{13} und A_{15} ebenso wie A_5, A_8, A_{13} und B_{17} – in kombinierter Form zu beobachten sind.

(1) Form der Pro-forma-Kennzahl

Grundsätzlich zu unterscheiden sind absolute und relative Pro-forma-Kennzahlen. Während die absoluten Pro-forma-Kennzahlen etwa in Form der unterschiedlichen EBIT-Kennzahlen auftreten, werden sie im Falle relativer Pro-forma-Kennzahlen in ein Verhältnis zu anderen Finanzkennzahlen gesetzt. Im Rahmen der wertorientierten Unternehmensführung werden EBIT-Kennzahlen zur Ermittlung wertorientierter Rentabilitätskennziffern eingesetzt und in ein externes Value Reporting eingebunden.

(2) Bereinigungsweise

Die Form der vorgenommenen (buchhalterischen) Bereinigungen ermöglicht eine Unterscheidung zwischen solchen Kennzahlen, bei denen imparitätisch lediglich Aufwendungen korrigiert werden und solchen, bei denen paritätisch Aufwendungen und Erträge bereinigt werden, um zum Pro-forma-Ergebnis vor unternehmensspezifischen (Sonder-) Einflüssen aus Finanzierung, Besteuerung, Aktienoptionen o. ä. zu kommen.

(3) Periodenbezogenheit der Korrekturen

Dieses Kriterium ermöglicht eine Trennung von Kennzahlen, bei denen lediglich periodenfremde Einflüsse korrigiert werden und solchen, die nicht zwischen der Periodenbezogenheit der korrigierten Ergebniseinflüsse unterscheiden.

(4) Ermittlungsansatz

In der Regel stellt die GuV den Ausgangspunkt der Berechnung von Pro-forma-Performancekennzahlen dar. Die Berechnung kann entweder nach der direkten (progressiven) Methode beginnend mit den Umsatzerlösen oder nach der indirekten (retrograden) Methode ausgehend vom Jahresüberschuss erfolgen.

(5) Regelmäßigkeit der Pro-forma-Kennzahl

Während einige Unternehmen eine grundsätzliche Regelmäßigkeit bei Ausweis und Herleitung aufweisen, so dass ob der erwarteten Bereinigungsschritte und der Kontinuität des Ausweises von einem „ordentlichen Pro-forma-Ergebnis" gesprochen werden kann, ergänzen andere Unternehmen ihre Berichterstattung um „bereinigte Pro-forma-Kennzahlen". Dabei kommt es etwa bei der EBITDA-Größe neben zu erwartenden Bereinigungsschritten zu weiteren individuellen Korrekturen (einmaliger) Sondereffekte und somit im Ergebnis zu einem „bereinigten EBITDA".

(6) Verpflichtungsgrad

Abzugrenzen von der freiwilligen – und somit vom Ersteller unternehmensindividuell bestimmbaren – ist die verpflichtende Pro-forma-Berichterstattung, welche sich weiter in zwei Gruppen unterteilen lässt: Zum einen sind hierunter die durch Verordnungen, Standards und Gesetze vorgeschriebenen Pro-forma-Angaben zu subsumieren, welche – etwa im Zuge von den Jahresabschluss prägenden Unternehmensrestrukturierungen – die intertemporale Vergleichbarkeit herstellen sollen. Unterschiedliche Normensysteme der Rechnungslegung sehen einen unterschiedlichen Umfang verpflichtender Pro-forma-Angaben vor, der von einzelnen Kennzahlen bis zur Erstellung ganzer Abschlüsse reicht. Ergänzend anzumerken ist, dass Pro-forma-Abschlüsse von Vorjahresangaben gemäß § 294 Abs. 2 S. 2 HGB abzugrenzen sind.

Ebenfalls zu den verpflichtenden Pro-forma-Ergebnissen zu zählen, sind solche (EBIT-) Kennzahlen, die aufgrund privatrechtlicher Vereinbarungen zwischen Unternehmen und Vertragspartnern zu berichten sind, wie etwa in der modernen Kreditvergabepraxis: Hier werden die Erreichung bzw. Einhaltung von vertraglich fixierten EBIT-Varianten als Financial bzw. Accounting Covenants zu den Vertragsbestimmungen hinzugenommen. Im Gegensatz zur freiwilligen Unternehmensberichterstattung herrscht bei den Vertragsparteien Klarheit über das Zustandekommen der bereinigten Ergebnisgrößen. Als weitere Beispiele können variable Kaufpreisklauseln in Unternehmenskaufverträgen oder Bonusregelungen in Arbeitsverträgen genannt werden.

(7) Form der Angabe

Nach der Form der Angabe können quantitative und qualitative Pro-forma-Kennzahlen unterschieden werden. Im letztgenannten Fall erfolgt nur ein qualitativer Hinweis auf die Veränderung der Pro-forma-Kennzahl z. B. in Form verbal-deskriptiver Erläuterungen zum Zustandekommen des Ergebnisses bzw. welche Sondereinflüsse dieses belasten.

(8) Kommunikationsform

Neben der schriftlichen Form der Pro-forma-Berichterstattung in Ad-hoc-Mitteilungen, Zwischen- und Geschäftsberichten erfolgt vielerorts eine rein verbale Berichterstattung in Analystengesprächen, Bilanzpressekonferenzen oder in Interviews. Hierzu werden in der Erläuterung der Unternehmensperformance verbale Nebenrechnungen aufgemacht.

(9) Wirkungsrichtung

In Abhängigkeit von den vorgenommenen Korrekturen können nach dem Kriterium der Wirkungsrichtung auf den nach dem jeweiligen Rechnungslegungsnormensystem zu ermittelnden Jahresüberschuss ergebniserhöhende und ergebnismindernde Pro-forma-Kennzahlen unterschieden werden. Obwohl derzeit nahezu ausschließlich ergebniserhöhende Korrekturen in der Praxis festzustellen sind, ist es durchaus vorstellbar, dass bei konservativer Bilanzpolitik auch ergebnismindernde bzw. -glättende Bereinigungen vorgenommen werden.

(10) Bezug zur Erfolgsspaltung

Neben der handelsrechtlichen Erfolgsspaltungskonzeption sehen auch die Normensysteme der IFRS und der US-GAAP Erfolgsspaltungskonzeptionen vor. Unter Systematisierungsgesichtspunkten folgt hieraus, dass danach differenziert werden kann, ob die zur Berechnung der Earnings before-Kennzahlen vorgenommenen Korrekturen gleichzeitig zu den expliziten und impliziten Zwischensummen der jeweiligen Erfolgsspaltungskonzeption führen. Grundvoraussetzung für einen Einklang mit der Erfolgsspaltungskonzeption ist eine paritätische Behandlung von Aufwendungen und Erträgen.

(11) Ziel der Veröffentlichung

Ziel der Ergebnisbereinigungen ist einerseits die Rückgängigmachung von – durch die ungleiche bilanzielle Behandlung gleicher Sachverhalte oder deren Eintreten – entstandenen Verzerrungen, die – beispielsweise im Falle von unterschiedlichen Finanzierungsstrukturen oder Erfolgsbeteiligungsprogrammen – eine Vergleichbarkeit mit anderen Unternehmen einschränken. Unternehmensindividuell definierte Kennzahlen können somit bei Offenlegung aller Informationen die zwischenbetriebliche Vergleichbarkeit und mitunter auch eine intertemporale Analyse unterstützen.

Willkommener Nebeneffekt derartiger Ergebnisgrößen sind aus Managementsicht die positivere Darstellung der eigenen Performance und die damit verbundene Hoffnung einer besseren Beurteilung durch den Kapitalmarkt. Vor diesem Hintergrund können EBIT-Größen auch zu denjenigen bilanzpolitischen Instrumenten gezählt werden, welche bewusst dazu eingesetzt werden, ein von der Realität abweichendes (positiveres) Bild der Erfolgslage zu zeichnen.

Diese Verhaltensform beschreibt *Scott* in seiner Definition des Earnings Management wie folgt: *„Given that managers can choose accounting policies from a set (e. g. GAAP), it is natural to expect that they will choose policies as to maximize their own utility and/or the market value of the firm"*. *Mulford/Comiskey* gehen weiter, indem sie Earnings Management als *„active manipulation of accounting results for the purpose of creating an altered impression of business performance"* charakterisieren. Aus Sicht des externen Analysten ist der Übergang zwischen erhöhter Transparenz betrieblicher Ergebnisse und bewusster Ergebnismanipulation oftmals fließend, da ob vielfach fehlender Überleitungsrechnungen die Einschätzung der Managermotivation schwer fällt.

(12) Originator der Pro-forma-Kennzahl

Es wurde bereits aufgezeigt, dass Unternehmen nicht die einzigen Absender von Pro-forma-Kennzahlen sind. Hierzu zählen auf unternehmensexterner Ebene auch Finanzanalysten und das wirtschaftswissenschaftliche Schrifttum. Letzteres bedient sich dieser Kennzahlenform etwa als erklärende Variable im Rahmen multivariater Regressionsanalysen zu unterschiedlichen Fragestellungen. Finanzanalysten hingegen erstellen Pro-forma-Kennzahlen auf Basis von Unternehmensinformationen. In der Analysepraxis ist zu beobachten, dass eine Erweiterung des Pro-forma-Kennzahlenspektrums erfolgt, wenn die Unternehmensberichterstattung den Anforderungen an branchenspezifische Kennzahlen nicht genügt. (Gemeinsam verwendete) Kennzahlen unterscheiden sich in ihrer Ermittlungstechnik sowohl auf Ebene des berichtenden Unternehmens als auch unter den unternehmensexternen Originatoren.

(13) Wirtschaftswissenschaftliche Verwendung

Eine Analyse des Schrifttums verdeutlicht, dass Pro-forma-Kennzahlen sowohl im Rahmen betriebswirtschaftlicher als auch im Rahmen volkswirtschaftlich orientierter Analysen eingesetzt werden. Dabei sind die untersuchten Fragestellungen so vielfältig wie die einfließenden Als-Ob-Daten, wodurch es zu einer zusätzlichen Verbreiterung der EBIT-Kennzahlenfamilie gekommen ist.

So haben Banken beispielsweise begonnen, Kundendaten für volkswirtschaftliche (Branchen-)Konjunkturanalysen einzusetzen, in denen unter anderem die EBITDA-Quote – definiert als das Verhältnis von EBITDA (Betriebsergebnis zuzüglich Normal-AfA) und bilanzieller Gesamtleistung – eine zentrale Rolle spielt.

(14) Ort der Veröffentlichung

Als Ort der Veröffentlichung kommen sowohl Elemente der regelmäßigen als auch der unregelmäßigen Unternehmenspublizität in Frage. In jüngerer Zeit hat die Geschäftsberichterstattung im Internet zunehmend an Bedeutung gewonnen. Auch deutsche Unternehmen räumen dem Online-Geschäftsbericht einen hohen Stellenwert ein. Während einige unter Verweis auf die Downloadmöglichkeiten aus dem Internet die Papierversion des Jahresberichts gar nicht oder nur noch zögerlich versenden, veröffentlichen andere nur noch ein verkürztes Druckexemplar. Vor dem Hintergrund der im Schrifttum bisher nur unzureichend diskutierten Fallstricke der Internet-Berichterstattung ist auch auf die Gefahr einer divergierenden Pro-forma-Kommunikation zwischen den verschiedenen Berichtsmedien hinzuweisen. Die Ausdehnung dieser in anderen Bereichen vorzufindenden medienspezifischen Berichterstattung auf die Berechnung von Ergebnisgrößen auf der Unternehmenshomepage ist nicht auszuschließen und kann nur durch explizite Berücksichtigung des Internets in zukünftigen Standards verhindert werden.

(15) Dargestellter Unternehmensbereich

Auf der Ebene konsolidierter Als-Ob-Abschlüsse können in Anlehnung an die Unterscheidung zwischen verpflichtender und freiwilliger Berichterstattung Konzernabschlüsse unterschieden werden, die nach den gesetzlichen Konsolidierungsvorschriften (Legal Consolidation), und solchen, die für interne Zwecke der Unternehmenssteuerung erstellt werden (Management Consolidation). Im letztgenannten Fall werden abweichend von den gesetzlichen Vorschriften fiktive Konsolidierungsmaßnahmen vorgenommen, um durch auf die individuelle Fragestellung zugeschnittene Zahlenwerke eine fundierte Entscheidungsbasis zur Verfügung zu haben. Hierzu werden betriebliche Einheiten als Konsolidierungseinheiten so angelegt, wie sie zur internen Steuerung abgebildet werden bzw. zukünftig gestaltet werden sollen. Beispielhaft anzuführen wären die Betrachtung bilanzieller Auswirkungen geplanter Akquisitionen respektive Desinvestitionen oder die Einbeziehung unkonsolidierter Unternehmenseinheiten zur Durchführung von Risikoanalysen oder der Bestimmung zusätzlicher Verschuldungsspielräume.

(16) Grad der externen Nachvollziehbarkeit

Zwei weitere Erscheinungsformen der Pro-forma-Kennzahlen ergeben sich nach dem Kriterium S_{16}: Zu differenzieren ist zwischen solchen Kennzahlen, welche gemeinsam mit einer Überleitungsrechnung, und solchen, die ohne entsprechende Überleitung präsentiert werden. Der (bisherige) Regelfall war das Fehlen einer Überleitung vom Jahresüberschuss zum bereinigten Pro-forma-Ergebnis. Die SEC verlangt jedoch seit Verabschiedung der Regulation G als Folge der Section 401(b) des Sarbanes-Oxley-Act eine explizite Überleitungsrechnung auf handelsrechtliche Ergebnisgrößen für alle Pro-forma-Kennzahlen in der externen Unternehmenspublizität.

(17) Mitwirkungsgrad des Abschlussprüfers

Nach dem Mitwirkungsgrad des Abschlussprüfers ergibt sich eine Trennung in Kennzahlen, die vom Abschlussprüfer geprüft bzw. Bestandteil einer prüferischen Durchsicht waren, und solchen, die ohne Mitwirkung des Prüfers veröffentlicht werden.

c) Ziel der erfolgswirtschaftlichen Bilanzanalyse ist die Beurteilung der – auch als Ertragskraft bezeichneten – zukünftigen nachhaltigen Gewinnerzielungsfähigkeit. Nur durch kontinuierliches Erwirtschaften von Gewinnen können langfristig die Leistungsfähigkeit und das notwendige Unternehmenswachstum sowie Gewinnbeteiligungen für die Anteilseigner ermöglicht werden. Ausgangspunkt der Erfolgsanalyse ist der veröffentlichte Jahresabschluss, wobei trotz der Generalnorm des § 264 Abs. 2 HGB nicht zuletzt ob der – auch in der internationalen Rechnungslegung vorhandenen – Gestaltungsmöglichkeiten auf eine unter betriebswirtschaftlichen Gesichtspunkten definierte Erfolgsgröße abzustellen ist. Der im Geschäftsbericht eines Unternehmens ausgewiesene Erfolg weicht in vielen Fällen erheblich von der betriebswirtschaftlich erzielten Ergebnisgröße ab und ermöglicht keinen hinreichend genauen Einblick in die Erfolgslage eines Unternehmens.

Neben der Ermittlung einer nachhaltigen Erfolgsgröße stellt die strukturelle Erfolgsanalyse ein wichtiges Teilgebiet der erfolgswirtschaftlichen Bilanzanalyse dar. Hierbei geht es sowohl um die Betrachtung der verschiedenen Quellen des Erfolgs und seiner Ursachen als auch um die Analyse der Aufwands- und Ertragsstruktur. Eine möglichst umfassende Erfolgsanalyse und somit eine ebensolche Fundierung der Abschätzung der künftigen Ertragskraft wird durch die zusätzliche Betrachtung weiterer Kennzahlen in ihrer Bedeutung als Erfolgsindikatoren und die Durchführung verschiedener Rentabilitäts-, Wertschöpfungs- und Gewinnschwellenanalysen angestrebt.

Als Instrument der Erfolgsanalyse hat die Rentabilitätsanalyse zur Beurteilung der Ertragskraft eine große Bedeutung erlangt. Auch Rentabilitätsmaße auf Basis von EBIT-Kennzahlen können zur Analyse der Rentabilität geeignet sein. Betrachtet man den Fall der Gesamtkapitalrentabilität, ist das EBIT als Zählergröße so zu definieren, dass der Jahresüberschuss imparitätisch um die Zinsaufwendungen und wegen der unterschiedlichen steuerlichen Behandlung von Eigen- und Fremdkapital auch paritätisch um die Ertragsteuern bereinigt wird, um das Ergebnis auf das Gesamtkapital zu erhalten. *Kriete/Padberg/Werner* zeigen unter Berücksichtigung des Leverage-Effekts, dass es bei Rentabilitätsanalysen festzustellen gilt, ob eine gesteigerte Eigenkapitalrentabilität durch die Hebelwirkung zusätzlicher Verschuldung oder durch eine hohe Gesamtkapitalrentabilität entstanden ist: Analytisch lässt sich die Eigenkapitalrendite aufspalten in das Ergebnis der Unternehmenstätigkeit und den Einfluss der Finanzierungsstruktur. Der üblicherweise im Zähler einzusetzende Jahresüberschuss vor Steuern wird durch die Größe EBT ersetzt (vgl. Abbildung 1).

$$r_{EK} = \frac{EBT}{EK} = \underbrace{\frac{EBIT}{Bilanzsumme}} \cdot \underbrace{\frac{EBT}{EBIT} \cdot \frac{1}{EK-Quote}}$$

$$= \underbrace{GK-Rentabilität}_{\text{Ergebnis der Unternehmenstätigkeit}} \cdot \underbrace{\frac{EBT}{EBIT} \cdot \frac{1}{EK-Quote}}_{\text{Finanzierungsstruktur}}$$

Abb. 1: Analyse der Eigenkapitalrentabilität mit Hilfe von EBIT-Kennzahlen; in Anlehnung an Kriete/Padberg/Werner (2002), S. 1091 f.

Eine empirische Untersuchung am Beispiel der Dow Jones (DJ) Stoxx 50- und DJ Euro Stoxx 50-Unternehmen von *Kriete/Padberg/Werner* belegt, dass von vorgenannter EBIT-Definition abweichende Kennzahlen und ihre erschwerte Nachrechenbarkeit einer solchen Analyse vielfach entgegenstehen. Probleme bereiten die imparitätische Behandlung von Aufwendungen und Erträgen, der unterschiedliche Umfang der einbezogenen Steuerpositionen sowie die Bereinigung um sonstige als außerordentlich ergebnisbelastend bezeichnete Positionen.

Aufgabe 2

a) Grundlage der nachfolgenden Auswertung des Geschäftsberichtsjahrgangs 2000/2001 bzw. 2001 waren 205 Konzerngeschäftsberichte aus den Segmenten DAX, MDAX, SMAX und NEMAX 50. Untersucht wurden ausschließlich Industrie- und Handelsunternehmen. Banken und Versicherungen sowie Einzelabschlüsse wurden nicht berücksichtigt. Als Datengrundlage für die zusätzliche Auswertung der Konzerngeschäftsberichte 2001/2002 bzw. 2002 dienten alle 155 Industrie-, Handels- und Dienstleistungsunternehmen des Prime Standard mit Indexzugehörigkeit, deren Geschäftsbericht als Printversion bis zum 24.06.2003 veröffentlicht wurde. Die Analyse der Kennzahlenverteilung macht keine Aussage über die jeweilige Berechnungs- und/oder Ausweistechnik.

Der Trend zur Berichterstattung von EBIT-Kennzahlen, der sich in den Vorjahren bereits abzeichnete, setzte sich im Berichtsjahr 2002 bzw. 2001/2002 fort. Mehr als 90% (Vorjahr: 89%) aller untersuchten Unternehmen geben mind. eine EBIT-Kennzahl in ihrem Geschäftsbericht an. Vergleicht man die in Abbildung 2 dargestellte Beliebtheit der Kennzahlen, ist zu erkennen, dass EBIT und EBITDA weiterhin die beiden häufigsten Kennzahlen darstellen. Letzteres erfreut sich insbesondere unter den MDAX-Unternehmen besonderer Beliebtheit, während sein Anteil in den anderen drei Indizes in etwa gleich hoch ist. Gegenüber dem Vorjahr konnten EBTA und EBITA insgesamt leicht hinzugewinnen. Auffällig ist, dass im SDAX vergleichsweise häufiger die Kennzahlen EBT und EBIT vorzufinden sind, während im DAX das

EBITA überdurchschnittlich oft berichtet wird. Eine für die USA konstatierte Größenabhängigkeit kann nicht auf Deutschland übertragen werden.

Die hohe Bedeutung von (Pro-forma-)Vorsteuerergebnissen im SDAX kann nach hier vertretener Auffassung auf den im Indexvergleich hohen Anteil an HGB-Bilanzierern und die gegebene Nähe zur handelsrechtlichen Erfolgsspaltung zurückgeführt werden. EBITA hingegen werden überwiegend von internationalen Bilanzierern des DAX100 berichtet. Ebenfalls nicht übertragbar ist die amerikanische Beobachtung, dass technologieabhängige Unternehmen tendenziell eher zur Pro-forma-Berichterstattung neigen als andere Gesellschaften. Die im Vergleich mit den Unternehmen anderer Indizes als eher technologieorientiert zu bezeichnenden NEMAX 50-Unternehmen berichten relativ weniger EBIT-Kennzahlen als andere Unternehmen.

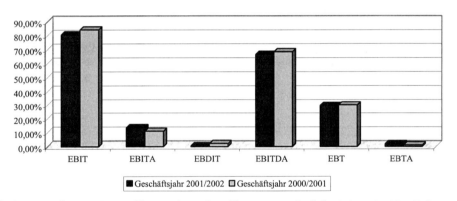

Abb. 2: Pro-forma-Kennzahlen in deutschen Konzerngeschäftsberichten im Zweijahresvergleich; vgl. Küting/Heiden (2003), S. 1547.

Immerhin 68% (Vorjahr: 61%) der Unternehmen veröffentlichen sogar mindestens zwei EBIT-Kennzahlen. Ein rechnungslegungsbezogener Vergleich ergibt, dass Gesellschaften, die nach US-GAAP bilanzieren, weniger häufig (85%) EBIT-Kennzahlen berichten als Unternehmen, die nach HGB (96%) oder IAS (92%) bilanzieren. Unter den 15 „Nicht Pro-forma-Unternehmen", von denen neun nach US-GAAP Rechnung legen, befinden sich sieben Unternehmen, die gleichzeitig an einer US-Börse notiert sind. Die Liste dieser Unternehmen ist jedoch nicht deckungsgleich mit den Nicht-Pro-forma-US-GAAP-Unternehmen, da einige doppelnotierte IAS/IFRS-Bilanzierer in den USA von der Möglichkeit einer Überleitungsrechnung auf US-GAAP Gebrauch machen.

Dieses Berichtsverhalten kann als erste Auswirkung des Sarbanes Oxley-Act interpretiert werden. Zukünftig ist bei allen Unternehmen mit Doppellisting in den USA eine (derzeit noch nicht zu konstatierende) einheitliche Berichterstattung im deutschen Geschäftsbericht und den amerikanischen Forms zu erwarten.

Waren in den vergangenen Jahren Überleitungsrechnungen, aus denen einzelne Ergebniskorrekturen nachvollzogen werden können, unüblich, geht der Trend hier zu einer ausführlicheren Berichterstattung: Immerhin mehr als 28% der Unternehmen, die mindestens eine Pro-forma-Kennzahl berichten, binden eine EBIT-Kennzahl in ihre GuV ein bzw. weisen in ihrem Geschäftsbericht eine gesonderte (nachvollziehbare) Überleitung aus. Hierbei ist der Anteil der DAX100-Gesellschaften hoch. Überraschend ist, dass immerhin neun SDAX-Unternehmen eine Überleitung in der GuV ausweisen. Relativierend ist aber hinzuzufügen, dass

- die Überleitung regelmäßig nicht alle berichteten Pro-forma-Kennzahlen eines Unternehmens berücksichtigt,

- derartige Überleitungsrechnungen in dem Geschäftsbericht zeitlich vorgelagerten Unternehmensmitteilungen deutlich weniger häufig zu finden sind.

Die EBIT-Berichterstattung erfolgt zu nahezu gleichen Teilen sowohl im geprüften als auch im ungeprüften Teil des Geschäftsberichts, wobei eine Angabe im Lagebericht gegenüber Anhang und GuV präferiert wird.

Untersucht man den Verbreitungsgrad der vier am häufigsten genannten EBIT-Kennzahlen in Abhängigkeit von der angewandten Rechnungslegung und dem Geschäftsjahr (vgl. Abbildung 3), stellt man fest, dass die EBIT-Größe ob ihrer Nähe zum handelsrechtlichen Betriebsergebnis bei HGB-Bilanzierern anteilig am weitesten verbreitet ist.

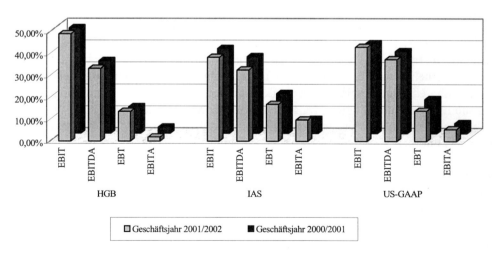

Abb. 3: Berichterstattung von Pro-forma-Kennzahlen in Abhängigkeit von den angewandten Rechnungslegungsnormen; vgl. Küting/Heiden (2003), S. 1547.

US-GAAP-Bilanzierer weisen im Rahmen ihrer Pro-forma-Berichterstattung eine vergleichsweise stärkere Neigung zur EBITDA-Kennzahl auf als Anwender anderer Bilanzierungsvorschriften. Eine in empirischen Studien bei amerikanischen US-GAAP-Bilanzierern konstatierte Dominanz der EBITDA-Größe kann für deutsche Rechnungsleger nicht konstatiert werden.

Die Nullhypothese, dass Unternehmen mit hohen Goodwill-Positionen signifikant häufiger als andere Unternehmen ein EBITDA ausweisen, konnte für den Geschäftsberichtsjahrgang 2002 zum Signifikanzniveau von 5% mit einem t-Test nicht bestätigt werden. Hingegen zeigte das Testverfahren, dass Unternehmen mit einer nach dem Saarbrücker Modell berechneten unterdurchschnittlichen Ertragsstärke signifikant mehr Pro-forma-Kennzahlen berichten.

b) Aus externer Sicht kritisch zu verzeichnen ist, dass unternehmensintern ermittelte EBIT-Kennzahlen in der externen Unternehmenspublizität für den Leser häufig nicht nachvollziehbar sind, da Überleitungsrechnungen oder Erläuterungen weiterhin die Ausnahme darstellen. Gemeinsam mit der Tatsache, dass neben den kennzahlenimmanenten Korrekturen weitere Bereinigungen vorgenommen werden, wird hierdurch das Ziel einer erhöhten zwischenbetrieblichen und intertemporären Vergleichbarkeit konterkariert. Zudem verdeutlicht eine Analyse des auch international vorhandenen bilanzpolitischen Gestaltungspotenzials bei der Umsatzrealisation die Problematik einer korrekturbedingten sukzessiven Annäherung der Ergebnisgröße an den Umsatz.

Eine Unternehmenskommunikation, die eher der Frage „was wäre gewesen, wenn nicht" nachgeht, behindert nicht nur die nachhaltige Erfolgsanalyse: Auch das im Rahmen der wertorientierten Unternehmensführung anzustrebende Wertlückenmanagement zur Erzielung eines langfristigen Gleichklangs zwischen innerem und externem Unternehmenswert erleidet – aus theoretischer Sicht – Effizienzeinbußen. Erste empirische US-amerikanische Ergebnisse zur Bedeutung von Pro-forma-Ergebnissen für die Entscheidungsfindung der Kapitalmarktteilnehmer zeigen, dass Pro-forma-Ergebnisse einen signifikant positiven Einfluss auf den Entscheidungsprozess der Investoren und den Unternehmenswert im und kurz nach dem Verkündigungszeitpunkt haben. Ein nachhaltiger Einfluss auf die Beurteilung der langfristigen Erfolgsauswirkungen der Unternehmen – einem zentralen Untersuchungsgegenstand der Erfolgsanalyse – konnte bisher nicht ausgeschlossen werden. Diesbezügliche Erkenntnisse für den deutschen Kapitalmarkt liegen noch nicht vor.

Vor dem Hintergrund der Änderungen zur Goodwill-Behandlung nach US-GAAP und IFRS ist eine Fortsetzung der verwirrenden Pro-forma-Kennzahlenvielfalt zu erwarten. Zukünftig ist mit einer wachsenden Bedeutung von EBDIT oder auch EBA-Kennzahlen (in der internen Steuerungsrechnung) zu rechnen. Kritisch zu bewerten ist auch der zwischenzeitliche Versuch der Ratingagentur *Standard & Poor's* (S&P), mit dem Konzept der „Core Earnings" eine weitere Kennzahl zur Beurteilung der

Ertragskraft einzuführen. Als wesentliche Kritikpunkte können hierzu angeführt werden:

- S&P hat die „Core Earnings" nur für US-GAAP-Normen entwickelt. Die dargelegte Pro-forma-Kennzahlenproblematik für HGB- respektive IFRS-Bilanzierer bleibt somit bestehen.
- Eine Analyse des Schrifttums zur kritischen Auseinandersetzung mit dem grundsätzlich vergleichbaren DVFA/SG-Ergebnis verdeutlicht, dass derartige Gewinngrößen systemimmanente Schwächen aufweisen.

In der derzeitigen Form handelt es sich bei den „Core Earnings" um eine Kennzahl für alle Unternehmen. Da branchenspezifische Besonderheiten jedoch häufig als Motiv für eine Pro-forma-Berichterstattung und die Entwicklung neuer Kennzahlen bzw. deren Berechnungsmethoden angeführt werden, dürfte die Akzeptanz der S&P-Kennzahl gering bleiben.

Aufgabe 3

a) Berechnungsgrundlage für den externen Analysten ist regelmäßig eine GuV, welche selbst erstellt oder vom Unternehmen als Plan- oder Istrechnung vorgelegt wird. Grundlegend ist bei der Berechnung zwischen der direkten (progressiven) Methode – beginnend mit den Umsatzerlösen – oder nach der indirekten (retrograden) Methode – ausgehend vom Jahresüberschuss – zu unterscheiden. Beide Methoden können anhand von Rechenschemata für handelsrechtliche Gewinn- und Verlustrechnungen beispielhaft anhand der von *Wöhe* (direkte Methode) und *Coenenberg* (indirekte Methode) vorgestellten Berechnungsmöglichkeiten für EBIT und EBITDA vergleichend visualisiert werden.

Umsatzerlöse
+ sonstiger betrieblicher Ertrag
– Materialaufwand
– Personalaufwand
– Abschreibungen (Sachanlagen und immaterielle Anlagen)
– sonstiger betrieblicher Aufwand
= EBIT
+ Abschreibungen (Sachanlagen und immaterielle Anlagen)
= EBITDA

Tab. 4: *Berechnung von EBIT und EBITDA nach der progressiven (direkten) Methode; vgl. Wöhe (2002), S. 948.*

Jahresüberschuss
+ / – außerordentliches Ergebnis
+ / – Ertragsteuern
= Ergebnis der gewöhnlichen Geschäftstätigkeit
+ Zinsaufwand
= EBIT
+ Abschreibungen auf das Anlagevermögen
+ Abschreibungen auf aus Konsolidierung entstandenem Goodwill
= EBITDA

Tab. 5: *Berechnung von EBIT und EBITDA nach der retrograden (indirekten) Methode; vgl. Coenenberg (2003), S. 976.*

Weder in der Wirtschaftspraxis noch in der Theorie existiert derzeit eine einheitliche (normierte) Berechnungsweise für EBIT-Kennzahlen. Dies erschwert die theoretische Auseinandersetzung und praktische Anwendung gleichermaßen, da neben den hier vorgestellten Berechnungsansätzen zahlreiche weitere Möglichkeiten vorgestellt wurden und zur Anwendung kommen.

b) Ein Vergleich der Tabellen 4 und 5 verdeutlicht die aus Sicht der externen Erfolganalyse bereits in Aufgabe 1 diskutierte Problematik uneinheitlicher Bereinigungsschritte. Dies kann am Beispiel der fiktiven Gewinn- und Verlustrechnung der „Heizcon AG" (vgl. Tabelle 1) anhand eines Zahlenbeispiels verdeutlicht werden.

Umsatzerlöse	5.000
+ sonstiger betrieblicher Ertrag	600
– Materialaufwand	750
– Personalaufwand	600
– Abschreibungen (Sachanlagen und immaterielle Anlagen)	100
– sonstiger betrieblicher Aufwand	0
= EBIT	**4.150**
+ Abschreibungen (Sachanlagen und immaterielle Anlagen)	100
= EBITDA	**4.250**

Tab. 6: *Berechnung von EBIT und EBITDA der „Heizcon AG" zum 31.12.2002 in Mio. Euro gemäß der direkten Methode nach Wöhe.*

Jahresüberschuss	2.125
+ außerordentlicher Aufwand	175
+ Ertragsteuern	700
= Ergebnis der gewöhnlichen Geschäftstätigkeit	**3.000**
+ Zinsaufwand	2.000
= EBIT	**5.000**
+ Abschreibungen auf das Anlagevermögen	100
+ Abschreibungen auf aus Konsolidierung entstandenem Goodwill	0
= EBITDA	**5.100**

Tab. 7: *Berechnung von EBIT und EBITDA der „Heizcon AG" zum 31.12.2002 in Mio. Euro gemäß der indirekten Methode nach Coenenberg.*

Das Beispiel der Heizcon AG zeigt, dass eine Anwendung der Berechnungsmethoden von *Wöhe* und *Coenenberg* nicht zum gleichen Ergebnis führt. Die Differenz in Höhe von 0,85 Mio. Euro ist im Beispiel auf eine jeweils unterschiedliche Behandlung der sonstigen Steuern sowie des Zinsergebnisses zurückzuführen. Während *Wöhe* das EBIT als Betriebsergebnis nach HGB interpretiert und somit seine EBIT-Größen vor Zinsergebnis und Unternehmenssteuern (paritätisch) ausgehend von den Umsatzerlösen berechnet, unterlässt *Coenenberg* eine Korrektur der sonstigen Steuern, womit er deren Betriebskostencharakter berücksichtigt. Darüber hinaus erfolgt in Tabelle 7 lediglich eine imparitätische Korrektur des Zinsergebnisses, indem nur die Zinsaufwendungen zum Ergebnis der gewöhnlichen Geschäftstätigkeit hinzuaddiert werden. Das Beispiel verdeutlicht, wie es trotz der Verwendung der gleichen Kennzahl zu deutlichen Bewertungsunterschieden kommen kann, die in der Unternehmenspraxis etwa signifikanten Einfluss auf Unternehmensbewertung oder Managemententlohnung nehmen können.

Obwohl die Vorgehensweise von *Wöhe*, sich an der handelsrechtlichen Erfolgsspaltung und somit dem externen Analysten vertrauten Größen zu orientieren, vertretbar erscheint, ist zu konstatieren, dass sie nicht der gängigen Berichterstattungs- bzw. Analyse- und Bewertungspraxis entspricht, da regelmäßig eine imparitätische Behandlung der Zinsaufwendungen sowie eine Beschränkung auf die Ertragsteuern bevorzugt wird.

Ein zusätzliches Problemfeld – auch wenn nicht Bestandteil des Zahlenbeispiels (HGB-Einzelabschluss) –, welches insbesondere bei der Analyse nach IFRS bzw. US-GAAP bilanzierender Konzerne auftritt, ist die Definition der Earnings-Größe. Als kritisch erweist sich hier eine einheitliche Behandlung der Minderheitenanteile am Konzernergebnis, der außerordentlichen Ergebniskomponenten sowie der so genannten Discontinued Operations.

Insgesamt zeigt sich, dass die methodischen Grundlagen der EBIT-Kennzahlenermittlung weiterhin unklar und überbetrieblich wie branchenübergreifend uneinheitlich bleiben und somit aus Sicht der externen Analyse kritisch zu bewerten sind.

Literaturhinweise

BEHR, G.: Neuerungen und Trends in der Rechnungslegung – Nationale und internationale Entwicklungstendenzen, in: Der Schweizer Treuhänder, 76. Jg. (2002), S. 535–540.

BETSCH, O./GROH, A./LOHMANN, L.: Corporate Finance – Unternehmensbewertung, M&A und innovative Kapitalmarktfinanzierung, 2. Aufl., München 2000.

BRADSHAW, M. T./SLOAN, R. G.: GAAP vs. the Street, in: AFP Exchange, 23. Jg. (2002), S. 20–27.

COENENBERG, A. G.: Jahresabschluss und Jahresabschlussanalyse, Betriebswirtschaftliche, handelsrechtliche, steuerrechtliche und internationale Grundsätze – HGB, IAS/IFRS, US-GAAP, DRS, 19. Aufl., Stuttgart 2003.

COENENBERG, A. G./SCHULTZE, W.: Das Multiplikator-Verfahren in der Unternehmensbewertung: Konzeption und Kritik, in: Finanz Betrieb, 4. Jg. (2002), S. 697–703.

DEXHEIMER, S.: Gewinngliederungsgrundsätze im internationalen Vergleich: HGB, US-GAAP und IAS, in: Betriebs-Berater, 57. Jg. (2002), S. 451–457.

DOYLE, J. T./LUNDHOLM, R. J./SOLIMAN, M. T.: The Predictive Value of Expenses Excluded from 'Pro Forma' Earnings, University of Michigan Business School, June 2002.

DYCKMANN, T. R./DAVIS, C. J./DUKES, R. E.: Intermediate Accounting, 5. Aufl., New York 2002.

ELLIOTT, A. L./SCHROTH, R. J.: How companies lie: why Enron is just the tip of the iceberg, New York 2002.

FREY, L.: Auswirkungen des Börsenganges auf Rechnungslegung und Publizität, in: Deutsches Steuerrecht, 37. Jg. (1999), S. 294–300.

GRAHAM, B./DODD, D. L.: Security Analysis, New York et al. 1934.

HENRY, D.: The Numbers Game, in: Business Week vom 14.05.2001, S. 58–62.

HENSELMANN, K.: Aufbereitungsmaßnahmen bei der Bilanzanalyse, in: Unternehmensbewertung & Management, 1. Jg. (2003), S. 7–13.

HERRMANN, V./RICHTER, F.: Pricing With Performance-Controlled Multiples, in: Schmalenbach Business Review, 55. Jg. (2003), S. 194–219.

HILLEBRANDT, F./SELLHORN, T.: „Earnings before bad stuff" – Pro forma earnings disclosures in German annual reports, Paper presented at the EAA annual congress, Copenhagen, April 24-27 2002, Discussion Paper 11/2002, Ruhr-Universität Bochum.

HILLEBRANDT, F./SELLHORN, T.: Pro-Forma-Earnings: Umsatz vor Aufwendungen? – Eine kritische Analyse aktueller Forschungsergebnisse und Regulierungsbemühungen –, in: Kapitalmarktorientierte Rechnungslegung, 2. Jg. (2002), S. 153–154.

HUSSLA, G. A.: Viele US-Firmen tricksen bei den Bilanzen, in: Handelsblatt vom 18.08.2003, S. 25.

HÜTTEN, C./LORSON, P.: Internationale Rechnungslegung in Deutschland – Teil 4: Die Rechnungslegungssysteme der USA und des IASC –, in: Betrieb und Wirtschaft, 54. Jg. (2000), S. 985–997.

JEBENS, C.: IAS kompakt, Leitfaden für die Umstellung im Unternehmen, Stuttgart 2003.

KIESO, D. E./WEYGANDT, J. J./WARFIELD, T. D.: Intermediate Accounting, 11. Aufl., New York et al. 2004.

KIRSCH, H.-J./STEINHAUER, L.: Standard & Poor's core earnings – Eine Basis für die externe Berechnung des EVA?, in: Finanz Betrieb, 5. Jg. (2003), S. 541–548.

KLEY, C. R./VATER, H. J.: Pro-forma-Gewinne im Visier von Standard & Poor's – Zu den «Core Earnings» bzw. Kerngewinnen von S&P, in: Der Schweizer Treuhänder, 76. Jg. (2002), S. 1085–1094.

KLEY, C. R./VATER, H. J.: Pro-forma-Gewinne: des Kaisers neue Kleider?, in: Kapitalmarktorientierte Rechnungslegung, 3. Jg. (2003), S. 45–50.

KRIETE, T./PADBERG, T./WERNER, T.: EBIT – eine „neue" Kennzahl in Jahresabschluss und -abschlussanalyse, in: Steuern und Bilanzen, 4. Jg. (2002), S. 1090–1094.

KRIETE, T./PADBERG, T./WERNER, T.: Zur Verbreitung und Objektivierung von "Earnings-before"-Kennzahlen in Europa, in: Betrieb und Rechnungswesen, Fach 19, S. 495–502.

KÜTING, K.: Die Erfolgsspaltung – ein Instrument der Bilanzanalyse, in: Betriebs-Berater, 36. Jg. (1981), S. 529–535.

KÜTING, K.: Die handelsbilanzielle Erfolgsspaltungs-Konzeption auf dem Prüfstand – Zugleich: Vorschläge zur Neuorientierung der Erfolgsquellenanalyse, in: Die Wirtschaftsprüfung, 51. Jg. (1998), S. 693–702.

KÜTING, K.: Bilanzierung und Bilanzanalyse am Neuen Markt, Stuttgart 2001.

KÜTING, K./DAWO, S./HEIDEN, M.: Internet und externe Rechnungslegung, Konsequenzen für Publizität, Jahreabschlussprüfung und Rechnungswesenorganisation, Heidelberg 2001.

KÜTING, K./HEIDEN, M.: Pro-Forma-Ergebnisse in deutschen Geschäftsberichten – Kritische Bestandsaufnahme aus Sicht der Erfolgsanalyse, in: Steuern und Bilanzen, 4. Jg. (2002), S. 1085–1089.

KÜTING, K./HEIDEN, M.: Auf dem Weg zum Standardsetting für die Finanzberichterstattung im Internet?, in: Betriebs-Berater, 57. Jg. (2002), S. 2489–2491.

KÜTING, K./HEIDEN, M.: Zur Systematisierung von Pro-forma-Kennzahlen – Gleichzeitig: Fortsetzung einer empirischen Bestandsaufnahme, in: Deutsches Steuerrecht, 41. Jg. (2003), S. 1544–1552.

KÜTING, K./WEBER, C.-P.: Die Bilanzanalyse, Lehrbuch zur Beurteilung von Einzel- und Konzernabschlüssen, 7. Aufl., Stuttgart 2004.

LACHNIT, L./AMMANN, H.: Erhöhte Klarheit über die Erfolgslage von Unternehmen durch neuere Erfolgsbegriffe?, in: Controlling, 15. Jg. (2003), S. 389–398.

LANGGUTH, H.: Unternehmenswert- und Emissionspreisermittlung mit der Discounted Cash Flow-Methode, in: Das Wirtschaftsstudium, 31. Jg. (2002), S. 1266–1270.

LEVITT, A.: Spielen mit Zahlen – "The Numbers Game", in: DER BETRIEB, 51. Jg. (1998), S. 2544–2547.

LORSON, P./SCHEDLER, J.: Unternehmenswertorientierung von Unternehmensrechnung, Finanzberichterstattung und Jahresabschlussanalyse, in: KÜTING, K./WEBER, C.-P. (Hrsg.), Das Rechnungswesen im Konzern - Vom Financial Accounting zum Business Reporting, Stuttgart 2002, S. 253–294.

MOEHRLE, S. R./REYNOLDS-MOEHRLE, J. A./WALLACE, J. S.: How Informative Are Earnings Numbers That Exclude Goodwill Amortization?, in: Accounting Horizons, 15. Jg. (2001), S. 243–255.

MULFORD, C. W./COMISKEY, E. E.: The Financial Numbers Game, Detecting Creative Accounting Practices, New York 2002.

NIPPEL, P./STREITFERDT, F.: Unternehmensbewertung mit dem WACC-Verfahren: Steuern, Wachstum und Teilausschüttung, in: Zeitschrift für betriebswirtschaftliche Forschung, 55. Jg. (2003), S. 401–421.

ORTSEIFEN, S.: Projektfinanzierung für mittelständische Unternehmen, in: KRIMPHOVE, D./TYTKO, D. (Hrsg.), Praktiker-Handbuch Unternehmensfinanzierung: Kapitalbeschaffung und Rating für mittelständische Unternehmen, Stuttgart 2002, S. 721–741.

SCHINDLER, J./BÖTTCHER, B./ROSS, N.: Erstellung von Pro-Forma-Abschlüssen – Systematisierung, Bestandsaufnahme und Vergleich mit US-amerikanischen Regelungen –, in: Die Wirtschaftsprüfung, 54. Jg. (2001), S. 22–32.

SCHINDLER, J./BÖTTCHER, B./ROSS, N.: Empfehlungen zur Erstellung von Pro-Forma-Abschlüssen, in: Die Wirtschaftsprüfung, 54. Jg. (2001), S. 139–144.

SCHINDLER, J./BÖTTCHER, B./ROSS, N.: Bestätigungsvermerke und Bescheinigungen zu Konzernabschlüssen bei Börsengängen an den Neuen Markt – Anmerkungen zu dem Prüfungshinweis IDW PH 9.400.4 –, in: Die Wirtschaftsprüfung, 54. Jg. (2001), S. 477–492.

SCOTT, W. R.: Financial Accounting Theory, Upper Saddle River 1997.

STUART, I. C./KARAN, V.: eToysInc.: A Case Examining Pro Forma Financial Reports, Analysts' Forecasts, and Going Concern Disclosures, in: Issues in Accounting Education, 18. Jg. (2003), S. 191–209.

TIETZ, B.: Bildung und Verwendung von Typen in der Betriebswirtschaftslehre dargelegt am Beispiel der Typologie der Messen und Ausstellungen, Köln/Opladen 1960.

VOLK, G.: „Neue" Jahresabschluss- bzw. Ertragskennzahlen: Arten, Aussagekraft und Verwendungsmotivation, in: Steuern und Bilanzen, 4. Jg. (2002), S. 521–525.

VOLK, G.: EBITDA: Das Gute, das Schlechte und das Hässliche, in: Steuern und Bilanzen, 5. Jg. (2003), S. 503–506.

WALLACE, W.: Pro Forma Before and After the SEC's Warning. A Quantification of Reporting Variances From GAAP, Morristown 2002.

WÖHE, G.: Methodologische Grundprobleme der Betriebswirtschaftslehre, Meisenheim am Glan 1959.

WÖHE, G.: Einführung in die Allgemeine Betriebswirtschaftslehre, 21. Aufl., München 2002.

WÖHE, G./KAISER, H./DÖRING, U.: Übungsbuch zur Einführung in die Allgemeine Betriebswirtschaftslehre, 10. Aufl., München 2002.

ZIMMERER, X.: Sinn oder Unsinn von EBIT/EBITA und EBITDA, in: Zeitschrift für das gesamte Kreditwesen, 55. Jg. (2002), S. 571.

Andreas Hoffjan

Die jahresabschlussbasierte Konkurrenzanalyse als Instrument des Competitor Accounting

Die zunehmend kapitalgeberfreundliche Berichterstattung vernachlässigt den Einfluss von Jahresabschlussinformationen auf strategische Entscheidungen. Eine umfassende Publizitätspolitik kann für das offenlegende Unternehmen zu Wettbewerbsnachteilen führen bzw. umgekehrt können Unternehmen durch die systematische Sammlung und Analyse von Jahresabschlussinformationen der Konkurrenz strategische Vorteile im Wettbewerb erlangen. Die Fallstudie gibt einen Überblick über die Nutzung der Rechnungslegung im Rahmen der Konkurrenzanalyse.

Die *Konkurrenzanalyse* umfasst die systematische und regelmäßige Beschaffung, Selektion bzw. Verdichtung und Auswertung konkurrenzbezogener Informationen. Zunehmend setzt sich dafür der umfassendere Begriff der Competitive Intelligence durch. *Competitive Intelligence* bezeichnet den legalen und ethischen Prozess der Analyse, Evaluation, Verteilung und Aufbewahrung von Informationen über die Aktivitäten der Wettbewerber zum Zweck der Erklärung, Prognose und Beeinflussung von Aktionen und Reaktionen der Konkurrenz. Informationen aus dem Rechnungswesen stellen eine wichtige Informationsquelle für die Competitive Intelligence dar. Die Sammlung und Analyse der sich auf die Wettbewerber beziehenden Informationen des internen und externen Rechnungswesens wird unter dem Begriff *Competitor Accounting* subsumiert. Dem Competitor Accounting werden im Einzelnen die folgenden Instrumente zugerechnet: die Überwachung der Wettbewerbsposition, die Schätzung der Kosten von Wettbewerbern sowie die Analyse der Wettbewerber auf Basis publizierter Jahresabschlüsse.

Unter der Bewertung der Wettbewerber auf Basis publizierter Jahresabschlüsse wird die numerische Analyse veröffentlichter Finanzinformationen als Teil einer Bewertung der Quellen von Wettbewerbsvorteilen der Konkurrenten verstanden. Mittels einer jahresabschlussbasierten Konkurrenzanalyse lassen sich die Gesamtposition des Wettbewerbers sowie seine Stärken und Schwächen einschätzen. Dies gilt im Besonderen für seine kurz- und langfristigen finanziellen Ressourcen. Die Jahresabschlussinformationen geben Auskunft über das historische finanzielle Ergebnis und den finanziellen Zustand eines Unternehmens zu einem bestimmten Zeitpunkt. Sie helfen, wichtige Investitionen und die Zusammensetzung der Finanzierung eines Konkurrenten nachzuvollziehen. Veränderungen in Umfang und Struktur von Aktiva und Passiva geben Auskunft über die Fähigkeit des Unternehmens, seine Vermögensgegenstände effizient zu managen, neues Kapital zu beschaffen und sich somit auch zukünftig im Wettbewerb zu behaupten. Die Analyse von Veränderungen im Anlagevermögen von Wettbewerbern informiert über mögliche Ausweitungen von Produktionskapazitäten und somit zu erwartende Preiskämpfe. Die finanzielle Stärke ist ein wichtiger Indikator für das Durchhaltevermögen der einzelnen Wettbewerber. Die Bilanzanalyse kann frühzeitig Aufschluss über die Fähigkeiten der Konkurrenten zur Durchführung von Vergeltungsmaßnahmen und die Erfolgsaussichten eines Preiskampfes geben. Des Weiteren indiziert eine Bewertung der Liquiditätssituation auf mögliche Verwundbarkeiten der Wettbewerber zurückgehende strategische Chancen für das eigene Unternehmen. Schließlich kann die Analyse publizierter Jahresabschlüsse der Überwachung von Umsatzentwicklung und Profitniveau dienen. Letzteres stellt zugleich einen wichtigen Vergleichsmaßstab für die Beurteilung der eigenen Ertragslage dar.

Aufgabe 1

Kalt erwischt! Wieder einmal hatte die Konkurrenz den Landmaschinenhandel Westmünsterland e. G. mit einer drastischen Preissenkung für ihre Traktoren, Eggen und Pflüge überrascht. Bei diesen Preisnachteilen würde die eigene Werbekampagne im Landwirtschaftlichen Wochenblatt wie ein Strohfeuer verpuffen. Geschäftsführer Ratlos fühlte sich wie im Altherrenfußball eiskalt ausgekontert. Insgeheim wünscht er sich eine Kristallkugel, um die Aktionen seines Wettbewerbers vorhersagen zu können. Nur sind ihm als bibelfester Katholik die Techniken zur Erlangung übernatürlichen Wissens, wie die Vogelschau im alten Rom, äußerst suspekt. Aber wer kann ihn mit zuverlässigen Informationen aus glaubwürdigen Quellen über seine Wettbewerber versorgen, ohne sich dabei in rechtlichen oder ethischen Grauzonen zu bewegen?

Immerhin hat sich als zuverlässiger Lieferant für betriebsbezogene Daten die Unternehmensrechnung bewährt. Die Abteilung analysiert bereits jetzt eine Vielzahl von Informationen zur Unterstützung strategischer Entscheidungen. Warum sollte die dort vorhandene Methodenkompetenz und informationstechnische Infrastruktur nicht auch zur Sammlung von Daten aus den Unternehmensumwelten genutzt werden? Zumindest möchte Geschäftsführer Ratlos einen Versuch starten und setzt seine Controller auf die Beschaffung externer finanzieller Informationen über seine großen Wettbewerber Münster und Ostmünsterland e. G. an.

Trotz der üblich hohen Arbeitsbelastung ist man dort nicht abgeneigt. Im Gegenteil, freut man sich doch über das mit dieser Aufgabenübertragung ausgesprochene Vertrauen. Schließlich hätte der Chef auch die Kollegen im Marketing fragen können, die so zauberhaft mit den Begriffen „Business Intelligence" oder „Competitive Intelligence" jonglieren können, um sich dann doch im ersten Zahlengestrüpp zu verheddern. Unvergessen war der Versuch einer Kostenschätzung der Wettbewerber, bei der das Marketing disaggregierte Daten für die Produktionskosten bereitstellte, die dem Controlling nicht einmal für das eigene Unternehmen zur Verfügung standen.

In der Abteilung „Unternehmensrechnung" nehmen sich Steuerberaterin Lisa Mona und ihr Mitarbeiter der frischgebackene Dipl.-Kfm. Leo Vinci der Sache an. Als Ausgangspunkt ihrer Konkurrenzanalyse wählt Lisa Mona die Jahresabschlüsse der beiden Wettbewerber. Leo Vinci wundert sich, hatte er doch gehofft wie ein James Bond über Testkäufe bei den anderen Händlern, Luftaufnahmen von ihren Einrichtungen oder das Abfangen von Faxen auf die Jagd nach Wettbewerbsinformationen gehen zu können. Dass er sich mit diesen illegalen und klar unethischen Aktivitäten der Industriespionage strafbar machen würde, war dem begeisterten Cineasten offensichtlich nicht bewusst. Aus seinen „James Bond"-Träumen von schnellen Autos und hübschen Frauen gerissen, besorgt er die von Lisa Mona angefragten Geschäftsberichte. Dabei quält ihn die Frage: „Warum eigentlich fangen wir mit den Jahresabschlüssen an?"

Erklären Sie die Beliebtheit der Nutzung von Jahresabschlussinformationen im Rahmen der Konkurrenzanalyse!

Aufgabe 2

Nachdem ihm Lisa Mona die Vorzüge einer jahresabschlussbasierten Konkurrenzanalyse erläutert hat, macht sich Leo Vinci an die Arbeit. Ein Excel-Blatt nach dem anderen füllt er mit Kennzahlen zur Kapitalstruktur, Anlagenintensität, Liquidität, Umschlagshäufigkeiten, etc. Geblendet von den Möglichkeiten moderner Tabellenkalkulationsprogramme fehlt ihm aber der Gesamtüberblick. Seinen vielen Einzelauswertungen mangelt es an einem Konzept bzw. einer klaren Zielrichtung. Gottlob kann seine verständnisvolle Chefin Lisa Mona Abhilfe leisten: „Du brauchst einen Analyserahmen, ansonsten siehst du den Wald vor lauter Bäumen nicht!"

Wie können die Informationen aus den Jahresabschlüssen der Wettbewerber systematisch analysiert werden?

Aufgabe 3

Nun endlich hat Leo Vinci ein Drehbuch vor Augen. Entsprechend den vier Stufen *Kontext, Überblick, Kennzahlen und Evaluation* strukturiert er sein Vorgehen.

I. Kontext

In den vergangenen 15 Jahren hat sich die Anzahl der landwirtschaftlichen Betriebe im Münsterland nahezu halbiert. Entsprechend hat sich die Nachfrage nach Landmaschinen verringert und die Nachfragestruktur verändert. Der Trend zu Großbetrieben hat zu einem vermehrten Interesse an immer leistungsfähigeren und somit in der Anschaffung wesentlich teureren Landmaschinen geführt. Somit konnten die mengenmäßigen Umsatzverluste immerhin durch den Absatz von Fahrzeugen der Premiumkategorie kompensiert werden. Das Höfesterben hatte allerdings noch größere Folgen für den Markt für Gebrauchtfahrzeuge. Dieser ist förmlich eingebrochen und hält sich nur durch Exporte nach Osteuropa über Wasser.

Die zahlreichen Hofaufgaben und die Verschiebung der Nachfrage zugunsten von Großmaschinen haben zu einer erheblichen Marktkonzentration im Handel geführt. Von den einst sieben großen Landmaschinenhändlern im Münsterland sind nach zahlreichen Fusionen nur noch drei größere übrig geblieben. Diese vereinen einen Marktanteil von insgesamt 75% auf sich. Marktführer ist Münster mit einem Marktanteil von 35%, es folgt Westmünsterland mit 25% und schließlich Ostmünsterland mit 15%.

Eine wesentliche Entwicklung im Landmaschinenhandel ist die Ausdünnung ihres Distributionsnetzes. Infolge der Umsatzeinbrüche mussten zahlreiche Filialen in kleineren Orten geschlossen werden. Häufig wurde in den Filialen auch das Angebot an Neumaschinen deutlich reduziert und nur der für die Einsatzfähigkeit in der Ernte so wichtige lokale Reparaturbetrieb und Ersatzteilhandel voll aufrechterhalten. Im Gegenzug wurden für die teuren Neumaschinen große Ausstellungshäuser am Rande von Mittelzentren errichtet. Von dieser Entwicklung hat insbesondere der Marktführer Münster profitiert, der sich von Anfang an regional auf das Oberzentrum konzentrierte.

Das veränderte Wettbewerbsumfeld hat zu einer strategischen Neupositionierung der drei großen Handelsbetriebe geführt. Marktführer Münster setzt auf eine günstige Kostenstruktur und hat insbesondere bei den Neumaschinen durch Kampfpreise zusätzliche Marktanteile erobern können. Der Landmaschinenhandel Westmünsterland hat vor allem den Service weiter ausgebaut. Mobile Reparaturteams, die bei Bedarf auf dem Acker die notwendigen Arbeiten vornehmen, garantieren gerade während der Ernte niedrige Ausfallzeiten. Hinzu kommt ein dichtes Filialnetz, so dass auch vor Ort notwendiges Zubehör gekauft werden kann. Die Handelsgruppe Ostmünsterland hingegen fährt eher einen Mittelweg zwischen den Strategien der Kosten- und Qualitätsführerschaft.

Die strategische Grundausrichtung hat insbesondere Konsequenzen für die Anzahl der Niederlassungen und ihre durchschnittliche Größe. Westmünsterland verfügt von den drei großen Händlern im Münsterland über die meisten Niederlassungen. Um auch in ihren kleineren Filialen das erforderliche Umsatzvolumen zu generieren, wurde das Produktangebot ausgeweitet. Als Zielgruppe werden insbesondere die Hobbygärtner anvisiert, die für ihren Rasen und Beete immer komfortablere und somit auch teurere Maschinen einsetzen, z. B. Aufsitzmäher. Dieser Trend spiegelt sich auch in den Maschinenverkäufen der verschiedenen Landmaschinenhändler wieder (siehe Tabelle 1).

Die jahresabschlussbasierte Konkurrenzanalyse

	Westmünsterland			Münster			Ostmünsterland		
	03	04	05	03	04	05	03	04	05
Neumaschinen	1.420	1.540	1.620	1.970	2.250	2.460	1.020	980	1.330
Gebrauchtmasch.	1.890	1.720	1.530	2.230	2.190	2.270	1.350	1.270	1.610
Sonstige Fahrzeuge	600	780	1.020	850	910	940	350	360	360
Mitarbeiter	101	99	98	84	79	75	86	96	104
Marktanteil Neum.	24%	25%	24%	31%	35%	38%	17%	15%	19%
Anzahl der Filialen	24	22	21	14	11	9	18	16	14
∅ Filialgröße in qm	9.800	10.500	11.000	17.200	21.200	26.400	16.800	19.100	21.700

Tab. 1: Realdaten der drei Wettbewerber im Landmaschinenhandel.

II. Überblick

Die Zusammenstellung des Kontextes hat Leo Vinci geholfen, die Rahmenbedingungen seiner Branche und auch das wettbewerbliche Umfeld besser zu verstehen. Nun möchte er sich einen konkreteren Überblick über die drei Landmaschinenhändler im Münsterland verschaffen, indem er ihre Jahresabschlüsse vergleicht (siehe die Tabellen 2 bis 5).

Aktiva (in T €)	03	04	05	Passiva (in T €)	03	04	05
Anlagevermögen				**Eigenkapital**			
Grundst./Gebäude	3.830	3.839	4.016	EK im eigentl. Sinne	8.487	8.512	9.083
Maschinen	317	315	313	Ges.-Darlehen	0	0	0
BuG	231	228	225	Wirtschaftliches EK	8.487	8.512	9.083
Fahrzeuge	84	102	99	**Fremdkapital**			
Sonstiges AV	317	325	329	Rückstellungen	86	112	123
Finanzanlagen	0	0	0	Langfristiges FK			
Umlaufvermögen				Kreditinstitute	3.464	3.892	4.719
Neumaschinen	4.089	4.378	4.698	Sonstige Darlehen	117	110	103
Gebrauchtmaschinen	812	793	772	Σ langfristiges FK	3.581	4.002	4.822
Ersatzteile	1.378	1.543	1.698	Kurzfristiges FK			
Sonstige Fahrzeuge	465	612	789	Verbindl. aus LL	3.087	3.589	3.872
Warenforderungen	3.578	3.781	4.013	Kurzfr. Bankverb.	612	589	67
Liquide Mittel	306	378	419	Schuldwechsel	0	0	0
Wechsel	178	165	182	Sonstige Verbindl.	534	487	465
Sonstiges UV	589	643	672	Σ kurzfristiges FK	4.233	4.665	4.404
ARAP	213	189	207	PRAP	0	0	0
Bilanzsumme	**16.387**	**17.291**	**18.432**	**Bilanzsumme**	**16.387**	**17.291**	**18.432**

Tab. 2: Bilanz Landmaschinenhandel Westmünsterland.

Aktiva (in T €)	03	04	05	Passiva (in T €)	03	04	05
Anlagevermögen				**Eigenkapital**			
Grundst./Gebäude	9.452	9.276	9.371	EK im eigentl. Sinne	872	1.465	2.873
Maschinen	276	325	361	Ges.-Darlehen	0	0	0
BuG	296	285	421	Wirtschaftliches EK	872	1.465	2.873
Fahrzeuge	76	89	94	**Fremdkapital**			
Sonstiges AV	481	531	612	Rückstellungen	69	760	1.683
Finanzanlagen	12	87	135	Langfristiges FK			
Umlaufvermögen				Kreditinstitute	12.643	12.431	12.251
Neumaschinen	4.176	4.489	4.723	Sonstige Darlehen	1.331	1.158	1.089
Gebrauchtmaschinen	897	912	1.013	Σ langfristiges FK	13.974	13.589	13.340
Ersatzteile	1.245	1.310	1.365	Kurzfristiges FK			
Sonstige Fahrzeuge	613	672	713	Verbindl. aus LL	4.287	4.981	5.321
Warenforderungen	3.742	3.991	4.140	Kurzfr. Bankverb.	2.472	1.683	254
Liquide Mittel	288	272	289	Schuldwechsel	230	70	0
Wechsel	217	172	143	Sonstige Verbindl.	674	712	813
Sonstiges UV	672	745	812	Σ kurzfristiges FK	7.663	7.446	6.388
ARAP	135	125	129	PRAP	0	21	37
Bilanzsumme	**22.578**	**23.281**	**24.321**	**Bilanzsumme**	**22.578**	**23.281**	**24.321**

Tab. 3: *Bilanz Landmaschinenhandel Münster.*

Aktiva (in T €)	03	04	05	Passiva (in T €)	03	04	05
Anlagevermögen				**Eigenkapital**			
Grundst./Gebäude	2.781	4.372	4.415	EK im eigentl. Sinne	980	664	–75
Maschinen	124	234	222	Ges.-Darlehen	0	0	421
BuG	82	222	245	Wirtschaftliches EK	980	664	346
Fahrzeuge	68	88	83	**Fremdkapital**			
Sonstiges AV	334	270	136	Rückstellungen	80	38	113
Finanzanlagen	4	4	4	Langfristiges FK			
Umlaufvermögen				Kreditinstitute	961	940	1.528
Neumaschinen	2.256	3.242	4.720	Sonstige Darlehen	207	207	163
Gebrauchtmaschinen	426	595	691	Σ langfristiges FK	1.168	1.147	1.691
Ersatzteile	521	586	652	Kurzfristiges FK			
Sonstige Fahrzeuge	194	185	272	Verbindl. aus LL	2.793	4.586	5.270
Warenforderungen	2.214	2.878	2.999	Kurzfr. Bankverb.	3.302	5.472	6.840
Liquide Mittel	1	1	1	Schuldwechsel	35	445	743
Wechsel	0	158	533	Sonstige Verbindl.	1.094	1.183	1.023
Sonstiges UV	399	657	984	Σ kurzfristiges FK	7.224	11.686	13.876
ARAP	48	43	69	PRAP	0	0	0
Bilanzsumme	**9.452**	**13.535**	**16.026**	**Bilanzsumme**	**9.452**	**13.535**	**16.026**

Tab. 4: *Bilanz Landmaschinenhandel Ostmünsterland.*

Die jahresabschlussbasierte Konkurrenzanalyse

	Westmünsterland			Münster			Ostmünsterland			Branche
	03	04	05	03	04	05	03	04	05	∅ %
Neumaschinen	16.720	17.430	18.110	19.360	22.189	24.568	10.415	10.731	15.695	58,0
Gebrauchtmaschinen	2.340	2.180	1.940	2.987	2.814	3.012	1.616	1.454	2.031	9,0
Ersatzteile	2.543	2.712	3.076	2.789	2.913	3.089	1.257	1.384	1.716	14,0
Werkstattlöhne	2.132	2.265	2.472	2.354	2.472	2.511	1.077	1.179	1.514	8,0
Sonstige Fahrzeuge	4.156	5.371	6.798	5.872	6.347	6.512	2.241	2.035	2.640	7,0
Sonstiges	1.472	1.531	1.603	2.112	2.445	2.713	1.251	1.180	1.009	4,0
Summe Erlöse	29.363	31.489	33.999	35.474	39.180	42.405	17.857	17.963	24.605	100,0
Neumaschinen	15.170	15.920	16.470	16.140	18.378	20.528	8.963	9.355	14.171	49,0
Gebrauchtmaschinen	2.512	2.295	2.013	3.014	2.936	3.057	1.664	1.484	2.153	8,0
Ersatzteile	1.932	2.096	2.254	2.215	2.176	2.212	905	1.051	1.307	9,0
Sonstige Fahrzeuge	3.637	4.783	6.034	5.213	5.689	5.989	2.098	1.958	2.507	7,0
Sonstiges	1.287	1.324	1.419	1.593	1.714	1.948	1.002	997	843	3,0
Σ Wareneinsatz	24.538	26.418	28.190	28.175	30.893	33.734	14.632	14.845	20.981	76,0
Bruttoertrag	4.825	5.071	5.809	7.299	8.287	8.671	3.225	3.117	3.624	24,0
Personalaufwand	3.078	3.013	2.995	2.081	1.967	1.891	2.075	2.140	2.423	13,7
Abschreibungen	424	412	497	1.856	1.912	1.967	192	220	334	2,6
Allg. Verwaltung	1.026	1.153	1.324	998	1.075	1.112	731	786	895	2,5
Zinsaufwand	254	213	197	1.485	1.419	1.367	451	641	955	1,4
Sonstige Steuern	56	52	49	96	88	101	34	40	27	0,3
Betriebsergebnis	–13	228	747	783	1.826	2.233	–258	–710	–1.009	3,5
Neutrales Ergebnis	54	37	29	–78	–145	–234	352	392	271	0,9
Jahresergebnis	**41**	**265**	**776**	**705**	**1.681**	**1.999**	**94**	**–318**	**–738**	**4,4**

Tab. 5: *GuVs der drei Landmaschinenhandelsbetriebe.*

Analysieren Sie zunächst allgemein, d. h. ohne Berechnung konkreter Kennzahlen, die wirtschaftliche Lage der drei Landmaschinenhändler!

Aufgabe 4

III. Kennzahlen

„Nun geht es ans Eingemachte", sagt sich Leo Vinci. Da er nunmehr einen ausreichenden Überblick zur Marktstellung der drei Wettbewerber hat, will er seine Analyse durch die Berechnung einzelner Kennzahlen fundieren. Dabei wählt er drei Untersuchungsschwerpunkte aus: Profitabilität, Liquidität und Effizienz. Im Einzelnen berechnet er die nachstehend aufgeführten Kennzahlen:

1) Profitabilität

- *Bruttoertrag*: entspricht der Differenz aus Umsatzerlösen und Wareneinsatz bezogen auf die Umsatzerlöse.
- *Umsatzrentabilität*: berechnet sich aus der Relation Jahresüberschuss zu Umsatzerlösen.
- *Gesamtkapitalrentabilität*: ergibt sich aus der Summe von Jahresüberschuss, Ertragsteuern und Zinsaufwand, dividiert durch das durchschnittliche Gesamtkapital.

2) Liquidität

- *Cashflow*: bestimmt sich aus dem Jahresüberschuss zu- (abzüglich) der Ab- (Zuschreibungen) auf Anlagevermögen und Erhöhungen (Verminderungen) von langfristigen Rückstellungen.
- *Liquidität 2. Grades*: entspricht der Relation des monetären Umlaufvermögens zu kurzfristigem Fremdkapital.
- *Verschuldungskoeffizient*: ist gleich dem Verhältnis aus Eigen- zu Fremdkapital.
- *Anlagendeckungsgrad II*: berechnet sich aus der Summe von Eigen- und langfristigem Fremdkapital, dividiert durch das Anlagevermögen.

3) Effizienz

- *Kundenziel*: entspricht dem Bestand an Warenforderungen multipliziert mit 365 bezogen auf die Umsatzerlöse.
- *Personalintensität*: ist gleich der Relation aus Personalaufwand und Umsatzerlösen.
- *Umschlagshäufigkeit des Umlaufvermögens*: berechnet sich aus der Relation von Umsatzerlösen zum mittleren Bestand des Umlaufvermögens.

Berechnen Sie obige Kennzahlen für die drei Wettbewerber und den gesamten Betrachtungszeitraum! Sofern Sie für die Berechnung Werte aus dem Jahr 02 brauchen, unterstellen Sie vereinfachend Konstanz gegenüber dem Jahr 03.

Aufgabe 5

IV. Evaluation

Evaluieren Sie die Ergebnisse der Kennzahlenberechnungen. Schlagen Sie darüber hinaus für jeden Analysebereich eine weitere Kennzahl vor. Vergleichen Sie die drei Wettbewerber. Unterbreiten Sie Handlungsempfehlungen für die Handelsgruppe Westmünsterland!

Aufgabe 6

Mit seinen Ergebnissen hochzufrieden möchte Leo Vinci am liebsten gleich eine Vorstands-Präsentation vorbereiten. Mit seinem Strategieplan wird er sicherlich die Aufmerksamkeit der obersten Chefetage gewinnen und sich als potentieller Goldfisch für den Führungskräfte-Nachwuchspool profilieren. Während schon die bunten Charts in bestem Beraterlayout an seinem geistigen Auge vorbeifliegen, holt ihn Lisa Mona in den Alltag der Konkurrenzanalyse zurück: „Dies ist nicht das Orakel von Delphi", raunt sie ihm zu, „das Aussagen über Zukünftiges erlaubt. Vorsicht! Auch die jahresabschlussbasierte Konkurrenzanalyse hat ihre Schwächen."

Problematisieren Sie die Aussagefähigkeit der jahresabschlussorientierten Konkurrenzanalyse!

Lösung

Aufgabe 1

Dass man sich in der Praxis häufiger auf Informationen des externen Rechnungswesens als auf andere Erhebungsmethoden bezieht, liegt u. a. an den geringen Ressourcenerfordernissen. Jahresabschlüsse bieten einen schnellen, einfachen und billigen Zugriff auf die finanzielle Lage der Wettbewerber. Sofern das Management über die für die Auswertung erforderlichen analytischen Fähigkeiten und vertieften Kenntnisse im Rechnungswesen verfügt, sind die gewünschten Informationen über die Wettbewerber direkt verfügbar bzw. können schnell durch eigene Analysen abgeleitet werden. Schließlich gilt der Jahresabschluss als relativ zuverlässig und wenig verzerrt, während qualitative Informationen, z. B. Pressemeldungen des Unternehmens, stark von Wettbewerbern selbst beeinflusst sind.

Aufgabe 2

Für die jahresabschlussbasierte Konkurrenzanalyse bietet sich ein die vier Schritte Kontext, Überblick, Kennzahlen und Evaluation umfassendes Vorgehen an. Vor der Analyse der Bilanzen ist zunächst der Kontext der Organisation zu untersuchen. Dazu gehören zum einen das externe Profil des Unternehmens und seiner relevanten Umwelten und das interne Profil der Organisation. Über die Einordnung des Unternehmens in eine Branche können generelle Erwartungen hinsichtlich der Inhalte der Finanzinformationen formuliert werden. Das interne Profil umfasst die Entwicklung der Strategien des analysierten Unternehmens, seine Positionierung innerhalb des Sektors sowie die kritischen Erfolgsfaktoren. Schritt 2 stellt auf den Jahresabschluss selbst ab und versucht ein Gesamtbild über die finanzielle Stärke des Unternehmens zu gewinnen und Trends in der Unternehmensentwicklung zu beobachten. Schritt 3 beinhaltet die detaillierte Interpretation der Daten des Jahresabschlusses durch die Berechnung finanzieller Kennzahlen. Diese helfen bei der Beurteilung, ob die Organisation die formulierten strategischen Ziele erreicht hat. In der Evaluationsphase werden schließlich die Kennzahlen interpretiert, die Ergebnisse der drei Stufen auf Konsistenz überprüft und Schlussfolgerungen gezogen. Es wird untersucht, inwieweit das Unternehmen seine Strategie erfolgreich implementiert hat und welche Konsequenzen sich daraus für die Wettbewerber ergeben.

Aufgabe 3

Bei einer ersten Analyse fällt unmittelbar die unterschiedliche Profitabilität der drei Händlergruppen auf. Während Münster hochrentabel arbeitet, schreibt Ostmünsterland tiefrote Zahlen. Selbst im Branchenvergleich zeigt Münster ein hervorragendes Ergebnis, welches sich zudem im Betrachtungszeitraum verbessert. Hingegen scheinen für Ostmünsterland allmählich die Lichter auszugehen. Die Defizite werden stetig größer, nur über ein Gesellschafter-Darlehen konnte die notwendige Eigenkapitalbasis sichergestellt werden. Westmünsterland weist zwar noch nicht ein branchendurchschnittliches Jahresergebnis aus, hat allerdings in den vergangenen Jahren ausgehend von einer „schwarzen Null" deutliche Ergebnissteigerungen realisieren können. Bei der detaillierten Analyse sollten die Gründe für die ausgesprochene Ertragskraft der Händlergruppe Münster näher analysiert werden.

Beim Vergleich der Bilanzen der drei Wettbewerber fällt die höchst unterschiedliche Kapitalstruktur auf. Während Westmünsterland als einzige der drei Händlergruppen eine sehr solide Eigenkapitalbasis aufweisen kann, ist die Eigenkapitaldecke ihrer Wettbewerber vergleichsweise dünn. Die Händlergruppe Münster kann jedoch infolge ihrer sehr hohen Jahresergebnisse die Eigenkapitalbasis fortlaufend stärken. Wirklich kritisch stellt sich die Lage allerdings für Ostmünsterland dar. Dort ist nicht nur das Eigenkapital stark angegriffen, sondern der Großteil der Vermögenswerte über kurzfristiges Fremdkapital finanziert. In Verbindung mit der Ergebnisschwäche stellt sich die Frage, ob Ostmünsterland noch dauerhaft im Markt bestehen bleiben kann. Im Rahmen der detaillierten Analyse sollte geklärt werden, welche Konsequenzen der drohende Konkurs von Ostmünsterland für die beiden anderen großen Händlergruppen haben könnte. Womöglich handelt es sich dabei um einen interessanten Übernahmekandidaten.

Aufgabe 4

Tabelle 6 zeigt die Kennzahlenberechnungen für die drei großen Landmaschinenhändler im Münsterland.

	Westmünsterland			Münster			Ostmünsterland		
	03	04	05	03	04	05	03	04	05
Profitabilität									
Bruttoertrag in %	16,4	16,1	17,1	20,6	21,2	20,4	18,1	17,4	14,7
Umsatzrentabilität in %	0,1	0,8	2,3	2,0	4,3	4,7	0,5	–1,8	–3,0
Gesamtkapitalrentabilität	1,8	2,8	5,4	9,7	13,5	14,1	5,8	2,8	1,5
Liquidität									
Cashflow in T €	465	703	1.284	2.561	4.284	4.889	285	–138	–330
Liquidität 2. Grades in %	91,8	89,2	100,6	52,6	57,3	69,3	30,7	24,6	21,6
Verschuldungskoeffizient	107,4	97,0	97,2	4,0	6,7	13,4	11,6	5,2	2,2
Anlagendeckungsgrad II	252,5	260,2	279,1	140,1	142,1	147,5	63,3	34,4	39,9
Effizienz									
Kundenziel	44,5	43,8	43,1	38,5	37,2	35,6	45,3	58,5	44,5
Personalintensität	10,5	9,6	8,8	5,9	5,0	4,5	11,6	11,9	9,8
Umschlagshäufigkeit UV	2,6	2,7	2,7	3,0	3,2	3,3	3,0	2,5	2,6

Tab. 6: Kennzahlen der Landmaschinenhandelsbetriebe.

Aufgabe 5

Die drei Landmaschinenhandelsbetriebe werden nachstehend jeweils differenziert nach den Analysebereichen Profitabilität, Liquidität und Effizienz analysiert. Für die Untersuchung der Profitabilität ist es zweckmäßig, diese getrennt nach Geschäftssegmenten auszuweisen. Tabelle 7 zeigt die Bereichsergebnisse der drei Landmaschinenhändler in den Jahren 03 bis 05. Bei der Analyse der Geschäftssegmente sind die zwischen ihnen bestehenden Querbeziehungen zu berücksichtigen. Oftmals werden schlechte Geschäfte bei Gebrauchtmaschinen eingegangen, um ein Neugeschäft abzuschließen. Ersatzteilhandel und Reparaturen sind gewöhnlich sehr profitabel, da die Landwirte häufig während der Erntezeit unter hohem Zeitdruck handeln müssen.

	Westmünsterland			Münster			Ostmünsterland		
	03	04	05	03	04	05	03	04	05
Neumaschinen	1.550	1.510	1.640	3.220	3.811	4.040	1.452	1.376	1.524
Gebrauchtmaschinen	–172	–115	–73	–27	–122	–45	–48	–30	–122
Ersatzteile	611	616	822	574	737	877	352	333	409
Sonstige Fahrzeuge	519	588	764	659	658	523	143	77	133

Tab. 7: Profitabilität der Geschäftssegmente.

Profitabilität

1. Westmünsterland

Der *Bruttoertrag* ist im Zeitvergleich relativ stabil, liegt aber mit 16 bis 17% deutlich unter dem Branchendurchschnitt von 24%. Dies gilt im Besonderen für Neumaschinen, wo der Bruttoertrag mit 4,8% in 05 nur etwa halb so hoch ausfällt wie der Mittelwert von 9%. Da der Wareneinsatz mit 48,4% in 05 für die Branche normal ist, muss dieser niedrige Bruttoertrag auf ungünstigere Konditionen beim Einkauf oder schlechte Preise zurückzuführen sein. Der mit 5,7% in 05 unterdurchschnittliche Umsatz mit Gebrauchtfahrzeugen ist infolge seines Verlustcharakters zu begrüßen, obgleich im Branchendurchschnitt eine positive Marge bei Gebrauchtfahrzeugen erwirtschaftet wird. Das Ersatzteilgeschäft gehört betriebsintern zu den Ergebnisträgern, liegt allerdings mit einem Umsatzanteil von 9% und einem Bruttoertrag von 2,4% noch deutlich hinter den entsprechenden Branchenmittelwerten von 14% bzw. 5%. Weit überdurchschnittlich hingegen sind die Umsatzerlöse von 20% und die Bruttoerträge von 2,2% mit sonstigen Fahrzeugen. Dies spricht für eine offensichtlich erfolgreiche Neupositionierung des Landmaschinenhandels Westmünsterland.

Die *Umsatzrentabilität* entwickelt sich im Zeitverlauf sehr positiv, beträgt aber selbst in 05 mit 2,3% nur ca. die Hälfte des Branchendurchschnitts von 4,4%. Die immer noch zu niedrige Umsatzrentabilität ist auf den überdurchschnittlich hohen Wareneinsatz von 82,9% (in 05) und somit letztlich auf den zu teuren Einkauf zurückzuführen. Ansonsten liegen nur die allgemeinen Verwaltungsaufwendungen mit 3,9% über dem Branchendurchschnitt von 2,5%. Dafür könnte die starke Präsenz in der Fläche verantwortlich sein. Ergänzend ist aber auch der Personalaufwand als die nach dem Wareneinsatz größte Aufwandsposition gezielt anzugehen, da der Personalabbau im Vergleich zum Kostenführer Münster nur langsam vorangeht.

Die *Gesamtkapitalrentabilität* des Landmaschinenhandels Westmünsterland steigt im Zeitablauf signifikant an. Im Vergleich zum Wettbewerber Münster fallen die Unterschiede allerdings noch deutlicher aus als bei der Umsatzrentabilität, da aufgrund des geringen Fremdkapitalanteils nur wenige Zinsaufwendungen zu tragen sind. Offensichtlich wird das vorhandene Kapital nicht so effizient eingesetzt wie bei der Konkurrenz aus Münster.

2. Münster

Im Vergleich zu den beiden unmittelbaren regionalen Wettbewerbern zeigt der Landmaschinenhandel Münster von einem höheren Ausgangsniveau startend noch einmal eine signifikante Verbesserung der Profitabilität. Obgleich der *Bruttoertrag* am höchsten unter den drei Wettbewerbern ist, bewegt er sich jedoch noch unterhalb des Branchendurchschnitts von 24%. Die Umsatzerlöse mit Neumaschinen entsprechen mit 57,8% in 05 dem Branchenmittel, während der Bruttoertrag mit 9,5% leicht über dem Durchschnitt von 9% liegt. Die Umsatzerlöse des defizitären Gebrauchtmaschinengeschäfts liegen mit 7,1% unter dem Branchenmittelwert. Gleichfalls unterproportional sind die Erlöse und der Bruttoertrag aus Ersatzteilen mit 7,3 bzw. 2,1%. Demgegenüber werden mit sonstigen Fahrzeugen mit 15,4% ein hoher Umsatzanteil und ein überdurchschnittlicher Bruttoertrag von 1,2% erwirtschaftet. Auffällig sind zudem der mit 6,4% bzw. 1,8% deutlich über dem Branchendurchschnitt von 4% bzw. 1% liegende Umsatzanteil bzw. Bruttoertrag aus Sonstigem.

Die *Umsatzrentabilität* steigt im Zeitverlauf über den Branchendurchschnitt von 4,7% in 05. Die im Vergleich zu den beiden Wettbewerbern höhere Marge ist auch auf die niedrigeren Wareneinsatzkosten zurückzuführen. Hier werden offensichtlich Größenvorteile in Form einer höheren Einkaufsmacht ausgespielt. Da der Vergleich mit der Branche selbst für Münster noch einen überdurchschnittlichen Wareneinsatz von 79,6% zeigt, ist zu erwarten, dass auch hier zukünftig für einen günstigen Einkauf noch mehr Volumen aufgebaut wird. Im Vergleich zur Branche fällt insbesondere der mit 4,5% extrem niedrige Personalaufwand positiv auf. Offensichtlich hat man den Produktionsfaktor Arbeit durch Investitionen in Maschinen substituieren können. Zugleich ergeben sich infolge des hohen Anlagevermögens mit 4,6% deutlich überdurchschnittliche Abschreibungen. Ebenso ist der Anteil der Zinsaufwendungen aufgrund der Kapitalstruktur mit 3,2% weit höher als in der Branche üblich.

Bei der *Gesamtkapitalrentabilität* zeigt sich auch gegenüber dem hohen Ausgangsniveau ein deutlicher Anstieg. Da die unterschiedliche Finanzierungsstruktur im Zeitverlauf neutralisiert wird, dürfte zukünftig der Abstand bei der Profitabilität gegenüber den Wettbewerbern noch größer werden. Beispielsweise wäre bei einer dem Konkurrenten Westmünsterland entsprechenden Kapitalstruktur der Renditevorsprung noch um eine 1 Mio. € größer.

3. Ostmünsterland
Der *Bruttoertrag* sinkt im Zeitverlauf stark und liegt in 05 mit 14,7% deutlich unter dem Branchendurchschnitt. Während die Umsatzerlöse mit Neumaschinen in 05 mit 63,8% höher sind als im Branchenmittel, fällt der Bruttoertrag mit Neumaschinen mit 6,2% gegenüber dem Durchschnitt von 9% ab. Dieser geringe Bruttoertrag bei Neumaschinen ist in Anbetracht der höchsten mittleren Verkaufspreise wohl auf einen zu teuren Einkauf zurückzuführen. Das hohe Umsatzwachstum bei Neumaschinen bringt offensichtlich keinen zusätzlichen Ertrag, vielmehr werden verlorene Marktanteile kostspielig zurückerobert. Im Vergleich zu den regionalen Wettbewerbern zeigt Ostmünsterland den höchsten Umsatzanteil mit verlustbringenden Gebrauchtmaschinen (8,3%), bewegt sich dabei aber noch immer unter dem Branchendurchschnitt. Als gravierend erweist sich, dass das normalerweise sehr profitable Ersatzteilgeschäft stark unterentwickelt ist. Sowohl der Umsatzanteil von 7,0% und der Bruttoertrag von 1,7% im Ersatzteilhandel liegen weit unter dem Branchendurchschnitt. Ebenso ist im Vergleich zu den lokalen Wettbewerbern das Geschäft mit sonstigen Fahrzeu-

gen sowohl vom Umsatzanteil mit 10,7% als auch vom Bruttoertrag mit 0,5% deutlich unattraktiver.

Die *Umsatzrentabilität* dreht im Zeitverlauf ins Minus. Dies dürfte zum Großteil auf den höchsten Wareneinsatz (85,3%) und einen somit teuren Einkauf zurückzuführen sein. Der Personalaufwand ist zwar unterdurchschnittlich (9,9%), aber gegen den Branchentrend wird Personal eingestellt. Die allgemeinen Verwaltungsaufwendungen nehmen mit 3,6% in 05 einen überdurchschnittlichen Wert an. Einen im Vergleich zum Branchenmittel sehr hohen Anteil hat der Zinsaufwand in 05 mit 3,9%. Schließlich fällt im Vergleich zu den Wettbewerben das höchste neutrale Ergebnis auf, welches das wahre Ausmaß des Jahresfehlbetrags zu verschleiern hilft.

Ähnlich sinkt auch die *Gesamtkapitalrentabilität* deutlich im Zeitverlauf. Sie wird jedoch nicht negativ, da bei dieser Kennzahl hohe Zinsaufwendungen und damit ein hoher Fremdkapitalanteil neutralisiert werden.

Als weitere Profitabilitätskennzahl bietet sich die *Eigenkapitalrentabilität* an. Sie zeigt unabhängig von der bestehenden Finanzierungsstruktur die Profitabilität des eingesetzten Eigenkapitals auf.

Beim Vergleich der Profitabilität der drei Wettbewerber scheint der Landmaschinenhandel Münster mit seiner günstigeren Kostenstruktur andere Wettbewerber über einen intensivierten Preiswettbewerb vom Markt zu verdrängen. Betroffen ist davon insbesondere Ostmünsterland mit seiner nachteiligen Kostenstruktur. Die erhebliche Umsatzausweitung in 05 stellt somit nur einen verzweifelten Versuch dar, Marktanteile zu gewinnen und durch Mehrumsatz die drohende Insolvenz noch einmal abzuwenden. Westmünsterland besitzt hingegen gegenüber dem Marktführer Münster infolge der günstigeren Kapitalstruktur und der geringen Zinsaufwendungen noch einen, wenn auch sich verringernden Vorteil. Allerdings wird der angestrebte hohe Service- und Qualitätsstandard mit zu hohen Kosten erkauft. Diesbezüglich sollte die Einkaufpolitik überdacht werden, damit die Verkaufspreise dauerhaft konkurrenzfähig bleiben.

Liquidität

1. Westmünsterland

Der *Cashflow* steigt zwar im Zeitverlauf spürbar, fällt aber im Vergleich zum Konkurrenten Münster gering aus. Der Unterschied geht nicht nur auf die unterschiedliche Ertragskraft zurück, sondern auch auf das niedrigere Anlagevermögen und die demzufolge geringeren Abschreibungen.

Der Landmaschinenhandel Westmünsterland weist im Vergleich die beste Ausprägung der Kennzahl *Liquidität 2. Grades* auf. Diese günstige finanzwirtschaftliche Situation ist auf das geringere kurzfristige Fremdkapital und die somit bessere Kapitalstruktur zurückzuführen.

Der *Verschuldungskoeffizient* ist im Vergleich zu den Wettbewerbern sehr hoch und spricht für die Krisenfestigkeit des Unternehmens. Dass diese Kennzahl im Zeitverlauf sinkt, ist vermutlich auf eine Finanzierung des Wachstums über Fremdkapital zurückzuführen.

Auch beim *Anlagendeckungsgrad II* weist der Betrieb Westmünsterland die höchste Ausprägung auf. Für diesen günstigen Wert ist das niedrige Anlagevermögen verantwortlich, was aber auch auf einen möglichen Investitionsstau hindeuten könnte.

2. Münster

Der Landmaschinenhandel Westmünsterland erwirtschaftet den höchsten *Cashflow*, der zudem auch noch hohe Steigerungsraten aufweist. Die Unterschiede sind zum einen auf das hohe Anlagevermögen und die daraus resultierenden Abschreibungen zurückzuführen, zum anderen aber auch auf hohe Zuführungen zu den Rückstellungen. Sofern in den Rückstellungen Kulanzen abgebildet sind, könnten Expansionskurs und Preiswettbewerb evtl. teilweise zu Lasten der Qualität gehen.

Bei der *Liquidität 2. Grades* wird das kurzfristige Fremdkapital nicht hinreichend durch das kurzfristige monetäre Umlaufvermögen gedeckt. Die Liquidität 2. Grades verbessert sich jedoch zunehmend, da mit dem hohen Cashflow das kurzfristige Fremdkapital zurückgefahren wird.

Der relativ niedrige *Verschuldungskoeffizient* weist auf die vordringliche Aufgabe der Stärkung der Eigenkapitalbasis hin. Allerdings erreicht der Landmaschinenhandel Münster im Verlauf dank des anhaltend hohen Cashflow schon eine deutliche Verbesserung der Kennzahl.

Der *Anlagendeckungsgrad II* hat sich trotz einer Stärkung der Eigenkapitalbasis nur wenig verbessert. Im gleichen Zeitraum ist das Anlagevermögen aufgrund von Investitionen spürbar gestiegen.

3. Ostmünsterland

Der *Cashflow* fällt auf einen negativen Wert. Er musste bereits durch ein Gesellschafterdarlehen aufgefangen werden. Sollte der Cashflow weiterhin negativ bleiben, droht dem Landmaschinenhandel Ostmünsterland die Zahlungsunfähigkeit.

Bei der *Liquidität 2. Grades* zeigt sich eine deutliche Unterdeckung des sehr hohen kurzfristigen Fremdkapitals durch kurzfristig liquidierbares Umlaufvermögen. Der starke Anstieg von Neumaschinen im Umlaufvermögen lässt auf eine schlechte Abstimmung zwischen Einkauf und Absatz schließen. Das Niveau liquider Mittel ist minimal und zugleich stellt das hohe Wachstum an Wechseln, welches auf eine größere Anzahl evtl. nicht zahlungsfähiger Kunden schließen lässt, einen Gefahrenpunkt für die eigene Zahlungsfähigkeit dar.

Bei dem extrem niedrigen *Verschuldungskoeffizienten* werden bei Banken vermutlich die Alarmglocken läuten. Die relativ hohe Steigerung der Verbindlichkeiten aus Lieferungen und Leistungen sowie die hohe Verbindlichkeit aus Schuldwechseln sind deutliche Anzeichen für Zahlungsschwierigkeiten.

Auch die Entwicklung des *Anlagendeckungsgrades II* gibt zu größter Besorgnis Anlass. Das Anlagevermögen ist bei weitem nicht durch langfristige Mittel finanziert. Die Goldene Finanzierungsregel, nach der das langfristige Kapital größer sein sollte als das langfristige Vermögen, wird gebrochen.

Als ergänzende Maßgröße wäre eine Kennzahl zur *Verbindlichkeitenstruktur* interessant, z. B. kurz- bzw. langfristiges Fremdkapital in Relation zu gesamten Verbindlichkeiten. Diese Kennzahl macht Unterschiede in der Fristigkeit der Finanzierung des Fremdkapitals deutlich, insbesondere die stark kurzfristige Finanzierung bei der Handelsgruppe Ostmünsterland.

Beim Vergleich der drei Wettbewerber besticht Westmünsterland durch seine ausgezeichnete Kapitalstruktur. Im Gegensatz zu seinen Konkurrenten kann es große Investitionen und somit eine Expansion über die sehr hohen liquiden Mittel und Fremdkapital problemlos finanzieren. Die ausgeprägte Sicherheitsstrategie auf der Finanzseite sollte jedoch zu Gunsten eines verstärkten Wachstums aufgegeben werden. Der Landmaschinenhandel Münster ist offensichtlich in der Vergangenheit schnell gewachsen, da große Investitionen in Gebäude und Grundstücke getätigt wurden. Zwar steuert man auf eine solidere finanzielle Basis zu, indem eine breitere Eigenkapitalbasis geschaffen wird, allerdings besteht nach wie vor infolge der hohen Fremdkapitalquote wenig Spielraum für große Investitionen. Weitere Expansionen können nur in kleinen Schritten vorgenommen werden. Ostmünsterland steht kurz vor der Insolvenz. Fehlgeschlagene Expansionsversuche in Verbindung mit dem von Münster entfachten Preiswettbewerb haben das Unternehmen in eine tiefe Krise gestürzt. Als wenig hilfreich erweist sich auch die fehlende klare Strategieausrichtung.

Zudem sind finanzielle Quellen beinahe erschöpft, so dass weitere schlechte Jahre oder Forderungsausfälle nicht mehr kompensiert werden können. Die finanzwirtschaftliche Situation macht Ostmünsterland zum Übernahmekandidaten.

Effizienz

1. Westmünsterland
Das *Kundenziel* konnte beim Landmaschinenhandel Westmünsterland im Zeitablauf zwar gesenkt werden, nimmt aber immer noch einen relativ hohen Wert an. Dies lässt auf ein ineffizientes Mahnwesen schließen. Es könnte aber auch Ausdruck einer größeren Serviceorientierung in Form flexiblerer Zahlungsziele sein.

Die *Personalintensität* liegt unter dem Branchenschnitt und sinkt weiter durch den Stellenabbau. Allerdings bleibt sie im Vergleich zur Händlergruppe Münster, der umsatzbereinigt nahezu mit der halben Mitarbeiterzahl auskommt, sehr hoch. Das Durchschnittsgehalt beträgt in 05 beim Landmaschinenhandel Westmünsterland 30.561 € im Vergleich zu 25.213 € bei den Münsteranern. Das höhere durchschnittliche Jahresgehalt könnte Folge der höheren Anforderungen an die Mitarbeiter aufgrund der Serviceorientierung sein.

Die *Umschlagshäufigkeit* ist im Vergleich zu Münster gering und lässt auch keine kontinuierliche Steigerung erkennen. Der niedrige Wert ist auf den relativ hohen Bestand des Umlaufvermögens zurückzuführen. Wünschenswert wäre eine Steigerung der Umschlagshäufigkeit durch eine Umschichtung ins Anlagevermögen, z. B. werden relativ hohe liquide Mittel gehalten, die in Finanzanlagen umgewandelt werden könnten.

2. Münster
Der im Vergleich niedrigste Wert der Kennzahl *Kundenziel* beim Landmaschinenhandel Münster lässt auf ein funktionierendes Eintreiben von Außenständen bzw. auf eine Kundschaft mit guter Zahlungsmoral schließen.

Auch bei der *Personalintensität* zeigt das Unternehmen den besten Wert. Man hat im Vergleich zu Westmünsterland einen noch konsequenteren Abbau von Mitarbeitern betrieben. Die niedrige Personalintensität und das relativ geringe Durchschnittseinkommen von 25.213 € sind Ausdruck einer konsequent verfolgten Kostenführerschaft.

Der Landmaschinenhandel Münster hat die höchste und eine zugleich weiter steigende Umschlagshäufigkeit des Umlaufvermögens. Die effiziente Lagerhaltung zeigt sich insbesondere an dem im Vergleich zu Westmünsterland geringeren Bestand an Ersatzteilen.

3. Ostmünsterland

Der Landmaschinenhandel Ostmünsterland zeigt beim *Kundenziel* die höchsten und somit ungünstigsten Werte. Die gleichzeitige Zunahme von Wechselforderungen indiziert, dass man mehr auf Umsatzvolumen als auf die Qualität des Geschäfts geachtet hat. Offensichtlich zieht man Kunden mit sehr schlechter Zahlungsbereitschaft an und verfügt zudem über ein wenig effizientes Mahnwesen.

Ostmünsterland hat die höchste *Personalintensität* und stellt als einziger Wettbewerber gegen den Branchentrend noch weitere Mitarbeiter ein. Der niedrigste Durchschnittslohn von 23.298 € kann als mögliche Folge der schlechten finanziellen Lage interpretiert werden.

Auch bei der *Umschlagshäufigkeit* des Umlaufvermögens zeigt Ostmünsterland den ungünstigsten Wert. Sie ist vor allem in 04 gesunken, als der hohen Steigerung im Umlaufvermögen, vornehmlich bei Neumaschinen, nur ein minimaler Anstieg der Umsatzerlöse gegenüberstand.

Als mögliche weitere Kennzahl eignet sich die *Vorratsintensität,* d. h. die Relation aus durchschnittlichem Vorratsbestand und Gesamtvermögen. Sie gibt Aufschluss über die Qualität des Management des Umlaufvermögens und die unternehmensinterne Fokussierung auf die Kosten der Kapitalbindung.

Stellt man die drei Wettbewerber einander gegenüber, so scheint bei Westmünsterland vor dem Hintergrund der Serviceorientierung die operative Effizienz vernachlässigt worden zu sein. Verbesserungen lassen sich jedoch durch relativ einfache Maßnahmen erreichen, z. B. optimierte Lagerhaltungspolitik. Der Landmaschinenhandel Münster ist eindeutiger Klassenbester in Sachen Effizienz. Die Strategie der Kostenführerschaft wird konsequent verfolgt: unnötige Kapitalbindung wird weitgehend vermieden und Personal wird trotz guter Geschäftslage unterdurchschnittlich bezahlt. Ostmünsterland hingegen zahlt den Preis für eine fehlgeschlagene Strategie. Dabei sind die Effizienzprobleme bei allen Kennzahlen deutlich sichtbar. Dies gilt im Besonderen für eine falsche Einkaufspolitik, die bei gleichzeitig schlechtem Absatz zu einer hohen Kapitalbindung führt.

Auf Basis obiger Kennzahlen können Handlungsempfehlungen für Westmünsterland abgeleitet werden. Diese beziehen sich angesichts einer sehr zufriedenstellenden Liquiditätslage neben der strategischen Grundausrichtung nur auf die Profitabilität und zukünftig erforderliche Effizienzsteigerungen.

Hinsichtlich der *strategischen Grundausrichtung* scheint die eingeschlagene Serviceorientierung für eine marktseitig erfolgreiche Differenzierung zu sorgen. Die günstige Finanzstruktur erlaubt zukünftig ein stärkeres Wachstum als bei den Wettbewerbern. Insofern bietet sich als mögliche strategische Ergänzung die Übernahme des stark in der Fläche vertretenen Landmaschinenhandels Ostmünsterland an. Dort könnte die in den eigenen Filialen bewiesene Stärke vor Ort auch sehr gut ausgespielt werden. Ansätze zur Verbesserung der Profitabilität des jetzigen Konkurrenten ergäben sich im Falle einer Integration auf zwei Feldern. Zum einen durch eine vermehrte Konzentration auf das im Branchendurchschnitt sehr profitable Reparaturgeschäft. Zum anderen könnte das Produktsortiment bei den sonstigen Fahrzeugen denen der Betriebsstätten Westmünsterland angepasst werden.

Bei der *Profitabilität* sollte der Landmaschinenhandel Westmünsterland für die Zukunft anspruchsvolle Zielgrößen formulieren. Eine Untergrenze stellt die branchenübliche Umsatzrendite dar, die bezogen auf die Umsatzerlöse aus 05 ein Jahresergebnis in Höhe von 1.496.000 € erforderlich gemacht hätte. Eine Übernahme des Landmaschinenhandels Ostmünsterland könnte sich auch positiv auf die hohen Kosten des Wareneinsatzes auswirken. Die größere Einkaufsmacht sollte zu Neuverhandlungen mit Zulieferern genutzt werden. Womöglich lassen sich dann ähnliche Volumenvorteile realisieren wie im Landmaschinenhandel Münster.

Zur Entlastung der Kostenseite sind aber noch weitergehendere Effizienzsteigerungen erforderlich. Wie der Vergleich mit dem Kostenführer in Münster zeigt, erscheint vor allem ein besseres Management des Umlaufvermögens geboten. Gerade bei einer Übernahme der Händlergruppe Ostmünsterland wird die Kapitalbindung weiter steigen. Dazu bieten sich vermehrte Investitionen in die Informationstechnologie an. Die Jahresabschlüsse des Münsteraner Konkurrenten lassen den Schluss zu, dass große Investitionen in das Anlagevermögen für die höheren Umschlagshäufigkeiten verantwortlich sind. Zugleich sollte unter Berücksichtigung der für eine Serviceorientierung erforderlichen Personalstärke die Personalintensität verringert werden.

Aufgabe 6

Der Aussagegehalt der jahresabschlussorientierten Konkurrenzanalyse wird durch deren Vergangenheitsorientierung, den geringen Detaillierungsgrad, den verzerrenden Einfluss der Bilanzpolitik und Datenbeschaffungsprobleme eingeschränkt.

Im Vergleich zu anderen Instrumenten der Konkurrenzanalyse wird insbesondere die generelle *Vergangenheitsorientierung* der Bilanzanalyse von Wettbewerbern bemängelt. Jahresabschlüsse geben infolge ihres historischen Charakters nur eingeschränkt Aufschluss über aktuelle und zukünftige Entwicklungen von Kapitalherkunft und -verwendung. Zudem sind die Geschäftsberichte trotz einer zunehmend zeitnäheren Bereitstellung nur mit zeitlicher Verzögerung verfügbar.

Des Weiteren erschwert die erhebliche *Aggregation* sämtlicher Bilanzkennzahlen eine sinnvolle Interpretation. Zudem erlaubt die Bilanzpolitik eine gezielte adressatenorientierte Beeinflussung bestimmter Finanzkennzahlen. Insbesondere bei nichtbörsennotierten Gesellschaften fehlt es an spezifischen Informationen zu verschiedenen Segmenten, so dass die Planungen für einzelne Geschäftsfelder nur schwer nachvollziehbar sind. Infolge der Pflicht zur Segmentberichterstattung nach § 297 Abs. 1 S. 2 HGB gilt dies jedoch nicht für börsennotierte Muttergesellschaften.

Auch die den Jahresabschlussinformationen häufig zugesprochene Objektivität und Glaubwürdigkeit kann zuweilen trügen. Verfälschungen ergeben sich durch die Ausnutzung von Ansatz- und Bewertungswahlrechten, durch *bilanzpolitisch* motivierte Sachverhaltsgestaltungen oder auch durch steuerbilanzpolitische Einflüsse. Weitere Verzerrungen resultieren aus dem im HGB betonten gläubigerschutzinduzierten Vorsichtsprinzip, welches gerade den Vergleich mit ausländischen Unternehmen erschwert.

Die Erleichterungen für kleine und mittelgroße Kapitalgesellschaften hinsichtlich des Umfangs der Offenlegung des Jahresabschlusses schränken die Möglichkeiten einer jahresabschlussbasierten Konkurrenzanalyse erheblich ein. *Datenbeschaffungsprobleme* entstehen aber nicht nur, wenn wesentliche Wettbewerber private Unternehmen sind, sondern auch, wenn es sich um Geschäftsbereiche handelt, die in den aggregierten Daten größerer Unternehmen verborgen sind. Sofern sie nicht wie börsennotierte Mutterunternehmen zur Segmentberichterstattung verpflichtet sind, legen diversifizierte Unternehmen nur selten umfassende finanzielle Daten für ihre individuellen Geschäftsbereiche offen.

Literaturhinweise

BAETGE, J.: Bilanzanalyse, Düsseldorf 1998.

COENENBERG, A. G.: Jahresabschluss und Jahresabschlussanalyse: Betriebswirtschaftliche, handelsrechtliche, steuerrechtliche und internationale Grundsätze, 19. Aufl., Stuttgart 2003.

EFFING, W.: Jahresabschlussbasierte Konkurrenzanalyse – Eignung von Jahresabschlüssen zur Befriedigung des Informationsbedarfs der Konkurrenzanalyse, zugl. Diss. TU Chemnitz, Aachen 2002.

GUILDING, C.: Competitor-focused accounting: an exploratory note, in: Accounting, Organizations and Society, Vol. 24 (1999), S. 583–595.

GUILDING, C./CRAVENS, K. S./TAYLES, M.: An international comparison of strategic management accounting practices, in: Management Accounting Research, 11. Jg. (2000), S. 113–135.

HOFFJAN, A.: Competitor Accounting – Controlling im Dienste der Konkurrenzanalyse, erscheint in: Zeitschrift für Controlling und Management, 47. Jg. (2003), Heft 5.

HOFFJAN, A.: Competitor Accounting – Zum Nutzen des Jahresabschlusses in der Konkurrenzanalyse, in: Betriebs-Berater, 58. Jg. (2003), S. 1494–1498.

MOON, P./BATES, K.: Core analysis in strategic performance appraisal, in: Management Accounting Research, 4. Jg. (1993), S. 139–152.

PRESCOTT, J. E./GRANT, J.: A Manager's Guide for Evaluating Competitive Analysis Techniques, in: Interfaces, 18. Jg. (1988), Nr. 3, S. 10–22.

SIMMONDS, K.: The Accounting Assessment of Competitive Position, in: European Journal of Marketing, 20. Jg. (1986), Nr. 1, S. 16–31.

SUBRAMANIAN, R./ISHAK, S. T.: Competitor Analysis Practices, in: Management International Review, 38. Jg. (1998), Nr. 1, S. 7–23.

Stephan Kudert und Daniela Presser

Rekonstruktion eines Kapitalwerts aus dem Einzeljahresabschluss

Prolog: Eine Idee wird geboren

Die vier Studenten der Europa-Universität Viadrina *Leon Listig* (Jura-Student), *Ramona Ramirez* (Kiwi-Studentin), *Rosi Resserp* (BWL-Studentin) und *Thomas Treduk* (BWL-Student) sitzen gelangweilt in der letzten Reihe des Hörsaals und lauschen der Vorlesung „Betriebliches Rechnungswesen". Während sich der Dozent redlich bemüht, ihnen zu vermitteln, warum internes und externes Rechnungswesen immer stärker zusammenwachsen, träumt Ramona davon, sich selbständig zu machen. Sie möchte „natürliche, fast ganz in Handarbeit hergestellte Kunstwaren" verkaufen. Ihre Kommilitonen Rosi und Thomas sind von der Idee recht angetan und als angehende Ökonomen überschlagen sie den möglichen Vermögenszuwachs. Man könnte zum Jahreswechsel 2003/2004 eine GmbH gründen, ein paar Studenten der Kulturwissenschaften (Kuwis) einstellen und diese die Kunstwaren herstellen sowie verkaufen lassen. Neben den Personal- und Materialauszahlungen müsste man noch Auszahlungen für den Vertrieb (fliegender Handel in Berlin), die Werbung und einige andere Kleinigkeiten berücksichtigen. Das notwendige abnutzbare Anlagevermögen würde sich auf 40.000 € beschränken, die man aus Rücklagen für das Studium finanzieren müsste. Zur Zeit werden die Vier von ihren Eltern gesponsert. Eigene Einkommen erzielen sie nicht. Lediglich Leon („Ein Jurist interessiert sich nicht für die 98% der Fälle, die gut gehen, sondern für die anderen 2%!") weist auf die Absatzrisiken hin und meint, dass es ertragswertsteigernder wäre, mit der „Spinnerei" aufzuhören und sich auf die Vorlesung zu konzentrieren. Außerdem hat Leon keine Lust, sein Studium aufs Spiel zu setzen, indem er seine Ersparnisse in das Projekt steckt, anstatt es zu satten 4% Zinsen fest anzulegen. Rosi versucht, ihn mit dem Argument zu überzeugen, dass man ja nach zwölf Semestern die GmbH liquidieren und er sich dann auf sein erstes Staatsexamen konzentrieren könne. Nun ist Leon endgültig sauer und setzt sich trotzig in die erste Reihe des Hörsaals.

Erster Akt: Die Planungsrechnung

Anders als Leon sind Thomas und Rosi inzwischen von Ramonas Idee begeistert. Thomas erstellt ein realistisches Finanztableau, mit dem er den Kapitalwert, oder wie er sagt „den Net Present Value, kurz NPV" ermitteln will (vgl. Abbildung 1).

		Zinssatz = Sollrendite auf EK nach ESt/Soli = 4%						
		2003	2004	2005	2006	2007	2008	2009	Summe
1	Umsatzeinzahlungen		274.092	284.160	284.160	284.160	284.160	220.370	1.631.102
2	Personalauszahlungen		-170.000	-170.000	-170.000	-170.000	-170.000	-130.000	-980.000
3	Materialauszahlungen		-56.000	-56.000	-56.000	-56.000	-56.000	-42.750	-322.750
4	Kommunikationauszahlungen		-6.480	-6.240	-6.280	-6.280	-6.280	-6.280	-37.840
5	Distributionsauszahlungen		-4.000	-4.000	-4.000	-4.000	-4.000	-4.000	-24.000
6	Sonstige Auszahlungen		-35.612	-35.920	-35.130	-35.130	-35.130	-35.340	-212.262
7	**CF aus operativer Tätigkeit**		2.000	12.000	12.750	12.750	12.750	2.000	54.250
8	Investitionsauszahlungen	-40.000							-40.000
9	**NPV**	**-40.000**	**1.923**	**11.095**	**11.335**	**10.899**	**10.480**	**1.581**	**7.311**

Abb. 1: Investitionstableau der GmbH.

Thomas erläutert: „Bei der Anwendung der NPV-Methode werden die Einnahmen- bzw. Einzahlungsüberschüsse $EZÜ_t$ der Planungsperioden t mit i abgezinst."

$$NPV = \sum_{t=0}^{T} \frac{EZÜ_t}{(1+i)^t}$$

Darauf Rosi: „Was denn nun? Rechnet man mit Einnahmen und Ausgaben oder mit Einzahlungen und Auszahlungen?" „Ob man mit Einzahlungs- oder Einnahmenüberschüssen rechnet, hängt davon ab, ob die Investition von Finanzierungsaspekten (Kreditaufnahme, Tilgungen, Zinsen, Zinswirkungen bei Zielkäufen oder Zielverkäufen) separiert werden soll; das solltest du übrigens selber wissen. Das hat der Typ da vorn doch auch erzählt, als er die Kapitalwertmethode angesprochen hat", erklärt Thomas fachmännisch und ist froh, dass er in der vorigen Vorlesung zum Betrieblichen Rechnungswesen doch zugehört hat. „Wird für die Anwendung der Kapitalwertmethode ein vollkommener Kapitalmarkt (mit Sollzins gleich Habenzins) unterstellt, kann die Investitionsrechnung ohne Finanzierungsaspekte (d. h., als Einnahmenüberschussrechnung) erfolgen. Wird zum Beispiel ein Kredit aufgenommen und nach einem Jahr mit Zins getilgt, entspricht die abgezinste Summe aus Zins und Tilgung genau dem aufgenommenen Kredit. Diese Finanzzahlungen sind somit für die Investitionsentscheidung obsolet." Das leuchtet Rosi ein. Thomas doziert weiter: „Auch wenn das *IDW* in seinem Standard zur Durchführung von Unternehmensbewertungen explizit von ‚Nettoeinnahmen' spricht, hat sich in der betriebswirtschaftlichen Literatur (sprachlich ungenau) die Verwendung von Einzahlungsüberschüssen (Cash Flows) durchgesetzt. Daher bin ich hier der herrschenden Meinung gefolgt. Die Investitionsauszahlung in t=0 wird oftmals implizit mit den für das Investitionsprojekt erworbenen (und dann aktivierten) Sachanlagen gleichgesetzt. Im handelsrechtlichen Jahresabschluss wird das dann über die planmäßigen Abschreibungen als Aufwand erfasst. Zu beachten ist, dass nicht aktivierbare Auszahlungen, z. B. Gründungsauszahlungen gemäß § 248 I HGB oder Personalschulungsauszahlungen, deren Werthaltigkeit für § 246 I HGB nicht hinreichend objektiviert ist, nicht abgeschrieben, sondern sofort als Aufwand erfasst werden."

Ramona ist beeindruckt. Rosi hingegen weist ihn darauf hin, dass man ja wohl auch die Steuern, immerhin ein bedeutender Ausgabenfaktor, zu berücksichtigen hätte. „Außerdem könnten wir für das Sachanlagevermögen, das ist in deinem Finanztableau das Feld 8/2003, eine steuerfreie Investitionszulage (IZ) von bis zu 27,5% und einen steuerpflichtigen Investitionszuschuss (IS) von 22,5% beantragen, wenn die Investition wie geplant in einem Brandenburger Unternehmen erfolgt." „Das sind ja dann fast 50%", jubelt Ramona. Und damit hat sie sogar recht, wenn man die Steuern auf den IS berücksichtigt.

„Wird nun eine steuerfreie Investitionszulage (§ 9 InvZulG) oder ein steuerpflichtiger Investitionszuschuss gewährt, so sind zwei Wirkungen zu beachten", erklärt Rosi weiter. „Zum einen erfolgt die Subventionsgewährung regelmäßig mit einer zeitlichen Verzögerung; IZ und IS sind somit erst in 2004 als Einzahlungen zu erfassen. Zum anderen ist zu beachten, dass die IZ zwar den Jahresüberschuss, nicht aber das zu versteuernde Einkommen (ZVE) erhöht. IS sind hingegen im Jahresabschluss entweder sofort als Ertrag oder als Minderung der Anschaffungskosten der subventionierten Vermögensgegenstände zu buchen; man hat also nach R 34 II EStR ein Wahlrecht." Die Drei sind begeistert, denn ihr Risiko, die Rücklagen für das Studium in den Sand zu setzen, sinkt damit beträchtlich. Einmal in Fahrt, hält Rosi, um Thomas fachlich Paroli zu bieten, aus dem Stand einen Kurzvortrag über die Integration der Steuern in das Modell: „Die Unternehmenssteuern, das sind bei Kapitalgesellschaften insbesondere die Körperschaft- und Gewerbesteuer sowie der Solidaritätszuschlag, müssen an den Fiskus gezahlt werden. Daher sind sie in deinem Tableau als Auszahlungen zu erfassen. Die Körperschaftsteuer beträgt ab 2004 wieder 25% ..."

„Und die Gewerbesteuer? Wie hoch ist die?" fragt Thomas nach. „Das kann man so allgemein nicht sagen", erwidert Rosi. „Ihre Höhe hängt vom so genannten Hebesatz (H) ab. Diesen legt die Gemeinde fest, in der das Unternehmen betrieben wird. In Frankfurt (Oder) sind das z. B. 400%."

„400% wovon?" will Ramona nun wissen. Rosi führt aus: „Vereinfacht kann man sagen, dass die Kapitalgesellschaft ihr Einkommen mit 5% multipliziert. In unserem Fall ist das sogar korrekt. Man erhält damit den so genannten Steuermessbetrag. Wenn man diesen mit 400% multipliziert, ergibt das eine Gewerbesteuer von 20%."

Thomas möchte das Ruder wieder in die Hand nehmen, was allerdings gründlich misslingt. „Dann zahlt die Kapitalgesellschaft also 45% Steuern." tönt er. Rosi erwidert mit einem etwas zu süffisanten Unterton: „Nicht wirklich. Die Steuern sind zunächst im handelsrechtlichen Jahresabschluss als Aufwand zu buchen. Steuerlich werden allerdings die Körperschaftsteuer und der Soli wegen § 10 Nr. 2 KStG nicht als Betriebsausgabe anerkannt und daher dem Gewinn außerhalb des Jahresabschlusses wieder hinzugerechnet."

„Aber dann ist ja das steuerliche Einkommen höher als der handelsrechtliche Gewinn. Außerdem erzählst du eh' Unfug, denn man kann ja die Gewerbesteuer nicht erst als Aufwand buchen, dann das Einkommen ermitteln, und daraus dann die Gewerbesteuer ableiten. Das ist doch ein Zirkelproblem!" Ramona versteht nun gar nichts mehr. Deshalb schreibt Thomas ihr das Problem mathematisch auf.

$$GewSt = (EBT - GewSt) \cdot 0{,}05 \cdot Hebesatz$$

„Und was ist EBT?" fragt Ramona vorsichtig. „Earnings before Taxes", erklärt Thomas und weiter: „Wie Ihr seht, ist diese Gleichung unlösbar, denn die Gewerbesteuer steht auf beiden Seiten des Terms." Das reicht Ramona dann doch: „BWL´er aufgepasst. Mit ein paar einfachen Termumformungen erhält man:

$$GewSt = EBT \cdot \frac{H}{2000 + H}.$$

Und das sind 16,66%, wenn man einen Hebesatz von 400% unterstellt." „Richtig," ergänzt Rosi. „Und da die Körperschaftsteuer auf den Gewinn nach Gewerbesteuer erhoben wird, ergibt sich eine Steuerbelastung von:

$$GewSt + KSt = EBT \cdot 0{,}1666 + (EBT - GewSt) \cdot 0{,}25$$

$$GewSt + KSt = EBT \cdot (0{,}1666 + 0{,}25 - 0{,}1666 \cdot 0{,}25) = EBT \cdot 0{,}375.$$

Und außerdem haben wir den Soli bislang nicht berücksichtigt. Er beträgt 5,5% der Körperschaftsteuer. Damit ergibt sich als Gesamtbelastung auf Unternehmensebene:

$$GewSt + KSt + Soli = EBT \cdot (0{,}1666 + 0{,}25 \cdot 1{,}055 - 0{,}1666 \cdot 0{,}25 \cdot 1{,}055)$$

$$GewSt + KSt + Soli = EBT \cdot 0{,}3865."$$

„Das ist dann aber auch wirklich alles!?" stammelt Thomas, sichtlich erschöpft. „Eigentlich nicht. Wenn wir die Steuerbelastung auf Gesellschafterebene nicht berücksichtigen, kommen wir eventuell zu falschen Ergebnissen. Die Gesellschafter müssen nämlich auf ihre Dividenden, jedoch nicht auf Zuflüsse aus Kapitalherabsetzungen, sofern diese nicht die Anschaffungskosten der Beteiligung übersteigen (§ 17 Abs. 4 EStG), Einkommensteuer und ebenfalls den Soli zahlen."

„Aber das ist ungerecht, dann werden die Gewinne ja mehrmals besteuert. Denn irgendwann müssen sie ja ausgeschüttet werden und dann fallen insgesamt Körperschaftsteuer, Gewerbesteuer, Einkommensteuer und zweimal Soli an!", echauffiert sich Ramona. „Stimmt, deshalb hat der Gesetzgeber in § 3 Nr. 40 EStG festgelegt, dass die Gesellschafter nur die halbe Dividende versteuern müssen. Das nennt man daher auch Halbeinkünfteverfahren. Der individuelle Steuersatz liegt übrigens ab 2004 bei 0 bis 42%. Auf die Einkommensteuer zahlt man dann wieder 5,5% Soli. Im Übrigen könnt ihr das in *Steuerrecht leicht gemacht* von *Kudert* alles nachlesen!", schließt Rosi den Monolog und fasst ihre Ergebnisse mit den betriebswirtschaftlichen Daten aus Thomas´ Finanztableau zusammen (vgl. Abbildung 2).

		Zinssatz = Sollrendite auf EK nach ESt/Soli = 4%						
		2003	2004	2005	2006	2007	2008	2009	Summe
1	Umsatzeinzahlungen		274.092	284.160	284.160	284.160	284.160	220.370	1.631.102
2	Personalauszahlungen		-170.000	-170.000	-170.000	-170.000	-170.000	-130.000	-980.000
3	Materialauszahlungen		-56.000	-56.000	-56.000	-56.000	-56.000	-42.750	-322.750
4	Kommunikationsauszahlungen		-6.480	-6.240	-6.280	-6.280	-6.280	-6.280	-37.840
5	Distributionsauszahlungen		-4.000	-4.000	-4.000	-4.000	-4.000	-4.000	-24.000
6	Sonstige Auszahlungen		-35.612	-35.920	-35.130	-35.130	-35.130	-35.340	-212.262
7	**CF aus operativer Tätigkeit**		**2.000**	**12.000**	**12.750**	**12.750**	**12.750**	**2.000**	**54.250**
8	Investitionsauszahlungen	-40.000							-40.000
9	Investitionszulagen (27,5%)		11.000						11.000
10	Investitionszuschüsse (22,5%)		9.000						9.000
11	**CF aus Investitionstätigkeit**	**-40.000**	**20.000**	**0**	**0**	**0**	**0**	**0**	**-20.000**
12	Kapitaleinlage	40.000	-15.000					-25.000	0
13	**CF aus Finanzierungstätigkeit**	**40.000**	**-15.000**	**0**	**0**	**0**	**0**	**-25.000**	**0**
14	Abschreibungen		-8.000	-8.000	-8.000	-8.000	-8.000		-40.000
15	EBIT		14.000	4.000	4.750	4.750	4.750	2.000	34.250
16	EBT - steuerfreie IZ		3.000	4.000	4.750	4.750	4.750	2.000	23.250
17	GewSt (=16,67%)		-500	-667	-792	-792	-792	-333	-3.875
18	KSt + Soli (=26,38%)		-660	-879	-1.044	-1.044	-1.044	-440	-5.111
19	**Unternehmenssteuern**		**-1.159**	**-1.546**	**-1.836**	**-1.836**	**-1.836**	**-773**	**-8.986**
20	**CF**	**0**	**5.841**	**10.454**	**10.914**	**10.914**	**10.914**	**-23.773**	**25.264**
21	**Handelsrechtlicher JÜ**		12.841	2.454	2.914	2.914	2.914	1.227	25.264
22	Ausschüttung aus JÜ			12.841	2.454	2.914	2.914	4.141	25.264
23	Endbestand liquide Mittel	0	5.841	3.454	11.914	19.914	27.914	0	
24	**Dividendenzahlung**		**0**	**12.841**	**2.454**	**2.914**	**2.914**	**4.141**	**25.264**
25	CF der Gesellschafter	-40.000	15.000	12.841	2.454	2.914	2.914	29.141	25.264
26	ESt der Gesellschafter (0%)	0	0	0	0	0	0	0	0
27	**NPV**	**-40.000**	**14.423**	**11.872**	**2.182**	**2.491**	**2.395**	**23.031**	**16.393**

Abb. 2: Investitionstableau der unverschuldeten GmbH mit Vollausschüttung und allen Steuern.

Ramona, die das Buch von ihrer Mutter zu Weihnachten geschenkt bekommen hatte, blättert kurz nach und ist erleichtert. Da der Grundfreibetrag eines unbeschränkt Steuerpflichtigen gemäß § 32a Abs. 1 EStG i. V. m. § 52 Abs. 41 EStG in den Folgejahren bei 7.664 € liegt und darüber hinaus auch noch ein Sparerfreibetrag in Höhe von 1.550 € nach § 20 IV EStG sowie ein Werbungskostenpauschbetrag von 51 € gemäß § 9a Nr. 2 EStG gewährt werden, müssen sie wohl alle Drei keine Steuern auf ihre Dividenden zahlen.

Ramona staunt. Das Finanztableau sieht jetzt richtig professionell aus. „Irgendwie ist BWL gar nicht so öde, wie ich dachte," gibt sie verschämt zu. Allerdings sind ihr die Zusammenhänge noch nicht wirklich klar; sie traut sich aber nicht nachzufragen. Thomas sieht die Falten auf Ramonas Stirn und erläutert mit einem etwas belehrenden Unterton: „Auch wenn du das sicher verstanden haben wirst, liebe Ramona, möchte ich doch auf die Zeilen 9 und 10 hinweisen. Sie zeigen, dass wir die Subventionen nicht gleich mit der Anschaffung des Anlagevermögens erhalten, sondern erst im Jahr danach."

„Das weiß sie doch bereits!" faucht Rosi etwas genervt. Thomas lässt sich nicht aus der Ruhe bringen. „Ebenso werden die Gewinne von Kapitalgesellschaften, die das HGB übrigens Jahresüberschüsse nennt, erst im Folgejahr als Dividenden ausgeschüttet und nicht bereits bei Entstehung des Gewinns; das erkennst du an den Zeilen 21 und 22. Nur im letzten Jahr machen wir eine Vorabausschüttung." Ramona schöpft nun Mut und fragt nach, wie das mit den Kapitalgesellschaften grundsätzlich funktioniert.

Thomas erläutert: „Kapitalgesellschaften – dies sind insbesondere die GmbH und die AG, selten, z. B. im Profifußball, taucht auch die KGaA auf – haben im Unterschied zu Personengesellschaften eine volle eigene Rechtspersönlichkeit, weil sie juristische Personen sind. Die Haftung der Gesellschafter – das sind wir – ist grundsätzlich auf das Gesellschaftsvermögen beschränkt. Kapitalgesellschaften besitzen ein der Höhe nach fixiertes Mindestkapital (das Gezeichnete Kapital), das eine gesetzlich bestimmte Grenze nicht unterschreiten darf (50.000 € Grundkapital bei der AG, 25.000 € Stammkapital bei der GmbH). Das Eigenkapital einer Kapitalgesellschaft setzt sich aus dem Gezeichneten Kapital (fixe Größe), den (sonstigen) Kapitalrücklagen – dies sind sonstige Einlagen der Gesellschafter – und Gewinnrücklagen (variable Größe) zusammen (vgl. § 266 Abs. 3 A. HGB). Wird in einem Geschäftsjahr ein Jahresüberschuss erzielt, so wird der Saldo des GuV-Kontos zunächst auf das Eigenkapitalkonto Jahresüberschuss gebucht. Da – wie gesagt – die Kapitalgesellschaft eine eigene Rechtsperson ist, ist dies auch ihr Gewinn. Damit aus dem Gewinn der GmbH eine Dividende (Gewinnausschüttung) an die Gesellschafter wird, muss – im Laufe des nächsten Jahres – die Gesellschafterversammlung über die Gewinnverwendung beschließen; man nennt dies das Trennungsprinzip. Zu Beginn des neuen Geschäftsjahres erfolgt daher zunächst eine Umbuchung auf das Konto Gewinnverwendung, das ein Unterkonto des Eigenkapitalkontos ist. Wenn die Gesellschafterversammlung dann im neuen Jahr über die Gewinnverwendung beschließt, wird das Konto Gewinnverwendung aufgelöst. Wird der Jahresüberschuss einbehalten (thesauriert), so findet ein Passivtausch statt. Das Konto Gewinnverwendung verringert sich um den Thesaurierungsbetrag, das Konto Gewinnrücklagen nimmt um diesen Betrag zu. Wird der Jahresüberschuss hingegen ausgeschüttet, findet eine Bilanzverkürzung statt. Zum einen wird das Eigenkapital durch die Minderung des Unterkontos Gewinnverwendung gemindert, zum anderen wird ein Geldkonto des Unternehmens verringert."

Ramona fragt nach: „Die Gewinnrücklagen enthalten somit die nicht ausgeschütteten Jahresüberschüsse früherer Geschäftsjahre, nicht? Und was geschieht mit dem Konto Gewinnverwendung?" Thomas doziert verzückt weiter. „Du scheinst das zu verstehen. Da das Konto Gewinnverwendung lediglich ein Unterkonto ist, taucht es im Jahresabschluss nicht auf. Und für den Fall, dass über die Erfolgsverwendung erst später entschieden werden soll, hat der Gesetzgeber mit § 266 Abs. 3 A. IV HGB den Eigenkapitalposten Gewinnvortrag/Verlustvortrag geschaffen." Das war dann doch ein bisschen viel auf einmal. Ramona beschließt, die Lektion 12 in *Bilanzrecht leicht gemacht* von *Kudert/Sorg* in Ruhe nachzulesen.

Thomas möchte weiter bei Ramona punkten: „Ich habe in Opus Money gelesen, dass man die GmbH als Schatzkästchen nutzen kann. Man muss nur die Gewinne im Unternehmen thesaurieren anstatt sie auszuschütten. Dann braucht man nämlich keine Einkommensteuer nebst Soli zu zahlen", strahlt er die beiden Kommilitoninnen an. Rosi reicht es langsam; sie antwortet gereizt: „Erstens kannst du Gewinne, die du thesaurierst, nicht konsumieren. Das ist aber eigentlich das Ziel unseres Unternehmens. Spätestens mit der Liquidation – in unserem Fall also nach sechs Jahren – werden die Gewinne doch ausgeschüttet und dann versteuert. Und zweitens: Ob der in der von dir bevorzugten Literatur unterstellte Lock-in-Effekt tatsächlich greift, hängt davon ab, ob der individuelle ESt-/Soli-Satz höher oder geringer ist als der kombinierte GewSt-/KSt-/Soli-Satz. Du solltest dazu vielleicht mal den Aufsatz von *Hundsdoerfer* lesen." Das hat gesessen. Thomas kleinlaut: „Da unser ESt-/Soli-Satz, wie Ramona gesagt hat, Null ist, wird sich eine Vollausschüttung lohnen. Also machen wir das."

Zweiter Akt: Die Abrechnung nach sechs Jahren

Sechs Jahre später treffen sich Leon und Thomas zufällig wieder. Leon studiert weiterhin Jura und bereitet sich gerade bei einem Repetitor auf das erste Staatsexamen vor. Thomas hingegen hat Karriere gemacht und ist inzwischen von Ramona geschieden, weil sie lieber mit einem Töpfer im Oderbruch als mit einem Yuppie in Berlin leben möchte. Leon fragt bei Thomas nach, wie sich das Projekt entwickelt hat.

"Ganz prima!", tönt Thomas. "Unser Businessplan hat voll ins Target getroffen, der NPV in Höhe von 16.393 € war exakt berechnet, die wertorientierte Unternehmensführung hat eine optimized Performance ergeben und so zu einer Optimierung des Shareholder Value geführt! Nur weil Ramona so rumzickt, haben wir jetzt die strategische Geschäftseinheit eliminiert." Schwach entgegnet Leon: "Aha! Kann ich die Zahlen mal sehen?" Mit einem triumphierenden Lächeln erwidert Thomas, dass er sich ja die Zahlen aus den Geschäftsberichten ansehen könne; er werde ihm diese bei Gelegenheit mailen. Und er setzt noch einen drauf: "Damit werden deine Wissenslücken endlich geschlossen. Übrigens, wenn du damals mitgemacht hättest, könntest du heute davon deinen Repetitor bezahlen." Leons Antwort drucken wir hier nicht ab...

Dritter Akt: Die Jahresabschlussanalyse

Tatsächlich sieht sich Leon die Jahresabschlusszahlen an. Sie sagen ihm aber nicht viel über die Wirtschaftlichkeit der Investition. Er hätte viel lieber die genauen und vor allem richtigen Daten zur Ermittlung des NPV der realisierten Investition von Thomas erhalten. Aber eines ist ihm klar: Diesen Aufschneider wird er nicht noch einmal um die Unternehmensdaten bitten. Er schaut sich die Bilanzen und Gewinn- und Verlustrechnungen wieder und wieder an, bis er darüber einschläft.

Bilanz der GmbH zum 31.12.2004

Anlagevermögen	40.000		Stammkapital	25.000
Abschreibung	-8.000	32.000	Kapitalrücklage	15.000
				-15.000 0
Kasse		5.841	Jahresüberschuss	12.841
		37.841		37.841

Bilanz der GmbH zum 31.12.2005

Anlagevermögen	32.000		Stammkapital	25.000
Abschreibung	-8.000	24.000	Kapitalrücklage	0
Kasse		3.454	Jahresüberschuss	2.454
		27.454		27.454

Bilanz der GmbH zum 31.12.2006

Anlagevermögen	24.000		Stammkapital	25.000
Abschreibung	-8.000	16.000	Kapitalrücklage	0
Kasse		11.914	Jahresüberschuss	2.914
		27.914		27.914

GuV der GmbH nach dem UKV 2004

Umsatzerlöse	274.092
Subventionen	20.000
Herstellungsaufwand	234.000
Bruttoergebnis vom Umsatz	60.092
Vertriebsaufwand	4.000
Allgemeiner Verwaltungsaufwand	6.480
Sonstiger betrieblicher Aufwand	35.612
Steuern vom Einkommen und Ertrag	1.159
Jahresüberschuss	12.841

GuV der GmbH nach dem UKV 2005

Umsatzerlöse	284.160
Herstellungsaufwand	234.000
Bruttoergebnis vom Umsatz	50.160
Vertriebsaufwand	4.000
Allgemeiner Verwaltungsaufwand	6.240
Sonstiger betrieblicher Aufwand	35.920
Steuern vom Einkommen und Ertrag	1.546
Jahresüberschuss	2.454

GuV der GmbH nach dem UKV 2006

Umsatzerlöse	284.160
Herstellungsaufwand	234.000
Bruttoergebnis vom Umsatz	50.160
Vertriebsaufwand	4.000
Allgemeiner Verwaltungsaufwand	6.280
Sonstiger betrieblicher Aufwand	35.130
Steuern vom Einkommen und Ertrag	1.836
Jahresüberschuss	2.914

Bilanz der GmbH zum 31.12.2007

Anlagevermögen	16.000	Stammkapital	25.000
Abschreibung	-8.000	Kapitalrücklage	0
Kasse		8.000 Jahresüberschuss	2.914
		19.914	
		27.914	27.914

GuV der GmbH nach dem UKV 2007

Umsatzerlöse	284.160
Herstellungsaufwand	234.000
Bruttoergebnis vom Umsatz	50.160
Vertriebsaufwand	4.000
Allgemeiner Verwaltungsaufwand	6.280
Sonstiger betrieblicher Aufwand	35.130
Steuern vom Einkommen und Ertrag	1.836
Jahresüberschuss	2.914

Bilanz der GmbH zum 31.12.2008

Anlagevermögen	8.000	Stammkapital	25.000
Abschreibung	-8.000	Kapitalrücklage	0
Kasse		0 Jahresüberschuss	2.914
		27.914	
		27.914	27.914

GuV der GmbH nach dem UKV 2008

Umsatzerlöse	284.160
Herstellungsaufwand	234.000
Bruttoergebnis vom Umsatz	50.160
Vertriebsaufwand	4.000
Allgemeiner Verwaltungsaufwand	6.280
Sonstiger betrieblicher Aufwand	35.130
Steuern vom Einkommen und Ertrag	1.836
Jahresüberschuss	2.914

Bilanz der GmbH zum 31.12.2009

Anlagevermögen	0	Stammkapital	25.000
		Auskehrung	-25.000
Kasse	25.000	Jahresüberschuss	1.227
	-25.000	Vorabausschüttung	-1.227
	0		0

GuV der GmbH nach dem UKV 2009

Umsatzerlöse	220.370
Herstellungsaufwand	172.750
Bruttoergebnis vom Umsatz	47.620
Vertriebsaufwand	4.000
Allgemeiner Verwaltungsaufwand	6.280
Sonstiger betrieblicher Aufwand	35.340
Steuern vom Einkommen und Ertrag	773
Jahresüberschuss	1.227

In der folgenden Nacht schläft Leon schlecht. Er träumt von Wissens- und Informationslücken. Am nächsten Tag schlägt er, einer plötzlichen und unerklärbaren Eingebung folgend, in einem BWL-Lexikon unter „Lücke" nach und liest mit Erstaunen vom *Lücke-Theorem*.

Das Lücke-Theorem

Die Rekonstruktion der Zahlungsströme aus den Periodenerfolgen der Kapitalgesellschaft wird über einen mathematischen Zusammenhang ermöglicht, der als Lücke-Theorem in die Literatur eingegangen ist.[1] Demnach stimmt für ein Investitionsobjekt die Summe der Barwerte der Einzahlungsüberschüsse (EZÜ) in der Totalperiode mit der Summe der Barwerte der Jahresüberschüsse (JÜ) abzüglich der Verzinsung der Kapitalbasis (i · KB) genau dann überein, wenn die Summe der Einzahlungsüberschüsse in der Totalperiode der Summe der Jahresüberschüsse entspricht.[2] Die Verzinsung der Kapitalbasis ist dabei notwendig, um die zeitlichen Differenzen zwischen Ein- und Auszahlungen sowie Erträgen und Aufwendungen – diese treten aufgrund handelsrechtlicher Regelungen nicht immer gleichzeitig auf – auszugleichen.

(1) $$\sum_{t=0}^{T} \frac{EZ\ddot{U}_t}{(1+i)^t} = \sum_{t=0}^{T} \frac{(J\ddot{U}_t - i \cdot KB_{t-1})}{(1+i)^t}$$

mit: $$KB_{t-1} = \sum_{t=0}^{t-1} J\ddot{U}_t - \sum_{t=0}^{t-1} EZ\ddot{U}_t$$

wenn: $$\sum_{t=0}^{T} EZ\ddot{U}_t = \sum_{t=0}^{T} J\ddot{U}_t$$

Damit basiert das Lücke-Theorem auf der Überlegung, dass sich Zahlungsreihen, deren Summen identisch sind, durch entsprechendes Auf- und Abzinsen in einander überführen lassen. Allerdings werden in diesem Grundfall des Lücke-Theorems Ge-

---

[1] In der Literatur findet sich auch die Bezeichnung *Peinreich-Lücke-Theorem*. Schon 1937 wies *Preinreich* auf die Zusammenhänge hin, die später von *Lücke* in allgemeiner Form dargestellt und bewiesen wurden. Vgl. PREINREICH 1937, S. 209–226 sowie LÜCKE 1955, S. 310–324. Weiterführend auch KLOOCK 1981, S. 873–890. *Schüler* spricht in diesem Zusammenhang von „Barwertkompatibilität". Vgl. SCHÜLER 2000, S. 2107 f.

[2] Das bedeutet, „daß alle Änderungen des Vermögens und der Schulden ergebniswirksam werden, mit Ausnahme jener, die durch den Vermögenstransfer zwischen den Eigentümern und der Unternehmung bewirkt werden." ORDELHEIDE 1998, S. 516. Diese Bedingung wird auch als Kongruenzprinzip bzw. clean surplus condition bezeichnet. Vgl. SCHILDBACH 1999, S. 1813–1820 sowie PEASNELL 1982, S. 361–381.

[5] Vgl. KLOOCK, 1981, S. 877.

Rekonstruktion eines Kapitalwerts aus dem Einzeljahresabschluss 647

winn- und Kapitalzahlungen zwischen dem Unternehmen und seinen Gesellschaftern vernachlässigt.[5]

Leon rekapituliert: „Der Grundfall des *Lücke-Theorems* ermöglicht also lediglich die Rekonstruktion des NPV einer Investition auf Unternehmensebene und vernachlässigt die Gesellschafterebene." Mit Hilfe des Grundfalls ließe sich also der NPV aus Abbildung 1 rekonstruieren. Aber zurück zu Leon. „Diesen NPV kann Thomas aber nicht gemeint haben; schließlich haben Thomas, Rosi und Ramona in die GmbH investiert, um Gewinne zu erzielen, die ihnen als Gesellschafter letzlich zufließen. Die Drei interessieren sich also eher für die abgezinsten Einzahlungsüberschüsse auf ihren Bankkonten als für die ihrer GmbH." Bestätigt in seinen Überlegungen liest Leon weiter.

Da das Ignorieren der Gesellschafterebene jedoch eine unrealistische Prämisse darstellt – schließlich sind erwerbswirtschaftliche Unternehmen letztlich nur Mittel zur Generierung von Zahlungsströmen der Gesellschafter[1] *– ist es sinnvoll, die Gleichung (1) um eben diese Gewinn- und Kapitalzahlungen zu ergänzen. Dies geschieht mit Hilfe einer Erweiterung der Kapitalbasis um die in der Gesellschaft gehaltenen Geldbestände (GB).*[2]

(2) $$\sum_{t=0}^{T} \frac{EZ\ddot{U}_t^{Gesellschafter}}{(1+i)^t} = \sum_{t=0}^{T} \frac{(J\ddot{U}_t - i \cdot KB_{t-1}^{erw.})}{(1+i)^t}$$

mit: $$KB_{t-1}^{erw.} = \sum_{t=0}^{t-1} J\ddot{U}_t - \sum_{t=0}^{t-1} EZ\ddot{U}_t + GB_{t-1}$$

wenn: $$\sum_{t=0}^{T} EZ\ddot{U}_t = \sum_{t=0}^{T} J\ddot{U}_t = \sum_{t=0}^{T} EZ\ddot{U}_t^{Gesellschafter}$$

Die Voraussetzung, dass die Summe der in der Gesellschaft generierten Jahresüberschüsse der Summe der Einzahlungsüberschüsse bei den Gesellschaftern entspricht, ist in der Regel erfüllt, da alle Jahresüberschüsse des Unternehmens (irgendwann) ausgeschüttet werden und (in einer steuerfreien Umwelt) zu gleich hohen Einzahlungsüberschüssen (Dividenden) bei den Gesellschaftern werden. Da die Jahresüberschüsse aber regelmäßig nicht in der Periode ihrer Generierung,[3] *sondern später ausgeschüttet werden, entstehen bei den Gesellschaftern negative Zinseffekte, die dazu führen, dass ihr NPV geringer ist als der Barwert der abgezinsten Jahresüberschüsse. Daher erfolgt auch in Gleichung (2) die Korrektur über die kalkulatorischen Eigenkapitalzinsen ($i \cdot KB^{erw.}$). Allerdings gehen die Gleichungen (1) und (2) von einem (a) unverschuldeten Unternehmen in einer (b) steuerfreien Umwelt aus.*

---

[1] Vgl. *IDW* 2000, S. 826.

[2] Vgl. *KLOOCK* 1981, S. 878–880.

[3] Dies wäre lediglich bei permanenten Vorabausschüttungen der Fall.

Leon denkt nach: „Die Annahme (a) trifft bei dem Unternehmen, das die Drei gegründet haben, zu; die Annahme (b) aber nur teilweise. Aufgrund ihres geringen Einkommens brauchten die Drei zwar keine Einkommensteuer und keinen Soli zu zahlen, aber auf Unternehmensebene sind GewSt, KSt und Soli angefallen. Diese Steuern haben die *EZÜ* der Gesellschafter und die Jahresüberschüsse gleichermaßen gemindert. Die Bedingung

$$\sum_{t=0}^{T} EZÜ_t^{Gesellschafter} = \sum_{t=0}^{T} JÜ_t$$

ist also weiterhin erfüllt. Daher dürfte die Integration der Unternehmenssteuern nichts ändern. Eigentlich hatte der Dozent in der damaligen Vorlesung gesagt, dass auch *i* nach Steuern, also $i \cdot (1 - s)$, zu berücksichtigen sei, weil die Alternativanlage, die im Kalkulationszinsfuß steckt, auch versteuert werden muss. Da aber unsere Drei einen Steuersatz von Null hatten, lasse ich *i* unverändert bei 4%."

Das *Lücke-Theorem* hat Leon nun verstanden. Da ihm jedoch noch nicht ganz klar ist, wie er mit Hilfe von *Lücke* und den Jahresabschlussdaten den NPV ermitteln könnte, liest er an anderer Stelle im Lexikon weiter:

Performancemessung mit Residualgewinnen

Aus den Jahresabschlüssen der unverschuldeten Gesellschaft lassen sich die Jahresüberschüsse und das investierte Kapital (Capital Employed, CE) ablesen und daraus die Residualgewinne (RG)[1] bestimmen.

$$(3) \quad RG_t = \left(\frac{JÜ_t}{CE_{t-1}} - i\right) * CE_{t-1} = JÜ_t - i \cdot CE_{t-1} \quad \text{mit: } CE_{t-1} = EK_{t-1}$$

Unter der Voraussetzung, dass $CE_{t-1} = KB_{t-1}^{erw.}$, entspricht die Summe der Barwerte der Residualgewinne über die Totalperiode exakt der Summe der Barwerte der Jahresüberschüsse abzüglich der Verzinsung der erweiterten Kapitalbasis:

$$(4) \quad \sum_{t=0}^{T} \frac{RG_t}{(1+i)^t} = \sum_{t=0}^{T} \frac{(JÜ_t - i \cdot CE_{t-1})}{(1+i)^t} = \sum_{t=0}^{T} \frac{(JÜ_t - i \cdot KB_{t-1}^{erw.})}{(1+i)^t}$$

wenn: $CE_{t-1} = KB_{t-1}^{erw.}$

---

[1] Unter Residualgewinn wird der Jahresüberschuss vor Zinsen abzüglich der Kapitalkosten für das investierte Kapital verstanden.

Die Bedingung $CE_{t-1} = KB_{t-1}^{erw.}$ *ist gegeben, da* $KB^{erw.}$ *die Ausgaben sind, die noch nicht zu Aufwand wurden (im einfachen Fall die Anschaffungskosten abzüglich AfA) plus die Geldbestände des Vorjahres (im einfachsten Fall der Kassenbestand).*[1] *Dies entspricht der jeweiligen Bilanzsumme und damit beim unverschuldeten Unternehmen auch dem CE des Vorjahres.*[2] *Daraus folgt, dass sich aus der Summe der Barwerte der Residualgewinne die Summe der Barwerte der Zahlungsströme der Gesellschafter (* $EZÜ^{Gesellschafter}$ *) und damit der NPV einer Investition rekonstruieren lässt:*

$$(5) \quad \sum_{t=0}^{T} \frac{RG_t}{(1+i)^t} = \sum_{t=0}^{T} \frac{(JÜ_t - i \cdot CE_{t-1})}{(1+i)^t} = \sum_{t=0}^{T} \frac{EZÜ_t^{Gesellschafter}}{(1+i)^t}$$

Das mit dem kalkulatorischen Eigenkapital hat Leon noch nicht so richtig verstanden. Er rekapituliert: „Der NPV der Gesellschafter ergibt sich aus ihren (versteuerten) abgezinsten Dividenden abzüglich der abgezinsten Einlagen, die sie leisten, plus der abgezinsten Entnahmen. Die Dividenden entsprechen in unserem Fall in der Totalperiode den handelsrechtlichen Jahresüberschüssen. Allerdings fließen die Jahresüberschüsse den Gesellschaftern nicht sofort, sondern selbst bei Vollausschüttung zeitversetzt zu. Diese den Gesellschaftern vorübergehend vorenthaltenen Jahresüberschüsse verursachen Eigenkapitalkosten in Form von negativen Zinseffekten. Auf das investierte Kapital, also die Einlagen, sind ebenfalls kalkulatorische Eigenkapitalkosten zu berücksichtigen, da sie den Gesellschaftern temporär, bis sie diese wieder entnehmen, vorenthalten werden. Diese kalkulatorischen Eigenkapitalkosten werden bei der Ermittlung des NPV durch die Abzinsung mit i über die entsprechenden Planungsperioden t berücksichtigt.

Leon macht sich an die Arbeit. Zunächst teilt er die Jahresüberschüsse jeder Periode durch das zu Beginn der Periode eingesetzte Eigenkapital. Dies entspricht bei einem unverschuldeten Unternehmen dem Capital Employed zu Beginn des jeweiligen Geschäftsjahres (CE_{t-1}). Leon erhält damit die Return on Capital Employed (*ROCE*). Er subtrahiert dann für jede Betrachtungsperiode vom *ROCE* die Kapitalzinsen (*wacc* entspricht hier der geforderten Eigenkapitalverzinsung), multipliziert die Differenz mit dem CE_{t-1} und zinst die Residualgewinne, die er damit erhält, auf den Beginn des Projektes ab (vgl. Gleichung *(4)* und Abbildung 3). Da im Jahr 2009 eine Vorabausschüttung erfolgt und somit Jahresüberschuss gleich Dividende ist, müssen darauf keine Kapitalkosten abgezogen werden.

---

[1] Die Kapitalbasis ergibt sich also aus der Summe der Auszahlungen, die noch keinen Aufwand und der Summe der Erträge, die noch keine Einzahlungen darstellen. Vgl. *EWERT/WAGENHOFER* 2002, S. 75.

[2] Vgl. auch *SCHÜLER* 2000, S. 2106.

			Abgezinste RG	
Jahresüberschuss 2004	12.841			
Stammkapital zum 31.12.2003	25.000			
Kapitalrücklage zum 31.12.2003	15.000			
CE 2003	40.000			
ROCE 2004	32,10%	RG =	11.241	10.809
Jahresüberschuss 2005	2.454			
Stammkapital zum 31.12.2004	25.000			
Kapitalrücklage zum 31.12.2004	0			
CE 2004	37.841			
ROCE 2005	6,49%	RG =	940	869
Jahresüberschuss 2006	2.914			
Stammkapital zum 31.12.2005	25.000			
Kapitalrücklage zum 31.12.2005	0			
CE 2005	27.454			
ROCE 2006	10,61%	RG =	1.816	1.614
Jahresüberschuss 2007	2.914			
Stammkapital zum 31.12.2006	25.000			
Kapitalrücklage zum 31.12.2006	0			
CE 2006	27.914			
ROCE 2007	10,44%	RG =	1.797	1.536
Jahresüberschuss 2008	2.914			
Stammkapital zum 31.12.2007	25.000			
Kapitalrücklage zum 31.12.2007	0			
CE 2007	27.914			
ROCE 2008	10,44%	RG =	1.797	1.477
Jahresüberschuss 2009	1.227			
Stammkapital zum 31.12.2008	25.000			
Kapitalrücklage zum 31.12.2008	0			
CE 2008	27.914			
ROCE 2009	4,40%	RG =	110	87
Wertschaffung in der GmbH: NPV der Residualgewinne			17.703	16.393

Abb. 3: Der NPV der Residualgewinne.

Epilog

Leon ist baff. Der von ihm so ermittelte NPV entspricht exakt dem NPV, den ihm Thomas als Ergebnis der Investitionsrechnung genannt hatte. Leon lernt zweierlei daraus:

- Zum einen haben die drei Unternehmer offensichtlich sehr gute Arbeit geleistet, als sie ihren Businessplan erstellt haben, denn Thomas hat – ausnahmsweise – nicht übertrieben, als er sagte, ihr „Businessplan hat voll ins Target getroffen, der NPV in Höhe von 16.393 € war exakt berechnet". Bislang dachte Leon, dass so etwas nur in Fallstudien, aber nicht im richtigen Leben möglich ist.

- Zum anderen kann man – insbesondere wenn der Zahlungsstrom an die Gesellschafter aus den handelsrechtlichen Jahresabschlüssen nicht direkt ablesbar ist – mit Hilfe des *Lücke-Theorems* und dem Residualgewinnkonzept aus den Daten des handelsrechtlichen Jahresabschlusses tatsächlich den NPV der Einzahlungsüberschüsse bei den Gesellschaftern rekonstruieren. Ihm ist zwar bewusst, dass sich die Modellierung auf ein komplexeres Unternehmen nicht ganz so einfach übertragen lässt, aber Leon wird klar, warum Jahresabschlussdaten bei vielen Unternehmen zur Performancemessung Verwendung finden.

Das erinnert ihn an eine interessante Diskussion zur Performancemessung mit Residualgewinnen, die er im vorigen Jahr über eine EVA (Economic Value Added) gelesen hat, die irgendwie von Richard Wagner aus dem Paradies vertrieben wurde. Er wird fündig und verfolgt gebannt die Argumentationen von *Schneider* und *Förster/Ruß*.

Literaturhinweise

COPELAND, T./KOLLER, T./MURRIN, J.: Unternehmenswert: Methoden und Strategien für eine wertorientierte Unternehmensführung, 3. Aufl., Frankfurt am Main, New York 2002.

EHRBAR, A.: EVA Economic Value Added: Der Schlüssel zur wertsteigernden Unternehmensführung, Wiesbaden 1999.

EWERT, R./WAGENHOFER, A.: Interne Unternehmensrechnung, 5. Aufl., Berlin 2002.

FÖRSTER, H. H./RUSS, O.: „...das schönste Weib, Eva im Paradies": Wertorientierte Unternehmenssteuerung mit EVA, in: DB 2002, S. 2664–2666.

HUNDSDOERFER, J.: Halbeinkünfteverfahren und Lock-In-Effekt, in: StuW 2001, S. 113–125.

IDW: Grundsätze zur Durchführung von Unterenehmensbewertungen (IDW S 1), in: WPg 2000, S. 825–842.

KLOOCK, J.: Mehrperiodige Investitionsrechnungen auf der Basis kalkulatorischer und handelsrechtlicher Erfolgsrechnungen, in: ZfbF 1981, S. 873–890.

KUDERT, ST.: Steuerrecht leicht gemacht: Eine Einführung nicht nur für Studierende an Hochschulen, Fachhochschulen, Fachhochschulen und Berufsakademien, Berlin 2001.

KUDERT, ST./SORG, P.: Bilanzrecht leicht gemacht: Eine Einführung in Buchführung und Bilanzierung nicht nur für Juristen, Betriebs- und Volkswirte an Hochschulen, Fachhochschulen und Berufsakademien, Berlin 2003.

LÜCKE, W.: Investitionsrechnungen auf der Grundlage von Ausgaben oder Kosten?, in: ZfhF 1955, S. 310–324.

ORDELHEIDE, D.: Bedeutung und Wahrung des Kongruenzprinzips („clean surplus") im internationalen Rechnungswesen, in: MATSCHKE, M. J./SCHILDBACH, T. (Hrsg.): Unternehmensberatung und Wirtschaftsprüfung, Festschrift für Professor Dr. Günter Sieben, Stuttgart 1998, S. 515–530.

PEASNELL, K.: Some formal connections between economic values and yields and accountuing numbers, in: JoBFA 1982, S. 361–381.

PREINREICH, G. A. D.: Valuation and Amortization, in: The Accounting Review 1937, S. 209–226.

SCHILDBACH, T.: Externe Rechnungslegung und Kongruenz – Ursache für die Unterlegenheit deutscher verglichen mit angelsächsischer Bilanzierung?, in: DB 1999, S. 1813–1820.

SCHNEIDER, D.: Oh, EVA, EVA, schlimmes Weib: Zur Fragwürdigkeit einer Zielvorgabe-Kennzahl nach Steuern im Konzerncontrolling, in: DB 2001, S. 2509–2514.

SCHNEIDER, D.: EVA als gegen Shareholder Value gerichtetes Sprücheklopfen zur Unternehmenssteuerung, in: DB 2002, S. 2666–2667.

SCHÜLER, A.: Periodische Performance-Messung durch Residualgewinne, in: DStR 2000, S. 2105–2108.

Frank Keuper

Unternehmensanalyse mit Hilfe der Kapitalflußrechnung[*]

Aufgabe 1

Was ist allgemein unter einer Kapitalflußrechnung zu verstehen ist.

Aufgabe 2

Was ist unter einer derivativen Kapitalflußrechnung zu verstehen? Stellen Sie die Vorgehensweise zur Erstellung einer derivativen zweiteiligen Kapitalflußrechnung unter der Annahme grafisch dar, daß die Fondsausgliederung erst im Anschluß an die Saldierung der zahlungsunwirksamen Posten erfolgt, und erläutern Sie in diesem Zusammenhang die Begriffe „Beständedifferenzenbilanz", „Veränderungsbilanz", „Bewegungsbilanz" und „Fondsnachweisrechnung".

Aufgabe 3

Verdeutlichen Sie tabellarisch die unterschiedlichen Fondstypen, und erläutern Sie kurz allgemein die Eignung dieser Fonds zur Beurteilung der Liquiditätsentwicklung.

Aufgabe 4

Verdeutlichen Sie kurz das Kennzahlensystem der Kapitalflußrechnung, und stellen Sie anschließend tabellarisch die Bestandteile der unterschiedlichen Segmente einer Kapitalflußrechnung dar. Gehen Sie bei Ihren Ausführungen davon aus, daß im Umsatzbereich lediglich die Vorgehensweise bei Vorliegen des Gesamtkostenverfahrens darzustellen ist.

Aufgabe 5

Gegeben seien die folgende Gewinn- und Verlustrechnung für t = 1 sowie die Stichtagsbilanzen für t = 0 und t = 1 (in Euro) der Ilmenauer Gärtnerei AG:

---

[*] Die vorliegende Fallstudie ist eng an *KEUPER* 2000 angelehnt.

Aktiva				(in Euro)
A.	Anlagevermögen			
	I.	Immaterielle Vermögensgegenstände		174.800
	II.	Sachanlagen		
		1.	Grundstücke	3.430.000
		2.	Technische Anlagen und Maschinen	2.450.000
		3.	Andere Anlagen, Betriebs- und Geschäftsausstattung	665.000
		4.	Geleistete Anzahlungen für Anlagen und Anlagen im Bau	
			a) Anlagen im Bau	80.000
	III.	Finanzanlagen		
		1.	Anteile an verbundenen Unternehmen	2.800.000
		2.	Beteiligungen	371.000
B.	Umlaufvermögen			
	I.	Vorräte		
		1.	Roh, Hilfs- und Betriebsstoffe	2.310.000
		2.	Unfertige Erzeugnisse	6.300.000
		3.	Fertige Erzeugnisse und Waren	231.000
	II.	Forderungen und sonstige Vermögensgegenstände		
		1.	Forderungen aus Lieferungen und Leistungen	11.550.000
		2.	Forderungen gegenüber verbundenen Unternehmen	9.800.000
		3.	Forderungen gegenüber beteiligten Unternehmen	1.400.000
		4.	Sonstige Vermögensgegenstände und Forderungen	1.610.000
	III.	Wertpapiere		1.750.000
	IV.	Kassenbestand, Schecks, Guthaben		5.600.000
C.	Rechnungsabgrenzungsposten			175.000
				50.696.800

Tab. 1: Aktivseite der Bilanz für t = 0.

Passiva			(in Euro)
A.	Eigenkapital		
	I.	Grundkapital	11.944.800
	II.	Kapitalrücklage	1.190.000
	III.	Gewinnrücklage	1.610.000
	IV.	Bilanzgewinn	2.450.000
B.	Rückstellungen		
	I.	Rückstellungen für Pensionen	3.632.000
	II.	Steuerrückstellungen	1.610.000
	III.	Sonstige Rückstellungen	15.050.000
C.	Verbindlichkeiten		
	I.	Verbindlichkeiten gegenüber Kreditinstituten	630.000
	II.	Erhaltene Anzahlungen auf Bestellungen	2.660.000
	III.	Verbindlichkeiten aus Lieferungen und Leistungen	2.860.000
	IV.	Verbindlichkeiten gegenüber verbundenen Unternehmen	1.810.000
	V.	Sonstige Verbindlichkeiten	5.100.000
D.	Rechnungsabgrenzungsposten		150.000
			50.696.800

Tab. 2: Passivseite der Bilanz für t = 0.

Aktiva				(in Euro)
A.	Anlagevermögen			
	I.	Immaterielle Vermögensgegenstände		168.000
	II.	Sachanlagen		
		1.	Grundstücke	3.080.000
		2.	Technische Anlagen und Maschinen	2.100.000
		3.	Andere Anlagen, Betriebs- und Geschäftsausstattung	910.000
		4.	Geleistete Anzahlungen für Anlagen und Anlagen im Bau	
			a) Anlagen im Bau	200.000
	III.	Finanzanlagen		
		1.	Anteile an verbundenen Unternehmen	2.800.000
		2.	Beteiligungen	400.000
B.	Umlaufvermögen			
	I.	Vorräte		
		1.	Roh, Hilfs- und Betriebsstoffe	1.750.000
		2.	Unfertige Erzeugnisse	6.650.000
		3.	Fertige Erzeugnisse und Waren	990.000
	II.	Forderungen und sonstige Vermögensgegenstände		
		1.	Forderungen aus Lieferungen und Leistungen	19.600.000
		2.	Forderungen gegenüber verbundenen Unternehmen	14.000.000
		3.	Forderungen gegenüber beteiligten Unternehmen	1.050.000
		4.	Sonstige Vermögensgegenstände und Forderungen	700.000
	III.	Wertpapiere		2.000.000
	IV.	Kassenbestand, Schecks, Guthaben		8.000.000
C.	Rechnungsabgrenzungsposten			500.000
				64.898.000

Tab. 3: *Aktivseite der Bilanz für t = 1.*

Passiva			(in Euro)
A.	Eigenkapital		
	I.	Grundkapital	11.944.800
	II.	Kapitalrücklage	1.190.000
	III.	Gewinnrücklage	2.200.000
	IV.	Bilanzgewinn (davon Gewinnvortrag 5.000)	4.000.000
B.	Rückstellungen		
	I.	Rückstellungen für Pensionen	3.800.000
	II.	Steuerrückstellungen	3.000.000
	III.	Sonstige Rückstellungen	18.000.000
C.	Verbindlichkeiten		
	I.	Verbindlichkeiten gegenüber Kreditinstituten	1.000.000
	II.	Erhaltene Anzahlungen auf Bestellungen	6.463.200
	III.	Verbindlichkeiten aus Lieferungen und Leistungen	4.400.000
	IV.	Verbindlichkeiten gegenüber verbundenen Unternehmen	1.700.000
	V.	Sonstige Verbindlichkeiten	6.900.000
D.	Rechnungsabgrenzungsposten		300.000
			64.898.000

Tab. 4: *Passivseite der Bilanz für t = 1.*

1. Umsatzerlöse	96.025.000
2. Bestandsveränderungen an Erzeugnissen	175.000
3. Andere aktivierte Eigenleistungen	100.000
4. Sonstige betriebliche Erträge	1.680.000
5. Aufwendungen für Material und sonstige Herstellungsleistungen	
a) Materialaufwand für Roh-, Hilfs- und Betriebsstoffe	− 46.200.000
b) Aufwendungen für bezogene Leistungen	− 1.050.000
6. Personalaufwand	
a) Löhne	− 11.812.500
b) Gehälter	− 14.437.500
c) Sozialabgaben	− 3.540.000
d) Altersversorgung	− 2.760.000
7. Abschreibungen auf Sachanlagen	− 1.000.000
8. Sonstige betriebliche Aufwendungen	
a) Sonstige Steuern	− 630.000
b) Übrige	− 12.600.000
9. Zwischensumme	3.950.000
10. Erträge aus Beteiligungen	2.310.000
11. Sonstige Zinsen und ähnliche Erträge	1.050.000
12. Zinsen und ähnliche Aufwendungen	− 700.000
13. Ergebnis der gewöhnlichen Geschäftstätigkeit	6.610.000
14. Steuern vom Einkommen und Ertrag	− 2.520.000
15. Jahresüberschuß	4.090.000
16. Einstellungen in die Gewinnrücklagen	− 590.000
17. Gewinnvortrag aus dem Vorjahr	500.000
18. Bilanzgewinn	4.000.000

Tab. 5: Gewinn- und Verlustrechnung für t = 1.

Folgende weitere Angaben gilt es zu berücksichtigen:

	t = 0	t = 1
Forderungen aus Lieferungen und Leistungen mit einer Restlaufzeit > 1 Jahr	2.000.000	3.000.000
Verbindlichkeiten gegenüber Kreditinstituten mit einer Restlaufzeit > 1 Jahr	126.000	800.000
Verbindlichkeiten aus Lieferungen und Leistungen mit einer Restlaufzeit > 1 Jahr	0	1.000.000
Verbindlichkeiten gegenüber verbundenen Unternehmen mit einer Restlaufzeit > 1 Jahr	1.810.000	1.700.000
Sonstige Verbindlichkeiten mit einer Restlaufzeit > 1 Jahr	2.500.000	1.500.000

Tab. 6: Veränderungen der Verbindlichkeiten.

Forderungen und Verbindlichkeiten, zu denen keine dezidierten Angaben hinsichtlich ihrer Fristigkeit vorliegen, sind als kurzfristige Positionen anzusehen. Berechnen Sie die betrieblichen Netto-Einnahmen bzw. -Ausgaben, die Netto-Investitionsausgaben bzw. Netto-Investitionseinnahmen, den Außenfinanzierungssaldo sowie die Fondsveränderung, wenn der Fonds „bald netto verfügbarer Mittel" ausgegliedert wird.

Aufgabe 6

Beurteilen Sie die Kapitalflußrechnung in Hinblick auf ihre Eignung für eine objektive Analyse der finanzwirtschaftlichen Unternehmenslage.

Lösung

Aufgabe 1

Während die *Bilanz* eine *zeitpunktbezogene Betrachtung von Vermögen und Kapital* vornimmt, stellt die *Kapitalflußrechnung* im Rahmen einer *zeitraumbezogenen Liquiditätsrechnung* die *Finanzmittelherkunft* der *Finanzmittelverwendung* gegenüber. Durch den Vergleich der Zuflüsse an Geld und anderen liquiden Mitteln mit den Abflüssen für Investitionen bzw. für die Tilgung und die Verzinsung von Fremdkapital sowie für die Rückzahlung des Eigenkapitals wird eine objektive Betrachtung der gegenwärtigen und zukünftigen Finanzlage des Unternehmens angestrebt. Im Unterschied zur Gewinn- und Verlustrechnung (GuV), die ebenfalls eine Zeitraumbetrachtung darstellt, werden im Rahmen einer *Kapitalflußrechnung* nicht nur *erfolgswirksame*, sondern auch *erfolgsunwirksame Vorgänge* (z. B. Aktivtausch) erfaßt.

Aufgabe 2

Derivative Kapitalflußrechnungen werden aus den jeweiligen Jahresabschlußdaten zweier Stichtagsbilanzen retrospektiv abgeleitet. Im Gegensatz zur originären Kapitalflußrechnung, die auf den Kontenumsätzen der Liquiditätsbestände basiert, stellt die derivative Kapitalflußrechnung keine objektiv reine zahlungsstromorientierte Betrachtung dar. So sind z. B. Erträge aus dem Abgang von Vermögensgegenständen zahlungswirksam, Erträge aus der Herabsetzung von Pauschalwertberichtigung jedoch nicht.

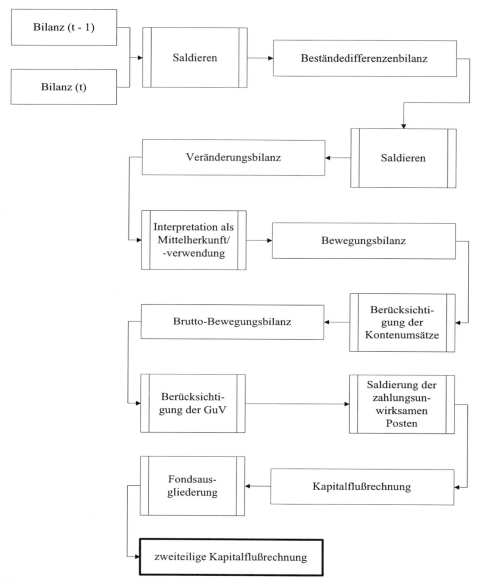

Abb. 1: Erstellung einer Kapitalflußrechnung.

Die *Beständedifferenzbilanz* wird durch die Saldierung der Bestände zweier Stichtagsbilanzen gebildet und ist die Grundlage für die Erstellung einer externen derivativen Kapitalflußrechnung. Sie weist das gleiche Gliederungsschema wie die zugrundeliegenden Stichtagsbilanzen auf. Die Veränderungen der Bilanzposten werden durch das entsprechende Vorzeichen verdeutlicht.

Beständedifferenzenbilanz

Aktivmehrung A$^+$	Passivmehrung P$^+$
Aktivminderung A$^-$	Passivminderung P$^-$
Veränderung der Bilanzsumme	Veränderung der Bilanzsumme

Tab. 7: Beständedifferenzenbilanz.

Die *Veränderungsbilanz* wird durch die *Umordnung der Bilanzpostenveränderungen* aufgestellt:

$$A^+ + P^- = P^+ + A^-$$

Veränderungsbilanz

Aktivmehrung A$^+$	Passivmehrung P$^+$
Passivminderung P$^-$	Aktivminderung A$^-$
Summe der Beständedifferenzen	Summe der Beständedifferenzen

Tab. 8: Veränderungsbilanz.

Durch die *Interpretation der Aktivmehrung* und der *Passivminderung* als *Mittelverwendung* und der *Passivmehrung* und der *Aktivminderung* als *Mittelherkunft* wird die *Veränderungsbilanz* in die die finanzwirtschaftlichen Vorgänge ausweisende *Bewegungsbilanz* transformiert:

Bewegungsbilanz

Mittelverwendung	Mittelherkunft
Aktivmehrung A$^+$	Passivmehrung P$^+$
Passivminderung P$^-$	Aktivminderung A$^-$
Summe der Beständedifferenzen	Summe der Beständedifferenzen

Tab. 9: Bewegungsbilanz.

Werden die Kontenumsätze in die Kapitalflußrechnung integriert, wird die Bewegungsbilanz zu einer Bruttorechnung erweitert. Durch den Ausweis unsaldierter Umsätze wird die bisher statische Kapitalflußrechnung in eine Stromgrößenrechnung umgewandelt, da der bisherige Ausweis der Bestandsveränderungen der Bilanzpositionen durch die sie verursachenden Kontenumsätze ersetzt wird. Dabei stellen *Soll-Umsätze* auf Bestandskonten die *Mittelverwendung* und *Haben-Umsätze* auf Bestandskonten die *Mittelherkunft* dar.

Werden Gewinn oder Gewinnveränderung durch Erträge und Aufwendungen der Gewinn- und Verlustrechnung ersetzt, so stellen die *Aufwendungen* aus der Gewinn- und Verlustrechnung die *Mittelverwendung* und die *Erträge* die *Mittelherkunft* dar.

Der *Liquiditätsbestand* wird in der Kapitalflußrechnung als *Fonds* bezeichnet, wobei ein Fonds eine Zusammenfassung von ausgewählten Aktiv- und Passivkonten darstellt, für die die Kapitalzugänge und die Kapitalabgänge offengelegt werden sollen.

Die Ausgliederung des Fonds aus der Kapitalflußrechnung stellt zunächst einmal nur eine Umgliederung von der einteiligen zur zweiteiligen Kapitalflußrechnung dar. Entsprechend der Ausgliederung des Fonds differenzieren sich die Bilanzkonten in Fondskonten (A_f = aktive Fondskonten; P_f = passive Fondskonten) und in Gegenbestandskonten (A_g = aktive Gegenbestandskonten; P_g = passive Gegenbestandskonten).

Gegenbestandsänderung			Fondsnachweisrechnung	
Fondsmittel-verwendung	Fondsmittel-quelle		Zuflüsse zum Fonds	Abflüsse aus dem Fonds
A_g^+ P_g^-	A_g^- P_g^+		A_f^+ P_f^-	A_f^- P_f^+
Saldo Fondsmittel-zunahme			Saldo Fondsmittel-zunahme	

Tab. 10: Gegenbestandsänderung und Fondsnachweisrechnung.

Fondsnachweisrechnung (Liquiditätsnachweisrechnung):

$$\Delta F = \underbrace{A_f^+ - P_f^-}_{\text{Fondszuflüsse}} - \underbrace{(A_f^- + P_f^+)}_{\text{Fondsabflüsse}}$$

Gegenbestandsrechnung (Kapitalflußrechnung):

$$\Delta F = \underbrace{A_g^- - P_g^+}_{\text{Fondszuflüsse}} - \underbrace{(A_g^+ + P_g^-)}_{\text{Fondsabflüsse}}$$

Es wird deutlich, daß die Fondsrechnung nicht nur eine absolute Zu- oder Abnahme des Fonds offenlegen kann, sondern darüber hinaus auch Veränderungen in der Struktur der Fondskonten expliziert. Zudem lassen sich die Quellen der Fondsmittelzunahme und die Verwendung der aus dem Fonds abgeflossenen Mittel aufzeigen. Insofern verfolgt die Fondsnachweisrechnung das Ziel, die Fondsveränderung darzustellen und zu erklären, um die Liquiditätssituation anhand der Segmente „Umsatzbereich", „Anlagenbereich" und „Kapitalbereich" zu beurteilen.

Fondsänderungsnachweis	Ursachenrechnung
Geldbereich	Umsatzbereich: Einnahmen und Ausgaben aus laufender
Kurzfristige Forderungen	Geschäftstätigkeit, aus Produktions- und Umsatzprozeß
Wertpapiere	Anlagenbereich: Einnahmen und Ausgaben aus Investitio-
Liquide Mittel	nen und Desinvestitionen
Kurzfristige Verbindlichkeiten	Kapitalbereich: Einnahmen und Ausgaben aus Außenfinanzierungsvorgängen im Eigen- und Fremdkapital

Tab. 11: Fondsrechnung und Ursachenrechnung.

Aufgabe 3

Zu den vier wesentlichen Fondstypen zählen:

	Geldfonds	Fonds der flüssigen Mittel	Fonds bald netto verfügbar	Fonds des Reinumlaufvermögens
+ Kasse, Bank, Postscheckguthaben	X	X	X	X
+ leicht veräußerbare Wertpapiere	0	X	X	X
+ kurzfr. Forderungen und sonstige Vermögensgegenstände ≤ 1 Jahr	0	0	X	X
+ Vorräte	0	0	0	X
+ aktive RAP	0	0	0	X
− kurzfr. Verbindlichkeiten ≤ 1 Jahr	0	0	X	X
− kurzfr. Rückstellungen	0	0	X	X
− passivische RAP	0	0	0	X

Tab. 12: Fondstypen.

Ziel der Kapitalflußrechnung ist es, eine möglichst objektive, d. h. bewertungsunabhängige Abbildung der Liquiditätsströme vorzunehmen. Grundsätzlich besteht das Problem der Fondsauswahl darin, daß weitgefaßte Fonds in der Regel stärker bilanzpolitischen Maßnahmen unterliegen, als dies bei enggefaßten Fonds der Fall ist. Beispielsweise können Forderungen uneinbringlich werden. In diesem Fall suggeriert die Kapitalflußrechnung im Jahr der Entstehung einen Mittelzufluß. Wird später ein geringerer Bilanzansatz gewählt, so wird dies als Mittelabfluß interpretiert.

Aufgabe 4

Struktur und Kennzahlensystem der Kapitalflußrechnung:

Umsatzbereich	
* Laufende Betriebseinnahmen	
− Laufende Betriebsausgaben	
	= Betriebliche Netto-Einnahmen

Anlagenbereich	
* Ausgaben für Investitionen	
− Einnahmen aus Desinvestitionen	
	= Netto-Investitionsausgaben

Tab. 13: Kennzahlensystem der Kapitalflußrechnung (Teil 1).

*   Betriebliche Netto-Einnahmen −   Netto-Investitionsausgaben   = Finanzbedarf/-überschuß
Kapitalbereich (Veränderung) *   Eigenfinanzierung *   Fremdfinanzierung   = Außenfinanzierung
*   Finanzbedarf/-überschuß +/− Außenfinanzierung   = Veränderung im Geldbereich
Geldbereich (Fondsänderungsnachweis)   Kurzfristige Forderungen und Verbindlichkeiten, Wertpapiere, flüssige Mittel
Verrechnungsbereich   Gewinnthesaurierung, Sonderposten mit Rückanteil

Tab. 13: Kennzahlensystem der Kapitalflußrechnung (Teil 2).

Der *Umsatzbereich* nimmt die *Betriebseinnahmen und -ausgaben* auf. Im *Anlagebereich* sind die *Investitions- und Desinvestitionsvorgänge* dargestellt. Die Gegenüberstellung der *Netto-Einnahmen* und *-Ausgaben* ergibt den *Finanzbedarf*. Im *Kapitalbereich* werden *Außenfinanzierungsmaßnahmen* erfaßt. Demgegenüber beinhaltet der *Geldbereich* Änderungen der *Fondsmittel*. Der *Verrechnungsbereich* erfaßt die *fondsunwirksamen Positionen*.

Auf den nachfolgenden Seiten werden die Segmente einer Kapitalflußrechnung tabellarisch dargestellt.

Umsatzbereich	Kapitalfluß	
	MV	MH
Erlöse		
Umsatzerlöse		X
Erhaltene Anzahlungen	Abnahme	Zunahme
Langfristige Forderungen >1 Jahr	Zunahme	Abnahme
Materialausgaben		
Materialaufwendungen	X	
RHB	Zunahme	Abnahme
Unfertige Erzeugnisse	Zunahme	Abnahme
Fertigerzeugnisse, Waren	Zunahme	Abnahme
Bestandsveränderungen GuV	Abnahme	Zunahme
Langfr. Verbindl. aus LuL.	Abnahme	Zunahme
Geleistete Anzahlungen	Zunahme	Abnahme
Personalausgaben		
Pensionsrückstellungen	Abnahme	Zunahme
Altersversorgung	X	

Tab. 14: Umsatzbereich (Teil 1).

Umsatzbereich	Kapitalfluß	
	MV	MH
Personalausgaben		
Soziale Abgaben	X	
Löhne und Gehälter	X	
Beteiligungsergebnis	Aufwand	Ertrag
Zinsergebnis	Aufwand	Ertrag
Sonstiger betrieblicher Ertrag		X
Sonstiger betrieblicher Aufwand	X	
Sonstige Rückstellungen	Abnahme	Zunahme
Steuerausgaben		
Steuerrückstellung	Abnahme	Zunahme
Steuern von Einkommen und Ertrag	X	
Sonstige Steuern	X	
Aktive RAP	Zunahme	Abnahme
Abnahme des Damnum	X	
Passive RAP	Abnahme	Zunahme
Aktivierte Eigenleistungen	– X	

Tab. 14: Umsatzbereich (Teil 2).

Als Ergebnis werden die *betrieblichen Netto-Einnahmen*, die zur Deckung der betrieblichen Netto-Investitionsausgaben bzw. zur Schuldentilgung und Dividendenzahlung dienen, als Maßstab für den Innenfinanzierungsspielraum ausgewiesen. Im Anlagebereich werden die Investitions- und Desinvestitionsvorgänge sowie die Aufwendungen für die Ingangsetzung und Erweiterung des Geschäftsbetriebes erfaßt. Diese Vorgänge sind als Aktionsparameter zur Erzielung späterer Einnahmeüberschüsse zu verstehen und können auf zwei Arten dargestellt werden.

I. Aus Bilanzveränderungen und GuV: Hier werden die Netto-Investitionsausgaben indirekt durch Korrektur der Bestandsveränderungen des Anlagevermögens mittels Einbeziehung der aus dem Anlagengitter ersichtlichen fondsneutralen Ab- und Zuschreibungen berechnet.

Anlagebereich	Kapitalfluß	
	MV	MH
Bestandsminderung Anlagevermögen		X
Bestandsmehrung Anlagevermögen	X	
Zuschreibungen		X
Abschreibungen	X	
Umbuchungen (Zunahme)		X
Umbuchungen (Abnahme)	X	
Gewinne aus Anlageabgang		X
Verluste aus Anlageabgang	X	

Tab. 15: Anlagebereich; Teil I.

II. Die Finanzströme sind jedoch besser erkennbar, wenn auf die im Anlagengitter mit historischen Anschaffungs- und Herstellungskosten enthaltenen Zu- und Abgänge als Informationsquelle zurückgegriffen wird.

Anlagebereich	Kapitalfluß	
	MV	MH
Zugänge (AHK)	X	
Abgänge (Restbuchwert)		X
Gewinne aus Anlageabgang		X
Verluste aus Anlageabgang	X	

Tab. 16: Anlagebereich; Teil II.

Als Ergebnis wird der Finanzbedarf/-überschuß ausgewiesen. Anschließend sind im Kapitalbereich die Veränderungen des Eigen- und des Fremdkapitals abzubilden.

Kapitalbereich	Kapitalfluß	
	MV	MH
Eigenfinanzierung		
Ausschüttung Bilanzgewinn Vorjahr	X	
Kapitalerhöhung		
Zunahme gezeichnetes Kapital		X
Zunahme Kapitalrücklage (Agio)		X
Fremdfinanzierung		
Veränderung langfr. Verbindlichkeiten	Abnahme	Zunahme
Zunahme des Damnums	X	

Tab. 17: Kapitalbereich.

Im Geldbereich werden die Änderungen der Fondsmittel erfaßt.

Geldbereich (Fondsänderungsnachweis)	Kapitalfluß	
	MV	MH
Veränderung aktiver Fondspositionen	Zunahme	Abnahme
Veränderung passiver Fondspositionen	Abnahme	Zunahme

Tab. 18: Geldbereich.

Der Verrechnungsbereich nimmt die fondsunwirksamen Positionen auf.

Verrechnungsbereich	Kapitalfluß	
	MV	MH
Gewinnthesaurierung		
Bilanzgewinn		X
Einstellung in die Gewinnrücklagen		X
Thesaurierter Teil	X	
Sonderposten		
Veränderung der Bilanzposten	Abnahme	Zunahme
Einstellungen	X	
Auflösung		X

Tab. 19: Verrechnungsbereich.

Aufgabe 5

1. Aufstellen der Beständedifferenzenbilanz

Aktiva	(in Euro)
A. Anlagevermögen	
I. Immaterielle Vermögensgegenstände	− 6.800
II. Sachanlagen	
1. Grundstücke	− 350.000
2. Technische Anlagen und Maschinen	− 350.000
3. Andere Anlagen, Betriebs- und Geschäftsausstattung	+ 245.000
4. Geleistete Anzahlungen für Anlagen und Anlagen im Bau	
a) Anlagen im Bau	+ 120.000
III. Finanzanlagen	
1. Beteiligungen	+ 29.000
B. Umlaufvermögen	
I. Vorräte	
1. Roh, Hilfs- und Betriebsstoffe	− 560.000
2. Unfertige Erzeugnisse	+ 350.000
3. Fertige Erzeugnisse und Waren	+ 759.000
II. Forderungen und sonstige Vermögensgegenstände	
1. Forderungen aus Lieferungen und Leistungen	+ 8.050.000
2. Forderungen gegenüber verbundenen Unternehmen	+ 4.200.000
3. Forderungen gegenüber beteiligten Unternehmen	− 350.000
4. Sonstige Vermögensgegenstände und Forderungen	− 910.000
III. Wertpapiere	+ 250.000
IV. Kassenbestand, Schecks, Guthaben	+ 2.400.000
C. Rechnungsabgrenzungsposten	+ 325.000
	+ 14.201.200

Tab. 20: Aktivseite der Beständedifferenzenbilanz.

Passiva	(in Euro)
A. Eigenkapital	
I. Grundkapital	0
II. Kapitalrücklage	0
III. Gewinnrücklage	+ 590.000
IV. Bilanzgewinn (davon Gewinnvortrag 5.000)	+ 1.550.000
B. Rückstellungen	
I. Rückstellungen für Pensionen	+ 168.000
II. Steuerrückstellungen	+ 1.390.000
III. Sonstige Rückstellungen	+ 2.950.000
C. Verbindlichkeiten	
I. Verbindlichkeiten gegenüber Kreditinstituten	+ 370.000
II. Erhaltene Anzahlungen auf Bestellungen	+ 3.803.200
III. Verbindlichkeiten aus Lieferungen und Leistungen	+ 1.540.000
IV. Verbindlichkeiten gegenüber verbundenen Unternehmen	– 110.000
V. Sonstige Verbindlichkeiten	+ 1.800.000
D. Rechnungsabgrenzungsposten	+150.000
	+ 14.201.200

Tab. 21: Passivseite der Beständedifferenzenbilanz.

2. Aufstellen der Veränderungsbilanz

Aktiva	(in Euro)
Aktivmehrung A⁺	
A. Anlagevermögen	
II. Sachanlagen	
3. Andere Anlagen, Betriebs- und Geschäftsausstattung	+ 245.000
4. Geleistete Anzahlungen für Anlagen und Anlagen im Bau	
a) Anlagen im Bau	+ 120.000
III. Finanzanlagen	
1. Beteiligungen	+ 29.000
B. Umlaufvermögen	
I. Vorräte	
2. Unfertige Erzeugnisse	+ 350.000
3. Fertige Erzeugnisse und Waren	+ 759.000
II. Forderungen und sonstige Vermögensgegenstände	
1. Forderungen aus Lieferungen und Leistungen	+ 8.050.000
(davon mit einer Restlaufzeit > 1 Jahr)	(+ 1.000.000)
2. Forderungen gegenüber verbundenen Unternehmen	+ 4.200.000
III. Wertpapiere	+ 250.000
IV. Kassenbestand, Schecks, Guthaben	+ 2.400.000
C. Rechnungsabgrenzungsposten	+ 325.000
Passivminderung P⁻	
C. Verbindlichkeiten	
IV. Verbindlichkeiten gegenüber verbundenen Unternehmen	– 110.000
(davon mit einer Restlaufzeit > 1 Jahr)	(– 110.000)
	16.838.000

Tab. 22: Aktivseite der Veränderungsbilanz.

Passiva	(in Euro)
Passivmehrung P⁺	
A. Eigenkapital	
III. Gewinnrücklage	+ 590.000
IV. Bilanzgewinn	+ 1.550.000
(davon Gewinnvortrag 500.000)	(+ 500.000)
B. Rückstellungen	
I. Rückstellungen für Pensionen	+ 168.000
II. Steuerrückstellungen	+ 1.390.000
III. Sonstige Rückstellungen	+ 2.950.000
C. Verbindlichkeiten	
I. Verbindlichkeiten gegenüber Kreditinstituten	+ 370.000
(davon mit einer Restlaufzeit > 1 Jahr)	(+ 674.000)
II. Erhaltene Anzahlungen auf Bestellungen	+ 3.803.200
III. Verbindlichkeiten aus Lieferungen und Leistungen	+ 1.540.000
(davon mit einer Restlaufzeit > 1 Jahr)	(+ 1.000.000)
V. Sonstige Verbindlichkeiten	+ 1.800.000
(davon mit einer Restlaufzeit > 1 Jahr)	(− 1.000.000)
D. Rechnungsabgrenzungsposten	+150.000
Aktivminderung A⁻	
A. Anlagevermögen	
I. Immaterielle Vermögensgegenstände	− 6.800
II. Sachanlagen	
1. Grundstücke	− 350.000
2. Technische Anlagen und Maschinen	− 350.000
B. Umlaufvermögen	
I. Vorräte	
1. Roh-, Hilfs- und Betriebsstoffe	− 560.000
II. Forderungen und sonstige Vermögensgegenstände	
3. Forderungen gegenüber beteiligten Unternehmen	− 350.000
4. Sonstige Vermögensgegenstände und Forderungen	− 910.000
	16.838.000

Tab. 23: Passivseite der Veränderungsbilanz.

3. Interpretation der Veränderungsbilanz als Bewegungsbilanz

Mittelverwendung	(in Euro)
Aktivmehrung A⁺	
A. Anlagevermögen	
II. Sachanlagen	
3. Andere Anlagen, Betriebs- und Geschäftsausstattung	+ 245.000
4. Geleistete Anzahlungen für Anlagen und Anlagen im Bau	
a) Anlagen im Bau	+ 120.000
III. Finanzanlagen	
1. Anteile an verbundenen Unternehmen	
2. Beteiligungen	+ 29.000
B. Umlaufvermögen	
I. Vorräte	
2. Unfertige Erzeugnisse	+ 350.000
3. Fertige Erzeugnisse und Waren	+ 759.000
II. Forderungen und sonstige Vermögensgegenstände	
1. Forderungen aus Lieferungen und Leistungen	+ 8.050.000
(davon mit einer Restlaufzeit > 1 Jahr)	(+ 1.000.000)
2. Forderungen gegenüber verbundenen Unternehmen	+ 4.200.000
III. Wertpapiere	+ 250.000
IV. Kassenbestand, Schecks, Guthaben	+ 2.400.000
C. Rechnungsabgrenzungsposten	+ 325.000
Passivminderung P⁻	
C. Verbindlichkeiten	
IV. Verbindlichkeiten gegenüber verbundenen Unternehmen	− 110.000
(davon mit einer Restlaufzeit > 1 Jahr)	(− 110.000)
	16.838.000

Tab. 25: Aktivseite der Bewegungsbilanz.

Mittelherkunft	(in Euro)
Passivmehrung P⁺	
A. Eigenkapital	
III. Gewinnrücklage	+ 590.000
IV. Bilanzgewinn	+ 1.550.000
(davon Gewinnvortrag 500.000)	(+ 500.000)
B. Rückstellungen	
I. Rückstellungen für Pensionen	+ 168.000
II. Steuerrückstellungen	+ 1.390.000
III. Sonstige Rückstellungen	+ 2.950.000
C. Verbindlichkeiten	
I. Verbindlichkeiten gegenüber Kreditinstituten	+ 370.000
(davon mit einer Restlaufzeit > 1 Jahr)	(+ 674.000)
II. Erhaltene Anzahlungen auf Bestellungen	+ 3.803.200
III. Verbindlichkeiten aus Lieferungen und Leistungen	+ 1.540.000
(davon mit einer Restlaufzeit > 1 Jahr)	(+ 1.000.000)
V. Sonstige Verbindlichkeiten	+ 1.800.000
(davon mit einer Restlaufzeit > 1 Jahr)	(− 1.000.000)
D. Rechnungsabgrenzungsposten	+150.000
Aktivminderung A⁻	
A. Anlagevermögen	
I. Immaterielle Vermögensgegenstände	− 6.800
II. Sachanlagen	
1. Grundstücke	− 350.000
2. Technische Anlagen und Maschinen	− 350.000
B. Umlaufvermögen	
I. Vorräte	
1. Roh-, Hilfs- und Betriebsstoffe	− 560.000
II. Forderungen und sonstige Vermögensgegenstände	
3. Forderungen gegenüber beteiligten Unternehmen	− 350.000
4. Sonstige Vermögensgegenstände und Forderungen	− 910.000
	16.838.000

Tab. 26: Passivseite der Bewegungsbilanz.

4. Ermittlung der betrieblichen Netto-Einnahmen bzw. -Ausgaben

Umsatzbereich	Kapitalfluß MV	Kapitalfluß MH
Erlöse		
Umsatzerlöse		96.025.000
Erhaltene Anzahlungen	Fondsbestandteil	Fondsbestandteil
Langfristige Forderungen >1 Jahr	1.000.000	
Materialausgaben		
Materialaufwendungen	47.250.000	
RHB		560.000
Unfertige Erzeugnisse	350.000	
Fertigerzeugnisse, Waren	759.000	
Bestandsveränderungen GuV		175.000
Langfr. Verbindl. aus LuL.		890.000
Personalausgaben		
Pensionsrückstellungen		168.000
Altersversorgung	2.760.000	
Soziale Abgaben	3.540.000	
Löhne und Gehälter	26.250.000	
Beteiligungsergebnis		2.310.000
Zinsergebnis		350.000
Sonstiger betrieblicher Ertrag		1.680.000
Sonstiger betrieblicher Aufwand	12.600.000	
Sonstige Rückstellungen		2.950.000
Steuerausgaben		
Steuerrückstellung		1.390.000
Steuern vom Einkommen und Ertrag	2.520.000	
Sonstige Steuern	630.000	
Aktive RAP	325.000	
Passive RAP		150.000
Aktivierte Eigenleistungen		100.000
	97.984.000	106.748.000
Betriebliche Netto-Einnahmen		8.764.000

Tab. 27: Beispielhafter Umsatzbereich.

Lösungshinweise:

- Der Wert der langfristigen Verbindlichkeiten aus Lieferungen und Leistungen ergibt sich einschließlich der Verbindlichkeiten gegenüber verbundenen Unternehmen.

- Das Zinsergebnis ergibt sich durch die Saldierung von Zinserträgen und Zinsaufwendungen.

5. Ermittlung der Netto-Investitionsausgaben bzw. -einnahmen

Anlagebereich	Kapitalfluß	
	MV	MH
Bestandsminderung Anlagevermögen		706.800
Bestandsmehrung Anlagevermögen	394.000	
Zuschreibungen		
Abschreibungen	1.000.000	
Umbuchungen (Zunahme)		
Umbuchungen (Abnahme)		
Gewinne aus Anlageabgang		
Verluste aus Anlageabgang		
	1.394.000	706.800
Netto-Investitionsausgaben	687.200	

Tab. 28: Beispielhafter Anlagebereich.

6. Ermittlung des Finanzbedarfs bzw. -überschusses

Finanzbedarf/-überschuß = Betriebliche Netto-Einnahmen − Netto-Investitionsausgaben

Hier: Finanzüberschuß = 8.764.000 − 687.200 = 8.076.800 [€]

7. Ermittlung des Außenfinanzierungsvolumens

Kapitalbereich	Kapitalfluß	
	MV	MH
Eigenfinanzierung		
Ausschüttung Bilanzgewinn Vorjahr	2.450.000	
Gewinnvortrag		500.000
Kapitalerhöhung		
Zunahme gezeichnetes Kapital		
Zunahme Kapitalrücklage (Agio)		
Fremdfinanzierung		
Veränderung langfr. Verbindlichkeiten	326.000	
Zunahme des Damnums		
	2.776.000	500.000
Außenfinanzierungsabfluß	2.276.000	

Tab. 29: Beispielhafter Kapitalbereich.

Lösungshinweise:

- Die Veränderung der langfristigen Verbindlichkeiten ergibt sich durch die Saldierung der Veränderung der Verbindlichkeiten gegenüber Kreditinstituten mit einer Restlaufzeit > 1 Jahr und der Veränderung der sonstigen Verbindlichkeiten mit einer Restlaufzeit > 1 Jahr.

8. Fondsnachweisrechnung

Geldbereich (Fondsänderungsnachweis)	Kapitalfluß	
	MV	MH
Forderungen und sonstige Vermögensgegenstände	9.990.000	
Wertpapiere	250.000	
Kassenbestand, Schecks, Guthaben	2.400.000	
Verbindlichkeiten gegenüber Kreditinstituten	304.000	
Verbindlichkeiten aus Lieferungen und Leistungen		540.000
Sonstige Verbindlichkeiten		2.800.000
Erhaltene Anzahlungen		3.803.200
	12.944.000	7.143.200
		5.800.800

Tab. 30: Beispielhafter Geldbereich.

Lösungshinweise:

- Der Wert der kurzfristigen Forderungen und sonstigen Vermögensgegenstände ergibt sich aus der Addition der Veränderung der kurzfristigen Forderungen aus Lieferungen und Leistungen, der Veränderung der Forderungen gegenüber verbundenen Unternehmen sowie den Veränderungen der Forderungen gegenüber beteiligten Unternehmen und den Veränderungen der sonstigen Vermögensgegenstände und Forderungen.

Fondsnachweis = 8.076.800 − 2.276.000 = 5.800.800

Aufgabe 6

Mit Hilfe der Kapitalflußrechnung können wesentlich deutlicher als in der Bilanz und in der Gewinn- und Verlustrechnung oder im Rahmen einer Cash-Flow-Analyse Liquiditätsströme offengelegt werden. Ein weiterer Vorteil ist, daß die Finanzströme in einem geschlossenen Kennzahlensystem dargestellt werden. Probleme treten jedoch insbesondere bei der Darstellung der Investitions- und Desinvestitionsvorgänge auf. Aufgrund von Sammelpositionen, wie z. B. „Sonstige betriebliche Erträge", kommt es zu Verzerrungen zwischen den Kapitalflußrechnungsbereichen und den entsprechenden Kennzahlen. Es wird insbesondere bei der Anwendung der Kapitalflußrechnung deutlich, daß der Grad der bewertungsfreien Abbildung der Liquiditätsströme von dem gewählten Fondstyp abhängt. Selbst der Geldfonds ist möglichen Zu- oder Abschreibungsspielräumen ausgesetzt, wie dies z. B. bei der Existenz von Auslandskonten der Fall sein kann.

Literaturhinweise

AMEN, M.: Erstellung von Kapitalflußrechnungen, München et al. 1994.

BUSSE VON COLBE, W.: Finanzflußrechnung als Grundlage der Finanzierungsentscheidung, in: GEBHARDT, G./GERKE, W./STEINER, M. (Hrsg.): Handbuch des Finanzmanagements, München 1993, S. 25–42.

GRÄFER, H./AMEN, M.: Analyse des Jahresabschlusses, Teil 5: Externe Finanzanalyse mit Hilfe der Kapitalflußrechnung, in: Buchführung, Bilanz, Kostenrechnung, 1992, Nr. 2, S. 77–94.

KEUPER, F.: Finanzmanagement – Aufgaben und Lösungen, München/Wien 2000, S. 231–258.

NADVORNIK, W./FISCHER, R.: Die Kapitalflußrechnung als Instrument der Finanzanalyse, in: BURCHERT, H./HERING, TH. (Hrsg.): Betriebliche Finanzwirtschaft – Aufgaben und Lösungen, München/Wien 1999, S. 222–230.

PERRIDON, L./STEINER, M.: Finanzwirtschaft der Unternehmung, 10. Auflage, München 1999.

PFUHL, J. M.: Konzernkapitalflußrechnung, Stuttgart 1994.

IV. Bibliographie

„Die ältesten uns bekannten deutschen Handelsbücher sind aus dem 14. Jahrhundert. Ursprünglich in lateinischer, dann aber in deutscher Sprache geführt, enthielten sie zunächst vorwiegend Aufzeichnungen über die Entstehung von Schuld- und Forderungsverhältnissen (Kreditgeschäfte!). Das Streben nach größerer Übersicht führte im 15. Jahrhundert zur Führung von Konten für die einzelnen Geschäftsfreunde. Der doppelten Buchhaltung begegnen wir in Deutschland zu Beginn des 16. Jahrhunderts. Von ihrem Ursprungsland Italien aus hatte sie zunächst in Süddeutschland (Nürnberg, Augsburg) Eingang gefunden. Der Erfinder der doppelten Buchhaltung ist nicht bekannt; die erste literarische Bearbeitung derselben stammt von einem Franziskanermönch *Luca Paccioli* (1494)."

HERMANN SCHMACHTENBERGER

(Die Buchhaltung, in: GREIFZU, JULIUS (Hrsg.), Handbuch des Deutschen Kaufmanns, Hamburg 1934, S. 337–404, hier S. 403.)

Gerrit Brösel und Heiko Burchert

Bibliographie ausgewählter deutschsprachiger Übungsbücher und Lehrbücher mit Aufgaben und/oder Fallstudien zur Betriebswirtschaftslehre und zur Rechnungslegung sowie zur Prüfung und Analyse von Jahresabschlüssen

1. Übungsbücher zur Betriebswirtschaftslehre

BENSCH, JÖRG, Praktische Fälle aus der Betriebswirtschaftslehre, 4. Aufl., Kiehl, Ludwigshafen, 2003, 288 S., 21,00 EUR.

BENSCH, JÖRG, Praktische Fälle aus der Betriebswirtschaftslehre – Lösungsbuch, 4. Aufl., Kiehl, Ludwigshafen, 2003, 328 S., 24,00 EUR.

BESTMANN, UWE UND PETER PREISSLER, Übungsbuch zum Kompendium der Betriebswirtschaftslehre, 3. Aufl., Oldenbourg, München et al., 2002, 374 S., 34,80 EUR.

BIERLE, KLAUS, Grundlagen der BWL. Band II. Aufgaben und Lösungen, 9. Aufl., Alpha, Saarbrücken, 2001, 380 S., 23,00 EUR.

BITZ, MICHAEL, Übungen in Betriebswirtschaftslehre. Prüfungsaufgaben und -klausuren, 6. Aufl., Vahlen, München, 2003, 478 S., 25,00 EUR.

CORSTEN, HANS UND MICHAEL REISS (Hrsg.), Übungsbuch zur Betriebswirtschaftslehre, Oldenbourg, München et al., 2000, 422 S., 34,80 EUR.

DINKELBACH, WERNER UND ULRICH LORSCHEIDER, Entscheidungsmodelle und lineare Programmierung. Übungsbuch zur Betriebswirtschaftslehre, 3. Aufl., Oldenbourg, München et al., 1994, 300 S., 24,80 EUR.

EIERMANN, BERNHARD, Fallsammlung mit Lösungen, 8. Aufl., Gabler, Wiesbaden, 1996, 260 S., nicht mehr verlegt.

GROB, HEINZ LOTHAR, Fallstudien zur Betriebswirtschaftslehre, Werner, Düsseldorf, 1993, 384 S., nicht mehr verlegt.

GROB, HEINZ LOTHAR, Übungsfälle zur Betriebswirtschaftslehre, Vahlen, München, 1982, 264 S., nicht mehr verlegt.

HOFFMANN, LUTZ, Oeconomix. Train & Exam. Das große Gabler Wirtschaftsspiel. Card-Box, Gabler, Wiesbaden, 1999, 660 S., 24,90 EUR.

HOLLNSTEINER, KURT UND MICHAEL KOPEL, Übungsbuch zur Betriebswirtschaftlichen Optimierung. Aufgaben und Lösungen zu Stepan/Fischer, Einführung in die quantitative Betriebswirtschaftslehre, Oldenbourg, München et al., 1999, 340 S., 34,80 EUR.

HOPFENBECK, WALDEMAR, Übungsbuch zur Allgemeinen Betriebswirtschafts- und Managementlehre, moderne industrie, Landsberg am Lech, 3. Aufl., 2001, 263 S., 32,00 EUR.

JÖRS, BERND, Übungen zu quantitativen Methoden der Betriebswirtschaftslehre. Aufgaben und Lösungshinweise, Toeche-Mittler, Darmstadt, 1993, 120 S., 12,86 EUR.

JUNG, HANS, Arbeits- und Übungsbuch Allgemeine Betriebswirtschaftslehre, Oldenbourg, München et al., 2. Aufl., 2003, 560 S., 29,80 EUR.

KRUMMENACHER, ALFRED, Einführung in die Betriebswirtschaft. Aufgaben und Lösungen, Verus, Zürich, 2000, 136 S., 49,80 EUR.

MÜLLER-MERBACH, HEINER, Übungen zur Betriebswirtschaftslehre und linearen Planungsrechnung, 2. Aufl., Vahlen, München, 1984, 144 S., nicht mehr verlegt.

OLFERT, KLAUS UND HANS J. RAHN, Kompakt-Training Einführung in die Betriebswirtschaftslehre, Kiehl, Ludwigshafen, 2003, 280 S., 16,00 EUR.

SCHIERENBECK, HENNER, Übungsbuch zu Grundzüge der Betriebswirtschaftslehre, 8. Aufl., Oldenbourg, München et al., 2000, 712 S., 29,80 EUR.

SCHMALEN, HELMUT, Grundlagen und Probleme der Betriebswirtschaft. Übungsbuch, 4. Aufl., Schäffer-Poeschel, Stuttgart, 2003, 331 S., 19,95 EUR.

SELCHERT, FRIEDRICH WILHELM, Einführung in die Betriebswirtschaftslehre. Aufgaben und Lösungen. Fragen und Antworten, 4. Aufl., Oldenbourg, München et al., 2003, 392 S., 24,80 EUR.

STEVEN, MARION UND KLAUS-PETER KISTNER, Übungsbuch zur Betriebswirtschaftslehre im Grundstudium, Physica, Heidelberg, 1999, 358 S., 19,95 EUR.

THOMMEN, JEAN-PAUL, Übungsbuch Betriebswirtschaftslehre. Repetitionsfragen, Aufgaben, Lösungen, 3. Aufl., Versus, Zürich, 2002, 392 S., 37,00 EUR.

THOMMEN, JEAN-PAUL, Übungsbuch Managementorientierte Betriebswirtschaftslehre. Repetitionsfragen, Aufgaben, Lösungen, 3. Aufl., Versus, Zürich, 2002, 416 S., 37,00 EUR.

THOMMEN, JEAN-PAUL; ANN-KRISTIN ACHLEITNER UND ALEXANDER BASSEN, Allgemeine Betriebswirtschaftslehre. Arbeitsbuch. Repetitionsfragen – Aufgaben – Lösungen, 3. Aufl., Gabler, Wiesbaden, 2002, 385 S., 32,00 EUR.

WÖHE, GÜNTER; HANS KAISER UND ULRICH DÖRING, Übungsbuch zur Einführung in die Allgemeine Betriebswirtschaftslehre, 10. Aufl., Vahlen, München, 2002, 600 S., 20,00 EUR.

2. Übungsbücher zur Rechnungslegung sowie zur Analyse von Jahresabschlüssen

2.1 Übungsbücher zur Rechnungslegung

BAETGE, JÖRG; HANS-JÜRGEN KIRSCH UND STEFAN THIELE (Hrsg.), Übungsbuch Konzernbilanzen. Aufgaben und Fallstudien mit Lösungen, 2. Aufl., IDW, Düsseldorf, 2002, 272 S., 32,00 EUR.

BLÖDTNER, WOLFGANG; KURT BILKE UND RUDOLF HEINING, Fallsammlung Buchführung – Bilanzen – Berichtigungstechnik, 4. Aufl., NWB, Herne et al., 2001, 325 S., 27,50 EUR.

BOSSERT, RAINER UND PETER HARTMANN, Übungsbuch Jahresabschluss, Konzernabschluss nach HGB und IAS. Repetitorium in Übungen und Fällen mit Musterlösung, 2. Aufl., Schäffer-Poeschel, Stuttgart, 2003, 360 S., 29,95 EUR.

BRUHNS, CARSTEN (Hrsg.), Fälle mit Lösungen zur Bilanzierung nach IAS und US-GAAP, 2. Aufl., NWB, Herne et al., 2003, 316 S., 32,80 EUR.

BUSSE VON COLBE, WALTHER UND DIETER ORDELHEIDE, Konzernabschlüsse. Übungsaufgaben zur Bilanzierung nach HGB, IAS und US-GAAP, 9. Aufl., Gabler, Wiesbaden, 2003, 254 S., 34,90 EUR.

GRÄFER, HORST UND CHRISTIANE SORGENFREI, Bilanzierungstraining, NWB, Herne et al., 1998, 252 S., 24,00 EUR.

GREFE, CORD, Kompakt-Training Bilanzen, 3. Aufl., Kiehl, Ludwigshafen, 2003, 219 S., 16,00 EUR.

GRÜNBERGER, HERBERT, Fallbeispiele zur Bilanzierung, 2. Aufl., LexisNexis ARD ORAC, Wien, 2001, 208 S., 25,00 EUR.

HARMS, JENS E. UND FRANZ J. MARX, Fallsammlung Bilanzrecht. HGB mit KonTraG, EuroBilG, HRefG, AktG, PublG, 7. Aufl., NWB, Herne et al., 2002, 310 S., 29,00 EUR.

JOSSÉ, GERMANN, Bilanzen – aber locker. Das Trainingsprogramm, CCV, Hamburg, 2002, 144 S., 12,90 EUR.

KOPEI, DIETER UND REIMAR ZIMMERMANN, Steuer-Seminar Bilanzsteuerrecht. 88 praktische Fälle des Steuerrechts, 11. Aufl., Fleischer, Achim, 2003, 418 S., 28,00 EUR.

LIMBERG, MANFRED, Fallsammlung Bilanzberichtigung bei Einzelunternehmen und Gesellschaften, Mit einer systematischen Einführung in die Mehr- und Weniger-Rechnung, 5. Aufl., NWB, Herne et al., 1997, 339 S., 24,00 EUR.

SCHÖNE, WIELAND, Bilanzierung in Fallbeispielen, Grundlagen der Handels- und Steuerbilanz, dtv, München, 1998, 182 S., 7,92 EUR.

2.2 Übungsbücher zur Analyse von Jahresabschlüssen

BOEMLE, MAX, Praxis der Jahresabschlußanalyse, Übungsbuch, SKV/Herold, Zürich, 1995, 175 S., 24,00 EUR.

BOEMLE, MAX, Praxis der Jahresabschlußanalyse. Lösungsbuch, SKV/Herold, Zürich, 1997, 965 S., 20,00 EUR.

HENSELMANN, KLAUS UND WOLFGANG KNIEST, Unternehmensbewertung. Praxisfälle mit Lösungen, 3. Aufl., NWB, Herne et al., 2002, 492 S., 34,80 EUR.

LANGENBECK, JOCHEN, Kompakt-Training Bilanzanalyse, 2. Aufl., Kiehl, Ludwigshafen, 2003, 238 S., 16,00 EUR.

SCHILLING, HORST, Einführung in die Bilanzanalyse. Lern- und Übungsbuch zur methodischen Einführung in die Bilanzanalyse, Schilling, Berlin, 1996, 198 S., 19,00 EUR.

2.3 Übergreifende Übungsbücher

BAETGE, JÖRG; HANS-JÜRGEN KIRSCH UND STEFAN THIELE (Hrsg.), Übungsbuch Bilanzen und Bilanzanalyse. Aufgaben und Fallstudien mit Lösungen, 2. Aufl., IDW, Düsseldorf, 2003, 386 S., 36,00 EUR.

BENSCH, JÖRG UND CHRISTIANE WACHHOLZ, Praktische Fälle aus dem Rechnungswesen, 2. Aufl., Kiehl, München, 2002, 350 S., 20,00 EUR.

BENSCH, JÖRG UND CHRISTIANE WACHHOLZ, Praktische Fälle aus dem Rechnungswesen – Lösungsbuch, 2. Aufl., Kiehl, München, 2002, 328 S., 23,50 EUR.

BLAICH, ROBERT; ARTHUR WELLINGER UND JÖRG ZEHETNER, Übungsbuch zur Rechnungslegung, Buchhaltung, Bilanzierung, Kostenrechnung. Übungseinheiten und Musterlösungen mit ausführlichen Anmerkungen, Manz'sche, Wien, 1998, 410 S., 39,10 EUR.

COENENBERG, ADOLF G., Jahresabschluss und Jahresabschlussanalyse. Aufgaben und Lösungen, 11. Aufl., Schäffer-Poeschel, Stuttgart, 2003, 418 S., 24,95 EUR.

EIERMANN, BERNHARD, Fallsammlung Steuerlehre Rechnungswesen, Fälle mit Lösungen, 11. Aufl., Gabler, Wiesbaden, 2000, nicht mehr verlegt.

VON ENDRISS, HORST W. UND CHRISTOPH RAABE, Bilanzbuchhalter: Band 10. Bilanzbuchhalterprüfung I. Buchführung, Jahresabschluss, Jahresabschlussanalyse, Steuern, Beck, München, 2000, 203 S., 16,50 EUR.

MEFFLE, GÜNTER; REINHARD HEYD UND PETER WEBER, Das Rechnungswesen der Unternehmung als Entscheidungsinstrument, Kosten- und Leistungsrechnung, Investition und Finanzierung, Bilanzierung. Band 2: Übungsaufgaben, Lösungsvorschläge und Erläuterungen, 3. Aufl., Fortis, Köln et al., 2003, 672 S., 32,50 EUR.

MEYER, CLAUS, BilanzLern. PC-Übungsprogramm zur Bilanzierung nach Handels- und Steuerrecht, Version 5.0, NWB, Herne et al., 2002, 12,90 EUR.

SCHMITZ, HEINZ; MYRIAM GOMPPER UND HERMANN SPETH, Handlungsorientierte Aufgaben zur Fächerverbindung von Betriebswirtschaftslehre mit Rechnungswesen und Datenverarbeitung, 3. Aufl., Merkur, Rinteln, 2000, 212 S., 15,40 EUR.

SCHMITZ, HEINZ; MYRIAM GOMPPER UND HERMANN SPETH, Handlungsorientierte Aufgaben zur Fächerverbindung von Betriebswirtschaftslehre mit Rechnungswesen und Datenverarbeitung. Lösungsheft nur für Lehrkräfte, mit 3 Disketten (3 $^1/_2$ Zoll), 2. Aufl., Merkur, Rinteln, 1999, 80 S., 17,00 EUR.

ZDROWOMYSLAW, NORBERT; ULRIKE ARNDT, THOMAS ARNDT, FRANK HEESE, KARL KUBA, ANDREAS MÖLLER, CARSTEN RICHTER UND GERHARD SCHÜNEMANN, Rechnungswesen in Aufgaben, Klausuren und Lösungen, Oldenbourg, München et al., 1998, 293 S., 29,80 EUR.

3. Lehrbücher mit Aufgaben und/oder Fallstudien zur Betriebswirtschaftslehre

ADAM, DIETRICH; KLAUS BACKHAUS; MARKUS VOETH UND ULRICH W. THONEMANN, Allgemeine Betriebswirtschaftslehre – Koordination betrieblicher Entscheidungen. Die Fallstudie Peter Pollmann http://www.peter-pollmann.de., 3. Aufl., Springer, Heidelberg et al., 2004, 366 S., 24,95 EUR.

AHRENS-FISCHER, WOLFGANG UND THOMAS STEINKAMP (HRSG.), Betriebswirtschaftslehre, Oldenbourg, München et al., 2000, 960 S., 49,80 EUR.

BERNECKER, MICHAEL, Grundlagen der Betriebswirtschaftslehre, Oldenbourg, München et al., 1999, 216 S., 14,80 EUR.

DROSSE, VOLKER UND ULRICH VOSSEBEIN, Allgemeine Betriebswirtschaftslehre. Intensivtraining, 2. Aufl., Gabler, Wiesbaden, 1998, 174 S., 14,90 EUR.

GROB, HEINZ L., Fallstudien zur Betriebswirtschaftslehre, Lucius & Lucius, Stuttgart, 2002, 384 S., 28,00 EUR.

HANSSMANN, FRIEDRICH, Quantitative Betriebswirtschaftslehre. Lehrbuch der modellgestützten Unternehmensplanung, 4. Aufl., Oldenbourg, München et al., 1995, 497 S., 34,80 EUR.

HOMBURG, CHRISTIAN, Quantitative Betriebswirtschafslehre. Entscheidungsunterstützung durch Modelle. Mit Beispielen, Übungsaufgaben und Lösungen, 3. Aufl., Gabler, Wiesbaden, 2000, 649 S., 49,90 EUR.

KREIS, RUDOLF, Betriebswirtschaftslehre. Band I: Einführung zur Managementlehre, 5. Aufl., Oldenbourg, München et al., 1998, 572 S., 54,80 EUR.

KREIS, RUDOLF, Betriebswirtschaftslehre. Band II: Innovations- und Wertschöpfungsprozeß, 5. Aufl., Oldenbourg, München et al., 1998, 404 S., 44,80 EUR.

KREIS, RUDOLF, Handbuch der Betriebswirtschaftslehre, Oldenbourg, München et al., 1993, 1.088 S., nicht mehr verlegt.

KRUMMENACHER, ALFRED UND JEAN P. THOMMEN, Einführung in die Betriebswirtschaft. Mit Bankbetriebs- und Versicherungslehre, 2. Aufl., Versus, Zürich, 2003, 464 S., 49,80 EUR.

KÜCK, MARLENE (Hrsg.), Allgemeine Betriebswirtschaftslehre. Grundlagen, 3. Aufl., Berliner Wissenschafts-Verlag, Berlin, 1998, 575 S., 31,00 EUR.

KUSSMAUL, HEINZ, Betriebswirtschaftlehre für Existenzgründer, Grundlagen mit Fallbeispielen und Fragen der Existenzgründungspraxis, 4. Aufl., Oldenbourg, München et al., 2003, 704 S., 49,80 EUR.

LUGER, ADOLF E.; HANS-GEORG GEISBÜSCH UND JÜRGEN M. NEUMANN, Allgemeine Betriebswirtschaftslehre. Band 2: Funktionsbereiche des betrieblichen Ablaufs, 4. Aufl., Fackler, München et al., 1999, 432 S., 24,90 EUR.

OLFERT, KLAUS UND HANS J. RAHN, Einführung in die Betriebswirtschaftslehre, 7. Aufl., Kiehl, Ludwigshafen, 2003, 586 S., 24,00 EUR.

PATZAK, HERMANN, Allgemeine Betriebswirtschaftslehre. Ein problemorientiertes Lern- und Übungsbuch für Schüler der Fachoberschule, der beruflichen und gymnasialen Oberstufe und für Studenten an der Fachhochschule und Universität, Band 1, Patzak-A, 1998, 372 S., 20,96 EUR.

PATZAK, HERMANN, Allgemeine Betriebswirtschaftslehre. Ein problemorientiertes Lern- und Übungsbuch für Schüler der Fachoberschule, der beruflichen und gymnasialen Oberstufe und für Studenten an der Fachhochschule und Universität, Band 2, Patzak-A, 2000, 458 S., 23,01 EUR.

RAU, THOMAS, Betriebswirtschaftslehre für Städte und Gemeinden, Vahlen, München, 1994, 567 S., 50,00 EUR.

SCHNECK, OTTMAR, Betriebswirtschaftslehre. Eine praxisorientierte Einführung mit Fallbeispielen, 2. Aufl., Campus, Frankfurt am Main, 1999, 353 S., nicht mehr verlegt.

SLABY, DIETER UND RENÉ KRASSELT, Industriebetriebslehre: Anlagenwirtschaft, Oldenbourg, München et al., 1998, 240 S., 29,80 EUR.

SPECHT, GÜNTER, Einführung in die Betriebswirtschaftslehre, 3. Aufl., Schäffer-Poeschel, Stuttgart, 2001, 304 S., 19,95 EUR.

VAHS, DIETMAR UND JAN SCHÄFER-KUNZ, Einführung in die Betriebswirtschaftslehre. Lehrbuch mit Beispielen und Kontrollfragen, 3. Aufl., Schäffer-Poeschel, Stuttgart, 2002, 492 S., 29,95 EUR.

VOETH, MARKUS; DIRK W. KLEINE UND CHRISTOPH REINKEMEIER, Fallstudien und Grundlagen der Betriebswirtschaftslehre. Erläuterungen, Übungsaufgaben und Lösungen zu den Bereichen Kostenrechnung, Produktion und Absatz, 2. Aufl., NWB, Herne et al., 1998, 393 S., 22,40 EUR.

4. Lehrbücher mit Aufgaben und/oder Fallstudien zur Rechnungslegung sowie zur Prüfung und Analyse von Jahresabschlüssen

4.1 Lehrbücher mit Aufgaben und/oder Fallstudien zur Rechnungslegung

BUCHHOLZ, RAINER, Grundzüge des Jahresabschlusses nach HGB und IAS. Mit Aufgaben und Lösungen, Vahlen, München, 2002, 472 S., 25,00 EUR.

BUCHHOLZ, RAINER, Internationale Rechnungslegung. Die Vorschriften nach IAS, HGB und US-GAAP im Vergleich – mit Aufgaben und Lösungen, 3. Aufl., Erich Schmidt, Berlin, 2003, 494 S., 24,80 EUR.

DITGES, JOHANNES UND UWE ARENDT, Bilanzen, 10. Aufl., Kiehl, Ludwigshafen, 2002, 610 S., 24,00 EUR.

DÖRING, ULRICH UND RAINER BUCHHOLZ, Buchhaltung und Jahresabschluss. Mit Aufgaben und Lösungen, 8. Aufl., Erich Schmidt, Berlin, 2003, 447 S., 16,80 EUR.

DROSSE, VOLKER UND BERND STIER, Intensivtraining Bilanzen, Gabler, Wiesbaden, 2001, 250 S., 13,40 EUR.

EBELING, RALF M., Fallstudien zur Konzernrechnungslegung, UTB, Stuttgart, 1996, 406 S., 29,90 EUR.

VON ENDRISS, HORST W.; ULF HENNIES; HANS J. KLUGE; CHRISTOPH RAABE UND HEIKE SAUTER, Bilanzbuchhalter: Band 2. Jahresabschluss, 5. Aufl., Beck, München, 2002, 493 S., 32,00 EUR.

FALTERBAUM, HERMANN; WOLFGANG BOLK; WOLFRAM REISS UND ROLAND EBERHART, Buchführung und Bilanz. Unter besonderer Berücksichtigung des Bilanzsteuerrechts und der steuerrechtlichen Gewinnermittlung bei Einzelunternehmen und Gesellschaften, 19. Aufl., Fleischer, Achim, 2003, 1.460 S., 57,00 EUR.

FALTERBAUM, HERMANN; WOLFGANG BOLK; WOLFRAM REISS UND ROLAND EBERHART, Buchführung und Bilanz. Unter besonderer Berücksichtigung des Bilanzsteuerrechts und der steuerrechtlichen Gewinnermittlung bei Einzelunternehmen und Gesellschaften. Lösungsheft zur 19. Auflage 2003 von Band Buchführung und Bilanz, 19. Aufl., Fleischer, Achim, 2003, 94 S., 9,00 EUR.

GRÄFER, HORST UND GUIDO A. SCHELD, Grundzüge der Konzernrechnungslegung. Mit Fragen, Aufgaben und Lösungen, 8. Aufl., Erich Schmidt, Berlin, 2003, 594 S., 28,60 EUR.

GRÜNBERGER, HERBERT, Praxis der Bilanzierung, 6. Aufl., Springer, Wien, 2001, 366 S., 49,00 EUR.

HAHN, HEINER UND KLAUS WILKENS, Buchhaltung und Bilanz: Teil B. Bilanzierung, 2. Aufl., Oldenbourg, München et al., 2000, 592 S., 44,80 EUR.

HAHN, HEINER UND KLAUS WILKENS, Buchhaltung und Bilanz: Teil C. Lösungen zu den Aufgaben und Fallstudien des Teils B., 2. Aufl., Oldenbourg, München et al., 2000, 188 S., 19,80 EUR.

HENO, RUDOLF, Jahresabschluss nach Handelsrecht, Steuerrecht und internationalen Standards (IAS/IFRS), 3. Aufl., Springer, Heidelberg et al., 2003, 524 S., 29,95 EUR.

HILKE, WOLFGANG, Bilanzpolitik. Jahresabschluss nach Handels- und Steuerrecht. Mit Aufgaben und Lösungen, 6. Aufl., Gabler, Wiesbaden, 2002, 364 S., 34,90 EUR.

HORSCHITZ, HARALD, WALTER GROSS UND WERNER WEIDNER, Bilanzsteuerrecht und Buchführung, 9. Aufl., Schäffer-Poeschel, Stuttgart, 2002, 760 S., 44,95 EUR.

JOSSÉ, GERMANN, Bilanzen – aber locker, 4. Aufl., CCV, Hamburg, 2002, 256 S., 15,90 EUR.

VON KEITZ, ISABEL, Praxis der IASB-Rechnungslegung, Schäffer-Poeschel, Stuttgart, 2003, 287 S., 49,95 EUR.

KRAG, JOACHIM UND SASCHA MÖLLS, Rechnungslegung. Handels- und steuerrechtliche Grundlagen, Vahlen, München, 2001, 383 S., 25,00 EUR.

KREMIN-BUCH, BEATE, Internationale Rechnungslegung. Jahresabschluss nach HGB, IAS und US-GAAP. Grundlagen – Vergleich – Fallbeispiele, 3. Aufl., Gabler, Wiesbaden, 2002, 273 S., 25,90 EUR.

KUDERT, STEPHAN UND PETER SORG, Bilanzrecht leicht gemacht. Eine Einführung in Buchführung und Bilanzierung nicht nur für Juristen, Betriebs- und Volkswirte an Hochschulen, Fachhochschulen und Berufsakademien, Kleist, Berlin, 2003, 175 S., 10,90 EUR.

KÜTING, KARLHEINZ UND CLAUS-PETER WEBER, Der Konzernabschluss. Lehrbuch und Fallstudie zur Praxis der Konzernrechnungslegung, 7. Aufl., Schäffer-Poeschel, Stuttgart, 2001, 792 S., 51,05 EUR, nicht mehr verlegt (aktuelle Aufl. ohne Fallstudie: Der Konzernabschluss. Lehrbuch zur Praxis der Konzernrechnungslegung, 8. Aufl., 2003, 689 S., 49,95 EUR).

LEITZGEN, HARALD, Bilanzsteuerrecht, Scheld, Büren, 2001, 254 S., 19,90 EUR.

LÜCK, WOLFGANG, Einführung in die Rechnungslegung, 11. Aufl., Oldenbourg, München et al., 2002, 196 S., 24,80 EUR.

MEYER, CLAUS, Bilanzierung nach Handels- und Steuerrecht – unter Einschluss der Konzernrechnungslegung und der internationalen Rechnungslegung. Darstellung, Kontrollfragen, Aufgaben, Lösungen, 14. Aufl., NWB, Herne et al., 2003, 455 S., 25,00 EUR.

OESTREICHER, ANDREAS, Handels- und Steuerbilanzen. HGB, IAS/IFRS, US-GAAP, EStG und BewG, 6. Aufl., Recht und Wirtschaft, Heidelberg, 2003, 740 S., 38,00 EUR.

PELLENS, BERNHARD, Internationale Rechnungslegung, 4. Aufl., Schäffer-Poeschel, Stuttgart, 2001, 744 S., 34,95 EUR.

Bibliographie 685

QUICK, REINER, Bilanzierung in Fällen. Grundlagen, Aufgaben und Lösungen, moderne industrie, Landsberg am Lech, 2001, 250 S., 24,90 EUR.

RISSE, JOACHIM, Buchführung und Bilanz für Einsteiger, 2. Aufl., Physica, Heidelberg, 2004, 296 S., 19,95 EUR.

SCHILDBACH, THOMAS, Der handelsrechtliche Jahresabschluß, 6. Aufl., NWB, Herne et al., 2000, 423 S., 23,40 EUR.

SCHMIDT, HARALD, Bilanztraining. Bilanzen sicher im Griff, Haufe, Freiburg, 2003, 510 S., 39,80 EUR.

SIMON, PETER UND HELMUT GÖHRING, Bilanzberichtigungen, 7. Aufl., Schäffer-Poeschel, Stuttgart, 2001, 207 S., 37,00 EUR.

WEDELL, HARALD, Grundlagen des Rechnungswesens. Band 1: Buchführung und Jahresabschluß, 10. Aufl., NWB, Herne et al., 2003, 299 S., 16,80 EUR.

WITT, FRANK-JÜRGEN, Externe Rechnungslegung, (Klausur Intensiv Training BWL Band 2); Kohlhammer, Berlin et al., 2000, 214 S., 16,00 EUR.

4.2 Lehrbuch mit Aufgaben und Fallstudien zur Prüfung von Jahresabschlüssen

VON WYSOCKI, KLAUS, Grundlagen des betriebswirtschaftlichen Prüfungswesens. Prüfungsordnungen, Prüfungsorgane, Prüfungsverfahren, Prüfungsplanung und Prüfungsbericht, 3. Aufl., Vahlen, München, 1988, 371 S., 35,00 EUR.

4.3 Lehrbücher mit Aufgaben und/oder Fallstudien zur Analyse von Jahresabschlüssen

GRÄFER, HORST, Bilanzanalyse. Mit Aufgaben, Lösungen und einer ausführlichen Fallstudie, 8. Aufl., NWB, Herne et al., 2001, 264 S., 24,90 EUR.

HAUSCHILDT, JÜRGEN, Erfolgs-, Finanz- und Bilanzanalyse. Analyse der Vermögens-, Finanz- und Ertragslage von Kapital- und Personengesellschaften, 3. Aufl., Dr. Otto Schmidt, Köln, 1996, 300 S., 69,80 EUR.

KÜTING, KARLHEINZ UND CLAUS-PETER WEBER, Die Bilanzanalyse. Lehrbuch zur Beurteilung von Einzel- und Konzernabschlüssen, 7. Aufl., Schäffer-Poeschel, Stuttgart, 2004, ca. 688 S., ca. 49,95 EUR.

SCHULT, EBERHARD, Bilanzanalyse. Möglichkeiten und Grenzen externer Unternehmensbeurteilung. Mit Übungsaufgaben und Lösungsvorschlägen, 11. Aufl., Erich Schmidt, Berlin, 2003, 363 S., 28,60 EUR.

WEHRHEIM, MICHAEL UND THORSTEN SCHMITZ, Jahresabschlußanalyse, Kohlhammer, Stuttgart et al., 2001, 147 S., 13,80 EUR.

4.4 Übergreifende Lehrbücher mit Aufgaben und/oder Fallstudien

AUER, KURT V., Externe Rechnungslegung. Eine fallstudienorientierte Einführung in den Einzel- und Konzernabschluss sowie die Analyse auf Basis von US-GAAP, IAS und HGB, Springer, Heidelberg et al., 2000, 605 S., 32,95 EUR.

GEHRKE, NORBERT; MARTIN NITSCHE UND OLAF SPECHT, Informationssysteme im Rechnungswesen und der Finanzwirtschaft, Kiehl, Ludwigshafen, 262 S., 1997, nicht mehr verlegt.

KERTH, ALBIN UND JAKOB WOLF, Bilanzanalyse und Bilanzpolitik, 2. Aufl., Hanser, München et al., 1992, 399 S., 29,90 EUR.

KREIS, RUDOLF, Betriebswirtschaftslehre. Band III: Finanz- und Rechnungswesen, 5. Aufl., Oldenbourg, München et al., 1998, 536 S., 54,80 EUR.

MEFFLE, GÜNTER; REINHARD HEYD UND PETER WEBER, Das Rechnungswesen der Unternehmung als Entscheidungsinstrument, Kosten- und Leistungsrechnung, Investition und Finanzierung, Bilanzierung. Band 1: Sachdarstellung und Fallbeispiele, 4. Aufl., Fortis, Köln et al., 2003, 680 S., 32,80 EUR.

WEHRHEIM, MICHAEL, Grundlagen der Rechnungslegung. Buchführung, Einzelabschluss, Abschlussanalyse, 4. Aufl., Context, Oberhausen, 2000, 152 S., 15,80 EUR.

WOBBERMIN, MICHAEL, Buchhaltung, Jahresabschluss, Bilanzanalyse. Einführung mit Fallbeispielen und Kontrollfragen, Schäffer-Poeschel, Stuttgart, 1999, 328 S., 24,95 EUR.

Die Autoren des Bandes

„Der Autor ist mir der liebste,
in dem ich meine Welt wiederfinde,
bei dem's zugeht wie um mich,
und dessen Geschichte mir doch
so interessant, so herzlich wird,
als mein eigen häuslich Leben."

JOHANN WOLFGANG VON GOETHE

(Die Leiden des jungen Werthers.)

Die Autoren des Bandes

Adrian, Gerrit: Dipl.-Kfm., geb. 1977, Wissenschaftlicher Mitarbeiter am Lehrstuhl für Allgemeine Betriebswirtschaftslehre und Betriebswirtschaftliche Steuerlehre an der Philipps-Universität Marburg. Arbeits- und Forschungsgebiete: Internationale Rechnungslegung, Unternehmenssteuerrecht.

Biermann, Jochen: Dipl.-Kfm., Bankkaufmann, geb. 1971, Wissenschaftlicher Mitarbeiter, Lehrstuhl für Betriebswirtschaftslehre, insbesondere Steuer- und Prüfungswesen, Fachbereich Wirtschaftswissenschaft, FernUniversität Hagen. Arbeits- und Forschungsgebiete: Internationale Rechnungslegung, betriebswirtschaftliche Steuerlehre, Controlling.

Boecker, Corinna: Dipl.-Kffr., geb. 1977, Wissenschaftliche Mitarbeiterin, Institut für Wirtschaftsprüfung, Direktor: Prof. Dr. Karlheiz Küting, Rechts- und Wirtschaftswissenschaftliche Fakultät der Universität des Saarlandes, Saarbrücken. Arbeits- und Forschungsschwerpunkte: Handelsrechtliche Jahresabschlussprüfung, einzelgesellschaftliche Rechnungslegung, Grundlagen der internationalen Rechnungslegung.

Bös, Sylvia: Dipl-Betriebswirtin (FH), geb. 1973, Wissenschaftliche Mitarbeiterin am Lehrstuhl für Allgemeine Betriebswirtschaftslehre, inbes. Steuerlehre/Prüfungswesen, Fakultät für Wirtschaftswissenschaften, Technische Universität Ilmenau. Forschungsgebiet: Bilanzierung nach Handels- und Steuerrecht.

Brösel, Gerrit: Dr. rer. pol., Dipl.-Kfm., Bankkaufmann, Instandhaltungsmechaniker, geb. 1972, Wissenschaftlicher Assistent, Fachgebiet Rechnungswesen/Controlling, Institut für Betriebswirtschaftslehre, Fakultät für Wirtschaftswissenschaften, Technische Universität Ilmenau. Arbeits- und Forschungsgebiete: Rechnungslegung, Wirtschaftsprüfung, Betriebliche und öffentliche Finanzwirtschaft, Unternehmungsbewertung, Medienmanagement und -controlling, Konvergenzmanagement. Siehe auch: www.konvergenz-management.com.

Buchholz, Rainer: Dr. rer. pol., Dipl.-Ök., Steuerberater, geb. 1960, Professor für Betriebswirtschaftslehre, Rechnungswesen und Betriebliche Steuern an der Fachhochschule Würzburg, Fachbereich Betriebswirtschaft und Medienmanagement. Bis 30. September 1993 wissenschaftlicher Mitarbeiter am Institut für Betriebswirtschaftslehre, Rechnungswesen und Betriebswirtschaftliche Steuerlehre an der Universität Lüneburg (Professor Dr. Ulrich Döring), bis 28. Februar 1997 Tätigkeiten in der mittelständischen Steuerberatung. Forschungsgebiete: Diverse Themen der nationalen und internationalen Rechnungslegung nach IFRS. Weitere Informationen im Internet unter www.professor-buchholz.de.

Burchert, Heiko: Prof. Dr. rer. pol., Dipl. Ing. oec., geb. 1964, Professur für das Fachgebiet Betriebswirtschaftliche und rechtliche Grundlagen des Gesundheitswesens, Fachbereich Pflege und Gesundheit an der Fachhochschule Bielefeld. Arbeits- und Forschungsgebiete: Betriebswirtschaftliche und rechtliche Grundlagen des Gesundheitswesens (insb. Telemedizin, Rehabilitation und Pflege), Betriebliche Finanzwirtschaft, Produktion, Organisation, Kostenrechnung, Controlling, Absatzwirtschaft.

Busch, Julia: Dipl.-Kffr., Bankkauffrau, geb. 1976, Wissenschaftliche Mitarbeiterin, Institut für Wirtschaftsprüfung, Direktor: Prof. Dr. Karlheiz Küting, Rechts- und Wirtschaftswissenschaftliche Fakultät der Universität des Saarlandes, Saarbrücken. Forschungsgebiete: Nationale und internationale Konzernrechnungslegung und Berichterstattung.

Dierkes, Stefan: Prof. Dr., Dipl.-Kfm., geb. 1967, Universitätsprofessor, Lehrstuhl für Allgemeine Betriebswirtschaftslehre und Controlling, Fachbereich Wirtschaftswissenschaften der Philipps-Universität Marburg. Arbeits- und Forschungsgebiete: Controlling, interne Unternehmensrechnung, Investitions- und Finanzierungstheorie, Informationsökonomie.

Dürr, Ulrike: Dipl.-Kffr., Finanzassistentin, geb. 1974, Wissenschaftliche Mitarbeiterin, Institut für Wirtschaftsprüfung, Direktor: Prof. Dr. Karlheiz Küting, Rechts- und Wirtschaftswissenschaftliche Fakultät der Universität des Saarlandes, Saarbrücken. Arbeits- und Forschungsschwerpunkte: Internationale Rechnungslegung, einzelgesellschaftliche Rechnungslegung.

Fietz, Axel: Dipl.-Kfm., Bankkaufmann, geb. 1976, Wissenschaftlicher Mitarbeiter am Lehrstuhl für Betriebswirtschaftslehre, insbesondere Unternehmensrechnung und Controlling an der FernUniversität in Hagen. Arbeits- und Forschungsgebiete: Risikomanagment/-controlling.

Flögel, Martina: Dipl.-Kffr., geb. 1975, Senior Consultant im Bereich Valuation & Strategy der PriceWaterhouseCoopers Corporate Finance Beratung, Frankfurt am Main. Arbeits- und Forschungsgebiete: Purchase Price Allocation und Impairment Test nach internationalen Rechnungslegungsstandards, Bewertung immaterieller Vermögenswerte inbesondere Technologien sowie Forschungs- und Entwicklungsprojekte, Unternehmensbewertung.

Focke, Andreas: Dr. sc. pol., Dipl.-Kfm., Wirtschaftsprüfer, Steuerberater, geb. 1965, Senior Manager bei PwC Deutsche Revision AG, Kiel, Tätigkeitsschwerpunkte: Prüfung und Beratung von internationalen und nationalen (Konzern-)Unternehmen aus dem Bereich der Telekommunikation und der Energiewirtschaft, internationale Rechnungslegung.

Die Autoren des Bandes

Freidank, Carl-Christian: o.Univ.-Prof., Dr. rer. pol. habil., Dipl.-Kfm., Steuerberater, geb. 1950, Inhaber des Lehrstuhls für Revisions- und Treuhandwesen und Geschäftsführender Direktor des Instituts für Wirtschaftsprüfung und Steuerwesen an der Universität Hamburg. Forschungsschwerpunkte: Rechnungslegung, Prüfungswesen, Controlling und Steuermanagement.

Gattung, Andreas: Dipl.-Kfm., geb. 1974, Wissenschaftlicher Mitarbeiter, Institut für Wirtschaftsprüfung, Direktor: Prof. Dr. Karlheiz Küting, Rechts- und Wirtschaftswissenschaftliche Fakultät der Universität des Saarlandes, Saarbrücken. Arbeits- und Forschungsgebiete: Konzernrechnungswesen nach IFRS und US-GAAP, Konzernrechnungswesen mit SAP R/3.

Gierga, Ralph L.: Dipl.-Kfm., Bankkaufmann, geb. 1972, Wissenschaftlicher Mitarbeiter am Lehrstuhl für Allgemeine Betriebswirtschaftslehre und Wirtschaftsprüfung an der Philipps-Universität Marburg. Arbeits- und Forschungsschwerpunkte: Rechnungslegung, Unternehmensbewertung und Kapitalmarktforschung.

Hakelmacher, Sebastian: Sebastian Hakelmacher ist gelernter Wirtschaftsprüfer und Steuerberater. Nach 15-jähriger Prüfungs- und Beratungstätigkeit tobte er sich auf der Vorstandsetage international tätiger Konzerne aus. Hier lernte er den Managementbetrieb gründlich kennen und empfing sogar die höheren Weihen eines Aufsichtsrates. Diese Lehr- und Wanderjahre beanspruchten 50 Prozent mehr als die vorhergehende Berufsausübung. Vor Erreichen des optimalen Pensionierungszeitpunktes ging er in den Unruhestand und beschäftigt sich seitdem als Aufsichtsratsvorsitzender und Wirtschaftsprüfer mit der Wirtschaftsprüfung. In seiner Freizeit widmet sich Sebastian Hakelmacher der Beobachtung von bunten Vögeln und grauen Kriechtieren.

Hanrath, Stephanie: Dr. rer. pol., Dipl.-Kfm., geb. 1968, Wissenschaftliche Assistentin, Lehrstuhl für Internes Rechnungswesen und Controlling, Wirtschaftswissenschaftliche Fakultät der Martin-Luther-Universität Halle-Wittenberg. Arbeits- und Forschungsgebiete: interne Unternehmensrechnung, Controlling, Informationsökonomie.

Hartmann, Christina: Dipl. Kff., Dipl.-Verw.(FH), geb. 1973, Wissenschaftliche Mitarbeiterin am Lehrstuhl für Betriebswirtschaftslehre, insbes. Betriebswirtschaftliche Steuerlehre und Prüfungswesen an der Universität Siegen. Arbeits- und Forschungsschwerpunkte: deutsche und internationale Rechnungslegung, ergänzende Berichterstattung und Wirtschaftsprüfung.

Heiden, Matthias: Dipl.-Kfm., Bankkaufmann, BTEC HND Business and Finance, geb. 1972, Wissenschaftlicher Mitarbeiter, Institut für Wirtschaftsprüfung, Direktor: Prof. Dr. Karlheiz Küting, Rechts- und Wirtschaftswissenschaftliche Fakultät der Universität des Saarlandes, Saarbrücken. Forschungsgebiete: Konzernsteuerung, Wertorientierte Unternehmensführung, Investor Relations, Risikomanagement, Pro-forma-Berichterstattung.

Henselmann, Klaus: Dr. rer. pol. habil., Dipl.-Kfm., geb. 1963, Univ.-Professor für Betriebswirtschaftliche Steuerlehre und Wirtschaftsprüfung an der Technischen Universität Chemnitz. Arbeits- und Forschungsschwerpunkte: Rechnungslegung und Bilanzanalyse, Unternehmensbewertung, Steuerplanung, internationale Steuerlehre.

Hering, Thomas: Univ.-Prof. Dr. rer. pol. habil., Dipl.-Kfm., geb. 1967, Stiftungslehrstuhl für Betriebswirtschaftslehre, insb. Unternehmensgründung und Unternehmensnachfolge, Fachbereich Wirtschaftswissenschaft der Fern-Universität in Hagen. Arbeits- und Forschungsgebiete: Investitions- und Finanzierungstheorie, Unternehmensbewertung, Unternehmensplanung und -steuerung, Produktion, Rechnungswesen, Unternehmensnachfolge, Betriebswirtschaftslehre der Gemeinden.

Himmel, Holger: Dr. rer. pol., Dipl.-Kfm., geb. 1970, Senior Consultant im Bereich Corporate Finance bei PriceWaterhouseCoopers in Frankfurt am Main. Arbeits- und Forschungsgebiete: Unternehmensbewertung, Purchase Price Allocation, Bewertung immaterieller Vermögenswerte, Internationale Rechnungslegung, Kapitalmarkttheorie und empirische Kapitalmarktforschung.

Hinz, Michael: Priv. Doz., Dr. rer. pol., Dipl.-Ök., geb. 1962, Vertreter des Lehrstuhls für Betriebswirtschaftslehre, insbesondere Wirtschaftsprüfungswesen an der Universität Duisburg-Essen, Standort Essen. Arbeits- und Forschungsschwerpunkte: Konzernrechnungswesen, Internationale Rechnungslegung, Betriebswirtschaftliche Steuerlehre, insbesondere Fragen der Steuerwirkung und Steuergestaltung, Wirtschaftsprüfung, Theorie der Unternehmung.

Hoffjan, Andreas: Dr. rer. pol., Dipl.-Kfm, geb. 1967, Wiss. Assistent am Lehrstuhl für Betriebswirtschaftslehre, insb. Controlling an der Westfälischen-Wilhelms-Universität Münster. Arbeits- und Forschungsschwerpunkte: Internationales Controlling, Controlling in öffentlichen Verwaltungen und Risiko-Controlling.

Holtrup, Michael: Dipl.-Kfm., geb. 1975, Wissenschaftlicher Mitarbeiter am Lehrstuhl für Betriebswirtschaftslehre, insbesondere Unternehmensrechnung und Controlling an der FernUniversität in Hagen. Arbeits- und Forschungsgebiete: Kredit- und Risikomanagement, Beschaffungscontrolling, Controlling im E-Business.

Jäger, Rainer: Dr. rer. pol., Dipl.-Kfm., geb. 1964, Wirtschaftsprüfer und Senior Manager im Bereich Corporate Finance bei PriceWaterhouseCoopers in Frankfurt am Main, Mitglied des Leitungsstabs des European Competence Center für Financial Reporting Valuation der PwC Eurofirm. Arbeits- und Forschungsschwerpunkte: Unternehmensbewertung, Transaktionsberatung (M&A), Due Diligence Reviews, Plausibilitätsgutachten bei Börsengängen, Abfindungsgutachten und Unternehmens- und Marktanalysen.

Jung, Maximilian K. P.: ao. Univ.- Prof., MMag. Dr. rer. soc. sec., geb. 1967, Universitätsdozent am Institut für Revisions-, Treuhand- und Rechnungswesen der Karl-Franzens-Universität Graz. Arbeits- und Forschungsgebiete: Rechnungslegung, Wirtschaftsprüfung und Unternehmensbewertung insbesondere unter Verwendung der experimentellen Methode.

Kaminski, Bert: o.Univ.-Prof., Dr. rer. pol. habil., Dipl.-Kfm., geb. 1969, Inhaber des Lehrstuhls für Allgemeines Betriebswirtschaftslehre und Rechnungs-, Revisions- sowie betriebliches Steuerwesen an der Ernst-Moritz-Arndt-Universität Greifswald. Arbeits- und Forschungsschwerpunkte: Betriebswirtschaftliche Steuerlehre (insbesondere Einfluss von Steuern auf Unternehmensentscheidungen und Besteuerung der grenzüberschreitenden Unternehmenstätigkeit), Bilanzierung und Bilanzpolitik, Wirtschaftsprüfung, Risikomanagementsystem und Corporate Governance.

Kasperzak, Rainer: Priv.-Doz., Dr. rer. pol., Dipl.-Ök., geb. 1963, Manager im Bereich Corporate Finance bei PriceWaterhouseCoopers in Frankfurt am Main. Arbeits- und Forschungsschwerpunkte: Internationale Rechnungslegung, Purchase Price Allocation, Unternehmensbewertung, Bewertung immaterieller Vermögenswerte, Unternehmensnetzwerke, Wirtschaftsprüfung.

Keßler, Marco: Dipl.-Kfm., geb. 1978, Wissenschaftlicher Mitarbeiter, Institut für Wirtschaftsprüfung, Direktor: Prof. Dr. Karlheiz Küting, Rechts- und Wirtschaftswissenschaftliche Fakultät der Universität des Saarlandes, Saarbrücken. Forschungsgebiete: Externe Rechnungslegung und Berichterstattung sowie nationale und internationale Jahresabschlussanalyse.

Keuper, Frank: PD Dr. rer. pol. habil., Dipl.-Kfm., geb. 1966, Lehrstuhlvertreter für ABWL, insbesondere Risikomanagement und Controlling, Fachbereich Rechts- und Wirtschaftswissenschaft der Johannes Gutenberg-Universität Mainz, Dozent für Investition und Finanzierung an der Hamburg Media School (HMS), Dozent für Strategisches Management und Medienmanagement an der Wirtschaftsakademie Hamburg (WAH). Arbeits- und Forschungsgebiete: Investitions- und Finanzierungstheorie, Kostenmanagement, Strategisches Management, Unternehmensplanung und -steuerung, Produktion, Komplexitätstheorie, Neue Medien, E-Business, M-Business und T-Business, Konvergenzmanagement. Siehe auch: www.konvergenz-management.com.

Krag, Joachim: Dr. rer. pol., Dipl.-Kfm., geb. 1946, o. Professor für Allgemeine Betriebswirtschaftslehre und Wirtschaftsprüfung an der Philipps-Universität Marburg. Arbeits- und Forschungsschwerpunkte: Rechnungslegung, Wirtschaftsprüfung, Unternehmensbewertung, Realoptionsbewertung.

Krause, Haiko: Dipl.-Kfm., geb. 1973, Wissenschaftlicher Mitarbeiter am Lehrstuhl für Allgemeine Betriebswirtschaftslehre und Betriebswirtschaftliche Steuerlehre an der Philipps-Universität Marburg. Arbeits- und Forschungsgebiete: Bilanzierung und Besteuerung von Finanzinstrumenten, Jahresabschlussanalyse.

Krawitz, Norbert: Dr. rer. pol., Betriebswirt (HWF), Dipl.-Kfm., Industriekaufmann, geb. 1945, Universitätsprofessor für Betriebswirtschaftslehre, insbes. Betriebswirtschaftliche Steuerlehre und Prüfungswesen an der Universität Siegen. Arbeits- und Forschungsgebiete: Rechnungslegung, Wirtschaftsprüfung und Betriebswirtschaftliche Steuerlehre.

Krosse, Marcel: Dipl.-Wirtsch.-Inf., geb. 1973, Wissenschaftlicher Mitarbeiter, Fachgebiet Rechnungswesen/Controlling, Institut für Betriebswirtschaftslehre, Fakultät für Wirtschaftswissenschaften, Technische Universität Ilmenau. Arbeits- und Forschungsgebiete: Rechnungswesen, Controlling, Unternehmungsbewertung, Shareholder Value, Internationale Rechnungslegung.

Kudert, Stephan: Dr. rer. pol., Dipl.-Kfm., geb. 1962, Professor für Allgemeine Betriebswirtschaftslehre, insbesondere Betriebswirtschaftliche Steuerlehre und Wirtschaftsprüfung an der Europa-Universität Viadrina. Arbeits- und Forschungsschwerpunkte: internationale Steuerlehre, internationale Rechnungslegung, institutionelle Steuerlehre.

Die Autoren des Bandes

Lenz, Alexander: Dipl-Kfm., geb. 1972, Mitarbeiter am Lehrstuhl für Allgemeine Betriebswirtschaftslehre und Wirtschaftsprüfung von Prof. Dr. J. Krag an der Philipps-Universität Marburg. Arbeits- und Forschungsschwerpunkte: Risikofrüherkennung in deutschen Aktiengesellschaften, Aufsichtsratshaftung, Entwicklung der aktienrechtlichen Corporate Governance.

Lenz, Hansrudi: Dr. rer. pol., Dipl.-Kfm., geb. 1955, Professor für Allgemeine Betriebswirtschaftslehre, insbesondere Wirtschaftsprüfungs- und Beratungswesen an der Julius-Maximilians-Universität Würzburg. Arbeits- und Forschungsschwerpunkte: Rechnungslegung und Wirtschaftsprüfung.

Littkemann, Jörn: Univ.-Prof. Dr. sc. pol. habil., Dipl.-Kfm., geb. 1964, Inhaber des Lehrstuhls für Betriebswirtschaftslehre, insb. Unternehmensrechnung und Controlling, Fachbereich Wirtschaftswissenschaft der FernUniversität in Hagen. Arbeits- und Forschungsschwerpunkte: Betriebswirtschaftliche Steuerlehre, Bilanzanalyse und Bilanzpolitik, Innovationscontrolling, Konzerncontrolling, Organisation und Führung sowie Sportmanagement.

Matschke, Manfred Jürgen: Dr. rer. pol., Dipl.-Volksw., geb. 1943, Professor für Allgemeine Betriebswirtschaftslehre und Betriebliche Finanzwirtschaft, insbesondere Unternehmensbewertung an der Ernst-Moritz-Arndt-Universität Greifswald. Arbeits- und Forschungsschwerpunkte: Investition und Finanzierung, Unternehmensbewertung, Rechnungswesen, Betriebliche Umweltwirtschaft.

Mandl, Gerwald: Dipl.-Kfm. Dr., geb. 1940, O.Univ.Prof. für Betriebswirtschaftslehre, Vorstand des Instituts für Revisions-, Treuhand- und Rechnungswesen der Karl-Franzens-Universität Graz. Arbeits- und Forschungsgebiete: Unternehmensbewertung, Wirtschaftsprüfung und Rechnungslegung.

Maul, Karl-Heinz: Dr. rer. pol., .Dipl.-Kfm., geb. 1939, Wirtschaftsprüfer und Steuerberater sowie Partner im Bereich Corporate Finance bei PriceWaterhouseCoopers in Frankfurt am Main. Arbeits- und Forschungsschwerpunkte: Umwandlungsrechtliche Umstrukturierungen, Intellectual Asset Management und Dispute Analysis and Investigations, Unternehmensbewertung, Rechnungslegung.

Mölls, Sascha: Dipl.-Kfm., geb. 1972, Wissenschaftlicher Mitarbeiter am Lehrstuhl für Allgemeine Betriebswirtschaftslehre und Wirtschaftsprüfung an der Philipps-Universität Marburg. Arbeits- und Forschungsschwerpunkte: Rechnungslegung, Wirtschaftsprüfung, Unternehmensbewertung, Realoptionsbewertung, Netzwerktheorie.

Nadvornik, Wolfgang: O.Univ.-Prof., Dr. rer. soc. oec., geb. 1956, Ordinarius für Betriebliche Finanzierung, Geld- und Kreditwesen am Institut für Wirtschaftswissenschaften an der Universität Klagenfurt. Arbeits- und Forschungsgebiete: Unternehmens- und Beteiligungsbewertung, Finanzinformationssysteme, Rechnungslegung und Prüfung, Kreditprüfung, Mergers & Acquisitions, Investitionsrechnung und -planung.

Niemann, Walter: Dr. jur., Rechtsanwalt, Wirtschaftsprüfer, Steuerberater, Partner bei PNHR Pelka Niemann Hollerbaum Rohde, Köln. Arbeitsgebiete: Wirtschaftsprüfung, Rechnungswesen, Steuerrecht, Gesellschaftsrecht.

Olbrich, Michael: Dipl.-Kfm. Dr. rer. pol., geb. 1972, Wissenschaftlicher Assistent am Lehrstuhl für Betriebswirtschaftslehre, insbes. Unternehmensgründung und Unternehmensnachfolge, Fern-Universität Hagen. Arbeits- und Forschungsgebiete: Gründung und Nachfolge, Rechnungswesen, Betriebliche Steuerlehre, Finanzwirtschaft.

Presser, Daniela: Dipl.-Kff., geb. 1978, Wissenschaftliche Mitarbeiterin am Lehrstuhl für Allgemeine Betriebswirtschaftslehre, insbesondere Betriebswirtschaftliche Steuerlehre und Wirtschaftsprüfung an der Europa-Universität Viadrina. Arbeits- und Forschungsschwerpunkte: Steuerrecht, internationale Rechnungslegung.

Reuter, Michael: Dipl.-Kfm., geb. 1978, Wissenschaftlicher Mitarbeiter, Institut für Wirtschaftsprüfung, Direktor: Prof. Dr. Karlheiz Küting, Rechts- und Wirtschaftswissenschaftliche Fakultät der Universität des Saarlandes, Saarbrücken. Forschungsgebiete: Externe Rechnungslegung und Berichterstattung sowie nationale und internationale Jahresabschlussanalyse.

Schellhorn, Mathias: Dr. oec. mont., Dipl.-Kfm., geb. 1962, Wirtschaftsprüfer, Steuerberater, PwC Deutsche Revision AG, Hannover. Tätigkeitsschwerpunkte: Prüfung und Beratung von nationalen und internationalen Konzernen sowie mittelständischen Unternehmen, Begleitung von Börsengängen, Internationale Rechnungslegung.

Schlünder, Daniela: Dipl.-Oec., geb. 1975, Senior Consultant im Bereich Valuation & Strategy der PriceWaterhouseCoopers Corporate Finance Beratung, Frankfurt am Main. Arbeits- und Forschungsgebiete: Purchase Price Allocation und Impairment Test nach internationalen Rechnungslegungsstandards, Bewertung immaterieller Vermögenswerte inbesondere Kundenbeziehungen und Marken, Unternehmensbewertung.

Schorcht, Heike: Dr. rer. pol., Dipl.-Kffr., geb. 1970, Wissenschaftliche Mitarbeiterin, Fachgebiet Rechnungswesen/Controlling, Institut für Betriebswirtschaftslehre, Fakultät für Wirtschaftswissenschaften, Technische Universität Ilmenau. Arbeits- und Forschungsgebiete: Risiko-Controlling, Krisen-Controlling, Controllingkonzepte für KMU, Rechnungswesen.

Schulte, Klaus: Dipl.-Kfm., geb. 1978, Wissenschaftlicher Mitarbeiter am Lehrstuhl für Betriebswirtschaftslehre, insbesondere Unternehmensrechnung und Controlling an der FernUniversität in Hagen. Arbeits- und Forschungsgebiete: Handelsrechtliche Jahresabschlussprüfung, Bilanzanalyse und Bilanzpolitik, Grundlagen der internationalen Rechnungslegung, Sportmanagement.

Schultz, Sylvia: Dipl.-Kffr., geb. 1976, Wissenschaftliche Mitarbeiterin, Fachgebiet Rechnungswesen/Controlling, Institut für Betriebswirtschaftslehre, Fakultät für Wirtschaftswissenschaften, Technische Universität Ilmenau. Arbeits- und Forschungsgebiete: Medienmanagement und -controlling, Risiko-Controlling für Medienunternehmen, Rechnungswesen.

Schuschnig, Tanja: Mag. rer. soc. oec., geb. 1971, Universitätsassistentin an der Abteilung für Betriebliche Finanzierung, Geld- und Kreditwesen am Institut für Wirtschaftswissenschaften an der Universität Klagenfurt. Arbeits- und Forschungsgebiete: Rechnungslegung und Prüfung, Finanzanalyse (insb. Kreditprüfung), Kreditgeschäft, Bankenaufsicht.

Strunk, Günther: Univ.-Prof., Dr. rer. pol. habil., Dipl.-Kfm., Steuerberater, geb. 1962, Inhaber der Professur für Allgemeine Betriebswirtschaftslehre, inbes. Steuerlehre/Prüfungswesen, Fakultät für Wirtschaftswissenschaften, Technische Universität Ilmenau. Arbeits- und Forschungsgebiete: Internationales Steuerrecht, internationale Rechnungslegung, grenzüberschreitende Finanzierung und Unternehmensakquisitionen.

Wehrheim, Michael: Dr. rer. pol., Dipl.-Kfm., geb. 1959, o. Professor für Allgemeine Betriebswirtschaftslehre und Betriebswirtschaftliche Steuerlehre an der Philipps-Universität Marburg. Arbeits- und Forschungsgebiete: Bilanzsteuerrecht, Einfluss der Besteuerung auf die Rechtsformwahl, Jahresabschlussanalyse.

Zwirner, Christian: Dipl.-Kfm., geb. 1975, wissenschaftlicher Mitarbeiter, Institut für Wirtschaftsprüfung, Direktor: Prof. Dr. Karlheiz Küting, Rechts- und Wirtschaftswissenschaftliche Fakultät der Universität des Saarlandes, Saarbrücken. Arbeits- und Forschungsschwerpunkte: Konzernrechnungslegung nach HGB, Grundlagen der internationalen Rechnungslegung nach IFRS und US-GAAP, Bilanzierung und Bilanzanalyse bei jungen Unternehmen.